Introdução à ECONOMIA

ASSOCIADO

M278i   Mankiw, N. G.
         Introdução à economia / N. Gregory Mankiw ; tradução: Priscilla Rodrigues da Silva Lopes, Ricardo Papaleo Rosim; revisão técnica: Otto Nogami. – 10. ed. – Porto Alegre : Bookman; [São Paulo]: Cengage Learning, 2025.
        xxxii, 864 p. : il. ; 28 cm.

        ISBN 978-85-8260-676-6

        1. Economia. I. Título.

CDU 330

Catalogação na publicação: Karin Lorien Menoncin – CRB 10/2147

N. GREGORY MANKIW
Harvard University

Introdução à ECONOMIA

10ª Edição

Tradução
Priscilla Rodrigues da Silva Lopes
Ricardo Papaleo Rosim

Revisão técnica
Otto Nogami
Economista. Professor das disciplinas de Economia de Empresas,
Ambiente Econômico Global e Economia e Finanças Internacionais no Insper.
Mestre em Economia pela Universidade Presbiteriana Mackenzie.
Doutor em Engenharia de Produção pela Escola Politécnica da Universidade de São Paulo (USP).
Sócio da Nogami Economia e Estratégias.

Porto Alegre
2025

Obra originalmente publicada sob o título *Principles of Economics*, 10th Edition.
ISBN 9780357722718

Original edition Copyright © 2024 Cengage Learning, Inc. ALL RIGHTS RESERVED.
Portuguese language translation Copyright © 2025 GA Educação Ltda., publishing as Bookman.

Gerente editorial: *Alberto Schwanke*

Editora: *Tiele Patricia Machado*

Preparação de originais: *Maria Victória Pfitscher Pydd*

Leitura final: *Ana Laura Vedana, Marquieli de Oliveira, Murilo Ariel de Araújo Quevedo*

Tradutores de edições anteriores: *Allan Vidigal Hastings, Elisete Paes e Lima e Ez2 Translate*

Editoração: *Clic Editoração Eletrônica Ltda.*

Arte sobre a capa original: *Kaéle Finalizando Ideias*

Reservados todos os direitos de publicação, em língua portuguesa, ao
GA EDUCAÇÃO LTDA.
(Bookman é um selo editorial do GA EDUCAÇÃO LTDA.)
Rua Ernesto Alves, 150 – Bairro Floresta
90220-190 – Porto Alegre – RS
Fone: (51) 3027-7000

SAC 0800 703 3444 – www.grupoa.com.br

É proibida a duplicação ou reprodução deste volume, no todo ou em parte, sob quaisquer formas ou por quaisquer meios (eletrônico, mecânico, gravação, fotocópia, distribuição na Web e outros), sem permissão expressa da Editora.

IMPRESSO NO BRASIL
PRINTED IN BRAZIL

Sobre o autor

N. Gregory Mankiw é o Robert M. Beren Professor of Economics na Harvard University. Ele estudou economia na Princeton University e no MIT. Como professor, ministrou as disciplinas de macroeconomia, microeconomia, estatística e introdução à economia. Há muito tempo, ele também passou um verão como instrutor de velejo em Long Beach Island.

O professor Mankiw é um escritor prolífico e participante assíduo de debates acadêmicos e políticos. Seu trabalho foi publicado em periódicos acadêmicos como *American Economic Review, Journal of Political Economy* e *Quarterly Journal of Economics* e em fóruns mais populares, como o *New York Times* e o *Wall Street Journal*. Ele também é autor de um livro-texto de nível intermediário *best-seller*, o *Macroeconomics* (Worth Publishers).

Além de ensinar, pesquisar e escrever, o professor Mankiw foi pesquisador associado do National Bureau of Economic Research, membro do Brookings Panel on Economic Activity, consultor do Departamento Orçamentário do Congresso e dos Federal Reserve Banks de Boston e Nova York, administrador do Urban Institute e do Economic Club of New York e membro do comitê de desenvolvimento de testes do ETS para o exame Advanced Placement em economia. De 2003 a 2005, ele atuou como presidente do Conselho Presidencial de Consultores Econômicos.

*A Catherine, Nicholas e Peter,
que são as minhas outras contribuições à próxima geração*

Agradecimentos

Ao escrever este livro, tive a contribuição de muitas pessoas talentosas. De fato, a lista de pessoas que contribuíram para este projeto é tão longa, e suas contribuições tão valiosas, que parece uma injustiça que apenas um único nome apareça na capa.

Deixe-me começar com meus colegas da profissão de economia. As muitas edições deste livro e seus materiais complementares beneficiaram-se enormemente de suas contribuições. Em análises e pesquisas, eles ofereceram sugestões, identificaram desafios e compartilharam ideias de sua própria experiência em sala de aula. Sou grato pelas perspectivas que trouxeram para o texto. Infelizmente, a lista se tornou longa demais para agradecer àqueles que contribuíram com as edições anteriores, embora os alunos que estão lendo a edição atual ainda estejam se beneficiando de suas ideias.

O mais importante nesse processo foi David Hakes (University of Northern Iowa). David foi uma referência confiável para ideias e trabalhou arduamente comigo na elaboração dos suplementos.

Um agradecimento especial ao meu amigo Jeff Sommer. Por muitos anos, Jeff foi meu editor no *New York Times*. Nesta edição, ele leu gentilmente todo o livro, oferecendo inúmeras sugestões de melhoria. Sou profundamente grato por sua contribuição.

A equipe editorial que trabalhou no livro o melhorou infinitamente. Jane Tufts, editora de desenvolvimento, fez um serviço de edição verdadeiramente espetacular, como sempre faz. Joe Sabatino, diretor de produtos, e Christopher Rader, gerente sênior de produtos, fizeram um trabalho esplêndido supervisionando as muitas pessoas envolvidas em um projeto tão grande. Colleen Farmer, Allison Janneck e Anita Verma, gerentes de conteúdo sênior, foram cruciais na gestão de todo o projeto e na formação de uma excelente equipe para revisar os suplementos e, com Pradhiba Kannaiyan, gerente de projetos da MPS Limited, tiveram a paciência e a dedicação necessárias para transformar meu texto bruto neste livro. Erin Griffin, designer sênior, deu a este livro uma aparência limpa e amigável e desenhou a capa maravilhosa. Tiffany Lee, revisora, refinou minha escrita, e Vikas Makkar, indexador, preparou um índice cuidadoso e completo. John Carey, gerente executivo de marketing, trabalhou muitas horas divulgando a notícia aos possíveis usuários deste livro. O restante da equipe da Cengage foi, como sempre, consistentemente profissional, entusiasmada e dedicada.

Temos uma excelente equipe de veteranos que trabalharam em várias edições produzindo os suplementos que acompanham a versão em inglês deste livro. Trabalhando com a equipe da Cengage, as pessoas a seguir foram incansáveis para garantir que o conjunto de materiais auxiliares seja incomparável em quantidade e qualidade: Andreea Chiritescu (Eastern Illinois University), Shannon Aucoin, Eugenia Belova e Alex Lewis (especialistas internos) e David Hakes (University of Northern Iowa).

Também sou grata a Sarah Lao e Nathan Sun, dois estudantes de graduação de Harvard, que me ajudaram a conferir as provas desta edição.

Como sempre, devo agradecer à minha editora "interna", Deborah Mankiw. Como primeira leitora da maioria das coisas que escrevo, ela continuou a oferecer a combinação certa de crítica e incentivo.

Finalmente, devo mencionar meus três filhos, Catherine, Nicholas e Peter. A contribuição deles para este livro foi tolerar o fato de seu pai passar horas demais dentro do escritório. Nós quatro temos muito em comum – sendo o amor por sorvete um ponto importante (o que se torna evidente no Capítulo 4).

N. Gregory Mankiw

Prefácio: ao professor

Durante minha carreira de 20 anos como estudante, a disciplina que mais me empolgou foi uma de introdução à economia que cursei durante os meus dois primeiros semestres da faculdade. Não é exagero dizer que ela mudou a minha vida. Eu cresci em uma família que frequentemente discutia política na mesa de jantar. Os prós e os contras de várias soluções para problemas da sociedade geravam debates calorosos. Mas, na escola, eu fui atraído pelas ciências. A política parecia muito vaga, confusa e subjetiva; a ciência, porém, era analítica, sistemática e objetiva. O debate político continuava ininterruptamente, mas a pesquisa científica progredia.

A disciplina de introdução à economia abriu meus olhos para uma nova forma de pensar. A economia combina as virtudes da política e da ciência. É verdadeiramente uma ciência social. Seu assunto é a sociedade – como as pessoas escolhem conduzir suas vidas e como elas interagem umas com as outras –, mas aborda o assunto com o desapego de uma ciência. Ao trazer os métodos da ciência para os problemas da política, a economia visa a progredir em desafios que todas as sociedades enfrentam.

Escrevi este livro com a esperança de poder transmitir uma parte da empolgação que senti enquanto cursava minha primeira disciplina de economia. A economia é um assunto em que um pouco de conhecimento já causa um grande impacto. (O mesmo não pode ser dito, por exemplo, do estudo da física ou do mandarim.) Os economistas têm uma visão de mundo particular, que, em sua maior parte, pode ser ensinada em um ou dois semestres. Meu objetivo neste livro é transmitir essa forma de pensar ao maior público possível e convencer os leitores de que ela traz clareza às suas vidas e ao mundo ao seu redor.

Acredito que todos deveriam estudar as ideias fundamentais que a economia tem a oferecer. Um dos propósitos da educação básica é ensinar as pessoas sobre o mundo e, assim, torná-las cidadãs melhores. O estudo da economia, tanto quanto qualquer disciplina, serve a esse objetivo. Escrever um livro acadêmico de economia é, portanto, uma grande honra e uma grande responsabilidade. É uma forma pela qual os economistas podem ajudar a promover um governo melhor e um futuro mais próspero. Como disse o grande economista Paul Samuelson: "Não me importa quem escreve as leis de uma nação ou elabora seus tratados avançados, desde que eu possa escrever os seus livros de economia".

O que há de novo na 10ª edição?

A economia visa a compreender o mundo em que vivemos. A maioria dos capítulos deste livro inclui **Estudos de caso** que ilustram como os princípios da economia podem ser aplicados. Os quadros **É notícia** oferecem trechos de jornais, revistas e fontes de notícias *online* para mostrar como os conceitos econômicos podem esclarecer os problemas atuais da sociedade. Depois que os alunos concluem a primeira disciplina de economia, já começam a interpretar as notícias a partir de uma nova perspectiva e com maior sensibilidade. Para manter o estudo da economia atual e relevante para cada novo grupo de estudantes, atualizo cada edição de forma a acompanhar o mundo em constante mudança.

As novidades desta 10ª edição são numerosas demais para serem listadas na íntegra, mas aqui está uma amostra dos tópicos abordados (e dos capítulos em que eles aparecem):

- O excesso de demanda durante a pandemia do coronavírus renovou o debate sobre se é justo que as empresas aumentem os preços durante uma crise (Capítulo 4).
- O futuro do mercado de caronas depende das elasticidades da oferta e da demanda (Capítulo 5).
- O salário mínimo continua sendo um assunto controverso (Capítulo 6).
- O imposto sobre o carbono é uma ferramenta versátil para combater as mudanças climáticas globais (Capítulo 10).

- Há uma atenção renovada na precificação do uso das estradas à medida que os Estados Unidos embarcam na construção de uma nova infraestrutura (Capítulo 11).
- A pandemia de 2020 ensinou algumas lições sobre por que é difícil cortar gastos médicos supérfluos (Capítulo 12).
- O imposto sobre valor agregado pode ser uma política a ser considerada pelos Estados Unidos (Capítulo 13).
- O governo Biden procurou expandir o escopo da política antitruste (Capítulo 16).
- A Amazon acabou entrando na mira dos agentes antitruste (Capítulo 18).
- A política de imigração cria vencedores e perdedores no mercado de trabalho (Capítulo 19).
- A perda de escolaridade durante a pandemia do coronavírus pode ter efeitos duradouros sobre os salários (Capítulo 20).
- Uma nova pesquisa tomou uma perspectiva vitalícia sobre a medição da desigualdade (Capítulo 21).
- Expansões robustas da rede de seguridade social reduziram a pobreza durante a pandemia do coronavírus (Capítulo 21).
- As pessoas não são boas em responder racionalmente a eventos de baixa probabilidade (Capítulo 23).
- Pesquisas revelaram as consequências do comércio de escravos na África moderna (Capítulo 26).
- O declínio de quatro décadas nas taxas de juros real é intrigante (Capítulo 27).
- As mulheres geralmente são melhores investidores do que os homens (Capítulo 28).
- Uma nova pesquisa examinou o uso de salários de eficiência (Capítulo 29).
- A recessão causada pela pandemia do coronavírus foi incomum de várias maneiras (Capítulo 34).
- A resposta monetária e fiscal durante a pandemia causou preocupação em alguns economistas quanto ao ressurgimento da inflação (Capítulo 36).
- O Federal Reserve é incentivado a expandir seu conjunto de metas econômicas (Capítulo 37).

Esta edição também inclui dois novos capítulos. O Capítulo 12 examina a economia dos cuidados de saúde. À medida que a participação desse setor na economia aumentou, suas características, problemas e desafios políticos peculiares se tornaram mais importantes para o ensino da economia. O Capítulo 38 é um apêndice opcional que discute como os economistas usam dados. Nos últimos anos, a pesquisa econômica tem se tornado cada vez mais empírica, e alguns professores querem apresentar aos alunos os métodos estatísticos usados pelos economistas. Os professores podem escolher mover esse capítulo para o início da disciplina.

Como sempre, examinei cuidadosamente todos os capítulos para refinar a cobertura e a didática do livro. Foram feitas inúmeras mudanças, grandes e pequenas, para garantir que o livro seja claro, preciso e atualizado.

Todas as mudanças que fiz (e as muitas outras que considerei) foram avaliadas visando à objetividade. Como a maioria das coisas estudadas em economia, o tempo de um estudante é um recurso escasso. Sempre me lembro de um ditado do romancista Robertson Davies: "Uma das coisas mais importantes na escrita é resumir tudo e não entediar todo mundo."

Como este livro é organizado?

O conteúdo foi organizado de forma a tornar a economia o mais amigável possível para os estudantes. A seguir está um guia rápido, que, espero, dará aos professores uma ideia de como as peças se encaixam.

Material introdutório

O Capítulo 1, "Dez princípios da economia", apresenta aos estudantes a visão de mundo do economista. Ele introduz as grandes ideias que se repetem na economia, como custo de oportunidade, a tomada de decisão marginal, o papel dos incentivos, os ganhos do comércio e a eficiência das alocações de mercado. Ao longo do livro, eu me refiro regularmente aos **dez princípios da economia** descritos no Capítulo 1 para lembrar aos alunos que essas ideias são a base de toda economia.

O Capítulo 2, "Pensando como um economista", examina como os economistas abordam a sua área de conhecimento. Ele discute o papel dos pressupostos no desenvolvimento de uma teoria e apresenta o conceito de modelo econômico. Também explora o papel dos economistas na formulação de políticas. O apêndice desse capítulo oferece uma breve revisão do uso de gráficos (e também do seu uso excessivo).

O Capítulo 3, "Interdependência e ganhos comerciais", apresenta a teoria da vantagem comparativa. Essa teoria explica por que os indivíduos negociam com seus vizinhos e por que as nações negociam com outras nações. Grande parte da economia é sobre como as forças de mercado coordenam muitas decisões individuais de produção e consumo. Como ponto de partida para essa análise, os alunos aprendem por que a especialização, a interdependência e o comércio podem beneficiar a todos.

As ferramentas fundamentais de oferta e demanda

Os próximos três capítulos apresentam as ferramentas básicas de oferta e demanda. O Capítulo 4, "As forças de mercado da oferta e da demanda", aborda a curva de oferta, a curva de demanda e a noção de equilíbrio de mercado. O Capítulo 5, "Elasticidade e sua aplicação", apresenta o conceito de elasticidade e o usa para analisar eventos em três mercados diferentes. O Capítulo 6, "Oferta, demanda e políticas governamentais", usa essas ferramentas para examinar os controles de preços, como leis de controle de aluguéis e salário mínimo, e a incidência de impostos.

O Capítulo 7, "Consumidores, produtores e a eficiência dos mercados", amplia a análise da oferta e da demanda usando os conceitos de excedente do consumidor e excedente do produtor. Ele inicia desenvolvendo a ligação entre a disposição dos consumidores para pagar e a curva de demanda, e a ligação entre os custos de produção dos produtores e a curva de oferta. Em seguida, mostra que o equilíbrio do mercado maximiza a soma do excedente do produtor e do consumidor. Assim, os alunos aprendem desde cedo sobre a eficiência das alocações de mercado.

Os próximos dois capítulos aplicam os conceitos de excedente do produtor e do consumidor às questões políticas. O Capítulo 8, "Aplicação: os custos da tributação", mostra por que a tributação resulta em "perdas de peso morto" e o que determina o tamanho dessas perdas. O Capítulo 9, "Aplicação: comércio internacional", considera quem ganha e quem perde com o comércio internacional e apresenta o debate sobre políticas comerciais protecionistas.

Mais microeconomia

Após examinar por que as alocações de mercado em geral são desejáveis, consideramos como o governo às vezes pode melhorá-las. O Capítulo 10, "Externalidades", explica como efeitos externos, como a poluição, podem tornar os resultados do mercado ineficientes e discute as possíveis soluções públicas e privadas para essas ineficiências. O Capítulo 11, "Bens públicos e recursos comuns", considera os problemas que surgem quando certos bens, como a defesa nacional, não têm preço de mercado. O Capítulo 12, "A economia dos cuidados de saúde", examina as características, os problemas e os desafios políticos particulares de um setor cada vez mais importante da economia. O Capítulo 13, "A estrutura do sistema tributário", descreve como o governo aumenta a receita necessária para pagar por bens públicos. Ele apresenta alguns antecedentes institucionais sobre o sistema tributário dos Estados Unidos e, em seguida, discute como as metas de eficiência e equidade entram em jogo ao definir um sistema tributário.

Os próximos cinco capítulos examinam o comportamento das empresas e a organização industrial. O Capítulo 14, "Os custos de produção", discute o que incluir nos custos de uma empresa e apresenta curvas de custo. O Capítulo 15, "Empresas em mercados competitivos", analisa o comportamento das empresas tomadoras de preços e deriva a curva de oferta do mercado. O Capítulo 16, "Monopólio", discute o comportamento de uma empresa que é a única vendedora em seu mercado. Ele examina a ineficiência dos preços monopolistas, as possíveis respostas políticas e as tentativas dos monopólios de discriminar preços. O Capítulo 17, "Competição monopolística", analisa o comportamento em um mercado no qual muitos vendedores oferecem produtos similares, mas diferenciados. Também aborda o debate sobre os efeitos da publicidade. O Capítulo 18, "Oligopólio", abrange mercados nos quais existem apenas alguns vendedores, usando o dilema dos prisioneiros como modelo para examinar a interação estratégica.

Os próximos três capítulos apresentam questões relacionadas aos mercados de trabalho. O Capítulo 19, "Os mercados de fatores de produção", enfatiza a ligação entre os preços dos fatores e a produtividade marginal. O Capítulo 20, "Ganhos e discriminação", discute os determinantes dos salários de equilíbrio, incluindo diferenciais compensatórios, capital humano e discriminação. O Capítulo 21, "Desigualdade de renda e pobreza", examina o grau de desigualdade na sociedade estadunidense, visões alternativas sobre o papel do governo na mudança da distribuição de renda e várias políticas destinadas a ajudar os membros da sociedade em situação de pobreza.

Os próximos dois capítulos apresentam material opcional. O Capítulo 22, "A teoria da escolha do consumidor", analisa a tomada de decisão individual usando restrições orçamentárias e curvas de indiferença. O Capítulo 23, "Fronteiras da microeconomia", apresenta os tópicos de informação assimétrica, economia política e economia comportamental. Alguns professores podem pular todo ou parte desse material, mas ele é útil para motivar e preparar os alunos para futuras disciplinas de microeconomia. Os professores que incluem esses tópicos em suas aulas podem decidir abordá-los mais cedo do que eles aparecem no livro, e eu os escrevi de forma a permitir essa flexibilidade.

Macroeconomia

Minha abordagem geral para ensinar macroeconomia é examinar a economia no longo prazo (quando os preços são flexíveis) antes de examinar a economia no curto prazo (quando os preços estão fixos). Acredito que essa organização simplifica o aprendizado de macroeconomia por vários motivos. Primeiro, o pressuposto clássico de flexibilidade de preços está mais intimamente associado às lições básicas de oferta e demanda, que nesse ponto os estudantes já dominam. Em segundo lugar, a dicotomia clássica permite que o estudo de longo prazo seja dividido em várias partes de fácil compreensão. Em terceiro lugar, como o ciclo de negócios representa um desvio transitório da trajetória de crescimento de longo prazo da economia, estudar os desvios transitórios é mais natural depois que o equilíbrio de longo prazo é compreendido. Quarto, a teoria macroeconômica do longo prazo é menos controversa entre os economistas do que a teoria macroeconômica do curto prazo. Por essas razões, a maioria dos cursos avançados em macroeconomia agora segue essa abordagem de longo prazo antes de curto prazo; meu objetivo é oferecer aos alunos iniciantes a mesma vantagem.

Dou início ao estudo da macroeconomia com questões de medição. O Capítulo 24, "Medindo a renda nacional", discute o significado do produto interno bruto e estatísticas relacionadas das contas de renda nacional. O Capítulo 25, "Medindo o custo de vida", examina a medição e o uso do índice de preços ao consumidor.

Os próximos quatro capítulos descrevem o comportamento da economia real no longo prazo. O Capítulo 26, "Produção e crescimento", examina os determinantes da grande variação nos padrões de vida ao longo do tempo e entre os países. O Capítulo 27, "Poupança, investimento e sistema financeiro", discute os tipos de instituições financeiras em nossa economia e examina seu papel na alocação de recursos. O Capítulo 28, "Ferramentas básicas de finanças", apresenta o valor presente, a gestão de riscos e a precificação de ativos. O Capítulo 29, "Desemprego", considera os determinantes de longo prazo da taxa de desemprego, incluindo a procura de emprego, a legislação do salário mínimo, o poder de mercado dos sindicatos e os salários de eficiência.

Depois de descrever o comportamento de longo prazo da economia real, o livro então se volta para o comportamento da moeda e dos preços no longo prazo. O Capítulo 30, "O sistema monetário", introduz o conceito de moeda em economia e o papel do banco central no controle da quantidade de moeda. O Capítulo 31, "Crescimento da moeda e inflação", desenvolve a teoria clássica da inflação e discute os custos que a inflação impõe a uma sociedade.

Os próximos dois capítulos apresentam a macroeconomia das economias abertas, mantendo as premissas de longo prazo de flexibilidade de preços e pleno emprego. O Capítulo 32, "Macroeconomia de economia aberta: conceitos básicos", explica a relação entre poupança, investimento e balança comercial, a distinção entre a taxa de câmbio nominal e real e a teoria da paridade do poder de compra. O Capítulo 33, "A teoria macroeconômica da economia aberta", apresenta um modelo clássico do fluxo internacional de bens e capital. O modelo esclarece várias questões, incluindo a ligação entre déficits orçamentários e déficits comerciais e os efeitos macroeconômicos das políticas comerciais. Como os professores diferem em sua ênfase nesse material, esses capítulos foram escritos para que possam ser usados de maneiras diferentes. Alguns podem optar por estudar o Capítulo 32, mas não o Capítulo 33, outros podem pular os dois capítulos e outros ainda podem optar por adiar a análise da macroeconomia de economia aberta até o final de suas disciplinas.

Depois de desenvolver a teoria de longo prazo da economia nos Capítulos 26 a 33, o livro passa a explicar as flutuações de curto prazo em torno da tendência de longo prazo. O Capítulo 34, "Demanda agregada e oferta agregada", começa com alguns fatos sobre o ciclo econômico e, em seguida, apresenta o modelo de demanda agregada e oferta agregada. O Capítulo 35, "A influência das políticas monetária e fiscal sobre a demanda agregada", explica como os formuladores de políticas podem usar as ferramentas à sua disposição para mudar a curva de demanda agregada. O Capítulo 36, "O *trade-off* de curto prazo entre inflação e desemprego", explica por que os formuladores de políticas que controlam a demanda agregada enfrentam um *trade-off* entre inflação e desemprego. Ele examina por que esse *trade-off* existe no curto prazo, por que ele muda com o tempo e por que não existe no longo prazo.

A discussão da macroeconomia termina com o Capítulo 37, "Seis debates sobre política macroeconômica". Este capítulo fundamental considera seis questões controversas enfrentadas pelos formuladores de políticas: o grau adequado de ativismo político em resposta ao ciclo econômico, a eficácia relativa dos aumentos de gastos do governo e dos cortes de impostos para combater recessões, a escolha entre regras e discrição na condução da política monetária, a conveniência de atingir a inflação zero, a importância de equilibrar o orçamento do governo e a necessidade de reforma tributária para incentivar a poupança. Para cada questão, o capítulo apresenta os dois lados do debate e incentiva os alunos a fazerem seus próprios julgamentos.

O capítulo final do livro é o Capítulo 38, "Apêndice: Como os economistas usam dados." Este capítulo apresenta aos alunos os métodos estatísticos que os economistas usam para testar e aplicar suas teorias. Os professores podem optar por introduzi-lo mais cedo na disciplina.

Ferramentas de aprendizagem

O objetivo deste livro é ajudar os alunos a aprenderem as lições fundamentais da economia e mostrar como eles podem aplicar essas lições em suas vidas e no mundo em que vivem. Para esse fim, usei várias ferramentas de aprendizagem que se repetem ao longo do livro.

Estudos de caso

A teoria econômica só é útil e interessante se puder ser aplicada à compreensão de eventos e políticas reais. Este livro, portanto, contém vários estudos de caso que aplicam a teoria que acaba de ser desenvolvida.

Quadros "É notícia"

Um benefício que os estudantes obtêm ao estudar economia é uma nova perspectiva e uma maior compreensão das notícias de todo o mundo. Para destacar esse benefício, incluí trechos de muitos artigos de jornais e revistas, alguns dos quais são colunas de opinião escritas por economistas proeminentes. Os artigos, junto com minhas breves introduções, mostram como a teoria econômica básica pode ser aplicada. Esses quadros, em sua maioria, são novos nesta edição. Cada artigo termina com "Questões para discussão", que podem ser usadas para iniciar um diálogo em sala de aula.

Quadros "Saiba mais"

Esses quadros fornecem informações adicionais. Alguns oferecem um vislumbre da história do pensamento econômico, outros esclarecem problemas técnicos. Outros, ainda, discutem tópicos complementares que os professores podem optar por discutir ou pular em suas aulas.

Quadros "Pergunte a quem sabe"

Esse recurso resume os resultados do IGM Economic Experts Panel, uma pesquisa contínua com dezenas de economistas proeminentes. Com o intervalo de algumas semanas, esses especialistas recebem uma declaração e, em seguida, são questionados se concordam com ela, se discordam ou se não têm certeza. Os resultados da pesquisa aparecem próximos à discussão do tópico relevante. Eles dão aos estudantes uma ideia de quando os economistas concordam ou discordam e de quando simplesmente não sabem o que pensar.

Definições dos conceitos-chave
Quando conceitos principais são introduzidos no capítulo, eles são apresentados em fonte vermelha. Além disso, suas definições são colocadas nas margens e no glossário no final do livro. Esse destaque deve ajudar os alunos a estudar e revisar o material.

Testes rápidos
Depois de cada seção principal de um capítulo, os alunos recebem questões breves de múltipla escolha para verificar se compreendem o que acabaram de ler. Se os alunos não conseguirem responder prontamente a elas, devem parar e revisar o material antes de continuar. As respostas para todos os testes rápidos estão disponíveis no final de cada capítulo.

Resumo do capítulo
Cada capítulo termina com um breve resumo que relembra os alunos das lições mais importantes que aprenderam. Posteriormente em seu estudo, o resumo oferece uma maneira eficiente de estudar para avaliações.

Lista de conceitos-chave
Uma lista de conceitos-chave no final de cada capítulo oferece aos alunos uma maneira de testar sua compreensão dos novos termos que foram introduzidos. As páginas em que aparecem estão incluídas para que os alunos possam revisar os termos que não entendem.

Questões de revisão
Localizadas no final de cada capítulo, as questões de revisão abrangem as lições principais do capítulo. Os alunos podem usar essas perguntas para verificar sua compreensão e se preparar para as avaliações.

Problemas e aplicações
Cada capítulo também contém uma variedade de problemas e aplicações que pedem aos alunos que apliquem o material que aprenderam. Alguns professores podem usar essas perguntas para tarefas de casa. Outros podem usá-los como ponto de partida para discussões em sala de aula.

Capítulo *online* opcional sobre a cruz keynesiana
Escrevi um capítulo curto sobre a cruz keynesiana (às vezes chamada de modelo de renda-despesa) que complementa o material sobre demanda agregada e oferta agregada. Esse conteúdo pode ser acessado na página deste livro no *site* **loja.grupoa.com.br**.

Traduções e adaptações
Fico muito feliz que as versões deste livro estejam disponíveis em muitos idiomas pelo mundo. As traduções atualmente previstas incluem azeri, chinês (padrão e simplificado), croata, tcheco, holandês, francês, georgiano, alemão, grego, indonésio, italiano, japonês, coreano, macedônio, montenegrino, português, romeno, russo, sérvio e espanhol. Além disso, adaptações do livro para estudantes australianos, canadenses, europeus e neozelandeses também estão disponíveis. Os professores que quiserem obter mais informações sobre esses livros devem entrar em contato com a Cengage.

Prefácio: ao estudante

"Economia é o estudo da humanidade nos fatos comuns da vida." Assim escreveu Alfred Marshall, o grande economista do século XIX, em seu livro *Princípios de Economia*. O conhecimento econômico avançou substancialmente desde a época de Marshall, mas essa definição de economia é tão verdadeira hoje quanto era em 1890, quando a 1ª edição de seu livro foi publicada.

Por que você, enquanto estudante no século XXI, deveria embarcar no estudo da economia? Há três motivos para isso.

A primeira razão para estudar economia é que ela o ajudará a entender o mundo em que você vive. Muitas perguntas sobre economia podem despertar sua curiosidade. Por que é tão difícil encontrar apartamentos na cidade de Nova York? Por que as companhias aéreas cobram menos por uma passagem de ida e volta se a viagem abranger uma noite de sábado? Por que Scarlett Johansson recebe tanto pelo seu trabalho como atriz? Por que os padrões de vida são tão baixos em muitos países africanos? Por que alguns países têm altas taxas de inflação, enquanto outros têm preços estáveis? Por que os empregos são fáceis de encontrar em alguns anos e difíceis de encontrar em outros? Essas são apenas algumas das perguntas que o estudo da economia ajuda a responder.

A segunda razão é que o conhecimento da disciplina o tornará um participante mais astuto na economia. Ao longo de sua vida, você tomará muitas decisões econômicas. Como estudante, você decide quantos anos permanecer na graduação e pós-graduações. Depois de conseguir um emprego, você decidirá quanto de sua renda gastar, quanto economizar e como investir suas economias. Algum dia, você poderá administrar uma pequena empresa ou uma grande corporação e decidirá quantos trabalhadores contratar e quais preços cobrar por seus produtos. Estudar economia lhe dará uma nova perspectiva sobre a melhor forma de tomar essas decisões. Os *insights* explorados nos próximos capítulos não o tornarão rico, por si só, mas podem ajudar nessa empreitada.

A terceira razão para estudar economia é que ela o ajudará a entender o potencial e os limites da política econômica. As questões econômicas estão sempre na mente dos formuladores de políticas nos gabinetes dos prefeitos e nos palácios dos governadores e presidentes. Quais são os encargos de formas alternativas de tributação? Quais são os efeitos do livre-comércio com outros países? Qual é a melhor forma de proteger o meio ambiente? Como um déficit orçamentário do governo afeta o crescimento? Como eleitor, você ajuda a escolher as políticas que orientam a alocação dos recursos da sociedade. Uma compreensão da economia o ajudará a cumprir essa responsabilidade. E, talvez, algum dia você mesmo acabe sendo um desses formuladores de políticas.

Os princípios da economia podem ser aplicados a muitas situações da vida. Se no futuro você estiver acompanhando as notícias, administrando uma empresa ou liderando um país, ficará feliz por ter estudado economia.

N. Gregory Mankiw

Sumário

Parte I   Introdução   1
- 1   Dez princípios da economia   1
- 2   Pensando como um economista   17
- 3   Interdependência e ganhos comerciais   45

Parte II   Como funcionam os mercados   61
- 4   As forças de mercado da oferta e da demanda   61
- 5   Elasticidade e sua aplicação   87
- 6   Oferta, demanda e políticas governamentais   111

Parte III   Mercados e bem-estar   133
- 7   Consumidores, produtores e a eficiência dos mercados   133
- 8   Aplicação: os custos da tributação   153
- 9   Aplicação: comércio internacional   169

Parte IV   A economia do setor público   189
- 10   Externalidades   189
- 11   Bens públicos e recursos comuns   211
- 12   A economia dos cuidados de saúde   227
- 13   A estrutura do sistema tributário   247

Parte V   Comportamento das empresas e organização da indústria   267
- 14   Os custos de produção   267
- 15   Empresas em mercados competitivos   287
- 16   Monopólio   311
- 17   Competição monopolística   341
- 18   Oligopólio   359

Parte VI   A economia dos mercados de trabalho   381
- 19   Os mercados de fatores de produção   381
- 20   Ganhos e discriminação   403
- 21   Desigualdade de renda e pobreza   421

Parte VII   Tópicos de estudos avançados   443
- 22   A teoria da escolha do consumidor   443
- 23   Fronteiras da microeconomia   471

Parte VIII   Dados macroeconômicos   491
- 24   Medindo a renda nacional   491
- 25   Medindo o custo de vida   511

Parte IX   A economia real no longo prazo   529
- 26   Produção e crescimento   529
- 27   Poupança, investimento e sistema financeiro   553
- 28   Ferramentas básicas de finanças   575
- 29   Desemprego   591

Parte X   Moeda e preços no longo prazo   615
- 30   O sistema monetário   615
- 31   Crescimento da moeda e inflação   639

Parte XI   A macroeconomia das economias abertas   665
- 32   Macroeconomia de economia aberta: conceitos básicos   665
- 33   A teoria macroeconômica da economia aberta   687

Parte XII   Flutuações econômicas no curto prazo   709
- 34   Demanda agregada e oferta agregada   709
- 35   A influência das políticas monetária e fiscal sobre a demanda agregada   747
- 36   O *trade-off* de curto prazo entre inflação e desemprego   771

Parte XIII   Considerações finais   797
- 37   Seis debates sobre política macroeconômica   797
- 38   Apêndice: Como os economistas usam dados   819

Sumário detalhado

Parte I Introdução 1

Capítulo 1
Dez princípios da economia 1

1-1 Como as pessoas tomam decisões 2
  1-1a Princípio 1: as pessoas enfrentam *trade-offs* 2
  1-1b Princípio 2: o custo de algo é o que você renuncia para obtê-lo 3
  1-1c Princípio 3: as pessoas racionais pensam na margem 4
  1-1d Princípio 4: as pessoas reagem a incentivos 5

1-2 Como as pessoas interagem 6
  1-2a Princípio 5: o comércio pode ser bom para todos 6
  1-2b Princípio 6: os mercados são geralmente uma boa maneira de organizar a atividade econômica 7
  Saiba mais Adam Smith e a mão invisível 8
  Estudo de caso Adam Smith teria amado a Uber 8
  1-2c Princípio 7: às vezes os governos podem melhorar os resultados dos mercados 9

1-3 Como funciona a economia como um todo 11
  1-3a Princípio 8: o padrão de vida de um país depende de sua capacidade de produzir bens e serviços 11
  1-3b Princípio 9: os preços sobem quando o governo emite moeda demais 11
  1-3c Princípio 10: a sociedade enfrenta um *trade-off* de curto prazo entre inflação e desemprego 12

1-4 Conclusão 13
Resumo do capítulo 14
Conceitos-chave 14
Questões de revisão 14
Problemas e aplicações 14

Capítulo 2
Pensando como um economista 17

2-1 O economista como cientista 18
  2-1a O método científico: observação, teoria e mais observação 18
  2-1b O papel dos pressupostos 19
  2-1c Modelos econômicos 19
  2-1d Nosso primeiro modelo: o diagrama do fluxo circular 20
  2-1e Nosso segundo modelo: a fronteira de possibilidades de produção 22
  2-1f Microeconomia e macroeconomia 24

2-2 O economista como assessor político 25
  É notícia Por que as empresas de tecnologia contratam economistas 26

  2-2a Análise positiva *versus* análise normativa 26
  2-2b Economistas em Washington 28
  2-2c Por que os conselhos dos economistas nem sempre são seguidos 29

2-3 Por que os economistas divergem 30
  2-3a Divergências quanto ao julgamento científico 30
  2-3b Divergências quanto a valores 30
  2-3c Percepção *versus* realidade 31
  Pergunte a quem sabe Revenda de ingressos 31

2-4 Vamos em frente 32
Resumo do capítulo 32
Conceitos-chave 33
Questões de revisão 33
Problemas e aplicações 33
APÊNDICE Gráficos: uma revisão rápida 35
  Gráficos de variável única 35
  Gráficos de duas variáveis: o sistema de coordenadas 36
  Curvas no sistema de coordenadas 37
  Inclinação 39
  Causa e efeito 41

Capítulo 3
Interdependência e ganhos comerciais 45

3-1 Uma parábola da economia moderna 46
  3-1a Possibilidades de produção 46
  3-1b Especialização e comércio 48

3-2 Vantagem comparativa: a força motriz da especialização 50
  3-2a Vantagem absoluta 50
  3-2b Custo de oportunidade e vantagem comparativa 50
  3-2c Vantagem comparativa e comércio 52
  3-2d O preço do comércio 52
  Saiba mais O legado de Adam Smith e David Ricardo 53

3-3 Aplicações da vantagem comparativa 53
  3-3a Naomi Osaka deve cortar seu próprio gramado? 54
  3-3b Os Estados Unidos devem comerciar com outros países? 54

3-4 Conclusão 55
  Pergunte a quem sabe Comércio entre a China e os EUA 55
  É notícia A economia no casamento 56
Resumo do capítulo 56
Conceitos-chave 57
Questões de revisão 57
Problemas e aplicações 58

Parte II Como funcionam os mercados 61

Capítulo 4

As forças de mercado da oferta e da demanda 61

4-1 Mercados e competição 62
- 4-1a O que é um mercado? 62
- 4-1b O que é competição? 62

4-2 Demanda 63
- 4-2a Curva de demanda: a relação entre preço e quantidade demandada 63
- 4-2b Demanda de mercado *versus* demanda individual 64
- 4-2c Deslocamentos da curva de demanda 65
- **Estudo de caso** Duas formas de reduzir o tabagismo 68

4-3 Oferta 69
- 4-3a Curva de oferta: a relação entre preço e quantidade ofertada 69
- 4-3b Oferta de mercado *versus* oferta individual 70
- 4-3c Deslocamentos da curva de oferta 70

4-4 Oferta e demanda juntas 73
- 4-4a Equilíbrio 73
- 4-4b Três etapas para analisar mudanças do equilíbrio 75
- **É notícia** Aumento de preços após desastres 80

4-5 Conclusão: como os preços alocam recursos 82
- **Pergunte a quem sabe** Preços abusivos 82

Resumo do capítulo 83
Conceitos-chave 83
Questões de revisão 84
Problemas e aplicações 84

Capítulo 5

Elasticidade e sua aplicação 87

5-1 Elasticidade da demanda 88
- 5-1a A elasticidade-preço da demanda e seus determinantes 88
- 5-1b Cálculo da elasticidade-preço da demanda 89
- 5-1c O método do ponto médio: uma maneira melhor de calcular variações percentuais e elasticidades 89
- 5-1d A variedade das curvas de demanda 90
- 5-1e Receita total e elasticidade-preço da demanda 91
- **Saiba mais** Algumas elasticidades do mundo real 91
- 5-1f Elasticidade e receita total ao longo de uma curva de demanda linear 94
- 5-1g Outras elasticidades da demanda 96

5-2 Elasticidade da oferta 97
- 5-2a A elasticidade-preço da oferta e seus determinantes 97
- 5-2b Cálculo da elasticidade-preço da oferta 98
- 5-2c A variedade das curvas de oferta 98

5-3 Três aplicações da oferta, demanda e elasticidade 100
- 5-3a Boas notícias para a agricultura podem ser más notícias para os agricultores? 101
- 5-3b Por que a Opep não conseguiu manter o preço do petróleo elevado? 103
- 5-3c A apreensão de drogas aumenta ou diminui os crimes relacionados a elas? 104
- **É notícia** Elasticidade da oferta e da demanda no mercado de transporte por aplicativo 106

5-4 Conclusão 108
Resumo do capítulo 108
Conceitos-chave 108
Questões de revisão 108
Problemas e aplicações 109

Capítulo 6

Oferta, demanda e políticas governamentais 111

6-1 Os efeitos surpreendentes dos controles de preços 112
- 6-1a Como os preços máximos afetam os resultados do mercado 112
- **Estudo de caso** Como criar longas filas no posto de gasolina 114
- **Estudo de caso** Por que o controle de aluguéis causa escassez de moradias, sobretudo em longo prazo 115
- **Pergunte a quem sabe** Controle de aluguéis 116
- 6-1b Como os preços mínimos afetam os resultados do mercado 116
- **Estudo de caso** Controvérsias sobre o salário mínimo 118
- **Pergunte a quem sabe** Salário mínimo 120
- 6-1c Avaliação do controle de preços 120

6-2 O surpreendente estudo da incidência tributária 121
- 6-2a Como os impostos cobrados dos vendedores afetam os resultados do mercado 121
- **É notícia** O salário mínimo deveria ser de US$ 15 por hora? 122
- 6-2b Como os impostos cobrados dos compradores afetam os resultados do mercado 124
- **Estudo de caso** O Congresso pode distribuir o ônus de um imposto sobre a folha de pagamento? 126
- 6-2c Elasticidade e incidência tributária 127
- **Estudo de caso** Quem paga o imposto sobre os artigos de luxo? 128

6-3 Conclusão 129
Resumo do capítulo 129
Conceitos-chave 130
Questões de revisão 130
Problemas e aplicações 130

Parte III Mercados e bem-estar 133

Capítulo 7

Consumidores, produtores e a eficiência dos mercados 133

7-1 Excedente do consumidor 134
- 7-1a Disposição para pagar 134
- 7-1b Usando a curva de demanda para medir o excedente do consumidor 135

Sumário detalhado xxiii

7-1c Como um preço mais baixo aumenta o excedente do consumidor 137
7-1d O que mede o excedente do consumidor? 138

7-2 Excedente do produtor 139
7-2a Custo e disposição para vender 139
7-2b Uso da curva de oferta para medir o excedente do produtor 140
7-2c Como um preço mais alto aumenta o excedente do produtor 141

7-3 Eficiência dos mercados 143
7-3a O planejador social benevolente 143
7-3b Avaliação do equilíbrio de mercado 144
Pergunte a quem sabe Oferta de rins 146
Estudo de caso Deveria existir um mercado de órgãos? 146

7-4 Conclusão: eficiência e falhas do mercado 147
É notícia Como revendedores de ingressos ajudam a alocar recursos escassos 148
Resumo do capítulo 150
Conceitos-chave 150
Questões de revisão 150
Problemas e aplicações 150

Capítulo 8
Aplicação: os custos da tributação 153

8-1 O peso morto dos impostos 154
8-1a Como um imposto afeta os participantes do mercado 154
8-1b Peso morto e ganhos comerciais 157

8-2 Determinantes do peso morto 158
Estudo de caso O debate sobre o peso morto 160

8-3 O peso morto e a receita fiscal com a variação tributária 162
Estudo de caso A curva de Laffer e a economia pelo lado da oferta 163
Pergunte a quem sabe A curva de Laffer 164

8-4 Conclusão 165
Resumo do capítulo 165
Conceito-chave 166
Questões de revisão 166
Problemas e aplicações 166

Capítulo 9
Aplicação: comércio internacional 169

9-1 Os determinantes do comércio 170
9-1a O equilíbrio sem comércio 170
9-1b Preço mundial e vantagem comparativa 171

9-2 Os ganhadores e perdedores no comércio internacional 171
9-2a Ganhos e perdas de um país exportador 172
9-2b Ganhos e perdas de um país importador 173
9-2c Os efeitos de uma tarifa 175

Saiba mais Cotas de importação: outra forma de restringir o comércio 177
9-2d Lições para a política comercial 177
9-2e Outros benefícios do comércio internacional 178

9-3 Os argumentos em favor da restrição do comércio 179
9-3a O argumento dos empregos 180
9-3b O argumento da segurança nacional 180
9-3c O argumento da indústria nascente 180
9-3d O argumento da competição desleal 181
9-3e O argumento da proteção como instrumento de barganha 181
Estudo de caso Acordos comerciais e a Organização Mundial do Comércio 181
Pergunte a quem sabe Acordos comerciais e tarifas 181
É notícia O comércio é uma ferramenta de desenvolvimento econômico 182

9-4 Conclusão 184
Resumo do capítulo 185
Conceitos-chave 185
Questões de revisão 185
Problemas e aplicações 186

Parte IV A economia do setor público 189

Capítulo 10
Externalidades 189

10-1 Externalidades e ineficiência do mercado 191
10-1a Economia do bem-estar: recapitulação 191
10-1b Externalidades negativas 192
10-1c Externalidades positivas 193
Estudo de caso *Spillover* tecnológico, política industrial e proteção de patentes 194

10-2 Políticas públicas para as externalidades 195
10-2a Políticas de comando e controle: regulamentação 195
Pergunte a quem sabe Vacina contra a Covid-19 196
10-2b Política baseada no mercado 1: impostos corretivos e subsídios 196
Estudo de caso Por que há tantos tributos sobre a gasolina? 197
10-2c Política baseada no mercado 2: licenças de poluição negociáveis 199
10-2d Objeções à análise econômica da poluição 201
Estudo de caso Mudanças climáticas e taxas de carbono 201
Pergunte a quem sabe Taxas de carbono 202

10-3 Soluções privadas para as externalidades 203
10-3a Tipos de solução privada 203
10-3b O teorema de Coase 204
10-3c Por que as soluções privadas nem sempre funcionam 205
É notícia O teorema de Coase em ação 206

10-4 Conclusão 206
Resumo do capítulo 207
Conceitos-chave 208
Questões de revisão 208
Problemas e aplicações 208

Capítulo 11

Bens públicos e recursos comuns 211

11-1 Os diferentes tipos de bens 212

11-2 Bens públicos 214
  11-2a O problema dos caronas 214
  11-2b Alguns bens públicos importantes 214
  Estudo de caso Os faróis são bens públicos? 216
  11-2c A difícil tarefa da análise de custo-benefício 216
  Estudo de caso Quanto vale uma vida? 217

11-3 Recursos comuns 218
  11-3a A tragédia dos comuns 218
  11-3b Alguns recursos comuns importantes 219
  Pergunte a quem sabe Precificação do congestionamento 220
  Estudo de caso Por que as vacas não estão extintas 221
  É notícia Precificação das rodovias 222

11-4 Conclusão: direitos de propriedade e ação governamental 222
Resumo do capítulo 224
Conceitos-chave 224
Questões de revisão 224
Problemas e aplicações 224

Capítulo 12

A economia dos cuidados de saúde 227

12-1 As particularidades do mercado dos cuidados de saúde 228
  12-1a Externalidades em abundância 229
  Estudo de caso Hesitação à vacina 230
  12-1b A dificuldade de monitorar a qualidade 230
  12-1c O mercado de seguros e suas imperfeições 231
  12-1d A assistência à saúde como um direito 233
  12-1e As regras que controlam o mercado dos cuidados de saúde 233

12-2 Fatos importantes sobre o sistema de saúde dos Estados Unidos 235
  12-2a As pessoas estão vivendo por mais tempo 235
  12-2b Os gastos com cuidados de saúde são uma parte cada vez maior da economia 236
  Pergunte a quem sabe Doença de custos de Baumol 238
  12-2c Os gastos com saúde são especialmente elevados nos Estados Unidos 238
  12-2d As despesas diretas são uma parte cada vez menor dos gastos com saúde 239
  Pergunte a quem sabe Imposto do Cadillac 240

12-3 Conclusão: o debate político sobre o sistema de saúde 241
  É notícia Lições da pandemia de 2020 242
Resumo do capítulo 244
Conceitos-chave 244
Questões de revisão 244
Problemas e aplicações 244

Capítulo 13

A estrutura do sistema tributário 247

13-1 Tributação nos Estados Unidos: um panorama geral 248
  13-1a Impostos coletados pelo governo federal dos Estados Unidos 249
  13-1b Impostos coletados por governos estaduais e municipais nos Estados Unidos 251

13-2 Impostos e eficiência 252
  13-2a Perdas de peso morto 253
  Estudo de caso A renda ou o consumo devem ser tributados? 253
  13-2b Ônus administrativo 254
  13-2c Alíquotas marginais de imposto *versus* alíquotas médias de imposto 255
  13-2d Imposto fixo único 255
  Pergunte a quem sabe Taxas marginais de imposto 255

13-3 Impostos e equidade 256
  13-3a O princípio dos benefícios 257
  13-3b O princípio da capacidade de pagamento 257
  Estudo de caso Como a carga tributária é distribuída 258
  13-3c Incidência tributária e equidade tributária 260
  Estudo de caso Quem paga pelo imposto de renda da pessoa jurídica? 260

13-4 Conclusão: o *trade-off* entre equidade e eficiência 261
  É notícia O imposto sobre valor agregado 262
Resumo do capítulo 264
Conceitos-chave 264
Questões de revisão 264
Problemas e aplicações 264

Parte V Comportamento das empresas e organização da indústria 267

Capítulo 14

Os custos de produção 267

14-1 O que são custos? 268
  14-1a Receita total, custo total e lucro 268
  14-1b Por que os custos de oportunidade são importantes 268
  14-1c O custo do capital é um custo de oportunidade 269
  14-1d Economistas e contadores medem o lucro de maneira diferente 269

14-2 Produção e custos 271
  14-2a A função de produção 271
  14-2b Da função de produção à curva de custo total 273

14-3 As diversas medidas do custo 274
  14-3a Custos fixos e variáveis 275
  14-3b Custos médio e marginal 275
  14-3c Curvas de custos e seus formatos 276
  14-3d Curvas de custos típicas 278

14-4 Custos no curto e no longo prazo 280
  14-4a A relação entre custo total médio no curto e no longo prazo 280

14-4b Economias e deseconomias de escala 281
Saiba mais Lições de uma fábrica de alfinetes 281

14-5 Conclusão 282
Resumo do capítulo 283
Conceitos-chave 283
Questões de revisão 283
Problemas e aplicações 284

Capítulo 15

Empresas em mercados competitivos 287

15-1 O que é um mercado competitivo? 288
15-1a O significado da competição 288
15-1b A receita de uma empresa competitiva 288

15-2 Maximização do lucro e a curva de oferta de uma empresa competitiva 290
15-2a Um exemplo simples de maximização do lucro 290
15-2b A curva de custo marginal e a decisão de oferta da empresa 292
15-2c A decisão da empresa de paralisar as atividades no curto prazo 294
15-2d Leite derramado e outros custos irrecuperáveis 295
Estudo de caso Restaurantes quase vazios e pousadas fora da temporada 296
15-2e A decisão da empresa de entrar ou sair do mercado no longo prazo 297
15-2f Medindo o lucro da empresa competitiva em um gráfico 297
15-2g Um breve resumo 299

15-3 A curva de oferta em um mercado competitivo 300
15-3a O curto prazo: oferta do mercado com um número fixo de empresas 300
15-3b O longo prazo: oferta do mercado com entrada e saída de empresas 300
15-3c Por que as empresas competitivas se mantêm em atividade quando têm lucro zero? 302
15-3d A mudança na demanda no curto e no longo prazo 303
15-3e Por que a curva de oferta no longo prazo pode ter inclinação ascendente 303

15-4 Conclusão: por trás da curva de oferta 306
Resumo do capítulo 306
Conceitos-chave 306
Questões de revisão 306
Problemas e aplicações 307

Capítulo 16

Monopólio 311

16-1 Por que surgem os monopólios 312
16-1a Recursos de monopólio 313
16-1b Monopólios criados pelo governo 313
16-1c Monopólios naturais 314

16-2 Como os monopólios tomam decisões de produção e preços 315
16-2a Monopólio *versus* concorrência 315
16-2b A receita do monopólio 316
16-2c Maximização do lucro 318
Saiba mais Por que os monopólios não têm curva de oferta 320
16-2d O lucro do monopólio 320
Estudo de caso Medicamentos de monopólio *versus* medicamentos genéricos 321

16-3 O custo de bem-estar dos monopólios 323
16-3a O peso morto 323
16-3b O lucro do monopólio: um custo social? 325

16-4 Discriminação de preços 326
16-4a Uma parábola sobre a precificação 326
16-4b A moral da história 327
16-4c A análise da discriminação de preços 328
16-4d Exemplos de discriminação de preços 329

16-5 Políticas públicas em relação aos monopólios 330
16-5a Aumentando a concorrência com leis antitruste 331
16-5b Regulamentação 331
Pergunte a quem sabe Fusões e concorrência 332
16-5c Propriedade pública 333
16-5d Antes de tudo, não causar dano 333
É notícia O governo do Biden conseguirá ampliar o escopo da política antitruste? 334

16-6 Conclusão: a prevalência dos monopólios 334
Resumo do capítulo 336
Conceitos-chave 337
Questões de revisão 337
Problemas e aplicações 337

Capítulo 17

Competição monopolística 341

17-1 Entre o monopólio e a competição perfeita 342

17-2 Competição com produtos diferenciados 344
17-2a A empresa monopolisticamente competitiva no curto prazo 344
17-2b O equilíbrio no longo prazo 346
17-2c Competição monopolística *versus* competição perfeita 347
17-2d Competição monopolística e o bem-estar social 348

17-3 Publicidade 350
17-3a O debate sobre publicidade 350
Estudo de caso Como a publicidade afeta os preços 351
17-3b Publicidade como sinal de qualidade 352
17-3c Marcas 353

17-4 Conclusão 354
Resumo do capítulo 355
Conceitos-chave 356
Questões de revisão 356
Problemas e aplicações 356

Capítulo 18

Oligopólio 359

18-1 Mercados com poucos vendedores 360
18-1a Um exemplo de duopólio 360
18-1b Competição, monopólios e cartéis 360
18-1c O equilíbrio em um oligopólio 362

xxvi Sumário detalhado

18-1d Como o tamanho de um oligopólio afeta o resultado de mercado 363
Pergunte a quem sabe Participação de mercado e poder de mercado 364

18-2 A economia da cooperação 364
18-2a O dilema dos prisioneiros 365
18-2b Oligopólios como um dilema dos prisioneiros 366
Estudo de caso Opep e o mercado mundial de petróleo 367
18-2c Outros exemplos do dilema dos prisioneiros 368
18-2d O dilema dos prisioneiros e o bem-estar da sociedade 369
18-2e Por que as pessoas às vezes cooperam 370
Estudo de caso O torneio do dilema dos prisioneiros 370

18-3 Políticas públicas em relação aos oligopólios 371
18-3a Restrição ao comércio e a legislação antitruste 371
Estudo de caso Uma ligação ilegal 372
18-3b Controvérsias sobre a política antitruste 372
Pergunte a quem sabe Práticas antitruste na economia digital 374
Estudo de caso O caso da Microsoft 375
É notícia Amazon no centro das atenções 376

18-4 Conclusão 377
Resumo do capítulo 378
Conceitos-chave 378
Questões de revisão 378
Problemas e aplicações 378

Parte VI A economia dos mercados de trabalho 381

Capítulo 19
Os mercados de fatores de produção 381

19-1 A demanda por mão de obra 382
19-1a A empresa competitiva e maximizadora de lucros 382
19-1b A função da produção e o produto marginal do trabalho 383
19-1c O valor do produto marginal e a demanda por mão de obra 385
19-1d O que faz a curva de demanda por trabalho se deslocar? 386
Saiba mais Demanda de insumos e oferta de produtos: dois lados da mesma moeda 387

19-2 A oferta de mão de obra 388
19-2a O *trade-off* entre trabalho e lazer 388
19-2b O que faz a curva de oferta de mão de obra se deslocar? 389
Pergunte a quem sabe Imigração 390

19-3 Equilíbrio no mercado de trabalho 390
19-3a Deslocamentos da oferta de mão de obra 390
Estudo de caso O debate sobre imigração 392
19-3b Deslocamentos da demanda por mão de obra 393
Estudo de caso Produtividade e salários 393

19-4 Os outros fatores de produção: terra e capital 395
19-4a Equilíbrio nos mercados de terra e de capital 395
Saiba mais O que é renda de capital? 396
19-4b Elos entre os fatores de produção 397
Estudo de caso A economia da Peste Negra 397

19-5 Conclusão 398
Resumo do capítulo 398
Conceitos-chave 398
Questões de revisão 399
Problemas e aplicações 399

Capítulo 20
Ganhos e discriminação 403

20-1 O que determina os salários? 404
20-1a Diferenciais compensatórios 404
20-1b Capital humano 404
Estudo de caso O aumento do valor das qualificações 405
Pergunte a quem sabe Desigualdade e qualificações 406
20-1c Habilidade, esforço e sorte 406
Estudo de caso Os benefícios da beleza 407
20-1d Uma visão alternativa da educação: sinalização 407
20-1e O fenômeno das superestrelas 408
20-1f Salários abaixo do equilíbrio: monopsônio 409
Pergunte a quem sabe Concorrência nos mercados de trabalho 409
É notícia Os efeitos tardios da pandemia de Covid 410
20-1g Salários acima do equilíbrio: leis de salário mínimo, sindicatos e salários de eficiência 410

20-2 A economia da discriminação 412
20-2a Medindo a discriminação no mercado de trabalho 412
Estudo de caso Emily é mais empregável do que Lakisha? 414
20-2b Discriminação por parte dos empregadores 414
Estudo de caso Bondes segregados e a motivação do lucro 415
20-2c Discriminação por parte de clientes e governos 415
Estudo de caso Discriminação no esporte 416
20-2d Discriminação estatística 417

20-3 Conclusão 418
Resumo do capítulo 418
Conceitos-chave 418
Questões de revisão 419
Problemas e aplicações 419

Capítulo 21
Desigualdade de renda e pobreza 421

21-1 A mensuração da desigualdade 422
21-1a Desigualdade de renda nos Estados Unidos 422
21-1b Desigualdade ao redor do mundo 423
Saiba mais A renda dos super-ricos 424
21-1c A taxa de pobreza 424
21-1d Problemas na mensuração da desigualdade 427
21-1e Mobilidade econômica 428

Estudo de caso Uma perspectiva sobre a desigualdade de renda ao longo da vida 429

21-2 A filosofia política da redistribuição de renda 430
21-2a A tradição utilitarista 430
21-2b A tradição contratualista liberal 431
21-2c A tradição libertária 432

21-3 Políticas de redução da pobreza 434
21-3a Legislação do salário mínimo 434
21-3b Bem-estar social 434
21-3c Imposto de renda negativo 435
É notícia Pobreza durante a pandemia 436
21-3d Transferências em espécie 436
21-3e Programas antipobreza e incentivos ao trabalho 437

21-4 Conclusão 439
Resumo do capítulo 439
Conceitos-chave 440
Questões de revisão 440
Problemas e aplicações 440

Parte VII Tópicos de estudos avançados 443

Capítulo 22

A teoria da escolha do consumidor 443

22-1 A restrição orçamentária: o que o consumidor pode gastar 444
22-1a Representando oportunidades de consumo em um gráfico 444
22-1b Mudanças na restrição orçamentária 445

22-2 Preferências: o que o consumidor quer 447
22-2a Representação das preferências com curvas de indiferença 447
22-2b Quatro propriedades das curvas de indiferença 448
22-2c Dois exemplos extremos de curvas de indiferença 450

22-3 Otimização: o que o consumidor escolhe 452
22-3a As escolhas ótimas do consumidor 452
Saiba mais Utilidade: uma forma alternativa de descrever as preferências e a otimização 453
22-3b Como as variações na renda afetam as escolhas do consumidor 453
22-3c Como as variações nos preços afetam as escolhas do consumidor 455
22-3d Efeito renda e efeito substituição 455
22-3e Derivação da curva de demanda 457

22-4 Três aplicações 458
22-4a Todas as curvas de demanda têm inclinação negativa? 459
Estudo de caso A busca por bens de Giffen 460
22-4b Como os salários afetam a oferta de trabalho? 460
Estudo de caso Efeitos da renda sobre a oferta de trabalho: tendências históricas, ganhadores da loteria e a hipótese de Carnegie 463
22-4c Como as taxas de juros afetam a poupança das famílias? 464

22-5 Conclusão: as pessoas realmente pensam assim? 467
Resumo do capítulo 467
Conceitos-chave 468
Questões de revisão 468
Problemas e aplicações 468

Capítulo 23

Fronteiras da microeconomia 471

23-1 Informação assimétrica 472
23-1a Ações ocultas: principais, agentes e risco moral 472
Saiba mais Administração corporativa 473
23-1b Características ocultas: seleção adversa e o problema do limão 474
23-1c Sinalização para transmitir informações privadas 474
Estudo de caso Presentes como sinais 475
23-1d Seleção para descobrir informações privadas 476
23-1e Informação assimétrica e política pública 476

23-2 Economia política 477
23-2a O paradoxo eleitoral de Condorcet 478
23-2b O teorema da impossibilidade de Arrow 479
23-2c O eleitor mediano é rei 480
23-2d Os políticos também são pessoas 481

23-3 Economia comportamental 482
23-3a As pessoas nem sempre são racionais 482
23-3b As pessoas se importam com a justiça 484
23-3c As pessoas são inconsistentes ao longo do tempo 485
Pergunte a quem sabe Economia comportamental 485
É notícia Falhas na avaliação de risco 486

23-4 Conclusão 487
Resumo do capítulo 488
Conceitos-chave 488
Questões de revisão 488
Problemas e aplicações 488

Parte VIII Dados macroeconômicos 491

Capítulo 24

Medindo a renda nacional 491

24-1 Renda e despesa da economia 492

24-2 Mensuração do PIB 494
24-2a "PIB é o valor de mercado..." 494
24-2b "...de todos..." 494
24-2c "... os bens e serviços ..." 495
24-2d "... finais ..." 495
24-2e "... produzidos ..." 495
24-2f "... em um país..." 495
24-2g "... em um dado período" 495
Saiba mais Outras medidas de renda 496

24-3 Os componentes do PIB 497
24-3a Consumo 497
24-3b Investimento 497
24-3c Gastos do governo 498

24-3d Exportações líquidas 498
Estudo de caso Os componentes do PIB dos Estados Unidos 499

24-4 PIB real *versus* PIB nominal 500
24-4a Um exemplo numérico 501
24-4b O deflator do PIB 501
Estudo de caso O PIB real ao longo de meio século 502

24-5 O PIB é uma boa medida de bem-estar econômico? 504
Estudo de caso Diferenças internacionais no PIB e na qualidade de vida 505
É notícia Sexo, drogas e PIB 506

24-6 Conclusão 507
Resumo do capítulo 508
Conceitos-chave 508
Questões de revisão 508
Problemas e aplicações 508

Capítulo 25
Medindo o custo de vida 511

25-1 O índice de preços ao consumidor 512
25-1a Como é calculado o IPC 512
Saiba mais O que há na cesta do IPC? 514
25-1b Problemas no cálculo do custo de vida 515
25-1c O deflator do PIB *versus* o índice de preços ao consumidor 516

25-2 Corrigindo as variáveis econômicas dos efeitos da inflação 518
25-2a Valores monetários em diferentes épocas 518
Saiba mais O Sr. Índice vai a Hollywood 519
Estudo de caso Diferenças regionais no custo de vida 519
25-2b Indexação 521
25-2c Taxas de juros reais e nominais 521
Estudo de caso Taxas de juros na economia dos Estados Unidos 522

25-3 Conclusão 524
Resumo do capítulo 525
Conceitos-chave 525
Questões de revisão 525
Problemas e aplicações 526

Parte IX A economia real no longo prazo 529

Capítulo 26
Produção e crescimento 529

26-1 Crescimento econômico no mundo 530
Saiba mais Você é mais rico do que o estadunidense mais rico? 532

26-2 Produtividade: seu papel e seus determinantes 532
26-2a Por que a produtividade é tão importante 533
26-2b Como a produtividade é determinada 533
Saiba mais A função de produção 535
Estudo de caso Os recursos naturais são um limite para o crescimento? 536

26-3 Crescimento econômico e políticas públicas 537
26-3a Poupança e investimento 537
26-3b Rendimentos decrescentes e o efeito de convergência 537
26-3c Investimento estrangeiro 539
26-3d Educação 540
26-3e Saúde e nutrição 540
26-3f Direitos de propriedade e estabilidade política 541
26-3g Livre-comércio 542
26-3h Pesquisa e desenvolvimento 542
26-3i Crescimento populacional 543
Pergunte a quem sabe Inovação e crescimento 543
Estudo de caso Por que grande parte da África é pobre? 545
É notícia A receita secreta da prosperidade estadunidense 548

26-4 Conclusão: a importância do crescimento no longo prazo 548
Resumo do capítulo 549
Conceitos-chave 550
Questões de revisão 550
Problemas e aplicações 550

Capítulo 27
Poupança, investimento e sistema financeiro 553

27-1 Instituições financeiras na economia dos Estados Unidos 554
27-1a Mercados financeiros 554
27-1b Intermediários financeiros 556
27-1c Resumindo 558

27-2 Poupança e investimento nas contas da renda nacional 558
27-2a Algumas identidades importantes 559
27-2b O significado de poupança e investimento 560

27-3 O mercado de fundos emprestáveis 561
27-3a Oferta e demanda de fundos emprestáveis 561
27-3b Política 1: incentivos à poupança 563
27-3c Política 2: incentivos ao investimento 565
Estudo de caso O declínio nas taxas de juros reais de 1984 a 2020 566
27-3d Política 3: déficits e superávits orçamentários do governo 567
Estudo de caso A história da dívida do governo dos Estados Unidos 569
Pergunte a quem sabe Política fiscal e poupança 569
Saiba mais Crises financeiras 571

27-4 Conclusão 572
Resumo do capítulo 572
Conceitos-chave 573
Questões de revisão 573
Problemas e aplicações 573

Capítulo 28
Ferramentas básicas de finanças 575

28-1 Valor presente: medindo o valor do dinheiro ao longo do tempo 576
  Saiba mais A mágica da capitalização e a regra dos 70 578

28-2 Gerenciando o risco 578
  28-2a Aversão ao risco 579
  28-2b Os mercados de seguros 579
  28-2c Diversificação do risco específico da empresa 580
  28-2d O *trade-off* entre risco e retorno 581

28-3 Avaliação de ativos 583
  28-3a Análise fundamentalista 583
  Saiba mais Números-chave para observadores do mercado de ações 584
  28-3b A hipótese dos mercados eficientes 584
  Estudo de caso Caminho aleatório e fundos de índice 585
  Pergunte a quem sabe Investimento diversificado 586
  É notícia Os perigos de investir com um cromossomo Y 586
  28-3c Irracionalidade do mercado 587

28-4 Conclusão 588
Resumo do capítulo 589
Conceitos-chave 589
Questões de revisão 589
Problemas e aplicações 589

Capítulo 29
Desemprego 591

29-1 Identificando o desemprego 592
  29-1a Como se mede o desemprego? 592
  Estudo de caso Participação de mulheres e homens na força de trabalho na economia dos Estados Unidos 595
  29-1b A taxa de desemprego mede o que queremos medir? 596
  29-1c Por quanto tempo os desempregados ficam sem trabalho? 596
  Saiba mais Os indicadores do trabalho 598
  29-1d Por que sempre há algumas pessoas desempregadas? 598

29-2 Procura de emprego 599
  29-2a Por que o desemprego friccional é inevitável? 599
  29-2b Políticas públicas e procura de emprego 600
  29-2c Seguro-desemprego 600

29-3 Legislação do salário mínimo 602
  Estudo de caso Quem ganha o salário mínimo federal? 603

29-4 Sindicatos e negociação coletiva 604
  29-4a A economia dos sindicatos 604
  29-4b Os sindicatos são benéficos ou prejudiciais à economia? 605
  Saiba mais Incompatibilidade como fonte de desemprego estrutural 606

29-5 A teoria dos salários de eficiência 607
  29-5a Saúde do trabalhador 607
  29-5b Rotatividade do trabalhador 607
  29-5c Qualidade do trabalhador 607
  29-5d Esforço do trabalhador 608
  29-5e Estado de espírito do trabalhador 608
  Estudo de caso Henry Ford e o incrível salário de 5 dólares por dia 608
  É notícia Salários de eficiência na prática 610

29-6 Conclusão 610
Resumo do capítulo 611
Conceitos-chave 612
Questões de revisão 612
Problemas e aplicações 612

Parte X Moeda e preços no longo prazo 615

Capítulo 30
O sistema monetário 615

30-1 O significado de moeda 616
  30-1a As funções da moeda 616
  30-1b Tipos de moeda 617
  Saiba mais Criptomoedas: uma moda passageira ou o futuro? 618
  30-1c A moeda na economia estadunidense 618
  Saiba mais Por que os cartões de crédito não são moeda? 619
  Estudo de caso Onde está toda a moeda? 620

30-2 O sistema do Federal Reserve 620
  30-2a A organização do Fed 620
  30-2b O Comitê Federal de Mercado Aberto 621

30-3 Os bancos e a oferta de moeda 622
  30-3a O caso simples do sistema bancário com reservas de 100% 622
  30-3b Criação de moeda no sistema bancário de reservas fracionárias 623
  30-3c O multiplicador da moeda 624
  30-3d Capital bancário, alavancagem e a crise financeira de 2008-2009 625

30-4 Os instrumentos de controle monetário do Fed 627
  30-4a Como o Fed influencia a quantidade de reservas 628
  30-4b Como o Fed influencia o índice de reservas 629
  30-4c Problemas no controle da oferta de moeda 630
  Estudo de caso Corridas bancárias e a oferta monetária 631
  É notícia Uma viagem à Ilha Jekyll 632
  30-4d A taxa dos *fed funds* 632

30-5 Conclusão 634
Resumo do capítulo 635
Conceitos-chave 635
Questões de revisão 635
Problemas e aplicações 636

Capítulo 31

Crescimento da moeda e inflação 639

31-1 A teoria clássica da inflação 640
  31-1a O nível de preços e o valor do dinheiro 641
  31-1b Oferta e demanda de moeda e equilíbrio monetário 641
  31-1c Os efeitos de uma injeção monetária 642
  31-1d Uma breve análise do processo de ajuste 643
  31-1e A dicotomia clássica e a neutralidade monetária 645
  31-1f Velocidade e a equação quantitativa 646
  Estudo de caso Moeda e preços durante quatro hiperinflações 648
  31-1g Imposto inflacionário 649
  31-1h O efeito Fisher 650

31-2 Os custos da inflação 652
  31-2a Uma queda no poder de compra? A falácia da inflação 652
  31-2b Custos de desgaste da sola do sapato 653
  31-2c Custos de menu 654
  31-2d Variabilidade do preço relativo e a alocação ineficiente de recursos 654
  31-2e Distorções tributárias induzidas pela inflação 655
  31-2f Confusão e inconveniência 656
  31-2g Um custo especial da inflação inesperada: redistribuições arbitrárias da riqueza 657
  31-2h A inflação é ruim, mas a deflação pode ser pior 657
  Estudo de caso *O Mágico de Oz* e o debate sobre a prata-livre 658
  É notícia Vida durante a hiperinflação 660

31-3 Conclusão 660
Resumo do capítulo 662
Conceitos-chave 662
Questões de revisão 662
Problemas e aplicações 662

Parte XI A macroeconomia das economias abertas 665

Capítulo 32

Macroeconomia de economia aberta: conceitos básicos 665

32-1 Os fluxos internacionais de bens e capital 666
  32-1a O fluxo de bens: exportações, importações e exportações líquidas 666
  Estudo de caso A crescente abertura da economia dos Estados Unidos 667
  32-1b O fluxo de recursos financeiros: saldo líquido de saída de capital 668
  32-1c A igualdade entre exportações líquidas e saldo líquido de saída de capital 669
  32-1d Poupança, investimento e sua relação com os fluxos internacionais 671
  32-1e Resumindo 672
  Estudo de caso O déficit comercial dos Estados Unidos é um problema nacional? 673
  Pergunte a quem sabe Equilíbrios e negociações comerciais 675

32-2 Os preços das transações internacionais: taxas de câmbio real e nominal 676
  32-2a Taxa de câmbio nominal 676
  32-2b Taxa de câmbio real 676
  Saiba mais O euro 677

32-3 Uma primeira teoria da determinação da taxa de câmbio: paridade do poder de compra 679
  32-3a A lógica fundamental da paridade do poder de compra 679
  32-3b Implicações da paridade do poder de compra 680
  Estudo de caso A taxa de câmbio nominal durante um período de hiperinflação 681
  32-3c Limitações da paridade do poder de compra 682
  Estudo de caso O padrão do hambúrguer 683

32-4 Conclusão 684
Resumo do capítulo 684
Conceitos-chave 685
Questões de revisão 685
Problemas e aplicações 685

Capítulo 33

A teoria macroeconômica da economia aberta 687

33-1 Oferta e demanda de fundos emprestáveis e por câmbio de moeda estrangeira 688
  33-1a O mercado de fundos emprestáveis 688
  33-1b O mercado de câmbio de moeda estrangeira 690
  Saiba mais A paridade do poder de compra como um caso especial 692

33-2 Equilíbrio na economia aberta 693
  33-2a Saída líquida de capital: o elo entre os dois mercados 693
  33-2b Equilíbrio simultâneo nos dois mercados 694
  Saiba mais Separando oferta de demanda 696

33-3 Como políticas e eventos afetam uma economia aberta 696
  33-3a Déficits orçamentários do governo 696
  33-3b Política comercial 698
  Pergunte a quem sabe Déficits 699
  33-3c Instabilidade política e fuga de capitais 701
  Estudo de caso Fluxos de capital da China 703
  É notícia Separando fatos de ficção 704
  Pergunte a quem sabe Manipulação cambial 704

33-4 Conclusão 706
Resumo do capítulo 706
Conceitos-chave 706
Questões de revisão 707
Problemas e aplicações 707

Parte XII Flutuações econômicas no curto prazo 709

Capítulo 34
Demanda agregada e oferta agregada 709

34-1 Três fatos fundamentais sobre as flutuações econômicas 710
- 34-1a Fato 1: as flutuações econômicas são irregulares e imprevisíveis 710
- 34-1b Fato 2: a maioria das variáveis macroeconômicas flutua conjuntamente 712
- 34-1c Fato 3: com a queda na produção, o desemprego cresce 712

34-2 Explicando as flutuações econômicas de curto prazo 713
- 34-2a Os pressupostos da economia clássica 713
- 34-2b A realidade das flutuações no curto prazo 713
- 34-2c O modelo de demanda agregada e oferta agregada 714

34-3 A curva de demanda agregada 715
- 34-3a Por que a curva de demanda agregada tem inclinação negativa 715
- 34-3b Por que a curva de demanda agregada se desloca 718

34-4 A curva de oferta agregada 720
- 34-4a Por que a curva de oferta agregada é vertical no longo prazo 721
- 34-4b Por que a curva de oferta agregada de longo prazo se desloca 722
- 34-4c Utilizando a demanda agregada e a oferta agregada para representar o crescimento de longo prazo e a inflação 723
- 34-4d Por que a curva de oferta agregada tem inclinação positiva no curto prazo 724
- 34-4e Por que a curva de oferta agregada de curto prazo pode se deslocar 728

34-5 Duas causas das flutuações econômicas 730
- 34-5a Os efeitos de um deslocamento na demanda agregada 730
- **Saiba mais** Revisitando a neutralidade monetária 733
- **Estudo de caso** Dois grandes deslocamentos na demanda agregada: a Grande Depressão e a Segunda Guerra Mundial 733
- **Estudo de caso** A Grande Recessão de 2008-2009 734
- 34-5b Os efeitos de um deslocamento na oferta agregada 736
- **Estudo de caso** Petróleo e a economia 738
- **Saiba mais** As origens do modelo de demanda agregada e oferta agregada 739
- **É notícia** A inusitada crise de 2020 740
- **Estudo de caso** A recessão de 2020 provocada pela Covid 740

34-6 Conclusão 743
Resumo do capítulo 743
Conceitos-chave 744
Questões de revisão 744
Problemas e aplicações 744

Capítulo 35
A influência das políticas monetária e fiscal sobre a demanda agregada 747

35-1 Como a política monetária influencia a demanda agregada 748
- 35-1a Teoria da preferência pela liquidez 749
- **Saiba mais** Taxas de juros no longo e curto prazos 751
- 35-1b A inclinação negativa da curva de demanda agregada 752
- 35-1c Variações na oferta de moeda 753
- 35-1d O papel das metas da taxas de juros na política do Fed 754
- **Estudo de caso** Por que o Fed monitora a bolsa de valores (e vice-versa) 755
- 35-1e O limite inferior zero 756

35-2 Como a política fiscal influencia a demanda agregada 757
- 35-2a Alterações nos gastos do governo 757
- 35-2b O efeito multiplicador 758
- 35-2c Uma fórmula para o multiplicador dos gastos 758
- 35-2d Outras aplicações do efeito multiplicador 760
- 35-2e O efeito deslocamento 760
- 35-2f Alterações nos impostos 762
- **Saiba mais** Como a política fiscal pode afetar a oferta agregada 763

35-3 Utilizando políticas para a estabilização da economia 763
- 35-3a O argumento em favor de uma política ativa de estabilização 764
- **Estudo de caso** Keynesianos na Casa Branca 765
- 35-3b O argumento contra uma política ativa de estabilização 765
- **Pergunte a quem sabe** Estímulos econômicos 765
- 35-3c Estabilizadores automáticos 767

35-4 Conclusão 768
Resumo do capítulo 768
Conceitos-chave 768
Questões de revisão 769
Problemas e aplicações 769

Capítulo 36
O *trade-off* de curto prazo entre inflação e desemprego 771

36-1 A curva de Phillips 772
- 36-1a Origens da curva de Phillips 772
- 36-1b Demanda agregada, oferta agregada e a curva de Phillips 773

36-2 Deslocamentos na curva de Phillips: o papel das expectativas 775
- 36-2a A curva de Phillips no longo prazo 775
- 36-2b O significado de "natural" 777
- 36-2c Reconciliando teoria e evidência 778

36-2d A curva de Phillips de curto prazo 779
36-2e O experimento natural para a hipótese da taxa natural 780

36-3 Deslocamentos na curva de Phillips: o papel dos choques de oferta 782

36-4 O custo de reduzir a inflação 785
36-4a A taxa de sacrifício 785
36-4b Expectativas racionais e a possibilidade de desinflação sem custo 787
36-4c A desinflação de Volcker 787

36-5 História recente 789
36-5a A era Greenspan 789
36-5b A Grande Recessão 790
Pergunte a quem sabe A inflação de 2021-2022 792
36-5c A pandemia 792

36-6 Conclusão 793
Resumo do capítulo 793
Conceitos-chave 794
Questões de revisão 794
Problemas e aplicações 794

Parte XIII Considerações finais 797

Capítulo 37

Seis debates sobre a política macroeconômica 797

37-1 Quão ativamente os formuladores de políticas devem tentar estabilizar a economia? 798
37-1a O argumento em favor de uma política de estabilização robusta 798
37-1b O argumento em favor de uma política de estabilização modesta 798

37-2 O governo deve combater as recessões com aumentos de gastos ou cortes de impostos? 800
37-2a O argumento em favor de combater recessões com aumentos de gastos 800
37-2b O argumento em favor de combater recessões com cortes de impostos 801

37-3 A política monetária deve ser baseada em regras ou discrição? 803
37-3a O argumento em favor de uma política monetária baseada em regras 803
37-3b O argumento em favor de uma política monetária discricionária 804
Saiba mais Metas de inflação 805

37-4 O banco central deve buscar uma taxa de inflação próxima de zero? 806
37-4a O argumento em favor da inflação quase zero 806
37-4b O argumento em favor de manter uma inflação moderada 807
É notícia Os objetivos da política monetária 808

37-5 O governo deve equilibrar seu orçamento? 810
37-5a O argumento em favor de um orçamento equilibrado 810
37-5b O argumento contra um orçamento equilibrado 811

37-6 A legislação tributária deveria ser reformada para incentivar a poupança? 812
37-6a O argumento em favor de promover a poupança por meio da reforma tributária 812
Pergunte a quem sabe A tributação do capital e do trabalho 814
37-6b O argumento contra promover a poupança por meio da reforma tributária 814

37-7 Conclusão: política econômica e incertezas 815
Resumo do capítulo 816
Questões de revisão 816
Problemas e aplicações 817

Capítulo 38

Apêndice: Como os economistas usam dados 819

38-1 Os dados que os economistas coletam e estudam 820
38-1a Dados experimentais 820
Estudo de caso O programa "Moving to Opportunity" 821
38-1b Dados observacionais 821
38-1c Três tipos de dados 822

38-2 O que os economistas fazem com os dados 823
38-2a Descrevendo a economia 823
38-2b Quantificando relações 823
38-2c Testando hipóteses 824
38-2d Prevendo o futuro 824
Estudo de caso O modelo do FRB/US 825

38-3 Métodos para a análise de dados 826
38-3a Encontrando a melhor estimativa 826
38-3b Medindo a incerteza 828
38-3c Considerando as variáveis de confusão 830
38-3d Estabelecendo efeitos causais 832
Estudo de caso Como o serviço militar afeta a renda futura no setor civil 833

38-4 Conclusão 834
Resumo do capítulo 835
Conceitos-chave 835
Questões de revisão 835
Problemas e aplicações 835

Glossário 837
Índice 845

Capítulo 1

Dez princípios da economia

A palavra **economia** vem do grego *oikonomos*, que significa "aquele que administra um lar". Inicialmente, a associação entre o lar e a economia pode parecer estranha, mas, na verdade, eles têm muito em comum.

Em qualquer família moderna, os seus membros precisam fazer inúmeras decisões. De alguma forma, eles devem decidir quais tarefas serão feitas por quais pessoas e o que elas receberão em troca. Quem faz o jantar? Quem vai comer a porção extra de sobremesa? Quem limpa o banheiro? Quem vai dirigir o carro? Seja em uma família de alta, média ou baixa renda, os recursos (tempo, sobremesa, uso do carro) devem ser alocados entre as alternativas.

Assim como no lar de uma família, em uma sociedade devem ser tomadas várias decisões. De alguma forma, é preciso decidir que tarefas serão executadas e por quem. Algumas pessoas são necessárias para produzir alimentos, outras para fazer roupas e outras, ainda, para desenvolver programas de computador. Uma vez que a sociedade tiver alocado as pessoas (assim como terras, prédios e máquinas) para realizar diversas tarefas, deverá também alocar os bens e serviços que elas produzem. Deve decidir quem comerá caviar e quem comerá batatas, quem viverá em uma mansão e quem viverá na periferia.

escassez
a natureza limitada dos recursos da sociedade

economia
o estudo de como a sociedade administra seus recursos escassos

Essas decisões são importantes porque os recursos são escassos. **Escassez** significa que a sociedade tem recursos limitados e, portanto, não pode produzir todos os bens e serviços que as pessoas desejam. Da mesma forma que nem todos os membros de uma família têm seus desejos satisfeitos, nem sempre um indivíduo em uma sociedade pode alcançar o padrão de vida que aspira.

A **economia** é o estudo de como a sociedade administra seus recursos escassos. Na maioria das sociedades, os recursos são alocados a partir da combinação das escolhas de milhões de famílias e negócios. Os economistas estudam como as pessoas fazem essas escolhas: quanto trabalham, o que compram, quanto poupam e como investem suas economias, entre outros. Também estudam como as pessoas interagem umas com as outras. Por exemplo, os economistas analisam como, juntos, compradores e vendedores determinam o preço de venda de um bem e a quantidade que é vendida. Por fim, os economistas estudam as forças e as tendências que afetam a economia como um todo, incluindo o crescimento da renda média, a parcela da população que não consegue encontrar trabalho e a taxa em que os preços estão subindo.

A economia abrange uma ampla variedade de tópicos e diversas abordagens, porém é unificada por ideias centrais. Este capítulo discute os **dez princípios da economia**. Não se preocupe se não entender todos eles imediatamente ou se não considerá-los racionais ou importantes. Essas ideias serão discutidas em mais detalhes em outros capítulos. A introdução aos dez princípios da economia apresentada a seguir fornece uma noção do que é a economia. Considere este capítulo como uma prévia dos próximos.

1-1 Como as pessoas tomam decisões

Não há nenhum mistério no conceito de "economia". Não importa se estamos falando de uma cidade, um país ou do mundo todo, uma economia nada mais é do que um grupo de pessoas interagindo e vivendo suas vidas. Já que o comportamento de uma economia reflete o comportamento das pessoas que a compõem, os quatro primeiros princípios tratam da tomada de decisão individual.

1-1a Princípio 1: as pessoas enfrentam *trade-offs**

"Nada é de graça." Esse ditado popular expressa uma grande verdade. Para conseguirmos algo que queremos, precisamos abrir mão de outra coisa de que gostamos. A tomada de decisão exige escolher um objetivo em detrimento de outro.

Consideremos, por exemplo, Selena, uma estudante que precisa decidir como alocar seu recurso mais precioso – o tempo. Ela pode: passar todo o seu tempo estudando economia, passar todo o seu tempo estudando psicologia, ou dividir o tempo entre as duas disciplinas. A cada hora que passa estudando uma matéria, ela abre mão de estudar a outra. Além disso, a cada momento que passa estudando qualquer uma das duas matérias, Selena abre mão de um tempo que poderia gastar cochilando, andando de bicicleta, vendo TV ou trabalhando para obter mais dinheiro.

Consideremos agora os pais de Selena, um casal que precisa decidir como gastar a renda familiar. Eles podem destinar a renda para comprar comida, comprar roupas ou pagar os estudos da filha. Podem, ainda, poupar parte da renda para a aposentadoria ou para uma viagem da família. Quando decidem gastar um dólar a mais em qualquer uma dessas coisas, têm um dólar a menos para gastar em outras coisas.

Como uma sociedade, as pessoas deparam-se com tipos diferentes de *trade-offs*. O *trade-off* clássico se dá entre "armas e manteiga". Quanto mais uma sociedade gasta com as forças armadas, menos poderá gastar com bens de consumo. Outro exemplo de *trade-off* importante é entre a proteção do meio ambiente e o nível de renda. A legislação que exige que

---

*N. de R.T. Em economia, *trade-off* é um termo que define uma situação de escolha conflitante, isto é, quando uma ação econômica que visa à resolução de determinado problema inevitavelmente acarreta outros problemas. Por exemplo, em determinadas circunstâncias, a redução da taxa de desemprego apenas poderá ser obtida com o aumento da taxa de inflação, resultando em um *trade-off* entre inflação e desemprego.

as empresas reduzam a poluição pode aumentar o custo de produção de bens e serviços. Por conta desses custos mais elevados, é provável que as empresas tenham lucro menor, paguem salários mais baixos, cobrem preços mais altos ou implementem uma combinação dessas três coisas. Embora a lei de combate à poluição leve a um meio ambiente mais limpo e a melhorias na saúde, ela pode reduzir a renda dos proprietários, funcionários e consumidores das empresas reguladas.

Outro *trade-off* que a sociedade enfrenta é entre eficiência e igualdade. **Eficiência** significa que a sociedade está obtendo o máximo que pode de seus recursos escassos. **Igualdade** significa que os benefícios advindos desses recursos estão sendo distribuídos de maneira uniforme entre os membros da sociedade. Em outras palavras, a eficiência se refere ao tamanho do "bolo" econômico, e a igualdade, à maneira como o bolo é fatiado.

Esses dois objetivos podem entrar em conflito. Vamos considerar, por exemplo, políticas governamentais que buscam reduzir a desigualdade. Algumas delas, como a assistência social e o seguro-desemprego, procuram ajudar os membros mais necessitados da sociedade. Outras, como o imposto de renda das pessoas físicas, requerem que pessoas mais bem-sucedidas financeiramente contribuam mais que outras para sustentar o governo. Embora proporcionem mais igualdade, essas políticas reduzem a eficiência. Quando o governo redistribui a renda dos ricos para os pobres, ele reduz a recompensa pelo trabalho árduo para pessoas de todas as faixas de renda. Assim, os indivíduos podem trabalhar menos e produzir menos bens e serviços. Em outras palavras, quando o governo tenta dividir o bolo econômico em fatias mais iguais, este às vezes diminui de tamanho.

Reconhecer que as pessoas enfrentam *trade-offs* não nos informa quais são as decisões mais acertadas. Uma estudante não deveria deixar de estudar psicologia apenas porque teria mais tempo disponível para estudar economia. A sociedade não deveria deixar de proteger o meio ambiente só porque as leis ambientais reduzem o padrão de vida material. O governo não deve negligenciar os pobres só porque ajudá-los poderia reduzir o incentivo ao trabalho. Ainda assim, as pessoas farão melhores escolhas se compreenderem as opções disponíveis. Nosso estudo da economia, portanto, inicia com o reconhecimento dos *trade-offs* como parte da vida.

eficiência
a propriedade da sociedade para obter o máximo possível a partir de seus recursos escassos

igualdade
a propriedade de distribuir a prosperidade econômica de maneira uniforme entre os membros da sociedade

1-1b Princípio 2: o custo de algo é o que você renuncia para obtê-lo

Como as pessoas enfrentam *trade-offs*, elas precisam comparar os custos e os benefícios de diferentes decisões. Em muitos casos, contudo, os custos não são tão claros quanto podem parecer à primeira vista.

Vamos considerar, por exemplo, a decisão de fazer uma faculdade. Os benefícios principais são o enriquecimento intelectual e uma vida com melhores oportunidades de emprego. Mas qual é o custo? Talvez você calcule os gastos com mensalidades, livros, moradia e alimentação. Entretanto, esse total não representa fielmente tudo o que você sacrifica para fazer uma faculdade.

Há dois problemas com esse cálculo. Primeiro, ele inclui algumas coisas que na verdade não são custos relacionados à faculdade. Mesmo que você abandone os estudos, ainda precisará de um lugar para dormir e de comida para se alimentar. Moradia e alimentação somente serão custos se forem mais caros na faculdade do que em outro lugar. Segundo, esse cálculo ignora o maior custo de fazer uma faculdade – o tempo. Quando você passa anos assistindo às aulas, lendo livros e fazendo trabalhos, não pode dedicar esse tempo a um emprego. Para a maioria dos alunos, os salários que deixam de ganhar enquanto estão na faculdade são os principais custos de sua educação.

O **custo de oportunidade** de um item é aquilo de que você abre mão para obtê-lo. Ao tomar decisões, é inteligente considerar os custos de oportunidade, e as pessoas geralmente o fazem. Atletas universitários que podem ganhar milhões se abandonarem os estudos e se dedicarem ao esporte profissional estão bem cientes de que, para eles, o custo de oportunidade de cursar a faculdade é muito elevado. Não é surpreendente, portanto, que eles muitas vezes cheguem à conclusão de que o benefício de uma educação superior não compensa o custo de fazê-la.

custo de oportunidade
aquilo de que devemos abrir mão para obter algo

1-1c Princípio 3: as pessoas racionais pensam na margem

pessoa racional
aquela que, sistemática e objetivamente, faz o máximo para alcançar seus objetivos

Os economistas muitas vezes pressupõem que as pessoas são racionais. Uma **pessoa racional** faz o melhor para alcançar os seus objetivos, sistemática e objetivamente, conforme as oportunidades disponíveis. Ao estudar economia, você conhecerá empresas que decidem quantas pessoas vão contratar e a quantidade de bens que serão produzidos e vendidos para maximizar os lucros. Também encontrará indivíduos que decidem quanto tempo devem passar trabalhando e que bens e serviços comprar com a renda obtida para que possam atingir um alto nível de satisfação. Obviamente, o comportamento humano é complexo e frequentemente desvia do racional. Porém, pressupor que as pessoas fazem o melhor que conseguem é, para os economistas, um bom ponto de partida para explicar como elas tomam decisões.

mudança marginal
um ajuste incremental em um plano de ação

Uma pessoa racional sabe que muitas questões da vida não são "preto e branco", mas sim diferentes tons de cinza. Na hora do jantar, a decisão não é entre jejuar e comer até não poder mais, mas entre aceitar ou não uma colherada a mais de arroz. Quando chega a hora das provas, sua escolha não é entre não estudar nada e ficar estudando 24 horas por dia, mas entre passar uma hora a mais revendo anotações ou sair com os amigos. Os economistas usam a expressão **mudança marginal** para descrever um ajuste incremental em um plano de ação existente. Lembre-se de que **margem** é um sinônimo para "borda, limite ou fronteira", portanto mudanças marginais são pequenos ajustes ao redor das fronteiras daquilo que você está fazendo. Uma pessoa racional toma decisões comparando **benefícios marginais** e **custos marginais**.

Por exemplo, vamos imaginar que você esteja decidindo se vai assistir a um filme esta noite. Você paga $ 30 por mês por um serviço de *streaming* que garante acesso ilimitado ao catálogo e normalmente assiste cinco filmes por mês. Que custo você deve levar em consideração ao decidir se vai ver outro filme? Pode parecer que a resposta é 30/5, ou $ 6, o custo **médio** de um filme. Porém, é mais relevante para a sua decisão o custo **marginal** – o valor extra que você terá de pagar se assistir a outro filme. Nesse caso, o custo marginal é zero porque você paga $ 30 pela assinatura não importa quantos filmes veja. Em outras palavras, na margem, a reprodução de um filme é gratuita. O único custo de assistir a um filme esta noite seria o tempo que você deixaria de usar em outras atividades, como trabalhar ou (melhor ainda) ler este livro.

Pensar na margem também funciona para decisões empresariais. Considere uma companhia aérea que tenha de decidir quanto cobrar de passageiros que estejam na lista de espera. Suponhamos que o voo de um avião de 200 lugares que atravesse o continente custe à empresa $ 100.000. Nesse caso, o custo médio de cada assento será de $ 500 (100.000/200). Talvez alguém sugira que essa empresa não deva vender uma passagem por menos de $ 500. Mas suponha que o avião esteja prestes a decolar com dez assentos vagos e que Stanley, um passageiro na fila de espera, esteja disposto a pagar $ 300 pela passagem. A empresa deveria vender a passagem a esse preço? Claro que sim. Se o avião está com assentos vagos, o custo de acrescentar mais um passageiro é mínimo. Embora o custo **médio** por passageiro seja de $ 500, o custo **marginal** é apenas o custo do refrigerante que o passageiro extra consumirá e da pequena quantidade de combustível necessária para carregar o seu peso. Desde que o passageiro pague mais que o custo marginal, vender a passagem é lucrativo para a empresa. Uma companhia aérea racional pode beneficiar-se de pensar na margem.

A análise marginal explica outros fenômenos intrigantes. Por exemplo, por que a água é tão barata e os diamantes tão caros? Poderíamos argumentar que deveria ser o contrário: a água é essencial para a sobrevivência humana, os diamantes são apenas bonitos. Contudo, por algum motivo, as pessoas estão dispostas a pagar mais por um diamante do que por um copo de água. Os economistas sabem o porquê. A disposição de uma pessoa para pagar ou não por um bem depende do benefício marginal proporcionado por uma unidade extra desse bem. O benefício marginal, por sua vez, depende de quantas unidades a pessoa já possui. A água é essencial, porém está amplamente disponível, então o benefício marginal de um copo a mais é pequeno. Por outro lado, ninguém precisa de diamantes para sobreviver, mas, como são raros, o benefício marginal é considerado alto.

Muitos serviços de *streaming* definem o custo marginal de um filme como zero.

Um tomador de decisões racional executa uma ação apenas se o benefício marginal exceder o custo marginal. Esse princípio explica por que as pessoas consomem tanto serviços de *streaming*, por que as companhias aéreas vendem passagens abaixo do custo médio e por que se paga mais por diamantes do que por água. Pode levar algum tempo para se acostumar com a lógica do raciocínio marginal, mas o estudo da economia oferece muitas oportunidades para praticar.

1-1d Princípio 4: as pessoas reagem a incentivos

Um **incentivo** é algo que induz uma pessoa a agir, tal como a perspectiva de uma punição ou recompensa. Quando as pessoas tomam decisões comparando custos e benefícios, elas respondem a incentivos. Os incentivos desempenham um papel central na economia. Certo economista chegou a sugerir que todo o conhecimento econômico poderia ser resumido pela seguinte frase: "Pessoas reagem a incentivos. O que resta são opiniões".

incentivo
algo que induz uma pessoa a agir

Os incentivos são cruciais para analisar o funcionamento do mercado. Por exemplo, quando o preço da maçã aumenta, as pessoas optam por comer menos maçãs. Ao mesmo tempo, os fazendeiros com pomares de macieiras decidem contratar mais trabalhadores e colher mais maçãs. Em outras palavras, o preço mais alto do mercado proporciona um incentivo para que os compradores consumam menos e um incentivo para que os vendedores produzam mais. Como veremos, o efeito do preço sobre o comportamento de consumidores e produtores é crucial para entender como a economia de mercado aloca recursos escassos.

Os formuladores de políticas públicas nunca devem se esquecer dos incentivos: muitas políticas alteram os custos e benefícios para as pessoas e, portanto, alteram seu comportamento. O imposto sobre a gasolina é um incentivo ao uso de carros elétricos e de outros combustíveis. Esse é um dos motivos de os carros elétricos serem mais usados na Noruega, onde os impostos sobre a gasolina são mais altos que nos Estados Unidos, onde carros maiores são mais vendidos. O imposto também incentiva as pessoas a utilizar sistemas de carona, a usar o transporte público e bicicletas e a morar mais perto de seus locais de trabalho.

Quando os formuladores de políticas não consideram como suas políticas afetam os incentivos, eles provocam consequências indesejadas. Vamos pensar, por exemplo, na política pública quanto à segurança no trânsito. Hoje, todos os carros têm cintos de segurança, o que não ocorria há 60 anos. Em 1965, o livro *Unsafe at any speed* [Inseguro em qualquer velocidade], de Ralph Nader, gerou grande preocupação pública com a segurança no trânsito. O Congresso dos Estados Unidos reagiu com leis que impunham os cintos de segurança como equipamento obrigatório em todos os carros novos.

Que efeito tem uma lei de cintos de segurança sobre a segurança no trânsito? O efeito direto é óbvio: quando uma pessoa usa cinto de segurança, a probabilidade de que sobreviva a um acidente aumenta. Mas a história não acaba aí, uma vez que a lei também afeta o comportamento ao alterar incentivos. O comportamento em questão está relacionado à velocidade e à atenção com que os motoristas conduzem seus carros. Dirigir devagar e com cautela é custoso porque consome tempo e energia do motorista. Ao decidirem o nível de cuidado tomado ao dirigir, as pessoas racionais comparam, talvez de forma inconsciente, o benefício marginal ao custo marginal de dirigir com cuidado. Dirigimos mais devagar e com mais cuidado quando o benefício de aumentar a segurança é elevado. Por exemplo, quando as estradas estão molhadas e escorregadias, as pessoas dirigem com mais atenção e em velocidades mais baixas que quando as pistas estão secas.

Consideremos agora como uma lei sobre cintos de segurança afeta o cálculo de custo-benefício. Usar o cinto de segurança reduz o custo dos acidentes porque diminui a probabilidade de ferimento ou morte. É como se as condições da estrada tivessem melhorado – quando as estradas são mais seguras, as pessoas dirigem com velocidade mais alta e com menos cuidado. Assim, devido aos cintos de segurança, os motoristas correm menos risco de ferimentos em acidentes. Porém, se dirigir com menos cuidado leva a mais acidentes, a lei de cintos de segurança acaba afetando negativamente os pedestres. Eles passam a ter maiores chances de se envolver em um acidente, já que, ao contrário dos motoristas, não são beneficiados diretamente pelo uso do cinto de segurança.

À primeira vista, essa discussão sobre os incentivos e os cintos de segurança pode parecer mera especulação. Mas, em um estudo realizado em 1975, o economista Sam Peltzman demonstrou que as leis de segurança no trânsito apresentavam muitos efeitos como esses. De acordo com as evidências apresentadas por Peltzman, essas leis produzem tanto um menor número de mortes por acidente quanto um maior número de acidentes. O resultado líquido é uma pequena variação do número de mortes de motoristas e um aumento do número de mortes de pedestres.

Essa análise de Peltzman é um exemplo incomum e controverso do princípio pelo qual as pessoas reagem a incentivos. Ao analisarmos qualquer política pública, precisamos considerar não apenas seus efeitos diretos, mas também os indiretos e menos óbvios que operam por meio dos incentivos. Se a política mudar os incentivos, ela pode provocar alteração no comportamento das pessoas.

Teste rápido

1. A economia é melhor definida como o estudo de
   a. como a sociedade administra seus recursos escassos.
   b. como administrar uma empresa da maneira mais lucrativa.
   c. como prever inflação, desemprego e preços de ações.
   d. como o governo pode proteger as pessoas do interesse próprio descontrolado.

2. O custo de oportunidade de uma ida ao cinema é
   a. o preço do ingresso.
   b. o preço do ingresso mais o custo do refrigerante e da pipoca comprados no cinema.
   c. o gasto financeiro total necessário para ir ao cinema mais o valor do seu tempo.
   d. zero, desde que você goste do filme e o considere um bom uso do seu tempo e dinheiro.

3. Uma mudança marginal é aquela que
   a. não é importante para as políticas públicas.
   b. altera de modo crescente um plano existente.
   c. torna um resultado ineficiente.
   d. não influencia os incentivos.

4. Porque as pessoas respondem a incentivos,
   a. os formuladores de políticas públicas podem obter resultados diferentes ao mudar as punições ou recompensas.
   b. as políticas podem ter consequências inesperadas.
   c. a sociedade enfrenta um *trade-off* entre eficiência e igualdade.
   d. Todas as alternativas estão corretas

As respostas estão no final do capítulo.

1-2 Como as pessoas interagem

Os quatro princípios anteriores abordaram como os indivíduos tomam decisões. Os próximos três princípios dizem respeito a como as pessoas interagem umas com as outras.

1-2a Princípio 5: o comércio pode ser bom para todos

Você pode ter ouvido nas notícias que a China concorre com os Estados Unidos na economia mundial. De certa forma isso é verdade. Empresas nos Estados Unidos e na China competem pelos mesmos clientes nos mercados de roupas, brinquedos, painéis solares, pneus automotivos e muitos outros itens.

É fácil se enganar, porém, ao pensar na competição entre países. O comércio entre os Estados Unidos e a China não é como uma competição esportiva, em que um lado ganha e o outro perde. Na verdade, o oposto é verdadeiro: o comércio entre dois países pode ser bom para ambas as partes. Mesmo quando o comércio na economia mundial é competitivo, isso pode levar a um desfecho positivo para ambos os países envolvidos.

Para entendermos o porquê, vamos pensar em como o comércio afeta uma família. Quando um membro de uma família busca por emprego, está concorrendo com membros de outras famílias que também querem estar empregados. As famílias também competem umas com as outras quando vão às compras, uma vez que cada uma delas quer comprar os melhores bens aos menores preços. Assim, de certa forma, cada família em uma economia está concorrendo com todas as demais.

Apesar dessa competição, uma família não se daria melhor isolando-se de todas as outras. Se o fizesse, precisaria produzir sua própria comida, confeccionar suas próprias roupas e construir sua própria casa. É evidente que uma família tem muito mais benefícios ao fazer comércio com outras famílias. O comércio permite que as pessoas se especializem na atividade em que são melhores, seja agricultura, costura ou construção. Ao comerciarem com os outros, as pessoas podem comprar uma maior variedade de bens e serviços a um custo menor.

Assim como as famílias, os países beneficiam-se da possibilidade de comerciar uns com os outros. O comércio permite que eles se especializem naquilo que fazem melhor e desfrutem de uma maior variedade de bens e serviços. Os chineses, assim como os franceses, os nigerianos e os brasileiros, são tanto parceiros dos Estados Unidos na economia mundial quanto são concorrentes.

1-2b Princípio 6: os mercados são geralmente uma boa maneira de organizar a atividade econômica

"Por $ 5 por semana você pode assistir ao seu futebol sem que te perturbem para cortar a grama!"

O colapso do comunismo na União Soviética e no Leste Europeu no final dos anos 1980 e início dos anos 1990 foi um dos eventos transformadores do século passado. Em sua maior parte, os países do bloco soviético operavam com base na premissa de que as autoridades do governo estavam na melhor posição para alocar os recursos escassos da economia. Esses planejadores centrais decidiam que bens e serviços produzir, quanto produzir de cada um deles e quem os produziria e consumiria. A teoria por trás do planejamento central era a de que o governo deveria organizar a atividade econômica de maneira a garantir o bem-estar do país e das nações amigas.

A maioria dos países que tinham economias de planejamento central abandonou esse sistema e mudou para economias de mercado. Em uma **economia de mercado**, as decisões de um planejador central são substituídas pelas decisões de milhões de empresas e famílias. As empresas decidem quem contratar e o que produzir. As famílias decidem em que empresas trabalhar e o que comprar com suas rendas. Essas empresas e famílias interagem no mercado, em que os preços e o interesse próprio guiam suas decisões.

economia de mercado
uma economia que aloca recursos por meio das decisões descentralizadas de muitas empresas e famílias que interagem nos mercados de bens e serviços

À primeira vista, o sucesso das economias de mercado pode parecer intrigante, porque aparentemente ninguém está cuidando do bem-estar da sociedade como um todo. Os mercados competitivos contêm muitos compradores e vendedores de diversos bens e serviços, e todos estão interessados, em primeiro lugar, em seu próprio bem-estar. Ainda assim, apesar da tomada de decisão descentralizada e regida pelo interesse próprio, as economias de mercado têm se mostrado notavelmente bem-sucedidas na organização da atividade econômica para promover a prosperidade.

Em seu livro publicado em 1776, *Uma investigação sobre a natureza e as causas da riqueza das nações*, Adam Smith fez a mais famosa observação de toda a economia: "as famílias e empresas, ao interagirem em mercados competitivos, atuam como se fossem guiadas por uma 'mão invisível' que as leva a resultados desejáveis". Um de nossos objetivos nesse livro é entender como essa mão invisível faz sua mágica.

Ao estudar economia, você aprenderá que os preços são o instrumento com que a mão invisível conduz a atividade econômica. Em um mercado competitivo, o comprador observa o preço ao determinar a demanda, e o vendedor analisa o preço ao decidir a oferta. Como resultado dessas decisões, os preços do mercado refletem não só o valor de um bem para a sociedade, mas também o custo de sua produção. A visão de Smith era de que os preços se ajustam para direcionar a oferta e a demanda, de modo a alcançar resultados que, em muitos casos, maximizam o bem-estar da sociedade como um todo.

As ideias de Smith apresentam um importante corolário: quando o governo não permite que os preços se ajustem de forma natural à oferta e à demanda, impede que a mão invisível coordene as decisões de famílias e empresas que compõem a economia. Esse corolário explica por que os impostos têm um efeito adverso sobre a alocação de recursos: eles distorcem os preços e, com isso, as decisões das empresas e famílias. Explica também o problema que pode ser causado por políticas de controle direto dos preços, como a de controle dos

SAIBA MAIS

Adam Smith e a mão invisível

Pode ser mera coincidência o fato de o grande livro de Adam Smith, *A riqueza das nações*, ter sido publicado em 1776, ano exato em que os revolucionários estadunidenses assinaram a sua Declaração da Independência. Entretanto, os dois documentos compartilham um ponto de vista predominante na época: os indivíduos tomarão melhores decisões se puderem agir por conta própria, sem a mão opressiva do governo para conduzir suas ações. Essa filosofia política é a base intelectual da economia de mercado e, de maneira mais geral, da sociedade livre.

Por que as economias descentralizadas de mercado funcionam bem? Isso ocorre porque as pessoas se tratam com carinho e bondade? De forma alguma. Adam Smith descreveu o modo como as pessoas interagem em uma economia de mercado da seguinte maneira:

Adam Smith

> O homem tem quase que constantes oportunidades para esperar ajuda de seus semelhantes, e seria em vão esperar obtê-la somente da benevolência. Terá maiores chances de ser bem-sucedido se puder interessar o amor-próprio deles a seu favor e mostrar-lhes que é para sua própria vantagem fazer para ele aquilo que deles se exige. [...] Dê-me aquilo que desejo e terá o que deseja, eis o significado de tal oferta; e dessa maneira obtemos um do outro uma parte muito maior dos ofícios de que necessitamos.
>
> Não é da benevolência do açougueiro, do cervejeiro ou do padeiro que esperamos nosso jantar, mas da consideração que eles têm pelos seus próprios interesses. Dirigimo-nos não à sua humanidade, mas ao seu amor-próprio, e nunca falamos com eles de nossas próprias necessidades, mas de suas vantagens. Ninguém, exceto o mendigo, escolhe depender principalmente da benevolência dos cidadãos. [...]
>
> Cada indivíduo [...] não tem a intenção de promover o interesse público, nem sabe o quanto o está promovendo. [...] Não pensa senão no próprio ganho, e, nesse caso, como em muitos outros, é conduzido por uma mão invisível a promover um fim que não fazia parte de sua intenção. E nem sempre é pior para a sociedade que não fizesse parte. Ao perseguir seu próprio interesse, ele promove o interesse da sociedade de modo mais eficaz do que faria se realmente se prestasse a promovê-lo.

O que Smith está dizendo é que os participantes da economia são motivados por seus próprios interesses e que a "mão invisível" do mercado conduz esses interesses de maneira que seja promovido o bem-estar econômico geral.

Muitos dos princípios de Smith permanecem no seio da economia moderna. Nossa análise nos capítulos posteriores nos permitirá expressar com mais precisão as conclusões de Smith e analisar plenamente os pontos fortes e fracos da mão invisível do mercado. ■

---

aluguéis. E explica o fracasso dos países comunistas, nos quais os preços não eram determinados pelo mercado, mas ditados pelos planejadores centrais. Esses planejadores não tinham as inúmeras informações complexas e dinâmicas sobre os gastos dos consumidores e os custos dos produtores que, em uma economia de mercado, são refletidos nos preços. Os planejadores centrais falharam porque tentaram conduzir a economia com uma mão amarrada nas costas – a mão invisível do mercado.

Adam Smith teria amado a Uber

Talvez você nunca tenha vivido em uma economia de planejamento central, mas, se já tentou pegar um táxi em uma grande cidade, deve ter sentido como é um mercado altamente regulado. Em muitas cidades, o governo local impõe controles rigorosos no mercado de táxis. Em geral, as regras vão além da regulamentação de seguro e segurança. Por exemplo, o governo pode limitar a entrada no mercado ao aprovar apenas um determinado número de registros ou licenças de táxi. Ele também pode determinar os preços que os táxis têm permissão para cobrar. O governo usa seus poderes executivos – ou seja, ameaça de multa ou prisão – para manter motoristas não autorizados longe das ruas e evitar a cobrança de preços não autorizados.

Em 2009, porém, esse mercado altamente controlado foi invadido por uma força disruptiva: a Uber, empresa que oferece um aplicativo de *smartphone* para conectar passageiros e motoristas. Como os veículos da Uber não circulam pelas ruas em busca de pedestres que procuram pelos táxis, eles não são, tecnicamente, táxis e, portanto, não estão sujeitos às mesmas regulamentações. Porém, oferecem um serviço semelhante. Na verdade, as corridas de Uber – e dos concorrentes da Uber que entraram no mercado desde então – em geral são mais convenientes. Em um dia frio e chuvoso, quem quer ficar esperando na calçada para conseguir um táxi vazio? É mais agradável continuar dentro de casa, usar o *smartphone* para programar a corrida e se manter quente e seco até o carro chegar.

Os veículos da Uber normalmente cobram menos que os táxis, mas nem sempre. Os preços da Uber aumentam significativamente quando há um pico na demanda, como durante uma tempestade repentina ou na noite de Ano Novo, quando inúmeros festeiros embriagados procuram por uma forma segura de voltar para casa. Os táxis regulamentados, por sua vez, geralmente são impedidos de adotar preços dinâmicos.

Nem todo mundo gosta da Uber. Motoristas de táxis tradicionais reclamam que essa nova concorrência reduz sua renda. Isso não é surpresa: fornecedores de bens e serviços em geral não gostam de novos concorrentes. No entanto, a competição vigorosa entre os produtores faz o mercado funcionar bem para os consumidores.

É por isso que os economistas apoiaram a entrada da Uber no mercado. Uma pesquisa realizada em 2014 com dezenas de economistas proeminentes perguntou se serviços como os da Uber aumentavam o bem-estar dos consumidores. Todos os economistas responderam que sim. A pesquisa também perguntou se o preço dinâmico aumentava o bem-estar dos consumidores – e 85% deles disseram que sim. O preço dinâmico faz com que os clientes paguem mais às vezes, mas como os motoristas de Uber respondem a incentivos, ele também aumenta a quantidade de carros fornecidos quando eles são mais necessários. Os preços dinâmicos também ajudam a alocar os serviços àqueles consumidores que mais os valorizam e reduzem os custos da busca e espera por um carro.

Se Adam Smith estivesse vivo, com certeza teria um aplicativo de transporte instalado em seu celular. ●

A tecnologia pode melhorar esse mercado.

1-2c Princípio 7: às vezes os governos podem melhorar os resultados dos mercados

Se a mão invisível do mercado funciona tão bem, o que resta ao governo fazer pela economia? Um dos objetivos do estudo de economia é refinar nossa visão sobre o papel e os objetivos adequados das políticas governamentais.

Um dos motivos por que precisamos do governo é que a mão invisível somente poderá fazer maravilhas se o governo garantir o cumprimento das regras e mantiver as instituições principais da economia. Mais importante, as economias de mercado precisam das instituições para garantir o **direito de propriedade** de modo que os indivíduos tenham condições de possuir e controlar os recursos escassos. Os fazendeiros não cultivarão alimentos se acharem que suas colheitas serão roubadas, os restaurantes só servirão refeições se tiverem a garantia de que os clientes pagarão antes de ir embora, e as empresas cinematográficas não produzirão filmes se muitas pessoas aderirem à pirataria. Todos nós confiamos nos sistemas executivo e jurídico do governo a fim de fazer valer o direito sobre aquilo que produzimos – e a mão invisível funciona apenas com um sistema legal atuante.

Há, ainda, outra razão que justifica o fato de precisarmos de governo: a mão invisível é poderosa, mas não é onipotente. Há duas razões amplas que justificam o governo intervir na economia e alterar a alocação de recursos que as pessoas escolheriam por conta própria: promover a eficiência e promover a igualdade. Ou seja, políticas podem visar ao aumento do bolo econômico ou ao tamanho de suas fatias.

Consideremos primeiro o objetivo da eficiência. Embora a mão invisível geralmente leve os mercados a alocar os recursos de forma a maximizar o tamanho do bolo

direito de propriedade
a capacidade de um indivíduo de possuir e exercer controle sobre recursos escassos

falha de mercado
uma situação em que o mercado, por si só, não consegue alocar recursos eficientemente

externalidade
o impacto das ações de uma pessoa sobre o bem-estar de outras que não tomam parte da ação

poder de mercado
a capacidade de um único agente econômico (ou um pequeno grupo de agentes) de influenciar de forma significativa os preços do mercado

econômico, isso nem sempre acontece. Os economistas usam a expressão **falha de mercado** para se referir a uma situação em que o mercado, por si só, não consegue produzir uma alocação eficiente de recursos. Uma possível causa de falha de mercado é a **externalidade**, que é o impacto das ações de uma pessoa sobre o bem-estar dos que estão próximos. Um exemplo clássico de uma externalidade é a poluição. Quando a produção de um bem polui o ar e cria problemas de saúde para as pessoas que vivem próximo à fábrica, o mercado pode falhar em considerar esse custo. Outra causa possível de uma falha de mercado é o **poder de mercado**, que se refere à capacidade de uma pessoa (ou um pequeno grupo de pessoas) de influenciar de forma indevida os preços de mercado. Se, por exemplo, todas as pessoas de uma cidade precisarem de água, porém houver apenas um poço, o proprietário do poço não estará sujeito à forte competição por meio da qual a mão invisível costuma controlar os interesses próprios; o dono do poço pode tirar vantagem dessa oportunidade restringindo a oferta de água e aumentando o seu preço. Quando há externalidades ou poder de mercado, políticas públicas bem concebidas podem aumentar a eficiência econômica.

Agora, consideremos o objetivo da igualdade. Mesmo que a mão invisível produza resultados eficientes, ela pode apresentar grandes disparidades no bem-estar. Uma economia de mercado recompensa as pessoas de acordo com a sua capacidade de produzir coisas pelas quais outras pessoas estejam dispostas a pagar. O melhor jogador de basquete do mundo ganha mais do que o melhor jogador de xadrez simplesmente porque as pessoas estão dispostas a pagar mais para assistir a uma partida de basquete do que para assistir a um jogo de xadrez. A mão invisível não garante que todos tenham comida suficiente, roupas decentes e atendimento médico adequado. Essa desigualdade pode exigir a intervenção do governo. Na prática, muitas políticas públicas, como o imposto de renda e o sistema de seguridade social, têm por objetivo atingir uma distribuição mais igualitária do bem-estar.

Dizer que o governo **pode**, por vezes, melhorar os resultados do mercado não significa que ele sempre o **fará**. A política pública não é feita por anjos, mas por um processo político que está longe de ser perfeito. Às vezes, as políticas são concebidas somente para recompensar os politicamente poderosos. Outras vezes, são feitas por líderes bem-intencionados, mas mal-informados. Ao estudar economia, você se torna um melhor juiz para avaliar quando uma política de governo é justificável porque promove a eficiência ou igualdade e quando não é.

Teste rápido

5. O comércio internacional beneficia um país quando
    a. a receita da venda no exterior supera os gastos provenientes de compras no exterior.
    b. seus parceiros comerciais passam por uma redução no bem-estar.
    c. todos os países se especializam em fazer o que fazem de melhor.
    d. não há perda de empregos domésticos por conta do comércio.

6. A "mão invisível" de Adam Smith refere-se
    a. aos métodos sutis e geralmente ocultos que as empresas usam para lucrar à custa do consumidor.
    b. à capacidade dos mercados competitivos de alcançar os resultados desejados, apesar do interesse próprio dos participantes do mercado.
    c. à capacidade da regulamentação governamental de beneficiar os consumidores, mesmo quando eles não estão cientes dessas regulamentações.
    d. à maneira com que os produtores ou consumidores de mercados não regulamentados impõem custos a observadores inocentes.

7. O governo pode intervir em uma economia para
    a. proteger direitos de propriedade.
    b. corrigir uma falha de mercado derivada de externalidades.
    c. obter uma distribuição de renda mais igualitária.
    d. Todas as alternativas acima

As respostas estão no final do capítulo.

1-3 Como funciona a economia como um todo

Começamos por uma discussão sobre como as pessoas tomam decisões e depois vimos como elas interagem. Juntas, todas essas decisões e interações formam "a economia". Os três últimos princípios referem-se ao funcionamento da economia como um todo.

1-3a Princípio 8: o padrão de vida de um país depende de sua capacidade de produzir bens e serviços

As diferenças de padrão de vida em todo o mundo são impressionantes. Em 2019, o estadunidense médio tinha uma renda de cerca de $ 65 mil. No mesmo ano, o alemão médio ganhava cerca de $ 56 mil, o chinês médio, cerca de $ 17 mil, e o nigeriano médio, apenas $ 5 mil.* Essa grande variação do nível de rendimento se reflete em diversos indicadores de qualidade de vida. Pessoas de países de renda elevada têm mais computadores e carros, melhor nutrição, melhor assistência médica e uma expectativa de vida mais longa que os cidadãos de países de baixa renda.

As mudanças do padrão de vida ao longo do tempo também são grandes. Nos Estados Unidos, a renda cresceu historicamente cerca de 2% ao ano (após ajustes que ocorreram por causa de alterações no custo de vida). Nesse ritmo, a renda média dobra a cada 35 anos. No último século, a renda média dos Estados Unidos aumentou aproximadamente oito vezes.

O que explica essas grandes diferenças de padrão de vida entre países e ao longo do tempo? A resposta é simples. Quase todas as variações de padrão de vida podem ser atribuídas a diferenças de **produtividade** entre países, ou seja, a quantidade de bens e serviços produzidos por hora de insumo de mão de obra. Em países onde os trabalhadores podem produzir uma grande quantidade de bens e serviços por unidade de tempo, a maioria das pessoas desfruta de um padrão de vida elevado; em nações onde os trabalhadores são menos produtivos, a maioria das pessoas precisa enfrentar uma vida com maior escassez. De forma semelhante, a taxa de crescimento da produtividade de um país determina a taxa de crescimento de sua renda média.

A relação entre produtividade e padrão de vida é simples, mas suas implicações são profundas. Se a produtividade é o determinante principal do padrão de vida, outras explicações devem ser de importância secundária. Por exemplo, poderia ser tentador creditar aos sindicatos de trabalhadores ou a empregadores generosos a elevação do padrão de vida dos trabalhadores estadunidenses durante o século passado. Mas a verdadeira heroína dos trabalhadores estadunidenses é sua produtividade crescente. Como outro exemplo, alguns comentaristas sugeriram que o aumento da concorrência internacional explica a desaceleração no crescimento da renda iniciada em meados da década de 1970 nos Estados Unidos. Porém, o real vilão era a queda do crescimento da produtividade.

A relação entre produtividade e padrão de vida também traz implicações profundas para a política pública. Quando se pensa sobre como alguma política afetará os padrões de vida, a questão-chave é como ela afetará nossa capacidade de produzir bens e serviços. Para elevar os padrões de vida, os formuladores de políticas precisam aumentar a produtividade ao garantir que os trabalhadores tenham uma boa educação, disponham das ferramentas de que precisam para produzir bens e serviços e tenham acesso à melhor tecnologia disponível.

produtividade
a quantidade de bens e serviços produzidos por unidade de insumo de mão de obra

1-3b Princípio 9: os preços sobem quando o governo emite moeda demais

Na Alemanha, em janeiro de 1921, um jornal custava 30 centavos de marco. Menos de dois anos depois, em novembro de 1922, o mesmo jornal custava 70 milhões de marcos. Todos os outros preços da economia subiram na mesma medida. Esse episódio é um dos exemplos mais espetaculares de **inflação**, um aumento no nível geral de preços da economia.

Embora os Estados Unidos nunca tenham conhecido uma inflação próxima da que houve na Alemanha na década de 1920, a inflação tem sido, por vezes, um problema. Durante

inflação
um aumento do nível geral de preços da economia

---

*N. de R.T. Em 2019, segundo dados do Banco Mundial, a renda média do brasileiro era de cerca de 9 mil dólares.

"Bem, o preço era 68 centavos quando você entrou na fila, mas agora é 74!"

os anos de 1970, por exemplo, quando o nível geral de preços mais do que dobrou, o presidente Gerald Ford referiu-se à inflação como o "inimigo público número 1". No entanto, nas primeiras décadas do século XXI, a inflação ficou em torno de 2% ao ano; nesse ritmo seriam necessários 35 anos para que os preços dobrassem. Como uma inflação elevada impõe diversos custos à sociedade, mantê-la em níveis razoáveis é um objetivo dos formuladores de políticas econômicas de todo o mundo.

O que causa a inflação? Em quase todos os casos de inflação elevada ou persistente, o culpado é o aumento na quantidade de moeda. Quando um governo emite grandes quantidades de moeda, seu valor diminui. Na Alemanha, no início da década de 1920, quando os preços estavam, em média, triplicando a cada mês, a quantidade de moeda também triplicava mensalmente. Embora menos dramática, a história econômica dos Estados Unidos aponta para uma conclusão semelhante: a inflação elevada da década de 1970 estava associada a um rápido crescimento da quantidade de moeda, e a baixa inflação dos anos 1980, a um lento crescimento da quantidade de moeda.

Em 2022, quando a edição em inglês deste livro estava sendo impressa, a inflação nos Estados Unidos estava em alta. Em fevereiro daquele ano, os preços para o consumidor estavam 7,9% mais altos do que um ano antes, a maior taxa de inflação em 40 anos. Durante a recessão econômica causada pela pandemia de coronavírus em 2020, o governo aliviou as dificuldades com um grande aumento nos gastos, e a quantidade de dinheiro disponível na economia aumentou significativamente. Essas políticas, somadas a interrupções na oferta provocadas pela pandemia, contribuíram para o aumento da inflação. A principal questão era se o aumento da inflação seria transitório, como muitos representantes do governo acreditavam, ou se acabaria sendo incorporado à economia, como ocorreu nos anos 1970. O resultado dependeria, em grande parte, da política monetária futura.

1-3c Princípio 10: a sociedade enfrenta um *trade-off* de curto prazo entre inflação e desemprego

Um aumento na quantidade de dinheiro causa principalmente a elevação dos preços no longo prazo, mas a história é mais complexa no curto prazo. Muitos economistas descrevem os efeitos de curto prazo do crescimento monetário como a seguir:

- O aumento da quantidade de moeda na economia estimula o nível geral de consumo e, portanto, a demanda por bens e serviços.
- O aumento da demanda pode, com o tempo, levar as empresas a elevar os preços, porém, nesse ínterim, esse aumento também incentiva as empresas a contratar mais mão de obra e a aumentar a quantidade de bens e serviços produzidos.
- Maior contratação significa menor desemprego.

Essa linha de raciocínio leva a um último *trade-off* de efeito econômico amplo: um *trade-off* de curto prazo entre a inflação e o desemprego.

Alguns economistas ainda questionam essas ideias, mas a maioria aceita que a sociedade enfrenta um *trade-off* de curto prazo entre inflação e desemprego. Isso significa que, em um período de um ou dois anos, muitas políticas econômicas empurram a inflação e o desemprego em direções opostas. Os formuladores de políticas enfrentam esse *trade-off* independentemente de se a inflação e o desemprego se apresentam em níveis elevados (como ocorreu no início da década de 1980), em níveis baixos (como na década de 2010) ou em níveis intermediários. Esse *trade-off* de curto prazo é de grande importância para a análise do **ciclo econômico** – as flutuações irregulares e imprevisíveis na atividade econômica, medidas pela produção de bens e serviços ou pelo número de pessoas empregadas.

Os formuladores de políticas podem explorar o *trade-off* de curto prazo entre inflação e desemprego usando diversos instrumentos de política econômica. Ao mudarem os montantes referentes aos gastos do governo, ao total arrecadado de impostos e às emissões de moeda, os formuladores de políticas poderão influenciar a demanda global por bens e serviços. As mudanças na demanda, por sua vez, influenciam a combinação de inflação e desemprego que a economia apresenta no curto prazo. Uma vez que esses instrumentos de política econômica são potencialmente tão poderosos, a maneira como os formuladores de políticas devem utilizá-los para controlar a economia é objeto de constante debate.

---

ciclo econômico
flutuações da atividade econômica, como o desemprego e a produção de bens e serviços

Teste rápido

8. O principal motivo para alguns países terem um padrão de vida médio mais elevado do que outros é que
   a. os países mais ricos exploraram os mais pobres.
   b. os governos de alguns países emitiram mais dinheiro.
   c. alguns países têm leis mais fortes para proteger os direitos dos trabalhadores.
   d. alguns países têm níveis mais elevados de produtividade.

9. Se um país apresenta inflação elevada e persistente, a explicação mais provável é que
   a. o governo está emitindo quantidades excessivas de moeda.
   b. os sindicatos estão negociando salários excessivamente altos.
   c. o governo está impondo níveis excessivos de tributação.
   d. as empresas estão usando seu poder de mercado para impor aumentos de preços excessivos.

10. Se um governo usa as ferramentas da política monetária para reduzir a demanda por bens e serviços, o resultado provável é _____ inflação e _____ desemprego em curto prazo.
    a. menor; menor
    b. menor; maior
    c. maior; maior
    d. maior; menor

As respostas estão no final do capítulo.

1-4 Conclusão

Agora você já teve uma amostra do que trata a economia. Nos capítulos posteriores, desenvolveremos muitos assuntos específicos sobre as pessoas, os mercados e as economias. Dominá-los exigirá algum esforço, mas não será uma tarefa árdua. O campo da economia se baseia em algumas grandes ideias que podem ser aplicadas em muitas situações diferentes.

Ao longo do livro, faremos referência aos **dez princípios da economia** que destacamos neste capítulo e resumimos na Tabela 1-1. Mantenha esses princípios em mente, pois até a mais sofisticada das análises econômicas se fundamenta neles.

Tabela 1-1
Dez princípios da economia

Como as pessoas tomam decisões
1. As pessoas enfrentam *trade-offs*.
2. O custo de algo é o que você renuncia para obtê-lo.
3. As pessoas racionais pensam na margem.
4. As pessoas reagem a incentivos.

Como as pessoas interagem
5. O comércio pode ser bom para todos.
6. Os mercados são geralmente uma boa maneira de organizar a atividade econômica.
7. Às vezes os governos podem melhorar os resultados dos mercados.

Como funciona a economia como um todo
8. O padrão de vida de um país depende de sua capacidade de produzir bens e serviços.
9. Os preços sobem quando o governo emite moeda demais.
10. A sociedade enfrenta um *trade-off* de curto prazo entre inflação e desemprego.

RESUMO DO CAPÍTULO

- As lições fundamentais sobre a tomada de decisão individual são as seguintes: as pessoas enfrentam *trade-offs* entre objetivos alternativos, o custo de qualquer ação é medido em termos de oportunidades perdidas, as pessoas racionais tomam decisões depois de comparar custos marginais e benefícios marginais, e os indivíduos mudam seu comportamento por causa de incentivos.
- As lições fundamentais sobre as interações entre pessoas são as seguintes: o comércio e a interdependência podem ser mutuamente benéficos, os mercados costumam ser uma boa maneira de coordenar a atividade econômica, e o governo pode potencialmente melhorar os resultados do mercado quando corrige uma falha de mercado ou promove maior igualdade econômica.
- As lições fundamentais sobre a economia como um todo são estas: a produtividade é a fonte fundamental dos padrões de vida, o aumento na emissão de moeda é a causa fundamental da inflação, e a sociedade enfrenta um *trade-off* de curto prazo entre inflação e desemprego.

CONCEITOS-CHAVE

escassez, p. 2
economia, p. 2
eficiência, p. 3
igualdade, p. 3
custo de oportunidade, p. 3
pessoa racional, p. 4

mudança marginal, p. 4
incentivo, p. 5
economia de mercado, p. 7
direito de propriedade, p. 9
falha de mercado, p. 10
externalidade, p. 10

poder de mercado, p. 10
produtividade, p. 11
inflação, p. 11
ciclo econômico, p. 12

QUESTÕES DE REVISÃO

1. Dê três exemplos de *trade-offs* importantes com que você se depara na vida.
2. Quais itens você incluiria para descobrir o custo de oportunidade de fazer um passeio a um parque de diversões?
3. A água é necessária para a vida. O benefício marginal de um copo d'água é grande ou pequeno?
4. Por que os formuladores de políticas devem levar em consideração os incentivos?
5. Por que o comércio entre países não é como um jogo, em que alguns vencem e outros perdem?
6. O que a "mão invisível" do mercado faz?
7. Quais são as duas principais causas de falhas de mercado? Dê um exemplo de cada.
8. Por que a produtividade é importante?
9. O que é inflação e quais são suas causas?
10. Como a inflação e o desemprego estão relacionados no curto prazo?

PROBLEMAS E APLICAÇÕES

1. Descreva alguns *trade-offs* enfrentados nas seguintes situações:
   a. uma família ao decidir se compra um carro
   b. um membro do Congresso ao decidir quanto gastar nos parques nacionais
   c. o presidente de uma empresa ao decidir se abre uma nova fábrica
   d. um professor ao decidir o quanto preparar para uma aula
   e. um recém-formado ao decidir se deve cursar pós-graduação
   f. o único responsável por uma criança pequena decidindo se aceita um emprego

2. Você está tentando decidir se tira férias ou não. A maioria dos custos (passagem aérea, hotel, alimentação, passeios) se mede em dinheiro, mas os benefícios são psicológicos. Como se pode comparar os benefícios com os custos?

3. Você pretendia passar o sábado trabalhando, mas um amigo o convida para jogar futebol. Qual é o custo real de ir jogar futebol? Agora suponha que você planeje passar o dia estudando. Nesse caso, qual é o custo de ir jogar futebol? Explique.

4. Você ganha $ 100 em um bolão de futebol. Você pode escolher entre gastar o dinheiro agora e guardá-lo por um ano, depositando-o em uma conta de poupança que paga juros de 5%. Qual é o custo de oportunidade de gastar os $ 100 agora?

5. A empresa que você administra investiu $ 5 milhões no desenvolvimento de um novo produto, mas ele ainda não foi concluído. Em uma reunião, sua equipe de vendas relatou que a introdução de produtos concorrentes reduziu o volume previsto de vendas de seu novo produto para $ 3 milhões. Se o custo de completar o desenvolvimento e fazer o produto fosse $ 1 milhão, valeria a pena gastar esse dinheiro? Qual é o valor máximo que você deveria pagar para concluir o desenvolvimento?

6. Um projeto de lei de 1996, que reformulou programas antipobreza do governo dos Estados Unidos, limitou a duração de muitos benefícios para apenas dois anos.
    a. Como isso afeta os incentivos ao trabalho?
    b. Como isso poderia representar um *trade-off* entre igualdade e eficiência?

7. Indique se cada uma das seguintes atividades do governo é motivada pela preocupação com a igualdade ou com a eficiência. Quando a preocupação for com a eficiência, discuta o tipo de falha de mercado em questão.
    a. regulamentar os preços da TV a cabo
    b. dar às pessoas pobres vales que podem ser usados para comprar comida
    c. proibir que as pessoas fumem em locais públicos
    d. dividir a Standard Oil (que já possuiu 90% de todas as refinarias de petróleo dos Estados Unidos) em várias pequenas empresas
    e. aumentar as alíquotas do imposto de renda das pessoas mais ricas
    f. aprovar leis para punir quem dirigir sob o efeito de substâncias

8. Discuta cada uma das afirmativas a seguir do ponto de vista da igualdade e da eficiência.
    a. "É preciso garantir a todos os membros da sociedade o melhor atendimento médico possível."
    b. "Os trabalhadores que são demitidos deveriam receber o seguro-desemprego até que encontrem trabalho."

9. De que maneira seu padrão de vida é diferente do de seus pais ou avós quando tinham sua idade? O que causou essas mudanças?

10. Suponhamos que os trabalhadores decidam poupar uma parte maior da renda que recebem. Se os bancos emprestarem essa poupança extra para as empresas que empregam esses fundos para construir novas fábricas, como esse aumento de poupança poderá levar a um crescimento rápido da produtividade? Quem se beneficiará da maior produtividade?

11. Durante a Guerra pela Independência dos EUA, as colônias estadunidenses não conseguiam obter carga fiscal suficiente para financiar completamente seus esforços de guerra. Para compensar a diferença, as colônias decidiram emitir mais moeda. A emissão de moeda para cobrir gastos às vezes é chamada de "imposto inflacionário". Quem você acha que é "taxado" quando se emite mais moeda? Por quê?

Respostas do teste rápido

1. **a**   2. **c**   3. **b**   4. **d**   5. **c**   6. **b**   7. **d**   8. **d**   9. **a**   10. **b**

Capítulo 2

Pensando como um economista

O objetivo deste livro é ajudar você a pensar como um economista. Isso pode ser útil para várias coisas. Ao tentar entender uma notícia, administrar as finanças da sua casa ou empresa ou avaliar as promessas políticas de um candidato a respeito de problemas que variam desde congestionamentos do tráfego local até a mudança climática global, saber um pouco de economia pode ajudá-lo a pensar de forma mais racional e sistemática. E é esse tipo de raciocínio que vai levá-lo a resultados melhores.

Em todos os campos de estudo, especialistas desenvolvem seus próprios métodos e terminologia. Os matemáticos falam de axiomas, integrais e espaços vetoriais. Os psicólogos falam de ego, *id* e dissonância cognitiva. Os advogados falam de foros, responsabilidade civil e embargos à execução. Os economistas não são diferentes. Oferta, demanda, elasticidade, vantagem comparativa, excedente do consumidor, peso morto – esses termos fazem parte da linguagem dos economistas. Nos próximos capítulos, você encontrará muitos termos novos e algumas palavras comuns que os economistas usam para fins especiais. À primeira vista, os termos e especificidades técnicas podem parecer desnecessariamente enigmáticos e, no cotidiano, muitos são mesmo. Contudo, após entendê-los, você obterá uma forma nova e útil de pensar sobre o mundo em que vive. Este livro será como um guia através da mata fechada.

Antes de nos aprofundarmos nos conceitos e nos detalhes da economia, será útil obtermos um panorama de como os economistas enxergam o mundo. Este capítulo discute a metodologia utilizada nesse campo. O que diferencia a maneira como um economista encara um problema? O que significa pensar como um economista?

"Eu sou um cientista social, Michael. Isso significa que eu não sei explicar a eletricidade ou coisas do tipo, mas se você quiser saber sobre pessoas, pode contar comigo."

2-1 O economista como cientista

Os economistas procuram abordar seu campo de estudo com a objetividade dos cientistas; estudam a economia da mesma forma que um físico estuda a matéria e um biólogo estuda a vida: desenvolvem teorias, coletam dados e os analisam para confirmar ou refutar suas teorias.

Pode parecer estranho afirmar que a economia é uma ciência. Afinal, economistas não trabalham com tubos de ensaio ou telescópios, nem usam jalecos brancos. Assim como outros cientistas sociais, eles estudam seres humanos, um assunto sobre o qual todos sabem alguma coisa, sem precisar de um diploma universitário. Mas a essência da ciência é o **método científico** – o desenvolvimento e o teste imparcial de teorias sobre como o mundo funciona. Esse método de investigação aplica-se tanto ao estudo da economia de um país quanto ao da gravidade da Terra ou da evolução das espécies. Como disse Albert Einstein, "A ciência nada mais é que o refinamento do pensamento cotidiano".

O comentário de Einstein é válido tanto para a economia quanto para a física, mas a maioria das pessoas não está habituada a enxergar a sociedade com um olhar científico. Vamos pensar em como os economistas aplicam a lógica da ciência para examinar o funcionamento de uma economia.

2-1a O método científico: observação, teoria e mais observação

Isaac Newton, um cientista e matemático do século XVII, disse ao seu biógrafo que ficou intrigado um dia ao ver uma maçã caindo de uma árvore. Por que a maçã sempre cai em uma linha reta até o chão? A reflexão de Newton o levou a desenvolver uma teoria da gravidade que se aplica não só às maçãs caindo das árvores, mas a qualquer objeto no universo. Testes subsequentes da teoria de Newton demonstraram que ela funciona muito bem em diversas circunstâncias (mas não em todas, como Einstein viria a mostrar). A teoria de Newton, por ter explicado com sucesso o que observamos ao nosso redor, ainda hoje é ensinada nos cursos de física.

Uma interação semelhante entre teoria e observação também ocorre no campo da economia. Um economista que vive em um país que passa por rápidos aumentos de preços poderia, por conta dessa observação, ser levado a desenvolver uma teoria da inflação. A teoria poderia afirmar que a inflação elevada surge quando o governo emite muita moeda. Para testar essa teoria, o economista poderia coletar e analisar dados sobre preços e moedas em diferentes países. Se o aumento na quantidade de moeda não estivesse relacionado com a taxa de crescimento dos preços, o economista começaria a duvidar da validade de sua teoria da inflação. Se o aumento na quantidade de moeda e a inflação estivessem correlacionados também nos dados internacionais, como muitas vezes estão, o economista passaria a confiar mais em sua teoria proposta.

Embora os economistas usem a teoria e a observação da mesma maneira que os outros cientistas, eles enfrentam um obstáculo que torna sua tarefa desafiadora: conduzir experimentos é difícil e pouco prático. Os físicos que estudam a gravidade podem deixar cair objetos em seus laboratórios para testar suas teorias. Em comparação, os economistas que estudam a inflação não podem manipular a política monetária de um país simplesmente para gerar dados úteis. Os economistas, assim como os astrônomos e biólogos que estudam a evolução, em geral têm de se satisfazer com quaisquer dados que o mundo possa lhes dar.

Para substituir os experimentos em laboratório, os economistas prestam muita atenção aos experimentos naturais que a história oferece. Por exemplo, quando uma guerra no Oriente Médio interrompe o fornecimento de petróleo, os preços dessa mercadoria "explodem" em todo o mundo. Para os consumidores de petróleo e derivados, esse tipo de evento aumenta o custo de vida. Para os formuladores de políticas, representa uma escolha difícil quanto à melhor forma de reagir. Mas, para os cientistas econômicos, oferece uma oportunidade para estudar os impactos de um recurso natural essencial sobre as economias do mundo. Neste livro, trataremos de muitos episódios históricos. O estudo desses episódios gera *insights* sobre a economia do passado e ajuda a ilustrar e avaliar teorias econômicas atuais.

2-1b O papel dos pressupostos

Se você perguntar a um físico quanto tempo levaria para uma bolinha de gude cair do alto de um edifício de dez andares, ele provavelmente responderá à questão supondo que a bolinha cai no vácuo. No entanto, esse pressuposto é falso. O edifício está cercado de ar, cujo atrito sobre a bolinha em queda reduz a sua velocidade. Por que dar uma resposta que ignora a complexidade do mundo real? Nesse caso, o físico argumentará que o atrito sobre a bolinha de gude é tão pequeno que seu efeito é insignificante. Supor que a bolinha cai no vácuo simplifica o problema sem afetar substancialmente a resposta. O físico entende, no entanto, que, para uma resposta mais precisa, ele teria que rever seus pressupostos e fazer uma análise mais sofisticada.

Os economistas fazem suposições pelo mesmo motivo: elas podem simplificar o mundo complexo em que vivemos e facilitar o seu entendimento. Para estudar o comércio internacional, por exemplo, podemos pressupor um mundo em que existem apenas dois países que produzem, cada um, apenas dois bens. Sabemos que essa não é uma representação exata do mundo real, em que há vários países produzindo milhares de tipos diferentes de bens. Contudo, ao pressupor um mundo com apenas dois países e dois bens, conseguimos focar na essência do problema. Depois de analisar o comércio internacional nesse mundo imaginário simplificado, teremos mais condições de entender o comércio internacional no mundo mais complexo em que vivemos.

A arte do pensamento científico – seja na física, biologia ou economia – está em decidir quais pressupostos adotar. Suponha, por exemplo, que deixemos cair uma bola de praia, em vez de uma bolinha de gude, do alto do edifício. O físico, agora, perceberia que o pressuposto de fricção nula seria muito impreciso: a fricção exerce uma força maior sobre a bola de praia do que sobre a bolinha de gude, já que a primeira é muito maior. Pressupor que a gravidade opera no vácuo é razoável para estudar a queda de uma bolinha de gude, mas levaria a erros significativos ao estudar a queda de uma bola de praia.

Da mesma forma, os economistas fazem diferentes pressupostos para responder a diferentes questões. Suponha, por exemplo, que queiramos estudar o que acontece com a economia quando o governo muda a quantidade de moeda em circulação. Uma parte importante dessa análise, como veremos, é a maneira como os preços reagem. Muitos dos preços na economia se alteram raramente. O preço das revistas nas bancas, por exemplo, só muda depois de alguns anos. O conhecimento desse fato pode nos levar a formular diferentes pressupostos para diferentes horizontes de tempo. Ao estudar os efeitos de curto prazo da medida adotada acima, podemos pressupor que os preços não mudarão muito. Podemos até adotar o pressuposto extremo de que todos os preços serão completamente fixos. Já ao estudar os efeitos de longo prazo da medida, podemos pressupor que todos os preços serão flexíveis. Assim como um físico usa pressupostos diferentes para estudar a queda de bolinhas de gude e de bolas de praia, os economistas usam pressupostos diferentes para estudar os efeitos de curto e longo prazo de uma mudança na quantidade de moeda em circulação.

2-1c Modelos econômicos

Professores de biologia ensinam anatomia básica usando réplicas plásticas do corpo humano. Esses modelos apresentam todos os principais órgãos – coração, fígado, rins, e assim por diante – e permitem que os professores mostrem para seus alunos, de uma maneira simples, como as principais partes do corpo se encaixam umas nas outras. Como esses modelos de plástico são estilizados e omitem muitos detalhes, ninguém os confundiria com uma pessoa. Mas, apesar dessa falta de realismo – e, na verdade, por causa dela – estudar os modelos é útil para aprender como funciona o corpo humano.

Os economistas também usam modelos para aprender sobre o mundo, mas, em vez de serem feitos de plástico, os modelos econômicos são compostos de diagramas e equações. Assim como nos modelos plásticos do corpo humano, os modelos econômicos omitem muitos detalhes para permitir que vejamos o que realmente importa. O modelo do corpo humano não mostra todos os músculos e vasos sanguíneos, da mesma forma que os modelos dos economistas não incluem todos os aspectos da economia e do comportamento humano.

Conforme usarmos modelos para examinar diversas questões econômicas ao longo do livro, você verá que eles são construídos a partir de pressupostos. Da mesma maneira que um físico inicia a análise da queda de uma bolinha de gude supondo que não haja atrito, os economistas fazem pressupostos para muitos dos detalhes da economia que são irrelevantes para o estudo da questão sendo analisada. Todos os modelos – seja em física, biologia ou economia – simplificam a realidade para que possamos compreendê-la melhor. Além disso, todos os modelos estão sujeitos a revisão quando os fatos assim justificarem. A chave é encontrar o modelo certo no momento certo. Como disse o estatístico George Box, "Todos os modelos estão errados, mas alguns são úteis".

2-1d Nosso primeiro modelo: o diagrama do fluxo circular

A economia consiste em milhões de pessoas envolvidas em muitas atividades – compra, venda, trabalho, contratação, fabricação, e assim por diante. Para entender como a economia funciona, precisamos encontrar uma forma de simplificar nosso raciocínio sobre todas essas atividades. Em outras palavras, precisamos de um modelo que explique como a economia se organiza e como os participantes da economia interagem uns com os outros.

A Figura 2-1 apresenta um modelo visual da economia chamado **diagrama do fluxo circular**. Nesse modelo, a economia inclui apenas dois tipos de tomadores de decisões: famílias e empresas. As empresas produzem bens e serviços usando insumos, como trabalho, terra e capital (prédios e máquinas). Esses insumos são chamados **fatores de produção**. As famílias são proprietárias dos fatores de produção e consomem todos os bens e serviços que as empresas produzem.

As famílias e as empresas interagem em dois tipos de mercado. Nos **mercados de bens e serviços**, as famílias são compradoras, e as empresas, vendedoras. Mais especificamente, as famílias compram os bens e serviços que as empresas produzem. Nos **mercados de fatores de produção**, as famílias são vendedoras, e as empresas, compradoras. Nesses mercados, as famílias fornecem os insumos que as empresas usam para produzir bens e serviços. O diagrama do fluxo circular oferece uma maneira simples de organizar todas as transações entre as famílias e as empresas em uma economia.

Os dois conjuntos de flechas do diagrama de fluxo circular são distintos, mas estão relacionados. O conjunto interno representa o fluxo de insumos e produtos. Famílias vendem o uso de seu trabalho, terra e capital para empresas nos mercados de fatores de produção. Empresas, então, utilizam esses fatores para produzir bens e serviços, que, por sua vez, são vendidos para as famílias no mercado de bens e serviços. O conjunto externo do diagrama representa o fluxo correspondente de moeda. Famílias gastam dinheiro para comprar bens e serviços das empresas. As empresas usam parte da receita dessas vendas para pagar pelos fatores de produção, como o salário de seus trabalhadores. O que sobra é o lucro dos proprietários da empresa, que são os próprios membros das famílias.

Vamos analisar o fluxo circular, acompanhando o caminho que faz o dinheiro ao passar de pessoa para pessoa na economia. Vamos imaginar que o dinheiro comece em uma família; dentro da sua carteira, digamos. Se você quiser comprar uma xícara de café, deve levar seu dinheiro ao mercado de café, um dos muitos mercados de bens e serviços da economia. Quando você compra sua bebida favorita em uma cafeteria local, seu dinheiro entra na caixa registradora da loja, passando a ser receita da empresa. Porém, o dinheiro não

---

diagrama do fluxo circular
um modelo visual da economia que mostra como a moeda circula pelos mercados entre as famílias e as empresas

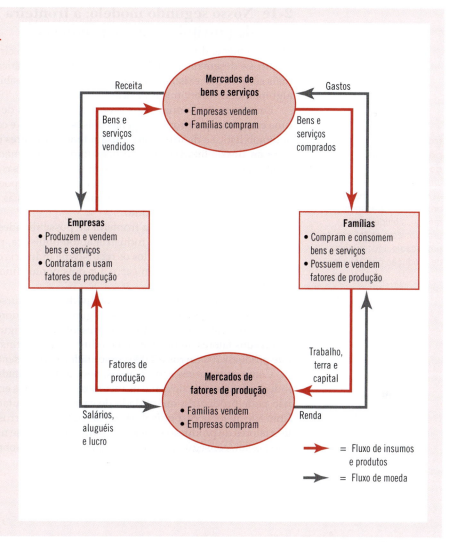

Figura 2-1

Fluxo circular

Este diagrama é uma representação esquemática da organização da economia. As decisões são tomadas por famílias e empresas que interagem nos mercados de bens e serviços (onde as famílias são compradoras, e as empresas, vendedoras), e nos mercados de fatores de produção (onde as empresas são compradoras, e as famílias, vendedoras). O conjunto externo de setas representa o fluxo de moeda, enquanto o conjunto interno refere-se ao fluxo correspondente de insumos e produtos.

fica lá por muito tempo, já que a empresa o utiliza para comprar insumos nos mercados de fatores de produção. A cafeteria pode usar o dinheiro para pagar o aluguel do espaço que ocupa ou o salário dos baristas. Ou o dinheiro pode retornar como lucro para o proprietário da cafeteria. Em todo caso o dinheiro entra para a renda de alguma família e volta para a carteira de alguém. Nesse ponto, a história do fluxo circular da economia recomeça.

O diagrama do fluxo circular da Figura 2-1 é um modelo simples da economia. Um modelo de fluxo circular mais complexo e realista incluiria, por exemplo, os papéis representados pelo governo e pelo comércio internacional. (Uma parte daquela moeda que você deu à cafeteria pode ser usada para pagar impostos ou comprar grãos de café de um produtor no Quênia.) No entanto, esses detalhes não são cruciais para uma compreensão básica de como a economia é organizada. Por causa de sua simplicidade, é útil ter em mente o diagrama do fluxo circular ao pensar sobre como os componentes da economia se encaixam.

2-1e Nosso segundo modelo: a fronteira de possibilidades de produção

Diferentemente do que ocorre no diagrama do fluxo circular, a maioria dos modelos econômicos é desenvolvida usando ferramentas matemáticas. Aqui, usamos um dos modelos mais simples que existem, chamado fronteira de possibilidades de produção, para ilustrar algumas ideias econômicas básicas.

Embora as economias reais produzam milhares de bens e serviços, vamos imaginar uma economia que produza apenas dois bens: carros e computadores. Juntas, as indústrias automobilística e da informática usam todos os fatores de produção da economia. A **fronteira de possibilidades de produção** (também chamada de **curva de possibilidades de produção**, ou **CPP**) é um gráfico que mostra as diversas combinações de produção – nesse caso, entre carros e computadores – que a economia pode produzir com os fatores de produção e a tecnologia produtiva disponíveis, os quais as empresas podem usar para transformar esses fatores em produto.

A Figura 2-2 mostra essa fronteira de possibilidades de produção. Se a economia emprega todos os recursos na indústria automobilística, produz 1.000 carros, mas nenhum computador. Se emprega todos os recursos na indústria de computadores, ela produz 3.000 computadores, mas nenhum carro. Os dois pontos finais da fronteira representam essas possibilidades extremas.

Mais provavelmente, a economia divide seus recursos entre as duas indústrias, com o objetivo de produzir alguns carros e alguns computadores. Por exemplo, ela pode produzir 600 carros e 2.200 computadores, representados na figura pelo ponto A. Ou, ao transferir alguns dos fatores de produção da indústria de informática para a automobilística, consegue produzir 700 carros e 2.000 computadores, representados pelo ponto B.

Como os recursos são escassos, nem todo resultado desejado é viável. Por exemplo, independentemente de como os recursos são alocados entre as duas indústrias, a economia não pode produzir a quantidade de carros e computadores representada pelo ponto C. Com a tecnologia disponível para a fabricação de carros e computadores, a economia não terá fatores de produção suficientes para suportar esse nível de produção. Com os recursos que possui, consegue produzir em qualquer ponto sobre a fronteira de possibilidades de produção, ou dentro dela, mas não consegue produzir em um ponto fora dela.

fronteira de possibilidades de produção
um gráfico que mostra as combinações de produto que a economia tem possibilidade de produzir com os fatores de produção e a tecnologia de produção disponíveis

Figura 2-2

Fronteira (ou curva) de possibilidades de produção

A fronteira de possibilidades de produção mostra as combinações de produtos – neste caso, carros e computadores – que a economia tem a possibilidade de produzir. A economia pode produzir qualquer combinação sobre a fronteira ou dentro dela. Pontos fora da fronteira não são viáveis, dados os recursos da economia. A inclinação da fronteira de possibilidades de produção mede o custo de oportunidade de um carro em termos de computadores. Este custo de oportunidade varia, dependendo da quantidade de cada um desses bens que a economia estiver produzindo.

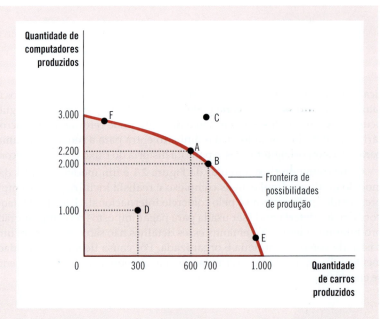

Podemos afirmar que um resultado é **eficiente** quando a economia consegue obter o máximo com os escassos recursos disponíveis. Os pontos sobre a linha da fronteira de possibilidades de produção (em vez de dentro dela) representam níveis eficientes. Quando a economia está produzindo em um desses pontos, por exemplo, no ponto A, não existe possibilidade de produzir maior quantidade de um bem sem diminuir a produção de outro. O ponto D representa um resultado **ineficiente**. Por algum motivo, talvez o alto desemprego, a economia está produzindo menos do que poderia com os recursos disponíveis: apenas 300 carros e 1.000 computadores. Se a fonte de ineficiência for eliminada, a produção dos dois produtos poderá ser aumentada. Por exemplo, se a economia se mover do ponto D para o ponto A, a produção de carros aumentará de 300 para 600, e a de computadores, de 1.000 para 2.200.

Um dos **dez princípios da economia** discutidos no Capítulo 1 é o de que as pessoas enfrentam *trade-offs*. A fronteira de possibilidades de produção mostra um *trade-off* que a sociedade enfrenta. Uma vez que tenhamos atingido os pontos de eficiência na fronteira, a única maneira de produzir mais de um bem é produzir menos de outro. Quando a economia se move do ponto A para o B, por exemplo, a sociedade produz mais 100 carros, à custa de 200 computadores a menos na produção.

Esse *trade-off* ajuda a entender outro dos **dez princípios da economia**: o custo de algo é o que você renuncia para obtê-lo. Isso se chama **custo de oportunidade**. A fronteira de possibilidades de produção mostra que o custo de oportunidade de um bem é medido em termos do custo de outro. Quando a sociedade se move do ponto A para o B, deixa de produzir 200 computadores para produzir 100 carros adicionais. Ou seja, no ponto A, o custo de oportunidade de 100 carros é de 200 computadores. Visto de outra forma, o custo de oportunidade de cada carro é de dois computadores. Observe que o custo de oportunidade de um carro se iguala à inclinação da fronteira de possibilidades de produção. (A inclinação é discutida no Apêndice sobre gráficos deste capítulo.)

O custo de oportunidade de um carro em relação ao número de computadores não é constante nessa economia, mas depende de quantos desses bens ela produz, o que se reflete no formato da fronteira de possibilidades de produção. Na Figura 2-2 a inclinação é para fora, então o custo de oportunidade de um carro é maior quando a economia produz mais carros e menos computadores, como acontece no ponto E, onde a inclinação é acentuada. Quando a economia produz menos carros e mais computadores, como no ponto F, ela não é tão acentuada, e o custo de oportunidade de um carro é menor.

Os economistas acreditam que a fronteira de possibilidades de produção geralmente apresenta esse formato. Quando a economia usa a maior parte de seus recursos para produzir computadores, os recursos mais adequados para produzir carros, como mão de obra qualificada, estão sendo empregados na indústria de computadores. Como esses trabalhadores provavelmente não têm habilidade para isso, a economia não vai perder muito na produção de computadores se aumentar a produção de carros em apenas uma unidade. Assim, no ponto F, o custo de oportunidade de um carro em relação a computadores é pequeno, e a fronteira fica relativamente plana. Em contrapartida, quando a economia emprega a maior parte de seus recursos para produzir carros, como no ponto E, os recursos mais adequados para isso já estão na indústria automobilística. Para produzir um carro a mais, é preciso retirar alguns dos melhores técnicos da indústria da informática e transformá-los em técnicos da indústria automobilística. Desse modo, produzir mais um carro implicará perda substancial na produção de computadores. O custo de oportunidade de um carro é alto, e a fronteira fica bem inclinada.

A fronteira de possibilidades de produção mostra o *trade-off* entre a saída de bens diferentes em determinado período, mas ele pode se modificar com o tempo. Por exemplo, imagine que um avanço tecnológico na indústria da informática aumente o número de computadores que um trabalhador consegue produzir por semana. Esse avanço aumenta o conjunto de oportunidades da sociedade. Para cada número determinado de carros, a economia pode produzir mais computadores. Mesmo que não produza nenhum computador, ela ainda pode produzir 1.000 carros, então um ponto da fronteira permanece igual. Mas, se a economia destina parte de seus recursos à indústria de computadores, mais computadores serão produzidos com esses recursos. O resultado disso é que a fronteira se expande para fora, como demonstra a Figura 2-3.

Essa figura ilustra o que ocorre quando uma economia cresce. A sociedade pode mover a produção de um ponto da fronteira antiga para um ponto na nova. O ponto escolhido depende da preferência pelos dois bens. Nesse exemplo, a sociedade se move do ponto A para o G, produzindo mais computadores (2.300 em vez de 2.200) e mais carros (650 em vez de 600).

A fronteira de possibilidades de produção simplifica uma economia complexa para destacar e esclarecer algumas ideias básicas como escassez, eficiência, *trade-offs*, custo de oportunidade e crescimento econômico. À medida que avançarmos no estudo de economia, essas ideias surgirão novamente de diversas formas. A fronteira de possibilidades de produção nos oferece uma maneira simples de pensar nelas.

2-1f Microeconomia e macroeconomia

Muitos assuntos são estudados em diferentes níveis. Consideremos a biologia, por exemplo. Os biólogos moleculares estudam os compostos químicos que formam os seres vivos. Biólogos celulares estudam as células, que são feitas de compostos químicos e são, ao mesmo tempo, os elementos que formam os organismos vivos. Os biólogos evolutivos estudam a diversidade de plantas e animais e como as espécies mudam gradualmente com o passar dos séculos.

A economia também é estudada em diversos níveis. Podemos estudar as decisões de famílias ou empresas, tomadas individualmente. Ou a interação entre famílias e empresas nos mercados de bens e serviços específicos. Ou a operação da economia como um todo, envolvendo todas essas atividades em todos esses mercados.

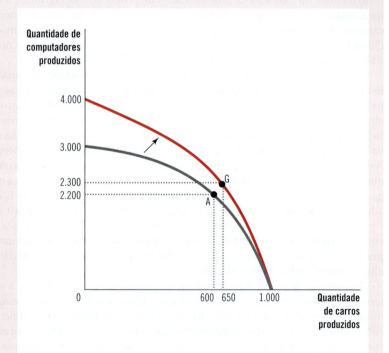

Figura 2-3

Um deslocamento da fronteira de possibilidades de produção

Um avanço tecnológico na indústria da informática possibilita à economia produzir mais computadores para qualquer número de carros. Como resultado, a fronteira das possibilidades de produção se desloca para fora. Se a economia se move do ponto A para o ponto G, a produção de carros e de computadores aumenta.

O campo da economia divide-se tradicionalmente em dois amplos subcampos. A **microeconomia** é o estudo de como as famílias e empresas tomam decisões e de como elas interagem em mercados específicos. A **macroeconomia** é o estudo da economia em geral. Um microeconomista pode estudar os efeitos do controle de aluguéis sobre os imóveis residenciais na cidade de Nova York, o impacto da competição estrangeira sobre a indústria automobilística dos Estados Unidos ou os efeitos da escolaridade sobre os ganhos dos trabalhadores. Um macroeconomista pode estudar os efeitos de empréstimos feitos pelo governo federal, as mudanças da taxa de desemprego ao longo do tempo ou as políticas alternativas para promover a elevação do padrão de vida nacional.

A microeconomia e a macroeconomia estão intimamente ligadas. Como as mudanças na economia como um todo resultam das decisões de milhões de pessoas, é impossível entender os desdobramentos macroeconômicos sem considerar as decisões microeconômicas a eles associadas. Por exemplo, um macroeconomista pode estudar os efeitos de um corte no imposto de renda sobre a produção geral de bens e serviços. Para analisar a questão, ele precisa levar em consideração de que maneira o corte de impostos afeta as decisões das famílias sobre quanto gastar em bens e serviços.

Apesar da ligação inerente entre a microeconomia e a macroeconomia, os dois campos são distintos. Como tratam de questões diferentes, cada um deles tem seu próprio conjunto de modelos e frequentemente são ensinados em disciplinas separadas.

microeconomia
o estudo de como famílias e empresas tomam decisões e de como interagem nos mercados

macroeconomia
o estudo dos fenômenos da economia como um todo, incluindo inflação, desemprego e crescimento econômico

Teste rápido

1. Um modelo econômico é
   a. uma máquina mecânica que replica o funcionamento da economia.
   b. uma descrição detalhada e realista da economia.
   c. uma representação simplificada de algum aspecto da economia.
   d. um programa de computador que prevê o futuro da economia.

2. O diagrama do fluxo circular ilustra que, nos mercados de fatores de produção,
   a. as famílias são vendedoras e as empresas são compradoras.
   b. as famílias são compradoras e as empresas são vendedoras.
   c. famílias e empresas são compradoras.
   d. famílias e empresas são vendedoras.

3. Um ponto dentro da fronteira de possibilidades de produção é
   a. eficiente, mas não viável.
   b. viável, mas não eficiente.
   c. eficiente e viável.
   d. nem eficiente nem viável.

4. Todos os tópicos abaixo fazem parte do estudo da microeconomia, EXCETO
   a. o impacto dos impostos dos cigarros sobre o comportamento de tabagismo dos adolescentes.
   b. o papel de poder de mercado da Microsoft na precificação do *software*.
   c. a eficácia de programas de combate à pobreza para reduzir o número de pessoas em situação de rua.
   d. a influência do déficit orçamentário do governo sobre o crescimento econômico.

As respostas estão no final do capítulo.

2-2 O economista como assessor político

Muitas vezes, pede-se que os economistas expliquem as causas de acontecimentos econômicos. Por que, por exemplo, o desemprego entre adolescentes é maior do que entre trabalhadores mais velhos? Essa é uma pergunta factual que pode ser respondida cientificamente. Mas, às vezes, os economistas precisam recomendar políticas para melhorar resultados econômicos. O que, por exemplo, o governo deveria fazer para melhorar o bem-estar dos jovens? Para responder a essa pergunta, não basta apenas um entendimento do que está acontecendo, também são necessários julgamentos de valor sobre o que deve ser feito.

Por que as empresas de tecnologia contratam economistas

Muitas empresas de tecnologia consideram que o conhecimento econômico é útil para a tomada de decisões.

Adeus, Torre de Marfim. Olá, paraíso do Vale do Silício

Por Steve Lohr

Por oito anos, Jack Coles teve o emprego dos sonhos de todo economista na Harvard Business School.

A sua pesquisa se concentrava no projeto de mercados eficientes, um campo importante e crescente que influenciou coisas como o leilão de títulos do Tesouro e decisões sobre quem recebe transplantes de órgãos nos Estados Unidos. Ele chegou até a trabalhar com Alvin E. Roth, ganhador do Prêmio Nobel de ciências econômicas em 2012.

Mas o prestígio não foi suficiente para manter Coles em Harvard. Em 2013, ele se mudou para a região da Baía de São Francisco. Agora, trabalha na Airbnb, *marketplace* de hospedagem, uma das inúmeras empresas de tecnologia que estão atraindo economistas com a promessa de grandes conjuntos de dados e altos salários.

O Vale do Silício está recorrendo à ciência lúgubre em sua jornada interminável para extrair mais dinheiro de mercados antigos e criar novos. Em troca, os economistas dizem que estão ansiosos para explorar o mundo digital em busca de novos *insights* sobre questões econômicas atemporais relacionadas a preços, incentivos e comportamento.

"É o verdadeiro paraíso dos economistas", afirmou Coles...

As empresas contratam economistas há anos. Em geral, eles são chamados para estudar tendências macroeconômicas — tópicos como recessões e taxas de câmbio — e ajudar seus empregadores a lidar com elas.

Mas o que os economistas de empresas de tecnologia estão fazendo é diferente: em vez de pensar em tendências nacionais ou globais, eles estão estudando dados sobre o comportamento dos consumidores para ajudar empresas digitais a tomar decisões inteligentes que fortaleçam seus mercados *online* em áreas como publicidade, cinema, música, viagens e acomodações.

Empresas de tecnologia, incluindo gigantes, como Amazon, Facebook, Google e Microsoft, e mais novas, como Airbnb e Uber, esperam que essa melhoria na eficiência traga mais lucros.

Na Netflix, Randall Lewis, cientista da área de pesquisa econômica, está medindo com precisão a eficácia da publicidade. Seu trabalho também aborda o enigma da correlação ou causalidade no comportamento econômico: quais ações dos consumidores ocorrem coincidentemente depois que as pessoas veem os anúncios e quais ações provavelmente são causadas pelos anúncios?

Na Airbnb, Coles está pesquisando o mercado da empresa de anfitriões e hóspedes em busca de ideias para ajudar a desenvolver a

---

Quando os economistas tentam explicar o mundo, eles são cientistas. Quando fornecem orientações sobre como melhorá-lo, são assessores políticos. Mesmo que você nunca se torne um economista profissional, pode acabar usando os dois lados do seu cérebro econômico no dia a dia: analisando o mundo como ele se encontra e planejando soluções para melhorar as coisas. As duas abordagens são indispensáveis, mas é importante entender a diferença entre elas.

2-2a Análise positiva *versus* análise normativa

Para esclarecer os dois papéis que os economistas desempenham, vamos começar examinando o uso da linguagem. Como cientistas e assessores políticos têm objetivos diferentes, usam a linguagem de maneiras diferentes.

Por exemplo, suponhamos que duas pessoas estejam discutindo a respeito do salário mínimo. Seguem duas afirmativas que poderíamos ouvir delas:

> **Priscila:** A lei do salário mínimo gera desemprego.
> **Noah:** O governo deveria aumentar o salário mínimo.

Ignorando, por enquanto, se você concorda ou não com essas afirmações, note que Priscila e Noah estão tentando fazer coisas diferentes. Priscila fala como uma cientista: ela está descrevendo como o mundo funciona. Noah fala como um assessor político: ele está descrevendo como gostaria de mudar o mundo.

empresa e a entender o comportamento. Um estudo se concentra na procrastinação – um tema de grande interesse para economistas comportamentais – ao analisar as reservas. Elas são feitas de última hora ou com semanas ou meses de antecedência? Os hábitos de reserva mudam de acordo com idade, gênero ou país de origem?

"Eles são especialistas em microeconomia e ferramentas de computação e de dados, como *machine learning* e escrita de algoritmos", destacou Tom Beers, diretor executivo da National Association for Business Economics.

A compreensão de como os mercados digitais funcionam está atraindo bastante atenção hoje em dia, pontuou Hal Varian, economista-chefe do Google. "Mas eu já achava isso fascinante há alguns anos", disse ele.

Varian, de 69 anos, é o padrinho dos economistas da indústria de tecnologia. Antigo professor da Universidade da Califórnia em Berkeley, Varian começou a trabalhar no Google em 2002, a princípio em um cargo de meio período, mas logo se tornou funcionário efetivo. Ele ajudou a refinar o mercado do Google AdWords, onde anunciantes fazem lances para que seus anúncios sejam exibidos nas páginas de pesquisa...

No momento, a Amazon parece ser a maior recrutadora de economistas. A empresa tem até um *site* para solicitar currículos, o Amazon Economists. Em um vídeo no *site*, Patrick Bajari, economista-chefe da empresa, afirma que a equipe de economia contribuiu para a tomada de decisões que tiveram "impactos multibilionários" para a empresa...

Um desafio atual de *design* de mercado para a Amazon e a Microsoft são os serviços de computação em nuvem. Esses serviços digitais enfrentam, por exemplo, um problema de pico de carga, assim como acontece com as concessionárias de energia.

Como vender serviços em momentos em que há o risco de alguns clientes serem eliminados? Promovendo um leilão para saber quanto os consumidores estariam dispostos a pagar pelo serviço intermitente? Ou oferecendo descontos definidos para diferentes níveis de risco? Amazon e Microsoft estão trabalhando nisso agora.

Para responder a essas perguntas, os economistas atuam em conjunto com cientistas da computação e equipes de negócios. Nas empresas de tecnologia, o *design* de mercado não envolve apenas a economia, mas também engenharia e *marketing*. Qual é o nível de dificuldade de uma determinada abordagem, em termos técnicos? Ela é fácil de explicar aos clientes?

"A economia influencia as decisões, mas não as determina", explicou Preston McAfee, economista-chefe da Microsoft, que já trabalhou no Google e Yahoo. ■

Questões para discussão

1. Pense em algumas empresas com as quais você interage com frequência. Como a contribuição dos economistas poderia melhorar essas empresas?

2. Depois de estudar economia, em que tipo de empresa você se divertiria mais trabalhando?

Fonte: Steve Lohr, "Goodbye, Ivory Tower. Hello, Silicon Valley Candy Store", *New York Times*, 4 de setembro de 2016.

Em geral, as declarações a respeito do mundo são de dois tipos. Um tipo, como o de Priscila, é conhecido como positivo. Isso não significa que a afirmação seja necessariamente alegre ou otimista. **Declarações positivas** são descritivas e referem-se a como o mundo **é**. A declaração de Noah é normativa. **Declarações normativas** são prescritivas e referem-se a como o mundo **deveria ser**.

Uma diferença fundamental entre as declarações positivas e as normativas está em como julgamos sua validade. Podemos, em princípio, confirmar ou refutar as afirmações positivas por meio do exame de evidências. Um economista pode tentar avaliar a declaração de Priscila analisando dados sobre mudanças no salário mínimo e no desemprego ao longo do tempo. Estabelecer uma relação de causalidade pode ser difícil, como discutiremos mais à frente, mas, basicamente, a questão deve ser determinada por evidências. Em contrapartida, a análise de declarações normativas envolve valores e fatos. A declaração de Noah não pode ser julgada somente com dados. Decidir se uma política é boa ou ruim não é apenas uma questão de ciência, também envolve valores. Além disso, visões sobre ética, religião e filosofia política também podem entrar em cena.

Declarações positivas e normativas são diferentes, mas muitas vezes estão interconectadas. Em especial, descobertas positivas sobre como o mundo funciona podem afetar julgamentos normativos sobre quais políticas seriam desejáveis. O argumento de Priscila de que o salário mínimo gera desemprego, se verdadeiro, pode fazer com que ela rejeite a conclusão de Noah de que o governo deve aumentar o salário mínimo. Por outro lado, uma descoberta positiva de que o efeito do desemprego é pequeno pode levá-la a aceitar a recomendação política de Noah.

declarações positivas
declarações que tentam descrever o mundo como ele é

declarações normativas
declarações que tentam prescrever como o mundo deveria ser

Julgamentos normativos também podem influenciar as declarações positivas que os pesquisadores decidem estudar. O desejo de Noah de aumentar o salário mínimo, por exemplo, pode fazer com que ele investigue a afirmação de Priscila de que o salário mínimo gera desemprego. Para estar livre de vieses, ele deve deixar de lado suas visões normativas e examinar os dados da maneira mais objetiva possível. Na melhor das hipóteses, a economia positiva funciona como uma ciência, independentemente dos valores pessoais ou da agenda política do pesquisador.

Ao estudar economia, tenha em mente a distinção entre declarações positivas e normativas, pois isso o ajudará a manter o foco na tarefa. Grande parte da economia é positiva: ela tenta apenas explicar seu funcionamento. No entanto, aqueles que usam a economia, muitas vezes, têm metas normativas: querem aprender a melhorar a economia. Quando ouvir economistas fazendo declarações normativas, você saberá que falam como assessores políticos, não como cientistas.

2-2b Economistas em Washington

O presidente Harry Truman disse uma vez que gostaria de encontrar um economista que tivesse um só braço. Quando pedia conselhos a seus economistas, eles sempre respondiam: "Por um lado... Por outro...".*

"Vamos trocar. Eu crio a política, você a implementa, e ele a explica."

Truman estava certo de que os conselhos dos economistas nem sempre são diretos. Essa tendência está enraizada em um dos **dez princípios da economia**: as pessoas enfrentam *trade-offs*. Os economistas estão cientes de que *trade-offs* estão incluídos na maioria das decisões políticas. Uma política pode aumentar a eficiência ao custo da igualdade. Pode ajudar gerações futuras em detrimento da geração atual. Um economista que diz que todas as decisões políticas são fáceis não é um economista confiável.

Truman não foi o único presidente a confiar no conselho de economistas. Desde 1946, o presidente dos Estados Unidos é orientado pelo Council of Economics Advisers (Conselho de Assessores Econômicos), que consiste de três membros e uma equipe composta de algumas dezenas de economistas. O conselho, cujo escritório fica a apenas alguns metros da Casa Branca, oferece recomendações ao presidente e escreve o *Relatório Econômico do Presidente*, documento anual que discute desenvolvimentos econômicos recentes e apresenta a análise da entidade a respeito de questões políticas atuais. (O autor deste livro foi presidente do Council of Economics Advisers de 2003 a 2005.)

O presidente também recebe informações e orientações de economistas de muitos departamentos administrativos. Os economistas do Office of Management and Budget (Departamento de Gestão e Orçamento) ajudam a formular planos de gastos e políticas regulatórias. Os economistas do Departamento do Tesouro ajudam a formular a política tributária. Os economistas do Departamento do Trabalho analisam dados sobre os trabalhadores e sobre as pessoas que estão procurando emprego com o objetivo de ajudar na formulação de políticas para o mercado de trabalho. Os economistas do Departamento de Justiça ajudam a aplicar as leis antitruste do país.

Também existem economistas que atuam no governo fora do Poder Executivo. Para obter avaliações independentes das políticas propostas, o Congresso é assessorado pelo Congressional Budget Office (Departamento de Orçamento do Congresso), composto de economistas. O Federal Reserve, instituição que estabelece a política monetária do país, emprega centenas de economistas para analisar o desenvolvimento nos Estados Unidos e em outras partes do mundo.

A influência de economistas sobre a política vai além de seu papel como assessores: as pesquisas e os textos produzidos por eles podem afetar indiretamente a política. O economista John Maynard Keynes fez a seguinte observação:

> As ideias dos economistas e dos filósofos políticos, tanto quando eles estão certos como quando estão errados, são mais poderosas do que geralmente se entende. Na verdade,

---

*N. de R.T. Tradução da expressão "*On the one hand... On the other hand...*", em que "*hand*" significa "mão", daí o trocadilho com a palavra "braço". Mas o sentido da expressão em inglês é tal qual o traduzido no texto.

o mundo é regido por poucas coisas além. Homens práticos, que acreditam ser isentos de influências intelectuais, costumam ser escravos de algum economista já falecido. Homens loucos em posições de comando, que ouvem vozes no ar, destilam seu frenesi originado de algum escrevinhador acadêmico de poucos anos atrás.

Embora essas palavras tenham sido escritas em 1935, ainda hoje são verdadeiras. Na realidade, o "escrevinhador acadêmico" que hoje influencia a política pública é quase sempre o próprio Keynes.

2-2c Por que os conselhos dos economistas nem sempre são seguidos

Economistas que atuam como assessores de presidentes e outros líderes eleitos sabem que suas recomendações nem sempre são ouvidas. E é fácil entender por quê. O processo de elaboração de uma política econômica é bem diferente do processo político idealizado apresentado nos livros de economia.

Neste livro, sempre que abordarmos política, frequentemente enfocamos uma questão: qual é a melhor política a ser seguida pelo governo? Agimos como se as políticas fossem determinadas por um rei benevolente e onipotente. Depois que esse rei determina as políticas corretas, não há problemas para colocá-las em prática.

No mundo real, encontrar as políticas corretas é apenas parte do trabalho de um líder; às vezes, a mais fácil. Suponha que você seja presidente. Depois de ouvir de seus assessores econômicos qual política eles consideram melhor, você procura os outros membros da equipe. Seus assessores de comunicação recomendarão a melhor maneira de explicar a política proposta à população e tentarão antecipar qualquer problema de interpretação que possa deixar o desafio ainda mais difícil. Seus assessores de imprensa informarão como a mídia vai divulgar sua proposta, quais opiniões provavelmente estarão presentes nos editoriais e quais memes podem surgir nas redes sociais. Os assessores de assuntos legislativos dirão como o Congresso verá essa proposta, quais emendas seriam sugeridas e a probabilidade de promulgar alguma versão da sua proposta. Já seus assessores políticos dirão quais grupos vão se organizar para apoiar ou se opor à política proposta, como ela afetará sua imagem entre grupos diversos do eleitorado e se ela afetará o apoio a outras iniciativas. Depois de analisar todas essas informações, você decide como agir. (E mesmo esse exemplo é idealizado, nem todos os presidentes recentes agiram dessa maneira sistemática.)

Fazer política econômica em uma democracia representativa é uma tarefa árdua, e sempre há boas razões pelas quais os presidentes (e outros políticos) não levam adiante as políticas que os economistas defendem. O conselho dos economistas é apenas um ingrediente de uma receita complexa.

Teste rápido

5. Qual das alternativas a seguir é uma declaração positiva, não normativa?
   a. A lei X reduzirá a renda nacional.
   b. A lei X é uma boa legislação.
   c. O Congresso deve aprovar a lei X.
   d. O Presidente deve vetar a lei X.

6. Qual órgão governamental normalmente conta com o conselho de economistas?
   a. Departamento do Tesouro
   b. Departamento de Gestão e Orçamento
   c. Departamento de Justiça
   d. Todas as alternativas anteriores

As respostas estão no final do capítulo.

2-3 Por que os economistas divergem

"Se todos os economistas fossem colocados lado a lado, nunca chegariam a uma conclusão." Esse gracejo de George Bernard Shaw é revelador. Os economistas, como um grupo, são criticados por dar conselhos conflitantes aos formuladores de políticas. O presidente Ronald Reagan, certa vez, brincou ao dizer que, se o *Trivial Pursuit* (um jogo de perguntas e respostas) tivesse sido criado por economistas, teria 100 perguntas com 3.000 respostas.

Por que os economistas aparecem de modo tão frequente dando conselhos conflitantes aos formuladores de políticas? Há dois motivos básicos:

- Os economistas podem discordar quanto à validade de diferentes teorias positivas sobre o funcionamento do mundo.
- Os economistas podem ter valores diferentes e, portanto, visões normativas diferentes sobre que políticas devem ser realizadas.

Vamos discutir cada um desses motivos.

2-3a Divergências quanto ao julgamento científico

Há muitos séculos, os astrônomos debatiam se seria a Terra ou o Sol o centro do sistema solar. Mais recentemente, os meteorologistas têm discutido se a Terra está passando por um aquecimento global e, em caso positivo, por quê. A ciência é a busca pela compreensão do mundo que nos cerca. Não é de surpreender que, à medida que a busca continua, os cientistas podem divergir quanto à direção em que a verdade se encontra.

Os economistas frequentemente divergem pelo mesmo motivo. Embora o campo da economia explique muitos aspectos do mundo (como você verá ao longo deste livro), ainda há muito a aprender. Às vezes, os economistas divergem porque têm opiniões diferentes sobre a validade de teorias alternativas ou sobre a magnitude dos parâmetros que medem como as variáveis econômicas estão relacionadas.

Por exemplo, os economistas divergem quanto à pertinência de o governo cobrar impostos sobre a renda das famílias ou sobre seu consumo (despesas). Os que defendem a mudança do atual imposto de renda para um imposto sobre o consumo acreditam que a mudança incentivaria as famílias a poupar mais, porque a renda poupada seria isenta de impostos. Poupanças maiores, por sua vez, liberariam os recursos para o acúmulo de capital e levariam a um rápido crescimento da produtividade e dos padrões de vida. Defensores do sistema tributário atual acreditam que a poupança das famílias não mudaria significativamente em resposta a uma mudança na legislação tributária. Esses dois grupos de economistas têm visões normativas diferentes sobre o sistema tributário porque têm visões positivas diferentes sobre o quanto a poupança responde aos incentivos fiscais.

2-3b Divergências quanto a valores

Suponha que João e Maria retirem a mesma quantidade de água do poço de sua cidade. Para a manutenção do poço, a cidade cobra um imposto dos moradores. Maria tem uma renda de $ 150.000 e é taxada em $ 15.000, ou 10% de sua renda. João tem uma renda de $ 40.000 e é taxado em $ 6.000, ou 15% de sua renda.

Essa política é justa? Se não é, quem paga muito e quem paga pouco? Faz alguma diferença se a baixa renda de João decorre de algum problema médico ou da sua decisão de seguir a carreira de ator? Faz diferença se a alta renda de Maria se deve a uma grande herança ou à sua disposição para trabalhar muitas horas em uma atividade fatigante?

Essas são questões difíceis, a respeito das quais as pessoas provavelmente discordam. Se a cidade contratasse dois especialistas para estudar como deveria taxar os moradores para pagar pelo poço, não seria surpreendente que eles oferecessem conselhos conflitantes.

Esse exemplo simples mostra por que os economistas às vezes divergem a respeito de políticas públicas. Como vimos anteriormente, durante a discussão sobre análise positiva e análise normativa, as políticas não podem ser julgadas somente com base na ciência. Algumas vezes, os economistas podem dar conselhos conflitantes porque têm valores ou filosofias políticas diferentes. Aperfeiçoar a ciência econômica não vai nos dizer se é João ou Maria quem está pagando demais.

2-3c Percepção *versus* realidade

Como existem diferenças de julgamento científico e de valores, é inevitável que haja divergência entre os economistas. Mas não devemos exagerar o grau dessa divergência. Os economistas concordam entre si com muito mais frequência do que se imagina.

Considere a proposição "Estabelecer um teto para os aluguéis reduz a quantidade e a qualidade das moradias disponíveis". Em uma pesquisa realizada com economistas, 93% dos profissionais concordaram. Os economistas acreditam que um controle sobre os aluguéis – uma política que estabelece um valor máximo legal que os proprietários podem cobrar pelos imóveis – afeta de modo negativo a oferta de moradia e é uma maneira cara de ajudar os membros mais necessitados da sociedade. Ainda assim, muitos governos municipais nos Estados Unidos ignoram as recomendações dos economistas e definem um teto para o valor dos aluguéis que os proprietários podem cobrar dos inquilinos.

Da mesma forma, pense na proposição "Tarifas e cotas de importação costumam reduzir o bem-estar econômico geral". Mais uma vez, 93% dos economistas concordaram com essa afirmação. Os economistas se opõem a tarifas (impostos sobre importações) e cotas (limites para a quantidade de um bem que pode ser adquirida no exterior) porque essas políticas impedem a especialização que aumenta o padrão de vida no país e no exterior. No entanto, ao longo dos anos, presidentes e membros do Congresso dos Estados Unidos optaram frequentemente por restringir as importações de determinados bens.

Por que políticas como o controle de aluguéis e as barreiras comerciais persistem se os especialistas estão unidos contra elas? Pode ser que a realidade dos processos políticos permaneça sendo um obstáculo que não pode ser removido. Mas também pode ser que os economistas ainda não tenham convencido o público em geral de que elas são indesejáveis. Um dos objetivos deste livro é fazer com que você entenda a visão que os economistas têm desses e de outros temas e, talvez, convencê-lo de que essa é a visão correta.

À medida que lê este livro, de vez em quando você encontrará quadros chamados "Pergunte a quem sabe". Eles são baseados no IGM Economics Experts Panel (painel de especialistas em economia do IGM, centro de pesquisa da Chicago University), uma pesquisa permanente realizada com dezenas de economistas proeminentes. Todo mês, esses especialistas recebem uma afirmação e devem responder se concordam, discordam ou se não têm certeza. Os resultados apresentados nessas seções darão a você uma noção de quando os economistas estão unidos, quando estão divididos e quando não sabem o que pensar.

Nessa primeira seção, você pode ver um exemplo relacionado à revenda de ingressos de eventos esportivos e de entretenimento. Os legisladores, às vezes, tentam proibir a revenda de ingressos por cambistas, mas os resultados da pesquisa mostram que muitos economistas estão do lado dos cambistas, não dos legisladores.

Teste rápido

7. Os economistas podem discordar por conta de diferentes
   a. palpites a respeito da validade de teorias alternativas.
   b. julgamentos sobre a magnitude dos principais parâmetros.
   c. filosofias políticas relacionadas aos objetivos das políticas públicas.
   d. Todas as alternativas anteriores

8. A maioria dos economistas acredita que as tarifas são
   a. uma boa forma de promover o crescimento econômico doméstico.
   b. uma forma ruim de aumentar o bem-estar econômico geral.
   c. uma resposta muitas vezes necessária para a concorrência estrangeira.
   d. uma maneira eficiente de aumentar a receita do governo.

As respostas estão no final do capítulo.

2-4 Vamos em frente

Os dois primeiros capítulos deste livro introduziram as ideias e os métodos da economia. Agora, vamos aos trabalhos. No próximo capítulo, começaremos a aprender em mais detalhes os princípios de economia, comportamento e política.

Ao avançar pelo livro, você precisará usar muitas habilidades intelectuais. Pode ser útil ter em mente um conselho do grande economista John Maynard Keynes:

> O estudo da economia não parece exigir qualquer talento especializado de grau mais elevado que o comum. Não é [...] um assunto fácil, se comparado aos ramos mais elevados da filosofia ou da ciência pura? Uma disciplina fácil, em que poucos se sobressaem! O paradoxo pode ser explicado talvez pelo fato de que o especialista em economia deve possuir uma rara **combinação** de dons. Deve ser matemático, historiador, estadista, filósofo – em certa medida. Deve compreender símbolos e falar por meio de palavras. Deve contemplar o particular em termos gerais e abordar o abstrato e o concreto em uma só linha de pensamento. Deve estudar o presente à luz do passado, com a intenção voltada para o futuro. Nenhuma parte da natureza do homem ou das suas instituições deve ficar inteiramente fora da sua atenção. Deve ser, ao mesmo tempo, determinado e desinteressado, tão distante e incorruptível quanto um artista, mas, por vezes, tão próximo da terra quanto um político.

É um enorme desafio. Mas, com prática, você se sentirá cada vez mais habituado a pensar como um economista.

RESUMO DO CAPÍTULO

- Os economistas tentam abordar sua disciplina com a objetividade de um cientista. Como todos os cientistas, eles formulam pressupostos apropriados e constroem modelos simplificados para entender o mundo que os cerca. Dois modelos econômicos simples são o diagrama do fluxo circular e a fronteira de possibilidades de produção. O diagrama do fluxo circular mostra como famílias e empresas interagem em mercados de bens e serviços e de fatores de produção. A fronteira de possibilidades de produção mostra como a sociedade enfrenta um *trade-off* entre a produção de diferentes bens.

- O campo da economia se divide em dois subcampos: microeconomia e macroeconomia. Os microeconomistas estudam a tomada de decisões pelas famílias e empresas, e a interação entre elas no mercado. Os macroeconomistas estudam as forças e tendências que afetam a economia como um todo.

- Uma declaração positiva é uma afirmação sobre como o mundo **é**. Uma declaração normativa é uma declaração sobre como o mundo **deveria ser**. Enquanto as declarações positivas podem ser julgadas com base em fatos e no método científico, declarações normativas também envolvem julgamentos de valor. Quando os economistas

fazem declarações normativas, estão agindo mais como assessores políticos do que como cientistas.
- Os economistas que assessoram os formuladores de políticas oferecem conselhos conflitantes por causa de diferenças de julgamento científico ou de diferenças de valores. Em outras situações, os economistas concordam nos conselhos que oferecem, mas os formuladores de políticas podem optar por ignorar tais conselhos em razão das muitas forças e restrições impostas pelo processo político.

CONCEITOS-CHAVE

diagrama do fluxo circular, p. 20
fronteira de possibilidades de produção, p. 22
microeconomia, p. 25
macroeconomia, p. 25
declarações positivas, p. 27
declarações normativas, p. 27

QUESTÕES DE REVISÃO

1. Por que a economia é considerada uma ciência?
2. Por que os economistas formulam pressupostos?
3. Um modelo econômico deveria descrever exatamente a realidade?
4. Cite uma forma como sua família interage no mercado de fatores de produção e uma forma como interage no mercado de bens e serviços.
5. Cite uma interação econômica que o diagrama do fluxo circular não abrange.
6. Desenhe e explique uma fronteira de possibilidades de produção para uma economia que produz leite e biscoitos. O que acontecerá a essa fronteira se uma doença matar metade das vacas dessa economia?
7. Use uma fronteira de possibilidades de produção para descrever a ideia de **eficiência**.
8. Quais são os dois subcampos da economia? Explique cada um deles.
9. Qual é a diferença entre declarações positivas e normativas? Dê um exemplo de cada.
10. Por que os economistas às vezes oferecem conselhos conflitantes aos formuladores de políticas?

PROBLEMAS E APLICAÇÕES

1. Desenhe um diagrama do fluxo circular. Identifique as partes do modelo que correspondem ao fluxo de bens e serviços e ao fluxo de moeda em cada uma das atividades a seguir.
    a. Selena paga ao comerciante $ 1 por um litro de leite.
    b. Stuart ganha $ 8 por hora trabalhando em um restaurante.
    c. Sarah paga $ 40 por um corte de cabelo.
    d. Sally recebe $ 20.000 referentes aos 10% que possui da Acme Industrial.
2. Imagine uma sociedade que produza bens militares e bens de consumo, aos quais chamaremos, respectivamente, de "armas" e "manteiga".
    a. Desenhe um gráfico de uma fronteira de possibilidades de produção para armas e manteiga. Usando o conceito de custo de oportunidade, explique por que a linha do gráfico provavelmente se curvará para fora.
    b. Indique um ponto no gráfico que a economia não seja capaz de atingir. Indique um ponto possível de ser atingido, mas ineficiente.
    c. Imagine que nessa sociedade haja dois partidos políticos: os Falcões (que querem forças armadas poderosas) e as Pombas (que querem forças armadas menos poderosas). Indique um ponto na fronteira de possibilidades de produção que os Falcões desejariam escolher e um ponto que as Pombas gostariam de escolher.
    d. Imagine que um país vizinho agressivo decida reduzir o tamanho das suas forças armadas. Como resultado, tanto os Falcões quanto as Pombas reduzem a produção desejada de armas na mesma quantidade. Que partido obteria o maior "dividendo de paz", medido pelo aumento da produção de manteiga? Explique.
3. O primeiro princípio econômico que discutimos no Capítulo 1 é o de que as pessoas enfrentam *trade-offs*. Use a fronteira de possibilidades de produção para ilustrar o *trade-off* da sociedade entre um meio ambiente não poluído e a quantidade de produção industrial. O que, em sua opinião, determina o formato e a posição da fronteira? Mostre o que acontecerá com a fronteira se engenheiros desenvolverem um

motor para carro praticamente livre de emissões de poluentes.

4. Uma economia é composta de três trabalhadores: Lucas, Marcos e Carlos. Cada um deles trabalha 10 horas por dia e consegue produzir dois serviços: cortar grama e lavar carros. Em uma hora, Lucas consegue cortar um gramado ou lavar um carro; Marcos consegue cortar um gramado ou lavar dois carros; Carlos consegue cortar dois gramados ou lavar um carro.
   a. Calcule quanto de cada serviço é produzido nas seguintes circunstâncias, que identificamos como A, B, C e D:
      - Os três passam o tempo todo cortando grama. (A)
      - Os três passam o tempo todo lavando carros. (B)
      - Os três passam metade do tempo em cada atividade. (C)
      - Lucas passa metade do tempo em cada atividade, Marcos apenas lava carros e Carlos apenas corta grama. (D)
   b. Represente graficamente a fronteira de possibilidades de produção para essa economia. Com base em suas respostas para a parte (a), identifique os pontos A, B, C e D em seu gráfico.
   c. Explique por que a fronteira de possibilidades de produção tem esse formato.
   d. Algum dos pontos calculados no item (a) é ineficiente? Explique.

5. Classifique os seguintes tópicos como pertencentes à microeconomia ou à macroeconomia.
   a. A decisão de uma família a respeito de quanto deve poupar.
   b. O efeito de regulamentações do governo sobre as emissões automotivas.
   c. O impacto de uma poupança nacional maior sobre o crescimento econômico.
   d. A decisão de uma empresa a respeito de quantos trabalhadores contratar.
   e. A relação entre taxa de inflação e mudanças na quantidade de moeda em circulação.

6. Classifique cada uma das declarações apresentadas a seguir como positiva ou normativa. Explique.
   a. A sociedade enfrenta um *trade-off* de curto prazo entre inflação e desemprego.
   b. Uma redução na taxa de emissão de moeda vai reduzir a taxa de inflação.
   c. O Federal Reserve deve reduzir a taxa de emissão de moeda.
   d. A sociedade deve exigir que os beneficiários de programas sociais procurem emprego.
   e. Alíquotas de impostos mais baixas encorajam as pessoas a trabalharem e economizarem mais.

Respostas do teste rápido

1. **c**   2. **a**   3. **b**   4. **d**   5. **a**   6. **d**   7. **d**   8. **b**

Apêndice

Gráficos: uma revisão rápida

Muitos conceitos econômicos podem ser expressos por meio de números – o preço da banana, a quantidade de bananas vendidas, o custo do cultivo da banana, e assim por diante. Essas variáveis muitas vezes estão relacionadas umas com as outras. Quando o preço das bananas sobe, as pessoas compram menos bananas. Uma forma de expressar as relações entre variáveis é por meio de gráficos.

Os gráficos servem a dois propósitos. Primeiro, quando teorias são desenvolvidas, eles proporcionam uma maneira de visualizar ideias que não ficariam tão claras se fossem descritas com equações ou palavras. Segundo, durante a análise de dados, oferecem uma forma poderosa de descobrir e interpretar padrões. Seja qual for o caso, os gráficos fornecem uma lente através da qual é possível reconhecer uma floresta a partir de uma grande quantidade de árvores.

A informação numérica pode ser expressa graficamente de várias formas, assim como um pensamento pode ser representado de várias maneiras por meio de palavras. Um bom escritor escolhe palavras que tornarão um argumento claro, uma descrição agradável ou uma cena dramática. Um economista eficaz escolhe o tipo de gráfico mais adequado às suas finalidades.

Este apêndice discute como os economistas usam gráficos para estudar as relações matemáticas entre variáveis. Além disso, aponta algumas armadilhas que podem surgir ao utilizá-los.

Gráficos de variável única

Três gráficos comuns são mostrados na Figura A-1. O **gráfico de pizza**, no painel (a), mostra como se divide a renda total nos Estados Unidos entre as fontes de renda, incluindo a remuneração dos empregados (salário), lucros corporativos, e assim por diante. Cada fatia

Figura A-1
Tipos de gráfico

O gráfico de pizza do painel (a) mostra como a renda nacional dos Estados Unidos em 2020 teve origem em diferentes fontes. O gráfico de barras do painel (b) compara a renda média em quatro países. O gráfico de série temporal do painel (c) mostra a produtividade do trabalho nas empresas estadunidenses ao longo do tempo.

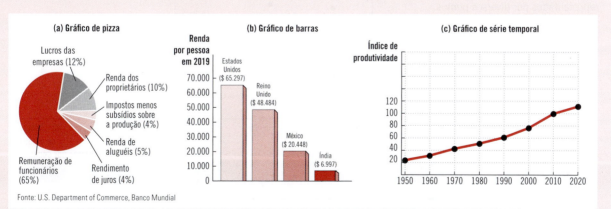

Fonte: U.S. Department of Commerce, Banco Mundial

da pizza representa a participação de uma fonte no total. O **gráfico de barras** do painel (b) compara a renda em quatro países; a altura de cada barra representa a renda média em cada país. O **gráfico de série temporal** do painel (c) traça a crescente produtividade no setor de negócios dos Estados Unidos ao longo do tempo; a altura da linha mostra o produto por hora a cada ano. Você provavelmente já viu gráficos semelhantes em reportagens na mídia.

Gráficos de duas variáveis: o sistema de coordenadas

Os três gráficos da Figura A-1 são úteis, mas as informações que nos apresentam são limitadas. Esses gráficos exibem dados sobre uma única variável. Se os economistas estão analisando a relação entre variáveis, precisam visualizar duas variáveis em um único gráfico. O **sistema de coordenadas** torna isso possível.

Suponhamos que você queira examinar a relação entre o tempo de estudo e a nota média dos alunos. Para cada aluno em uma classe, você pode registrar um par de números: número de horas semanais de estudo e nota média obtida. Esses números podem, então, ser colocados entre parênteses, formando um **par ordenado**, e representados como um único ponto no gráfico. Alberto, por exemplo, é representado pelo par ordenado (25 horas/semana, nota 3,5), enquanto seu despreocupado colega Alfredo é representado pelo par ordenado (5 horas/semana, nota 2,0).*

Podemos fazer um gráfico desses pares ordenados em uma grade bidimensional. O primeiro número de cada par ordenado, chamado **coordenada x**, mostra a localização horizontal do ponto. O segundo número, chamado **coordenada y**, mostra a localização vertical. O ponto que tem coordenadas x e y iguais a zero é chamado **origem**. As duas coordenadas de cada par ordenado nos dizem onde o ponto está localizado em relação à origem: unidades x à direita da origem e unidades y acima dela.

A Figura A-2 representa graficamente as notas médias em relação ao tempo de estudo de Alberto, Alfredo e seus colegas. Esse tipo de gráfico é chamado **gráfico de dispersão** porque representa pontos dispersos. Ao olhar para ele, percebemos que os pontos mais à direita (que indicam maior tempo de estudo) tendem a ocupar posições mais elevadas (indicando melhores notas). Como o tempo de estudo e as notas costumam mover-se na mesma direção, dizemos que há uma **correlação positiva** entre essas duas variáveis. No entanto, se fizéssemos um gráfico do tempo gasto em festas e as notas, provavelmente concluiríamos que mais tempo dedicado a festas está associado com notas menores; poderíamos dizer,

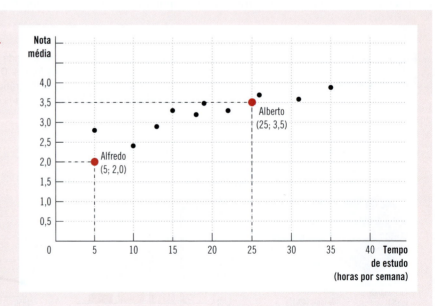

Figura A-2

Usando o sistema de coordenadas

A nota média é medida no eixo vertical, e o tempo de estudo, no eixo horizontal. Alberto, Alfredo e seus colegas de classe são representados por diversos pontos. Podemos ver pelo gráfico que os alunos que estudam mais tendem a tirar melhores notas.

---

*N. de R.T. As notas dos alunos no texto em inglês referem-se ao GPA, sistema utilizado nos EUA, em que as notas vão de 0 a 4.

então, que existe uma **correlação negativa**, já que as duas variáveis se moveriam em direções opostas. Em ambos os casos, o sistema de coordenadas permite ver com facilidade a correlação entre as duas variáveis.

Curvas no sistema de coordenadas

Alunos que estudam mais tendem a ter notas mais altas, mas há outros fatores que influenciam as notas. Preparar-se com antecedência, por exemplo, é um fator importante, assim como talento, atenção dos professores e até comer bem no café da manhã. Um gráfico de dispersão, como o da Figura A-2, não procura isolar o efeito do estudo sobre as notas do efeito de outras variáveis. Muitas vezes, no entanto, os economistas preferem ver como uma variável afeta a outra, mantendo todas as outras variáveis possíveis constantes.

Para vermos como isso é feito, vamos considerar um dos gráficos mais importantes em economia: a **curva de demanda**. A curva de demanda representa o efeito do preço de um bem sobre a quantidade que os consumidores desejam comprar. Antes de ver uma curva de demanda, contudo, considere a Tabela A-1, que mostra como o número de romances que Emma compra depende da sua renda e do preço desses livros. Quando os romances estão baratos, Emma compra vários deles. À medida que ficam mais caros, ela os toma emprestados da biblioteca, em vez de comprá-los, ou opta por ir ao cinema em vez de ler. De maneira semelhante, para qualquer preço, ela compra mais romances quando sua renda é mais alta, ou seja, quando sua renda aumenta, Emma gasta parte da renda adicional em romances e parte em outros bens.

Temos agora três variáveis – o preço dos romances, a renda e o número de livros comprados –, mais do que podemos representar em um gráfico bidimensional. Para representarmos graficamente as informações da Tabela A-1, teremos de manter constante uma das três variáveis e traçar a relação entre as outras duas. Como a curva de demanda representa a relação entre preço e quantidade demandada, manteremos constante a renda de Emma e mostraremos como o número de livros que ela compra varia de acordo com o preço.

Suponhamos que a renda de Emma seja de $ 40 mil por ano. Se colocarmos o número de romances comprados por Emma no eixo x e o preço destes no eixo y, poderemos representar graficamente a coluna do meio da Tabela A-1. Quando os pontos que representam esses dados da tabela – (5 romances, $ 10), (9 romances, $ 9), e assim por diante – são ligados, eles formam uma linha. Essa linha, representada na Figura A-3, é conhecida como a curva da

Tabela A-1

Romances comprados por Emma

Esta tabela mostra o número de romances que Emma compra para diferentes níveis de renda e de preços. Para qualquer nível de renda, os dados sobre o preço e a quantidade demandada podem ser representados graficamente, resultando a curva da demanda de Emma por romances, como mostram as Figuras A-3 e A-4.

Preço	Para uma renda de $ 30 mil:	Para uma renda de $ 40 mil:	Para uma renda de $ 50 mil:
$ 10	2 romances	5 romances	8 romances
9	6	9	12
8	10	13	16
7	14	17	20
6	18	21	24
5	22	25	28
	Curva de demanda, D_3	Curva de demanda, D_1	Curva de demanda, D_2

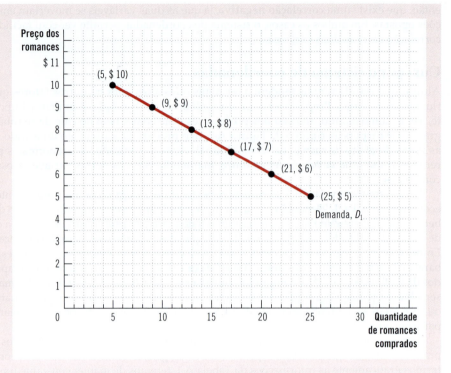

Figura A-3

Curva de demanda

A linha D_1 mostra como a quantidade de romances que Emma compra depende do preço destes quando sua renda permanece constante. Como o preço e a quantidade demandada estão negativamente relacionados, a curva da demanda é descendente.

demanda por romances e nos diz quantos romances Emma compra por qualquer preço dado, mantendo a renda constante. A curva de demanda tem inclinação descendente, indicando que um preço mais baixo aumenta a quantidade de romances demandados. Como a quantidade demandada de romances e o preço se movem em direções opostas, dizemos que as duas variáveis estão **negativamente** ou **inversamente relacionadas**. (Em contrapartida, quando duas variáveis se movem na mesma direção, a curva que as representa tem inclinação ascendente, e dizemos que as variáveis estão **positivamente** ou **diretamente relacionadas**.)

Suponhamos agora que a renda de Emma aumente para $ 50 mil por ano. Para qualquer preço dado, ela comprará mais romances do que comprava quando ganhava menos. Assim como traçamos anteriormente a curva de demanda de Emma por romances com dados da coluna do meio da Tabela A-1, traçaremos agora uma nova curva de demanda com os dados da coluna da direita da tabela. Essa nova curva de demanda (curva D_2) está representada ao lado da curva anterior (curva D_1) na Figura A-4; a nova curva é semelhante à que traçamos antes, mas situa-se mais à direita. Dizemos, assim, que a curva de demanda de Emma por romances **desloca-se** para a direita quando sua renda aumenta. Da mesma forma, se a renda de Emma caísse para $ 30 mil por ano, ela compraria menos livros para qualquer preço dado e sua curva de demanda se deslocaria para a esquerda (curva D_3).

Em economia, é importante distinguir entre **movimentos ao longo de uma curva** e **deslocamentos de uma curva**. Como vemos na Figura A-3, se Emma ganhar $ 40 mil por ano e os romances custarem $ 8 cada, ela comprará 13 romances por ano. Se o preço cair para $ 7, o número de romances comprados aumentará para 17 por ano. A curva de demanda, entretanto, se manterá fixa no mesmo lugar. Ela ainda comprará o mesmo número de romances **a cada preço**, mas, com a queda do preço, ela se moverá da esquerda para a direita ao longo da sua curva de demanda. No entanto, se o preço dos romances

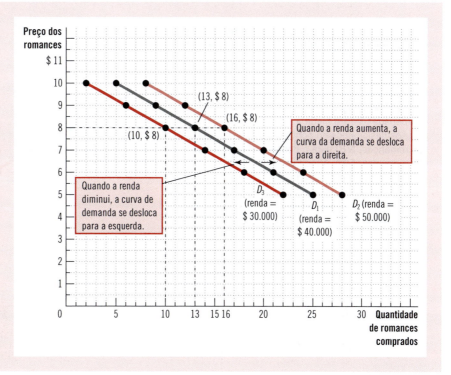

Figura A-4
Deslocamento das curvas de demanda

A localização no gráfico da curva de demanda de Emma por romances depende de quanto ela ganha. Quanto mais ela ganhar, mais romances poderá comprar a cada preço determinado e sua curva de demanda se deslocará mais para a direita. A curva D_1 representa a curva original de demanda de Emma, baseada na renda de $ 40.000 por ano. Se a renda dela aumentar para $ 50.000 por ano, a curva de demanda se deslocará para D_2. Se a renda de Emma cair para $ 30.000 por ano, a curva de demanda se deslocará para D_3.

permanecer fixo em $ 8, mas sua renda aumentar para $ 50 mil por ano, Emma aumentará suas compras de romances de 13 para 16 por ano. Como ela compra mais romances **a cada preço**, sua curva de demanda desloca-se para fora (para a direita), como mostra a Figura A-4.

Há uma maneira simples de dizer quando é necessário deslocar uma curva: **quando uma variável que não está representada nos eixos muda, a curva se desloca**. A renda não está nem no eixo x nem no y do gráfico, portanto, quando a renda de Emma muda, sua curva de demanda se desloca. Isso também é verdadeiro para qualquer mudança que afete os hábitos de compra de Emma, além da alteração dos preços dos romances. Se, por exemplo, a biblioteca pública fechar e Emma tiver de comprar todos os livros que quiser ler, ela demandará mais romances a cada preço e sua curva de demanda se deslocará para a direita. Se o preço do ingresso do cinema cair e Emma passar mais tempo assistindo a filmes e menos tempo lendo, ela irá demandar menos romances a cada preço e sua curva de demanda se deslocará para a esquerda. Mas quando muda uma variável de um dos dois eixos do gráfico, a curva não se desloca. Interpretamos essa mudança como um movimento ao longo da curva.

Inclinação

Uma pergunta que poderíamos fazer sobre Emma é: em que medida seus hábitos de compra reagem ao preço? Olhe para a curva de demanda representada na Figura A-5. Se essa curva for muito inclinada, isso quer dizer que Emma compra quase o mesmo número de romances, estejam eles mais caros ou mais baratos. Se essa curva for muito plana, indicará que o número de romances que Emma adquire é mais sensível a alterações no preço. Para responder a perguntas sobre até que ponto uma variável responde a mudanças em outra variável, podemos usar o conceito de **inclinação**.

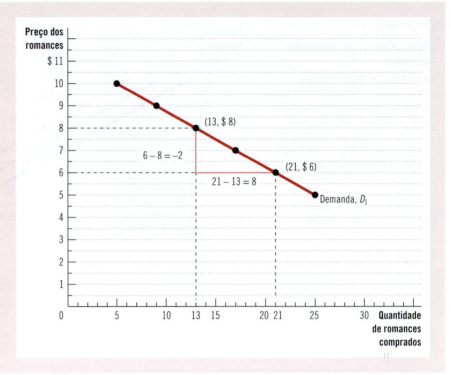

Figura A-5

Cálculo da inclinação de uma reta

Para calcular a inclinação da curva de demanda, podemos observar as variações das coordenadas *x* e *y* à medida que nos deslocamos do ponto (13 romances, $ 8) para o ponto (21 romances, $ 6). A inclinação da reta é a razão entre a variação da coordenada *y* (–2) e a variação da coordenada *x* (+8), que é igual a –¼.

A inclinação de uma reta é a razão entre a distância vertical percorrida e a distância horizontal percorrida à medida que nos movemos ao longo da reta. Essa definição costuma ser escrita matematicamente da seguinte forma:

$$\text{inclinação} = \frac{\Delta y}{\Delta x},$$

onde a letra grega Δ (delta) representa a variação de uma variável. Em outras palavras, a inclinação de uma reta é igual ao "aumento" (variação de *y*) dividido pela "distância" (variação de *x*).

Para uma reta com inclinação ascendente, a inclinação será um número positivo, porque as mudanças em *x* e *y* se movem na mesma direção: se *x* aumentar, *y* aumenta; se *x* diminuir, *y* diminui também. Para uma reta ascendente com pouca inclinação, a inclinação será um número positivo pequeno. Já para uma reta com forte inclinação ascendente, a inclinação será um número positivo grande.

No caso de uma reta com inclinação descendente, a inclinação será um número negativo, porque as mudanças em *x* e *y* se movem em direções opostas: se *x* aumentar, *y* diminui; se *x* diminuir, *y* aumenta. Para retas descendentes com pouca inclinação, a inclinação será um número negativo pequeno. Enquanto isso, para retas com forte inclinação descendente, a inclinação será um número negativo grande.

Uma reta horizontal terá inclinação zero porque, neste caso, a variável *y* nunca muda. Considera-se que uma reta vertical tenha inclinação infinita porque a variável *y* pode assumir qualquer valor sem que a variável *x* mude.

Qual é a inclinação da curva de demanda de Emma por romances? Em primeiro lugar, como a inclinação da curva é descendente, sabemos que a inclinação será negativa. Para calcular o valor numérico da inclinação, precisamos escolher dois pontos da reta. Com a renda de Emma em $ 40.000, ela comprará 13 romances por um valor de $ 8 ou 21 romances por $ 6. Quando aplicamos a fórmula da inclinação, estamos interessados em saber a variação entre esses dois pontos. Em outras palavras, o que nos interessa é a diferença entre eles, o que nos permite concluir que precisamos subtrair um conjunto de valores do outro, da seguinte forma:

$$\text{inclinação} = \frac{\Delta y}{\Delta x} = \frac{\text{segunda coordenada } y - \text{primeira coordenada } y}{\text{segunda coordenada } x - \text{primeira coordenada } x} = \frac{6-8}{21-13} = \frac{-2}{8} = \frac{-1}{4}.$$

A Figura A-5 representa graficamente o funcionamento desse cálculo. Tente calcular a inclinação da curva de demanda de Emma usando dois pontos diferentes. O resultado deve ser exatamente o mesmo: $-¼$. Uma das propriedades das linhas retas é que elas têm a mesma inclinação em todos os pontos. Isso não se aplica a outros tipos de curvas, que são mais inclinadas em alguns pontos que em outros.

A inclinação da curva de demanda de Emma nos diz algo sobre o quanto suas compras respondem a mudanças de preço. Uma inclinação pequena (um número negativo próximo de zero) significa que a curva de demanda de Emma é quase horizontal. Nesse caso, o número de romances que ela compra muda substancialmente em resposta a mudanças de preço. Uma inclinação maior (número negativo bem maior que zero) significa que a curva de demanda de Emma é quase vertical. Nesse caso, o número de romances comprados muda pouco quando os preços variam.

Causa e efeito

Os economistas costumam usar gráficos para propor argumentos sobre como a economia funciona. Em outras palavras, usam gráficos para explicar como um conjunto de eventos **causa** um outro conjunto de eventos. Com um gráfico como a curva de demanda, não há dúvida quanto ao que é causa e o que é efeito. Como estamos variando o preço e mantendo constantes todas as demais variáveis, sabemos que as alterações de preço dos romances causam alterações na quantidade destes demandada por Emma. É preciso recordar, entretanto, que nossa curva de demanda provém de um exemplo hipotético. Quando se fazem gráficos com dados da vida real, muitas vezes é mais difícil determinar como uma variável afeta a outra.

O primeiro problema é que é difícil manter todo o restante constante quando se estuda a relação entre duas variáveis. Se não conseguimos manter constantes as outras variáveis, podemos concluir que uma variável de nosso gráfico está causando variações na outra quando, na verdade, essas variações são causadas por uma terceira **variável omitida** que não consta do gráfico. Além disso, ainda que tenhamos identificado as duas variáveis corretas para nossa análise, podemos nos deparar com um segundo problema: a **causalidade reversa**. Em outras palavras, poderíamos concluir que A causa B quando, na verdade, B é

que causa A. As armadilhas da variável omitida e da causalidade reversa exigem que tenhamos cautela ao usar gráficos para chegar a conclusões sobre causas e efeitos.

Variáveis omitidas Vamos usar um exemplo para ver como a omissão de uma variável pode levar a um gráfico enganoso. Imaginemos que o governo, pressionado pela preocupação pública com o grande número de mortes por câncer, contrate a Big Brother Serviços Estatísticos Ltda. para realizar um estudo exaustivo. A Big Brother examina muitos itens encontrados na casa das pessoas para ver quais estão associados ao risco de câncer e relata uma forte relação entre duas variáveis: o número de isqueiros que uma família tem e a probabilidade de que alguém da família venha a ter câncer. A Figura A-6 mostra essa relação.

O que devemos concluir desse resultado? A Big Brother propõe uma resposta política imediata. Recomenda que o governo desencoraje o uso de isqueiros, instituindo um imposto sobre sua venda, e que exija que sejam fixadas etiquetas de advertência nos isqueiros dizendo: "A Big Brother concluiu que este isqueiro faz mal à saúde".

Quando se julga a validade da análise da Big Brother, uma questão é fundamental: a Big Brother manteve constante cada variável relevante com exceção daquela sob consideração? Se a resposta for negativa, os resultados serão suspeitos. Uma explicação simples para a Figura A-6 é que as pessoas que têm mais isqueiros têm maior probabilidade de serem fumantes e que é o fumo, não os isqueiros, que causa o câncer. Se Figura A-6 não mantém constante a quantidade de fumo – e ela não mantém, porque a Big Brother nunca analisou essa variável –, ela não nos diz o real efeito de se ter um isqueiro.

Essa história ilustra um princípio importante: quando um gráfico é usado para dar sustentação a um argumento de causa e efeito, é importante perguntar se os movimentos de alguma variável omitida podem explicar os resultados observados.

Causalidade reversa Os economistas também poderão se enganar quanto à causalidade se interpretarem mal sua direção. Por exemplo, suponha que a Associação dos Anarquistas da América encomende um estudo sobre a criminalidade e chegue à Figura A-7, que representa o número de crimes violentos por mil habitantes nas grandes cidades em relação ao número de policiais por mil habitantes. Os anarquistas observam que a curva tem inclinação positiva e afirmam que, como o policiamento aumenta a violência urbana em vez de diminuí-la, a polícia deveria ser abolida.

A Figura A-7, no entanto, não prova o ponto da associação. O gráfico simplesmente mostra que cidades mais perigosas têm mais policiais. A explicação para isso pode estar no fato de que cidades mais violentas empregam mais policiais. Em outras palavras, em vez de ser o número de policiais que determina a criminalidade, a criminalidade é que determina o número de policiais. Podemos evitar o perigo da causalidade reversa com um experimento controlado. Neste caso, atribuiríamos de maneira aleatória diferentes números de policiais a cidades diferentes e analisaríamos a correlação entre policiais e

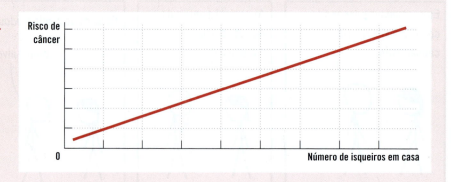

Figura A-6

Gráfico com uma variável omitida

A curva ascendente mostra que os membros de famílias com mais isqueiros são mais propensos a desenvolver câncer. No entanto, não devemos concluir que possuir isqueiros causa câncer, já que o gráfico não considera o número de cigarros fumados.

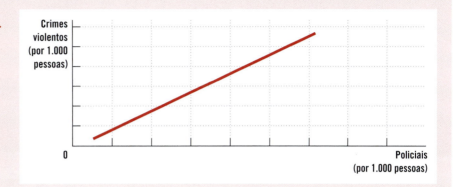

Figura A-7

Gráfico que sugere causalidade reversa

A curva ascendente mostra que cidades com concentração maior de policiais são mais perigosas. No entanto, o gráfico não nos diz se a polícia causa o crime ou se cidades flageladas pelo crime contratam mais policiais.

criminalidade. Sem um experimento desse tipo, é extremamente difícil determinar a direção da causalidade.

Pode parecer possível determinar a direção da causalidade observando qual variável se move primeiro. Se o crime aumentar e então houver uma expansão da força policial, chegaremos a uma conclusão. Se verificarmos que a força policial se expande e, posteriormente, a criminalidade aumenta, chegaremos a outra conclusão. Contudo, essa abordagem é sempre falha: muitas vezes as pessoas mudam seu comportamento não por causa de uma alteração nas circunstâncias atuais, mas em razão de uma mudança nas suas **expectativas** quanto às condições futuras. Uma cidade que prevê uma grande onda de crime no futuro, por exemplo, poderia contratar imediatamente mais policiais. Esse problema é ainda mais fácil de perceber no caso de bebês e minivans. Os casais muitas vezes compram minivans antes do nascimento de um bebê. A minivan vem antes da criança, mas isso não nos leva a concluir que a venda desse tipo de veículo cause crescimento populacional.

Não há um conjunto completo de regras que nos diga com exatidão quando é correto extrair conclusões causais de gráficos. Mas ter em mente que isqueiros não causam câncer (variável omitida) e que minivans não fazem aumentar o tamanho das famílias (causalidade reversa) impedirá que você se deixe enganar por muitos argumentos econômicos falhos.

Capítulo 3

Interdependência e ganhos comerciais

Imagine um dia comum em sua vida. Você acorda pela manhã e toma um copo de suco de laranjas cultivadas na Flórida e uma xícara de café produzido no Brasil. Enquanto toma o café da manhã, assiste a um noticiário transmitido de Nova York em sua TV fabricada na China. Veste-se com roupas feitas de algodão produzido na Geórgia e costuradas na Tailândia. Vai para a aula em uma bicicleta feita de peças fabricadas em meia dúzia de países espalhados pelo mundo. Então, abre seu livro de economia escrito por um autor que vive em Massachusetts, publicado por uma empresa com sede em Ohio e impresso em papel feito com árvores cultivadas no Oregon.

Todos os dias, dependemos de muitas pessoas, a maioria das quais não conhecemos, para nos fornecerem os bens e serviços de que desfrutamos. Essa interdependência é possível porque as pessoas comerciam umas com as outras. Os fornecedores desses bens e serviços não fazem isso porque são generosos. Nem há um órgão governamental que os obrigue a satisfazer nossas necessidades. Na verdade, as pessoas fornecem aos consumidores os bens e serviços que produzem porque recebem algo em troca.

Em capítulos posteriores, veremos como nossa economia coordena as atividades de milhões de pessoas com gostos e habilidades diferentes. Como ponto de partida, consideremos aqui os motivos da interdependência econômica. Um dos **dez princípios da economia**, que destacamos no Capítulo 1, é o de que o comércio pode ser bom para todos. Neste capítulo, examinaremos esse princípio mais detalhadamente. O que, exatamente, as pessoas têm a ganhar quando comerciam umas com as outras? Por que optam por ser interdependentes?

As respostas a essas perguntas são fundamentais para entendermos a economia global moderna. Atualmente, na maioria dos países, muitos bens e serviços consumidos são importados de outros países, e muitos outros são exportados para consumidores externos. A análise deste capítulo explica a interdependência não só entre os indivíduos, mas também entre as nações. Como veremos, os ganhos resultantes do comércio são praticamente os mesmos se você pagar por um corte de cabelo em seu salão favorito ou por uma camiseta produzida no outro lado do mundo.

3-1 Uma parábola da economia moderna

Para entender por que as pessoas optam por depender dos outros para os bens e serviços de que precisam e como essa escolha melhora a vida delas, vamos examinar uma economia simples. Suponha que, no mundo, existam dois bens – carne e batatas – e duas pessoas – uma pecuarista, Rosana, e um agricultor, Felipe – que gostariam de comer tanto carne como batatas.

Os ganhos comerciais ficam mais claros se Rosana só puder produzir carne e Felipe só puder produzir batatas. Nesse cenário, ambos poderiam optar por não interagir um com o outro. Mas depois de vários meses comendo só carne assada, cozida, grelhada e frita, Rosana poderia concluir que a autossuficiência não é tão boa assim. Felipe, que vinha comendo batatas fritas, assadas, cozidas e amassadas, provavelmente concordaria. É fácil perceber que o comércio permitiria a eles desfrutar de uma maior variedade: eles poderiam, assim, comer um bife com batata assada ou um hambúrguer com fritas.

Embora essa cena ilustre com a máxima simplicidade como todos podem se beneficiar do comércio, os ganhos seriam similares se tanto Rosana quanto Felipe pudessem produzir também o outro bem, mas a um custo maior. Suponha, por exemplo, que o produtor de batatas seja capaz de criar gado e produzir carne, mas que não seja muito bom nisso. De forma similar, suponha que a pecuarista seja capaz de cultivar batatas, mas que sua terra não seja muito apropriada para isso. Nesse caso, é fácil perceber que ambos se beneficiariam caso se especializassem naquilo que fazem melhor e depois comerciassem com o outro.

Mas os ganhos advindos do comércio não são tão óbvios assim quando uma pessoa é melhor na produção de **todos os bens**. Suponha, por exemplo, que Rosana seja melhor que Felipe tanto no trato do gado quanto no cultivo de batatas. Nesse caso, será que um dos dois optaria pela autossuficiência? Ou, ainda, haveria motivo para comerciarem um com o outro? Para responder a essa pergunta, precisamos analisar mais detalhadamente os fatores que afetam a decisão.

3-1a Possibilidades de produção

Suponhamos que Felipe e Rosana trabalhem 8 horas por dia cada um e possam dedicar esse tempo ao cultivo de batatas, à criação de gado ou a uma combinação das duas coisas. A tabela na Figura 3-1 mostra a quantidade de tempo que cada um deles precisa para produzir 1 kg de cada um dos bens. Felipe pode produzir 1 kg de batatas em 15 minutos e 1 kg de carne em 60 minutos. Rosana, que é mais produtiva nas duas atividades, consegue produzir 1 kg de batatas em 10 minutos e 1 kg de carne em 20 minutos. As duas últimas colunas da tabela na Figura 3-1 mostram a quantidade de carne ou de batatas que Felipe e Rosana conseguirão produzir se trabalharem 8 horas por dia produzindo um só tipo de alimento.

Figura 3-1
A fronteira de possibilidades de produção

O painel (a) mostra as oportunidades de produção disponíveis a Felipe e a Rosana. O painel (b) mostra as combinações de carne e batatas que Felipe pode produzir. O painel (c) mostra as combinações de carne e batatas que Rosana pode produzir. Ambas as fronteiras de possibilidades de produção pressupõem que Felipe e Rosana trabalham 8 horas por dia cada. Se não houver comércio, a fronteira de possibilidades de produção individual também é a fronteira de possibilidades de consumo de cada um deles.

	(a) Oportunidades de produção			
	Tempo para produzir 1 kg de:		Quantidade produzida em 8 horas	
	Carne	Batatas	Carne	Batatas
Felipe	60 min/kg	15 min/kg	8 kg	32 kg
Rosana	20 min/kg	10 min/kg	24 kg	48 kg

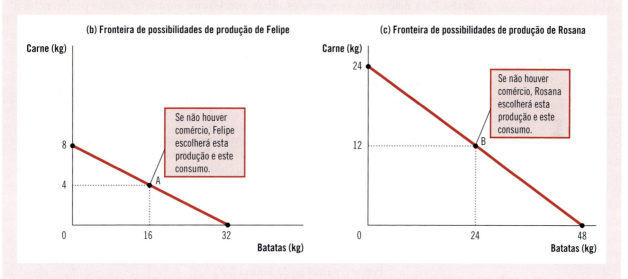

O painel (b) da Figura 3-1 ilustra as quantidades de carne e de batatas que Felipe consegue produzir. Se dedicar todas as 8 horas de seu dia de trabalho ao cultivo de batatas, ele produz 32 kg de batatas (medidos no eixo horizontal) e não produz carne. Se dedicar todo o seu tempo à produção de carne, ele produz 8 kg de carne (medidos no eixo vertical) e não produz batatas. Se dividir seu tempo igualmente entre as duas atividades, dedicando 4 horas a cada uma, produz 16 kg de batatas e 4 kg de carne. A figura mostra os três resultados possíveis e outras possibilidades intermediárias.

Esse gráfico é a fronteira de possibilidades de produção de Felipe. Como vimos no Capítulo 2, as fronteiras de possibilidades de produção representam as diversas combinações de produtos que uma economia pode produzir. Elas ilustram um dos **dez princípios da economia** do Capítulo 1: as pessoas enfrentam *trade-offs*. Aqui, Felipe enfrenta um *trade-off* entre produzir carne ou batatas.

Você deve se lembrar que a fronteira de possibilidades de produção apresentada no Capítulo 2 foi desenhada com a curvatura para fora (curva convexa). Nesse caso, a taxa na qual uma sociedade poderia trocar um bem por outro dependia da quantidade produzida. Aqui, entretanto, a tecnologia que um agricultor emprega para produzir carne e batatas (como mostra a Figura 3-1) permite a alternância entre os dois bens em proporção constante. Sempre que o agricultor gasta uma hora a menos produzindo carne e uma hora a mais produzindo batatas, ele reduz a produção de carne em 1 kg e aumenta a de batatas em 4 kg, não importa a quantidade produzida. Portanto, a fronteira de possibilidades de produção apresenta-se em linha reta.

O painel (c) da Figura 1 mostra a fronteira de possibilidades de produção de Rosana. Se dedicar todas as 8 horas de seu dia à produção de batatas, ela produz 48 kg de batatas e não produz carne. Se dedicar todo o seu tempo à produção de carne, ela produz 24 kg de carne, mas não produz batatas. Se dividir seu tempo, dedicando 4 horas a cada atividade, ela produz 24 kg de batatas e 12 kg de carne. Novamente, a fronteira de possibilidades de produção mostra todos os resultados possíveis.

Se Felipe e Rosana optarem pela autossuficiência e não por comerciar um com o outro, cada um consumirá exatamente o que produz. Nesse caso, a fronteira de possibilidades de produção também representa a fronteira de possibilidades de consumo. Ou seja, sem o comércio, a Figura 3-1 mostra as possíveis combinações de carne e batatas que Felipe e Rosana podem produzir e consumir.

Essas fronteiras de possibilidades de produção são úteis para demonstrar os *trade-offs* que Felipe e Rosana precisam enfrentar, porém não nos dizem o que eles efetivamente farão. Para determinarmos suas escolhas, precisamos conhecer as suas preferências alimentares. Vamos supor que eles escolham as combinações identificadas pelos pontos A e B da Figura 3-1: Felipe produz e consome 16 kg de batatas e 4 kg de carne, e Rosana produz e consome 24 kg de batatas e 12 kg de carne.

3-1b Especialização e comércio

Depois de vários anos alimentando-se da combinação B, Rosana tem uma ideia e conversa com Felipe:

Rosana: Felipe, meu amigo, tenho uma ótima proposta a lhe fazer! Podemos melhorar nossa vida. Penso que você deveria parar de criar gado e dedicar todo o seu tempo ao cultivo de batatas. Pelos meus cálculos, se você trabalhar 8 horas por dia cultivando batatas, produzirá 32 kg delas. Se me der 15 kg desses 32 kg de batatas, darei, em troca, 5 kg de carne. No fim das contas, você terá para comer 17 kg de batatas e 5 kg de carne por dia, em vez dos 16 kg de batatas e 4 kg de carne que tem hoje em dia. Se resolver participar do meu plano, terá mais de **ambos** os alimentos. (Para ilustrar seu argumento, a pecuarista mostra a Felipe o painel (a) da Figura 3-2.)

Felipe: (em tom cético) Parece um bom negócio. Mas não entendo por que está me oferecendo isso. Se o negócio é tão bom para mim, ele não pode ser bom para você também.

Rosana: Ah, mas é! Suponhamos que eu passe 6 horas por dia cuidando do gado e 2 horas por dia cultivando batatas. Então posso produzir 18 kg de carne e 12 kg de batatas. Depois de lhe dar 5 kg da minha carne em troca de 15 kg de suas batatas, ficarei com 13 kg de carne e 27 kg de batatas, em vez dos 12 kg de carne e 24 kg de batatas que agora produzo. Assim, também poderei consumir maior quantidade dos dois bens que atualmente produzo. (Ela aponta para o painel (b) da Figura 3-2.)

Felipe: Não sei... Isso parece muito bom para ser verdade.

Rosana: Não é tão complicado quanto pode parecer à primeira vista. Veja, resumi minha proposta em uma tabela bem simples. (Rosana mostra a Felipe uma cópia da tabela da Figura 3-2.)

Felipe: (depois de uma pausa para estudar a tabela) Os cálculos parecem estar certos, mas estou confuso. Como esse negócio pode ser bom para nós dois?

Figura 3-2
Como o comércio expande o conjunto de oportunidades de consumo

A proposta de comércio entre Felipe e Rosana oferece a cada um deles uma combinação de carne e batatas que seria impossível na ausência do comércio. No painel (a), Felipe poderá consumir o equivalente ao ponto A* em vez do ponto A. No painel (b), Rosana poderá consumir o equivalente ao ponto B* em vez do ponto B. O comércio permite que os dois consumam mais carne e mais batatas.

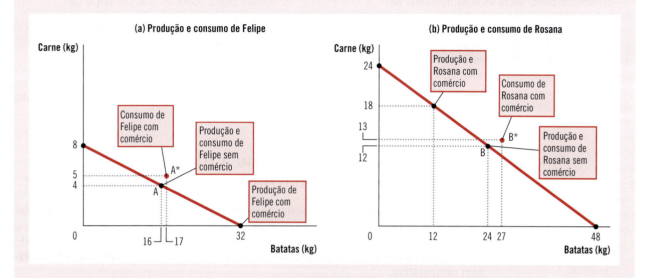

(c) Ganhos do comércio: resumo

	Felipe		Rosana	
	Carne	Batatas	Carne	Batatas
Sem comércio:				
Produção e consumo	4 kg	16 kg	12 kg	24 kg
Com comércio:				
Produção	0 kg	32 kg	18 kg	12 kg
Comércio	Recebe 5 kg	Dá 15 kg	Dá 5 kg	Recebe 15 kg
Consumo	5 kg	17 kg	13 kg	27 kg
GANHOS DO COMÉRCIO:				
Aumento do consumo	+ 1 kg	+ 1 kg	+ 1 kg	+ 3 kg

Rosana: Nós dois nos beneficiamos porque o comércio permite que a gente se especialize no que fazemos melhor. Você vai passar mais tempo cultivando batatas e menos cuidando do gado. Vou passar mais tempo cuidando do gado e menos cultivando batatas. O resultado dessa especialização e do comércio é que cada um de nós poderá consumir mais carne e mais batatas sem precisar trabalhar um maior número de horas.

Teste rápido

1. Antes de Felipe e Rosana fecharem negócio, cada um deles consome
   a. em um ponto dentro de suas fronteiras de possibilidades de produção.
   b. em um ponto sobre as suas fronteiras de possibilidades de produção.
   c. em um ponto fora de suas fronteiras de possibilidades de produção.
   d. as mesmas quantidades de carne e batata que o outro.

2. Depois que Felipe e Rosana fecham o negócio, cada um deles consome
   a. em um ponto dentro de suas fronteiras de possibilidades de produção.
   b. em um ponto sobre as suas fronteiras de possibilidades de produção.
   c. em um ponto fora de suas fronteiras de possibilidades de produção.
   d. as mesmas quantidades de carne e batata que o outro.

As respostas estão no final do capítulo.

3-2 Vantagem comparativa: a força motriz da especialização

A explicação que Rosana ofereceu sobre os ganhos do comércio, embora correta, apresenta um enigma: se ela é melhor tanto na produção de carne quanto na produção de batatas, como Felipe pode se especializar naquilo que faz melhor? Ele não parece estar fazendo alguma coisa melhor. Para resolver esse enigma, precisamos estudar o princípio da **vantagem comparativa**.

O primeiro passo para desenvolver esse princípio é pensar na seguinte pergunta: em nosso exemplo, quem pode produzir batatas ao menor custo – Felipe ou Rosana? Há duas respostas possíveis, e nelas está a solução do nosso problema e a chave para entender os ganhos do comércio.

3-2a Vantagem absoluta

vantagem absoluta
capacidade de produzir um bem empregando menor quantidade de insumos que outro produtor

Uma maneira de responder à questão sobre o custo da produção de batatas é comparar os insumos necessários para os dois produtores. Os economistas usam a expressão **vantagem absoluta** quando comparam a produtividade de uma pessoa, empresa ou nação com a de outra. Diz-se que o produtor que precisa de uma quantidade menor de insumos para produzir um bem tem uma vantagem absoluta na produção desse bem.

Em nosso exemplo, tempo é o único insumo, assim podemos determinar a vantagem absoluta avaliando quanto tempo cada tipo de produção exige. Rosana tem vantagem absoluta na produção tanto de carne quanto de batatas, porque precisa de menos tempo que Felipe para produzir uma unidade de qualquer um dos dois alimentos. Ela precisa de apenas 20 minutos para produzir 1 kg de carne, enquanto ele necessita de 60 minutos. Da mesma forma, Rosana precisa de apenas 10 minutos para produzir 1 kg de batatas, enquanto Felipe precisa de 15 minutos. Com base nessas informações, podemos concluir que Rosana terá o menor custo de produção de batatas se medirmos o custo no que se refere à quantidade de insumos.

3-2b Custo de oportunidade e vantagem comparativa

custo de oportunidade
aquilo de que devemos abrir mão para obter algo

Há outra maneira de analisar o custo da produção de batatas. Em vez de compararmos os insumos necessários, podemos comparar os custos de oportunidade. Lembre-se de que, como vimos no Capítulo 1, o **custo de oportunidade** de uma coisa é aquilo de que abrimos mão para obtê-la. Em nosso exemplo, adotamos a premissa de que Felipe e

Rosana passam 8 horas por dia trabalhando. Assim, o tempo gasto com o cultivo de batatas reduz o tempo disponível para produzir carne. Ao realocarem o tempo entre a produção dos dois bens, ambos abrem mão de unidades de um bem para produzir unidades do outro; portanto, movem-se ao longo da fronteira de possibilidades de produção. O custo de oportunidade mede o *trade-off* entre os dois bens que cada produtor enfrenta.

Consideremos, primeiro, o custo de oportunidade de Rosana. De acordo com a tabela no painel (a) da Figura 3-1, produzir 1 kg de batatas lhe toma 10 minutos de trabalho. Quando Rosana gasta 10 minutos produzindo batatas, tem 10 minutos a menos para produzir carne. Como ela precisa de 20 minutos para produzir 1 kg de carne, 10 minutos de trabalho renderiam ½ kg de carne. Para Rosana, o custo de oportunidade da produção de 1 kg de batatas é de ½ kg de carne.

Vamos considerar, agora, o custo de oportunidade de Felipe. Produzir 1 kg de batatas toma 15 minutos de seu tempo. Como precisa de 60 minutos para produzir 1 kg de carne, 15 minutos de trabalho renderiam a ele ¼ kg de carne. Dessa forma, o custo de oportunidade de 1 kg de batatas para Felipe é de ¼ kg de carne.

A Tabela 3-1 mostra os custos de oportunidade da carne e das batatas para os dois produtores. Observe que o custo de oportunidade da carne é o inverso do custo de oportunidade das batatas. Como 1 kg de batatas custa a Rosana ½ kg de carne, 1 kg de carne lhe custa 2 kg de batatas. Da mesma forma, como 1 kg de batatas custa a Felipe ¼ kg de carne, 1 kg de carne lhe custa 4 kg de batatas.

Os economistas usam a expressão **vantagem comparativa** para descrever o custo de oportunidade de dois produtores. O produtor que abre mão de menor quantidade de outros bens para produzir o bem X tem menor custo de oportunidade de produção desse bem e, portanto, desfruta de uma vantagem comparativa na sua produção. Em nosso exemplo, Felipe tem um custo de oportunidade menor por produzir batatas que Rosana: 1 kg de batatas custa a Felipe apenas ¼ kg de carne, enquanto o custo de Rosana é ½ kg de carne. Inversamente, Rosana tem menor custo de oportunidade na produção de carne que Felipe: 1 kg de carne custa para Rosana 2 kg de batatas, ao passo que 1 kg de carne custa a Felipe 4 kg de batatas. Assim, Felipe tem uma vantagem comparativa na produção de batatas e Rosana tem uma vantagem comparativa na produção de carne.

Embora seja possível uma pessoa ter vantagem absoluta nos dois bens (como é o caso de Rosana em nosso exemplo), é impossível que uma pessoa tenha vantagem comparativa nos dois bens. Como o custo de oportunidade de um bem é o inverso do custo de oportunidade do outro, se o custo de oportunidade de uma pessoa para um bem é relativamente elevado, seu custo de oportunidade para o outro bem tem de ser relativamente baixo. A vantagem comparativa reflete o custo de oportunidade relativo. A menos que duas pessoas tenham exatamente o mesmo custo de oportunidade, uma delas terá vantagem comparativa em um bem e a outra terá vantagem comparativa no outro bem.

vantagem comparativa
capacidade de produzir um bem com menor custo de oportunidade que outro produtor

Tabela 3-1
Custo de oportunidade da carne e das batatas

	Custo de oportunidade	
	1 kg de carne	**1 kg de batatas**
Felipe	4 kg de batatas	¼ kg de carne
Rosana	2 kg de batatas	½ kg de carne

3-2c Vantagem comparativa e comércio

Os ganhos resultantes da especialização e do comércio baseiam-se na vantagem comparativa. Quando as pessoas produzem bens em que têm uma vantagem comparativa, a produção total da economia aumenta. O "bolo" econômico fica maior. Dependendo de como ele for dividido, todos saem ganhando.

Depois de começarem a comerciar, Felipe passa mais tempo cultivando batatas, e Rosana, produzindo carne. Como resultado, a produção total de batatas aumenta de 40 kg para 44 kg, e a produção total de carne aumenta de 16 kg para 18 kg. Felipe e Rosana dividem os benefícios do aumento da produção.

Os ganhos se refletem nos preços implícitos que Rosana e Felipe pagam um ao outro. Como eles têm custos de oportunidades diferentes, os dois conseguiram uma pechincha. Ou seja, cada um deles se beneficia com o comércio ao obter um bem por um preço menor que o custo de oportunidade de cada um deles.

Vamos considerar a transação proposta do ponto de vista de Felipe. Ele recebe 5 kg de carne em troca de 15 kg de batatas. Ou seja, compra 1 kg de carne pelo preço de 3 kg de batatas. Esse preço da carne é inferior a seu custo de oportunidade para 1 kg de carne, que é de 4 kg de batatas. Com isso, Felipe se beneficia com a transação porque obtém carne a um bom preço.

Agora vamos considerar o negócio do ponto de vista de Rosana. Ela compra 15 kg de batatas ao preço de 5 kg de carne. Ou seja, o preço das batatas é de ⅓ kg de carne. Esse preço pelas batatas é inferior a seu custo de oportunidade de 1 kg de batatas, o qual é ½ kg de carne. Rosana se beneficia porque compra batatas por um bom preço.

A moral da história de Felipe e Rosana agora deve estar clara: **o comércio pode beneficiar todos os membros da sociedade porque permite que as pessoas se especializem em atividades nas quais têm uma vantagem comparativa.**

3-2d O preço do comércio

O princípio da vantagem comparativa estabelece que existem ganhos resultantes da especialização e do comércio; contudo, isso levanta algumas questões relacionadas: o que determina o preço de comercialização desses bens? De que modo os ganhos resultantes são divididos entre as partes? A resposta exata a essas perguntas está além do escopo deste capítulo, mas podemos fornecer uma regra geral: **para que ambas as partes tenham ganhos, o preço da comercialização deve ficar entre os seus custos de oportunidade.**

No exemplo dado, Felipe e Rosana concordam em negociar a uma taxa de 3 kg de batatas por 1 kg de carne. Esse preço está entre o custo de oportunidade de Rosana (2 kg de batatas por 1 kg de carne) e o custo de oportunidade de Felipe (4 kg de batatas por 1 kg de carne). O preço não precisa estar exatamente no meio para que as duas partes se beneficiem, mas deverá estar entre 2 e 4.

Considere o que aconteceria se os preços estivessem fora desse intervalo. Se o preço da carne fosse menor que 2 kg de batatas, tanto Rosana quanto Felipe desejariam comprar carne, pois o preço estaria abaixo do custo de oportunidade de cada um. Da mesma forma, se o preço da carne fosse maior que 4 kg de batatas, os dois prefeririam vender carne, pois o preço estaria acima do custo de oportunidade de cada um. Entretanto, essa economia tem apenas dois membros. Não podem ser ambos compradores de carne, tampouco ambos vendedores. Alguém precisa assumir o outro lado da transação. O comércio não funciona com esses preços.

Um comércio mutuamente vantajoso pode ser estabelecido a um preço entre 2 e 4. Nessa faixa de preços, Rosana deseja vender carne para comprar batatas, e Felipe deseja vender batatas para comprar carne. Cada uma das partes pode comprar um bem por um preço menor que seu custo de oportunidade. Por fim, cada um se especializa na produção do bem que apresenta vantagem comparativa e, consequentemente, ambos se beneficiam.

SAIBA MAIS: O legado de Adam Smith e David Ricardo

Segue o argumento do grande economista Adam Smith com relação aos benefícios do comércio:

> A máxima que todo chefe de família prudente deve seguir é nunca tentar fazer em casa o que lhe custará mais caro fazer do que comprar. O alfaiate não tenta produzir seus próprios sapatos, mas os compra do sapateiro. O sapateiro não tenta confeccionar suas próprias roupas, mas as compra do alfaiate. O fazendeiro não tenta fazer nem um nem outro, mas se vale desses artesãos. Todos constatam que é mais interessante usar suas capacidades naquilo em que têm vantagem sobre seus vizinhos e comprar, com parte do resultado de suas atividades ou, o que vem a dar no mesmo, com o preço de parte delas, aquilo de que venham a precisar.

David Ricardo

Essa citação é do livro de Adam Smith *A riqueza das nações*, publicado em 1776 e considerado um marco na análise do comércio e da interdependência econômica.

O livro de Smith inspirou David Ricardo, um corretor de valores milionário, a se tornar economista. Em seu livro de 1817, *Princípios de economia política e de tributação*, Ricardo desenvolveu o princípio da vantagem comparativa como hoje o conhecemos. Ele utilizou um exemplo com dois bens (tecido e vinho) e dois países (Inglaterra e Portugal) para mostrar que ambos os países podem se beneficiar ao abrirem o comércio e se especializarem.

A teoria de David Ricardo marca o início da economia internacional moderna, mas sua defesa do livre-comércio não foi um mero exercício acadêmico. Ele utilizou suas teorias na qualidade de membro do Parlamento Britânico, em que fez oposição às Leis dos Cereais, que restringiam a importação destes.

As conclusões de Adam Smith e David Ricardo sobre os ganhos do comércio se sustentaram ao longo do tempo. Embora os economistas muitas vezes discordem em questões de política econômica, estão unidos no apoio ao livre-comércio. Ademais, o argumento central em favor do livre-comércio não mudou muito nos dois últimos séculos. Embora o campo da economia tenha ampliado seu alcance e as teorias tenham sido refinadas desde os tempos de Smith e Ricardo, a oposição dos economistas às restrições ao comércio ainda são baseadas, em grande parte, no princípio da vantagem comparativa. ■

Teste rápido

3. Em 1 hora, Mateo consegue lavar dois carros ou aparar um gramado, e Sophia consegue lavar três carros ou aparar um gramado. Quem tem a vantagem absoluta na lavagem dos carros? E no corte do gramado?
   a. Mateo na lavagem, Sophia no gramado
   b. Sophia na lavagem, Mateo no gramado
   c. Mateo na lavagem, nenhum deles no gramado
   d. Sophia na lavagem, nenhum deles no gramado

4. Entre Mateo e Sophia, quem tem a vantagem comparativa na lavagem dos carros? E no corte do gramado?
   a. Mateo na lavagem, Sophia no gramado
   b. Sophia na lavagem, Mateo no gramado
   c. Mateo na lavagem, nenhum deles no gramado
   d. Sophia na lavagem, nenhum deles no gramado

5. Quando Mateo e Sophia produzem de forma eficiente e fazem um acordo mutuamente benéfico com base na vantagem comparativa,
   a. Mateo apara mais grama, e Sophia lava mais carros.
   b. Mateo lava mais carros, e Sophia apara mais grama.
   c. Mateo e Sophia lavam mais.
   d. Mateo e Sophia aparam mais grama.

As respostas estão no final do capítulo.

3-3 Aplicações da vantagem comparativa

O princípio da vantagem comparativa explica a interdependência e os ganhos do comércio. Como a interdependência prevalece no mundo de hoje, o princípio da vantagem comparativa tem muitas aplicações. Vamos apresentar aqui dois exemplos, um imaginário e outro de grande importância prática.

3-3a Naomi Osaka deve cortar seu próprio gramado?

Naomi Osaka pode ser boa em cortar grama, mas essa não é sua vantagem comparativa.

Naomi Osaka é uma grande atleta, uma das melhores tenistas da era atual. Ela consegue correr mais rápido e acertar a bola mais forte do que a maioria das pessoas. É bem provável que tenha talento para outras atividades físicas também. Por exemplo, vamos imaginar que ela consiga aparar seu gramado mais rápido do que qualquer outra pessoa. Porém, o simples fato de ela **ser capaz** de fazer isso significa que ela **deveria** fazê-lo? Se ela gosta de cortar a grama como uma forma de relaxamento, então, é claro que deve cortar. Caso contrário, ela pode ter um melhor resultado aplicando os conceitos de custo de oportunidade e vantagem comparativa.

Digamos que Naomi consiga aparar seu gramado em 2 horas. Nessas mesmas 2 horas ela poderia gravar um comercial de televisão e ganhar $ 30.000. Para fins de comparação, Hari, seu vizinho, leva 4 horas para aparar o gramado de Osaka. Nessas mesmas 4 horas, Hari poderia trabalhar no McDonald's e ganhar $ 50.

Naomi tem uma vantagem absoluta para cortar a grama porque consegue fazer o trabalho em menos tempo. No entanto, como o custo de oportunidade de Osaka para cortar a grama é de $ 30.000 e o de Hari é apenas $ 50, Hari tem a vantagem comparativa para cortar a grama.

Nesse caso, os ganhos do comércio são enormes. Em vez de aparar seu próprio gramado, Naomi deve participar do comercial e contratar Hari para cortar a grama. Desde que ela pague a Hari mais de $ 50 e menos de $ 30.000, os dois sairão ganhando.

3-3b Os Estados Unidos devem comerciar com outros países?

Assim como as pessoas, os países também podem se beneficiar da especialização e do comércio entre si. Muitos dos bens de que os estadunidenses desfrutam são produzidos no exterior e muitos dos bens produzidos nos Estados Unidos são vendidos a países estrangeiros. Os bens produzidos no exterior e vendidos internamente são chamados **importações**. Os bens produzidos internamente e vendidos no exterior são chamados **exportações**.

importações
bens produzidos no exterior e vendidos internamente

exportações
bens produzidos internamente e vendidos no exterior

Vamos considerar dois países que produzem alimentos e carros – Estados Unidos e Japão. Imaginemos que os dois países produzam carros igualmente bem: cada trabalhador, estadunidense ou japonês, consegue produzir um carro por mês. Em contrapartida, como os Estados Unidos têm mais terra e de melhor qualidade, são melhores na produção de alimentos: um trabalhador estadunidense consegue produzir duas toneladas de alimento por mês, enquanto um trabalhador japonês pode produzir apenas uma.

O princípio da vantagem comparativa afirma que cada bem deve ser produzido pelo país que tem o menor custo de oportunidade para produzi-lo. Como o custo de oportunidade de um carro é de duas toneladas de alimentos nos Estados Unidos e de apenas uma tonelada de alimentos no Japão, este desfruta de uma vantagem comparativa na produção de carros. Assim, o Japão deveria produzir mais carros do que precisa para consumo interno e exportar parte da produção para os Estados Unidos. Da mesma forma, como o custo de oportunidade de uma tonelada de alimentos é de um carro no Japão, mas de apenas ½ carro nos Estados Unidos, este país tem uma vantagem comparativa na produção de alimentos. Os Estados Unidos deveriam, assim, produzir mais alimentos do que necessitam para consumo e exportar parte da produção para o Japão. Por meio da especialização e do comércio, os dois países podem ter mais comida e mais carros.

É claro que, no mundo real, as questões envolvidas no comércio entre as nações são mais complexas do que sugere este exemplo. Uma das questões mais importantes é o fato de cada país ter muitos cidadãos e de que o comércio os afeta de maneiras diferentes. Quando os Estados Unidos exportam alimentos e importam carros, o impacto sobre os fazendeiros estadunidenses é diferente do impacto sobre os trabalhadores da indústria automobilística estadunidense. Como resultado, o comércio internacional pode deixar a situação de algumas pessoas pior, ao mesmo tempo em que melhora a situação do país como um todo. Ainda assim, este exemplo nos ensina uma lição importante: ao contrário das opiniões proferidas por políticos e comentaristas políticos, o comércio internacional não é uma guerra em que alguns países ganham e outros perdem. O comércio permite que todos os países atinjam maior prosperidade.

3-4 Conclusão

Os benefícios de viver em uma economia interdependente são consideráveis. Quando o povo estadunidense compra meias da China, quando os habitantes do Maine tomam suco de laranja da Flórida e quando alguém contrata o filho do vizinho para cortar a grama, as mesmas forças econômicas estão em ação. O princípio da vantagem comparativa mostra que o comércio pode beneficiar a todos.

Depois de entender por que a interdependência é desejável, você talvez esteja se perguntando como isso é possível. Como as sociedades livres coordenam as diversas atividades de todas as pessoas envolvidas em suas economias? O que garante que os bens e serviços vão dos que os produzem para os que os deveriam consumir? Em um mundo com apenas duas pessoas, como Felipe e Rosana, a resposta é simples: elas podem negociar diretamente e alocar recursos entre si. No mundo real, com bilhões de pessoas, a resposta não é tão óbvia. Abordaremos essa questão no próximo capítulo, no qual veremos que as sociedades livres alocam recursos por meio das forças de mercado da oferta e da demanda.

Teste rápido

6. Os bens normalmente importados por um país são aqueles para os quais
   a. o país tem uma vantagem absoluta.
   b. o país tem uma vantagem comparativa.
   c. outros países têm uma vantagem absoluta.
   d. outros países têm uma vantagem comparativa.

7. Suponha que, nos Estados Unidos, a produção de uma aeronave leve 10.000 horas de trabalho e a produção de uma camisa leve 2 horas de trabalho. Na China, a produção de uma aeronave leva 40.000 horas de trabalho, enquanto a de uma camisa leva 4 horas. O que esses países vão comercializar?
   a. A China exportará aeronaves, e os Estados Unidos exportarão camisas.
   b. A China exportará camisas, e os Estados Unidos exportarão aeronaves.
   c. Os dois países exportarão camisas.
   d. Não há ganhos comerciais nessa situação.

8. Kayla faz o jantar em 30 minutos e lava as roupas em 20 minutos. Sua colega de quarto leva o dobro do tempo para realizar cada tarefa. Como elas deveriam alocar as tarefas?
   a. Kayla deve cozinhar mais com base em sua vantagem comparativa.
   b. Kayla deve lavar mais com base em sua vantagem comparativa.
   c. Kayla deve lavar mais com base em sua vantagem absoluta.
   d. Não há ganhos comerciais nessa situação.

As respostas estão no final do capítulo.

A economia no casamento

Uma economista argumenta que nem sempre você deve lavar a louça só porque faz isso melhor que seu parceiro.

Você está dividindo as tarefas de forma errada

Por Emily Oster

Ninguém gosta de fazer tarefas domésticas. Em questionários sobre felicidade, o trabalho doméstico está no final da lista, junto a deslocar-se até o trabalho, das atividades que as pessoas menos gostam de fazer. Talvez seja por isso que decidir quem deve ficar com quais tarefas normalmente provoque, na melhor das hipóteses, debates tensos e, na pior delas, brigas acaloradas.

Se todos forem bons em algo diferente, a atribuição de tarefas será fácil. Se o seu parceiro é ótimo nas compras e você na lavagem de roupas, está tudo certo. Mas isso não ocorre sempre, e nem com frequência. Em geral, uma pessoa é melhor em tudo (e, sejamos honestos, normalmente essa pessoa é a mulher). Melhor na lavagem de roupas, na compra de mantimentos, na limpeza, no preparo de refeições. Mas isso significa que ela deve fazer tudo?

Antes da minha filha nascer, eu cozinhava e lavava a louça. Não era nada demais, não levava muito tempo e, sinceramente, eu fazia as duas coisas bem melhor do que o meu marido. O repertório culinário dele incluía apenas ovos e chili e, quando ficava encarregado de lavar a louça, muitas vezes eu descobria que ele tinha programado o ciclo "completo" da máquina com apenas uma panela e oito garfos.

Depois que tivemos nossa filha, passamos a ter mais coisas a fazer e menos tempo para isso. Parecia ter chegado a hora de fazer algumas mudanças. Mas, é claro, eu ainda era melhor nas duas tarefas. Isso significa que eu tinha de fazer as duas?

Eu poderia ter recorrido ao princípio da justiça: deveríamos dividir as tarefas ao meio. Poderia ter recorrido ao feminismo: pesquisas mostram que, na maioria das vezes, as mulheres ficam com a pior parte das tarefas. Nos dados de uso do tempo, as mulheres fazem 44 minutos de tarefas domésticas a mais que os homens (2 horas e 11 minutos vs. 1 hora e 27 minutos). Os homens superam as mulheres somente nas áreas relacionadas à manutenção da área externa. Poderia ter sugerido que ele fizesse mais tarefas para corrigir esse desequilíbrio, para mostrar à nossa filha que a mamãe e o papai são iguais e que o trabalho doméstico é divertido quando fazemos juntos. Eu poderia simplesmente ter jogado as panelas na lava-louças enquanto suspirava alto na esperança de que ele percebesse e se oferecesse para fazer isso.

Mas, para nossa sorte, eu sou economista. Assim, tenho ferramentas mais eficazes do que ser passivo-agressiva. E alguns princípios básicos da economia nos deram a resposta. Precisávamos dividir as tarefas porque simplesmente não é **eficiente** que o melhor cozinheiro e lavador de louças faça essas duas tarefas sempre. O princípio econômico em ação aqui é aumentar o custo marginal. Basicamente, o desempenho das pessoas piora quando elas estão cansadas. Quando eu ensino esse princípio aos meus alunos, normalmente explico em um contexto de gestão de pessoas. Suponha que você tenha um bom funcionário e outro não tão bom. Você deve obrigar o bom funcionário a fazer tudo?

Em geral, a resposta é não. Por que não? É provável que o funcionário não tão bom esteja melhor às 9h, após uma boa noite de sono, do que o bom funcionário às 2h da manhã, após um turno de 17 horas. Então o melhor é dar pelo menos algumas tarefas ao funcionário não tão bom. O mesmo princípio se aplica na sua casa. Sim, você (ou seu cônjuge) pode ser melhor em tudo, mas qualquer pessoa que lava roupas às 4h da manhã está propensa a colocar toalhas vermelhas junto com camisetas brancas. A divisão de tarefas é uma boa ideia e a quantidade depende da velocidade com que as habilidades das pessoas diminuem.

Para "otimizar" a eficiência da sua família (o objetivo final de todo economista – e o seu também), você deve equalizar a eficácia na tarefa final que cada pessoa realiza. Seu parceiro lava a louça, corta a grama e faz a

RESUMO DO CAPÍTULO

- Cada pessoa consome bens e serviços produzidos por muitas outras pessoas tanto no mesmo país quanto no mundo todo. A interdependência e o comércio são desejáveis porque permitem que cada um deles possa desfrutar de uma maior quantidade e variedade de bens e serviços.
- Há duas maneiras de comparar a capacidade que duas pessoas têm de produzir um mesmo bem. Diz-se que a pessoa que produz o bem com menor quantidade de insumos tem **vantagem absoluta** na produção desse bem. Diz-se que a pessoa que tem o menor custo de oportunidade na produção de um dos bens tem uma **vantagem comparativa**. Os ganhos do comércio se baseiam na vantagem comparativa, não na vantagem absoluta.
- O comércio beneficia todas as pessoas porque permite que se especializem nas atividades em que tenham vantagem comparativa.
- O princípio da vantagem comparativa se aplica tanto aos países quanto às pessoas. Os economistas usam o princípio da vantagem comparativa para defender o livre-comércio entre países.

lista de compras. Você cozinha, lava roupas, faz compras, limpa a casa e paga as contas. A divisão parece desequilibrada, mas, quando você analisa melhor, percebe que, no momento em que seu parceiro faz a lista de compras, ele está esgotado e começando a cochilar. Tudo o que ele pode fazer é descobrir quanto leite vocês precisam comprar. Na verdade, ele está tão bem quanto você ao pagar as contas, mesmo que essa seja sua quinta tarefa.

Se você obrigasse seu parceiro a fazer a limpeza — ficando, assim, equilibrado, quatro tarefas para cada —, a casa ficaria um desastre, pois ele já estava exausto na terceira tarefa enquanto você ainda estava bem. Esse sistema pode acabar significando que uma pessoa faz mais, mas é improvável que resulte em uma pessoa fazendo tudo.

Depois de decidir que precisa dividir as tarefas dessa forma, como decidir quem faz o quê? Uma opção seria atribuir as tarefas aleatoriamente, outra seria fazer com que cada pessoa fizesse um pouco de tudo. Uma vez li em um *site* de conselhos para relacionamentos uma sugestão que dizia que as tarefas deveriam ser divididas com base naquelas que você gosta mais. Nada disso está certo. (E, no último caso, como alguém acabaria com a tarefa de limpar o banheiro?)

Para decidir quem faz o quê, precisamos de mais economia. Especificamente, o princípio da vantagem comparativa. Os economistas normalmente falam sobre isso no contexto comercial. Imagine que a Finlândia seja melhor

Emily Oster

que a Suécia na fabricação de toucas de rena e sapatos para neve. Mas a Finlândia é muito melhor que a Suécia na fabricação de toucas e apenas um pouco melhor nos calçados. A produção mundial total é maximizada quando a Finlândia fabrica toucas, e a Suécia, sapatos para neve.

Dizemos que a Finlândia tem uma **vantagem absoluta** nos dois itens, mas uma **vantagem comparativa** somente nas toucas. Esse princípio faz parte do motivo para os economistas valorizarem o livre-comércio, mas isso é assunto para outra coluna (e provavelmente outro autor). Só que também é uma diretriz sobre como lidar com as tarefas na sua casa. A ideia é atribuir a cada membro da família a tarefa na qual ele tenha a vantagem comparativa. Não importa que você tenha uma vantagem absoluta em tudo. Se você é muito melhor lavando roupas e apenas um pouco melhor limpando o banheiro, você deve lavar as roupas e pedir ao seu parceiro que pegue a esponja e o balde. Basta explicar que é eficiente!

No nosso caso foi fácil. Tirando usar a churrasqueira — que admito ser domínio do marido —, eu sou muito melhor na cozinha. E eu era só um pouco melhor lavando a louça. Então ele ganhou a tarefa de lavar a louça após as refeições, mesmo que seus hábitos de organização da lava-louças já tivessem passado por uma avaliação. A boa notícia é que outro princípio econômico que eu não tinha levado em conta logo entrou em ação: **o aprendizado na prática**. À medida que as pessoas realizam uma tarefa, elas ficam melhores. Depois de 18 meses com essa divisão, a lava-louças é quase uma obra de arte: fileiras organizadas de pratos e uma seleção cuidadosa de itens para a prateleira superior. Eu, enquanto isso, fui proibida de chegar perto da máquina, pois, aparentemente, existe o risco de eu "estragar tudo". ■

Questões para discussão

1. Na sua família, você acha que as tarefas são divididas entre os membros de acordo com a vantagem comparativa? Se sim, como é a divisão? Se não, como você acha que a alocação de tarefas poderia melhorar?

2. Você acha que ser casado com um economista facilitaria a harmonia familiar ou teria o efeito contrário?

Oster é professora de economia na Brown University.

Fonte: *Slate*, 21 de novembro de 2012.

CONCEITOS-CHAVE

vantagem absoluta, p. 50
custo de oportunidade, p. 50

vantagem comparativa, p. 51
importações, p. 54

exportações, p. 54

QUESTÕES DE REVISÃO

1. Em que condições a fronteira de possibilidades de produção é linear e não curva?

2. Explique a diferença entre vantagem absoluta e vantagem comparativa.

3. Dê um exemplo em que uma pessoa tenha vantagem absoluta em alguma atividade, enquanto outra pessoa tem vantagem comparativa.
4. O que é mais importante para o comércio: a vantagem absoluta ou a comparativa? Explique seu raciocínio usando o exemplo da sua resposta à questão 3.
5. Se duas partes comerciarem com base na vantagem comparativa e ambas ganharem, em que faixa o preço comercial deverá estar?
6. Por que os economistas se opõem a políticas que restrinjam o comércio entre as nações?

PROBLEMAS E APLICAÇÕES

1. Maria consegue ler 20 páginas sobre economia em 1 hora e 50 páginas sobre sociologia em 1 hora. Ela passa 5 horas por dia estudando.
    a. Represente a fronteira de possibilidades de produção de Maria para a leitura de economia e de sociologia.
    b. Para Maria, qual é o custo de oportunidade da leitura de 100 páginas de sociologia?
2. Os trabalhadores estadunidenses e japoneses conseguem produzir, cada um, 4 carros por ano. Por ano, um trabalhador estadunidense consegue produzir 10 toneladas de grãos, enquanto um japonês produz 5 toneladas. Para simplificar, considere que cada país tem 100 milhões de trabalhadores.
    a. Para essa situação, construa uma tabela semelhante à da Figura 3-1.
    b. Faça o gráfico da fronteira de possibilidades de produção das economias estadunidense e japonesa.
    c. Para os Estados Unidos, qual é o custo de oportunidade de um carro? E de grãos? Para o Japão, qual é o custo de oportunidade de um carro? E de grãos? Faça uma tabela semelhante à Tabela 3-1.
    d. Qual dos dois países tem vantagem absoluta na produção de carros? E na produção de grãos?
    e. Qual dos dois países tem vantagem comparativa na produção de carros? E na produção de grãos?
    f. Sem o comércio, metade dos trabalhadores de cada país produz carros e a outra metade produz grãos. Qual é a quantidade de carros e de grãos produzida por país?
    g. A partir de uma posição sem comércio, apresente um exemplo em que o comércio melhore as condições de cada país.
3. Diego e Dário são colegas de quarto. Eles passam a maior parte do tempo estudando (claro), mas sempre têm um tempinho para suas atividades favoritas: fazer pizza e cerveja. Diego leva 4 horas para fazer 1 litro de cerveja e 2 horas para fazer uma pizza. Dário leva 6 horas para fazer 1 litro de cerveja e 4 horas para fazer uma pizza.
    a. Qual é o custo de oportunidade de cada um para fazer uma pizza? Quem tem vantagem absoluta na produção de pizza? Quem tem vantagem comparativa?
    b. Se Diego e Dário comerciarem, quem produzirá pizza para trocar por cerveja?
    c. O preço de uma pizza pode ser expresso por litros de cerveja. Qual é o maior preço pelo qual a pizza pode ser trocada, de modo que ambos fiquem satisfeitos? Qual é o preço mais baixo? Explique.
4. Suponhamos que haja 10 milhões de trabalhadores no Canadá e que cada um deles possa produzir 2 carros ou 30 toneladas de trigo por ano.
    a. Qual é o custo de oportunidade da produção de um carro no Canadá? E qual é o custo de oportunidade da produção de uma tonelada de trigo? Explique a relação entre o custo de oportunidade desses dois bens.
    b. Represente a fronteira de possibilidades de produção do Canadá. Se o país escolher consumir 10 milhões de carros, quantas toneladas de trigo poderá consumir sem comerciar? Indique esse ponto na fronteira de possibilidades de produção.
    c. Suponha, agora, que os Estados Unidos se proponham a comprar 10 milhões de carros do Canadá em troca de 20 toneladas de trigo por carro. Se o Canadá continuar a consumir 10 milhões de carros, quanto trigo o país poderá consumir a partir da negociação? Indique esse ponto no seu diagrama. O Canadá deve fechar o negócio?
5. A Inglaterra e a Escócia produzem bolos e suéteres. Suponha que um trabalhador inglês possa produzir 50 bolos ou 1 suéter por hora e que um trabalhador escocês possa produzir 40 bolos ou 2 suéteres por hora.
    a. Qual dos dois países tem vantagem absoluta na produção de cada bem? E qual dos dois países tem vantagem comparativa?
    b. Se a Inglaterra e a Escócia decidirem comerciar, que mercadoria a Escócia venderia para a Inglaterra? Explique.
    c. Se um trabalhador escocês produzisse somente 1 suéter por hora, a Escócia ainda poderia lucrar com o comércio? E a Inglaterra? Explique.

6. A tabela a seguir descreve as possibilidades de produção de duas cidades da Beisebolândia:

	Pares de meias vermelhas por trabalhador por hora	Pares de meias brancas por trabalhador por hora
Boston	3	3
Chicago	2	1

   a. Na ausência de comércio, qual seria o preço das meias brancas (em termos de meias vermelhas) em Boston? E em Chicago?
   b. Qual das duas cidades tem vantagem absoluta na produção das meias de cada cor? Qual delas tem a vantagem comparativa na produção das meias de cada cor?
   c. Se as cidades comerciarem entre si, que cor de meias cada uma exportará?
   d. Qual é a faixa de preços na qual o comércio pode ocorrer?

7. Um trabalhador alemão leva 400 horas para produzir um carro e 2 horas para produzir uma caixa de vinho. Um trabalhador francês leva 600 horas para produzir um carro e X horas para produzir uma caixa de vinho.
   a. Com quais valores de X os ganhos do comércio seriam possíveis? Explique.
   b. Com quais valores de X a Alemanha exportaria carros e importaria vinho? Explique.

8. Suponha que, em um ano, um trabalhador estadunidense produza 100 camisetas ou 20 computadores, enquanto um trabalhador chinês produz 100 camisetas ou 10 computadores.
   a. Faça o gráfico da curva de possibilidades de produção para os dois países. Suponha que, sem comércio, os trabalhadores de cada país passem metade do tempo produzindo cada bem. Identifique esse ponto no gráfico.
   b. Se esses países tivessem abertura comercial, qual deles exportaria camisetas? Dê um exemplo numérico específico e mostre-o no gráfico. Que país se beneficiaria com o comércio? Explique.
   c. A que preço por computador (em termos de camisetas) os dois países poderiam comerciar? Explique.
   d. Suponha que a China iguale a produtividade estadunidense, de modo que um trabalhador chinês produza 100 camisetas ou 20 computadores. Que padrão de comércio pode ser previsto? De que modo o avanço na produtividade chinesa afeta o bem-estar econômico dos cidadãos dos dois países?

9. As afirmações a seguir são verdadeiras ou falsas? Explique suas respostas.
   a. "Dois países podem obter ganhos de comércio mesmo que um deles tenha vantagem absoluta na produção de todos os bens."
   b. "Certas pessoas muito talentosas têm vantagem comparativa em tudo o que fazem."
   c. "Se determinada transação comercial é boa para uma pessoa, não pode ser boa para a outra."
   d. "Se determinada transação comercial é boa para uma pessoa, sempre será boa para a outra."
   e. "Se o comércio é bom para um país, deve ser bom para todos nesse país."

Respostas do teste rápido

1. b   2. c   3. d   4. b   5. a   6. d   7. b   8. d

Capítulo 4

As forças de mercado da oferta e da demanda

Quando uma frente fria atinge a Flórida, o preço do suco de laranja aumenta nos supermercados dos Estados Unidos. Quando o tempo esquenta em New England a cada verão, o preço das diárias nos hotéis do Caribe despenca. Quando irrompe uma guerra no Oriente Médio, o preço da gasolina nos Estados Unidos aumenta e o preço dos SUVs usados cai. O que esses acontecimentos têm em comum? Todos mostram como funcionam a oferta e a demanda.

Oferta e **demanda** são as duas palavras que os economistas usam mais frequentemente – e com boas razões. Elas são as forças que fazem as economias de mercado funcionarem, determinando a quantidade produzida de cada bem e o preço pelo qual o bem será vendido. Se você quiser saber como acontecimentos e políticas afetam a economia, estude a oferta e a demanda.

Este capítulo introduz a teoria da oferta e da demanda. Ele analisa como compradores e vendedores se comportam e interagem, como a oferta e a demanda determinam os preços e como os preços alocam recursos escassos.

4-1 Mercados e competição

Os termos **oferta** e **demanda** referem-se ao comportamento das pessoas à medida que interagem entre si em mercados competitivos. Vamos primeiro discutir o significado dos termos **mercado** e **competição**.

4-1a O que é um mercado?

Um **mercado** é um grupo de compradores e vendedores de determinado bem ou serviço. Os compradores determinam a demanda pelo produto, e os vendedores determinam a oferta do produto.

Os mercados assumem diferentes formas, e alguns são altamente organizados. Nos mercados de trigo e milho, compradores e vendedores se encontram em um horário e local predeterminados, cientes da quantidade desses produtos agrícolas que estão dispostos a comprar e vender por diferentes preços. Um leiloeiro mantém o processo organizado ao estabelecer as vendas e, o mais importante, encontrar os preços que equilibram compra e venda.

Mais frequentemente, os mercados são menos organizados do que isso. Consideremos, por exemplo, o mercado de sorvete em uma cidade qualquer. Os compradores de sorvete não se reúnem em um horário e local determinados. Os vendedores estão em vários locais e oferecem opções diferentes de coberturas e sabores. Não há um leiloeiro anunciando o preço de um sundae. Cada vendedor estabelece o preço do seu sorvete, e cada comprador decide quanto sorvete comprar em cada loja. No entanto, esses consumidores e produtores estão intimamente ligados. Os compradores estão escolhendo, entre os vários vendedores, um para satisfazer seus desejos, e os vendedores estão tentando atrair os mesmos compradores para que seus negócios prosperem. Mesmo que não pareça tão organizado, esse grupo de compradores e vendedores de sorvete forma um mercado.

4-1b O que é competição?

O mercado de sorvete, como muitos outros mercados na economia, é altamente competitivo. Os compradores sabem que existem vários vendedores para escolher e os vendedores têm consciência de que seu produto é semelhante ao oferecido por outros. Assim, o preço do sorvete e a quantidade vendida não são determinados por um único comprador ou vendedor, mas por todos os compradores e vendedores à medida que eles interagem no mercado.

Os economistas empregam a expressão **mercado competitivo** para descrever um mercado em que há tantos compradores e vendedores que cada um deles tem pouco impacto no preço do mercado. Cada vendedor tem controle limitado sobre o preço porque muitos outros vendedores oferecem produtos similares. Um vendedor não tem muitos motivos para vender abaixo do preço vigente, e se cobrar mais que isso, os compradores farão suas compras em outro lugar. Da mesma forma, nenhum comprador consegue, sozinho, influenciar o preço, porque cada um deles compra uma pequena quantidade em relação ao total de sorvete comercializado no mercado.

Neste capítulo, vamos simplificar as coisas assumindo que os mercados são **perfeitamente competitivos**. Nessa forma de concorrência ideal, o mercado apresenta duas características: (1) os bens oferecidos para venda são todos iguais e (2) os compradores e vendedores são tão numerosos que nenhum deles é capaz de, individualmente, influenciar o preço de mercado. Como os compradores e vendedores dos mercados perfeitamente competitivos precisam aceitar o preço que o mercado determina, são chamados **tomadores de preços**. A preço de mercado, os compradores podem adquirir tudo o que desejam, e os vendedores podem vender tudo o que querem.

Há mercados em que o conceito de concorrência perfeita se aplica perfeitamente. No mercado de trigo, por exemplo, há milhares de agricultores que vendem trigo e milhões de consumidores que utilizam o trigo e seus derivados. Como não há um comprador ou vendedor específico que seja capaz de influenciar o preço do trigo, cada um deles aceita o preço como dado.

---

mercado
grupo de compradores e vendedores de um bem ou serviço em particular

mercado competitivo
mercado em que há tantos compradores e vendedores que cada um deles tem impacto insignificante no preço de mercado

Nem todos os bens e serviços são vendidos em mercados perfeitamente competitivos. Alguns mercados, por exemplo, têm apenas um vendedor, que é quem determina o preço. O mercado em que um vendedor age nessas condições denomina-se **monopólio**. Uma companhia local de TV a cabo pode ser monopolista se os moradores da cidade tiverem apenas essa empresa como opção para contratar o serviço. Muitos outros mercados se encontram entre os extremos da competição perfeita e do monopólio.

Porém, os mercados perfeitamente competitivos são um ponto de partida útil. Eles são mais fáceis de analisar porque todos os participantes tomam o preço como dado pelas condições do mercado. Além disso, como há um certo grau de concorrência presente na maioria dos mercados, muitas das lições que aprendemos estudando oferta e demanda sob condições de concorrência perfeita também se aplicam a mercados mais complexos.

Teste rápido

1. A melhor definição de mercado é
   a. uma loja que oferece uma variedade de bens e serviços.
   b. um local onde os compradores se encontram e os leiloeiros anunciam os preços.
   c. um grupo de compradores e vendedores de um bem ou serviço.
   d. um local onde o único fornecedor de um bem oferece seu produto.

2. Em um mercado perfeitamente competitivo,
   a. cada vendedor tenta se diferenciar oferecendo um produto melhor que o dos concorrentes.
   b. cada vendedor toma o preço do produto como dado pelas condições do mercado.
   c. cada vendedor tenta oferecer um preço menor que o cobrado pelos concorrentes.
   d. um vendedor conseguiu superar seus rivais, por isso não resta mais nenhum outro vendedor.

3. O mercado de qual produto se adequa melhor à definição de um mercado perfeitamente competitivo?
   a. ovos
   b. água da torneira
   c. filmes
   d. sistemas operacionais de computadores

As respostas estão no final do capítulo.

4-2 Demanda*

Começaremos nosso estudo dos mercados examinando o comportamento dos compradores, em especial daqueles que gostam de sorvete (e quem é que não gosta?).

4-2a Curva de demanda: a relação entre preço e quantidade demandada

A **quantidade demandada** de um bem qualquer é a quantidade que os compradores desejam e podem comprar. Muitas coisas determinam a quantidade demandada de um bem, mas um fator desempenha um papel central: o preço. Se o preço do sorvete subir para $ 20, a maioria das pessoas comprará menos. Elas poderiam comprar *frozen yogurt* em vez de sorvete. Se o preço do sorvete cair para $ 0,50, elas tendem a comprar mais. Essa relação entre preço e quantidade demandada é válida para a maior parte dos bens. Na verdade, ela é tão universal que os economistas a chamam de **lei da demanda**: com tudo o mais mantido constante, quando o preço de um bem aumenta, a quantidade demandada deste diminui; quando o preço diminui, a quantidade demandada aumenta.

quantidade demandada
quantidade de um bem que os compradores desejam e podem comprar

lei da demanda
afirmação de que, com tudo o mais mantido constante, a quantidade demandada de um bem diminui quando o preço dele aumenta

---

*N. de R.T. A demanda é também denominada *procura*. O mesmo se aplica a todas as suas derivações. Assim, por exemplo, a quantidade demandada pode também ser chamada *quantidade procurada*.

Figura 4-1
A escala de demanda e a curva de demanda de Catarina

A escala de demanda é uma tabela que mostra a quantidade demandada a cada preço. A curva de demanda, que representa graficamente essa escala, mostra como a quantidade demandada do bem varia quando seu preço se altera. Como um preço menor aumenta a quantidade demandada, a curva de demanda se inclina para baixo.

Preço do sorvete	Quantidade demandada do sorvetes
$ 0	12
1	10
2	8
3	6
4	4
5	2
6	0

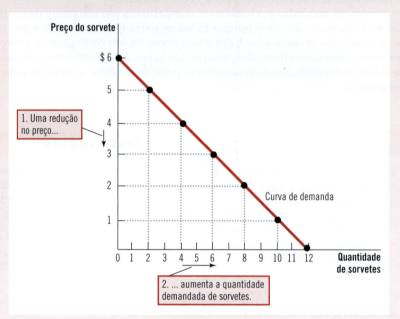

escala de demanda
tabela que mostra a relação entre o preço de um bem e a quantidade demandada

curva de demanda
gráfico da relação entre o preço de um bem e a sua quantidade demandada

A tabela na Figura 4-1 mostra quantos sorvetes. Catarina compraria por mês a diferentes preços. Se o sorvete estiver de graça, Catarina comprará 12 sorvetes por mês. A $ 1 por sorvete, ela comprará 10 por mês. À medida que o preço aumentar, ela comprará cada vez menos sorvete. Quando o preço chegar a $ 6, Catarina não comprará nenhum sorvete. Essa tabela é chamada de **escala de demanda**, e mostra a relação entre o preço de um bem e sua quantidade demandada, mantidos constantes todos os demais fatores que influenciam a quantidade do bem que os consumidores desejam comprar.

O gráfico da Figura 4-1 usa os números da tabela para ilustrar a lei da demanda. Por convenção, o preço do sorvete é representado no eixo vertical, e a quantidade demandada, no eixo horizontal. A linha que relaciona preço e quantidade demandada é chamada **curva de demanda**. A inclinação da curva de demanda é voltada para baixo porque, com tudo mais mantido constante, um preço mais baixo significa uma quantidade maior demandada.

4-2b Demanda de mercado *versus* demanda individual

A curva de demanda da Figura 4-1 representa a demanda de uma pessoa por um produto. Mas, para analisar como funcionam os mercados, é importante conhecer a **demanda de mercado**, que é a soma de todas as demandas individuais por determinado bem ou serviço.

A tabela da Figura 4-2 mostra as escalas de demanda por sorvete de duas pessoas: Catarina e Nicolas. A qualquer preço dado, a escala de demanda de Catarina nos mostra a quantidade de sorvete que ela compraria, e a de Nicolas traz as mesmas informações relativas a ele. A demanda de mercado a cada preço é a soma das demandas individuais.

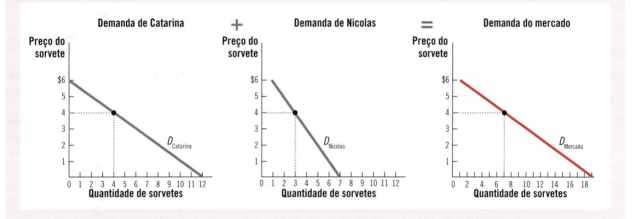

Figura 4-2
Demanda de mercado como a soma das demandas individuais

A quantidade demandada em um mercado é a soma das quantidades demandadas por todos os compradores a cada preço. Assim, a curva de demanda de mercado é encontrada somando-se horizontalmente as curvas de demanda individuais. Ao preço de $ 4, Catarina demanda 4 sorvetes e Nicolas demanda 3; portanto, a quantidade demandada no mercado a esse preço é de 7 sorvetes.

Preço do sorvete	Catarina		Nicolas		Mercado
$ 0	12	+	7	=	19 sorvetes
1	10		6		16
2	8		5		13
3	6		4		10
5	4		3		7
6	2		2		4
6	0		1		1

O gráfico da Figura 4-2 mostra as curvas de demanda que correspondem a essas escalas de demanda. Para obter a curva de demanda do mercado, somamos as curvas de demanda individuais **horizontalmente**. Ou seja, para encontrar a quantidade total demandada a qualquer preço, somamos as quantidades individuais demandadas, que são encontradas no eixo horizontal das curvas de demanda individuais. A curva de demanda do mercado é fundamental para analisar como os mercados funcionam, pois mostra como a quantidade total demandada de um bem varia conforme seu preço varia, mantendo constantes todos os outros fatores que afetam as compras dos consumidores.

4-2c Deslocamentos da curva de demanda

Como a curva de demanda de mercado mantém constantes os muitos outros fatores, ela não é estável ao longo do tempo. Se acontecer algo que altere a quantidade demandada a cada preço dado, a curva de demanda se deslocará.

Suponhamos, por exemplo, que a Associação Americana de Medicina (American Medical Association) descubra que as pessoas que tomam sorvete regularmente vivem mais

> **Figura 4-3**
> **Deslocamentos da curva de demanda**
> Qualquer mudança que aumente a quantidade que os compradores desejam adquirir a um dado preço desloca a curva de demanda para a direita. Qualquer mudança que reduza a quantidade que os compradores desejam adquirir a um dado preço desloca a curva de demanda para a esquerda.

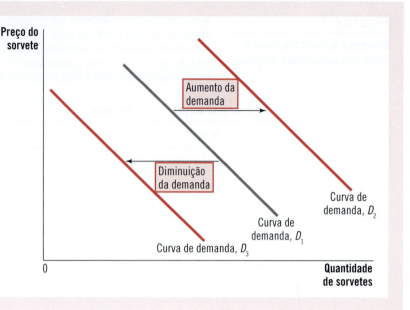

tempo e são mais saudáveis. Essa descoberta maravilhosa aumentaria a demanda por sorvete. A qualquer preço, os compradores passariam a desejar comprar mais sorvete, e, com isso, a curva de demanda se deslocaria.

A Figura 4-3 ilustra os deslocamentos da demanda. Qualquer mudança que aumente a quantidade demandada a cada preço, como essa descoberta incrível (mas infelizmente imaginária), desloca a curva de demanda para a direita e é denominada **aumento da demanda**. Qualquer mudança que reduza a quantidade demandada a cada preço desloca a curva para a esquerda e é denominada **redução da demanda**.

Mudanças em outras variáveis podem deslocar a curva de demanda, entre elas:

Renda O que aconteceria com sua demanda por sorvete se você perdesse o emprego no verão? Provavelmente ela cairia, uma vez que você teria menos dinheiro para gastar em coisas como sorvete. Se a demanda por um bem diminui quando a renda cai, ele é chamado de **bem normal**.

Bens normais são o padrão, mas nem todos os bens são normais. Se a demanda por um bem aumenta quando a renda cai, ele é um **bem inferior**. Passagens de ônibus são um exemplo de bem inferior. À medida que sua renda diminui, você tem uma menor probabilidade de comprar um carro ou pegar um Uber e maior probabilidade de andar de ônibus.

Preços de bens relacionados Suponhamos que o preço do *frozen yogurt* caia. A lei da demanda diz que você comprará mais desse produto. Ao mesmo tempo, você vai comprar menos sorvete. Uma vez que o sorvete e o *frozen yogurt* são sobremesas geladas, doces e cremosas, ambos satisfazem desejos semelhantes. Quando a queda do preço de um bem, como o *frozen yogurt*, reduz a demanda por outro bem, como o sorvete, os dois bens são chamados **substitutos**. Os substitutos são frequentemente pares de bens que podem ser usados um no lugar do outro, como cachorros-quentes e hambúrgueres, suéteres e moletons, ou ingressos de cinema e serviços de *streaming*.

Suponhamos agora que o preço da cobertura de chocolate para sorvete caia. De acordo com a lei da demanda, você comprará mais cobertura. Mas, nesse caso, você também

bem normal
bem para o qual, tudo o mais mantido constante, um aumento na renda leva a um aumento da demanda

bem inferior
bem para o qual, tudo o mais mantido constante, um aumento na renda leva a uma redução da demanda

substitutos
dois bens para os quais o aumento do preço de um leva a um aumento da demanda pelo outro

Tabela 4-1

Variáveis que influenciam os compradores

Esta tabela lista as variáveis que afetam a quantidade de um bem que os consumidores decidem comprar. Observe o papel especial que o preço do bem desempenha: uma mudança no preço representa um movimento ao longo da curva de demanda, ao passo que uma mudança nas demais variáveis desloca a curva.

Variável	Uma mudança nesta variável...
Preço do bem	Representa um movimento ao longo da curva de demanda
Renda	Desloca a curva de demanda
Preços de bens relacionados	Desloca a curva de demanda
Gostos	Desloca a curva de demanda
Expectativas	Desloca a curva de demanda
Número de compradores	Desloca a curva de demanda

pode querer comprar mais sorvete, porque sorvete e cobertura combinam. Quando uma queda do preço de um bem, como a cobertura de chocolate, causa um aumento da demanda de outro, como o sorvete, os dois bens são chamados de **complementares**. Os bens complementares são frequentemente pares de bens que são usados em conjunto, como eletricidade e aparelhos de ar-condicionado, computadores e *softwares*, feijão e arroz.

complementares
dois bens para os quais o aumento do preço de um leva a uma redução da demanda pelo outro

Gostos Se você gosta de sorvete de pistache, comprará mais desse sabor. Embora os gostos individuais, como as preferências por sabores de sorvete, sejam muito importantes para explicar a demanda, os economistas normalmente não tentam explicá-los. Isso acontece porque eles são únicos, apesar de serem afetados por forças históricas e psicológicas. No entanto, os economistas examinam o que acontece quando os gostos mudam.

Expectativas Suas expectativas quanto ao futuro podem afetar sua demanda por algo hoje. Se você tem a expectativa de obter uma renda maior no mês que vem, pode decidir economizar menos e gastar mais na compra de sorvete. Se você espera que o preço do sorvete diminua amanhã, pode estar menos disposto a comprar um sorvete ao preço de hoje.

Número de compradores Além dos fatores que influenciam o comportamento de compradores individuais, a demanda de mercado depende do número de compradores. Se Pedro se juntasse a Catarina e Nicolas como outro consumidor de sorvete, a quantidade demandada seria maior a cada preço, e a curva de demanda aumentaria.

Resumindo A curva de demanda mostra o que acontece com a quantidade demandada de um bem quando seu preço muda, mantidas constantes todas as demais variáveis que influenciam os compradores. Quando uma dessas variáveis muda, a quantidade demandada a cada preço também muda, e a curva de demanda se desloca. A Tabela 4-1 lista as variáveis que influenciam a quantidade de um bem que um consumidor decide comprar.

Se tiver dúvidas sobre deslocamentos da curva de demanda ou sobre como se mover ao longo dela, lembre-se de uma lição do Apêndice do Capítulo 2. A curva se desloca quando há uma alteração em uma variável relevante que não é medida nos dois eixos. Como o preço está no eixo vertical, uma mudança de preço representa um movimento ao longo da curva de demanda. Em contrapartida, a renda, os preços de bens relacionados, os gostos, as expectativas e o número de compradores não são medidos em nenhum eixo; portanto, qualquer alteração em uma dessas variáveis desloca a curva de demanda.

Duas formas de reduzir o tabagismo

Estudo de caso

Como fumar pode ser prejudicial para você e para as pessoas ao seu redor, os formuladores de políticas públicas frequentemente querem reduzir o número de fumantes na sociedade. Vamos considerar dois caminhos para alcançar esse objetivo.

Uma maneira de reduzir o tabagismo é deslocar a curva de demanda por cigarros e outros produtos de tabaco. Isso pode ser feito por meio de anúncios do serviço público, de advertências de risco à saúde obrigatórias nos rótulos dos cigarros e da proibição de propagandas de cigarros na televisão, tudo isso com o objetivo de reduzir a quantidade de cigarros demandados a qualquer preço dado. Quando essas políticas têm sucesso, elas deslocam a curva de demanda por cigarros para a esquerda, como no painel (a) da Figura 4-4.

Outra forma de desencorajar o tabagismo é aumentando o preço dos cigarros. Quando o governo tributa os cigarros, as empresas que fabricam e vendem esse produto repassam a maior parte dos impostos aos consumidores, na forma de aumentos nos preços. Como as pessoas tendem a comprar menos quando os preços aumentam, essa política também reduz o tabagismo. Porém, essa abordagem não desloca a curva de demanda. Em vez disso, a mudança aparece como um movimento ao longo da mesma curva até um ponto com preço mais alto e menor quantidade, como no painel (b) da Figura 4-4.

Até que ponto a quantidade de fumantes responde às mudanças nos preços dos cigarros? Os economistas estudaram o que acontece quando um imposto sobre os cigarros muda. Eles descobriram que um aumento de 10% nos preços provoca uma redução de 4% na quantidade demandada. Os adolescentes são mais sensíveis aos preços dos cigarros: um aumento de 10% no preço gera uma queda de 12% no tabagismo entre adolescentes.

Figura 4-4

Deslocamentos na curva de demanda *versus* movimentos ao longo da curva

Quando as advertências nas embalagens de cigarros convencem os fumantes a reduzir a quantidade consumida, a curva de demanda por cigarros se desloca para a esquerda. No painel (a), a curva se desloca de D_1 para D_2. Por um preço de $ 5 por maço, a quantidade demandada cai de 20 para 10 cigarros por dia, como ilustra o deslocamento do ponto A para o ponto B. Em comparação, quando um imposto aumenta o preço dos cigarros, a curva de demanda não se desloca. Em vez disso, há uma movimentação para um ponto diferente da curva de demanda. No painel (b), quando o preço sobe de $ 5 para $ 10, a quantidade demandada cai de 20 para 12 cigarros por dia, como ilustra o movimento do ponto A para o ponto C.

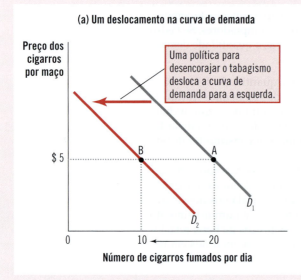

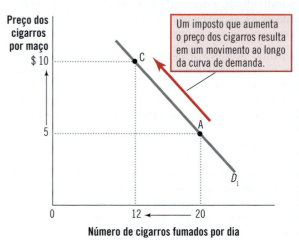

Uma questão relacionada é como o preço dos cigarros afeta a demanda por outros produtos, como a maconha. Aqueles que se opõem aos impostos sobre os cigarros argumentam que o tabaco e a maconha são substitutos, por isso, a alta nos preços dos cigarros incentiva o consumo de maconha. Em contrapartida, muitos especialistas em abuso de substâncias veem o tabaco como uma "droga de entrada", que leva jovens a experimentar outras substâncias prejudiciais. A maior parte dos estudos baseados em dados é compatível com essa segunda visão. Eles identificaram que preços mais baixos dos cigarros estão associados a um maior uso de maconha. Em outras palavras, tabaco e maconha parecem ser complementares, não substitutos. ●

Teste rápido

4. Qual das mudanças a seguir NÃO desloca a curva de demanda por hambúrgueres?
   a. o preço dos cachorros-quentes
   b. o preço dos hambúrgueres
   c. o preço do pão de hambúrguer
   d. a renda dos consumidores de hambúrguer

5. Entre as alternativas abaixo, qual mudança deslocaria a curva de demanda por pizza para a direita?
   a. um aumento no preço dos hambúrgueres, um substituto da pizza
   b. um aumento no preço do refrigerante, um complemento da pizza
   c. a saída de estudantes universitários da cidade para as férias de verão
   d. uma redução no preço da pizza

6. Se o macarrão é um bem inferior, a curva de demanda se desloca para a _____ quando _____ aumenta.
   a. direita; o preço do macarrão
   b. direita; a renda dos consumidores
   c. esquerda; o preço do macarrão
   d. esquerda; a renda dos consumidores

--- As respostas estão no final do capítulo.

4-3 Oferta

Os compradores são apenas uma face do funcionamento dos mercados; os vendedores são a outra. Agora, vamos analisar os vendedores de sorvete.

4-3a Curva de oferta: a relação entre preço e quantidade ofertada

A **quantidade ofertada** de qualquer bem ou serviço é a quantidade que os vendedores querem e podem vender. Há muitos determinantes da quantidade ofertada, mas, novamente, o preço representa um papel especial na nossa análise. Quando o preço do sorvete está elevado, vender sorvete é bastante lucrativo, por isso, a quantidade ofertada é grande. Os vendedores de sorvete trabalham por muitas horas, compram muitas máquinas de fazer sorvete e contratam muitos trabalhadores. No entanto, quando o preço está baixo, o negócio é menos lucrativo e os vendedores produzem menos sorvete. Alguns vendedores podem até optar por fechar as portas, reduzindo sua quantidade ofertada para zero. Essa relação entre preço e quantidade ofertada é chamada **lei da oferta**: com tudo o mais mantido constante, quando o preço de um bem aumenta, a quantidade ofertada também aumenta, e quando o preço de um bem cai, a quantidade ofertada desse bem também cai.

A tabela da Figura 4-5 mostra a quantidade ofertada por Ben, um vendedor de sorvete, a cada preço. A qualquer preço abaixo de $ 2, Ben não oferece nenhuma quantidade de sorvete. À medida que o preço aumenta, ele oferece uma quantidade cada vez maior. Essa é a **escala de oferta**, uma tabela que mostra a relação entre o preço e a quantidade ofertada de um bem, mantendo-se constantes todas as demais coisas que influenciam o quanto os produtores desejam vender.

O gráfico da Figura 4-5 usa os dados da tabela para ilustrar a lei da oferta. A curva que relaciona o preço com a quantidade ofertada é chamada **curva de oferta**. A curva de oferta

quantidade ofertada
quantidade de um bem que os vendedores estão dispostos e aptos a vender

lei da oferta
afirmação de que, com tudo o mais mantido constante, a quantidade ofertada de um bem aumenta quando seu preço aumenta

escala de oferta
tabela que mostra a relação entre o preço e a quantidade ofertada de um bem

curva de oferta
gráfico da relação entre o preço de um bem e a quantidade ofertada

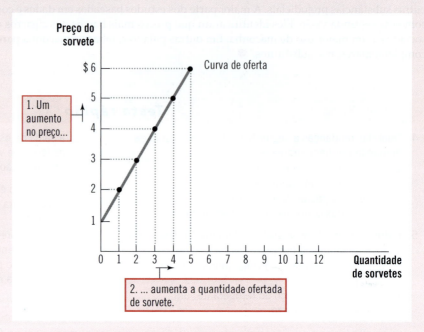

Figura 4-5

A escala de oferta e a curva de oferta de Ben

A escala de oferta mostra a quantidade ofertada a cada preço. A curva de oferta, que representa graficamente a escala de oferta, mostra como a quantidade ofertada do bem muda conforme seu preço varia. Como um preço mais elevado aumenta a quantidade ofertada, a curva de oferta se inclina para cima.

Preço do sorvete	Quantidade ofertada de sorvetes
$ 0	0 sorvetes
1	0
2	1
3	2
4	3
5	4
6	5

se inclina para cima porque, com tudo o mais mantido constante, um preço maior significa uma quantidade ofertada maior.

4-3b Oferta de mercado *versus* oferta individual

Assim como a demanda de mercado é a soma das demandas de todos os compradores, a oferta de mercado é a soma das ofertas de todos os vendedores. A tabela da Figura 4-6 mostra as escalas de oferta de dois produtores de sorvete, Ben e Jerry. A qualquer preço, a escala de oferta de Ben nos indica a quantidade ofertada por este produtor, e a escala de oferta de Jerry nos mostra a quantidade ofertada por ele. A oferta de mercado é a soma das duas ofertas individuais.

O gráfico da Figura 4-6 mostra as curvas de oferta que correspondem às escalas de oferta. Assim como fazemos com as curvas de demanda, somamos **horizontalmente** as curvas de oferta individuais para obter a curva de oferta de mercado. Ou seja, para encontrarmos a quantidade ofertada total a cada preço, somamos as quantidades encontradas no eixo horizontal das curvas de oferta individuais. A curva de oferta de mercado mostra como a quantidade ofertada total varia à medida que o preço varia, mantendo constantes todos os outros fatores, que influenciam as decisões dos produtores sobre a quantidade a ser vendida.

4-3c Deslocamentos da curva de oferta

Como a curva de oferta de mercado mantém constantes todas as variáveis que afetam a quantidade ofertada, exceto o preço, ela pode se mover ao longo do tempo. Quando uma dessas variáveis muda, a quantidade que os produtores desejam vender a qualquer preço também muda, e a curva de oferta se desloca.

Figura 4-6
Oferta de mercado como a soma das ofertas individuais

A quantidade ofertada em um mercado é quantidade total oferecida por todos os vendedores a cada preço. Você pode determinar a curva de oferta de mercado somando as curvas de oferta individuais horizontalmente. Ao preço de $ 4, Ben oferta 3 sorvetes, e Jerry, 4. A quantidade ofertada no mercado a este preço é de 7 sorvetes.

Preço do sorvete	Ben		Jerry		Mercado
$ 0	0	+	0	=	0 sorvetes
1	0		0		0
2	1		0		1
3	2		2		4
4	3		4		7
5	4		6		10
6	5		8		13

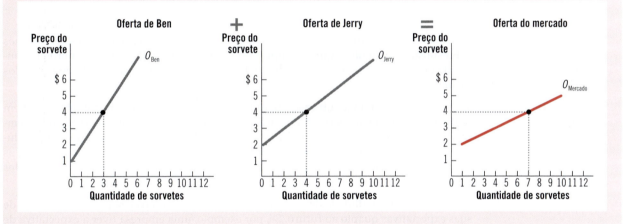

Por exemplo, vamos supor que o preço do açúcar caia. Como o açúcar é um insumo usado na produção de sorvete, a queda no preço do açúcar torna a venda de sorvete mais lucrativa. Isso aumenta a oferta de sorvete: a qualquer preço dado, os vendedores estão dispostos a produzir uma quantidade maior. Com isso, a curva de oferta de sorvete se desloca para a direita.

A Figura 4-7 ilustra deslocamentos da oferta. Qualquer mudança que aumente a quantidade ofertada a cada preço, como uma queda do preço do açúcar, desloca a curva de oferta para a direita e é denominada **aumento da oferta**. Da mesma forma, qualquer mudança que reduza a quantidade ofertada a cada preço desloca a curva de oferta para a esquerda e é denominada **redução da oferta**.

Muitas variáveis podem deslocar a curva de oferta. Aqui estão algumas das mais importantes:

Preço dos insumos Os vendedores de sorvete usam diversos insumos para fabricar seu produto: leite, açúcar, aromatizantes, máquinas de fazer sorvete, as instalações onde o sorvete é produzido e os trabalhadores para misturar os ingredientes e operar as máquinas. Quando aumenta o preço de um ou mais desses insumos, a produção de sorvete

Figura 4-7

Deslocamentos da curva de oferta

Qualquer mudança que aumente a quantidade que os vendedores desejam produzir a qualquer preço dado desloca a curva de oferta para a direita. Qualquer mudança que reduza a quantidade que os vendedores desejam produzir a qualquer preço dado desloca a curva de oferta para a esquerda.

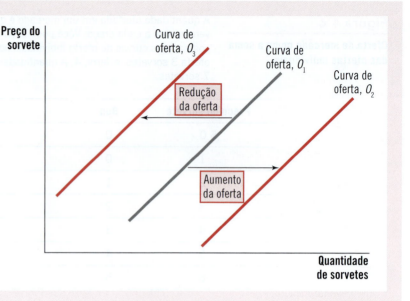

se torna menos lucrativa e as empresas ofertam menos sorvete. Se o preço dos insumos subir substancialmente, algumas empresas poderão fechar e não ofertar nenhuma quantidade de sorvete. Assim, a oferta de um bem se move na direção oposta do preço dos insumos.

Tecnologia A tecnologia utilizada para transformar os insumos em sorvete é também outro determinante da oferta. A invenção de máquinas para produzir sorvete, por exemplo, reduziu a mão de obra necessária para a fabricação. Ao reduzir os custos dos produtores, esses avanços na tecnologia aumentaram a oferta de sorvete. Em longo prazo, as mudanças na tecnologia estão entre as forças mais poderosas que afetam os resultados do mercado.

Expectativas A quantidade de sorvete que uma empresa oferece hoje pode depender de suas expectativas quanto ao futuro. Se, por exemplo, uma empresa tiver a expectativa de que o preço do sorvete aumente no futuro, ela estocará parte de sua produção atual e ofertará menos hoje.

Número de vendedores Além dos fatores que influenciam o comportamento de vendedores individuais, a oferta de mercado depende do número de vendedores existentes no mercado. Se Ben e Jerry saíssem do ramo de sorvete, a oferta no mercado diminuiria. Se Edu abrisse uma nova empresa de sorvete, a oferta no mercado aumentaria.

Resumindo A curva de oferta mostra o que acontece com a quantidade ofertada de um bem quando seu preço varia, mantidas constantes todas as demais variáveis que influenciam os vendedores. Quando uma dessas variáveis muda, a quantidade ofertada a cada preço também muda, e a curva de oferta se desloca. A Tabela 4-2 enumera as variáveis que determinam a quantidade de um bem que os produtores decidem vender.

Mais uma vez, para saber se haverá um deslocamento ou um movimento ao longo da curva de oferta, lembre-se: uma curva só se desloca quando há uma mudança em uma variável relevante que não está designada em nenhum dos eixos. O preço está no eixo vertical, então uma mudança de preço representa um movimento ao longo da curva de oferta. Em contrapartida, como os preços dos insumos, a tecnologia, as expectativas e o número de vendedores não são medidos nesses eixos, qualquer mudança em uma dessas variáveis desloca a curva de oferta.

Tabela 4-2

Variáveis que influenciam os vendedores

Esta tabela enumera as variáveis que influenciam a quantidade de um determinado bem que os produtores decidem vender. Observe o papel especial que o preço do bem desempenha: uma mudança no preço do bem representa um movimento ao longo da curva de oferta, ao passo que uma mudança de qualquer outra variável desloca a curva de oferta.

Variável	Uma mudança nesta variável...
Preço do bem	Representa um movimento ao longo da curva de oferta
Preço dos insumos	Desloca a curva de oferta
Tecnologia	Desloca a curva de oferta
Expectativas	Desloca a curva de oferta
Número de vendedores	Desloca a curva de oferta

Teste rápido

7. Qual evento moveria os fornecedores de pizza ao longo de uma determinada curva de oferta?
   a. um aumento no preço da pizza
   b. um aumento no preço do refrigerante, um complemento da pizza
   c. uma redução no preço do queijo, um insumo para a pizza
   d. um incêndio que destruiu uma pizzaria famosa

8. Qual evento deslocaria a curva de oferta de pizza para a direita?
   a. um aumento no preço da pizza
   b. um aumento no preço do refrigerante, um complemento da pizza
   c. uma redução no preço do queijo, um insumo para a pizza
   d. um incêndio que destruiu uma pizzaria famosa

9. Ingressos para o cinema e assinaturas de serviços de *streaming* são substitutos. Se o preço do *streaming* aumentar, o que acontecerá no mercado de ingressos para o cinema?
   a. A curva de oferta se deslocará para a esquerda.
   b. A curva de oferta se deslocará para a direita.
   c. A curva de demanda se deslocará para a esquerda.
   d. A curva de demanda se deslocará para a direita.

As respostas estão no final do capítulo.

4-4 Oferta e demanda juntas

Agora, vamos combinar oferta e demanda para ver como esses fatores determinam o preço e a quantidade de um bem vendido em um mercado.

4-4a Equilíbrio

A Figura 4-8 mostra a curva de oferta de mercado e a curva de demanda de mercado juntas. Observe que há um ponto em que ocorre uma intersecção das curvas de oferta e demanda, o **equilíbrio** do mercado. O preço nessa intersecção é o **preço de equilíbrio** e a quantidade é a **quantidade de equilíbrio**. Aqui, o preço de equilíbrio é de $ 4 por sorvete e a quantidade de equilíbrio é de 7 sorvetes.

O dicionário define **equilíbrio** como uma situação em que as forças estão em igualdade. Esse sentido da palavra é fundamental para o conceito de equilíbrio de mercado. **Ao preço de equilíbrio, a quantidade do bem que os compradores desejam e podem comprar é exatamente igual à quantidade que os vendedores desejam e podem vender.** O equilíbrio é, por vezes, chamado de **preço de ajustamento do mercado**, porque, a esse preço, o mercado está satisfeito: os compradores compraram tudo o que desejavam comprar e os vendedores venderam tudo o que desejavam vender.

equilíbrio
uma situação na qual o preço de mercado atingiu o nível em que a quantidade ofertada é igual à quantidade demandada

preço de equilíbrio
o preço que iguala a quantidade ofertada e a quantidade demandada

quantidade de equilíbrio
a quantidade ofertada e a quantidade demandada ao preço de equilíbrio

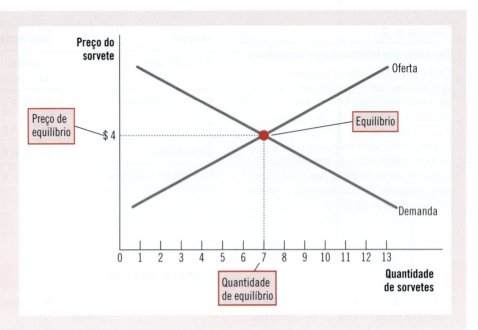

Figura 4-8

O equilíbrio de oferta e demanda

O equilíbrio é encontrado no ponto em que ocorre a intersecção da curva de oferta com a curva de demanda. Ao preço de equilíbrio, a quantidade ofertada é igual à quantidade demandada. Aqui, o preço de equilíbrio é $ 4: a este preço, são ofertados e demandados 7 sorvetes.

As ações de compradores e vendedores conduzem o mercado em direção ao equilíbrio entre oferta e demanda. Para saber por que isso ocorre, considere o que acontece quando o preço de mercado não é igual ao preço de equilíbrio.

Suponhamos, primeiro, que o preço de mercado esteja acima do preço de equilíbrio, como no painel (a) da Figura 4-9. Ao preço de $ 5 por sorvete, a quantidade ofertada (10 sorvetes) é superior à quantidade demandada (4 sorvetes). Há um **excesso de oferta** (ou excedente): os produtores não conseguem vender tudo que querem ao preço vigente. Quando há um excesso de oferta no mercado de sorvete, os vendedores descobrem que seus *freezers* ficam lotados com esse produto que gostariam de vender, mas não conseguem. Eles respondem a isso reduzindo os preços. Com a diminuição dos preços, a quantidade demandada aumenta e a quantidade ofertada diminui. Essas mudanças representam movimentos **ao longo** das curvas de oferta e de demanda, não deslocamentos nas curvas. Os preços continuam a cair até que o mercado atinja seu equilíbrio.

Suponhamos agora que o preço de mercado esteja abaixo do preço de equilíbrio, como no painel (b) da Figura 4-9. Nesse caso, o preço é de $ 3 por sorvete e a quantidade demandada excede a quantidade ofertada. Há um **excesso de demanda** (ou escassez): os consumidores não conseguem comprar tudo que querem ao preço vigente. Quando ocorre uma escassez no mercado de sorvete, os compradores precisam esperar em longas filas por uma oportunidade para comprar um dos poucos sorvetes que estão disponíveis. Havendo muitos compradores em busca de poucos bens, os vendedores podem aumentar os preços sem perder vendas. Esses aumentos de preço fazem a quantidade demandada diminuir e a quantidade ofertada aumentar. Mais uma vez, essas mudanças representam movimentos **ao longo** das curvas de oferta e de demanda e movem o mercado em direção ao equilíbrio.

Assim, independentemente de o preço começar muito alto ou muito baixo, as atividades dos diversos compradores e vendedores conduzem o preço de mercado em direção ao equilíbrio. Uma vez atingido o equilíbrio, todos os compradores e vendedores ficam satisfeitos, pois podem comprar e vender a quantidade que desejarem pelo preço vigente. Nesse ponto, não há mais pressão ascendente ou descendente sobre o preço. A rapidez com que o equilíbrio é atingido varia de mercado para mercado, dependendo da velocidade com que

excesso de oferta
uma situação em que a quantidade ofertada é maior que a quantidade demandada; excedente

excesso de demanda
uma situação em que a quantidade demandada é maior que a quantidade ofertada; escassez

Figura 4-9

Mercados em desequilíbrio

No painel (a) há um excesso de oferta. Como o preço de mercado de $ 5 está acima do preço de equilíbrio, a quantidade ofertada (10 sorvetes) excede a quantidade demandada (4 sorvetes). Os produtores tentam aumentar as vendas reduzindo o preço, movendo-o em direção ao seu nível de equilíbrio. No painel (b) há escassez de oferta. Como o preço de mercado de $ 3 está abaixo do preço de equilíbrio, a quantidade demandada (10 sorvetes) excede a quantidade ofertada (4 sorvetes). Com muitos compradores indo atrás de poucos bens, os produtores aumentam o preço. Em ambos os casos, o ajuste dos preços conduz o mercado em direção ao equilíbrio entre oferta e demanda.

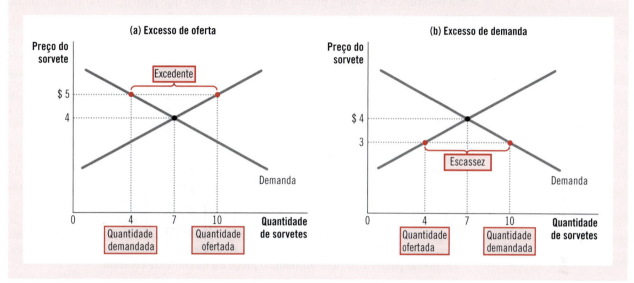

os preços se ajustam. Na maioria dos mercados com bom funcionamento, o excedente e a escassez são apenas temporários, porque os preços se movem rapidamente em direção aos níveis de equilíbrio. Esse fenômeno é tão universal que é chamado **lei da oferta e da demanda**: o preço de qualquer bem se ajusta para trazer a quantidade ofertada e a quantidade demandada para o equilíbrio.

lei da oferta e da demanda
a afirmação de que o preço de qualquer bem se ajusta para trazer a quantidade ofertada e a quantidade demandada desse bem para o equilíbrio

4-4b Três etapas para analisar mudanças do equilíbrio

A oferta e a demanda, juntas, determinam o equilíbrio de mercado, o que, por sua vez, determina o preço e a quantidade do bem que os compradores compram e os vendedores vendem. É claro que o preço e a quantidade da oferta e da demanda dependem da posição das curvas de oferta e de demanda. Quando algum evento desloca uma dessas curvas, o

equilíbrio muda, resultando em um novo preço e uma nova quantidade trocada entre compradores e vendedores.

Ao analisar como um evento afeta o equilíbrio de mercado, seguimos três etapas. Em primeiro lugar, verificamos se o fato desloca a curva de oferta, a curva de demanda ou ambas as curvas. Em segundo, verificamos se a curva se desloca para a direita ou para a esquerda. Em terceiro, usamos o diagrama de oferta e demanda para comparar o equilíbrio inicial com o novo equilíbrio, para verificar como o deslocamento afeta o preço e a quantidade de equilíbrio. A Tabela 4-3 resume essas três etapas. Para ver como isso funciona, vamos pensar em alguns eventos que podem afetar o mercado de sorvete.

Exemplo: um deslocamento da demanda altera o equilíbrio do mercado Suponha que o tempo fique excepcionalmente quente neste verão. Como isso afetaria o mercado de sorvete? Para responder a essa pergunta, vamos seguir as nossas três etapas.

1. O calor afeta a curva de demanda mudando o desejo dos consumidores por sorvete. Ou seja, ele altera a quantidade que as pessoas desejam comprar a qualquer preço. A curva de oferta continua igual, porque o clima não afeta diretamente as empresas que vendem sorvete.

2. Como o calor torna os alimentos refrescantes mais atrativos, as pessoas desejam mais sorvete. A Figura 4-10 mostra esse aumento na demanda como um deslocamento da curva de demanda para a direita, de D_1 para D_2. Esse deslocamento indica que a quantidade demandada de sorvete é maior, independentemente do preço.

3. Ao antigo preço de $ 4, há agora um excesso de demanda por sorvete, o que induz as empresas a elevarem o preço. Como mostra a Figura 4-10, o aumento da demanda eleva o preço de equilíbrio de $ 4 para $ 5, e a quantidade de equilíbrio, de 7 para 10 sorvetes. Em outras palavras, o calor aumenta o preço e a quantidade vendida.

Deslocamentos das curvas *versus* movimentos ao longo delas Quando o calor aumenta a demanda por sorvete e faz com que o preço suba, a quantidade de sorvete que os fabricantes ofertam aumenta, muito embora a curva de oferta permaneça a mesma. Nesse caso, os economistas dizem que há um aumento da quantidade ofertada, mas não da oferta.

Oferta refere-se à posição da curva de oferta, ao passo que **quantidade ofertada** tem a ver com a quantidade que os produtores desejam vender. No calor do verão, a oferta não muda porque o clima não afeta a quantidade que os produtores desejam vender a um determinado preço. Em vez disso, o calor faz com que os consumidores tenham um maior desejo de comprar a qualquer preço dado, deslocando a curva de demanda para a direita. O aumento da demanda faz o preço de equilíbrio aumentar. Quando o preço aumenta, a quantidade ofertada aumenta. Esse aumento na quantidade ofertada é representado pelo movimento ao longo da curva de oferta.

Tabela 4-3
Três etapas para analisar mudanças no equilíbrio

1. Verificar se o acontecimento desloca a curva de oferta ou de demanda (ou ambas).
2. Analisar em qual direção a curva se desloca.
3. Usar o diagrama de oferta e demanda para verificar como o deslocamento altera o preço e a quantidade de equilíbrio.

Figura 4-10

Como um aumento da demanda afeta o equilíbrio

Um evento que aumente a quantidade demandada a qualquer preço desloca a curva de demanda para a direita. Tanto o preço de equilíbrio quanto a quantidade de equilíbrio aumentam. Aqui, um verão excepcionalmente quente leva os compradores a demandar mais sorvete. A curva de demanda desloca-se de D_1 para D_2, fazendo o preço de equilíbrio aumentar de $ 4 para $ 5 e a quantidade de equilíbrio aumentar de 7 para 10 sorvetes.

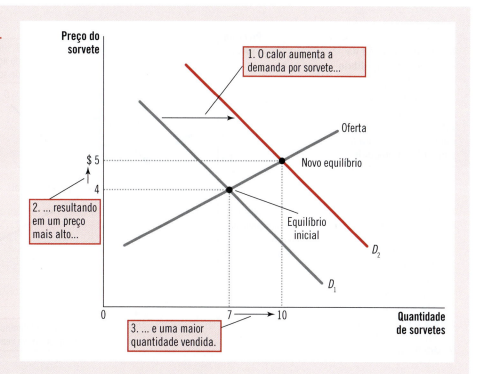

Resumindo, um deslocamento **da** curva de oferta é chamado "mudança da oferta" e um deslocamento **da** curva de demanda é chamado "mudança da demanda". Um movimento **ao longo** de uma curva de oferta fixa é chamado "mudança na quantidade ofertada" e um movimento **ao longo** de uma curva de demanda fixa é denominado "mudança na quantidade demandada".

Exemplo: um deslocamento na oferta altera o equilíbrio de mercado Vamos supor que, em um verão, um furacão tenha destruído parte da safra de cana-de-açúcar, levando a um aumento no preço do açúcar. Como esse acontecimento afeta o mercado de sorvete? Novamente, seguimos as nossas três etapas.

1. O aumento no preço do açúcar, insumo para a fabricação de sorvete, aumenta os custos de produção, o que, por sua vez, afeta a curva de oferta. A curva de demanda não muda, porque o maior custo dos insumos não afeta diretamente a quantidade de sorvete que os consumidores desejam comprar.

2. Custos mais elevados reduzem a quantidade de sorvete que os produtores estão dispostos e são capazes de vender por cada preço. A Figura 4-11 ilustra essa redução na oferta como um deslocamento da curva de oferta para a esquerda, de O_1 para O_2.

3. Ao antigo preço de $ 4, agora há um excesso de demanda por sorvete, o que faz com que as empresas elevem o preço. Como mostra a Figura 4-11, o deslocamento da curva de oferta aumenta o preço de equilíbrio de $ 4 para $ 5 e reduz a quantidade de equilíbrio de 7 para 4 sorvetes. Como resultado do aumento no preço do açúcar, o preço do sorvete aumenta e a quantidade de sorvete vendida cai.

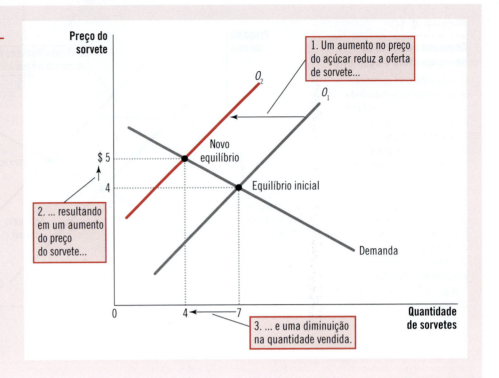

Figura 4-11
Como uma redução da oferta afeta o equilíbrio

Um acontecimento que reduza a quantidade ofertada a qualquer preço dado desloca a curva de oferta para a esquerda. O preço de equilíbrio aumenta e a quantidade de equilíbrio cai. Aqui, um aumento no preço do açúcar (um insumo) faz com que os vendedores ofertem menos sorvete. A curva de oferta desloca-se de O_1 para O_2, o que faz o preço de equilíbrio do sorvete aumentar de $ 4 para $ 5 e a quantidade de equilíbrio diminuir de 7 para 4 sorvetes.

Exemplo: deslocamentos da oferta e da demanda Em uma série de eventos infelizes, o mesmo verão registrou uma onda de calor e um furacão. Para analisarmos essa difícil combinação, seguiremos outra vez as três etapas.

1. As duas curvas devem se deslocar. O calor afeta a curva de demanda, porque altera a quantidade de sorvete que os consumidores desejam comprar a qualquer preço dado. Ao mesmo tempo, o furacão altera a curva de oferta de sorvete: ao elevar o preço do açúcar, ele muda a quantidade de sorvete que os produtores desejam vender a qualquer preço dado.

2. As curvas deslocam-se nas mesmas direções de nossas análises anteriores: a curva de demanda desloca-se para a direita, e a de oferta para a esquerda, como mostra a Figura 4-12.

3. Há dois resultados possíveis, dependendo da extensão relativa dos deslocamentos da demanda e da oferta. Em ambos os casos, o preço de equilíbrio aumenta. No painel (a) da Figura 4-12, em que a demanda aumenta substancialmente enquanto a oferta tem uma redução bastante pequena, a quantidade de equilíbrio também aumenta. No entanto, no painel (b), em que a oferta se reduz substancialmente e a demanda aumenta pouco, a quantidade de equilíbrio diminui. Portanto, esses acontecimentos irão, certamente, elevar o preço do sorvete, mas seu impacto sobre a quantidade vendida de sorvete é ambíguo, ou seja, pode tanto aumentar como diminuir.

Figura 4-12
Deslocamento tanto da oferta quanto da demanda

Um evento simultâneo de aumento na demanda e redução na oferta gera dois resultados possíveis. No painel (a), o preço de equilíbrio sobe de P_1 para P_2, e a quantidade de equilíbrio aumenta de Q_1 para Q_2. No painel (b), o preço de equilíbrio sobe de P_1 para P_2, mas a quantidade de equilíbrio cai de Q_1 para Q_2.

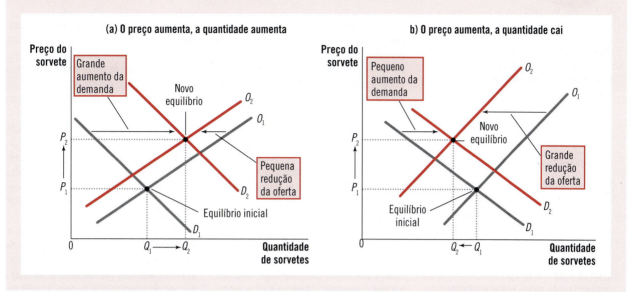

Resumindo As curvas de oferta e demanda ajudam a analisar uma mudança no equilíbrio. Sempre que um acontecimento deslocar a curva de oferta, a curva de demanda ou, até mesmo, ambas as curvas, podemos usar essas ferramentas para prever como o acontecimento alterará o preço e a quantidade vendida no equilíbrio. A Tabela 4-4 mostra o resultado previsto para qualquer combinação de deslocamentos das duas curvas. Para se certificar de que entendeu como usar as ferramentas de oferta e demanda, escolha algumas das possibilidades da tabela e veja se consegue explicar o motivo para essas previsões.

Tabela 4-4
O que acontece com o preço e a quantidade quando a oferta ou a demanda se deslocam?

Para fazer um teste rápido, veja se é capaz de explicar cada uma das possibilidades apresentadas aqui usando diagramas de oferta e demanda.

	Nenhuma mudança da oferta	Aumento da oferta	Redução da oferta
Nenhuma mudança da demanda	P é o mesmo	P diminui	P aumenta
	Q é a mesma	Q aumenta	Q diminui
Aumento da demanda	P aumenta	P é ambíguo	P aumenta
	Q aumenta	Q aumenta	Q é ambígua
Redução da demanda	P diminui	P diminui	P é ambíguo
	Q diminui	Q é ambígua	Q diminui

É NOTÍCIA — Aumento de preços após desastres

Quando ocorre um desastre, muitos bens sofrem com aumento na demanda ou diminuição na oferta, o que gera uma pressão ascendente sobre os preços. Nem todo mundo acha que isso é justo.

A lei da oferta e demanda não é justa

Por Richard Thaler

Para um economista, uma das cenas mais chocantes das primeiras semanas da crise do coronavírus nos Estados Unidos foi o espetáculo de prateleiras vazias nos supermercados.

Não havia papel higiênico ou álcool em gel. Macarrão, farinha e até fermento eram difíceis de encontrar nas primeiras semanas do distanciamento social, já que muitas pessoas decidiram se aventurar na cozinha. Muito mais preocupante é o fato de os hospitais não conseguirem comprar máscaras, aventais e ventiladores suficientes para tratar com segurança os pacientes com Covid-19.

O que aconteceu com as leis de oferta e demanda? Por que os preços não aumentaram o suficiente para equilibrar o mercado, como preveem os modelos econômicos?

Um artigo que escrevi com meus amigos Daniel Kahneman, psicólogo, e Jack Knetsch, economista, abordou esse problema. Descobrimos que a resposta pode ser resumida em uma palavra, que não está presente nos modelos padrão de oferta e demanda: justiça. Basicamente, não é socialmente aceitável aumentar os preços em uma emergência.

Questionamos algumas pessoas a respeito das ações de empresas hipotéticas. Por exemplo: "Uma loja de ferramentas costuma vender pás de neve por $ 15. Na manhã seguinte a uma nevasca, a loja aumenta o preço das pás para $ 20".

No total, 82% dos participantes consideraram isso injusto. Os entrevistados eram canadenses, conhecidos por sua educação, mas as conclusões gerais foram replicadas e confirmadas em estudos em todo o mundo.

A maioria das empresas entende implicitamente que o cumprimento das normas sociais de justiça deve fazer parte de seus modelos de negócios. Na crise atual, grandes redes de varejo responderam à escassez de papel higiênico sem aumentar os preços, mas limitando a quantidade que poderia ser comprada por cada consumidor. Amazon e eBay proibiram preços que eram vistos como abusivos em seus *sites*.

Já vimos um comportamento semelhante depois de furacões. Assim que uma tempestade acaba, normalmente há uma grande demanda por bens como garrafas de água e madeira compensada. Grandes varejistas como Home Depot e Walmart se antecipam a isso enviando caminhões carregados de suprimentos para regiões fora da zona de perigo, prontos para serem acionados. Depois, quando a situação está segura, as lojas fornecem água gratuitamente e vendem o compensado pelo preço de tabela **ou abaixo** dele.

Ao mesmo tempo, alguns "empreendedores" podem se comportar de maneira diferente. Eles veem um desastre como uma oportunidade e, por isso, carregam caminhões com madeira compensada perto de suas casas, dirigem até o local da tempestade e vendem os produtos pelo preço que conseguirem.

Não é que os grandes varejistas sejam intrinsecamente mais éticos que os empreendedores, eles simplesmente têm horizontes de tempo diferentes. As grandes empresas jogam um jogo mais longo e, ao se comportar de maneira "justa", esperam manter a fidelidade dos clientes após a emergência. Já os empreendedores estão interessados apenas em ganhar dinheiro rápido.

As normas de justiça ajudam a explicar o colapso das cadeias de abastecimento de equipamentos médicos na crise do coronavírus. Os hospitais normalmente usam associações de compras que fecham acordos de longo prazo com os atacadistas para o fornecimento de insumos essenciais. Em geral, os atacadistas desejam conservar essas relações e percebem que este não é um bom momento para aumentar os preços. Muitas vezes, são obrigados por contrato a fornecer itens pelos preços negociados antes de um aumento na demanda.

Um exemplo atual é o das máscaras N95. No início da pandemia, os hospitais tinham contratos de longo prazo para comprá-las por cerca de 35 centavos cada, contou-me um executivo de um hospital de Nova York. Quando a necessidade de comprar máscaras aumentou, esses fornecedores não podiam aumentar os preços, mesmo que estivessem inclinados a fazer isso.

Teste rápido

10. A descoberta de uma grande reserva de petróleo deslocará a curva de _____ de gasolina, gerando um preço de equilíbrio mais _____.
    a. oferta; alto
    b. oferta; baixo
    c. demanda; alto
    d. demanda; baixo

11. Se a economia entrar em recessão e a renda cair, o que acontecerá nos mercados de bens inferiores?
    a. Os preços e as quantidades aumentarão.
    b. Os preços e as quantidades diminuirão.
    c. Os preços aumentarão, e as quantidades diminuirão.
    d. Os preços diminuirão, e as quantidades aumentarão.

Porém, outros participantes da cadeia de abastecimento poderiam obter grandes lucros desviando máscaras para quem estivesse disposto a pagar mais caro. Isso deixou os hospitais em apuros. À medida que o coronavírus se espalhava por Nova York, o hospital do executivo com quem conversei buscava máscaras freneticamente, chegando a pagar $ 6 por unidade a um fornecedor estrangeiro, por centenas de milhares delas, quando o estoque estava desesperadamente baixo.

Quando alguém tenta obter grandes lucros em uma emergência como essa, pode parecer imoral. Considere o caso de dois irmãos que começaram a comprar álcool em gel, máscaras e outros produtos escassos em 1º de março, o dia do anúncio da primeira morte por Covid-19 nos Estados Unidos. Depois de vender parte das mercadorias com grandes margens de lucro na Amazon e no eBay, eles foram cortados dessas lojas. No fim das contas, depois de muita publicidade negativa, os irmãos decidiram doar seus suprimentos.

Note que os irmãos estavam tornando os mercados mais "eficientes" ao comprar por preços baixos e vender por valores mais altos. Se, em vez de optar pela prática de arbitragem com insumos usados no enfrentamento ao coronavírus, tivessem vendido ações de uma companhia aérea e uma rede de hotéis e comprado ações da Netflix e da Zoom, eles teriam sido considerados comerciantes inteligentes. Mas, embora o comércio inteligente possa ser bom para os investimentos, essa prática não é considerada justa quando envolve artigos essenciais durante uma pandemia.

Fonte: *New York Times*, 24 de março de 2020.

Quanto você pagaria por isso em uma emergência?

Alguns podem argumentar que essa norma social é prejudicial e impede que os mercados façam sua mágica. Tyler Cowen, economista da George Mason University, por exemplo, afirmou que gostaria que fosse aceitável aumentar os preços de insumos essenciais para enfrentar a pandemia de coronavírus.

"Os preços mais elevados desencorajam a compra por pânico e aumentam a probabilidade de que as pessoas que realmente precisam daqueles bens e serviços consigam obtê-los", escreveu.

Mas quem são as pessoas que "realmente precisam" de máscaras N95? Qual seria a distribuição adequada de máscaras entre hospitais de pesquisa bem estruturados, instalações municipais com poucos recursos, casas de repouso e fábricas de processamento de alimentos? A oferta e a demanda nos diriam que as máscaras deveriam simplesmente ir para o comprador que estivesse disposto e fosse capaz de pagar mais por elas, mas a justiça nos diz que esse não pode ser o único ponto levado em consideração.

Como uma questão prática para as empresas, grandes e pequenas, que querem continuar operando em longo prazo, faz todo sentido obedecer à lei da justiça. Se houver uma escassez de carne e o proprietário de uma loja perceber que só há um pacote de costeleta de porco, não seria sensato vendê-lo em um leilão para quem desse o lance mais alto. ■

Questões para discussão

1. Após o início de uma pandemia, você acha que seria mais ou menos provável encontrar álcool em gel à venda se os vendedores pudessem aumentar os preços? Justifique sua resposta.

2. Se os vendedores de recursos escassos não puderem aumentar os preços para equilibrar oferta e demanda após um desastre, como esses recursos deveriam ser distribuídos entre a população? Quais são os benefícios da sua proposta? E quais problemas podem surgir na prática?

Richard Thaler é professor de economia na University of Chicago. Foi ganhador do Prêmio Nobel de economia em 2017.

---

12. Que acontecimento poderia provocar um aumento no preço de equilíbrio da feijoada e uma redução na quantidade de equilíbrio de feijoada vendida?
    a. um aumento no preço da farofa, um complemento da feijoada
    b. um aumento no preço do feijão vermelho, um substituto da feijoada
    c. um aumento no preço do feijão preto, um insumo para a feijoada
    d. um aumento na renda dos consumidores, já que a feijoada é um bem normal

13. Um aumento na _____ causará um movimento ao longo de uma determinada curva de oferta, chamado de mudança da _____.
    a. oferta; demanda
    b. oferta; quantidade demandada
    c. demanda; oferta
    d. demanda; quantidade ofertada

As respostas estão no final do capítulo.

"Dois dólares"   "...e setenta e cinco centavos."

4-5 Conclusão: como os preços alocam recursos

Este capítulo analisou a oferta e a demanda em um único mercado. A discussão se concentrou no mercado de sorvete, mas as lições se aplicam também à maioria dos demais mercados. Quando você vai a uma loja comprar algo, está contribuindo para a demanda desse item. Quando procura um emprego, está contribuindo para a oferta de mão de obra. Como oferta e demanda são forças bastante difundidas nas economias de mercado, o modelo de oferta e demanda é uma ferramenta analítica poderosa.

Um dos **dez princípios da economia** discutidos no Capítulo 1 é o de que os mercados são, em geral, uma boa maneira de organizar a atividade econômica. Ainda é cedo para julgar se os resultados dos mercados são bons ou ruins, mas este capítulo começou a mostrar como os mercados funcionam. Em qualquer sistema econômico, os recursos escassos têm de ser alocados entre usos que competem entre si. As economias de mercado usam as forças de oferta e demanda para servir a esse fim. A oferta e a demanda, juntas, determinam os preços dos diferentes bens e serviços da economia. Os preços, por sua vez, são os sinais que orientam a alocação de recursos.

Vamos considerar, por exemplo, a alocação de terrenos de frente para o mar. Já que a quantidade de terrenos desse tipo é limitada, nem todos podem usufruir do luxo de viver próximo à praia. Quem obtém esse recurso? Quem quiser e puder pagar seu preço. O preço dos terrenos de frente para o mar se ajusta até que a quantidade demandada de terrenos seja exatamente igual à quantidade ofertada. Nas economias de mercado, os preços são os mecanismos de racionamento dos recursos escassos.

Da mesma forma, os preços determinam quem produz cada bem e o quanto será produzido. Consideremos a agricultura, por exemplo. Como todos precisam de alimentos para sobreviver, é crucial que algumas pessoas trabalhem em fazendas. O que determina quem é ou não agricultor? Em uma sociedade livre, não há um órgão de planejamento do governo tomando essa decisão e garantindo um suprimento adequado de alimentos. Em vez disso, a alocação dos trabalhadores às fazendas se baseia nas decisões a respeito de emprego de milhões de trabalhadores. Esse sistema descentralizado funciona bem porque tais decisões dependem dos preços. Os preços dos alimentos e os salários dos trabalhadores rurais (o preço de seu trabalho) ajustam-se para garantir que um número suficiente de pessoas decida trabalhar na agricultura.

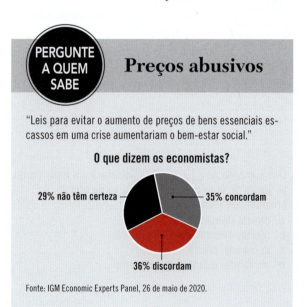

PERGUNTE A QUEM SABE

Preços abusivos

"Leis para evitar o aumento de preços de bens essenciais escassos em uma crise aumentariam o bem-estar social."

O que dizem os economistas?

- 29% não têm certeza
- 35% concordam
- 36% discordam

Fonte: IGM Economic Experts Panel, 26 de maio de 2020.

Se alguém nunca viu uma economia de mercado em ação, essa ideia pode parecer absurda. As economias são grandes grupos de pessoas engajadas em muitas atividades interdependentes. O que impede que a tomada descentralizada de decisões se degenere e vire um caos? O que coordena as ações de milhões de pessoas, cada uma delas com suas próprias habilidades e seus próprios desejos? O que garante que aquilo que precisa ser feito realmente seja feito? A resposta, em uma palavra, é **preço**. Se as economias de mercado são conduzidas por uma mão invisível, como sugeriu Adam Smith, então o sistema de preços é a batuta que a mão invisível usa para reger a orquestra econômica.

RESUMO DO CAPÍTULO

- Os economistas usam o modelo de oferta e demanda para analisar mercados competitivos. Em um mercado competitivo há muitos compradores e vendedores, cada um dos quais com pouca ou nenhuma influência sobre o preço de mercado.
- A curva de demanda mostra como a quantidade demandada de um bem depende do preço. De acordo com a lei da demanda, conforme o preço de um bem cai, a quantidade demandada aumenta. Assim, a curva de demanda se inclina para baixo.
- Além do preço, outros determinantes da quantidade que os consumidores desejam comprar são a renda, o preço dos bens substitutos e complementares, os gostos pessoais, as expectativas e o número de compradores. Quando algum desses fatores mudar, a quantidade demandada a cada nível de preço também mudará, e a curva de demanda se deslocará.
- A curva de oferta mostra como a quantidade ofertada de um bem depende do preço. De acordo com a lei da oferta, conforme o preço de um bem aumenta, a quantidade ofertada também aumenta. Portanto, a curva de oferta se inclina para cima.
- Além do preço, outros determinantes da quantidade que os produtores desejarão vender são o preço dos insumos, a tecnologia, as expectativas e o número de vendedores. Quando algum desses fatores mudar, a quantidade demandada a cada nível de preço também mudará, e a curva de demanda se deslocará.

- A intersecção entre as curvas de oferta e demanda representa o equilíbrio do mercado. Ao preço de equilíbrio, a quantidade demandada é igual à quantidade ofertada.
- O comportamento de compradores e vendedores conduz naturalmente os mercados em direção ao equilíbrio. Quando o preço de mercado está acima do preço de equilíbrio, há um excedente, o que causa uma diminuição no preço de mercado. Quando o preço de mercado está abaixo do equilíbrio, há uma escassez, o que causa um aumento no preço de mercado.
- Para analisar como um acontecimento influencia o preço e a quantidade de equilíbrio em um mercado, use um diagrama de oferta e demanda e siga estas três etapas. Primeiro, determinamos se o acontecimento desloca a curva de oferta ou a curva de demanda (ou ambas). Depois, verificamos em que direção a curva se desloca. Por fim, comparamos o novo equilíbrio com o equilíbrio inicial.
- Nas economias de mercado, os preços são os sinais que orientam as decisões econômicas e, assim, alocam os recursos escassos. Para cada bem existente na economia, o preço assegura que oferta e demanda se equilibrem. O preço de equilíbrio, então, determina a quantidade do bem que os compradores decidirão consumir e a quantidade do bem que os vendedores decidirão produzir.

CONCEITOS-CHAVE

mercado, p. 62
mercado competitivo, p. 62
quantidade demandada, p. 63
lei da demanda, p. 63
escala de demanda, p. 64
curva de demanda, p. 64
bem normal, p. 66

bem inferior, p. 66
substitutos, p. 66
complementares, p. 67
quantidade ofertada, p. 69
lei da oferta, p. 69
escala de oferta, p. 69
curva de oferta, p. 69

equilíbrio, p. 73
preço de equilíbrio, p. 73
quantidade de equilíbrio, p. 73
excesso de oferta, p. 74
excesso de demanda, p. 74
lei da oferta e da demanda, p. 75

QUESTÕES DE REVISÃO

1. O que é um mercado competitivo? Faça uma descrição breve de um mercado que **não** seja perfeitamente competitivo.
2. Defina escala de demanda e curva de demanda e explique como ambas se relacionam. Por que a curva de demanda se inclina para baixo?
3. Uma mudança de gosto dos consumidores leva a um movimento ao longo da curva de demanda ou a um deslocamento desta? Uma mudança no preço leva a um movimento ao longo da curva de demanda ou a um deslocamento desta? Justifique.
4. A renda de Harry caiu e, como resultado, ele passou a comprar mais suco de abóbora. O suco de abóbora é um bem inferior ou normal? O que acontece com a curva de demanda de Harry para suco de abóbora?
5. Defina escala de oferta e curva de oferta e explique como ambas se relacionam. Por que a curva de oferta tem inclinação para cima?
6. Uma mudança da tecnologia de produção leva a um movimento ao longo da curva de oferta ou a um deslocamento desta? Uma mudança de preço leva a um movimento ao longo da curva de oferta ou a um deslocamento dela?
7. Defina o equilíbrio de um mercado. Descreva as forças que conduzem o mercado em direção ao equilíbrio.
8. Pizza e refrigerante são bens complementares, porque, em geral, são consumidos juntos. Quando o preço do refrigerante aumenta, o que acontece com a oferta, a demanda, a quantidade ofertada, a quantidade demandada e o preço no mercado de pizza?
9. Descreva o papel representado pelos preços nas economias de mercado.

PROBLEMAS E APLICAÇÕES

1. Explique cada uma das declarações a seguir usando diagramas de oferta e demanda.
    a. "Quando uma frente fria atinge a Flórida, o preço do suco de laranja aumenta nos supermercados dos Estados Unidos."
    b. "A cada verão, quando começa a esquentar em New England, o preço das diárias dos hotéis no Caribe despenca."
    c. "Quando irrompe uma guerra no Oriente Médio, o preço da gasolina aumenta, e o preço dos SUVs usados diminui."
2. "Um aumento na demanda por notebooks eleva a quantidade de notebooks demandados, mas não a quantidade ofertada." Essa afirmação é verdadeira ou falsa? Explique.
3. Considere o mercado de minivans. Para cada evento enumerado a seguir, identifique quais fatores determinantes da oferta ou da demanda são afetados. Indique também se a demanda ou a oferta aumenta ou diminui. Faça um diagrama para demonstrar o efeito no preço e na quantidade de minivans.
    a. As pessoas decidem ter mais filhos.
    b. Uma greve dos metalúrgicos aumenta o preço do aço.
    c. Os engenheiros desenvolvem novos equipamentos automatizados para a produção de minivans.
    d. Há um aumento no preço de utilitários esportivos.
    e. Uma quebra na bolsa de valores diminui a riqueza das pessoas.
4. Considere os mercados de serviços de *streaming* de filmes, aparelhos de TV e ingressos de cinema.
    a. Para cada par, identifique se são complementares ou substitutos:
        * serviços de *streaming* e aparelhos de TV
        * serviços de *streaming* e ingressos de cinema
        * aparelhos de TV e ingressos de cinema
    b. Suponha que um avanço tecnológico reduza o custo de produção de um aparelho de TV. Faça um diagrama para representar o que aconteceria nesse mercado.
    c. Faça dois diagramas para mostrar como as mudanças no mercado de aparelhos de TV afetam os mercados de *streaming* e de ingressos de cinema.
5. Durante os últimos 40 anos, avanços tecnológicos vêm reduzindo o custo dos *chips* de computador. Como isso afetou o mercado de computadores? E o mercado de *softwares*? E o de máquinas de escrever?
6. Empregando os diagramas de oferta e demanda, mostre os efeitos dos seguintes eventos no mercado de moletons.
    a. Um furacão na Carolina do Sul danifica a produção de algodão.
    b. O preço dos casacos de couro cai.
    c. Todas as faculdades exigem que os alunos usem roupa adequada nos exercícios físicos matutinos.
    d. São inventadas novas máquinas de tecelagem.

7. O ketchup, além de ser um condimento, é um complemento de cachorros-quentes. Se o preço do cachorro-quente subir, o que acontecerá com o mercado de ketchup? E com o mercado de tomate? E com o de suco de tomate? E com o de suco de laranja?

8. O mercado de pizza tem as seguintes escalas de oferta e demanda:

Preço	Quantidade demandada	Quantidade ofertada
$ 4	135 pizzas	26 pizzas
5	104	53
6	81	81
7	68	98
8	53	110
9	39	121

   a. Represente graficamente as curvas de oferta e de demanda. Quais são o preço e a quantidade de equilíbrio nesse mercado?
   b. Se o preço de mercado estivesse **acima** do preço de equilíbrio, o que conduziria o mercado em direção ao equilíbrio?
   c. Se o preço de mercado estivesse **abaixo** do preço de equilíbrio, o que conduziria o mercado em direção ao equilíbrio?

9. Considere os seguintes eventos: os cientistas revelam que o consumo de laranja reduz o risco de diabetes, e, ao mesmo tempo, os fazendeiros utilizam um novo fertilizante que torna as laranjeiras mais produtivas. Ilustre e explique o efeito dessas mudanças sobre o preço de equilíbrio e a quantidade de laranjas.

10. Como pão e requeijão costumam ser consumidos juntos, são bens complementares.
    a. Observamos que o preço de equilíbrio do requeijão e a quantidade de equilíbrio do pão aumentaram. O que poderia ser responsável por esse padrão: uma queda do preço da farinha ou do preço do leite? Ilustre e explique sua resposta.
    b. Suponhamos que, em vez disso, o preço de equilíbrio do requeijão tenha aumentado, mas a quantidade de equilíbrio do pão tenha caído. O que poderia ser responsável por isso: um aumento no preço da farinha ou do preço do leite? Ilustre e explique sua resposta.

11. Suponhamos que o preço dos ingressos para jogos de futebol sejam determinados pelas forças de mercado. No momento, as escalas de oferta e demanda de ingressos são as seguintes:

Preço	Quantidade demandada	Quantidade ofertada
$ 4	10.000 ingressos	8.000 ingressos
8	8.000	8.000
12	6.000	8.000
16	4.000	8.000
20	2.000	8.000

   a. Represente graficamente as curvas de oferta e de demanda. O que há de incomum nessa curva de oferta? Por que isso pode ser verdadeiro?
   b. Quais são o preço de equilíbrio e a quantidade de equilíbrio dos ingressos?
   c. O time pretende aumentar o número de torcedores associados em 5 mil no próximo ano. A escala de demanda desses torcedores adicionais será:

Preço	Quantidade demandada
$ 4	4.000 ingressos
8	3.000
12	2.000
16	1.000
20	0

Some a escala de demanda original com a dos novos torcedores associados para chegar à nova escala de demanda. Quais serão o novo preço e a nova quantidade de equilíbrio?

Respostas do teste rápido

1. c   2. b   3. a   4. b   5. a   6. d   7. a   8. c   9. d   10. b   11. a   12. c   13. d

Capítulo 5

Elasticidade e sua aplicação

Imagine que um determinado evento provoque o aumento do preço da gasolina nos Estados Unidos. Pode ser uma tensão no Oriente Médio que reduza o fornecimento mundial de petróleo, uma expansão da economia chinesa que provoque o aumento da demanda mundial de petróleo ou um aumento nos impostos sobre a gasolina aprovado pelo Congresso. Como os consumidores reagiriam a esse aumento?

De maneira geral, é fácil responder a essa questão: as pessoas comprariam menos. Essa resposta deriva da lei da demanda apresentada no capítulo anterior: mantendo todos os outros fatores constantes, quando o preço de um bem aumenta, a quantidade demandada desse bem diminui. Mas talvez você queira uma resposta exata. Em quanto o consumo da gasolina seria reduzido? Essa pergunta pode ser respondida por meio de um conceito chamado **elasticidade**.

A elasticidade é uma medida do tamanho da resposta dos compradores e vendedores às mudanças das condições do mercado. Ao estudarmos como um acontecimento ou política pública qualquer afeta um mercado, podemos discutir não apenas a direção dos efeitos, mas também a sua magnitude.

No mercado da gasolina, os estudos normalmente indicam que a quantidade demandada responde aos preços do combustível mais em longo prazo do que em curto prazo. Um aumento de 10% no preço da gasolina reduz o consumo em cerca de 2,5% depois de 1 ano, mas em cerca de 6% após 5 anos. Aproximadamente metade da redução no longo prazo deriva de uma diminuição no uso de automóveis, e a outra metade, da troca dos veículos por modelos mais eficientes no consumo de combustíveis – e, cada vez mais, por veículos elétricos, que não usam gasolina. As duas respostas são refletidas na curva de demanda e sua elasticidade.

5-1 Elasticidade da demanda

No Capítulo 4, observamos que, em geral, os consumidores compram mais de um bem quando o preço deste está mais baixo, quando a renda deles é maior, quando os preços dos bens substitutos do bem estão elevados ou quando os preços dos bens complementares estão baixos. A discussão foi qualitativa, não quantitativa. Ou seja, discutimos se a quantidade demandada aumentou ou diminuiu, mas não a magnitude dessa mudança. Para medirem o quanto os consumidores reagem a mudanças dessas variáveis, os economistas usam o conceito de **elasticidade**.

5-1a A elasticidade-preço da demanda e seus determinantes

A lei da demanda afirma que uma queda no preço de um bem aumenta a quantidade demandada desse bem. A **elasticidade-preço da demanda** mede o quanto a quantidade demandada reage a uma mudança no preço. A demanda por um bem é chamada **elástica** se a quantidade demandada responde substancialmente a mudanças no preço. Diz-se que a demanda por um bem é **inelástica** se a quantidade demandada responde pouco a mudanças no preço.

A elasticidade-preço da demanda de qualquer bem mede o quanto os consumidores estão dispostos a deixar de adquiri-lo à medida que seu preço aumenta. Em razão da curva de demanda refletir as forças econômicas, sociais e psicológicas que moldam as preferências do consumidor, não há uma regra simples e universal para o que determina a elasticidade da curva de demanda. Porém, existem algumas regras práticas.

Disponibilidade de substitutos semelhantes Bens com substitutos semelhantes tendem a ter demanda mais elástica porque é mais fácil para os consumidores trocá-los por outros. Por exemplo, a margarina é um substituto comum para a manteiga. Um leve aumento no preço da manteiga provoca uma grande redução na quantidade demandada, supondo que o preço da margarina se mantenha estável. Em contrapartida, os ovos não têm substitutos similares, por isso sua demanda é menos elástica. Um leve aumento no preço nos ovos não provocará uma grande redução na quantidade demandada.

Bens necessários e supérfluos No caso de uma necessidade real, um pequeno aumento nos preços não diminui muito a quantidade comprada. Outra maneira de dizer isso é que as necessidades tendem a ter demandas inelásticas. Por exemplo, quando o preço de uma consulta médica aumenta, a maioria das pessoas não altera drasticamente o número de vezes que vai ao médico, embora possa se consultar com uma frequência um pouco menor. Para itens supérfluos, a situação é diferente. Quando o preço dos veleiros aumenta, a quantidade demandada cai significativamente. Isso acontece porque muitas pessoas classificam os veleiros como um bem supérfluo. O critério para classificar um bem como necessário ou supérfluo não depende só de suas propriedades intrínsecas, mas também das preferências do comprador. Para um velejador ávido que não esteja muito preocupado com a própria saúde, os veleiros podem ser uma necessidade com demanda inelástica, e as consultas médicas, algo supérfluo com demanda elástica.

---

elasticidade
uma medida da resposta da quantidade demandada ou da quantidade ofertada a uma variação em um de seus determinantes

elasticidade-preço da demanda
uma medida do quanto a quantidade demandada de um bem reage a uma mudança no preço do bem em questão, calculada como a variação percentual da quantidade demandada dividida pela variação percentual do preço

Definição de mercados amplos ou restritos A elasticidade da demanda depende de como definimos os limites do mercado. Mercados definidos de forma restrita tendem a ter demanda mais elástica do que mercados definidos de forma ampla, uma vez que é mais fácil encontrar substitutos para bens definidos de maneira restrita. Por exemplo, os alimentos, uma categoria ampla, têm demanda bastante inelástica, porque não há bons substitutos para eles. O sorvete, uma categoria restrita, tem demanda mais elástica, porque é fácil substituí-lo por outras sobremesas. Sorvete de baunilha, uma categoria muito mais restrita, tem demanda muito elástica, porque outros sabores de sorvete são substitutos quase perfeitos para ele.

Horizonte de tempo A demanda tende a ser mais elástica em horizontes de tempo mais longos. Quando o preço da gasolina aumenta, a quantidade demandada cai levemente nos primeiros meses. Com o passar do tempo, contudo, as pessoas compram carros com maior eficiência no consumo de combustível ou elétricos, organizam caronas, passam a usar o transporte público ou se mudam para locais mais próximos de onde trabalham. Em alguns anos, a quantidade de gasolina demandada cai mais substancialmente.

5-1b Cálculo da elasticidade-preço da demanda

Agora que abordamos a elasticidade-preço da demanda em termos gerais, vamos examinar com maior atenção como ela é calculada. Os economistas calculam a elasticidade-preço da demanda como a variação percentual da quantidade demandada dividida pela variação percentual do preço. Ou seja:

$$\text{Elasticidade-preço da demanda} = \frac{\text{Variação percentual da quantidade demandada}}{\text{Variação percentual do preço}}.$$

Por exemplo, suponhamos que um aumento de 10% no preço do sorvete cause uma queda de 20% na quantidade de sorvetes que você compra. Sua elasticidade da demanda será calculada como

$$\text{Elasticidade-preço da demanda} = \frac{20\%}{10\%} = 2.$$

Neste exemplo, a elasticidade é 2, indicando que a variação da quantidade demandada é duas vezes maior que a variação do preço.

Como a quantidade demandada de um bem se move na direção oposta de seu preço, a variação percentual da quantidade tem um sinal oposto ao da variação percentual do preço. Nesse exemplo, a variação percentual do preço é de 10% **positivos** (refletindo um aumento) e a variação percentual da quantidade demandada é de 20% **negativos** (refletindo uma diminuição). Por essa razão, as elasticidades-preço da demanda são algumas vezes representadas por números negativos. Porém, é uma prática comum descartar o sinal negativo e apresentar todas as elasticidades-preço da demanda como números positivos. Os matemáticos chamam isso de **valor absoluto**. Com essa convenção, que será adotada neste livro, uma elasticidade-preço maior implica uma maior capacidade de resposta da quantidade demandada às variações do preço.

5-1c O método do ponto médio: uma maneira melhor de calcular variações percentuais e elasticidades

Se você tentar calcular a elasticidade-preço da demanda entre dois pontos em uma curva de demanda, logo perceberá um problema desagradável: a elasticidade do ponto A para o ponto B parece diferente da elasticidade do ponto B para o ponto A. Considere este exemplo:

Ponto A: Preço = $ 4   Quantidade = 120
Ponto B: Preço = $ 6   Quantidade = 80

Indo do ponto A para o ponto B, o preço sobe 50% e a quantidade demandada cai 33%, indicando que a elasticidade-preço da demanda é de 33/50, ou 0,66. Em contrapartida, indo do ponto B para o ponto A, o preço cai 33% e a quantidade aumenta 50%, indicando que a elasticidade-preço da demanda é de 50/33, ou 1,5. Essa diferença surge porque as variações percentuais são calculadas a partir de uma base diferente. No entanto, a realidade subjacente – a resposta dos compradores às variações do preço – é idêntica ao passar do ponto A para o ponto B ou do ponto B para o ponto A.

O **método do ponto médio** para calcular elasticidades evita essa confusão. O procedimento padrão para calcular uma variação percentual é dividir a variação pelo ponto inicial. Em vez disso, o método do ponto médio divide a variação pelo ponto médio (ou pela média) dos níveis inicial e final. Por exemplo, $ 5 é o ponto médio entre $ 4 e $ 6. Assim, de acordo com o método do ponto médio, uma variação de $ 4 para $ 6 é considerada um aumento de 40% porque (6 – 4)/5 × 100 = 40. Similarmente, uma variação de $ 6 para $ 4 é considerada uma queda de 40%.

Como o método do ponto médio chega sempre ao mesmo resultado, independentemente da direção da mudança, é muito usado para calcular a elasticidade-preço da demanda entre dois pontos. Em nosso exemplo, o ponto médio entre os pontos A e B é:

Ponto médio: Preço = $ 5   Quantidade = 100

Segundo o método do ponto médio, ao se passar do ponto A para o ponto B, o preço aumenta 40% e a quantidade cai 40%. Da mesma forma, ao se passar do ponto B para o ponto A, o preço cai 40% e a quantidade aumenta 40%. Em ambas as direções, a elasticidade-preço da demanda é 1.

A fórmula a seguir expressa o método do ponto médio para calcular a elasticidade-preço da demanda entre dois pontos, denotados por (Q_1, P_1) e (Q_2, P_2):

$$\text{Elasticidade-preço da demanda} = \frac{(Q_2 - Q_1)/[(Q_2 \times Q_1)/2]}{(P_2 - P_1)/[(P_2 \times P_1)/2]}.$$

O numerador é a variação percentual da quantidade calculada pelo método do ponto médio, e o denominador, a variação percentual do preço calculada pelo método do ponto médio. Use essa fórmula sempre que precisar calcular elasticidades.

Neste livro, contudo, raramente faremos tais cálculos. Para a maioria dos nossos propósitos, o que a elasticidade representa – a resposta da quantidade demandada às mudanças de preço – é muito mais importante que a forma como é calculada.

5-1d A variedade das curvas de demanda

Os economistas usam a elasticidade para classificar as curvas de demanda. Quando a quantidade varia proporcionalmente mais que o preço, a elasticidade é maior que 1 e a demanda é considerada **elástica**. Quando a quantidade varia proporcionalmente menos que o preço, a elasticidade é menor que 1 e a demanda é classificada como **inelástica**. Por fim, quando a variação percentual da quantidade é igual à variação percentual do preço, a elasticidade é exatamente igual a 1 e a demanda possui **elasticidade unitária**.

Como a elasticidade-preço da demanda mede o quanto a quantidade demandada responde a mudanças nos preços, ela está intimamente relacionada à inclinação da curva de demanda. Uma regra útil é: quanto mais horizontal for a curva de demanda em um determinado ponto, maior será a elasticidade-preço da demanda; quanto mais vertical for a curva de demanda em um determinado ponto, menor a elasticidade-preço da demanda.

A Figura 5-1 mostra cinco casos. No caso extremo da elasticidade zero mostrado no painel (a), a demanda é **perfeitamente inelástica**, e a curva de demanda, vertical. Nesse caso, a quantidade demandada se mantém a mesma qualquer que seja o preço. À medida que aumenta a elasticidade, a curva de demanda se torna cada vez mais horizontal, como mostram os painéis (b), (c) e (d). No extremo oposto, no painel (e), a demanda é **perfeitamente elástica**. Isso ocorre quando a elasticidade-preço da demanda se torna tão grande que se aproxima do infinito. A curva de demanda se torna horizontal, mostrando que pequenas mudanças no preço geram grandes variações na quantidade demandada.

Se você tiver dificuldade em diferenciar uma curva **elástica** de uma **inelástica**, aqui vai uma dica: curvas **i**nelásticas, como a do painel (a) da Figura 5-1, se parecem com a letra I. (Os economistas a chamam de curva, mas, quando é perfeitamente inelástica, trata-se de uma linha vertical.) Não é uma conclusão muito profunda, mas pode ajudá-lo na sua próxima prova.

5-1e Receita total e elasticidade-preço da demanda

Ao estudarmos mudanças da oferta ou da demanda em um mercado, uma variável que geralmente desejamos estudar é a **receita total**: a quantia paga pelos compradores e recebida pelos vendedores de um bem. Em termos matemáticos, a receita total é $P \times Q$, o preço do bem multiplicado pela quantidade vendida desse bem. A Figura 5-2 representa a receita total graficamente. A altura do retângulo abaixo da curva de demanda é P, e a largura é Q. A área do retângulo, $P \times Q$, é igual à receita total do mercado. Na Figura 5-2, em que $P = \$ 4$ e $Q = 100$, a receita total é $\$ 4 \times 100$, ou $\$ 400$.

receita total
a quantia paga pelos compradores e recebida pelos vendedores de um bem, calculada como o preço do bem multiplicado pela quantidade vendida

SAIBA MAIS — Algumas elasticidades do mundo real

Tratamos do que a elasticidade significa, do que a determina e de como ela é calculada. Para além dessas ideias gerais, você talvez queira avaliar um número específico. Quanto precisamente o preço de um bem em particular influencia a quantidade demandada?

Para responder a essa questão, os economistas coletam dados dos resultados de mercado e aplicam técnicas estatísticas para estimar a elasticidade-preço da demanda. Eis algumas elasticidades-preço, obtidas de diversos estudos*, para uma variedade de bens:

Bem	Elasticidade	
Ovos	0,1	Muito inelástica (quantidade demandada responde pouco às variações no preço)
Assistência médica	0,2	
Cigarros	0,4	
Arroz	0,5	
Habitação	0,7	
Carne vermelha	1,6	
Manteiga de amendoim	1,7	
Refeições em restaurante	2,3	Muito elástica (quantidade demandada responde muito às variações no preço)
Cereal matinal	3,7	
Refrigerante	4,4	

É divertido pensar nesses números, e eles podem ser úteis ao comparar os mercados. Porém, eles não devem ser levados muito a sério. Um motivo para isso é que as técnicas estatísticas usadas para obter esses dados exigem que sejam feitos alguns pressupostos sobre a realidade, os quais nem sempre são verdadeiros na prática (o ramo da economia chamado econometria estuda essas técnicas estatísticas). Outro motivo é que a elasticidade-preço da demanda pode não ser igual em todos os pontos de uma curva de demanda, como veremos no caso de uma curva de demanda linear. Por esses dois motivos, não se surpreenda se diferentes estudos apontarem níveis de elasticidade-preço da demanda diferentes para o mesmo bem. ■

*N. de R.T. Vale ressaltar que essas elasticidades referem-se ao mercado estadunidense e não necessariamente representam o comportamento de consumo da população brasileira.

Figura 5-1

A elasticidade-preço da demanda

A elasticidade-preço da demanda determina se a curva de demanda é inclinada ou não. Observe que todas as variações percentuais são calculadas pelo método do ponto médio.

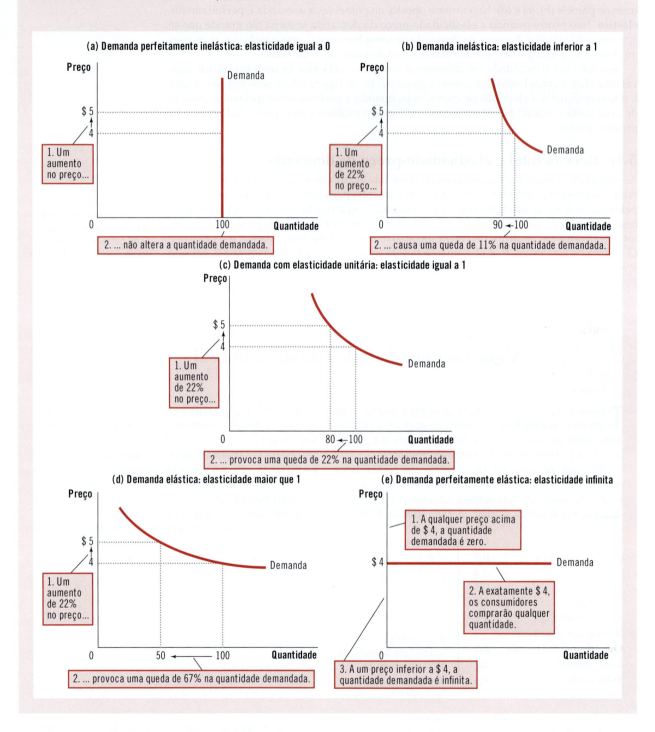

Figura 5-2

Receita total

A quantia total paga pelos compradores e recebida pelos vendedores é igual à área do retângulo abaixo da curva de demanda, $P \times Q$. Aqui, ao preço de $ 4, a quantidade demandada é 100 e a receita total é $ 400.

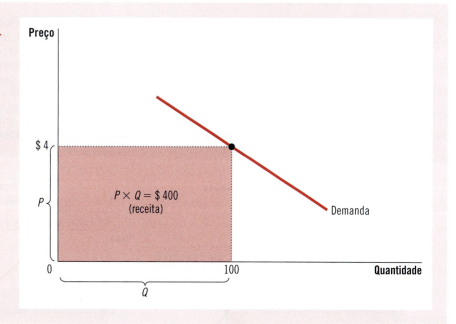

Como a receita total varia à medida que nos movemos ao longo da curva de demanda? A resposta depende da elasticidade-preço da demanda. Se a demanda for inelástica, como no painel (a) da Figura 5-3, um aumento no preço causará um aumento na receita total. Aqui, um aumento no preço de $ 4 para $ 5 provoca uma diminuição na quantidade demandada somente de 100 para 90, de modo que a receita total aumenta de $ 400 para $ 450. Ou seja, um aumento no preço aumenta $P \times Q$ porque a diminuição em Q é proporcionalmente menor que o aumento em P. Em outras palavras, a receita extra pela venda das unidades a um preço mais alto (representada pela área A na figura) mais do que compensa a queda na renda pela venda de menos unidades (representada pela área B).

O resultado oposto ocorre quando a demanda é elástica: um aumento no preço causará uma redução na receita total. No painel (b) da Figura 5-3, por exemplo, quando o preço sobe de $ 4 para $ 5, a quantidade demandada diminui de 100 para 70 e, com isso, a receita total diminui de $ 400 para $ 350. Porque a demanda é elástica, a redução da quantidade demandada é tão grande que mais do que compensa o aumento do preço. Ou seja, um aumento no preço reduz $P \times Q$ porque a diminuição em Q é proporcionalmente maior que o aumento em P. Nesse caso, a receita extra pela venda das unidades a um preço mais alto (área A) é menor do que a queda na receita pela venda de menos unidades (área B).

Os exemplos da figura ilustram algumas regras gerais:

- Quando a demanda é inelástica (elasticidade-preço da demanda menor que 1), o preço e a receita total movem-se na mesma direção: se o preço aumenta, a receita total também aumenta.
- Quando a demanda é elástica (elasticidade-preço da demanda maior que 1), o preço e a receita total movem-se em direções opostas: se o preço aumenta, a receita total diminui.
- Se a demanda tem elasticidade unitária (elasticidade-preço da demanda igual a 1), a receita total permanece constante quando o preço varia.

Figura 5-3
Como a receita total se altera quando o preço muda

O impacto de uma mudança de preço sobre a receita total (o produto do preço e da quantidade) depende da elasticidade da demanda. No painel (a), a curva de demanda é inelástica. Nesse caso, um aumento de preço provoca uma diminuição proporcionalmente menor da quantidade demandada, então a receita total aumenta. Aqui, um aumento de preço de $ 4 para $ 5 faz com que a quantidade demandada caia de 100 para 90. A receita total aumenta de $ 400 para $ 450. No painel (b), a curva de demanda é elástica. Nesse caso, um aumento de preço provoca uma diminuição proporcionalmente maior da quantidade demandada, então a receita total diminui. Aqui, um aumento no preço de $ 4 para $ 5 faz a quantidade demandada cair de 100 para 70. A receita total diminui de $ 400 para $ 350.

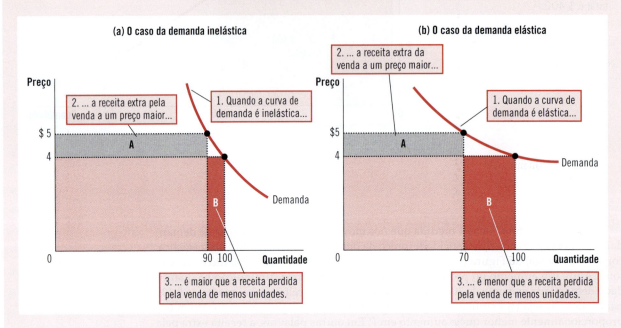

5-1f Elasticidade e receita total ao longo de uma curva de demanda linear

Vamos examinar como a elasticidade varia ao longo de uma curva de demandas, como mostra a Figura 5-4. Como a curva de demanda é uma linha reta, ela tem uma inclinação constante. A inclinação é definida como "elevação sobre a base", que, no caso, é a razão entre a variação do preço ("elevação") e a variação da quantidade ("base"). Neste caso, a inclinação da curva de demanda é constante porque cada aumento de $ 1 no preço causa a mesma redução de duas unidades na quantidade demandada.

Embora a inclinação de uma curva de demanda linear seja constante, a elasticidade não é. Isso ocorre porque a inclinação é a razão entre as **variações** das duas variáveis, ao passo que a elasticidade é a razão das **variações percentuais** nas duas variáveis. Podemos ver isso na tabela da Figura 5-4, que mostra a escala de demanda da curva de demanda linear do diagrama. A tabela, que usa o método do ponto médio para calcular a elasticidade-preço da demanda, ilustra uma ideia fundamental: **nos pontos com preço baixo e quantidade elevada, a curva de demanda linear é inelástica; e nos pontos com preço alto e quantidade baixa, a curva de demanda linear é elástica.**

A explicação para esse fato vem da matemática das alterações percentuais. Quando o preço é baixo e os consumidores compram muito, um aumento de $ 1 no preço e

Figura 5-4

Elasticidade de uma curva de demanda linear

A inclinação de uma curva de demanda linear é constante, mas sua elasticidade não. A elasticidade-preço da demanda é calculada usando a escala de demanda e o método do ponto médio. Nos pontos em que o preço é baixo e a quantidade é elevada, a curva de demanda é inelástica. Nos pontos em que o preço é alto e a quantidade é baixa, a curva de demanda é elástica.

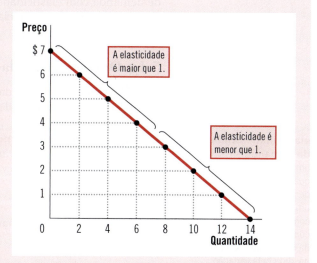

Preço	Quantidade	Receita total (Preço × Quantidade)	Variação percentual do preço	Variação percentual da quantidade	Elasticidade	Descrição
$ 7	0	$ 0	15	200	13,0	Elástica
6	2	12	18	67	3,7	Elástica
5	4	20	22	40	1,8	Elástica
4	6	24	29	29	1,0	Elasticidade unitária
3	8	24	40	22	0,6	Inelástica
2	10	20	67	18	0,3	Inelástica
1	12	12	200	15	0,1	Inelástica
0	14	0				

uma redução de 2 unidades na quantidade demandada constituem um grande aumento percentual no preço e uma pequena queda percentual na quantidade demandada, resultando em uma elasticidade pequena. Quando o preço é alto e os consumidores não compram muito, o mesmo aumento de $ 1 no preço e a mesma redução de 2 unidades na quantidade demandada constituem um pequeno aumento percentual no preço e uma grande queda percentual na quantidade demandada, resultando em uma grande elasticidade.

Essa tabela apresenta a receita total em cada ponto da curva de demanda. Esses números ilustram a relação entre a receita total e a elasticidade. Quando o preço é $ 1, por exemplo, a demanda é inelástica, e um aumento no preço para $ 2 eleva a receita total. Quando o preço é $ 5, a demanda é elástica, e um aumento no preço para $ 6 reduz a receita total. Entre $ 3 e $ 4, a demanda tem elasticidade unitária, e a receita total é igual para os dois preços.

Resumindo, a elasticidade-preço da demanda não precisa ser necessariamente a mesma em todos os pontos de uma curva de demanda. É possível que haja uma curva de demanda com elasticidade constante, mas esse é um caso especial. Uma curva de demanda linear nunca tem elasticidade constante.

5-1g Outras elasticidades da demanda

Além da elasticidade-preço da demanda, os economistas usam outras elasticidades para descrever o comportamento dos compradores em um mercado.

elasticidade-renda da demanda
uma medida do quanto a quantidade demandada de um bem responde a uma variação na renda dos consumidores, calculada como a variação percentual da quantidade demandada dividida pela variação percentual da renda

Elasticidade-renda da demanda Mede o quanto a quantidade demandada varia à medida que a renda do consumidor varia. Ela é calculada como a variação percentual da quantidade demandada dividida pela variação percentual da renda. Ou seja:

$$\text{Elasticidade-renda da demanda} = \frac{\text{Variação percentual da quantidade demandada}}{\text{Variação percentual da renda}}.$$

Como vimos no Capítulo 4, a maioria dos bens são **bens normais**: uma renda mais elevada aumenta a quantidade demandada. Como a quantidade demandada e a renda movem-se na mesma direção, os bens normais têm elasticidade-renda positiva. Alguns bens, como transporte coletivo, são **bens inferiores**: isso não significa que há algo errado com eles, só que uma renda mais elevada diminui a quantidade demandada desses bens. Como a quantidade demandada e a renda se movem em direções opostas, os bens inferiores têm elasticidade-renda negativa.

Mesmo entre bens normais, as elasticidades-renda variam substancialmente em termos de magnitude. Os bens necessários, como alimentos, tendem a apresentar baixa elasticidade-renda, porque os consumidores compram alguma quantidade deles mesmo quando a renda é baixa. (A **lei de Engel**, batizada em homenagem ao estatístico do século XIX que a descobriu, afirma que, à medida que a renda de uma família aumenta, o percentual de seus rendimentos gasto com alimentos diminui, indicando uma elasticidade-renda menor que 1.) Os bens supérfluos, por sua vez, como diamantes e veleiros, tendem a apresentar elasticidade-renda elevada, porque a maioria dos consumidores sabe que pode viver sem eles se sua renda diminuir.

elasticidade-preço cruzada da demanda
uma medida do quanto a quantidade demandada de um bem responde a uma variação no preço de outro, calculada como a variação percentual da quantidade demandada do primeiro bem dividida pela variação percentual do preço do segundo bem

Elasticidade-preço cruzada da demanda Mede o quanto a quantidade demandada de um bem responde às mudanças no preço de um outro bem. É calculada como a variação percentual da quantidade demandada do bem 1 dividida pela variação percentual do preço do bem 2, ou seja:

$$\frac{\text{Elasticidade-preço}}{\text{cruzada da demanda}} = \frac{\text{Variação percentual da quantidade demandada do bem 1}}{\text{Variação percentual do preço do bem 2}}.$$

O fato de a elasticidade-preço cruzada ser um número positivo ou negativo depende de os dois bens em questão serem substitutos ou complementares. Como vimos no Capítulo 4, os **bens substitutos** são aqueles tipicamente usados um no lugar do outro, como hambúrgueres e cachorros-quentes. Quando o preço dos cachorros-quentes aumenta, as pessoas consomem mais hambúrgueres. Como o preço dos cachorros-quentes e a quantidade demandada de hambúrgueres movem-se na mesma direção, a elasticidade-preço cruzada é positiva. Por sua vez, os **bens complementares** são aqueles que costumam ser usados em conjunto, como computadores e *softwares*. Nesse caso, a elasticidade-preço cruzada é negativa, indicando que um aumento no preço dos computadores reduz a quantidade demandada de *softwares*.

Teste rápido

1. Um bem tende a ter uma baixa elasticidade-preço da demanda se
   a. for um bem necessário.
   b. tiver muitos substitutos próximos.
   c. o mercado for restrito.
   d. a resposta em longo prazo estiver sendo medida.

2. Um aumento no preço de um bem reduz o valor total que os consumidores gastam com ele se a elasticidade- _____ da demanda for _____ que 1.
   a. renda; menor
   b. renda; maior
   c. preço; menor
   d. preço; maior

3. Uma curva de demanda linear com inclinação descendente
   a. é inelástica.
   b. tem elasticidade unitária.
   c. é elástica.
   d. é inelástica em alguns pontos e elástica em outros.

4. Os cidadãos de Rohan gastam uma parcela maior de sua renda em alimentos do que os cidadãos de Gondor. Isso pode acontecer porque
   a. Rohan tem alimentos mais baratos, e a elasticidade-preço da demanda é zero.
   b. Rohan tem alimentos mais baratos, e a elasticidade-preço da demanda é 0,5.
   c. Rohan tem renda mais baixa, e a elasticidade-renda da demanda é 0,5.
   d. Rohan tem renda mais baixa, e a elasticidade-renda da demanda é 1,5.

As respostas estão no final do capítulo.

5-2 Elasticidade da oferta

A discussão sobre oferta do Capítulo 4 destacou que os produtores de um bem oferecem mais desse produto para venda quando o preço dele aumenta. Para passar de afirmações qualitativas para quantitativas sobre a quantidade ofertada, os economistas usam, novamente, o conceito da elasticidade.

5-2a A elasticidade-preço da oferta e seus determinantes

A lei da oferta afirma que, quanto mais elevados os preços, maior será a quantidade ofertada. A **elasticidade-preço da oferta** mede o quanto a quantidade ofertada responde a mudanças no preço. A oferta de um bem é chamada **elástica** se a quantidade ofertada responde substancialmente a mudanças no preço. A oferta é chamada **inelástica** se a quantidade ofertada responde pouco a mudanças no preço.

A elasticidade-preço da oferta depende da flexibilidade dos vendedores para alterar a quantidade que produzem. Terrenos de frente para o mar, por exemplo, têm uma oferta inelástica: como alertou Mark Twain, "Compre terra, porque eles não a estão fabricando mais". Entretanto, os bens manufaturados, como livros, carros e televisores, têm oferta elástica, porque as empresas que os produzem podem fazer funcionar suas fábricas por mais tempo em resposta a preços mais altos.

Na maior parte dos mercados, a oferta é mais elástica em longo prazo do que em curto prazo. O motivo é bem simples: em curtos períodos, as empresas podem produzir mais em turnos mais longos, mas elas não conseguem alterar com facilidade o tamanho de suas fábricas. Assim, em curto prazo, a quantidade ofertada não responde muito às variações no preço. No entanto, em períodos mais longos, as empresas podem construir novas fábricas ou fechar as antigas. Além disso, novas empresas podem entrar nos mercados e empresas antigas podem fechar. Assim, em longo prazo, a quantidade ofertada responde de maneira substancial a mudanças no preço.

elasticidade-preço da oferta
uma medida do quanto a quantidade ofertada de um bem responde a uma variação do seu preço, calculada como a variação percentual da quantidade ofertada dividida pela variação percentual do preço

5-2b Cálculo da elasticidade-preço da oferta

Em geral, é assim que a elasticidade-preço da oferta funciona, mas vamos ser um pouco mais precisos. Os economistas calculam a elasticidade-preço da oferta como a variação percentual da quantidade ofertada dividida pela variação percentual do preço. Ou seja:

$$\text{Elasticidade-preço da oferta} = \frac{\text{Variação percentual da quantidade ofertada}}{\text{Variação percentual do preço}}.$$

Vamos supor, por exemplo, que um aumento no preço do litro de leite de $ 2,85 para $ 3,15 aumente a quantidade que os fazendeiros produzem de 9 mil para 11 mil litros por mês. Usando o método do ponto médio, calculamos a variação percentual do preço como:

$$\text{Variação percentual do preço} = (3,15 - 2,85)/3,00 \times 100 = 10\%.$$

Da mesma forma, calculamos a variação percentual da quantidade ofertada como:

$$\text{Variação percentual da quantidade ofertada} = (11.000 - 9.000)/10.000 \times 100 = 20\%.$$

Nesse caso, a elasticidade-preço da oferta é:

$$\text{Elasticidade-preço da oferta} = \frac{20\%}{10\%} = 2.$$

Nesse exemplo, uma elasticidade de 2 indica que a quantidade ofertada varia proporcionalmente duas vezes mais que o preço.

5-2c A variedade das curvas de oferta

A aparência das curvas de oferta reflete a elasticidade-preço da oferta. A Figura 5-5 mostra cinco casos. No caso extremo de elasticidade zero, como mostra o painel (a), a oferta é **perfeitamente inelástica**, e a curva de oferta, vertical. Nesse caso, a quantidade ofertada é a mesma, qualquer que seja o preço. À medida que a elasticidade aumenta, a curva de oferta torna-se mais horizontal, indicando que a quantidade ofertada responde mais a variações de preço. No extremo oposto, no painel (e), a oferta é **perfeitamente elástica**. Isso se dá quando a elasticidade-preço da oferta se aproxima do infinito, e a curva de oferta se torna horizontal, indicando que variações muito pequenas no preço levam a variações muito grandes da quantidade ofertada.

Em alguns mercados, a elasticidade da oferta não é constante, variando ao longo da curva de oferta. A Figura 5-6 mostra um caso típico de uma indústria em que as empresas dispõem de fábricas com capacidade de produção limitada. Para níveis baixos de quantidade ofertada, a elasticidade da oferta é alta, indicando que as empresas respondem substancialmente a variações de preço. Nessa região da curva de oferta, as empresas têm uma capacidade de produção adicional, como instalações e equipamentos que passam a maior parte do dia parados. Com pequenos aumentos no preço, é lucrativo que essas empresas comecem a utilizar essa capacidade ociosa. Mas, à medida que a quantidade ofertada aumenta, as empresas se aproximam dos limites de sua capacidade atual. Um novo aumento da produção exigiria a construção de novas fábricas, mas o preço teria de aumentar significativamente para justificar os gastos adicionais, então, nessa faixa, a oferta é menos elástica.

A Figura 5-6 mostra como isso funciona. Quando o preço sobe de $ 3 para $ 4 (um aumento de 29%, de acordo com o método do ponto médio), a quantidade ofertada sobe de 100 para 200 (um aumento de 67%). Como a quantidade ofertada tem uma variação

Capítulo 5 Elasticidade e sua aplicação

Figura 5-5
A elasticidade-preço da oferta

A elasticidade-preço da oferta determina se a curva de oferta tem inclinação acentuada ou não. Observe que todas as variações percentuais são calculadas pelo método do ponto médio.

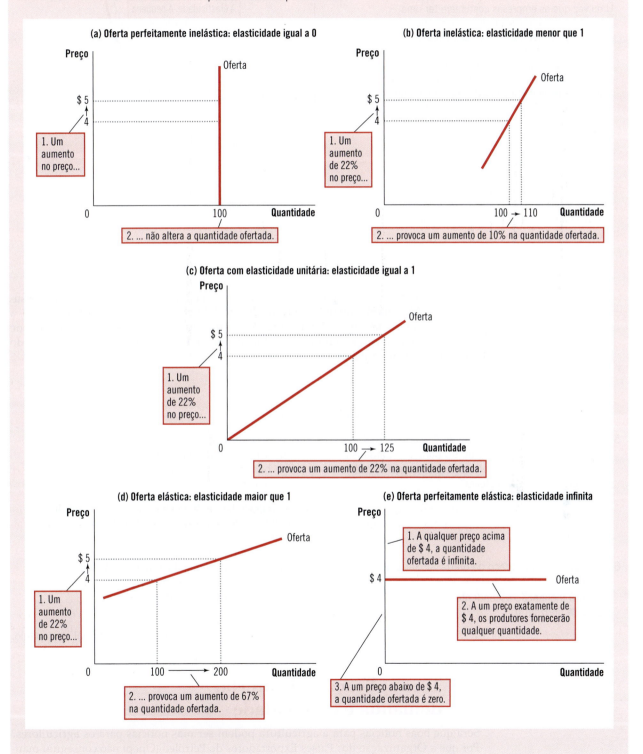

Figura 5-6

Como a elasticidade-preço da oferta pode variar

Uma vez que as empresas costumam ter uma capacidade máxima de produção, a elasticidade da oferta pode ser muito elevada quando a quantidade ofertada é pequena e muito baixa quando a quantidade ofertada é grande. Aqui, um aumento no preço de $ 3 para $ 4 aumenta a quantidade ofertada de 100 para 200. Como o aumento de 67% na quantidade ofertada (calculado por meio do método do ponto médio) é maior que o aumento de 29% no preço, a curva de oferta é elástica nessa região. Em comparação, quando o preço aumenta de $ 12 para $ 15, a quantidade ofertada aumenta somente de 500 para 525. Como o aumento de 5% na quantidade ofertada é menor que o aumento de 22% no preço, a curva de oferta é inelástica nessa região.

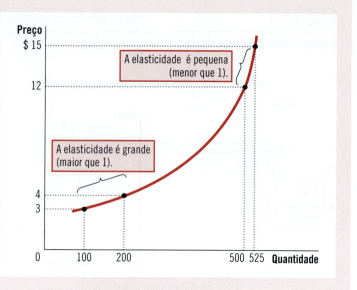

proporcionalmente maior que a variação do preço, a curva de oferta tem elasticidade superior a 1. No entanto, quando o preço sobe de $ 12 para $ 15 (um aumento de 22%), a quantidade ofertada sobe de 500 para 525 (um aumento de 5%). Nesse caso, a quantidade ofertada tem uma variação proporcionalmente menor que a variação do preço, de modo que a elasticidade é inferior a 1.

Teste rápido

5. O preço de um bem aumenta de $ 16 para $ 24, e a quantidade ofertada sobe de 90 para 110 unidades. Calculada a partir do método do ponto médio, qual é a elasticidade-preço da oferta?
   a. 1/5
   b. 1/2
   c. 2
   d. 5

6. Se a elasticidade-preço da oferta for zero, a curva de oferta
   a. terá inclinação ascendente.
   b. será horizontal.
   c. será vertical.
   d. será praticamente horizontal em quantidades baixas, mas mais inclinada em quantidades maiores.

7. A capacidade de uma empresa entrar e sair de um mercado ao longo do tempo indica que, em longo prazo,
   a. a curva de demanda é mais elástica.
   b. a curva de demanda é menos elástica.
   c. a curva de oferta é mais elástica.
   d. a curva de oferta é menos elástica.

As respostas estão no final do capítulo.

5-3 Três aplicações da oferta, demanda e elasticidade

Será que boas notícias para a agricultura podem ser más notícias para os agricultores? Por que a Organização dos Países Exportadores de Petróleo (Opep) não conseguiu manter o preço do petróleo elevado? A apreensão das drogas aumenta ou diminui os crimes relacionados a elas? À primeira vista, pode parecer que essas perguntas não têm muito em comum, mas todas se referem aos mercados, e todos os mercados estão sujeitos às forças da oferta e da demanda.

5-3a Boas notícias para a agricultura podem ser más notícias para os agricultores?

Imagine que você seja um fazendeiro do estado do Kansas que produz trigo. Como toda a sua renda vem da venda do trigo, você se empenha muito para tornar sua terra o mais produtiva possível. Acompanha as condições do clima e do solo, verifica os campos para ver se há sinais de pragas e doenças e estuda os últimos avanços da tecnologia agrícola. Quanto mais trigo você cultivar, mais colherá e, consequentemente, as vendas e seu padrão de vida serão mais elevados.

Um dia, a Kansas State University anuncia uma grande descoberta. Pesquisadores desenvolveram um tipo de trigo híbrido que aumenta em 20% a produção por hectare. Como você reagiria a essa descoberta? Cultivaria esse novo produto? Essa descoberta melhora ou piora a sua situação?

Lembre-se das três etapas do Capítulo 4. Primeiro, examinamos se as curvas de oferta e demanda se deslocam; segundo, consideramos em que direção as curvas se deslocam; terceiro, usamos o diagrama de oferta e demanda para verificar como o equilíbrio de mercado se altera.

Nesse caso, a descoberta do trigo híbrido afeta a curva de oferta. Como o híbrido aumenta a quantidade de trigo que pode ser produzida por hectare de terra, os fazendeiros agora estão dispostos a oferecer mais trigo a qualquer preço dado. Em outras palavras, a curva de oferta desloca-se para a direita. A curva de demanda permanece inalterada porque a quantidade de trigo que os consumidores desejam comprar a qualquer preço não é afetada pela descoberta do novo híbrido. A Figura 5-7 mostra um exemplo de uma mudança desse tipo. Quando a curva de oferta se desloca de O_1 para O_2, a quantidade de trigo vendida aumenta de 100 para 110, e o preço cai de $ 3 para $ 2.

Mas essa descoberta deixa os agricultores em melhor situação? Pense no que aconteceria com a receita total, que pode ser descrita como $P \times Q$, o preço do trigo multiplicado pela quantidade vendida. A descoberta afeta os fazendeiros de maneiras conflitantes: o trigo

Figura 5-7

Um aumento da oferta no mercado de trigo

Quando um avanço na tecnologia agrícola aumenta a oferta de trigo de O_1 para O_2, o preço deste cai. Como a demanda por trigo é inelástica, o aumento da quantidade vendida de 100 para 110 é proporcionalmente menor que a queda do preço de $ 3 para $ 2. Com isso, a receita total dos agricultores cai de $ 300 ($ 3 × 100) para $ 220 ($ 2 × 110).

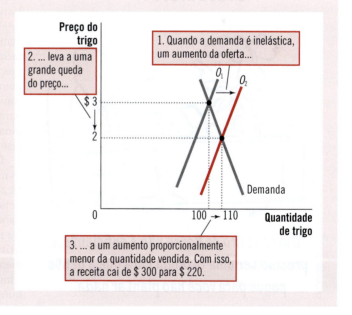

híbrido permite que eles vendam mais trigo (aumento de Q), mas cada saca é vendida por um preço menor (queda de P).

O fato de a receita total aumentar ou diminuir depende da elasticidade da demanda. O trigo é um ingrediente central na dieta de muitas pessoas. A demanda por produtos alimentícios básicos, como é o caso do trigo, costuma ser inelástica, uma vez que esses bens são relativamente baratos e têm poucos bons substitutos. Quando a curva de demanda é inelástica, como no caso da Figura 5-7, uma queda no preço faz com que a receita total diminua. Podemos verificar isso na figura: o preço do trigo cai substancialmente, ao passo que a quantidade de trigo vendida aumenta apenas levemente. A receita total cai de $ 300 para $ 220. Assim, a descoberta do novo híbrido diminui a receita total dos fazendeiros.

Se a situação dos agricultores piora com a descoberta do híbrido, por que eles o adotam? A resposta vai ao âmago de como os mercados competitivos funcionam. Como cada agricultor representa uma pequena parte do mercado de trigo, eles tomam o preço do trigo como dado. Para qualquer preço dado, é melhor produzir e vender mais trigo, e esse objetivo é alcançado usando o novo híbrido. Mas quando todos os agricultores seguem esse raciocínio, a oferta de trigo aumenta, o preço cai, e os agricultores se veem prejudicados.

Embora esse exemplo possa parecer meramente hipotético, ele ajuda a explicar uma grande mudança ocorrida na economia dos Estados Unidos. Há 200 anos, a maioria dos estadunidenses vivia em fazendas. O conhecimento sobre métodos agrícolas era tão primitivo que a maioria da população ainda precisava viver no campo para produzir comida suficiente para toda a nação. Mas, com o tempo, os avanços da tecnologia agropecuária aumentaram a quantidade de alimentos que cada fazendeiro poderia produzir. O aumento na oferta de alimentos, juntamente com uma demanda inelástica por eles, reduziu a receita dos fazendeiros, fazendo com que as pessoas deixassem as atividades agrícolas.

Alguns dados podem demonstrar a magnitude dessa mudança nos Estados Unidos. Em 1900, cerca de 12 milhões de pessoas trabalhavam em fazendas, representando 40% da força de trabalho. Em 2020, aproximadamente 3 milhões de pessoas trabalhavam no campo, o equivalente a 2% da força de trabalho. Apesar dessa grande queda no número de produtores rurais, as fazendas estadunidenses alimentam uma população que cresceu mais de quatro vezes no período, graças ao aumento da produtividade.

"Um canteiro de flores não é suficiente, é preciso ter uma fazenda para que a gente pague para você não plantar nada."

Essa análise ajuda a explicar uma política pública curiosa: alguns programas governamentais tentam ajudar os fazendeiros incentivando-os a **reduzir** suas safras. O objetivo é diminuir a oferta de produtos agrícolas e, consequentemente, aumentar os preços. Com a demanda inelástica por seus bens, os fazendeiros recebem uma receita total maior se oferecerem uma safra menor ao mercado. Sem a intervenção governamental, nenhum fazendeiro optaria por deixar a terra ociosa, já que cada um deles toma o preço do mercado como dado. Plantar menos significa ter menos rendimentos. Mas, se todos os fazendeiros forem convencidos a plantar menos juntos, os preços do mercado aumentarão, e eles ficarão em uma melhor situação. Subsídios financiados pelos contribuintes podem ajudar nessa fase de convencimento.

Os interesses dos fazendeiros, porém, podem não ser os mesmos que os da sociedade como um todo. Avanços na tecnologia agrícola podem ser ruins para os fazendeiros, pois os tornam cada vez menos necessários, mas são bons para os consumidores, que pagam menos pelos alimentos. Da mesma forma, uma política governamental com o objetivo de reduzir a oferta de produtos agrícolas pode aumentar a renda dos fazendeiros, mas fará isso à custa dos consumidores, que pagarão preços maiores, e dos contribuintes, que arcarão com os custos dos subsídios.

5-3b Por que a Opep não conseguiu manter o preço do petróleo elevado?

Muitos dos acontecimentos mais perturbadores para as economias mundiais nas últimas décadas tiveram sua origem no mercado de petróleo. Na década de 1970, os membros da Organização dos Países Produtores de Petróleo (Opep) decidiram elevar os preços mundiais do produto para aumentar sua renda. Esses países atingiram seu objetivo, reduzindo conjuntamente a quantidade de petróleo ofertada. De 1973 a 1974, o preço do petróleo (descontada a inflação do período) subiu mais de 50%. Então, poucos anos depois, a Opep fez a mesma coisa outra vez. De 1979 a 1981, o preço quase dobrou.

Mas a Opep teve dificuldades para manter o preço tão elevado. Entre 1982 e 1985, o preço caiu a uma taxa mais ou menos constante de 10% ao ano. A insatisfação e a desorganização prevaleceram entre os países-membros da Opep. Em 1986, a cooperação entre esses países deixou de existir, e o preço despencou em 45%. Em 1990, o preço do petróleo (descontada a inflação) voltou ao ponto em que estava em 1970 e se manteve nesse nível baixo durante a maior parte da década de 1990.

Esses episódios mostram como a oferta e a demanda podem se comportar de maneiras diferentes no curto e no longo prazo. No curto prazo, tanto a oferta quanto a demanda por petróleo são relativamente inelásticas. A oferta é inelástica porque a quantidade de reservas conhecidas e a capacidade de extração de petróleo não podem mudar rapidamente. A demanda é inelástica porque os hábitos de compra não respondem imediatamente a mudanças no preço. É por isso que as curvas de oferta e demanda de curto prazo têm uma inclinação acentuada, como no painel (a) da Figura 5-8. Quando a oferta de petróleo passa de O_1 para O_2, o aumento de preço de P_1 para P_2 é grande.

A situação é bem diferente em longo prazo. Em períodos mais longos, os produtores de petróleo que não são membros da Opep respondem aos altos preços aumentando

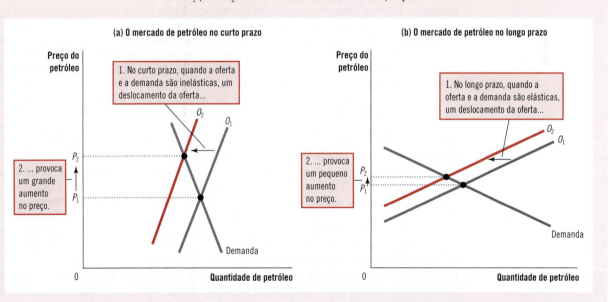

Figura 5-8

Uma redução da oferta no mercado mundial de petróleo

Quando cai a oferta de petróleo, a resposta depende do horizonte de tempo. No curto prazo, a oferta e a demanda são relativamente inelásticas, como no painel (a). O deslocamento da curva de oferta de O_1 para O_2 provoca um aumento substancial no preço. Em comparação, no longo prazo, a oferta e a demanda são relativamente elásticas, como no painel (b). Nesse caso, o mesmo deslocamento da curva de oferta (de O_1 para O_2) causa um aumento menor no preço.

a exploração e criando nova capacidade de extração. Os consumidores respondem com maior economia, por exemplo, substituindo carros antigos e ineficientes por outros mais novos e mais eficientes. Assim, como vemos no painel (b) da Figura 5-8, as curvas de oferta e demanda de longo prazo são mais elásticas. No longo prazo, o deslocamento da curva de oferta de O_1 para O_2 causa um aumento de preço muito menor.

É por isso que a Opep só conseguiu manter o preço do petróleo elevado em curto prazo. Quando os países-membros concordaram em reduzir a produção, deslocaram a curva de oferta para a esquerda. Embora cada membro da organização estivesse vendendo menos petróleo, o preço subiu tanto no curto prazo que a renda dos países exportadores do produto aumentou. Em contrapartida, no longo prazo, quando oferta e demanda são mais elásticas, a mesma redução da oferta, medida pelo deslocamento horizontal da curva de oferta, causou um aumento menor no preço. A Opep descobriu que aumentar os preços no curto prazo é mais fácil que no longo prazo.

Durante as duas primeiras décadas do século XXI, o preço do petróleo variou significativamente mais uma vez, mas a principal força responsável por isso não foi a Opep com suas restrições de oferta. Os ciclos de crescimento e queda nas economias ao redor do mundo fizeram a demanda flutuar, enquanto avanços na tecnologia de fraturamento hidráulico (*fracking*) provocaram grandes aumentos na oferta. No futuro, a principal força motriz do mercado de petróleo será o abandono dos combustíveis fósseis, motivado por preocupações relacionadas às mudanças climáticas globais.

5-3c A apreensão de drogas aumenta ou diminui os crimes relacionados a elas?

O uso de drogas ilícitas, como heroína, fentanil, cocaína, *ecstasy* e metanfetamina, tem afetado os Estados Unidos há décadas e gerado diversos efeitos nocivos. A dependência pode destruir a vida dos usuários e de suas famílias. Muitas vezes, os adictos recorrem a roubos e outros crimes violentos para sustentar seus hábitos e, quando são presos, podem passar longos períodos na cadeia. Para combater a epidemia de drogas, o governo estadunidense gasta bilhões de dólares todos os anos em medidas para reduzir a entrada dessas substâncias no país. As ferramentas de oferta e demanda são úteis para analisar essa política de apreensão de drogas.

Suponha que o governo aumente o número de agentes federais dedicados a conter o tráfico de drogas. O que acontece com o mercado de drogas ilícitas? Como de costume, a resposta vem daquelas três etapas. Primeiro, verificar se as curvas de oferta ou demanda se deslocam. Depois, identificar a direção do deslocamento. E, por fim, examinar como esse deslocamento afeta o preço e a quantidade de equilíbrio.

O impacto direto da apreensão é sentido pelos vendedores, não pelos compradores. Quando o governo impede que as drogas entrem no país e prende os traficantes, o custo da venda de drogas aumenta, e, com os outros fatores inalterados, a quantidade de drogas ofertadas a qualquer preço dado diminui. A demanda por drogas – a quantidade que os compradores querem a qualquer preço dado – não muda. Assim como no painel (a) da Figura 5-9, a apreensão desloca a curva de oferta para a esquerda, de O_1 para O_2, sem alterar a curva de demanda. O preço de equilíbrio das drogas aumenta de P_1 para P_2, e a quantidade de equilíbrio cai de Q_1 para Q_2. A queda na quantidade de equilíbrio indica que a política de apreensão reduz o uso de drogas.

Mas o que acontece com a quantidade de crimes relacionados às drogas? Considere a quantia total que os usuários de drogas pagam pelas drogas que compram. Como poucos adictos deixariam de usar drogas por causa de um aumento nos preços, é provável que a demanda por drogas seja inelástica, como indica a figura. Se a demanda for inelástica, então um aumento nos preços aumentará a receita total do mercado de drogas. Ou seja, como a apreensão das drogas aumenta o seu preço proporcionalmente mais do que reduz seu uso, essa apreensão eleva a quantidade total de dinheiro que os usuários pagam pelas drogas que compram. Agora, os adictos teriam uma necessidade ainda maior de obter dinheiro rápido. O resultado é inevitável: a política de apreensão de drogas pode aumentar os crimes relacionados a elas. (E isso sem levar em consideração os danos econômicos e

Figura 5-9

Políticas para reduzir o uso de drogas ilegais

A política de apreensão de drogas reduz a oferta de O_1 para O_2, como no painel (a). Se a demanda por drogas for inelástica, a quantia total paga pelos usuários de drogas aumentará, mesmo que a quantidade utilizada de drogas caia. Em comparação, a política educacional contra as drogas reduz a demanda por drogas de D_1 para D_2, como no painel (b). Como tanto o preço quanto a quantidade diminuem, a quantia paga pelos usuários de drogas é menor.

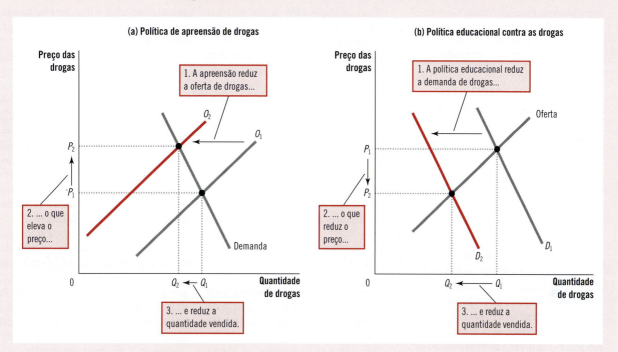

sociais já bastante documentados que resultam da aplicação de leis de combate às drogas em determinadas comunidades, sobretudo entre pessoas não brancas.)

Por causa do efeito adverso dessa política, alguns analistas defendem abordagens alternativas. Uma delas é a legalização de algumas drogas menos perigosas, como a maconha. Para o caso das drogas que continuariam ilegais, em vez de tentar reduzir a oferta, os formuladores de políticas poderiam tentar reduzir a demanda por meio de programas educacionais. Uma política educacional bem-sucedida para as drogas tem o efeito representado no painel (b) da Figura 5-9. A curva de demanda desloca-se para a esquerda, de D_1 para D_2. Com isso, a quantidade de equilíbrio cai de Q_1 para Q_2 e o preço de equilíbrio cai de P_1 para P_2. A receita total, $P \times Q$, também cai. Em comparação à política de apreensão de drogas, medidas educacionais podem reduzir o uso dessas substâncias e os crimes relacionados a elas.

Os partidários da política de apreensão podem argumentar que os seus efeitos longo prazo são diferentes dos efeitos no curto prazo, uma vez que a elasticidade da demanda pode depender do horizonte de tempo. A demanda por drogas provavelmente é inelástica em curtos períodos, porque os preços mais elevados não afetam substancialmente seu uso por quem já é dependente. Mas a demanda pode ser mais elástica no decorrer de períodos mais longos, porque os preços mais altos desencorajariam a experiência com drogas entre os jovens e, com o tempo, levariam a um menor número de adictos. Nesse caso, a política de apreensão aumentaria os crimes ligados a drogas no curto prazo e os reduziria no longo prazo.

Elasticidade da oferta e da demanda no mercado de transporte por aplicativo

Segundo o economista Austan Goolsbee, a oferta de corridas por aplicativo é mais elástica que a demanda, e esse fato é a chave para o futuro desse mercado.

Os passageiros podem pagar muito mais, mas os motoristas não aceitarão muito menos

Por Austan Goolsbee

Uber e Lyft, as duas principais empresas de transporte por aplicativo dos Estados Unidos, perderam muito dinheiro e não projetam a obtenção de lucros tão cedo.

No entanto, ambas são negociadas nos mercados públicos* por um valor combinado que ultrapassa 80 bilhões de dólares. Os investidores esperam que essas empresas encontrem um caminho para a lucratividade, o que nos deixa com uma grande questão: esses recursos adicionais virão de um aumento nos preços pagos pelos consumidores ou de uma redução nos valores repassados aos motoristas?

A boa e velha economia nos traz a resposta: os passageiros, e não os motoristas, provavelmente serão a principal fonte de melhoria financeira, pelo menos nos próximos anos, sobretudo por causa da chamada "sensibilidade relativa aos preços".

Essa conclusão pode parecer contrária à sabedoria popular. Analistas de Wall Street sugeriram que a Uber e a Lyft precisarão pressionar os motoristas. Os trabalhadores estão bastante preocupados com essa possibilidade. Milhares de motoristas participaram de uma greve antes da oferta pública inicial (IPO) da Uber, em maio, para exigir uma remuneração mais alta e mais benefícios.

Já a Lyft, em documentos apresentados para seu próprio IPO, afirmou que esperava usar veículos autônomos, que não precisam de salário, na maior parte de suas corridas no prazo de dez anos. Mas, em vez de debater se é plausível adotar uma frota autônoma em uma década — ou quais seriam os custos disso —, vamos analisar o que é possível em curto prazo.

A teoria econômica prevê que a sensibilidade às variações do preço determina quem pagará mais. E acontece que os passageiros não são tão sensíveis ao preço, ao contrário dos motoristas.

Sim, com a tarifa dinâmica — a prática de elevar as tarifas quando a demanda está alta — muitas pessoas se **sentem** iradas, mas o que importa é o que elas realmente **fazem**. O estudo mais abrangente sobre o comportamento dos passageiros no mercado revelou que eles não mudavam muito seu comportamento quando as tarifas dinâmicas estavam em vigor. (Assim como a maioria dos estudos quantitativos sobre a Uber, este foi baseado em dados da empresa e incluiu a participação de um funcionário da Uber.)

Os passageiros eram aquilo que os economistas chamam de "inelásticos", o que significa que a demanda por viagens caía menos que o aumento dos preços. Para cada aumento de 10%, a demanda caía apenas cerca de 5%.

Os motoristas, por outro lado, são bastante sensíveis aos preços (isto é, seus salários), principalmente porque há muitas pessoas prontas para começar a dirigir a qualquer momento. Quando os preços mudam, as pessoas entram ou saem do mercado, conduzindo o salário médio para o chamado "preço do mercado".

Isso é o que sempre acontece quando não existem barreiras de entrada em um mercado. Em 1848, por exemplo, no início da corrida do ouro da Califórnia, os primeiros garimpeiros ganhavam cerca de $ 20 por dia, em média. Os dados históricos mostram que esse valor era pelo menos dez vezes maior que o salário dos trabalhadores que realizavam o que eu classificaria como atividades semelhantes — corte de pedras e assentamento de tijolos — em Nova York na época.

Ao longo dos oito anos seguintes, tantas pessoas se mudaram para a Califórnia em busca de ouro que o rendimento médio dos garimpeiros caiu para $ 3 por dia, menos as despesas — pouco mais do que poderiam ganhar em uma pedreira em Nova York.

---
*N. de R.T. Bolsas de valores ou outros mercados financeiros abertos ao público.

Teste rápido

8. Um aumento na oferta de grãos reduzirá a receita total recebida pelos produtores de grãos se
   a. a curva de oferta for inelástica.
   b. a curva de oferta for elástica.
   c. a curva de demanda for inelástica.
   d. a curva de demanda for elástica.

9. Em mercados competitivos, fazendeiros adotam novas tecnologias que, com o tempo, acabarão reduzindo sua receita, porque
   a. cada fazendeiro toma o preço como dado.
   b. os fazendeiros têm uma visão limitada.
   c. a regulamentação exige o uso de melhores práticas.
   d. os consumidores pressionam os fazendeiros a reduzir os preços.

10. Como a curva de demanda por petróleo é _____ elástica em longo prazo, a redução da oferta de petróleo promovida pela Opep teve um impacto _____ sobre o preço em longo prazo do que em curto prazo.
    a. menos; menor
    b. menos; maior
    c. mais; menor
    d. mais; maior

O que acabou com a corrida do ouro não foi a falta de ouro – a produção triplicou naquela época. A entrada de tantos concorrentes fez os rendimentos médios caírem tanto que a maioria deles mal conseguia ganhar o suficiente para continuar nos negócios.

E o mesmo acontece com os motoristas de aplicativo hoje. Outro estudo, conduzido por um professor da New York University e dois funcionários da Uber, identificou a mesma dinâmica: os preços mais altos aumentavam a renda dos motoristas, mas somente por algumas semanas.

À medida que novos motoristas entravam no mercado, atraídos pelos ganhos elevados, o motorista médio tinha de passar mais tempo esperando por uma corrida. O salário médio voltou ao nível que os economistas chamam de "opção externa"* – o nível salarial que os motoristas poderiam ter se não estivessem dirigindo para a Uber ou Lyft.

Se, para muitos motoristas de aplicativo, a próxima melhor opção é fazer entregas para uma empresa como a Domino's Pizza ou trabalhar em um restaurante de *fast-food*, então o salário médio dos motoristas acabará na mesma faixa do salário mínimo.

Parte dessa conclusão é apenas um palpite embasado. Medir o salário médio dos motoristas – e, portanto, a sensibilidade deles aos preços – não é tão simples quanto parece. Como os motoristas pagam pelo próprio combustível e arcam com os custos de depreciação, precisamos subtrair esses custos dos rendimentos, mas não temos dados tão confiáveis.

Ainda assim, uma grande pesquisa realizada no ano passado com motoristas pela empresa de análises Ridester mostrou que o rendimento bruto médio de um motorista de UberX era de cerca de $ 15 por hora, antes das deduções projetadas de aproximadamente $ 8 por hora.

A má notícia para os motoristas é que o salário médio será baixo. Além disso, mesmo que eles convencessem as empresas de transporte por aplicativo a aumentar o valor pago e os benefícios para os motoristas, o aumento nos lucros provavelmente seria temporário. Milhares de novos motoristas entrariam no mercado mais lucrativo, levando os ganhos médios de volta para a tarifa do mercado.

A boa notícia para os motoristas, porém, é que as empresas não terão tanta facilidade para diminuir os salários para um nível muito baixo. Muitos motoristas simplesmente deixarão de trabalhar se os salários caírem.

Um dos estudos mais importantes sobre o comportamento dos motoristas (conduzido por professores de Yale e da UCLA e, mais uma vez, um funcionário da Uber) confirma a sensibilidade deles às variações nos rendimentos. Em média, eles aumentam as horas trabalhadas em 20% em resposta a um aumento de 10% nos ganhos. Isso é quase quatro vezes mais que a resposta dos passageiros às mudanças nos preços de uma corrida.

A economia diz que a probabilidade de uma pessoa arcar com o peso de um aumento nas margens de lucro é inversamente proporcional à sua sensibilidade aos preços. Em outras palavras, como os motoristas são quatro vezes mais sensíveis aos preços que os passageiros, um palpite razoável é que 80% dos encargos sobre o preço recairão sobre os passageiros e 20% sobre os motoristas. Uber e Lyft ainda estão construindo suas redes e conquistando participação de mercado, o que complica a situação e pode adiar os aumentos nos preços.

No entanto, acho que, como passageiro, você deveria fazer suas viagens de Uber e Lyft agora, enquanto elas ainda são relativamente baratas. E, se você é um investidor apostando em reduções salariais e robôs para levar os lucros da Uber e da Lyft ao nirvana, talvez queira comprar uma ponte** antes. ■

Questões para discussão

1. Se o preço das corridas por aplicativo tivesse um aumento de 10%, quanto você reduziria o uso dessas plataformas? Qual é sua elasticidade-preço da demanda?

2. Por que você acha que a oferta é mais elástica que a demanda nesse mercado?

Goolsbee é professor de economia na Escola de Negócios Booth da University of Chicago.

Fonte: *New York Times*, 2 de junho de 2019.

---

*N. de R.T. No original em inglês, *outside option*. Refere-se à melhor alternativa disponível para um participante fora do acordo ou negociação atual.

**N. de R.T. Essa expressão sugere ironicamente que esperar que apenas cortes de salários e a automação levem essas empresas a altos lucros é tão ingênuo quanto acreditar em uma proposta obviamente fraudulenta como a compra de uma ponte famosa, que é um golpe conhecido onde alguém alega falsamente ter a propriedade e o direito de vender uma grande infraestrutura pública.

---

11. Ao longo do tempo, os avanços tecnológicos aumentam a renda dos consumidores e reduzem o preço dos *smartphones*. Essas duas forças aumentarão o valor que os consumidores pagam pelos dispositivos se a elasticidade-renda da demanda for maior que _____ e a elasticidade-preço da demanda for maior que _____.

a. zero; zero
b. zero; um
c. um; zero
d. um; um

As respostas estão no final do capítulo.

5-4 Conclusão

Até um papagaio pode se tornar um economista, desde que aprenda a dizer "oferta e demanda". Essa é uma piada antiga, mas esses dois últimos capítulos devem tê-lo convencido de que há muita verdade nisso. As ferramentas da oferta e da demanda são úteis para analisar muitos dos principais acontecimentos e políticas que moldam a economia. Agora você está bem encaminhado em sua trajetória para se tornar um economista (ou, na pior das hipóteses, um papagaio culto).

RESUMO DO CAPÍTULO

- A elasticidade-preço da demanda mede o quanto a quantidade demandada responde a variações do preço. A demanda tende a ser mais elástica se houver substitutos próximos disponíveis, se o bem for supérfluo em vez de essencial, se o mercado for definido de maneira restrita ou se os compradores tiverem bastante tempo para reagir a uma mudança do preço.
- A elasticidade-preço da demanda é calculada como a variação percentual da quantidade demandada dividida pela variação percentual do preço. Se a quantidade demandada variar proporcionalmente menos que o preço, a elasticidade será menor que 1, e a demanda será inelástica. Se a quantidade demandada variar proporcionalmente mais que o preço, a elasticidade será maior que 1, e a demanda será elástica.
- A receita total, que é a quantia total paga por um bem, é igual ao preço multiplicado pela quantidade vendida. Para curvas de demanda inelástica, a receita total move-se na mesma direção que o preço. Para curvas de demanda elástica, a receita total move-se na direção oposta.
- A elasticidade-renda da demanda mede o quanto a quantidade demandada reage a variações na renda dos consumidores. A elasticidade-preço cruzada da demanda mede o quanto a quantidade demandada de um bem responde a variações no preço de outro.
- A elasticidade-preço da oferta mede o quanto a quantidade ofertada responde a variações no preço. Essa elasticidade frequentemente depende do horizonte de tempo. Na maioria dos mercados, a oferta é mais elástica no longo prazo que no curto prazo.
- A elasticidade-preço da oferta é calculada como a variação percentual da quantidade ofertada dividida pela variação percentual do preço. Se a quantidade ofertada variar proporcionalmente menos que o preço, a elasticidade será menor que 1, e a oferta será inelástica. Se a quantidade ofertada variar proporcionalmente mais que o preço, a elasticidade será maior que 1, e a demanda será elástica.
- As ferramentas de oferta e demanda podem ser aplicadas a muitos tipos diferentes de mercados. Este capítulo as utiliza para analisar os mercados de trigo, petróleo e drogas ilegais.

CONCEITOS-CHAVE

elasticidade, p. 88
elasticidade-preço da demanda, p. 88
receita total, p. 91
elasticidade-renda da demanda, p. 96
elasticidade-preço cruzada da demanda, p. 96
elasticidade-preço da oferta, p. 97

QUESTÕES DE REVISÃO

1. Defina a elasticidade-preço da demanda e a elasticidade-renda da demanda.
2. Relacione os quatro fatores determinantes da elasticidade-preço da demanda discutidos no capítulo e explique-os.
3. Se a elasticidade é maior que 1, a demanda é elástica ou inelástica? Se a elasticidade é igual a 0, a demanda é perfeitamente elástica ou perfeitamente inelástica?
4. Em um diagrama de oferta e demanda, mostre o preço de equilíbrio, a quantidade de equilíbrio e a receita total recebida pelos produtores.
5. Se a demanda é elástica, como um aumento de preço muda a receita total? Explique.
6. Como denominamos um bem cuja elasticidade-renda é inferior a 0?
7. Como se calcula a elasticidade-preço da oferta? Explique o que ela mede.
8. Se uma quantidade fixa de um bem estiver disponível e nada mais puder ser produzido, qual é a elasticidade-preço da oferta?
9. Uma tempestade destrói metade de uma safra de feijão. É mais provável que esse evento prejudique os produtores de feijão se a demanda pelo produto for muito elástica ou muito inelástica? Explique.

PROBLEMAS E APLICAÇÕES

1. Em cada um dos pares de bens a seguir, qual bem você espera que tenha a demanda mais elástica e por quê?
   a. livros didáticos ou romances de mistério
   b. canções da Billie Eilish ou de música pop em geral
   c. viagens de metrô durante os próximos 6 meses ou viagens de metrô durante os próximos 5 anos
   d. cerveja ou água

2. Suponha que viajantes a negócios e turistas tenham as seguintes demandas por passagens aéreas de Chicago para Miami:

Preço	Quantidade demandada (viajantes a negócios)	Quantidade demandada (turistas)
$ 150	2.100 passagens	1.000 passagens
200	2.000	800
250	1.900	600
300	1.800	400

   a. À medida que o preço aumenta de $ 200 para $ 250, qual é a elasticidade-preço da demanda para (i) os viajantes a negócios e (ii) os turistas? (Use o método do ponto médio para seus cálculos.)
   b. Por que a elasticidade dos turistas seria diferente da dos viajantes a negócios?

3. Suponha que a elasticidade-preço do óleo para aquecimento seja de 0,2 no curto prazo e de 0,7 no longo prazo.
   a. Se o preço aumentar de $ 1,80 para $ 2,20 o litro, o que acontecerá com a quantidade demandada em curto prazo? E em longo prazo? (Use a fórmula de ponto médio para os cálculos.)
   b. Por que essa elasticidade depende do horizonte de tempo?

4. Uma variação de preço provoca uma redução de 30% na quantidade demandada de determinado bem, enquanto a receita total desse mesmo bem diminui em 15%. A curva de demanda é elástica ou inelástica? Explique.

5. Xícaras de café e rosquinhas são bens complementares; ambos possuem demanda inelástica. Um furacão destrói metade da safra de café. Use diagramas apropriados para responder as seguintes questões.
   a. O que acontece com o preço do grão de café?
   b. O que acontece com o preço de uma xícara de café? E com a despesa total em xícaras de café?
   c. O que acontece com o preço das rosquinhas? E com a despesa total em rosquinhas?

6. O preço do relaxante muscular subiu drasticamente no último mês, enquanto a quantidade vendida continuou a mesma. Cinco pessoas sugeriram explicações variadas para este fenômeno.
   MEREDITH: A demanda aumentou, mas a oferta era perfeitamente inelástica.
   ALEX: A demanda aumentou, mas ela era perfeitamente inelástica.
   MIRANDA: A demanda aumentou, mas, ao mesmo tempo, a oferta diminuiu.
   RICHARD: A oferta diminuiu, mas a demanda tinha elasticidade unitária.
   OWEN: A oferta diminuiu, mas a demanda era perfeitamente inelástica.
   Quem pode estar certo? Use gráficos para explicar sua resposta.

7. Suponha que sua escala de demanda por pizza seja:

Preço	Quantidade demandada (renda = $ 20.000)	Quantidade demandada (renda = $ 24.000)
$ 8	40 pizzas	50 pizzas
10	32	45
12	24	30
14	16	20
16	8	12

   a. Use o método do ponto médio para calcular a elasticidade-preço da demanda quando o preço das pizzas aumenta de $ 8 para $ 10 se (i) sua renda for $ 20.000 e (ii) se sua renda for $ 24.000.
   b. Calcule a elasticidade-renda da demanda quando sua renda aumenta de $ $ 20.000 para $ 24.000 (i) ao preço de $ 12 e (ii) ao preço de $ 16.

8. Segundo o *New York Times* (17 fev. 1996), o uso do metrô reduziu após um aumento do preço: "Houve quase 4 milhões de usuários a menos em dezembro de 1995, o primeiro mês completo após o preço da passagem aumentar de $ 0,25 para $ 1,50. A queda no número de passageiros foi de 4,3% em relação ao mesmo mês do ano anterior".
   a. Use esses dados para estimar a elasticidade-preço da demanda das passagens de metrô.
   b. De acordo com sua estimativa, o que aconteceria com a receita da empresa que administra o metrô com o aumento da passagem?
   c. Por que a sua estimativa de elasticidade pode não ser muito confiável?

9. Duas motoristas, Thelma e Louise, vão a um posto de gasolina. Antes de consultar o preço, cada uma delas faz seu pedido. Thelma diz: "Gostaria de 5 litros de gasolina". Louise diz: "Gostaria de $ 20 de gasolina". Qual é a elasticidade-preço da demanda de cada motorista?

10. Considere a política pública para o tabagismo.
    a. Estudos indicam que a elasticidade-preço da demanda por cigarros é cerca de 0,4. Se hoje um maço custa $ 5 e o governo quer reduzir o seu consumo em 20%, em quanto deve aumentar o preço?
    b. Se o governo aumentar permanentemente o preço dos cigarros, a política terá maiores efeitos dentro de 1 ano ou de 5 anos?
    c. Estudos demonstram também que os adolescentes têm maior elasticidade-preço que os adultos. Por que isso pode ser verdadeiro?

11. Você é curador de um museu que tem pouca verba e decidiu aumentar a receita da instituição. Para isso, você deve aumentar ou diminuir o preço dos ingressos? Explique.

12. Explique por que a seguinte afirmação pode ser verdadeira: uma seca em todo o mundo aumenta a receita total que os agricultores recebem com a venda de grãos, mas uma seca em apenas um estado reduz a receita total dos agricultores desse estado.

Respostas do teste rápido

1. **a**   2. **d**   3. **d**   4. **c**   5. **b**   6. **c**   7. **c**   8. **c**   9. **a**   10. **c**   11. **b**

Capítulo 6

Oferta, demanda e políticas governamentais

Os economistas desempenham diversas funções: enquanto cientistas, desenvolvem e testam teorias para explicar o mundo que os cerca; enquanto analistas e assessores políticos, usam suas teorias para ajudar a transformar o mundo em um lugar melhor. Os dois capítulos anteriores concentraram-se no aspecto científico. A teoria da oferta e demanda explica as relações entre os preços dos bens e as quantidades vendidas. Quando eventos variados alteram a oferta e a demanda, o preço e a quantidade de equilíbrio mudam. O conceito de elasticidade ajuda a avaliar o tamanho dessas mudanças. Essa teoria é a base para grande parte do campo da economia.

Este capítulo trata de políticas governamentais. Aqui, analisaremos diversos tipos de políticas governamentais usando as ferramentas da teoria da oferta e demanda, com algumas conclusões surpreendentes. As políticas, muitas vezes, têm efeitos que seus criadores não previram.

Os esforços para controlar os preços merecem uma análise mais detalhada. Nessa categoria, examinamos a legislação de controle do aluguel, que define o preço máximo que os proprietários de imóveis podem cobrar dos locatários, e a legislação do salário mínimo, que estabelece o menor salário que os empregadores podem pagar. Os formuladores de políticas frequentemente adotam controles de preços quando acreditam que o preço de mercado de um bem ou serviço está alto ou baixo demais. No entanto, essas políticas podem gerar seus próprios problemas.

Depois da nossa discussão sobre controles de preços, trataremos do impacto dos impostos. Os formuladores de políticas usam os impostos para fins públicos e para influenciar os resultados do mercado. Embora a prevalência dos impostos em nossa economia seja óbvia, seus efeitos não são. Por exemplo, quando o governo cobra um imposto sobre o salário que as empresas pagam a seus funcionários, quem arca com o ônus é a empresa ou os trabalhadores? A resposta não é clara – até aplicarmos as poderosas ferramentas de oferta e demanda.

6-1 Os efeitos surpreendentes dos controles de preços

Para sabermos como os controles de preços afetam os resultados do mercado, vamos observar novamente o mercado de sorvetes. Como vimos no Capítulo 4, se o sorvete é vendido em um mercado competitivo, seu preço se ajusta ao equilíbrio da oferta e da demanda: no preço de equilíbrio, a quantidade de sorvete que os compradores desejam comprar equivale exatamente à quantidade que os vendedores desejam vender. Para sermos concretos, vamos supor que o preço de equilíbrio por cada sorvete seja de $ 3.

Nem todos ficariam felizes com essa situação. Digamos que a Associação Nacional dos Consumidores de Sorvete reclame do preço de $ 3, dizendo que é elevado demais para que todos possam desfrutar de um sorvete por dia (a dose diária recomendada). Ao mesmo tempo, a Organização Nacional dos Fabricantes de Sorvete reclama que o preço de $ 3 – resultado da "competição acirrada" – é baixo demais e está achatando a renda dos seus membros. Ambos os grupos fazem *lobby* para o governo em favor da aprovação de leis que alterem o resultado do mercado por meio do controle direto do preço do sorvete.

Como os compradores de qualquer bem sempre querem preços menores e os vendedores querem preços maiores, os interesses dos dois grupos entram em conflito. Se a Associação dos Consumidores for bem-sucedida em seu trabalho de *lobby*, o governo imporá um teto legal pelo qual se pode vender sorvetes. Como o preço não pode ir além desse nível, o teto legal é chamado de **preço máximo**. No entanto, se a Organização dos Fabricantes for bem-sucedida no trabalho de *lobby*, o governo imporá um piso legal. Como o preço não pode ficar abaixo desse nível, o piso legal é chamado de **preço mínimo**.

preço máximo
limite máximo legal para o preço de venda de um bem; teto

preço mínimo
limite mínimo legal para o preço de venda de um bem; piso

6-1a Como os preços máximos afetam os resultados do mercado

Quando o governo, pressionado pelas reclamações e contribuições eleitorais da Associação dos Consumidores, impõe um preço máximo ao mercado de sorvete, há dois resultados possíveis. No painel (a) da Figura 6-1, o governo impõe um preço máximo de $ 4 por sorvete. Nesse caso, como o preço que equilibra a oferta e a demanda ($ 3) está abaixo do máximo, o preço máximo é **não obrigatório**. As forças de mercado movem naturalmente a economia em direção ao equilíbrio, e o preço máximo não exerce efeito sobre o preço ou sobre a quantidade vendida.

O painel (b) da Figura 6-1 mostra a outra possibilidade, que é mais interessante. Nesse caso, o governo impõe um preço máximo de $ 2 por sorvete. Como o preço de equilíbrio de $ 3 está acima do preço máximo, o preço máximo age como uma **restrição obrigatória** sobre o mercado. As forças de oferta e demanda tendem a mover o preço em direção ao equilíbrio, mas, quando o preço de mercado atinge o preço máximo, não pode, por lei, aumentar mais. Assim, o preço de mercado se iguala ao preço máximo. A esse preço, a quantidade demandada de sorvete (125 sorvetes, conforme a figura) excede a quantidade ofertada (75 sorvetes). Com o excesso de demanda de 50 sorvetes, algumas pessoas que querem sorvete no preço vigente não conseguem comprá-lo. O preço máximo levou à escassez de sorvete.

Em resposta a essa escassez, algum mecanismo para o racionamento de sorvete se desenvolverá naturalmente. O mecanismo pode assumir a forma de grandes filas: os

Figura 6-1
Um mercado com um preço máximo

No painel (a), o governo impõe um preço máximo de $ 4. Como o preço máximo está acima do preço de equilíbrio de $ 3, o preço máximo não tem nenhum efeito e o mercado pode alcançar o equilíbrio entre a oferta e a demanda. Nesse equilíbrio, a quantidade ofertada e a quantidade demandada são iguais a 100 sorvetes. No painel (b), o governo impõe um preço máximo de $ 2 por sorvete. Como o preço máximo é inferior ao preço de equilíbrio de $ 3, o preço de mercado passa a ser igual a $ 2. A esse preço, são demandadas 125 sorvetes e somente 75 são ofertadas, de modo que há uma escassez de 50 sorvetes.

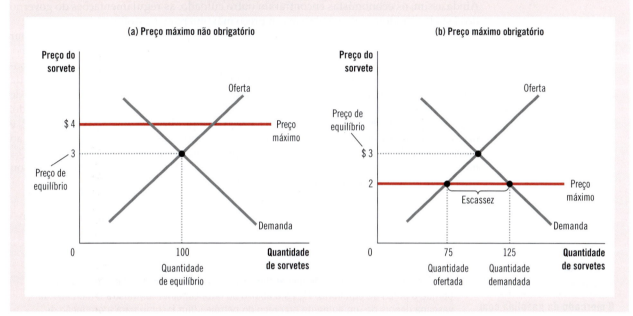

compradores que estão dispostos a chegar cedo e esperar na fila conseguem o sorvete, enquanto os que não estão dispostos a esperar ficam sem ele. Alternativamente, os vendedores podem racionar o sorvete de acordo com critérios pessoais, vendendo apenas para amigos, parentes, membros de seus grupos étnicos ou raciais, ou para aqueles que oferecem favores em troca. Observe que, embora o preço máximo seja resultado de um desejo de ajudar os compradores de sorvete, nem todos os compradores se beneficiam da política. Alguns, efetivamente, passam a pagar um preço mais baixo, embora talvez tenham de esperar na fila para fazê-lo, mas outros acabam não conseguindo comprar sorvete de nenhum jeito.

Esse exemplo do mercado de sorvete mostra um resultado geral: **quando o governo impõe um preço máximo obrigatório a um mercado competitivo, surge uma escassez do produto, e os vendedores são obrigados a racionar os bens escassos entre compradores em potencial**. Os mecanismos de racionamento desenvolvidos após o estabelecimento de um preço máximo raramente são desejáveis. Filas longas são ineficientes porque desperdiçam o tempo dos compradores. Confiar no julgamento dos vendedores é ineficiente (porque o produto não vai necessariamente para o comprador que mais o valoriza) e injusto. Para comparar, o mecanismo de racionamento em um mercado livre e competitivo é simples. Quando o mercado chega ao equilíbrio, qualquer um que queira pagar o preço de mercado poderá comprar o bem. Isso pode parecer injusto para alguns compradores quando o preço está elevado, mas é eficiente e impessoal. Você não precisa ser amigo ou parente do sorveteiro para comprar sua sobremesa, só precisa ser capaz de pagar $ 3 e estar disposto a tal.

Estudo de caso

Como criar longas filas no posto de gasolina

O Capítulo 5 discutiu como, em 1973, a Organização dos Países Exportadores de Petróleo (Opep) reduziu a produção e aumentou o preço do petróleo. Como o petróleo é usado para fabricar gasolina, o preço mais alto reduziu a oferta do combustível. Consequentemente, longas filas em postos de gasolina se tornaram comuns, com motoristas esperando horas para comprar alguns litros.

O que causou essas longas filas? A maioria das pessoas culpou a Opep. É certo que se ela não tivesse reduzido a produção de petróleo, a escassez de gasolina não teria ocorrido. Ainda assim, os economistas encontraram outro culpado: as regulamentações do governo dos Estados Unidos que estabelecem um preço máximo para a gasolina.

A Figura 6-2 revela o que aconteceu. Como mostra o painel (a), antes da Opep aumentar o preço do petróleo, o preço de equilíbrio da gasolina, P_1, estava abaixo do preço máximo. A regulação dos preços, portanto, não tinha efeito. Quando o preço do petróleo subiu, porém, a situação mudou. O aumento no preço do petróleo elevou os custos de produção da gasolina e, portanto, reduziu a oferta do combustível. Como ilustra o painel (b), a curva de oferta se deslocou para a esquerda, de O_1 para O_2. Em um mercado não regulamentado, essa mudança na oferta teria aumentado o preço de equilíbrio da gasolina de P_1 para P_2 e não teria havido escassez. Em vez disso, o preço máximo impediu que o preço chegasse ao nível de equilíbrio. Com o preço máximo, os produtores estavam dispostos a vender Q_O, mas os consumidores estavam dispostos a comprar Q_D. O deslocamento da oferta causou uma grave escassez com o preço regulado.

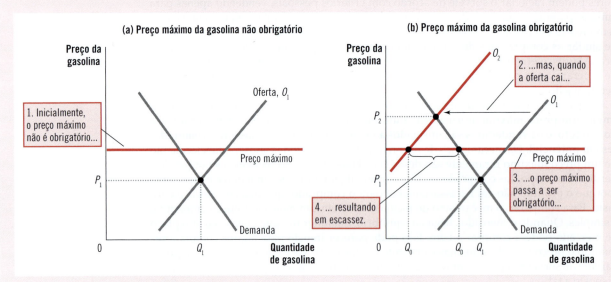

Figura 6-2

O mercado da gasolina com um preço máximo

O painel (a) mostra o mercado da gasolina quando o preço máximo não é obrigatório, porque o preço de equilíbrio, P_1, está abaixo do teto. O painel (b) mostra o mercado da gasolina depois de um aumento no preço do petróleo (um insumo para a produção de gasolina) deslocar a curva de oferta para a esquerda, de O_1 para O_2. Em um mercado não regulamentado, o preço teria aumentado de P_1 para P_2. O preço máximo, porém, impede que isso aconteça. Com o preço máximo obrigatório, os clientes estão dispostos a comprar Q_D, mas os produtores de gasolina estão dispostos a vender apenas Q_O. A diferença entre a quantidade demandada e a quantidade ofertada, $Q_D - Q_O$, mede a escassez de gasolina.

Depois de um tempo, as leis que regulamentam o preço da gasolina foram revogadas. Os parlamentares entenderam que foram parcialmente responsáveis pelas muitas horas que os cidadãos perderam esperando nas filas para comprar gasolina. Hoje, quando o preço do petróleo muda, o preço da gasolina se ajusta livremente para deixar oferta e demanda em equilíbrio. ●

Estudo de caso

Por que o controle de aluguéis causa escassez de moradias, sobretudo em longo prazo

Em muitas cidades, o governo local impõe um limite ao valor que os proprietários de imóveis podem cobrar dos locatários. Essa política se chama controle de aluguéis, que tem como objetivo ajudar pessoas mais pobres mantendo os custos de habitação baixos. No entanto, os economistas criticam essa medida frequentemente, alegando que essa é uma maneira bastante ineficiente de ajudar os mais pobres. Um economista chegou ao ponto de definir o controle de aluguéis como "a melhor maneira de destruir uma cidade, depois de bombardeá-la".

Os efeitos adversos do controle de aluguéis podem não ser aparentes porque ocorrem ao longo de muitos anos. Em curto prazo, os proprietários têm um número fixo de apartamentos para alugar e não podem ajustar esse número rapidamente à medida que as condições do mercado mudam. Além disso, o número de pessoas que buscam apartamentos pode não responder bem aos aluguéis no curto prazo porque as pessoas levam tempo para ajustar suas condições de moradia. Em outras palavras, a oferta e a demanda por habitação em curto prazo são relativamente inelásticas.

O painel (a) da Figura 6-3 mostra os efeitos do controle de aluguéis no mercado de habitação em curto prazo. Assim como acontece com qualquer preço máximo obrigatório, o

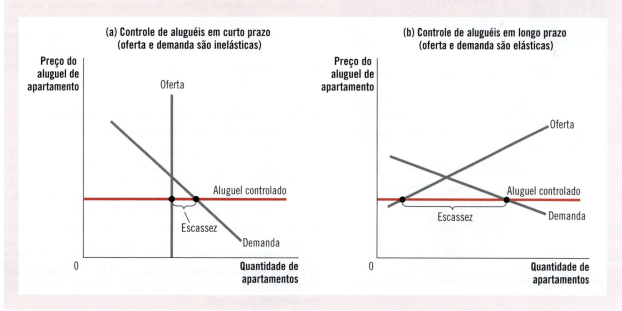

Figura 6-3

Controle de aluguéis em curto e longo prazo

O painel (a) mostra os efeitos do controle de aluguéis em curto prazo: como as curvas de oferta e demanda dos apartamentos são relativamente inelásticas, o preço máximo imposto por uma lei de controle de aluguéis causa apenas uma pequena escassez de moradias. O painel (b) mostra os efeitos do controle de aluguéis em longo prazo: como as curvas de oferta e demanda dos apartamentos são mais elásticas, o controle de aluguéis causa uma escassez maior.

controle de aluguéis causa uma escassez. Porém, como a oferta e a demanda são inelásticas em curto prazo, a escassez inicial é pequena. O principal resultado em curto prazo é comum entre os locatários: uma redução no aluguel.

No entanto, em longo prazo a história muda, porque os compradores e vendedores de imóveis de aluguel respondem mais às condições do mercado à medida que o tempo passa. No lado da oferta, proprietários de imóveis respondem aos aluguéis baixos deixando de construir novos apartamentos e não realizando a manutenção dos existentes. No lado da demanda, o aluguel baixo incentiva as pessoas a encontrar seus próprios apartamentos (em vez de irem morar com colegas ou com os pais) e a se mudar para a cidade. Assim, oferta e demanda são mais elásticas em longo prazo.

O painel (b) da Figura 6-3 ilustra o mercado de habitação em longo prazo. Quando o controle de aluguéis diminui o valor pago para abaixo do preço de equilíbrio, a quantidade de apartamentos oferecida cai significativamente, e a quantidade de apartamentos demandados aumenta significativamente. O resultado é uma grande escassez de moradias.

Em cidades com controle de aluguéis, os proprietários e zeladores dos prédios usam diversos mecanismos para racionar as moradias. Alguns mantêm longas listas de espera. Outros dão preferência a locatários sem filhos. Outros discriminam os locatários por raça. Às vezes, os apartamentos são entregues àqueles que estão dispostos a oferecer pagamentos informais. Esses subornos aproximam o preço total de um apartamento do preço de equilíbrio.

Lembre-se de um dos **dez princípios da economia** do Capítulo 1: as pessoas respondem a incentivos. Em mercados com um bom funcionamento, os proprietários de imóveis podem cobrar preços mais altos se mantiverem seus prédios limpos e seguros. Mas, quando o controle de aluguéis cria escassez e listas de espera, os proprietários perdem esse incentivo. Para que gastar dinheiro com manutenção e melhorias se as pessoas estão esperando para se mudar para o local nas condições em que ele se encontra? No fim das contas, o controle de aluguéis reduz o que os locatários precisam pagar, mas também reduz a quantidade e a qualidade das habitações de uma cidade.

Quando esses efeitos se tornam evidentes, os formuladores de políticas muitas vezes reagem impondo mais regulamentações. Por exemplo, várias leis tornam ilegal a discriminação racial na habitação e exigem que os proprietários garantam condições de vida minimamente adequadas. A aplicação dessas leis, no entanto, é difícil e dispendiosa. Em contrapartida, sem o controle de aluguéis, essas leis são menos necessárias porque o mercado de habitação é regulado pelas forças da concorrência. Se o preço das casas pudesse aumentar até o nível de equilíbrio, a escassez que dá origem aos comportamentos indesejáveis dos proprietários seria, em grande parte, eliminada. ●

PERGUNTE A QUEM SABE — Controle de aluguéis

"Regulações locais que limitam o aumento dos aluguéis de algumas unidades habitacionais, como em Nova York e São Francisco, tiveram um impacto positivo nos últimos 30 anos no que se refere à quantidade e à qualidade de unidades habitacionais com valores de aluguéis acessíveis nas cidades que as implementaram."

O que dizem os economistas?

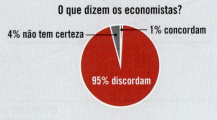

4% não tem certeza — 1% concordam — 95% discordam

Fonte: IGM Economic Experts Panel, 7 de fevereiro de 2012.

6-1b Como os preços mínimos afetam os resultados do mercado

Para examinarmos os efeitos de outro tipo de controle de preços exercido pelo governo, vamos voltar para o mercado de sorvetes. Imaginemos agora que o governo seja convencido pelos argumentos da Organização Nacional dos Fabricantes de Sorvete, cujos membros acreditam que o preço de equilíbrio de $ 3 é muito baixo. Nesse caso, o governo poderia instituir um preço mínimo. Os preços mínimos, assim como os preços máximos, são uma tentativa do governo para manter os preços em níveis que não o de equilíbrio. Enquanto um preço máximo estabelece um teto legal, um preço mínimo estabelece um piso legal.

Quando o governo impõe um preço mínimo ao mercado de sorvete, há dois resultados possíveis. Se o governo impuser um preço mínimo de $ 2 por sorvete e o preço de equilíbrio for $ 3, nada acontece. Nesse caso, como o preço de equilíbrio está acima do preço mínimo, este não é obrigatório. As forças do mercado movem naturalmente a economia para o equilíbrio, e o preço mínimo não surte nenhum efeito. O painel (a) da Figura 6-4 mostra esse cenário.

O painel (b) da Figura 6-4 mostra o que acontece quando o governo institui um preço mínimo de $ 4 por sorvete. Nesse caso, como o preço de equilíbrio de $ 3 é inferior ao mínimo legal, o preço mínimo torna-se obrigatório, passando a ser uma restrição obrigatória ao mercado. As forças de oferta e demanda tendem a mover o preço em direção ao equilíbrio, mas, quando o preço de mercado atinge o mínimo legal, não pode continuar a cair. O preço de mercado passa a ser igual ao preço mínimo. Nesse nível, a quantidade de sorvete ofertada (120) supera a quantidade demandada (80). Em razão desse excesso de oferta de 40 sorvetes, algumas pessoas que querem vender sorvete ao preço vigente não conseguirão fazê-lo: **um preço mínimo obrigatório causa um excedente.**

Assim como a escassez resultante dos preços máximos pode conduzir a indesejáveis mecanismos de racionamento, o mesmo pode acontecer com os excedentes resultantes dos preços mínimos. Os vendedores que recorrem às preferências pessoais dos compradores têm maiores chances de vender os bens produzidos do que aqueles que não o fazem. No entanto, em um mercado livre, o preço serve de mecanismo de racionamento. Os vendedores podem não ficar felizes com o quanto recebem no preço de equilíbrio, mas conseguem vender tudo o que desejam.

Figura 6-4
Um mercado com preço mínimo

No painel (a), o governo impõe um preço mínimo de $ 2. Como esse preço está abaixo do preço de equilíbrio de $ 3, o preço mínimo não tem nenhum efeito, e o preço de mercado se ajusta para equilibrar a oferta e a demanda. No equilíbrio, as quantidades ofertada e demandada são iguais a 100 sorvetes. No painel (b), o governo impõe um preço mínimo de $ 4, acima do preço de equilíbrio de $ 3. Assim, o preço de mercado passa a ser igual a $ 4. Como a esse preço são ofertados 120 sorvetes e demandados apenas 80, há um excedente de 40 unidades.

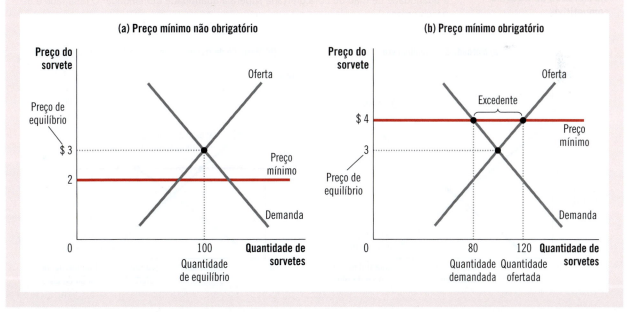

Controvérsias sobre o salário mínimo

Estudo de caso

O salário mínimo é um exemplo importante e controverso de preço mínimo. A legislação do salário mínimo define o preço mais baixo que qualquer empregador pode pagar pela mão de obra. O Congresso dos Estados Unidos instituiu o salário mínimo pela primeira vez com o Fair Labor Standards Act, de 1938, para garantir aos trabalhadores um padrão de vida minimamente adequado.

Em 2021, o salário mínimo nos Estados Unidos de acordo com a lei federal era de US$ 7,25 por hora. Além disso, muitos estados e cidades estipulam salários mínimos acima do piso federal. O salário mínimo em Seattle, por exemplo, era de US$ 16,69 por hora para grandes empregadores em 2021. A maior parte dos países europeus também tem leis que estabelecem um salário mínimo, muitas vezes bem mais alto que o dos Estados Unidos. Por exemplo, embora a renda média na França seja quase 30% mais baixa do que nos Estados Unidos, o salário mínimo francês é mais de 50% maior.

Para ver o que a teoria da oferta e da demanda prevê para os efeitos de um salário mínimo, vamos analisar o mercado de trabalho. O painel (a) da Figura 6-5 mostra um mercado de trabalho competitivo, que, assim como todos os mercados competitivos, está sujeito às forças da oferta e da demanda. Os trabalhadores fornecem mão de obra e as empresas demandam mão de obra. Se o governo não intervir, o salário se ajustará para equilibrar a oferta e a demanda de mão de obra.

O painel (b) da Figura 6-5 mostra o mercado de trabalho com um salário mínimo. Se o salário mínimo estiver acima do nível de equilíbrio, como aqui, a quantidade de mão de obra ofertada vai superar a quantidade demandada. O resultado é um excesso de mão de obra, ou desemprego. Embora o salário mínimo aumente a renda dos trabalhadores que estão empregados, ele reduz a renda dos possíveis trabalhadores que agora não conseguem encontrar um emprego.

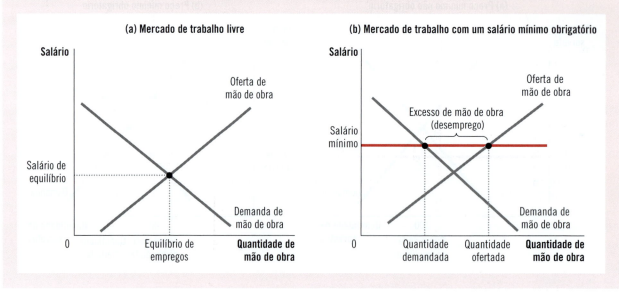

Figura 6-5

Como o salário mínimo afeta um mercado de trabalho competitivo

O painel (a) mostra um mercado de trabalho em que o salário se ajusta ao equilíbrio entre oferta e demanda de mão de obra. O painel (b) mostra o impacto de um salário mínimo obrigatório. Como o salário mínimo é um preço mínimo, ele causa um excedente: a quantidade de mão de obra ofertada supera a quantidade demandada. O resultado é o desemprego.

Para entender melhor o salário mínimo, tenha em mente que a economia não contém um único mercado de trabalho, mas diversos mercados para diferentes tipos de trabalhadores. O impacto do salário mínimo depende do nível de qualificação e experiência do trabalhador. Trabalhadores altamente qualificados e experientes não são afetados porque seus salários de equilíbrio estão bem acima do mínimo. Para esses trabalhadores, o salário mínimo não é obrigatório.

O salário mínimo tem seu maior impacto no mercado de trabalho de jovens profissionais. O salário de equilíbrio desses profissionais é baixo porque eles estão na categoria dos trabalhadores menos qualificados e menos experientes da força de trabalho. Além disso, os jovens normalmente estão dispostos a aceitar um salário mais baixo em troca de treinamento na prática. (Alguns jovens estão dispostos a trabalhar como estagiários sem nenhuma remuneração. Como muitos estágios não pagam salários, a legislação do salário mínimo em geral não se aplica a eles. Se isso acontecesse, algumas dessas oportunidades de estágio sequer existiriam.) Como resultado, o salário mínimo é obrigatório com mais frequência para os jovens profissionais do que para outros membros da força de trabalho.

Muitos economistas estudaram como as leis de salário mínimo afetam o mercado de trabalho dos jovens profissionais. Esses pesquisadores comparam as alterações no salário mínimo ao longo do tempo com as alterações nos níveis de emprego desse grupo. Embora haja debate acerca dos efeitos do salário mínimo, o estudo típico conclui que um aumento de 10% no salário mínimo reduz o emprego dos jovens em 1 a 3%.

Uma desvantagem da maioria dos estudos sobre salário mínimo é que eles se concentram nos efeitos ao longo de curtos períodos. Por exemplo, eles podem comparar o nível de emprego no ano anterior e um ano depois de uma alteração no salário mínimo. Os efeitos de longo prazo sobre o emprego são mais difíceis de estimar de maneira confiável, mas são mais relevantes para a avaliação da política. Considerando que leva tempo para que as empresas reorganizem o local de trabalho, a queda do nível de emprego devido a um aumento do salário mínimo em longo prazo pode ser maior do que a queda estimada em curto prazo.

Além de alterar a quantidade de mão de obra demandada, o salário mínimo muda a quantidade ofertada. Como o salário mínimo aumenta o salário que os jovens profissionais podem receber, ele aumenta o número de jovens que optam por procurar um emprego. Alguns estudos revelaram que um salário mínimo mais elevado também tem influência sobre quais jovens estão empregados. Quando o salário mínimo aumenta, alguns jovens que ainda estão no ensino médio optam por largar os estudos e arrumar um emprego. Com mais pessoas competindo pelos empregos disponíveis, alguns desses novos candidatos substituem os jovens que já haviam desistido da escola, e esses jovens substituídos ficam desempregados.

O salário mínimo é um tema de debate frequente. Os apoiadores consideram essa política como uma maneira humana de aumentar a renda dos trabalhadores pobres. Eles destacam, corretamente, que os trabalhadores que recebem um salário mínimo só conseguem arcar com um padrão de vida limitado. Em 2021, por exemplo, quando o salário mínimo era de US$ 7,25 por hora nos Estados Unidos, dois adultos que trabalhavam 40 horas por semana durante todas as semanas do ano recebendo o salário mínimo tinham uma renda anual conjunta de apenas US$ 30.160. Esse valor representava apenas 40% da renda familiar média nos Estados Unidos. Alguns defensores de um aumento no salário mínimo afirmam que os mercados de trabalho não sabem bem como funciona a teoria da oferta e da demanda em mercados competitivos, por isso duvidam das previsões da teoria relacionadas com o desemprego. Outros reconhecem que a política tem alguns efeitos adversos, como a perda de emprego, mas ressaltam que esses efeitos são pequenos e que, considerando todos os aspectos, um salário mínimo mais alto melhora a situação dos mais pobres.

Os críticos ao aumento do salário mínimo afirmam que essa não é a melhor maneira de combater a pobreza. Segundo eles, um salário mínimo elevado gera desemprego,

PERGUNTE A QUEM SABE — Salário mínimo

"O salário mínimo federal atual nos Estados Unidos é de US$ 7,25 por hora. Os estados podem escolher adotar um mínimo mais elevado – e muitos o fazem. Um salário mínimo federal de US$ 15 por hora reduziria o nível de emprego de trabalhadores que recebem salários mais baixos em muitos estados."

O que dizem os economistas?

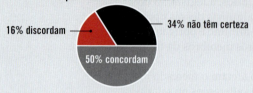

- 16% discordam
- 34% não têm certeza
- 50% concordam

Fonte: IGM Economic Experts Panel, 2 de fevereiro de 2021.

estimula os jovens a abandonarem os estudos e faz com que alguns trabalhadores não qualificados não recebam formação prática. Além disso, os opositores ao aumento do salário mínimo argumentam que essa é uma política mal orientada. Menos de um terço das pessoas que recebem um salário mínimo pertencem a famílias com renda abaixo da linha da pobreza. Muitos são jovens de classe média que trabalham em empregos de meio período para ganhar um dinheiro extra.

Em 2021, o presidente Joe Biden propôs um aumento do salário mínimo para US$ 15 por hora até 2025. "Ninguém deveria trabalhar 40 horas por semana e viver na pobreza", disse ele. Em fevereiro de 2021, o Congressional Budget Office, agência governamental composta por analistas políticos não partidários, divulgou um estudo sobre a proposta. A equipe estimou que ela aumentaria os salários de 17 milhões de pessoas, tiraria 900.000 da pobreza e deixaria 1,4 milhão sem emprego. Quando este livro estava no prelo, o Congresso ainda não tinha promulgado a proposta de Biden. ●

6-1c Avaliação do controle de preços

Um dos **dez princípios da economia** discutidos no Capítulo 1 é o de que os mercados são, em geral, uma boa maneira de organizar a atividade econômica. Esse princípio explica por que os economistas costumam se opor aos preços máximos e mínimos. Para eles, os preços não são resultado de um processo acidental. São, argumentam, o resultado de milhões de decisões de empresas e consumidores que estão por trás das curvas de oferta e demanda. Os preços desempenham a função crucial de equilibrar oferta e demanda e, com isso, coordenar a atividade econômica. Quando os formuladores de políticas fixam preços por decreto, obscurecem os sinais que normalmente conduzem a alocação dos recursos da sociedade.

Esse é apenas um lado da história. Outro dos **dez princípios da economia** é de que os governos podem, às vezes, melhorar os resultados do mercado. Com efeito, os formuladores de políticas adotam controles de preços porque consideram injustos os resultados do mercado. Os controles de preços, em geral, têm o objetivo de ajudar os pobres. As leis de controle dos aluguéis, por exemplo, procuram tornar a moradia acessível a todos, e as leis de salário mínimo tentam ajudar os pobres a escapar da pobreza.

Os controles de preço, no entanto, muitas vezes prejudicam as próprias pessoas que tentam ajudar. O controle dos aluguéis pode até mantê-los baixos, mas também desencoraja a manutenção das habitações pelos proprietários e torna difícil encontrar moradia. As leis de salário mínimo podem elevar a renda de alguns trabalhadores, mas outros, certamente, ficarão desempregados.

A ajuda àqueles que precisam pode ser dada sem a utilização de controle de preços. Por exemplo, o governo poderia tornar a moradia mais acessível se arcasse com uma parte do aluguel pago pelas famílias pobres. Ao contrário do controle dos aluguéis, os subsídios à moradia não reduzem a quantidade ofertada de imóveis e, portanto, não geram escassez. De maneira similar, o subsídio aos salários eleva os padrões de vida dos trabalhadores pobres sem desencorajar a contratação por parte das empresas. Um exemplo de subsídio ao salário é o **Earned Income Tax Credit** (crédito de imposto de renda), um programa governamental que suplementa a renda dos trabalhadores que ganham salários baixos.

Embora essas políticas alternativas sejam, muitas vezes, melhores do que o controle dos preços, elas não são perfeitas. Aluguéis e salários subsidiados custam dinheiro para o governo e, portanto, exigem aumentos de impostos. Como veremos na próxima seção, a tributação tem seus próprios custos.

Teste rápido

1. Quando o governo impõe um preço mínimo obrigatório, isso faz com que
   a. a curva de oferta se desloque para a esquerda.
   b. a curva de demanda se desloque para a direita.
   c. haja escassez daquele bem.
   d. haja excesso daquele bem.

2. Em um mercado com um preço máximo obrigatório, o aumento desse valor
   a. aumentará o excedente.
   b. aumentará a escassez.
   c. reduzirá o excedente.
   d. reduzirá a escassez.

3. O controle de aluguéis causa uma grande escassez em _____ prazo porque, durante aquele horizonte de tempo, oferta e demanda são _____ elásticas.
   a. longo; mais
   b. longo; menos
   c. curto; mais
   d. curto; menos

4. Um aumento no salário mínimo reduz o valor total pago aos trabalhadores afetados se a elasticidade-preço da _____ for _____ que 1.
   a. oferta; maior
   b. oferta; menor
   c. demanda; maior
   d. demanda; menor

As respostas estão no final do capítulo.

6-2 O surpreendente estudo da incidência tributária

Todos os governos – desde os governos federais em todo o mundo até governos municipais de pequenas cidades – usam impostos para captar recursos para projetos públicos, como estradas, escolas e defesa nacional. Uma vez que os impostos são um importante instrumento para políticas e afetam nossa vida de diversas maneiras, seu estudo é um tópico ao qual voltaremos diversas vezes neste livro. Nesta seção, começaremos a estudar como os impostos afetam a economia.

Para montar o cenário para nossa análise, imagine que um governo local decida realizar um festival anual de sorvete – com desfile, fogos de artifício e discurso das autoridades da cidade. Para captar recursos para financiar o evento, a cidade decide cobrar um imposto de $ 0,50 sobre a venda de cada sorvete. Quando o plano é anunciado, nossos dois grupos lobistas entram em ação. A Associação Nacional dos Consumidores de Sorvete afirma que seus membros estão passando por dificuldades financeiras, de modo que quem deve pagar o imposto são os **vendedores**. Já a Organização Nacional dos Fabricantes de Sorvete diz que estes estão lutando para sobreviver em um mercado competitivo e argumentam que quem deve pagar o imposto são os **consumidores**. O prefeito da cidade, na esperança de chegar a um acordo, sugere que metade do imposto seja paga pelos compradores, e metade, pelos vendedores.

Para analisar essas propostas, é preciso fazer uma pergunta simples, porém perspicaz: quando o governo institui um imposto sobre algum bem, quem realmente arca com o ônus desse imposto? Os compradores desse bem? Os vendedores? Ou, se compradores e vendedores dividem o ônus do imposto, o que determina como o ônus será dividido? O governo pode simplesmente decretar os termos da divisão, como sugere o prefeito, ou ela será determinada por forças do mercado? A expressão **incidência tributária** se refere a como o ônus tributário é distribuído entre as várias pessoas que formam a economia. Como veremos, algumas lições surpreendentes sobre a incidência tributária podem ser aprendidas com a simples aplicação das ferramentas da oferta e demanda.

incidência tributária
a maneira como o ônus de um imposto é dividido entre os participantes de um mercado

6-2a Como os impostos cobrados dos vendedores afetam os resultados do mercado

Consideremos, inicialmente, um imposto que passa a ser cobrado dos vendedores de um bem. Suponhamos que o governo local aprove uma lei que exija que os vendedores de sorvetes lhe repassem $ 0,50 por sorvete vendido. Como essa lei afetaria os compradores e vendedores de sorvete? Para responder, podemos seguir as três etapas do Capítulo 4 para

É NOTÍCIA: O salário mínimo deveria ser de US$ 15 por hora?

Em 2021, o presidente Joe Biden propôs um salário mínimo de US$ 15 por hora nos Estados Unidos, uma ideia polêmica entre políticos e economistas.

Aumentar o salário mínimo certamente custará empregos

Por David Neumark

Um relatório recente do Congressional Budget Office (CBO) estimou que 1,4 milhão de empregos seriam perdidos se o novo salário mínimo federal de US$ 15 fosse sancionado. Defensores da medida se apressaram para descartar a conclusão do CBO. "Não é exagero dizer que há um novo consenso entre os economistas de que aumentos no salário mínimo elevam os salários sem perdas significativas de empregos", apontou Heidi Shierholz, do Economic Policy Institute (EPI), que também divulgou uma carta assinada por economistas vencedores do Prêmio Nobel e outros especialistas fazendo a mesma afirmação.

Como demonstrei em um levantamento recente e extenso de pesquisas sobre salário mínimo e perda de emprego nos Estados Unidos, isso simplesmente não é verdade. A maioria dos estudos revelou que o salário mínimo reduz o nível de emprego de trabalhadores pouco qualificados, sobretudo os que ganham menos e são mais diretamente afetados pelo aumento do salário mínimo.

Existem estudos individuais divergentes sobre os efeitos do salário mínimo sobre o nível de emprego. O fato de haver discordância não é nenhuma surpresa. A economia é uma ciência social, não uma ciência natural. Os estudos sobre salários mínimos e perda de emprego não são experimentos laboratoriais. Eles não podem ser replicados e, portanto, não se pode esperar que gerem exatamente os mesmos resultados.

O que é surpreendente, no entanto, é que resumos da literatura de pesquisa façam afirmações contraditórias sobre o que diz o conjunto geral de evidências. Economistas ilustres como Angus Deaton e Peter Diamond assinaram a carta do EPI afirmando que as pesquisas indicam pouca ou nenhuma evidência de perda de emprego, enquanto outros analisam as pesquisas e concluem que elas apontam para perda de empregos. Como isso pode acontecer? Quem está certo?

A maior parte dos economistas tem uma posição forte em relação ao salário mínimo, qualquer que seja ela. Talvez isso influencie a maneira como eles enxergam e interpretam as evidências. Ou talvez existam tantos estudos sobre os efeitos do salário mínimo que seja difícil manter um "critério de avaliação" do que diz o conjunto geral de evidências.

Para garantir uma leitura precisa das pesquisas, Peter Shirley e eu entrevistamos os autores de praticamente todos os estudos dos EUA que estimam os efeitos do salário mínimo sobre o nível de emprego publicados nos últimos 30 anos. Pedimos que eles reportassem a melhor estimativa dos efeitos sobre os empregos, medida como a "elasticidade" ou a variação percentual nos empregos para cada alteração de 1% no salário mínimo. A maioria dos autores respondeu e, nos poucos casos em que não o fizeram, extraímos as estimativas de seus estudos.

Os resultados são evidentes. Entre todos os estudos, 79% relataram que o salário mínimo reduzia o nível de emprego. Em 46% dos estudos, o efeito negativo foi estatisticamente significativo. Em contrapartida, apenas 21% dos estudos encontraram pequenos efeitos positivos do salário mínimo sobre os empregos e apenas em uma porcentagem minúscula (4%) as evidências eram estatisticamente significativas. Um cálculo simplista, porém útil, mostra que a probabilidade de quase 80% dos estudos encontrarem efeitos negativos sobre os empregos se o efeito real for zero é menor que uma em um milhão.

Entre todos os estudos, a elasticidade média do emprego é cerca de –0,15, o que significa, por exemplo, que um aumento de 10% no salário mínimo reduziria os níveis de emprego

---

análise da oferta e da demanda: (1) determinamos se a lei afeta a curva de oferta ou a curva de demanda, (2) verificamos em que direção a curva se desloca e (3) examinamos como o deslocamento afeta o preço de equilíbrio e a quantidade.

Primeira etapa O impacto imediato do imposto é sobre os vendedores de sorvete. Como o imposto não é cobrado dos compradores, a quantidade demandada a qualquer preço dado é a mesma; assim, não há deslocamento na curva de demanda. Por outro lado, o imposto sobre os vendedores torna o negócio menos lucrativo a qualquer preço dado, então provoca um deslocamento na curva de oferta.

Segunda etapa Como o imposto sobre os vendedores aumenta o custo de produzir e vender sorvetes, ele reduz a quantidade ofertada em todos os preços. A curva de oferta se desloca para a esquerda (ou, de forma equivalente, para cima).

Sejamos precisos quanto ao tamanho do deslocamento. Para qualquer preço de mercado, o preço efetivo para os vendedores – o valor que eles retêm após pagarem o imposto – passa a ser $ 0,50 mais baixo. Por exemplo, se o preço de mercado de um sorvete fosse $ 2,00, o preço efetivo recebido pelos vendedores seria de $ 1,50. Qualquer que seja o preço

de trabalhadores menos qualificados em 1,5%. Extrapolando esse cálculo para um salário mínimo de US$ 15, esse aumento de 107% nos estados em que o salário mínimo federal de US$ 7,25 prevalece representaria uma queda de 16% nos empregos menos qualificados (resultado bastante consistente com o estudo recente do CBO). Isso seria uma perda substancial de empregos.

É verdade que alguns trabalhadores teriam rendimentos mais elevados e que, em termos líquidos, a renda dos trabalhadores com salários baixos provavelmente aumentaria. Porém, isso não significa que o salário mínimo é a melhor maneira de ajudar trabalhadores com salários baixos ou famílias de baixa renda, já que as pesquisas demonstram com clareza que uma grande parte dos ganhos de rendimentos provenientes de um salário mínimo mais elevado flui para famílias com rendas mais altas. Uma política alternativa – o crédito fiscal chamado Earned Income Tax Credit – visa beneficiar famílias de baixa renda de uma forma bem mais eficaz, comprovadamente reduz a pobreza e cria postos de trabalho, em vez de destruí-los.

Nossa pesquisa encontrou outros resultados importantes. Primeiro, ao contrário do que se diz algumas vezes, não há nenhuma tendência de que a maioria das pesquisas recentes gere menos evidências de perda de empregos. Segundo, quanto mais o estudo focar nos trabalhadores diretamente afetados pelo salário mínimo, mais fortes serão as evidências de perda de emprego. Por exemplo, a elasticidade média do emprego para trabalhadores com, no máximo, o ensino médio completo é −0,24, o que indica que um aumento de 10% no salário mínimo reduziria seus empregos em 2,4%. Os únicos estudos que produzem evidências mais contraditórias são estudos de indústrias com baixos salários, como varejo ou restaurantes. Particularmente, nesses estudos, a perda de emprego entre os mais afetados pelo salário mínimo pode ser mascarada pela substituição de trabalhadores menos qualificados por mais qualificados por parte dos empregadores.

É verdade que alguns estudos não encontraram evidência de perda de empregos, mas os defensores do aumento do salário mínimo só podem alegar apoio do conjunto geral de evidências se descartarem a maior parte dessas evidências. O consenso da pesquisa econômica sobre os efeitos do salário mínimo aponta claramente para a perda de empregos, e os formuladores de políticas públicas devem levar essa perda em consideração ao avaliar os potenciais custos e benefícios de um aumento acentuado no salário mínimo. ∎

Questões para discussão

1. Suponha que você seja um economista responsável por desenvolver uma política para ajudar trabalhadores com salários baixos. Você preferiria um salário mínimo ou um crédito fiscal sobre o imposto de renda? Por quê?

2. Suponha que agora você seja um político concorrendo a um cargo público. Seria mais fácil fazer campanha com base na promessa de um salário mínimo mais elevado ou de uma restituição mais generosa do imposto de renda? Por quê?

David Neumark é professor de economia na University of California, Irvine.

Fonte: *The Wall Street Journal*, 19 de março de 2021.

---

de mercado, os vendedores ofertarão uma quantidade de sorvete como se o preço fosse $ 0,50 mais baixo do que realmente é. Em outras palavras, para induzir os vendedores a ofertar qualquer quantidade dada, o preço de mercado, agora, precisa ser $ 0,50 mais alto para compensar os efeitos do imposto. Como mostra a Figura 6-6, a curva de oferta se desloca **para cima**, de O_1 para O_2, em um valor exatamente igual ao do imposto ($ 0,50).

Terceira etapa Tendo determinado como a curva de oferta se desloca, podemos agora comparar o equilíbrio inicial com o novo equilíbrio. De acordo com a figura, o preço de equilíbrio aumenta de $ 3,00 para $ 3,30, e a quantidade de equilíbrio cai de 100 para 90 sorvetes. Como os vendedores agora vendem menos e os compradores compram menos no novo equilíbrio, o imposto reduz o tamanho do mercado de sorvete.

Implicações Agora considere a questão da incidência tributária: quem paga o imposto? Embora os vendedores repassem o imposto para o governo, compradores e vendedores dividem o ônus. Como o preço de mercado aumenta de $ 3,00 para $ 3,30 após a introdução do imposto, os compradores pagam $ 0,30 a mais por sorvete que compram. Vendedores obtêm um preço mais alto ($ 3,30) dos compradores, mas o preço efetivo, após o pagamento do

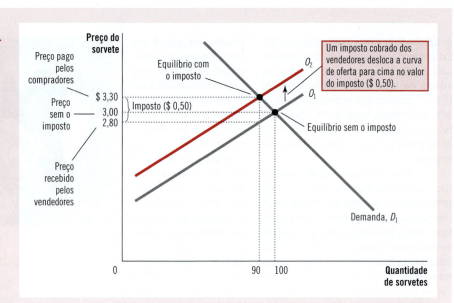

Figura 6-6
Um imposto cobrado dos vendedores

Quando um imposto de $ 0,50 é cobrado dos vendedores, a curva de oferta desloca-se para cima em $ 0,50, de O_1 para O_2. A quantidade de equilíbrio cai de 100 para 90 sorvetes. O preço que os compradores pagam sobe de $ 3,00 para $ 3,30. O preço que os vendedores recebem (após pagarem o imposto) cai de $ 3,00 para $ 2,80. Embora seja cobrado dos vendedores, compradores e vendedores dividem o ônus do imposto.

imposto, cai de $ 3,00, antes do imposto, para $ 2,80, com o imposto ($ 3,30 – $ 0,50 = $ 2,80). Assim, o imposto também prejudica os vendedores.

Em suma, a análise nos ensina duas coisas:

- Os impostos desencorajam a atividade do mercado. Quando um bem é tributado, a quantidade vendida desse bem é menor no novo equilíbrio.
- Compradores e vendedores dividem o ônus dos impostos. No novo equilíbrio, os compradores pagam mais pelo bem e os vendedores recebem menos por ele.

6-2b Como os impostos cobrados dos compradores afetam os resultados do mercado

Agora, consideremos um imposto cobrado dos compradores de um bem. Suponhamos que o governo local aprove uma lei que exija que os compradores repassem ao governo $ 0,50 para cada sorvete comprado. Quais serão os efeitos dessa lei? Novamente, aplicaremos as três etapas para saber a resposta.

Primeira etapa O impacto inicial do imposto recai sobre a demanda por sorvetes. A curva de oferta não é afetada porque, para cada preço dado, os vendedores têm o mesmo incentivo para ofertar sorvetes para o mercado. No entanto, os compradores agora devem pagar um imposto ao governo (assim como o preço para os vendedores) sempre que comprarem sorvete. Portanto, o imposto desloca a curva de demanda por sorvete.

Segunda etapa Em seguida, determinamos a direção do deslocamento. Como o imposto sobre os compradores torna a compra de sorvete menos atraente, os compradores demandam menor quantidade dele a qualquer preço. A curva de demanda se desloca para a esquerda (ou, de forma equivalente, para baixo), como mostra a Figura 6-7.

Novamente, sejamos precisos quanto à magnitude do deslocamento. Por causa do imposto de $ 0,50 cobrado dos compradores, o preço efetivo para eles é agora $ 0,50 maior que o preço de mercado (qualquer que seja o preço de mercado). Por exemplo, se o preço de mercado fosse $ 2,00, o preço efetivo para os compradores seria $ 2,50. Como os compradores avaliam o custo total, incluindo o imposto, eles demandam uma quantidade de sorvete como se o preço de mercado fosse $ 0,50 maior do que realmente é. Em outras palavras, para induzir os compradores a demandar qualquer quantidade dada, o preço

Figura 6-7

Um imposto cobrado dos compradores

Quando um imposto de $ 0,50 passa a ser cobrado dos compradores, a curva de demanda desloca-se para baixo em $ 0,50, de D_1 para D_2. A quantidade de equilíbrio cai de 100 para 90 sorvetes. O preço que os vendedores recebem cai de $ 3,00 para $ 2,80. O preço que os compradores pagam (incluído o imposto) aumenta de $ 3,00 para $ 3,30. Embora seja cobrado dos compradores, compradores e vendedores dividem o ônus do imposto.

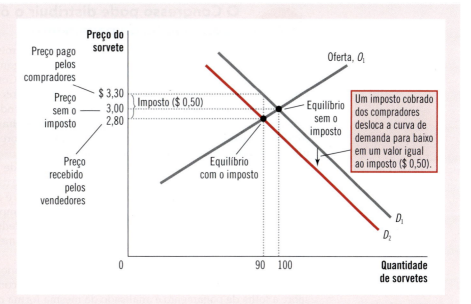

de mercado precisa agora ser $ 0,50 menor para compensar o efeito do imposto. Portanto, o imposto desloca a curva de demanda **para baixo**, de D_1 para D_2, no montante exato do imposto ($ 0,50).

Terceira etapa Agora, vamos observar o efeito do imposto comparando o equilíbrio inicial com o novo equilíbrio. Na Figura 6-7, o preço de equilíbrio de sorvetes cai de $ 3,00 para $ 2,80 e a quantidade de equilíbrio cai de 100 para 90 sorvetes. Novamente, o imposto sobre o sorvete reduz o tamanho do mercado. E, novamente, compradores e vendedores dividem o ônus do imposto. Os vendedores obtêm um preço menor pelo produto e os compradores pagam um preço menor para os vendedores em relação ao que pagavam anteriormente, mas o preço efetivo (incluindo o imposto que os compradores devem pagar) sobe de $ 3,00 para $ 3,30.

Implicações Se comparar as Figuras 6-6 e 6-7, você chegará a uma conclusão surpreendente: **impostos cobrados de compradores e impostos cobrados de vendedores são equivalentes**. Em ambos os casos, o imposto introduz uma cunha entre o preço que os compradores pagam e o que os vendedores recebem. A cunha entre o preço dos compradores e dos vendedores é a mesma, independentemente de o imposto ser cobrado dos compradores ou dos vendedores. Em qualquer um dos casos, a cunha desloca a posição relativa das curvas de oferta e demanda. No novo equilíbrio, os compradores e os vendedores dividem o ônus do imposto. A única diferença entre o imposto cobrado dos vendedores e aquele cobrado dos compradores está em quem é responsável pelo recolhimento do imposto para o governo.

A equivalência entre esses dois impostos é fácil de entender quando imaginamos que o governo recolhe o imposto de $ 0,50 sobre o sorvete num cofrinho colocado no balcão de cada sorveteria. Quando o governo cobra o imposto dos vendedores, eles têm de colocar $ 0,50 no cofrinho cada vez que um sorvete é vendido. Quando o imposto é cobrado dos compradores, são eles que têm de colocar os $ 0,50 no cofrinho depois da compra de cada sorvete. Não faz nenhuma diferença se os $ 0,50 vão diretamente do bolso do comprador para o cofrinho ou se vão para lá indiretamente, saindo do bolso do comprador, indo para as mãos do vendedor e só então sendo colocados no cofrinho. Uma vez que o mercado atinja o novo equilíbrio, compradores e vendedores compartilharão o ônus, independentemente da forma como o imposto for cobrado.

O Congresso pode distribuir o ônus de um imposto sobre a folha de pagamento?

Se você já recebeu um holerite, provavelmente percebeu que houve uma dedução de impostos do valor que você ganhou. Nos Estados Unidos, um desses impostos é o chamado FICA, Federal Insurance Contributions Act (Lei Federal de Contribuições para Seguros). O governo federal usa as receitas do FICA para pagar a Seguridade Social e o Medicare, programas de apoio à renda e assistência médica para os cidadãos mais velhos. O FICA é um **imposto sobre a folha de pagamento**, uma tributação sobre os salários que as empresas pagam aos trabalhadores. Em 2021, o valor do FICA de um trabalhador típico era de 15,3% dos rendimentos.

Quem fica com o ônus desse imposto sobre a folha de pagamento, as empresas ou os trabalhadores? Quando o Congresso aprovou a lei, tentou dividir esse ônus. De acordo com a legislação, metade do imposto é pago pelas empresas e a outra metade pelos trabalhadores. Ou seja, metade é paga a partir das receitas das empresas e metade é deduzida dos salários dos trabalhadores. O valor que aparece como dedução no seu holerite é a contribuição do trabalhador. (Trabalhadores autônomos geralmente pagam o imposto todo por conta própria.)

Nossa análise da incidência tributária, no entanto, mostra que os parlamentares não conseguem ditar a distribuição do ônus de um imposto com tanta facilidade. Um imposto sobre a folha de pagamento é analisado da mesma forma que um imposto sobre um produto como o sorvete. Neste caso, o produto é a mão de obra e o preço é o salário. De novo, o imposto insere uma cunha – aqui, entre o salário que as empresas pagam e o salário que os trabalhadores recebem (ou seja, o salário líquido). A Figura 6-8 mostra o resultado. Quando um imposto sobre a folha de pagamento é estabelecido, o salário recebido pelos trabalhadores diminui, e o salário pago pelas empresas aumenta. No fim das contas, trabalhadores e empresas dividem o ônus, de forma parecida com o que exige a legislação. Porém, a divisão econômica não tem nada a ver com o que estabelece a lei: a divisão do ônus na Figura 6-8 não é necessariamente "meio a meio", e o mesmo resultado prevaleceria se a legislação cobrasse o imposto total dos trabalhadores ou das empresas.

Esse exemplo destaca uma lição muitas vezes ignorada. Os parlamentares podem decidir se o pagamento de um imposto vem do bolso do comprador ou do vendedor, mas não podem decidir o verdadeiro ônus de um imposto. A incidência de um imposto depende das forças da oferta e da demanda. ●

Figura 6-8

Um imposto sobre a folha de pagamento

Um imposto sobre a folha de pagamento impõe uma cunha entre o que a empresa paga e o que os trabalhadores recebem. A comparação de salários com e sem o imposto deixa claro que os trabalhadores e as empresas dividem o ônus. Essa divisão independe de o governo aplicar o imposto inteiramente aos trabalhadores, às empresas ou dividi-lo entre os dois grupos.

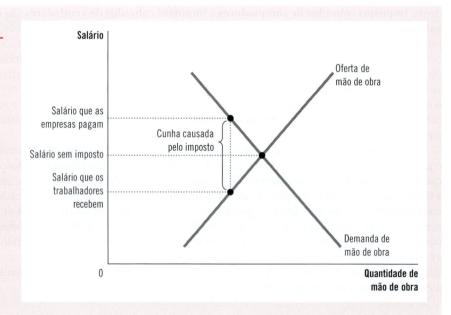

6-2c Elasticidade e incidência tributária

Como exatamente se dá a divisão do ônus tributário entre compradores e vendedores? Ela raramente é igualitária. Para ver como o ônus é dividido, considere o impacto da tributação sobre os dois mercados da Figura 6-9. Em ambos os casos, a figura mostra a curva de demanda inicial, a curva de oferta inicial e um imposto que introduz uma cunha entre o valor pago pelos compradores e o valor recebido pelos vendedores. (Não foram desenhadas em nenhum painel da figura as novas curvas de oferta e demanda. A curva que se desloca depende de o imposto ser cobrado dos compradores ou dos vendedores. Como vimos, isso é irrelevante no que diz respeito à incidência tributária.) A diferença entre os dois painéis está na elasticidade relativa da oferta e da demanda.

O painel (a) da Figura 6-9 mostra um imposto em um mercado com oferta altamente elástica e demanda relativamente inelástica. Ou seja, os vendedores reagem muito a mudanças no preço do bem (de modo que a curva de oferta tem inclinação relativamente

Figura 6-9

Como o ônus de um imposto é dividido

No painel (a), a curva de oferta é elástica e a de demanda é inelástica. Nesse caso, o preço recebido pelos vendedores cai apenas um pouco, enquanto o preço pago pelos compradores aumenta substancialmente, recaindo sobre os compradores a maior parte do ônus tributário. No painel (b), a curva de oferta é inelástica e a de demanda é elástica. Nesse caso, o preço recebido pelos vendedores cai substancialmente, enquanto o preço pago pelos compradores só aumenta um pouco, recaindo sobre os vendedores a maior parte do ônus tributário.

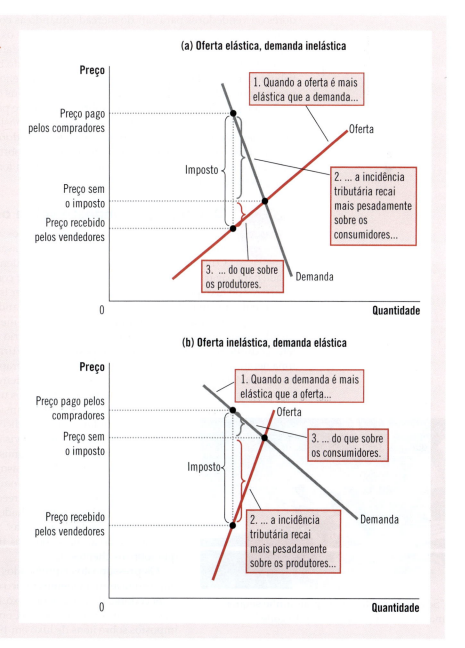

pouco acentuada), ao passo que os compradores não respondem muito a mudanças de preço (de modo que a curva de demanda é relativamente íngreme). Quando um imposto incide sobre um mercado com essas elasticidades, o preço recebido pelos vendedores não cai muito, de modo que estes arcam apenas com uma pequena parte do ônus. Por outro lado, o preço pago pelos compradores sobe substancialmente, indicando que eles arcam com a maior parte do ônus do imposto.

O painel (b) da Figura 6-9 mostra um imposto em um mercado com oferta relativamente inelástica e demanda muito elástica. Nesse caso, os vendedores não respondem muito a mudanças de preço (de modo que a curva de oferta é mais íngreme), e os compradores respondem muito a mudanças de preço (de modo que a curva de demanda tem inclinação menos acentuada). A figura mostra que, quando um imposto é aprovado, o preço pago pelos compradores não sobe muito, enquanto o preço recebido pelos vendedores cai substancialmente, recaindo sobre os vendedores a maior parte do ônus do imposto.

Os dois painéis da figura apresentam uma lição geral sobre a divisão do ônus de um imposto: **o ônus de um imposto recai mais pesadamente sobre o lado menos elástico do mercado**. Por que isso ocorre? Em essência, a elasticidade mede a disposição de compradores ou vendedores para sair do mercado quando as condições se tornam desfavoráveis. Uma elasticidade pequena da demanda significa que os compradores não têm boas alternativas ao consumo do bem em questão. Uma elasticidade pequena da oferta significa que os vendedores não têm boas alternativas à produção do bem em questão. Quando o bem é tributado, o lado com menos alternativas boas tem menor condição de deixar o mercado e precisa, portanto, arcar com uma parcela maior do ônus do imposto.

Essa lógica se aplica ao imposto sobre as folhas de pagamento discutido no estudo de caso anterior. Como os economistas normalmente consideram que a oferta de trabalho é muito menos elástica que a demanda, são os trabalhadores, em vez das empresas, que acabam arcando com a maior parte do ônus do imposto sobre a folha de pagamento. Em outras palavras, a distribuição do ônus do imposto está bem longe da divisão igualitária pretendida pelos legisladores.

Quem paga o imposto sobre os artigos de luxo?

Em 1990, o Congresso dos Estados Unidos adotou um imposto sobre itens de luxo, como iates, jatinhos particulares, casacos de pele, joias e carros de luxo.

O objetivo era aumentar a receita proveniente daqueles que tinham mais facilidade para pagar. Como apenas os ricos podem arcar com essas extravagâncias, a taxação de artigos de luxo parecia uma maneira lógica de fazer isso.

No entanto, quando as forças da oferta e da demanda entraram em cena, o resultado não foi o que o Congresso esperava. Vamos pensar no mercado de iates, por exemplo. A demanda nesse mercado é bastante elástica. Um bilionário pode facilmente não comprar um iate. O dinheiro seria usado para comprar uma ilha, tirar férias mais luxuosas ou deixar uma herança mais robusta para os herdeiros. Em contrapartida, a oferta de iates é relativamente inelástica, pelo menos em curto prazo. Os estaleiros que produzem os iates não podem ser convertidos para outros usos facilmente, e os trabalhadores dessas instalações não estão ansiosos para trocar de emprego em resposta às mudanças nas condições do mercado.

Nossa análise faz uma previsão clara. Com uma demanda elástica e uma oferta inelástica, o ônus do imposto recai principalmente sobre os fornecedores. Nesse caso, um imposto sobre os iates deixa a maior parte do ônus para as empresas e os trabalhadores que fabricam iates, pois eles acabam recebendo significativamente menos pelas embarcações. Os trabalhadores não são ricos, apesar de seus chefes serem. No fim das contas, o ônus de um imposto sobre artigos de luxo recai mais sobre os trabalhadores de classe média do que sobre os clientes ricos.

Os pressupostos equivocados sobre a incidência desse tipo de imposto ficaram evidentes pouco depois de sua implementação. Os fornecedores de artigos de luxo informaram seus representantes eleitos sobre os problemas, e o Congresso revogou a maior parte dos impostos sobre itens de luxo em 1993.

"Se esse barco fosse um pouquinho sequer mais caro, estaríamos jogando golfe."

Teste rápido

5. Um imposto de $ 1 por unidade cobrado dos consumidores de um bem é equivalente a
   a. um imposto de $ 1 por unidade cobrado dos produtores do bem.
   b. um subsídio de $ 1 por unidade pago aos produtores do bem.
   c. um valor mínimo que aumenta o preço do bem em $ 1 por unidade.
   d. um valor máximo que aumenta o preço do bem em $1 por unidade.

6. Quando um bem é tributado, o ônus do imposto recai principalmente sobre os consumidores se
   a. o imposto for cobrado dos consumidores.
   b. o imposto for cobrado dos produtores.
   c. a oferta for inelástica e a demanda for elástica.
   d. a oferta for elástica e a demanda for inelástica.

7. Qual das seguintes alternativas aumentaria a quantidade ofertada, reduziria a quantidade demandada e aumentaria o preço pago pelos consumidores?
   a. a aprovação de um imposto sobre um bem
   b. a remoção de um imposto sobre um bem
   c. a imposição de um preço mínimo obrigatório
   d. a remoção de um preço mínimo obrigatório

8. Qual das seguintes alternativas aumentaria a quantidade ofertada, aumentaria a quantidade demandada e reduziria o preço pago pelos consumidores?
   a. a aprovação de um imposto sobre um bem
   b. a remoção de um imposto sobre um bem
   c. a imposição de um preço mínimo obrigatório
   d. a remoção de um preço mínimo obrigatório

As respostas estão no final do capítulo.

6-3 Conclusão

A economia é governada por dois tipos de lei: as leis de oferta e demanda e aquelas decretadas pelos governos. Neste capítulo, começamos a ver como essas leis interagem. Os controles de preços e os impostos são comuns em vários mercados da economia, e seus efeitos costumam ser debatidos na imprensa e entre os formuladores de políticas. Até mesmo um pouco de conhecimento de economia pode representar muito para se entender e avaliar essas políticas.

Nos próximos capítulos, analisaremos mais detalhadamente muitas políticas governamentais. Examinaremos melhor os impactos da tributação e trataremos de um conjunto de políticas mais amplo do que o abordado até aqui. Mas as lições básicas deste capítulo se manterão: quando se analisam políticas governamentais, a oferta e a demanda são as principais e mais úteis ferramentas de análise.

RESUMO DO CAPÍTULO

- O preço máximo é um teto legal para o preço de um bem ou serviço. Um exemplo de preço máximo é o controle dos aluguéis: se o preço máximo for inferior ao preço de equilíbrio, o preço máximo será obrigatório e a quantidade demandada excederá a quantidade ofertada. Por causa da escassez resultante, os vendedores precisam racionar de alguma forma o bem ou serviço entre os compradores.

- O preço mínimo é um piso legal para o preço de um bem ou serviço. Um exemplo de preço mínimo é o salário mínimo: se o preço mínimo for superior ao preço de equilíbrio, o preço mínimo será obrigatório e a quantidade ofertada excederá a quantidade demandada. Por causa do excedente resultante, a demanda dos compradores pelo bem ou serviço precisa ser racionada de alguma forma entre os vendedores.

- Quando o governo estabelece um imposto sobre um bem, a quantidade de equilíbrio do bem cai. Ou seja, um imposto sobre um mercado reduz o tamanho do mercado.

- Um imposto sobre um bem insere uma cunha entre o preço pago pelos compradores e o preço recebido pelos vendedores. Quando o mercado se move para um novo equilíbrio, os compradores pagam mais pelo bem e os vendedores recebem menos por ele. Nesse sentido, compradores e vendedores compartilham o ônus do imposto. A incidência tributária (ou seja, a divisão do ônus) independe de o imposto ser cobrado dos compradores ou dos vendedores.

- A incidência de um imposto depende das elasticidades-preço da oferta e da demanda. A maior parte do ônus tende a recair sobre o lado do mercado que é menos elástico, porque este não pode responder tão facilmente ao imposto mudando a quantidade comprada ou vendida.

CONCEITOS-CHAVE

preço máximo, p. 112

preço mínimo, p. 112

incidência tributária, p. 121

QUESTÕES DE REVISÃO

1. Dê um exemplo de preço máximo e outro de preço mínimo.
2. O que causa uma escassez de demanda de um bem: um preço máximo ou um preço mínimo? Justifique sua resposta com um gráfico.
3. Que mecanismos alocam recursos quando não se autoriza que o preço de um bem traga a oferta e a demanda para o equilíbrio?
4. Explique por que os economistas costumam se opor a controles de preços.
5. Suponha que o governo retire um imposto sobre compradores de um bem e o transfira para os vendedores desse bem. De que maneira essa mudança na política tributária afeta o preço que os compradores pagam aos vendedores pelo bem, a quantia que os compradores efetivamente desembolsam, incluindo os impostos pagos, o valor líquido que os vendedores recebem e quantidade do bem vendido?
6. Como um imposto sobre um bem afeta o preço pago pelos compradores, o preço recebido pelos vendedores e a quantidade vendida?
7. O que determina a maneira como o ônus tributário se divide entre compradores e vendedores? Por quê?

PROBLEMAS E APLICAÇÕES

1. Os fãs de comédia convenceram o Congresso a impor um preço máximo de $ 40 por ingresso de shows de *stand-up*. Como resultado dessa política, mais ou menos pessoas passaram a frequentar shows de *stand-up*? Explique.
2. O governo decidiu que o preço de mercado do queijo está baixo demais.
    a. Suponha que o governo imponha um preço mínimo obrigatório para o mercado de queijo. Use um diagrama de oferta e demanda para demonstrar o efeito dessa política sobre o preço do queijo e a quantidade de queijo vendida. Há uma escassez ou um excedente de queijo?
    b. Os produtores reclamam de que o preço mínimo reduziu sua receita total. Isso é possível? Explique.
    c. Em resposta às reclamações dos produtores, o governo concorda em comprar todo o excedente de queijo ao preço mínimo. Quem se beneficia dessa política, se comparada à do preço mínimo? Quem sai perdendo?
3. Um estudo recente mostra os cronogramas de oferta e demanda de *frisbees*, como segue:

Preço por unidade	Quantidade demandada	Quantidade ofertada
$ 11	1 milhão	15 milhões
10	2	12
9	4	9
8	6	6
7	8	3
6	10	1

   a. Qual é o preço e a quantidade de equilíbrio dos *frisbees*?
   b. Os fabricantes convencem o governo de que a produção de *frisbees* aumenta o entendimento dos cientistas sobre a aerodinâmica e, portanto, é importante para a segurança nacional. O Congresso, empenhado, vota a favor da imposição de um preço mínimo de $ 2 acima do preço de equilíbrio. Qual será o novo preço de mercado? Quantos *frisbees* serão vendidos?
   c. Indignados, estudantes universitários fazem um protesto em Washington e exigem a redução no preço do *frisbee*. O Congresso, ainda mais empenhado, vota a favor da eliminação do preço mínimo e estabelece um preço máximo de $ 1 abaixo do antigo preço mínimo. Qual será o novo preço de mercado? Quantos *frisbees* serão vendidos?
4. Suponha que o governo federal exija que os consumidores de cerveja paguem um imposto de $ 2 sobre cada caixa de cerveja comprada. (Na realidade, tanto o governo federal quanto o estadual impõem algum tipo de taxa sobre a cerveja.)
   a. Faça um diagrama de oferta e demanda do mercado da cerveja sem esse imposto. Mostre o preço pago pelos consumidores, o preço recebido pelos produtores e a quantidade de cerveja vendida. Qual é a diferença entre o preço pago pelos consumidores e o preço recebido pelos produtores?
   b. Faça um diagrama de oferta e demanda para o mercado de cerveja com o imposto. Mostre o preço pago pelos consumidores, o preço recebido pelos produtores e a quantidade de cerveja vendida. Qual é a diferença entre o valor pago pelos consumidores e o recebido pelos produtores? A quantidade de cerveja vendida aumentou ou diminuiu?

5. Um senador quer aumentar a receita tributária e deixar os trabalhadores em melhor situação. Um membro de sua equipe propõe aumentar o imposto sobre a folha de pagamento pago pelas empresas e usar parte da arrecadação adicional para reduzir o imposto sobre a folha de pagamento pago pelos trabalhadores. Isso atingiria os objetivos do senador? Explique.

6. Se o governo cobrar um imposto de $ 500 sobre os carros de luxo, o preço pago pelos consumidores aumentará mais do que $ 500, menos do que $ 500 ou exatamente $ 500? Explique.

7. O Congresso e o presidente decidem que o país deve diminuir a poluição do ar, reduzindo o consumo de gasolina. Eles decidem aplicar um imposto de $ 0,50 por litro de gasolina vendido.
   a. Eles devem cobrar esse imposto dos produtores ou dos consumidores? Explique cuidadosamente com um gráfico de oferta e demanda.
   b. Se a demanda por gasolina fosse mais elástica, esse imposto seria mais eficaz ou menos eficaz na redução da quantidade de gasolina consumida? Explique com palavras e um diagrama.
   c. Os consumidores de gasolina são beneficiados ou prejudicados pelo imposto? Por quê?
   d. Os trabalhadores da indústria de petróleo são beneficiados ou prejudicados pelo imposto? Por quê?

8. Um dos estudos de caso deste capítulo discute a lei federal do salário mínimo nos Estados Unidos.
   a. Suponha que o salário mínimo esteja acima do salário de equilíbrio de mercado para trabalhadores não qualificados. Usando um gráfico de oferta e demanda, indique o salário de mercado, o número de trabalhadores que estão empregados e o número de trabalhadores que estão desempregados. Indique, ainda, o pagamento total de salários aos trabalhadores não qualificados.
   b. Agora, suponha que o ministro do trabalho proponha um aumento do salário mínimo. Que efeito esse aumento teria sobre o emprego? A mudança no nível de emprego depende da elasticidade da demanda, da elasticidade da oferta, das duas elasticidades ou de nenhuma delas?
   c. Que efeito esse aumento do salário mínimo teria sobre o desemprego? A mudança no nível de desemprego depende da elasticidade da demanda, da elasticidade da oferta, das duas elasticidades ou de nenhuma delas?
   d. Se a demanda por mão de obra não qualificada fosse inelástica, o aumento proposto do salário mínimo aumentaria ou diminuiria o pagamento total de salários aos trabalhadores não qualificados? Sua resposta seria diferente se a demanda por mão de obra não qualificada fosse elástica?

9. O estádio de Fenway Park, sede do time de beisebol Boston Red Sox, tem capacidade para 38 mil torcedores; portanto, o número de ingressos é fixado nessa quantidade. Ao perceber uma oportunidade de ouro para aumentar a receita pública, a cidade de Boston determina um imposto de $ 5 por ingresso, a ser pago pelo comprador. Os fãs, conhecidos por seu sentimento cívico, pagam religiosamente os $ 5 de imposto por ingresso. Trace um gráfico demonstrando o impacto desse imposto. Quem arca com o ônus: os proprietários do time, os fãs ou ambos? Por quê?

10. Um mercado é descrito pelas seguintes curvas de oferta e demanda:

$$Q_O = 2P$$
$$Q_D = 300 - P.$$

   a. Calcule o preço e a quantidade de equilíbrio.
   b. Se o governo impuser um preço máximo de $ 90, decorrerá uma situação de escassez, de excedente de mercado ou nenhuma delas? Determine o preço, a quantidade ofertada, a quantidade demandada e o tamanho do excedente ou da escassez.
   c. Se o governo impuser um preço mínimo de $ 90, decorrerá uma situação de escassez, de excedente ou nenhuma delas? Determine o preço, a quantidade ofertada, a quantidade demandada e o tamanho da escassez ou do excedente.
   d. Em vez de um controle de preços, o governo cria um imposto de $ 30 sobre os produtores. Como resultado, a nova curva de oferta é:

$$Q_O = 2(P - 30).$$

   Haverá o aparecimento de um excesso de demanda, de um excesso de oferta ou nenhum deles? Determine o preço, a quantidade ofertada, a quantidade demandada e o tamanho da escassez ou do excedente.

Respostas do teste rápido

1. **d**   2. **d**   3. **a**   4. **c**   5. **a**   6. **d**   7. **c**   8. **b**

Capítulo 7

Consumidores, produtores e a eficiência dos mercados

Quando os consumidores vão a um mercado de produtos orgânicos local, podem ficar encantados com os tomates vermelhos e suculentos, mas indignados com os preços elevados dos produtos. Ao mesmo tempo, os produtores que levam ao mercado os tomates que cultivaram gostariam que os preços estivessem ainda mais altos. Essa dinâmica não é surpreendente: mantendo os outros fatores constantes, os compradores normalmente querem pagar menos e os vendedores querem receber mais. Mas será que existe um "preço certo" para os tomates do ponto de vista da sociedade como um todo?

Nos capítulos anteriores, vimos como, nos mercados competitivos, as forças de oferta e demanda determinam o preço e a quantidade vendida dos bens e serviços. Até aqui, contudo, descrevemos a maneira como os mercados alocam os recursos escassos sem abordar diretamente a questão sobre essa alocação ser desejável. Sabemos que o preço dos tomates se ajusta para garantir que a quantidade ofertada seja igual à quantidade demandada. Mas, nesse equilíbrio, a quantidade produzida e consumida é pequena demais, grande demais ou de um bom tamanho?

Parte III Mercados e bem-estar

economia do bem-estar
estudo de como a alocação de recursos afeta o bem-estar econômico

Neste capítulo, abordaremos o tópico da **economia do bem-estar**, o estudo de como a alocação de recursos afeta o bem-estar econômico. Começaremos examinando os benefícios que compradores e vendedores recebem por participar do mercado. Vamos também examinar como a sociedade pode fazer com que esses benefícios sejam os maiores possíveis. Essa análise leva a uma conclusão profunda: o equilíbrio de oferta e demanda em um mercado competitivo maximiza os benefícios totais recebidos por compradores e vendedores.

Como você deve se lembrar do Capítulo 1, um dos **dez princípios da economia** é que os mercados costumam ser uma boa maneira de organizar a atividade econômica. O estudo da economia do bem-estar explica mais detalhadamente esse princípio e também responde à nossa pergunta sobre o preço certo do tomate: o preço que equilibra a oferta e a demanda de tomates é, em um sentido particular, o melhor, na medida em que maximiza o bem-estar total dos consumidores e dos produtores. Nenhum consumidor ou produtor de tomate pretende alcançar esse objetivo, mas a ação conjunta direcionada pelos preços do mercado provoca um resultado que maximiza o bem-estar, como se fosse dirigido por uma mão invisível.

7-1 Excedente do consumidor

Começaremos nosso estudo da economia do bem-estar pelos benefícios que os compradores recebem por sua participação no mercado.

7-1a Disposição para pagar

Imagine que você tenha herdado de sua tia-avó um disco raro e em perfeito estado do primeiro álbum de Elvis Presley. Como você não é fã do cantor, decide vender o álbum em um leilão.

Quatro fãs do Elvis comparecem ao leilão: Whitney, Ella, Mariah e Karen. Todas elas querem o disco, mas estabeleceram limites para os valores que pagariam por ele. A Tabela 7-1 mostra o preço máximo que cada uma das quatro possíveis compradoras pagaria. O máximo de cada compradora é chamado **disposição para pagar** e mede quanto aquela compradora valoriza o produto. Todas adorariam comprar o disco por um preço menor do que sua disposição para pagar e se recusariam a pagar um preço maior do que sua disposição para pagar. Se o preço fosse igual à sua disposição para pagar, a compradora ficaria indiferente a respeito da compra do produto: se o preço fosse exatamente o mesmo do valor que atribui ao álbum, ela ficaria igualmente feliz comprando-o ou ficando com o dinheiro.

disposição para pagar
quantia máxima que um comprador está disposto a pagar por um bem

Para vender o disco, você começa o leilão com um preço baixo, de $ 100, por exemplo. Como as quatro compradoras estão dispostas a pagar muito mais, o preço sobe rapidamente. Os lances terminam quando Whitney oferece $ 800 (ou um pouco mais). Nesse ponto, Ella, Mariah e Karen saem da disputa porque não estão dispostas a oferecer mais do que $ 800. Whitney paga $ 800 e arremata o álbum. Observe que o disco foi para a compradora que atribui mais valor a ele.

Tabela 7-1
A disposição para pagar de quatro possíveis compradoras

Compradora	Disposição para pagar
Whitney	$ 1.000
Ella	800
Mariah	700
Karen	500

Que benefício Whitney obtém ao comprar o disco de Elvis Presley? De certa forma, para ela foi uma pechincha: ela estava disposta a pagar $ 1.000 pelo álbum, mas gastou apenas $ 800. Os economistas dizem que Whitney recebeu um **excedente do consumidor** de $ 200. O **excedente do consumidor** é a quantia que um comprador está disposto a pagar por um bem menos a quantia que realmente paga por ele.

O excedente do consumidor mede o benefício que os compradores obtêm por sua participação no mercado. Whitney recebeu um benefício de $ 200 porque pagou apenas $ 800 por um bem que, para ela, valia $ 1.000. Ella, Mariah e Karen não obtiveram nenhum excedente do consumidor porque saíram do leilão sem o álbum e sem pagar nada.

Agora, imaginemos um exemplo um pouco diferente. Suponhamos que você tivesse dois álbuns idênticos de Elvis Presley para vender. Mais uma vez, você os leiloa entre as quatro possíveis compradoras. Para simplificarmos as coisas, vamos presumir que os dois álbuns devam ser vendidos pelo mesmo preço e que nenhuma das compradoras esteja interessada em adquirir mais do que um álbum. Com isso, o preço sobe até que restem apenas duas compradoras.

Neste caso, os lances terminam quando Whitney e Ella oferecem $ 700 (ou um pouco mais). A esse preço, Whitney e Ella ficariam felizes com a compra do álbum, mas Mariah e Karen não estão dispostas a oferecer um lance mais alto. Whitney e Ella obtêm um excedente do consumidor igual à sua disposição para pagar menos o preço pago. O excedente do consumidor de Whitney é $ 300 e o de Ella é $ 100. O excedente do consumidor de Whitney é maior que o do exemplo anterior porque ela paga menos pelo mesmo álbum. O excedente do consumidor total no mercado é de $ 400.

excedente do consumidor
quantia que um comprador está disposto a pagar por um bem menos a quantia que realmente paga por ele

7-1b Usando a curva de demanda para medir o excedente do consumidor

O excedente do consumidor está estreitamente associado à curva de demanda de um produto. Para ver como isso acontece, considere a curva de demanda do álbum de Elvis Presley.

Comece pela disposição para pagar das quatro possíveis compradoras, para identificar a escala de demanda de mercado do álbum. A tabela da Figura 7-1 mostra a escala da

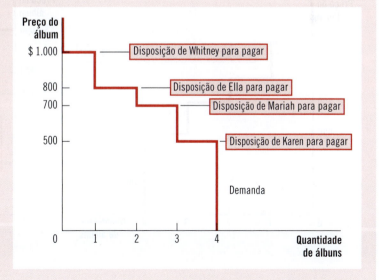

Figura 7-1

Escala de demanda e curva de demanda

A tabela mostra a escala de demanda das compradoras (listadas na Tabela 7-1) da cópia em perfeito estado do primeiro álbum de Elvis Presley. O gráfico mostra a curva de demanda correspondente. A altura da curva de demanda reflete a disposição das compradoras para pagar.

Preço	Compradoras	Quantidade demandada
Mais de $ 1.000	Nenhum	0
$ 800 a $ 1.000	Whitney	1
$ 700 a $ 800	Whitney, Ella	2
$ 500 a $ 700	Whitney, Ella, Mariah	3
$ 500 ou menos	Whitney, Ella, Mariah e Karen	4

demanda que corresponde aos valores indicados na Tabela 7-1. Se o preço estiver acima de $ 1.000, a quantidade demandada será 0, porque nenhuma compradora estará disposta a pagar um preço tão elevado. Se o preço estiver entre $ 800 e $ 1.000, a quantidade demandada será 1, porque só Whitney estará disposta a pagar um preço tão alto. Se o preço estiver entre $ 700 e $ 800, a quantidade demandada será 2, já que tanto Whitney quanto Ella estarão dispostas a pagar o preço. Podemos aplicar a mesma análise aos demais preços. Com isso, a escala de demanda é derivada da disposição para pagar das quatro possíveis compradoras.

O gráfico da Figura 7-1 mostra a curva de demanda correspondente a essa escala de demanda. Observe a relação entre a altura da curva e a disposição para pagar das compradoras. Para qualquer quantidade, o preço dado pela curva de demanda indica a disposição para pagar da **compradora marginal**, aquele compradora que seria a primeira a deixar o mercado se o preço fosse um pouco mais alto. Quando a quantidade é de 4 álbuns, por exemplo, a curva de demanda tem a altura de $ 500, o preço que Karen (a compradora marginal) está disposta a pagar. Para a quantidade de 3 álbuns, a curva de demanda tem a altura de $ 700, o preço que Mariah (que passa a ser a compradora marginal) está disposta a pagar.

Como a curva de demanda reflete a disposição para pagar das compradoras, pode ser usada para medir o excedente do consumidor. A Figura 7-2 mostra esse excedente em nossos dois exemplos. No painel (a), o preço é $ 800 (ou pouco mais) e a quantidade demandada é 1. Observe que a área acima do preço e abaixo da curva de demanda é igual a $ 200. Esse valor é o excedente do consumidor que calculamos anteriormente com apenas 1 álbum vendido.

O painel (b) da Figura 7-2 mostra o excedente do consumidor quando o preço é $ 700 (ou pouco mais). Nesse caso, a área acima do preço e abaixo da curva de demanda é igual à área total dos dois retângulos: o excedente de consumidor de Whitney nesse preço é $ 300, e o de Ella, $ 100. Isso é igual a uma área de $ 400. Novamente, esse valor é igual ao excedente de consumidor que calculamos anteriormente.

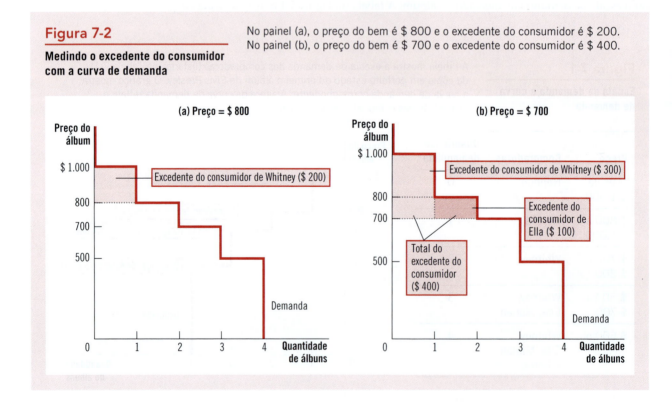

Figura 7-2

Medindo o excedente do consumidor com a curva de demanda

No painel (a), o preço do bem é $ 800 e o excedente do consumidor é $ 200.
No painel (b), o preço do bem é $ 700 e o excedente do consumidor é $ 400.

A lição que aprendemos com esse exemplo é válida para todas as curvas de demanda: **a área abaixo da curva de demanda e acima do preço mede o excedente do consumidor em um mercado.** Isso acontece porque a altura da curva de demanda mede o valor que os compradores atribuem ao bem, como medida de sua disposição para pagar. A diferença entre essa disposição para pagar e o preço de mercado é o excedente do consumidor de cada comprador. A área entre a curva de demanda e a linha do preço é a soma dos excedentes do consumidor de todos os compradores no mercado de um bem ou serviço.

7-1c Como um preço mais baixo aumenta o excedente do consumidor

Uma vez que os compradores querem pagar menos pelos bens que compram, um preço menor faz os compradores de um bem ficarem em uma situação melhor. Mas em quanto o bem-estar dos compradores se eleva em resposta a um preço menor? O conceito de excedente do consumidor proporciona uma resposta precisa.

A Figura 7-3 mostra uma típica curva de demanda. Como se pode perceber, essa curva se inclina gradualmente para baixo, em vez de formar degraus, como nas duas figuras anteriores. Em um mercado com muitos compradores, as etapas resultantes de cada comprador são tão pequenas que formam, essencialmente, uma curva suave. Embora essa curva tenha um formato diferente, as ideias que acabamos de ver ainda se aplicam: o excedente do consumidor é a área acima da linha do preço e abaixo da curva de demanda. No painel (a), o preço é P_1 e o excedente do consumidor é a área do triângulo ABC.

Suponhamos agora que o preço caia de P_1 para P_2, como mostra o painel (b). O excedente do consumidor, então, seria igual à área ADF. O aumento do excedente do consumidor atribuído ao menor preço é a área BCFD.

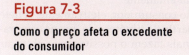

Figura 7-3

Como o preço afeta o excedente do consumidor

No painel (a), o preço é P_1, a quantidade demandada é Q_1, e o excedente do consumidor é igual à área do triângulo ABC. Quando o preço cai de P_1 para P_2, como mostra o painel (b), a quantidade demandada aumenta de Q_1 para Q_2, e o excedente do consumidor aumenta para a área do triângulo ADF. O aumento no excedente do consumidor (área BCFD) ocorre, em parte, porque os consumidores já existentes agora pagam menos (área BCED) e, em parte, porque os novos consumidores entram no mercado ao preço mais baixo (área CEF).

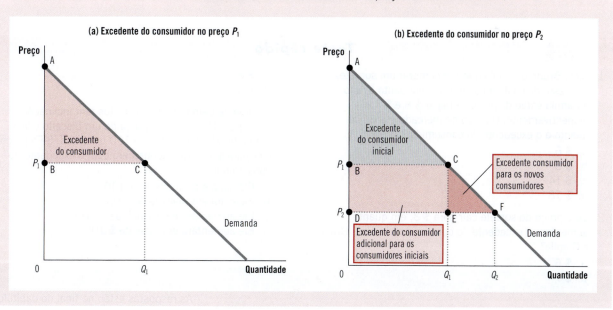

Esse aumento do excedente do consumidor tem dois componentes. Primeiro, os compradores que já compravam Q_1 do bem ao preço mais elevado P_1 estão em melhor situação porque pagam menos. O aumento do excedente do consumidor dos compradores já existentes é a redução da quantia paga por eles e que é igual à área do retângulo BCED. Segundo, alguns novos compradores entram no mercado porque, agora, estão dispostos a comprar o bem pelo preço mais baixo, o que aumenta a quantidade demandada de Q_1 para Q_2. O excedente do consumidor desses recém-chegados ao mercado é a área do triângulo CEF.

7-1d O que mede o excedente do consumidor?

O conceito de excedente do consumidor pode ser útil para fazer julgamentos normativos sobre o quão desejáveis são os resultados de mercado. Agora que você já sabe o que é excedente do consumidor, vamos ver se ele é uma boa medida do bem-estar econômico.

Imagine que você é um formulador de políticas que está desenvolvendo um sistema econômico. Você se importaria com o excedente do consumidor? Como o excedente do consumidor é o valor que os compradores estão dispostos a pagar por um bem menos o valor que eles realmente pagam, trata-se de uma medida do benefício que os compradores obtêm de um mercado **tal como percebido pelos compradores**. O excedente do consumidor é uma boa medida do bem-estar econômico se os formuladores de políticas quiserem atender às preferências dos compradores.

Em algumas circunstâncias, os formuladores de políticas podem optar por não se importar com o excedente do consumidor por não respeitar as preferências que guiam o comportamento dos compradores. Por exemplo, adictos estão dispostos a pagar um preço elevado pela droga que utilizam. Ainda assim, os formuladores de políticas não diriam que essas pessoas obtêm um benefício maior quando são capazes de comprar drogas por um preço baixo (embora os próprios adictos possam pensar que sim). Do ponto de vista da sociedade, a disposição para pagar, nesse caso, não é uma boa medida do benefício para os compradores, e o excedente do consumidor não é uma boa medida do bem-estar econômico, porque adictos não têm o próprio bem-estar em mente.

Na maioria dos mercados, contudo, o excedente do consumidor, efetivamente, reflete o bem-estar econômico. Os economistas costumam partir da hipótese de que os compradores são racionais ao tomar decisões. Pessoas racionais fazem o possível para alcançar seus objetivos, dependendo da oportunidade. Os economistas também supõem que suas preferências devam ser respeitadas. Nesse caso, os consumidores são os melhores juízes de quanto benefício obtêm dos bens que compram.

Teste rápido

1. Alex, Bruno e Camila querem comprar um sorvete. Alex está disposto a pagar $ 12, enquanto Bruno e Camila estão dispostos a pagar $ 8 e $ 4, respectivamente. O preço de mercado é $ 6. De quanto é o excedente do consumidor?
   a. $ 6
   b. $ 8
   c. $ 14
   d. $ 18

2. Se o preço do sorvete cair para $ 3, em quanto aumentará o excedente do consumidor de Alex, Bruno e Camila?
   a. $ 6
   b. $ 7
   c. $ 8
   d. $ 9

3. A curva de demanda dos biscoitos tem inclinação descendente. Quando o preço de um biscoito é $ 3, a quantidade demandada é 100 unidades. Se o preço cair para $ 2, o que acontecerá com o excedente do consumidor?
   a. Ele cairá em menos de $ 100.
   b. Ele cairá em mais de $ 100.
   c. Ele aumentará em menos de $ 100.
   d. Ele aumentará em mais de $ 100.

As respostas estão no final do capítulo.

7-2 Excedente do produtor

Agora, vamos nos voltar para o outro lado do mercado e tratar dos benefícios que os vendedores obtêm de sua participação no mercado. A análise do bem-estar dos vendedores é semelhante à análise que fizemos do bem-estar dos compradores.

7-2a Custo e disposição para vender

Imagine que você é proprietário de uma casa e quer pintá-la. Você consulta quatro prestadores de serviços de pintura: Vincent, Claude, Pablo e Andy. Todos estão dispostos a realizar o serviço, desde que o preço seja justo. Você decide pedir um orçamento aos quatro pintores e oferecer o serviço àquele que fizer o trabalho pelo menor preço.

Todos estão dispostos a realizar o serviço se o preço a ser recebido for superior ao custo de fazer o trabalho. Aqui, o termo **custo** deve ser interpretado como o custo de oportunidade dos pintores: inclui as despesas que o pintor terá (tinta, pincéis, etc.) e, o mais importante, o valor que atribui ao seu próprio tempo. A Tabela 7-2 mostra o custo de cada um deles. Como o custo de um pintor é o preço mínimo pelo qual ele aceitaria trabalhar, trata-se de uma medida da disposição do profissional para vender seus serviços. Os pintores desejariam muito vender seus serviços a um preço superior ao custo, e se recusariam a vender seus serviços a um preço inferior ao custo. A um preço exatamente igual ao custo, eles seriam indiferentes à venda de seus serviços: ficariam igualmente felizes se conseguisse o serviço ou dedicassem seu tempo e energia a outras atividades.

custo
o valor de tudo aquilo de que um vendedor precisa abrir mão para produzir um bem

Quando você pede um orçamento aos pintores, o preço pode começar elevado, mas cai rapidamente, porque eles competem entre si pelo serviço. Uma vez que Andy propôs $ 2.400 (ou um pouco menos), ele é o único competidor restante. Andy quer prestar o serviço por esse preço, porque seu custo é de apenas $ 2.000. Vincent, Claude e Pablo não têm interesse em pintar sua casa por menos de $ 2.400. Observe que o serviço vai para o pintor que é capaz de trabalhar ao menor custo.

Que benefício Andy recebe pela realização do serviço? Como ele está disposto a fazer o trabalho por $ 2.000, mas você lhe paga $ 2.400, dizemos que ele recebe um **excedente do produtor** de $ 400. O **excedente do produtor** é o montante que um vendedor recebe menos o seu custo de produção e mede o benefício que os vendedores recebem por sua participação em um mercado.

excedente do produtor
quantia que um vendedor recebe por um bem menos o seu custo de produção

Agora, imaginemos um exemplo um pouco diferente. Suponhamos que você tenha duas casas que precisem ser pintadas. Mais uma vez, você pede orçamentos aos quatro pintores. Para simplificar, vamos imaginar que nenhum deles possa pintar ambas as casas e que você pague a mesma quantia pela pintura de cada casa. Com isso, o preço cai até que restem apenas dois pintores.

Nesse caso, as propostas terminam quando Andy e Pablo oferecem $ 3.200 (ou um pouco menos). Eles estão dispostos a prestar o serviço por esse valor, enquanto Vincent e Claude não aceitariam um preço mais baixo. Por $ 3.200, o excedente do produtor de Andy é $ 1.200, enquanto o de Pablo é $ 800. O excedente do produtor total no mercado é $ 2.000.

Tabela 7-2
Os custos de quatro possíveis vendedores

Vendedores	Custo
Vincent	$ 3.600
Claude	3.200
Pablo	2.400
Andy	2.000

7-2b Uso da curva de oferta para medir o excedente do produtor

Assim como o excedente do consumidor está estreitamente associado à curva de demanda, o excedente do produtor está estreitamente associado à curva de oferta. Para entender como isso acontece, vamos traçar a curva de oferta dos serviços de pintura.

Começaremos usando os custos dos quatro pintores para identificar a escala de oferta. A tabela da Figura 7-4 mostra a escala que corresponde aos custos na Tabela 7-2. Se o preço estiver abaixo de $ 2.000, nenhum pintor prestará o serviço, de modo que a quantidade fornecida será zero. Se o preço estiver entre $ 2.000 e $ 2.400, só Andy fará o trabalho, de modo que a quantidade ofertada será 1. Se o preço está entre $ 2.400 e $ 3.200, Andy e Pablo prestarão o serviço, de modo que a quantidade ofertada será 2, e assim por diante. Com isso, a escala de oferta é derivada dos custos dos quatro pintores.

O gráfico da Figura 7-4 mostra a curva de oferta correspondente a essa escala de oferta. Observe que a altura da curva de oferta está relacionada aos custos dos vendedores. Para qualquer quantidade, o preço dado pela curva representa o custo do **vendedor marginal**, aquele que seria o primeiro a deixar o mercado se o preço fosse menor. Para a quantidade de 4 casas, por exemplo, a curva de oferta tem altura de $ 3.600, o custo de Vincent (o vendedor marginal) para prestar seus serviços de pintura. Para a quantidade de 3 casas, a curva de oferta tem altura de $ 3.200, o custo pelo qual Claude (que agora é o vendedor marginal) incorre.

Como a curva de oferta reflete os custos dos vendedores, ela pode ser usada para medir o excedente do produtor. A Figura 7-5 usa a curva de oferta para calcular o excedente do produtor nos dois exemplos. No painel (a), o preço é $ 2.400 (ou um pouco menos) e a quantidade ofertada é 1. A área abaixo do preço e acima da curva de oferta é igual a $ 400. Este é o excedente do produtor de Andy calculado anteriormente.

O painel (b) da Figura 7-5 mostra o excedente do produtor quando o preço é $ 3.200 (ou um pouco menos). Neste caso, a área abaixo do preço e acima da curva de oferta é igual à área total dos dois retângulos. Esta área corresponde a $ 2.000, o excedente do produtor de Pablo e Andy calculado anteriormente, quando duas casas precisavam de pintura.

Figura 7-4
Escala de oferta e curva de oferta

A tabela mostra a escala de oferta dos prestadores de serviços de pintura listados na Tabela 7-2. O gráfico mostra a curva de demanda correspondente. A altura da curva de oferta reflete os custos dos vendedores.

Preço	Vendedores	Quantidade ofertada
$ 3.600 ou mais	Vincent, Claude, Pablo, Andy	4
$ 3.200 a $ 3.600	Claude, Pablo, Andy	3
$ 2.400 a $ 3.200	Pablo, Andy	2
$ 2.000 a $ 2.400	Andy	1
Menos de $ 2.000	Ninguém	0

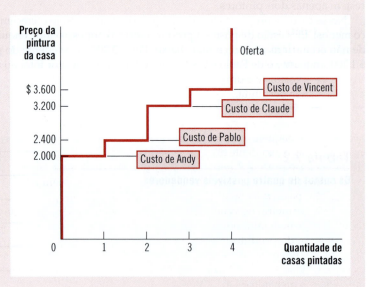

Figura 7-5

Medindo o excedente do produtor com a curva de oferta

No painel (a), o preço do bem é $ 2.400 e o excedente do produtor é $ 400.
No painel (b), o preço do bem é $ 3.200 e o excedente do produtor é $ 2.000.

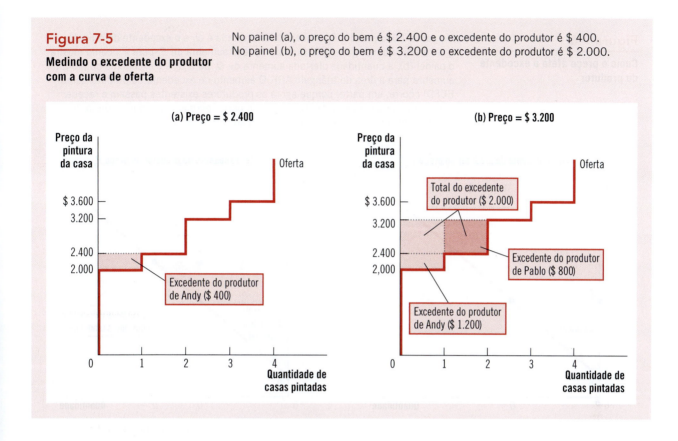

A lição que extraímos desse exemplo se aplica para todas as curvas de oferta: **a área abaixo do preço e acima da curva de oferta representa o excedente do produtor em um mercado.** A lógica é simples: a altura da curva de oferta mede os custos dos vendedores, e a diferença entre o preço e o custo de produção é o excedente do produtor de cada vendedor. Assim, a área entre a linha do preço e a curva de oferta é a soma do excedente do produtor de todos os vendedores.

7-2c Como um preço mais alto aumenta o excedente do produtor

Ninguém se surpreenderia ao ouvir dizer que os vendedores geralmente preferem receber um preço maior pelos bens que vendem. Mas em que medida o bem-estar dos vendedores aumenta em resposta a um preço maior? O conceito de excedente do produtor oferece uma resposta a essa pergunta.

A Figura 7-6 mostra uma curva de oferta típica com inclinação ascendente que resultaria em um mercado com muitos vendedores. Embora o formato dessa curva de oferta seja diferente daqueles que vimos na figura anterior, o excedente do produtor é medido da mesma forma: o excedente do produtor é a área abaixo do preço e acima da curva de oferta. No painel (a), o preço é P_1, e o excedente do produtor é a área do triângulo ABC.

O painel (b) mostra o que acontece quando o preço aumenta de P_1 para P_2. O excedente do produtor passa a ser igual à área ADF. Esse aumento do excedente do produtor tem duas partes. Na primeira, os vendedores que já estavam vendendo Q_1 do bem ao preço mais baixo P_1 se beneficiam, porque agora recebem mais por aquilo que vendem. O aumento do excedente do produtor dos vendedores existentes é igual à área do retângulo BCED. Na segunda, novos vendedores entram no mercado por conta do preço mais alto, de modo que a quantidade ofertada aumenta de Q_1 para Q_2. O excedente do produtor desses recém-chegados ao mercado é a área do triangulo CEF.

Figura 7-6
Como o preço afeta o excedente do produtor

No painel (a), o preço é P_1, a quantidade ofertada é Q_1 e o excedente do produtor é igual à área do triângulo ABC. Quando o preço aumenta de P_1 para P_2, como mostra o painel (b), a quantidade ofertada aumenta de Q_1 para Q_2 e o excedente do produtor aumenta para a área do triângulo ADF. O aumento no excedente do produtor (área BCFD) ocorre, em parte, porque agora os produtores existentes passam a receber mais com o preço maior (área BCED) e, em parte, porque o preço mais elevado induz novos produtores a entrarem no mercado (área CEF).

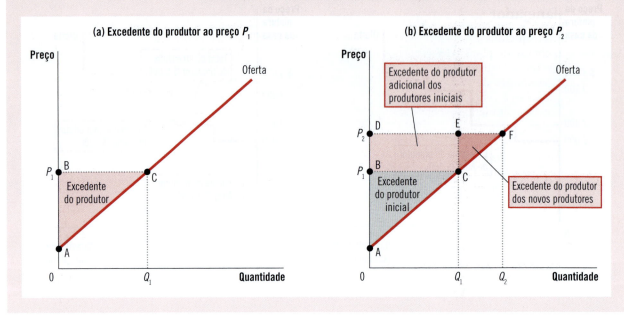

Como mostra nossa análise, usamos o excedente do produtor para medir o bem-estar dos vendedores da mesma maneira que usamos o excedente do consumidor para medir o bem-estar dos compradores. Como essas duas medidas de bem-estar econômico são muito parecidas, é natural usá-las juntas, e é exatamente o que faremos na próxima seção.

Teste rápido

4. Diego, Emília e Fernando estão disponíveis para oferecer mentoria neste semestre. O custo de oportunidade da mentoria é de $ 400 para Diego, $ 200 para Emília e $ 100 para Fernando. A universidade contratará os mentores por um valor de $ 300. Qual é o excedente do produtor desse mercado?
   a. $ 100
   b. $ 200
   c. $ 300
   d. $ 400

5. Gabriel trabalha em período integral como jardineiro por $ 300 por semana. Quando o preço de mercado aumenta para $ 400, Hector também se torna jardineiro. De quanto será o aumento do excedente do produtor em decorrência desse aumento no preço?
   a. menos de $ 100
   b. entre $ 100 e $ 200
   c. entre $ 200 e $ 300
   d. mais de $ 300

6. A curva de oferta de um produto é $Q_O = 2P$ e o preço de mercado é $ 10. Qual é o excedente do produtor neste mercado? (Dica: elabore o gráfico da curva de oferta e lembre-se da fórmula da área de um triângulo.)
   a. $ 5
   b. $ 20
   c. $ 100
   d. $ 200

As respostas estão no final do capítulo.

7-3 Eficiência dos mercados

O excedente do consumidor e o excedente do produtor são as ferramentas básicas dos economistas para estudar o bem-estar dos compradores e dos vendedores no mercado. Essas ferramentas podem ajudar a abordar uma questão fundamental: os mercados competitivos conseguem chegar a uma alocação desejável dos recursos?

7-3a O planejador social benevolente

Para avaliar os resultados do mercado, introduziremos em nossa análise um novo grupo hipotético: o comitê de planejadores sociais benevolentes. Os planejadores sociais benevolentes são onipotentes, oniscientes e bem-intencionados. Eles desejam maximizar o bem-estar econômico de todos os membros da sociedade. O que eles devem fazer? Deixar compradores e vendedores chegarem a um equilíbrio por conta própria? Ou os planejadores podem aumentar o bem-estar alterando, de alguma forma, o resultado do mercado?

Para responder a essa pergunta, os planejadores precisam decidir como medir o bem-estar da sociedade. Uma medida possível do bem-estar social é a soma dos excedentes do consumidor e do produtor, chamada de **excedente total**. O excedente do consumidor é o benefício que os compradores obtêm de sua participação em um mercado, enquanto o excedente do produtor é o benefício recebido pelos produtores. O excedente total é, portanto, uma variável natural a ser levada em conta pelos planejadores sociais durante a avaliação da alocação de recursos de um mercado.

Para entender melhor essa medida, lembre-se das definições dos excedentes do consumidor e do produtor. O excedente do consumidor é:

Excedente do consumidor = Valor para os compradores − Quantia paga pelos compradores.

De maneira similar, definimos o excedente do produtor como:

Excedente do produtor = Quantia recebida pelos vendedores − Custo para os vendedores.

Quando somamos os excedentes do consumidor e do produtor, temos:

Excedente total = (Valor para os compradores − Quantia paga pelos compradores)
+ (Quantia recebida pelos vendedores − Custo para os vendedores).

Aqui, a quantia paga pelos compradores é igual à quantia recebida pelos vendedores, de modo que os dois termos do meio cancelam um ao outro. Como resultado:

Excedente total = Valor para os compradores − Custo para os vendedores.

O excedente total de um mercado é o valor total atribuído pelos compradores dos bens, medido por sua disposição para pagar menos o custo total dos vendedores que fornecem esses bens.

Se uma alocação de recursos maximiza o excedente total, os economistas dizem que a alocação exibe **eficiência**. Se uma alocação não é eficiente, então parte dos ganhos potenciais do comércio entre compradores e vendedores não está sendo obtida. Por exemplo, uma alocação é ineficiente se um bem não está sendo produzido ao menor custo pelos vendedores. Nesse caso, deslocar a produção de um produtor de alto custo para outro que tenha custo mais baixo reduzirá o custo total para os vendedores e aumentará o excedente total. De maneira similar, uma alocação é ineficiente se um bem não está sendo consumido pelos compradores que estão dispostos a pagar mais por ele. Nesse caso, deslocar o consumo do bem de um comprador que lhe atribui baixo valor para outro que lhe dê um valor maior elevará o excedente total.

eficiência
propriedade da alocação de um recurso de maximizar o excedente total recebido por todos os membros da sociedade

igualdade
a propriedade de distribuir a prosperidade econômica de maneira uniforme entre os membros da sociedade

Além da eficiência, o planejador social também pode se preocupar com a **igualdade**, isto é, se os diversos compradores e vendedores de mercado têm níveis de bem-estar econômico semelhantes. Em essência, os ganhos de comércio em um mercado são como um bolo a ser distribuído entre os participantes do mercado. A questão da igualdade trata de como esse bolo é fatiado e distribuído entre os membros da sociedade. Este capítulo se concentra na eficiência como critério para o planejador social. Tenha em mente, entretanto, que os formuladores de políticas do mundo real se preocupam também com a igualdade.

7-3b Avaliação do equilíbrio de mercado

A Figura 7-7 mostra as medidas de bem-estar quando um mercado atinge o equilíbrio entre oferta e demanda. Lembre-se de que o excedente do consumidor é igual à área acima do preço e abaixo da curva de demanda e que o excedente do produtor é igual à área abaixo do preço e acima da curva de oferta. A área total entre as curvas de oferta e demanda até o ponto de equilíbrio representa o excedente total desse mercado.

Essa alocação de recursos no equilíbrio é eficiente, ou seja, ela maximiza o excedente total? Lembre-se de que, quando um mercado está em equilíbrio, o preço determina quais compradores e quais vendedores participam dele. Os compradores que atribuem ao bem um valor maior que o preço (representados pelo segmento AE da curva de demanda) optam por comprar o bem; os compradores que atribuem ao bem um valor menor que o preço (representados pelo segmento EB) não o compram. Da mesma forma, os vendedores cujos custos são inferiores ao preço (representados pelo segmento CE da curva de oferta) optam por produzir e vender o bem, enquanto aqueles cujos custos são maiores que o preço (representados pelo segmento ED), não.

Essas observações levam a duas conclusões sobre os resultados de mercado:

1. Os mercados competitivos alocam a oferta de bens aos compradores que lhes atribuem maior valor, tal como medido por sua disposição para pagar.
2. Os mercados competitivos alocam a demanda por bens aos vendedores que podem produzi-los ao menor custo.

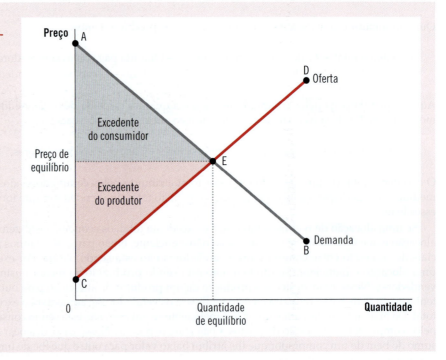

Figura 7-7

Excedentes do consumidor e do produtor em um mercado em equilíbrio

O excedente total – a soma dos excedentes do consumidor e do produtor – é a área entre as curvas de oferta e demanda até a quantidade de equilíbrio.

Assim, dada a quantidade produzida e vendida em um mercado em equilíbrio, o planejador social benevolente não pode aumentar o bem-estar econômico mudando a alocação de consumo entre os compradores ou a alocação de produção entre os vendedores.

Mas ele pode aumentar o bem-estar aumentando ou diminuindo a quantidade do bem? A resposta é "não", como veremos nesta terceira conclusão sobre os resultados de mercado:

3. Os mercados competitivos produzem a quantidade de bens que maximiza a soma dos excedentes do consumidor e do produtor.

A Figura 7-8 mostra por que isso é verdadeiro. Para interpretá-la, lembre-se que a curva de demanda reflete o valor para os compradores, e a curva de oferta, o custo para os vendedores. Em qualquer quantidade abaixo do nível de equilíbrio, tal como Q_1, o valor para o comprador marginal excede o custo para o vendedor marginal. Assim, o aumento na quantidade produzida e consumida aumenta o excedente total. Isso permanece válido até que a quantidade alcance o nível de equilíbrio. Por outro lado, a qualquer quantidade acima do nível de equilíbrio, tal como Q_2, o valor para o comprador marginal é menor que o custo para o vendedor marginal. Nesse caso, a diminuição da quantidade aumenta o excedente total, e isso se mantém verdadeiro até que a quantidade caia ao nível de equilíbrio. Para maximizar o excedente total, o planejador social escolheria a quantidade em que as curvas de oferta e demanda se cruzam.

Juntas, essas três conclusões mostram que os resultados de mercado maximizam a soma dos excedentes do consumidor e do produtor. Em outras palavras, o resultado de equilíbrio é uma alocação eficiente de recursos. O planejador social preocupado com a eficiência pode, então, deixar o resultado do mercado da maneira como o encontrou. Essa política de não intervenção é conhecida pela expressão francesa *laissez-faire*, traduzida literalmente como "deixar fazer", mas que é interpretada de uma maneira mais ampla como "deixar as pessoas fazerem como quiserem".

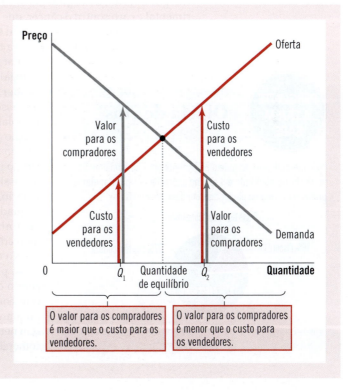

Figura 7-8

A eficiência da quantidade de equilíbrio

Para quantidades menores que a quantidade de equilíbrio, tal como Q_1, o valor para os compradores excede o custo para os vendedores. Para quantidades maiores que a quantidade de equilíbrio, tal como Q_2, o custo para os vendedores excede o valor para os compradores. Assim, o equilíbrio de mercado maximiza a soma dos excedentes do produtor e do consumidor.

A sociedade tem sorte de o planejador não necessitar intervir. Imaginar o que um planejador onipotente, onisciente e benevolente faria tem sido um exercício útil, mas, sejamos francos, figuras assim são difíceis de encontrar. Alguns ditadores podem até parecer onipotentes, mas raramente são benevolentes. Mesmo que encontrássemos algumas pessoas tão virtuosas, elas não teriam tantas informações cruciais.

Suponha que o planejador social tentasse escolher sozinho uma alocação de recursos eficiente, em vez de depender da força de mercado. Para isso, ele teria de conhecer o valor de um bem em particular para cada potencial consumidor e o custo de cada produtor potencial. Ele precisaria dessas informações não só para esse mercado, mas também para cada um dos milhares de mercados dessa economia. Essa tarefa é praticamente impossível, o que explica por que economias que adotam o planejamento central são repletas de ineficiências.

O trabalho do planejador fica mais fácil, no entanto, quando ele tem um parceiro: a mão invisível do mercado, de Adam Smith. Essa mão invisível avalia todas as informações sobre compradores e vendedores e direciona todos para o melhor resultado, conforme considerado pelo padrão de eficiência econômica. É um feito extraordinário. Por isso os economistas argumentam com frequência que os mercados competitivos e livres são a melhor maneira de organizar as atividades econômicas.

Estudo de caso

Deveria existir um mercado de órgãos?

Há alguns anos, o *Boston Globe* publicou um artigo intitulado "Como o amor de uma mãe ajudou a salvar duas vidas". O texto contava a história de Susan Stephens, uma mulher cujo filho precisava de um transplante de rim. Quando o médico descobriu que o rim da mãe não era compatível, ele propôs uma solução: se Susan doasse um de seus rins a um desconhecido, seu filho passaria para o topo da fila de espera dos transplantes. A mãe aceitou o acordo, e, pouco depois, os dois pacientes fizeram os transplantes que tanto esperavam.

A engenhosidade da proposta do médico e a nobreza do ato da mãe são inegáveis. Contudo, a história levanta algumas questões intrigantes. Já que a mãe pôde trocar um rim por um rim, o hospital permitiria que ela trocasse um rim por um tratamento experimental e caro contra o câncer, que ela não teria como pagar? Ela poderia trocar seu rim por uma bolsa de estudos para seu filho na faculdade de medicina do hospital? Ou vender seu rim e usar o dinheiro para trocar seu Chevette velho por uma BMW nova?

PERGUNTE A QUEM SABE

Oferta de rins

"Um mercado que permite o pagamento por rins humanos deveria ser estabelecido em regime experimental para ajudar a prolongar a vida de pacientes com doenças renais."

O que dizem os economistas?

16% discordam
27% não têm certeza
57% concordam

Fonte: IGM Economic Experts Panel, 11 de março de 2014.

Por uma questão de política pública, a venda de órgãos é ilegal. Muitas pessoas consideram a ideia de comprar e vender órgãos humanos como algo repugnante, talvez porque isso viole normas culturais e religiosas a respeito da inviolabilidade da vida. Mas, vamos deixar de lado essa reação por um momento e pensar nos rins como um bem sujeito às forças do mercado. Basicamente, no mercado de rins, o governo impôs um preço máximo de zero. O resultado, assim como acontece com qualquer teto de preços obrigatório, é uma escassez. O acordo no caso de Susan não se enquadra nessa proibição porque não houve transferência de dinheiro. No sentido jurídico, não foi uma transação de mercado.

No entanto, muitos economistas dizem que a revogação dessa proibição, que permitiria a existência de um mercado aberto de órgãos, traria grandes benefícios. As pessoas nascem com dois rins, mas normalmente só precisam de um. Enquanto isso, outras sofrem com doenças que as deixam sem nenhum rim funcionando. Apesar dos ganhos óbvios do comércio, a situação atual é terrível: o paciente típico precisa esperar por um transplante de rim durante meses, e todos os anos milhares de pessoas morrem porque não foi possível encontrar um rim compatível. Os defensores de uma solução de mercado dizem que, se aqueles que precisam de um rim pudessem comprar de indivíduos que têm os dois, o preço aumentaria para equilibrar oferta e demanda. Os vendedores ficariam em uma melhor situação com o dinheiro extra no bolso e os compradores se beneficiariam do órgão necessário para salvar suas vidas. A escassez de rins desapareceria.

Um mercado como esse levaria a uma alocação eficiente de recursos, mas este plano também tem seus críticos. Além da questão dos que repudiam essa ideia, alguns se preocupam com a justiça. Um mercado de órgãos, argumentam, beneficiaria os ricos à custa dos pobres, porque os órgãos seriam alocados àqueles com maior disposição e capacidade de pagar por eles. Mas também é possível questionar a justiça do sistema atual. Hoje, a maioria de nós anda por aí com um órgão extra de que não precisamos, necessariamente, enquanto outros indivíduos estão morrendo para ter um deles. Isso é justo? ●

Teste rápido

7. Isabelle atribui o valor de $ 60 a 1 hora de seu tempo. Ela gasta 2 horas fazendo uma massagem em Joelma, que estava disposta a pagar até $ 300 pela massagem. Porém, o preço negociado entre elas foi de $ 200. Nessa transação,
   a. o excedente do consumidor é $ 20 maior que o excedente do produtor.
   b. o excedente do consumidor é $ 40 maior que o excedente do produtor.
   c. o excedente do produtor é $ 20 maior que o excedente do consumidor.
   d. o excedente do produtor é $ 40 maior que o excedente do consumidor.

8. Uma alocação eficiente de recursos maximiza
   a. o excedente do consumidor.
   b. o excedente do produtor.
   c. o excedente do consumidor mais o excedente do produtor.
   d. o excedente do consumidor menos o excedente do produtor.

9. Quando um mercado está em equilíbrio, os compradores são aqueles com _____ disposição para pagar, e os vendedores são aqueles com os _____ custos.
   a. maior; maiores
   b. maior; menores
   c. menor; maiores
   d. menor; menores

10. A produção de uma quantidade maior que o equilíbrio entre oferta e demanda é ineficiente porque a disposição do comprador marginal para pagar é
    a. negativa.
    b. zero.
    c. positiva, mas menor que o custo do vendedor marginal.
    d. positiva e maior que o custo do vendedor marginal.

As respostas estão no final do capítulo.

7-4 Conclusão: eficiência e falhas do mercado

Este capítulo introduziu as ferramentas básicas da economia do bem-estar – os excedentes do consumidor e do produtor – e as utilizou para avaliar a eficiência dos resultados do mercado. Mostramos que as forças de oferta e demanda alocam recursos com eficiência. Embora os compradores e vendedores de um mercado se preocupem apenas com seu próprio bem-estar, eles são guiados por uma mão invisível em direção a um equilíbrio que maximiza os benefícios totais dos compradores e vendedores.

Aqui devemos fazer uma advertência: para concluir que os mercados são eficientes, adotamos uma série de hipóteses sobre como eles funcionam. Quando essas hipóteses

É NOTÍCIA: Como revendedores de ingressos ajudam a alocar recursos escassos

A revenda de ingressos é um problema ou uma maneira de tornar os mercados mais eficientes?

Cambistas não são golpistas

Por Tracy C. Miller

O custo dos ingressos para o musical "Hamilton", da Broadway, disparou em um determinado momento no último verão, com os cambistas cobrando US$ 1.000 ou mais por um ingresso para assistir ao espetáculo, quando o valor nominal médio era de US$ 189. Em resposta a essa situação, o senador de Nova York Chuck Schumer, do Partido Democrata, propôs uma legislação federal que proibiria o uso de *software* para facilitar a compra de ingressos para revenda por preços mais elevados. Nós precisamos mesmo de uma legislação para coibir essa prática?

Esses revendedores usam *bots* para comprar uma grande quantidade de ingressos *online* antes que o público geral tenha chance de adquiri-los. Depois, revendem esses ingressos por preços muito mais altos. Trata-se de um contorno moderno para uma prática que há tempos é demonizada pela população e pelos legisladores.

Essa prática certamente faz com que alguns consumidores paguem um preço mais alto do que pagariam em outras circunstâncias, mas, em troca dos preços elevados, eles recebem os ingressos que desejam, quando desejam, sem precisar esperar em uma fila ou competir para estar entre os primeiros a comprá-los *online* em um determinado momento. Os opositores a esse tipo de revenda concluem equivocadamente que os preços elevados são culpa dos cambistas, quando, na verdade, os preços estão altos devido à alta demanda e à oferta limitada.

No momento, nenhuma lei federal limita essa atividade, mas 15 estados contam com uma legislação que proíbe a prática em pelo menos algumas circunstâncias. Sete estados exigem que os vendedores tenham licença para revender um ingresso, enquanto outros limitam o valor que os revendedores podem cobrar pelos ingressos. Alguns estados não permitem a atuação de cambistas a uma distância específica de onde o evento será realizado. Outros, por sua vez, permitem a revenda de ingressos comprados para uso pessoal, mas proíbem que qualquer pessoa que não tenha um registro de revendedor compre e venda ingressos para obter lucro.

A prática beneficia o cambista e o comprador, ao oferecer os ingressos a quem os valoriza mais. Se alguém decidir ir a um espetáculo, um show ou uma partida esportiva de última hora, conseguirá encontrar ingressos por um determinado preço. Sem os cambistas, algumas pessoas que valorizam muito o evento não conseguiriam comprar ingressos para os assentos que desejam.

Além disso, também beneficia os produtores dos eventos – as equipes esportivas ou os artistas que fornecem os ingressos – de duas formas. Primeiro, permite que eles obtenham receitas pela venda dos ingressos pelo valor nominal bem antes do evento, enquanto os cambistas enfrentam o risco de queda na demanda e nos preços para abaixo do valor que pagaram. Segundo, por causa desses revendedores, a demanda inicial por ingressos pode ser mais alta do que seria sem eles, permitindo que os produtores cobrem mais caro.

Os produtores têm despesas muito antes dos eventos, como o custo do aluguel de

---

não são válidas, a conclusão de que o equilíbrio de mercado é eficiente pode deixar de ser verdadeira. Para encerrar este capítulo, vamos tratar rapidamente de duas dessas hipóteses.

Em primeiro lugar, nossa análise presumiu que os mercados são perfeitamente competitivos; todavia, na vida real, às vezes a competição está longe da perfeição. Em alguns mercados, um único comprador ou vendedor (ou um pequeno grupo de compradores ou de vendedores) pode ser capaz de controlar os preços de mercado. Essa capacidade de influenciar os preços é chamada **poder de mercado**. O poder de mercado pode fazer que os mercados sejam ineficientes, pois mantém o preço e a quantidade distantes dos níveis que equilibram oferta e demanda.

Em segundo lugar, nossa análise também supôs que o resultado em um mercado somente importa para os compradores e vendedores do mercado em questão. Porém, algumas vezes, as decisões dos compradores e vendedores afetam pessoas que não participam daquele mercado. A poluição é o exemplo clássico. O uso de pesticidas agrícolas, por exemplo, afeta não só os fabricantes que os produzem e os agricultores que os utilizam, mas também muitas outras pessoas que respiram o ar ou bebem a água poluídos por eles. Quando um mercado exibe efeitos colaterais desse tipo, chamados **externalidades**, as implicações da atividade do mercado sobre o bem-estar dependem de outros fatores além do valor atribuído pelos compradores e dos custos incorridos pelos vendedores. Como compradores e

uma arena. Eles podem manter seus custos de venda baixos ao vender todos os ingressos, ou a maior parte deles, rapidamente, em vez de seguir com as vendas abertas por um longo período. Quando compram os ingressos assim que eles são disponibilizados e mantêm um estoque para venda em um período mais conveniente para os consumidores, os cambistas conectam compradores e vendedores e beneficiam ambos. Eles agem como corretores, e a diferença entre o preço que pagam e o valor que recebem é a recompensa por essa atividade. Quanto mais cambistas competirem para comprar e revender ingressos, menor será a margem de lucro obtida por cada um deles.

Se houver poucos cambistas e eles forem habilidosos na avaliação da demanda dos consumidores por ingressos, poderão cobrar de cada consumidor um preço próximo ao máximo que ele está disposto a pagar. Quanto maior o preço médio que eles conseguirem cobrar por ingresso, mais poderão pagar à equipe ou aos artistas que produzem os eventos.

A revenda dos ingressos afasta alguns consumidores que pagam preços mais altos da compra com cambistas que chegaram ao ponto de venda dos ingressos antes deles. Consequentemente, esses consumidores podem estar menos dispostos a frequentar eventos futuros. Se os artistas ou as equipes esportivas quiserem evitar o afastamento de clientes leais, podem optar por um método de distribuição de ingressos que ajude a atingir esse objetivo, como a reserva de uma porcentagem de ingressos para venda por um preço que considerem razoável para esses clientes. Em muitos casos, porém, os produtores podem preferir fixar um preço elevado e vender os ingressos rapidamente, o que significa vender uma grande porcentagem a cambistas.

Leis para evitar essa prática são desnecessárias e impedem transações mutuamente benéficas. A revenda só ocorre quando o vendedor original dos ingressos cobra um preço inferior àquele que alguns consumidores estão dispostos a pagar. Se os cambistas usarem *softwares* eficientes na compra e venda de ingressos, estarão poupando tempo e esforços, e todas as partes envolvidas no processo se beneficiarão. De uma forma ou de outra, o produtor do evento, o revendedor e os frequentadores terão vantagens.

Lin-Manuel Miranda como Hamilton

Questões para discussão

1. Por que você acha que os produtores da peça *Hamilton* cobram muito menos pelos ingressos que os revendedores?

2. Você acha que deveria haver leis contra a revenda de ingressos acima de seu valor nominal? Justifique sua resposta.

Tracy C. Miller é economista no Mercatus Center, da George Mason University.

Fonte: *U.S. News and World Report*, 4 de outubro de 2016.

vendedores podem ignorar essas externalidades ao decidir quanto consumir e produzir, o equilíbrio em um mercado pode ser ineficiente do ponto de vista da sociedade como um todo.

O poder de mercado e as externalidades são exemplos de um fenômeno geral chamado **falha de mercado** – a incapacidade de alguns mercados não regulamentados de alocar recursos com eficiência. Quando os mercados falham, a política pública pode, em alguns casos, solucionar o problema e aumentar a eficiência econômica. Os microeconomistas dedicam grande parte de seus esforços ao estudo de quando as falhas de mercado são prováveis e que tipos de política são melhores para corrigi-las. Ao prosseguir com seus estudos de economia, você verá que as ferramentas da economia do bem-estar aqui desenvolvidas são facilmente adaptadas para esse objetivo.

Apesar da possibilidade de falhas de mercado, a mão invisível do mercado é de uma importância extraordinária. Em muitos mercados, as hipóteses que adotamos neste capítulo funcionam muito bem e a conclusão da eficiência do mercado aplica-se diretamente. Ademais, podemos usar nossa análise da economia do bem-estar e da eficiência do mercado para esclarecer os efeitos de várias políticas governamentais. Nos dois capítulos seguintes, aplicaremos as ferramentas que acabamos de desenvolver ao estudo de duas questões políticas importantes: os efeitos da tributação e do comércio internacional sobre o bem-estar.

RESUMO DO CAPÍTULO

- O excedente do consumidor é igual ao valor que os compradores estão dispostos a pagar por um bem menos a quantia que efetivamente pagam por ele e mede o benefício que os compradores obtêm de sua participação no mercado. O excedente do consumidor pode ser calculado determinando-se a área abaixo da curva de demanda e acima do preço.
- O excedente do produtor é igual à quantia que os vendedores recebem por seus bens menos seus custos de produção e mede o benefício que os vendedores obtêm de sua participação no mercado. O excedente do produtor pode ser calculado determinando-se a área abaixo do preço e acima da curva de oferta.
- Uma alocação de recursos que maximize o excedente total (a soma dos excedentes do consumidor e do produtor) é considerada eficiente. Os formuladores de políticas muitas vezes se preocupam com a eficiência – e com a igualdade – dos resultados econômicos.
- Em condições normais, o equilíbrio de oferta e demanda maximiza o excedente total. Ou seja, a mão invisível do mercado normalmente leva compradores e vendedores em mercados competitivos a alocar recursos de maneira eficiente.
- Os mercados não alocam recursos de forma eficiente na presença de falhas de mercado, tais como poder de mercado ou externalidades.

CONCEITOS-CHAVE

economia do bem-estar, p. 134
disposição para pagar, p. 134
excedente do consumidor, p. 135

custo, p. 139
excedente do produtor, p. 139

eficiência, p. 143
igualdade, p. 144

QUESTÕES DE REVISÃO

1. Explique como a disposição para pagar dos compradores, o excedente do consumidor e a curva de demanda se relacionam.
2. Explique como os custos dos vendedores, o excedente do produtor e a curva de oferta se relacionam.
3. Em um diagrama de oferta e demanda, identifique o excedente do produtor e o do consumidor no equilíbrio de mercado.
4. O que é eficiência? A eficiência é o único objetivo dos formuladores de políticas?
5. Indique dois tipos de falha de mercado. Explique por que cada um pode causar resultados de mercado ineficientes.

PROBLEMAS E APLICAÇÕES

1. Clara compra um iPhone por $ 360 e tem um excedente do consumidor de $ 240.
    a. Qual é sua disposição para pagar esse preço?
    b. Se ela tivesse comprado o iPhone quando estava em oferta, por $ 270, qual teria sido seu excedente do consumidor?
    c. Se o preço de um iPhone fosse $ 750, qual teria sido seu excedente do consumidor?
2. Uma geada inesperada na Califórnia afeta a produção de limão. Explique o que acontece ao excedente do consumidor no mercado de limões. Explique o que acontece ao excedente do consumidor no mercado de limonada. Ilustre sua resposta com diagramas.
3. Suponha que a demanda por pão francês aumente. O que acontece com o excedente do produtor no mercado de pão francês? O que acontece com o excedente do produtor no mercado de farinha? Ilustre sua resposta com diagramas.
4. Faz muito calor e Beto está com sede. Eis o valor que ele atribui a cada garrafa de água:

Valor da primeira garrafa	$ 7
Valor da segunda garrafa	$ 5
Valor da terceira garrafa	$ 3
Valor da quarta garrafa	$ 1

   a. Com base nessas informações, derive a escala de demanda de Beto. Represente graficamente a sua curva de demanda por garrafas de água.
   b. Se o preço da garrafa de água for $ 4, quantas garrafas Beto comprará? Qual é o excedente do consumidor que Beto obtém de suas compras? Indique o excedente do consumidor de Beto em seu gráfico.

c. Se o preço cair para $ 2, em quanto muda a quantidade demandada? Em quanto muda o excedente do consumidor de Beto? Indique essas mudanças em seu gráfico.

5. Ênio tem um poço. Como bombear grandes quantidades de água é mais difícil que bombear pequenas quantidades, o custo de produção de uma garrafa aumenta à medida que ele bombeia mais água. Eis o custo de produção de cada garrafa de água:

Custo da primeira garrafa	$ 1
Custo da segunda garrafa	$ 3
Custo da terceira garrafa	$ 5
Custo da quarta garrafa	$ 7

a. Com base nessas informações, derive a escala de oferta de Ênio. Represente graficamente a sua curva de oferta de garrafas de água.
b. Se o preço de uma garrafa de água for $ 4, quantas garrafas ele produzirá e venderá? Qual o excedente do produtor que Ênio obtém de suas vendas? Indique o excedente do produtor de Ênio em seu gráfico.
c. Se o preço subir para $ 6, em quanto muda a quantidade ofertada? Em quanto muda o excedente do produtor de Ênio? Indique essas mudanças em seu gráfico.

6. Considere um mercado em que Beto, do problema 4, seja o comprador e Ênio, do problema 5, o vendedor.
a. Use a escala de oferta de Ênio e a escala de demanda de Beto para identificar a quantidade demandada e a quantidade ofertada aos preços de $ 2, $ 4 e $ 6. Qual desses preços traz oferta e demanda para o equilíbrio?
b. Nesse equilíbrio, quais são o excedente do consumidor, o excedente do produtor e o excedente total?
c. Se Ênio produzisse e Beto consumisse uma garrafa a menos, o que aconteceria com o excedente total?
d. Se Ênio produzisse e Beto consumisse uma garrafa a mais, o que aconteceria com o excedente total?

7. O custo de produção de aparelhos de TV de tela plana caiu nas últimas décadas. Vamos considerar algumas implicações disso.
a. Use um diagrama de oferta e demanda para demonstrar o efeito da queda dos custos de produção sobre o preço e a quantidade de aparelhos de TV de tela plana vendida.
b. Em seu diagrama, indique o que acontece com o excedente do consumidor e com o excedente do produtor.
c. Suponha que a oferta de aparelhos de TV de tela plana seja muito elástica. Quem se beneficia mais da queda dos custos de produção: os consumidores ou os produtores?

8. Quatro consumidores estão dispostos a pagar os valores abaixo por um corte de cabelo:

Gloria	$ 35
Jay	$ 10
Claire	$ 40
Phil	$ 25

Há quatro salões de beleza, com os seguintes preços para um corte de cabelo:

Salão A	$ 15
Salão B	$ 30
Salão C	$ 20
Salão D	$ 10

Cada salão tem capacidade para realizar apenas um corte de cabelo. Em termos de eficiência, quantos cortes de cabelo devem ser realizados? Que salões devem realizar os cortes e que consumidores devem cortar o cabelo? Qual é a dimensão máxima possível do excedente do produtor?

9. Uma das maiores mudanças da economia nas últimas décadas foi o avanço tecnológico, que reduziu o custo da fabricação de computadores.
a. Elabore um diagrama de oferta e demanda para demonstrar o que acontece com o preço, a quantidade, o excedente do consumidor e o excedente do produtor no mercado de computadores.
b. Quarenta anos atrás, os estudantes usavam máquinas de escrever para fazer seus trabalhos; hoje, usam computadores. Isso faz que computadores e máquinas de escrever sejam complementares ou substitutos? Use um diagrama de oferta e demanda para mostrar o que aconteceu com o preço, a quantidade, o excedente do consumidor e o excedente do produtor no mercado de máquinas de escrever. Os produtores de máquinas de escrever devem ficar felizes ou chateados com o avanço tecnológico dos computadores?
c. Computadores e *softwares* são bens complementares ou substitutos? Elabore um diagrama de oferta e demanda para demonstrar o que acontece com o preço, a quantidade, o excedente do consumidor e o excedente do produtor no mercado de software. Os produtores de *software* devem ficar felizes ou chateados com o avanço tecnológico dos computadores?
d. Essa análise ajuda a explicar por que o produtor de *softwares* Bill Gates se tornou um dos homens mais ricos do mundo?

10. Uma amiga sua está avaliando a contratação de dois serviços de *streaming*. O provedor A cobra $ 120 por ano, independentemente do número de filmes assistidos. O provedor B não tem uma tarifa fixa, mas cobra $ 1 por filme exibido. A demanda anual de sua amiga por filmes é dada pela equação $Q_D = 150 - 50P$, onde P é o preço por filme.

   a. Qual será o custo de um filme adicional com cada um dos provedores?
   b. Com base na sua resposta do item (a), quantos filmes sua amiga deveria assistir em cada provedor?
   c. Quanto ela pagaria por provedor anualmente?
   d. Que excedente do consumidor ela obteria com cada provedor? (Dica: elabore o gráfico da curva de demanda e lembre-se da fórmula da área de um triangulo.)
   e. Qual provedor você recomendaria para sua amiga? Por quê?

Respostas do teste rápido

1. **b**   2. **b**   3. **d**   4. **c**   5. **b**   6. **c**   7. **a**   8. **c**   9. **b**   10. **c**

Capítulo 8

Aplicação: os custos da tributação

Impostos costumam ser motivo de acaloradas discussões políticas. Em 1776, a ira das colônias norte-americanas provocada pelos impostos cobrados pela Inglaterra desencadeou a Revolução Americana. Mais de dois séculos depois, os estadunidenses continuam a debater o melhor tamanho e forma do sistema tributário. Ainda assim, poucos negariam que certo nível de impostos é necessário. Como afirmou o jurista Oliver Wendell Holmes Jr., "Os impostos são o preço que pagamos pela sociedade civilizada".

Os impostos têm impacto importante sobre a economia moderna, por isso retornaremos ao assunto várias vezes neste livro, à medida que expandirmos as ferramentas ao nosso dispor. O Capítulo 6 usou os conceitos de oferta, demanda e elasticidade para mostrar como um imposto sobre um bem afeta seu preço e a quantidade disponível, além da maneira como o ônus é dividido entre compradores e vendedores. Este capítulo amplia a análise para estudar como os impostos afetam o bem-estar econômico dos participantes de um mercado.

Os efeitos dos impostos sobre o bem-estar podem parecer óbvios. O governo aprova impostos para arrecadar mais receita, e essa receita precisa sair do bolso de alguém. Como vimos no Capítulo 6, compradores e vendedores de um bem ficam em uma situação pior quando um bem é tributado: os compradores pagam mais e os vendedores recebem menos. Mas, para entender melhor como os impostos afetam o bem-estar, precisamos comparar as

perdas dos compradores e dos vendedores com o valor da receita arrecadada pelo governo. As ferramentas dos excedentes do consumidor e do produtor nos permitem fazer essa comparação. A análise demonstrará que os custos dos impostos para compradores e vendedores são maiores que o aumento de receita do governo.

Isso não quer dizer que a tributação seja sempre indesejável. A receita tributária é necessária para financiar programas governamentais, que podem ser importantes. Mas, para avaliar políticas alternativas, é preciso entender o quão alto pode ser o preço de uma sociedade civilizada.

8-1 O peso morto dos impostos

Comecemos recordando uma das lições do Capítulo 6: o impacto final de um imposto sobre o mercado é o mesmo, não importa se o imposto recai sobre os compradores ou sobre os vendedores de um bem. Quando um imposto recai sobre os compradores, a curva de demanda desloca-se para baixo no montante do imposto; quando recai sobre os vendedores, a curva de oferta desloca-se para cima no montante do imposto. Em ambos os casos, quando o imposto entra em vigor, o preço pago pelos compradores aumenta e o recebido pelos vendedores cai. No fim das contas, as elasticidades da oferta e da demanda determinam como o ônus do imposto é distribuído entre produtores e consumidores, independentemente de como ele é cobrado.

A Figura 8-1 mostra esses efeitos. Para simplificar nossa discussão, a figura não mostra os deslocamentos das curvas de oferta e demanda, embora uma delas precise se deslocar, dependendo sob quem o imposto recai. Neste capítulo, podemos generalizar a análise e simplificar os gráficos, desconsiderando o deslocamento. O resultado que importa para nossos objetivos neste ponto é o fato de que o imposto introduz uma cunha entre o preço que os compradores pagam e o preço que os vendedores recebem. Por causa dessa cunha tributária, a quantidade vendida cai e fica abaixo do nível que seria vendido na ausência do imposto. Em outras palavras, um imposto sobre um bem causa uma redução no tamanho do mercado desse bem, como mostra o Capítulo 6.

8-1a Como um imposto afeta os participantes do mercado

Vamos usar as ferramentas da economia do bem-estar para medir os ganhos e as perdas resultantes de um imposto sobre um bem. Para tanto, precisamos levar em consideração

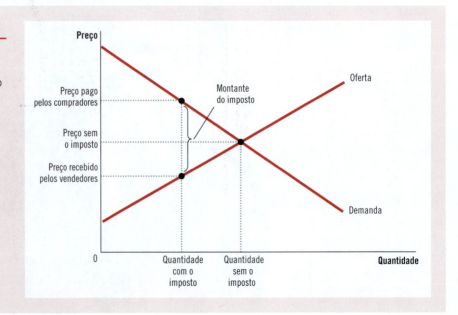

Figura 8-1

Os efeitos de um imposto

Um imposto sobre um bem introduz uma cunha entre o preço que os compradores pagam e o preço que os vendedores recebem. A quantidade vendida do bem diminui.

como o imposto afeta os compradores, os vendedores e o governo. O benefício obtido pelos compradores em um mercado é medido pelo excedente do consumidor – a quantia que os compradores estão dispostos a pagar por um bem menos o que efetivamente pagam. O benefício obtido pelos vendedores em um mercado é medido pelo excedente do produtor – a quantia que os vendedores recebem pelo bem menos seus custos. Essas são as medidas de economia do bem-estar que usamos no Capítulo 7.

E quanto à terceira parte envolvida, o governo? Se T é o valor do imposto e Q é a quantidade vendida do bem, então, o governo recebe uma receita tributária total de $T \times Q$. Ele pode usar essa receita tributária para oferecer serviços como estradas, policiamento e educação pública, ou para financiar programas de assistência, por exemplo, a famílias de baixa renda. Assim, para analisar como os impostos afetam o bem-estar econômico, usamos a receita tributária do governo para medir o benefício que a população obtém do imposto. Lembre-se, contudo, de que esse benefício na verdade não fica com o governo, mas com todos aqueles com quem a receita é gasta.

A Figura 8-2 mostra que a receita tributária de um governo é representada pelo retângulo entre as curvas de oferta e demanda. A altura desse retângulo é o valor do imposto, T, e sua largura é a quantidade vendida do bem, Q. Como a área de um retângulo é obtida pela multiplicação da altura pela largura, a área desse retângulo é $T \times Q$, que equivale à receita tributária.

"Sabe, a ideia de tributação com representação também não me atrai muito."

Bem-estar sem impostos Para ver como um imposto afeta o bem-estar, começaremos analisando o bem-estar antes de o governo ter aprovado um imposto. A Figura 8-3 mostra o diagrama de oferta e demanda e indica as áreas relevantes com letras de A a F.

Na ausência de um imposto, o preço de equilíbrio e a quantidade se encontram na intersecção das curvas de oferta e demanda. O preço é P_1, e a quantidade vendida, Q_1. Como a curva de demanda reflete a disposição para pagar dos compradores, o excedente do consumidor é a área entre a curva de demanda e o preço, A + B + C. De maneira similar, como a curva de oferta reflete os custos dos vendedores, o excedente do produtor é a área entre a curva de oferta e o preço, D + E + F. Como não há imposto, a receita tributária é zero.

O excedente total – a soma dos excedentes do consumidor e do produtor – é igual à área A + B + C + D + E + F. Ou seja, como vimos no Capítulo 7, o excedente total é a área entre as curvas de oferta e demanda que vai até a quantidade de equilíbrio. A primeira coluna da tabela da Figura 8-3 resume essas conclusões.

Figura 8-2

Receita tributária

A receita tributária que o governo recolhe equivale a $T \times Q$, o valor do imposto, T, multiplicado pela quantidade vendida, Q. Assim, a receita tributária é igual à área do retângulo localizado entre as curvas de oferta e demanda.

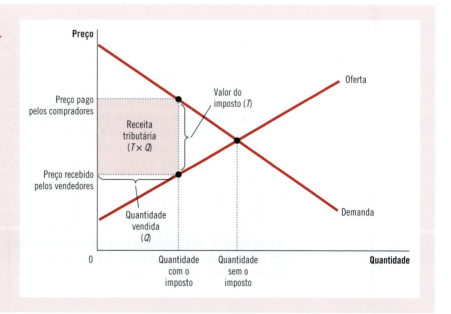

Figura 8-3
Como um imposto afeta o bem-estar

Um imposto sobre um bem reduz o excedente do consumidor (a redução é representada pela área B + C) e o excedente do produtor (a redução é representada pela área D + E). Como a queda dos excedentes do consumidor e do produtor excede a receita tributária (área B + D), dizemos que o imposto impõe uma perda de peso morto (área C + E).

	Sem imposto	Com imposto	Mudança
Excedente do consumidor	A + B + C	A	– (B + C)
Excedente do produtor	D + E + F	F	– (D + E)
Receita tributária	Nenhuma	B + D	+ (B + D)
Excedente total	A + B + C + D + E + F	A + B + D + F	– (C + E)

A área C + E mostra a queda no excedente total e é a perda de peso morto do imposto.

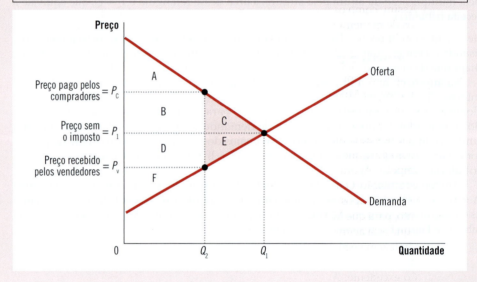

Bem-estar com um imposto Consideremos agora o bem-estar após o imposto ter sido decretado. O preço pago pelos compradores sobe de P_1 para P_C, de modo que o excedente do consumidor passa a ser apenas a área A (a área abaixo da curva de demanda e acima do preço para o comprador, P_C). O preço recebido pelos vendedores cai de P_1 para P_V, de modo que o excedente do produtor passa a ser apenas a área F (a área acima da curva de oferta e abaixo do preço para o vendedor, P_V). A quantidade vendida cai de Q_1 para Q_2 e o governo coleta uma receita tributária igual à área B + D.

Para calcular o excedente total com o imposto, somamos o excedente do consumidor, o excedente do produtor e a receita tributária. Assim, concluímos que o excedente total é a área A + B + D + F. A segunda coluna da tabela resume esses resultados.

Mudanças no bem-estar Podemos, agora, perceber os efeitos do imposto comparando o bem-estar antes e depois de sua aprovação. A terceira coluna da tabela da Figura 8-3 mostra as mudanças. O imposto causa uma redução no excedente do consumidor equivalente à área B + C e uma redução no excedente do produtor equivalente à área D + E. A receita tributária sofre um aumento equivalente à área B + D. Não há nenhuma surpresa no fato de compradores e vendedores serem prejudicados, e o governo, beneficiado.

A mudança total do bem-estar inclui a mudança do excedente do consumidor (que é negativa), do excedente do produtor (que também é negativa) e da receita tributária (que é positiva). Quando somamos estes três componentes, concluímos que o excedente total do mercado sofre uma queda equivalente às áreas C + E. **As perdas para compradores e vendedores devido à implementação do imposto superam a receita obtida pelo governo.** A queda do excedente total que resulta quando um imposto (ou outra política) distorce um resultado de mercado é chamada **peso morto**. A área C + E mede o montante do peso morto.

peso morto
queda do excedente total causada por uma distorção de mercado

Para entender por que os impostos causam peso morto, lembre-se de um dos **dez princípios da economia**: as pessoas reagem a incentivos. Vimos, no Capítulo 7, que os mercados livres normalmente alocam recursos escassos de maneira eficiente. Ou seja, na ausência de impostos, o equilíbrio de oferta e demanda maximiza o excedente total dos compradores e vendedores do mercado. No entanto, quando um imposto aumenta o preço para os compradores e reduz o preço para os vendedores, isso dá aos compradores um incentivo para consumir menos, e aos vendedores, um incentivo para produzir menos. À medida que compradores e vendedores respondem a esses incentivos, o tamanho do mercado se reduz, ficando abaixo do ideal (como mostra a figura com o deslocamento de Q_1 para Q_2). Assim, como os impostos distorcem os incentivos, eles levam os mercados a alocar recursos de maneira ineficiente.

8-1b Peso morto e ganhos comerciais

Para entender melhor por que os impostos causam peso morto, vamos considerar um exemplo. Imagine que Mike limpe a casa de Jane a cada semana por $ 100. O custo de oportunidade do tempo de Mike é de $ 80, e o valor de uma casa limpa para Jane é de $ 120. Portanto, cada um dos dois recebe um benefício de $ 20 pela transação. O excedente total de $ 40 mede os ganhos de comércio dessa determinada transação.

Suponhamos agora que o governo imponha um imposto de $ 50 para os prestadores de serviços de limpeza. Agora, não há um preço que Jane possa pagar a Mike que deixe ambos em melhor situação. O máximo que ela está disposta a pagar é $ 120, mas isso deixaria Mike com apenas $ 70 após pagar o imposto, menos que os $ 80 de seu custo de oportunidade. Entretanto, para que Mike recebesse seu custo de oportunidade de $ 80, Jane teria de pagar $ 130, o que está acima do valor de $ 120 que ela atribui a uma casa limpa. Com isso, Jane e Mike não fazem negócio. Mike fica sem a renda e Jane limpa a sua própria casa.

O imposto piorou a situação dos dois em um total de $ 40, uma vez que cada um deles perdeu $ 20 do excedente. Ao mesmo tempo, o governo não consegue coletar nenhuma receita deles, porque o negócio foi cancelado. Os $ 40 são um peso morto: uma perda tanto para os compradores quanto para os vendedores em um mercado que não é compensado por um aumento da receita do governo. Com base nesse exemplo, podemos perceber a fonte do peso morto: **os impostos causam peso morto porque impedem que compradores e vendedores obtenham parte dos ganhos de comércio.**

A área do triângulo entre as curvas de oferta e demanda (área C + E na Figura 8-3) mede essas perdas. Isso pode ser visto mais facilmente na Figura 8-4, lembrando que a curva de demanda reflete o valor do bem para os consumidores e que a curva de oferta reflete os custos para os produtores. Quando o imposto aumenta o preço para os compradores para P_C e reduz o preço para os vendedores para P_V, os compradores e os vendedores marginais deixam o mercado, de modo que a quantidade vendida cai de Q_1 para Q_2. Mas, como mostra a figura, o valor do bem para esses compradores ainda supera o custo para os vendedores. Para qualquer quantidade entre Q_1 e Q_2, a situação será a mesma do nosso exemplo com Mike e Jane. Os ganhos comerciais – a diferença entre o valor dos compradores e o custo dos vendedores – serão menores do que o imposto. Com isso, essas transações deixarão de ser realizadas a partir do momento em que o imposto entrar em vigor. O peso morto é o excedente perdido porque o imposto desencoraja a realização dessas transações mutuamente vantajosas.

Figura 8-4

Origem do peso morto

Quando o governo cria um imposto sobre um bem, a quantidade vendida cai de Q_1 para Q_2. Com isso, para qualquer quantidade entre Q_1 e Q_2, os potenciais ganhos de comércio entre compradores e vendedores não ocorrem. Esses ganhos perdidos originam a perda do peso morto.

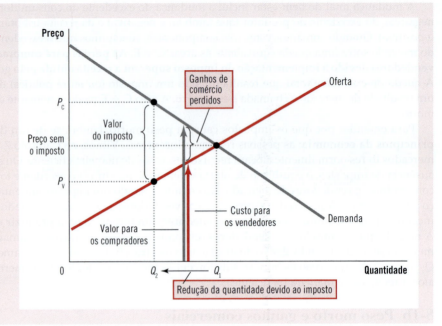

Teste rápido

1. Um imposto sobre um bem terá um peso morto se
   a. a redução do excedente do consumidor e do produtor for maior que a receita tributária.
   b. a receita tributária for maior que a redução do excedente do consumidor e do produtor.
   c. a redução do excedente do consumidor for maior que a redução do excedente do produtor.
   d. a redução do excedente do produtor for maior que a redução do excedente do consumidor.

2. Darla administra uma pousada e cobra $ 300 por noite em um quarto, o que equivale ao seu custo. Sam, Harry e Bill são três potenciais clientes dispostos a pagar $ 500, $ 325 e $ 250, respectivamente. Quando o governo cobra um imposto de $ 50 por noite de ocupação dos proprietários de pousadas, Darla aumenta o preço do quarto para $ 350. Qual é o peso morto do imposto?
   a. $ 25
   b. $ 50
   c. $ 100
   d. $ 150

3. Sophie paga $ 50 para Pedro aparar seu gramado toda semana. Quando o governo aprova um imposto de $ 10 sobre o trabalho de Pedro, ele aumenta o preço do seu serviço para $ 60. Sophie continua contratando-o pelo preço mais alto. Qual é a mudança no excedente do produtor, no excedente do consumidor e no peso morto?
   a. $ 0, $ 0, $ 10
   b. $ 0, –$ 10, $ 0
   c. +$ 10, –$ 10, $ 10
   d. +$ 10, –$ 10, $ 0

— As respostas estão no final do capítulo.

8-2 Determinantes do peso morto

O que determina se o peso morto de um imposto é grande ou pequeno? A resposta encontra-se nas elasticidades-preço da oferta e da demanda, que medem até que ponto as quantidades ofertada e demandada respondem às alterações no preço.

Consideremos, primeiro, como a elasticidade da oferta afeta a magnitude do peso morto. Nos dois painéis superiores da Figura 8-5, a curva de demanda e o valor do imposto são os mesmos. A única diferença nessas figuras é a elasticidade da curva de oferta. No painel (a), a curva de oferta é relativamente inelástica: a quantidade ofertada responde pouco a variações de preço. No painel (b), a curva de oferta é relativamente elástica: a quantidade ofertada responde substancialmente a variações de preço. Observe que o peso morto, a área do triângulo entre as curvas de oferta e demanda, é maior quando a curva de oferta é mais elástica.

Figura 8-5
Distorções tributárias e elasticidades

Nos painéis (a) e (b), a curva de demanda e o valor do imposto são iguais, mas a elasticidade-preço da oferta é diferente. Observe que, quanto mais elástica é a curva de oferta, maior é o peso morto causado pelo imposto. Nos painéis (c) e (d), a curva de oferta e o valor do imposto são iguais, mas a elasticidade-preço da demanda é diferente. Observe que, quanto mais elástica é a curva de demanda, maior é o peso morto causado pelo imposto.

(a) Oferta inelástica

Quando a oferta é relativamente inelástica, o peso morto do imposto é pequeno.

(b) Oferta elástica

Quando a oferta é relativamente elástica, o peso morto do imposto é grande.

(c) Demanda inelástica

Quando a demanda é relativamente inelástica, o peso morto do imposto é pequeno.

(d) Demanda elástica

Quando a demanda é relativamente elástica, o peso morto do imposto é grande.

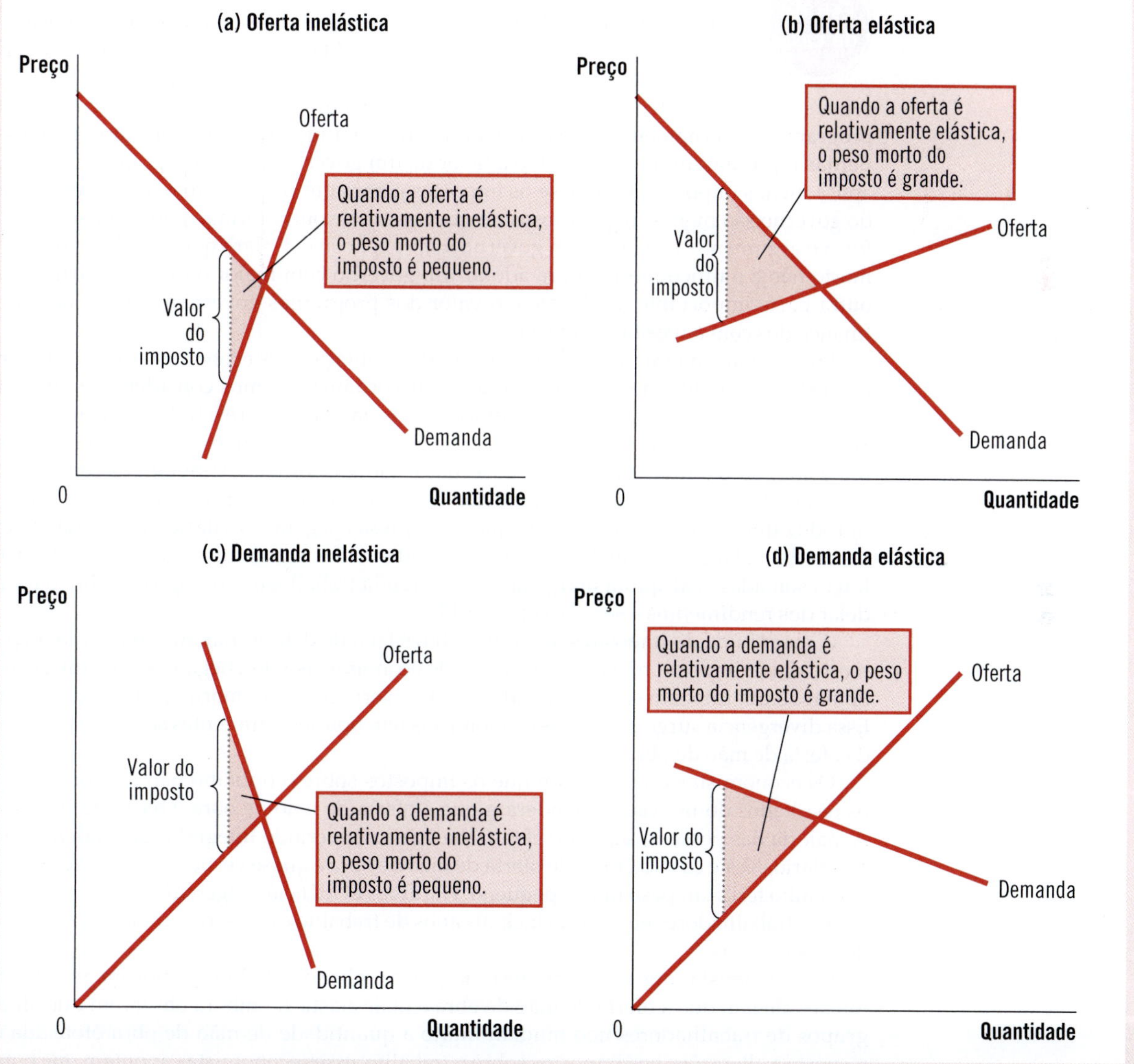

De maneira similar, os dois painéis inferiores da Figura 8-5 mostram como a elasticidade da demanda afeta a magnitude do peso morto. Aqui, a curva de oferta e o valor do imposto são mantidas constantes. No painel (c), a curva de demanda é relativamente inelástica, e o peso morto, pequeno. No painel (d), a curva de demanda é mais elástica, e o peso morto do imposto, maior.

A lição dessa figura é evidente: um imposto é um peso morto porque induz compradores e vendedores a uma mudança de comportamento. O imposto eleva o preço pago pelos compradores, de modo que eles consomem menos, e, ao mesmo tempo, reduz o preço recebido pelos vendedores, que passam a produzir menos. Por causa dessas mudanças de comportamento, o tamanho do mercado diminui e fica abaixo do ideal. As elasticidades da oferta e da demanda medem o quanto vendedores e compradores respondem às variações no preço e, portanto, determinam quanto um imposto distorce o resultado de mercado. **Assim, quanto maiores forem as elasticidades de oferta e demanda, maior será o peso morto de um imposto.**

Estudo de caso

O debate sobre o peso morto

Oferta, demanda, elasticidade, peso morto – toda essa teoria econômica é suficiente para deixar qualquer um tonto. Mas essas ideias fazem parte de uma questão política profunda: qual deve ser o tamanho do governo? Esses conceitos são importantes porque, quanto maior o peso morto da tributação, maior o custo dos programas governamentais. Se a tributação envolve um peso morto elevado, então essas perdas representam um argumento a favor de um governo mais enxuto, que faz menos e aplica menos impostos. Porém, se os impostos geram um peso morto baixo, os programas do governo são menos dispendiosos do que seriam de outra forma, o que, por sua vez, reforça o argumento a favor de um governo mais expansivo. É claro que o fenômeno do peso morto não é o único motivo para adotar um governo com maior ou menor participação: outra parte importante do debate é o valor dos programas governamentais que seriam financiados com a receita tributária.

Então, qual é o tamanho do peso morto da tributação? Os economistas discordam nas respostas. Para entender a natureza dessa discordância, vamos considerar os impostos mais importantes da economia estadunidense: os impostos sobre o trabalho. O imposto da Seguridade Social, o imposto do Medicare e grande parte do imposto de renda federal são impostos sobre o trabalho. Muitos governos estaduais também tributam os rendimentos dos trabalhadores por meio de impostos de renda locais. Um imposto sobre o trabalho introduz uma cunha entre o salário que as empresas pagam e o salário que os trabalhadores recebem. Para um trabalhador típico, se todas as formas de impostos sobre o trabalho forem somadas, a **alíquota marginal** sobre a renda trabalhista – o imposto sobre o último dólar dos rendimentos – será de cerca de 40%.

A magnitude do imposto sobre o trabalho é fácil de determinar, mas o cálculo do peso morto desse imposto não é tão simples. Os economistas não chegam a um consenso ao opinar se um imposto sobre o trabalho de 40% seria um peso morto grande ou pequeno. Essa divergência surge porque os economistas têm opiniões diferentes sobre a elasticidade da oferta de mão de obra.

Os economistas que afirmam que os impostos sobre o trabalho não distorcem muito os resultados do mercado consideram que a oferta de mão de obra é bastante inelástica. A maioria das pessoas, segundo eles, trabalharia em período integral independentemente do salário. Neste caso, a curva de oferta de mão de obra é quase vertical e um imposto sobre o trabalho teria um peso morto pequeno. Algumas evidências sugerem que este pode ser o caso de trabalhadores em seus principais anos de trabalho e que são os maiores provedores de suas famílias.

Os economistas que afirmam que os impostos sobre o trabalho promovem grandes distorções alegam que a oferta de mão de obra é mais elástica. Embora observem que alguns grupos de trabalhadores não mudem muito a quantidade de mão de obra oferecida em resposta a alterações nos impostos sobre o trabalho, esses economistas apontam que outros grupos respondem mais a incentivos. Veja alguns exemplos:

- Algumas pessoas podem ajustar o número de horas que trabalham – por exemplo, fazendo hora extra. Quanto maior o salário, mais horas escolhem trabalhar.
- Muitas famílias têm uma segunda fonte de renda – por exemplo, mulheres casadas e com filhos –, com uma certa liberdade para decidir se mantêm um trabalho não remunerado em casa ou aceitam um trabalho remunerado no mercado. Ao decidir se aceitam ou não um emprego, esses responsáveis pela segunda fonte de renda comparam os benefícios de estar em casa (incluindo a economia nos custos com creche) com os salários que receberiam.
- Muitas pessoas podem escolher quando se aposentar, e essas decisões se baseiam parcialmente nos salários. Quando param de trabalhar em período integral, os níveis salariais determinam os incentivos para trabalhar em um emprego de meio período.
- Algumas pessoas deixam de pagar impostos trabalhando em empregos que pagam "por fora" ou em atividades econômicas ilegais, como venda de drogas. Os economistas chamam isso de **economia informal**. Ao decidir se trabalham na economia informal ou em um emprego legítimo, os potenciais contraventores comparam o que podem ganhar infringindo a lei com o salário que receberiam legalmente.

"Qual é a sua opinião sobre a elasticidade da oferta de trabalho?"

Em cada um desses casos, a quantidade de mão de obra ofertada depende do salário após a dedução dos impostos, por isso os impostos sobre os rendimentos trabalhistas afetam as decisões das pessoas. Esses impostos incentivam os trabalhadores a trabalhar menos horas, as pessoas que são a segunda fonte de renda de uma família a ficar em casa, os idosos a se aposentar mais cedo e as pessoas inescrupulosas a entrar na economia informal.

O debate sobre os efeitos distorcivos da tributação da mão de obra persiste até hoje. Na verdade, sempre que dois candidatos políticos discordam sobre o governo fornecer mais serviços ou reduzir a carga tributária, parte dessa discordância vem das opiniões diferentes a respeito da elasticidade da oferta de mão de obra e do peso morto da tributação. ●

Teste rápido

4. Se os formuladores de políticas públicas quiserem aumentar a receita mediante a tributação de bens e, ao mesmo tempo, minimizar o peso morto, eles devem procurar por bens com elasticidade de demanda _____ e elasticidade de oferta _____.
   a. baixa; baixa
   b. baixa; alta
   c. alta; baixa
   d. alta; alta

5. Na economia da cidade de Agrícola, os agricultores alugam as terras que utilizam. Se a oferta de terras for perfeitamente inelástica, um imposto sobre as terras teria um peso morto _____ e o ônus do imposto recairia totalmente sobre os _____.
   a. considerável; agricultores
   b. considerável; proprietários de terras
   c. nulo; agricultores
   d. nulo; proprietários de terras

6. Suponha que a demanda por geleia de uva seja perfeitamente elástica (porque a geleia de morango é um bom substituto), enquanto a oferta é elástica por unidade. Um imposto sobre a geleia de uva teria um peso morto _____ e o ônus do imposto recairia totalmente sobre os _____ da geleia de uva.
   a. considerável; consumidores
   b. considerável; produtores
   c. nulo; consumidores
   d. nulo; produtores

As respostas estão no final do capítulo.

8-3 O peso morto e a receita fiscal com a variação tributária

Os impostos raramente se mantêm constantes por longos períodos. Os formuladores de políticas dos governos municipais, estaduais e federais estão sempre pensando em aumentar um imposto ou diminuir outro. Aqui, veremos o que acontece com o peso morto e com a receita tributária quando o montante do imposto muda.

A Figura 8-6 mostra os efeitos de impostos pequeno, médio e grande, mantidas constantes as curvas de oferta e demanda do mercado. O peso morto – a redução do excedente

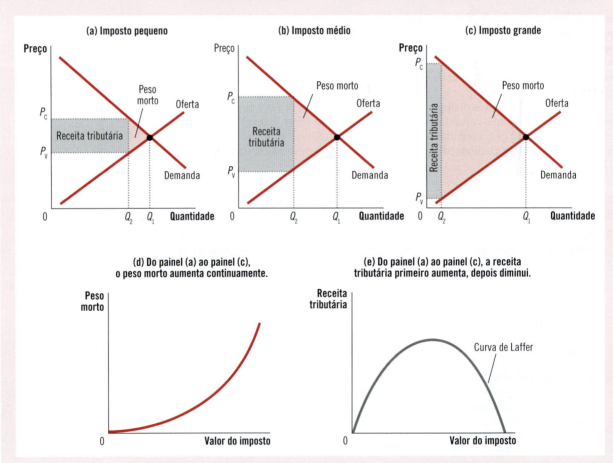

Figura 8-6

Como o peso morto e a receita tributária variam de acordo com o tamanho do imposto

O peso morto é a redução do excedente total causada pelo imposto. A receita tributária é o valor do imposto multiplicado pela quantidade vendida do bem. No painel (a), um pequeno imposto tem um peso morto pequeno e gera uma receita pequena. No painel (b), um imposto maior tem um peso morto maior e arrecada uma receita maior. No painel (c), um imposto muito elevado tem um peso morto muito elevado, e isso reduz tanto o tamanho do mercado, que a arrecadação se torna pequena. Os painéis (d) e (e) resumem essas conclusões. O painel (d) mostra que, à medida que aumenta o valor do imposto, o peso morto também aumenta. O painel (e) mostra que, inicialmente, a receita tributária cresce, para depois cair. Essa relação é denominada curva de Laffer.

total que resulta quando o imposto reduz o tamanho de um mercado abaixo do ideal – é igual à área do triângulo entre as curvas de oferta e demanda. No caso do imposto pequeno do painel (a), a área do triângulo do peso morto é bem pequena. Mas com o aumento do imposto, como vemos nos painéis (b) e (c), o peso morto fica cada vez maior.

Com efeito, o peso morto do imposto aumenta mais rapidamente que o valor desse imposto, e isso ocorre porque o peso morto é a área de um triângulo, que depende do **quadrado** de seu tamanho. Se dobrarmos o tamanho de um imposto, por exemplo, a base e a altura do triângulo correspondente dobrarão, de modo que o peso morto aumentará em um fator de 4. Se triplicarmos o tamanho de um imposto, tanto a base quanto a altura triplicarão, e, com isso, o peso morto aumentará em um fator de 9.

A receita tributária do governo equivale ao valor do imposto multiplicado pela quantidade vendida do bem. Como mostram os três primeiros painéis da Figura 8-6, a receita tributária é igual à área do retângulo entre as curvas de oferta e demanda. No caso do imposto pequeno do painel (a), a receita tributária é baixa. Como do painel (a) para o (b) o imposto aumenta, a receita tributária aumenta. Mas quando o tamanho do imposto aumenta além disso, do painel (b) para o painel (c), a receita tributária cai, porque o imposto alto reduz drasticamente o tamanho do mercado. No caso de um imposto muito grande, não seria gerada nenhuma receita, porque as pessoas simplesmente parariam de comprar e de vender o bem.

Os dois últimos painéis da Figura 8-6 resumem esses resultados. No painel (d), vemos que, com o aumento do montante do imposto, o peso morto cresce rapidamente. Em comparação, o painel (e) mostra que, a princípio, a receita tributária cresce com o montante do imposto; depois, contudo, à medida que o imposto se torna maior, o mercado encolhe tanto, que a receita tributária começa a cair.

A curva de Laffer e a economia pelo lado da oferta

Em um dia de 1974, o economista Arthur Laffer entrou em um restaurante em Washington com alguns jornalistas e políticos proeminentes. Ele pegou um guardanapo e desenhou uma figura para mostrar como as alíquotas dos impostos afetavam a receita tributária. O desenho se parecia muito com o painel (e) da Figura 8-6. Laffer sugeriu, então, que os Estados Unidos estavam no lado descendente da curva. As alíquotas eram tão elevadas, argumentou ele, que uma redução poderia, na verdade, aumentar a receita fiscal.

A maior parte dos economistas se mostrou cética a respeito da sugestão de Laffer. Eles aceitaram a ideia de que um corte nas alíquotas poderia aumentar a receita tributária como uma questão teórica, mas duvidavam que isso aconteceria na prática. Havia poucas evidências de que as alíquotas dos impostos nos Estados Unidos tinham chegado, de fato, a níveis tão extremos, como dizia Laffer.

No entanto, a **curva de Laffer**, como ficou conhecida, atraiu o interesse de Ronald Reagan. David Stockman, diretor do orçamento no primeiro governo de Reagan, conta a seguinte história:

> O próprio Reagan já esteve na curva de Laffer. "Ganhei muito dinheiro fazendo filmes durante a Segunda Guerra Mundial", ele dizia sempre. Naquela época, a sobretaxa da renda durante a guerra chegou a 90%. "Você só podia fazer quatro filmes, mais do que isso já entrava na alíquota máxima", completava. "Então todos nós parávamos de trabalhar depois de quatro filmes e íamos para o interior." Alíquotas muito altas causavam menos trabalho, alíquotas mais baixas causavam mais. A experiência dele provou isso.

Quando Reagan concorreu à presidência, em 1980, ele fez da redução de impostos parte de sua campanha. Reagan afirmava que os impostos eram tão elevados que desencorajavam o trabalho duro e, consequentemente, reduziam os rendimentos. Argumentava que impostos mais baixos dariam mais incentivos para as pessoas trabalharem, o que, por sua vez, aumentaria o bem-estar econômico. Ele sugeriu que a receita poderia aumentar, apesar das alíquotas mais baixas. Como o corte nos impostos tinha o objetivo de estimular as pessoas a aumentarem a quantidade de mão de obra ofertada, a opinião de Laffer e Reagan ficou conhecida como **economia pelo lado da oferta**.

Os economistas continuam debatendo o argumento de Laffer. Muitos acreditam que a história subsequente refutou o pressuposto de Laffer de que alíquotas mais baixas aumentariam a receita tributária. Ainda assim, como a história é aberta a interpretações alternativas, outros encaram os acontecimentos dos anos 1980 como mais favoráveis aos que defendem a economia pelo lado da oferta. Para avaliar a hipótese de Laffer de maneira definitiva, precisaríamos recriar a história sem os cortes de impostos de Reagan e ver se a receita tributária teria aumentado ou diminuído, mas esse experimento é impossível.

Alguns economistas assumem uma posição intermediária. Eles acreditam que, embora um corte geral nas alíquotas normalmente reduza a receita, alguns contribuintes podem estar no lado errado da curva de Laffer. Mantendo todos os outros fatores constantes, é mais provável que um corte nos impostos aumente a receita tributária se ele for aplicável aos contribuintes que se enquadram nas alíquotas mais elevadas. Além disso, o argumento de Laffer pode ser mais convincente para países com alíquotas muito mais altas que as dos Estados Unidos. Na Suécia, por exemplo, no início da década de 1980, o trabalhador típico enfrentava uma alíquota marginal de cerca de 80%. Uma alíquota tão elevada quanto essa representa um desincentivo substancial ao trabalho. Estudos sugerem que a Suécia teria arrecadado mais receita com alíquotas mais baixas.

Os economistas discordam nessas questões em parte porque não há consenso em relação ao tamanho das elasticidades relevantes. Quanto mais elásticas forem a oferta e a demanda em qualquer mercado, mais os impostos distorcerão o comportamento e maior a probabilidade de que um corte de imposto aumente a receita tributária. Eles concordam, porém, com uma lição geral: a quantidade de receita que o governo ganha ou perde com uma alteração em um imposto não pode ser calculada simplesmente com uma análise das alíquotas. Ela também depende de como a mudança fiscal afeta o comportamento das pessoas.

Uma atualização da história: Arthur Laffer ganhou destaque mais uma vez durante a campanha presidencial de 2016, quando foi conselheiro de Donald Trump. Conforme relatado em seu livro com Stephen Moore, *Trumponomics*, ele encorajou o candidato a propor um grande corte nos impostos. O argumento de Laffer era parecido com o que havia apresentado anos antes: por que se contentar com um crescimento de 2% projetado pela maioria dos economistas? Não seria mais fácil resolver todos os problemas com a economia se expandindo mais rápido? O livro relata que Trump afirmou, ao anunciar seu plano fiscal, que ele não aumentaria o déficit orçamentário do governo (o déficit de receitas fiscais proveniente dos gastos do governo) porque aumentaria as taxas de crescimento para "3, 4, 5 ou até 6%". A maioria dos economistas, no entanto, estava cética. E eles estavam certos. Nos dois anos após a implementação do corte dos impostos, a economia cresceu 2,4%, e o déficit orçamentário aumentou.

PERGUNTE A QUEM SABE — A curva de Laffer

"Um corte imediato nas alíquotas do imposto de renda federal nos Estados Unidos geraria, dentro de 5 anos, uma renda nacional maior do que sem o corte do imposto."

O que dizem os economistas?
- 9% discordam
- 48% não têm certeza
- 43% concordam

"Um corte imediato nas alíquotas do imposto de renda federal nos Estados Unidos aumentaria a renda tributável o suficiente para que a receita tributária total anual fosse maior dentro de 5 anos do que sem a redução no imposto."

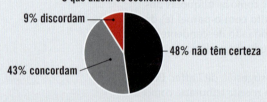

O que dizem os economistas?
- 0% concordam
- 4% não têm certeza
- 96% discordam

Fonte: IGM Economic Experts Panel, 26 de junho de 2012.

Teste rápido

7. A curva de Laffer mostra que, em algumas circunstâncias, o governo pode reduzir o imposto sobre um bem e aumentar
   a. o preço pago pelos consumidores.
   b. a quantidade de equilíbrio.
   c. o peso morto.
   d. a receita tributária do governo.

8. Os ovos têm uma curva de oferta linear e com inclinação ascendente e uma curva de demanda linear e com inclinação descendente. Se um imposto de $ 0,02 por ovo aumentar para $ 0,03, o peso morto do imposto
   a. aumentará em menos de 50% e pode até cair.
   b. aumentará em exatamente 50%.
   c. aumentará em mais de 50%.
   d. a resposta depende se a oferta ou a demanda for mais elástica.

9. A pasta de amendoim tem uma curva de oferta com inclinação ascendente e uma curva de demanda com inclinação descendente. Se um imposto de $ 0,10 por quilo aumentar para $ 0,15 por quilo, a receita tributária do governo
   a. aumentará em menos de 50% e pode até cair.
   b. aumentará em exatamente 50%.
   c. aumentará em mais de 50%.
   d. a resposta depende se a oferta ou a demanda for mais elástica.

As respostas estão no final do capítulo.

8-4 Conclusão

Neste capítulo, empregamos as ferramentas desenvolvidas nos capítulos anteriores para aumentar nosso entendimento sobre impostos. Um dos **dez princípios da economia** discutidos no Capítulo 1 é que os mercados costumam ser uma boa maneira de organizar a atividade econômica. No Capítulo 7, empregamos os conceitos de excedente do produtor e do consumidor para tornar esse princípio mais preciso. Aqui, vimos que, quando o governo cobra impostos dos compradores e vendedores de um bem, a sociedade perde parte dos benefícios da eficiência de mercado. Os impostos são dispendiosos para os participantes do mercado não apenas porque transferem recursos desses participantes para o governo, mas também porque alteram os incentivos e criam peso morto.

A análise apresentada aqui e no Capítulo 6 deve oferecer uma boa base para o entendimento do impacto econômico dos impostos, mas esse não é o fim da história. A microeconomia estuda a melhor forma de estabelecer um sistema tributário, incluindo como encontrar o equilíbrio certo entre igualdade e eficiência. A macroeconomia, por sua vez, estuda como os impostos influenciam a economia como um todo e como os formuladores de políticas podem usar o sistema tributário para estabilizar a atividade econômica e conseguir crescimento econômico mais rápido. Então, não se surpreenda se, à medida que você for estudando economia, o assunto dos impostos surgir novamente.

RESUMO DO CAPÍTULO

- Um imposto sobre um bem reduz o bem-estar dos seus compradores e vendedores, e a redução dos excedentes do consumidor e do produtor costuma ser maior que a receita arrecadada pelo governo. A queda do excedente total – a soma do excedente do consumidor, do excedente do produtor e da receita tributária – é denominada peso morto do imposto.

- Os impostos impõem um peso morto porque levam os compradores a consumir menos e os vendedores a produzir menos, e essa mudança de comportamento reduz o mercado, colocando-o em um nível abaixo daquele que maximiza o excedente total. Como as elasticidades da oferta e da demanda medem o quanto os participantes do mercado respondem às condições deste, altas elasticidades implicam um peso morto elevado.

- Com o crescimento dos impostos, os incentivos se tornam cada vez mais distorcidos, e o peso morto, cada vez maior. Entretanto, como um imposto reduz o tamanho do mercado, a receita tributária não aumenta continuamente. Primeiro ela cresce com o tamanho do imposto, mas se esse imposto aumentar muito, ela começará a diminuir.

CONCEITO-CHAVE

peso morto, p. 157

QUESTÕES DE REVISÃO

1. O que acontece com os excedentes do consumidor e do produtor quando a venda de um bem é tributada? Como a mudança dos excedentes do consumidor e do produtor se relaciona com a receita tributária? Explique.
2. Elabore um diagrama de oferta e demanda com um imposto sobre a venda do bem. Indique o peso morto e a receita tributária.
3. De que forma a elasticidade da oferta e a elasticidade da demanda afetam o peso morto de um imposto? Por que elas têm esse efeito?
4. Por que os especialistas divergem quanto a se os impostos sobre o trabalho impõem um peso morto grande ou pequeno?
5. O que acontece com a perda ocasionada pelo peso morto e a receita tributária quando um imposto aumenta?

PROBLEMAS E APLICAÇÕES

1. O mercado de pizza é caracterizado por uma curva de demanda de inclinação descendente e uma curva de oferta de inclinação ascendente.
    a. Elabore um gráfico do equilíbrio para esse mercado competitivo. Indique o preço, a quantidade, o excedente do consumidor e o excedente do produtor. Existe algum peso morto? Explique.
    b. Suponha que o governo obrigue cada pizzaria a pagar um imposto de $1 por pizza vendida. Ilustre o efeito desse imposto sobre o mercado de pizza, lembrando-se de indicar o excedente do consumidor, o excedente do produtor, a receita do governo e o peso morto do imposto. Como cada área se compara com as áreas da situação anterior ao imposto?
    c. Se o imposto fosse removido, os consumidores e os vendedores de pizza ficariam em melhor situação, mas o governo perderia receita tributária. Suponha que consumidores e produtores transfiram voluntariamente parte dos seus ganhos para o governo. Todas as partes (até o governo) podem ficar em melhor situação do que quando havia imposto? Explique usando as áreas que indicou no seu gráfico.
2. Após avaliar as duas afirmativas a seguir, responda se concorda com elas e justifique.
    a. "Um imposto que não tenha peso morto não pode gerar receita tributária para o governo."
    b. "Um imposto que não gere receita tributária para o governo não pode ter nenhum peso morto."
3. Considere o mercado de grampeadores.
    a. Se esse mercado tiver oferta muito elástica e demanda muito inelástica, de que maneira o ônus de um imposto sobre o produto se dividiria entre consumidores e produtores? Use, em sua resposta, as ferramentas dos excedentes do consumidor e do produtor.
    b. Se esse mercado tiver oferta muito inelástica e demanda muito elástica, de que maneira o ônus de um imposto sobre o produto se dividiria entre consumidores e produtores? Compare sua resposta com a resposta dada ao item (a).
4. Suponha que o governo institua um imposto sobre o óleo para aquecimento.
    a. É mais provável que o peso morto desse imposto seja maior no primeiro ano depois de sua implantação ou no quinto ano? Explique.
    b. A receita arrecadada por esse imposto será provavelmente maior no primeiro ano depois de sua implantação ou no quinto ano? Explique.
5. Um dia, depois da aula de economia, um amigo seu sugere que tributar alimentos seria uma boa maneira de gerar receita, porque a demanda é muito inelástica. Em que sentido a tributação de alimentos seria uma "boa" maneira de incrementar a receita? E em que sentido não seria uma "boa" maneira de gerar receita?
6. Daniel Patrick Moynihan, senador de Nova York de 1977 a 2001, uma vez apresentou um projeto de lei que instituiria um imposto de 10.000% sobre certo tipo de bala para armas de fogo.
    a. Você acha que esse imposto pode gerar uma grande receita? Por quê?
    b. Ainda que o imposto não gerasse nenhuma receita, qual poderia ser o motivo para que o senador Moynihan o propusesse?
7. O governo cria um imposto sobre a compra de meias.
    a. Ilustre o efeito desse imposto sobre o preço e a quantidade de equilíbrio no mercado de meias. Identifique as seguintes áreas antes e depois da imposição do imposto: total gasto pelos consumidores, receita total dos produtores e receita tributária do governo.

b. O preço recebido pelos produtores aumenta ou diminui? É possível saber se a receita total dos produtores aumenta ou diminui? Explique.

c. O preço pago pelos consumidores aumenta ou diminui? É possível saber se o gasto total dos consumidores aumenta ou diminui? Explique cuidadosamente. (Dica: pense em elasticidade.) Se o gasto total dos consumidores diminui, o excedente do consumidor aumenta? Explique.

8. Este capítulo analisou os efeitos da aplicação de um imposto sobre um bem em termos de bem-estar. Considere agora uma política oposta, supondo que o governo **subsidie** um bem: para cada unidade vendida desse bem, o governo pagará $ 2 ao comprador. Como o subsídio afeta o excedente do consumidor, o excedente do produtor, a receita tributária e o excedente total? O subsídio dá origem a um peso morto? Explique.

9. Um quarto de hotel em Pequenópolis custa $ 100 e, em dias normais, 1.000 quartos são ocupados.
   a. Para aumentar a receita, o prefeito decide cobrar uma taxa de $ 10 por quarto ocupado. Depois que a taxa é imposta, o preço sobe para $ 108 e o total de ocupação cai para 900. Calcule o montante da receita que esse imposto proporciona para Pequenópolis e seu peso morto. (Dica: a área de um triângulo é ½ × base × altura.)
   b. O prefeito decide dobrar o imposto para $ 20. O preço aumenta para $ 116 e o número de quartos ocupados cai para 800. Calcule a receita tributária e o peso morto com essa taxa mais alta. Ela dobra, fica maior ou menor que o dobro? Explique.

10. Suponha que um mercado seja descrito pelas seguintes equações de oferta e demanda:

$$Q^O = 2P$$
$$Q^D = 300 - P$$

   a. Calcule o preço de equilíbrio e a quantidade de equilíbrio.
   b. Suponha que um imposto T seja cobrado dos compradores, de modo que a nova equação de demanda seja

$$Q^D = 300 - (P + T).$$

   Calcule o novo equilíbrio. O que acontece com o preço recebido pelos vendedores, com o preço pago pelos compradores e com a quantidade vendida?
   c. A receita tributária é $T \times Q$. Use sua resposta ao item (b) para calcular a receita tributária como função de T. Elabore um gráfico dessa relação para T entre 0 e 300.
   d. O peso morto de um imposto é a área do triângulo entre as curvas de oferta e demanda. Lembrando que a área de um triângulo é ½ × base × altura, calcule o peso morto como função de T. Elabore um gráfico dessa relação para T entre 0 e 300. (Dica: olhando de lado, a base do triângulo do peso morto é T e a altura é a diferença entre a quantidade vendida com o imposto e a quantidade vendida sem o imposto.)
   e. O governo agora lança um imposto sobre esse bem de $ 200 por unidade. Trata-se de uma boa política? Explique. Você consegue sugerir uma política melhor?

Respostas do teste rápido

1. **a**   2. **a**   3. **b**   4. **a**   5. **d**   6. **b**   7. **d**   8. **c**   9. **a**

Capítulo 9

Aplicação: comércio internacional

Se você der uma olhada nas etiquetas das roupas que está vestindo, provavelmente verá que muitas delas foram fabricadas em outro país. Para a maioria das pessoas nos Estados Unidos 100 anos atrás, as coisas não eram assim: a indústria têxtil e de vestuário representava grande parte da economia do país. Mas, à medida que as fábricas estrangeiras começaram a produzir bens de qualidade por um custo mais baixo, as empresas estadunidenses passaram a encerrar a produção local e demitir funcionários. Hoje, grande parte dos têxteis e das roupas usadas nesse país é importada.

Essa mudança na indústria têxtil e de vestuário levanta questões importantes: como o comércio internacional afeta o bem-estar econômico? Quem ganha e quem perde com o comércio entre países e como os ganhos se comparam com as perdas?

O Capítulo 3 introduziu o estudo do comércio internacional, aplicando o princípio da vantagem comparativa. De acordo com esse princípio, todos os países podem se beneficiar do comércio uns com os outros, porque a atividade permite que cada país se especialize naquilo que faz melhor. Mas a análise do Capítulo 3 não estava completa. Faltou explicar como o mercado internacional consegue obter esses ganhos de comércio e como os ganhos são distribuídos entre os diversos agentes econômicos.

Vamos abordar essas questões usando as ferramentas apresentadas ao longo dos últimos capítulos: oferta, demanda, equilíbrio, excedente do consumidor, excedente do produtor, e assim por diante. Essas ferramentas ajudam a explicar como o comércio internacional afeta o bem-estar econômico.

9-1 Os determinantes do comércio

Usaremos o mercado têxtil, que é ideal para estudar os ganhos e perdas do comércio internacional: os tecidos são fabricados e comercializados em todo o mundo e os formuladores de políticas frequentemente consideram (e por vezes implementam) restrições ao comércio para proteger produtores domésticos de concorrentes estrangeiros. Examinaremos aqui o mercado de tecidos de um país imaginário chamado Isolândia.

9-1a O equilíbrio sem comércio

Nossa história começa com o mercado de tecidos da Isolândia isolado do restante do mundo. Por um decreto governamental, ninguém no país pode importar ou exportar tecidos, e a penalidade por violar essa proibição é tão grande que ninguém está disposto a correr esse risco.

Como não há comércio internacional, o mercado de tecidos do país consiste apenas em compradores e vendedores internos. Como mostra a Figura 9-1, o preço interno se ajusta para equilibrar a quantidade ofertada pelos vendedores internos e a quantidade demandada pelos compradores internos. A figura mostra os excedentes do consumidor e do produtor no equilíbrio e sem comércio internacional. A soma dos excedentes do consumidor e do produtor mede o benefício total que os compradores e vendedores recebem no mercado de tecidos.

Agora, suponha que, em uma reviravolta política, a Isolândia eleja Maria Menteaberta como nova presidente. Após uma campanha baseada em uma plataforma de "mudanças", com promessas de ideias novas e arrojadas, o primeiro ato da presidente Menteaberta é reunir uma equipe de economistas para avaliar a política comercial isolandesa. Ela lhes pede que respondam a três perguntas:

- Se o governo permitisse que os isolandeses importassem e exportassem tecidos, o que aconteceria com o preço e a quantidade vendida desse produto no mercado interno?
- Quem ganharia e quem perderia com o livre-comércio de tecidos? Os ganhos superariam as perdas?
- As tarifas (um imposto sobre as importações de têxteis) deveriam fazer parte da nova política comercial?

Figura 9-1

O equilíbrio sem o comércio internacional

Quando a economia não pode negociar nos mercados internacionais, o preço se ajusta para equilibrar a oferta e a demanda internas. Esta figura mostra os excedentes do consumidor e do produtor em equilíbrio sem o comércio internacional de tecidos na Isolândia.

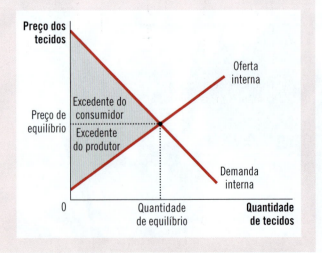

Após revisar os conceitos de oferta e demanda em seu livro predileto (que é este aqui, claro), a equipe econômica do novo governo começa sua análise.

9-1b Preço mundial e vantagem comparativa

A primeira questão que os economistas abordam é se a Isolândia tem possibilidade de se tornar importadora ou exportadora de tecidos. Em outras palavras, se o livre-comércio fosse permitido, os isolandeses acabariam comprando ou vendendo tecidos nos mercados internacionais?

Para responder a essa pergunta, os economistas comparam o preço atual dos tecidos na Isolândia com o preço desse produto em outros países, chamado de **preço mundial**. Se o preço mundial dos tecidos fosse mais alto que o preço interno, então a Isolândia se tornaria exportadora de tecidos quando o comércio fosse permitido. Os produtores isolandeses ficariam ávidos por receber os preços mais elevados praticados no exterior e começariam a vender seus tecidos para consumidores de outros países. No entanto, se o preço mundial fosse menor que o preço interno, então a Isolândia se tornaria importadora de tecidos. Como os vendedores externos ofereceriam um preço melhor, os consumidores de tecidos isolandeses logo começariam a comprar o produto de outros países.

preço mundial
preço de um bem que prevalece no mercado mundial

Em essência, comparar o preço mundial com o preço interno sem o comércio indica se a Isolândia terá vantagem comparativa na produção de tecidos. O preço interno reflete o custo de oportunidade: diz-nos de quanto um isolandês precisa abrir mão para obter uma unidade de tecidos. Se o preço interno for baixo, o custo da produção de tecidos na Isolândia também será baixo, sugerindo que esse país tem vantagem comparativa na produção desse produto em relação ao restante do mundo. Se o preço interno for mais alto, então o custo de produção na Isolândia também será alto, sugerindo que os países estrangeiros têm vantagem comparativa na produção de tecidos.

Como vimos no Capítulo 3, o comércio entre países se baseia na vantagem comparativa. Isto é, o comércio é benéfico porque permite que cada país se especialize naquilo que faz melhor. Comparando o preço mundial com o preço interno antes do comércio, podemos determinar se a Isolândia é melhor ou pior que o restante do mundo no que se refere à produção de tecidos.

Teste rápido

1. A nação de Autarka não permite o comércio internacional. Lá, é possível comprar um terno de lã por 3 onças de ouro, enquanto, em países vizinhos, o mesmo terno custa 2 onças de ouro. Isso sugere que
   a. Autarka tem uma vantagem comparativa na produção de ternos e se tornaria exportadora se o comércio fosse aberto.
   b. Autarka tem uma vantagem comparativa na produção de ternos e se tornaria importadora se o comércio fosse aberto.
   c. Autarka não tem uma vantagem comparativa na produção de ternos e se tornaria exportadora se o comércio fosse aberto.
   d. Autarka não tem uma vantagem comparativa na produção de ternos e se tornaria importadora se o comércio fosse aberto.

2. A nação de Abertia permite o livre-comércio e exporta aço. Se as exportações desse produto fossem proibidas, o preço do aço em Abertia ficaria _____, beneficiando os _____ de aço.
   a. mais alto; consumidores
   b. mais baixo; consumidores
   c. mais alto; produtores
   d. mais baixo; produtores

As respostas estão no final do capítulo.

9-2 Os ganhadores e perdedores no comércio internacional

Para analisar os efeitos do comércio sobre o bem-estar, os economistas de Isolândia começam com o pressuposto de que o país é pequeno em comparação com o restante do mundo. Esse pressuposto de economia pequena indica que as ações de Isolândia teriam poucos efeitos sobre os mercados mundiais. Especificamente, uma mudança em sua política comercial não afetará o preço mundial de tecidos. A Isolândia é considerada **tomadora de preços** na economia mundial. Ou seja, o país adota o preço dos tecidos como dados pelas forças de oferta e demanda no mercado mundial. A Isolândia pode ser um país exportador, ao vender tecidos pelo preço mundial, ou importador, ao comprar tecidos por esse preço.

O pressuposto de economia pequena não é necessário para analisar os ganhos e as perdas decorrentes do comércio internacional. Contudo, os economistas da Isolândia sabem por experiência própria (e após lerem o Capítulo 2 deste livro) que tirar conclusões simples é parte fundamental da construção de um modelo econômico vantajoso. O fato de assumir que a Isolândia é uma economia pequena simplifica a análise, e as lições básicas não se alteram mesmo no caso de uma economia de grande porte.

9-2a Ganhos e perdas de um país exportador

A Figura 9-2 mostra o mercado de tecidos isolandês quando o preço de equilíbrio antes do comércio é inferior ao preço mundial. Uma vez permitido o livre-comércio, o preço interno sobe até igualar-se ao mundial. Se todos os participantes do mercado estão em busca do melhor preço, nenhum vendedor de tecidos aceitaria menos que o preço mundial e nenhum comprador pagaria mais do que esse valor.

Depois que o preço interno aumenta para se igualar ao preço mundial, a quantidade ofertada internamente difere da quantidade demandada internamente. A curva de oferta mostra a quantidade de tecidos ofertada pelos vendedores isolandeses, e a curva

Figura 9-2

Comércio internacional em um país exportador

Uma vez permitido o comércio, o preço interno sobe até igualar-se ao mundial. A curva de oferta mostra a quantidade de tecidos produzida internamente, e a curva de demanda mostra a quantidade consumida internamente. As exportações da Isolândia são iguais à diferença entre a quantidade ofertada internamente e a quantidade demandada internamente ao preço mundial. Os vendedores se beneficiam (o excedente do produtor sobe de C para B + C + D), mas os compradores são prejudicados (o excedente do consumidor diminui de A + B para A). O excedente total aumenta em valor equivalente à área D, o que indica que o comércio melhora o bem-estar econômico do país como um todo.

	Antes do comércio	Após o comércio	Mudança
Excedente do consumidor	A + B	A	– B
Excedente do produtor	C	B + C + D	+ (B + D)
Excedente total	A + B + C	A + B + C + D	+ D

A área D mostra o aumento no excedente total e representa os ganhos do comércio.

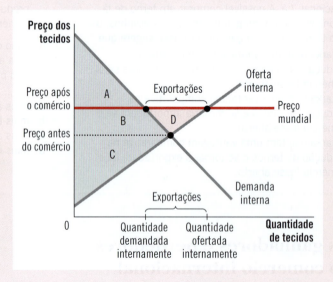

de demanda mostra a quantidade de tecidos demandada pelos compradores isolandeses. Como a quantidade ofertada internamente é maior que a quantidade demandada internamente, a Isolândia vende tecidos para outros países. Isso significa que a Isolândia se tornou exportadora de tecidos.

Embora a quantidade ofertada internamente e a quantidade demandada internamente sejam diferentes, o mercado de tecidos continua em equilíbrio, porque agora há um novo participante no mercado: o resto do mundo. A linha horizontal do preço mundial pode ser vista como a demanda do restante do mundo por tecidos. Essa curva de demanda é perfeitamente elástica porque a Isolândia, sendo um país pequeno, pode vender quanto tecido quiser ao preço mundial.

Consideremos agora os ganhos e as perdas da abertura comercial. Claramente, nem todos são beneficiados. O comércio força o preço interno a subir até que atinja o nível do preço mundial. Os produtores nacionais de tecidos ficam em melhor situação, porque agora podem vender tecidos a um preço mais elevado, mas os consumidores internos de tecidos agora estão em pior situação, porque têm de comprar tecidos a um preço maior.

Para medir esses ganhos e essas perdas, vejamos as mudanças nos excedentes do consumidor e do produtor. Antes de o comércio ser permitido, o preço dos tecidos se ajusta para equilibrar a oferta e a demanda no mercado doméstico. O excedente do consumidor (a área entre a curva de demanda e o preço anterior ao comércio) é a área A + B. O excedente do produtor (a área entre a curva de oferta e o preço anterior ao comércio) é a área C. O excedente total anterior ao comércio, que é a soma dos excedentes do consumidor e do produtor, é a área A + B + C.

Depois que o comércio passou a ser permitido, o preço interno sobe até o nível do preço mundial. O excedente do consumidor passa a ser a área A (a área entre a curva de demanda e o preço mundial). O excedente do produtor aumenta para a área B + C + D (a área entre a curva de oferta e o preço mundial). O excedente total com o comércio é a área A + B + C + D.

Esses cálculos de bem-estar mostram quem ganha e quem perde com o comércio em um país exportador. Os vendedores se beneficiam, porque o excedente do produtor aumenta em B + D. Os compradores ficam em pior situação, porque o excedente do consumidor diminui na medida da área B. Como os ganhos dos vendedores superam as perdas dos compradores em D, o excedente total da Isolândia aumenta.

Essa análise de um país exportador leva a duas conclusões:

- Quando um país se abre para o comércio internacional e se torna exportador de um bem, os produtores internos do bem em questão ficam em melhor situação e os consumidores internos ficam em pior situação.
- O comércio aumenta o bem-estar econômico de uma nação na medida em que os ganhos dos beneficiados superam as perdas dos prejudicados.

9-2b Ganhos e perdas de um país importador

Suponhamos agora que o preço interno antes do comércio esteja acima do preço mundial. Novamente, depois da liberação do comércio, o preço interno se iguala ao mundial. Como mostra a Figura 9-3, a quantidade ofertada internamente é menor que a demandada. A diferença entre a quantidade demandada e a quantidade ofertada internamente é comprada de outros países, e a Isolândia se torna um país importador de tecidos.

Nesse caso, a linha horizontal do preço mundial representa a oferta do restante do mundo. Essa curva de oferta é perfeitamente elástica, porque a Isolândia é uma economia pequena e, assim, pode comprar quanto tecido quiser ao preço mundial.

Vamos analisar os ganhos e perdas do comércio. Mais uma vez, nem todos se beneficiam, mas, aqui, os ganhadores e perdedores são invertidos. Quando o comércio reduz o preço no mercado interno, os consumidores internos ficam em melhor situação (podem comprar tecidos por um preço mais baixo) e os produtores domésticos são prejudicados (precisam vender por um preço mais baixo). As mudanças nos excedentes do consumidor e do produtor medem os ganhos e as perdas. Antes do comércio, o excedente do consumidor é a área A, o excedente do produtor é a área B + C, e o excedente total é a área A + B + C. Depois da

Figura 9-3

Comércio internacional em um país importador

Uma vez permitido o comércio, o preço interno cai até igualar-se ao mundial. A curva de oferta mostra o montante produzido internamente, e a curva de demanda mostra o montante consumido internamente. As importações são iguais à diferença entre a quantidade demandada internamente e a quantidade ofertada internamente ao preço mundial. Os compradores se beneficiam (o excedente do comprador sobe de A para A + B + D), mas os vendedores são prejudicados (o excedente do produtor cai de B + C para C). O excedente total aumenta em valor equivalente à área D, o que indica que o comércio melhora o bem-estar econômico do país como um todo.

	Antes do comércio	Depois do comércio	Troca
Excedente do consumidor	A	A + B + D	+ (B + D)
Excedente do produtor	B + C	C	− B
Excedente total	A + B + C	A + B + C + D	+ D

A área D mostra o aumento no excedente total e representa os ganhos do comércio.

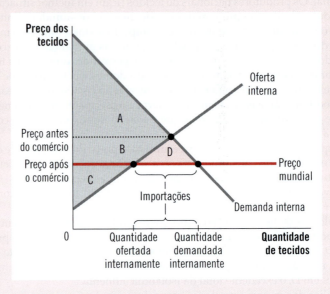

abertura comercial, o excedente do consumidor passa a ser a área A + B + D, o excedente do produtor passa a ser a área C, e o excedente total passa a ser a área A + B + C + D.

Esses cálculos de bem-estar mostram quem ganha e quem perde com o comércio em um país importador. Os compradores se beneficiam, porque há um aumento do excedente do consumidor equivalente à área B + D. Os vendedores se veem em pior situação, porque o excedente do produtor cai o equivalente à área B. Os ganhos dos compradores superam as perdas dos vendedores e o aumento do excedente total é dado pela área D.

Essa análise de um país importador leva a duas conclusões paralelas àquelas sobre um país exportador:

- Quando um país permite o comércio e se torna importador de um bem, os consumidores internos desse bem ficam em melhor situação e os produtores internos desse bem são prejudicados.
- O comércio aumenta o bem-estar econômico de uma nação na medida em que os ganhos dos que se beneficiam do comércio superam as perdas daqueles que são prejudicados por ele.

Essa análise do comércio ajuda a explicar e caracterizar um dos **dez princípios da economia** do Capítulo 1: o comércio pode melhorar a situação de todos. O que isso significa, de fato?

Se a Isolândia abrir seu mercado têxtil para o comércio internacional, essa mudança criará vencedores e perdedores, independentemente de o país se tornar um exportador ou importador de tecidos. Seja qual for o caso, os ganhos dos vencedores superam as perdas dos perdedores, de modo que os beneficiados podem compensar as perdas dos prejudicados e, ainda assim, ficar em uma situação melhor. Nesse sentido, o comércio **pode melhorar** a situação de todos. Mas será **melhorará** de fato? Provavelmente não. Na prática, a compensação para os perdedores do comércio internacional é rara. Sem essa compensação, a abertura de uma economia para o mercado internacional aumenta o tamanho do bolo econômico, mas pode deixar algumas pessoas com uma fatia menor.

É por isso que o debate sobre a política comercial é tão controverso. Sempre que uma política cria ganhadores e perdedores, há a possibilidade de uma batalha política. Algumas vezes, os países limitam o comércio porque o grupo de perdedores é mais bem organizado que o de ganhadores. Os perdedores podem transformar sua coesão em força política e fazer *lobby* para defender a imposição de restrições comerciais, como tarifas ou cotas de importação.

9-2c Os efeitos de uma tarifa

Em seguida, os economistas isolandeses passam a analisar os efeitos de uma tarifa – um imposto sobre bens importados. Os economistas rapidamente percebem que uma tarifa sobre tecidos não terá nenhum efeito se a Isolândia se tornar uma exportadora desse bem. Se ninguém na Isolândia estiver interessado em importar tecidos, uma tarifa sobre as importações desse bem será irrelevante. A tarifa somente terá importância se a Isolândia se tornar uma importadora de tecidos. Concentrando sua atenção nesse caso, os economistas comparam o bem-estar com e sem a tarifa.

tarifa
imposto sobre bens produzidos no exterior e vendidos internamente

A Figura 9-4 mostra o mercado isolandês de tecidos. Havendo livre-comércio, o preço interno iguala-se ao preço mundial. Uma tarifa eleva o preço do tecido importado para além do preço mundial no valor da tarifa. Os fornecedores internos de tecidos, que competem com os fornecedores de tecidos importados, agora podem vender seu produto pelo preço mundial mais o valor da tarifa. Assim, o preço do tecido – tanto do importado quanto do produzido internamente – aumenta o equivalente à tarifa e se aproxima, portanto, do preço que vigoraria na ausência de comércio.

A mudança do preço afeta o comportamento dos compradores e dos vendedores internos. Como a tarifa eleva o preço dos tecidos, ela reduz a quantidade demandada internamente de Q_1^D para Q_2^D e eleva a quantidade ofertada internamente de Q_1^O para Q_2^O. **A tarifa reduz a quantidade de importações e desloca o mercado interno para um ponto mais próximo de seu equilíbrio sem comércio.**

Consideremos agora os ganhos e perdas resultantes da tarifa. Como ela aumenta o preço no mercado interno, os vendedores internos ficam em melhor situação, e os compradores internos, em pior. Além disso, o governo obtém receita, que pode ser usada para fins públicos. Esses ganhos e perdas são medidos pelas mudanças no excedente do consumidor, no excedente do produtor e na receita do governo, como no Capítulo 8. Essas mudanças encontram-se resumidas na tabela da Figura 9-4.

Antes da tarifa, o preço interno é igual ao preço mundial. O excedente do consumidor (a área entre a curva de demanda e o preço mundial) é a área A + B + C + D + E + F. O excedente do produtor (a área entre a curva de oferta e o preço mundial) é a área G. A receita do governo é igual a zero. O excedente total (a soma do excedente do consumidor, do excedente do produtor e da receita do governo) é a área A + B + C + D + E + F + G.

Com uma tarifa, o preço interno supera o preço mundial no montante da tarifa. Agora, o excedente do consumidor passa a ser área A + B, e o excedente do produtor, a área C + G. A receita do governo, que é a quantidade importada após a tarifa multiplicada pelo montante da tarifa, é a área E. O excedente total com a tarifa é a área A + B + C + E + G.

Para determinar o efeito total da tarifa sobre o bem-estar, somamos a variação do excedente do consumidor (que é negativa), a variação do excedente do produtor (positiva) e a variação da receita do governo (positiva). O excedente total no mercado diminui o equivalente à área D + F. Essa diminuição no excedente total é denominada **peso morto** da tarifa.

Uma tarifa causa um peso morto porque, assim como a maioria dos impostos, ela distorce os incentivos e afasta a alocação de recursos escassos do ponto ótimo. Nesse

Figura 9-4
Os efeitos de uma tarifa

Uma tarifa, como é chamado o imposto sobre as importações, reduz a quantidade de importações e desloca o mercado para um ponto mais próximo do equilíbrio que existiria na ausência de comércio internacional. O excedente total cai em valor equivalente à área D + F. Esses dois triângulos representam o peso morto da tarifa.

	Antes da tarifa	Depois da tarifa	Mudança
Excedente do consumidor	A + B + C + D + E + F	A + B	− (C + D + E + F)
Excedente do produtor	G	C + G	+ C
Receita do governo	Nenhuma	E	+ E
Excedente total	A + B + C + D + E + F + G	A + B + C + E + G	− (D + F)

A área D + F mostra a queda do excedente total e representa o peso morto causado pela tarifa.

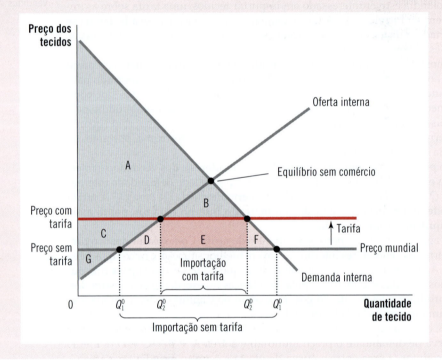

caso, podemos identificar dois efeitos. Primeiro, quando a tarifa eleva o preço interno dos tecidos para um preço que fica acima do mundial, incentiva os produtores internos a aumentar a produção de tecidos de Q_1^O para Q_2^O. Embora o custo de produzir essas unidades adicionais seja maior que o custo de adquiri-las pelo preço mundial, a tarifa torna a fabricação lucrativa para os produtores internos. Segundo, quando a tarifa eleva o preço que os compradores internos têm de pagar, isso faz com que eles reduzam o consumo de Q_1^D para Q_2^D. Mesmo que os consumidores internos estejam dispostos a pagar um valor acima do preço mundial por essas unidades, a tarifa os induz a cortar essas compras. A área D representa o peso morto causado pela superprodução de tecidos, e a área F representa o peso morto causado pelo subconsumo. O peso morto total da tarifa é a soma desses dois triângulos.

SAIBA MAIS: Cotas de importação: outra forma de restringir o comércio

Além das tarifas, outra abordagem adotada às vezes pelas nações para restringir o comércio internacional é estabelecer limites sobre a quantidade de um produto que pode ser importada. Neste livro, não analisamos esse tipo de política, apenas apresentamos a conclusão: as cotas de importação são parecidas com as tarifas. Ambas reduzem a quantidade de produtos importados, aumentam seu preço interno, diminuem o bem-estar dos consumidores internos, aumentam o bem-estar dos produtores internos e provocam perdas pelo peso morto.

Existe apenas uma diferença entre esses dois tipos de restrições comerciais: uma tarifa aumenta a receita do governo, enquanto uma cota de importação cria excedente para aqueles que conseguem uma licença para importar. O lucro para o importador é a diferença entre o preço interno (pelo qual vende o produto importado) e o preço mundial (pelo qual compra esse produto).

As tarifas e as cotas de importação são ainda mais parecidas se o governo cobrar uma taxa pelas licenças de importação. Suponha que o governo estabeleça uma taxa de licença igual à diferença entre o preço interno e o preço mundial. Nesse caso, todo o lucro dos importadores é pago ao governo em forma de taxas, e a cota de importação funciona exatamente como uma tarifa. O excedente do consumidor, o excedente do produtor e a receita do governo são precisamente os mesmos sob essas duas políticas.

Na prática, entretanto, os países que restringem o comércio com cotas de importação raramente cobram pelas licenças de importação. Por exemplo, o governo dos Estados Unidos, às vezes, pressiona o Japão para "voluntariamente" limitar a venda de veículos japoneses nos Estados Unidos. Nesse caso, o governo japonês atribui licenças de importação para companhias japonesas, e o excedente dessas licenças se acumula para essas companhias. Do ponto de vista do bem-estar estadunidense, esse tipo de cota de importação é pior que uma tarifa sobre veículos importados. Tanto a tarifa quanto a cota de importação provocam aumento de preços, restringem o comércio e geram peso morto, mas pelo menos a tarifa gera receita para o governo dos Estados Unidos, em vez de lucros para os produtores estrangeiros. ■

9-2d Lições para a política comercial

A equipe econômica da Isolândia pode agora escrever seu relatório para a presidente:

Cara Presidente Menteaberta,

A senhora nos fez três perguntas sobre a abertura comercial. Depois de muito trabalho, temos as respostas.

Pergunta: Se o governo permitisse que os isolandeses importassem e exportassem tecidos, o que aconteceria com o preço e a quantidade vendida desse produto no mercado interno?

Resposta: Uma vez permitido o comércio, o preço na Isolândia se igualaria ao preço mundial.

Se o preço mundial fosse maior que o preço na Isolândia, nosso preço aumentaria. O preço maior reduziria a quantidade de tecidos que os isolandeses consomem e aumentaria a quantidade de tecidos que produzem. A Isolândia se tornaria, assim, exportadora de tecidos. Isso se daria porque, nesse caso, o país teria uma vantagem comparativa na produção de tecidos.

Se, por outro lado, o preço mundial fosse mais baixo que o preço na Isolândia, nosso preço cairia. O menor preço aumentaria a quantidade de tecidos que o país consome e reduziria a quantidade de tecidos que produz. Nesse caso, a Isolândia se tornaria um país importador de tecidos, porque os demais países teriam uma vantagem comparativa na produção de tecidos.

Pergunta: Quem ganharia e quem perderia com o livre-comércio de tecidos? Os ganhos superariam as perdas?

Resposta: A resposta depende do que vai acontecer com o preço quando o comércio for liberado: se vai subir ou cair. Se o preço subir, os produtores de tecidos sairão ganhando, e os consumidores, perdendo. Se o preço cair, os consumidores sairão ganhando, e os produtores, perdendo. Tanto em um caso quanto no outro, os ganhos serão maiores do que as perdas. Com isso, o livre-comércio aumentará o bem-estar total dos isolandeses.

Pergunta: As tarifas deveriam fazer parte da nova política comercial?
Resposta: Tarifas terão impacto somente se a Isolândia se tornar um país importador. Nesse caso, a tarifa deixa a economia mais próxima do equilíbrio sem comércio e, como a maior parte das tarifas, causa perdas de peso morto. Embora a tarifa melhore o bem-estar dos produtores internos e aumente a receita do governo, esses ganhos são mais do que anulados pelas perdas sofridas pelos consumidores. A melhor política, do ponto de vista da eficiência econômica, seria permitir o comércio sem nenhuma tarifa.

Por fim, você deve ter em mente que a mudança para o livre-comércio de tecidos criará perdedores e ganhadores, mesmo que as perdas dos perdedores sejam menores que os ganhos dos ganhadores. Por isso, alguns dos seus eleitores acabarão se opondo a essa política. Para atenuar essa oposição e dividir os ganhos de maneira mais equitativa, é recomendável manter uma rede de segurança social generosa o suficiente para amortecer o golpe para os perdedores.

Esperamos que essas respostas lhe sejam úteis para a tomada de decisão sobre a nova política.

Atenciosamente,
Equipe econômica isolandesa

9-2e Outros benefícios do comércio internacional

As conclusões da equipe econômica da Isolândia baseiam-se na análise padrão do comércio internacional. Sua análise emprega as ferramentas mais básicas de um economista: oferta, demanda e excedentes do produtor e do consumidor. Ela mostra que o livre-comércio envolve vencedores e perdedores, mas os ganhos para os vencedores excedem as perdas dos perdedores.

A questão do livre-comércio, no entanto, pode se tornar ainda mais forte, porque existem vários outros benefícios econômicos resultantes do comércio além daqueles enfatizados na análise padrão. Resumindo, esses são alguns dos benefícios:

- **Maior variedade de produtos.** Os bens produzidos em países diferentes não são exatamente os mesmos. A cerveja da Alemanha, por exemplo, não é igual à dos Estados Unidos. O livre-comércio oferece aos consumidores, em todos os países, maior variedade de escolha.
- **Custo menor por meio de economias de escala.** Alguns bens podem ser produzidos a baixo custo apenas em grandes quantidades – um fenômeno chamado **economia de escala**. Uma empresa não pode se beneficiar completamente da economia de escala se vender apenas em um mercado interno pequeno. O livre-comércio garante às empresas o acesso aos mercados mundiais, permitindo que elas realizem economias de escala de forma mais completa.
- **Maior competição.** Uma empresa protegida dos concorrentes estrangeiros tem maior probabilidade de ter poder de mercado, o que possibilita que ela aumente os preços acima dos níveis competitivos. Esse é um tipo de falha do mercado que prejudica os consumidores e provoca ineficiências. A abertura do comércio estimula a concorrência e permite que a mão invisível tenha mais chances de fazer sua mágica.
- **Maior produtividade.** Quando um país se abre ao comércio internacional, as empresas mais produtivas ampliam seus mercados, enquanto as menos produtivas são forçadas a sair de cena por conta do aumento da concorrência. À medida que os recursos passam das empresas menos produtivas para as mais produtivas, a produtividade geral aumenta.

- **Melhor fluxo de ideias.** A transferência de avanços tecnológicos ao redor do mundo normalmente é vinculada à comercialização de bens que incorporam esses avanços. A melhor maneira de um país agrícola pobre acompanhar a revolução digital, por exemplo, é comprar alguns desses equipamentos do exterior em vez de tentar fabricá-los do zero.

Resumindo, o livre-comércio aumenta a variedade para os consumidores, permite que as empresas se beneficiem das economias de escala, torna os mercados mais competitivos, aumenta a produtividade da economia e facilita a disseminação da tecnologia. Se os economistas da Isolândia também levarem esses benefícios em consideração, os conselhos para a presidente serão ainda mais contundentes.

Teste rápido

3. Quando a nação de Ectenia se abre para o comércio mundial de grãos de café, o preço doméstico dos grãos cai. Qual das alternativas a seguir descreve a situação?
    a. A produção doméstica de café aumenta e Ectenia se torna um importador do produto.
    b. A produção doméstica de café aumenta e Ectenia se torna um exportador do produto.
    c. A produção doméstica de café cai e Ectenia se torna um importador do produto.
    d. A produção doméstica de café cai e Ectenia se torna um exportador do produto.

4. Quando um país se abre para o comércio de um bem e se torna um importador
    a. o excedente do produtor diminui, mas o excedente do consumidor e o excedente total aumentam.
    b. o excedente do produtor diminui e o excedente do consumidor aumenta, por isso, o impacto sobre o excedente total é ambíguo.
    c. o excedente do produtor e o excedente total aumentam, mas o excedente do consumidor diminui.
    d. o excedente do produtor, o excedente do consumidor e o excedente total aumentam.

5. Se uma nação que importa um bem impuser uma tarifa, isso aumentará
    a. a quantidade doméstica demandada.
    b. a quantidade doméstica ofertada.
    c. a quantidade importada do exterior.
    d. a eficiência do equilíbrio.

6. Qual das seguintes políticas comerciais beneficiaria produtores, prejudicaria consumidores e aumentaria o volume do comércio?
    a. o aumento de uma tarifa em um país importador
    b. a redução de uma tarifa em um país importador
    c. começar a permitir o comércio quando o preço mundial for maior que o preço local
    d. começar a permitir o comércio quando o preço mundial for menor que o preço local

As respostas estão no final do capítulo.

9-3 Os argumentos em favor da restrição do comércio

A carta da equipe econômica começa a convencer a nova presidente da Isolândia a considerar a abertura do mercado de tecidos. Ela percebe que o preço interno está agora mais elevado que o preço mundial. O livre-comércio, portanto, poderia causar uma queda no preço interno de tecidos e prejudicar os produtores de tecidos nacionais. Antes de implementar a nova política, ela pede aos produtores de tecidos de seu país que comentem o conselho dado pelos economistas.

Não é de surpreender, portanto, que os produtores de tecidos se oponham ao livre-comércio desse produto. Eles acreditam que o governo deveria proteger a indústria nacional de tecidos da concorrência estrangeira. Vamos ver alguns dos argumentos que esses produtores poderiam apresentar para sustentar sua posição e como a equipe econômica responderia.

"Você dirige um carro japonês, bebe vinho francês, come comida chinesa, usa um computador estadunidense, compra madeira do Canadá e passa férias no México. Como pode ser CONTRA o livre-comércio?!"

9-3a O argumento dos empregos

Os opositores ao livre-comércio geralmente dizem que ele extermina os empregos. Na Isolândia, por exemplo, o livre-comércio de tecidos provocaria uma redução nos preços, diminuindo a quantidade produzida localmente e, consequentemente, os empregos na indústria têxtil local. Essa perda de empregos é um resultado desagradável e que ocorre com frequência após a expansão do comércio.

No entanto, ao mesmo tempo que destrói alguns empregos antigos, o livre-comércio cria novos postos de trabalho. Quando os isolandeses compram tecidos do exterior, esses países obtêm recursos para comprar outros bens da Isolândia. Os trabalhadores que saíram da indústria têxtil da Isolândia podem se deslocar para indústrias em que o país tenha vantagem comparativa. A transição pode ser difícil para alguns trabalhadores, especialmente no curto prazo, mas a rede de segurança social é capaz de atenuar as dificuldades, fazendo o país como um todo desfrutar de um padrão de vida mais elevado.

Muitas vezes, aqueles que se opõem ao comércio se mostram céticos quanto à criação de empregos por meio do comércio. Eles podem dizer que **tudo** pode ser produzido a um valor mais baixo no exterior. Com o livre-comércio, eles poderiam argumentar, os isolandeses não poderiam ser empregados lucrativamente em nenhuma indústria. Entretanto, como explica o Capítulo 3, os ganhos de comércio se baseiam na vantagem comparativa, não na vantagem absoluta. Esse conceito pode ser difícil de entender, mas é importante. Mesmo que um país seja melhor que outro na produção de tudo, ambos podem sair ganhando com o comércio. Os trabalhadores acabarão encontrando empregos nos setores em que seu país detém vantagem comparativa.

9-3b O argumento da segurança nacional

Quando uma indústria é ameaçada pela concorrência internacional, os opositores ao livre-comércio costumam argumentar que a indústria é vital para a segurança nacional. Por exemplo, as siderúrgicas isolandesas podem argumentar que o aço é usado para fabricar armas e tanques. O livre-comércio tornaria a Isolândia dependente de outros países estrangeiros para o fornecimento de aço. Se uma guerra eclodisse inesperadamente e o fornecimento externo fosse interrompido, a Isolândia poderia não ser capaz de produzir aço e armas em quantidade suficiente para se defender.

Os economistas reconhecem que proteger indústrias-chave pode ser apropriado quando há preocupações legítimas com a segurança nacional. Eles sabem, porém, que esse argumento é muitas vezes usado de forma exagerada por produtores ávidos por obter lucro à custa dos consumidores.

É preciso atentar a quem defende o argumento da segurança nacional. As empresas têm um incentivo financeiro para exagerar seu papel na defesa nacional porque a proteção contra a concorrência estrangeira pode ser lucrativa. Um representante das Forças Armadas pode ver as coisas de outra forma. Na verdade, quando as Forças Armadas compram um produto de um setor, elas são consumidoras e se beneficiam com as importações. O aço mais barato na Isolândia, por exemplo, permitiria que as Forças Armadas isolandesas acumulassem um estoque de armas a um custo mais baixo.

9-3c O argumento da indústria nascente

Novas indústrias, às vezes, defendem restrições temporárias ao comércio para ajudá-las a se estabelecer. Argumentam que, após o período de proteção, amadurecerão e estarão capacitadas a concorrer com os competidores estrangeiros. Da mesma forma, indústrias antigas, às vezes, argumentam que precisam de proteção temporária para que possam se ajustar às novas condições.

Os economistas costumam ser céticos em relação a tais reivindicações, em grande parte porque o argumento da indústria nascente é difícil de ser implementado na prática. Para ter sucesso na aplicação da proteção, o governo precisaria definir quais indústrias serão lucrativas e decidir se os benefícios do estabelecimento dessas indústrias superariam os custos para os consumidores. Contudo, escolher ganhadores é difícil, e fica ainda mais complicado devido ao processo político, que frequentemente recompensa as indústrias mais poderosas. Uma vez que uma indústria politicamente poderosa é favorecida, a política "temporária" pode se tornar permanente.

Além disso muitos economistas questionam as próprias bases do argumento da indústria nascente. Suponhamos, por exemplo, que uma indústria seja nova e incapaz de competir lucrativamente contra seus rivais estrangeiros, mas que há motivos para acreditar que essa indústria possa tornar-se rentável no longo prazo. Nesse caso, os proprietários da empresa deveriam estar dispostos a arcar com prejuízos temporários para atingir lucros no futuro. A proteção não é necessária. No início de suas atividades, muitas vezes as empresas sofrem perdas temporárias, mas conseguem ter sucesso em longo prazo, mesmo sem proteção contra a concorrência.

9-3d O argumento da competição desleal

Um argumento comum é o de que o livre-comércio só será desejável se todos os países jogarem segundo as mesmas regras. Se as empresas de diferentes países são sujeitas a leis e regulamentações diferentes, seria injusto, segundo este argumento, esperar que elas competissem mundialmente. Por exemplo, suponha que o governo da Vizinholândia ofereça um subsídio para a indústria têxtil, reduzindo os custos de produção das empresas de tecido do país. A indústria têxtil isolandesa poderia argumentar que deveria ser protegida dessa competição porque a Vizinholândia não compete de forma leal.

Mas será que a Isolândia seria realmente prejudicada se comprasse tecidos de outro país a um preço subsidiado? Sim, os produtores de tecido da Isolândia seriam prejudicados, mas os consumidores do país adorariam o novo preço. O argumento a favor do livre-comércio continua o mesmo: os ganhos dos consumidores superam as perdas dos produtores. O subsídio da Vizinholândia pode ser uma política ruim, mas os contribuintes daquele país pagam por ele. A Isolândia se beneficia quando compra tecidos por um preço subsidiado. Em vez de se opor aos subsídios estrangeiros, talvez a Isolândia deva enviar uma nota de agradecimento à Vizinholândia.

9-3e O argumento da proteção como instrumento de barganha

Segundo alguns políticos, as restrições ao comércio podem ser um instrumento de barganha. Mesmo quando o livre-comércio é desejável, dizem eles, as restrições podem ser úteis nas negociações com parceiros comerciais. Por exemplo, a Isolândia poderia ameaçar impor uma tarifa à importação de tecidos se a Vizinholândia não eliminar a tarifa que impõe ao trigo. Se a Vizinholândia respondesse com a eliminação da tarifa, o resultado poderia ser um comércio mais livre.

O problema dessa estratégia é que a ameaça pode não funcionar, deixando o país com duas opções ruins. A primeira é implementar a restrição ao comércio e "dar um tiro no pé", reduzindo seu próprio bem-estar econômico, como diriam os economistas. A segunda é voltar atrás em sua ameaça, perdendo prestígio e poder em negociações futuras. Por que acreditar em um país que "fala grosso", mas não cumpre? Diante dessas opções, o país provavelmente desejaria nunca ter feito a ameaça.

Estudo de caso — Acordos comerciais e a Organização Mundial do Comércio

Um país pode optar entre dois caminhos para o livre-comércio. Com uma abordagem **unilateral**, ele pode remover suas restrições comerciais por conta própria. A Grã-Bretanha fez isso no século XIX, enquanto Chile e Coreia

Fonte: IGM Economic Experts Panel, 11 de novembro de 2014, 27 de março de 2013 e 29 de maio de 2019.

do Sul são exemplos mais recentes. Como alternativa, um país pode adotar uma abordagem **multilateral**, reduzindo suas restrições comerciais em conjunto com outros países. Em outras palavras, ele pode negociar com seus parceiros comerciais em uma tentativa de reduzir as restrições comerciais ao redor do mundo.

Um exemplo importante de abordagem multilateral é o Acordo de Livre Comércio da América do Norte (Nafta), que, em 1993, reduziu as barreiras comerciais entre os Estados Unidos, o México e o Canadá. Uma versão atualizada desse tratado, conhecida como T-MEC,* entrou em vigor em 2020.

Outro pacto multilateral importante é o Acordo Geral de Tarifas e Comércio (GATT), uma série de negociações entre diversos países com o objetivo de promover o livre-comércio. Os Estados Unidos ajudaram a fundar o GATT após a Segunda Guerra Mundial em resposta às tarifas elevadas impostas durante a Grande Depressão da década de 1930. Muitos economistas acreditam que essas tarifas contribuíram para as dificuldades econômicas mundiais desse período. O GATT conseguiu reduzir a tarifa média entre os países-membros de mais de 20% após a Segunda Guerra Mundial para menos de 5% em 2000. E as tarifas continuaram baixas por muitos anos.

As regras estabelecidas pelo GATT são aplicadas por uma instituição internacional chamada Organização Mundial do Comércio (OMC). A OMC foi fundada em 1995 e tem sede em Genebra, na Suíça. Em 2021, 164 países faziam parte da organização, representando 98% do comércio mundial. As funções da OMC são administrar acordos comerciais, oferecer um fórum para negociações e conduzir disputas entre os países-membros.

No entanto, o caminho para o livre-comércio não é uma via de mão única. Os Estados Unidos, que promoveram a abordagem multilateral por décadas, se voltaram contra ela

---

*N. de R.T. Este acordo entrou em vigor em 1º de julho de 2020, visando modernizar aspectos econômicos, digitais e regulatórios da integração econômica regional.

O comércio é uma ferramenta de desenvolvimento econômico

O livre-comércio pode ajudar os cidadãos mais pobres do mundo.

O guia de Andy Warhol para políticas públicas

Por Arthur C. Brooks

Eu costumo perguntar para as pessoas da minha área – políticas públicas – onde elas buscam inspiração. Os liberais normalmente citam John F. Kennedy, enquanto os conservadores apontam Ronald Reagan. Pessoalmente, eu prefiro o artista Andy Warhol, que declarou publicamente gostar de "coisas chatas". Ele se referia à arte, é claro, mas o sentimento também traz uma orientação sólida para as políticas públicas.

As obras de Warhol exaltam itens "chatos" do cotidiano, que exibem a beleza transcendental da própria vida. O exemplo canônico é sua famosa coleção de pinturas de latas de sopas Campbell. Algumas pessoas zombaram, mas aquelas que estavam dispostas a olhar com atenção conseguiram ver o que ele estava fazendo. É a mesma ideia expressa por um antigo ditado Zen, frequentemente atribuído a Layman Pang, filósofo budista chinês do século XVIII: "Que maravilhoso, sobrenatural e milagroso! Eu pego água e carrego lenha!".

A visão crítica de Warhol normalmente se perde na maior parte do mundo. Não porque as pessoas são burras, mas porque nossos cérebros são programados para filtrar as coisas mundanas e se concentrar no que é novo. Essa é uma importante adaptação de sobrevivência. Para identificar um predador, você precisa filtrar o farfalhar constante das folhas e notar o estalar diferente de um galho.

Warhol acreditava que, ao derrotar esse viés cognitivo, haveria uma maior apreciação da beleza. Isso também gera melhores políticas públicas, sobretudo para alívio da pobreza. Por exemplo, enquanto nossa atenção se volta naturalmente para as inovações mais fascinantes e caras para a saúde pública em regiões tropicais, muitos especialistas insistem que os mosquiteiros comuns e baratos para camas são os que mais protegem contra a malária. Apesar de sua utilidade para salvar vidas, essas telas "chatas" tendem a ser cronicamente pouco fornecidas.

Também podemos olhar para mais perto de nossas casas. As pessoas amam encontrar formas de oferecer itens tecnológicos sofisticados para ajudar crianças pobres nas escolas, mas, sem dúvidas, a melhor maneira de melhorar o desempenho dessas crianças é simplesmente facilitar que elas frequentem as aulas.

O melhor exemplo do princípio de Warhol na política é o comércio internacional. Se o que buscamos é avanço no combate à pobreza, o comércio supera todos os programas de

durante a administração Trump e aumentaram as tarifas unilateralmente em disputas com a China, a União Europeia e muitos outros países. Os argumentos usados eram familiares e incluíam muitas das críticas ao livre-comércio discutidas anteriormente. Alguns parceiros comerciais dos Estados Unidos implementaram medidas de retaliação, com tarifas próprias mais elevadas. Por exemplo, no início de 2018, tarifas eram aplicadas em poucas transações comerciais entre os Estados Unidos e a China. No fim de 2020, mais da metade das importações estadunidenses provenientes da China eram sujeitas a tarifas estadunidenses de, em média, 20%; e mais da metade das importações da China vindas dos Estados Unidos eram sujeitas a tarifas chinesas da mesma magnitude. O destino dessas tarifas nos próximos anos ainda é incerto.

Quais são os prós e contras da retomada da abordagem multilateral para o livre-comércio? Uma vantagem é que ela tem potencial para resultar em um comércio mais livre do que a abordagem unilateral, pois é capaz de reduzir as restrições comerciais estrangeiras e domésticas. Porém, se as negociações internacionais fracassarem, o resultado pode ser um comércio mais restrito do que com a abordagem unilateral.

Além disso, a abordagem multilateral pode ter uma vantagem política. Na maioria dos mercados, há um menor número de produtores, que, por serem mais bem organizados que os consumidores, têm um maior poder político. A redução das tarifas de Isolândia sobre os tecidos, por exemplo, pode ser politicamente difícil, se considerada isoladamente. As empresas de tecidos se oporiam ao livre-comércio e os compradores desses bens que se beneficiariam da medida são tantos que seria difícil organizar seu apoio. No entanto, suponhamos que a Vizinholândia prometa reduzir suas tarifas sobre o trigo se a Isolândia reduzir as tarifas sobre os tecidos. Neste caso, os produtores de trigo de Isolândia, que também são politicamente poderosos, apoiariam o acordo. A abordagem multilateral pode, algumas vezes, ganhar apoio político quando a abordagem unilateral não consegue. ●

---

desenvolvimento já elaborados. A beleza simples e mundana de produzir coisas e trocá-las livremente é a maior conquista antipobreza da história.

Por mais de duas décadas, a taxa de pobreza global tem caído cerca de 1% ao ano. Colocando em perspectiva, isso representa cerca de 70 milhões de pessoas – o equivalente à população da Turquia ou da Tailândia – saindo da pobreza todos os anos. Somando tudo, cerca de um bilhão de pessoas saíram da miséria desde 1990.

Por quê? Não foi por causa da Organização das Nações Unidas ou de auxílio estrangeiro, mas, nas palavras da publicação *Yale-Global Online*, por "repercussões crescentes derivadas de grandes economias abertas emergentes que usam cadeias de fornecimento transfronteiriças". Para leitores que não são da área, isso significa livre-comércio em países pobres.

A caneca que você está segurando e foi fabricada na China faz parte do motivo para 680 milhões de chineses terem saído da absoluta pobreza desde a década de 1980.

Nenhuma colaboração gigante entre tecnocratas transnacionais ou iniciativa de empréstimo fez isso. Foi por causa das reformas econômicas na China, das pessoas fabricando coisas e colocando-as em navios para que fossem vendidas nos Estados Unidos – para você. Críticos do livre-comércio frequentemente dizem que as economias abertas levam à exploração ou degradação ambiental. Esses são problemas graves, mas o protecionismo nunca é a resposta. A restrição do comércio beneficia os interesses domésticos consolidados e prejudica os pobres do mundo.

E o que dizer das afirmações de que o comércio aumenta a desigualdade de renda global? Elas são falsas. Economistas do Banco Mundial e do LIS (anteriormente conhecido como Luxembourg Income Study Center) demonstraram que, para o mundo como um todo, a desigualdade de renda caiu durante a maior parte dos últimos 20 anos. Isso se deve principalmente ao aumento da renda derivado da globalização no mundo em desenvolvimento. [...]

O comércio não resolve todos os problemas, é claro. O mundo precisa de democracia, segurança e muitas outras expressões de valores estadunidenses e de liderança. Mas, em um mundo político repleto de baboseiras bizarras e inúteis, o livre-comércio é exatamente o tipo de estratégia warholiana de encontrar beleza no desinteressante de que precisamos. Os estadunidenses dedicados a ajudar o próximo deveriam apoiá-lo sem concessões ou desculpas. ■

Questões para discussão

1. Você usa regularmente algum item que foi fabricado em outro país? De que país ele veio? Quem se beneficiou com essa compra – você ou o produtor estrangeiro?

2. Como você acha que o comércio entre os Estados Unidos e um país mais pobre afeta os trabalhadores dessa nação mais pobre?

Brooks é professor da Harvard University.

Fonte: *New York Times*, 12 de abril de 2015.

> **Teste rápido**
>
> 7. A nação de Lilliput importa corda de Brobdingnag, país em que os produtores recebem subsídios do governo por conta de sua grande força política. A política mais eficiente, do ponto de vista de Lilliput, é
>   a. continuar comercializando pelo preço subsidiado.
>   b. impor uma tarifa sobre as importações de corda para compensar o subsídio.
>   c. oferecer um subsídio semelhante aos produtores de corda de Lilliput.
>   d. parar de comercializar com Brobdingnag.
>
> 8. O objetivo de um acordo comercial multilateral normalmente é
>   a. equalizar o nível de tarifas entre as nações para que nenhuma delas fique em desvantagem em relação às outras.
>   b. usar tarifas segmentadas para garantir que as nações produzam os bens para os quais têm vantagem comparativa.
>   c. reduzir tarifas em várias nações simultaneamente para atenuar a pressão política pelo protecionismo.
>   d. garantir que as tarifas sejam usadas apenas para promover indústrias nascentes que eventualmente se tornarão viáveis.
>
> As respostas estão no final do capítulo.

9-4 Conclusão

Os economistas e o público frequentemente têm opiniões divergentes sobre o comércio internacional. As pesquisas de opinião pública em geral revelam que as pessoas ficam confusas quando questionadas se o comércio é uma oportunidade ou uma ameaça. Os políticos costumam refletir esse veredito conflitante. Em contrapartida, a maioria esmagadora dos economistas apoia o livre-comércio, considerado por eles como uma maneira de alocar a produção de modo eficiente e elevar os padrões de vida locais e estrangeiros.

Os economistas enxergam os 50 estados dos Estados Unidos como um experimento contínuo que confirma as virtudes do livre-comércio. Ao longo de sua história, o país permitiu o comércio irrestrito entre os seus estados e se beneficiou da especialização que o comércio permite. A Flórida planta laranjas, o Texas produz petróleo, a Califórnia faz vinho, e assim por diante. Os estadunidenses não teriam o padrão de vida de que desfrutam hoje se as pessoas só consumissem os bens e serviços produzidos em seus próprios estados. Da mesma forma, o mundo também poderia se beneficiar do livre-comércio entre os países.

Para entendermos melhor a visão que os economistas têm do comércio, vamos voltar para o nosso exemplo. Suponhamos que a presidente Menteaberta da Isolândia, após ver os resultados da última pesquisa, ignore os conselhos de sua equipe econômica e decida não permitir o livre-comércio de tecidos. O país continua no equilíbrio sem comércio internacional.

Um dia, uma inventora de Isolândia descobre uma nova maneira de produzir tecidos a um custo muito baixo. O processo, no entanto, é mantido em segredo. O curioso é que essa inventora não precisa de insumos tradicionais, como algodão ou lã. A única matéria-prima que ela usa é trigo. Um fato ainda mais curioso é que, para fabricar tecidos de trigo, ela praticamente não precisa de mão de obra.

A inventora é considerada genial. Como todos compram roupas, o baixo custo de seus tecidos permite que todos os isolandeses desfrutem de um padrão de vida melhor. Os trabalhadores que antes produziam tecidos enfrentam problemas quando as fábricas que os empregavam fecham, mas encontram emprego em outras indústrias. Alguns se tornam fazendeiros e cultivam o trigo que a inventora transforma em tecidos. Outros vão para novas indústrias que surgem como resultado do alto padrão de vida da Isolândia. Todos entendem que o deslocamento desses trabalhadores é parte inevitável do progresso tecnológico e do crescimento econômico.

Depois de muitos anos, Roberto Repórter decide investigar esse misterioso processo de produção de tecidos. Ele entra na fábrica da inventora e descobre que ela não produz nenhum tecido. Em vez disso, ela contrabandeia o trigo para o exterior em troca de tecidos de outros países. A única coisa que a inventora descobriu foram os ganhos provenientes do comércio internacional.

Quando o repórter revela a verdade, o governo desmonta a operação da inventora. O preço dos tecidos aumenta e os trabalhadores retomam seus antigos postos de trabalho nas fábricas de tecidos. Os padrões de vida em Isolândia voltam para os níveis anteriores. A inventora foi presa e exposta à humilhação pública. Afinal de contas, ela não era inventora, era apenas uma economista.

RESUMO DO CAPÍTULO

- Os efeitos do livre-comércio podem ser determinados comparando-se o preço interno na ausência de comércio com o preço mundial. Um baixo preço interno indica que o país desfruta de vantagem comparativa na produção do bem e que se tornará um exportador. Um preço interno elevado indica que o restante do mundo tem uma vantagem comparativa na produção do bem e que o país se tornará um importador.
- Quando um país se abre para o comércio internacional e se torna exportador de um bem, a situação dos produtores do bem melhora, enquanto os consumidores do bem ficam em pior situação. Quando um país se abre para o comércio internacional e se torna importador, os consumidores ficam em melhor situação, ao passo que a situação dos produtores piora. Em ambos os casos, os ganhos do comércio superam as perdas.
- Uma tarifa – um imposto sobre as importações – desloca o mercado para um ponto mais próximo do equilíbrio que existiria na ausência de comércio e, portanto, reduz os ganhos do comércio. Embora os produtores internos fiquem em uma situação melhor e o governo arrecade receitas, as perdas dos consumidores superam esses ganhos.
- O comércio internacional gera diversos benefícios, além daqueles baseados na vantagem comparativa: maior variedade de produtos para os consumidores; mais oportunidades para que as empresas aproveitem economias de escala; maior concorrência no mercado; maior produtividade geral à medida que as empresas mais produtivas se expandem e as menos produtivas se contraem; e melhora do acesso à tecnologia de ponta.
- Há diversos argumentos a favor da restrição ao comércio internacional: proteção de empregos, defesa da segurança nacional, auxílio às indústrias nascentes, prevenção à concorrência desleal e reação às restrições externas ao comércio. Embora alguns desses argumentos possam ter mérito em determinados casos, os economistas acreditam que o livre-comércio é, normalmente, a melhor política.

CONCEITOS-CHAVE

preço mundial, p. 171   tarifa, p. 175

QUESTÕES DE REVISÃO

1. O que o preço interno vigente na ausência de comércio internacional nos diz sobre a vantagem comparativa de um país?
2. Quando um país se torna exportador de um bem? E importador?
3. Faça o diagrama de oferta e demanda de um país importador. Quais eram os excedentes do consumidor e do produtor antes da abertura comercial? Quais serão os excedentes do consumidor e do produtor depois da abertura comercial? Qual é a variação do excedente total?
4. Descreva o que é uma tarifa e relate seus efeitos econômicos.
5. Enumere cinco argumentos usados frequentemente para apoiar restrições comerciais. Como os economistas respondem a esses argumentos?
6. Qual é a diferença entre as abordagens unilateral e multilateral para alcançar o livre-comércio? Dê um exemplo de cada.

PROBLEMAS E APLICAÇÕES

1. O preço mundial de vinho está abaixo do preço que vigoraria no Canadá na ausência de comércio.
   a. Supondo que as importações de vinho do Canadá sejam uma pequena parte da produção mundial total de vinho, represente graficamente o mercado canadense de vinho quando há livre-comércio. Em uma tabela apropriada, identifique o excedente do consumidor, o excedente do produtor e o excedente total.
   b. Suponha agora que uma mudança incomum da Corrente do Golfo leve a uma onda de frio fora de época no verão europeu, destruindo grande parte da safra de uvas do continente. Que efeito isso teria sobre o preço mundial do vinho? Usando seu gráfico e sua tabela da parte (a), demonstre o efeito sobre o excedente do consumidor, o excedente do produtor e o excedente total no Canadá. Quem sai ganhando e quem sai perdendo? O Canadá, como um todo, fica em uma situação melhor ou pior?

2. Suponha que o Congresso dos Estados Unidos imponha uma tarifa sobre carros importados para proteger a indústria automobilística estadunidense da concorrência estrangeira. Assumindo que os Estados Unidos sejam um tomador de preço no mercado automobilístico mundial, mostre em um gráfico: a variação da quantidade importada, as perdas dos consumidores estadunidenses, os ganhos dos produtores estadunidenses, a receita do governo e o peso morto associado à tarifa. A perda para os consumidores pode ser descomposta em três partes: ganhos para os produtores internos, receita para o governo e peso morto. Use seu gráfico para identificar os três componentes.

3. Quando a indústria de roupas da China se expande, o aumento na oferta mundial diminui o preço mundial de roupas.
   a. Faça um diagrama para analisar como essa mudança de preços afeta o excedente do consumidor, o excedente do produtor e o excedente total em um país que importa roupas, como os Estados Unidos.
   b. Agora, faça um diagrama apropriado para mostrar como essa mudança de preços afeta o excedente do consumidor, o excedente do produtor e o excedente total em um país que exporta roupas, como a República Dominicana.
   c. Compare as respostas dadas às partes (a) e (b). Quais são as semelhanças e as diferenças? Qual país deve se preocupar com a expansão da indústria têxtil chinesa? Qual país deve aplaudir essa expansão? Explique.

4. Considere os seguintes argumentos a favor da restrição do comércio.
   a. Suponha que você seja um lobista do mercado de madeira em uma indústria estabelecida que sofre com os baixos preços dos competidores estrangeiros e esteja tentando convencer o Congresso a aprovar restrições ao comércio. Entre cinco argumentos abordados neste capítulo, cite dois ou três que você considere mais convincentes para mostrar a um membro típico do Congresso. Explique sua argumentação.
   b. Agora, suponha que você seja um aluno de economia muito esperto (uma suposição próxima da realidade, ou assim esperamos). Embora todos os argumentos com relação à restrição de comércio tenham falhas, cite dois ou três que pareçam fazer mais sentido economicamente. Para cada um deles, descreva os principais fundamentos econômicos contrários e favoráveis a essas restrições.

5. A nação de Textília não permite a importação ou exportação de roupas. Em seu equilíbrio sem comércio, uma camiseta custa $ 20, e a quantidade de equilíbrio é de 3 milhões de camisetas. Certo dia, após ler a obra *A riqueza das nações*, de Adam Smith, enquanto estava de férias, o presidente decide abrir o mercado de Textília para o comércio internacional. O preço da camiseta cai para o nível mundial de $ 16. O número de camisetas consumidas em Textília sobe para 4 milhões, enquanto o número de camisetas produzidas cai para 1 milhão.
   a. Elabore um gráfico que ilustre essa situação e no qual constem todos os números.
   b. Calcule a mudança nos excedentes do consumidor, do produtor e total resultante da abertura do mercado. (Dica: lembre-se de que a área de um triângulo corresponde a ½ × base × altura.)

6. A China é um dos principais produtores de grãos, como trigo, milho e arroz. Há alguns anos, o governo chinês, preocupado porque as exportações de grãos estavam aumentando o preço dos alimentos para os consumidores internos, impôs uma tarifa de exportação sobre os grãos.
   a. Trace um gráfico para descrever o mercado de grãos em um país exportador e use-o como ponto de partida para responder às questões apresentadas a seguir.
   b. De que maneira uma tarifa de exportação afeta os preços internos de grãos?
   c. Como ela afeta o bem-estar dos consumidores domésticos, o bem-estar dos produtores domésticos e a receita do governo?
   d. O que acontece com o bem-estar total na China, medido pela soma do excedente do consumidor, do excedente do produtor e da receita tributária?

7. Considere um país que importa um bem do exterior. Indique se cada uma das afirmações a seguir é verdadeira ou falsa. Explique sua resposta.
   a. "Quanto maior a elasticidade da demanda, maiores os ganhos comerciais."

b. "Se a demanda for perfeitamente inelástica, não existem ganhos comerciais."

c. "Se a demanda for perfeitamente inelástica, os consumidores não se beneficiam do comércio."

8. Tendo rejeitado uma tarifa sobre os têxteis (um imposto sobre as importações), a presidente de Isolândia agora considera um imposto de mesma grandeza sobre o consumo têxtil, incluindo tanto os importados quanto os produzidos domesticamente.
   a. Usando a Figura 9-4, identifique a quantidade consumida e a quantidade produzida em Isolândia sob o imposto de consumo têxtil.
   b. Construa uma tabela semelhante à da Figura 9-4 para o imposto de consumo têxtil.
   c. O que eleva mais a receita do governo: o imposto sobre o consumo ou a tarifa? Qual tem peso morto menor? Explique.

9. Suponha que os Estados Unidos importem televisores e que não haja restrições ao comércio. Os consumidores estadunidenses compram 1 milhão de televisores por ano, dos quais 400 mil são produzidos domesticamente e 600 mil, importados.
   a. Suponha que um avanço tecnológico entre os produtores chineses provoque a queda de $ 100 no preço mundial dos televisores. Faça um gráfico para demonstrar como essa mudança afeta o bem-estar dos consumidores e produtores estadunidenses e como afeta o excedente total nos Estados Unidos.
   b. Após a queda do preço, os consumidores estadunidenses compram 1,2 milhão de televisores, dos quais 200 mil são produzidos internamente, e 1 milhão, importados. Calcule a mudança no excedente do consumidor, no excedente do produtor e o excedente total resultante da redução de preço.
   c. O que aconteceria se o governo respondesse a essa mudança com uma tarifa de $ 100 sobre os televisores importados? Calcule a receita arrecadada e o peso morto. A tarifa pode ser considerada uma boa política do ponto de vista do bem-estar dos Estados Unidos? Quem apoiaria essa política?
   d. Suponha que a queda no preço não seja atribuída a avanços tecnológicos, mas a um subsídio de $ 100 por aparelho que o governo chinês concede à indústria. De que modo isso afetaria sua análise?

10. Considere um país pequeno que exporta aço. Suponha que um governo pró-comércio decida subsidiar a exportação de aço com certa quantia para cada tonelada vendida ao estrangeiro. De que modo esse subsídio de exportação afeta o preço interno do aço, bem como as quantidades produzidas, consumidas e exportadas? Como isso afeta os excedentes do consumidor e do produtor, a receita do governo e o excedente total? Esse subsídio pode ser considerado uma boa política do ponto de vista da eficiência econômica? (Dica: a análise de um subsídio à exportação é semelhante à análise de uma tarifa.)

Respostas do teste rápido

1. d   2. b   3. c   4. a   5. b   6. c   7. a   8. c

Capítulo 10

Externalidades

As empresas que produzem e vendem papel também criam, como subproduto do processo industrial, um produto químico chamado dioxina. Os cientistas afirmam que, assim que a dioxina entra no meio ambiente, ela aumenta o risco de câncer, anomalias congênitas e outros problemas de saúde na população. Este capítulo discute como a emissão de poluentes como a dioxina se enquadra na análise dos mercados.

Um dos **dez princípios da economia** do Capítulo 1 diz que os mercados geralmente são uma boa forma de organizar a atividade econômica. Este princípio foi explicado ao longo dos Capítulos 4 a 9, que examinaram como os mercados competitivos alocam recursos escassos de maneira eficiente. Para usar a metáfora de Adam Smith, uma "mão invisível" faz com que compradores e vendedores maximizem os benefícios totais recebidos pelos participantes do mercado.

Porém, os mercados livres não são uma solução para tudo. A mão invisível, por si só, não impede que as empresas fabricantes de papel emitam um excesso de dioxina. A sociedade precisa encontrar outras formas de resolver esse problema. Isso nos leva a outro dos **dez princípios da economia**: as ações dos governos podem, às vezes, melhorar os resultados do mercado.

externalidade
o impacto não compensado das ações de uma pessoa sobre o bem-estar de outras que não participam daquelas ações

As falhas do mercado que examinaremos neste capítulo se enquadram na categoria geral das chamadas **externalidades**. Uma **externalidade** surge quando uma pessoa se envolve em uma atividade que influencia o bem-estar de um terceiro, que não participa dessa ação e não recebe nenhuma compensação por esse efeito. Se o impacto sobre o terceiro for adverso, há uma **externalidade negativa**. Se for benéfico, há uma **externalidade positiva**.

Quando há externalidades, o interesse da sociedade em um resultado de mercado vai além do bem-estar dos compradores e dos vendedores que participam do mercado; passa a incluir também o bem-estar de terceiros que são indiretamente afetados. Como compradores e vendedores não levam em conta os efeitos externos de suas ações quando decidem quanto demandar ou ofertar, o equilíbrio de mercado não é eficiente. Em outras palavras, o bem-estar da sociedade não é maximizado e, as políticas governamentais talvez possam corrigir essa falha do mercado.

A liberação de dioxina no meio ambiente, por exemplo, é uma externalidade negativa – e grave. Sem intervenção do governo, as empresas produtoras de papel podem não considerar o custo total da poluição que geram, e os consumidores de papel talvez não levem em conta o custo total da poluição para a qual contribuem com suas decisões de compra. A menos que o governo intervenha com políticas bem elaboradas, o mercado permitirá a emissão de uma grande quantidade de dioxina. De fato, a Agência de Proteção Ambiental dos Estados Unidos (EPA, Environmental Protection Agency) monitora os níveis de dioxina e regula a quantidade de emissões dessa substância.

Há diversos tipos de externalidades e de respostas políticas para lidar com elas. Eis alguns exemplos:

- A fumaça emitida pelos automóveis é uma externalidade negativa porque gera poluição do ar e contribui para as mudanças climáticas. Como os motoristas podem ignorar essa externalidade ao decidir quais carros comprar e quanto utilizá-los, eles tendem a poluir demais. O governo federal procura resolver esse problema estabelecendo padrões de emissão para os carros. Além disso, tributa a gasolina, implementa subsídios ao transporte coletivo e constrói ciclovias para reduzir o uso de veículos individuais.
- A restauração de imóveis antigos produz uma externalidade positiva, porque as pessoas que passam por eles podem desfrutar da beleza e do senso histórico que essas construções proporcionam. Porém, os proprietários de tais imóveis não obtêm nenhum benefício de sua restauração, motivo pelo qual tendem a demoli-los rapidamente. Após identificar esse problema, muitos governos municipais controlam a demolição de construções históricas e oferecem isenções fiscais aos proprietários que as restaurarem.
- O latido de cachorros cria uma externalidade negativa, porque os vizinhos são perturbados pelo barulho. Os donos não arcam com o custo total do barulho e, por isso, tendem a tomar poucas precauções para impedir que seus cães latam. Os governos municipais lidam com esse problema tornando ilegal a "perturbação da paz".
- A pesquisa de novas tecnologias oferece uma externalidade positiva, porque gera conhecimento que outras pessoas podem usar. Caso os inventores, as empresas e as universidades não consigam receber os benefícios de suas invenções, eles podem dedicar menos recursos à pesquisa. O governo federal aborda parcialmente esse problema por meio do sistema de patentes, que confere aos inventores uso exclusivo de seus inventos por um período limitado.
- Durante o pico de uma pandemia, restaurantes movimentados criam uma externalidade negativa ao proporcionar uma oportunidade de propagação da doença. Os proprietários dos restaurantes podem ignorar os impactos de suas empresas para a saúde da sociedade. O governo, por sua vez, pode resolver o problema exigindo que os restaurantes passem a operar temporariamente apenas por retirada ou entrega, sem consumo no local (e talvez compensando os proprietários e trabalhadores dos restaurantes).

Em todos esses casos, é possível que as pessoas não levem em conta os efeitos externos de seu comportamento. O governo reage tentando influenciar o comportamento delas para proteger os interesses de terceiros.

10-1 Externalidades e ineficiência do mercado

Nesta seção, usaremos as ferramentas da economia do bem-estar abordadas no Capítulo 7 para examinar como as externalidades afetam o bem-estar econômico. A análise mostra por que as externalidades levam os mercados a alocarem recursos de forma ineficiente. As próximas seções examinarão as maneiras pelas quais agentes privados e formuladores de políticas públicas podem remediar esse tipo de falha do mercado.

10-1a Economia do bem-estar: recapitulação

Primeiro, vamos revisar as lições do Capítulo 7 sobre economia do bem-estar usando o mercado de aço como exemplo. A Figura 10-1 apresenta as curvas de oferta e demanda no mercado siderúrgico.

O Capítulo 7 mostrou que as curvas de oferta e demanda contêm informações importantes sobre custos e benefícios. A curva de demanda reflete o valor do aço para os consumidores, medido pelo preço que eles estão dispostos a pagar. Para qualquer quantidade, a altura da curva de demanda indica a disposição para pagar do comprador marginal. Em outras palavras, indica o valor que a última unidade de aço comprada tem para o consumidor. De maneira similar, a curva de oferta reflete os custos de produção do aço. Para qualquer quantidade, a altura da curva de oferta indica qual é o custo para o vendedor marginal. Em outras palavras, indica o custo que a última unidade de aço vendida tem para o produtor.

O preço se ajusta para equilibrar a oferta e a demanda de aço. A quantidade produzida e consumida no equilíbrio de mercado, representada por $Q_{MERCADO}$ na Figura 10-1, é eficiente porque maximiza a soma dos excedentes do produtor e do consumidor. Ou seja, o mercado aloca recursos de uma maneira que maximiza o valor total para os consumidores que compram e usam o aço menos os custos totais para os produtores que o fabricam e vendem.

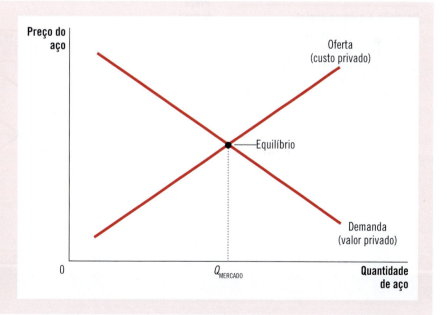

Figura 10-1

O mercado de aço

A curva de demanda reflete o valor para os compradores, e a curva de oferta, o custo para os vendedores. A quantidade de equilíbrio, $Q_{MERCADO}$, maximiza o valor total para os compradores menos os custos totais dos vendedores. Na ausência de externalidades, portanto, o equilíbrio de mercado é eficiente.

"Tudo o que posso dizer é que, se ser um dos maiores fabricantes significa ser um dos maiores poluidores, que assim seja."

10-1b Externalidades negativas

Agora, vamos supor que as fábricas de aço emitam poluentes: para cada unidade de aço produzida, uma determinada quantidade de fumaça entra na atmosfera. Como essas emissões criam riscos para a saúde e para o clima, elas são uma externalidade negativa. E como essa externalidade afeta a eficiência do mercado?

Por causa dessa externalidade, o custo da produção de aço para a sociedade supera o custo para seus produtores. Para cada unidade de aço produzida, o **custo social** é igual aos custos diretos e privados dos produtores de aço mais o custo das pessoas prejudicadas pelas emissões. A Figura 10-2 mostra o custo social da produção de aço. A curva de custo social se localiza acima da curva de oferta, porque considera os custos externos impostos à sociedade pelos produtores de aço. A diferença entre as duas curvas reflete o custo da poluição emitida.

Que quantidade de aço deve ser produzida? Vamos pensar no que um comitê de planejadores sociais benevolentes faria. Os planejadores querem maximizar o excedente total originado no mercado – o valor do aço para os consumidores menos o custo de produção dele. Porém, eles adotam uma perspectiva mais ampla e entendem que o custo de produção do aço inclui os custos externos da poluição.

Os planejadores escolheriam o nível de produção em que a curva de demanda cruza a curva de custo social. Essa intersecção determina, do ponto de vista da sociedade como um todo, a quantidade ótima de aço produzida. Abaixo desse nível de produção, o valor do aço para os consumidores (medido pela altura da curva de demanda) supera o custo social de sua produção (medido pela altura da curva de custo social). Acima deste nível, o custo social da produção adicional de aço supera o valor para os consumidores.

Observe que a quantidade de equilíbrio de aço, $Q_{MERCADO}$, é maior que a quantidade socialmente ótima, $Q_{ÓTIMA}$. Essa ineficiência ocorre porque o equilíbrio de mercado reflete apenas os custos privados de produção. No equilíbrio do mercado, o consumidor

Figura 10-2

Poluição e o ótimo social

Na presença de uma externalidade negativa, como a poluição, o custo social do bem excede o custo privado. A quantidade ótima, $Q_{ÓTIMA}$, é, portanto, menor que a quantidade de equilíbrio, $Q_{MERCADO}$.

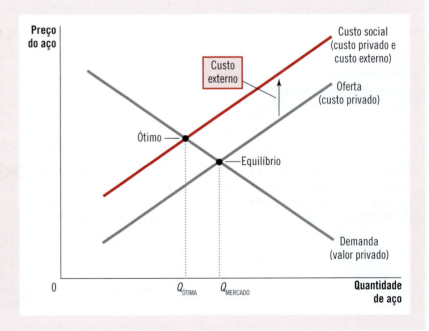

marginal atribui ao aço um valor inferior ao custo social de produção. Ou seja, em $Q_{MERCADO}$, a curva de demanda está abaixo da curva do custo social. A redução dos níveis de produção e o consumo de aço para abaixo do nível de equilíbrio eleva o bem-estar econômico total.

Como os planejadores sociais podem atingir o resultado ótimo? Uma maneira seria tributar os produtores de aço por tonelada do produto vendida. O imposto deslocaria a curva de oferta para cima no montante do imposto. Se o imposto refletisse exatamente o custo externo da fumaça lançada na atmosfera, a nova curva de oferta coincidiria com a curva de custo social. No novo equilíbrio de mercado, os produtores de aço produziriam a quantidade socialmente ótima de aço.

Os economistas dizem que esse tipo de imposto **internaliza a externalidade**, pois dá aos compradores e vendedores do mercado um incentivo para que levem em conta os efeitos externos de suas ações. Os produtores de aço considerariam os custos da poluição ao decidir quanto aço ofertar, uma vez que o imposto faria que eles pagassem por esses custos externos. E como o preço de mercado refletiria esse imposto nos produtores, os consumidores de aço teriam um incentivo para comprar uma menor quantidade. A política se baseia em um dos **dez princípios da economia**: as pessoas respondem a incentivos. Mais adiante, neste capítulo, veremos mais detalhadamente como os formuladores de políticas podem lidar com as externalidades.

internalização de uma externalidade
alteração dos incentivos, de maneira que as pessoas considerem os efeitos externos de suas ações

10-1c Externalidades positivas

Embora algumas atividades imponham custos a terceiros, outras geram benefícios. Considere a educação, por exemplo. Em grande escala, o benefício da educação é privado. Em termos estritamente monetários, o consumidor da educação se torna um trabalhador mais produtivo e recebe grande parte do benefício na forma de salários mais altos. Além disso, a educação ajuda a ampliar os horizontes das pessoas, tornando-as mais completas. Além desses benefícios privados, no entanto, a educação também gera externalidades positivas. Primeiro, uma população mais instruída produz eleitores mais bem informados, o que significa um governo melhor para todos. Segundo, tende a diminuir a taxa de criminalidade. E, terceiro, pode encorajar o desenvolvimento e a disseminação de avanços tecnológicos, aumentando o nível de produtividade e salários para todos. Em razão dessas três externalidades positivas, uma pessoa pode preferir ter vizinhos bem formados.

A análise das externalidades positivas é semelhante à das externalidades negativas. Como mostra a Figura 10-3, a curva de demanda não reflete o valor do bem para a sociedade. Como o valor social é maior que o valor privado, a curva de valor social fica acima da curva de demanda. A quantidade ótima fica na intersecção entre a curva do valor social e a curva de oferta. A quantidade ótima social excede a quantidade que o mercado privado alcançaria por conta própria. Em outras palavras, sem intervenção externa, o mercado geraria pouca educação.

Mais uma vez, o governo pode corrigir as falhas de mercado, induzindo os participantes a internalizar a externalidade. A política adequada para lidar com as externalidades positivas é oposta à política usada para externalidades negativas. Para deslocar o equilíbrio de mercado social ótimo, as externalidades positivas requerem um subsídio. Na verdade, esta é exatamente a política que o governo adota: a educação é altamente subsidiada por meio de escolas públicas, bolsas e isenções fiscais concedidas pelo governo.

Em resumo, **as externalidades negativas levam os mercados a produzir uma quantidade maior que a socialmente desejável. Por sua vez, as externalidades positivas permitem que os mercados produzam uma quantidade menor que a socialmente desejável. Para solucionar esse problema, o governo pode internalizar a externalidade, tributando os bens que carregam externalidades negativas e subsidiando aqueles que trazem externalidades positivas.**

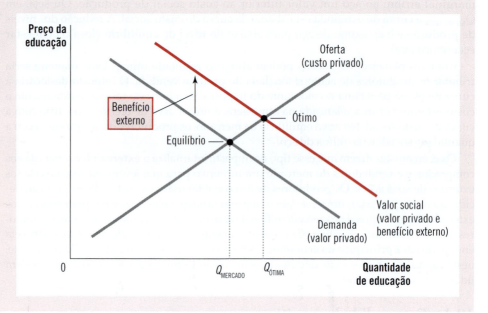

Figura 10-3

A educação e o ótimo social

Quando há uma externalidade positiva, o valor social do bem excede seu valor privado. A quantidade ótima, $Q_{ÓTIMA}$, é, portanto, maior que a quantidade de equilíbrio, $Q_{MERCADO}$.

Estudo de caso

Spillover tecnológico, política industrial e proteção de patentes

Um tipo importante de externalidade positiva é o chamado *spillover* (ou transbordamento) **tecnológico** – o impacto dos esforços de pesquisa e produção de uma empresa sobre o acesso de outras companhias aos avanços tecnológicos.

Considere o mercado de robôs industriais. Os robôs estão na fronteira das tecnologias em rápida transformação. Sempre que uma empresa constrói um robô, há uma chance de descobrir um design novo e melhor. Esse novo design pode beneficiar a empresa e outros membros da sociedade, porque entra no conjunto coletivo de conhecimento tecnológico. Ou seja, o novo design pode conferir uma externalidade positiva a outros produtores.

Neste caso, o governo pode internalizar a externalidade ao subsidiar a produção dos robôs. Se o governo pagasse às companhias um subsídio por cada robô produzido, a curva de oferta se deslocaria para baixo segundo o valor do subsídio, e esse deslocamento aumentaria a quantidade de equilíbrio de robôs. Para garantir que o equilíbrio do mercado seja igual ao ótimo social, o subsídio deveria ser igual ao valor do *spillover* tecnológico.

Qual é a dimensão de um *spillover* tecnológico e quais são suas implicações para as políticas públicas? Essa é uma pergunta importante, porque o avanço tecnológico é a chave para elevar os padrões de vida ao longo do tempo. Ainda assim, é uma questão difícil e controversa entre os economistas.

Alguns economistas acreditam que os *spillover*s tecnológicos se difundem e que o governo deveria incentivar as indústrias que mais promovem esse fenômeno. Por exemplo, esses economistas argumentam que, se a fabricação de chips de computadores gera mais *spillover* do que a fabricação de chips de batata, o governo deveria incentivar a produção de chips de computadores em relação às batatas fritas. O código tributário estadunidense faz isso de uma maneira limitada, oferecendo incentivos fiscais especiais para gastos em pesquisa e desenvolvimento. Alguns países vão além e oferecem subsídios para determinados setores que teoricamente geram grandes *spillovers* tecnológicos. A intervenção governamental que visa promover indústrias que expandem a tecnologia é por vezes chamada de **política industrial**.

Outros economistas são céticos a respeito da política industrial. Mesmo que os *spillover*s tecnológicos sejam comuns, a implementação de uma política industrial exige que o governo avalie o tamanho desses efeitos em diferentes mercados. O problema da medição é difícil, para dizer o mínimo. Sem medições precisas, o sistema político pode acabar subsidiando setores com a maior influência política, em vez daqueles com as maiores externalidades positivas. Além disso, a política industrial pode ser buscada por motivos que têm pouco a ver com os *spillovers*, como a proteção de empregos que, de outra forma, desapareceriam por conta da concorrência estrangeira. Esse pode não ser o uso mais produtivo dos recursos de uma sociedade.

Outra maneira de lidar com o *spillover* tecnológico é a proteção de patentes. A legislação de patentes protege os direitos dos inventores ao garantir a eles o uso exclusivo de suas invenções por um período limitado. Quando uma empresa faz uma descoberta e patenteia a ideia, ela consegue capturar grande parte dos benefícios econômicos. A patente internaliza a externalidade ao dar à empresa o **direito de propriedade** sobre sua invenção. Se outras pessoas quiserem usar a tecnologia, deverão obter a permissão da empresa inventora e pagar os direitos de uso. O sistema não é perfeito: os direitos cobrados pelos detentores das patentes desaceleram a disseminação de novas tecnologias. Porém, o sistema de patentes oferece às empresas um maior incentivo para a realização de pesquisas e outras atividades que promovem o avanço da tecnologia. ●

Teste rápido

1. Qual das seguintes alternativas é um exemplo de uma externalidade positiva?
   a. Jean corta a grama de Scott e recebe $ 100 pelo serviço.
   b. O cortador de grama de Jean emite fumaça, que Xavier, vizinho de Scott, acaba inalando.
   c. A grama recém-cortada de Scott torna a vizinhança mais atraente.
   d. Xavier se oferece para pagar para que Scott mantenha sua grama cortada.

2. Se a produção de um bem gera uma externalidade negativa, a curva do custo social ficará _____ da curva de oferta e a quantidade socialmente ótima é _____ que a quantidade de equilíbrio.
   a. acima; maior
   b. acima; menor
   c. abaixo; maior
   d. abaixo; menor

As respostas estão no final do capítulo.

10-2 Políticas públicas para as externalidades

Até aqui, vimos por que as externalidades levam os mercados a alocar recursos de modo ineficiente, mas nos referimos apenas superficialmente à forma como essas ineficiências podem ser reparadas. Na prática, tanto os formuladores de políticas públicas quanto os agentes privados reagem às externalidades de diversas maneiras, e todas as soluções compartilham o objetivo de aproximar a alocação de recursos do ótimo social.

Esta seção considera as soluções do governo, o qual, de modo geral, pode reagir às externalidades de duas maneiras: por meio de **políticas de comando e controle**, que regulamentam o comportamento diretamente, ou de **políticas baseadas no mercado**, que fornecem incentivos para que os responsáveis pela tomada de decisões particulares optem por resolver o problema por conta própria. Não é de se surpreender que os economistas tendam a preferir políticas baseadas no mercado, embora as políticas de comando e controle algumas vezes sejam necessárias.

10-2a Políticas de comando e controle: regulamentação

O governo pode solucionar uma externalidade tornando obrigatórios ou proibidos determinados tipos de comportamento. Por exemplo, é crime jogar produtos químicos tóxicos nos reservatórios de água. Nesse caso, os custos externos para a sociedade superam em muito os benefícios para o poluidor. Assim, o governo institui uma política de comando e controle que proíbe totalmente esse tipo de ação.

Em muitos casos de poluição, contudo, a situação não é tão simples. Apesar dos objetivos declarados de alguns ambientalistas, seria impossível proibir todas as atividades

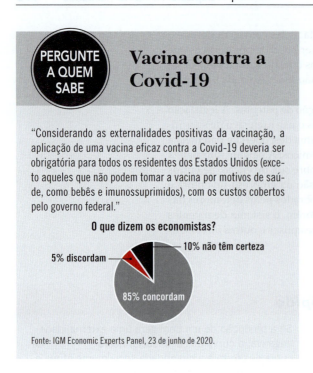

PERGUNTE A QUEM SABE

Vacina contra a Covid-19

"Considerando as externalidades positivas da vacinação, a aplicação de uma vacina eficaz contra a Covid-19 deveria ser obrigatória para todos os residentes dos Estados Unidos (exceto aqueles que não podem tomar a vacina por motivos de saúde, como bebês e imunossuprimidos), com os custos cobertos pelo governo federal."

O que dizem os economistas?

- 10% não têm certeza
- 5% discordam
- 85% concordam

Fonte: IGM Economic Experts Panel, 23 de junho de 2020.

poluidoras. Por exemplo, praticamente todas as formas de transporte – até os cavalos – geram subprodutos poluentes indesejáveis, mas não seria sensato o governo proibir todos os meios de transporte. Assim, em vez de tentar erradicar completamente a poluição, a sociedade tem de ponderar os custos e benefícios para decidir os tipos e quantidades de poluição que vai permitir. Nos Estados Unidos, a Agência de Proteção Ambiental (EPA) é o órgão governamental encarregado de desenvolver e aplicar regulamentos de proteção ao meio ambiente.

A regulamentação ambiental pode ter diversas formas. Em alguns casos, a EPA determina o nível máximo de poluição que uma fábrica pode emitir; em outros, exige que as empresas adotem uma tecnologia específica para reduzir as emissões. Qualquer que seja o caso, porém, para conceber boas regras, os responsáveis pela regulamentação governamental precisam conhecer detalhes sobre as indústrias específicas e as tecnologias alternativas que podem ser adotadas. Obter essas informações pode ser uma tarefa difícil para os reguladores do governo. As indústrias que visam o lucro têm poucos motivos (que não um senso geral de responsabilidade social) para compartilhar aquilo que sabem. Em vez disso, muitas vezes elas têm um incentivo para ocultar os efeitos adversos de sua produção para a saúde e exagerar os custos de uma mudança para tecnologias mais limpas.

10-2b Política baseada no mercado 1: impostos corretivos e subsídios

Em vez de regulamentar o comportamento em resposta a uma externalidade, o governo pode usar políticas baseadas no mercado para alinhar incentivos privados com eficiência social. Por exemplo, como já vimos, o governo pode internalizar a externalidade por meio de tributações das atividades que causam externalidades negativas e subsídios àquelas que trazem externalidades positivas. Os impostos criados para corrigir os efeitos de externalidades negativas são denominados **impostos corretivos**. Também são conhecidos como **impostos de Pigou**, em homenagem ao economista Arthur Pigou (1877-1959), um dos primeiros defensores de seu uso. O imposto corretivo ideal seria igual ao custo externo de uma atividade com externalidades negativas, e um subsídio corretivo ideal seria igual ao benefício externo de uma atividade com externalidades positivas.

imposto corretivo
um imposto destinado a induzir decisores privados a considerar os custos sociais que surgem a partir de uma externalidade negativa

Os economistas costumam preferir os impostos corretivos à regulamentação como maneira de lidar com a poluição, porque esses impostos podem reduzir a poluição a um custo menor para a sociedade. Para descobrir por que, vamos usar um exemplo.

Suponhamos que duas manufaturas – uma fábrica de papel e uma usina siderúrgica – estejam, cada uma, despejando 500 toneladas de lixo por ano em um rio. Além disso, vamos supor que o lixo produzido pelas duas fábricas imaginárias seja idêntico e que, embora a substância seja benigna em pequenas quantidades, ela é perigosa em quantidades maiores.

A EPA quer reduzir a quantidade de poluentes emitidos e está avaliando duas soluções:

- Regulamentação: a EPA pode determinar que cada fábrica reduza sua poluição para 300 toneladas por ano.
- Imposto corretivo: a EPA pode tributar cada fábrica em $ 50 mil por tonelada de poluição emitida.

A regulamentação determinaria um nível de poluição, ao passo que o imposto conferiria aos proprietários das plantas um incentivo para reduzir a poluição. Qual solução seria melhor em sua opinião?

Em um caso como esse, a maioria dos economistas preferiria o imposto. Para explicar isso, eles inicialmente assinalariam que os impostos são tão eficazes quanto as regulamentações para a redução do nível de muitas formas de poluição. A EPA poderia atingir qualquer nível de poluição que desejasse estabelecendo o imposto no nível adequado. Quanto maior o imposto, maior a redução da poluição. Se o imposto fosse elevado o suficiente, as duas empresas fechariam, o que reduziria a poluição a zero.

Arthur Pigou

Embora tanto a regulamentação quanto o imposto sejam capazes de reduzir diversos tipos de poluição, o imposto alcança esse objetivo de modo mais eficiente. Isso porque a regulamentação exige que as fábricas reduzam a poluição na mesma quantidade, o que não é, necessariamente, a forma mais barata de limpar a água. É possível que a fábrica de papel consiga reduzir a poluição a um custo menor que a usina siderúrgica. Nesse caso, a primeira reagiria ao imposto reduzindo substancialmente sua poluição para evitá-lo, enquanto a siderúrgica reduziria menos a poluição e pagaria o imposto.

Em essência, os impostos corretivos cobram um preço pelo direito de poluir. Isso pode parecer estranho se não estivermos familiarizados com o modo de pensar dos economistas, mas, assim como os mercados alocam os bens aos compradores que mais os valorizam, um imposto corretivo aloca os direitos de poluição às fábricas que enfrentam os maiores custos para reduzi-la. Com essa ferramenta flexível, a EPA consegue atingir qualquer nível de emissão pelo menor custo total.

Os economistas argumentam ainda que os impostos corretivos normalmente são melhores para o meio ambiente. Sob uma política de regulamentação de comando e controle, as plantas não teriam motivo para reduzir as emissões se já tivessem atingido a meta de 300 toneladas de lixo. Já o imposto dá às fábricas um incentivo para desenvolver tecnologias com níveis de poluição menores, porque isso reduz o montante de impostos que devem pagar.

Os impostos corretivos são diferentes da maioria dos outros tributos. Como vimos no Capítulo 8, a maior parte dos impostos distorce os incentivos e desloca a alocação de recursos para longe do ótimo social. A redução do bem-estar econômico, ou seja, dos excedentes do consumidor e do produtor, supera o montante de receita arrecadado pelo governo, resultando em um peso morto. No entanto, quando há presença de externalidades, a sociedade também precisa levar em conta o bem-estar dos terceiros que são afetados. Os impostos corretivos dão os incentivos certos para os participantes do mercado: com a internalização da externalidade, esses impostos movem a alocação de recursos para mais perto do ótimo social. Assim, os impostos corretivos simultaneamente aumentam a arrecadação do governo e melhoram a eficiência econômica.

Por que há tantos tributos sobre a gasolina?

Em muitos países, a gasolina está entre os bens mais tributados. O imposto sobre o combustível pode ser visto como um imposto corretivo com o objetivo de abordar três externalidades negativas associadas ao uso de veículos:

- **Poluição**: As emissões dos veículos geram poluição, que aumenta o risco de doenças cardíacas e pulmonares. Além disso, a queima de combustíveis fósseis como a gasolina é a principal causa das mudanças climáticas globais. O imposto sobre a gasolina reduz esses efeitos adversos ao desencorajar o consumo do combustível.
- **Congestionamento**: O tráfego intenso poderia ser aliviado se houvesse menos carros nas ruas. Um imposto sobre a gasolina reduz o congestionamento ao incentivar que as pessoas usem o transporte público, andem de bicicleta e peguem carona com mais frequência, além de morarem mais perto do trabalho.

- **Acidentes**: Quando as pessoas compram veículos grandes ou SUVs, elas podem ficar mais seguras, mas também colocam seus vizinhos em risco. Uma pessoa que dirige um carro menor tem muito mais probabilidade de se machucar em um acidente envolvendo um veículo maior do que se for atingida por outro de pequeno porte. O imposto sobre a gasolina é uma maneira indireta de fazer com que as pessoas paguem quando seus veículos grandes e que consomem muito combustível colocam outras pessoas em risco, além de induzi-las a levar esse risco em consideração na hora da escolha de um novo automóvel.

Em vez de causar peso morto, como a maioria dos impostos, o imposto sobre a gasolina faz a economia funcionar melhor, com um ambiente mais limpo, menos congestionamento e vias mais seguras.

Qual deve ser o valor de um imposto sobre a gasolina? A maioria dos países europeus aplica impostos muito mais altos que os dos Estados Unidos. Muitos observadores sugeriram que os Estados Unidos deveriam impor um tributo mais pesado sobre o combustível. Um estudo de 2007 publicado no *Journal of Economic Literature* resumiu uma pesquisa sobre a dimensão de várias externalidades associadas à direção. Ele concluiu que o imposto corretivo ideal sobre a gasolina era de $ 2,28 por galão em dólares de 2005. Ajustado pela inflação, esse valor é equivalente a cerca de $ 3,20 por galão em dólares de 2021. Em contraste, o imposto real nos Estados Unidos em 2021 era de apenas 55 centavos de dólar por galão.

A receita proveniente de um aumento no imposto sobre a gasolina poderia ser usada para reduzir tributos que distorcem incentivos e geram peso morto, como o imposto de renda. Além disso, a regulamentação governamental que exige que as montadoras produzam carros com maior eficiência no uso de combustível não seria necessária, assim como os subsídios do governo para carros elétricos, porque os consumidores de veículos estariam diante dos incentivos certos. Um aumento do imposto sobre a gasolina, no entanto, nunca foi uma medida politicamente popular. ●

10-2c Política baseada no mercado 2: licenças de poluição negociáveis*

Retomando o exemplo da fábrica de papel e da usina siderúrgica, vamos supor que a EPA, apesar dos conselhos de seus economistas, decida adotar a regulamentação e exija que cada fábrica reduza sua poluição para 300 toneladas de substâncias químicas industriais por ano. Um dia, depois de a regulamentação ter entrado em vigor e de as duas plantas estarem adaptadas a ela, estas vão à EPA com uma proposta: a usina siderúrgica deseja aumentar sua emissão de resíduos em 100 toneladas, enquanto a fábrica de papel aceita reduzir sua poluição na mesma quantidade desde que a siderúrgica lhe pague $ 5 milhões. A emissão total de resíduos permaneceria em 600 toneladas. A EPA deve permitir que as fábricas façam esse acordo?

Do ponto de vista da eficiência econômica, a resposta é sim. O acordo deixa os proprietários das duas fábricas em melhor situação, e, no fim das contas, eles acabam concordando voluntariamente. Além do mais, o negócio não teria efeitos externos, porque o volume total de poluição continuaria o mesmo. Assim, o bem-estar social aumenta ao se permitir que a fábrica de papel venda seus direitos de poluição à usina siderúrgica.

A mesma lógica se aplica a qualquer transferência voluntária de direitos de poluição de uma empresa para outra. Quando a EPA permite que as empresas façam acordos como esses, a agência cria um novo recurso escasso: as licenças de poluição. Um mercado para a comercialização dessas licenças é desenvolvido, regido pelas forças de oferta e demanda. A mão invisível garante que esse novo mercado aloque com eficiência o direito de poluir. Isto é, as licenças ficarão nas mãos daqueles que derem mais valor a elas, com base no quanto estão dispostos a pagar. A disposição de uma empresa para pagar pelo direito de poluir, por sua vez, dependerá de seu custo da redução da poluição: quanto maior o custo para reduzir a poluição, maior o valor que desejará pagar pela licença.

Uma vantagem de se permitir um mercado de licenças de poluição é o fato de que a alocação inicial destas entre as empresas não tem importância do ponto de vista da eficiência econômica. As empresas capazes de reduzir a poluição a baixo custo estariam dispostas a vender qualquer licença que conseguissem obter, e as empresas que só conseguem reduzir a poluição a um alto custo estariam dispostas a comprar todas as licenças de que precisassem. Se houver um mercado para venda dessas licenças, a alocação final será eficiente, qualquer que seja a alocação inicial.

Reduzir a poluição usando essas licenças pode parecer bem diferente de usar os impostos corretivos, mas as duas políticas têm muito em comum. Em ambos os casos, as empresas pagam por sua poluição. Com os impostos corretivos, as empresas poluidoras têm de pagar o imposto ao governo. Com as licenças de poluição, as empresas poluentes devem comprar suas licenças. (Mesmo as empresas que já detêm licenças devem pagar para poluir, no sentido de que poderiam ter vendido suas licenças no mercado aberto e, ao abrir mão dessa receita, incorrem em um custo de oportunidade.) Na linguagem econômica, impostos corretivos e licenças de poluição internalizam a externalidade da poluição ao tornar o ato de poluir mais caro para as empresas.

A semelhança das duas políticas pode ser observada considerando-se um mercado dos direitos de poluição. Os dois painéis da Figura 10-4 mostram a curva de demanda por direitos de poluição. Essa curva indica que, quanto menor for o preço da poluição, mais empresas optarão por poluir o meio ambiente. No painel (a), a EPA usa um imposto corretivo para estabelecer um preço para a poluição. Nesse caso, a curva de oferta por direitos de poluição é perfeitamente elástica (porque as empresas podem poluir o quanto quiserem, desde que paguem o imposto) e a curva de demanda determina a quantidade de poluição. No painel (b), a EPA estabelece uma quantidade de poluição, emitindo licenças. Nesse caso, a curva de oferta de direitos de poluição é perfeitamente inelástica (porque a quantidade de poluição é determinada pelo número de licenças) e a curva de demanda determina o preço. A EPA pode atingir qualquer ponto da curva de demanda, seja estabelecendo um preço com um imposto corretivo, seja definindo uma quantidade por meio das licenças de poluição.

---

*N. de R.T. Um exemplo clássico de mercado de licenças negociáveis é o sistema de comércio de emissões de carbono, também conhecido como sistema de *cap-and-trade*.

Figura 10-4

A equivalência entre os impostos corretivos e as licenças de poluição

No painel (a), a EPA estabelece um preço sobre a poluição ao cobrar um imposto corretivo, e a curva de demanda determina a quantidade de poluição. No painel (b), a EPA limita a quantidade de poluição ao limitar o número de licenças de poluição, e a curva de demanda determina o preço da poluição. O preço e a quantidade de poluição são os mesmos nos dois casos.

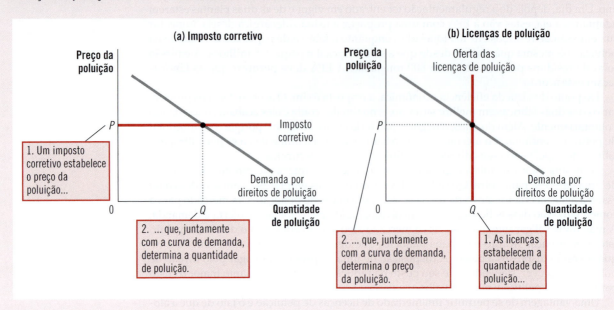

A escolha entre a venda de licenças de poluição e a implementação de um imposto corretivo passa a ser importante, porém, se a curva de demanda dos direitos de poluição for incerta. Suponha que a EPA não queira que mais de 600 toneladas de resíduos sejam despejadas no rio, mas, por não conhecer a curva de demanda, a agência não sabe ao certo qual valor de imposto possibilitaria alcançar essa meta. Nesse caso, ela pode leiloar 600 licenças de poluição. O preço obtido no leilão mostraria qual é o imposto corretivo necessário para alcançar a meta da EPA. Por outro lado, suponha que a EPA saiba que o custo externo da poluição é de $ 50.000 por tonelada de lixo, mas não tenha certeza da quantidade de poluição que as fábricas emitiriam por esse preço. Nesse caso, a agência pode chegar ao resultado eficiente definindo um imposto corretivo de $ 50.000 por tonelada e deixando o mercado determinar a quantidade de poluição.

A ideia de o governo leiloar o direito de poluir pode, em princípio, parecer obra da imaginação de algum economista. E, de fato, foi assim que a ideia surgiu. Mas a EPA tem usado cada vez mais esse sistema como forma de controle da poluição. Uma história de sucesso tem sido o caso do dióxido de enxofre (SO_2), causa principal da chuva ácida. Em 1990, emendas feitas ao Clean Air Act (Lei do Ar Limpo) exigiam que as usinas elétricas reduzissem substancialmente a emissão de SO_2. Ao mesmo tempo, essas emendas estabeleceram um sistema que permitia às usinas negociar as licenças de emissão de SO_2. Embora, no início, tanto os representantes das indústrias quanto os ambientalistas estivessem céticos com relação à proposta, com o tempo, o sistema reduziu a poluição com o mínimo de transtorno e um custo baixo. As licenças de poluição, assim como os impostos corretivos, são consideradas uma forma de manter o ambiente limpo a baixo custo.

10-2d Objeções à análise econômica da poluição

"Não podemos dar a ninguém a opção de poluir em troca de um pagamento." Esse comentário, feito pelo falecido senador estadunidense Edmund Muskie, durante sua batalha para aprovar o Clean Water Act (Lei da Água Limpa) de 1972, ainda reflete a opinião de alguns ambientalistas. Em 1969, o rio Cuyahoga, em Cleveland, estava tão cheio de poluentes industriais que pegou fogo – um problema recorrente que a legislação ajudou a resolver. Ar puro e água limpa eram vistos como direitos humanos fundamentais que haviam sido violados. Lembrando daqueles dias, muitos ambientalistas afirmam que a economia é, na melhor das hipóteses, uma preocupação secundária e, em certos aspectos, repugnante. Se o ar puro e a água limpa não têm preço – e fazem parte da herança de todo ser humano –, que tipo de pessoa tentaria atribuir um preço a eles? O meio ambiente é tão importante, argumentam, que protegê-lo é uma prioridade absoluta, independentemente do custo.

Muitos economistas modernos são ambientalistas e estão comprometidos com objetivos como ter água limpa e ar puro e acabar com as mudanças climáticas globais, embora vejam essas questões públicas sob uma ótica diferente. Para eles, as boas políticas ambientais começam pelo reconhecimento do primeiro dos **dez princípios da economia** que vimos no Capítulo 1: as pessoas enfrentam *trade-offs*. O valor das medidas ambientais precisa ser comparado com seu custo de oportunidade, ou seja, com aquilo que as pessoas precisam renunciar para obter algo. É impossível eliminar completamente a poluição, infelizmente. Tentar eliminar toda a poluição é um objetivo grandioso, mas não é viável – pelo menos em um futuro próximo – sem a reversão de muitos avanços tecnológicos que nos permitem desfrutar de um padrão de vida elevado. Poucas pessoas estariam dispostas a aceitar uma alimentação pobre em nutrientes, cuidados médicos inadequados ou moradias improvisadas para deixar o meio ambiente o mais limpo possível.

Indiscutivelmente, a causa ambientalista pode avançar mais se pensarmos como economistas. Um meio ambiente limpo é um bem como qualquer outro – e um de enorme valor. Como todos os bens normais, ele tem uma elasticidade-renda positiva: países ricos têm condições financeiras para manter um ambiente mais limpo que os países pobres e, portanto, costumam ter normas de proteção ambiental mais rigorosas. Além disso, como a maioria dos outros bens, o ar puro e a água limpa estão sujeitos à lei da demanda: quanto menor for o preço da proteção ambiental, mais proteção ambiental a população desejará. Quando a abordagem econômica do uso de impostos corretivos e licenças de poluição reduz o custo da obtenção de ar puro e água limpa, ela deve aumentar a proteção ambiental que a população demanda.

Mudanças climáticas e taxas de carbono

Os cientistas dizem que as emissões de carbono provocadas pelos seres humanos são uma das causas das mudanças climáticas globais, que têm diversos efeitos prejudiciais. Esse é um exemplo clássico de externalidade negativa.

Suponha que um cidadão preocupado, Gabriel, queira reduzir sua pegada de carbono. Como ele pode fazer isso?

- Comprando um carro com maior eficiência energética, como um veículo híbrido ou elétrico.
- Indo de carona para o trabalho.
- Usando o transporte público com mais frequência.
- Mudando para uma casa mais perto do trabalho.
- Comprando uma casa menor, que requer menos energia para os sistemas de aquecimento e refrigeração.
- Ajustando o termostato para manter sua casa mais fria no inverno e mais quente no verão.

202 Parte IV A economia do setor público

Taxas de carbono

"A Brookings Institution estimou recentemente uma taxa de carbono de $ 20 por tonelada nos Estados Unidos, com aumento de 4% ao ano, o que ajudaria a arrecadar $ 150 bilhões por ano em receitas federais ao longo da próxima década. Dadas as externalidades negativas criadas pelas emissões de dióxido de carbono, um imposto federal sobre o carbono dessa magnitude envolveria menos distorções líquidas prejudiciais para a economia estadunidense do que um aumento de impostos que gerasse a mesma receita ao elevar as alíquotas marginais sobre os rendimentos trabalhistas em todas as faixas."

O que dizem os economistas?

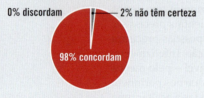

0% discordam — 2% não têm certeza — 98% concordam

"Um imposto sobre o teor de carbono dos combustíveis seria uma maneira mais barata de reduzir as emissões de dióxido de carbono do que um conjunto de políticas como os requisitos de 'economia corporativa média de combustível' para os automóveis."

O que dizem os economistas?

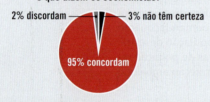

2% discordam — 3% não têm certeza — 95% concordam

"As taxas de carbono são uma maneira melhor de implementar políticas climáticas do que a política de *cap-and-trade*."

O que dizem os economistas?

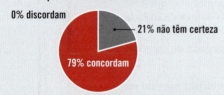

0% discordam — 21% não têm certeza — 79% concordam

Fonte: IGM Economic Experts Panel, 4 de dezembro de 2012, 20 de dezembro de 2011 e 13 de novembro de 2018.

- Instalando painéis solares em seu telhado.
- Comprando eletrodomésticos energeticamente mais eficientes em termos de consumo de energia.
- Consumindo mais alimentos produzidos localmente, que utilizam menos combustível para o transporte.
- Deixando de comer carne, já que a produção desse alimento libera uma quantidade enorme de gases de efeito estufa.

A essa altura você já entendeu a ideia. Todos os dias, tomamos decisões relacionadas ao nosso estilo de vida que afetam a quantidade de carbono emitida. Essas decisões são pessoais, mas têm um impacto global.

A principal questão para os formuladores de políticas públicas é como a sociedade pode garantir que as pessoas tomem as decisões certas, levando em conta o impacto pessoal de suas ações e as externalidades. Existem três abordagens para isso.

Uma abordagem é apelar ao senso de responsabilidade social dos indivíduos. Algumas pessoas podem, de fato, reduzir sua pegada de carbono para o nível ideal por preocupação com o planeta, mas esperar que a maioria da população faça isso não é realista. A vida é corrida, as pessoas têm suas próprias prioridades e até o ato de entender os impactos globais de suas próprias ações é uma tarefa intimidadora.

A segunda abordagem é usar a regulamentação governamental para mudar as decisões que as pessoas tomam. Um exemplo são os padrões CAFE (Corporate Average Fuel Economy, ou Economia Corporativa Média de Combustível), que regulam as emissões veiculares nos Estados Unidos.

Essa abordagem regulatória, no entanto, é repleta de problemas. Um deles é que cria uma tensão entre os produtos que os consumidores desejam comprar e os produtos que as empresas têm permissão para vender. Robert A. Lutz, ex-executivo do setor automotivo, considera os padrões CAFE um "grande pesadelo burocrático". Segundo ele, as normas "estão tentando curar a obesidade exigindo que os fabricantes de roupas produzam tamanhos menores".

Um problema mais importante desse tipo de regulamentação é que ela só pode influenciar algumas decisões cruciais. O governo pode regular o tipo de carro que Gabriel encontra nas concessionárias, mas dificilmente regulará a distância entre o trabalho de Gabriel e sua casa ou se ele pega carona com um vizinho. No entanto, a redução das emissões de carbono a um custo mínimo exige uma política que englobe todas as margens de ajuste possíveis.

Felizmente, uma política com escopo mais amplo é possível, o que nos leva à terceira abordagem para lidar com as externalidades do clima: definir um preço para as emissões de carbono. Isso pode ser feito através da tributação ou da criação de um sistema de *cap-and-trade* de licenças de poluição comercializáveis. Se os vendedores de gasolina, eletricidade, carne bovina, e assim por diante, tivessem de pagar uma taxa pela emissão de carbono implícita em seus produtos, essa taxa seria incorporada aos preços. Ao tomarem decisões do dia a dia, Gabriel e outros consumidores analisariam os preços disponíveis e, de fato, levariam em conta os impactos globais de suas escolhas. O estabelecimento de um preço para o carbono internalizaria a externalidade. Essa medida funcionou bem na Europa, embora não tenha se popularizado nos Estados Unidos.

As taxas de carbono são uma política popular entre os economistas, como mostra o quadro "Pergunte a quem sabe". ●

Teste rápido

3. Quando o governo lança um imposto igual aos custos externos associados à produção de um bem, ele _____ o preço pago pelos consumidores e torna o resultado do mercado _____ eficiente.
   a. aumenta; mais
   b. aumenta; menos
   c. reduz; mais
   d. reduz; menos

4. Qual das seguintes afirmações sobre impostos corretivos geralmente NÃO é verdadeira?
   a. Eles reduzem o excedente do consumidor.
   b. Eles aumentam a receita do governo.
   c. Eles reduzem a quantidade vendida em um mercado.
   d. Eles causam peso morto.

5. O governo leiloa 500 unidades de direitos de poluição. As licenças são vendidas a $ 50 cada e geram $ 25 mil em receita para o governo. Essa política é equivalente a um imposto corretivo de _____ por unidade de poluição.
   a. $ 10
   b. $ 50
   c. $ 450
   d. $ 500

6. A regulamentação de comando e controle pode ser melhor que um imposto corretivo quando
   a. o imposto corretivo tem efeitos diferentes para indústrias diferentes.
   b. alguns poluidores conseguem reduzir as emissões por um custo mais baixo que os outros.
   c. a externalidade negativa é tão grande que a quantidade ideal é zero.
   d. o conhecimento sobre o custo da redução da poluição é difuso e difícil de obter.

As respostas estão no final do capítulo.

10-3 Soluções privadas para as externalidades

As externalidades tendem a tornar os resultados do mercado ineficientes, mas as ações do governo não são a única solução para elas. Algumas vezes, as pessoas podem encontrar soluções privadas.

10-3a Tipos de solução privada

Códigos morais e sanções sociais podem resolver o problema das externalidades. Consideremos, por exemplo, por que a maioria das pessoas não joga lixo em lugares públicos. Existem leis contra isso, mas elas não são aplicadas rigorosamente. A maioria das pessoas evita jogar lixo em lugares públicos apenas porque é errado fazê-lo. A Regra de Ouro que as crianças aprendem diz: "Não faça aos outros o que não quer que façam a você". Essa prescrição moral nos diz para pensar em como nossas ações afetam as outras pessoas. Na linguagem menos poética da economia, ela nos manda internalizar as externalidades.

Outra solução privada envolve as instituições filantrópicas. O Sierra Club, por exemplo, é uma organização sem fins lucrativos fundada por doadores privados com o objetivo de proteger o meio ambiente. Faculdades e universidades recebem doações de ex-alunos, empresas e fundações, em parte porque a educação gera grandes benefícios – externalidades – para a sociedade. O governo encoraja essas soluções privadas para as externalidades ao permitir que as doações sejam deduzidas do imposto de renda.

Muitas vezes, o mercado privado pode resolver o problema das externalidades pelo interesse próprio das partes envolvidas. Em alguns casos, a solução assume a forma de integração entre diferentes tipos de negócio. Considere, por exemplo, um produtor de maçãs e um apicultor que estejam localizados um próximo do outro. Uma empresa beneficia a outra, conferindo uma externalidade positiva: ao polinizar as flores das macieiras, as abelhas ajudam na produção de maçãs; ao mesmo tempo, elas usam o néctar que retiram das flores para produzir mel. Mas isso não significa que as duas companhias levem esses benefícios em consideração. Quando o produtor de maçãs decide quantas árvores plantar e o apicultor define quantas abelhas manter, eles não pensam na externalidade positiva. Com isso, o produtor de maçãs planta menos do que poderia e o apicultor mantém menos abelhas do que poderia. Essas externalidades poderiam ser internalizadas se houvesse uma fusão entre os negócios do produtor de maçãs e do apicultor: as duas atividades se desenvolveriam na mesma empresa, que poderia definir o número ótimo de árvores e abelhas. Internalizar as externalidades é um dos motivos pelos quais algumas empresas se envolvem em diferentes tipos de atividade.

Outra solução privada para a externalidade é que o produtor de maçãs e o apicultor negociem um contrato, estabelecendo o número correto de macieiras e abelhas e, talvez, o pagamento de uma parte à outra. O contrato pode resolver a ineficiência que normalmente se origina das externalidades e deixar as duas partes em melhor situação.

10-3b O teorema de Coase

Até que ponto o mercado privado é eficaz ao lidar com externalidades? Um resultado famoso, conhecido como **teorema de Coase**, em homenagem ao economista Ronald Coase, sugere que ele pode ser bastante eficaz em algumas circunstâncias. De acordo com o teorema de Coase, se os agentes econômicos privados puderem negociar sem custo a alocação de recursos, então o mercado privado sempre solucionará o problema das externalidades e alocará recursos com eficiência.

Para vermos como o teorema de Coase funciona, vamos usar um exemplo. Suponha que Emily tenha um cachorro chamado Clifford, que late e incomoda Horácio, seu vizinho. Ela obtém um grande benefício com a companhia de Clifford, mas o cachorro confere uma externalidade negativa a Horácio. Emily deve encontrar um novo lar para Clifford ou Horácio deve ficar noites sem dormir por causa dos latidos do cachorro?

Considere primeiro qual resultado é socialmente eficiente. Um economista centrado no interesse da sociedade compararia o benefício da companhia do cachorro para Emily com o custo de oportunidade enfrentado por Horácio devido aos latidos. Se o benefício exceder o custo, para Emily será eficiente ficar com o animal, e para Horácio, conviver com o barulho. Mas, se o custo for maior que o benefício, Emily deverá se livrar do cão.

De acordo com o teorema de Coase, o mercado privado chegará ao resultado eficiente por si só. Como? Horácio pode oferecer um pagamento para que Emily encontre um novo lar para Clifford. Emily aceitará o acordo se o valor oferecido por Horácio for maior que o benefício de ficar com o cachorro.

Ao negociar o preço, Emily e Horácio sempre poderão chegar a um resultado eficiente. Por exemplo, suponha que Emily tenha um benefício de $ 1.000 com o cachorro e Horácio arque com um custo de $ 1.500 por causa dos latidos. Neste caso, Horácio poderia oferecer $ 1.200 para que Emily se livrasse do cachorro, e ela aceitaria. As duas partes estarão em melhor situação do que antes e o resultado eficiente será atingido.

É possível, claro, que Horácio não esteja disposto a oferecer nenhum preço que Emily queira aceitar. Por exemplo, suponha que Emily obtenha um benefício de $ 3.000 por manter o cachorro e que Horácio arque com um custo de $ 1.500 provocado pelos latidos. Nesse caso, Emily recusaria qualquer oferta abaixo de $ 3.000 e Horácio não ofereceria nenhum valor acima de $ 1.500. Portanto, Emily acabaria ficando com Clifford. Dados os custos e benefícios, o resultado, contudo, é eficiente.

Os exemplos apresentados até aqui assumem que Emily tem o direito garantido por lei de ficar com um cão que late. Em outras palavras, Emily pode ficar com Clifford a menos que Horácio pague o suficiente para convencê-la a se desfazer do cão voluntariamente. Mas em que mudaria o resultado se Horácio tivesse, por lei, direito à paz e à tranquilidade?

De acordo com o teorema de Coase, a distribuição inicial dos direitos não afeta a capacidade que o mercado tem de atingir um resultado eficiente. Suponhamos, por exemplo, que Horácio tenha o direito legal de forçar Emily a se livrar do cachorro. Ter esse direito é uma vantagem para Horácio, mas provavelmente não mudará o resultado. Nesse caso, Emily poderia pagar a Horácio para que pudesse ficar com o cão. Se o benefício de ficar com o cachorro para Emily superar o custo dos latidos para Horácio, os dois chegarão a um acordo no qual Emily ficará com o cão.

---

teorema de Coase
a proposição de que, se os agentes econômicos privados puderem negociar sem custo a alocação de recursos, poderão resolver por si sós o problema das externalidades

Embora Emily e Horácio possam chegar ao resultado eficiente, independentemente da distribuição inicial dos direitos, essa distribuição não é irrelevante: ela determina a distribuição do bem-estar econômico. O fato de Emily ter o direito a um cachorro que late ou de Horácio ter direito à paz e à tranquilidade é que determina quem paga a quem no final da negociação. Mas, em qualquer um dos casos, as duas partes podem negociar entre si e resolver o problema da externalidade. Emily só ficará com Clifford se seu benefício exceder o custo de Horácio.

Em suma: **o teorema de Coase diz que os agentes econômicos privados podem solucionar o problema das externalidades entre si. Qualquer que seja a distribuição inicial dos direitos, as partes interessadas sempre podem chegar a um acordo no qual todos fiquem em uma situação melhor e o resultado seja eficiente.**

10-3c Por que as soluções privadas nem sempre funcionam

Apesar da lógica convincente do teorema de Coase, os agentes econômicos privados, por si sós, muitas vezes são incapazes de solucionar os problemas causados por externalidades. O teorema só se aplica quando as partes não têm dificuldades para chegar a um acordo e aplicá-lo. No mundo real, no entanto, a negociação nem sempre funciona, mesmo quando um acordo mutuamente benéfico é possível.

Às vezes, as partes interessadas não conseguem resolver um problema de externalidade por causa dos **custos de transação**, ou seja, dos custos que as partes têm no processo de negociar e implementar o acordo. Em nosso exemplo, imaginemos que Emily e Horácio falem línguas diferentes, de modo que precisem contratar um tradutor para chegar a um acordo. Se o benefício de resolver o problema dos latidos for menor que o custo do tradutor, eles poderão optar por deixar o problema sem solução. Em exemplos mais realistas, os custos de transação não são as despesas com o tradutor, mas com os advogados necessários para redigir e aplicar contratos.

custos de transação
custos em que as partes incorrem durante o processo de negociação e implementação de um acordo

Em outras ocasiões, as negociações simplesmente fracassam. As repetidas ocorrências de guerras e greves demonstram que chegar a um acordo pode ser difícil e que o custo do fracasso nas negociações pode ser alto. O problema é que, muitas vezes, as partes buscam um acordo que seja melhor para si. Suponhamos, por exemplo, que Emily recebe um benefício de $ 1.000 por ter o cachorro, enquanto Horácio arca com um custo de $ 1.500 por causa dos latidos. Embora seja eficiente que Horácio pague Emily para encontrar um novo lar para Clifford, são muitos os preços que poderiam levar a esse resultado. Emily poderia exigir $ 1.400 e Horácio poderia oferecer apenas $ 1.100, e enquanto estivessem discutindo o preço, o resultado ineficiente persistiria.

Chegar a um acordo eficiente é ainda mais difícil quando o número de partes interessadas é grande, porque coordenar todas as partes é dispendioso. Considere, por exemplo, uma fábrica que polua as águas de um lago próximo às instalações. A poluição gera uma externalidade negativa para os pescadores da região. De acordo com o teorema de Coase, se a poluição for ineficiente, então a fábrica e os pescadores poderão chegar a um acordo no qual estes remunerem a fábrica para que ela não polua o meio ambiente. No entanto, se houver muitos pescadores, coordenar todos eles na negociação com a fábrica seria quase impossível. O combate às mudanças climáticas globais é parecido: existem demasiadas pessoas e empresas responsáveis pelas emissões de gases de efeito estufa para que seja possível negociar em conjunto e encontrar uma solução mundial.

Quando a negociação privada não funciona, às vezes os governos podem entrar em cena. O governo é uma instituição cujo papel é agir em prol do coletivo. No exemplo do lago, o governo pode agir em nome dos pescadores, mesmo quando é impraticável que os pescadores ajam por conta própria.

É NOTÍCIA: O teorema de Coase em ação

Sempre que as pessoas entram em contato próximo, há uma série de externalidades.

Não quer que eu recline minha poltrona no avião? É só me pagar

Por Josh Barro

Eu viajo muito de avião. Nessas viagens, eu reclino minha poltrona. Não me sinto culpado e vou continuar fazendo isso, a menos que alguém me pague para parar.

Mencionei esse assunto por causa de uma disputa da qual você deve ter ouvido falar: no domingo, um voo da United Airlines de Newark para Denver fez um pouso não programado em Chicago para desembarcar dois passageiros que estavam discutindo sobre a reclinação da poltrona. De acordo com a Associated Press, um homem instalou o Knee Defender ("defensor de joelho"), um dispositivo de $ 21,95 que impede que o assento em frente ao dele seja reclinado.

Uma comissária de voo pediu para que ele removesse o dispositivo. Ele se recusou. A mulher sentada na poltrona da frente se virou e jogou água nele. O piloto pousou o avião e retirou os dois passageiros do voo.

É claro que é inadequado jogar água em outro passageiro durante um voo, mesmo que ele mereça. Mas eu tenho visto uma simpatia preocupante pelo sujeito "defensor do joelho", que não estava apenas instigando uma briga, mas também usurpando os direitos de propriedade de outros passageiros. Quando você compra uma passagem aérea, uma das coisas que está comprando é o direito de usar a função de reclinar seu assento. Se esse passageiro queria tanto que a passageira à sua frente não reclinasse, deveria ter pago para que ela abrisse mão desse direito.

Escrevi um artigo sobre isso em 2011, destacando que os assentos de aviões são um excelente estudo de caso para o teorema de Coase. Essa teoria econômica defende que não importa muito quem detenha o direito de propriedade inicialmente. Desde que se defina com clareza esse direito e que os custos de transação sejam baixos, as pessoas negociarão o direito para que ele acabe nas mãos de quem lhe atribui o maior valor. Ou seja, eu tenho o direito de reclinar o meu assento e, se minha posição estiver incomodando, você pode pagar para que eu não recline. Poderíamos ter (mas não temos) um sistema alternativo, em que o passageiro sentado atrás detivesse os direitos de reclinação do assento à frente. Nesse caso, se eu realmente me importasse com a possibilidade

---

Teste rápido

7. Segundo o teorema de Coase,
   a. pessoas podem chegar a um acordo para resolver o problema das externalidades sem o governo.
   b. subsídios corretivos são a melhor política para resolver o problema das externalidades positivas.
   c. as externalidades negativas são um problema para a sociedade, mas as externalidades positivas não.
   d. quando duas pessoas resolvem o problema das externalidades de maneira amigável, elas transferem o problema para um terceiro.

8. O teorema de Coase NÃO se aplica se
   a. houver uma externalidade significativa entre duas partes.
   b. o sistema judicial impuser todos os contratos vigorosamente.
   c. os custos de transação tornarem a negociação difícil.
   d. ambas as partes entenderem totalmente a externalidade.

As respostas estão no final do capítulo.

10-4 Conclusão

A mão invisível é poderosa, mas não onipotente. O equilíbrio de um mercado maximiza a soma do excedente do produtor e do consumidor. Quando os compradores e os vendedores do mercado são as únicas partes interessadas, esse resultado é eficiente do ponto de vista da sociedade. Mas quando há efeitos externos, como a poluição, é necessário levar em consideração o bem-estar de terceiros ao se avaliar o resultado desse mercado. Nesse caso, a mão invisível do mercado pode falhar no trabalho de alocar os recursos com eficiência.

Em alguns casos, as pessoas podem resolver sozinhas os problemas das externalidades. O teorema de Coase sugere que as partes interessadas podem negociar entre si e chegar a uma solução eficiente. Algumas vezes, entretanto, não há como chegar a um resultado eficiente, talvez porque o grande número de interessados dificulte a negociação.

de reclinar meu assento, poderia pagar para que ele me deixasse fazer isso.

Donald Marron, ex-diretor do Congressional Budget Office, concorda com essa análise, mas com uma ressalva. As negociações sobre a reclinação envolvem alguns custos de transação – os passageiros não gostam de negociações sobre isso com os vizinhos de assento, talvez porque elas às vezes terminem com água sendo jogada no rosto de alguém.

Para Marron, deveríamos atribuir o direito de propriedade inicial à pessoa com maior probabilidade de se importar com a reclinação, a fim de reduzir o número de transações necessárias. Ele argumenta que essa pessoa provavelmente é a que está sentada atrás, como evidenciado pelo fato de que, rotineiramente, as pessoas pagam por assentos com espaço adicional para as pernas.

Marron está enganado nesse último ponto. Eu entendo que as pessoas não gostem de negociar com estranhos, mas em centenas de voos que peguei, raramente alguém reclamou comigo sobre a reclinação da minha poltrona – e ninguém nunca me ofereceu dinheiro ou qualquer outra coisa de valor para que eu mantivesse o assento na posição vertical.

Se sentar atrás do meu assento reclinado é tão ruim, se quem reclina, como eu, é um "monstro", como disse Mark Hemingway, do *The Weekly Standard*, por que ninguém está disposto a me pagar para que eu pare de fazer isso? As pessoas falam muito nas redes sociais sobre o horror de reclinar as poltronas, mas a verdade é que gostam de reclamar sobre tudo. Se realmente se importassem tanto com isso, alguém já teria aberto a carteira para me pagar. ■

Questões para discussão

1. Você se imagina oferecendo dinheiro para que a pessoa sentada na poltrona à sua frente no avião não recline o assento? Por quê?

2. Se a pessoa sentada atrás de você oferecesse um valor para que você não reclinasse seu assento, como você responderia? Por quê?

Fonte: *New York Times*, 27 de agosto de 2014.

Quando as pessoas não conseguem resolver o problema das externalidades de maneira privada, o governo costuma entrar em ação. Contudo, mesmo com a intervenção do governo, a sociedade pode se beneficiar das forças do mercado, em vez de tentar contorná-las. O governo pode exigir que os participantes do mercado arquem com todos os custos de suas ações. Os impostos corretivos e as licenças de poluição, por exemplo, foram criados para internalizar a externalidade da poluição. Essas políticas estão ganhando cada vez mais a preferência dos interessados em proteger o meio ambiente. Essas forças do mercado, quando corretamente redirecionadas, muitas vezes são o melhor remédio para as falhas do mercado.

RESUMO DO CAPÍTULO

- Quando uma transação entre um comprador e um vendedor afeta diretamente uma terceira parte, o efeito é chamado de externalidade. Se uma atividade gerar externalidades negativas, como poluição, a quantidade socialmente ótima em um mercado será menor que a quantidade de equilíbrio. Se uma atividade gerar externalidades positivas, como saltos de tecnologia, a quantidade socialmente ótima será maior que a quantidade de equilíbrio.

- O governo pode resolver as ineficiências causadas por externalidades. Algumas vezes, ele regulamenta o comportamento. Em outros casos, internaliza uma externalidade usando impostos corretivos. Outra política usada é a concessão de licenças. Por exemplo, o governo pode proteger o meio ambiente emitindo um número limitado de licenças de poluição. O resultado dessa política é, em grande medida, o mesmo da cobrança de impostos corretivos dos poluidores.

- Algumas vezes, as pessoas afetadas pelas externalidades podem resolver o problema privadamente. Por exemplo, quando uma empresa provoca uma externalidade a outra, as duas podem internalizar a externalidade por meio de uma fusão. Alternativamente, as partes interessadas podem resolver o problema firmando um contrato. De acordo com o teorema de Coase, se as pessoas puderem negociar sem custos, elas conseguirão chegar a um acordo em que os recursos sejam alocados de maneira eficiente. Em muitos casos, no entanto, é difícil chegar a um acordo entre as muitas partes interessadas, de modo que o teorema de Coase não se aplica.

CONCEITOS-CHAVE

externalidade, p. 190
internalização de uma externalidade, p. 193
imposto corretivo, p. 196
teorema de Coase, p. 204
custos de transação, p. 205

QUESTÕES DE REVISÃO

1. Dê um exemplo de externalidade negativa e um de externalidade positiva.
2. Elabore um gráfico de oferta e demanda para explicar o efeito de uma externalidade negativa resultante do processo de produção de uma empresa.
3. De que maneira um sistema de patentes ajuda a sociedade a resolver o problema de uma externalidade?
4. O que são impostos corretivos? Por que os economistas preferem esses impostos às regulamentações como maneira de proteger o meio ambiente da poluição?
5. Enumere algumas maneiras pelas quais os problemas causados pelas externalidades podem ser solucionados sem intervenção do governo.
6. Imagine que você seja um não fumante dividindo o quarto com um fumante. Segundo o teorema de Coase, o que determina se ele fumará no quarto? Esse resultado é eficiente? Como você e seu colega de quarto chegam a essa solução?

PROBLEMAS E APLICAÇÕES

1. Há duas formas de proteger seu carro contra roubo: uma trava antifurto para volante, que dificulta a ação do ladrão de carros, ou um sistema de rastreamento, que facilita o trabalho da polícia para recuperar o carro roubado. Qual desses métodos transmite uma externalidade negativa aos demais proprietários de carros? Qual transmite uma externalidade positiva? Em sua opinião, sua análise tem implicações políticas?
2. Considere o mercado de extintores de incêndio.
    a. Os extintores de incêndio poderiam acarretar externalidades positivas? Por quê?
    b. Elabore um gráfico do mercado de extintores de incêndio, traçando a curva de demanda, a curva de valor social, a curva de oferta e a curva de custo social.
    c. Indique o nível de produção de equilíbrio de mercado e o nível de produção eficiente. Dê uma explicação intuitiva para o motivo de essas quantidades serem diferentes.
    d. Se o benefício externo for $ 10 por extintor, descreva uma política governamental que possa resultar em um resultado eficiente.
3. Um grande consumo de bebidas alcoólicas provoca mais acidentes de trânsito e, portanto, impõe custos às pessoas que não bebem e dirigem.
    a. Represente graficamente o mercado de bebidas alcoólicas, indicando a curva de demanda, a curva de valor social, a curva de oferta, a curva de custo social, a produção de equilíbrio de mercado e o nível de produção eficiente.
    b. Em seu gráfico, destaque a área correspondente ao peso morto do equilíbrio de mercado. (Dica: o peso morto ocorre porque são consumidas algumas unidades de bebidas alcoólicas cujo custo social excede o valor social.) Explique.
4. Alguns observadores acreditam que os níveis atuais de poluição em nossa sociedade são excessivamente elevados.
    a. Se a sociedade deseja reduzir a poluição total em determinado grau, por que é eficiente aplicar diferentes níveis de redução a diferentes empresas?
    b. As abordagens de comando e controle muitas vezes se baseiam em reduções uniformes para as empresas. Por que essas abordagens costumam ser incapazes de afetar as empresas que deveriam fazer as maiores reduções?
    c. Os economistas argumentam que impostos corretivos ou licenças de poluição negociáveis resultarão em uma redução eficiente da poluição. Como essas abordagens afetam as empresas que deveriam fazer as maiores reduções?
5. Os diversos moradores idênticos da Quemlândia adoram beber Zlurp. Cada morador tem a seguinte disposição para pagar pela bebida saborosa:

Primeira garrafa	$ 5
Segunda garrafa	4
Terceira garrafa	3
Quarta garrafa	2
Quinta garrafa	1
Demais garrafas	0

   a. O custo de produção de Zlurp é de $ 1,50, e os fornecedores concorrentes vendem-na a esse preço.

(A curva de oferta é horizontal.) Quantas garrafas cada cidadão da Quemlândia irá consumir? Qual é o excedente do consumidor de cada pessoa?

b. A produção de Zlurp polui. Cada garrafa tem um custo externo de $ 1. Com base nesse custo adicional, qual é o excedente total de cada pessoa na alocação que você descreveu na parte (a)?

c. Cindy Lou Quem, uma das moradoras de Quemlândia, decide que vai reduzir seu consumo de Zlurp para uma garrafa. O que acontece com o bem-estar de Cindy (seu excedente de consumidor menos o custo de poluição que ela provoca)? Como a decisão de Cindy afeta o excedente total na Quemlândia?

d. O prefeito Grinch impõe um imposto de $ 1 sobre a bebida. Qual é o consumo por pessoa agora? Calcule o excedente do consumidor, o custo externo, a receita governamental e o excedente total por pessoa.

e. Com base em seus cálculos, você apoiaria a política do prefeito? Por quê?

6. Bruno adora ouvir rock em um volume alto. Tiago ama ópera e odeia rock. Infelizmente, eles são vizinhos contíguos em um prédio com paredes finas como papel.

a. Qual é a externalidade desse caso?

b. Qual política de comando e controle o proprietário do imóvel poderia impor? Tal política levaria a um resultado ineficiente?

c. Suponha que o proprietário deixe os inquilinos fazerem o que quiserem. De acordo com o teorema de Coase, de que forma Bruno e Tiago poderiam alcançar um resultado eficiente para ambos? O que impediria que eles alcançassem um resultado eficiente?

7. A Figura 10-4 mostra que, para cada curva de demanda por direitos de poluição dada, o governo pode atingir o mesmo resultado, seja estabelecendo o preço com um imposto corretivo, seja estabelecendo a quantidade com licenças de poluição. Suponhamos que haja um grande avanço na tecnologia de controle da poluição.

a. Usando gráficos como os da Figura 10-4, ilustre o efeito do desenvolvimento tecnológico sobre a demanda por direitos de poluição.

b. Qual é o efeito de cada sistema de regulamentação sobre o preço e a quantidade de poluição? Explique.

8. Suponha que o governo decida emitir licenças negociáveis para determinado tipo de poluição.

a. Do ponto de vista de eficiência econômica, faz diferença se o governo distribuir ou leiloar as licenças? Por quê?

b. Se o governo optar por distribuir licenças, sua alocação entre as empresas importa do ponto de vista da eficiência? Explique.

9. Há três indústrias no Vale Feliz.

Empresa	Nível inicial de poluição	Custo de redução da poluição em 1 unidade
A	30 unidades	$ 20
B	40 unidades	$ 30
C	20 unidades	$ 10

O governo quer reduzir a poluição para 60 unidades, por isso, dá a cada empresa 20 licenças negociáveis de poluição.

a. Quem vende licenças e quantas vende? Quem compra licenças e quantas compra? Explique resumidamente por que os vendedores e os compradores estão, cada um deles, dispostos a comprar e vender licenças. Qual é o custo total da redução da poluição nessa situação?

b. Quão mais altos seriam os custos de redução da poluição caso as licenças não pudessem ser negociadas?

Respostas do teste rápido

1. c   2. b   3. a   4. d   5. b   6. c   7. a   8. c

Capítulo 11

Bens públicos e recursos comuns

Como diz a letra de uma canção antiga, "As melhores coisas da vida são de graça". Rios, montanhas, praias, lagos e oceanos são recompensas da natureza, disponíveis para todos. Pracinhas, parques e desfiles temáticos são, com frequência, organizados por governos, e as pessoas geralmente não têm que pagar nada para desfrutar deles.

Os bens gratuitos não se encaixam facilmente no tipo de análise econômica que praticamos até agora. Analisamos principalmente itens que são alocados pelos mercados, em que os compradores pagam pelo que recebem e os vendedores são pagos pelo que oferecem. Nesses casos, os preços orientam as decisões de compradores e vendedores, resultando em uma alocação eficiente de recursos. Porém, esses sinais claros do mercado não estão presentes quando os bens e serviços estão disponíveis gratuitamente.

Sem preços, os mercados privados não conseguem garantir por conta própria que esses bens sejam disponibilizados e usados corretamente para o benefício máximo da sociedade como um todo. Este capítulo examina esses problemas e mostra que as políticas governamentais muitas vezes podem corrigir as falhas do mercado e aumentar o bem-estar econômico. Essa conclusão esclarece um dos **dez princípios da economia** do Capítulo 1: às vezes, os governos podem melhorar os resultados do mercado.

11-1 Os diferentes tipos de bens

Os mercados funcionam bem para fornecer às pessoas os bens que elas querem? A resposta a essa questão depende do bem considerado. Os Capítulos 4 e 7 mostraram que, no caso do sorvete, os mercados são eficientes: o preço do sorvete se ajusta para equilibrar oferta e demanda, e esse equilíbrio maximiza a soma dos excedentes do consumidor e do produtor. Mas, como discutimos no Capítulo 10, não podemos confiar que o mercado vai produzir resultados favoráveis em todos os casos. Por exemplo, o mercado, por si só, não consegue impedir que os produtores de alumínio poluam o ar que respiramos. Em geral, os compradores e vendedores em um mercado não levam em consideração os efeitos externos de suas decisões. Assim, os mercados funcionam bem quando se trata de sorvete, mas funcionam mal quando o bem é ar puro.

Ao considerar a capacidade dos mercados de alocar de forma eficiente os recursos da economia, é útil classificar os bens de maneira mais sistemática. Como veremos com alguns exemplos, duas características são as mais importantes:

propriedade da exclusão
a propriedade de um bem segundo a qual uma pessoa pode ser impedida de usá-lo

rivalidade no consumo
a propriedade de um bem pela qual sua utilização por uma pessoa reduz a possibilidade de outras pessoas utilizá-lo

bens privados
bens que são tanto excludentes quanto rivais no consumo

- **Propriedade da exclusão**. Se as pessoas podem ser impedidas de usar um bem, ele é excludente. Se for impossível impedir que usem o bem, ele não é excludente.
- **Rivalidade no consumo**. Se o uso de uma unidade de um bem por uma pessoa reduz a capacidade de outra pessoa usá-lo, o bem apresenta rivalidade no consumo. Se o uso por uma pessoa não impede o uso por outra, o bem não apresenta rivalidade.

Essas duas características definem quatro categorias, exibidas na Figura 11-1:

1. Os **bens privados** são tanto excludentes quanto rivais. Um sorvete, por exemplo, é excludente porque é possível impedir que uma pessoa o tome – basta não dar o sorvete a essa pessoa. E o sorvete é rival no consumo porque, se uma pessoa tomar um sorvete, outra não poderá tomar o mesmo sorvete.

   A maioria dos bens da economia é composta de bens privados, como sorvetes. Você não receberá um se não pagar e, depois que recebe, é a única pessoa que se beneficia dele. Quando analisamos oferta e demanda nos Capítulos 4, 5 e 6 e a eficiência dos mercados nos Capítulos 7, 8 e 9, presumimos implicitamente que os bens eram tanto excludentes quanto rivais no consumo.

Figura 11-1

Quatro tipos de bens

Os bens podem ser agrupados em quatro categorias segundo duas características: (1) um bem é **excludente** se as pessoas puderem ser impedidas de usá-lo e (2) um bem é **rival** se o seu uso por uma pessoa reduzir a possibilidade de outra pessoa usá-lo. O diagrama apresenta exemplos de bens em cada categoria.

		Rival?	
		Sim	Não
Excludente?	Sim	Bens privados • Sorvete • Roupas • Estradas com pedágio e congestionadas	Bens artificialmente escassos • TV a cabo • Proteção contra incêndios • Estradas com pedágio e sem congestionamento
	Não	Recursos comuns • Peixes no mar • Meio ambiente • Estradas sem pedágio congestionadas	Bens públicos • Sirenes e alertas • Defesa nacional • Estradas sem pedágio e sem congestionamento

2. Os **bens públicos** não são nem excludentes nem rivais. Ou seja, as pessoas não podem ser impedidas de usá-lo, e, quando uma pessoa usa um bem público, isso não reduz a disponibilidade dele, podendo ser utilizado por outras pessoas sem prejuízo de nenhuma delas.

    Por exemplo, uma sirene de alerta de uma pequena cidade é um bem público. Quando a sirene soa, é impossível impedir que alguém a ouça, então não é excludente. E, quando alguém recebe o benefício do sinal de perigo, isso não reduz o benefício conferido aos demais habitantes, então ela não é rival.

3. Os **recursos comuns** são rivais, mas não excludentes. Por exemplo, os peixes no mar são bens rivais: quando alguém pesca um deles, há menos peixes disponíveis para a próxima pessoa que for pescar. No entanto, os peixes não são bens excludentes, porque, dada a vastidão do mar, é difícil impedir que os pescadores retirem peixes dele.

4. Os **bens artificialmente escassos*** são excludentes, mas não rivais no consumo. Considere, por exemplo, a proteção contra incêndios numa cidade pequena. É fácil excluir as pessoas do uso desse bem: os bombeiros podem simplesmente permitir que a casa delas queime até o fim. Mas a proteção contra incêndio não é rival. Quando uma cidade paga pelos serviços do corpo de bombeiros, o custo adicional da proteção de uma casa a mais é pequeno. (Mais tarde abordaremos novamente os bens artificialmente escassos e veremos que se trata de um tipo de **monopólio natural**.)

A Figura 11-1 separa os bens em quatro categorias distintas. Essa divisão auxilia a compreensão, mas não é completamente realista, pois o limite entre cada categoria pode ser confuso. Se os bens são excludentes ou rivais é apenas uma questão de gradação. Os peixes do mar podem não ser excludentes, pois o monitoramento é muito difícil, mas uma guarda costeira suficientemente numerosa poderia tornar o peixe pelo menos parcialmente excludente. Da mesma forma, embora geralmente sejam rivais, isso seria menos verdadeiro se a população de pescadores fosse pequena em relação à de peixes. (Imagine a América do Norte antes da colonização.) Para nossa análise, entretanto, agruparemos os bens nessas quatro categorias.

Neste capítulo, vamos examinar os bens que não são excludentes e, portanto, estão disponíveis gratuitamente para todos: os bens públicos e os recursos naturais. Como não é possível evitar que as pessoas usem esses bens, todos têm acesso a eles de graça. Mas quando algo de valor não tem um preço estipulado, surgem externalidades. Por exemplo, se alguém proporciona um bem público, como uma sirene de tornado, as outras pessoas se beneficiam, pois recebem um benefício sem pagar por ele – uma externalidade positiva. De maneira similar, quando uma pessoa usa um recurso comum, como os peixes do mar, as outras pessoas são prejudicadas, pois há menos peixes para pescar, e não são compensadas por essa perda. Esta também é uma externalidade, mas negativa. Por causa desses efeitos externos, decisões privadas sobre consumo e produção podem levar a uma alocação ineficiente de recursos, a menos que políticas governamentais sejam postas em prática para solucionar o problema.

bens públicos
bens que não são nem excludentes nem rivais

recursos comuns
bens que são rivais, mas não excludentes

bens artificialmente escassos
bens que são excludentes, mas não rivais no consumo

Teste rápido

1. Quais categorias de bens são excludentes?
    a. bens privados e bens artificialmente escassos
    b. bens privados e recursos comuns
    c. bens públicos e bens artificialmente escassos
    d. bens públicos e recursos comuns

2. Quais categorias de bens são rivais?
    a. bens privados e bens artificialmente escassos
    b. bens privados e recursos comuns
    c. bens públicos e bens artificialmente escassos
    d. bens públicos e recursos comuns

As respostas estão no final do capítulo.

---

*N. de R.T. Os bens artificialmente escassos são também chamados *bens de clube* (*club goods*) ou monopólios naturais.

11-2 Bens públicos

Para entender de que maneira os bens públicos diferem de outros bens e quais são os problemas que apresentam à sociedade, consideremos um exemplo: um *show* pirotécnico. Esse bem não é excludente, porque é impossível impedir que alguém veja os fogos, e não é rival, porque o entretenimento que uma pessoa extrai dele não reduz o entretenimento disponível para as outras.

11-2a O problema dos caronas

Os moradores de Pequenópolis gostam de ver fogos de artifício no aniversário da cidade. Cada um dos 500 moradores da cidade atribui um valor de $ 10 ao espetáculo, com benefício total de $ 5 mil. O custo de um *show* pirotécnico é de $ 1.000. Como o benefício de $ 5 mil supera o custo de $ 1.000, é eficiente para os moradores de Pequenópolis ver a queima de fogos nessa data.

O mercado privado produziria um resultado eficiente como esse? Provavelmente, não. Imagine que Ellen, uma empreendedora de Pequenópolis, decidisse fazer uma queima de fogos de artifício. Ela, provavelmente, teria dificuldades para vender ingressos para o evento, porque seus clientes em potencial logo perceberiam que poderiam ver a exibição mesmo sem ingressos. Como os fogos não são excludentes, há um incentivo para que as pessoas sejam caronas. Um **"carona"** é uma pessoa que recebe o benefício de um bem, mesmo sem pagar por ele. Como as pessoas teriam um incentivo para usufruir gratuitamente em vez de pagar, o mercado não apresentaria resultado eficiente.

Uma maneira de enxergar essa falha do mercado é pensar que ela surge de uma externalidade. Se Ellen realizasse a exibição de fogos de artifício, ela conferiria um benefício externo às pessoas que assistissem ao espetáculo sem pagar por isso. Ao decidir se faz ou não a apresentação, Ellen ignora esses benefícios externos. Embora uma apresentação de fogos de artifício seja socialmente desejável, ela não é lucrativa do ponto de vista privado. Como resultado, Ellen toma uma decisão socialmente ineficiente de não realizar o espetáculo.

Embora o mercado privado falhe ao não fornecer a apresentação de fogos de artifício demandada pelos habitantes de Pequenópolis, a solução para esse problema é óbvia. O governo local pode patrocinar uma festa pelo aniversário da cidade aumentando os impostos de todos em $ 2 e usando a receita arrecadada para contratar Ellen para produzir o espetáculo. Todos os moradores são beneficiados em $ 8, ou seja, os $ 10 do valor que atribuem aos fogos menos os $ 2 do imposto. Ellen pode ajudar Pequenópolis a atingir o resultado eficiente no papel de funcionária pública, embora não possa fazê-lo como empreendedora privada.

O caso de Pequenópolis é simplificado, mas realista. Na verdade, muitos governos municipais pagam pelos fogos de artifício nos aniversários de suas cidades. Além do mais, o caso nos ensina uma lição geral sobre os bens públicos: como eles não são excludentes, o problema dos caronas impede que o mercado privado os oferte. O governo, no entanto, pode potencialmente resolver o problema. Se decidir que os benefícios totais de um bem público excedem seus custos, o governo pode proporcionar esse bem e pagar por ele com a receita tributária, deixando todos em melhor situação.

11-2b Alguns bens públicos importantes

Há muitos exemplos de bens públicos. Aqui, vamos considerar três dos mais importantes.

Defesa nacional A defesa de um país contra agressores externos é um exemplo clássico de bem público. Uma vez que o país tenha financiado Forças Armadas para defendê-lo, é impossível impedir qualquer pessoa de desfrutar o benefício proporcionado por essa defesa. Além disso, quando alguém desfruta do benefício da defesa nacional, isso não reduz o

---

"carona"
alguém que recebe um benefício de um bem sem precisar pagar por ele

benefício proporcionado às demais pessoas. Assim, a defesa nacional não é nem excludente nem rival.

A defesa nacional também é um dos bens públicos mais dispendiosos. Em 2020, o governo federal dos Estados Unidos gastou um total de $ 886 bilhões em defesa nacional, cerca de $ 2.682 por pessoa. As pessoas divergem quanto a essa quantia ser muito alta ou muito baixa, mas ninguém duvida de que é necessário o governo gastar alguma quantia com a defesa nacional. Até os economistas que defendem uma presença menor do Estado concordam que a defesa nacional é um bem público que deve ser proporcionado pelo governo.

"Gostei do conceito, mas só se não for preciso cobrar mais impostos."

Pesquisa básica O conhecimento é produzido por meio da pesquisa. Ao avaliarmos as políticas públicas sobre criação de conhecimento, é importante fazer a distinção entre conhecimento geral e conhecimento tecnológico específico. O conhecimento tecnológico específico, como a invenção de uma bateria de longa duração, um *microchip* menor ou um aparelho de música digital de melhor qualidade, pode ser patenteado. A patente dá ao inventor, por um determinado período, o direito exclusivo ao conhecimento que criou. E qualquer pessoa que deseje usar essa informação deverá pagar ao inventor pelo direito de uso. Em outras palavras, a patente torna excludente o conhecimento criado pelo inventor.

Em contrapartida, o conhecimento geral é um bem público. Por exemplo, um matemático não pode patentear um teorema. Uma vez provado, o conhecimento não é excludente e entra para o conjunto geral de conhecimento que todos podem usar gratuitamente. O teorema também não é rival, pois, ao usá-lo, uma pessoa não impede que todas as outras também o façam.

Empresas com fins lucrativos investem muito na pesquisa e no desenvolvimento de novos produtos que possam patentear e vender, porém investem pouco na pesquisa básica. Em vez disso, tendem a pegar carona no conhecimento criado por outras pessoas. Desse modo, na ausência de qualquer política pública, a sociedade destinaria muito pouco recurso à criação de novos conhecimentos.

O governo tenta fornecer o bem público do conhecimento geral de várias maneiras. As agências governamentais, como o National Institutes of Health (Institutos Nacionais de Saúde) e a National Science Foundation (Fundação Nacional de Ciência), subsidiam a pesquisa básica nas áreas da medicina, matemática, física, química, biologia e até mesmo economia. Alguns justificam o financiamento do programa espacial pelo governo com base naquilo que ele acrescenta ao conjunto de conhecimento da sociedade. É difícil determinar o nível apropriado do apoio do governo nesses empreendimentos, porque é difícil medir os benefícios. Além disso, os membros do Congresso que aprovam os fundos para pesquisas geralmente têm pouco conhecimento científico, portanto não estão na melhor posição para avaliar quais linhas de pesquisa produzirão os maiores benefícios. Assim, embora a pesquisa básica seja um bem público, não é raro o setor público não pagar o montante certo para os tipos certos de pesquisa.

Luta contra a pobreza Muitos programas governamentais têm por objetivo ajudar os pobres. Nos Estados Unidos, por exemplo, o sistema de seguro social (chamado de Temporary Assistance for Need Families, TANF) oferece uma pequena renda a algumas famílias pobres. O programa de assistência nutricional (SNAP, Supplemental Nutrition Assistance Program) subsidia a compra de alimentos para pessoas de baixa renda, e diversos programas governamentais de moradia tornam mais acessível a compra de imóveis. Esses programas contra a pobreza são financiados por impostos cobrados de famílias que são financeiramente mais bem-sucedidas.

Os economistas divergem entre si quanto ao papel do governo na luta contra a pobreza. Por ora, destacamos um argumento importante: os defensores de programas contra pobreza alegam que a luta contra esse problema é um bem público. Mesmo que todos prefiram viver em uma sociedade sem pobreza, a luta contra ela não é um "bem" que ações privadas fornecerão adequadamente.

Para entender por que, suponha que alguém organize um grupo de pessoas ricas para tentar erradicar a pobreza. Elas estariam oferecendo um bem público. Esse bem não seria rival, pois o prazer de uma pessoa viver em uma sociedade sem pobreza não reduziria a satisfação de nenhuma outra. Esse bem também não seria excludente, pois, uma vez eliminada a pobreza, não se pode impedir que todos se sintam satisfeitos. Portanto, as pessoas pegariam carona na generosidade de outras, aproveitando o benefício da erradicação da pobreza sem contribuir para essa causa.

Em razão do problema do carona, a erradicação da pobreza por meio da caridade privada não dará certo. Contudo, ações governamentais podem resolver isso. Cobrar impostos dos ricos para melhorar o nível de vida dos pobres pode beneficiar todos. Os pobres se beneficiam porque melhoram o padrão de vida, e os contribuintes se beneficiam porque ficam satisfeitos em viver em uma sociedade com menos pobreza.

Estudo de caso: Os faróis são bens públicos?

Alguns bens podem alternar entre as categorias de bens públicos e privados, dependendo das circunstâncias. Por exemplo, uma queima de fogos de artifício é um bem público em uma cidade com muitos habitantes. No entanto, se for realizada no Walt Disney World, a queima de fogos se parece mais com um bem privado, porque os visitantes do parque pagam pela entrada.

Os faróis são usados há anos como exemplos de bens públicos. Eles marcam locais específicos ao longo da costa para que os navios que transitam pela região evitem águas traiçoeiras. O benefício fornecido por um farol aos capitães de navios não é excludente nem rival no consumo, portanto, cada capitão tem um incentivo para usar o farol para navegar sem pagar pelo serviço. Por conta desse problema do carona, os mercados privados normalmente não conseguem fornecer os faróis de que os capitães precisam. Consequentemente, a maior parte dos faróis hoje é operada pelo governo.

Em alguns casos, porém, os faróis ficaram mais próximos dos bens privados. Na costa da Inglaterra no século XIX, por exemplo, alguns faróis eram detidos e operados por entes privados. Contudo, em vez de tentar cobrar dos capitães dos navios pelo serviço, o proprietário do farol cobrava dos donos de portos próximos. Se o dono do porto não pagasse, o proprietário do farol apagava a luz, e os navios evitavam aquele porto.

Para decidir se algo é um bem público, identifique quem se beneficia dele e se é possível excluí-lo de seu uso. O problema do carona surge quando os beneficiários são muitos e a exclusão de algum deles é impossível. Se um farol beneficia muitos capitães de navios, é um bem público. Se ele beneficia principalmente um único proprietário de porto, está mais para um bem privado. ●

Que tipo de bem é esse?

11-2c A difícil tarefa da análise de custo-benefício

Até aqui, vimos que o governo proporciona bens públicos porque o mercado privado, por si só, não produz uma quantidade eficiente. Entretanto, decidir que o governo deve desempenhar uma função é só o primeiro passo. Em seguida, o governo precisa determinar que espécies de bens públicos deve fornecer e em que quantidades.

Suponhamos que o governo esteja considerando um projeto público, como a construção de uma nova estrada. Para julgar se deve ou não fazer a obra, precisa comparar o benefício total para todos que a usariam com os custos de construção e manutenção. Para tomar essa decisão, o governo poderia contratar uma equipe de economistas e engenheiros para realizar um estudo, chamado **análise de custo-benefício**, cujo objetivo é estimar os custos e os benefícios totais do projeto para a sociedade.

análise de custo-benefício
um estudo que compara os custos e os benefícios de um bem público para a sociedade

Os analistas de custo-benefício têm um grande desafio pela frente. Como a estrada estará disponível para todos gratuitamente, não há um preço pelo qual se possa julgar o valor dela. Simplesmente perguntar às pessoas que valor atribuiriam à estrada não seria confiável: é difícil quantificar benefícios com base nos resultados de um questionário e, além disso, há pouco incentivo para que os entrevistados respondam às questões com honestidade. Os que usariam a estrada têm um incentivo para exagerar nos benefícios que receberiam, com o intuito de fazer que ela seja construída. Aqueles que seriam prejudicados pela estrada têm um incentivo para exagerar nos custos, a fim de evitar sua construção.

O fornecimento eficiente de bens públicos é, portanto, intrinsecamente mais difícil que o fornecimento eficiente de bens privados. Quando os compradores de um bem privado entram no mercado, revelam o valor que atribuem a ele por meio do preço que estão dispostos a pagar. Ao mesmo tempo, os vendedores revelam seu custo pelo preço que estão dispostos a aceitar. O equilíbrio é uma forma eficiente de alocação de recursos porque reflete essa informação. Os analistas de custo-benefício, entretanto, não observam nenhum sinal de preço ao avaliar se o governo deve fornecer um bem público e quanto deve oferecer. Suas conclusões sobre os custos e benefícios dos projetos públicos são, na melhor das hipóteses, aproximações.

Quanto vale uma vida?

Suponha que você tenha sido eleito para a Câmara Municipal da sua cidade. A equipe de engenharia do município apresenta uma proposta: a cidade pode gastar $ 10 mil para instalar e operar um semáforo em um cruzamento que hoje conta apenas com uma placa de parada obrigatória. O benefício do semáforo é o aumento da segurança. Com base em dados de cruzamentos semelhantes, os engenheiros estimam que o semáforo reduziria o risco de acidente fatal de 1,6% para 1,1% ao longo da vida útil da instalação. Você deve gastar o dinheiro no novo semáforo?

Para responder a essa pergunta, você recorre à análise de custo-benefício. Porém, rapidamente se depara com um obstáculo: os custos e benefícios devem ser medidos na mesma unidade se quisermos compará-los de maneira significativa. Os custos são medidos em dinheiro, mas o benefício – a possibilidade de salvar a vida de uma pessoa – não é diretamente financeiro. Para tomar a decisão, você precisará atribuir um valor monetário a uma vida humana.

A princípio, você pode dizer que a vida humana não tem preço. Afinal, provavelmente não existe uma quantia financeira que induza alguém a desistir da sua vida ou da de um ente querido. Isso sugere que a vida humana tem um valor monetário infinito.

Mas, na análise de custo-benefício, essa resposta gera resultados absurdos. Se atribuíssemos um valor infinito à vida humana, deveríamos colocar um semáforo em cada esquina e dirigir veículos grandes e repletos de itens de segurança. No entanto, os semáforos não estão em todas as esquinas, e as pessoas às vezes optam por pagar menos por carros menores e sem opções de segurança, como *airbags* laterais e freio ABS. Em decisões públicas e privadas, as pessoas às vezes assumem riscos para poupar dinheiro.

Depois de aceitar a ideia de que a vida de uma pessoa tem um valor monetário implícito, como determinar esse valor? Uma abordagem, às vezes usadas por tribunais para conceder indenizações em processos de homicídio culposo, é analisar o valor total que a pessoa teria ganho. Os economistas normalmente criticam essa abordagem porque ela ignora outros custos de oportunidade da perda da vida. Estranhamente, ela implica que a vida de uma pessoa que não trabalha não tem valor.

Uma maneira melhor de atribuir um valor à vida humana é observar os riscos que as pessoas estão voluntariamente dispostas a correr e quanto deve ser pago para que elas assumam esses riscos. Por exemplo, os riscos de mortalidade variam entre os empregos. Trabalhadores da construção civil em edifícios altos enfrentam maior risco de morte no trabalho do que funcionários de um escritório. Ao comparar os salários de profissões de risco e outras menos arriscadas, controlando variáveis como escolaridade, experiência e outros determinantes dos salários, os economistas conseguem ter uma ideia do valor que as pessoas atribuem a suas próprias vidas. Estudos usando essa abordagem concluem que o valor de uma vida humana é de cerca de $ 10 milhões.

Agora você pode responder ao engenheiro da cidade. Como o semáforo reduz o risco de acidentes fatais em 0,5%, o benefício esperado da instalação do semáforo é de 0,005 x $ 10 milhões, ou $ 50 mil. Essa estimativa do benefício supera o custo de $ 10 mil, e, portanto, você deve aprovar o projeto. ●

Teste rápido

3. Qual alternativa é um exemplo de bem público?
   a. habitações
   b. defesa nacional
   c. refeições em um restaurante
   d. peixes no oceano

4. Bens públicos são
   a. eficientemente fornecidos pelas forças do mercado.
   b. fornecidos de maneira insuficiente na ausência de governo.
   c. usados excessivamente na ausência de governo.
   d. um tipo de monopólio natural.

5. Os três moradores de Smallville estão pensando em promover uma queima de fogos. Clark atribui a esse bem público um valor de $ 80, Lana, de $ 50, e Pete (que não gosta de fogos de artifício), de –$ 30. Os fogos custarão $ 120 à cidade, ou $ 40 por pessoa. O resultado eficiente para o local seria
   a. fornecer o bem público porque a pessoa média o valoriza mais do que seu custo por pessoa.
   b. fornecer o bem público porque a maioria dos moradores o valoriza mais do que seu custo por pessoa.
   c. fornecer o bem público porque o valor total da maioria excede o custo total.
   d. não fornecer o bem público porque o valor total de todos os moradores é menor que o custo total.

As respostas estão no final do capítulo.

11-3 Recursos comuns

Os recursos comuns, como os bens públicos, não são excludentes: estão disponíveis gratuitamente para todos que queiram usá-los. Entretanto, eles são rivais no consumo: o uso de um recurso comum por uma pessoa reduz a possibilidade que outras pessoas têm de usá-lo. Assim, os recursos comuns dão origem a um novo problema. Uma vez fornecido o bem, os formuladores de políticas precisam se preocupar com a quantidade usada desse recurso. Esse problema pode ser mais bem entendido com a parábola clássica chamada **tragédia dos (bens) comuns**.

tragédia dos (bens) comuns
parábola que ilustra por que os recursos comuns são mais utilizados que o desejável do ponto de vista da sociedade como um todo

11-3a A tragédia dos comuns

Considere a vida em uma pequena cidade medieval. Das muitas atividades econômicas ali realizadas, uma das mais importantes é a criação de ovelhas. Muitas famílias da cidade têm rebanhos de ovelhas e se sustentam vendendo lã, que é usada para fazer roupas.

No começo da nossa história, as ovelhas passam grande parte do tempo pastando nas terras que cercam a cidade, chamadas Comuna Local. Nenhuma família é dona da

Comuna. Em vez disso, as terras são propriedade coletiva dos habitantes da cidade, e todos podem deixar suas ovelhas ali para pastar. A propriedade coletiva funciona bem, porque a terra é abundante. Desde que todos tenham acesso à quantidade de pastagem de que precisam, as terras da Comuna Local não são um bem rival, e permitir que as ovelhas dos habitantes pastem gratuitamente não é um problema. Todos na cidade são felizes.

Com o passar dos anos, a população da cidade cresce e, com ela, o número de ovelhas que pastam na Comuna. Com um número crescente de ovelhas e uma quantidade fixa de terras, a terra começa a perder sua capacidade de se recuperar. Com o decorrer do tempo, a terra passa a ser utilizada tão intensamente que acaba se tornando estéril. Com o fim do pasto na Comuna, criar ovelhas fica impossível, e a próspera indústria de lã da cidade desaparece. Muitas famílias perdem sua fonte de sustento.

O que causa essa tragédia? Por que os pastores permitem que a população de ovelhas cresça a ponto de destruir a Comuna Local? A razão é que os incentivos sociais e privados são diferentes. Evitar a destruição das pastagens depende de ação coletiva por parte dos pastores. Se eles agissem juntos, poderiam reduzir a população de ovelhas para um nível que a Comuna pudesse sustentar. Entretanto, nenhuma família tem incentivo para reduzir o tamanho do seu rebanho, porque cada rebanho representa apenas uma pequena parte do problema.

Em essência, a tragédia dos comuns surge por causa de uma externalidade. Quando o rebanho de uma família pasta nas terras comuns, reduz a qualidade da terra disponível para as demais famílias. Como as pessoas não levam em consideração essa externalidade negativa ao decidir quantas ovelhas possuir, o resultado é um número excessivo de animais.

Se a tragédia tivesse sido antevista, a cidade poderia ter resolvido o problema de diversas maneiras. Poderia ter regulado o número de ovelhas por família, internalizando a externalidade tributando as ovelhas ou leiloado um número limitado de licenças de pastagem. Ou seja, a cidade medieval poderia ter lidado com o problema do excesso de ovelhas da mesma maneira que a sociedade moderna lida com o problema da poluição.

No caso da terra, entretanto, há uma solução mais simples. A cidade pode dividir as terras entre as famílias da cidade, e cada família pode colocar uma cerca em sua parcela de terra, protegendo-a do uso excessivo. Com isso, a terra se tornaria um bem privado, deixando de ser um recurso comum. Isso de fato ocorreu durante o movimento de cercamentos na Inglaterra, no século XVII.

A tragédia dos comuns ensina uma lição geral: quando alguém usa um recurso comum, diminui o desfrute que as outras pessoas podem ter dele. Por causa dessa externalidade negativa, os recursos comuns tendem a ser usados em excesso. O governo pode resolver o problema por meio de regulamentos ou impostos para reduzir o consumo de recursos comuns. Também pode, às vezes, transformar o recurso comum em bem privado.

Essa lição é conhecida há milhares de anos. Aristóteles, filósofo da Grécia antiga, apontou o problema dos recursos comuns: "O que é comum a muitos é o que recebe menos cuidados, porque todos têm maior preocupação com o que é seu do que com aquilo que possuem em conjunto com outros."

11-3b Alguns recursos comuns importantes

Há muitos exemplos de recursos comuns, levando a várias políticas governamentais para mitigar o problema do uso excessivo.

Ar puro e água potável Como discutimos no Capítulo 10, os mercados não protegem adequadamente o meio ambiente. A poluição é uma externalidade negativa que pode ser remediada com regulamentos ou com impostos corretivos. Essa falha do mercado pode ser considerada um exemplo do problema dos recursos comuns. Ar puro e água potável são recursos comuns, assim como os pastos abertos, e a poluição excessiva é como a pastagem excessiva. A degradação do meio ambiente é uma versão moderna da tragédia dos comuns.

PERGUNTE A QUEM SABE
Precificação do congestionamento

"Em geral, impor mais encargos no congestionamento das malhas de transporte abarrotadas — como pedágios mais caros durante o horário de pico nas cidades e tarifas altas para direitos de decolagem e aterrissagem de aviões — e usar os recursos para reduzir outros impostos beneficia o cidadão médio."

O que dizem os economistas?

0% discordam — 2% não têm certeza — 98% concordam

Fonte: IGM Economic Experts Panel, 11 de janeiro de 2012.

Vias congestionadas As vias podem ser bens públicos ou recursos comuns. Se uma via não está congestionada, o uso dela por alguém não afeta as demais pessoas. Nesse caso, o uso não é rival, e a via é um bem público. No entanto, em muitas áreas urbanas, vias sem congestionamento são um sonho impossível. Se uma via está congestionada, seu uso resultará em uma externalidade negativa. Quando alguém dirigir nessa via, ela se tornará ainda mais congestionada, e as outras pessoas terão de dirigir mais devagar. Nesse caso, a via é um recurso comum.

Uma maneira de o governo abordar o problema dos congestionamentos nas rodovias é cobrar um pedágio dos motoristas. Os pedágios são, em essência, um imposto corretivo sobre a externalidade do congestionamento. Muitas vezes, como no caso de vias secundárias, os pedágios não são uma solução prática, porque a cobrança seria custosa demais. Contudo, várias cidades importantes, incluindo Londres e Estocolmo, descobriram que aumentar os pedágios é uma forma bastante eficaz de reduzir o congestionamento, e essa ideia está se espalhando.

Em alguns casos, os congestionamentos só representam problema em determinados horários do dia. Se, por exemplo, uma ponte tem tráfego intenso no horário de pico, a externalidade do congestionamento é maior nesse horário do que em outros momentos do dia. A maneira eficiente de lidar com essas externalidades seria cobrar pedágios maiores durante o horário de pico, o que representaria um incentivo para os motoristas alterarem sua rotina e reduziria o trânsito nos horários de maior congestionamento.

Outra política que responde à questão dos congestionamentos é o imposto sobre a gasolina. Um imposto mais alto sobre a gasolina aumenta seu preço, reduz a utilização de veículos e diminui o congestionamento nas ruas. Entretanto, um imposto sobre a gasolina é uma solução imperfeita para os congestionamentos das vias públicas, pois afeta outras decisões além do excesso de uso dos carros em ruas congestionadas. Por exemplo, o imposto desencoraja que se dirija em vias não congestionadas, ainda que nelas não haja a externalidade do congestionamento, e ignora o congestionamento causado por carros elétricos.

Peixes, baleias e outros animais selvagens Muitas espécies de animais são recursos comuns. Os peixes e as baleias, por exemplo, têm valor comercial, e qualquer pessoa pode ir pescar no mar o que estiver disponível. Cada pessoa tem pouco incentivo para preservar a espécie para o ano seguinte. Assim como o uso excessivo dos pastos pode destruir a Comuna Local, a pesca excessiva de peixes e baleias pode destruir populações marinhas de alto valor comercial.

O mar continua sendo um dos recursos comuns menos regulamentados. Há dois problemas que impedem uma solução simples. Primeiro, muitos países têm saída para o mar, de modo que qualquer solução exigiria cooperação internacional entre países com valores diferentes. Segundo, por causa da vastidão dos oceanos, seria difícil fazer qualquer acordo ser cumprido. Como resultado, os direitos de pesca são uma fonte de tensão internacional entre países que mantém relações amigáveis.

Nos Estados Unidos, há diversas leis que visam à proteção de peixes e espécies animais que são caçados. Por exemplo, o governo cobra por licenças para caçar e pescar e restringe a duração das estações de caça e pesca. Os pescadores devem lançar de volta à água peixes muito pequenos, e os caçadores podem matar somente um número limitado de animais. Todas essas leis reduzem o uso de um recurso comum e ajudam a manter as populações de animais.

Estudo de caso

Por que as vacas não estão extintas

Ao longo da história, muitas espécies de animais já estiveram ameaçadas de extinção. Quando os europeus chegaram à América do Norte, mais de 60 milhões de búfalos vagavam pelo continente. Porém, a caça aos búfalos foi tão desenfreada que, em 1900, a população desse animal tinha caído para cerca de 400, antes que o governo implementasse medidas para proteger o que restava da espécie. Hoje em dia, em alguns países africanos, os elefantes enfrentam um desafio parecido, sendo mortos por caçadores ilegais em busca do marfim de suas presas.

Ainda assim, nem todos os animais com valor comercial enfrentam essa ameaça. O gado de corte é uma fonte valiosa de alimento, mas ninguém se preocupa com uma possibilidade de extinção em curto prazo. A grande demanda por carne bovina parece garantir a sobrevivência da espécie.

Por que o valor comercial do marfim ameaça os elefantes enquanto o valor comercial da carne bovina protege as vacas? O motivo é que os elefantes são um recurso comum, enquanto as vacas são um bem privado. Elefantes andam livremente sem proprietários, e os caçadores ilegais matam o máximo que podem. Como o número de caçadores é grande, cada um deles tem poucos incentivos para preservar a população de elefantes. O gado, por sua vez, vive em fazendas que são de propriedade privada e seus proprietários têm um incentivo para manter seu plantel.

Os governos tentaram resolver o problema dos elefantes de duas formas. Alguns países, como Quênia, Tanzânia e Uganda, tornaram ilegal a caça de elefantes e a venda de marfim. No entanto, essas leis são difíceis de aplicar, e a batalha entre as autoridades e os caçadores ilegais tem ficado cada vez mais violenta. As populações de elefantes continuam em queda. Outros países, como Botsuana, Malawi, Namíbia e Zimbábue, transformaram os elefantes em um bem privado, permitindo que as pessoas matem somente os animais que estiverem em suas propriedades. Os proprietários de terras têm um incentivo para preservar a espécie em suas terras e, como resultado, algumas dessas populações de elefantes começaram a aumentar. Com a propriedade privada e a motivação do lucro ao seu lado, os elefantes-africanos podem um dia se salvar da extinção, como as vacas. ●

"Será que o mercado vai me proteger?"

Teste rápido

6. Qual alternativa é um exemplo de recurso comum?
   a. habitação
   b. defesa nacional
   c. refeições em um restaurante
   d. peixes no oceano

7. Recursos comuns são
   a. eficientemente fornecidos pelas forças do mercado.
   b. fornecidos de maneira insuficiente na ausência de governo.
   c. usados excessivamente na ausência de governo.
   d. um tipo de monopólio natural.

8. Considere uma rodovia com pedágio que apresenta congestionamento apenas no horário de pico. Durante outros períodos do dia, o uso da rodovia não é _____, por isso, o pedágio eficiente é _____.
   a. excludente; mais alto
   b. excludente; zero
   c. rival no consumo; mais alto
   d. rival no consumo; zero

As respostas estão no final do capítulo.

É NOTÍCIA: Precificação das rodovias

Em 2021, o presidente dos Estados Unidos Joe Biden propôs um gasto de $ 2,25 trilhões em infraestrutura, incluindo rodovias e pontes. Aqui, um economista argumenta que o país não teria tantos benefícios quanto poderia com esses gastos.

Como a verba federal de infraestrutura é desperdiçada

Por Clifford Winston

Políticos e economistas de todas as vertentes concordaram em aumentar os gastos para melhorar as condições de infraestrutura dos Estados Unidos, mas, há décadas, formuladores de políticas públicas não conseguem tomar atitudes para fazer valer essa rara concordância.

O presidente Joe Biden está planejando um pacote multibilionário de infraestrutura e empregos para estimular transformações na economia. Infelizmente, o componente de infraestrutura do plano não será capaz de melhorar de maneira significativa as estradas, pontes e afins do país, já que ignora as grandes ineficiências da política atual de transportes que reduzem grande parte dos benefícios dos gastos com infraestrutura.

Vamos seguir os passos de um dólar gasto pelo governo para melhorar, por exemplo, as condições de tráfego em uma rodovia. Este dólar fará uma viagem longa e arriscada, encontrando pelo caminho diversos perigos que o desviarão do seu destino correto, além de desperdiçar uma boa parte dele. Quando ele chegar ao destino errado, financiará muito menos que um dólar em melhorias na rodovia. Entre os perigos enfrentados estão preços das rodovias e políticas de investimento ineficientes, custos inflacionados de insumos e projetos, alocação inadequada de receitas rodoviárias e lentidão na adoção de inovações tecnológicas.

O problema do nosso dólar metafórico começa assim que ele tenta seguir as placas de sinalização até o seu destino. A definição eficiente de preços e investimentos serve para esse propósito, apontando para o valor e a localização dos gastos adicionais que mais beneficiariam os viajantes. A precificação eficiente de uma estrada consiste em cobrar dos motoristas pedágios de congestionamento e tarifas por conta do desgaste da pavimentação para compensar os custos que eles impõem a outros viajantes ao atrasá-los e danificar seus veículos, além dos custos de reparo e expansão da rodovia. Investimentos em estradas, como pistas adicionais, produzem benefícios como menos atrasos, que compensam os custos. A definição eficiente de preços e investimentos permite que o sistema viário proporcione condições ideais de viagem para um determinado nível de gastos. Além disso, evita o desperdício ao fornecer orientações sobre como os formuladores de políticas podem melhorar as condições viárias através de gastos adicionais que gerem os maiores benefícios. As políticas atuais e ineficientes de definição de preços e investimentos não garantem essas orientações, fazendo com que os formuladores de políticas desperdicem dinheiro em projetos que geram poucos benefícios.

Os preços eficientes para os usuários das estradas também têm outros dois propósitos importantes. Primeiro, eles financiam investimentos eficientes em infraestrutura. Biden quer financiar gastos adicionais em infraestrutura aumentando os impostos sobre as empresas. Essa abordagem é ineficiente e pode colocar seu plano em risco político. Segundo, preços eficientes reduziriam, e possivelmente eliminariam, o déficit orçamentário das rodovias e o ônus sobre o contribuinte geral.

As estradas devem ser construídas, passar por manutenção e, quando necessário, ampliadas por um custo mínimo e em tempo hábil. Em outras palavras, os projetos devem seguir o menor caminho até a conclusão, sem sacrificar a qualidade. No entanto, várias regulamentações levam nosso dólar por uma rota mais longa e mais custosa, sem aumentar a qualidade. A regulamentação estadual e federal (Davis-Bacon) aumenta os salários e expande a força de trabalho contratada para administrar e concluir projetos rodoviários. Os requisitos de compra local para materiais

11-4 Conclusão: direitos de propriedade e ação governamental

Neste capítulo e no anterior, vimos que os mercados não fornecem adequadamente tudo aquilo de que a sociedade precisa. Os mercados não garantem que o ar que respiramos seja puro nem que nosso país se defenda de agressores estrangeiros. Em vez disso, as sociedades dependem do governo para a proteção do meio ambiente e para a defesa nacional.

Embora os problemas de que tratamos nesses capítulos surjam em muitos mercados diferentes, eles têm algo em comum. Em todos os casos, o mercado falha na alocação eficiente de recursos porque os **direitos de propriedade** não estão bem estabelecidos, e às vezes estabelecê-los é impossível. Por exemplo, embora não haja dúvida de que ar puro e defesa nacional sejam valiosos, ninguém tem o direito de lhes atribuir um preço e lucrar com seu

de construção usados em projetos rodoviários com apoio federal, como reparos de pontes, elevam os custos, quando materiais estrangeiros mais baratos e de qualidade comparável poderiam ser utilizados. Além disso, o processo de licenciamento, as regulamentações ambientais sobre projetos de rodovias e outros fatores prolongam muito o prazo de conclusão dos projetos rodoviários.

As emendas parlamentares e os projetos demonstrativos se tornaram um custo político crescente para garantir que os projetos de lei plurianuais de transporte sejam aprovados na esfera federal. Esses projetos, assim como os fundos rodoviários que são alocados em todo o país por fórmulas que não levam em conta a eficiência, desviam nosso dólar por caminhos secundários que muitas vezes não chegam a lugar nenhum.

Por fim, nosso dólar poderia pegar atalhos frutíferos se os formuladores de políticas adotassem as tecnologias mais recentes para melhorar as características de projetos e manutenção de rodovias por um menor custo e aumentar a segurança do tráfego. Porém, os departamentos estaduais de transportes não conseguem acompanhar e implementar novas tecnologias com rapidez e tendem a conceder contratos com base no lance mínimo, não na sofisticação tecnológica da empreiteira.

Assim, uma nota de dólar destinada a melhorar o sistema viário é repetidamente desvalorizada e chega como meros trocados ao destino errado, pois pegou a direção errada, seguiu um caminho mais longo, fez viagens paralelas inúteis e não pegou atalhos tecnológicos benéficos. Esse dinheiro que estava destinado a melhorias na infraestrutura equivale a bilhões de dólares desperdiçados em gastos com infraestrutura todos os anos. Se aprovado, o novo plano de infraestrutura de Biden produziria o mesmo resultado, já que o dinheiro faria a mesma viagem perigosa que os dólares anteriores fizeram.

A jornada perigosa persiste porque ainda não gerou riscos políticos que deem aos governantes um incentivo para deixar a política de infraestrutura mais eficiente. Mas isso pode mudar. Como Quentin Karpilow e eu destacamos no nosso livro publicado pela Brookings, *Veículos autônomos: o caminho para o crescimento econômico?*, os veículos autônomos são um divisor de águas no desenvolvimento dos transportes. Esses veículos prometem não só melhorar consideravelmente as viagens rodoviárias e gerar benefícios enormes para viajantes, transportadoras e empresas de entrega, mas também beneficiar setores importantes da economia estadunidense ao reduzir o congestionamento e praticamente eliminar os acidentes veiculares. No entanto,

os veículos autônomos não cumprirão sua promessa se as políticas de infraestrutura que criaram a jornada perigosa do nosso dólar e comprometeram as viagens rodoviárias não forem reformuladas.

O mundo todo estará observando à medida que países, cidades e estados competem intensivamente para desenvolver e adotar com sucesso os veículos autônomos. Formuladores de políticas que enfraqueçam as operações desses veículos em suas jurisdições, permitindo que a jornada perigosa do dólar de infraestrutura continue, devem se preparar para a cobrança de custos políticos significativos. Biden deveria dar o primeiro passo para evitar esses custos tornando os gastos com infraestrutura mais eficientes, em vez de simplesmente aumentá-los. ∎

Questões para discussão

1. Você é a favor do aumento do uso de pedágios e taxas para os usuários de estradas e pontes? Justifique sua resposta.

2. Você acha que o público geral aceitaria o maior uso de pedágios e taxas para os usuários de estradas e pontes? Justifique.

Winston é economista da Brookings Institution.

Fonte: *Barron's*, 24 de março de 2021.

---

uso. Uma fábrica polui em excesso porque ninguém cobra nenhum valor pela poluição que ela emite. O mercado não fornece defesa nacional porque não é possível cobrar nada das pessoas defendidas nada pelo benefício que recebem.

Quando a ausência de direitos de propriedade causa uma falha de mercado, o governo tem o potencial de resolver o problema. Em alguns casos, como na venda de licenças de poluição, a solução é o governo ajudar a definir direitos de propriedade e, com isso, liberar as forças de mercado. Em outras situações, como na restrição das temporadas de caça, a solução é o governo regulamentar o comportamento privado. Outras vezes, ainda, como no caso da defesa nacional, a solução é o governo utilizar a receita de impostos para fornecer um bem que os mercados não conseguem ofertar. Em todos os casos, se a política for bem planejada e conduzida, ela pode tornar a alocação de recursos mais eficiente e, assim, aumentar o bem-estar econômico.

RESUMO DO CAPÍTULO

- Os bens podem ou não ser excludentes e rivais no consumo. Um bem é excludente quando se pode impedir que alguém o use. Um bem é rival se o uso que alguém faz dele impede outras pessoas de usar a mesma unidade do bem. Os mercados funcionam melhor para os bens privados, que são tanto excludentes quanto rivais. Os mercados não funcionam bem para outros tipos de bens.
- Os bens públicos não são nem rivais nem excludentes. *Shows* pirotécnicos, defesa nacional e criação de conhecimento de base são exemplos de bens públicos. Como as pessoas não pagam pelo uso que fazem desses bens, há um incentivo para que tomem carona, tornando insustentável o seu fornecimento privado. Portanto, os governos fornecem os bens públicos, tomando decisões quanto à quantidade de cada bem com base em análises de custo-benefício.
- Os recursos comuns são rivais, mas não excludentes. São exemplos os pastos comunitários, o ar puro e as vias congestionadas. Como as pessoas não pagam pelo uso que fazem dos recursos comuns, tendem a usá-los excessivamente. Portanto, os governos empregam vários métodos para limitar o uso dos recursos comuns.

CONCEITOS-CHAVE

propriedade da exclusão, p. 212
rivalidade no consumo, p. 212
bens privados, p. 212

bens públicos, p. 213
recursos comuns, p. 213
bens artificialmente escassos, p. 213

carona, p. 214
análise de custo-benefício, p. 217
tragédia dos (bens) comuns, p. 218

QUESTÕES DE REVISÃO

1. Explique o que significa um bem ser "excludente" e ser "rival". Uma fatia de pizza é excludente? E rival?
2. Defina "bem público" e dê um exemplo. O mercado privado pode proporcionar esse bem por si só? Explique.
3. O que é a análise do custo-benefício de bens públicos? Explique por que ela é importante e por que é difícil.
4. Defina " recurso comum" e dê um exemplo. Sem intervenção governamental, as pessoas usarão esse bem excessivamente ou muito pouco? Por quê?

PROBLEMAS E APLICAÇÕES

1. Pense nos bens e serviços fornecidos pelo seu governo local.
   a. Usando a classificação da Figura 11-1, explique em qual categoria cada um dos seguintes bens se enquadra:
      - proteção policial
      - limpeza de neve
      - educação
      - estradas rurais
      - vias urbanas
   b. Por que você acha que o governo fornece itens que não são bens públicos?
2. Tanto os bens públicos quanto os recursos comuns envolvem externalidades.
   a. As externalidades associadas a bens públicos costumam ser positivas ou negativas? A quantidade de bens públicos no livre-mercado costuma ser maior ou menor que a quantidade eficiente? Cite exemplos.
   b. As externalidades associadas a recursos comuns costumam ser positivas ou negativas? Dê exemplos. O uso de recursos comuns no livre--mercado costuma ser maior ou menor que o uso eficiente?
3. Fred adora assistir *Downton Abbey* na TV pública local, mas nunca contribui com as campanhas de arrecadação de fundos realizadas por esse canal de TV.
   a. Que nome os economistas dão para pessoas como Fred?
   b. De que forma o governo resolve o problema causado por pessoas como Fred?
   c. Você consegue pensar em alguma forma de o mercado privado resolver esse problema? De que maneira a existência de redes de TV a cabo modifica a situação?

4. A internet sem fio e de alta velocidade é disponibilizada gratuitamente no aeroporto da cidade de Comunilópolis.
   a. No início, apenas algumas pessoas usavam o serviço. Que tipo de bem é esse e por quê?
   b. Depois, à medida que mais pessoas foram descobrindo esse serviço e começaram a usá-lo, a velocidade da conexão começou a cair. E agora, que tipo de bem é este serviço de internet sem fio?
   c. Que problema pode ocorrer e por quê? Como corrigir esse problema?
5. Quatro colegas de apartamento planejam passar o final de semana assistindo a filmes antigos e discutem a respeito de quantos filmes irão assistir. Esta é a disposição para pagar por filme:

	Daniel	Júnior	Sandro	Chris
Primeiro filme	$ 7	$ 5	$ 3	$ 2
Segundo filme	6	4	2	1
Terceiro filme	5	3	1	0
Quarto filme	4	2	0	0
Quinto filme	3	1	0	0

   a. Dentro de uma apartamento compartilhado, o fato de assistir a um filme é um bem público? Por quê?
   b. Se o aluguel de cada filme custa $ 8, quantos deverão ser alugados para maximizar o excedente total?
   c. Se eles escolherem a quantidade ótima do item (b) e dividirem o custo igualmente, qual será o excedente resultante para cada um?
   d. Existe uma forma de dividir o custo para garantir que todos se beneficiem? Que problemas práticos essa solução levanta?
   e. Suponha que eles concordem antecipadamente escolher o número eficiente e dividir o custo dos filmes igualmente. Quando perguntam a Daniel qual sua disposição para pagar, ele terá incentivo para dizer a verdade? Em caso afirmativo, por quê? Em caso negativo, o que ele será tentado a dizer?
   f. O que esse exemplo mostra sobre a provisão ótima de bens públicos?
6. Alguns economistas argumentam que as empresas privadas não realizarão a quantidade eficiente de pesquisa científica básica.
   a. Explique por que isso ocorre. Em sua resposta, enquadre a pesquisa básica em uma das categorias mostradas na Figura 11-1.
   b. Que tipo de política foi adotada nos Estados Unidos para responder a esse problema?
   c. Muitas vezes, diz-se que essa política aumenta a capacidade tecnológica das empresas estadunidenses em relação às estrangeiras. Esse argumento é consistente com sua classificação da pesquisa básica na parte (a)? (Dica: a exclusão pode se aplicar a alguns beneficiários potenciais de um bem público, e não a outros?)
7. Duas comunidades, cada uma com três membros, estão decidindo se farão uma queima de fogos para celebrar o Ano-Novo. Os fogos de artifício custam $ 360. Em cada localidade, algumas pessoas gostam mais de fogos do que outras.
   a. Na localidade de Baía do Porto, cada um dos habitantes valoriza o bem público conforme a tabela a seguir:

Francisco	$ 50
José	$ 100
Catarina	$ 300

   A queima de fogos passaria em uma análise de custo-benefício? Explique.
   b. O prefeito de Baía do Porto propõe que se decida pela regra da maioria e, se o referendo da queima de fogos for aprovado, que o custo seja dividido igualmente entre os moradores. Quem votaria a favor e quem votaria contra? O voto geraria a mesma resposta que a análise do custo-benefício?
   c. Na localidade de Rio Alto, cada um dos habitantes valoriza o bem público conforme a tabela a seguir:

Natália	$ 20
Beatriz	$ 140
Lucas	$ 160

   A queima de fogos passaria em uma análise de custo-benefício? Explique.
   d. O prefeito de Rio Alto também propõe que se decida pela regra da maioria e, se o referendo for aprovado, que o custo seja dividido igualmente entre os moradores. Quem votaria a favor e quem votaria contra? O voto geraria a mesma resposta que a análise do custo-benefício?
   e. O que você acha que esses exemplos mostram sobre a provisão ótima de bens públicos?
8. Em geral, há muito lixo ao longo das estradas, mas pouco nos jardins das residências particulares. Apresente uma explicação econômica para esse fato.
9. Muitos sistemas de transporte, como o metrô de Washington, cobram tarifas mais altas durante o horário de pico do que durante o restante do dia. Por que fazem isso?

10. As pessoas de renda mais alta estão dispostas a pagar mais do que as de renda mais baixa para evitar o risco de morte. Por exemplo, estão mais dispostas a pagar por acessórios de segurança em seus carros. Em sua opinião, os analistas de custo-benefício devem levar isso em conta em suas avaliações de projetos públicos? Considere, por exemplo, que uma cidade rica e outra pobre pretendem instalar um semáforo. A cidade mais rica deve atribuir à vida humana um valor monetário mais elevado ao tomar sua decisão? Por quê?

Respostas do teste rápido

1. **a**   2. **b**   3. **b**   4. **b**   5. **d**   6. **d**   7. **c**   8. **d**

Capítulo 12

A economia dos cuidados de saúde

Todos nós gostaríamos de viver uma vida longa e saudável. E, se tivéssemos escolha, preferiríamos fazer isso sem enfrentar o bisturi do cirurgião, a agulha do enfermeiro ou a broca do dentista. Porém, a boa saúde raramente vem tão fácil. Ter uma vida longa e saudável em geral exige o uso de recursos escassos, o que transforma esse objetivo, pelo menos em parte, em um problema econômico. Mais de 1 em cada 6 dólares gastos na economia dos Estados Unidos vai para algum tipo de serviço de saúde, incluindo gastos com médicos, enfermeiros, dentistas, hospitais, medicamentos e cientistas. Para entender a economia moderna, é preciso dar uma atenção especial às particularidades da economia dos cuidados de saúde.

Este capítulo começa examinando as forças econômicas que modelam o sistema de assistência à saúde. O modelo padrão de oferta e demanda, em que os preços guiam compradores e vendedores para uma alocação eficiente de recursos, explica como grande parte do mundo funciona, mas o mercado dos cuidados de saúde desvia dessa referência de inúmeras maneiras. Esses desvios normalmente exigem políticas governamentais para garantir que os recursos da saúde sejam alocados de modo eficiente e equitativo. Na maioria dos países, os governos estão profundamente envolvidos nos mercados da saúde. Esse envolvimento aumentou significativamente em 2020 e 2021, quando governos de todo o mundo precisaram adotar medidas de emergência para conter os efeitos mortais da pandemia do novo coronavírus.

A segunda metade do capítulo analisa alguns dos principais fatos que descrevem o sistema de saúde estadunidense. Hoje, o sistema é bastante diferente do que era há 50 anos, e também é diferente dos sistemas de outros países. Reconhecer essas diferenças é importante para entender os sistemas de saúde que existem atualmente e imaginar aqueles que poderão existir no futuro.

O escopo adequado das intervenções do governo no atendimento à saúde, e até mesmo os princípios básicos para a organização de um sistema de saúde, continuam sendo temas de discussões acaloradas. Esta introdução à economia dos cuidados de saúde dará a você uma base melhor para esse grande debate.

12-1 As particularidades do mercado dos cuidados de saúde

A teoria padrão de como os mercados funcionam é o modelo de oferta e demanda, que estudamos nos Capítulos 4 a 7. Esse modelo tem diversas características notáveis:

1. As principais partes interessadas são os compradores e vendedores no mercado.
2. Os compradores são bons juízes dos benefícios que obtêm dos vendedores.
3. Os compradores pagam aos vendedores diretamente pelos bens e serviços adquiridos.
4. Os preços de mercado são os principais mecanismos para coordenar as decisões dos participantes do mercado.
5. A mão invisível, por si só, promove uma alocação eficiente de recursos.

Para muitos bens e serviços, esse modelo oferece uma descrição razoavelmente boa.

No entanto, nenhuma dessas características do modelo padrão reflete o que acontece no mercado dos cuidados de saúde. Esse mercado tem consumidores (pacientes) e produtores (médicos, enfermeiros, etc.). Porém, vários fatores complicam a análise de suas interações, em especial:

1. Terceiros – seguradoras, governos e observadores involuntários – frequentemente têm interesse nos desfechos de saúde.
2. Os pacientes em geral não sabem o que precisam e não conseguem avaliar o tratamento que estão recebendo.
3. Os provedores de assistência à saúde normalmente não são pagos pelos pacientes, mas por um seguro-saúde público ou privado.
4. As regras estabelecidas por essas seguradoras, mais do que os preços do mercado, determinam a alocação dos recursos.
5. À luz dessas questões, a mão invisível não consegue fazer sua mágica, por isso a alocação de recursos pode ser bastante ineficiente.

A assistência à saúde não é o único bem ou serviço na economia que desvia do modelo padrão de oferta, demanda e mão invisível. (Relembre nossas discussões sobre externalidades no Capítulo 10 e bens públicos no Capítulo 11.) Mas essa área pode ser a mais importante a se afastar radicalmente desse referencial. Analisar as características especiais desse mercado é um bom ponto de partida para entender por que o governo tem um papel tão importante no fornecimento de serviços de saúde e por que as políticas de saúde normalmente são complexas e preocupantes.

12-1a Externalidades em abundância

O Capítulo 10 mostrou que os resultados do mercado podem ser pouco eficientes na presença de externalidades. Recapitulando: uma **externalidade** surge quando uma pessoa participa de uma atividade que influencia o bem-estar de um terceiro, que não paga nem recebe nenhuma compensação por aquele efeito. Se o impacto sobre o terceiro for adverso, trata-se de uma **externalidade negativa**. Se for benéfico, é uma **externalidade positiva**. Quando há externalidades, o interesse da sociedade vai além do bem-estar dos compradores e vendedores que participam do mercado e passa a incluir o bem-estar dos terceiros que são indiretamente afetados. Como compradores e vendedores desconsideram os efeitos externos de suas ações ao decidir quando demandar ou ofertar, a externalidade pode gerar um resultado ineficiente para um mercado não regulado.

Essa conclusão geral é fundamental para entender o sistema de saúde, que é repleto de externalidades. Essas externalidades podem exigir ações do governo para corrigir falhas do mercado.

Pense nas vacinas, por exemplo. Se Vicki tomar uma vacina contra uma doença, ela terá uma menor probabilidade de contrair e transmiti-la para outras pessoas. Na linguagem econômica, a ação de Vicki carrega uma externalidade positiva. Se essa "picada" tiver algum custo, seja ele em dinheiro, tempo, desconforto ou risco de efeitos colaterais, poucas pessoas tomarão a vacina porque podem não levar totalmente em conta as externalidades positivas ao analisar os custos e benefícios. O governo pode corrigir esse problema tornando a vacinação obrigatória ou estimulando-a por meio de campanhas na mídia e incentivos. Também pode aumentar a oferta de vacinas ao subsidiar seu desenvolvimento, fabricação e distribuição.

Outro exemplo de externalidade na área da saúde envolve a pesquisa médica. Quando um médico ou cientista descobre um novo modo de tratar uma enfermidade, essa informação entra no acervo de conhecimento médico da sociedade. Os benefícios para outros médicos e pacientes são uma externalidade positiva. Sem intervenções governamentais, haveria pouquíssima pesquisa.

O governo responde a esse problema de diversas formas. Algumas vezes, concede a patente a um pesquisador, como acontece com novos medicamentos. A patente serve como incentivo para a pesquisa ao permitir que o pesquisador lucre com um monopólio temporário. Costuma-se dizer que a patente internaliza a externalidade. Ainda assim, essa abordagem não é perfeita, porque o preço do monopólio é maior que o custo marginal de produção. Como veremos no Capítulo 16, o elevado preço do monopólio reduz o consumo do tratamento patenteado, provocando uma ineficiência medida pelo peso morto. Além disso, o preço elevado dificilmente será acessível para pacientes de baixa renda.

Às vezes, as externalidades da assistência à saúde conduzem os formuladores de políticas públicas a direções conflitantes. De novo, vamos pensar nas vacinas. Como as pesquisas sobre novas vacinas proporcionam uma externalidade positiva, o governo concede a proteção de patente. Mas, quando a vacina é desenvolvida, o alto preço cobrado pelo detentor da patente desacelera sua disseminação, enfraquecendo a externalidade positiva da vacinação. Uma possível solução para esse conflito, defendida pelo economista Michael Kremer, é que o governo adquira a patente do detentor. Essa abordagem poderia colocar a inovação no domínio público, tornando-a mais disponível ao mesmo tempo que oferece incentivos para a pesquisa.

Outra maneira de o governo lidar com a externalidade positiva da pesquisa médica é oferecer subsídios diretos à pesquisa – e ele, de fato, faz isso. O orçamento anual dos National Institutes of Health (Institutos Nacionais de Saúde) dos Estados Unidos, que financiam pesquisas médicas, é de mais de 40 bilhões de dólares, ou cerca de 130 dólares por pessoa. Essa política exige um sistema tributário para arrecadar os recursos necessários, e a maioria dos impostos envolve peso morto por si só. Mas, se as externalidades das pesquisas financiadas superarem o custo da pesquisa, incluindo o peso morto, o bem-estar geral pode aumentar.

Hesitação à vacina

Estudo de caso

O sarampo ilustra as externalidades centrais da economia dos cuidados de saúde. Essa é uma doença altamente contagiosa e perigosa, sobretudo para crianças. Antes do desenvolvimento da vacina, em 1963, entre 3 e 4 milhões de pessoas contraíam a doença todos os anos nos Estados Unidos. Dezenas de milhares precisavam ser hospitalizadas e centenas morriam.

Felizmente, a imunização se mostrou eficaz. Em 2000, o sarampo foi removido da lista de riscos à saúde nos Estados Unidos. Durante a década seguinte, somente cerca de 60 casos foram registrados por ano. A vacina contra o sarampo foi uma das grandes histórias de sucesso da medicina moderna. Na linguagem da economia, a pesquisa que criou a vacina envolvia grandes externalidades positivas, tanto nos Estados Unidos quanto ao redor do mundo.

A erradicação da doença, porém, teve algumas consequências indesejadas. Em especial, reduziu a cautela de alguns pais em garantir que seus filhos fossem vacinados. A decisão de abrir mão da vacinação baseou-se, em parte, na crença – desmistificada por cientistas, mas persistente em alguns segmentos da população – de que as vacinas implicam um risco significativo de efeitos adversos. Alguns alegam uma base religiosa para a decisão de não vacinar. Devido à queda nos índices de imunização, o sarampo começou a se tornar mais comum novamente. Foram 372 casos registrados em 2018 e mais de 1.000 em 2019.

Os formuladores de políticas tiveram dificuldade para responder a isso. Em vários estados, parlamentares reforçaram os requisitos para que todas as crianças fossem vacinadas. As exceções eram permitidas somente em caso de motivos médicos válidos, não por crenças religiosas ou filosóficas. Os críticos consideram que essas leis são uma violação da liberdade pessoal. Já os apoiadores acreditam que elas auxiliam a comunidade a lidar com as externalidades inerentes às doenças infecciosas.

Um problema semelhante surgiu durante a pandemia de Covid-19, de 2020 a 2021. Logo após o desenvolvimento das vacinas para esse novo vírus, elas foram disponibilizadas de maneira ampla e gratuita. De acordo com especialistas médicos, para erradicar a doença seria necessário vacinar a maior parte da população. Mas, como as vacinas eram novas, muitas pessoas foram hesitantes. Alguns economistas propuseram pagar para que as pessoas tomassem a vacina – um subsídio pigouviano para internalizar a externalidade e acelerar o fim da pandemia. A proposta não foi amplamente adotada em nível nacional, mas alguns estados e localidades dos Estados Unidos testaram esse incentivo. Na cidade de Nova York, por exemplo, quem se vacinava recebia um cupom para um hambúrguer do Shake Shack. ●

12-1b A dificuldade de monitorar a qualidade

Na maior parte dos mercados, os consumidores sabem o que querem e, depois que a transação é concluída, eles podem julgar se estão felizes com o que obtiveram. O setor da saúde é diferente. Quando você fica doente, pode não saber qual tratamento é o melhor para o seu caso. Você confia nas orientações de um profissional que tem anos de treinamento especializado. E, mesmo em retrospectiva, não consegue julgar de maneira confiável se o tratamento oferecido foi o correto. Às vezes, a medicina de última geração falha ao tentar melhorar a saúde de um paciente. Além disso, considerando o poder restaurador do corpo humano, o tratamento errado às vezes parece funcionar.

Essa incapacidade dos consumidores do setor da saúde para monitorar a qualidade do produto que estão comprando leva a regulamentações governamentais. Mais importante do que isso, o governo exige que médicos, dentistas, enfermeiros e outros profissionais do setor tenham licenças para exercer a profissão. Essas licenças só são concedidas depois que a pessoa frequenta uma instituição de ensino credenciada e passa por testes rigorosos. Quem for pego atuando sem licença pode ir preso. Da mesma forma, a Food and Drug Administration (FDA) supervisiona os testes e a liberação de novos produtos farmacêuticos para garantir que eles sejam seguros e eficazes.

Além da regulamentação governamental, a profissão médica faz seu próprio monitoramento ao credenciar instituições de ensino, promover melhores práticas e estabelecer normas de conduta profissional. A recomendação de um médico deve ser totalmente baseada no bem do paciente, e não no ganho pessoal do médico. Quando o paciente aceita essa recomendação, ele conta com um certo grau de confiança, que pode ser promovido por relações de longo prazo entre médicos e pacientes. Porém, há problemas de conflito de interesse na área da saúde, assim como em todas as outras áreas da sociedade, e essa confiança às vezes é violada.

Embora a regulamentação pública e privada possa ser benéfica para os pacientes, ela também tem algumas desvantagens. Por exemplo, alguns economistas argumentam que existem muitos obstáculos para a abertura de novas escolas médicas. Eles acreditam que a profissão da medicina atua um pouco como um monopólio: restringir o número de médicos aumenta o salário dos profissionais e os custos para os consumidores de serviços de saúde. Outros economistas apontam que a FDA demora muito para aprovar novos medicamentos. Alguns pacientes que poderiam ter se beneficiado de tratamentos experimentais são forçados a seguir sem eles. O equilíbrio entre a proteção da segurança pública e a garantia da liberdade para que as pessoas tomem suas próprias decisões relacionadas à saúde é um tema de debate permanente.

12-1C O mercado de seguros e suas imperfeições

Como as pessoas não sabem quando vão ficar doentes ou que tipo de tratamentos serão necessários, os gastos com a saúde são imprevisíveis. Essa incerteza, somada às respostas das pessoas a ela, ajuda a explicar por que temos as instituições de saúde que temos hoje.

O valor do seguro A maioria das pessoas tem **aversão ao risco**. Ou seja, elas não gostam de incerteza. Imagine que você possa escolher entre receber $ 100.000 com certeza ou jogar uma moeda para receber $ 50.000 ou $ 150.000, com uma probabilidade de 50%. As duas opções oferecem o mesmo valor médio, mas a segunda é mais arriscada. Se você prefere a certeza de receber $ 100.000, você tem aversão ao risco.

aversão ao risco
uma antipatia à incerteza

Uma escolha semelhante surge da aleatoriedade dos gastos com os cuidados de saúde. Suponha que uma certa doença afete 2% da população e que todos tenham a mesma probabilidade de serem afetados. O tratamento custa $ 30.000 por paciente. Nesse caso, a cada 100 pessoas, 2 contrairão a doença, resultando em uma conta de $ 60.000 no total. O custo médio da assistência à saúde da população é de $ 60.000/100 ou $ 600.

Este é o ponto-chave: indivíduos com aversão ao risco prefeririam pagar $ 600 com segurança a uma chance de 2% de ter de pagar $ 30.000. O seguro oferece às pessoas essa opção.

Os seguros geralmente funcionam da seguinte forma: a pessoa que enfrenta um risco paga uma tarifa (chamada de **prêmio**) a uma seguradora, que, em troca, concorda em aceitar o risco total ou parcial. Existem muitos tipos de seguro. O seguro de veículos cobre o risco de você se envolver em um acidente automotivo, o seguro contra incêndio cobre o risco de que sua casa pegue fogo, e o seguro-saúde cobre o risco de você precisar de um tratamento médico caro. No nosso exemplo, a seguradora pode cobrar um prêmio de $ 600 (ou um pouco mais para obter lucro) em troca da promessa de cobrir os custos de um tratamento de $ 30.000 para os 2% de seus clientes que contraírem a doença.

Os mercados de seguros são úteis para reduzir o risco, mas dois problemas dificultam sua capacidade de fazer isso de maneira plena e eficiente.

Risco moral O primeiro problema que impede a operação dos mercados de seguros é o **risco moral**: quando as pessoas têm um seguro para cobrir seus gastos com saúde, elas têm menos incentivos para adotar comportamentos que mantenham esses gastos em um nível razoável. Por exemplo, quando o paciente não precisa pagar por cada consulta médica, alguns podem acabar se consultando sempre que apresentarem sintomas leves (coriza, dor

risco moral
a tendência de uma pessoa que é pouco monitorada de se envolver em comportamentos desonestos ou indesejáveis

no dedo). Da mesma forma, médicos podem ficar mais propensos a solicitar exames de valor duvidoso quando sabem que uma seguradora está pagando a conta.

As companhias de seguro tentam reduzir o risco moral encontrando maneiras de induzir as pessoas a agir com mais responsabilidade. Por exemplo, em vez de assumir o custo integral de uma consulta médica, podem cobrar dos pacientes um custo de **coparticipação** de, por exemplo, $ 20 por consulta para impedir consultas desnecessárias. As seguradoras também podem ter regras rigorosas sobre as circunstâncias sob as quais cobrirão os custos de determinados exames solicitados pelos médicos.

Seleção adversa O segundo problema que impede a operação dos mercados de seguro é a **seleção adversa**: se os clientes têm atributos relevantes diferentes (como a existência de uma doença crônica) e essas diferenças são conhecidas por eles, mas não pelas seguradoras, o conjunto de pessoas que adquirem o seguro pode ser particularmente caro para a seguradora. Pessoas que ocultam suas condições têm maior probabilidade de contratar um seguro de saúde do que pessoas saudáveis. Como resultado, para uma seguradora cobrir seus custos, o preço de um plano de saúde precisa refletir o custo de uma pessoa "mais doente" que a média. Esse preço pode ficar tão alto que algumas pessoas com condições normais de saúde acabam não contratando o seguro. Quando elas renunciam à cobertura, o mercado de seguro não consegue alcançar seu propósito de reduzir o risco financeiro das doenças.

E o que é ainda pior, a seleção adversa pode provocar um fenômeno chamado **espiral da morte**. Suponha que as seguradoras precisem cobrar o mesmo preço de todos os clientes. Pode parecer que faz sentido que uma empresa baseie o preço do seguro nas características de saúde da pessoa "média". Mas, depois de fazer isso, as pessoas mais saudáveis podem decidir que o seguro não vale o custo e deixar o grupo de segurados. Com um grupo de consumidores com mais doenças, a empresa tem custos mais elevados e precisa, portanto, aumentar o preço do seguro. O aumento do preço induz o próximo grupo de pessoas mais saudáveis a abrir mão da cobertura, gerando, mais uma vez, alta nos custos e preços. À medida que esse processo continua, mais pessoas renunciam à cobertura, o grupo de pessoas seguradas fica menos saudável e o preço continua subindo. No fim das contas, o mercado de seguros pode desaparecer.

O problema da seleção adversa tem sido central no debate sobre políticas de saúde. Por exemplo, o Affordable Care Act dos Estados Unidos (ou Lei de Cuidado Acessível, promulgada pelo presidente Obama em 2010 e frequentemente chamada de "Obamacare") proibiu que as seguradoras cobrassem mais pela cobertura de pessoas com condições médicas preexistentes. Essa regra foi estabelecida para ajudar pessoas com problemas médicos crônicos, mas também foi uma receita para a seleção adversa: pessoas com doenças preexistentes poderiam ver o seguro como um negócio melhor do que aquelas que não têm essas condições e, portanto, seriam mais propensas a contratar o plano de saúde. As pessoas saudáveis teriam um incentivo para esperar o surgimento de uma doença para contratar o seguro.

Os legisladores estavam cientes desse problema e, para combatê-lo, o Affordable Care Act exigiu que **todos** os cidadãos estadunidenses contratassem um seguro-saúde e impôs uma multa para aqueles que não o fizessem. (Também ofereceu subsídios para ajudar famílias de baixa renda a pagar pelo seguro.) O objetivo da obrigatoriedade era aumentar o número de pessoas saudáveis contratando o seguro, reduzindo, assim, o problema da seleção adversa e o custo do seguro. Com a entrada de mais pessoas saudáveis no mercado de seguros, os indivíduos sem condições preexistentes estariam, na verdade, subsidiando aqueles que as têm.

Analistas discordam ao opinar sobre o quanto essa lei teria melhorado o mercado de saúde. Muitas pessoas (supostamente saudáveis) optaram por continuar sem o seguro e pagar a multa, o que fez com que alguns apontassem que as multas pela ausência de cobertura eram baixas demais para evitar uma quantidade significativa de seleção adversa. Mesmo assim, a lei aumentou a quantidade de pessoas com seguro de saúde no país, um de seus principais objetivos. Para a população com menos de 65 anos (idade em que

---

seleção adversa
tendência de a combinação de atributos não observados se tornar indesejável do ponto de vista de uma parte desinformada

começa a eligibilidade ao Medicare), a porcentagem de pessoas sem seguro caiu de 18% em 2010 para 11% em 2020.

A obrigatoriedade do seguro-saúde, porém, tem causado divisão política. Os críticos argumentam que penalizar alguém por não comprar algo é uma violação grave da liberdade pessoal. No final de 2017, o presidente Donald Trump assinou um projeto de lei fiscal que incluía a eliminação dessa obrigatoriedade. Até agora, a medida não causou o início de uma espiral da morte, talvez porque a maioria das pessoas reconheça o valor do seguro e não precise ser obrigada a contratá-lo.

12-1d A assistência à saúde como um direito

Normalmente, quando alguém deixa de comprar um bem ou serviço, o resultado não é um grande problema para a sociedade. Por exemplo, suponha que o ingresso para um parque aquático esteja caro e as pessoas com menor renda escolham outras formas de entretenimento. Alguns podem lamentar que o parque aquático não seja mais tão frequentado, mas poucos diriam que isso representa uma grande injustiça.

A assistência à saúde é diferente. Quando as pessoas ficam doentes, parece errado negar-lhes tratamento porque têm baixa renda. A saúde, ao contrário do ingresso para um parque aquático, é amplamente vista como um direito humano. Esse julgamento vai além do escopo tradicional da economia, mas o estudo da economia da saúde precisa levar isso em consideração.

De certa forma, a saúde é como a alimentação: essencial para a sobrevivência. O governo assume as rédeas quando necessário para garantir que todos recebam o essencial. Por exemplo, nos Estados Unidos, o governo fornece recursos pelo Supplemental Nutrition Assistance Program (ou programa de assistência nutricional suplementar, SNAP). Contudo, há uma diferença importante entre alimentação e atendimento de saúde. Nas últimas décadas o preço dos alimentos aumentou em uma velocidade menor que a renda da população e, por isso, garantir uma dieta adequada passou a exigir uma parcela cada vez menor do orçamento de uma família típica. Em contrapartida, como o custo dos serviços de saúde de última geração aumentou rápido, sua aquisição comprometeu uma parcela crescente do orçamento de uma família típica.

A ideia de que a assistência à saúde é um direito, somada aos custos crescentes, fez com que os governos desempenhassem um papel importante. Em muitos países, como o Canadá e a Inglaterra, o governo administra os sistemas de saúde, financiados majoritariamente por impostos. São os chamados **sistemas de pagador único**, porque uma entidade – o serviço de saúde do governo – paga todas as contas.

Nos Estados Unidos, a maioria da população conta com um seguro-saúde privado, frequentemente oferecido pelos empregadores, mas o governo ainda desempenha um papel importante. O Medicare oferece seguro-saúde para quem tem 65 anos ou mais, o Medicaid auxilia pessoas de baixa renda, a Veterans Health Administration (Administração de Saúde de Veteranos) garante assistência médica para ex-militares e o Affordable Care Act regula o mercado privado de planos de saúde e fornece subsídios para famílias de baixa renda. Ainda há um debate sobre possíveis melhorias para esses programas e como elas seriam feitas, mas não há dúvidas de que, com o acesso à saúde visto como um direito humano, o governo continuará tendo um papel relevante no sistema de saúde.

12-1e As regras que controlam o mercado dos cuidados de saúde

A importância do seguro-saúde, seja ele fornecido por empresas privadas ou pelo governo, exige que o mercado dos cuidados de saúde funcione de maneira diferente da maioria dos outros mercados. A maior parte dos mercados, como o de sorvetes, por exemplo, opera como o painel (a) da Figura 12-1. Eles são formados por compradores e vendedores. Os vendedores oferecem um bem ou serviço por um preço de mercado. Os compradores que desejam o item simplesmente precisam oferecer o valor correto de dinheiro para adquiri-lo. As trocas são feitas e, pouco depois, os vendedores estão contando os lucros e os compradores degustando seus sorvetes.

Figura 12-1

Como uma seguradora muda um mercado

Em um mercado típico, mostrado no painel (a), os vendedores entregam um bem ou serviço aos compradores, que pagam a eles um preço determinado pelo mercado. No mercado dos cuidados de saúde, ilustrado no painel (b), os provedores oferecem serviços de saúde aos pacientes, mas são pagos por seguradoras (do governo ou privadas). Esse arranjo requer regras para financiamento, acesso e pagamento.

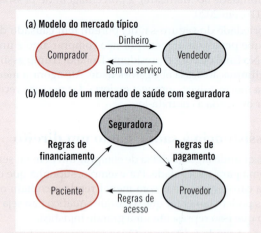

O mercado da saúde funciona mais como o painel (b) da Figura 12-1. Os provedores (vendedores de serviços médicos) não são pagos diretamente pelos pacientes (compradores). Em vez disso, os pacientes pagam as seguradoras em forma de prêmio (se a seguradora for uma empresa privada) ou impostos (se a seguradora for o governo). A seguradora, então, usa o dinheiro para reembolsar os provedores, que, por sua vez, fornecem serviços médicos para os pacientes.

Esse processo requer três conjuntos de regras para orientar o comportamento. O primeiro determina o financiamento, ou seja, quem paga pelo seguro e quanto deverá pagar. Se a seguradora for o governo, o pagamento pelos serviços de saúde faz parte do sistema tributário. Se a seguradora for uma empresa privada, a assistência médica será financiada pelos prêmios pagos pelos indivíduos pela cobertura. O prêmio é definido no mercado de seguros, que, assim como outros mercados, baseia o preço nos custos. Em muitos casos, no entanto, governos estaduais e federais regulam o mercado privado de seguros. Por exemplo, eles podem limitar a cobrança de preços diferentes com base em idade, sexo e condições preexistentes. Assim, mesmo quando o financiamento dos serviços de saúde ocorre entre um paciente e uma seguradora privada, ele ainda é moldado por políticas governamentais.

O segundo conjunto de regras determina o acesso dos pacientes ao sistema de saúde. Como os pacientes segurados não pagam o custo integral de cada serviço médico que consomem, existe a possibilidade de uso excessivo. Para mitigar o problema do risco moral, a seguradora (seja ela o governo ou uma empresa privada) tenta limitar o acesso quando justificável. Para tanto, a seguradora estabelece regras que limitam o uso dos serviços médicos com base nos custos e benefícios estimados. Por exemplo, os pacientes podem conseguir uma consulta de rotina apenas uma vez por ano, ter acesso apenas a determinados médicos com os quais a seguradora tem acordos contratuais ou precisar de um encaminhamento de um clínico geral antes de uma consulta com um especialista mais caro. Essas regras de acesso podem ser irritantes, mas são necessárias porque, como as pessoas têm o seguro para arcar com os custos, o preço do mercado não dá mais sinais precisos sobre como alocar recursos escassos.

O terceiro conjunto de regras determina os pagamentos das seguradoras aos provedores. Essas regras definem que tipos de tratamento e assistência a seguradora vai pagar e quanto vai pagar. As seguradoras podem considerar alguns tratamentos caros demais, experimentais demais ou não tão importantes. Nesses casos, os provedores não oferecem os serviços aos pacientes. Às vezes, os provedores só prestarão o serviço se os pacientes pagarem o custo total do tratamento (como é frequentemente o caso de procedimentos estéticos). O mercado dos cuidados de saúde passa, então, do painel (b) da Figura 12-1 para o cenário mais típico do painel (a).

Juntas, as regras relacionadas a financiamento, acesso e pagamento moldam o sistema de assistência à saúde. Em países com sistemas administrados pelo governo, essas regras são definidas por políticas públicas. Já em países com mais seguros privados, como os Estados Unidos, essas regras são normalmente estabelecidas pelas seguradoras, à medida que elas competem pelos clientes, enquanto sujeitas a regulamentações governamentais.

Teste rápido

1. O mercado da saúde é diferente da maioria dos outros mercados porque
    a. os consumidores frequentemente não sabem do que precisam.
    b. os produtores são pagos pelas seguradoras em vez dos consumidores.
    c. terceiros têm interesse nos resultados.
    d. Todas as opções anteriores

2. As pessoas contratam seguros de saúde para reduzir
    a. o risco moral.
    b. a seleção adversa.
    c. a incerteza.
    d. as externalidades.

3. O seguro-saúde impõe regras de acesso aos pacientes para reduzir
    a. o risco moral.
    b. a seleção adversa.
    c. a incerteza.
    d. as externalidades.

4. Se pessoas saudáveis são menos propensas a contratar um seguro-saúde, o mercado passa pelo problema de
    a. risco moral.
    b. seleção adversa.
    c. incerteza.
    d. externalidades.

As respostas estão no final do capítulo.

12-2 Fatos importantes sobre o sistema de saúde dos Estados Unidos

Agora que já entendemos as principais forças econômicas presentes, vamos analisar alguns dados para descrever o sistema de saúde estadunidense. Primeiro, vamos examinar o que o sistema oferece, levando em conta a longevidade da população. Depois, vamos ver quanto custa o sistema, quanto outros países pagam e como os estadunidenses pagam essa conta.

12-2a As pessoas estão vivendo por mais tempo

Vamos começar com uma boa notícia: hoje as pessoas vivem muito mais do que há um século. A Figura 12-2 mostra a expectativa de vida ao longo do tempo nos Estados Unidos. A expectativa de vida mede o quanto as pessoas nascidas hoje viveriam, em média, se enfrentassem as taxas de mortalidade atuais em todas as idades. Você pode ver que o índice aumentou significativamente ao longo do tempo. Em 1900, a expectativa de vida era de apenas 47,3 anos. Ela subiu para 68,2 anos em 1950 e 78,8 em 2019.

Com certeza existem algumas adversidades de tempos em tempos. A pandemia de gripe de 1918 é o exemplo mais dramático, quando a expectativa de vida dos Estados Unidos registrou uma queda de mais de 10 anos. Além disso, com o avanço da Segunda Guerra Mundial, a expectativa de vida caiu 2,9 anos de 1942 a 1943. Mais recentemente, a epidemia dos opioides causou inúmeras mortes e desacelerou o aumento da expectativa de vida em meados da década de 2010. E, em 2020, a pandemia de Covid-19 levou centenas de milhares de vidas, reduzindo em 1,5 ano a expectativa de vida nos Estados Unidos – um acontecimento trágico que deve ser revertido nos próximos anos. Ainda assim, apesar dessas adversidades, a tendência de longo prazo é bastante positiva.

Figura 12-2
Expectativa de vida nos Estados Unidos

O número de anos que uma pessoa pode esperar viver aumentou consideravelmente ao longo do tempo.

Fonte: Centers for Disease Control and Prevention.

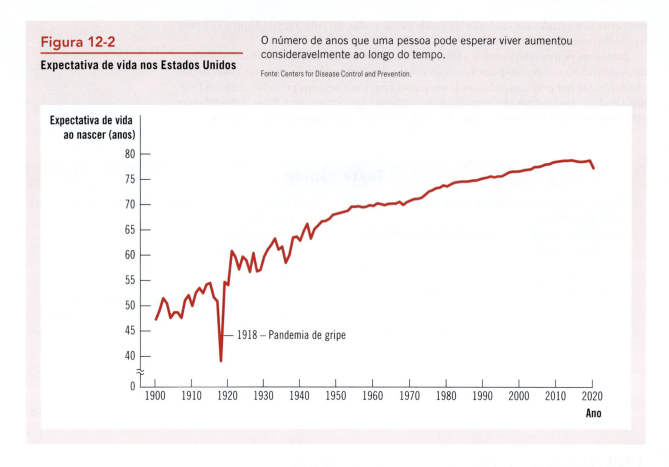

Grande parte do aumento da expectativa de vida deriva de uma queda na mortalidade infantil. No início do século XX, cerca de 10% das crianças morriam antes de completar um ano. Hoje, a taxa de mortalidade infantil é de menos de 0,6%.

Muito do crédito por esse aumento histórico na expectativa de vida vai para os avanços da tecnologia médica. Hoje os médicos sabem mais sobre como evitar uma doença e tratar problemas médicos assim que eles surgem. Por exemplo, vacinas altamente eficazes, como aquelas desenvolvidas durante a pandemia de Covid-19, salvaram incontáveis vidas que, de outra forma, teriam sido perdidas.

Mas outros avanços também foram importantes. A melhoria do saneamento – especificamente a disponibilidade de água limpa e a destinação adequada do esgoto – reduziu a disseminação de doenças. Outro exemplo é a redução nos índices de tabagismo: desde 1960, o consumo de cigarros por pessoa caiu mais de 50%. Além disso, a taxa de mortalidade em acidentes de carro é metade do que era em 1950, graças aos avanços na segurança automotiva, como cintos de segurança e *airbags*.

12-2b Os gastos com cuidados de saúde são uma parte cada vez maior da economia

A Figura 12-3 mostra os gastos com a saúde nos Estados Unidos como uma porcentagem do PIB (uma medida da renda total da economia). Os gastos com a saúde aumentaram de 5% do PIB em 1960 para 18% em 2019, e não há sinais de que essa tendência de longo prazo esteja terminando.

O que explica essa tendência? Há diversas forças em jogo.

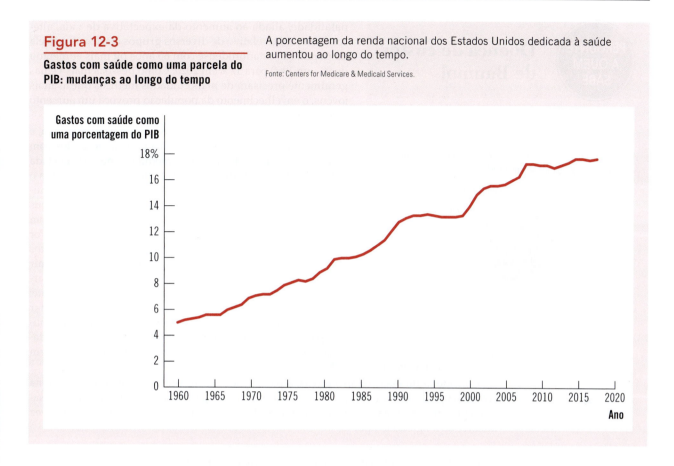

Figura 12-3

Gastos com saúde como uma parcela do PIB: mudanças ao longo do tempo

A porcentagem da renda nacional dos Estados Unidos dedicada à saúde aumentou ao longo do tempo.

Fonte: Centers for Medicare & Medicaid Services.

Primeiro, a maioria dos serviços de assistência médica, como uma consulta, é um serviço pessoal, assim como um corte de cabelo ou uma aula particular. O economista William Baumol apontou há tempos que, para muitos provedores de serviços pessoais, a produtividade não muda ao longo do tempo. Mas, à medida que o restante da economia passa por um progresso tecnológico, a produtividade do trabalho e os salários gerais também aumentam. Aqueles que oferecem serviços pessoais passarão a esperar um salário maior, assim como o restante da força de trabalho. No entanto, sem um grande aumento na produtividade desses setores, a única maneira de garantir a esses prestadores de serviços um salário maior é aumentando o preço dos serviços (ajustados pela inflação geral). Em outras palavras, quando a produtividade geral aumenta, um sintoma dos setores com pouco aumento de produtividade é aumentar custos e preços. Esse fenômeno é chamado de **doença de custos de Baumol**. Ele ajuda a explicar a alta nos preços de muitos serviços, como entretenimento ao vivo, ensino superior e assistência médica. E, se a demanda pelos serviços desses setores não for elástica ao preço, como acontece na área da saúde, os gastos com esses serviços também aumentarão.

Segundo, embora tenha havido avanços significativos na tecnologia médica, muitos deles, em vez de reduzir os custos, acabaram aumentando os gastos. Antigamente, os médicos tinham poucos tratamentos para muitas doenças. Repouso e observação (e sanguessugas!) eram, às vezes, o melhor que eles podiam oferecer. Hoje, existem mais opções. Esses novos tratamentos ampliam e melhoram a qualidade de vida, mas em geral são caros.

Terceiro, mudanças na população podem ter aumentado a demanda por assistência médica. As taxas de natalidade caíram. Há 50 anos, mulheres tinham, em média, cerca de três filhos ao longo da vida, em comparação com cerca de dois hoje. Essa redução na taxa de

PERGUNTE A QUEM SABE

Doença de custos de Baumol

"Como os mercados de trabalho de diferentes setores são conectados, o aumento da produtividade na manufatura faz com que o custo de serviços com uso intensivo de mão de obra — como educação e saúde — aumente".

O que dizem os economistas?

4% discordam
8% não têm certeza
88% concordam

Fonte: IGM Economic Experts Panel, 16 de maio de 2017.

natalidade, aliada ao aumento da expectativa de vida, alterou o tamanho relativo de diversos grupos etários. A parcela da população estadunidense com 65 anos ou mais aumentou de 9% em 1960 para 17% em 2020. Como pessoas mais velhas geralmente precisam de mais cuidados médicos que as mais jovens, o envelhecimento da população provoca um aumento dos gastos com a saúde.

Quarto, ao longo do tempo, a sociedade ficou mais rica, e essa mudança pode ter aumentado a parcela de gastos com cuidados de saúde. Hoje, a renda média por pessoa, ajustada pela inflação, é mais de três vezes o que era em 1960. Com o aumento da renda, as pessoas passam a gastar mais em muitas coisas, mas elas não aumentam os gastos em todos os itens proporcionalmente. A maneira como indivíduos escolhem gastar o rendimento extra depende de suas preferências. Por exemplo, à medida que a renda aumenta, a parcela de gastos com alimentos diminui porque o valor marginal de consumir mais calorias cai rapidamente. Em contrapartida, o valor marginal de desfrutar de anos de vida adicionais cai lentamente; por isso, à medida que ficamos mais ricos, podemos gastar uma fração maior do nosso orçamento com a saúde. Em outras palavras, a saúde pode ser um bem com uma elasticidade-de-renda maior que um. Estimativas baseadas em comparações internacionais definem essa elasticidade em cerca de 1,3.

Considerando essas quatro forças, a participação crescente dos gastos com saúde na economia pode ser inevitável. Por si só, o aumento nos gastos com a saúde não é necessariamente um problema, mas significa que os desafios políticos desse setor serão cada vez maiores ao longo do tempo.

12-2c Os gastos com saúde são especialmente elevados nos Estados Unidos

A Figura 12-4 mostra os gastos com saúde como uma porcentagem do PIB nos sete principais países desenvolvidos. Um fato impressionante é que os Estados Unidos gastam uma fração especialmente alta do seu PIB com a área da saúde. A maior parte dos países desenvolvidos gasta entre 9 e 12% do PIB nesse segmento, enquanto nos Estados Unidos o índice chega a quase 17%.

Críticos ao sistema de saúde estadunidense usam essa comparação para argumentar que os Estados Unidos são particularmente ineficientes. Eles destacam que a expectativa de vida é maior em alguns países que pagam menos pela saúde, como Canadá, França e Japão. Sugerem, ainda, que uma maior dependência do governo, em vez de seguradoras privadas, como é o caso da maioria dos países, pode reduzir os custos sem afetar os resultados do setor de saúde de maneira adversa. Em especial, afirmam que os custos administrativos e as margens para o lucro das seguradoras poderiam ser economizados se os Estados Unidos mudassem para um sistema de pagador único financiado pelo governo.

Defensores do sistema de saúde estadunidense concordam que as reformas poderiam reduzir os custos, mas dizem que é difícil extrair conclusões confiáveis de comparações internacionais. Por exemplo, a taxa de obesidade nos Estados Unidos é maior do que nos outros seis países citados na Figura 12-4. Uma maior taxa de obesidade reduz a expectativa de vida e aumenta os custos da saúde. Assim, algumas das diferenças internacionais observadas nos dados de saúde podem não explicar os sistemas de saúde, mas refletem abordagens diferentes para dieta e exercícios.

Uma diferença notável e bastante debatida entre os Estados Unidos e outros países está relacionada aos preços dos produtos farmacêuticos. Em média, os canadenses gastam 30% menos em medicamentos que os estadunidenses (e moradores de alguns países da Europa

Figura 12-4

Gastos com saúde como uma parcela do PIB: comparação internacional

Os Estados Unidos gastam uma fração muito maior de sua renda na área da saúde do que outros países.

Fonte: Banco Mundial. Dados de 2019.

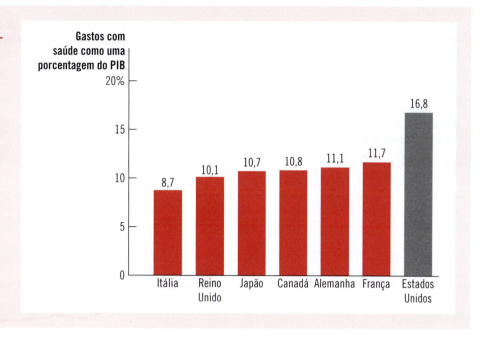

gastam menos ainda). Com frequência, o mesmo medicamento é muito mais barato no lado canadense da fronteira do que no lado estadunidense. O motivo é que o Canadá, com seu sistema de saúde centralizado e administrado pelo governo, mantém um controle rígido sobre o preço dos medicamentos. Os críticos ao sistema de saúde dos Estados Unidos acreditam que as empresas farmacêuticas estão tirando vantagem do sistema menos centralizado do país ao cobrar preços exorbitantes por drogas patenteadas. Eles defendem que o governo estadunidense deveria seguir o exemplo do Canadá e adotar políticas regulatórias mais agressivas para reduzir os preços dos medicamentos. Já os apoiadores do sistema acreditam que a expansão dos controles de preços nos Estados Unidos reduziria os incentivos para que as empresas farmacêuticas pesquisassem novas drogas. Os consumidores se beneficiariam dos preços mais baixos hoje, mas receberiam o custo de ter uma menor variedade de tratamentos no futuro. Além disso, eles afirmam que países com controles de preços estão "pegando carona" nas pesquisas que são amplamente financiadas pelos preços mais altos dos Estados Unidos.

12-2d As despesas diretas são uma parte cada vez menor dos gastos com saúde

Quando você vai ao médico ou dentista, ele é remunerado de uma dessas formas: ou você o paga diretamente ou um terceiro, como um programa de seguro do governo ou uma seguradora privada, paga por você. Às vezes, o pagamento é uma combinação dessas duas modalidades.

A Figura 12-5 mostra a porcentagem dos gastos com a saúde que é paga de maneira direta nos Estados Unidos. Essa porcentagem caiu de 55% em 1960 para 13% em 2019. Em contrapartida, o pagamento por terceiros aumentou de 45% para 87% dos gastos com a saúde. Da grande quantidade que **não** é desembolsada diretamente, pouco menos da metade é paga por seguradoras privadas, enquanto o restante é pago por programas de seguro governamentais, como o Medicare (programa para pessoas com 65 anos ou mais) e o Medicaid (programa para a população de baixa renda).

Parte IV A economia do setor público

Figura 12-5

Despesas diretas como uma parcela dos gastos pessoais totais com a saúde

A parcela dos serviços de saúde pessoais que as famílias pagam por conta própria nos Estados Unidos diminuiu ao longo do tempo. Já a fração paga por terceiros – programas governamentais e seguradoras privadas – aumentou.

Fonte: Centers for Medicare & Medicaid Services.

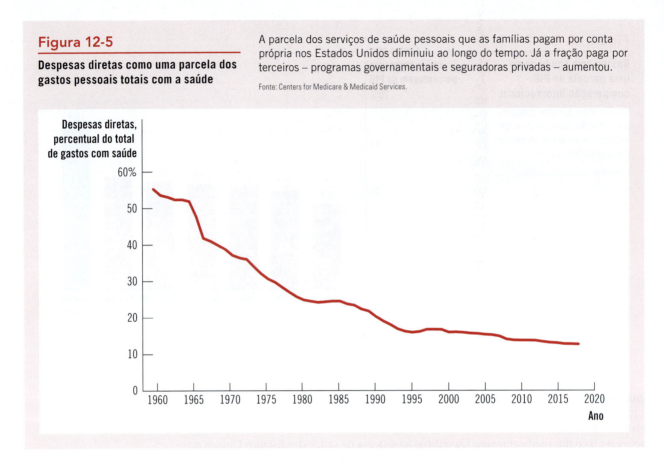

PERGUNTE A QUEM SABE

Imposto do Cadillac

O "imposto do Cadillac" sobre os dispendiosos planos de seguro-saúde fornecidos pelos empregadores reduzirá distorções custosas no sistema de saúde dos Estados Unidos se entrar em vigor conforme o previsto em 2018."

O que dizem os economistas?

0% discordam — 16% não têm certeza
84% concordam

Fonte: IGM Economic Experts Panel, 17 de maio de 2016.

A importância cada vez maior do seguro-saúde é compreensível. Como a necessidade de atendimento médico é imprevisível, já que ele fica mais caro, as pessoas tentarão se proteger dos riscos financeiros contratando um seguro.

Ainda assim, muitos economistas acreditam que o sistema de saúde dos Estados Unidos se tornou muito dependente dos seguros de saúde, sobretudo para gastos pequenos ou rotineiros. Eles acreditam que o excesso de dependência de seguros exacerba o problema do risco moral discutido anteriormente, o que eleva os custos da saúde. Para explicar esse excesso, eles destacam que o sistema de imposto de renda dos Estados Unidos dá um tratamento preferencial ao seguro-saúde fornecido por empregadores. A remuneração em forma de seguro-saúde é isenta de imposto, diferentemente da remuneração em dinheiro. Como resultado, os funcionários têm um incentivo para negociar um seguro-saúde mais generoso (e, portanto, mais caro), reduzindo o valor que pagariam do próprio bolso pelo atendimento médico.

O Affordable Care Act tentou remediar essa questão com a cobrança do chamado "imposto do Cadillac" sobre planos de saúde especialmente caros fornecidos por empregadores. Essa política teria equilibrado as condições entre o pagamento dos trabalhadores na forma de remuneração em dinheiro e o pagamento com um seguro-saúde generoso. Ou seja, o código tributário não daria mais um incentivo ao seguro excessivo. Originalmente, o imposto do Cadillac estava programado para entrar em vigor em 2018, mas foi adiado e acabou sendo revogado em 2019.

Teste rápido

5. Como uma porcentagem da renda total da economia, os gastos com saúde nos Estados Unidos são _____ do que eram há 50 anos e _____ do que em outros países.
   a. muito maiores; praticamente os mesmos
   b. muito maiores; muito maiores
   c. praticamente os mesmos; praticamente os mesmos
   d. praticamente os mesmos; muito maiores

6. A doença de custos de Baumol surge em um setor de serviços que passa por
   a. baixo crescimento da produtividade.
   b. alto crescimento da produtividade.
   c. baixo crescimento da demanda.
   d. alto crescimento da demanda.

7. Em comparação com o passado, os estadunidenses pagam hoje uma porcentagem _____ dos serviços de saúde de maneira direta. Essa tendência _____ o problema do risco moral.
   a. maior; aumenta
   b. maior; diminui
   c. menor; aumenta
   d. menor; diminui

As respostas estão no final do capítulo.

12-3 Conclusão: o debate político sobre o sistema de saúde

Este capítulo apresentou alguns dos fatos e conceitos econômicos que são úteis para entender o mercado da saúde. A maior parte dessas ideias é amplamente aceita pelos economistas que estudam o setor. Apesar desse consenso, há um debate contínuo entre formuladores de políticas dos Estados Unidos sobre o papel do governo no sistema de saúde.

Embora os membros da esquerda política discordem em muitos aspectos, a maioria concorda que um maior papel do governo é essencial para a saúde. Eles afirmam com frequência que as seguradoras privadas são ineficientes e tendem a colocar o lucro à frente das pessoas. Alguns gostariam que o governo oferecesse uma **opção pública** no sistema de saúde – ou seja, um programa de seguros administrado pelo governo que pudesse ser adquirido por qualquer pessoa em vez de um seguro privado. Outros prefeririam avançar para um sistema de **pagador único**, em que o governo paga pela assistência médica integral a partir das receitas fiscais, como o Medicare faz hoje para a população com 65 anos ou mais. Eles apontam o Canadá como um bom exemplo. Sistemas centralizados comandados por administradores inteligentes, destacam eles, seriam mais capazes de reduzir a ineficiência administrativa, eliminar o desperdício de tratamentos, negociar custos mais baixos com os provedores e alocar os recursos da saúde de modo mais equitativo onde eles são mais necessários.

A direita política também tem suas divergências, mas pode-se dizer que muitos indivíduos querem reduzir o papel do governo no sistema de saúde, assim como em muitas outras esferas. Eles reconhecem que o mercado de seguros de saúde precisa ser regulamentado, mas gostariam que a regulamentação fosse menos restritiva do que é hoje. Acreditam que os serviços de saúde vão melhorar se as seguradoras privadas e os provedores competirem abertamente pelos clientes. Temem que um sistema centralizado e administrado pelo governo possa limitar a liberdade individual e a quantidade de

Lições da pandemia de 2020

Reduzir os gastos médicos desnecessários é uma boa meta, mas não é fácil de alcançar.

Por que é tão difícil cortar gastos no sistema de saúde

Por Amy Finkelstein

Cortar gastos e, ao mesmo tempo, preservar tratamentos importantes é o "Santo Graal" da política de saúde. A pandemia do coronavírus mostrou por que esse objetivo tem sido tão difícil de alcançar.

Um dos efeitos surpreendentes da pandemia é que, apesar da necessidade de obter tratamentos e vacinas contra a Covid-19, os gastos com a saúde diminuíram drasticamente nos Estados Unidos. Isso porque as pessoas ficaram relutantes ou incapazes de obter atendimento médico que não fosse relacionado ao coronavírus. Pelos meus cálculos, baseados em dados do governo, os gastos totais com a saúde caíram 10% nos primeiros nove meses de 2020, em comparação com o mesmo período do ano anterior.

Essa redução indiscriminada nos gastos se assemelha muito aos efeitos lastimáveis de uma série de políticas implementadas nos últimos 50 anos para reduzir os atendimentos médicos desnecessários. Elas também reduziram atendimentos essenciais e não essenciais.

Pense no que aconteceu durante a pandemia. As consultas essenciais despencaram: as internações por ataques cardíacos e acidentes vasculares cerebrais graves e as visitas de rotina para vacinação infantil tiveram uma queda significativa. Essas reduções podem ter consequências graves.

Ao mesmo tempo, alguns tipos de atendimento que normalmente são usados de maneira excessiva — e que podem produzir tratamentos de acompanhamento, ansiedade e gastos desnecessários — também diminuíram sua frequência durante a pandemia. Esse grupo inclui exames radiológicos e de rotina para detecção de câncer. Na verdade, um grande espectro de serviços médicos registrou quedas semelhantes, à medida que os pacientes evitavam consultas presenciais e os provedores reduziam a disponibilidade de atendimento.

Em resumo, a pandemia acionou duas alavancas básicas usadas para limitar os atendimentos médicos excessivos. Essas estratégias têm como objetivo reduzir a demanda dos pacientes e restringir a disponibilidade de tratamentos oferecidos pelos provedores. Porém, elas tendem a ter efeitos indiscriminados, reduzindo tratamentos que são críticos além daqueles que não são essenciais.

A importância econômica da redução de gastos desnecessários não é exagerada. O setor da saúde corresponde a quase um quinto da economia estadunidense e um quarto ou mais desses gastos são desnecessários, segundo uma série de estudos. Custos administrativos excessivos, preços elevados e atendimento médico inapropriado são os três grandes culpados pelos gastos desnecessários, aumentando o prêmio dos seguros e os impostos sem ajudar os pacientes.

Há décadas, o princípio condutor por trás da redução de cuidados médicos desnecessários tem sido o de que, se os pacientes ou provedores tiverem que "arriscar a própria pele" financeiramente, eles tomarão decisões mais prudentes. Para encorajar os pacientes a tomarem boas decisões, as seguradoras fazem com que eles paguem uma parcela de seus custos médicos. Planos de seguro-saúde com franquia elevada, em que o paciente paga pelos primeiros mil dólares (ou mais) de suas despesas médicas no ano, são um exemplo cada vez mais comum.

A teoria econômica é simples: quando uma coisa fica mais cara, as pessoas passam a comprar menos dela. E as evidências empíricas são bem claras: quando os pacientes pagam mais, eles recorrem a menos atendimentos médicos.

O problema é que eles passam a evitar todos os tipos de atendimento. A introdução de um plano com franquia elevada, por exemplo, reduz o número de exames para dores não específicas na lombar e o uso de antibióticos para infecções respiratórias, como deveria ser. Mas também tende a reduzir o uso de serviços de saúde mental e a prescrição de medicamentos para tratar diabetes crônica e colesterol alto, que podem ter consequências negativas.

Minhas pesquisas mostram que a cobertura de indivíduos não segurados com o Medicaid é um instrumento igualmente ineficaz para estimular as pessoas a buscarem atendimentos importantes. O Medicaid aumentou os cuidados preventivos, o que era um de seus objetivos, mas também aumentou as idas ao pronto-socorro, o que não era. Até mesmo os seguros mais direcionados, que reduzem somente os preços de serviços atendimentos, além de sufocar a inovação. Para eles, o Canadá é um exemplo do que pode dar errado: o tempo de espera para procedimentos médicos pode ser desagradavelmente longo, e aqueles que podem pagar às vezes optam por não esperar e buscam tratamento nos Estados Unidos.

O debate sobre a política de saúde faz parte de um debate mais amplo sobre igualdade de renda e o papel do governo. Como destacado no Capítulo 1, a sociedade muitas vezes enfrenta um *trade-off* entre igualdade e eficiência, e esse fato tem grande relevância na discussão sobre serviços de saúde. Pessoas que se identificam com o espectro político de esquerda geralmente querem alcançar a cobertura universal da saúde, oferecendo seguros governamentais ou subsidiando o seguro privado para famílias de baixa renda. Mas, para

específicos e caros, têm, na melhor das hipóteses, efeitos modestos na promoção dos resultados desejados.

Da mesma forma, incentivos financeiros que estimulam médicos e hospitais a reduzirem o número de tratamentos supérfluos também podem descartar alguns atendimentos indispensáveis. Tradicionalmente, esses provedores eram reembolsados por uma tarifa unitária, cobrando separado por cada exame e procedimento realizado. Assim, quanto mais fizessem, mais receberiam.

Para encorajar a realização apenas de atendimentos essenciais, tem havido uma mudança geral para o pagamento de uma taxa fixa por paciente, independentemente do tratamento oferecido. Um hospital pode receber $ 25.000 por uma cirurgia de joelho de um paciente, por exemplo, e depois ter de absorver todos os custos associados, inclusive a internação, os honorários do cirurgião e os serviços de reabilitação após a alta. Ou uma rede de provedores de saúde pode receber $ 10.000 por ano por todos os atendimentos de um paciente.

Dessa forma, o provedor de serviços médicos é responsável pelos custos do tratamento. Esses incentivos, porém, são uma faca de dois gumes: aquilo que incentiva uma conscientização a respeito dos custos pode desestimular o tratamento ideal.

Países de todo o mundo têm enfrentado esses problemas. Um estudo recente sobre o setor da saúde em 10 países — incluindo diversos com sistemas de pagador único — concluiu que, de uma forma ou de outra, todos eles são repletos de atendimentos ineficientes e desnecessários.

Uma razão para ser tão difícil reduzir os gastos é que médicos e reguladores já

Amy Finkelstein

eliminaram muitos tratamentos comprovadamente prejudiciais ou inúteis. Os pacientes não recebem mais medicamentos patenteados, sangrias de rotina ou lobotomias.

Reduzir custos administrativos desnecessários e controlar os preços elevados também são tarefas difíceis. Parte da burocracia não tem finalidade, mas nem toda. Reduzir os preços pode ameaçar a disponibilidade de tratamentos importantes. Um princípio da publicidade se aplica à saúde: metade dos gastos é desnecessária, só não sabemos qual das metades.

Baixo valor não significa nenhum valor. É por isso que a campanha "Choosing Wisely", uma iniciativa para reduzir atendimentos desnecessários, identificou um grande número de exames e procedimentos que pacientes e médicos deveriam "questionar", mas não eliminar. Nós não "questionamos" se é prudente colocar o dedo na tomada, alertamos que não se deve fazer isso. Mas a maior parte dos procedimentos médicos é diferente, pois exige ponderação.

Pedir uma tomografia computadorizada para uma paciente na primeira vez que ela se queixa de uma dor de cabeça em geral não é uma atitude sábia, assim como se casar logo depois do primeiro encontro. Mas, ocasionalmente, essa triagem desnecessária detecta um problema potencialmente fatal antes que seja tarde demais e, de vez em quando, um casamento acelerado acaba chegando ao "felizes para sempre". Improvável não quer dizer nunca, por isso, fica difícil para um médico bem intencionado ou um romântico inveterado resistir.

Isso não significa que devemos deixar de tentar reduzir o desperdício. Mas dizer que há uma cura simples e milagrosa para eliminar a maioria dos atendimentos médicos desnecessários? Não compre essa ideia, com ou sem seguro. ■

Questões para discussão

1. Se houvesse uma coparticipação maior em uma consulta médica, você mudaria a frequência com que busca atendimento? Por quê?

2. Você consegue avaliar quando precisa de atendimento médico e quando é melhor deixar seu corpo se curar sozinho? Dê alguns exemplos.

3. O quanto você confia em seu médico para decidir quais exames solicitar? Por quê?

Amy Finkelstein é professora de economia do MIT.

Fonte: *New York Times*, 24 de janeiro de 2021.

---

pagar por essas políticas, é preciso aumentar os impostos sobre famílias com renda mais alta, e esses impostos podem distorcer os incentivos e reduzir o tamanho do bolo econômico. Já os indivíduos no espectro da direita enfatizam os efeitos distorcivos dos impostos e da redistribuição de renda. Eles defendem que o governo tenha um papel mais limitado, além da redução dos impostos, e afirmam que essa abordagem aumentaria o bolo econômico. Porém, um governo menor e menos receitas significam menos recursos públicos para ajudar aqueles que lutam para obter os cuidados de saúde de que necessitam.

Esse debate desperta questões difíceis e importantes, e este capítulo não traz nenhuma resposta fácil. Mas essa introdução à economia dos cuidados de saúde deve garantir um ponto de partida para que você reflita sobre as diversas questões envolvidas.

RESUMO DO CAPÍTULO

- O mercado da saúde difere da maioria dos outros mercados em diversos aspectos. Primeiro, existem externalidades generalizadas, como aquelas associadas à vacinação e à pesquisa médica. Segundo, como os consumidores não conseguem avaliar com facilidade a qualidade daquilo que estão comprando, instituições públicas e privadas intervêm para garantir que o tratamento seja adequado. Terceiro, a saúde é normalmente considerada um direito, o que obriga o governo a garantir que todos tenham acesso a ela.
- Os gastos com saúde podem ser altos e imprevisíveis, mas o seguro-saúde reduz o risco financeiro enfrentado pelas pessoas diante de um evento caro. Os problemas do risco moral e da seleção adversa, no entanto, dificultam a eficácia do mercado de seguro-saúde. Quando as pessoas têm seguro, seja ele de uma empresa privada ou de um programa do governo, a seguradora estabelece regras relacionadas ao financiamento, acesso e pagamento.
- Desde 1900, a expectativa de vida nos Estados Unidos aumentou em cerca de 30 anos, em grande parte devido aos avanços na tecnologia médica.
- Nos últimos 60 anos, os gastos com saúde como uma porcentagem da renda nacional aumentaram significativamente. Diversas forças estão em ação: a doença de custos de Baumol, avanços na tecnologia médica, envelhecimento da população e aumento da renda.
- Os Estados Unidos gastam uma fração maior de sua renda com saúde do que outros países desenvolvidos. Este fato não tem uma explicação simples. Críticos e defensores do sistema de saúde estadunidense apontam diferentes causas possíveis.
- A porcentagem dos gastos com saúde pagos de maneira direta pelos consumidores, e não pelas seguradoras, caiu consideravelmente ao longo do tempo. Alguns economistas dizem que a dependência dos seguros é excessiva, exacerbando o risco moral e elevando os custos dos serviços de saúde.

CONCEITOS-CHAVE

aversão ao risco, p. 231

risco moral, p. 231

seleção adversa, p. 232

QUESTÕES DE REVISÃO

1. Dê dois exemplos de externalidades no sistema de saúde.
2. Explique o risco moral e a seleção adversa no mercado de seguro-saúde.
3. Descreva os três conjuntos de regras que são necessárias em um mercado de saúde com seguradoras.
4. Cite três motivos para o aumento da expectativa de vida que tem ocorrido ao longo do tempo.
5. Como os gastos com saúde nos Estados Unidos hoje se comparam com os gastos há 50 anos? Cite quatro forças econômicas que podem ajudar a explicar essa tendência.
6. Como os gastos com saúde nos Estados Unidos se comparam com os gastos em outros países desenvolvidos?
7. Explique o raciocínio por trás do "imposto do Cadillac" sobre planos de seguro-saúde mais caros.

PROBLEMAS E APLICAÇÕES

1. Pense em como o seguro-saúde afeta a quantidade de serviços oferecidos. Suponha que o procedimento médico típico custe $ 100, mas uma pessoa com seguro pague apenas $ 20 do próprio bolso. A seguradora paga os $ 80 restantes. (A seguradora recupera os $ 80 através dos prêmios, mas o prêmio pago pelos usuários não depende do número de procedimentos que eles decidem realizar.)
   a. Desenhe a curva de demanda no mercado de atendimentos médicos. (Em seu diagrama, o eixo horizontal deve representar o número de procedimentos médicos.) Mostre a quantidade de procedimentos demandados se cada um deles custar $ 100.
   b. Em seu diagrama, mostre a quantidade de procedimentos demandados se os consumidores pagassem apenas $ 20 por procedimento. Se o custo de cada procedimento para a sociedade for de $ 100 e os indivíduos tiverem seguros com as condições descritas acima, o número de procedimentos realizados maximizará o excedente total? Explique.
   c. Os economistas frequentemente culpam o sistema de seguro-saúde pelo uso excessivo de serviços médicos. Com base em sua análise, por que o uso de serviços médicos pode ser visto como "excessivo"?
   d. Que tipos de políticas poderiam evitar esse uso excessivo?

2. A empresa de seguro-saúde Vida Longa e Próspera cobra $ 5.000 por ano por uma apólice de seguro familiar. O presidente da empresa sugere que a seguradora aumente o preço anual para $ 6.000 para aumentar os lucros. Se a empresa seguir essa sugestão, que problema econômico poderia surgir? O grupo de clientes da empresa tende a ficar mais ou menos saudável, em média? Os lucros da empresa necessariamente aumentariam?

3. Complete a lógica por trás da doença de custos de Baumol no setor de serviços. Suponha que a economia tenha dois setores – manufatura e serviços – e que os avanços tecnológicos ocorram apenas na manufatura.

   a. Se um avanço tecnológico aumenta a produtividade da mão de obra na manufatura, a demanda por mão de obra nesse segmento aumenta e o salário de equilíbrio dos trabalhadores da manufatura (aumenta/diminui).
   b. Se alguns trabalhadores puderem transitar nos setores de manufatura e serviços, a mudança identificada na parte (a) (aumenta/diminui) a oferta de mão de obra nos setor de serviços.
   c. Como resultado da mudança identificada na parte (b), o salário dos trabalhadores do setor de serviços (aumenta/diminui).
   d. Devido à mudança identificada na parte (c), os custos das empresas que prestam serviços (aumentam/diminuem).
   e. Devido à mudança nos custos identificada na parte (d), o preço dos serviços (aumenta/diminui).
   f. Assim, os avanços tecnológicos na manufatura fazem o preço dos serviços (aumentar/diminuir).

4. Considere um exemplo de espiral da morte. Uma economia é formada por cinco tipos de pessoas em igual número, com diferentes problemas de saúde pré-existentes. Veja abaixo os custos de saúde esperados de cada grupo para o próximo ano:

   A $ 1.000
   B $ 2.000
   C $ 3.000
   D $ 4.000
   E $ 5.000

   a. Se todos os cinco tipos de pessoas contratarem um seguro-saúde, qual será o custo médio dos serviços de saúde pago pelas seguradoras? As empresas precisam cobrir esse custo médio, além de outros gastos (incluindo um lucro normal) que somam $ 700. Supondo que as empresas precisem cobrar o mesmo preço de todos os consumidores, qual seria esse valor?
   b. Embora todos os clientes desejem ter um seguro para reduzir a incerteza, eles definem o valor desse aspecto em $ 1.000 e, portanto, cancelarão o seguro se o preço ultrapassar seu próprio custo esperado da saúde em mais de $ 1.000. Quais consumidores contratarão o seguro pelo preço calculado na parte (a)?
   c. Para o novo grupo de segurados identificado na parte (b), qual é o custo médio dos serviços de saúde? Depois de analisar esse novo custo médio, que preço as seguradoras cobrarão pelo seguro?
   d. Quando os consumidores receberem o novo preço da parte (c), quais deles contratarão o seguro?
   e. Para o novo grupo de segurados identificado na parte (d), qual é o custo médio dos serviços de saúde? Depois de analisar esse novo custo médio, que preço as seguradoras cobrarão pelo seguro?
   f. Quando os consumidores receberem o novo preço da parte (e), quais deles contratarão o seguro?
   g. Para o novo grupo de segurados identificado na parte (f), qual é o custo médio dos serviços de saúde? Depois de analisar esse novo custo médio, que preço as seguradoras cobrarão pelo seguro?
   h. Quando os consumidores receberem o novo preço da parte (g), quais deles contratarão o seguro? Esse resultado parece ser um equilíbrio?
   i. O valor do seguro para cada pessoa equivale aos $ 1.000 da redução da incerteza mais o custo esperado da saúde. O custo do fornecimento é o prêmio do seguro e o excedente do consumidor é o excesso de valor sobre o prêmio. Qual é o excedente do consumidor derivado do mercado de seguros descrito na parte (h)?
   j. Agora suponha que o governo determine que todos contratem um seguro, então voltamos à situação da parte (a). Qual seria o excedente para cada consumidor? Qual seria o excedente total do mercado?
   k. Se a sociedade votasse para decidir sobre essa obrigatoriedade e todos decidissem com base em seus próprios interesses, como seria essa votação?
   l. Para garantir que todos cumpram a determinação, qual deveria ser o valor da multa em caso de não contratação do seguro?

Respostas do teste rápido

1. **d**   2. **c**   3. **a**   4. **b**   5. **b**   6. **a**   7. **c**

Capítulo 13

A estrutura do sistema tributário

Al "Scarface" Capone, o notório gângster e chefão do crime da década de 1920, nunca foi condenado por seus diversos crimes violentos, mas acabou indo para a cadeia por evasão de impostos. Ele negligenciou a prudente observação feita por Benjamin Franklin de que "neste mundo nada é certo, a não ser a morte e os impostos".

Quando Franklin fez essa afirmação, em 1789, o cidadão estadunidense médio pagava menos de 5% de sua renda em impostos, e isso continuou a valer pelos cem anos que se seguiram. Durante o século XX, entretanto, os impostos passaram a ter uma importância maior na vida das pessoas. Hoje, todos os impostos somados – imposto de renda de pessoa física, imposto de renda de pessoa jurídica, impostos sobre a folha de pagamentos, impostos sobre as vendas e impostos sobre a propriedade – consomem mais de um quarto da renda do estadunidense médio. Em muitos países da Europa, a carga de impostos é ainda maior.

Os impostos são inevitáveis, porque nós, como cidadãos, esperamos que o governo nos proporcione diversos bens e serviços. Um dos **dez princípios da economia** do Capítulo 1 é que os mercados, em geral, são uma boa forma de organizar a atividade econômica. Porém, as economias de mercado dependem de direitos de propriedade e do Estado de direito, por isso o governo provê a polícia e os tribunais. Outro dos **dez princípios da economia** é que o governo, às vezes, pode melhorar os resultados do mercado. Quando o governo repara uma externalidade (como a poluição do

ar), proporciona um bem público (como a defesa nacional) ou regula o uso de um recurso comum (como a pesca em um lago público), pode aumentar o bem-estar econômico, mas essas atividades podem ser caras. Para o governo desempenhar essas e muitas outras funções, ele precisa aumentar sua receita por meio dos impostos.

Em capítulos anteriores, analisamos os impostos usando o modelo de oferta e demanda. Vimos, no Capítulo 6, que um imposto reduz a quantidade vendida em um mercado e examinamos como o encargo de um imposto se divide entre compradores e vendedores, dependendo das elasticidades de oferta e demanda. No Capítulo 8, examinamos como os impostos afetam o bem-estar econômico. Aprendemos que, na maioria dos casos, os impostos causam **peso morto**: a redução dos excedentes do consumidor e do produtor resultante de um imposto que supera a receita arrecadada pelo governo. Assim, como vimos no Capítulo 10, os impostos podem melhorar a eficiência quando internalizam externalidades e corrigem falhas do mercado.

Neste capítulo, ampliaremos essas lições e abordaremos o desenho de um sistema tributário. Começaremos com uma visão geral de como o governo dos Estados Unidos arrecada dinheiro. Então, veremos os princípios da tributação. A maioria das pessoas concorda que os impostos devem impor o menor custo possível à sociedade e que o ônus dos impostos deve ser distribuído de forma justa. Ou seja, que o sistema tributário deve ser **eficiente** e **equitativo**. Como veremos, declarar esses objetivos é muito mais fácil do que alcançá-los.

13-1 Tributação nos Estados Unidos: um panorama geral

Quanto da renda nacional o governo estadunidense arrecada sob a forma de impostos? A Figura 13-1 mostra a receita do governo (federal, estadual e municipal) como porcentagem da renda total da economia estadunidense, mostrando que o papel do governo cresceu substancialmente durante o século passado. Em 1902, o governo arrecadava 7% da renda

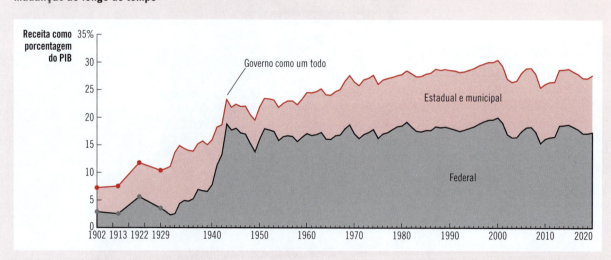

Figura 13-1

Receita do governo estadunidense como porcentagem do PIB: mudanças ao longo do tempo

Esta figura mostra a receita do governo federal e dos governos estaduais e municipais dos Estados Unidos como porcentagem do produto interno bruto (PIB), que mede a renda total na economia. Ela mostra que o governo desempenha um papel importante na economia dos Estados Unidos e que esse papel vem crescendo ao longo do tempo.

Fonte: *Historical Statistics of the United States*; Bureau of Economic Analysis; e cálculos do autor.

Figura 13-2
Receita do governo como porcentagem do PIB: comparação internacional

A porcentagem da receita que o governo obtém em impostos varia substancialmente de país a país.

Fonte: OCDE. Dados de 2019.

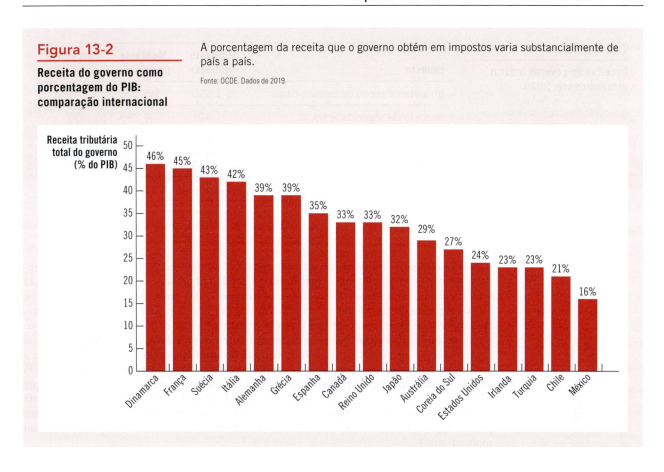

total; nos últimos anos, recolheu aproximadamente 30%. Em outras palavras, conforme a renda da economia cresceu, a arrecadação tributária do governo cresceu ainda mais.

A Figura 13-2 compara a carga tributária de diversos países, medida pela receita tributária do governo como uma porcentagem da renda total de cada país. Os Estados Unidos têm uma carga tributária baixa em comparação com a maioria das economias avançadas. Muitas nações europeias têm impostos muito mais elevados que financiam uma rede de segurança social mais generosa, incluindo uma maior assistência às pessoas em situação de pobreza e desemprego.

13-1a Impostos coletados pelo governo federal dos Estados Unidos

O governo federal dos Estados Unidos recolhe cerca de dois terços dos impostos da economia. A Tabela 13-1 mostra as receitas do governo federal em 2020. A receita total naquele ano foi de $ 3,7 trilhões, um número tão elevado que é até difícil de compreender. Para melhor analisar esse valor astronômico, podemos dividi-lo pelo tamanho da população dos Estados Unidos, cerca de 331 milhões em 2020. Descobrimos, então, que o estadunidense médio pagou $ 11.069 ao governo federal em 2020.

Imposto de renda de pessoa física A maior fonte de receitas do governo federal dos Estados Unidos é o imposto de renda das pessoas físicas. A cada ano, quando se aproxima o dia 15 de abril, quase todas as famílias preenchem um formulário para determinar o valor do imposto de renda que devem ao governo. Cada família precisa declarar sua renda de todas as fontes: salários, juros sobre a poupança, dividendos de empresas de que tenham ações, lucros de pequenas empresas que possuam e assim por diante. A **obrigação tributária** da família (o quanto ela deve) se baseia em sua renda total.

Tabela 13-1
Receitas do governo federal estadunidense: 2020

Fonte: Bureau of Economic Analysis. A soma das colunas pode não ser a mesma do total em função do arredondamento de valores.

Imposto	Montante (bilhões)	Montante por pessoa	Percentual da receita
Imposto de renda de pessoa física	$ 1.690	$ 5.106	46%
Imposto de seguridade social	1.421	4.293	39
Imposto de renda de pessoa jurídica	199	601	5
Outros	354	1.069	10
Total	**$ 3.664**	**$ 11.069**	**100%**

Mas a obrigação tributária de uma família não é simplesmente proporcional à sua renda; a lei exige um cálculo mais complicado. A renda tributável é calculada como a renda total menos um valor baseado no número de dependentes (principalmente as crianças) e menos algumas despesas que os formuladores de políticas consideram "dedutíveis", como pagamentos de juros hipotecários e doações a instituições de caridade. A obrigação tributária é então calculada com base nos dados que veremos na Tabela 13-2.

Essa tabela apresenta a **alíquota marginal do imposto**, que é a alíquota aplicada a cada dólar adicional de renda. Como a alíquota marginal aumenta com a renda, famílias de alta renda pagam uma porcentagem maior da sua renda em impostos. Observe que cada alíquota da tabela se aplica apenas à renda dentro da respectiva faixa, e não a toda a renda da pessoa. Por exemplo, alguém que tenha uma renda de $ 1 milhão ainda assim pagará apenas 10% dos primeiros $ 9.875. (Trataremos do conceito de alíquota marginal mais adiante.)

Impostos sobre a folha de pagamento Quase tão importantes para o governo federal quanto o imposto de renda das pessoas físicas são os **impostos sobre a folha de pagamento**, que são arrecadados sobre os salários que uma empresa paga a seus trabalhadores. A Tabela 13-1 refere-se a essa receita como **impostos de seguridade social** porque a receita é destinada ao pagamento da seguridade social e do Medicare. A seguridade social é um programa de provimento de renda concebido principalmente para a manutenção do padrão de vida dos idosos, enquanto o Medicare é o programa de saúde do governo para essa população. Em 2020, o imposto total sobre a folha de pagamento foi 15,3% dos rendimentos anuais até $ 137.700 e 2,9% dos rendimentos acima de $ 137.700, além de um adicional de 0,9% para os contribuintes com renda elevada (acima de $ 200 mil, se solteiro, e de $ 250 mil,

Tabela 13-2
Alíquotas do imposto de renda federal nos Estados Unidos: 2020

Esta tabela mostra as alíquotas marginais para contribuintes solteiros. Os impostos devidos por um contribuinte dependem de todas as alíquotas marginais até o seu nível de contribuição. Por exemplo, um contribuinte com renda de $ 40 mil paga 10% sobre os primeiros $ 9.875 e 15% sobre o restante.

Sobre a renda tributável...	A alíquota do imposto é...
Até $ 9.875	10%
De $ 9.876 a $ 40.125	15%
De $ 40.126 a $ 85.525	22%
De $ 85.526 a $ 163.300	24%
De $ 163.301 a $ 207.350	32%
De $ 207.351 a $ 518.400	35%
Acima de $ 518.401	37%

se casado). Para a maioria das famílias de classe média, o imposto sobre a folha de pagamento é o mais custoso entre os impostos pagos.

Imposto de renda das pessoas jurídicas O segundo imposto em magnitude, mas muito menor que o imposto de renda de pessoas físicas ou que os impostos de seguridade social, é o imposto sobre a renda das pessoas jurídicas. Uma **pessoa jurídica** é uma empresa criada para ter sua própria existência jurídica, distinta e separada de seus proprietários. O governo tributa cada empresa com base em seus **lucros** – o valor que a empresa recebe pelos bens e serviços que vende menos o custo de produzi-los. Observe que, em essência, os lucros de pessoa jurídica são tributados duas vezes: uma vez quando a empresa tem lucro e outra pelo imposto de renda das pessoas físicas, quando a empresa usa os lucros para pagar dividendos a seus acionistas. (Uma exceção a essa segunda tributação ocorre quando as ações pertencem a entidades não tributáveis, como doações a universidades e algumas contas de aposentadoria.) Em parte para compensar essa dupla tributação, os formuladores de políticas públicas decidiram tributar o rendimento de dividendos em alíquotas menores do que outros tipos de renda; em 2020, a maior alíquota marginal do rendimento de dividendos era de apenas 20% (mais 3,8% do imposto do Medicare), comparada à maior alíquota marginal sobre rendimentos comuns de 37% (mais os mesmos 3,8%).

Outros impostos A última categoria, chamada "outros" na Tabela 13-1, representa até 9% das receitas. Essa categoria inclui os **impostos seletivos** que incidem sobre bens específicos, como gasolina, cigarros e bebidas alcoólicas. Inclui também diversos itens menores, como impostos sobre heranças e impostos alfandegários.

13-1b Impostos coletados por governos estaduais e municipais nos Estados Unidos

Os governos estaduais e municipais arrecadam cerca de um terço de todos os impostos pagos. A Tabela 13-3 mostra as receitas dos governos municipais e estaduais dos Estados Unidos. A receita total de 2020 foi de $ 3 trilhões, ou $ 9.157 por pessoa. A tabela também mostra como este total é repartido em diferentes tipos de impostos.

Os impostos mais importantes para os governos estaduais e municipais são os impostos sobre a propriedade, que representam 19% das receitas e são cobrados dos proprietários como uma porcentagem do valor estimado do terreno e da área construída.

Os governos estaduais e municipais também podem instituir impostos de renda de pessoas físicas e jurídicas. Em muitos casos, esses impostos são como impostos de renda federais. Em outros, as regras são diferentes. Por exemplo, alguns estados tributam menos a renda dos salários do que a renda auferida como juros e dividendos. Alguns estados não tributam a renda pessoal.

Tabela 13-3
Receitas dos governos estaduais e municipais nos Estados Unidos: 2020

Fonte: Bureau of Economic Analysis. A soma das colunas pode não ser a mesma do total em função do arredondamento de valores.

Imposto	Montante (bilhões)	Montante por pessoa	Percentual da receita
Imposto sobre propriedades	$ 586	$ 1.770	19%
Imposto de renda de pessoa física	466	1.408	15
Imposto sobre vendas	426	1.287	14
Imposto sobre o consumo	209	631	7
Imposto de renda de pessoa jurídica	76	230	3
Fundos do governo federal	873	2.637	29
Outros	395	1.193	13
Total	**$ 3.031**	**$ 9.157**	**100%**

Com 14% das arrecadações, os impostos sobre vendas também são grandes geradores de receita. Eles são cobrados como uma porcentagem do valor total gasto em lojas de varejo. Toda vez que os clientes compram algo, eles pagam uma quantia extra que os varejistas remetem ao governo. (Alguns estados excluem certos itens considerados necessários, como alimentos e roupas.) Semelhantes aos impostos sobre vendas, os impostos seletivos sobre o consumo incidem sobre bens específicos, como gasolina, cigarros ou bebidas alcoólicas. Os impostos seletivos sobre o consumo representam 7% das receitas estaduais e municipais.

Os governos estaduais e municipais também recebem fundos substanciais do governo federal. Em certa medida, a política do governo federal de compartilhar sua receita com os governos estaduais redistribui recursos dos estados mais ricos (que pagam mais impostos) para os de renda mais baixa (que recebem mais benefícios). Muitas vezes, esses fundos estão atrelados a programas específicos que o governo federal deseja subsidiar. Por exemplo, o Medicaid fornece assistência médica aos pobres; este programa é administrado pelos estados, mas grande parte dos recursos financeiros vem do governo federal.

Por fim, os governos estaduais e municipais obtêm grande parte de sua receita de diversas fontes agrupadas na categoria "outros" da Tabela 13-3. Essa categoria inclui taxas cobradas por licenças de caça e pesca, pedágios de estradas e pontes, tarifas de ônibus públicos e metrô, entre outras fontes de receita.

Teste rápido

1. Como porcentagem da renda nacional, os impostos nos Estados Unidos são
   a. mais altos do que na França, na Alemanha e no Reino Unido.
   b. mais baixos do que na França, na Alemanha e no Reino Unido.
   c. mais altos do que na França e na Alemanha, mas mais baixos do que no Reino Unido.
   d. mais baixos do que na França e na Alemanha, mas mais altos do que no Reino Unido.

2. As duas maiores fontes de receita tributária para o governo federal dos Estados Unidos são
   a. impostos de renda de pessoas físicas e jurídicas.
   b. imposto de renda de pessoa física e impostos sobre a folha de pagamento para a seguridade social.
   c. impostos de renda de pessoa jurídica e impostos sobre a folha de pagamento para a seguridade social.
   d. impostos sobre a folha de pagamento para a seguridade social e impostos sobre a propriedade.

— As respostas estão no final do capítulo.

13-2 Impostos e eficiência

O sistema tributário dos Estados Unidos continua mudando à medida que os legisladores adotam diferentes abordagens para aumentar a receita. Se estivéssemos começando do zero, como poderíamos projetar, a princípio, um bom sistema tributário? O objetivo principal é financiar o governo, mas há muitas maneiras de fazer isso. Ao escolher entre impostos alternativos, é importante considerar dois objetivos: eficiência e equidade.

Um sistema tributário será mais eficiente do que outro se levantar o mesmo montante de recursos a um menor custo para os contribuintes. Quais são os custos dos impostos para os contribuintes? O mais óbvio é o pagamento do próprio imposto, uma característica inevitável de qualquer sistema tributário. No entanto, os impostos também trazem consigo dois outros custos que os sistemas tributários bem planejados procuram evitar ou, pelo menos, minimizar:

- O peso morto que ocorre quando os impostos distorcem as decisões que as pessoas tomam
- Os encargos administrativos suportados pelos contribuintes ao agir de acordo com a legislação tributária

Um sistema tributário eficiente é aquele que impõe pouco peso morto e baixos encargos administrativos.

13-2a Perdas de peso morto

Um dos **dez princípios da economia** é que as pessoas respondem a incentivos, inclusive os proporcionados pelo sistema tributário. Se o governo tributa o sorvete, as pessoas compram menos sorvete e mais picolé. Se o governo tributa a moradia, as pessoas passam a morar em casas menores e a gastar uma parcela maior de sua renda em outras coisas. Se o governo tributa os ganhos do trabalho, as pessoas ficam inclinadas a trabalhar menos e desfrutar de mais lazer.

"Antes de eu responder, quais são as implicações fiscais?"

Como os impostos distorcem os incentivos, eles criam perdas de peso morto, fenômeno explicado no Capítulo 8. A perda de peso morto de um imposto ocorre quando a redução do bem-estar econômico dos contribuintes excede a quantia de receita arrecadada pelo governo. Em outras palavras, a perda de peso morto é a ineficiência que um imposto cria à medida que as pessoas alocam recursos de acordo com o incentivo do imposto, e não segundo os verdadeiros custos e benefícios dos bens e serviços que compram e vendem.

Suponha que Leonardo esteja disposto a pagar $ 16 por uma pizza e Carmen esteja disposta a pagar $ 12. A oferta de pizza é perfeitamente elástica a um preço de $ 10 (o que garante que o excedente do produtor seja zero). Se não houver imposto sobre a pizza, tanto Leonardo quanto Carmen compram uma, e obtêm um excedente de valor sobre o valor pago. O excedente do consumidor de Leonardo é de $ 6 e o de Carmen é de $ 2, totalizando $ 8.

Agora, suponha que o governo cobra um imposto de $ 4 sobre a pizza, o que aumenta o preço para $ 14. Leonardo ainda compra uma pizza, mas agora tem um excedente do consumidor de apenas $ 2. Carmen deixa de comprar porque agora custa mais do que vale para ela, então seu excedente do consumidor é zero. O excedente dos dois consumidores juntos cai $ 6 (de $ 8 para $ 2), enquanto o governo arrecada uma receita tributária de $ 4 na pizza de Leonardo. O imposto tem um peso morto porque o declínio no excedente do consumidor excede o ganho na receita tributária. Nesse caso, o peso morto é de $ 2.

Observe que o peso morto não vem de Leonardo, que paga o imposto, mas de Carmen, que não paga. A redução de $ 4 no excedente de Leonardo compensa exatamente a quantidade de receita que o governo arrecada. O peso morto surge porque o imposto faz Carmen mudar seu comportamento. Quando o imposto aumenta o preço da pizza, Carmen fica em pior situação, o que não é compensado com aumento de arrecadação pelo governo. Essa redução no bem-estar de Carmen é o peso morto do imposto.

Por fim, vale lembrar que nem todos os impostos que alteram os incentivos levam a um peso morto. Conforme discutido no Capítulo 10, quando há fatores externos, um mercado por si só pode levar a resultados ineficientes, e o problema pode ser resolvido com uma taxação adequada. Por exemplo, se o cheiro de pizza assada em um forno de tijolos deixa aqueles que passam pelo caminho famintos e infelizes, talvez porque os lembre de que a pizza é deliciosa, mas não muito saudável, um imposto sobre a pizza poderia aumentar a eficiência. Os impostos corretivos também aumentam a receita tributária, que pode ser usada para reduzir impostos que criam peso morto.

Estudo de caso

A renda ou o consumo devem ser tributados?

Quando os impostos fazem com que as pessoas mudem seu comportamento, como induzir Carmen a comprar menos pizza, os impostos podem tornar a alocação de recursos menos eficiente. Grande parte da receita do governo vem do imposto de renda de pessoa física, e um estudo de caso no Capítulo 8 discutiu como esse imposto desencoraja algumas pessoas a trabalharem tanto quanto poderiam. Mas esse não é o fim da história. Esse imposto causa outra ineficiência: desencoraja as pessoas a economizar.

Considere Elena Econômica, uma jovem de 25 anos que decidirá se quer economizar $ 1 mil. Se Elena colocar esse dinheiro em uma conta poupança que rende 6% e o deixar lá, ela terá $ 10.286 quando se aposentar aos 65 anos. No entanto, se o governo tributar um quarto de sua renda de juros a cada ano, a taxa efetiva de juros é de apenas 4,5%. Depois de 40 anos ganhando 4,5% ao ano, os $ 1 mil aumentam para apenas $ 5.816, o que é 43% menos do que seria sem tributação. É por isso que os impostos sobre a renda de juros tornam a opção de guardar dinheiro menos atraente.

Alguns economistas defendem que o desincentivo do sistema tributário à poupança deva ser eliminado. Em vez de tributar rendimentos, o governo poderia tributar gastos. De acordo com essa proposta, toda a renda economizada está livre de impostos até que a economia seja gasta posteriormente. Esse sistema alternativo, chamado de **imposto sobre o consumo**, não impactaria as decisões de poupar dinheiro.

Algumas disposições legais atuais já tornam o sistema ligeiramente semelhante a um imposto sobre o consumo. As pessoas podem colocar uma quantidade limitada de sua renda em contas protegidas de impostos, como contas de aposentadoria individuais e planos 401(k).* Essa renda, junto com os juros acumulados, evita a tributação até que o dinheiro seja retirado na aposentadoria. Para as pessoas que poupam majoritariamente por meio dessas contas de aposentadoria, seus tributos são, na verdade, baseados em seu consumo e não em sua renda.

Os países europeus geralmente favorecem os impostos sobre o consumo. A maioria deles gera uma quantidade significativa de receita por meio de um imposto sobre valor agregado, ou IVA. O IVA é como o imposto sobre vendas no varejo, utilizado por muitos estados nos Estados Unidos. Mas, em vez de coletar todo o imposto no momento da compra no varejo, o governo coleta o imposto durante as etapas de produção do bem (ou seja, conforme o valor é agregado ao longo da cadeia de produção).

Alguns formuladores de políticas dos Estados Unidos propuseram que o código tributário avançasse mais na direção de tributar o consumo do que a renda. Em 2005, o economista Alan Greenspan, então presidente do Federal Reserve,** ofereceu o seguinte conselho a uma comissão presidencial sobre reforma tributária: "Como os senhores sabem, muitos economistas acreditam que um imposto sobre o consumo seria melhor para promover o crescimento econômico – especialmente caso um sistema tributário estivesse sendo projetado do zero – visto que é provável que a tributação sobre o consumo incentive a poupança e a formação de capital. No entanto, transicionar do sistema tributário atual para um imposto sobre o consumo envolveria um conjunto de desafios". ●

13-2b Ônus administrativo

Muitas pessoas colocariam a tarefa de preencher formulários fiscais na sua lista pessoal de tarefas importantes, mas desagradáveis, em algum lugar entre passar fio dental e limpar o banheiro. A carga administrativa do sistema fiscal é uma causa de ineficiência. Inclui não apenas o tempo gasto preenchendo formulários no prazo, mas também as horas necessárias ao longo do ano para manter registros para fins fiscais e os recursos que o governo usa para fazer cumprir as leis fiscais.

Muitos contribuintes – principalmente os que pagam alíquotas mais elevadas – contratam advogados tributaristas e contadores para ajudar a lidar com os impostos. Esses especialistas na complexa legislação tributária preenchem os formulários para seus clientes e ajudam a organizar seus negócios de maneira a reduzir o montante devido em impostos. Esse comportamento é conhecido como elisão fiscal legal, em oposição à evasão fiscal, que é ilegal. Como disse o famoso jurista Learned Hand, "Qualquer um pode organizar seus negócios de modo que seus impostos sejam os mais baixos possíveis; ninguém é obrigado a escolher o padrão que melhor paga ao erário. Não há sequer um dever patriótico de aumentar os seus impostos".

Os críticos do sistema tributário dizem que esses especialistas ajudam seus clientes a evitar impostos aproveitando algumas das detalhadas cláusulas do código tributário, por

---

*N. de R.T. Os planos 401(k) são uma forma de poupança para aposentadoria muito utilizada nos Estados Unidos, oferecida por muitos empregadores. Os funcionários podem contribuir com uma parte de seu salário antes dos impostos serem descontados, o que reduz a base de cálculo do imposto de renda. Muitas empresas também contribuem para o plano, igualando até certo ponto as contribuições dos empregados, incentivando ainda mais a poupança.

**N. de R.T. O Federal Reserve System (Fed) é o banco central dos Estados Unidos, responsável por regular a oferta monetária e as taxas de juros, visando promover a estabilidade financeira e econômica do país. Suas principais funções incluem gerenciar a política monetária, supervisionar e regular bancos, manter a estabilidade do sistema financeiro e fornecer serviços financeiros a instituições depositárias, ao governo e a bancos estrangeiros. O Fed é composto por uma rede de 12 Bancos da Reserva Federal distribuídos pelo país.

vezes chamadas "brechas". Às vezes, as brechas são erros do Congresso: decorrem de ambiguidades ou omissões da legislação. Mais frequentemente, ocorrem porque o Congresso decide dar tratamento especial a tipos específicos de comportamento. Por exemplo, o código tributário federal dos Estados Unidos dá tratamento preferencial aos investidores em bônus municipais, porque o Congresso queria facilitar aos governos estaduais e municipais a tomada de empréstimos. Em certa medida, essa provisão beneficia estados e municípios, mas também beneficia os contribuintes de alta renda. A maioria das brechas é bem conhecida no Congresso pelos responsáveis pela política tributária, mas o que pode parecer uma brecha para um contribuinte pode representar uma dedução justificável para outro.

Os recursos destinados à aplicação da legislação tributária são um tipo de peso morto. O governo só arrecada o montante de impostos pagos; o contribuinte, por sua vez, perde não só esse montante, mas também o tempo e o dinheiro que gasta documentando, calculando e evitando impostos.

O ônus administrativo do sistema tributário poderia ser reduzido com uma simplificação da legislação tributária, que, entretanto, é politicamente difícil. Muitas pessoas estão dispostas a simplificar o código tributário, eliminando as brechas que beneficiam outras pessoas, mas poucas estão dispostas a eliminar as brechas que as favorecem. No fim das contas, a complexidade da legislação tributária resulta do processo político à medida que diferentes contribuintes, com seus próprios interesses, fazem *lobby* em causa própria.

13-2c Alíquotas marginais de imposto *versus* alíquotas médias de imposto

Ao discutirem a eficiência e a equidade do imposto de renda, os economistas diferenciam dois conceitos de alíquotas: a média e a marginal. A **alíquota média de imposto** é o imposto total pago dividido pela renda total. A **alíquota marginal de imposto** é o imposto adicional pago sobre um dólar adicional de renda.

Suponhamos, por exemplo, que o governo aplique uma alíquota de 20% sobre os primeiros $ 50 mil de renda e uma alíquota de 50% sobre toda renda além de $ 50 mil. Nessas condições, uma pessoa que ganha $ 60 mil paga um imposto de $ 15 mil: 20% dos primeiros $ 50 mil (0,2 × $ 50 mil = $ 10 mil) mais 50% dos $ 10 mil seguintes (0,5 × $ 10 mil = $ 5 mil). Para esse contribuinte, a alíquota média seria $ 15 mil/$ 60 mil, ou 25%. Mas se essa pessoa ganhasse 1 dólar adicional de renda, tal dólar seria sujeito à alíquota de 50%, e o valor devido ao governo aumentaria $ 0,50. Portanto, a alíquota marginal é 50%.

Ambas as alíquotas média e marginal de imposto fornecem informações úteis. Se quisermos medir o sacrifício feito pelo contribuinte, a alíquota média será mais apropriada, porque medirá a fração da renda arrecadada sob a forma de impostos. Mas se quisermos avaliar quanto o sistema tributário distorce os incentivos, a alíquota marginal será mais importante. Um dos **dez princípios da economia** do Capítulo 1 é que as pessoas racionais pensam na margem. Um corolário desse princípio é que a alíquota marginal mede o quanto o sistema tributário desencoraja o trabalho. Se você estiver pensando em fazer algumas horas extras, essa alíquota marginal determinará quanto da sua renda adicional irá para o governo. É, portanto, a alíquota marginal que determina o peso morto do imposto de renda.

13-2d Imposto fixo único*

Suponhamos que o governo cobre de todas as pessoas um imposto de $ 8 mil. Ou seja, todos deverão o mesmo valor, independentemente de seus ganhos ou de quaisquer ações que possam praticar. Esse tipo de imposto é chamado **imposto fixo único**.

alíquota média de imposto
total de impostos pagos dividido pela renda total

alíquota marginal de imposto
imposto adicional pago sobre um dólar de renda adicional

imposto fixo único
imposto com valor fixo independentemente da pessoa

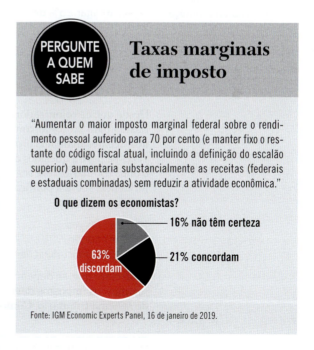

PERGUNTE A QUEM SABE

Taxas marginais de imposto

"Aumentar o maior imposto marginal federal sobre o rendimento pessoal auferido para 70 por cento (e manter fixo o restante do código fiscal atual, incluindo a definição do escalão superior) aumentaria substancialmente as receitas (federais e estaduais combinadas) sem reduzir a atividade econômica."

O que dizem os economistas?

- 63% discordam
- 21% concordam
- 16% não têm certeza

Fonte: IGM Economic Experts Panel, 16 de janeiro de 2019.

---

*N. de R.T. O imposto fixo único (em inglês, *lump-sum tax*) é também conhecido como imposto global único.

Um imposto fixo único mostra claramente a diferença entre as alíquotas média e marginal de imposto. Para um contribuinte com renda de $ 40 mil, a alíquota média de um imposto único de $ 8 mil é de 20%; para outro, com renda de $ 80 mil, a alíquota média é de 10%. Para ambos, a alíquota marginal é zero, porque não se deverá nenhum imposto por um dólar adicional de renda.

Um imposto único é o imposto mais eficiente possível. Como as decisões de uma pessoa não alteram o montante devido, ele não distorce os incentivos e, portanto, não causa peso morto. E como todos podem calcular facilmente o valor devido e não há nenhum benefício em contratar advogados e contadores tributaristas, o imposto único impõe um ônus administrativo mínimo para os contribuintes.

Se os impostos únicos são tão eficientes, por que são tão raros? A razão é que a eficiência é apenas um dos objetivos do sistema tributário. O imposto único tomaria a mesma quantia dos pobres e dos ricos, um resultado que a maioria das pessoas consideraria injusto. Para entender os sistemas tributários do mundo real, iremos considerar na próxima seção o outro grande objetivo da política tributária: a equidade.

Teste rápido

3. Betty dá aulas de piano. Ela tem um custo de oportunidade de $ 50 por aula e cobra $ 60. Ela tem dois alunos: Archie, que está disposto a pagar $ 70, e Veronica, que está disposta a pagar $ 90. Quando o governo institui um imposto de $ 20 sobre as aulas de piano e Betty aumenta seu preço para $ 80, o peso morto é _____, e a receita fiscal é _____.
   a. $ 10; $ 20
   b. $ 10; $ 40
   c. $ 20; $ 20
   d. $ 20; $ 40

4. Se o código tributário isentar os primeiros $ 20 mil de renda da tributação e depois tributar 25% de toda a renda acima desse nível, uma pessoa que ganha $ 50 mil tem uma alíquota média de ____% e uma alíquota marginal de ____%.
   a. 15; 25
   b. 25; 15
   c. 25; 30
   d. 30; 25

5. O imposto fixo único
   a. tem alíquota marginal igual a zero.
   b. tem alíquota média igual a zero.
   c. está sujeito a administração mais custosa.
   d. impõe grande peso morto.

As respostas estão no final do capítulo.

13-3 Impostos e equidade

Desde que os colonizadores estadunidenses jogaram chá britânico importado no porto de Boston para protestar contra os elevados impostos, a política tributária tem gerado alguns dos debates mais fervorosos na política dos Estados Unidos, mas esse fervor todo raras vezes se deve a questões de eficiência. Pelo contrário, decorre de discordâncias sobre como o ônus tributário deve ser distribuído. Russell Long, senador da Louisiana que teve imensa influência sobre a política tributária federal de 1948 a 1987, ridicularizou o debate público com um versinho:

Don't tax you.
Don't tax me.
*Tax that fella behind the tree.**

É claro que, se dependemos do governo para obter alguns dos bens e serviços que desejamos, os impostos deverão recair sobre alguém. Nesta seção, trataremos da equidade do sistema tributário. Como os ônus tributários devem ser divididos entre a população?

---

*N. de R.T. "Não se tribute/Não me tribute/Tribute aquele homem atrás da árvore."

Como avaliar se um sistema tributário é justo ou não? Todos concordam que o sistema tributário deve ser equitativo, mas há muita discordância sobre o que significa equidade e sobre como julgar a equidade de um sistema tributário.

13-3a O princípio dos benefícios

Um princípio da tributação, chamado **princípio dos benefícios**, afirma que as pessoas devem pagar impostos com base nos benefícios que obtêm dos serviços do governo. Esse princípio procura tornar os bens públicos similares aos bens privados. Parece justo que alguém que vai sempre ao cinema pague mais pelo total de ingressos do que alguém que raramente vai. De maneira similar, quem obtém grandes benefícios de um bem público deve pagar mais por ele do que alguém que obtém poucos benefícios.

O imposto sobre a gasolina, por exemplo, é algumas vezes justificado usando-se o princípio dos benefícios. Em alguns estados, as receitas do imposto sobre a gasolina são usadas para construir e manter rodovias. Como as pessoas que compram gasolina são as mesmas que usam essas rodovias, o imposto sobre a gasolina pode ser considerado uma maneira justa de pagar por esse serviço do governo. (A recente disseminação de carros elétricos, no entanto, tornou o imposto sobre a gasolina menos direcionado, levando alguns formuladores de políticas públicas a sugerir um imposto baseado na distância percorrida.)

O princípio dos benefícios também pode ser usado para argumentar que os cidadãos ricos devem pagar impostos maiores que os cidadãos pobres. Por quê? Simplesmente porque os ricos se beneficiam mais dos serviços públicos. Considere, por exemplo, os benefícios da proteção policial contra roubo. Os cidadãos que têm mais a ser protegido obtêm da polícia um benefício maior que os que têm menos. Portanto, de acordo com o princípio dos benefícios, os ricos devem contribuir mais que os pobres para o custo de manutenção da força policial. O mesmo argumento pode ser usado para muitos outros serviços públicos, como proteção contra incêndios, defesa nacional e sistema judiciário.

É até possível usar o princípio dos benefícios para argumentar em favor dos programas contra a pobreza financiados por impostos cobrados dos ricos. Como vimos no Capítulo 11, as pessoas preferem viver em uma sociedade sem pobreza, o que sugere que os programas contra a pobreza são um bem público. Se os ricos atribuem a esse bem público um valor monetário maior que os membros da classe média, talvez simplesmente porque têm mais para gastar, então, de acordo com o princípio dos benefícios, eles devem ser tributados mais pesadamente para pagar por esses programas.

princípio dos benefícios
a ideia de que as pessoas deveriam pagar os impostos com base nos benefícios que recebem dos serviços do governo

13-3b O princípio da capacidade de pagamento

Outra maneira de avaliar a equidade de um sistema tributário é chamada **princípio da capacidade de pagamento**, que estabelece que os impostos devem ser cobrados das pessoas de acordo com a capacidade que elas têm de suportar o encargo. Esse princípio é algumas vezes justificado pelo argumento de que todos os cidadãos devem fazer o "mesmo sacrifício" para sustentar o governo. Entretanto, a magnitude do sacrifício de uma pessoa depende não só do montante de impostos que ela paga, mas também da renda e de outras circunstâncias. Um imposto de $ 1.000 pago por uma pessoa pobre pode exigir um sacrifício maior do que um imposto de $ 10 mil pago por alguém que seja rico.

O princípio da capacidade de pagamento leva a dois conceitos de equidade: vertical e horizontal. Segundo a **equidade vertical**, os contribuintes com maior capacidade de pagamento devem contribuir com uma quantia maior. Segundo a **equidade horizontal**, os contribuintes com capacidades de pagamento semelhantes devem contribuir com a mesma quantia. Esses conceitos de equidade são amplamente aceitos, mas aplicá-los para avaliar um sistema tributário nem sempre é simples.

Equidade vertical Se os impostos se baseiam na capacidade de pagamento, então os contribuintes mais ricos devem pagar mais que os mais pobres. Mas quanto mais os ricos devem pagar? Grande parte do debate sobre política tributária está relacionada a essa questão.

Consideremos os três sistemas tributários da Tabela 13-4. Em cada caso, os contribuintes de maior renda pagam mais. No entanto, os sistemas divergem em relação à rapidez

princípio da capacidade de pagamento
a ideia de que os impostos deveriam ser cobrados da pessoa com base em sua capacidade de suportar o ônus do imposto

equidade vertical
a ideia de que contribuintes com maior capacidade de pagamento de impostos deveriam pagar maiores quantias

equidade horizontal
a ideia de que contribuintes com capacidade similar de pagamento de impostos deveriam pagar a mesma quantia

Tabela 13-4
Três sistemas tributários

	Imposto proporcional		Imposto regressivo		Imposto progressivo	
Renda	Valor do imposto	Percentual da renda	Valor do imposto	Percentual da renda	Valor do imposto	Percentual da renda
$ 50.000	$ 12.500	25%	$ 15.000	30%	$ 10.000	20%
100.000	25.000	25	25.000	25	25.000	25
200.000	50.000	25	40.000	20	60.000	30

imposto proporcional
o imposto segundo o qual os contribuintes com alta renda e aqueles com baixa renda pagam a mesma fração de sua renda

imposto regressivo
o imposto segundo o qual os contribuintes com alta renda pagam uma fração menor de sua renda que os contribuintes com baixa renda

imposto progressivo
o imposto segundo o qual os contribuintes com alta renda pagam uma fração maior de sua renda que aqueles com baixa renda

com que os impostos aumentam com a renda. O primeiro sistema é chamado **imposto proporcional**, porque todos os contribuintes pagam a mesma fração de sua renda. O segundo sistema é chamado **imposto regressivo**, porque os contribuintes com altas rendas pagam uma fração menor de sua renda, embora o montante seja maior. O terceiro sistema é chamado **imposto progressivo**, porque os contribuintes com altas rendas pagam uma fração maior de sua renda.

Qual desses três sistemas tributários é mais justo? Não existe uma resposta óbvia, e a teoria econômica não nos oferece nenhuma ajuda para tentar descobri-la. A equidade, como a beleza, está nos olhos do observador. Como mostra o próximo estudo de caso, o sistema tributário dos EUA é geralmente progressivo, refletindo a visão consensual de que aqueles com renda mais alta devem pagar uma porcentagem maior de sua renda em impostos.

Estudo de caso
Como a carga tributária é distribuída

O debate sobre política tributária frequentemente gira em torno da discussão sobre quão justa é a parte paga pelas pessoas com alta renda. Não há uma maneira objetiva de fazer esse julgamento. Ao avaliar a questão em si, no entanto, é útil saber quanto famílias com diferentes rendas pagam de acordo com o sistema tributário atual.

A Tabela 13-5 apresenta alguns dados sobre como os impostos federais são distribuídos entre as classes de renda. Esses números são de 2018, o ano mais recente disponível

Tabela 13-5
O peso dos impostos federais

Fonte: Congressional Budget Office e cálculos do autor. Os valores são de 2018.

Quintil	Renda média do mercado	Impostos como porcentagem de renda do mercado	Impostos menos transferências como porcentagem da receita do mercado
Mais baixo	$ 16.600	0,0%	−127,1%
Segundo	35.900	11,1	−44,0
Médio	63.900	15,5	−11,1
Quarto	104.000	18,8	4,6
Mais alto	310.000	25,4	21,3
1% mais rico	1.987.500	30,3	29,7%

no momento da impressão deste livro, e foram tabulados pelo Congressional Budget Office (CBO, Escritório de Orçamento do Congresso). Eles incluem todos os impostos federais – imposto de renda de pessoa física, imposto sobre a folha de pagamento, imposto de renda de pessoa jurídica e impostos especiais de consumo – mas não impostos estaduais e municipais.

Para construir a tabela, as famílias são classificadas de acordo com sua renda e colocadas em cinco grupos de igual tamanho, chamados de **quintis** (um quinto). A tabela também apresenta dados sobre o 1% mais rico dos estadunidenses (que representam o estrato superior do quintil mais alto). A segunda coluna da tabela mostra a renda média de mercado de cada grupo. A renda de mercado mede o que uma família ganha com sua atividade econômica, incluindo remunerações e salários, renda comercial, juros, ganhos de capital, dividendos e benefícios previdenciários. O quintil mais baixo teve renda média de mercado de $ 16.600, e o quintil mais alto teve renda média de mercado de $ 310 mil. O 1% mais rico teve uma renda média de mercado de quase $ 2 milhões.

A terceira coluna da tabela mostra o total de impostos como uma porcentagem da renda (a alíquota média do imposto). Como é possível notar, o sistema tributário federal dos Estados Unidos é progressivo. O quintil mais baixo de famílias pagou cerca de zero por cento de sua renda em impostos: isso porque os impostos que pagaram, como o imposto sobre a folha de pagamento, foram compensados pelos descontos fiscais que receberam, como o crédito de imposto de renda auferido. O quintil médio pagou 15,5% de sua renda em impostos. O quintil mais alto pagou 25,4% e o 1% mais rico pagou 30,3%.

Esses números sobre impostos são um bom ponto de partida para entender como a carga tributária é distribuída, mas fornecem um retrato incompleto. O dinheiro flui não apenas das famílias para o governo na forma de impostos, mas também do governo de volta para as famílias na forma de pagamentos por transferência, incluindo seguridade social, benefícios de seguro-desemprego, Medicare (um programa de saúde para idosos), Medicaid (um programa de saúde para pessoas com baixa renda), benefícios SNAP (um programa de incentivo à nutrição) e assistência habitacional. De certa forma, os pagamentos por transferência são o oposto dos impostos.

Tratar as transferências como impostos negativos altera substancialmente a distribuição da carga tributária, conforme mostrado na última coluna da tabela. A mudança é pequena para famílias de alta renda: o quintil mais alto pagou 21,3% de sua renda ao governo, mesmo depois que as transferências foram subtraídas, e o 1% mais rico pagou 29,7%. Mas as alíquotas médias dos três quintis mais baixos se tornam números negativos. Ou seja, famílias típicas nos três quintos inferiores da distribuição de renda receberam mais em transferências do que pagaram em impostos. Isso é particularmente verdadeiro para aqueles com os rendimentos mais baixos. Enquanto o quintil mais baixo tinha renda média de mercado de apenas $ 16.600, sua renda média após impostos e transferências foi de $ 37.700. A lição é clara: para entender completamente a progressividade das políticas governamentais, é preciso considerar o que as pessoas pagam e o que recebem.

Por fim, observe que os números na Tabela 13-5 podem estar desatualizados. Em 2021, o presidente Biden propôs aumentar os impostos para aqueles com maior renda e expandir os créditos fiscais para famílias de baixa renda com filhos. ●

Equidade horizontal Se os impostos forem baseados na capacidade de pagamento, então contribuintes semelhantes deveriam pagar montantes semelhantes de impostos. Mas as famílias diferem entre si de diversas maneiras. Para avaliar se um código tributário é horizontalmente equitativo, é preciso determinar quais diferenças são relevantes para a capacidade de pagamento das famílias e quais não são.

Suponha que as famílias Garcia e Jackson tenham uma renda de $ 100 mil cada. Os Garcia não têm filhos, mas o senhor Garcia tem uma doença que acarreta despesas médicas de $ 30 mil. Os Jackson gozam de boa saúde, mas têm quatro filhos, dos quais dois estão na faculdade, o que gera anuidades de $ 60 mil. Seria justo que essas duas famílias pagassem o mesmo montante em impostos por terem a mesma renda? Seria mais justo conceder aos

Garcia uma isenção para ajudá-los a arcar com as altas despesas médicas? Ou seria mais justo conceder uma isenção aos Jackson para ajudá-los com as anuidades da faculdade?

Não há resposta fácil para essas perguntas. Na prática, a legislação tributária dos Estados Unidos está repleta de cláusulas especiais que alteram o imposto das famílias com base em circunstâncias específicas.

13-3c Incidência tributária e equidade tributária

A incidência tributária – o estudo de quem arca com o ônus dos impostos – é fundamental para entender a equidade tributária. Como vimos no Capítulo 6, a pessoa que arca com o ônus do imposto nem sempre é a mesma que paga o imposto ao governo. Como os impostos alteram a oferta e a demanda, eles alteram os preços de equilíbrio. Com isso, afetam pessoas além daquelas que, segundo a lei, de fato pagam os impostos. Ao se avaliar a equidade vertical e horizontal de um imposto, é importante considerar esses efeitos indiretos.

Muitas discussões sobre equidade tributária ignoram os efeitos indiretos dos impostos e se baseiam no que os economistas, ironicamente, chamam de **teoria do papel mata-moscas** da incidência tributária. Segundo essa teoria, o ônus de um imposto, tal como uma mosca num papel mata-moscas, gruda no primeiro ponto em que pousa. Entretanto, essa premissa raramente é verdadeira.

Por exemplo, alguém que não tenha estudado economia poderia argumentar que um imposto sobre casacos de pele caros é verticalmente equitativo, porque a maioria dos compradores desse bem é rica. No entanto, se esses compradores puderem substituir facilmente os casacos de pele por outros bens de luxo, então o imposto sobre eles poderia simplesmente reduzir sua venda. No fim das contas, o ônus do imposto recairá mais sobre os fabricantes e vendedores de casacos de pele do que sobre aqueles que os compram. Como a maioria dos trabalhadores na confecção de casacos de pele não é rica, a equidade de um imposto sobre esse bem poderia ser bem diferente do que indica a teoria do papel mata-moscas.

Estudo de caso: Quem paga pelo imposto de renda da pessoa jurídica?

O imposto sobre a renda da pessoa jurídica é um bom exemplo da importância da incidência de impostos para a política tributária. Este imposto é popular entre alguns eleitores. Afinal, empresas não são pessoas. Eleitores estão sempre ávidos por reduções de impostos, e pela transferência de parte de sua contribuição para empresas.

Mas antes de decidir que o imposto sobre a renda da pessoa jurídica é uma boa solução para aumento das receitas governamentais, considere quem arca com o ônus desse imposto. Essa é uma pergunta difícil para a qual não há consenso entre os economistas, mas uma coisa é certa: **todos os impostos são pagos por pessoas**. Quando o governo cobra um imposto sobre uma empresa, esta se assemelha mais a um coletor intermediário de impostos do que a um contribuinte. Em última análise, o ônus do imposto recai sobre as pessoas – os proprietários, clientes ou trabalhadores da empresa.

Por que trabalhadores e clientes podem pagar parte do imposto sobre a renda da pessoa jurídica? Considere um exemplo. Suponha que o governo dos Estados Unidos decida elevar impostos sobre a renda de fabricantes de automóveis. A princípio, esse imposto prejudicará os proprietários das empresas, que terão seu lucro reduzido. Mas com o tempo, esses proprietários responderão à elevação dos impostos. Como produzir

Esse trabalhador paga parte do imposto de renda de pessoa jurídica.

carros passou a ser menos lucrativo, eles investirão menos na construção de novas fábricas de automóveis. Em vez disso, eles investirão sua riqueza de outras formas – por exemplo, comprando casas maiores ou construindo fábricas em outros setores ou países. Com menos fábricas de automóveis nacionais, a oferta de carros diminui, assim como a demanda por trabalhadores nesse setor. Um imposto sobre as empresas que fabricam carros faz com que o preço dos carros suba e os salários dos trabalhadores desse setor caiam.

Essa questão ganhou destaque nos primeiros dias do governo Trump. A lei fiscal sancionada pelo presidente Trump em 2017 reduziu a alíquota do imposto sobre a renda da pessoa jurídica de 35 para 21%. Os conselheiros econômicos do presidente argumentaram que o efeito de longo prazo da política seria o aumento do acúmulo de capital, da produtividade e dos salários. Os críticos do projeto concordaram que esses efeitos de crescimento ocorreriam, mas acreditavam que seriam pequenos. Na opinião deles, os principais beneficiários da redução do imposto de renda da pessoa jurídica seriam os proprietários das empresas, que tendem a ser ricos. No entanto, defensores e críticos concordaram com o seguinte: avaliar a equidade de qualquer alteração tributária exige muita atenção à incidência tributária. ●

Teste rápido

6. Um pedágio é uma taxa incidente sobre cidadãos que usam rodovias. Essa política pode ser vista como uma aplicação
   a. do princípio dos benefícios.
   b. da equidade horizontal.
   c. da equidade vertical.
   d. da progressividade tributária.

7. Nos Estados Unidos, os contribuintes que estão na faixa do 1% mais rico da distribuição de renda pagam cerca de ____% de sua renda em impostos federais.
   a. 5
   b. 10
   c. 20
   d. 30

8. Se o imposto de renda da pessoa jurídica induzir as empresas a reduzirem seu investimento de capital, então
   a. o imposto não tem nenhum peso morto.
   b. os acionistas corporativos se beneficiam do imposto.
   c. os trabalhadores arcam com parte do ônus do imposto.
   d. o imposto atinge a meta de equidade vertical.

As respostas estão no final do capítulo.

13-4 Conclusão: o *trade-off* entre equidade e eficiência

Equidade e eficiência são os dois objetivos mais importantes de um sistema tributário. Mas esses dois objetivos muitas vezes entram em conflito, principalmente quando a equidade é julgada pela progressividade do sistema tributário. Em geral, as pessoas discordam a respeito da política tributária porque atribuem importâncias diferentes a esses dois objetivos.

A história da política tributária mostra como os líderes políticos diferem em suas opiniões a respeito de equidade e eficiência. Em 1980, quando Ronald Reagan foi eleito presidente, a alíquota marginal sobre os ganhos dos estadunidenses mais ricos era de 50% e a alíquota marginal sobre a renda de juros era de 70%. Reagan argumentou que essas alíquotas altas distorciam muito os incentivos ao trabalho e à poupança. Em outras palavras, afirmou que alíquotas tão altas custavam muito em termos de eficiência econômica. A reforma tributária tinha, portanto, alta prioridade em seu governo. Reagan assinou leis em que autorizava cortes maiores nas alíquotas em 1981 e, novamente, em 1986. Quando

É NOTÍCIA: O imposto sobre valor agregado

Os Estados Unidos não têm um imposto sobre valor agregado, mas esse imposto é comum no restante do mundo.

Quem diria? Um imposto que desestimula a evasão fiscal

Por Seema Jayachandran

Você pode não gostar de pagar impostos, mas sua carga será ainda maior se os outros não pagarem a parte deles.

Isso, em poucas palavras, ajuda a explicar por que um imposto sobre valor agregado, ou IVA, é usado por quase todos os principais países do mundo, exceto os Estados Unidos.

Embora o conceito nunca tenha se popularizado nesse país, o IVA tem sido um instrumento poderoso e refinado para o progresso. Isso é particularmente verdadeiro em países menos desenvolvidos, porque reduz a evasão fiscal de forma relativamente eficaz e suave, como pesquisas demonstraram.

Os países ricos arrecadam em média 34% do produto interno bruto em impostos (os Estados Unidos arrecadam cerca de 27%). Mas a maioria dos países de baixa e média renda — vários lugares, do Mali à Malásia — arrecadam muito menos, normalmente apenas 10 a 20% do PIB. O principal motivo é que é mais difícil coletar impostos em países menos desenvolvidos, onde uma parcela maior da atividade econômica é informal, facilitando a evasão fiscal. No entanto, a receita tributária que permite que os governos forneçam bens públicos, como estradas e escolas, é pelo menos tão importante nos países mais pobres.

É aí que entra o IVA, que tributa a renda pessoal indiretamente ao coletá-la das empresas. Um imposto sobre valor agregado também tem um recurso embutido e autoaplicável.

Veja como funciona.

Basicamente, o IVA tributa o valor que uma empresa agrega a um bem ou serviço à medida que ele é produzido. O valor agregado pode ser considerado o preço pelo qual a empresa vende seu produto menos o custo de produção.

Por exemplo, uma padaria atacadista obtém receita fornecendo pão para mercearias. Subtraia disso os gastos da padaria com farinha, fermento e outros ingredientes. A diferença é o valor agregado sobre o qual a padaria é tributada. Além disso, a empresa de farinha pagaria o IVA sobre a receita de sua farinha menos o que paga pelo trigo e similares.

Quando você calcula o valor agregado em cada ponto da cadeia de suprimentos, do produtor de trigo ao consumidor de pão, você obtém o preço de varejo do pão. Assim, o IVA é um imposto sobre o consumo e pode ser mais fácil de administrar do que um imposto de renda de pessoa física.

Por um lado, o governo cobra o IVA das empresas (que são relativamente poucas) e não das famílias (que são muitas). Por outro lado, especialmente em economias menos avançadas, os sistemas de imposto de renda de pessoa física estão repletos de problemas porque muitas pessoas trabalham por conta própria, com liberdade para forjar sua renda declarada.

Nos Estados Unidos, o Internal Revenue Service estima que o trabalho autônomo e a renda agrícola estejam subnotificados em mais de 60%. Mesmo assim, o sistema de imposto de renda de pessoa física nesse país funciona muito bem porque a maioria das pessoas tem um empregador. Esse não é o caso de diversos outros países.

O IVA se assemelha a um imposto sobre vendas, com uma diferença importante: é pago em todas as etapas da produção, não apenas no ponto de venda. Isso torna o IVA maravilhosamente autoaplicável, porque as deduções fiscais de uma empresa são obrigações fiscais de outra empresa.

Quando a padeira compra farinha, é de seu interesse financeiro informar a autoridade fiscal sobre a compra, para que ela possa deduzir o custo de sua base tributária. Essas

---

deixou o cargo, em 1989, os estadunidenses mais ricos estavam sujeitos a uma alíquota marginal de apenas 28%.

Quando Bill Clinton concorreu à presidência em 1992, argumentou que os ricos não pagavam uma fatia justa dos impostos. Em outras palavras, as baixas taxas de imposto sobre os ricos violavam a sua visão de equidade vertical. Em 1993, o presidente Clinton sancionou um projeto de lei que elevou a taxa marginal máxima de imposto para cerca de 40%.

Nos anos que se seguiram, o pêndulo do debate político continuou a oscilar. O presidente George W. Bush repetiu muitos dos temas de Reagan e reduziu a alíquota máxima para 35% em 2003. O presidente Barack Obama enfatizou novamente a equidade vertical e, em 2013, a taxa máxima voltou a ser de cerca de 40%. Mas então Donald Trump foi eleito presidente e sancionou uma lei com um corte na taxa máxima para 37% a partir de 2018.

informações alertam a autoridade fiscal sobre a renda do produtor de farinha.

Essas vantagens teóricas são bem conhecidas, mas Dina Pomeranz, economista da Universidade de Zurique, encontrou uma maneira de testar sua importância na prática. Em um estudo publicado na *American Economic Review*, em 2015, ela colaborou com a autoridade tributária no Chile, usando a perspectiva de auditorias para descobrir onde a fraude era desenfreada.

A autoridade tributária chilena enviou cartas a um conjunto de empresas selecionadas aleatoriamente, todas obrigadas a pagar o IVA, informando que estavam sob escrutínio especial. A professora Pomeranz descobriu que, depois que as cartas foram recebidas, os relatórios de vendas entre empresas quase não mudaram, sugerindo que a receita já estava sendo relatada com precisão.

Em contrapartida, empresas como mercearias que vendiam para consumidores começaram a reportar mais renda e pagar mais IVA.

Por que houve diferença? Com o IVA, há um problema no último quilômetro: um cliente de uma loja que comprava pão não tinha incentivo para pedir nota fiscal, porque ele não podia deduzir o custo de sua renda como as empresas, então muitas transações entre empresas e consumidores eram subnotificadas.

Os governos tentaram resolver este problema adicionando uma recompensa para os clientes que solicitassem a nota fiscal. O estado de São Paulo, no Brasil, iniciou um programa em 2007 que deu aos clientes um desconto de aproximadamente 1% em suas receitas de varejo. (Para tornar o programa mais atraente, parte do desconto era na forma de tíquetes de sorteio para prêmios no valor de até $ 500 mil.)

Os varejistas precisavam enviar as notas à autoridade fiscal, e os consumidores em São Paulo podiam verificar *online* se elas haviam sido de fato enviadas e reclamar à autoridade fiscal, caso necessário. Em essência, os compradores eram recrutados como auditores fiscais cidadãos.

O programa brasileiro conseguiu aumentar a arrecadação de impostos entre os varejistas em 21%, de acordo com a pesquisa de Joana Naritomi, da London School of Economics, que analisou os primeiros quatro anos do programa e deve ser publicada na *American Economic Review*.

O sucesso dos sistemas de IVA nas economias emergentes é uma boa notícia para os beneficiários dessa receita fiscal. Isso pode ser útil um dia nos Estados Unidos, mas por outro motivo. Como o IVA tributa o consumo, e não a renda, ele tende a incentivar a poupança e o investimento.

Ele também tem seus problemas. Um deles é que ele é regressivo. Se você mal tem dinheiro para sobreviver, não pode se dar ao luxo de economizar: toda a sua renda é gasta em itens essenciais e, portanto, tributada. Pessoas mais ricas são tributadas sobre uma parcela muito menor de sua renda.

Mas o IVA pode ser combinado com políticas tributárias progressivas, como um crédito fiscal para pessoas de baixa renda, que contrabalanceariam essa deficiência, conforme argumentado por William Gale, da Brookings Institution, em seu livro *Fiscal Therapy*.

No final das contas, a grande vantagem do IVA é que ele pode gerar uma grande quantidade de receita com custos administrativos comparativamente baixos e sem a necessidade de fiscalização intrusiva. Isso pode ser uma opção atraente para os Estados Unidos um dia. ■

Questões para discussão

1. Você concorda com a introdução de um imposto sobre valor agregado nos Estados Unidos? Justifique.

2. Por que você acha que os Estados Unidos diferem de tantos outros países por não terem imposto sobre valor agregado?

Jayachandran é professora de economia na Northwestern University.

Fonte: *New York Times*, 19 de maio de 2019.

Em 2021, o presidente Biden propôs aumentá-la para 45% para contribuintes com renda anual acima de $ 25 milhões.

A economia, por si só, não é capaz de determinar a melhor maneira de equilibrar os objetivos de eficiência e equidade. A questão envolve não apenas economia, mas também filosofia política. Mas os economistas têm um papel importante nesse debate: eles podem lançar luz sobre os *trade-offs* que são inevitavelmente enfrentados pela sociedade na elaboração de um sistema tributário e ajudar a evitar políticas que sacrifiquem a eficiência sem trazer nenhum benefício em termos de equidade.

RESUMO DO CAPÍTULO

- O governo estadunidense arrecada receita por meio de diversos impostos. Os mais importantes para o governo federal são o imposto de renda das pessoas físicas e os impostos sobre a folha de pagamento para a Seguridade Social. Os mais importantes para os governos estaduais e municipais são o imposto sobre a venda e o imposto sobre a propriedade.
- A eficiência de um sistema tributário refere-se aos custos que ele impõe aos contribuintes. Há dois custos além da transferência de recursos do contribuinte para o governo. O primeiro é o peso morto decorrente do fato de os impostos distorcerem os incentivos e a alocação de recursos. O segundo é o ônus administrativo de cumprir as leis tributárias.
- A equidade de um sistema tributário refere-se ao fato de o ônus do imposto ser distribuído de maneira justa entre a população. De acordo com o princípio dos benefícios, é justo que as pessoas paguem impostos conforme o benefício que recebem do governo. De acordo com o princípio da capacidade de pagamento, é justo que as pessoas paguem impostos com base na sua capacidade de arcar com o ônus financeiro. Ao se avaliar a equidade de um sistema tributário, é importante lembrar uma lição aprendida com o estudo da incidência tributária: a distribuição dos ônus tributários não é igual à distribuição dos recolhimentos.
- Ao considerar mudanças da legislação tributária, os formuladores de políticas costumam enfrentar um *trade-off* entre eficiência e equidade. Grande parte do debate sobre política tributária surge porque as pessoas atribuem pesos diferentes a esses dois objetivos.

CONCEITOS-CHAVE

alíquota média do imposto, p. 255
alíquota marginal do imposto, p. 255
imposto fixo único, p. 255
princípio dos benefícios, p. 257
princípio da capacidade de pagamento, p. 257
equidade vertical, p. 257
equidade horizontal, p. 257
imposto proporcional, p. 258
imposto regressivo, p. 258
imposto progressivo, p. 258

QUESTÕES DE REVISÃO

1. Ao longo do século passado, as receitas tributárias do governo cresceram mais ou menos lentamente do que o restante da economia?
2. Explique como os lucros das empresas são tributados duas vezes.
3. Por que o ônus tributário para os contribuintes é maior que a receita arrecadada pelo governo?
4. Por que alguns economistas propõem tributar o consumo e não a renda?
5. Qual é a alíquota marginal do imposto fixo único? Como isso está relacionado com a eficiência do imposto?
6. Apresente dois argumentos segundo os quais os contribuintes ricos devam pagar mais impostos que os contribuintes pobres.
7. Qual é o conceito de equidade horizontal e por que ele é de difícil aplicação?

PROBLEMAS E APLICAÇÕES

1. As informações de muitas das tabelas deste capítulo foram retiradas do *Economic Report of the President*, publicado anualmente. Usando uma edição recente desse relatório (que pode ser encontrado na internet), responda às perguntas e forneça alguns dados que justifiquem suas respostas. (Dica: o *site* da imprensa oficial estadunidense – Government Printing Office – é http://www.gpo.gov.)
   a. A Figura 13-1 mostra que a receita do governo estadunidense, como porcentagem da renda total, cresceu com o tempo. Esse crescimento pode ser atribuído principalmente a mudanças na receita do governo federal ou na receita dos governos estaduais e municipais?
   b. Analisando a receita combinada dos governos federal, estaduais e municipais, como a composição da receita total mudou ao longo do tempo? O imposto de renda das pessoas físicas ficou mais ou menos importante? E os impostos para a seguridade social? E os impostos sobre os lucros das empresas?
2. Suponha que você seja uma pessoa típica na economia dos Estados Unidos. Você paga 4% de sua renda em imposto de renda estadual e 15,3% dos ganhos de seu trabalho em impostos federais sobre a folha de pagamento (somando as parcelas do empregador e do empregado). Além disso, paga impostos de renda federal, como descrito na Tabela 13-2. Qual será o

valor de cada imposto se você ganhar $ 40 mil por ano? Considerando todos os impostos, quais são as suas alíquotas média e marginal do imposto? O que aconteceria com os seus recolhimentos e com as suas alíquotas média e marginal se sua renda aumentasse para $ 80 mil?

3. Em alguns estados, a venda de bens básicos, como alimentos e bebidas, é isenta do imposto sobre vendas. Em outros, não. Aborde os méritos dessa isenção. Considere tanto a eficiência quanto a equidade em sua resposta.

4. Antes de 2018, os impostos estaduais e municipais (SALT, de State and Local Taxes) podiam ser totalmente deduzidos ao calcular a renda tributável para o imposto de renda federal. A partir de 2018, a dedução do SALT foi limitada a $ 10 mil.
   a. Quem mais se beneficiou da dedução ilimitada do SALT: residentes de estados com impostos altos, como Califórnia e Nova York, ou residentes de estados com impostos baixos, como Flórida e Texas?
   b. Como você acha que a limitação da dedução do SALT afetou a migração de pessoas entre os estados?
   c. Como você acha que a limitação da dedução do SALT afetou a propensão dos governos estaduais e municipais de aumentar os impostos?

5. Se Paula Poupanças possui um ativo (como ações de uma empresa) cujo valor sobe, ela tem ganho capital acumulado. Se ela vende o ativo, visualiza os ganhos acumulados anteriormente. No sistema de taxação dos Estados Unidos, os ganhos capitais são taxados, mas os acumulados não.
   a. Explique como o comportamento das pessoas é afetado por essa regra.
   b. Alguns economistas acreditam que cortes nos índices de taxas sob ganhos capitais, especialmente sob os temporários, podem aumentar a receita de taxas. Como?
   c. Você acha que é uma boa regra taxar apenas ganhos capitais e não o capital acumulado? Por quê? Por que não?

6. Suponha que seu estado aumente o imposto sobre vendas de 5% para 6%. O encarregado pelas receitas do Estado prevê um aumento de 20% na receita do imposto sobre vendas. Isso é plausível? Explique.

7. A Lei de Reforma Tributária de 1986 dos Estados Unidos, eliminou a dedução dos pagamentos relativos a juros sobre débitos do consumidor (principalmente cartões de crédito e empréstimos para a compra de automóveis), mas manteve a dedução dos pagamentos de juros sobre hipotecas e empréstimos para a compra de imóveis residenciais. O que, em sua opinião, aconteceu com os montantes relativos de dívidas de consumo e de crédito imobiliário?

8. Classifique cada um dos modos de financiamento apresentados a seguir como exemplos do princípio dos benefícios ou do princípio da capacidade de pagamento.
   a. As pessoas que visitam os parques nacionais devem pagar ingresso.
   b. Os impostos sobre propriedades locais sustentam escolas de ensino fundamental e médio.
   c. O fundo de crédito de um aeroporto recolhe uma taxa sobre cada passagem vendida e emprega esse dinheiro para fazer melhorias nos aeroportos e também no sistema de controle de tráfego aéreo.

Respostas do teste rápido

1. **b**   2. **b**   3. **c**   4. **a**   5. **a**   6. **a**   7. **d**   8. **c**

Capítulo 14

Os custos de produção

A economia é composta de milhares de empresas que produzem os bens e serviços de que usufruímos todos os dias: a General Motors produz carros, a General Electric, lâmpadas, e a General Mills, cereais matinais. Algumas empresas, como essas três, são grandes: empregam milhares de trabalhadores e têm milhares de acionistas que participam de seus lucros. Outras empresas, como a barbearia ou a doceria do seu bairro, são pequenas: empregam poucos trabalhadores e são de propriedade de uma só pessoa ou família.

Nos capítulos anteriores, usamos a curva de oferta para resumir as decisões de produção das empresas. De acordo com a lei da oferta, as empresas estarão dispostas a produzir e vender maiores quantidades de um determinado bem se o preço for alto, e essa reação nos conduz a uma curva de oferta com inclinação ascendente. Para muitas questões, a lei da oferta é tudo o que você precisa saber sobre o comportamento das empresas.

Este capítulo e os que se seguem examinam o comportamento das empresas com mais detalhes. Esse tópico lhe dará uma melhor compreensão das decisões por trás da curva de oferta. Ele também apresentará uma parte da economia chamada **organizações**

industriais – que é o estudo de como as decisões de uma empresa sobre preços e quantidades dependem das condições do mercado que enfrentam. A cidade em que você vive, por exemplo, pode ter diversas pizzarias, mas apenas uma empresa de TV a cabo. Isso levanta uma questão fundamental: como o número de empresas afeta os preços em um mercado e a eficiência do resultado do mercado? O campo da organização industrial aborda essa questão.

Antes de nos voltarmos para essas questões, temos que discutir os custos de produção. Todas as empresas, da Delta Air Lines à quitanda da esquina, incorrem em custos ao produzir os bens e serviços que vendem. Como veremos nos capítulos seguintes, os custos de uma empresa são um determinante-chave de suas decisões de produção e estabelecimento de preços. Neste capítulo, definiremos algumas das variáveis que os economistas usam para medir os custos de uma empresa e trataremos das relações entre elas.

Um aviso: esse tópico é um pouco técnico. Para ser franco, você pode até chamá-lo de chato. Aguente firme. Esse material fornece a base para os tópicos fascinantes que se seguem.

14-1 O que são custos?

Entra em cena a Fábrica de Biscoitos Chloe. Chloe, a proprietária da empresa, compra farinha, açúcar, gotas de chocolate e outros ingredientes. Também compra as batedeiras e os fornos, e contrata trabalhadores para operar esses equipamentos. Então, vende os biscoitos produzidos aos consumidores. Alguns dos problemas que ela enfrenta em seu negócio se aplicam a todas as empresas.

14-1a Receita total, custo total e lucro

Para compreendermos as decisões que uma empresa toma, temos que entender o que ela está tentando fazer. É concebível que Chloe tenha fundado sua empresa graças a um desejo altruísta de prover o mundo de biscoitos ou, talvez, pelo amor ao negócio de biscoitos, mas o mais provável é que tenha criado a empresa para ganhar dinheiro. Em geral, os economistas assumem que o objetivo de uma empresa é maximizar o lucro e que essa hipótese funciona bem na maioria dos casos.

O que é o lucro de uma empresa? O montante que a empresa recebe pela venda de sua produção (biscoitos) é chamado **receita total**. O montante que a empresa paga por seus insumos (farinha, açúcar, trabalhadores, fornos, etc.) é chamado **custo total**. E Chloe fica com a receita que excede o necessário para cobrir os custos. O **lucro** é a receita total da empresa menos seu custo total. Ou seja:

Lucro = Receita total – Custo total.

O objetivo de Chloe é fazer com que o lucro de sua empresa seja o maior possível.

Para entendermos como uma empresa maximiza o lucro, temos que saber com mais profundidade como medir a sua receita total e o seu custo total. A receita total é a parte fácil: é igual à quantidade que a empresa produz multiplicada pelo preço pelo qual vende a sua produção. Então, se Chloe produz 10 mil biscoitos e os vende a $ 2 cada, sua receita total é de $ 20 mil. A medição do custo total de uma empresa, no entanto, é bem mais sutil.

14-1b Por que os custos de oportunidade são importantes

Quando se medem os custos da Fábrica de Biscoitos Chloe ou de qualquer outra empresa, é importante ter em mente um dos **dez princípios da economia** do Capítulo 1: o custo de algo é o que você renuncia para obtê-lo. Lembre-se de que o **custo de oportunidade** de um item refere-se a todas as coisas de que abrimos mão para adquiri-lo. Quando os economistas falam no custo de produção de uma empresa, incluem todos os custos de oportunidade da sua produção dos bens e serviços.

Alguns custos de oportunidade da produção de uma empresa são óbvios, mas outros não. Quando Chloe paga $ 1.000 pela farinha, esse valor representa um custo de

receita total
o montante que uma empresa recebe pela venda da sua produção

custo total
o valor de mercado dos insumos que uma empresa usa na produção

lucro
a receita total menos o custo total

oportunidade, porque ela não pode mais usá-lo para comprar outra coisa. De maneira similar, quando ela contrata trabalhadores para fazer biscoitos, os salários que paga são parte dos custos de oportunidade da empresa. Como esses custos de oportunidade exigem que a empresa desembolse dinheiro, são chamados **custos explícitos**.

Já outros custos de oportunidade da empresa, denominados **custos implícitos**, não exigem que se desembolse dinheiro. Imagine que Chloe tenha bastante habilidade com computadores e possa ganhar $ 100 por hora trabalhando como programadora. Para cada hora que passa em sua fábrica de biscoitos, ela deixa de ganhar $ 100 de renda e essa renda da qual ela abre mão também é parte de seu custo. O custo total do negócio de Chloe é a soma dos custos explícitos e implícitos.

Economistas e contadores analisam as empresas de modos diferentes. Os economistas estão interessados em estudar como as empresas tomam decisões de produção e de determinação de preço. Como essas decisões se baseiam em custos tanto explícitos quanto implícitos, os economistas incluem os dois tipos ao calcular o custo das empresas. Os contadores, por sua vez, têm a função de acompanhar o fluxo do dinheiro que entra e sai da empresa; por isso, eles medem os custos explícitos, mas, em geral, ignoram os custos implícitos.

A diferença entre os métodos usados por economistas e contadores pode ser facilmente percebida no caso da Fábrica de Biscoitos Chloe. Quando ela abre mão da oportunidade de ganhar dinheiro como programadora de computadores, seu contador não lança isso como custo da empresa de biscoitos. Como não sai dinheiro da empresa para fazer frente a esse custo, ele nunca surge nas demonstrações financeiras preparadas pelo contador. Um economista, pelo contrário, contará a renda da qual Chloe abriu mão como um custo, porque essa renda afetará as decisões que ela tomará em sua empresa de biscoitos. Por exemplo, se o salário de Chloe como programadora aumentar de $ 100 para $ 300 por hora, ela poderá chegar à conclusão de que tocar sua empresa é custoso demais e optar por fechar a fábrica, tornando-se programadora em tempo integral.

custos explícitos
os custos dos insumos que exigem desembolso de dinheiro por parte da empresa

custos implícitos
os custos dos insumos que não exigem desembolso de dinheiro por parte da empresa

14-1c O custo do capital é um custo de oportunidade

Um custo implícito importante em quase todo negócio é o custo de oportunidade do capital financeiro que foi investido na atividade. Suponhamos que Chloe tenha usado $ 300 mil de suas economias para comprar a fábrica de biscoitos do proprietário anterior. Se ela tivesse deixado o dinheiro em uma conta de poupança a juros de 5% ao ano, ganharia $ 15 mil por ano. Portanto, para ser proprietária da fábrica de biscoitos, Chloe abre mão de $ 15 mil em renda de juros por ano. Estes $ 15 mil de que ela abre mão são um dos custos de oportunidade implícitos do negócio de Chloe.

Economistas e contadores tratam os custos de formas diferentes, e isso é especialmente verdade no tratamento dado ao custo do capital. Um economista verá os $ 15 mil em renda de juros de que Chloe abre mão a cada ano como um custo de sua empresa, muito embora seja um custo implícito. O contador contratado por ela, contudo, não lançará esses $ 15 mil como custo, porque não sai dinheiro da empresa para pagar por eles.

Para explorarmos com maior profundidade a diferença dos métodos entre economistas e contadores, vamos mudar um pouco o exemplo. Suponhamos que Chloe não tivesse os $ 300 mil necessários para comprar a fábrica e usasse $ 100 mil de suas economias e tomasse $ 200 mil emprestados de um banco a juros de 5%. O contador de Chloe, que só mede os custos explícitos, passará a contar como custo os $ 10 mil de juros pagos pelo empréstimo bancário, porque, agora, esse montante de dinheiro sai da empresa. Entretanto, de acordo com um economista, o custo de oportunidade da empresa é ainda de $ 15 mil. O custo de oportunidade é igual aos juros pagos sobre o empréstimo (um custo explícito de $ 10 mil) mais os juros sobre a poupança de que Chloe abriu mão (um custo implícito de $ 5 mil).

14-1d Economistas e contadores medem o lucro de maneira diferente

Agora voltemos ao objetivo da empresa: o lucro. Como economistas e contadores medem custos de maneira diferente, eles também medem o lucro de maneira diferente. Um economista mede o **lucro econômico** da empresa como a receita total menos todos os

lucro econômico
a receita total menos o custo total, incluindo tanto os custos explícitos quanto os custos implícitos

Figura 14-1

Economistas *versus* contadores

Os economistas incluem todos os custos de oportunidade quando analisam uma empresa, ao passo que os contadores medem somente os custos explícitos. Assim, o lucro econômico é menor do que o lucro contábil.

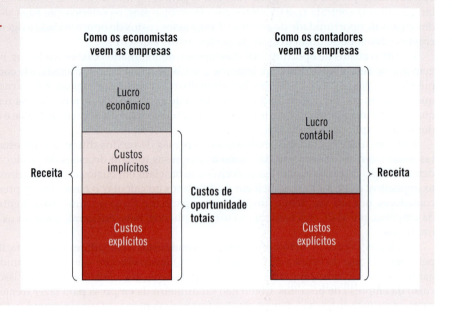

lucro contábil
a receita total menos o custo explícito total

custos de oportunidade (explícitos e implícitos) da produção dos bens e serviços vendidos. Um contador mede o **lucro contábil** da empresa somente como a receita total menos os custos explícitos.

A Figura 14-1 resume essa diferença. Observe que, como o contador ignora os custos implícitos, o lucro contábil costuma ser maior que o econômico. Para uma empresa ser lucrativa do ponto de vista dos economistas, sua receita total precisa cobrir todos os custos de oportunidade, tanto explícitos quanto implícitos.

O lucro econômico é um conceito importante, pois é o que motiva as empresas que fornecem bens e serviços. Como veremos, uma empresa que obtém lucro econômico positivo permanece no mercado, pois ela consegue cobrir todos os custos de oportunidade e ter alguma receita para recompensar os proprietários. Quando uma empresa tem perdas econômicas, ou seja, quando os lucros econômicos são negativos, os proprietários deixam de obter receita suficiente para cobrir todos os custos de produção. A menos que as condições se modifiquem, os proprietários encerrarão o negócio e abandonarão o mercado. Para entender decisões de negócios, é preciso prestar atenção ao lucro econômico.

Teste rápido

1. Seu Lobato, um fazendeiro, dá aulas de banjo por $ 20 a hora. Em um dia, ele passa 10 horas plantando $ 100 em sementes em sua fazenda. Qual custo total em que ele incorreu?
   a. $ 100
   b. $ 200
   c. $ 300
   d. $ 400

2. Xavier abre uma barraca de limonada durante duas horas. Ele gasta $ 10 em ingredientes e vende $ 60 em limonada. Nas mesmas duas horas, ele poderia ter cortado a grama do vizinho por $ 40. Xavier obtém um lucro contábil e um lucro econômico de quanto, respectivamente?
   a. $ 50; $ 10
   b. $ 90; $ 50
   c. $ 10; $ 50
   d. $ 50; $ 90

As respostas estão no final do capítulo.

14-2 Produção e custos

As empresas incorrem em custos ao adquirir os insumos que usam para produzir os bens e serviços que planejam vender. Nesta seção, examinaremos o elo entre o processo de produção de uma empresa e seu custo total. Novamente, usaremos a Fábrica de Biscoitos Chloe.

Na análise a seguir, adotamos uma importante hipótese simplificadora: consideramos que o tamanho da fábrica de Chloe é fixo e que ela só pode mudar a quantidade de biscoitos produzida mudando o número de trabalhadores. Essa hipótese é realista no curto prazo, mas não no longo prazo. Ou seja, Chloe não pode construir uma nova fábrica da noite para o dia, mas pode fazê-lo em aproximadamente um ano ou dois. Essa análise, portanto, descreve as decisões de produção que Chloe enfrenta no curto prazo. Examinaremos em mais detalhes a relação entre custos e horizonte temporal mais adiante.

14-2a A função de produção

A Tabela 14-1 mostra como a quantidade de biscoitos que a fábrica de Chloe produz por hora depende do número de trabalhadores. Como se pode ver nas colunas (1) e (2) se não houver trabalhadores na fábrica, Chloe não produzirá nenhum biscoito. Mas quando há 1 trabalhador, ela produz 50 biscoitos; quando há 2 trabalhadores, ela produz 90 biscoitos; e assim por diante. O painel (a) da Figura 14-2 apresenta um gráfico dessas duas colunas numéricas. O número de trabalhadores está no eixo horizontal, e o de biscoitos produzidos, no eixo vertical. A relação entre a quantidade de insumos (trabalhadores) e a quantidade produzida (biscoitos) é chamada **função de produção**.

função de produção
a relação entre a quantidade de insumos usada para produzir um bem e a quantidade produzida desse bem

Tabela 14-1
Uma função de produção e custo total: a Fábrica de Biscoitos Chloe

(1) Número de trabalhadores	(2) Produção (quantidade de biscoitos produzida por hora)	(3) Produto marginal do trabalho	(4) Custo da fábrica	(5) Custo dos trabalhadores	(6) Custo total dos insumos (custo da fábrica + custo dos trabalhadores)
0	0		$ 30	$ 0	$ 30
		50			
1	50		30	10	40
		40			
2	90		30	20	50
		30			
3	120		30	30	60
		20			
4	140		30	40	70
		10			
5	150		30	50	80
		5			
6	155		30	60	90

Parte V Comportamento das empresas e organização da indústria

Figura 14-2

A função de produção de Chloe e a curva de custo total

A função de produção, no painel (a), mostra a relação entre o número de trabalhadores empregados e a quantidade produzida. Aqui, o número de trabalhadores empregados (eixo horizontal) é mostrado na coluna (1) da Tabela 14-1, e a quantidade produzida (eixo vertical), na coluna (2). A função de produção torna-se menos inclinada à medida que o número de trabalhadores aumenta, o que reflete a diminuição do produto marginal. A curva de custo total no painel (b) ilustra a relação entre a quantidade produzida e o custo total de produção. Aqui, a quantidade produzida (no eixo horizontal) é mostrada na coluna (2) da Tabela 14-1, e o custo total (no eixo vertical), na coluna (6). A inclinação da curva de custo total aumenta com a quantidade produzida em razão do produto marginal decrescente.

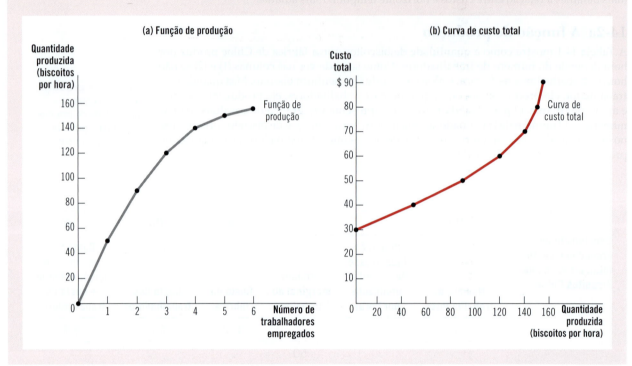

produto marginal
o aumento da produção que resulta de uma unidade adicional de insumo

Um dos **dez princípios da economia** introduzidos no Capítulo 1 diz que as pessoas racionais pensam na margem. Como veremos em outros capítulos, esse conceito é fundamental para entender as decisões das empresas sobre quantos trabalhadores contratar e sobre quanto produzir. Para dar um passo em direção ao entendimento dessas decisões, a coluna (3) da Tabela 14-1 nos dá o produto marginal por trabalhador. O **produto marginal** de qualquer insumo no processo de produção é o aumento da quantidade produzida que se obtém a partir de uma unidade adicional do insumo em questão. Quando o número de trabalhadores sobe de 1 para 2, a produção de biscoitos sobe de 50 para 90, de modo que o produto marginal do segundo trabalhador é de 40 biscoitos. E quando o número de trabalhadores sobe de 2 para 3, a produção de biscoitos aumenta de 90 para 120, de modo que o produto marginal do terceiro trabalhador é de 30 biscoitos. Na tabela, o produto marginal aparece no ponto médio entre as linhas, porque representa a mudança na produção à medida que o número de trabalhadores aumenta de um nível para outro.

Observe que, à medida que o número de trabalhadores aumenta, o produto marginal diminui: o segundo trabalhador tem um produto marginal de 40 biscoitos, o terceiro, de 30, e o quarto, de 20. Essa propriedade é chamada **produto marginal decrescente**. Inicialmente, quando há poucos trabalhadores empregados, eles têm fácil acesso ao equipamento de cozinha de Chloe. Com o aumento do número de trabalhadores, eles passam a ter de compartilhar equipamentos e trabalhar com uma lotação cada vez maior. Por fim, a cozinha está tão lotada que os trabalhadores ficam amontoados. Assim, à medida que mais trabalhadores são empregados, cada trabalhador adicional contribui menos para a produção total de biscoitos.

O produto marginal decrescente também pode ser visto na Figura 14-2. A inclinação da função de produção ("aumento dividido pela distância") nos diz qual é a variação da produção de biscoitos na fábrica de Chloe ("aumento") para cada insumo adicional de trabalho ("distância"). Ou seja, a inclinação da função de produção mede o produto marginal de um trabalhador. Com o aumento no número de trabalhadores, o produto marginal diminui e a função de produção se torna mais horizontal.

produto marginal decrescente
a propriedade segundo a qual o produto marginal de um insumo diminui à medida que a quantidade do insumo aumenta

14-2b Da função de produção à curva de custo total

As colunas (4), (5) e (6) da Tabela 14-1 mostram o custo de produção de biscoitos da fábrica de Chloe. Neste exemplo, o custo da fábrica de Chloe é de $ 30 por hora, e o de um trabalhador, de $ 10 por hora. Se ela contrata 1 trabalhador, seu custo total é de $ 40 por hora; se contrata 2 trabalhadores, é de $ 50 por hora, e assim por diante. Com essa informação, a tabela então nos mostra como o número de trabalhadores que Chloe emprega se relaciona com a quantidade de biscoitos que ela produz e com o seu custo total de produção.

Nosso objetivo nos próximos capítulos será estudar as decisões de produção e de determinação de preços das empresas. Para tanto, a relação mais importante da Tabela 14-1 é aquela existente entre a quantidade produzida [coluna (2)] e o custo total [coluna (6)]. O painel (b) da Figura 14-2 representa graficamente essas duas colunas de dados com a quantidade produzida no eixo horizontal e o custo total no vertical. Esse gráfico é chamado **curva de custo total**.

Compare, agora, a curva de custo total no painel (b) com a função de produção no painel (a). Estas curvas são os lados opostos da mesma moeda. A inclinação da curva de custo total aumenta à medida que a quantidade produzida aumenta, enquanto a inclinação da função de produção diminui. Essas mudanças da inclinação ocorrem pelas mesmas razões: uma produção elevada de biscoitos significa que a cozinha de Chloe está lotada de trabalhadores, e estando a cozinha cheia demais, cada trabalhador adicional acrescenta menos à produção de biscoitos, refletindo o produto marginal decrescente. Portanto, a função de produção fica relativamente achatada. Mas vamos inverter o raciocínio: quando a cozinha está lotada, produzir um biscoito a mais requer muito trabalho adicional e isso é muito dispendioso. Portanto, quando a quantidade produzida é grande, a curva de custo total é relativamente íngreme.

Teste rápido

3. A agricultora Adriana apresenta em sua fazenda o produto marginal decrescente. Se ela não plantar as sementes, não terá colheita. Se ela plantar 1 saco de sementes, ganhará 3 sacas de trigo. Se plantar 2 sacos, ganhará 5 sacas. Se plantar 3 sacos, ganhará
   a. 6 sacas.
   b. 7 sacas.
   c. 8 sacas.
   d. 9 sacas.

4. O produto marginal decrescente explica por que, à medida que a produção aumenta,
   a. a função de produção e a curva de custo total se tornam mais íngremes.
   b. a função de produção e a curva de custo total se tornam mais planas.
   c. a função de produção se torna mais íngreme e a curva de custo total se torna mais plana.
   d. a função de produção se torna mais plana e a curva de custo total se torna mais íngreme.

As respostas estão no final do capítulo.

14-3 As diversas medidas do custo

A análise da Fábrica de Biscoitos Chloe demonstrou como o custo total de uma empresa reflete sua função de produção. A partir dos dados do custo total de uma empresa, podemos derivar diversas outras medidas de custo, que serão úteis em capítulos futuros, quando analisarmos as decisões de produção e de determinação de preço. Para ver como essas medidas são derivadas, usaremos o exemplo da Tabela 14-2, que apresenta dados de custos da empresa vizinha de Chloe, a Cafeteria Caleb.

A coluna (1) da tabela mostra o número de xícaras de café que Caleb pode produzir, indo de 0 a 10 xícaras por hora, e a coluna (2) o custo total de produção da sua cafeteria. A Figura 14-3 traça a curva de custo total da Cafeteria Caleb, em que a quantidade de café coluna (1) está no eixo horizontal, e o custo total [da coluna (2)], no eixo vertical. A curva

Tabela 14-2
As diversas medidas de custo: Cafeteria Caleb

(1) Quantidade de café (xícaras por hora)	(2) Custo total	(3) Custo fixo	(4) Custo variável	(5) Custo fixo médio	(6) Custo variável médio	(7) Custo total médio	(8) Custo marginal
0	$ 3,00	$ 3,00	$ 0,00	–	–	–	
							$ 0,30
1	3,30	3,00	0,30	$ 3,00	$ 0,30	$ 3,30	
							0,50
2	3,80	3,00	0,80	1,50	0,40	1,90	
							0,70
3	4,50	3,00	1,50	1,00	0,50	1,50	
							0,90
4	5,40	3,00	2,40	0,75	0,60	1,35	
							1,10
5	6,50	3,00	3,50	0,60	0,70	1,30	
							1,30
6	7,80	3,00	4,80	0,50	0,80	1,30	
							1,50
7	9,30	3,00	6,30	0,43	0,90	1,33	
							1,70
8	11,00	3,00	8,00	0,38	1,00	1,38	
							1,90
9	12,90	3,00	9,90	0,33	1,10	1,43	
							2,10
10	15,00	3,00	12,00	0,30	1,20	1,50	

Figura 14-3

A curva do custo total de Caleb

Aqui, a quantidade produzida (no eixo horizontal) é mostrada na coluna (1) da Tabela 14-2, e o custo total (no eixo vertical), na coluna (2). Como na Figura 14-2, a curva de custo total fica mais íngreme à medida que a quantidade produzida aumenta em razão do produto marginal decrescente.

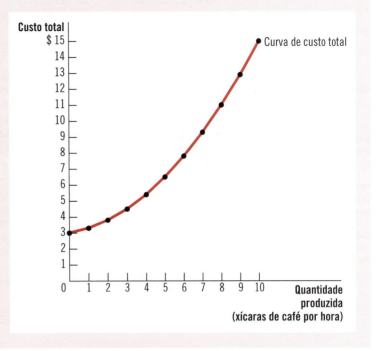

de custo total do Caleb tem formato semelhante à de Chloe. Mais especificamente, sua inclinação aumenta com a quantidade produzida, o que (como já vimos) reflete o produto marginal decrescente.

14-3a Custos fixos e variáveis

O custo total de Caleb pode ser dividido em dois tipos: fixos e variáveis. Os **custos fixos** não variam com a quantidade produzida, pois a empresa incorre neles mesmo que não produza nada. Os custos fixos de Caleb incluem o aluguel que ele paga, porque esse custo será o mesmo, não importa a quantidade de café que produza. Da mesma forma, se ele precisar contratar um escriturário em tempo integral para cuidar das contas a pagar, o salário dele será um custo fixo, pois não dependerá da quantidade de café produzida. A coluna (3) da Tabela 14-2 mostra o custo fixo de Caleb, que, neste exemplo, é de $ 3.

Já os **custos variáveis** mudam à medida que a quantidade produzida varia. Os custos variáveis de Caleb incluem o custo dos grãos de café, do leite, do açúcar e dos copos de papel: quanto mais café ele fizer, mais desses itens precisará comprar. De maneira similar, se ele precisar empregar mais trabalhadores para fazer mais café, o salário deles será um custo variável. A coluna (4) da tabela mostra o custo variável de Caleb. O custo variável é 0 quando ele não produz nada; $ 0,30, se produz 1 xícara de café; $ 0,80, quando produz 2 xícaras, e assim por diante.

O custo total de uma empresa é a soma dos custos fixos e variáveis. Na Tabela 14-2, o custo total da coluna (2) é igual aos custos fixos da coluna (3) mais os custos variáveis da coluna (4).

custos fixos
custos que não variam com a quantidade produzida

custos variáveis
custos que variam com a quantidade produzida

14-3b Custos médio e marginal

Como proprietário da empresa, Caleb precisa decidir quanto produzir. Ao tomar a decisão, ele vai querer considerar como o nível de produção afeta seus custos. Caleb pode fazer a seu supervisor de produção as duas seguintes perguntas sobre o custo de produção do café:

- Quanto custa para fazer uma xícara típica de café?
- Quanto custa para aumentar a produção de café em 1 xícara?

custo total médio
custo total dividido pela quantidade produzida

custo fixo médio
custos fixos divididos pela quantidade produzida

custo variável médio
custos variáveis divididos pela quantidade produzida

custo marginal
o aumento no custo total decorrente da produção de uma unidade adicional

Pode parecer que essas duas perguntas têm a mesma resposta, mas não é o caso. As respostas diferentes para essas duas perguntas são importantes para entender como as empresas tomam decisões de produção.

Para identificar o custo da unidade típica produzida, dividimos os custos da empresa pela quantidade produzida. Por exemplo, se a empresa produz 2 xícaras por hora, seu custo total é de $ 3,80 e o custo de uma xícara típica é de $ 3,80/2, ou $ 1,90. O custo total dividido pela quantidade produzida é chamado **custo total médio**. Como o custo total é a soma dos custos fixos e variáveis, o custo total médio pode ser expresso como a soma do custo fixo médio e do custo variável médio. O **custo fixo médio** é o custo fixo dividido pela quantidade produzida, e o **custo variável médio** é o custo variável dividido pela quantidade produzida.

Embora o custo total médio nos diga o custo da unidade típica, não nos diz em quanto o custo total mudará se a empresa alterar seu nível de produção. A coluna (8) da Tabela 14-2 mostra em quanto aumenta o custo total quando a empresa aumenta a produção em 1 unidade. Esse número é chamado **custo marginal**. Por exemplo, se Caleb aumentar a produção de 2 para 3 xícaras, seu custo total aumentará de $ 3,80 para $ 4,50, de modo que o custo marginal da terceira xícara de café será $ 4,50 menos $ 3,80, ou $ 0,70. Na tabela, o custo marginal aparece no ponto médio entre as linhas, porque representa a mudança no custo total à medida que a produção aumenta de um nível para outro.

Pode ser útil expressar essas definições matematicamente:

$$\text{Custo total médio} = \text{Custo total}/\text{Quantidade}$$
$$CTM = CT/Q$$

e

$$\text{Custo marginal} = \text{Variação do custo total}/\text{Variação da quantidade}$$
$$CMg = \Delta CT/\Delta Q.$$

Aqui, a letra grega delta (Δ) representa a mudança em uma variável. Essas equações mostram como o custo total médio e o custo marginal derivam do custo total. **O custo total médio nos dá o custo de uma unidade típica de produto se o custo total for dividido igualmente por todas as unidades produzidas. O custo marginal nos diz em quanto aumenta o custo total em decorrência da produção de uma unidade adicional de produto.** Como veremos mais detalhadamente no próximo capítulo, gestores de empresas, como Caleb, precisam ter em mente os conceitos de custo total médio e de custo marginal ao decidir sobre quanto de seu produto fornecer ao mercado.

14-3c Curvas de custos e seus formatos

Assim como em capítulos anteriores, os gráficos de oferta e demanda foram úteis para analisar o comportamento dos mercados, os gráficos de custo médio e marginal serão úteis para analisar o comportamento das empresas. A Figura 14-4 representa graficamente os custos de Caleb, utilizando os dados da Tabela 14-2. O eixo horizontal mede a quantidade produzida pela empresa, e o vertical, os custos marginal e médio. O gráfico apresenta quatro curvas: custo total médio (*CTM*), custo fixo médio (*CFM*), custo variável médio (*CVM*) e custo marginal (*CMg*).

As curvas de custos da Cafeteria Caleb aqui apresentadas têm algumas características que são comuns às curvas de custos de muitas empresas existentes na economia. Examinemos três características específicas: o formato da curva de custo marginal, o formato da curva de custo total médio e a relação entre custo marginal e custo total médio.

Custo marginal ascendente Os custos marginais de Caleb aumentam à medida que a quantidade produzida aumenta. Essa inclinação ascendente reflete a diminuição do produto marginal. Quando Caleb está produzindo uma pequena quantidade de café, ele tem poucos trabalhadores e grande parte de seu equipamento não está sendo utilizada. Como

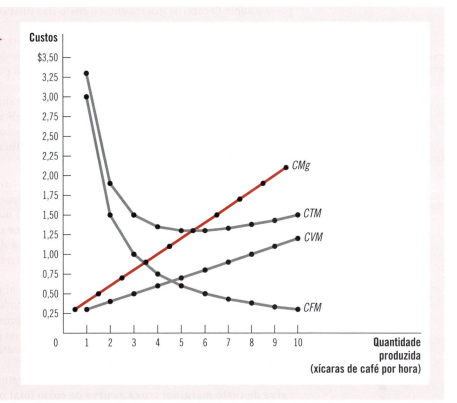

Figura 14-4
As curvas de custo total médio e custo marginal de Caleb

Esta figura mostra o custo total médio (*CTM*), o custo fixo médio (*CFM*), o custo variável médio (*CVM*) e o custo marginal (*CMg*) da cafeteria do Caleb. Todas essas curvas, traçadas a partir dos dados da Tabela 14-2, revelam três características comuns a muitas empresas: (1) o custo marginal aumenta com a quantidade produzida, (2) a curva de custo total médio tem forma de U e (3) a curva de custo marginal cruza a curva de custo total médio no ponto em que o custo total médio é mínimo.

ele pode facilmente colocar esses recursos ociosos em uso, o produto marginal de um trabalhador extra é alto e o custo marginal de uma xícara extra de café é baixo. No entanto, quando ele está produzindo uma grande quantidade de café, seu estabelecimento está lotado de empregados e a maior parte de seu equipamento está sendo plenamente utilizada. Caleb pode produzir mais se contratar mais trabalhadores, mas esses novos funcionários terão que trabalhar em condições de superlotação e podem ter de esperar para usar os equipamentos. Por essa razão, quando a quantidade de café produzida já é elevada, o produto marginal de um trabalhador adicional é baixo e o custo marginal de uma xícara adicional de café é elevado.

Curva de custo total médio em formato de U A curva de custo total médio de Caleb tem o formato de U, como mostra a Figura 14-4. Para entender o porquê disso, lembre-se de que o custo total médio é a soma do custo fixo médio e do custo variável médio. O custo fixo médio sempre diminui à medida que a produção aumenta, porque o custo fixo se distribui por um maior número de unidades. O custo variável médio, por sua vez, costuma aumentar quando a produção aumenta, por causa do produto marginal decrescente.

A forma de U ocorre porque o custo total médio reflete as formas do custo fixo médio e do custo variável médio. Em níveis de produção muito baixos, como 1 ou 2 xícaras por hora, o custo total médio é muito alto. Embora o custo variável médio seja baixo, o custo fixo médio é alto, porque o custo fixo é dividido entre poucas unidades. À medida que aumenta a produção, o custo fixo passa a ser distribuído mais amplamente. O custo fixo médio diminui rapidamente no início e, depois, mais lentamente. Como resultado, o custo total médio também diminui até a produção atingir 5 xícaras por hora, quando cai para $ 1,30 por xícara de café. No entanto, quando a empresa produz mais de 6 xícaras por hora, o aumento no custo variável médio se torna a força dominante e o custo total médio passa a subir. O cabo de guerra entre o custo fixo médio e o custo variável médio provoca o formato em U no custo total médio.

A parte mais baixa da curva em U ocorre na quantidade que minimiza o custo total médio. Essa quantidade é, às vezes, chamada de **escala eficiente** da empresa. Para Caleb, a escala eficiente é de 5 ou 6 xícaras de café por hora. Se ele produzir mais ou menos que esse montante, seu custo total médio ficará acima do mínimo de $ 1,30. Em baixos níveis de produção, o custo total médio é maior que $ 1,30, porque o custo fixo é distribuído entre poucas unidades. Em altos níveis de produção, o custo total médio é maior que $ 1,30, porque o produto marginal dos insumos diminui significativamente. Na escala de eficiência, essas duas forças se equilibram para produzir o menor custo total médio.

> **escala eficiente**
> a quantidade produzida que minimiza o custo total médio

A relação entre o custo marginal e o custo total médio Se você observar a Figura 14-4 (ou a Tabela 14-2), verá algo que pode parecer surpreendente à primeira vista. **Sempre que o custo marginal for menor que o custo total médio, o custo total médio estará em queda. Sempre que o custo marginal for maior que o custo total médio, o custo total médio estará aumentando.** Essa característica das curvas de custo de Caleb não é uma coincidência resultante dos números usados no exemplo: ela se aplica a todas as empresas.

Para entendermos por que isso acontece, vamos usar uma analogia. O custo total médio é como a média total de suas notas obtidas na faculdade. O custo marginal é como a nota da próxima disciplina que irá cursar. Se sua nota na próxima disciplina for menor que sua nota média total, sua média total cairá. Se sua nota na próxima disciplina for maior que sua média total, sua média total aumentará. A matemática dos custos médio e marginal é idêntica à das notas média e marginal.

A relação entre o custo total médio e o custo marginal tem um importante corolário: **a curva de custo marginal cruza a curva de custo total médio em seu ponto mínimo**. Por quê? Em baixos níveis de produção, o custo marginal é inferior ao custo total médio, de modo que o custo total médio está em queda. Mas, depois que as duas curvas se cruzam, o custo marginal aumenta mais que o custo total médio. Como resultado, o custo total médio deve começar a subir a partir desse nível de produção. Assim, o ponto de intersecção ocorre no ponto mínimo do custo total médio. Como veremos no próximo capítulo, esse ponto de custo total médio mínimo desempenha um papel-chave na análise das empresas competitivas.

14-3d Curvas de custos típicas

Nos exemplos que estudamos até aqui, as empresas apresentam produto marginal decrescente e custo marginal ascendente em todos os níveis de produção. Essa suposição simples foi útil, pois permitiu que nos concentrássemos nas características principais das curvas de custos que são úteis na análise do comportamento das empresas. Entretanto, empresas reais costumam ser mais complicadas. Em muitas delas, o produto marginal não começa a decrescer imediatamente após o emprego do primeiro trabalhador. Dependendo do processo de produção, o segundo ou o terceiro trabalhadores podem ter um produto marginal maior que o primeiro, porque uma equipe de trabalhadores pode dividir as tarefas e trabalhar com maior produtividade que um único trabalhador. As empresas com esse padrão experimentariam um aumento no produto marginal durante algum tempo, até o instante em que aparecesse o produto marginal decrescente.

A Figura 14-5 mostra as curvas de custo de uma empresa nessas condições, incluindo o custo total médio (*CTM*), o custo fixo médio (*CFM*), o custo variável médio (*CVM*) e o custo marginal (*CMg*). Em níveis baixos de produção, a empresa apresenta um produto marginal crescente, e a curva de custo marginal decresce. Por fim, a empresa começa a apresentar produto marginal decrescente, e a curva de custo marginal começa a se elevar. Essa combinação de produto marginal crescente e depois decrescente também faz a curva de custo variável médio ter o formato de U.

Figura 14-5

Curvas de custo de uma empresa típica

Muitas empresas apresentam produto marginal crescente antes de produto marginal decrescente. Como resultado, as curvas de custo têm o formato mostrado na figura. Observe que os custos marginal e variável médio diminuem durante algum tempo antes de começarem a aumentar.

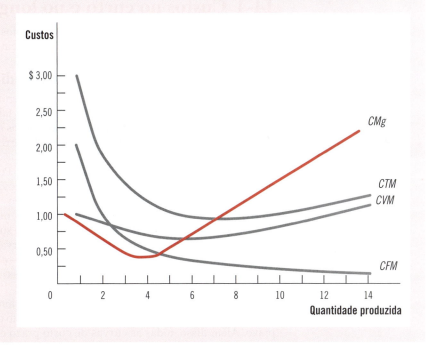

Apesar dessas diferenças, as curvas de custos na Figura 14-5 e aquelas do exemplo anterior compartilham três propriedades importantes:

- A partir de determinado nível de produção, o custo marginal aumenta com o aumento da quantidade produzida.
- A curva de custo médio total tem formato de U.
- A curva de custo marginal cruza com a curva de custo total médio no ponto em que o custo total médio é mínimo.

Teste rápido

5. Uma empresa está produzindo 1.000 unidades a um custo total de $ 5.000. Quando aumenta a produção para 1.001 unidades, seu custo total sobe para $ 5.008. Para essa empresa,
   a. o custo marginal é $ 5, e o custo variável médio é $ 8.
   b. o custo marginal é $ 8, e o custo variável médio é $ 5.
   c. o custo marginal é $ 5, e o custo total médio é $ 8.
   d. o custo marginal é $ 8, e o custo total médio é $ 5.

6. Uma empresa está produzindo 20 unidades com um custo total médio de $ 25 e um custo marginal de $ 15. Se aumentar a produção para 21 unidades, qual das seguintes opções deve ocorrer?

   a. O custo marginal diminuirá.
   b. O custo marginal aumentará.
   c. O custo total médio diminuirá.
   d. O custo total médio aumentará.

7. O governo impõe uma taxa de licenciamento de $ 1.000 por ano a todas as pizzarias. Como resultado, quais curvas de custo se deslocariam?
   a. custo total médio e custo marginal
   b. custo total médio e custo fixo médio
   c. custo variável médio e custo marginal
   d. custo variável médio e custo fixo médio

As respostas estão no final do capítulo.

14-4 Custos no curto e no longo prazo

Observamos, no começo deste capítulo, que os custos de uma empresa podem depender do horizonte temporal considerado. Vamos examinar em mais detalhes por que isso acontece.

14-4a A relação entre custo total médio no curto e no longo prazo

Para muitas empresas, a divisão dos custos totais entre custos fixos e variáveis depende do horizonte temporal. Considere, por exemplo, um fabricante de automóveis, como a Ford Motor Company. Em um período de apenas poucos meses, a empresa não é capaz de ajustar o número ou o tamanho de suas fábricas de carros. A única maneira de produzir mais carros é empregando mais trabalhadores nas fábricas de que já dispõe. O custo dessas fábricas é, portanto, um custo fixo no curto prazo. Porém, ao longo de muitos anos, a Ford pode expandir suas fábricas existentes, construir novas ou fechar as antigas. Assim, o custo de suas fábricas é um custo variável no longo prazo.

Como muitas decisões são fixas no curto prazo, mas variáveis no longo prazo, as curvas de custos de longo prazo das empresas diferem de suas curvas de custos de curto prazo. A Figura 14-6 traz um exemplo. Nela, vemos três curvas de custo total médio de curto prazo – para fábricas de pequeno, médio e grande porte – e também a curva de custo total médio de longo prazo. À medida que a empresa se move ao longo da curva de longo prazo, ajusta o tamanho de sua fábrica à quantidade produzida.

O gráfico mostra como os custos de curto e de longo prazo estão relacionados. A curva de custo total médio de longo prazo tem um formato de U muito mais plano que as de curto prazo. Além disso, todas as curvas de curto prazo estão na curva de longo prazo ou acima dela. Essas propriedades devem-se ao fato das empresas terem maior flexibilidade no longo prazo. Essencialmente, no longo prazo, a empresa pode escolher qual curva de curto prazo deseja usar. Porém, no curto prazo, tem de usar qualquer que seja a curva de curto prazo de que disponha com base nas decisões que tomou no passado.

A figura mostra um exemplo de como uma mudança na produção altera os custos ao longo de diferentes horizontes temporais. Quando a Ford quer aumentar a produção de 1.000 para 1.200 carros por dia, a única opção que existe no curto prazo é contratar mais trabalhadores para sua fábrica de médio porte já existente. Em razão do produto marginal decrescente, o custo total sobe de $ 10 mil para $ 12 mil por carro. Entretanto, no longo

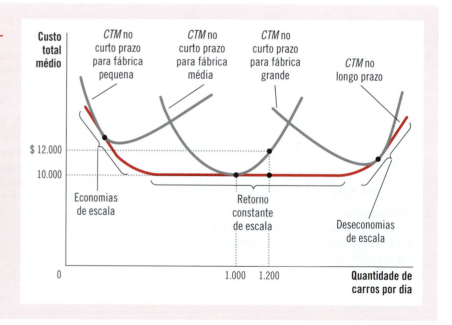

Figura 14-6

Custo total médio no curto e no longo prazo

Como os custos fixos são variáveis no longo prazo, a curva de custo total médio do curto prazo difere da curva de custo total médio do longo prazo.

prazo, a empresa pode expandir tanto o tamanho da fábrica quanto sua força de trabalho, fazendo que o custo total médio volte para $ 10 mil.

Quanto tempo leva para uma empresa chegar ao longo prazo? A resposta depende da empresa. Pode levar um ano ou mais para uma grande empresa, como uma montadora de carros, construir uma fábrica maior. Por sua vez, uma pessoa que tenha uma cafeteria pode comprar outra máquina em poucos dias. Ou seja, não há uma resposta única para quanto tempo uma empresa leva para ajustar suas instalações produtivas.

14-4b Economias e deseconomias de escala

O formato da curva de custo total médio de longo prazo transmite informações importantes sobre a tecnologia da produção de um bem. Em particular, ela nos mostra a variação dos custos na escala – ou seja, o tamanho – de operações de uma empresa. Quando a curva de custo total médio de longo prazo decresce com o aumento da produção, dizemos que há **economias de escala**. Quando ela se eleva com a produção, dizemos que há **deseconomias de escala**. Quando o custo total médio de longo prazo não varia com o nível de produção, dizemos que há **retornos constantes de escala**. Como podemos ver na Figura 14-6, a Ford tem economias de escala em baixos níveis de produção, retornos constantes de escala em níveis intermediários de produção e deseconomias de escala em altos níveis de produção.

O que poderia ser a causa das economias ou deseconomias de escala? As economias de escala, em geral, surgem porque maiores níveis de produção possibilitam a **especialização** entre os trabalhadores, o que permite que cada trabalhador se torne melhor em uma tarefa específica. Por exemplo, se a Ford contratar um grande número de trabalhadores e produzir uma grande quantidade de carros, poderá reduzir os custos com a produção em uma linha de montagem moderna. As deseconomias de escala podem surgir por causa de **problemas de coordenação** inerentes a qualquer grande organização. Quanto mais carros a Ford produzir, mais sobrecarregada ficará a equipe de administração e menos efetivos serão os administradores em manter os custos baixos.

Essa análise mostra por que as curvas de custo total médio de longo prazo costumam ter o formato de U. Em níveis baixos de produção, a empresa se beneficia do aumento de tamanho, porque pode tirar vantagem de uma especialização maior. Nessa fase, os

economias de escala
propriedade segundo a qual o custo total médio de longo prazo cai com o aumento da quantidade produzida

deseconomias de escala
propriedade segundo a qual o custo total médio de longo prazo sobe com o aumento da quantidade produzida

retornos constantes de escala
propriedade segundo a qual o custo total médio de longo prazo se mantém constante, enquanto a quantidade produzida varia

Lições de uma fábrica de alfinetes

"Quem tudo faz nada sabe." Essa frase diz que alguém que tenta fazer de tudo geralmente acaba fazendo tudo mal, e isso pode nos ajudar a entender as curvas de custo. Se uma empresa quer que seus trabalhadores tenham a maior produtividade possível, muitas vezes é melhor confiar a cada um uma tarefa limitada que possa ser dominada. Mas essa organização do trabalho só é possível se a empresa empregar muitos trabalhadores e tiver um grande volume de produção.

Em seu famoso livro *A riqueza das nações*, Adam Smith descreveu uma visita que fez a uma fábrica de alfinetes. Smith ficou impressionado com a especialização entre os trabalhadores e com as economias de escala resultantes. Ele escreveu:

> Um homem estende o arame, outro o estica, um terceiro o corta, um quarto deixa-o com ponta, um quinto lixa o topo para receber a cabeça; a feitura da cabeça requer duas ou três operações distintas; encaixá-la é uma atividade peculiar; branqueá-la é outra; até mesmo embalar os alfinetes é um negócio por si só.

Smith relatou que, graças à especialização, a fábrica produzia diariamente milhares de alfinetes por trabalhador. Ele conjecturou que, se os trabalhadores tivessem optado por trabalhar separadamente, e não como uma equipe de especialistas, "eles certamente não poderiam, cada um, produzir vinte alfinetes ao dia, talvez nem ao menos um". Em outras palavras, por causa da especialização, uma grande fábrica de alfinetes pode atingir uma maior produção por trabalhador e um menor custo por alfinete do que uma fábrica de alfinetes menor.

A especialização que Smith observou na fábrica de alfinetes prevalece na economia moderna. Se você quer construir uma casa, por exemplo, pode tentar fazer tudo sozinho, mas muitas pessoas recorrem a um construtor, que, por sua vez, contrata carpinteiros, encanadores, eletricistas, pintores e muitos outros tipos de trabalhadores especializados em atividades específicas. E isso lhes permite fazer melhor o seu trabalho do que se fossem generalistas. Na verdade, o uso da especialização para alcançar economias de escala é um dos motivos pelos quais as sociedades modernas são tão prósperas. ■

problemas de coordenação ainda não são acentuados. No entanto, em níveis de produção elevados, os benefícios da especialização já foram obtidos, e os problemas de coordenação se tornam mais graves à medida que a empresa cresce. Assim, o custo total médio de longo prazo diminui em baixos níveis de produção por causa da especialização crescente e sobe em altos níveis de produção por causa do aumento nos problemas de coordenação.

Teste rápido

8. Se, em uma dada empresa, um nível mais alto de produção permitir que os trabalhadores se especializem em tarefas específicas, essa empresa provavelmente exibirá _____ de escala e custo total médio _____.
   a. economias; decrescente
   b. economias; crescente
   c. deseconomias; decrescente
   d. deseconomias; crescente

9. Se a Boeing produzir 9 jatos por mês, seu custo total de longo prazo será de $ 9 milhões por mês. Se ela produzir 10 jatos por mês, seu custo total de longo prazo será de $ 11 milhões por mês. A Boeing apresentaria:
   a. aumento do custo marginal.
   b. redução do custo marginal.
   c. economias de escala.
   d. deseconomias de escala.

As respostas estão no final do capítulo.

14-5 Conclusão

O objetivo deste capítulo foi desenvolver algumas ferramentas para estudar como as empresas tomam decisões de produção e de determinação de preço. Agora você deve entender o que os economistas querem dizer com **custos** e como estes variam de acordo com a quantidade produzida de uma empresa. Para refrescar sua memória, a Tabela 14-3 apresenta um resumo de algumas das definições encontradas por nós.

Isoladamente, as curvas de custo de uma empresa não nos dizem que decisões ela tomará. No entanto, elas são um componente-chave dessas decisões, como veremos no próximo capítulo.

Tabela 14-3
Os diversos tipos de custo: um resumo

Termo	Definição	Descrição matemática
Custos explícitos	Custos que exigem desembolso de dinheiro pela empresa	
Custos implícitos	Custos que não exigem desembolso de dinheiro pela empresa	
Custos fixos	Custos que não variam com a quantidade produzida	CF
Custos variáveis	Custos que variam com a quantidade produzida	CV
Custo total	O valor de mercado de todos os insumos que a empresa usa na produção	$CT = CF + CV$
Custo fixo médio	Custo fixo dividido pela quantidade produzida	$CFM = CF/Q$
Custo variável médio	Custo variável dividido pela quantidade produzida	$CVM = CV/Q$
Custo total médio	Custo total dividido pela quantidade produzida	$CTM = CT/Q$
Custo marginal	O aumento do custo total decorrente da produção de uma unidade adicional	$CMg = \Delta CT/\Delta Q$

RESUMO DO CAPÍTULO

- O objetivo das empresas é maximizar o lucro, que é igual à receita total menos o custo total.
- Ao analisar o comportamento de uma empresa, é importante incluir todos os custos de oportunidade da produção. Alguns custos de oportunidade, como os salários pagos pela empresa aos trabalhadores, são explícitos. Outros, como o salário de que o dono da empresa abre mão por trabalhar na própria empresa em vez de ter outro emprego, são implícitos. O lucro econômico considera tanto os custos explícitos quanto os implícitos, enquanto os lucros contábeis consideram apenas os custos explícitos.
- Os custos de uma empresa refletem seu processo de produção. Para uma empresa típica, a inclinação da função de produção diminui à medida que a quantidade de um insumo aumenta, revelando a propriedade do produto marginal decrescente. Como resultado, a curva de custo total da empresa torna-se mais inclinada à medida que a quantidade produzida aumenta.
- Os custos totais de uma empresa podem ser divididos em custos fixos e variáveis. Os custos fixos são aqueles que não mudam quando a empresa altera a quantidade produzida. Os custos variáveis são aqueles que mudam quando a empresa altera a quantidade produzida.
- Da curva de custo total de uma empresa derivam duas outras medidas de custo: o total médio e o marginal. O custo total médio é o custo total dividido pela quantidade produzida. O custo marginal é o montante no qual o custo total aumenta quando a quantidade produzida aumenta em uma unidade.
- Ao se analisar o comportamento de uma empresa, costuma ser útil representar graficamente o custo total médio e o custo marginal. Para uma empresa típica, o custo marginal aumenta com a quantidade produzida. Já o custo total médio a princípio cai com o aumento na quantidade produzida e depois sobe, à medida que a quantidade produzida aumenta mais. A curva de custo marginal sempre cruza com a curva de custo total médio no ponto de custo total médio mínimo.
- Os custos de uma empresa muitas vezes dependem do horizonte temporal que está sendo considerado. Mais especificamente, muitos custos são fixos no curto prazo, mas variáveis no longo prazo. Como resultado, quando uma empresa muda seu nível de produção, o custo total médio pode aumentar mais no curto prazo do que no longo prazo.

CONCEITOS-CHAVE

receita total, p. 268
custo total, p. 268
lucro, p. 268
custos explícitos, p. 269
custos implícitos, p. 269
lucro econômico, p. 269
lucro contábil, p. 270

função de produção, p. 271
produto marginal, p. 272
produto marginal decrescente, p. 273
custos fixos, p. 275
custos variáveis, p. 275
custo total médio, p. 276
custo fixo médio, p. 276

custo variável médio, p. 276
custo marginal, p. 276
escala eficiente, p. 278
economias de escala, p. 281
deseconomias de escala, p. 281
retornos constantes de escala, p. 281

QUESTÕES DE REVISÃO

1. Qual é a relação entre a receita total, o custo total e o lucro de uma empresa?
2. Dê um exemplo de custo de oportunidade que um contador poderia não considerar como custo. Por que ele ignoraria esse custo?
3. O que é produto marginal? O que significa quando ele é decrescente?
4. Represente graficamente uma função de produção que apresente um produto marginal decrescente do trabalho e, também, a curva de custo total a ele associada. (Em ambos os casos, lembre-se de dar nome aos eixos.) Explique o formato dessas duas curvas.
5. Defina **custo total**, **custo total médio** e **custo marginal**. Como esses conceitos se relacionam?
6. Represente graficamente as curvas de custo marginal e de custo total médio de uma empresa típica. Explique por que as curvas têm o formato apresentado e por que se cruzam em determinado ponto.
7. Como e por que a curva de custo total médio de uma empresa é diferente no curto e no longo prazo?
8. Defina **economias de escala** e explique por que podem surgir. Defina **deseconomias de escala** e explique por que podem surgir.

PROBLEMAS E APLICAÇÕES

1. Este capítulo apresentou muitos tipos de custo: de oportunidade, total, fixo, variável, total médio e marginal. Complete as frases a seguir com o tipo de custo mais adequado a cada uma delas:
   a. Aquilo de que você desiste para obter alguma coisa chama-se _____.
   b. O _____ diminui quando o custo marginal é menor do que ele, mas aumenta quando o custo marginal é maior.
   c. Um custo que não depende da quantidade produzida é um _____.
   d. Na indústria de sorvetes, no curto prazo, o _____ inclui o custo do creme e do açúcar, mas não o custo da fábrica.
   e. O lucro é igual à receita total menos o _____.
   f. O custo de produzir uma unidade adicional é o _____.

2. Buffy está pensando em abrir uma loja de amuletos. Ela estima que lhe custaria $ 350 mil por ano alugar um imóvel e comprar mercadorias. Além disso, ela teria de abrir mão de seu emprego de $ 80 mil por ano como caçadora de vampiros.
   a. Defina o **custo de oportunidade**.
   b. Qual é o custo de oportunidade de Buffy de administrar a loja por um ano?
   c. Buffy acha que pode vender $ 400 mil em amuletos em um ano. O que seu contador consideraria como lucro da loja?
   d. Buffy deve abrir a loja? Explique.
   e. Quanto de receita a loja precisaria gerar para que Buffy obtivesse lucro econômico positivo?

3. Um pescador profissional observa a seguinte relação entre o número de horas que passa pescando e a quantidade de peixes que consegue pescar:

Horas	Quantidade de peixes (em kg)
0	0
1	10
2	18
3	24
4	28
5	30

   a. Qual é o produto marginal de cada hora gasta pescando?
   b. Use esses dados para representar graficamente a função de produção do pescador. Explique seu formato.
   c. O pescador tem custo fixo de $ 10 (sua vara de pescar). O custo de oportunidade de seu tempo é de $ 5 por hora. Represente graficamente a curva de custo total do pescador. Explique seu formato.

4. A Nimbus Ltda. fabrica vassouras e as vende de porta em porta. Eis a relação entre o número de trabalhadores e a produção da Nimbus em um determinado dia:

Trabalhadores	Produção	Produto marginal	Custo total	Custo total médio	Custo marginal
0	0			—	—
1	20				
2	50				
3	90				
4	120				
5	140				
6	150				
7	155				

   a. Preencha a coluna do produto marginal. Que padrão pode ser identificado? Como você o explica?
   b. Um trabalhador custa $ 100 por dia e a empresa tem custo fixo de $ 200. Use essa informação para preencher a coluna do custo total.
   c. Preencha a coluna do custo total médio. (Lembre-se de que o $CTM = CT/Q$.) Que padrão pode ser identificado?
   d. Agora, preencha a coluna do custo marginal. (Lembre-se de que o $CMg = \Delta CT/\Delta Q$.) Que padrão pode ser identificado?
   e. Compare a coluna de produto marginal e a coluna de custo marginal. Explique a relação entre elas.
   f. Compare a coluna de custo total médio e a coluna de custo marginal. Explique a relação entre elas.

5. Você é o diretor financeiro de uma empresa que vende consoles de jogos eletrônicos. A empresa tem a seguinte planilha de custo total médio:

Quantidade	Custo total médio
600 consoles	$ 300
601	301

O nível atual de produção é de 600 consoles, todos vendidos. Um cliente liga, desesperado, querendo comprar um e oferece $ 550 pelo equipamento. Você deve aceitar a oferta? Por quê?

6. Considere as seguintes informações de custos de uma pizzaria:

Quantidade	Custo total	Custo variável
0 dúzias de pizzas	$ 300	$ 0
1	350	50
2	390	90
3	420	120
4	450	150
5	490	190
6	540	240

a. Qual é o custo fixo da pizzaria?
b. Construa uma tabela com o cálculo do custo marginal por dúzia de pizzas tendo como base as informações sobre custo total. Calcule também o custo marginal por dúzia de pizzas a partir do custo variável. Qual é a relação entre esses dois conjuntos de valores? Explique.

7. Seu primo Vini é proprietário de uma empresa de pintura de paredes com custo fixo de $ 200 e a seguinte relação de custos variáveis:

Quantidade de casas pintadas por mês	1	2	3	4	5	6	7
Custos variáveis	$ 10	$ 20	$ 40	$ 80	$ 160	$ 320	$ 640

Calcule o custo fixo médio, o custo variável médio e o custo total médio para cada quantidade. Qual é a escala eficiente da empresa de pintura?

8. O governo municipal considera duas propostas de impostos:

• Um imposto único de $ 300 para cada produtor de hambúrgueres.
• Um imposto de $ 1 por hambúrguer, pago pelo produtor.

a. Considerando as curvas de custo fixo médio, de custo variável médio, de custo total médio e de custo marginal, qual se deslocaria em razão do imposto único? Por quê? Elabore um diagrama detalhado para ilustrar sua resposta.
b. Qual dessas quatro curvas se deslocaria como resultado do imposto por unidade de hambúrguer? Por quê? Elabore um gráfico detalhado para ilustrar sua resposta.

9. O Bar de Sucos Jane tem as seguintes relações de custos:

Quantidade	Custo variável	Custo total
0 jarras de suco	$ 0	$ 30
1	10	40
2	25	55
3	45	75
4	70	100
5	100	130
6	135	165

a. Calcule o custo variável médio, o custo total médio e o custo marginal para cada quantidade.
b. Represente graficamente as três curvas. Qual é a relação entre a curva de custo marginal e a de custo total médio? E entre a curva de custo marginal e a de custo variável médio? Explique.

10. Considere a seguinte tabela de custo total de longo prazo de três empresas diferentes:

Quantidade	1	2	3	4	5	6	7
Empresa A	$ 60	$ 70	$ 80	$ 90	$ 100	$ 110	$ 120
Empresa B	11	24	39	56	75	96	119
Empresa C	21	34	49	66	85	106	129

Analise se cada uma dessas empresas apresenta economias ou deseconomias de escala.

Respostas do teste rápido

1. c 2. a 3. a 4. d 5. d 6. c 7. b 8. a 9. d

Capítulo 15

Empresas em mercados competitivos

Se o posto de gasolina do seu bairro aumentasse o preço que cobra pelo combustível em 20% e os outros postos não, os clientes rapidamente começariam a encher o tanque em outro lugar. Em contrapartida, se a empresa local de água aumentasse o preço em 20%, ela não perderia muitos contratos. As pessoas poderiam comprar chuveiros mais eficientes em termos de consumo de água e regar o gramado com menos frequência, mas teriam dificuldade para encontrar outra fonte de água. A diferença entre o mercado da gasolina e o mercado da água é que a maioria das cidades conta com vários postos de gasolina, mas apenas uma empresa de fornecimento de água encanada. Essa diferença na estrutura dos mercados molda as decisões de precificação e produção das empresas que operam nesses mercados.

Este capítulo examina o comportamento das empresas competitivas, como um posto de gasolina. Lembre-se de que um mercado é competitivo quando cada comprador e vendedor são pequenos se comparados ao tamanho do mercado e, portanto, têm pouca capacidade para influenciar os preços do mercado. Entretanto, se uma empresa é capaz de influenciar o preço de mercado do bem que vende, como a empresa local de fornecimento de água, dizemos que ela tem **poder de mercado**. O próximo capítulo abordará esse tema.

Empresas competitivas são o ponto natural para começar o estudo do comportamento das empresas por dois motivos. Primeiro,

como as empresas competitivas têm uma influência insignificante sobre os preços de mercado, elas são mais fáceis de entender do que aquelas que têm poder de mercado. Segundo, já que os mercados competitivos alocam recursos de maneira eficiente (como mostrou o Capítulo 7), eles servem como referência para comparação com outras estruturas de mercado.

A análise de empresas competitivas neste capítulo ajuda a explicar as decisões por trás das curvas de oferta do mercado. Não é nenhuma surpresa que a curva de oferta de um mercado esteja intimamente ligada aos custos de produção das empresas. Uma informação menos óbvia é saber qual dos diferentes tipos de custos – fixo, variável, médio e marginal – é mais relevante para as decisões de oferta. Como veremos mais adiante, todas essas medidas de custo desempenham papéis importantes e inter-relacionados nas decisões de fornecimento.

15-1 O que é um mercado competitivo?

Nosso objetivo neste capítulo é examinar como as empresas tomam decisões de produção nos mercados competitivos. Vamos começar revisando o que é um mercado competitivo.

15-1a O significado da competição

Um **mercado competitivo**, por vezes chamado **mercado perfeitamente competitivo**, tem duas características:

- O mercado tem muitos compradores e muitos vendedores.
- Os bens oferecidos pelos diversos vendedores são, em grande parte, os mesmos.

> **mercado competitivo**
> um mercado com muitos compradores e vendedores negociando produtos idênticos, de modo que cada comprador e vendedor é um tomador de preço

Sob essas condições, as ações de um comprador ou vendedor individual têm impacto insignificante sobre o preço de mercado. Cada comprador e cada vendedor tomam o preço de mercado como dado.

Considere o mercado de leite. Nenhum comprador individual de leite é capaz de influenciar o preço do produto, porque cada comprador adquire uma quantidade pequena em relação ao tamanho do mercado. De maneira similar, cada vendedor de leite tem controle limitado sobre o preço, porque há muitos outros vendedores fornecendo um produto basicamente idêntico. Uma vez que cada vendedor pode vender quanto quiser ao preço vigente, nenhum deles tem motivo para cobrar menos do que esse preço, e se um deles cobrar mais, os compradores vão procurar outro fornecedor. Os compradores e vendedores dos mercados competitivos precisam aceitar o preço que o mercado determina e, portanto, são chamados **tomadores de preços**.

Além dessas duas condições para a competição, há uma terceira às vezes considerada como característica dos mercados perfeitamente competitivos:

- As empresas podem entrar e sair livremente no mercado.

Se, por exemplo, qualquer pessoa pudesse decidir estabelecer uma fazenda de gado leiteiro e se qualquer produtor de leite pudesse optar por sair do negócio, então a indústria de leite satisfaria essa condição. É importante observar que grande parte da análise dos mercados competitivos não depende da hipótese da livre entrada e saída, porque as empresas podem ser tomadoras de preços sem isso. Entretanto, como veremos mais adiante, a liberdade de entrada e saída é uma força poderosa que dá forma ao equilíbrio de longo prazo dos mercados competitivos.

15-1b A receita de uma empresa competitiva

O modelo padrão dos mercados competitivos supõe que as empresas visam maximizar seu lucro, que é igual à receita total menos o custo total. Para ver como elas fazem isso, vamos começar analisando as receitas de uma empresa competitiva típica: a Fazenda da Família Vaca.

A Fazenda da Família Vaca produz uma quantidade de leite, Q, e vende cada unidade no mercado ao preço P. A receita total da empresa é P × Q. Por exemplo, um litro de leite é vendido por $ 6, e a fazenda vende mil litros, de modo que sua receita total é $ 6 mil.

Como a Fazenda da Família Vaca é pequena se comparada ao mercado mundial de leite, ela toma o preço como dado pelo mercado. Isso significa que o preço do leite não depende da quantidade de litros que a Fazenda da Família Vaca produz ou vende. Se a quantidade de leite que produzem passar para 2 mil litros, o preço do leite se manterá constante, e a receita total dobrará para $ 12 mil. A receita total será proporcional ao volume de produção.

A Tabela 15-1 mostra a receita da fazenda. As colunas (1) e (2) mostram a quantidade de produto que a fazenda produz e o preço a que é vendido. A coluna (3) indica a receita total da fazenda. A tabela pressupõe que o preço do leite é de $ 6 por litro, de modo que a receita total é simplesmente $ 6 vezes o número de litros.

Assim como os conceitos de média e marginal foram úteis no capítulo anterior, quando analisamos os custos, também o serão para a análise da receita. Para ver o que nos dizem esses conceitos, considere duas questões:

- Qual é a receita que a fazenda recebe por 1 litro de leite?
- Qual é a receita adicional que a fazenda recebe quando aumenta a produção de leite em 1 litro?

As colunas (4) e (5) da Tabela 15-1 respondem a essas questões.

Tabela 15-1
Receitas total, média e marginal de uma empresa competitiva

(1) Quantidade (Q)	(2) Preço (P)	(3) Receita total (RT = P × Q)	(4) Receita média (RM = RT/Q)	(5) Receita marginal (RMg = $\Delta RT/\Delta Q$)
1 litro	$ 6	$ 6	$ 6	
				$ 6
2	6	12	6	
				6
3	6	18	6	
				6
4	6	24	6	
				6
5	6	30	6	
				6
6	6	36	6	
				6
7	6	42	6	
				6
8	6	48	6	

receita média
receita total dividida pela quantidade vendida

receita marginal
a variação da receita total decorrente da venda de 1 unidade adicional

A coluna (4) da tabela mostra a **receita média**, que é a receita total [da coluna (3)] dividida pela quantidade produzida [da coluna (1)]. A receita média é o que a empresa recebe por uma unidade típica vendida. Na Tabela 15-1, a receita média é igual a $ 6, o preço de 1 litro de leite. Isso ilustra uma lição geral que se aplica a todas as empresas, competitivas ou não. A receita média é a receita total $(P \times Q)$ dividida pela quantidade (Q). **Assim, para todas as empresas, a receita média é sempre igual ao preço do bem.**

A coluna (5) mostra a **receita marginal**, que é a variação da receita total decorrente da venda de cada unidade adicional de produto. Na Tabela 15-1, a receita marginal é igual a $ 6, o preço de 1 litro de leite. Isso ilustra uma lição que se aplica somente a empresas inseridas em mercados competitivos. Como a receita total é $P \times Q$, e P é fixo para as empresas competitivas, quando Q aumenta em 1 unidade, a receita total aumenta como um produto de P. **Portanto, nas empresas competitivas, a receita marginal é igual ao preço do bem.**

Teste rápido

1. Uma empresa perfeitamente competitiva
   a. escolhe seu preço para maximizar os lucros.
   b. define seu preço para superar outras empresas que vendem produtos similares.
   c. toma o preço como dado pelas condições do mercado.
   d. estabelece o preço que proporciona a maior participação de mercado.

2. Quando uma empresa perfeitamente competitiva aumenta a quantidade que produz e vende em 10%, sua receita marginal _____ e sua receita total aumenta em _____.
   a. cai; menos de 10%
   b. cai; exatamente 10%
   c. permanece a mesma; menos de 10%
   d. permanece a mesma; exatamente 10%

As respostas estão no final do capítulo.

15-2 Maximização do lucro e a curva de oferta de uma empresa competitiva

O objetivo das empresas competitivas é maximizar o lucro, que é igual à receita total menos o custo total. A seção anterior discutiu a receita de uma empresa competitiva e o capítulo anterior analisou os custos das empresas. Agora vamos ver como uma empresa competitiva maximiza seus lucros e como essa decisão determina sua curva de oferta.

15-2a Um exemplo simples de maximização do lucro

A Tabela 15-2 apresenta mais informações sobre a Fazenda da Família Vaca. A coluna (1) da tabela mostra o número de litros de leite que a fazenda produz. A coluna (2) mostra a receita total da fazenda, que é $ 6 vezes o número de litros. A coluna (3) mostra o custo total da fazenda. O custo total inclui os custos fixos, que são de $ 3 nesse exemplo, e os custos variáveis, que dependem da quantidade produzida.

A coluna (4) mostra o lucro da fazenda, que se obtém subtraindo-se o custo total da receita total. Se a fazenda não produz nada, tem um prejuízo de $ 3 (o custo fixo). Se produz 1 litro, tem um lucro de $ 1. Se produz 2 litros, tem um lucro de $ 4, e assim por diante. A família Vaca quer produzir a quantidade de leite que gera o maior lucro possível. Nesse exemplo, o lucro é maximizado quando a fazenda produz 4 ou 5 litros de leite, com lucro de $ 7.

Há outra maneira de examinar a decisão da família: eles podem encontrar a quantidade que maximiza o lucro comparando a receita marginal e o custo marginal de cada unidade produzida. Nas colunas (5) e (6) da Tabela 15-2, estão calculados a receita marginal e o custo marginal a partir das variações da receita total e do custo total, enquanto, na coluna (7),

Tabela 15-2
Maximização do lucro: um exemplo numérico

(1) Quantidade (Q)	(2) Receita total (RT)	(3) Custo total (CT)	(4) Lucro (RT − CT)	(5) Receita marginal (RMg = ΔRT/ΔQ)	(6) Custo marginal (CMg = ΔCT/ΔQ)	(7) Alteração no lucro (RMg − CMg)
0 litros	$ 0	$ 3	–$ 3			
				$ 6	$ 2	$ 4
1	6	5	1			
				6	3	3
2	12	8	4			
				6	4	2
3	18	12	6			
				6	5	1
4	24	17	7			
				6	6	0
5	30	23	7			
				6	7	–1
6	36	30	6			
				6	8	–2
7	42	38	4			
				6	9	–3
8	48	47	1			

consta a variação dos lucros causada por litro adicional de leite produzido. O primeiro litro de leite que a fazenda produz tem receita marginal de $ 6 e custo marginal de $ 2; assim, produzir esse litro aumenta os lucros em $ 4 (de –$ 3 para $ 1). O segundo litro de leite que a fazenda produz tem receita marginal de $ 6 e custo marginal de $ 3, de modo que aumenta o lucro em $ 3 (de $ 1 para $ 4). Enquanto a receita for maior que o custo marginal, o aumento da quantidade produzida elevará o lucro. Porém, quando a fazenda atinge 5 litros de leite, a situação muda. O sexto litro terá receita marginal de $ 6 e custo marginal de $ 7, de modo que sua produção reduziria o lucro em $ 1 (de $ 7 para $ 6). Como resultado, a fazenda não produz mais do que 5 litros.

Um dos **dez princípios da economia** do Capítulo 1 é que as pessoas racionais pensam na margem. A família Vaca pode aplicar esse princípio. Se a receita marginal for maior que o custo marginal – como acontece com 1, 2 ou 3 litros –, eles deverão aumentar a produção de leite, porque receberão mais (receita marginal) do que gastam (custo marginal). Se a receita marginal for menor do que o custo marginal – como acontece com 6, 7 ou 8 litros –, a família deverá diminuir a produção. Se eles pensarem na margem e fizerem ajustes incrementais no nível de produção, serão levados naturalmente a produzir a quantidade que maximiza o lucro.

15-2b A curva de custo marginal e a decisão de oferta da empresa

Para ampliar essa análise considere as curvas de custos da Figura 15-1. Elas exibem três características, que, como vimos no capítulo anterior, descrevem a maioria das empresas: a curva de custo marginal (*CMg*) tem inclinação ascendente, a curva de custo total médio (*CTM*) tem forma de U, e a curva de custo marginal cruza com a curva de custo total médio no ponto em que o custo total médio é mínimo. A figura mostra, ainda, uma linha horizontal na altura do preço de mercado (*P*). A linha do preço é horizontal porque a empresa é tomadora de preços: o preço do produto de uma empresa será sempre o mesmo, independentemente da quantidade que produzir. Tenha em mente que, para as empresas competitivas, o preço é igual à receita média (*RM*) e à receita marginal (*RMg*).

Podemos usar a Figura 15-1 para identificar a quantidade de produto que maximiza o lucro. Imagine que a empresa esteja produzindo Q_1. A esse nível de produção, a curva de receita marginal fica acima da curva de custo marginal, indicando que a receita marginal é maior que o custo marginal. Isso significa que, se a empresa aumentasse seu nível de produção e vendas em 1 unidade, a receita adicional (RMg_1) excederia os custos adicionais (CMg_1). O lucro, que é igual à receita total menos o custo total, aumentaria. Assim, quando a receita marginal for maior que o custo marginal, como em Q_1, a empresa poderá aumentar os lucros elevando a produção.

Um argumento semelhante aplica-se quando a produção está em Q_2. Nesse caso, o custo marginal é maior que a receita marginal. Se a empresa reduzisse a produção em 1 unidade, os custos poupados (CMg_2) superariam a receita perdida (RMg_2). Assim, se o custo marginal for maior que a receita marginal, como em Q_2, a empresa poderá aumentar seu lucro reduzindo a produção.

Figura 15-1
Maximização do lucro para uma empresa competitiva

Esta figura mostra a curva de custo marginal (*CMg*), a curva de custo total médio (*CTM*) e a curva de custo variável médio (*CVM*). Mostra ainda o preço de mercado (*P*), que, para uma empresa competitiva, é igual à receita marginal (*RMg*) e à receita média (*RM*). Na quantidade Q_1, a receita marginal RMg_1 supera o custo marginal CMg_1, de modo que o aumento da produção aumenta o lucro. Na quantidade Q_2, o custo marginal CMg_2 está acima da receita marginal RM_2, de modo que a redução da produção aumenta o lucro. A quantidade que maximiza o lucro $Q_{MÁX}$ se encontra no ponto em que a linha horizontal de preço intercepta a curva de custo marginal.

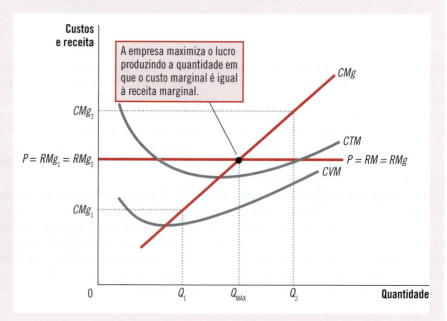

Onde terminam esses ajustes marginais no nível de produção? Independentemente de a empresa partir de um nível de produção baixo (como Q_1) ou alto (como Q_2), ela acabará por ajustar sua produção até que a quantidade produzida chegue à quantidade maximizadora do lucro, $Q_{MÁX}$. Essa análise mostra três regras gerais da maximização do lucro:

- Se a receita marginal for maior que o custo marginal, a empresa deve aumentar a produção.
- Se o custo marginal for maior que a receita marginal, a empresa deve diminuir a produção.
- No nível de produção que maximiza o lucro, a receita marginal e o custo marginal são iguais.

Essas regras são importantes para que as empresas que maximizam os lucros tomem decisões racionais. Elas se aplicam não só a empresas competitivas, mas também a outros tipos de empresa, como veremos no próximo capítulo.

Agora podemos ver como uma empresa competitiva determina a quantidade do bem que fornecerá ao mercado. Uma vez que uma empresa competitiva é tomadora de preços, sua receita marginal é igual ao preço de mercado. Para qualquer preço, a quantidade de produto que maximiza o lucro de uma empresa competitiva está na intersecção do preço com a curva de custo marginal. Na Figura 15-1, essa quantidade é $Q_{MÁX}$.

Imagine que o preço que prevalece nesse mercado aumente, talvez pelo aumento da demanda. A Figura 15-2 mostra como uma empresa competitiva reage a um aumento do preço. Quando o preço é P_1, a empresa produz a quantidade Q_1, que iguala o custo marginal ao preço. Quando o preço aumenta para P_2, a empresa percebe que a receita marginal fica maior que o custo marginal no nível anterior de produção e, com isso, aumenta a quantidade produzida. A nova quantidade que maximiza o lucro é Q_2, em que o custo marginal é igual ao novo e mais elevado preço. **Como a curva de custo marginal das empresas determina a quantidade de produto que elas estão dispostas a ofertar a qualquer preço, ela também é a curva de oferta das empresas competitivas.**

Entretanto, essa conclusão apresenta algumas restrições, como veremos a seguir.

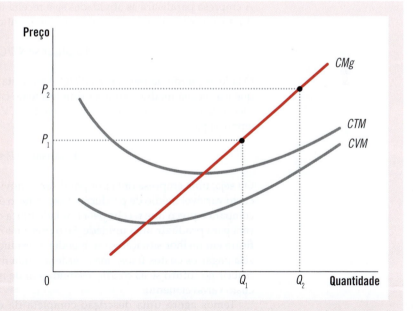

Figura 15-2

Custo marginal como a curva de oferta de uma empresa competitiva

Um aumento no preço, de P_1 para P_2, leva a um aumento da quantidade que maximiza o lucro para a empresa, de Q_1 para Q_2. Como a curva de custo marginal representa a quantidade fornecida a qualquer preço, ela é também a curva de oferta da empresa.

15-2c A decisão da empresa de paralisar as atividades no curto prazo

Até agora, analisamos a questão de quanto uma empresa competitiva produzirá. Em alguns casos, entretanto, a empresa optará por paralisar as atividades e não produzir nada.

É importante diferenciar uma paralisação temporária de uma empresa da saída permanente dessa empresa do mercado. Uma **paralisação** refere-se a uma decisão de curto prazo de não produzir nada durante um período específico por causa das condições atuais do mercado. Uma **saída** refere-se a uma decisão de longo prazo de deixar o mercado. As decisões de curto e de longo prazo diferem porque a maioria das empresas não consegue se livrar do custo fixo no curto prazo, mas pode fazê-lo no longo. Ou seja, uma empresa que paralisa as atividades temporariamente ainda tem de arcar com seus custos fixos, ao passo que outra que sai do mercado deixa de pagar tanto os custos fixos quanto os variáveis.

Considere, por exemplo, a decisão de produção em uma fazenda. O custo da terra é um custo fixo. Se o proprietário da fazenda decide não produzir nenhuma safra em determinada temporada, a terra fica ociosa e ele não consegue recuperar esse custo. Ao tomar a decisão de curto prazo de paralisar as atividades por uma temporada, dizemos que o custo fixo da terra é um **custo irrecuperável**. No entanto, se o fazendeiro decide abandonar definitivamente a agricultura, ele pode vender a terra. Ao tomar a decisão de longo prazo de sair ou não do mercado, o custo da terra não é irrecuperável. (Voltaremos, em breve, à questão do custo irrecuperável.)

O que determina a decisão de paralisação de uma empresa? Se a empresa paralisa suas atividades, ela perde toda a receita da venda de seu produto. Ao mesmo tempo, economiza os custos variáveis de produção (mas ainda precisa arcar com os custos fixos). **Assim, a empresa paralisará as atividades se a receita que obteria produzindo for menor do que seus custos variáveis de produção.**

Um pouco de matemática pode tornar mais útil esse critério de paralisação das atividades. Se RT é a receita total e CV é o custo variável, a decisão da empresa pode ser representada como

$$\text{Paralisar se } RT < CV.$$

A empresa paralisará as atividades se a receita total for menor que o custo variável. Dividindo os dois lados dessa inequação pela quantidade Q, podemos escrever

$$\text{Paralisar se } RT/Q < CV/Q.$$

O lado esquerdo da inequação, RT/Q, é a receita total $P \times Q$ dividida pela quantidade, Q, que é a receita média, expressa simplesmente como o preço do bem, P. O lado direito da inequação, CV/Q, é o custo variável médio, CVM. O critério para a paralisação de uma empresa passa a ser

$$\text{Paralisar se } P < CVM.$$

Ou seja, uma empresa opta por paralisar as atividades se o preço do bem for menor que o custo variável médio de produção. Esse critério é intuitivo: ao decidir produzir, a empresa compara o preço que recebe pela unidade típica com o custo variável médio em que incorrerá para produzir uma unidade. Se o preço não cobrir o custo variável médio, a empresa ficará em melhor situação se suspender a produção. Ela perderá dinheiro (pois ainda precisa pagar os custos fixos), mas perderá ainda mais se continuar no mercado. Ela poderá reabrir no futuro se as condições mudarem de maneira tal que o preço passe a exceder o custo variável médio.

Temos agora uma descrição completa da estratégia de maximização do lucro de uma empresa competitiva. Se ela produzir algo, produzirá a quantidade em que o custo

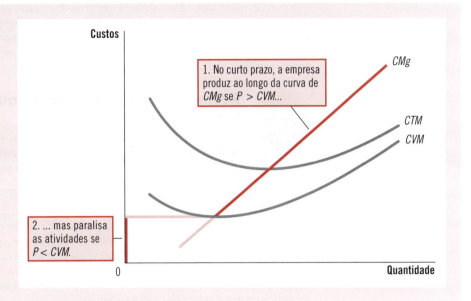

Figura 15-3

A curva de oferta de curto prazo da empresa competitiva

No curto prazo, a curva de oferta da empresa competitiva é a curva de custo marginal (*CMg*) acima do custo variável médio (*CVM*). Se o preço ficar abaixo do custo variável médio, a empresa ficará em melhor situação se paralisar as atividades.

marginal seja igual ao preço do bem. Se o preço for inferior ao custo variável médio nessa quantidade, a empresa ficará em melhor situação se baixar as portas temporariamente e não produzir nada. Esses resultados encontram-se ilustrados na Figura 15-3. **A curva de oferta de curto prazo das empresas competitivas é a parcela da curva de custo marginal delas que está acima do custo variável médio.**

15-2d Leite derramado e outros custos irrecuperáveis

Em algum momento da sua vida, alguém já deve ter dito para você que "não adianta chorar sobre o leite derramado" ou que "águas passadas não movem moinhos". Esses adágios não foram escritos por economistas, mas poderiam ter sido. Eles refletem uma verdade profunda sobre a tomada de decisões racionais. Um **custo irrecuperável** é aquele que já ocorreu e não pode ser recuperado. Como não há nada a fazer sobre os custos irrecuperáveis, faz sentido ignorá-los ao tomar decisões na vida, inclusive aquelas relacionadas à estratégia empresarial.

Nossa análise da decisão de paralisação das atividades de uma empresa é um exemplo da irrelevância dos custos irrecuperáveis. Adotamos a hipótese de que a empresa não pode recuperar seus custos fixos ao interromper temporariamente a produção, ou seja, independentemente da quantidade de produtos ofertada, mesmo que seja zero, a empresa ainda precisa pagar seus custos fixos. Em curto prazo, os custos fixos são irrecuperáveis, e a empresa deve ignorá-los ao decidir quanto produzir. A curva de oferta de curto prazo da empresa é a parte da curva de custo marginal que está acima do custo variável médio. Como os custos fixos são irrecuperáveis, a magnitude deles não é importante para essa decisão de oferta.

A irrelevância dos custos irrecuperáveis também é importante na sua vida pessoal. Imagine, por exemplo, que você queira assistir a um filme no cinema. Você está disposto a pagar $ 15 para vê-lo e, como o ingresso custa apenas $ 10, você decide ir. Antes de entrar no cinema, no entanto, você perde o ingresso. A gerência do cinema não acredita que você perdeu. E agora?

Você pode ficar tão nervoso e decepcionado que tem vontade de voltar para casa e esquecer o filme. Afinal, comprar outro ingresso aumentaria seu custo total para $ 20, valor

custo irrecuperável
um custo que já ocorreu e que não pode ser recuperado

que parece muito alto. Mas isso seria um erro. Racionalmente, você deveria comprar outro ingresso por $ 10. Por quê? O benefício de assistir ao filme ($ 15) supera o custo de oportunidade (os $ 10 do segundo ingresso). Os $ 10 que você pagou pelo ingresso perdido representam um custo irrecuperável. Assim como acontece com o leite derramado, não adianta chorar por ele.

Estudo de caso
Restaurantes quase vazios e pousadas fora da temporada

Você já entrou em um restaurante que estava quase vazio na hora do almoço? Por que, você se questiona, um restaurante assim continua aberto? Pode parecer que a receita gerada por tão poucos clientes não seja capaz de cobrir os custos do funcionamento do restaurante.

Ao decidir se abre ou não para o almoço, o proprietário do restaurante precisa ter em mente a distinção entre custos fixos e variáveis. Muitos custos de um restaurante – aluguel, equipamentos de cozinha, mesas, pratos, talheres, e assim por diante – são fixos. Manter o local fechado durante o almoço não reduziria esses custos, que são irrecuperáveis em curto prazo. Quando o proprietário decide se vai servir almoço, apenas os custos variáveis – o preço dos alimentos adicionais e o salário da equipe extra – são relevantes. O proprietário só fechará o restaurante no horário do almoço se a receita gerada pelos poucos clientes não for suficiente para cobrir os custos variáveis.

Um gerente de uma pousada em uma cidade de veraneio enfrenta uma decisão semelhante. Como a receita varia significativamente entre a alta e a baixa temporada, a empresa deve decidir em quais datas abrir e em quais fechar. Mais uma vez, os custos fixos – os custos de compra da manutenção da pousada – são irrelevantes para essa decisão de curto prazo. A pousada só deve ser aberta ao público nos períodos do ano em que as receitas ultrapassem os custos variáveis. ●

Continuar aberto pode ser lucrativo, mesmo com muitas mesas vazias.

15-2e A decisão da empresa de entrar ou sair do mercado no longo prazo

A decisão da empresa de sair do mercado no longo prazo é semelhante à decisão de paralisar as atividades. Se a empresa sair, perderá toda a receita da venda de seu produto, mas economizará os custos de produção, tanto fixos quanto variáveis. **A empresa sai do mercado se a receita que obteria com a produção for menor que seus custos de produção totais.**

Novamente, esse critério pode ser mais útil se representado matematicamente. Se RT for a receita total, e CT, o custo total, o critério da empresa pode ser descrito como

$$\text{Sair se } RT < CT.$$

A empresa sai do mercado se a receita total for menor que o custo total. Dividindo os dois lados da inequação pela quantidade Q, temos

$$\text{Sair se } RT/Q < CT/Q.$$

Isso pode ser simplificado se observarmos que RT/Q é a receita média, que é igual ao preço P, e que CT/Q é o custo total médio, CTM. Assim, o critério de saída da empresa é

$$\text{Sair se } P < CTM.$$

Ou seja, a empresa opta por sair do mercado se o preço do bem for inferior ao custo total médio de sua produção.

Uma análise paralela se aplica a empreendedores pensando em abrir uma nova empresa. Eles terão um incentivo para entrar no mercado se isso for lucrativo, o que ocorre quando o preço supera o custo total médio. O critério de entrada é

$$\text{Entrar se } P > CTM.$$

O critério de entrada é exatamente o oposto do critério de saída.

Podemos agora descrever a estratégia de maximização de lucros das empresas competitivas no longo prazo. Se a empresa está no mercado, produz a quantidade na qual o custo marginal é igual ao preço do bem, mas se o preço é inferior ao custo total médio para essa quantidade, a empresa opta por sair do mercado (ou por não entrar nele). Esses resultados estão representados na Figura 15-4. **A curva de oferta de longo prazo da empresa competitiva é a parte da sua curva de custo marginal que está acima da curva do custo total médio.**

15-2f Medindo o lucro da empresa competitiva em um gráfico

À medida que estudamos a saída e a entrada no mercado, é útil analisar o lucro da empresa mais detalhadamente. Lembre-se de que o lucro é igual à receita total (RT) menos o custo total (CT):

$$\text{Lucro} = RT - CT.$$

Podemos reescrever essa definição multiplicando e dividindo o lado direito por Q:

$$\text{Lucro} = (RT/Q - CT/Q) \times Q.$$

Mas observe que RT/Q é a receita média, que é o preço P, e que CT/Q é o custo total médio, CTM. Portanto,

$$\text{Lucro} = (P - CTM) \times Q.$$

Essa maneira de expressar o lucro da empresa nos permite medir o lucro em nossos gráficos.

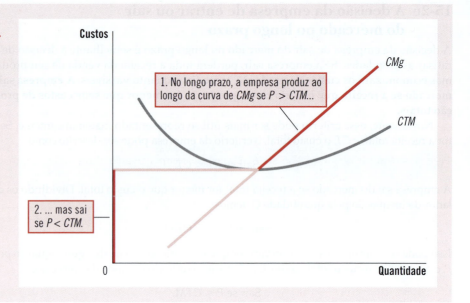

Figura 15-4

A curva de oferta de longo prazo da empresa competitiva

No longo prazo, a curva de oferta da empresa competitiva é a parte da curva de custo marginal (*CMg*) que está acima do custo total médio (*CTM*). Se o preço for inferior ao custo total médio, a empresa ficará em melhor situação se sair do mercado.

O painel (a) da Figura 15-5 mostra uma empresa com lucro positivo. Como já vimos, a empresa maximiza o lucro produzindo a quantidade para a qual o preço é igual ao custo marginal. Observe agora o retângulo sombreado. A altura do retângulo é $P - CTM$, ou seja, a diferença entre o preço e o custo total médio. A largura do retângulo é Q, isto é, a quantidade produzida. Portanto, a área do retângulo é $(P - CTM) \times Q$, que é o lucro da empresa.

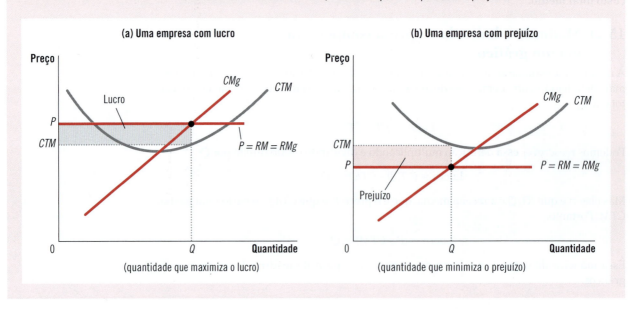

Figura 15-5

Lucro como a área entre o preço e o custo total médio

A área do retângulo sombreado entre o preço e o custo total médio representa o lucro da empresa. A altura do retângulo é o preço menos o custo total médio ($P - CTM$), e a largura do retângulo é a quantidade produzida (Q). No painel (a), o preço é maior que o custo total médio, de modo que a empresa tem um lucro positivo. No painel (b), o preço é inferior ao custo total médio, de modo que a empresa tem prejuízo.

Da mesma forma, o painel (b) da figura mostra uma empresa com prejuízo (lucro negativo). Nesse caso, maximizar o lucro significa minimizar o prejuízo, uma tarefa que se cumpre, mais uma vez, ao produzir a quantidade em que o preço se iguala ao custo marginal. Observe agora o retângulo sombreado. A altura do retângulo é $CTM - P$ e a largura é Q. A área é $(CTM - P) \times Q$, que é o prejuízo da empresa. Como uma empresa nessa situação não está gerando receita suficiente em cada unidade para cobrir seu custo total médio, ela optaria por sair do mercado em longo prazo.

15-2g Um breve resumo

Podemos resumir nossa análise de uma empresa competitiva com um diálogo entre dois sócios. Fred e Wilma acabaram de comprar uma pedreira que produz granito para bancadas de cozinha. Por competirem com muitas outras pedreiras, eles tomam o preço do granito como dado pelas condições do mercado. Wilma, formada em economia, está explicando a Fred como eles devem tomar as decisões de oferta.

Fred: Quanto devemos produzir para maximizar o lucro?

Wilma: Se produzirmos alguma coisa, devemos escolher o nível de produção em que $P = CMg$.

Fred: Aí teremos lucro?

Wilma: Teremos lucro se, naquele nível de produção, $P > CTM$. Se $P < CTM$, teremos prejuízo.

Fred: O que faremos se essa produção gerar lucro?

Wilma: Seremos felizes e continuaremos nos negócios.

Fred: E se tivermos prejuízo?

Wilma: Então planejaremos sair do mercado no longo prazo.

Fred: Nesse caso, devemos continuar operando em curto prazo?

Wilma: Se $P > CVM$, sim. Manter o negócio aberto minimiza nosso prejuízo.

Fred: E se $P < CVM$?

Wilma: Então devemos fechar o mais rápido possível e planejar nossa saída do mercado.

Fred: Isso quer dizer que nossa curva de oferta de longo prazo é a curva de CMg acima da curva de CTM, e nossa curva de oferta de curto prazo é a curva de CMg acima da curva de CVM.

Wilma: Sim, Fred, esse é o plano. A Tabela 15-3 resume tudo o que você precisa saber. (A deles está entalhada em granito.)

Tabela 15-3
Regras de maximização de lucro para uma empresa competitiva

1. Encontre Q em que $P = CMg$.
2. Se $P < CVM$, feche imediatamente e fique fora dos negócios.
3. Se $CVM < P < CTM$, opere em curto prazo e saia em longo prazo.
4. Se $CTM < P$, fique nos negócios e aproveite os lucros!

Teste rápido

3. Uma empresa competitiva maximiza os lucros escolhendo a quantidade em que
   a. o custo total médio está em seu nível mínimo.
   b. o custo marginal é igual ao preço.
   c. o custo total médio é igual ao preço.
   d. o custo marginal é igual ao custo total médio.

4. A curva de oferta de curto prazo de uma empresa competitiva é sua curva de custo _____ acima de sua curva de custo _____.
   a. total médio; marginal
   b. variável médio; marginal
   c. marginal; total médio
   d. marginal; variável médio

5. Se uma empresa competitiva que maximiza o lucro produz uma quantidade em que o custo marginal está entre o custo variável médio e o custo total médio, ela
   a. continuará produzindo no curto prazo, mas sairá do mercado no longo prazo.
   b. suspenderá as atividades no curto prazo, mas retomará a produção no longo prazo.
   c. suspenderá as atividades no curto prazo e sairá do mercado no longo prazo.
   d. manterá a produção no curto prazo e no longo prazo.

———— As respostas estão no final do capítulo.

15-3 A curva de oferta em um mercado competitivo

As curvas de oferta de um mercado são baseadas nas decisões de oferta de empresas individuais. Há dois casos a considerar: (1) mercados com um número fixo de empresas e (2) mercados em que as empresas podem entrar e sair. Os dois casos são importantes, já que cada um se aplica a um horizonte de tempo específico. Em curtos períodos, muitas vezes é difícil entrar ou sair do mercado, fazendo com que seja razoável assumir que existe um número fixo de empresas. Em períodos mais longos, porém, a entrada e a saída do mercado ficam mais fáceis, logo, o número de empresas pode se ajustar às mudanças nas condições do mercado.

15-3a O curto prazo: oferta do mercado com um número fixo de empresas

Considere um mercado com mil empresas idênticas. Cada empresa age de acordo com seu modelo: a qualquer preço, ela fornece a quantidade de produto para a qual seu custo marginal é igual ao preço. O painel (a) da Figura 15-6 mostra isso. Enquanto o preço ficar acima do custo variável médio, a curva de custo marginal de cada empresa será sua curva de oferta. A quantidade de produto ofertada no mercado é igual à soma das quantidades fornecidas por cada uma das mil empresas. A curva de oferta do mercado é derivada pela soma das curvas de oferta de todas as empresas (como fizemos com Ben e Jerry no Capítulo 4). Como mostra o painel (b) da Figura 15-6, a quantidade ofertada no mercado é mil vezes a quantidade ofertada por cada uma dessas empresas idênticas.

15-3b O longo prazo: oferta do mercado com entrada e saída de empresas

Vejamos agora o que acontece quando as empresas conseguem entrar e sair do mercado. Suponhamos que todas tenham acesso à mesma tecnologia de produção do bem e aos mesmos mercados para comprar os insumos de produção. Assim, todas as empresas existentes e em potencial têm as mesmas curvas de custos.

Em um mercado como esse, as decisões de entrada e saída dependem dos incentivos que há para os proprietários das empresas existentes e para os empreendedores que podem abrir novas empresas. Se as empresas já existentes no mercado forem lucrativas, haverá um incentivo para que novas empresas entrem. Essa entrada expandirá o

Figura 15-6
Oferta de mercado de curto prazo

No curto prazo, quando o número de empresas do mercado é fixo, a curva de oferta de mercado, mostrada no painel (b), reflete a soma das curvas de custo marginal das empresas individuais, mostradas no painel (a). Aqui, em um mercado com mil empresas, a quantidade de produto ofertada ao mercado é mil vezes a quantidade que cada empresa oferta.

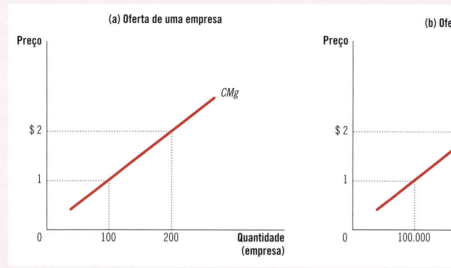

número de empresas, aumentará a quantidade ofertada do bem e reduzirá os preços e os lucros. Por outro lado, se as empresas do mercado estiverem tendo prejuízos, algumas das existentes sairão dele. Sua saída reduzirá o número de empresas, diminuirá a quantidade ofertada do produto e aumentará os preços e os lucros. **Ao fim desse processo de entrada e saída, as empresas que ficarem no mercado deverão ter lucro econômico igual a zero.** Essa conclusão pode parecer estranha, mas não se assuste: ela será explicada em breve.

Lembre-se de que o lucro das empresas pode ser expresso como

$$\text{Lucro} = (P - CTM) \times Q.$$

Essa equação mostra que uma empresa em atividade terá lucro zero se, e somente se, o preço do bem for igual ao custo total médio da produção. Se o preço for superior ao custo total médio, o lucro será positivo, encorajando a entrada de novas empresas. Se o preço for inferior ao custo total médio, o lucro será negativo, o que encorajará a saída de algumas empresas. **O processo de entrada e saída só termina quando o preço e o custo total médio se igualam.**

Essa linha de raciocínio gera uma implicação surpreendente. Como vimos anteriormente, as empresas competitivas maximizam os lucros escolhendo a quantidade na qual o preço seja igual ao custo marginal. E acabamos de ver que a livre entrada e saída força o preço a se igualar ao custo total médio. Mas se o preço é igual ao custo marginal e ao custo total médio, então essas duas medidas de custo devem ser iguais entre si. No entanto, o custo marginal e o custo total médio somente são iguais quando a empresa opera ao custo total médio mínimo. Como vimos no capítulo anterior, os economistas usam o termo escala eficiente para descrever o nível de produção com o menor custo total médio. **Assim, no equilíbrio de longo prazo de um mercado competitivo com livre entrada e saída, as empresas operam na escala eficiente.**

Figura 15-7

Oferta de mercado no longo prazo

No longo prazo, as empresas entrarão no mercado ou sairão dele até o lucro chegar a zero. Assim, no longo prazo, o preço é igual ao custo total médio mínimo, como mostra o painel (a). O número de empresas se ajusta para garantir que toda a demanda seja satisfeita a esse preço. A curva de oferta de mercado de longo prazo é horizontal a esse preço, como mostra o painel (b).

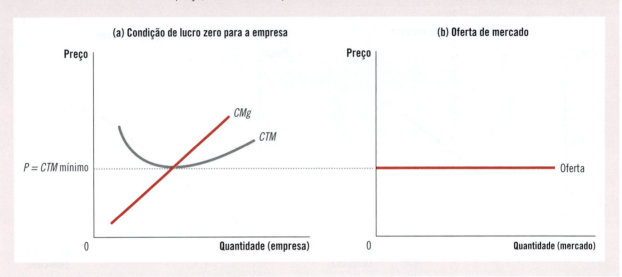

O painel (a) da Figura 15-7 mostra uma empresa que se encontra nesse equilíbrio de longo prazo. Nessa figura, o preço P é igual ao custo marginal CMg, de modo que a empresa está maximizando o lucro. O preço também é igual ao custo total médio CTM, de modo que o lucro é zero. Não há incentivo para que novas empresas entrem no mercado nem para que as existentes saiam dele.

Com base nessa análise do comportamento das empresas, podemos determinar a curva de oferta de longo prazo do mercado. Em um mercado com livre entrada e saída, só há um preço consistente com o lucro zero – o custo total médio mínimo. Como resultado, a curva de oferta de mercado no longo prazo precisa ser horizontal a esse preço, como ilustrada pela curva de oferta perfeitamente elástica no painel (b) da Figura 15-7. Qualquer preço acima desse nível geraria lucro, levando a uma entrada de empresas no mercado e a um aumento da quantidade total ofertada. Qualquer preço abaixo desse nível geraria prejuízos, levando a uma saída de empresas do mercado e a uma redução da quantidade total ofertada. O número de empresas acaba por se ajustar, de maneira que o preço seja igual ao custo total médio mínimo e haja empresas o suficiente para satisfazer toda a demanda a esse preço.

15-3c Por que as empresas competitivas se mantêm em atividade quando têm lucro zero?

À primeira vista, pode parecer estranho que empresas competitivas tenham lucro zero no longo prazo; afinal de contas, as pessoas abrem empresas para ter lucro. Se a entrada de empresas no mercado acaba por reduzir o lucro a zero, pode parecer que não há muito sentido em se dedicar à atividade.

Para entender melhor a condição de lucro zero, lembre-se de que o lucro é igual à receita total menos o custo total, e que esse custo inclui todos os custos de oportunidade da empresa. Mais especificamente, inclui o custo de oportunidade do tempo e do dinheiro que o proprietário dedica à empresa. A parte fundamental é que, no equilíbrio de lucro zero, a receita da empresa precisa compensar os proprietários pelos custos de oportunidade.

"Somos uma organização sem fins lucrativos – não por vontade própria, mas somos!"

Considere um exemplo. Suponha que um fazendeiro tenha precisado investir $ 1 milhão para iniciar sua fazenda e que esse dinheiro pudesse, alternativamente, ter sido depositado em um banco e render $ 40 mil por ano em juros. Além disso, para dar início ao negócio, ele teve de abrir mão de outro emprego que lhe renderia $ 60 mil por ano. Então, o custo de oportunidade do fazendeiro inclui tanto os juros que poderiam ter sido ganhos quanto o salário do qual ele abriu mão – um total de $ 100 mil. Ainda que o lucro da fazenda seja reduzido a zero, sua receita como fazendeiro o compensará por esses custos de oportunidade.

Lembre-se de que os contadores e os economistas medem custos de maneiras diferentes. Como vimos no capítulo anterior, os contadores acompanham os custos explícitos, mas costumam deixar de lado os implícitos. Ou seja, medem os custos que requeiram saída de dinheiro da empresa, mas ignoram os custos de oportunidade que não envolvem desembolso de dinheiro por parte da empresa. Com isso, no equilíbrio de lucro zero, o lucro econômico é zero, mas o contábil é positivo. O contador do fazendeiro, por exemplo, concluiria que ele teve lucro contábil de $ 100 mil, que é o bastante para mantê-lo no negócio.

15-3d A mudança na demanda no curto e no longo prazo

Agora vamos estudar como o mercado responde a mudanças na demanda. Uma vez que as empresas podem entrar no mercado e sair dele no longo prazo, mas não no curto prazo, a resposta do mercado a uma mudança na demanda depende do horizonte de tempo que se considera. Para entender por que isso ocorre, vamos acompanhar os efeitos de um deslocamento da demanda.

Suponha que o mercado de leite comece em equilíbrio de longo prazo. As empresas têm lucro zero, de modo que o preço é igual ao custo total médio mínimo. O painel (a) da Figura 15-8 mostra essa situação. O equilíbrio de longo prazo é o ponto A, a quantidade vendida no mercado é o ponto Q_1 e o preço é P_1.

Suponha agora que os cientistas descubram que o leite tem efeitos milagrosos sobre a saúde, causando um aumento na demanda. Ou seja, a quantidade de leite demandada por qualquer preço aumenta e a curva de demanda por leite desloca-se para fora, de D_1 para D_2, como no painel (b). O equilíbrio de curto prazo passa do ponto A para o B; a quantidade aumenta de Q_1 para Q_2 e o preço sobe de P_1 para P_2. Todas as empresas do mercado respondem ao preço mais elevado produzindo mais leite. Como a curva de oferta de cada empresa reflete sua curva de custo marginal, o quanto cada uma delas aumentará a produção dependerá da curva de custo marginal. No novo equilíbrio de curto prazo, o preço do leite é maior que o custo total médio, de modo que as empresas têm lucro positivo.

Ao longo do tempo, este lucro encoraja a entrada de novas empresas. Por exemplo, alguns fazendeiros que fornecem outros produtos podem passar a produzir leite. À medida que o número de fornecedores aumenta, a curva de oferta de curto prazo desloca-se para a direita, de O_1 para O_2, como no painel (c), e esse deslocamento faz o preço cair. Por fim, o preço volta para o custo total médio mínimo, os lucros passam a ser zero e as empresas param de entrar no mercado. O mercado atinge um novo equilíbrio de longo prazo no ponto C. O preço do leite voltou a ser P_1, mas a quantidade produzida se elevou para Q_3. Cada empresa está novamente operando na escala eficiente, mas, como há mais empresas no setor, a quantidade de leite produzida e vendida é maior.

15-3e Por que a curva de oferta no longo prazo pode ter inclinação ascendente

Vimos que a entrada e a saída podem tornar a curva de oferta no longo prazo de mercado horizontal. Basicamente, há um grande número de novas empresas com potencial para entrar no mercado, cada uma delas enfrentando os mesmos custos. Com isso, ao custo total médio mínimo, a curva de oferta do mercado é horizontal. Quando a demanda aumenta, o resultado de longo prazo é um aumento do número de empresas e da quantidade total ofertada, sem nenhuma mudança do preço.

Entretanto, há dois motivos pelos quais a curva de oferta de longo prazo do mercado pode ter inclinação ascendente. O primeiro é que alguns recursos usados na produção

Figura 15-8
Aumento da demanda no curto e no longo prazo

O painel (a) mostra um mercado em equilíbrio em longo prazo no ponto A. Nesse equilíbrio, cada empresa tem lucro zero e o preço é igual ao custo total médio mínimo. O painel (b) mostra o que acontece no curto prazo, quando a demanda sobe de D_1 para D_2. O equilíbrio passa do ponto A para o ponto B, o preço aumenta de P_1 para P_2 e a quantidade vendida no mercado aumenta de Q_1 para Q_2. Como agora o preço é maior que o custo total médio, as empresas obtêm lucro, o que, com o passar do tempo, estimula novas empresas a entrar no mercado. O painel (c) mostra como a entrada dessas empresas desloca a curva de oferta de curto prazo para a direita, de O_1 para O_2. No novo equilíbrio de longo prazo, o ponto C, o preço voltou para P_1, mas a quantidade vendida aumentou para Q_3. Os lucros voltaram a ser zero e o preço voltou ao custo total médio mínimo, mas o mercado tem um número maior de empresas para atender à maior demanda.

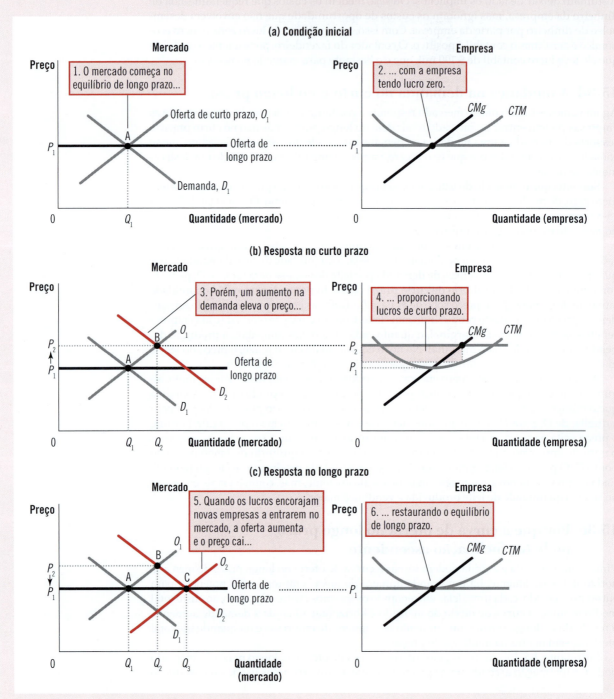

podem estar disponíveis somente em quantidades limitadas. Considere o mercado de produtos agrícolas. Qualquer pessoa pode comprar um terreno e montar uma fazenda, mas a quantidade de terra é limitada. À medida que mais pessoas se tornam agricultores, o preço das terras cultiváveis aumenta, elevando os custos para todos os agricultores do mercado. Um aumento na demanda por produtos agrícolas não é capaz de aumentar a quantidade ofertada sem causar também um aumento nos custos para os fazendeiros, o que, por sua vez, significa um aumento nos preços. O resultado é uma curva de oferta de mercado de longo prazo com inclinação ascendente, mesmo com a entrada livre no setor.

O segundo motivo para a curva de oferta de longo prazo ter inclinação ascendente é que as empresas podem ter custos diferentes. Considere o mercado de pintores de parede. Qualquer pessoa pode entrar no mercado, mas nem todos terão os mesmos custos. A velocidade com que as pessoas trabalham varia, assim como as alternativas de uso do tempo de cada uma delas. Por qualquer preço, as pessoas com menores custos têm maior probabilidade de entrar no mercado do que aquelas que enfrentam custos mais elevados. Para aumentar a quantidade ofertada de serviços de pintura, novos participantes precisam ser encorajados a entrar no mercado. Como os novos participantes estão sujeitos a custos mais altos, o preço precisa aumentar para que a entrada seja lucrativa para eles. Consequentemente, a curva de oferta de longo prazo do mercado de serviços de pintura tem uma inclinação ascendente, mesmo que haja livre entrada no mercado.

Observe que, quando as empresas estão sujeitas a custos diferentes, algumas delas têm lucro mesmo no longo prazo. Neste caso, o preço do mercado reflete o custo total médio da **empresa marginal,** aquela que sairia do mercado se o preço estivesse mais baixo. Essa empresa tem lucro zero, mas aquelas cujos custos são menores obtêm lucro positivo. A entrada de novas empresas no mercado não elimina esse lucro, porque as entrantes em potencial têm custos mais elevados que as empresas que já estão no mercado. As empresas com custo mais elevado entrarão no mercado somente se o preço aumentar, tornando o mercado lucrativo para elas.

Por esses dois motivos, pode ser necessário um preço maior para induzir um aumento na quantidade ofertada. Nesse caso, a curva de oferta de longo prazo de um mercado pode ter inclinação ascendente, e não horizontal. Ainda assim, a lição fundamental sobre entrada e saída de empresas no mercado permanece verdadeira. **Como as empresas podem entrar e sair com mais facilidade no longo prazo do que no curto prazo, a curva de oferta no longo prazo é tipicamente mais elástica do que a curva de oferta no curto prazo.**

Teste rápido

6. No equilíbrio de longo prazo de um mercado competitivo com empresas idênticas, quais são as relações entre preço (*P*), custo marginal (*CMg*) e custo total médio (*CTM*)?
    a. *P* > *CMg* e *P* > *CTM*
    b. *P* > *CMg* e *P* = *CTM*
    c. *P* = *CMg* e *P* > *CTM*
    d. *P* = *CMg* e *P* = *CTM*

7. No equilíbrio de curto prazo de um mercado competitivo com empresas idênticas, se novas empresas estiverem se preparando para entrar no setor, quais seriam as relações entre preço (*P*), custo marginal (*CMg*) e custo total médio (*CTM*)?
    a. *P* > *CMg* e *P* > *CTM*
    b. *P* > *CMg* e *P* = *CTM*
    c. *P* = *CMg* e *P* > *CTM*
    d. *P* = *CMg* e *P* = *CTM*

8. Suponha que o mercado de barracas de pretzel de Nova York seja um mercado perfeitamente competitivo no equilíbrio de longo prazo. Um dia, a cidade começa a cobrar um imposto de $ 100 por mês de cada barraca. Como essa política afetaria o número de pretzels consumido no curto e no longo prazo?
    a. O número cairia no curto prazo e não mudaria no longo prazo.
    b. O número aumentaria no curto prazo e não mudaria no longo prazo.
    c. O número não mudaria no curto prazo e cairia no longo prazo.
    d. O número não mudaria no curto prazo e aumentaria no longo prazo.

As respostas estão no final do capítulo.

15-4 Conclusão: por trás da curva de oferta

Abordamos o comportamento das empresas competitivas que maximizam o lucro e que oferecem bens em mercados competitivos. Como você deve se lembrar, vimos no Capítulo 1 que um dos **dez princípios da economia** é que as pessoas racionais pensam na margem. Este capítulo aplicou esse conceito à empresa competitiva. A análise marginal nos proporcionou uma teoria da curva de oferta em um mercado competitivo e um entendimento mais profundo dos resultados de mercado.

Aprendemos que, quando compramos um bem de uma empresa em um mercado competitivo, podemos ter certeza de que o preço pago está próximo do custo de produção do bem em questão. Mais especificamente, se as empresas forem competitivas e maximizarem seus lucros, o preço de um bem será igual ao custo marginal de sua produção. Além disso, se as empresas puderem entrar e sair livremente do mercado, o preço também será igual ao menor custo total médio de produção possível.

Ao longo deste capítulo, adotamos a hipótese de que as empresas são tomadoras de preços, mas muitas das ferramentas que desenvolvemos aqui também são úteis para o estudo das empresas em mercados menos competitivos. No próximo capítulo, examinaremos o comportamento das empresas que têm poder de mercado. Mais uma vez, a análise marginal será útil para analisar essas empresas, mas com implicações bastante diferentes nas decisões de produção de uma empresa e na natureza dos resultados do mercado.

RESUMO DO CAPÍTULO

- Como as empresas competitivas são tomadoras de preços, suas receitas são proporcionais à quantidade produzida. O preço do bem é igual à receita média e à receita marginal da empresa.
- Para maximizar o lucro, a empresa escolhe uma quantidade produzida em que a receita marginal seja igual ao custo marginal. Como a receita marginal das empresas competitivas é igual ao preço de mercado, a empresa escolhe uma quantidade em que o preço seja igual ao custo marginal. Assim, a curva de custo marginal da empresa é sua curva de oferta.
- No curto prazo, quando os custos fixos são irrecuperáveis, a empresa opta por paralisar temporariamente as atividades se o preço do bem for inferior ao custo variável médio. No longo prazo, quando a empresa é capaz de recuperar tanto os custos fixos quanto os variáveis, ela opta por sair do mercado se o preço for inferior ao custo total médio.
- Em um mercado com livre entrada e saída de empresas, os lucros são conduzidos para zero no longo prazo. Nesse equilíbrio de longo prazo, todas as empresas produzem na escala eficiente, o preço é igual ao custo total médio mínimo e o número de empresas se ajusta para satisfazer a quantidade demandada a esse preço.
- As variações da demanda têm efeitos diferentes em diferentes horizontes de tempo. No curto prazo, um aumento da demanda eleva os preços e gera lucros, e uma queda da demanda reduz os preços e gera prejuízos. Mas se as empresas podem entrar e sair livremente do mercado, então, no longo prazo, o número de empresas se ajusta para conduzir o mercado de volta para o equilíbrio de lucro zero.

CONCEITOS-CHAVE

mercado competitivo, p. 288
receita média, p. 290

receita marginal, p. 290

custo irrecuperável, 295

QUESTÕES DE REVISÃO

1. Quais são as principais características de um mercado competitivo?
2. Explique a diferença entre a receita e o lucro de uma empresa. Qual deles as empresas maximizam?
3. Trace as curvas de custos de uma empresa típica. Explique como a empresa competitiva escolhe o nível de produção que maximiza o lucro. Indique no gráfico a receita total da empresa nesse nível de produção. Indique também os custos totais.

4. Sob quais condições uma empresa paralisa temporariamente as atividades? Explique.
5. Sob quais condições uma empresa sai do mercado? Explique.
6. O preço de uma empresa competitiva é igual ao seu custo marginal no curto prazo, no longo prazo ou em ambos? Explique.
7. O preço de uma empresa competitiva é igual ao valor mínimo de seu custo total médio no curto prazo, no longo prazo ou em ambos? Explique.
8. As curvas de oferta do mercado em geral são mais elásticas no curto prazo ou no longo prazo? Explique.

PROBLEMAS E APLICAÇÕES

1. Muitos barcos pequenos são feitos de fibra de vidro, um derivado do petróleo. Suponhamos que o preço do petróleo aumente.
   a. Usando diagramas, demonstre o que acontece com as curvas de custos de uma empresa individual fabricante de barcos e com a curva de oferta do mercado.
   b. O que acontece com os lucros dos fabricantes de barcos no curto prazo? O que acontece com o número de fabricantes de barcos no longo prazo?

2. A empresa de jardinagem de Leah é um negócio competitivo e de maximização de lucros. Ele cobra $ 27 para cortar a grama. O custo total diário é de $ 280, dos quais $ 30 correspondem ao custo fixo. Ela consegue cortar 10 gramados por dia. Discorra sobre a decisão de curto prazo de Leah de paralisar temporariamente o negócio e a decisão de longo prazo de sair do mercado.

3. Considere o custo total e a receita total dados na tabela a seguir:

Quantidade	0	1	2	3	4	5	6	7
Custo total	$ 8	9	10	11	13	19	27	37
Receita total	$ 0	8	16	24	32	40	48	56

   a. Calcule o lucro para cada quantidade. Quanto a empresa deve produzir para maximizar o lucro?
   b. Calcule a receita marginal e o custo marginal para cada quantidade. Trace os gráficos. (Dica: coloque os pontos entre os números inteiros. Por exemplo, o custo marginal entre 2 e 3 deve ser colocado em 2½.) Em que quantidade essas curvas se cruzam? Como isso se relaciona à resposta do item (a)?
   c. É possível dizer se essa empresa está em uma indústria competitiva? Em caso positivo, é possível dizer se a indústria está em seu equilíbrio de longo prazo?

4. A empresa de rolamentos Ball Bearings Inc. tem os seguintes custos de produção:

Quantidade	Custo fixo total	Custo variável total
0	$ 100	$ 0
1	100	50
2	100	70
3	100	90
4	100	140
5	100	200
6	100	360

   a. Calcule os custos fixos médios, os custos variáveis médios, os custos totais médios e os custos marginais da empresa em cada nível de produção.
   b. O preço de um conjunto de rolamentos é $ 50. Ao perceber que a empresa não conseguirá obter lucros, o diretor executivo decide encerrar as operações. Quais são as perdas e os lucros da empresa? Essa foi uma decisão acertada? Explique.
   c. Ao se lembrar vagamente da disciplina de Introdução à economia, o diretor financeiro diz ao diretor executivo que é melhor produzir um conjunto de rolamentos, pois, nessa quantidade, a receita marginal é igual ao custo marginal. Quais são os lucros/perdas da empresa naquele nível de produção? A produção de um conjunto de rolamentos é a melhor decisão? Explique.

5. Suponha que o setor de impressão de livros seja competitivo e parta do equilíbrio de longo prazo.
   a. Trace um diagrama que descreva a empresa típica do setor.
   b. A Gráfica Hi-Tech inventou um novo processo que reduz substancialmente o custo da impressão de livros. O que acontece com os lucros da empresa e com o preço dos livros no curto prazo quando a patente da Hi-Tech impede que outras empresas usem a tecnologia?
   c. O que acontece no longo prazo quando a patente expira e outras empresas passam a poder usar a tecnologia?

6. Em um mercado competitivo, uma empresa recebe $ 500 de receita total e tem receita marginal de $ 10. Qual é a receita média e quantas unidades foram vendidas?

7. Em um mercado competitivo, uma empresa que maximiza os lucros produz atualmente 100 unidades. A receita média é de $ 10, o custo total médio é de $ 8 e o custo fixo é de $ 200.
   a. Qual é o seu lucro?
   b. Qual é o seu custo marginal?
   c. Qual é o seu custo variável médio?
   d. A escala de eficiência da empresa é de mais de, menos de ou de exatamente 100 unidades?

8. O mercado de fertilizantes é perfeitamente competitivo. As empresas estão produzindo, mas, atualmente, estão sofrendo perdas econômicas.
   a. Como o preço do fertilizante se compara ao custo total médio, ao custo variável médio e ao custo marginal da produção?
   b. Elabore dois gráficos, lado a lado, ilustrando a situação atual de uma empresa típica e do mercado.
   c. Suponha que não há mudança na demanda ou nas curvas de custo dessas empresas. Explique o que acontecerá no longo prazo ao preço do fertilizante, ao custo marginal, ao custo total médio, à quantidade ofertada por cada empresa e à quantidade total ofertada no mercado.

9. Na cidade de Ectenia, o mercado para tortas de maçã é competitivo e tem a seguinte escala de demanda:

Preço	Quantidade demandada
$ 1	1.200 tortas
2	1.100
3	1.000
4	900
5	800
6	700
7	600
8	500
9	400
10	300
11	200
12	100
13	0

Cada produtor no mercado tem custos fixos de $ 9 e a seguinte escala de custo marginal:

Quantidade	Custo marginal
1 torta	$ 2
2	4
3	6
4	8
5	10
6	12

   a. Calcule o custo total de cada produtor e o custo total médio para cada quantidade, de 1 a 6 tortas.
   b. O preço de uma torta é, agora, $ 11. Quantas tortas são vendidas? Quantas tortas produz cada produtor? Há quantos produtores? Qual é o lucro de cada produtor?
   c. A situação descrita no item (b) é um equilíbrio de longo prazo? Justifique sua resposta.
   d. Suponha que, no longo prazo, haja livre entrada e saída de empresas. Qual é lucro de cada produtor no equilíbrio de longo prazo? Qual é o preço de mercado? Qual é o número de tortas produzidas por produtor? Quantas tortas são vendidas? Quantos produtores de torta estão operando?

10. Uma indústria tem atualmente 100 empresas, todas com custo fixo de $ 16 e custo variável médio conforme a tabela:

Quantidade	Custo variável médio
1	$ 1
2	2
3	3
4	4
5	5
6	6

   a. Calcule o custo marginal e o custo total médio para cada quantidade de 1 a 6.
   b. O preço de equilíbrio atual é $ 10. Quanto cada empresa produz? Qual é a quantidade total ofertada no mercado?
   c. No longo prazo, as empresas podem entrar e sair do mercado e todos os participantes têm os mesmos custos descritos antes. À medida que o mercado faz a transição para o equilíbrio de longo prazo, o que acontecerá com o preço, a quantidade demandada e a quantidade ofertada por cada empresa? Analise cada item. Haverá aumento ou redução? Justifique.

d. Elabore o gráfico da curva de oferta no longo prazo para esse mercado com números específicos nos eixos, quando relevantes.

11. Suponha que cada empresa de um setor competitivo tenha os seguintes custos:

    Custo total: $CT = 50 + \frac{1}{2}q^2$
    Custo marginal: $CMg = q$

    Onde q é a quantidade produzida por uma empresa individual. A curva de demanda do mercado para esse produto é:

    Demanda: $Q^D = 120 - P$

    Onde P é o preço e Q é a quantidade total do bem. Atualmente, há 9 empresas no mercado.

    a. Qual é o custo fixo de cada empresa? Qual é o custo variável? Forneça a equação do custo total médio.
    b. Elabore o gráfico da curva do custo total médio e da curva do custo marginal para q de 5 a 15. Em que quantidade a curva de custo total médio estará em seu mínimo? Qual é o custo marginal e o custo total médio naquela quantidade?
    c. Forneça a equação para a curva de oferta de cada empresa.
    d. Forneça a equação para a curva de oferta de mercado para o curto prazo em que o número de empresas é constante.
    e. Qual é o preço e a quantidade de equilíbrio para esse mercado no curto prazo.
    f. Nesse equilíbrio, quanto cada empresa produz? Calcule o lucro e o prejuízo de cada empresa. Há incentivos para as empresas entrarem ou saírem do mercado?
    g. No longo prazo, com livre entrada e saída, qual será o preço e a quantidade de equilíbrio nesse mercado?
    h. Nesse equilíbrio de longo prazo, quanto cada empresa produz? Quantas empresas estão no mercado?

Respostas do teste rápido

1. **c**   2. **d**   3. **b**   4. **d**   5. **a**   6. **d**   7. **c**   8. **c**

Capítulo 16

Monopólio

Na década de 1990, se você tivesse um computador pessoal, provavelmente ele usaria alguma versão do Windows, o sistema operacional vendido pela Microsoft Corporation. Ainda hoje, os computadores com Windows continuam populares. Quando a Microsoft desenvolveu o Windows, pediu ao governo um direito autoral e o recebeu, o que deu à empresa direito exclusivo de produzir e vender cópias do sistema operacional Windows. Assim, se alguém quiser comprar uma cópia do sistema, não tem muita escolha a não ser dar à Microsoft os cerca de $ 100 que a empresa cobra pelo produto. Hoje em dia, outros sistemas operacionais estão disponíveis, mas, em geral, são bem diferentes. Dizemos que a Microsoft detém o **monopólio** do mercado do Windows.

As decisões empresariais da Microsoft não são bem descritas pelo modelo de comportamento de empresa que desenvolvemos no capítulo anterior. Nele analisamos os mercados competitivos, nos quais há muitas empresas que oferecem produtos essencialmente idênticos, de modo que cada uma tem pouca influência sobre o preço que recebe. Em contrapartida, um monopólio não tem concorrentes próximos e, assim, tem poder para influenciar o preço de mercado de seu produto. Enquanto uma empresa competitiva é uma **tomadora de preços**, uma empresa monopolista é uma **formadora de preços**.

Neste capítulo, examinaremos as implicações desse poder de mercado e veremos que o poder de mercado altera a relação entre os custos de uma empresa que produz um bem e o preço pelo qual ela vende esse bem. Até agora, vimos que uma empresa competitiva toma o preço do seu produto como dado pelo mercado e, então, determina a quantidade que ofertará, de maneira que o preço seja igual ao custo marginal. Em um monopólio, isso é diferente. Ela cobra um preço que excede o custo marginal. De fato, essa prática é evidente no caso do Windows, da Microsoft. O custo marginal do Windows – o custo adicional em que a Microsoft incorreria quando um cliente baixasse mais uma cópia – é banal. O preço de mercado do Windows é muitas vezes superior ao seu custo marginal.

Não surpreende que os monopólios cobrem preços elevados por seus produtos. Os clientes dos monopólios parecem não ter outra escolha a não ser pagar o preço que o monopólio estiver cobrando. No entanto, se for esse o caso, por que uma cópia do Windows não custa $ 1.000? Ou $ 10.000? A razão, naturalmente, é que, se a Microsoft fixasse um preço tão elevado, menos pessoas comprariam o produto. Elas comprariam menos computadores, passariam para outros sistemas operacionais ou fariam cópias ilegais. Os monopólios podem controlar o preço daquilo que vendem, mas como os preços elevados reduzem a quantidade demandada, seus lucros não são ilimitados.

Ao examinarmos as decisões de produção e determinação de preços dos monopólios, consideraremos também as implicações do monopólio para a sociedade como um todo. Monopólios, assim como as empresas competitivas, querem maximizar o lucro, mas esse objetivo tem ramificações muito diferentes. Nos mercados competitivos, os compradores e vendedores, interessados em si próprios, comportam-se como se fossem conduzidos por uma mão invisível para promover o bem-estar econômico geral. Como as empresas monopolistas não estão sujeitas ao freio da competição, o resultado em um mercado monopolizado nem sempre atende aos interesses da sociedade.

Um dos **dez princípios da economia** do Capítulo 1 é que os governos, às vezes, podem melhorar os resultados do mercado. Este capítulo esclarece melhor esse princípio ao examinar as ineficiências causadas pelos monopólios e discute como os formuladores de políticas do governo podem responder a esses problemas. O governo estadunidense, por exemplo, acompanha de perto as decisões empresariais da Microsoft. Em 1994, impediu que a empresa comprasse a Intuit, uma produtora de *softwares* que vende o programa de gerenciamento de finanças pessoais líder de mercado, alegando que uma fusão entre a Microsoft e a Intuit concentraria excessivamente o poder de mercado nas mãos de uma só empresa. De maneira semelhante, em 1998, o Departamento de Justiça dos Estados Unidos apresentou objeção quando a Microsoft começou a integrar seu navegador Internet Explorer ao sistema operacional Windows, afirmando que essa prática aumentaria o poder da empresa em outras áreas. Nos últimos anos, agências reguladoras dos Estados Unidos e de outros países mudaram o foco para empresas com poder de mercado crescente, tais como Apple, Google e Amazon, mas continuam monitorando a conformidade* da Microsoft com as leis antitruste.

16-1 Por que surgem os monopólios

Uma empresa é monopolista se for a única vendedora de um produto que não tem substitutos próximos. A causa fundamental dos monopólios está nas **barreiras à entrada**: um monopólio se mantém como o único vendedor de seu mercado porque as outras empresas não podem entrar e competir com ela. As barreiras à entrada, por sua vez, têm três origens principais:

- **Recursos de monopólio:** uma única empresa detém um recurso-chave necessário para a produção.
- **Regulamentações do governo:** o governo concede a uma única empresa o direito exclusivo de produzir um bem ou serviço.
- **Processo de produção:** uma única empresa consegue fornecer produtos a custo mais baixo do que um grande número de empresas.

Discutiremos mais sobre essas barreiras à entrada.

monopólio
uma empresa que é a única vendedora de um produto que não tem substitutos próximos

---

* N. de R.T. Equivalência para *compliance*, em que, por princípio, há aderência permanente aos dispositivos legais e aos princípios da governança corporativa.

16-1a Recursos de monopólio

A maneira mais simples de um monopólio surgir é uma única empresa ser proprietária de um recurso-chave. Considere o mercado de água em uma pequena cidade. Se dúzias de moradores tiverem poços em funcionamento, o modelo competitivo no capítulo anterior descreverá o comportamento dos vendedores. Como resultado da competição entre os fornecedores de água, o preço de um litro de água será igual ao custo marginal do bombeamento de um litro adicional. Entretanto, se houver somente um poço na cidade e se for impossível obter água de alguma outra maneira, então o dono do poço terá um monopólio. Não é de surpreender que o monopolista tenha muito mais poder de mercado que qualquer empresa em um mercado competitivo. No caso de um bem indispensável como a água, o monopolista pode exigir um preço muito alto, mesmo que o custo marginal de bombear um litro adicional seja baixo.

"Em vez de um monopólio, preferimos pensar que somos 'a única bolachinha do pacote.'"

Um exemplo clássico de poder de mercado que resultou da propriedade de um recurso-chave é o da DeBeers, empresa de diamantes. A companhia foi fundada na África do Sul em 1888 por Cecil Rhodes, um empresário inglês (e benemérito distribuidor das bolsas de estudo Rhodes). A DeBeers chegou a controlar cerca de 80% da produção mundial de diamantes. Como sua participação no mercado é de menos de 100%, a DeBeers não é exatamente um monopólio, mas nem por isso a empresa deixa de exercer influência considerável sobre o preço mundial dos diamantes.

Embora a propriedade exclusiva de um recurso-chave possa criar um monopólio, isso é relativamente raro na prática. As economias atuais são grandes e os recursos têm muitos proprietários. Com efeito, como muitos bens são negociados internacionalmente, o alcance natural de seus mercados muitas vezes é mundial. Há poucos exemplos de empresas que sejam proprietárias de um recurso para o qual não haja substitutos próximos.

16-1b Monopólios criados pelo governo

Em muitos casos, os monopólios surgem quando o governo concede a uma só pessoa ou empresa o direito exclusivo de vender algum bem ou serviço. Às vezes, o potencial monopolista recebe o direito por mera influência política. Antigamente, os reis concediam licenças empresariais exclusivas a amigos e aliados. Os autocratas continuam fazendo isso. Às vezes, o governo concede um monopólio porque isso é considerado de interesse público.

As leis de patentes e direitos autorais são dois exemplos de como um governo pode criar um monopólio. Quando uma companhia farmacêutica descobre um novo medicamento, pode requerer do governo uma patente. Se o governo considerar que o medicamento é original, a patente é aprovada, o que confere à empresa o direito exclusivo de fabricação e venda do produto por 20 anos. De maneira similar, quando um autor termina de escrever um livro, pode requerer o direito autoral sobre ele. O direito autoral é uma garantia do governo de que ninguém poderá imprimir e vender o livro sem a permissão do autor. Escritores que mal conseguem se sustentar podem não se considerar monopolistas. Mas isso só mostra que ser o único vendedor de um produto não garante um grande número de compradores.

É fácil perceber os efeitos das leis de patentes e de direitos autorais. Como essas leis concedem monopólio a um produtor, elas geram preços e lucro mais elevados do que ocorreriam se houvesse competição. Mas as leis também incentivam alguns comportamentos desejáveis. Ao permitir que empresas farmacêuticas sejam monopolistas dos medicamentos que descobriram, as leis de patentes incentivam as pesquisas. Ao permitir que os autores sejam monopolistas na venda de seus livros, as leis de direitos autorais os incentivam a escrever mais e melhores livros.

As leis que regem patentes e direitos autorais trazem benefícios e custos. Os benefícios representam um incentivo maior à atividade criativa. Eles são compensados, em certa medida, pelos custos dos preços no monopólio, que examinaremos em mais detalhes adiante.

16-1c Monopólios naturais

monopólio natural
um tipo de monopólio que surge porque uma única empresa consegue ofertar um bem ou serviço a um mercado inteiro a um custo menor do que ocorreria se existissem duas ou mais empresas no mercado

Uma indústria é um **monopólio natural** quando uma só empresa consegue ofertar um bem ou serviço a um mercado a um custo menor que duas ou mais empresas. Isso acontece quando há economias de escala para toda a faixa relevante de produção. A Figura 16-1 mostra o custo total médio de uma empresa com economias de escala. Nesse caso, uma só empresa pode produzir qualquer quantidade de produto ao menor custo. Ou seja, para qualquer quantidade dada de produto, um maior número de empresas leva a uma menor produção por empresa e a um custo total médio mais elevado.

Um exemplo de monopólio natural está na distribuição de água. Para levar água aos moradores de uma cidade, uma empresa precisa construir uma rede de tubulações. Se duas ou mais empresas competissem na prestação desse serviço, cada uma teria de pagar o custo fixo da construção da rede. O custo total médio é menor se apenas uma empresa fornecer água a todo o mercado.

Outros exemplos de monopólios naturais foram apresentados no Capítulo 11, que destacou que os **bens artificialmente escassos (bens de clube)** são excludentes, mas não rivais no consumo. Um exemplo é uma ponte usada tão pouco que nunca fica congestionada. A ponte é excludente, porque um pedágio poderia impedir que alguém a usasse, mas não é rival, porque o uso dela por alguém não diminui a possibilidade de que outros a usem. Como há um custo fixo para a construção da ponte e um custo marginal desprezível para os usuários adicionais, o custo total médio (o custo total dividido pelo número de viagens) diminui com o aumento do número de viagens, transformando a ponte em um monopólio natural.

Quando uma empresa é um monopólio natural, preocupa-se menos com a entrada de novas empresas no mercado que possam corroer seu poder monopolista. Normalmente, uma empresa tem dificuldade de manter sua posição monopolista se não tiver a propriedade de um recurso-chave ou a proteção do governo. O lucro do monopolista atrai novos entrantes para o mercado, e estes podem torná-lo mais competitivo. Por outro lado, entrar em um mercado em que alguma empresa detenha o monopólio natural não é interessante. As empresas entrantes em potencial sabem que não poderão atingir os mesmos baixos custos de que desfruta o monopolista, porque, depois de entrar, cada uma teria uma fatia menor do mercado.

Em alguns casos, o tamanho do mercado determina se uma indústria é um monopólio natural ou não. Novamente, considere uma ponte sobre um rio. Quando a população é pequena, a ponte pode ser um monopólio natural. Uma só ponte pode satisfazer totalmente a demanda por viagens de um lado a outro do rio pelo menor custo, mas, à medida que a

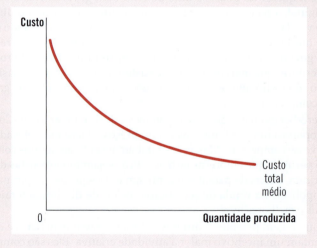

Figura 16-1

Economias de escala como causa de um monopólio

Quando a curva de custo total médio de uma empresa declina continuamente, ela tem o que se denomina monopólio natural. Nesse caso, quando a produção se divide entre um maior número de empresas, cada uma delas produz menos e o custo total médio aumenta. Assim, uma única empresa consegue produzir qualquer quantidade dada a um custo menor.

população cresce e a ponte fica congestionada, pode ser necessário construir várias pontes para satisfazer a demanda. À medida que o mercado se expande, o monopólio natural pode evoluir e se tornar um mercado mais competitivo.

Teste rápido

1. Algumas concessões de poder monopolista por parte do governo podem ser desejáveis se
   a. reduzirem os efeitos adversos da concorrência implacável.
   b. tornarem as indústrias mais lucrativas.
   c. fornecerem incentivos para a inventividade e criação artística.
   d. evitarem que os consumidores tenham de escolher entre fornecedores alternativos.

2. Uma empresa é um monopólio natural se exibir _____ à medida que a produção aumenta.
   a. receita total crescente
   b. custo marginal crescente
   c. receita marginal decrescente
   d. custo total médio decrescente

As respostas estão no final do capítulo.

16-2 Como os monopólios tomam decisões de produção e preços

Agora que sabemos como surgem os monopólios, podemos examinar como uma empresa monopolista decide quanto produzir e que preço cobrar. A análise do comportamento monopolista que fazemos nesta seção é o ponto de partida para avaliar se os monopólios são desejáveis e que políticas o governo pode adotar em relação a mercados monopolistas.

16-2a Monopólio *versus* concorrência

A principal diferença entre uma empresa competitiva e uma monopolista é a capacidade que esta última tem de influenciar o preço de seu produto. Uma empresa competitiva é pequena em relação ao mercado em que opera e, como não tem poder para influenciar o preço de seu produto, aceita o que é apresentado pelas condições do mercado. Em contraposição, um monopolista, como a única produtora em seu mercado, pode alterar o preço de seu bem ajustando a quantidade que oferta ao mercado.

Uma maneira de enxergar essa diferença entre uma empresa competitiva e uma monopolista é examinar a curva de demanda com que cada uma delas se defronta. No capítulo anterior, na análise de empresas competitivas, representamos graficamente o preço de mercado como uma linha horizontal. Uma vez que uma empresa competitiva pode vender a quantidade que quiser a esse preço, ela se defronta com uma curva de demanda horizontal, como no painel (a) da Figura 16-2. Com efeito, como a empresa competitiva vende um produto que tem muitos substitutos perfeitos (os produtos de todas as demais empresas do mercado), a curva de demanda de cada empresa é perfeitamente elástica.

Em contraposição, como um monopolista é o único produtor de seu mercado, sua curva de demanda é simplesmente a curva de demanda do mercado, que tem inclinação descendente, como representado no painel (b) da Figura 16-2. Se o monopolista elevar o preço de seu produto, os consumidores comprarão menos desse produto. Em outras palavras, se o monopolista reduzir a quantidade do bem que produz e vende, o preço desse produto aumentará.

A curva de demanda do mercado estabelece uma restrição à capacidade que o monopolista tem de lucrar com seu poder de mercado. Os monopolistas prefeririam cobrar um preço elevado e vender uma grande quantidade a esse preço, mas a curva de demanda do mercado torna esse resultado impossível. A curva de demanda do mercado descreve

Figura 16-2

Curvas de demanda para empresas competitivas e monopolistas

Como tomadora de preço, uma empresa competitiva se depara com uma curva de demanda horizontal, como mostra o painel (a). Ela pode vender o quanto quiser pelo preço atual. Porém, uma empresa monopolista é a única produtora em seu mercado, então ela se depara com uma curva de demanda de mercado com inclinação descendente, como a do painel (b). Se quiser vender mais produção, terá de aceitar um preço mais baixo.

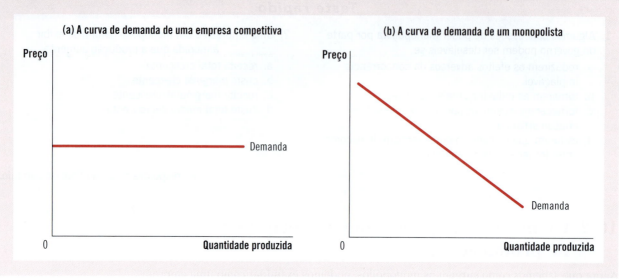

as combinações de preço e quantidade possíveis para a empresa monopolista. Ajustando a quantidade produzida (ou o preço cobrado, o que dá no mesmo), o monopolista pode escolher qualquer ponto da curva de demanda, mas não pode escolher um ponto acima dela.

Qual ponto da curva de demanda a empresa monopolista vai escolher? Como no caso das empresas competitivas, assumimos que o objetivo do monopolista seja maximizar o lucro. Uma vez que o lucro total da empresa é a receita total menos os custos totais, nossa próxima tarefa na explicação do comportamento dos monopólios será examinar suas receitas.

16-2b A receita do monopólio

Imagine uma cidade que tenha um só produtor de água. A Tabela 16-1 mostra como a receita do monopólio poderia depender da quantidade de água produzida.

As colunas (1) e (2) mostram a escala de demanda do monopólio. Se ele produzir 1 litro de água, pode vendê-lo por $ 10. Se produzir 2 litros, precisará reduzir o preço para $ 9 por litro se quiser vendê-los. Se produzir 3 litros, o preço precisará cair para $ 8, e assim por diante. Se representarmos graficamente as duas colunas de números, obteremos uma curva de demanda típica, com inclinação descendente.

A coluna (3) da tabela representa a **receita total** da empresa monopolista, que é igual à quantidade vendida [coluna (1)] multiplicada pelo preço [coluna (2)]. A coluna (4) traz a **receita média** da empresa, que é quanto a empresa recebe por unidade vendida. Calculamos a receita média tomando o valor da receita total, na coluna (3), e dividindo-o pela quantidade produzida, na coluna (1). Como vimos no capítulo anterior, a receita média é sempre igual ao preço do bem. Isso é válido tanto para as empresas monopolistas quanto para as empresas competitivas.

A coluna (5) da Tabela 16-1 calcula a **receita marginal** da empresa, a quantidade de receita que a empresa recebe por cada unidade adicional de produção. A receita marginal

Tabela 16-1
Receitas total, média e marginal de um monopólio

(1) Quantidade de água (Q)	(2) Preço (P)	(3) Receita total (RT = P × Q)	(4) Receita média (RM = RT/Q)	(5) Receita marginal (RMg = ΔRT/ΔQ)
0 litros	$ 11	$ 0	—	
				$ 10
1	10	10	$ 10	
				8
2	9	18	9	
				6
3	8	24	8	
				4
4	7	28	7	
				2
5	6	30	6	
				0
6	5	30	5	
				−2
7	4	28	4	
				−4
8	3	24	3	

é calculada pela variação na receita total quando a produção aumenta em uma unidade. Por exemplo, quando a empresa aumenta a produção de 3 para 4 litros de água, a receita total recebida aumenta de $ 24 para $ 28. A receita marginal da venda do quarto litro é $ 28 menos $ 24, ou seja, $ 4.

A Tabela 16-1 mostra um resultado importante no modelo básico do comportamento de um monopólio: **a receita marginal de um monopolista é menor que o preço do bem**. Por exemplo, se a empresa aumentar a produção de água de 3 para 4 litros, o aumento na receita total será de apenas $ 4, mesmo que ela venda cada litro por $ 7. Para uma empresa monopolista, a receita marginal é menor que o preço porque ela tem uma curva de demanda com inclinação descendente. Para aumentar a quantidade vendida, a empresa monopolista precisa reduzir o preço que cobra de todos os clientes. Assim, para vender o quarto litro de água, ela tem de obter uma receita de $ 1 a menos para cada um dos três primeiros litros. Essa perda de $ 3 corresponde à diferença entre o preço do quarto litro ($ 7) e a receita marginal desse mesmo litro ($ 4).

A receita marginal dos monopólios é muito diferente da receita marginal das empresas competitivas. Quando um monopolista aumenta a quantidade vendida, existem dois efeitos sobre a receita total ($P \times Q$):

- **O efeito quantidade:** é vendida uma quantidade maior, de modo que Q é maior, o que aumenta a receita total.
- **O efeito preço:** o preço cai, de modo que P é menor, o que diminui a receita total.

Como as empresas competitivas podem vender tudo o que quiserem ao preço de mercado, não existe para elas o efeito preço. Quando aumentam a produção em 1 unidade, recebem o preço de mercado por essa unidade e não recebem nada a menos pelas unidades que já estavam vendendo. Ou seja, como as empresas competitivas são tomadoras de preços, sua receita marginal é igual ao preço do bem. Um monopolista, por sua vez, quando aumenta a produção em 1 unidade, precisa reduzir o preço cobrado por unidade vendida, e essa redução do preço reduz a receita advinda das unidades que já vinha vendendo. Como resultado, a receita marginal do monopólio é menor que o preço.

A Figura 16-3 representa as curvas de demanda e de receita marginal de um monopólio. (Como o preço do monopólio é igual à sua receita média, a curva de demanda é também a sua curva de receita média.) Essas duas curvas sempre partem do mesmo ponto no eixo vertical, porque a receita marginal da primeira unidade vendida é igual ao preço do bem. Mas, pelo motivo que acabamos de apresentar, a receita marginal do monopolista passa a ser menor que o preço. É por isso que sua curva de receita marginal fica abaixo da sua curva de demanda.

Podemos observar na Figura 16-3 (e na Tabela 16-1) que a receita marginal pode até se tornar negativa. Isso acontece quando o efeito preço sobre a receita é maior que o efeito quantidade. Nesse caso, uma unidade adicional produzida faz com que o preço caia o suficiente para que a empresa, apesar de vender mais unidades, obtenha menos receita.

16-2c Maximização do lucro

Agora que já nos familiarizamos com a receita de uma empresa monopolista, estamos prontos para examinar como ela maximiza seus lucros. Como vimos no Capítulo 1, um dos **dez princípios da economia** refere-se ao fato de que pessoas racionais pensam na margem. Essa lição vale tanto para as empresas monopolistas quanto para as competitivas. Aqui, aplicamos a lógica da análise marginal à decisão do monopolista a respeito de quanto produzir.

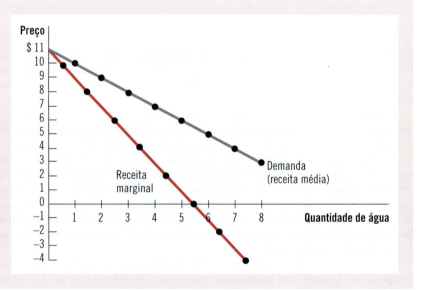

Figura 16-3

As curvas de demanda e de receita marginal para um monopólio

A curva de demanda mostra como a quantidade afeta o preço. A curva de receita marginal mostra como a receita da empresa varia quando a quantidade aumenta em 1 unidade. Uma vez que o preço de **todas** as unidades vendidas deve cair se o monopólio aumentar a produção, a receita marginal será sempre menor que o preço.

Figura 16-4

Maximização do lucro de um monopólio

Um monopólio maximiza o lucro escolhendo a quantidade em que a receita marginal se iguala ao custo marginal (ponto A). Então, usa a curva de demanda para determinar o preço que induzirá os consumidores a comprar essa quantidade (ponto B).

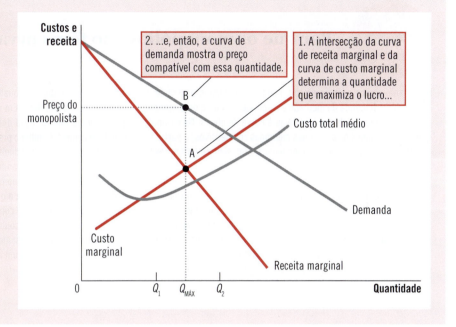

A Figura 16-4 mostra as curvas de demanda, de receita marginal e de custo para uma empresa monopolista. Todas elas devem parecer familiares: as curvas de demanda e de receita marginal são como as encontradas na Figura 16-3, e as de custos são como aquelas que vimos nos dois últimos capítulos. Essas curvas contêm todas as informações de que precisamos para determinar o nível de produção que um monopolista maximizador de lucros vai escolher.

Suponhamos, inicialmente, que a empresa esteja operando com um baixo nível de produção, tal como Q_1. Nesse caso, a receita marginal é maior que o custo marginal. Se a empresa aumentar a produção em 1 unidade, a receita adicional excederá os custos adicionais, e o lucro aumentará. Assim, quando a receita marginal é maior que o custo marginal, a empresa deve aumentar a produção.

Um argumento semelhante aplica-se a níveis elevados de produção, como Q_2. Nesse caso, o custo marginal é maior que a receita marginal. Se a empresa reduzir a produção em 1 unidade, os custos poupados serão maiores que a receita perdida. Assim, se o custo marginal for maior que a receita marginal, a empresa deve reduzir a produção.

No final, a empresa ajusta seu nível de produção até atingir a quantidade $Q_{MÁX}$, na qual a receita marginal é igual ao custo marginal. **A quantidade produzida que maximiza o lucro do monopolista é determinada pela intersecção da curva da receita marginal com a curva do custo marginal.** Na Figura 16-4, essa intersecção se dá no ponto A.

Como o monopolista encontra o preço que maximiza o lucro de seu produto? A curva de demanda traz essa resposta. Ela relaciona o valor que os clientes estão dispostos a pagar com a quantidade vendida. Depois que o monopolista encontra a quantidade que maximiza o lucro (em que $RMg = CMg$), ele usa a curva de demanda para encontrar o preço mais alto que poderia cobrar por aquela quantidade. Na Figura 16-4, o preço que maximiza o lucro é encontrado no ponto B.

Agora compare os resultados de uma empresa competitiva e de uma monopolista. Elas são parecidas em um aspecto: para maximizar o lucro, as duas empresas escolhem a quantidade de produção em que a receita marginal é igual ao custo marginal. Ainda assim, há

SAIBA MAIS — Por que os monopólios não têm curva de oferta

Nós analisamos o preço em um mercado monopolista usando a curva de demanda de mercado e as curvas de custo da empresa, mas não fizemos nenhuma referência à curva de oferta. No entanto, quando analisamos os preços nos mercados competitivos, a partir do Capítulo 4, as duas palavras mais importantes sempre foram *oferta* e *demanda*.

O que aconteceu com a curva de oferta? Embora as empresas monopolistas tomem decisões sobre a quantidade a ser ofertada, um monopólio não tem uma curva de oferta. Uma curva de oferta nos diz a quantidade que a empresa decide ofertar a qualquer preço dado. Esse conceito faz sentido para empresas competitivas, que são tomadoras de preço. Mas uma empresa monopolista é formadora de preço, não tomadora, de modo que não faz sentido perguntar que quantidade uma empresa produziria a qualquer preço, porque a empresa não pode tomar o preço como dado. Em vez disso, quando a empresa escolhe a quantidade a ofertar, essa decisão, juntamente com a curva de demanda, é o que determina o preço.

A decisão de um monopolista sobre quanto ofertar não pode ser separada da curva de demanda com que ela se depara. O formato da curva de demanda determina o formato da curva de receita marginal, que, por sua vez, determina a quantidade que maximiza o lucro do monopolista. Em um mercado competitivo, as decisões de oferta podem ser analisadas sem que se conheça a curva de demanda, mas o mesmo não se aplica ao mercado monopolista. Portanto, não faz sentido falar sobre a curva de oferta de um monopólio. ■

---

uma diferença importante: na quantidade que maximiza o lucro, o preço é igual à receita marginal para uma empresa competitiva, mas supera a receita marginal no caso de um monopólio. Ou seja:

Para empresas competitivas: $P = RMg = CMg$.
Para monopolistas: $P > RMg = CMg$.

Isso evidencia uma diferença fundamental entre concorrência e monopólio: **nos mercados competitivos, o preço é igual ao custo marginal. Nos mercados monopolistas, o preço é maior que o custo marginal.** Como veremos em breve, essa conclusão é crucial para entender o custo social do monopólio.

16-2d O lucro do monopólio

Quanto um monopólio gera? Para encontrar o lucro de tal empresa, lembre-se de que o lucro é igual à receita total (*RT*) menos os custos totais (*CT*):

$$\text{Lucro} = RT - CT.$$

Essa expressão pode ser reescrita como

$$\text{Lucro} = (RT/Q - CT/Q) \times Q.$$

RT/Q é a receita média, que é igual ao preço *P*, e *CT/Q* é o custo total médio *CTM*. Assim,

$$\text{Lucro} = (P - CTM) \times Q.$$

Essa equação do lucro, que é a mesma das empresas competitivas, nos permite medir o lucro do monopolista em nosso gráfico.

Considere o retângulo sombreado da Figura 16-5. A altura do retângulo (o segmento BC) é o preço menos o custo total médio, $P - CTM$, que é o lucro por unidade vendida. E a largura do retângulo (o segmento DC) é a quantidade vendida $Q_{MÁX}$. A área do retângulo representa o lucro total do monopolista.

A Tabela 16-2 resume como um monopolista maximiza o lucro.

Figura 16-5

O lucro do monopolista

A área do retângulo BCDE é igual ao lucro de uma empresa monopolista. A altura do retângulo (BC) é o preço menos o custo total médio, que é igual ao lucro por unidade vendida, e sua largura (DC) é o número de unidades vendidas.

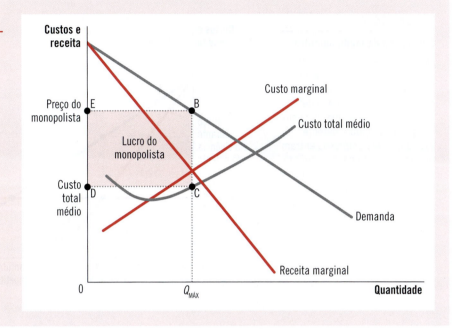

Tabela 16-2

Regras de maximização dos lucros para uma empresa monopolista

1. Derive a curva de *RMg* da curva de demanda.
2. Encontre Q em que *RMg* = *CMg*.
3. Na curva de demanda, encontre *P* em que os consumidores comprarão Q.
4. Se *P* > *CTM*, o monopólio terá lucro.

Estudo de caso

Medicamentos de monopólio *versus* medicamentos genéricos

De acordo com a nossa análise, os preços são determinados de maneira diferente em mercados competitivos e monopolistas. Um ambiente natural para testar essa teoria é o mercado de medicamentos, que assume as duas estruturas. Quando uma empresa descobre um medicamento, a lei de proteção de patentes garante a ela o monopólio sobre as vendas desse medicamento. Mas, quando a patente expira, qualquer empresa poderá fabricar e vender a substância. Nesse ponto, o mercado se torna competitivo, em vez de monopolista.

O que a teoria prevê que acontecerá com o preço de um medicamento quando a patente expirar? Considere a Figura 16-6, que mostra o mercado de um medicamento comum. O custo marginal de produção do medicamento é considerado constante aqui. (Em termos gerais, essa afirmação é verdadeira para muitos medicamentos.) Durante a vigência de uma patente, o monopolista maximiza os lucros produzindo a quantidade em que a receita marginal se iguala ao custo marginal e cobrando um preço bem acima do custo marginal. Mas, quando a patente expira, o lucro da fabricação do medicamento estimula novas empresas a entrar no mercado. Com a concorrência, o preço deve cair até se igualar ao custo marginal.

Figura 16-6

O mercado de medicamentos

Quando uma patente garante a uma empresa o monopólio da venda de um medicamento, a empresa cobra o preço de monopólio, bem acima do custo marginal. Quando a patente expira e novas empresas entram no mercado, ele passa a ser um mercado competitivo e o preço cai até se igualar ao custo marginal.

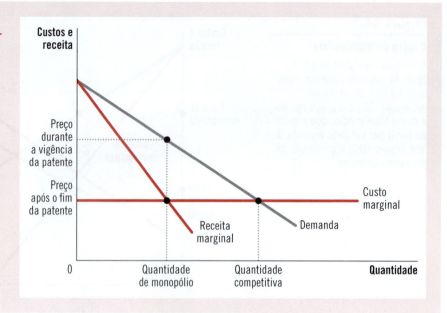

Experiências confirmam essa teoria. Quando a patente de um medicamento expira, outras empresas entram rapidamente e passam a vender medicamentos genéricos com a composição química idêntica à do produto da marca do antigo monopolista. Assim como a teoria prevê, os preços dos medicamentos genéricos produzidos de maneira competitiva são bem mais baixos que o preço cobrado pelo monopolista.

O fim de uma patente, contudo, não faz com que o monopolista perca todo seu poder de mercado. Alguns consumidores continuam leais ao medicamento da marca, talvez por receio de que os genéricos não sejam iguais ao medicamento que utilizam há anos. Como resultado, o antigo monopolista pode cobrar um preço mais elevado do que seus novos concorrentes.

Por exemplo, a fluoxetina, antidepressivo usado por milhões de pessoas, era vendida originalmente sob a marca Prozac. Desde que a patente expirou, em 2001, os consumidores podem escolher entre o medicamento original e as versões genéricas. O Prozac hoje é vendido por um preço muito maior do que a fluoxetina genérica. Esse diferencial de preço continua porque alguns consumidores duvidam que o medicamento genérico seja um substituto perfeito. •

Teste rápido

3. Para uma empresa monopolista que maximiza o lucro e cobra um único preço, qual é a relação entre preço (P), receita marginal (RMg) e custo marginal (CMg)?
   a. $P = RMg$ e $RMg = CMg$
   b. $P > RMg$ e $RMg = CMg$
   c. $P = RMg$ e $RMg > CMg$
   d. $P > RMg$ e $RMg > CMg$

4. Se os custos fixos de um monopólio aumentarem, seu preço vai _____ e seu lucro vai _____.
   a. aumentar; diminuir
   b. diminuir; aumentar
   c. aumentar; permanecer igual
   d. permanecer igual; diminuir

As respostas estão no final do capítulo.

16-3 O custo de bem-estar dos monopólios

O monopólio é uma boa maneira de organizar um mercado? Diferentemente de uma empresa competitiva, um monopólio cobra um preço acima do custo marginal. Para os consumidores, esse preço elevado faz com que os monopólios sejam indesejáveis. Mas, para os proprietários da empresa, os preços altos geram mais lucro, tornando os monopólios extremamente atrativos. Será que os benefícios para os proprietários superam os custos impostos aos consumidores, tornando o monopólio desejável do ponto de vista da sociedade como um todo?

Podemos responder a essa pergunta usando as ferramentas da economia do bem-estar. Como vimos no Capítulo 7, o excedente total mede o bem-estar econômico de compradores e vendedores em um mercado, e é calculado como a soma dos excedentes do consumidor e do produtor. O excedente do consumidor é a disposição dos consumidores a pagar por um bem menos o valor que eles realmente pagam por ele. Já o excedente do produtor é o valor que os produtores recebem por um bem menos os custos de produção. Nesse caso, há um único produtor: o monopolista.

Você já deve ter imaginado o resultado da nossa análise. No Capítulo 7, concluímos que o equilíbrio entre oferta e demanda em um mercado competitivo não é só um resultado natural, também é desejável. A mão invisível do mercado promove uma alocação de recursos que torna o excedente total o maior possível. Como um monopólio gera uma alocação de recursos diferente daquela vista em um mercado competitivo, o resultado deve, de alguma forma, falhar na maximização do bem-estar econômico total. Vamos ver por que isso acontece.

16-3a O peso morto

Imagine o que uma empresa monopolista faria se fosse administrada por um comitê de planejadores sociais benevolentes, um grupo apresentado no Capítulo 7. Os planejadores não se importam apenas com o lucro dos proprietários da empresa, mas também com os benefícios recebidos pelos consumidores. Eles querem maximizar o excedente total, que é igual à soma dos excedentes do produtor (lucro) e do consumidor. Lembre-se que o excedente total corresponde ao valor do bem para os consumidores menos os custos de fabricação do bem pelo produtor monopolista.

A Figura 16-7 analisa como os planejadores definiriam o nível de produção do monopolista. A curva de demanda reflete o valor do bem para os consumidores, medido por sua disposição de pagar por ele, enquanto a curva de custo marginal reflete os custos para o monopolista. **A quantidade socialmente eficiente se encontra no ponto em que as curvas de demanda e de custo marginal se cruzam.** Abaixo dessa quantidade, o valor de uma unidade extra para os consumidores excede o custo marginal de ofertá-la, de modo que aumentar a produção aumentaria o excedente total. Acima dessa quantidade, o custo de produzir uma unidade extra excede o valor daquela unidade para os consumidores, de modo que diminuir a produção elevaria o excedente total. Na quantidade ótima, o valor de uma unidade extra para os consumidores é exatamente igual ao custo marginal da produção.

Se o planejador social estivesse administrando o monopólio, a empresa poderia atingir esse resultado eficiente cobrando o preço encontrado na intersecção das curvas de demanda e de custo marginal. Assim, tal como uma empresa competitiva e não como uma monopolista maximizadora de lucro, o planejador social cobraria um preço igual ao custo marginal. Como esse preço daria aos consumidores um sinal correto sobre o custo de produção do bem, eles comprariam a quantidade eficiente.

Podemos avaliar os efeitos de bem-estar do monopólio comparando o nível de produção que o monopolista escolhe com o nível de produção que um planejador social escolheria. Como vimos, o monopolista decide produzir e vender a quantidade em que as curvas de receita marginal e de custo marginal se cruzam; o planejador social escolheria a quantidade em que as curvas de demanda e de custo marginal se cruzam. A Figura 16-8 mostra

Figura 16-7

O nível eficiente de produção

Um planejador social que desejasse maximizar o excedente total do mercado escolheria o nível de produção em que as curvas de demanda e de custo marginal se cruzam. Abaixo desse nível, o valor do bem para o comprador marginal (como refletido na curva de demanda) excede o custo marginal de produção do bem. Acima desse nível, o valor para o comprador marginal é menor que o custo marginal.

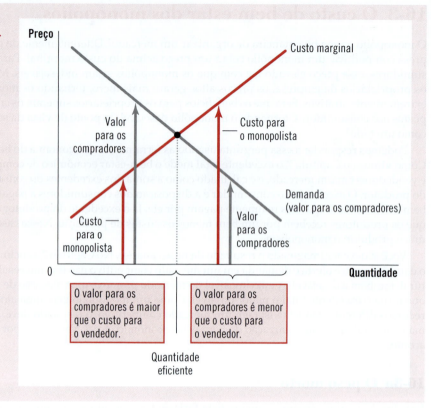

uma comparação entre as duas situações. **O monopolista produz menos que a quantidade de produto socialmente eficiente.**

Também podemos enxergar a ineficiência do monopólio em termos do preço do monopolista. Como a curva de demanda do mercado descreve uma relação negativa entre o preço e a quantidade do bem, a produção de uma quantidade que seja ineficientemente baixa equivale à cobrança de um preço ineficientemente alto. Quando um monopolista cobra um preço superior ao custo marginal, alguns consumidores em potencial atribuem ao bem um valor superior ao custo marginal, mas inferior ao preço do monopolista, e acabam por não comprar o bem. Uma vez que o valor que eles atribuem ao bem é maior que o custo de fornecê-lo, esse resultado é ineficiente. A formação de preços no monopólio impede que ocorram algumas transações mutuamente benéficas.

A ineficiência do monopólio pode ser medida com um triângulo que representa o peso morto, como mostra a Figura 16-8. Considerando que a curva da demanda reflete o valor para os consumidores e que a curva de custo marginal reflete o custo para o monopolista, a área do triângulo que representa o peso morto entre a curva de demanda e a de custo marginal se iguala à perda do excedente total, em razão da precificação do monopólio. O poder do mercado monopolista provoca a diminuição do bem-estar econômico.

O peso morto causado pelo monopólio é semelhante àquele causado por um imposto. De certa forma, o monopolista se assemelha a um coletor privado de impostos. Como vimos no Capítulo 8, um imposto sobre um bem cria uma distância entre a disposição para pagar dos consumidores (refletida pela curva de demanda) e os custos dos produtores (refletidos pela curva de oferta). Como um monopólio exerce seu poder de mercado cobrando um preço superior ao custo marginal, ele cria uma distância semelhante. Nos dois casos, a distância torna a quantidade vendida inferior ao ótimo social. A diferença entre os

Figura 16-8

A ineficiência do monopólio

Como um monopólio cobra um preço superior ao custo marginal, nem todos os consumidores que atribuem ao bem valor superior ao custo o compram. Assim, a quantidade produzida e vendida por um monopolista é inferior ao nível socialmente eficiente. O peso morto é representado pela área do triângulo entre a curva de demanda (que reflete o valor do bem aos consumidores) e a curva de custo marginal (que reflete os custos para o produtor monopolista).

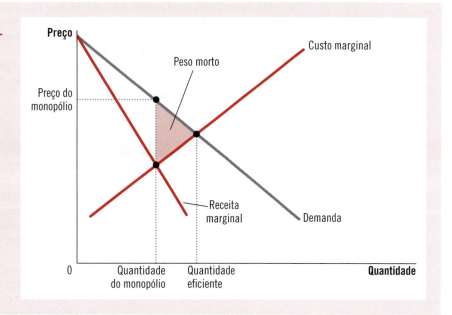

dois casos é que um imposto gera receita para o governo, enquanto o preço de um monopólio gera lucro para a empresa.

16-3b O lucro do monopólio: um custo social?

É tentador censurar os monopólios por eles "explorarem" o público. De fato, os monopólios obtêm altos lucros em razão do seu poder de mercado. Mas, segundo a análise econômica do monopólio, o lucro da empresa não é por si só necessariamente um problema para a sociedade.

O bem-estar em um mercado monopolizado, como em qualquer outro mercado, inclui tanto o bem-estar dos consumidores quanto o dos produtores. Quando um consumidor paga um dólar a mais a um produtor por causa de um preço monopolista, sua situação piora em um dólar e a do produtor melhora no mesmo montante. Como o excedente total é a soma dos excedentes do consumidor e do produtor, essa transferência dos consumidores para os proprietários do monopólio não afeta o excedente total do mercado. Em outras palavras, o lucro monopolista por si só não representa uma redução do tamanho do bolo econômico; representa apenas uma fatia maior para os produtores e uma fatia menor para os consumidores. A menos que os consumidores sejam, por algum motivo, mais merecedores que os produtores – um julgamento normativo sobre igualdade que está além do domínio da eficiência econômica –, o lucro do monopólio não é um problema social.

O problema, em vez disso, é que o monopólio produz e vende uma quantidade inferior ao nível que maximiza o excedente total. O peso morto mede quanto o bolo econômico se reduziu como resultado disso. Essa ineficiência está ligada ao preço elevado do monopólio: consumidores compram menos unidades quando a empresa eleva o preço para além do custo marginal. Mas não se esqueça de que o lucro obtido sobre as unidades que continuarão a ser vendidas não é o problema; este, na verdade, decorre da ineficiência de produzir (e vender) menos unidades do produto. Em outras palavras, se o preço elevado do monopólio não desencorajasse a compra do bem por alguns consumidores, elevaria o excedente do produtor exatamente no mesmo montante em que reduziria o excedente do consumidor, deixando o excedente total no mesmo nível que poderia ser atingido por um planejador social.

Há, no entanto, uma possível exceção a essa conclusão. Suponhamos que uma empresa monopolista tenha de incorrer em custos adicionais para manter sua posição de um único produtor do mercado. Por exemplo, uma empresa monopolista criada pelo governo pode ter de contratar lobistas para convencer os legisladores a manter o monopólio. Nesse caso, ela pode usar parte de seus lucros monopolistas para pagar esses custos adicionais. Sendo assim, a perda social do monopólio incluirá tanto esses custos quanto o peso morto resultante de um preço superior ao custo marginal.

Teste rápido

5. Em comparação com o ótimo social, uma empresa monopolista escolhe
   a. uma quantidade muito baixa e um preço muito alto.
   b. uma quantidade muito alta e um preço muito baixo.
   c. uma quantidade e um preço muito altos.
   d. uma quantidade e um preço muito baixos.

6. O peso morto de um monopólio surge porque
   a. o monopólio obtém um lucro maior do que uma empresa competitiva obteria.
   b. alguns potenciais consumidores que abrem mão de comprar o bem o valorizam mais do que seu custo marginal.
   c. os consumidores que compram o bem precisam pagar mais que o custo marginal, reduzindo seu excedente do consumidor.
   d. o monopólio escolhe uma quantidade que não iguala preço e receita média.

As respostas estão no final do capítulo.

16-4 Discriminação de preços

Até aqui, pressupomos que a empresa monopolista cobra o mesmo de todos os clientes. No entanto, em muitos casos as empresas tentam vender o mesmo bem a diferentes clientes por preços diferentes, muito embora os custos de produção do bem para esses clientes sejam os mesmos. Essa prática é chamada **discriminação de preços**. (Especialistas em marketing às vezes chamam essa prática de **customização de preços** – talvez porque a palavra "discriminação" soe negativa. Este livro usa o nome padrão.)

discriminação de preços
a prática comercial de vender o mesmo bem por diferentes preços a diferentes clientes

Antes de discutirmos o comportamento de uma empresa monopolista que discrimina preços, devemos observar que essa discriminação não é possível quando um bem é vendido em um mercado competitivo, no qual muitas empresas vendem o mesmo bem ao preço de mercado. Nenhuma empresa está disposta a cobrar um preço menor de qualquer cliente, porque ela pode vender quanto quiser ao preço de mercado. E se alguma empresa tentar cobrar mais de um cliente, este irá comprar de outra empresa. Para que uma empresa possa fazer discriminação de preços, ela precisa ter algum poder de mercado.

16-4a Uma parábola sobre a precificação

Para entender por que um monopolista discriminaria preços, vamos considerar um exemplo. Imagine que você seja o presidente de uma editora, a Readalot Publishing Company, e que a autora de maior sucesso da editora acabou de escrever um novo romance. Para simplificar, imagine que você pague à autora $ 2 milhões pelo direito de publicação do livro e que o custo de impressão do livro seja zero. O lucro da Readalot, portanto, será a receita que você obtiver com a venda do livro menos os $ 2 milhões pagos à autora. Dadas essas condições, como você, presidente da editora, decidiria o preço a ser cobrado pelo livro?

O primeiro passo é estimar qual será a provável demanda pelo livro. O departamento de marketing da editora lhe diz que o livro atrairá dois tipos de leitores: os 100 mil fãs incondicionais da autora, que estarão dispostos a pagar até $ 30 pelo livro, e 400 mil leitores menos entusiasmados que pagarão até $ 5 por ele.

Se a Readalot estabelecer um preço único para todos os clientes, que preço maximizará o lucro da editora? Há dois preços a serem considerados: $ 30 é o máximo que a editora pode cobrar e, assim, atrair os 100 mil fãs incondicionais e $ 5 é o preço mais alto que atrairá todo o mercado de 500 mil potenciais leitores. Resolver esse problema é uma simples questão de aritmética. Ao preço de $ 30, a empresa venderá 100 mil exemplares do livro, a receita será de $ 3 milhões, e o lucro, de $ 1 milhão. Ao preço de $ 5, venderá 500 mil cópias, a receita será de $ 2,5 milhões, e o lucro, de $ 500 mil. A estratégia de maximização do lucro é cobrar $ 30 e dizer adeus aos 400 mil leitores menos entusiasmados.

Observe que a decisão da editora gera um peso morto. Há 400 mil leitores dispostos a pagar $ 5 pelo livro, e o custo marginal para atendê-los é zero. A sociedade perde $ 2 milhões de excedente total quando a editora cobra o preço mais elevado. Esse peso morto é a habitual ineficiência que surge sempre que um monopolista cobra um preço superior ao custo marginal.

Agora, suponha que o departamento de marketing da Readalot faça uma descoberta: o Oceano Pacífico separa esses dois grupos de leitores. Os fãs incondicionais vivem na Austrália, e os leitores menos entusiasmados, nos Estados Unidos, e os leitores de um país não conseguem comprar livros no outro com facilidade.

A editora rapidamente muda sua estratégia de marketing. Ela passa a cobrar $ 30 pelo livro dos 100 mil leitores australianos, enquanto cobra apenas $ 5 dos 400 mil leitores estadunidenses. Agora, a receita é de $ 3 milhões na Austrália e $ 2 milhões nos Estados Unidos, totalizando $ 5 milhões. O lucro será, então, de $ 3 milhões, que é substancialmente maior que o $ 1 milhão que a empresa poderia ganhar cobrando o mesmo preço de $ 30 de todos os clientes. Como presidente da empresa, você adota a estratégia de discriminação de preços.

Essa história é hipotética, mas descreve com precisão as práticas comerciais de muitas empresas. Considere a diferença de preços entre os livros brochura, capa dura e *e-books*. Quando uma editora tem um novo romance, a princípio lança uma edição cara, de capa dura, e um *e-book*, normalmente mais barato. Para leitores que preferem a versão impressa mas não querem pagar o preço alto de um livro de capa dura, depois de um tempo ela lança uma edição mais barata em brochura. As diferenças de preço entre essas várias edições superam em muito as diferenças nos custos de produção marginais. A editora está praticando discriminação de preços ao vender a edição de capa dura aos fãs incondicionais, o *e-book* àqueles que preferem o custo mais baixo e não se importam em ler em um dispositivo digital e a versão em brochura a leitores que preferem ter o livro impresso e são sensíveis ao preço, maximizando, assim, seus lucros.

16-4b A moral da história

Como qualquer parábola, a história da editora Readalot foi estilizada. Ainda assim, contém algumas verdades importantes. Nesse caso, há três lições sobre a discriminação de preços.

A primeira é que a discriminação de preços é uma estratégia racional para um monopolista maximizador de lucro. Ao cobrar diferentes preços de diferentes clientes, um monopolista pode aumentar seu lucro. Essencialmente, um monopolista discriminador de preços cobra de cada cliente um preço mais próximo da disposição que ele tem para pagar do que seria possível com um preço único.

A segunda lição é que a discriminação de preços exige a separação dos compradores segundo sua disposição para pagar. Na história da editora, os clientes estavam separados geograficamente, mas, às vezes, os monopolistas podem usar outras diferenças, como idade ou renda, para fazer a distinção entre os clientes.

Um corolário dessa segunda lição é que certas forças do mercado podem impedir as empresas de praticarem discriminação de preços. Uma dessas forças é a **arbitragem**, ou seja, o processo de comprar um bem em um mercado a um preço baixo e vendê-lo em outro mercado a um preço mais elevado, para obter lucro com a diferença entre os preços. Suponha que, em nosso exemplo, as livrarias da Austrália pudessem comprar o livro nos Estados Unidos e revendê-lo aos leitores australianos. Essa arbitragem impediria que a editora praticasse discriminação de preços, porque australiano algum compraria o livro ao preço mais elevado.

A terceira lição pode ser a mais surpreendente: a discriminação de preço pode elevar o bem-estar econômico, medido pelo excedente total. Lembre-se de que surge um peso morto quando a Readalot decide praticar um preço único de $ 30, já que os 400 mil leitores menos entusiasmados acabam não comprando o livro, muito embora lhe atribuam um valor superior ao custo marginal de produção. Em contrapartida, quando a editora pratica discriminação de preços, todos os leitores acabam por comprar o livro e o resultado é eficiente. Assim, a discriminação de preços pode eliminar a ineficiência inerente à determinação monopolista de preços.

Observe que, neste exemplo, o aumento do bem-estar decorrente da discriminação de preço aparece como um maior excedente do produtor, e não como um maior excedente do consumidor. Em nosso exemplo, os consumidores não ficam em melhor situação por terem comprado o livro: o preço que pagaram é exatamente igual ao valor que atribuem ao livro, de modo que eles não obtêm nenhum excedente do consumidor. Todo o aumento do excedente total decorrente da discriminação de preço é recebido pela Readalot sob a forma de lucro maior.

16-4c A análise da discriminação de preços

Vamos considerar um pouco mais formalmente como a discriminação de preços afeta o bem-estar. Começaremos admitindo que o monopolista possa praticar discriminação de preços com perfeição. A **discriminação de preços perfeita** descreve uma situação em que o monopolista conhece exatamente a disposição para pagar de cada cliente e pode cobrar de cada comprador um preço diferente. Nesse caso, o monopolista cobra de cada cliente exatamente a disposição que ele tem para pagar e obtém o excedente total em cada transação.

A Figura 16-9 ilustra os excedentes do produtor e do consumidor com e sem discriminação de preços. Para simplificar, essa figura é feita supondo custos constantes por unidade, isto é, o custo marginal e o custo total médio são constantes e iguais. Sem discriminação

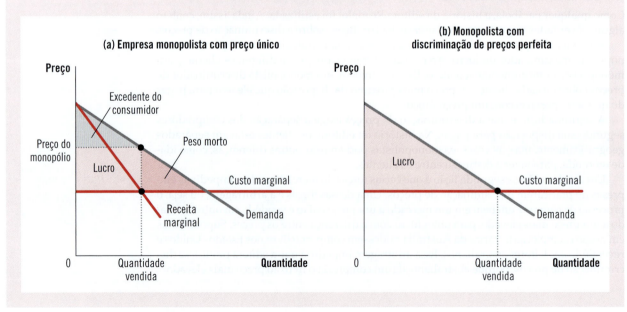

Figura 16-9

Bem-estar com e sem a discriminação de preços

O painel (a) mostra um monopolista que cobra o mesmo preço de todos os clientes. O excedente total nesse mercado é igual à soma do lucro (excedente do produtor) e do excedente do consumidor. O painel (b) mostra um monopolista que pode praticar discriminação de preços perfeitamente. Como o excedente do consumidor é igual a zero, o excedente total agora é igual ao lucro da empresa. Comparando estes dois painéis, podemos notar que a discriminação de preços perfeita aumenta o lucro e o excedente total e reduz o excedente do consumidor.

de preços, a empresa cobra um único preço, superior ao custo marginal, como mostra o painel (a). Uma vez que alguns compradores em potencial que atribuem ao bem valor superior ao custo marginal não o compram por causa do alto preço cobrado, o monopólio causa um peso morto. Mas quando uma empresa pode discriminar preços perfeitamente, como no painel (b), todos os clientes que atribuem ao bem um valor superior ao custo marginal o compram e pagam por ele um preço igual à sua disposição para pagar. Todas as transações mutuamente benéficas se realizam, não há peso morto e a totalidade do excedente formado pelo mercado vai para o produtor monopolista sob a forma de lucro.

É claro que, na realidade, a discriminação de preços não é perfeita. Os clientes não entram nas lojas com tabuletas anunciando sua disposição para pagar. Em vez disso, as empresas praticam discriminação de preços dividindo as pessoas em grupos: jovens e velhos, os que compram durante a semana e os que compram em finais de semana, estadunidenses e australianos, leitores de livros impressos ou *e-books*, e assim por diante. Ao contrário do que ocorreu em nossa parábola da Readalot, os clientes incluídos em cada grupo vão diferir entre si na sua disposição para pagar pelo produto, de modo que a discriminação de preços perfeita é, na verdade, impossível.

Como essa discriminação de preços imperfeita afeta o bem-estar, medido pelo excedente total? A análise desses esquemas de determinação de preços é bastante complicada, e o fato é que não há uma resposta geral para essa pergunta. Comparada ao resultado do monopólio com preço único, a discriminação de preços imperfeita pode aumentar, reduzir ou deixar inalterado o excedente total de um mercado. A única conclusão certa é que a discriminação de preço aumenta o lucro do monopolista – caso contrário, a empresa optaria por cobrar o mesmo preço de todos os clientes.

16-4d Exemplos de discriminação de preços

As empresas na economia usam diversas estratégias comerciais para cobrar preços diferentes de clientes diferentes. Veja alguns exemplos.

Ingressos de cinema Muitos cinemas cobram preços mais baixos pelos ingressos de crianças e idosos que dos demais frequentadores. Isso seria difícil de explicar em um mercado competitivo, em que o preço é igual ao custo marginal, porque o custo marginal de oferecer um assento é o mesmo qualquer que seja a pessoa. Mas esse fato poderá ser facilmente explicado se os cinemas tiverem algum poder de monopólio local e se crianças e idosos tiverem uma menor disposição para pagar por um ingresso. Nesse caso, os cinemas aumentam seus lucros por meio da discriminação de preços.

Passagens aéreas Os assentos em aviões são vendidos a muitos preços diferentes. A maioria das companhias aéreas cobra um preço menor por uma passagem de ida e volta entre duas cidades se o viajante passar a noite de sábado na cidade de destino. Isso, à primeira vista, parece estranho. Que diferença pode fazer para a companhia aérea o fato de um passageiro pernoitar no sábado na cidade de destino? O motivo é que essa regra é uma maneira de separar os que viajam a negócios dos demais. Passageiros em viagens de negócios têm alta disposição para pagar e provavelmente não vão querer passar a noite de sábado na cidade de destino porque reuniões de negócios raramente são feitas nos fins de semana. No entanto, passageiros de férias ou que estão visitando amigos e familiares têm uma menor disposição para pagar e maior probabilidade de querer passar o fim de semana em seu destino. Para as companhias aéreas, cobrar preços mais baixos de passageiros que passam a noite de sábado em seus destinos é uma estratégia de discriminação de preços de sucesso.

Cupons de desconto Muitas empresas oferecem cupons de desconto *online* e em jornais e revistas. Alguns vendedores oferecem descontos em compras *online* em datas comemorativas que são tão frequentes que já não são mais tão especiais. Para ter o desconto, basta que o comprador insira o cupom ou compre no dia certo. Por que as empresas fazem isso? Por que simplesmente não reduzem o preço do produto?

A resposta é que essas estratégias permitem que as empresas façam discriminação de preços. Elas sabem que nem todos os clientes estão dispostos a gastar

"Você se incomodaria se soubesse que paguei muito barato nesse voo?"

seu tempo recortando cupons ou procurando ofertas *online*. Além disso, a disposição para buscar ofertas está relacionada à disposição do consumidor de pagar pelo bem. Executivos ricos e ocupados são menos propensos a perder tempo fazendo isso e provavelmente estão dispostos a pagar um preço mais elevado por muitos bens. Alguém que esteja desempregado está mais disposto a pesquisar ofertas e menos disposto a pagar. Ao cobrar um preço menor apenas dos clientes dispostos a gastar tempo em busca de descontos, as empresas praticam a discriminação de preços com sucesso.

Auxílio financeiro Muitas faculdades e universidades concedem auxílio financeiro com base na renda familiar. Essa política pode ser vista como uma espécie de discriminação de preços. Estudantes de famílias ricas têm mais recursos financeiros e, portanto, maior disposição para pagar que os estudantes de famílias de baixa renda. Cobrando anuidades elevadas e oferecendo ajuda financeira de maneira seletiva, as escolas cobram dos alunos preços com base no valor que eles atribuem ao estudo. Esse comportamento é semelhante ao de qualquer monopolista que pratica discriminação de preços.

Descontos por quantidade Até aqui, nesses exemplos de discriminação de preços, o monopolista cobra diferentes preços de clientes diferentes. Em alguns casos, porém, os monopolistas praticam discriminação de preços cobrando diferentes preços do mesmo cliente por diferentes unidades que o cliente compra. Por exemplo, muitas empresas oferecem preços menores a clientes que compram grandes quantidades. Uma padaria poderia cobrar $ 0,50 por uma rosquinha e $ 5 por uma dúzia delas. Isso é uma forma de discriminação de preços, porque o cliente paga um preço maior pela primeira unidade comprada do que pela décima segunda. Os descontos por quantidade são, em muitos casos, uma forma bem-sucedida de discriminação de preços, porque a disposição de um cliente para pagar por uma unidade adicional diminui à medida que ele compra mais unidades.

Teste rápido

7. A discriminação de preços por parte de uma empresa monopolista refere-se à cobrança de preços diferentes com base
   a. na disposição do consumidor para pagar.
   b. no grupo racial ou étnico do consumidor.
   c. no custo de produção do bem para um determinado consumidor.
   d. no fato de o consumidor ter a possibilidade de se tornar um comprador recorrente.

8. Quando um monopolista passa da cobrança de um preço único para a prática da discriminação de preços perfeita, ele reduz
   a. a quantidade produzida.
   b. o lucro da empresa.
   c. o excedente do consumidor.
   d. o excedente total.

As respostas estão no final do capítulo.

16-5 Políticas públicas em relação aos monopólios

Ao contrário dos mercados competitivos, os monopólios não conseguem alocar os recursos de maneira eficiente. Eles produzem menos que a quantidade de produto socialmente desejável e, com isso, cobram preços superiores ao custo marginal. Os formuladores de políticas do governo podem reagir ao problema dos monopólios de várias maneiras:

- Tentando tornar as indústrias monopolizadas mais competitivas
- Regulamentando o comportamento dos monopólios
- Transformando alguns monopólios privados em empresas públicas
- Não fazendo nada

16-5a Aumentando a concorrência com leis antitruste

Se a Coca-Cola e a PepsiCo quisessem se fundir, a transação seria minuciosamente analisada pelo governo federal antes de ser realizada. Os advogados e economistas do Departamento de Justiça poderiam concluir que a fusão dessas duas grandes empresas de bebidas tornaria o mercado de refrigerantes substancialmente menos competitivo e, consequentemente, reduziria o bem-estar do país como um todo. Nesse caso, o Departamento de Justiça contestaria a fusão em juízo, e, se o juiz concordasse com as alegações, as duas empresas seriam impedidas de se fundir. Tradicionalmente, os tribunais são bastante cautelosos em relação a **fusões horizontais**, aquelas entre empresas do mesmo mercado, como Coca-Cola e PepsiCo. É menos provável que eles bloqueiem **fusões verticais**, que são operações entre empresas que atuam em diferentes fases do processo produtivo, como uma fusão entre uma empresa de pneus e uma montadora de automóveis. Em outras palavras, se uma empresa quiser se fundir com uma concorrente, enfrentará um escrutínio mais rigoroso do que se quiser se fundir com um de seus fornecedores ou clientes.

"Se nos fundirmos com a Amalgamated, teremos recursos suficientes para combater a acusação de violação das leis antitruste causada pela fusão."

O governo obtém esse poder sobre o setor privado graças à **legislação antitruste**, regulamentações focadas em limitar o poder dos monopólios. Nos Estados Unidos, a primeira e mais importante lei do gênero foi a Sherman Antitrust Act, aprovada em 1890 para reduzir o poder de mercado dos "trustes",* os monopólios dominantes daquela época. A Clayton Antitrust Act, aprovada em 1914, reforçou os poderes do governo e autorizou processos judiciais privados. Como estabeleceu a Suprema Corte dos Estados Unidos em uma ocasião, as leis antitruste são "uma carta abrangente de liberdade econômica que tem por objetivo preservar a competição livre e irrestrita como regra de comércio".

A legislação antitruste proporciona ao governo ferramentas para promover a competição. Ela não apenas permite que o governo impeça fusões e às vezes divida grandes empresas. A legislação antitruste também impede que as empresas coordenem suas atividades para reduzir a concorrência.

Medidas para impedir fusões e desmembrar empresas podem ter custos e benefícios. Às vezes, as empresas se combinam para reduzir custos através de uma produção conjunta mais eficiente. Essas vantagens são chamadas de **sinergias**. Por exemplo, muitos bancos estadunidenses se fundiram nos últimos anos para reduzir os gastos administrativos. O setor aéreo passou por uma consolidação parecida. Se a legislação tem por objetivo aumentar o bem-estar social, o governo deve ser capaz de determinar quais fusões são desejáveis e quais não são. Ou seja, deve medir e comparar o benefício social das sinergias com o custo social da redução da concorrência. Ainda existe um debate sobre a possibilidade de o governo fazer a análise de custo-benefício necessária com precisão suficiente. No fim das contas, a aplicação das leis antitruste costuma ser controversa, mesmo entre especialistas.

16-5b Regulamentação

Outra maneira de o governo lidar com o problema do monopólio é pela regulamentação do comportamento dos monopolistas. Essa solução é comum para monopólios naturais, como os das empresas de água e de energia elétrica, cujos preços normalmente são regulados pelo governo.

Que preço o governo deve estabelecer para um monopólio natural? Essa pergunta não é tão simples quanto pode parecer à primeira vista. É possível concluir que o preço deve ser igual ao custo marginal do monopolista. Se o preço for igual ao custo marginal, os clientes comprarão a quantidade que maximiza o excedente total, e a alocação de recursos será eficiente.

Entretanto, dois problemas práticos derivam da determinação do preço pelo custo marginal como sistema regulatório. O primeiro surge com a lógica inexorável das curvas de custos. Por definição, os monopólios naturais apresentam custo total médio decrescente. Como vimos em um capítulo anterior, quando o custo total médio é decrescente, o custo marginal é menor que o custo total médio. Essa situação está ilustrada na Figura 16-10, que

---

*N. de R.T. "Truste" é um termo utilizado para descrever uma concentração de empresas em que várias delas se unem sob uma única gestão com o objetivo de controlar o mercado e limitar a concorrência.

PERGUNTE A QUEM SABE

Fusões e concorrência

"Se as agências reguladoras não tivessem aprovado as fusões entre as principais companhias aéreas interligadas na última década, os viajantes estariam em melhor situação hoje."

O que dizem os economistas?

- 26% discordam
- 29% concordam
- 45% não têm certeza

"Os estadunidenses pagam caro demais por serviços de banda larga, TV por assinatura e telecomunicações, em parte porque não existe uma concorrência adequada."

O que dizem os economistas?

- 2% discordam
- 7% não têm certeza
- 91% concordam

Fonte: IGM Economic Experts Panel, 28 de agosto de 2013, 20 de julho de 2021.

---

apresenta uma empresa com custo fixo alto seguido de custo médio marginal constante. Se o governo estabelecer um preço igual ao custo marginal, este será menor que o custo total da empresa, que então perderá dinheiro. Desse modo, em vez de cobrar um preço tão baixo, a empresa simplesmente abandonará o mercado.

Os reguladores podem responder a esse problema de diversas maneiras, mas nenhuma é perfeita. Uma maneira seria subsidiar o monopolista. Na verdade, o governo arcaria com as perdas inerentes à determinação do preço pelo custo marginal. Mas, para pagar pelo subsídio, o governo precisaria arrecadar dinheiro por meio dos impostos, que têm seu próprio peso morto. Alternativamente, o governo poderia permitir que o monopolista cobrasse um preço superior ao custo marginal. Se o preço regulamentado for igual ao custo total médio, o monopolista terá lucro econômico igual a zero. No entanto, a determinação do preço gera peso morto, porque o preço do monopolista deixa de refletir o custo marginal da produção do bem. Essencialmente, a determinação do preço pelo custo médio é como um imposto sobre o bem que o monopolista está vendendo.

O segundo problema da precificação pelo custo marginal como um sistema de regulamentação (e também da determinação do preço pelo custo médio) é que isso não dá ao monopolista nenhum incentivo para reduzir os custos. Cada empresa de um mercado competitivo tenta reduzir seus custos, porque menores custos significam maiores lucros. Mas um monopolista regulamentado sabe que quem faz a regulamentação reduzirá os preços sempre que os custos caírem e que ele não se beneficiará dos custos menores. Na prática, os responsáveis pela regulamentação lidam com esse problema permitindo que os monopolistas fiquem com parte dos benefícios dos menores custos sob a forma de um lucro mais elevado, uma prática que exige desviar-se um pouco da determinação do preço pelo custo marginal.

Figura 16-10

Precificação pelo custo marginal para um monopólio natural

Como um monopólio natural tem custo total médio decrescente, o custo marginal é inferior ao custo total médio. Assim, se os regulamentadores exigem que um monopólio natural cobre um preço igual ao custo marginal, o preço será inferior ao custo total médio e o monopólio perderá dinheiro.

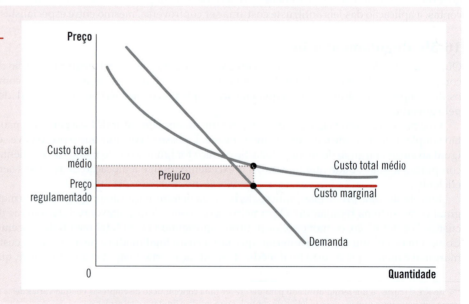

16-5c Propriedade pública

A terceira política para lidar com um monopólio é a propriedade pública. Ou seja, em vez de regulamentar um monopólio natural administrado por uma empresa privada, o próprio governo pode administrar o monopólio. Essa solução é comum em países europeus, onde o governo detém e opera concessionárias de telefonia, água e eletricidade, por exemplo. Também é bastante comum nos Estados Unidos. O governo administra o Serviço Postal, frequentemente considerado um monopólio natural. Além disso, existem diversas concessionárias públicas de água e energia em todo o país.

Embora a propriedade pública dos monopólios naturais tenha apoio popular frequente, muitos economistas preferem a propriedade privada. A principal questão é como a propriedade afeta os custos de produção. Proprietários privados têm um incentivo para minimizar os custos, desde que colham parte dos benefícios sob a forma de um lucro mais elevado. Se os administradores não conseguirem manter os custos baixos, os proprietários da empresa os demitirão. Mas, se os funcionários públicos trabalharem mal, os prejudicados serão os consumidores e contribuintes, cujo único recurso é o sistema político. Funcionários públicos podem se tornar um grupo de interesse especial e tentar modificar o sistema político em benefício próprio. Em termos mais simples, como uma maneira de garantir que as empresas sejam administradas com eficiência, a cabine de votação é menos confiável do que a motivação do lucro.

16-5d Antes de tudo, não causar dano

Cada uma das políticas anteriores destinadas a reduzir o problema do monopólio tem suas desvantagens. Como resultado, alguns economistas argumentam que o governo deve ter cuidado para não piorar as coisas ao lidar com o preço monopolista. Essa é a avaliação do economista George Stigler, vencedor do Prêmio Nobel por seu trabalho na área da organização industrial:

> Um famoso teorema em economia afirma que uma economia com empresas competitivas produzirá a maior renda possível a partir de um determinado estoque de recursos. Nenhuma economia real atende exatamente às condições do teorema e todas as economias reais ficam aquém da economia ideal – uma diferença chamada "falha do mercado". Entretanto, em minha opinião, o grau de "falha do mercado" da economia dos Estados Unidos é muito menor que o de "falha política" decorrente das imperfeições das políticas econômicas encontradas nos sistemas políticos reais.

Como essa citação sugere, o mundo político às vezes é menos perfeito do que um mercado altamente imperfeito. Um instituto da University of Chicago batizado em homenagem a Stigler continua analisando a difícil relação entre o poder dos monopólios e o sistema político. A melhor solução nem sempre é clara. Em alguns casos, mas nem todos, pode ser mais sensato não fazer nada.

Teste rápido

9. Reguladores antitruste provavelmente proibirão a fusão de duas empresas se
   a. houver muitas outras empresas no setor.
   b. a combinação trouxer sinergias consideráveis.
   c. a empresa combinada tiver uma participação de mercado grande.
   d. a empresa combinada minar a concorrência com preços mais baixos.

10. Se os reguladores impuserem um preço de custo marginal a um monopólio natural, um possível problema é que
    a. os consumidores comprarão mais do que a quantidade eficiente do bem.
    b. os consumidores comprarão menos do que a quantidade eficiente do bem.
    c. a empresa perderá dinheiro e deixará o mercado.
    d. a empresa terá lucros excessivos.

As respostas estão no final do capítulo.

É NOTÍCIA: O governo do Biden conseguirá ampliar o escopo da política antitruste?

Um debate permanente questiona se os reguladores antitruste devem ampliar seu foco, passando do simples impacto econômico de grandes empresas para levar em conta também o impacto político e cultural.

A nova missão da legislação antitruste: preservar a democracia, não a eficiência

Por Greg Ip

A proposta da Amazon.com de adquirir o estúdio cinematográfico MGM normalmente provocaria pouca preocupação entre os reguladores antitruste. A participação da MGM nas receitas de bilheteria é minúscula, e a presença da Amazon no setor de entretenimento é relativamente pequena.

Mas é claro que a Amazon faz muito mais do que filmes: trata-se da maior empresa de e-commerce e computação em nuvem do país, vendedora dominante de livros, filmes e música. O fundador e presidente executivo Jeff Bezos é dono do *Washington Post*. Como um todo, a Amazon e Bezos representam uma concentração significativa de influência econômica e cultural. Para uma nova geração de representantes de agências antitruste, essa é uma preocupação maior do que os benefícios de eficiência que podem ser trazidos por uma fusão.

"Há boas razões para questionar se permitir que a Amazon use de sua plataforma para integrar linhas de negócios confere ao grupo um poder econômico e político indevido", afirmou a então estudante de direito Lina Khan em um hoje famoso artigo para uma revista jurídica em 2017.

No mês passado, o presidente Joe Biden nomeou Lina Khan, de 32 anos, presidente da Federal Trade Commission (Comissão Federal de Comércio). Em uma audiência de confirmação em abril, ela destacou que o papel histórico do regulador antitruste era "proteger a economia e a democracia do poder monopolista desenfreado".

Lina Khan representa o movimento neobrandeisiano, batizado em homenagem a Louis Brandeis, advogado e juiz da Suprema Corte que defendia que a grandeza era ineficiente e antiética para a liberdade. "O tamanho, dizem, não é um crime. Mas o tamanho pode, no mínimo, se tornar nocivo por conta dos meios pelos quais foi alcançado ou dos usos que lhe são conferidos", escreveu ele em 1914.

Para Brandeis, a democracia incluía a liberdade de um trabalhador negociar com seu empregador, um fornecedor com um varejista, um fazendeiro com seu banco, e vice-versa, o que exigia uma pluralidade de participantes do mercado. "Ele temia que, à medida que as corporações se tornassem grandes e poderosas, elas adquiririam vida própria, ficando cada vez mais insensíveis aos desejos e temores da humanidade", explicou Tim Wu, professor da Universidade de Columbia, em um livro de 2018. Wu faz parte do National Economic Council (Conselho Econômico Nacional) de Biden.

Ao longo de décadas, foi assim que tribunais e reguladores interpretaram as leis antitruste, decidindo regularmente contra fusões e práticas empresariais como acordos de exclusividade entre fornecedores e consumidores.

Na década de 1970, essa abordagem foi atacada por conservadores liderados pelo falecido jurista Robert Bork, que atuou no governo de Richard Nixon. "O único objetivo legítimo da legislação antitruste estadunidense é a maximização do bem-estar do consumidor", escreveu ele em seu livro *The Antitrust Paradox*, de 1978. As empresas cresceram porque se tornaram mais eficientes, o que beneficiou os consumidores, apontou ele. Juízes e reguladores, sem sequer uma "compreensão rudimentar da economia de mercado", privaram os consumidores desses benefícios de eficiência quando bloquearam fusões em busca de um "saco de surpresas" de objetivos políticos e sociais.

O padrão de bem-estar do consumidor passou a reger as ações antitruste. Mas, na última década, o aumento da concentração econômica, as altas margens de lucro, a redução do número de novos negócios e o investimento fraco sugerem que o poder monopolista está crescendo outra vez.

Enquanto isso, a eleição de Biden coincidiu com uma onda de críticas aos princípios pró-mercado que dominaram a política econômica por décadas. Os progressistas culpam a obsessão pela eficiência pelo agravamento da desigualdade e das disparidades raciais. Os populistas conservadores culpam o livre-comércio pelo esvaziamento da manufatura.

"Antitrust's New Mission: Preserving Democracy, Not Efficiency", por Greg Ip, *WSJ*, 7 jul. 2021. Reproduzido com permissão da WSJ, Copyright © 2021 Dow Jones & Company, Inc. Todos os direitos reservados mundialmente.

16-6 Conclusão: a prevalência dos monopólios

Este capítulo abordou o comportamento de empresas que têm controle sobre os preços que cobram. Vimos que essas empresas se comportam muito diferentemente das empresas competitivas que estudamos no capítulo anterior. A Tabela 16-3 apresenta resumidamente algumas das semelhanças e diferenças entre os mercados competitivos e monopolistas.

Do ponto de vista da política pública, um resultado crucial é que os monopolistas produzem menos que a quantidade eficiente e cobram preços superiores ao custo marginal. Como resultado, um monopólio gera peso morto. Mas, em alguns casos, eles exigem que os formuladores de políticas adotem uma postura ativa.

As *big techs* são o marco zero para essas críticas. Hoje, uma ou duas empresas dominam o mercado de redes sociais, lojas de aplicativos para smartphones, pesquisas na internet, publicidade digital e comércio eletrônico. A julgar apenas pelo bem-estar dos consumidores, isso não parece representar um problema: seus produtos são baratos ou gratuitos e extremamente populares. Considerando as concentrações de poder, é uma situação problemática: o controle que essas empresas têm de plataformas essenciais deixa comerciantes individuais, desenvolvedores de aplicativos, provedores de conteúdo e usuários praticamente sem poder de negociação, já que têm tão poucas alternativas. As barreiras à entrada são elevadas e intransponíveis por potenciais concorrentes. Elas determinam o conteúdo artístico e político que bilhões de usuários compartilham e visualizam.

Antes de se tornar presidente da FTC, Khan havia defendido que operadoras de plataformas como a Amazon fossem proibidas de competir com usuários dessas plataformas, ou que fossem regulamentadas como concessionárias públicas. Ela proibiria fusões verticais – ou seja, entre dois componentes da mesma cadeia de abastecimento, por exemplo, um fornecedor de conteúdo como a MGM e um distribuidor como a Amazon – assim que a operadora da plataforma atingisse um porte dominante. Ela não comentou nada sobre a Amazon desde que assumiu o cargo. Porém, citando essas opiniões, a Amazon pediu que Khan se retirasse das investigações da FTC sobre a empresa.

Na opinião de Khan, o risco de uma estrutura empresarial possibilitar uma conduta anticompetitiva é mais importante do que as evidências desse comportamento, como preços mais elevados.

Lina Khan, presidente da FTC

Mas essa abordagem traz seus próprios riscos. A falta de evidências pode produzir casos fracos, que são derrotados na Justiça. Um juiz federal rejeitou uma ação movida pela FTC e pela maioria dos procuradores estaduais porque ela não conseguiu provar que o Facebook Inc. era um monopólio. Projetos de lei propostos pelos democratas na Câmara dos Estados Unidos reduziriam os padrões necessários para vencer nesses casos, mas o destino desses projetos ainda não é claro. Impedir que as companhias cresçam pode privar os consumidores de benefícios que só grandes empresas são capazes de oferecer. Milhões de pessoas confiaram nas capacidades da Amazon quando a pandemia as manteve fora das lojas.

E, enquanto os neobrandeisianos se preocupam com o abuso de poder corporativo, os seguidores de Bork se preocupam com o abuso das autoridades antitruste. Em 2018, o Departamento de Justiça tentou, sem sucesso, impedir a AT&T de adquirir a Time Warner Inc., em uma medida que muitos consideraram ser motivada pela animosidade pessoal do então presidente Donald Trump em relação à CNN, uma unidade da Time Warner.

Apesar de todas as falhas, decisões antitruste regidas pelos padrões de bem-estar do consumidor correm menos risco de politização do que as crenças sobre o que seria bom ou mau para a democracia. ■

Questões para discussão

1. Você acha que os formuladores de políticas deveriam se preocupar com outros tipos de impacto além do econômico de grandes empresas? Justifique sua resposta.

2. Na sua opinião, quais são os riscos da ampliação do escopo da legislação antitruste?

Fonte: *The Wall Street Journal*, 8 de julho de 2021.

Até que ponto os problemas do monopólio predominam?

Em certo sentido, os monopólios são comuns. A maioria das empresas tem algum controle sobre os preços que cobram. Elas não são obrigadas a cobrar o preço de mercado por seus produtos, porque estes não são exatamente idênticos aos ofertados por outras empresas. Um Tesla não é idêntico a um Mustang elétrico. O sorvete Ben & Jerry's não é idêntico ao da Kibon. Todos esses bens têm curvas de demanda com inclinação descendente, o que confere a cada produtor certo grau de poder de monopólio.

No entanto, empresas com poder de monopólio substancial são bastante raras. Poucos bens são realmente únicos. A maioria tem substitutos que, ainda que não sejam exatamente idênticos, são bastante similares. A Ben & Jerry's pode aumentar um pouco o

Tabela 16-3
Concorrência *versus* monopólio: uma comparação resumida

	Concorrência	Monopólio
Semelhanças		
Objetivo das empresas	Maximizar o lucro	Maximizar o lucro
Regra de maximização	$RMg = CMg$	$RMg = CMg$
Pode obter lucros econômicos no curto prazo?	Sim	Sim
Diferenças		
Número de empresas	Muitas	Uma
Receita marginal	$RMg = P$	$RMg < P$
Preço	$P = CMg$	$P > CMg$
Produz uma quantidade de produto que maximiza o bem-estar?	Sim	Não
Entrada no longo prazo?	Sim	Não
Pode obter lucro econômico no longo prazo?	Não	Sim
É possível praticar discriminação de preços?	Não	Sim

preço de seus sorvetes sem perder a totalidade de suas vendas, mas se o preço aumentar demais, as vendas cairão substancialmente, na medida em que seus clientes mudarem para outras marcas.

No fim, o poder de monopólio é uma questão de grau. É verdade que muitas empresas têm algum poder de monopólio. Ainda assim, para a maioria das empresas, seu poder de monopólio é limitado. Em muitas situações, não estaremos muito errados ao assumir que essas empresas operam em mercados competitivos, ainda que não seja exatamente esse o caso.

RESUMO DO CAPÍTULO

- Um monopolista é o único vendedor em seu mercado. Um monopólio surge quando uma única empresa detém um recurso-chave, quando o governo concede a uma empresa o direito exclusivo de produzir um bem ou quando uma só empresa pode suprir o mercado inteiro a um custo menor que o atingido por duas ou mais empresas.
- Como o monopolista é o único produtor em seu mercado, ele se defronta com uma curva de demanda de inclinação descendente para o seu produto. Quando um monopolista aumenta a produção em uma unidade, o preço do seu produto diminui, o que reduz o montante da receita obtida sobre todas as unidades produzidas e vendidas. Como resultado, a receita marginal é sempre inferior ao preço do bem.
- Da mesma forma que uma empresa competitiva, uma empresa monopolista maximiza seus lucros produzindo a quantidade em que a receita marginal é igual ao custo marginal. O monopólio então define o preço em que os consumidores demandam aquela quantidade. Diferentemente do que ocorre com uma empresa competitiva, o preço de um monopolista excede a sua receita marginal, de modo que o preço é maior que o custo marginal.
- O nível de produção que maximiza o lucro de um monopolista é inferior ao nível que maximiza a soma dos excedentes do consumidor e do produtor. Ou seja, quando o monopolista cobra um preço superior ao custo marginal, alguns clientes que atribuem ao bem valor superior ao custo de produção não o compram.

Como resultado, o monopólio provoca um peso morto similar àquele gerado pelos impostos.
- Os monopolistas costumam aumentar seus lucros cobrando preços diferentes pelo mesmo bem com base na disposição de pagar dos compradores. Essa prática de discriminação de preço pode aumentar o bem-estar econômico ao fazer que o bem chegue a alguns consumidores que, caso contrário, não o comprariam. No caso extremo da discriminação de preços perfeita, as perdas causadas pelo peso morto do monopólio são eliminadas e todo o excedente do mercado vai para o produtor desse monopólio. De maneira mais geral, quando a discriminação de preços é imperfeita, ela pode aumentar ou diminuir o bem-estar em comparação com o resultado quando o preço do monopolista é único.
- Os formuladores de políticas podem reagir à ineficiência do comportamento monopolista de várias maneiras: usar a legislação antitruste para tentar tornar a indústria mais competitiva; regulamentar os preços cobrados pelo monopólio; transformar o monopolista em uma empresa estatal; ou, se a falha de mercado for considerada pequena se comparada às imperfeições inevitáveis das políticas, podem não fazer nada.

CONCEITOS-CHAVE

monopólio, p. 312

monopólio natural, p. 314

discriminação de preços, p. 326

QUESTÕES DE REVISÃO

1. Dê um exemplo de monopólio criado pelo governo. A criação de tal monopólio é necessariamente uma má política pública? Explique.
2. Defina **monopólio natural**. O que o tamanho de um mercado tem a ver com o fato de uma indústria ser ou não um monopólio natural?
3. Por que a receita marginal de um monopolista é inferior ao preço do bem? A receita marginal pode ser negativa? Explique.
4. Represente graficamente as curvas de demanda, de receita marginal, de custo total médio e de custo marginal para um monopólio. Mostre o nível de produção que maximiza o lucro, o preço que maximiza o lucro e o montante do lucro.
5. No diagrama feito para a questão 4, mostre o nível de produção que maximiza o excedente total. Mostre o peso morto causado pelo monopólio. Explique sua resposta.
6. Dê dois exemplos de discriminação de preços. Em cada caso, explique por que o monopolista decidiu seguir essa estratégia de negócio.
7. O que confere ao governo poderes para regulamentar fusões entre empresas? Do ponto de vista do bem-estar da sociedade, por que uma fusão seria uma boa coisa? E por que seria ruim? Cite um motivo para cada cenário.
8. Descreva os dois problemas que podem surgir quando os responsáveis pela regulamentação ordenam a um monopólio natural que fixe um preço igual ao custo marginal.

PROBLEMAS E APLICAÇÕES

1. Uma editora tem a seguinte tabela de demanda para o próximo romance de um de seus autores mais populares:

Preço	Quantidade demandada
$ 100	0 romances
90	100.000
80	200.000
70	300.000
60	400.000
50	500.000
40	600.000
30	700.000
20	800.000
10	900.000
0	1.000.000

O autor recebe $ 2 milhões para escrever o livro e o custo marginal de publicação é uma constante de $ 10 por unidade.

a. Calcule a receita total, o custo total e o lucro para cada quantidade. Qual quantidade a editora escolheria para maximizar o lucro? Que valor ela cobraria?
b. Calcule a receita marginal. (Lembre-se de que $RMg = \Delta RT/\Delta Q$.) Qual é o comportamento da receita marginal em relação ao preço? Explique.
c. Represente graficamente as curvas de receita marginal, de custo marginal e de demanda. Em que quantidade as curvas de receita marginal e de custo marginal se cruzam? O que isso significa?
d. Em seu gráfico, sombreie a perda provocada pelo peso morto. Explique o que isso significa.
e. Se o autor recebesse $ 3 milhões, em vez de $ 2 milhões, para escrever o livro, como isso afetaria a decisão da editora sobre o preço a ser cobrado? Explique.
f. Suponha que a editora não se preocupe com a maximização de lucros, mas com a maximização da eficiência econômica. Que preço cobraria pelo livro? Qual o lucro obtido com esse preço?

2. Uma pequena cidade é atendida por diversos supermercados concorrentes, cada um com o mesmo custo marginal constante.
   a. Usando um gráfico do mercado de gêneros alimentícios, indique o excedente do consumidor, o do produtor e o excedente total.
   b. Suponha, agora, que os supermercados independentes se reúnam para formar uma rede. Usando um novo gráfico, indique o novo excedente do consumidor, do produtor e o excedente total. Em relação ao mercado competitivo, qual é a transferência dos consumidores para os produtores? Qual é o peso morto?

3. Taylor Swift acabou de gravar seu último álbum. A gravadora de Taylor concluiu que a demanda para o CD será a seguinte:

Preço	Número de CDs
$ 24	10.000
22	20.000
20	30.000
18	40.000
16	50.000
14	60.000

A empresa pode produzir o CD sem custo fixo e com um custo variável de $ 5 por CD.
   a. Encontre a receita total para as quantidades iguais a 10 mil, 20 mil e assim por diante. Qual é a receita marginal para cada aumento de 10 mil na quantidade vendida de CDs?
   b. Que quantidade de álbuns maximizaria o lucro? Qual seria o preço? Qual seria o lucro?
   c. Se você fosse o agente de Taylor, qual tarifa recomendaria que ela cobrasse da gravadora? Por quê?

4. Uma empresa está pensando em construir uma ponte sobre um rio. A construção custaria $ 2 milhões e a manutenção não custaria nada. A tabela a seguir mostra a demanda que a empresa prevê ao longo da vida útil da ponte.

Preço por viagem	Número de travessias (milhares)
$ 8	0
7	100
6	200
5	300
4	400
3	500
2	600
1	700
0	800

   a. Se a empresa construir a ponte, qual será o preço que maximizará o lucro? Esse seria o nível eficiente de produção? Por quê?
   b. Se a empresa estiver interessada em maximizar o lucro, deve construir a ponte? Qual seria seu lucro ou prejuízo?
   c. Se o governo construir a ponte, que preço deve cobrar?
   d. O governo deve construir a ponte? Explique.

5. Considere a relação entre o preço de monopólio e a elasticidade de preço da demanda:
   a. Explique por que uma empresa monopolista nunca produzirá uma quantidade em que a curva de demanda seja inelástica. (Dica: se a demanda é inelástica e a empresa aumenta o preço, o que acontece com a receita total e o custo total?)
   b. Faça um diagrama para um monopólio, identificando exatamente a área da curva de demanda que é inelástica. (Dica: a resposta está relacionada com a curva da receita marginal.)
   c. No diagrama, mostre a quantidade e o preço que maximizam a receita total.

6. Você mora em uma cidade com 300 adultos e 200 crianças e pensa em produzir uma peça de teatro para entreter seus vizinhos e ganhar algum dinheiro. A peça tem um custo fixo de $ 2 mil, mas vender um ingresso a mais tem custo marginal zero. Observe a tabela da demanda para os dois tipos de consumidores:

Preço	Adultos	Crianças
$ 10	0	0
9	100	0
8	200	0
7	300	0
6	300	0
5	300	100
4	300	200
3	300	200
2	300	200
1	300	200
0	300	200

a. Para maximizar os lucros, qual deveria ser o preço do ingresso para um adulto e para uma criança? Qual seria o lucro?
b. A prefeitura aprova uma lei que o proíbe de cobrar preços diferentes para consumidores diferentes. Que preço você estabeleceria? Qual seria o lucro?
c. Quem se prejudica com essa lei que proíbe discriminação de preços? Quem se beneficia? (Se puder, quantifique as mudanças no bem-estar.)
d. Se o custo fixo da peça fosse de $ 2.500, em vez de $ 2.000, qual seria a mudança nas respostas dos itens (a), (b) e (c)?

7. Todos os moradores da cidade de Ectenia amam economia e o prefeito propõe construir um museu de economia. O museu tem um custo fixo de $ 2.400.000 e não tem custos variáveis. Há 100 mil moradores na cidade e cada um tem a mesma demanda por visitas ao museu: $Q^D = 10 - P$, onde P é o preço da entrada.
   a. Represente graficamente a curva de custo total médio e a curva de custo marginal. Que tipo de mercado descreveria o museu?
   b. O prefeito propõe financiar o museu com um imposto fixo de $ 24 e, então, abrir o museu gratuitamente ao público. Quantas vezes cada pessoa o visitaria? Calcule o benefício que cada pessoa teria com o museu, medido pelo excedente do consumidor menos o novo imposto.
   c. O oponente anti-impostos do prefeito diz que o museu deve se financiar mediante a cobrança de uma taxa de entrada. Qual é o preço mais baixo que o museu pode cobrar sem incorrer em prejuízo? (Dica: encontre o número de visitas e os lucros do museu para preços de $ 2, $ 3, $ 4 e $ 5.)
   d. Para o preço de equilíbrio que você encontrou no item (c), calcule o excedente do consumidor de cada morador. Em comparação ao plano do prefeito, quem se beneficia mais com essa taxa de entrada e quem se beneficia menos? Explique.
   e. Que considerações do mundo real ausentes nesse problema podem ser usadas como argumento a favor da taxa de entrada?

8. Henry Potter possui o único poço da cidade que produz água potável. Ele enfrenta as seguintes curvas de demanda, de receita marginal e de custo marginal:

$$\text{Demanda: } P = 70 - Q$$
$$\text{Receita marginal: } RMg = 70 - 2Q$$
$$\text{Custo marginal: } CMg = 10 + Q$$

   a. Elabore o gráfico dessas três curvas. Supondo que o Sr. Potter maximize o lucro, que quantidade ele produz? Qual é o preço cobrado por ele? Indique esses resultados no seu gráfico.
   b. O prefeito, George Bailey, preocupado com os consumidores de água, está considerando estabelecer um preço máximo que estaria 10% abaixo do preço de monopólio derivado na parte (a). Qual seria a quantidade demandada a esse novo preço? O Sr. Potter produziria essa quantidade, considerando que ele visa maximizar o lucro? Explique. (Dica: pense sobre o custo marginal.)
   c. O tio de George, Billy, diz que o preço máximo é uma má ideia, porque esse tipo de medida causa escassez. Ele está certo nesse caso? Qual seria o tamanho de escassez ocasionada pelo preço máximo? Explique.
   d. A amiga de George, Clarence, que está ainda mais preocupada com os consumidores, sugere um preço máximo 50% abaixo do preço de monopólio. Que quantidade seria demandada a esse preço? Quanto o Sr. Potter produziria? Nesse caso, o tio Billy está certo? O preço máximo provocaria que tamanho de escassez?

9. Suponha que, em um país chamado Wiknam, apenas uma empresa produza e venda bolas de futebol e, inicialmente, o comércio internacional de bolas de futebol é proibido. As equações a seguir descrevem a demanda do monopolista, a receita marginal, o custo total e o custo marginal:

$$\text{Demanda: } P = 10 - Q$$
$$\text{Receita marginal: } RMg = 10 - 2Q$$
$$\text{Custo total: } CT = 3 + Q + 0{,}5Q^2$$
$$\text{Custo marginal: } CMg = 1 + Q$$

onde Q é a quantidade, e P, o preço medido em dólares wiknamianos.
   a. Quantas bolas de futebol o monopolista produz? A que preço elas são vendidas? Qual será o lucro do monopolista?
   b. Certo dia, o rei de Wiknam decreta que, dali em diante, haverá livre-comércio – importações ou exportações – de bolas de futebol ao preço

mundial de $ 6. A empresa é, agora, uma tomadora de preços em um mercado competitivo. O que acontece à produção interna de bolas de futebol? E ao consumo interno? Wiknam exporta ou importa bolas de futebol?

c. Em nossa análise do comércio internacional no Capítulo 9, um país torna-se um exportador quando o preço sem comércio está abaixo do preço mundial e importador quando o preço sem comércio está acima do preço mundial. Essa conclusão se mantém em suas respostas para os itens (a) e (b)? Explique.

d. Suponha que o preço mundial não seja $ 6, mas exatamente o mesmo que o preço interno sem comércio, conforme determinado no item (a). Permitir o comércio mudou alguma coisa na economia wiknamiana? Explique. Como esse resultado se compara à análise no Capítulo 9?

10. Com base em uma pesquisa de mercado, uma empresa obtém as seguintes informações sobre a demanda e os custos de produção de um novo produto:

Demanda: $P = 1.000 - 10Q$
Receita total: $RT = 1.000Q - 10Q^2$
Receita marginal: $RMg = 1.000 - 20Q$
Custo marginal: $CMg = 100 + 10Q$

onde Q indica o número de unidades vendidas, e P, o preço em dólares.

a. Calcule o preço e a quantidade que maximizam o lucro da empresa.
b. Encontre o preço e a quantidade que maximizariam o bem-estar social.
c. Calcule o peso morto resultante do monopólio.
d. Suponha que, além dos custos supracitados, seja necessário pagar o inventor do produto. A empresa considera quatro opções:
   i. uma taxa fixa de 2 mil dólares.
   ii. 50% dos lucros
   iii. 150 dólares por unidade vendida
   iv. 50% da receita

Para cada opção, calcule o preço e a quantidade que maximizam o lucro. Qual delas, se houver alguma, alteraria o peso morto do monopólio? Explique.

11. Larry, Curly e Moe administram o único bar da cidade. Larry quer vender o máximo possível de bebidas sem ter prejuízo. Curly quer que o bar traga a maior receita possível. Moe quer obter o maior lucro possível. Usando um simples gráfico da curva de demanda do bar e de suas curvas de custos, indique a combinação de preço e quantidade que satisfaça a preferência de cada um dos três sócios. Explique. (Dica: somente um dos sócios vai querer igualar a receita marginal ao custo marginal.)

12. Muitos esquemas de discriminação de preços envolvem algum custo. Por exemplo, os cupons de desconto consomem tempo e recursos tanto do comprador quanto do vendedor. Essa questão trata das implicações de custo decorrentes da discriminação de preços. Para simplificar, vamos assumir que os custos de produção de nossa empresa monopolista sejam proporcionais à produção, de modo que o custo total médio e o custo marginal sejam constantes e iguais entre si.

a. Represente graficamente as curvas de custo, de demanda e de receita marginal do monopolista. Indique o preço que o monopolista cobraria sem discriminação de preços.
b. Em seu gráfico, marque a área correspondente ao lucro do monopolista e chame-a de X. Marque a área correspondente ao excedente do consumidor e chame-a de Y. Marque a área correspondente ao peso morto e chame-a de Z.
c. Agora, suponha que o monopolista possa praticar uma discriminação de preços perfeita. Qual será seu lucro? (Responda em termos de X, Y e Z.)
d. Qual é a variação do lucro do monopolista decorrente da discriminação de preços? Qual é a variação do excedente total decorrente da discriminação de preços? Qual das duas variações é maior? Explique. (Responda em termos de X, Y e Z.)
e. Agora, suponha que haja um custo para praticar discriminação de preços. Para modelar esse custo, suponha ainda que o monopolista precise pagar um custo fixo C para praticar discriminação de preços. Como o monopolista tomaria a decisão de pagar ou não esse custo fixo? (Responda em termos de X, Y, Z e C.)
f. De que maneira um planejador social que se preocupa com o excedente total decidiria se o monopolista deve ou não praticar discriminação de preços? (Responda em termos de X, Y, Z e C.)
g. Compare suas respostas para as partes (e) e (f). De que forma o incentivo à discriminação de preços a que está sujeito o monopolista difere da discriminação de preços do planejador social benevolente? É possível que o monopolista pratique discriminação de preços mesmo que isso não seja socialmente desejável?

Respostas do teste rápido

1. c   2. d   3. b   4. d   5. a   6. b   7. a   8. c   9. c   10. c

Capítulo 17

Competição monopolística

Você entra em uma livraria para comprar um livro. Nas prateleiras, encontra um título de suspense de James Patterson, a biografia de Maya Angelou, um livro de história de Ron Chernow, um romance sobrenatural de Stephenie Meyer, e muitas outras possibilidades. Ao escolher e comprar um livro, de que tipo de mercado você está participando?

Por um lado, o mercado de livros parece ser competitivo. Ao observar as prateleiras da livraria, você vê que há centenas de autores e editoras competindo pela sua atenção. E como qualquer pessoa pode entrar no setor, bastando escrever e publicar um livro, não se trata de um negócio muito lucrativo. Para cada romancista bem pago, há dúzias de outros com dificuldades para se destacar nesse mercado.

Por outro lado, o mercado de livros também parece monopolístico. Como cada livro é único, as editoras têm alguma margem de manobra em termos de preço. Os vendedores desse mercado são formadores de preço e não tomadores de preço, e o preço dos livros excede em muito o custo marginal de produzi-los. O preço sugerido de um romance típico de capa dura, por exemplo, é de aproximadamente $ 30, mas o custo de imprimir uma cópia adicional é inferior a $ 10. O preço dos *e-books* geralmente fica em torno de $ 15, enquanto o custo marginal de permitir um *download* extra é zero.

O mercado editorial não se encaixa no modelo competitivo nem no de monopólio. Mais especificamente, ele é melhor descrito pelo modelo de **competição monopolística** (ou concorrência monopolística), que é o assunto deste capítulo. À primeira vista, a expressão "competição monopolística" pode parecer paradoxal, assim como a expressão "guerra pacífica". Entretanto, como veremos mais adiante, as indústrias monopolisticamente competitivas são monopolistas em certos aspectos e competitivas em outros. Esse modelo descreve não só a área editorial, mas também o mercado de vários outros bens e serviços.

17-1 Entre o monopólio e a competição perfeita

Nos dois capítulos anteriores, analisamos mercados com muitas empresas competitivas e mercados com uma única empresa monopolista. No Capítulo 15, vimos que o preço em um mercado competitivo é sempre igual ao custo marginal de produção. Vimos também que, no longo prazo, a entrada e saída de empresas leva o lucro econômico a zero, de modo que o preço também é igual ao custo total médio. No Capítulo 16, vimos como as empresas monopolistas podem usar o poder de mercado para manter os preços acima do custo marginal, gerando lucro econômico positivo para a empresa e peso morto para a sociedade. Competição e monopólio perfeitos são formas extremas da estrutura do mercado. A competição perfeita ocorre quando existem muitas empresas em um mercado oferecendo produtos essencialmente idênticos; o monopólio perfeito ocorre quando existe apenas uma empresa no mercado.

Embora os casos de competição e monopólio perfeitos ilustrem algumas ideias importantes sobre o funcionamento dos mercados, a maior parte deles inclui elementos dos dois casos e, desse modo, não é plenamente descrita por nenhum deles. A empresa típica enfrenta uma concorrência que, no entanto, não é tão rigorosa a ponto de torná-la uma tomadora de preço, como as empresas analisadas no Capítulo 15. A empresa típica também tem certo grau de poder de mercado, mas não tanto para que seja descrita exatamente pelo modelo de monopólio analisado no Capítulo 16. Em outras palavras, muitas empresas podem estar entre os dois extremos de competição perfeita e monopólio. Os economistas chamam essa situação de **competição imperfeita** (ou concorrência imperfeita).

oligopólio
estrutura de mercado em que apenas alguns vendedores oferecem produtos similares ou idênticos

Um tipo de mercado que não é perfeitamente competitivo é o **oligopólio**, com apenas alguns vendedores que oferecem produtos similares ou idênticos aos oferecidos por outros vendedores. Os economistas medem a dominação do mercado por um pequeno número de empresas por meio de um cálculo estatístico chamado **coeficiente de concentração**, que é a porcentagem da produção total do mercado oferecida pelas quatro maiores empresas. Na economia estadunidense, a maioria dos mercados apresenta um coeficiente de concentração abaixo de 50%, mas em alguns setores, as maiores empresas são mais dominantes. Os setores em que as quatro maiores empresas concentram 90% ou mais de participação incluem fabricação de aeronaves, tabaco, aluguel de carros e serviços de entrega expressa. Esses setores são melhor descritos como oligopólios. Conforme o próximo capítulo aponta, o pequeno número de empresas em um oligopólio toma decisões estratégicas entre si, cruciais para o funcionamento desses mercados. Ao escolher quanto produzir e o preço que vai cobrar, cada empresa de um oligopólio preocupa-se não apenas com o que seus competidores fazem, mas também com a reação destes às suas ações.

competição monopolística
estrutura de mercado em que muitas empresas vendem produtos similares, mas não idênticos

Um segundo tipo de mercado que não é perfeitamente competitivo chama-se **competição monopolística**, que descreve uma estrutura de mercado em que há muitas empresas vendendo produtos similares, mas não idênticos. Em um mercado desses, cada empresa tem monopólio sobre o seu produto, mas muitas outras empresas têm produtos similares, que competem pelos mesmos clientes.

Para ser mais exato, a competição monopolística descreve um mercado com os seguintes atributos:

- **Muitos vendedores:** há muitas empresas concorrendo pelo mesmo grupo de clientes.
- **Diferenciação de produto:** cada empresa oferece um produto ao menos um pouco diferente dos produtos das demais empresas. Em vez de ser tomadora de preços, cada empresa se defronta com uma curva de demanda de inclinação descendente.
- **Livres entrada e saída:** as empresas podem entrar no mercado e sair dele sem restrições. O número de empresas se ajusta até que o lucro econômico chegue a zero.

Uma análise rápida revela uma longa lista de mercados com esses atributos: livros, jogos de computador, restaurantes, aulas de piano, biscoitos, vestuário, entre outros.

A competição monopolística, assim como o oligopólio, é uma estrutura de mercado que está entre os casos extremos de competição e monopólio, mas o oligopólio e a competição monopolística são bem diferentes. O oligopólio se afasta do ideal perfeitamente competitivo do Capítulo 15 porque existem apenas alguns vendedores no mercado. O menor número de vendedores torna a competição rigorosa menos provável e a interação estratégica entre eles vitalmente importante. Por outro lado, sob a competição monopolística, há muitos vendedores, mas cada um é pequeno se comparado ao mercado. Um mercado monopolisticamente competitivo se afasta do ideal perfeitamente competitivo porque cada um dos vendedores oferece um produto de certa forma diferente.

A Figura 17-1 resume os quatro tipos de estrutura de mercado. A primeira coisa a se perguntar sobre qualquer mercado é o número de empresas existentes. Se houver apenas uma empresa, o mercado é considerado um monopólio. Se houver algumas, é considerado um oligopólio. Se houver muitas empresas, precisamos fazer outra pergunta: elas vendem produtos idênticos ou diferenciados? Se seus produtos forem idênticos, o mercado é considerado perfeitamente competitivo. Mas se seus produtos forem diferenciados, o mercado é considerado monopolisticamente competitivo.

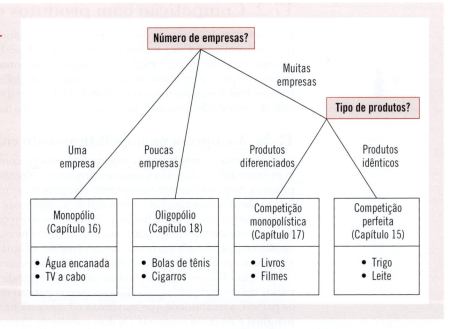

Figura 17-1

Os quatro tipos de estrutura de mercado

Os economistas que estudam a organização econômica dividem o mercado em quatro tipos – monopólio, oligopólio, competição monopolística e competição perfeita.

Como a realidade nem sempre é tão bem definida quanto a teoria, às vezes você pode achar difícil decidir qual estrutura descreve melhor um mercado. Por exemplo, não há um número mágico que separe "poucas" de "muitas" quando se conta o número de empresas. (As empresas – aproximadamente uma dúzia – que hoje vendem carros nos Estados Unidos fazem desse mercado um oligopólio ou seria um mercado mais competitivo? A resposta está aberta ao debate.) De maneira similar, não há um meio garantido de determinar quando os produtos são diferenciados e quando são idênticos. (As diferentes marcas de leite são idênticas? Mais uma vez, a resposta está aberta ao debate.) Ao analisar os mercados do mundo real, os economistas precisam ter em mente as lições aprendidas com o estudo de todos os tipos de estrutura de mercado e, então, aplicar cada lição da maneira que lhes parecer apropriada.

Agora que entendemos como os economistas definem os vários tipos de estrutura de mercado, podemos continuar nossa análise de cada um deles. No próximo capítulo, analisaremos o oligopólio. Neste, trataremos da competição monopolística.

Teste rápido

1. Qual das seguintes condições NÃO descreve uma empresa em um mercado monopolisticamente competitivo?
   a. Ela vende um produto diferente daquele de seus concorrentes.
   b. Ela toma seu preço conforme determinado pelas condições do mercado.
   c. Ela maximiza o lucro tanto no curto quanto no longo prazo.
   d. Ela tem a liberdade de entrar ou sair no longo prazo.

2. Qual dos seguintes mercados se encaixa melhor na definição de concorrência monopolística?
   a. trigo
   b. água encanada
   c. petróleo bruto
   d. cortes de cabelo

As respostas estão no final do capítulo.

17-2 Competição com produtos diferenciados

Para entender os mercados de competição monopolística, precisamos antes considerar as decisões com que se depara uma empresa individual. Em seguida, examinaremos o que acontece no longo prazo, à medida que as empresas entram no mercado e saem dele. Então, iremos comparar o equilíbrio sob a competição monopolística com o equilíbrio sob a competição perfeita que examinamos no Capítulo 15 e, por fim, veremos se o resultado em um mercado de competição monopolística é desejável do ponto de vista da sociedade como um todo.

17-2a A empresa monopolisticamente competitiva no curto prazo

Cada empresa em um mercado monopolisticamente competitivo se assemelha de diversas maneiras a um monopólio. Como seu produto se diferencia dos oferecidos por outras empresas, a empresa monopolisticamente competitiva apresenta uma curva de demanda de inclinação descendente. Em contrapartida, as empresas perfeitamente competitivas apresentam curvas de demanda horizontais na altura do preço de mercado.) Assim, as empresas monopolisticamente competitivas seguem as regras monopolistas de maximização de lucro: escolhem a quantidade em que a receita marginal se iguala ao custo marginal e então usam a sua curva de demanda para identificar o preço condizente com essa quantidade.

A Figura 17-2 mostra as curvas de custo, de demanda e de receita marginal de duas empresas típicas, cada uma em certo setor de competição monopolística diferente. Em ambos os painéis, a quantidade que maximiza o lucro está na intersecção das curvas de receita marginal e de custo marginal. Os dois painéis da figura mostram diferentes situações no que se refere ao lucro da empresa. No painel (a), o preço supera o custo total, de modo que a empresa tem lucro. No painel (b), o preço é inferior ao custo total. Neste caso, a empresa não é capaz de obter lucro positivo, de modo que o máximo que pode fazer é minimizar os prejuízos.

Isso tudo deve lhe parecer familiar. Uma empresa monopolisticamente competitiva escolhe sua quantidade e seu preço da mesma maneira que o monopólio. No curto prazo, esses dois tipos de estrutura de mercado são semelhantes.

Figura 17-2

Competição monopolística no curto prazo

Os competidores monopolísticos, da mesma forma que os monopólios, maximizam o lucro produzindo a quantidade na qual a receita marginal se iguala ao custo marginal. A empresa no painel (a) obtém lucro porque, a essa quantidade, o preço fica acima do custo total médio. A empresa no painel (b) tem prejuízo, porque, a essa quantidade, o preço é inferior ao custo total médio.

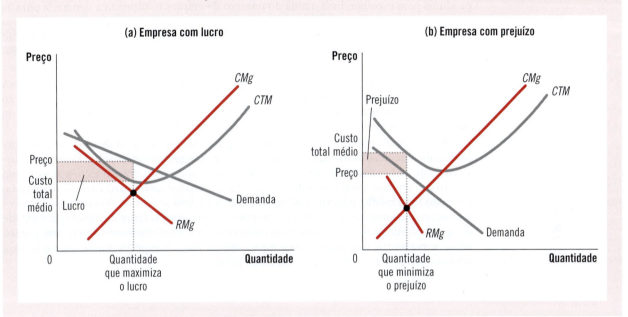

"DADA A INCLINAÇÃO DESCENDENTE DA NOSSA CURVA DE DEMANDA E A FACILIDADE COM QUE OUTRAS EMPRESAS PODEM ENTRAR NO NEGÓCIO, SÓ PODEREMOS REFORÇAR A NOSSA POSIÇÃO DE LUCRO EQUIPARANDO O CUSTO MARGINAL A UMA RECEITA MARGINAL. PEÇA MAIS JUJUBAS."

17-2b O equilíbrio no longo prazo

A situação retratada na Figura 17-2 não dura muito tempo. Quando as empresas apresentam lucro, como no painel (a), há um incentivo para que novas empresas entrem no mercado. Essa entrada aumenta o número de produtos dentre os quais os clientes podem escolher e isso, por sua vez, reduz a demanda para cada empresa já presente no mercado. Em outras palavras, o lucro incentiva a entrada, que desloca para a esquerda as curvas de demanda com que se deparam as empresas já existentes. À medida que cai a demanda pelos produtos dessas empresas, seus lucros diminuem.

Inversamente, quando as empresas têm prejuízo, como no painel (b), aquelas que estão no mercado têm um incentivo para sair. Com a saída de empresas, os clientes têm menos produtos para escolher. Essa queda do número de empresas aumenta a demanda para as que continuam no mercado. Em outras palavras, os prejuízos incentivam a saída, e esta desloca as curvas de demanda das empresas remanescentes para a direita. Com o aumento da demanda pelos produtos das empresas remanescentes, estas passam a ter lucros crescentes (isto é, prejuízos decrescentes).

Esse processo de entrada e saída se mantém até que as empresas do mercado tenham lucro econômico exatamente igual a zero. A Figura 17-3 representa o equilíbrio de longo prazo. Assim que o mercado atingir esse equilíbrio, não haverá incentivo para a entrada de novas empresas nem para a saída daquelas já presentes no mercado.

Observe que a curva de demanda dessa figura mal toca a curva de custo total médio. Matematicamente, dizemos que as duas curvas são **tangentes** uma à outra. Essas duas curvas devem ser tangentes, uma vez que a entrada e a saída reduziram o lucro a zero. Como o lucro por unidade vendida é a diferença entre o preço (encontrado na curva de demanda) e o custo total médio, o lucro máximo somente será zero se essas duas curvas se tocarem sem se cruzar. Observe também que esse ponto de tangência ocorre na mesma quantidade em que a receita marginal se iguala ao custo marginal. O alinhamento desses dois pontos não é coincidência: ele é necessário porque essa quantidade específica maximiza o lucro, e o lucro máximo é exatamente zero no longo prazo.

Figura 17-3

Competição monopolística no longo prazo

No mercado monopolisticamente competitivo, se as empresas estiverem tendo lucro, novas empresas entrarão e as curvas de demanda daquelas já existentes se deslocarão para a esquerda. De maneira similar, se as empresas estiverem tendo prejuízos, algumas das existentes sairão do mercado, fazendo as curvas de demanda das remanescentes se deslocar para a direita. Por causa desses deslocamentos da demanda, uma empresa monopolisticamente competitiva acabará por se encontrar no equilíbrio de longo prazo mostrado aqui. Nesse equilíbrio, o preço é igual ao custo total médio e a empresa tem lucro igual a zero.

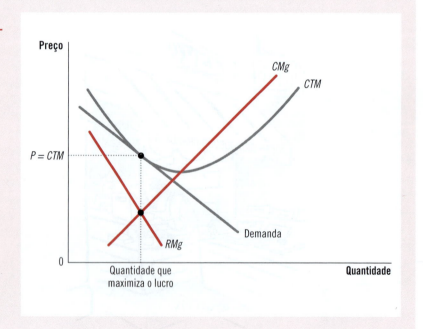

Em suma, são duas as características que descrevem o equilíbrio de longo prazo em um mercado monopolisticamente competitivo:

- Como no mercado monopolista, o preço é superior ao custo marginal ($P > CMg$). Essa conclusão surge porque a maximização do lucro requer que a receita marginal seja igual ao custo marginal ($RMg = CMg$) e porque a curva de demanda de inclinação descendente torna a receita marginal inferior ao preço ($RMg < P$).
- Como no mercado competitivo, o preço é igual ao custo total médio ($P = CTM$). Essa conclusão surge porque as livres entrada e saída levam o lucro econômico a zero.

A segunda característica mostra de que maneira a competição monopolística difere do monopólio. Como o monopolista é o único vendedor de um produto que não tem substitutos próximos, ele pode obter lucro econômico positivo, mesmo no longo prazo. No entanto, como há livre entrada nos mercados monopolisticamente competitivos, o lucro econômico das empresas nesse tipo de mercado é reduzido a zero.

17-2c Competição monopolística *versus* competição perfeita

A Figura 17-4 compara o equilíbrio de longo prazo sob a competição monopolística com o equilíbrio de longo prazo sob a competição perfeita (o equilíbrio nesta última foi abordado no Capítulo 15). Há duas diferenças dignas de nota entre a competição monopolística e a perfeita: a capacidade ociosa e o *markup*.*

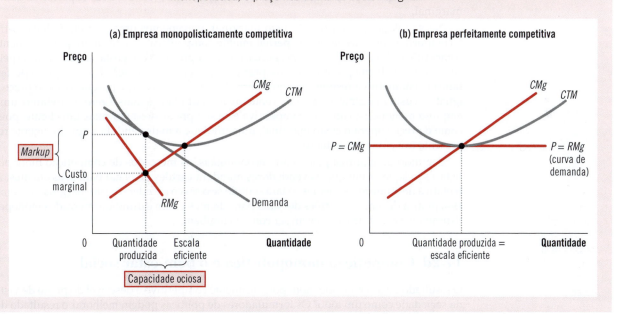

Figura 17-4
Competição monopolística *versus* competição perfeita

O painel (a) mostra o equilíbrio de longo prazo no mercado monopolisticamente competitivo, e o painel (b) mostra o equilíbrio de longo prazo no mercado perfeitamente competitivo. Há duas diferenças notáveis. (1) A empresa perfeitamente competitiva produz na escala eficiente, em que o custo total médio é minimizado. A empresa monopolisticamente competitiva, por sua vez, produz abaixo da escala eficiente. (2) O preço é igual ao custo marginal na competição perfeita; já na competição monopolística, o preço fica acima do custo marginal.

---

*N. de R.T. Conceito que, genericamente, compreende a diferença entre o custo e o preço de venda, geralmente expresso em termos percentuais sobre o custo dado.

Capacidade ociosa Como acabamos de ver, a entrada e a saída levam cada empresa dos mercados monopolisticamente competitivos ao ponto de tangência entre suas curvas de demanda e de custo total médio. O painel (a) da Figura 17-4 mostra que a quantidade produzida nesse ponto é menor que a quantidade que minimiza o custo total médio. Assim, na competição monopolística, as empresas produzem na parte de inclinação descendente de suas curvas de custo total médio. Nesse sentido, a competição monopolística é muito diferente da competição perfeita. Como mostra o painel (b) da Figura 17-4, a livre entrada nos mercados competitivos leva as empresas a produzir no custo total médio mínimo.

A quantidade que minimiza o custo total médio é chamada **escala eficiente** da empresa. No longo prazo, as empresas perfeitamente competitivas produzem na escala eficiente, ao passo que as monopolisticamente competitivas produzem abaixo desse nível. Dizemos que, na competição monopolística, as empresas têm **capacidade ociosa**. Em outras palavras, as empresas monopolisticamente competitivas, ao contrário das perfeitamente competitivas, poderiam aumentar a quantidade produzida e reduzir o custo total médio da produção. A empresa renuncia a essa oportunidade porque precisaria reduzir o preço para vender a produção adicional. Para um competidor monopolista, é mais lucrativo continuar operando com capacidade ociosa.

Markup **sobre o custo marginal** Uma segunda diferença entre a competição perfeita e a monopolística é a relação entre o preço e o custo marginal. Para uma empresa competitiva, como a representada no painel (b) da Figura 17-4, o preço é igual ao custo marginal. Para uma empresa monopolisticamente competitiva, como a representada no painel (a), o preço supera o custo marginal, porque a empresa sempre tem algum poder de mercado.

Como esse *markup* sobre o custo marginal é consistente com a livre entrada e com o lucro zero? A condição de lucro zero só garante que o preço seja igual ao custo total médio. Ela **não** assegura que o preço seja igual ao custo marginal. De fato, no equilíbrio de longo prazo, as empresas monopolisticamente competitivas operam na parte descendente de suas curvas de custo total médio, de modo que o custo marginal é inferior ao custo total médio. Para que o preço seja igual ao custo total médio, ele deve ser superior ao custo marginal.

Nessa relação entre preço e custo marginal, percebemos uma diferença-chave entre o comportamento das empresas perfeitamente competitivas e o das monopolisticamente competitivas. Imagine que você pergunta a uma empresa: "Você gostaria que entrasse pela sua porta um cliente pronto para comprar pelo seu preço corrente?". Uma empresa perfeitamente competitiva responderia que, para ela, não faz diferença, porque, como o preço é igual ao custo marginal, o lucro da venda de uma unidade a mais é zero. Entretanto, uma empresa monopolisticamente competitiva está sempre ansiosa por mais um cliente, pois, como o preço supera o custo marginal, uma unidade a mais vendida ao preço vigente representa um aumento do lucro.

Segundo uma antiga piada entre economistas, os mercados de competição monopolística são aqueles em que os vendedores mandam cartões de Natal para seus clientes. A tentativa de atrair mais clientes só fará sentido se o preço exceder o custo marginal. E, como essa prática de mandar cartões de Natal para clientes é bem difundida, mercados monopolisticamente competitivos devem ser comuns também.

17-2d Competição monopolística e o bem-estar social

O resultado de um mercado monopolisticamente competitivo é desejável do ponto de vista da sociedade como um todo? Os formuladores de políticas podem melhorar o resultado do mercado? Nos capítulos anteriores, avaliamos os mercados do ponto de vista da eficiência, isto é, se a sociedade obtém o máximo possível dos recursos escassos. Vimos que mercados competitivos geram resultados eficientes, a menos que haja externalidades, e que os mercados monopolistas geram peso morto. Os mercados monopolisticamente competitivos são mais complexos que qualquer um daqueles casos; portanto, a avaliação do bem-estar nesses mercados é uma tarefa com mais nuances.

Uma fonte de ineficiência é o *markup* do preço sobre o custo marginal. Por causa do *markup*, alguns consumidores que atribuem ao bem valor superior ao custo marginal de produção (mas inferior ao preço) serão impedidos de comprá-lo. Assim, um mercado monopolisticamente competitivo traz com ele o peso morto da determinação de preço monopolista.

Embora esse resultado seja evidentemente indesejável se comparado ao resultado em que o preço é igual ao custo marginal, não há, para os formuladores de políticas, uma maneira simples de solucionar o problema. Para forçar a fixação do preço pelo custo marginal, os formuladores de políticas precisariam regulamentar todas as empresas que produzem bens diferenciados. Como esses produtos são muito comuns na economia, o ônus administrativo desse tipo de regulamentação seria esmagador.

Além disso, regulamentar os competidores monopolísticos envolveria todos os problemas associados à regulamentação dos monopólios naturais. Mais especificamente, como os competidores monopolísticos já têm lucro zero, exigir que eles baixassem seus preços para igualá-los ao custo marginal geraria prejuízo. Para manter essas empresas em atividade, o governo teria de ajudá-las a cobrir essas perdas. Em vez de aumentar impostos para arcar com esses subsídios, os formuladores de políticas podem decidir que é melhor conviver com a ineficiência da fixação de preços do monopólio.

Outra razão pela qual a competição monopolística pode ser socialmente ineficiente é o fato de que o número de empresas do mercado pode não ser o "ideal", ou seja, pode haver entrada excessiva ou insuficiente. Uma maneira de enxergar esse problema é em termos das externalidades associadas à entrada. Sempre que uma nova empresa pensa em entrar no mercado com um produto novo, ela leva em consideração apenas o lucro que poderá ter. Mas a entrada teria, ainda, dois efeitos externos:

- **Externalidade da variedade de produto:** como os consumidores obtêm algum excedente do consumidor com a introdução de um novo produto, a entrada de uma nova empresa transfere-lhes uma externalidade positiva.
- **Externalidade do roubo de negócios:** como outras empresas perdem clientes e lucros com a entrada de um novo concorrente, a entrada de uma nova empresa impõe às existentes uma externalidade negativa.

Assim, no mercado monopolisticamente competitivo, há externalidades tanto positivas quanto negativas associadas à entrada de novas empresas. Dependendo de qual externalidade for maior, um mercado monopolisticamente competitivo pode apresentar um excesso ou uma falta de produtos.

Essas duas externalidades estão estreitamente ligadas às condições da competição monopolística. A externalidade da variedade de produto surge porque uma nova empresa ofereceria produtos diferentes dos oferecidos pelas empresas existentes. A externalidade do roubo de negócios surge porque as empresas cobram preços acima do custo marginal e, portanto, estão sempre ansiosas por vender unidades adicionais. Inversamente, como as empresas competitivas produzem bens idênticos e cobram um preço igual ao custo marginal, nenhuma dessas duas externalidades existe sob condições de competição perfeita.

Por fim, podemos concluir apenas que os mercados monopolisticamente competitivos não têm todas as propriedades desejáveis em termos de bem-estar que os mercados perfeitamente competitivos têm. Ou seja, a mão invisível não garante que o excedente total seja maximizado sob a competição monopolística. Mas como as ineficiências são sutis, difíceis de medir e difíceis de solucionar, não há um caminho fácil para as políticas públicas melhorarem os resultados de mercado.

> **Teste rápido**
>
> 3. Uma empresa monopolisticamente competitiva aumentará sua produção se
>   a. a receita marginal for maior do que o custo marginal.
>   b. a receita marginal for maior do que o custo total médio.
>   c. o preço for maior que o custo marginal.
>   d. o preço for maior do que o custo total médio.
>
> 4. Novas empresas entrarão em um mercado monopolisticamente competitivo se
>   a. a receita marginal for maior do que o custo marginal.
>   b. a receita marginal for maior do que o custo total médio.
>   c. o preço for maior que o custo marginal.
>   d. o preço for maior do que o custo total médio.
>
> 5. Qual das alternativas é verdadeira para um mercado monopolisticamente competitivo em equilíbrio de longo prazo?
>   a. O preço é maior do que o custo marginal.
>   b. O preço é igual à receita marginal.
>   c. As empresas obtêm lucros econômicos positivos.
>   d. As empresas produzem no mínimo do custo total médio.
>
> As respostas estão no final do capítulo.

17-3 Publicidade

No mundo moderno, é quase impossível passar um dia normal sem ser bombardeado com publicidade. Se você está navegando na internet, vendo TV ou dirigindo na estrada, alguma empresa vai tentar convencê-lo a comprar seu produto. Esse comportamento é uma característica normal da competição monopolística, assim como de algumas empresas oligopolistas. Quando as empresas vendem produtos diferenciados e cobram preços superiores ao custo marginal, cada uma delas tem um incentivo para investir em publicidade, procurando, assim, atrair mais compradores para o seu produto.

A quantidade de publicidade varia substancialmente de produto para produto. Empresas que vendem bens de consumo altamente diferenciados, como remédios que podem ser vendidos sem receita, perfumes, refrigerantes, lâminas de barbear, cereais matinais e ração para cães, costumam gastar entre 10 e 20% de suas receitas em publicidade. Empresas que vendem produtos industriais, como prensas e satélites de telecomunicação, costumam gastar muito pouco em publicidade. E empresas que vendem produtos homogêneos, como trigo, sal, açúcar ou petróleo bruto, não gastam absolutamente nada.

Para a economia como um todo, o gasto em publicidade representa cerca de 2% da receita total das empresas. Essa despesa pode assumir várias formas, incluindo anúncios em sites, redes sociais, televisão, rádio e outdoors, bem como em jornais, revistas e diretamente pelo correio.

17-3a O debate sobre publicidade

Estaria a sociedade desperdiçando os recursos que dedica à publicidade? Ou será que a publicidade atende a algum propósito valioso? A avaliação do valor social da publicidade é difícil e costuma gerar discussões acaloradas entre economistas. Vejamos ambos os lados do debate.

Críticas à publicidade Os críticos da publicidade afirmam que as empresas anunciam para manipular as preferências das pessoas. Grande parte dos anúncios publicitários é mais psicológica do que informativa. Considere, por exemplo, um comercial de TV típico para alguma marca de refrigerante. É pouco provável que nele haja referência ao preço ou à qualidade do produto; em vez disso, pode mostrar um grupo de pessoas felizes em uma praia, em um belo dia ensolarado, tendo nas mãos latas do refrigerante anunciado. O objetivo do comercial é transmitir uma mensagem subconsciente (ainda que não muito sutil): "Você também pode ter muitos amigos e ser feliz, basta apenas beber nosso produto".

Os críticos de publicidade afirmam que comerciais desse tipo criam um desejo que, de outra forma, poderia não existir.

Os críticos afirmam também que a publicidade dificulta a competição, porque, muitas vezes, tenta convencer os consumidores de que os produtos são mais diferenciados do que realmente são. Ao aumentar a percepção de diferenciação de produto e cultivar a fidelidade à marca, a publicidade induz os compradores a se preocuparem menos com as diferenças de preço entre bens semelhantes, tornando, assim, a demanda por uma determinada marca menos elástica. Com uma curva de demanda menos elástica, a empresa pode aumentar seus lucros mediante a cobrança de um *markup* maior sobre o custo marginal.

Defesa da publicidade Os defensores da publicidade afirmam que as empresas a utilizam para oferecer informações aos clientes. A publicidade transmite os preços dos produtos que estão à venda, a existência de novos produtos e a localização dos pontos de venda no varejo. Essas informações permitem que os clientes façam escolhas melhores sobre o que comprar e, com isso, contribuem para que os mercados aloquem recursos com eficiência.

Os defensores afirmam também que a publicidade promove a competição. Ao permitir que os clientes estejam mais bem informados sobre todas as empresas do mercado, ela contribui para que eles tenham mais facilidade para aproveitar as diferenças de preço. Assim, cada empresa tem menos poder de mercado. Além disso, a publicidade permite que novas empresas entrem no mercado com mais facilidade, porque lhes fornece meios para atrair clientes.

Com o tempo, os formuladores de políticas aceitaram a visão de que a publicidade pode tornar os mercados mais competitivos. Um exemplo importante é o da regulamentação da publicidade de determinadas profissões, como advogado, médico e farmacêutico. No passado, esses grupos conseguiram que os governos estaduais proibissem a publicidade em suas áreas com base no argumento de que anunciar era "pouco profissional". Há alguns anos, contudo, os tribunais concluíram que o principal efeito dessas limitações à publicidade era dificultar a competição. Por isso, reverteram muitas das leis que proibiam esses profissionais de anunciar.

Como a publicidade afeta os preços

Qual o efeito da publicidade nos preços? Por um lado, ela pode induzir os consumidores a perceber uma maior diferenciação entre produtos. Nesse caso, isso tornaria os mercados menos competitivos e as curvas de demanda das empresas menos elásticas, permitindo que as empresas cobrem preços mais altos. Por outro lado, a publicidade pode facilitar a busca por empresas com os melhores preços pelos consumidores. Nesse caso, isso tornaria os mercados mais competitivos e as curvas de demanda das empresas mais elásticas, o que levaria a preços mais baixos.

Em um artigo publicado no *Journal of Law and Economics*, em 1972, o economista Lee Benham testou essas duas hipóteses. Nos Estados Unidos, durante a década de 1960, os governos estaduais tinham regras muito diferentes sobre publicidade feitas por optometristas. Alguns estados permitiram a publicidade de óculos e exames oftalmológicos, mas muitos a proibiram. Por exemplo, uma lei da Flórida justificou a proibição de publicidade como "em prol da saúde pública, segurança e bem-estar". Os optometristas endossaram essas restrições.

Benham usou as diferenças nas leis estaduais como um experimento natural para testar os dois pontos de vista da publicidade. Os resultados foram impressionantes. Nos estados em que proibiam a publicidade, o preço médio pago por um par de óculos foi de $ 33, o equivalente a $ 288 em 2021. Nos estados que não restringiram a publicidade, o preço médio foi de $ 26, o equivalente a $ 227 em 2021. A publicidade reduziu os preços médios em mais de 20%.

Um experimento natural semelhante ocorreu em 1996, quando a Suprema Corte dos Estados Unidos derrubou uma lei de Rhode Island que proibia a divulgação dos preços de bebidas alcoólicas. Um estudo de Jeffrey Milyo e Joel Waldfogel, publicado na *American Economic Review* em 1999, examinou os preços das bebidas alcoólicas em Rhode Island após a mudança legal, em comparação com os preços das bebidas alcoólicas no estado vizinho de Massachusetts, onde não houve mudança. De acordo com essa pesquisa, as lojas em Rhode Island que começaram a anunciar reduziram seus preços substancialmente, geralmente em mais de 20%, mas apenas nos produtos que elas ou seus rivais anunciaram. Além disso, depois que essas lojas começaram a anunciar, elas atraíram uma parcela maior de clientes.

Resumindo: em muitos mercados, a publicidade promove a concorrência e conduz a preços mais baixos para os consumidores. ●

17-3b Publicidade como sinal de qualidade

Muitos tipos de publicidade contêm pouca informação aparente sobre o produto anunciado. Imagine uma empresa que esteja promovendo um novo cereal matinal. Um anúncio típico poderia apresentar algum ator famoso comendo o cereal e dizendo o quanto ele é gostoso. Mas quanta informação esse anúncio realmente transmite?

A resposta é: mais do que você pensa. Os defensores da publicidade argumentam que até anúncios que parecem conter poucas informações concretas podem, na verdade, dizer aos consumidores alguma coisa sobre a qualidade do produto. A disposição da empresa para gastar uma grande soma de dinheiro em publicidade pode, por si só, ser um **sinal** para os consumidores a respeito da qualidade do produto ofertado.

Para ver essa ideia em ação, considere um problema enfrentado por duas empresas – a General Mills e a Kellogg. Cada uma está lançando um novo tipo de cereal, que será a vendido a $ 5 a caixa. Para simplificar, vamos supor que o custo marginal da produção do cereal seja zero, de modo que os $ 5 são o lucro. As empresas sabem que, se gastarem $ 20 milhões em publicidade, conseguirão que 1 milhão de clientes experimentem o novo cereal. E elas sabem também que, se os consumidores gostarem do cereal, o comprarão não somente uma vez, mas diversas vezes.

Vamos considerar primeiro a decisão da General Mills. Com base em pesquisas de mercado, ela sabe que seu cereal tem gosto de papel picado coberto com açúcar. Embora a publicidade seja capaz de vender rapidamente uma caixa por consumidor para 1 milhão de consumidores, estes rapidamente perceberão que o cereal não é muito bom e não comprarão mais. A empresa decide que não vale a pena gastar $ 20 milhões em publicidade para obter apenas $ 5 milhões em vendas, por isso não se dá ao trabalho de anunciar e manda seus cozinheiros de volta para o laboratório, para elaborar uma receita melhor.

A Kellogg, por sua vez, sabe que seu cereal é ótimo. Toda pessoa que o experimentar comprará uma caixa por mês durante todos os 12 meses seguintes e, com isso, os $ 20 milhões gastos em publicidade trarão $ 60 milhões em vendas. Nesse caso, a publicidade é lucrativa, porque a Kellogg tem um bom produto que os consumidores comprarão repetidas vezes. Por esse motivo, a empresa decide anunciar seu produto.

Agora examine o comportamento dos consumidores. Comecemos pela afirmativa de que os consumidores estarão inclinados a experimentar um novo cereal que vejam anunciado. Mas será que esse comportamento é racional? Os consumidores devem experimentar um novo cereal apenas porque o vendedor decidiu anunciá-lo?

De fato, pode ser perfeitamente racional para os consumidores experimentar novos produtos que veem anunciados. Em nossa história, os consumidores decidem provar o novo cereal da Kellogg porque a empresa o anuncia, e a Kellogg opta por anunciar porque sabe que seu cereal é muito bom. A General Mills, no entanto, opta por não anunciar porque sabe que seu cereal é simplesmente medíocre. Por meio de sua disposição de gastar dinheiro com publicidade, a Kellogg sinaliza para os consumidores a qualidade do seu cereal. O consumidor pensa sensatamente: "Se a Kellogg está disposta a gastar tanto dinheiro com a publicidade desse novo cereal, ele deve ser muito bom".

O mais surpreendente dessa teoria da publicidade é que o conteúdo do anúncio é irrelevante. A Kellogg sinaliza a qualidade de seu produto por meio da disposição para gastar dinheiro em publicidade. O que o anúncio diz não é tão importante quanto o fato de os consumidores saberem que a publicidade é cara. Já a publicidade barata pode não ser eficaz para sinalizar qualidade para os consumidores. Em nosso exemplo, se uma campanha publicitária custasse menos que $ 5 milhões, tanto a General Mills quanto a Kellogg a utilizariam para comercializar seus novos cereais. Mas como seriam anunciados tanto os cereais bons quanto os medíocres, os consumidores não poderiam inferir a qualidade do cereal pelo simples fato de ele estar sendo anunciado. Com o passar do tempo, os consumidores aprenderiam a ignorar essa publicidade barata.

Essa teoria pode explicar por que as empresas pagam enormes quantias de dinheiro em anúncios que parecem não transmitir nenhuma informação. A informação não está no conteúdo do anúncio, mas simplesmente em sua existência e no quanto custa.

É racional que os consumidores fiquem impressionados com o fato de George Clooney indicar esse produto?

17-3c Marcas

Em muitos mercados há dois tipos de empresas: aquelas que vendem produtos com marcas amplamente reconhecidas e aquelas que vendem substitutos genéricos. Por exemplo, a aspirina da Bayer compete com a aspirina genérica. A Coca-Cola e a Pepsi competem com refrigerantes menos conhecidos. Empresas com nomes de marca geralmente gastam mais em publicidade e cobram mais por seus produtos. Assim como há um debate sobre a economia da publicidade, há um debate sobre a economia das marcas.

Os críticos das marcas afirmam que elas levam os consumidores a ver diferenças que não existem na realidade, pois em muitos casos não se consegue distinguir um bem genérico de um bem de marca. A disposição dos consumidores para pagar mais pelo bem de marca, afirmam os críticos, é uma forma de irracionalidade alimentada pela publicidade. O economista Edward Chamberlin, um dos pioneiros no desenvolvimento da teoria da competição monopolística, concluiu, com base nesse argumento, que as marcas eram ruins para a economia. Ele propôs que o governo desencorajasse o seu uso, recusando-se a proteger as marcas exclusivas que as empresas usam para identificar seus produtos.

Mais recentemente, alguns economistas defenderam as marcas como um modo útil de os consumidores garantirem que estão comprando produtos de alta qualidade. Existem dois argumentos que reforçam isso. Primeiro, as marcas fornecem aos consumidores **informações** sobre a qualidade quando esta não pode ser julgada facilmente antes da compra. Segundo, as marcas dão às empresas um **incentivo** à manutenção da qualidade, já que elas têm interesse financeiro em manter sua reputação.

Para vermos como esses argumentos funcionam na prática, vamos examinar uma marca famosa: McDonald's. Imagine que você esteja passando por uma cidade que não conhece e queira parar para almoçar. Você vê um McDonald's e um restaurante local ao lado. Qual deles você escolhe? O restaurante local pode até oferecer comida melhor e preços menores, mas você não tem como saber disso. Já o McDonald's oferece produtos semelhantes em muitas cidades. Essa marca pode ser útil para você como maneira de julgar a qualidade daquilo que está prestes a comprar.

A marca McDonald's também garante que a empresa tem um incentivo para manter a qualidade. Por exemplo, se alguns clientes ficassem doentes por causa de comida estragada vendida em uma loja do McDonald's, essa notícia seria desastrosa para a empresa, que perderia grande parte da reputação construída em muitos anos de publicidade dispendiosa. Com isso, perderia vendas e lucros não só na loja que vendeu a comida estragada, mas em muitas outras por todo o país. No entanto, se alguns clientes passassem mal por causa da comida estragada vendida no restaurante local, ele poderia fechar as portas, mas os lucros perdidos seriam muito menores. Assim, o McDonald's tem um incentivo maior para garantir a segurança da comida que vende.

354 Parte V Comportamento das empresas e organização da indústria

A discussão sobre as marcas, portanto, centra-se na questão de saber se os consumidores são racionais ao preferir os produtos de marca aos substitutos genéricos. Os críticos das marcas afirmam que elas são resultado de uma reação irracional dos consumidores à publicidade. Os defensores das marcas afirmam que os consumidores têm bons motivos para pagar mais pelos produtos de marca, porque podem confiar mais na qualidade deles.

Teste rápido

6. Se a publicidade torna os consumidores mais fiéis a determinadas marcas, ela poderia _____ a elasticidade da demanda e _____ o *markup* do preço sobre o custo marginal.
    a. aumentar; aumentar
    b. aumentar; diminuir
    c. diminuir; aumentar
    d. diminuir; diminuir

7. Se a publicidade torna os consumidores mais conscientes dos produtos alternativos, ela poderá _____ a elasticidade da demanda e _____ a margem de lucro do preço sobre o custo marginal.
    a. aumentar; aumentar
    b. aumentar; diminuir
    c. diminuir; aumentar
    d. diminuir; diminuir

8. A publicidade pode ser um sinal de qualidade
    a. se estiver disponível gratuitamente para todas as empresas.
    b. se o benefício de atrair clientes for maior para empresas com produtos melhores.
    c. somente se os consumidores se sentirem irracionalmente atraídos pelos produtos que veem anunciados.
    d. somente se o conteúdo dos anúncios contiver informações confiáveis sobre os produtos.

As respostas estão no final do capítulo.

17-4 Conclusão

A competição monopolística faz jus ao nome que tem: é um híbrido de monopólio perfeito e competição perfeita. Como um monopólio, cada competidor monopolístico está sujeito a uma curva de demanda de inclinação descendente e, como resultado, cobra um preço superior ao custo marginal. Como ocorre em um mercado perfeitamente competitivo, há muitas empresas, e, no longo prazo, a entrada e saída de empresas leva o lucro de cada competidor monopolístico a zero. A Tabela 17-1 resume essas lições.

Uma vez que as empresas na competição monopolística oferecem produtos diferenciados, cada uma faz publicidade para atrair clientes para a sua própria marca. Em certa

Tabela 17-1
Competição monopolística: entre a competição perfeita e o monopólio

	Estrutura de mercado		
	Competição perfeita	Competição monopolística	Monopólio
Características compartilhadas pelas três estruturas de mercado			
Objetivo das empresas	Maximizar o lucro	Maximizar o lucro	Maximizar o lucro
Regra de maximização	RMg = CMg	RMg = CMg	RMg = CMg
Pode ter lucro econômico no curto prazo?	Sim	Sim	Sim
Características compartilhadas pelo monopólio e pela competição monopolística			
Tomador de preços?	Sim	Não	Não
Preço	P = CMg	P > CMg	P > CMg
Produz uma quantidade que maximiza o bem-estar?	Sim	Não	Não
Características compartilhadas pela competição perfeita e pela competição monopolística			
Número de empresas	Muitas	Muitas	Uma
Entrada de empresas no longo prazo?	Sim	Sim	Não
Pode ter lucro econômico no longo prazo?	Não	Não	Sim

medida, a publicidade manipula as preferências dos consumidores, promove uma fidelidade irracional à marca e impede a competição. Porém, em maior medida, a publicidade fornece informação, estabelece marcas de qualidade confiável e promove a competição.

A teoria da competição monopolística parece descrever muitos mercados da economia. Assim sendo, é um pouco decepcionante que a teoria não seja capaz de produzir conselhos simples e convincentes para a política econômica. Do ponto de vista da teoria econômica, a alocação de recursos nos mercados monopolisticamente competitivos não é perfeita. Mas do ponto de vista prático dos formuladores de políticas, pode haver muito pouco a fazer para melhorá-la.

RESUMO DO CAPÍTULO

- Um mercado monopolisticamente competitivo é caracterizado por três atributos: muitas empresas, produtos diferenciados e entrada e saída livres.
- O equilíbrio em um mercado monopolisticamente competitivo difere do equilíbrio existente em um mercado perfeitamente competitivo de duas maneiras correlatas. Primeiro, cada empresa em um mercado de competição monopolística tem capacidade ociosa, ou seja, ela opera na parte descendente da curva de custo total médio. Segundo, cada uma cobra um preço superior ao custo marginal.
- A competição monopolística não tem todas as propriedades desejáveis da competição perfeita. Há o peso morto normal do monopólio, causado pelo *markup* do preço acima do custo marginal. Além disso, o número de empresas, e portanto a variedade de produtos,

pode ser muito grande ou muito pequeno. Na prática, a capacidade dos formuladores de políticas de corrigir essas ineficiências é limitada.

- A diferenciação de produto inerente à competição monopolística leva ao uso da publicidade e de marcas. Os críticos de publicidade e das marcas argumentam que as empresas as utilizam para manipular os gostos dos consumidores e para reduzir a competitividade. Os defensores da publicidade e das marcas argumentam que as empresas as utilizam para informar os clientes e para competir com maior vigor em preço e qualidade de produto.

CONCEITOS-CHAVE

oligopólio, p. 342   competição monopolística, p. 342

QUESTÕES DE REVISÃO

1. Descreva os três atributos da competição monopolística. Em que ela se assemelha ao monopólio? Em que se assemelha à competição perfeita?
2. Represente graficamente uma empresa que esteja tendo lucro no mercado monopolisticamente competitivo. Agora, mostre o que acontece com ela quando novas empresas entram no setor.
3. Represente graficamente o equilíbrio de longo prazo no mercado monopolisticamente competitivo. Como o preço está relacionado com o custo total médio? Como o preço está relacionado com o custo marginal?
4. Um competidor monopolístico produz uma quantidade maior ou menor que o nível de eficiência máxima? Que considerações práticas tornam a solução desse problema difícil para os formuladores de políticas?
5. Como a publicidade pode reduzir o bem-estar econômico? E como pode aumentá-lo?
6. Como a publicidade sem conteúdo informativo aparente pode transmitir, de fato, informação aos consumidores?
7. Explique dois benefícios que podem surgir da existência de marcas.

PROBLEMAS E APLICAÇÕES

1. Entre monopólio, oligopólio, competição monopolística e competição perfeita, como você classificaria o mercado para cada uma das seguintes bebidas?
    a. água de torneira
    b. água engarrafada
    c. refrigerante
    d. cerveja
2. Classifique os seguintes mercados como perfeitamente competitivos, monopolistas ou monopolisticamente competitivos. Explique suas respostas.
    a. lápis de escrever
    b. cobre
    c. serviço de eletricidade local
    d. pasta de amendoim
    e. batom
3. Indique se cada uma das seguintes afirmações descreve uma empresa perfeitamente competitiva, uma monopolisticamente competitiva, ambas ou nenhuma das duas.
    a. vende um produto diferenciado daqueles dos seus competidores
    b. tem receita marginal menor que o preço
    c. tem lucro econômico no longo prazo
    d. produz no mínimo do custo total médio no longo prazo
    e. equilibra a receita marginal e o custo marginal
    f. cobra um preço acima do custo marginal
4. Indique se cada uma das seguintes afirmações descreve uma empresa monopolista, uma monopolisticamente competitiva, ambas ou nenhuma das duas.
    a. enfrenta uma curva de demanda com inclinação descendente
    b. tem receita marginal menor que o preço
    c. enfrenta a entrada de novas empresas que oferecem produtos similares no mercado
    d. tem lucro econômico no longo prazo
    e. iguala receita marginal e custo marginal
    f. oferece a quantidade socialmente eficiente de produtos
5. Você foi contratado como consultor de uma empresa monopolisticamente competitiva e essa empresa apresenta as informações a seguir a respeito de seu preço, custo marginal e custo total médio. Ela está maximizando o lucro? Se não estiver, o que será necessário fazer? Se estiver maximizado o lucro, a empresa está em equilíbrio de longo prazo? Se não estiver, o que será necessário fazer para recuperar esse equilíbrio?
    a. $P < CMg, P > CTM$
    b. $P > CMg, P < CTM$

c. $P = CMg, P > CTM$
d. $P > CMg, P = CTM$

6. A Sparkle é uma das muitas empresas do mercado de creme dental que estão em equilíbrio de longo prazo.
   a. Represente graficamente as curvas de demanda, de receita marginal, de custo total médio e de custo marginal da Sparkle. Indique a quantidade e o preço que maximizam o lucro para a Sparkle.
   b. Qual é o lucro da Sparkle? Explique.
   c. Em seu diagrama, indique o excedente do consumidor derivado da compra do creme dental Sparkle. Indique também o peso morto em relação ao nível eficiente de produção.
   d. Se o governo obrigasse a Sparkle a produzir no nível eficiente, o que aconteceria com a empresa? O que aconteceria com seus clientes?

7. Considere um mercado monopolisticamente competitivo com N empresas. As oportunidades de negócio de cada empresa estão descritas nas seguintes equações:

$$\text{Demanda: } Q = 100/N - P$$
$$\text{Receita marginal: } RMg = 100/N - 2Q$$
$$\text{Custo total: } CT = 50 + Q^2$$
$$\text{Custo marginal: } CMg = 2Q$$

   a. De que maneira N, o número de empresas no mercado, afeta a curva de demanda de cada empresa? Por quê?
   b. Quantas unidades cada empresa produz? (As respostas a esta questão e às próximas duas perguntas dependem de N.)
   c. Que preço cada empresa cobra?
   d. Quanto lucro cada empresa obtém?
   e. No longo prazo, quantas empresas existirão nesse mercado?

8. Em Nutville, o mercado de pasta de amendoim é monopolisticamente competitivo e apresenta equilíbrio de longo prazo. Um dia, Jif Skippy, defensor do consumidor, descobre que todas as marcas de pasta de amendoim em Nutville são idênticas. Consequentemente, o mercado se torna perfeitamente competitivo e, novamente, alcança o equilíbrio de longo prazo. Usando um diagrama apropriado, explique se cada uma das seguintes variáveis aumenta, diminui ou permanece a mesma para uma típica empresa no mercado.
   a. preço
   b. quantidade
   c. custo total médio
   d. custo marginal
   e. lucro

9. Para cada um dos pares de empresas apresentados a seguir, explique qual empresa estaria mais propensa a utilizar publicidade.
   a. uma fazenda administrada por uma família ou um restaurante administrado por uma família
   b. um fabricante de empilhadeiras ou um fabricante de carros de passeio
   c. uma empresa que desenvolveu uma lâmina de barbear extremamente confortável ou uma empresa que desenvolveu uma menos confortável

10. A Sleek Sneakers Co. é uma das muitas empresas do ramo de calçados.
    a. Suponha que hoje a empresa obtenha lucros econômicos no curto prazo. Elabore um diagrama para mostrar o nível de produção e de preços que maximizam os lucros, assim como a área que representa o lucro.
    b. O que acontece com o preço, a produção e o lucro no longo prazo? Descreva essa mudança e apresente-a em outro diagrama.
    c. Suponha que, com o tempo, os consumidores se preocupem mais com as diferenças de estilo entre as marcas. De que modo essa mudança de atitude afeta a elasticidade-preço da demanda de cada empresa? No longo prazo, de que forma essa mudança na demanda afetará o preço, a produção e os lucros da Sleek Sneakers?
    d. Ao nível de preço que maximiza o lucro identificado no item (c), a curva de demanda da Sleek Sneakers é elástica ou inelástica? Explique.

Respostas do teste rápido

1. **b** 2. **d** 3. **a** 4. **d** 5. **a** 6. **c** 7. **b** 8. **b**

Capítulo 18

Oligopólio

oligopólio
estrutura de mercado em que apenas alguns vendedores oferecem produtos similares ou idênticos

teoria dos jogos
estudo de como as pessoas se comportam em situações estratégicas

Se você joga tênis, provavelmente já usou bolas de uma dessas marcas: Penn, Wilson, Dunlop, Prince ou Babolat. Essas poucas empresas fornecem a maior parte das bolas de tênis vendidas nos Estados Unidos. Juntas, elas determinam a quantidade de bolas de tênis produzidas e, dada a curva de demanda de mercado, o preço pelo qual serão vendidas.

O mercado de bolas de tênis é um exemplo de **oligopólio**. Em essência, um mercado oligopolista é aquele em que há poucos vendedores, então as ações deles podem ter grande impacto sobre os lucros dos outros. Este capítulo mostra como essa interdependência molda o comportamento das empresas e os problemas que traz para a política pública.

A análise do oligopólio nos leva à **teoria dos jogos**, o estudo de como as pessoas se comportam em situações estratégicas. O termo "estratégicas", no caso, refere-se a uma situação em que as pessoas, ao escolherem um curso de ação, devem prever a reação das outras pessoas à sua escolha. O pensamento estratégico é crucial não só no jogo de damas, no xadrez e no jogo da velha, mas também em muitas decisões empresariais. Como os mercados oligopolistas têm

apenas poucas empresas, cada uma delas precisa agir de maneira estratégica ao tomar decisões de oferta. Toda empresa sabe que seu lucro não depende só da quantidade que ela produz, mas também da quantidade produzida por outras empresas. Ao definir a produção, uma empresa em um oligopólio precisa analisar como essa decisão pode afetar a decisão das outras empresas do mercado.

A teoria dos jogos não é necessária para analisar os mercados competitivos ou monopolistas. Em um mercado perfeito ou monopolisticamente competitivo, cada empresa é tão pequena quando comparada com o mercado geral que as interações estratégicas com outras empresas não têm importância. No caso de um monopólio, não existem outras empresas para se preocupar. Porém, a teoria dos jogos é importante para entender os oligopólios e pode ser aplicada sempre que um pequeno número de jogadores interagir entre si. A teoria dos jogos ajuda a explicar as estratégias que as pessoas escolhem, seja jogando tênis, seja vendendo bolas de tênis.

18-1 Mercados com poucos vendedores

Um mercado oligopolista inclui apenas um pequeno grupo de vendedores e é caracterizado pela tensão entre cooperação e interesse próprio. Os oligopolistas podem ter mais lucro quando cooperam e agem como se fossem um grande monopolista – produzindo uma pequena quantidade e cobrando um preço bem acima do custo marginal. Ainda assim, como cada oligopolista se preocupa somente com seu próprio lucro, há incentivos poderosos para que eles ajam separadamente, dificultando a manutenção do resultado cooperativo.

18-1a Um exemplo de duopólio

Considere o tipo mais simples de oligopólio, com apenas dois membros, chamado **duopólio**. Os oligopólios com três ou mais membros enfrentam os mesmos problemas que os duopólios, de modo que não perderemos muito se começarmos pelo caso mais simples.

Imagine uma cidade em que apenas dois de seus habitantes – João e Maria – tenham poços que produzem água potável. Todo sábado, João e Maria decidem quantos litros vão bombear, levar até a cidade e vender pelo preço que o mercado puder pagar. Para simplificar, imaginemos que eles possam bombear toda a água que quiserem sem custo. Ou seja, o custo marginal da água é zero.

A Tabela 18-1 mostra a escala de demanda de água. A primeira coluna mostra a quantidade demandada total, e a segunda, o preço. Se os proprietários dos poços venderem um total de 10 litros de água, cada litro custará $ 110. Se os dois proprietários venderem um total de 20 litros, o preço de cada litro cairá para $ 100; e assim por diante. Se representássemos graficamente essas duas colunas de números, obteríamos uma curva de demanda padrão com inclinação descendente.

A última coluna da Tabela 18-1 mostra a receita total da venda de água, que é igual à quantidade vendida vezes o preço. Como não há custo para bombear água, a receita total dos dois produtores é igual ao seu lucro total.

Agora, examinemos como a organização do setor de abastecimento de água da cidade afeta o preço e a quantidade vendida.

18-1b Competição, monopólios e cartéis

Antes de examinarmos o preço e a quantidade de água que resultariam do duopólio de João e Maria, vamos abordar o que aconteceria se o mercado fosse perfeitamente competitivo ou monopolístico. Esses dois casos são referências naturais.

Tabela 18-1	Quantidade	Preço	Receita total (e lucro total)
Escala de demanda de água	0 litros	$ 120	$ 0
	10	110	1.100
	20	100	2.000
	30	90	2.700
	40	80	3.200
	50	70	3.500
	60	60	3.600
	70	50	3.500
	80	40	3.200
	90	30	2.700
	100	20	2.000
	110	10	1.100
	120	0	0

Se o mercado de água fosse perfeitamente competitivo, as decisões de produção de cada empresa levariam a uma igualdade entre o preço e o custo marginal. Como aqui o custo marginal para a produção adicional de água é zero, o preço de equilíbrio da água em competição perfeita também é zero. A quantidade de equilíbrio seria 120 litros. Assim, o preço da água refletiria o custo de produção e a quantidade eficiente de água seria produzida e consumida.

Agora, veremos como um monopólio se comportaria. A Tabela 18-1 mostra que o lucro total é maximizado na quantidade de 60 litros e no preço de $ 60 por litro. Assim, um monopolista maximizador de lucros produziria essa quantidade e cobraria esse preço. Como é padrão no monopólio, o preço seria superior ao custo marginal. O resultado seria ineficiente, já que a quantidade de água vendida e consumida seria inferior ao nível socialmente eficiente de 120 litros.

Que resultado devemos esperar para os nossos duopolistas? Uma possibilidade é que João e Maria se reúnam e façam um acordo em relação à quantidade de água a ser produzida e ao preço a ser cobrado. Tal acordo entre empresas sobre produção e preços é chamado **conluio**, e o grupo de empresas que age conforme esse acordo é denominado **cartel**. Uma vez formado um cartel, o mercado passa, na prática, a ser atendido por um monopólio, e podemos, então, aplicar a análise do Capítulo 16. Ou seja, se João e Maria entrassem em conluio, concordariam com o resultado de monopólio, porque ele maximiza o lucro total que os produtores podem obter do mercado. Juntos, eles bombeariam um total de 60 litros, que seriam vendidos ao preço de $ 60 cada. O preço é superior ao custo marginal, e o resultado é socialmente ineficiente.

Um cartel deve concordar não apenas com o nível total de produção, mas também com a quantidade a ser produzida pelos membros. Cada membro quer ter uma participação maior no mercado porque isso significa maior lucro individual. Nesse caso, João e Maria devem concordar em como dividir a produção monopolista de 60 litros. Se eles concordarem em dividir o mercado em partes iguais, cada um produzirá 30 litros, o preço será de $ 60 por litro e cada um deles terá lucro de $ 1.800.

conluio
acordo entre as empresas de um mercado a respeito das quantidades a serem produzidas ou dos preços a serem cobrados

cartel
grupo de empresas agindo conforme um acordo

18-1c O equilíbrio em um oligopólio

Os oligopolistas gostariam de formar cartéis e obter lucros monopolistas, mas geralmente isso não é possível. Muitas vezes, os conflitos entre os membros de um cartel a respeito de como dividir o lucro impedem um acordo entre os oligopolistas. Além disso, a legislação antitruste proíbe explicitamente tais acordos. Até mesmo falar sobre restrições de preços e produção com seus competidores pode ser uma infração penal. Vejamos, então, o que aconteceria se João e Maria decidissem separadamente a quantidade de água a ser produzida.

Poderia-se esperar que ambos chegassem ao resultado monopolista individualmente, porque esse resultado maximiza o lucro conjunto. Na falta de um acordo entre as partes, contudo, o desfecho monopolista é improvável. Para saber por quê, imagine que João espere que Maria produza apenas 30 litros (metade da quantidade monopolista). João raciocinaria da seguinte maneira:

"Eu também poderia produzir 30 litros. Juntos, venderíamos 60 litros de água a $ 60 por litro. Meu lucro seria de $ 1.800 (30 litros × $ 60 por litro). Mas por que se contentar com isso? Eu poderia produzir 40 litros. Juntos, venderíamos 70 litros de água por $ 50 cada. Meu lucro seria de $ 2.000 (40 litros × $ 50 por litro). O lucro total do mercado diminuiria, mas quem se importa? Meu lucro aumentaria porque eu teria uma fração maior do mercado."

Até certo ponto, esse raciocínio faz sentido. Mas há um porém: Maria pode pensar da mesma forma. Então ela também colocaria 40 litros no mercado. As vendas totais seriam de 80 litros, os preços cairiam para $ 40 e o lucro total seria de $ 3.200. João e Maria receberiam somente $ 1.600 cada. Ao priorizar o interesse próprio, os duopolistas produziriam uma quantidade total maior que a quantidade monopolista, cobrariam um preço inferior ao preço monopolista e teriam lucro total menor que o lucro monopolista.

A lógica do interesse próprio aumenta a produção do duopólio para além do nível de monopólio, mas não leva os duopolistas a uma alocação competitiva. Vamos ver o que acontece quando cada duopolista produz 40 litros. O preço é $ 40, e cada duopolista obtém um lucro de $ 1.600. João pensa melhor sobre a situação, mas a lógica do interesse próprio faz com que ele chegue a uma conclusão diferente:

"Agora, meu lucro é de $ 1.600. Suponha que eu aumente a produção para 50 litros. Neste caso, meu lucro seria de apenas $ 1.500. Então, em vez aumentar a produção e diminuir o preço, é melhor eu manter a produção em 40 litros."

Maria também chega à mesma conclusão.

Um desfecho em que João e Maria produzem 40 litros cada parece ser uma espécie de equilíbrio. Na realidade, esse tipo de resultado é chamado equilíbrio de Nash (em homenagem ao matemático e economista, vencedor do prêmio Nobel, John Nash, cuja vida foi retratada no livro e no filme *Uma mente brilhante*). Um **equilíbrio de Nash** é uma situação em que agentes econômicos interagindo uns com os outros escolhem a melhor estratégia para si com base nas estratégias escolhidas pelos outros. Nesse caso, como Maria está produzindo 40 litros, a melhor estratégia para João é produzir também 40 litros. De maneira similar, como João está produzindo 40 litros, a melhor estratégia para Maria é produzir também 40 litros. Nesse equilíbrio de Nash, João e Maria não têm incentivos para tomar uma decisão diferente.

Esse exemplo demonstra a tensão entre cooperação e interesse próprio que é a essência dos oligopólios. Os oligopolistas estariam em melhor situação se cooperassem uns com os outros para atingir o resultado de monopólio. Mas como cada um persegue seu próprio interesse, eles não têm sucesso. Cada oligopolista sente-se tentado a aumentar a produção e a capturar uma parte maior do mercado. À medida que tentam fazer isso, o preço e o lucro total caem.

Porém, o interesse próprio não conduz totalmente o mercado ao resultado competitivo. Assim como os monopolistas, os oligopolistas sabem que o aumento da produção reduz o preço que eles recebem, o que, por sua vez, afeta os lucros. Assim, eles não chegam a seguir

equilíbrio de Nash
uma situação em que os agentes econômicos que estão interagindo uns com os outros escolhem sua melhor estratégia, dadas as estratégias escolhidas pelos demais agentes

a regra das empresas competitivas de produzir até o ponto em que o preço é igual ao custo marginal.

Em suma, em um oligopólio, quando as empresas escolhem individualmente a quantidade produzida para maximizar o lucro, produzem uma quantidade maior que o nível produzido por um monopólio e menor que o nível produzido em um mercado de competição perfeita. O preço oligopolista é inferior ao preço do monopolista, mas superior ao preço competitivo, que é igual ao custo marginal.

18-1d Como o tamanho de um oligopólio afeta o resultado de mercado

Podemos usar os ensinamentos dessa análise do duopólio para discutir como o tamanho de um oligopólio afeta os resultados do mercado. Suponha, por exemplo, que Helena e Miguel encontrem fontes de água em suas propriedades e se unam a João e Maria no oligopólio de água. A escala de demanda da Tabela 18-1 permanece a mesma, mas agora há mais produtores disponíveis para atender a essa demanda. Como um aumento do número de vendedores de dois para quatro afetaria o preço e a quantidade de água da cidade?

Se os vendedores formassem um cartel, eles tentariam novamente maximizar o lucro total produzindo a quantidade de monopólio e cobrando o preço de monopólio. Assim como ocorria quando havia apenas dois vendedores, os membros do cartel teriam de chegar a um acordo sobre os níveis de produção de cada um e encontrar uma maneira de fazer o acordo ser cumprido. Com o crescimento do cartel, contudo, esse resultado passa a ser menos provável. Se você já fez parte de um time ou clube, deve ter reparado que trabalhar em harmonia fica mais difícil quando o tamanho do grupo aumenta. Além disso, escapar da legislação antitruste pode ser mais difícil com um número maior de conspiradores.

Se os oligopolistas não formarem um cartel, precisarão decidir por conta própria quanta água produzir. Para ver de que maneira o aumento do número de vendedores afeta o resultado, considere a decisão com a qual cada um se defronta. A qualquer momento, cada proprietário de poço tem a opção de aumentar a produção em um litro. Ao tomar essa decisão, o proprietário do poço pondera dois efeitos:

- **Efeito quantidade:** uma vez que o preço é superior ao custo marginal, vender mais um litro de água ao preço em vigor aumentará o lucro.
- **Efeito preço:** como o aumento da produção eleva a quantidade total vendida, o preço da água cai, assim como o lucro de todos os outros litros vendidos.

Se o efeito quantidade for maior que o efeito preço, o proprietário do poço aumentará a produção. Se o efeito preço for maior que o efeito quantidade, o proprietário do poço não aumentará a produção (na verdade, nesse caso, é lucrativo reduzir a produção). Cada oligopolista continua a aumentar a produção até que esses dois efeitos marginais estejam exatamente equilibrados, tomando a produção das demais empresas como dada.

Considere, agora, como o número de empresas no setor afeta a análise marginal de cada oligopolista. Quanto mais empresas houver, menor será a participação de mercado de cada uma delas. À medida que a participação de mercado de uma empresa diminui, menos ela se preocupa com seu próprio impacto sobre os preços do mercado. Ou seja, à medida que o oligopólio aumenta, a magnitude do efeito preço diminui.

Quando o oligopólio se torna muito grande, o efeito preço desaparece completamente. Neste caso extremo, a decisão de produção de uma única empresa não terá mais nenhum efeito sobre o preço de mercado. Cada empresa seguirá o preço do mercado quando decidir a quantidade a ser produzida e, portanto, aumentará a produção desde que o preço seja superior ao custo marginal. Em outras palavras, podemos ver que um grande oligopólio é, essencialmente, um grupo de empresas competitivas.

PERGUNTE A QUEM SABE — Participação de mercado e poder de mercado

"Se um pequeno número de empresas tem uma grande participação de mercado somada em um mercado definido adequadamente, esta é uma forte evidência de que essas empresas têm um poder de mercado significativo."

O que dizem os economistas?
25% discordam
21% não têm certeza
54% concordam

Fonte: IGM Economic Experts Panel, 25 de setembro de 2018.

Em suma, à medida que o número de vendedores em um oligopólio aumenta, o mercado oligopolista fica cada vez mais parecido com um mercado competitivo. O preço se aproxima do custo marginal e a quantidade produzida se aproxima do nível socialmente eficiente.

Essa análise do oligopólio oferece uma nova perspectiva em relação aos efeitos do comércio internacional. Imagine que Toyota e Honda sejam as únicas fabricantes de automóveis do Japão, que Volkswagen e BMW sejam as únicas da Alemanha, e que Ford e General Motors sejam as únicas dos Estados Unidos. Se esses países proibissem o comércio internacional de automóveis, cada um teria um oligopólio com apenas dois membros, e o preço e a quantidade do mercado provavelmente se afastariam do ideal competitivo. Com o comércio internacional, no entanto, surge um mercado mundial e esse oligopólio passa a ter seis membros. A permissão do livre-comércio aumenta o número de produtores entre os quais cada consumidor pode escolher, e essa competição maior mantém os preços mais próximos do custo marginal. Assim, a teoria do oligopólio nos dá outro motivo, além da teoria da vantagem comparativa abordada no Capítulo 3, pelo qual todos os países podem se beneficiar do livre-comércio.

Teste rápido

1. A principal característica de um mercado oligopolista é que
   a. cada empresa vende um produto diferente do das outras.
   b. uma única empresa escolhe um ponto na curva de demanda do mercado.
   c. cada empresa toma o preço do mercado como dado.
   d. um pequeno número de empresas age de maneira estratégica.

2. Se uma indústria oligopolista se organizar como um cartel cooperativo, passará a produzir uma quantidade que é _____ que o nível competitivo e _____ que o nível de monopólio.
   a. menor; maior
   b. maior; menor
   c. menor; a mesma
   d. a mesma; maior

3. Se um oligopólio não cooperar e cada empresa escolher sua própria quantidade, a indústria passará a produzir uma quantidade que é _____ que o nível competitivo e _____ que o nível de monopólio.
   a. menor; maior
   b. maior; menor
   c. menor; a mesma
   d. a mesma; maior

4. À medida que o número de empresas de um oligopólio aumenta, a indústria se aproxima de um nível de produção que é _____ que o nível competitivo e _____ que o nível de monopólio.
   a. menor; maior
   b. maior; menor
   c. menor; o mesmo
   d. o mesmo; maior

As respostas estão no final do capítulo.

18-2 A economia da cooperação

Os oligopolistas gostariam de atingir o resultado monopolista, mas podem ter dificuldade para cooperar. Essa situação não é rara: na vida, muitas vezes as pessoas não conseguem cooperar umas com as outras, mesmo quando a cooperação deixaria todos em uma situação melhor. O oligopólio é apenas um exemplo.

Esta seção analisa em detalhes os problemas que surgem quando a cooperação é desejável, mas difícil. Para isso, é preciso entender a teoria dos jogos. Vamos nos concentrar em um "jogo" chamado **dilema dos prisioneiros**, que nos ensina uma lição geral que se aplica a qualquer grupo que tente manter a cooperação entre seus membros.

dilema dos prisioneiros
um "jogo" específico entre dois prisioneiros que ilustra por que a cooperação é difícil de manter, mesmo quando mutuamente benéfica

18-2a O dilema dos prisioneiros

O dilema dos prisioneiros é uma história sobre dois criminosos que foram capturados pela polícia. Vamos chamá-los de Bonnie e Clyde. A polícia dispõe de provas suficientes para condenar os dois por um crime menor, o de porte ilegal de arma, de modo que cada um passaria um ano na cadeia. A polícia também suspeita que os criminosos tenham cometido um assalto a banco juntos, mas não tem evidências concretas para condená-los por esse crime. A polícia os interroga em salas separadas e propõe a cada um deles o seguinte acordo:

"Até o momento, podemos prendê-los por um ano. Entretanto, se você confessar o assalto ao banco e acusar seu comparsa, nós lhe daremos imunidade e você ficará livre, enquanto seu cúmplice passará 20 anos na cadeia. Se vocês dois confessarem o crime, não precisaremos do seu testemunho e poderemos economizar os custos do julgamento, de modo que vocês dois receberão uma pena intermediária de 8 anos."

Se Bonnie e Clyde, assaltantes insensíveis que são, só se preocupassem com suas próprias sentenças, o que você acha que eles fariam? A Figura 18-1 mostra a **matriz de recompensas** por suas escolhas. Cada prisioneiro tem duas estratégias: confessar ou permanecer em silêncio. A sentença que cada um receberá depende da estratégia escolhida por cada um e da estratégia escolhida pelo seu cúmplice no crime.

Vamos considerar, primeiro, a decisão de Bonnie. Ela raciocina da seguinte forma: "Vivemos bons momentos roubando bancos juntos, mas agora não sei o que Clyde vai fazer. Se ele ficar em silêncio, minha melhor estratégia é confessar, já que assim ficarei livre em vez de passar um ano na cadeia. Se ele confessar, ainda assim é melhor que eu confesse, porque eu passaria apenas oito anos na cadeia, em vez de 20. Então, independentemente do que Clyde faça, é melhor para mim confessar".

Na linguagem da teoria dos jogos, uma estratégia é chamada **estratégia dominante** se for a melhor para um dos jogadores, independentemente das estratégias utilizadas pelos demais. Nesse caso, confessar é uma estratégia dominante para Bonnie. Ela passará menos tempo na cadeia se confessar, independentemente de Clyde confessar ou permanecer em silêncio.

estratégia dominante
em um jogo, é a melhor estratégia para um jogador, independentemente das estratégias escolhidas pelos demais jogadores

Figura 18-1

O dilema dos prisioneiros

Neste jogo entre dois criminosos suspeitos de terem cometido um crime, a sentença que cada um recebe depende tanto de sua própria decisão de confessar ou permanecer em silêncio quanto da decisão tomada pelo outro.

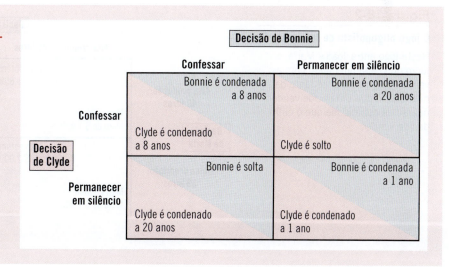

Vamos ver agora a decisão de Clyde. Ele tem exatamente as mesmas opções que Bonnie e raciocina de maneira semelhante. Independentemente do que Bonnie faça, Clyde poderá reduzir seu tempo na prisão se confessar. Em outras palavras, confessar também é uma estratégia dominante para Clyde.

No final, tanto Bonnie quanto Clyde confessam e cada um passa 8 anos na cadeia. Esse resultado é um equilíbrio de Nash: cada criminoso escolheu a melhor estratégia disponível, dada a estratégia seguida pelo outro. Ainda assim, do ponto de vista de cada um, esse é um péssimo resultado. Se os **dois** tivessem permanecido em silêncio, ambos estariam em melhor situação, passando apenas um ano na cadeia por causa da acusação de porte ilegal de arma. Ao agirem em interesse próprio, os dois chegam, juntos, a um resultado que é pior para ambos.

Você pode ter pensado que Bonnie e Clyde teriam previsto essa situação e se planejado com antecedência. Entretanto, mesmo com planejamento prévio, eles estariam em maus lençóis. Imagine que, antes de terem sido capturados pela polícia, Bonnie e Clyde tenham jurado amor eterno e feito um pacto de não confessar. Claramente, esse pacto os deixaria em melhor situação **se** os dois o cumprissem, já que, então, cada um passaria um ano na cadeia. Eles poderiam, então, viver felizes para sempre. Mas será que Bonnie e Clyde se manteriam em silêncio simplesmente porque fizeram um pacto? Como eles estão sendo interrogados separadamente, a lógica do interesse próprio assume o controle e os induz a confessar. É difícil manter a cooperação entre os prisioneiros porque ela é irracional, do ponto de vista individual – assim como o amor, mas fica mais fácil quando você não está enfrentando uma sentença à prisão.

18-2b Oligopólios como um dilema dos prisioneiros

O que o dilema dos prisioneiros tem a ver com os mercados e a competição imperfeita? É que a situação dos oligopolistas que tentam atingir um resultado monopolista é semelhante à de Bonnie e Clyde no "dilema dos prisioneiros".

Considere mais uma vez as escolhas que João e Maria precisam fazer. Depois de prolongada negociação, os dois fornecedores de água decidem manter a produção em 30 litros, de modo que o preço fique alto e juntos eles consigam obter o lucro máximo. Após concordarem sobre os níveis de produção, no entanto, cada um deve decidir se coopera e assume sua responsabilidade ou se as ignora e produz em um nível mais alto. A Figura 18-2 mostra como o lucro dos dois produtores depende da estratégia que escolhem.

Figura 18-2

O jogo oligopolista de João e Maria

Neste jogo entre João e Maria, o lucro que cada um obtém com a venda da água depende tanto da quantidade que um decide vender quanto da quantidade que o outro decide vender.

	Decisão de João	
Decisão de Maria	**Alta produção: 40 litros**	**Baixa produção: 30 litros**
Alta produção: 40 litros	João obtém lucro de $ 1.600 Maria obtém lucro de $ 1.600	João obtém lucro de $ 1.500 Maria obtém lucro de $ 2.000
Baixa produção: 30 litros	João obtém lucro de $ 2.000 Maria obtém lucro de $ 1.500	João obtém lucro de $ 1.800 Maria obtém lucro de $ 1.800

João pode pensar assim: "Posso manter a produção de 30 litros, conforme combinamos, ou aumentar minha produção e vender 40 litros. Se Maria cumprir o acordo e manter sua produção em 30 litros, meu lucro será de $ 2.000 se eu vender 40 litros e $ 1.800 se vender 30". Nesse caso, ficarei em melhor situação com um maior nível de produção. Se Maria desrespeitar o acordo e produzir 40 litros, então ganharei $ 1.600 com produção alta e $ 1.500 com produção baixa. Novamente, ficarei em melhor situação com produção alta. Assim, independentemente do que ela decidir fazer, ficarei em melhor situação se desrespeitar o acordo e aumentar a produção".

Produzir 40 litros é a estratégia dominante para João. É claro que Maria raciocina da mesma maneira, e, assim, os dois produzem no nível de 40 litros. O resultado é uma receita menor (do ponto de vista de ambos), com lucros menores para os dois.

Esse exemplo ilustra por que os oligopólios têm dificuldade para manter lucros monopolistas. O resultado do monopólio é racional para o oligopólio no todo, mas cada oligopolista tem um incentivo para trapacear. Da mesma forma que o interesse próprio leva os suspeitos do caso do dilema dos prisioneiros a confessar, o interesse próprio também torna difícil para o oligopólio manter o resultado cooperativo com produção baixa, preços elevados e lucros de monopólio.

Opep e o mercado mundial de petróleo

A história sobre o mercado de água da pequena cidade é fictícia, mas se trocarmos água por petróleo e João e Maria por Arábia Saudita e Iraque, a história fica mais perto da realidade. Grande parte do petróleo mundial é produzida por um pequeno grupo de países, a maioria no Oriente Médio. Juntos, esses países compõem um oligopólio. As decisões que eles tomam sobre a quantidade de petróleo que será extraída são semelhantes às decisões de João e Maria sobre a quantidade de água produzida.

Em 1960, os países que produzem a maior parte do petróleo do mundo formaram um cartel chamado Organização dos Países Exportadores de Petróleo (Opep). O grupo inclui Arábia Saudita, Iraque, Irã, Emirados Árabes Unidos, Kuwait, Venezuela e diversos outros países. Em 2016, dez outras nações produtoras de petróleo, lideradas pela Rússia, uniram forças com a Opep, e agora o grupo é conhecido como Opep+. Juntos, os países da Opep+ controlam a maioria das reservas de petróleo do mundo. O cartel tenta elevar o preço de seus produtos por meio de uma redução coordenada na quantidade produzida. Para isso, define metas de produção para cada um dos países-membros.

O problema enfrentado pela Opep+ é bem parecido com aquele enfrentado por João e Maria na nossa história. Os países do cartel gostariam de manter um preço elevado para o petróleo. Porém, cada membro é tentado a aumentar sua produção para obter uma parcela maior do lucro total. Os membros da Opep+ frequentemente concordam em reduzir a produção, mas depois descumprem o acordo.

A Opep conseguiu manter a cooperação e os preços elevados com sucesso no período de 1973 a 1985. O preço do petróleo bruto subiu de $ 3 por barril em 1972 para $ 11 em 1974 e $ 35 em 1981. Porém, na metade da década de 1980, os países-membros começaram a discutir a respeito dos níveis de produção, e a Opep passou a ser ineficaz na manutenção da cooperação. Em 1986, o preço do petróleo caiu para $ 13 por barril.

Nos últimos anos, os membros da Opep continuaram se reunindo regularmente e dialogando com aliados do bloco petrolífero maior, mas tiveram menos sucesso na obtenção e aplicação de acordos. Mudanças de tecnologia, como o desenvolvimento do *fracking* (fraturamento hidráulico), ampliaram a oferta de petróleo ao redor do mundo e reduziram o poder de mercado da Opep. Como resultado, as flutuações nos preços do petróleo têm sido movidas mais por forças naturais de oferta e demanda do que pelas restrições artificiais de produção promovidas pelo cartel. ●

18-2c Outros exemplos do dilema dos prisioneiros

A lógica do dilema dos prisioneiros não se aplica apenas aos oligopólios, mas a muitas outras situações. Aqui, apresentamos dois exemplos em que o interesse próprio impede a cooperação, gerando resultados inferiores para todas as partes envolvidas.

Corrida armamentista Nas décadas após a Segunda Guerra Mundial, as duas superpotências mundiais – Estados Unidos e União Soviética – estiveram em uma competição prolongada por poder militar, assunto esse que motivou alguns dos primeiros trabalhos sobre a teoria de jogos. Teóricos observaram que a corrida armamentista é muito semelhante ao dilema dos prisioneiros. Hoje, o conceito se aplica às relações entre os Estados Unidos, a Rússia e outra grande potência militar, a China.

Considere as decisões dos Estados Unidos e da União Soviética entre fabricar novas armas ou desarmar-se. Ambos os países querem ter mais armas que o outro, porque um arsenal maior conferiria maior influência sobre os assuntos mundiais, mas ambos também têm preocupações quanto ao arsenal do outro país.

A Figura 18-3 mostra a matriz de recompensas desse jogo mortal. Caso a União Soviética opte por se armar, é melhor para os Estados Unidos fazer o mesmo para evitar a perda de poder. Caso a União Soviética opte por se desarmar, é melhor para os Estados Unidos armar-se, porque isso lhes daria maior poder. Para ambos os países, armar-se é a estratégia dominante. Com isso, os dois optam por continuar a corrida armamentista, levando a um resultado insatisfatório, que deixa ambos os países em risco.

Por volta de 1945 a 1991, os Estados Unidos e a União Soviética tentaram resolver esse problema por meio de acordos e negociações sobre o controle de armas. As dificuldades desses dois países eram semelhantes às que os oligopolistas encontram quando tentam manter um cartel. Assim como os oligopolistas discutem sobre os níveis de produção, os Estados Unidos e a União Soviética discutiam sobre a quantidade e os tipos de armas que cada país poderia possuir. Além disso, assim como os cartéis têm dificuldade para manter os níveis de produção combinados, os Estados Unidos e a União Soviética temiam que o país oponente encontrasse maneiras de descumprir o acordo. Tanto na corrida armamentista quanto nos oligopólios, a lógica do interesse próprio pode levar os participantes a um resultado não cooperativo, que é pior para ambas as partes. No entanto, com transparência e métodos rigorosos para verificar se os acordos estão sendo honrados, é possível escapar do dilema dos prisioneiros. Entender as pressões que dificultam a cooperação de ambos os lados pode ser útil.

Figura 18-3

O jogo da corrida armamentista

Neste jogo entre dois países, a segurança e o poder de cada um dependem tanto de sua decisão de se armar quanto da decisão tomada pelo outro país.

		Decisão dos Estados Unidos (EUA)	
		Armar-se	**Desarmar-se**
Decisão da União Soviética (URSS)	**Armar-se**	EUA em risco / URSS em risco	EUA em risco e enfraquecidos / URSS segura e forte
	Desarmar-se	EUA seguros e fortes / URSS em risco e enfraquecida	EUA seguros / URSS segura

Recursos comuns Vimos no Capítulo 11 que as pessoas tendem a usar excessivamente os recursos comuns. Esse problema pode ser ilustrado como um exemplo do dilema dos prisioneiros.

Imagine que duas empresas – ExxonMobil e Chevron – sejam proprietárias de áreas petrolíferas adjacentes. Sob essas áreas, há uma bacia petrolífera comum, que vale $ 120 milhões, e a perfuração de um poço para extrair o petróleo custa $ 10 milhões. Se cada empresa construir um poço, extrairá metade do petróleo e terá um lucro de $ 50 milhões ($ 60 milhões em receitas menos $ 10 milhões em custos).

Como a bacia petrolífera é um recurso comum, as empresas não a utilizarão com eficiência. Suponhamos que qualquer das duas empresas possa perfurar um segundo poço. Se uma empresa tiver dois de três poços, obterá dois terços do petróleo e terá um lucro de $ 60 milhões. A outra ficará com um terço do petróleo e terá um lucro de $ 30 milhões. Porém, se ambas as empresas perfurarem um segundo poço, ambas novamente dividirão o petróleo igualmente. Nesse caso, ambas arcarão com o custo de um segundo poço, de modo que cada uma terá lucro de somente $ 40 milhões.

A Figura 18-4 mostra esse jogo. Perfurar dois poços é a estratégia dominante para cada empresa. Mais uma vez, o interesse próprio dos dois jogadores os leva a um resultado inferior.

18-2d O dilema dos prisioneiros e o bem-estar da sociedade

O dilema dos prisioneiros mostra que pode ser difícil manter a cooperação, mesmo nos casos em que ela beneficiaria ambos os participantes do jogo. Evidentemente, essa falta de cooperação é um problema para as partes envolvidas na situação. Mas será um problema do ponto de vista da sociedade como um todo? A resposta depende das circunstâncias.

Em alguns casos, o equilíbrio não cooperativo é ruim tanto para a sociedade quanto para os jogadores. Na Figura 18-3, no jogo da corrida armamentista, tanto os Estados Unidos quanto a União Soviética terminam em uma situação de risco (assim como o restante do planeta). No jogo dos recursos comuns, na Figura 18-4, os poços adicionais perfurados pela Chevron e pela ExxonMobil são puro desperdício. Nesses dois casos, a sociedade ficaria em melhor situação se os jogadores fossem capazes de chegar ao resultado cooperativo.

No entanto, no caso dos oligopolistas que tentam manter lucros monopolistas, a falta de cooperação é desejável do ponto de vista da sociedade como um todo. O resultado monopolista é bom para os oligopolistas, mas ruim para os consumidores do produto. Como vimos no Capítulo 7, o resultado competitivo é o melhor para a sociedade, porque maximiza o

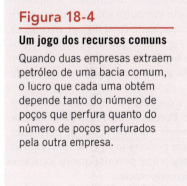

Figura 18-4

Um jogo dos recursos comuns

Quando duas empresas extraem petróleo de uma bacia comum, o lucro que cada uma obtém depende tanto do número de poços que perfura quanto do número de poços perfurados pela outra empresa.

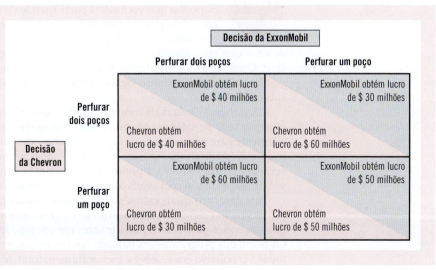

excedente total. Quando os oligopolistas não cooperam uns com os outros, a quantidade que produzem fica mais próxima do nível ótimo. Em outras palavras, a mão invisível orienta os mercados para que aloquem recursos de maneira eficiente apenas quando estes são competitivos, e os mercados são competitivos somente quando as empresas são incapazes de cooperar umas com as outras.

De maneira similar, considere o caso da polícia ao interrogar dois suspeitos. A falta de cooperação entre os suspeitos é desejável para a sociedade, porque permite que a polícia condene mais criminosos. Este é um dilema para os prisioneiros, mas pode ser um benefício para todas as outras pessoas.

18-2e Por que as pessoas às vezes cooperam

O dilema dos prisioneiros mostra que a cooperação é difícil. Mas será que é impossível? Nem todos os prisioneiros, ao serem interrogados pela polícia, decidem delatar seus cúmplices. Os cartéis, às vezes, conseguem manter acordos de conluio, apesar dos incentivos que cada membro tem para desertar. Com frequência, o motivo pelo qual os jogadores conseguem resolver o dilema dos prisioneiros se deve ao fato de que participam do jogo não uma, mas muitas vezes.

Para vermos como é mais fácil obter a cooperação em jogos repetidos, voltemos aos nossos duopolistas, João e Maria, cujas escolhas foram apresentadas na Figura 18-2. Eles gostariam de manter o resultado monopolista em que cada um produz 30 litros. No entanto, se participarem do jogo somente uma vez, nenhum deles terá incentivo para respeitar o acordo. O interesse próprio levará ambos a voltar atrás no acordo e produzir 40 litros.

Suponhamos, agora, que João e Maria saibam que participarão do mesmo jogo toda semana. Quando fizerem o acordo inicial de manter baixa a produção, eles poderão especificar o que acontecerá se uma das partes desrespeitar o acordo. Ambos poderão concordar, por exemplo, que, se um deles produzir 40 litros, os dois produzirão 40 litros daí em diante. Essa penalidade é de fácil aplicação, porque se uma parte elevar a produção, a outra parte terá todos os motivos para fazer o mesmo.

A ameaça dessa penalidade pode ser suficiente para manter a cooperação. Ambos sabem que romper o acordo elevaria seu lucro de $ 1.800 para $ 2 mil, mas esse benefício duraria somente uma semana. Depois disso, o lucro cairia para $ 1.600 e assim se manteria. Como os jogadores se preocupam com os lucros futuros, eles desistirão do ganho momentâneo decorrente do desrespeito ao acordo. Em um jogo repetido do dilema dos prisioneiros, como uma corrida armamentista contínua, os dois jogadores podem ser perfeitamente capazes de chegar ao resultado cooperativo.

O torneio do dilema dos prisioneiros

Suponha que você esteja participando de um jogo do dilema dos prisioneiros com uma pessoa que está sendo interrogada em outra sala, e que as "partidas" serão realizadas várias vezes. Sua pontuação no final do jogo é o número de anos que você passará na prisão, um total que você gostaria que fosse o menor possível. Qual seria sua estratégia? Você começaria confessando ou permaneceria em silêncio? Como as ações do outro jogador em uma rodada afetariam suas escolhas nas rodadas subsequentes?

O jogo agora ficou mais complicado. Para incentivar a cooperação, cada jogador desejará impor uma penalidade quando o outro não cooperar. Porém, a estratégia descrita anteriormente para o cartel de água de João e Maria – descumprir o acordo de forma permanente quando o outro jogador fizer o mesmo – não é nem um pouco indulgente. Se o jogo vai ser repetido várias vezes, é preferível adotar uma estratégia que permita que os jogadores voltem ao resultado cooperativo após um período de não cooperação.

Para descobrir quais estratégias funcionam melhor, o cientista político Robert Axelrod promoveu um concurso. As pessoas se inscreviam enviando programas de computador desenvolvidos para serem participantes em um jogo repetido do dilema dos prisioneiros. Cada um dos programas era pareado com os outros em um torneio ao estilo "todos contra todos". O objetivo era receber o menor número total de anos na prisão.

Por fim, o programa vencedor foi o que teve uma estratégia simples de "pagar na mesma moeda". Com base nessa estratégia, um jogador deve começar cooperando e depois fazer o que o outro jogador tiver feito na rodada anterior. Um jogador que paga na mesma moeda coopera até que o outro deserte e segue desertando até que o outro jogador coopere novamente. Essa estratégia começa amigável, penaliza jogadores hostis e os perdoa, quando justificado. Para surpresa de Axelrod, essa estratégia simples se saiu melhor do que as estratégias mais complexas apresentadas por outras pessoas.

A estratégia de pagar na mesma moeda tem um longo histórico. É o antigo "olho por olho, dente por dente". O torneio do dilema dos prisioneiros sugere que essa estratégia clássica pode ser uma boa regra para encarar alguns jogos da vida. ●

Teste rápido

5. O dilema dos prisioneiros é um jogo entre dois participantes que ilustra que
   a. o resultado cooperativo pode ser pior que o equilíbrio de Nash para ambos.
   b. mesmo que o resultado cooperativo seja melhor que o equilíbrio de Nash para uma pessoa, pode ser pior para a outra.
   c. mesmo que a cooperação seja melhor que o equilíbrio de Nash, cada participante pode ter um incentivo para não cooperar.
   d. indivíduos racionais e egoístas naturalmente evitarão o equilíbrio de Nash porque ele é pior para ambos.

6. Duas pessoas diante de um dilema dos prisioneiros podem cooperar se
   a. reconhecerem que o equilíbrio de Nash é pior para ambas do que o equilíbrio cooperativo.
   b. jogarem o jogo repetidas vezes e esperarem que a falta de cooperação resulte em retaliação futura.
   c. cada uma escolher sua estratégia dominante.
   d. cada uma entender que a estratégia escolhida por ela não é conhecida pela outra até que o resultado seja alcançado.

As respostas estão no final do capítulo.

18-3 Políticas públicas em relação aos oligopólios

Um dos **dez princípios da economia** do Capítulo 1 é que os governos, às vezes, podem melhorar os resultados do mercado. Esse princípio se aplica diretamente aos mercados oligopolistas, onde a cooperação gera uma produção demasiadamente baixa e preços elevados para a sociedade como um todo. A alocação de recursos ficará mais próxima do ótimo social se as empresas de um oligopólio competirem, em vez de cooperar. Vejamos como os formuladores de políticas públicas podem estimular a competição.

18-3a Restrição ao comércio e a legislação antitruste

As leis podem inibir a cooperação entre os oligopolistas. Em geral, a liberdade contratual é parte essencial de uma economia de mercado. Empresas e famílias usam contratos para organizar transações mutuamente vantajosas e, para tanto, confiam no sistema judiciário para fazer valer os contratos. Há muitos séculos, porém, os juízes da Inglaterra e dos Estados Unidos estipularam que contratos entre concorrentes para reduzir quantidades e aumentar preços eram contrários ao bem público e, assim, passaram a recusar-se a fazer valer esses contratos.

A Lei Antitruste Sherman, de 1890, codificou e reforçou essa política nos Estados Unidos:

> Todo contrato, combinação sob a forma de truste ou de qualquer outra forma, ou conspiração que tenha por objetivo restringir o intercâmbio ou comércio entre os diversos estados, ou com países estrangeiros é considerado ilegal. [...] Toda pessoa que monopolizar, ou tentar monopolizar, ou combinar, ou conspirar com alguma pessoa ou pessoas

para monopolizar qualquer parte do intercâmbio ou comércio entre os diversos estados ou com países estrangeiros será considerada culpada de contravenção e, se condenada, será punida com multa não superior a cinquenta mil dólares, ou à prisão por prazo não superior a um ano, ou com ambas as punições, a critério dos tribunais.

A Lei Sherman elevou os acordos oligopolistas de contratos não executáveis para a categoria de conspirações criminosas.

A Lei Clayton, de 1914, veio para reforçar as leis antitruste. De acordo com ela, se uma pessoa pudesse provar ter sido prejudicada por um acordo ilegal de restrição ao comércio, poderia mover uma ação judicial e receber uma quantia equivalente a três vezes o valor do prejuízo sofrido. O objetivo dessa regra pouco comum de prejuízos multiplicados por três é encorajar processos privados contra oligopolistas em conluio.

Hoje, tanto o Departamento de Justiça dos Estados Unidos quanto partes privadas têm o direito de mover ações para fazer as leis antitruste serem aplicadas. Como vimos no Capítulo 16, essas leis são usadas para impedir fusões que garantam poder de mercado excessivo a uma empresa. Essas leis também são usadas para impedir que os oligopolistas ajam em conluio para tornar seus mercados menos competitivos.

Uma ligação ilegal

As empresas de um oligopólio têm um forte incentivo para colaborar para reduzir a produção, elevar os preços e aumentar os lucros. Adam Smith, grande economista do século XVIII, estava ciente dessa possível falha do mercado. Em seu livro *A riqueza das nações*, Smith escreveu: "As pessoas do mesmo ramo raramente se reúnem sem que a conversa acabe em uma conspiração contra o público ou em alguma manobra para aumentar os preços".

Como um exemplo moderno da observação de Smith, considere essa conversa telefônica entre executivos de duas companhias aéreas no início dos anos 1980. A ligação foi reproduzida no *New York Times* de 24 de fevereiro de 1983. Robert Crandall era presidente da American Airlines e Howard Putnam comandava a Braniff Airways, uma grande companhia aérea da época. Veja um trecho da conversa:

Crandall: Eu acho muita burrice [...] sentarmos aqui e descermos o #$%& um no outro sendo que nenhum de nós está ganhando a #$%& de um centavo.
Putnam: Você tem alguma sugestão?
Crandall: Sim, eu tenho. Aumente a $%*& das suas tarifas em 20%. Aumentarei as minhas na manhã seguinte.
Putnam: Robert, nós...
Crandall: Você vai ganhar mais dinheiro e eu também.
Putnam: Não podemos falar sobre preços!
Crandall: Ah, @#$%, Howard. Podemos falar sobre qualquer &*#@ que quisermos.

Putnan estava certo: a Lei Antitruste Sherman proíbe que executivos concorrentes conversem sobre a fixação de preços. Quando Putnam entregou uma gravação dessa conversa ao Departamento de Justiça dos Estados Unidos, a entidade abriu um processo contra Crandall.

Dois anos depois, Crandall e o Departamento de Justiça chegaram a um acordo no qual o executivo concordou com restrições às suas atividades comerciais, inclusive contatos com representantes de outras companhias aéreas. O Departamento de Justiça afirmou que os termos do acordo "protegeriam a concorrência no setor aéreo ao impedir que a American Airlines e Crandall tentassem monopolizar o serviço aéreo de passageiros em qualquer rota por meio de discussões com concorrentes sobre os preços dos serviços". ●

18-3b Controvérsias sobre a política antitruste

O debate sobre quais tipos de comportamentos deveriam ser proibidos pela legislação antitruste costuma ser controverso. A maioria dos comentaristas concorda que os acordos de fixação de preços entre empresas concorrentes devem ser considerados ilegais, mas as leis antitruste já foram utilizadas para condenar algumas práticas empresariais cujos efeitos não são óbvios. Trataremos aqui de três exemplos.

Fixação de preço de revenda Um exemplo de prática empresarial controversa é a **fixação de preço de revenda** (ou comércio justo). Imagine que a Superduper Electronics vende *smartphones* a lojas de varejo por $ 400. Se a Superduper exigir que os varejistas cobrem $ 500 dos clientes, estará praticando fixação de preço de revenda. Qualquer varejista que cobre menos que $ 500 terá violado seu contrato com a Superduper.

À primeira vista, a manutenção do preço de revenda pode parecer anticompetitiva. Como um acordo entre os membros de um cartel, ela impede que os varejistas concorram em preço. Por isso, os tribunais muitas vezes consideram a fixação de preço de revenda uma violação à legislação antitruste.

Alguns economistas, no entanto, defendem a prática. Primeiro, negam que a prática tenha por objetivo reduzir a competição. Na medida em que a Superduper tenha qualquer poder de mercado, ela pode exercê-lo por meio do preço de atacado e não pela fixação do preço de revenda. Além disso, a Superduper não tem motivo para desencorajar a competição entre seus revendedores. Como um cartel de revendedores vende menos que um grupo de varejistas competitivos, a Superduper ficaria em pior situação se seus varejistas formassem um cartel.

Em segundo lugar, alguns economistas acreditam que a fixação de preço de revenda tenha um objetivo legítimo. A Superduper pode querer que seus varejistas ofereçam aos clientes um ambiente agradável e uma equipe de vendas bem treinada. Mas, sem a fixação do preço de revenda, alguns clientes se aproveitariam dos serviços de uma loja para aprender tudo sobre as características especiais do *smartphone* e depois iriam comprar o produto num varejista que oferecesse um preço mais baixo e não prestasse esses serviços. Em certa medida, um bom atendimento é um bem público entre os varejistas que vendem produtos Superduper. Como vimos no Capítulo 11, quando uma pessoa oferece um bem público, outras são capazes de usufruir dele sem pagar por isso. Nesse caso, os varejistas que oferecem preço mais baixo pegariam uma carona no atendimento oferecido pelos demais, levando a uma quantidade de serviços menor que a desejável. A fixação do preço de revenda é uma maneira pela qual a Superduper pode lidar com os caroneiros.

O exemplo da fixação do preço de revenda ilustra um princípio importante: **práticas comerciais que parecem reduzir a competição podem, na realidade, ter objetivos legítimos**. Esse princípio dificulta a aplicação da legislação antitruste. Os responsáveis pela aplicação dessas leis precisam identificar quais tipos de comportamento impedem a competição e reduzem o bem-estar econômico. Essa tarefa, muitas vezes, não é fácil.

Preços predatórios As empresas que têm poder de mercado costumam usá-lo para elevar os preços para além do nível competitivo. Mas os formuladores de políticas devem se preocupar com a possibilidade de que as empresas com poder de mercado cobrem preços excessivamente baixos? Essa questão está no cerne de uma segunda discussão sobre a política antitruste.

Imagine que uma grande companhia aérea, que chamaremos de Coiote Air, tenha um monopólio sobre determinada rota. Então surge a Papa-Léguas Express e consegue 20% do mercado, deixando a Coiote com 80%. Reagindo à competição, a Coiote começa a cortar os preços de suas passagens. Alguns analistas antitruste argumentam que a ação da Coiote poderia ser anticompetitiva: os cortes podem ter por objetivo empurrar a Papa-Léguas para fora do mercado, de modo que a Coiote possa recuperar seu monopólio e elevar novamente os preços. Esse comportamento é chamado **determinação de preços predatórios**.

Embora a definição de preços predatórios seja uma acusação comum em processos antitruste, alguns analistas acreditam que ela raramente – talvez nunca – representa uma estratégia de negócios lucrativa. Por quê? Para que uma guerra de preços tire um rival do mercado, os preços precisam ficar abaixo dos custos. Mas, se a Coiote começar a vender passagens baratas com prejuízo, precisará estar preparada para aumentar o número de voos, porque as tarifas mais baixas atrairão mais clientes. A Papa-Léguas, enquanto isso, poderá reagir à jogada predatória da Coiote, reduzindo o número de voos. Com isso, a Coiote acaba arcando com mais de 80% das perdas, deixando a Papa-Léguas em posição privilegiada para sobreviver à guerra de preços. Nesse caso, o predador acaba sofrendo mais que a vítima, como no desenho animado.

PERGUNTE A QUEM SABE: Práticas antitruste na economia digital

"A dominância do Google no mercado de buscas na internet deriva principalmente de uma combinação de economias de escala e um algoritmo de qualidade."

O que dizem os economistas?

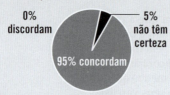

- 0% discordam
- 5% não têm certeza
- 95% concordam

"À luz da dominância do Google, suas práticas de operação atuais poderiam ter um impacto negativo importante no bem-estar social em longo prazo."

O que dizem os economistas?

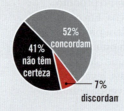

- 52% concordam
- 41% não têm certeza
- 7% discordam

"A natureza da dominância de mercado dos gigantes da tecnologia na economia digital justifica a imposição de algum tipo de regulamentação ou uma mudança fundamental na política antitruste."

O que dizem os economistas?

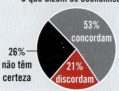

- 53% concordam
- 26% não têm certeza
- 21% discordam

"Exigir que o Facebook se desfaça do WhatsApp e do Instagram provavelmente será melhor para a sociedade."

O que dizem os economistas?

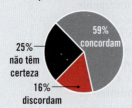

- 59% concordam
- 25% não têm certeza
- 16% discordam

Fonte: IGM Economic Experts Panel, 3 de novembro de 2020, 22 de dezembro de 2020.

Os economistas continuam a debater se o preço predatório deve ser uma preocupação para os formuladores de políticas antitruste. Em quais situações o preço predatório é uma estratégia lucrativa, se é que isso é possível? Os tribunais são capazes de diferenciar cortes de preços competitivos e predatórios? São questões difíceis de responder.

Venda casada Um terceiro exemplo de prática empresarial controversa é a **venda casada**. Suponhamos que a Makemoney Filmes tenha duas novas produções: *Super-heróis* e *Hamlet*. Se a empresa oferecer aos cinemas os dois filmes juntos por um só preço, e não separadamente, diz-se que o estúdio está casando os dois produtos.

Quando a prática da venda casada foi contestada nos tribunais, a Suprema Corte a proibiu. O raciocínio foi o seguinte: imaginemos que *Super-heróis* seja um sucesso de bilheteria, enquanto *Hamlet* é um filme artístico que não dá lucro. O estúdio poderia usar a alta demanda pelo filme *Super-heróis* para forçar os cinemas a adquirir *Hamlet*. O tribunal decidiu que a venda casada pode ser um mecanismo usado por uma empresa para expandir seu poder de mercado.

Em 1963, o economista George Stigler refutou esse argumento. Imagine que os cinemas estejam dispostos a pagar $ 200 mil pelo filme *Super-heróis* e nada por *Hamlet*. Então, o máximo que um cinema estaria disposto a pagar pelos dois filmes juntos seria $ 200 mil – o mesmo que pagaria pelo filme *Super-heróis* sozinho. Forçar o cinema a aceitar um filme que não vale nada como parte da transação não aumenta a disposição de pagar do cinema. A Makemoney não pode aumentar seu poder de mercado simplesmente colocando os dois filmes em um pacote.

Stigler sugeriu outra explicação para a existência da venda casada: ela seria uma forma de discriminação de preços. Suponhamos que só haja dois cinemas. O City Theater está disposto a pagar $ 150 mil por *Super-heróis* e $ 50 mil por *Hamlet*, enquanto o Country Theater quer fazer exatamente o inverso: está disposto a pagar $ 50 mil por *Super-heróis* e $ 150 mil por *Hamlet*. Se a Makemoney cobrar preços separados pelos dois filmes, sua melhor estratégia será cobrar $ 150 mil por filme, e cada cinema optará por apresentar apenas um filme. Mas, se a Makemoney oferecer os dois filmes em um pacote, poderá cobrar de cada cinema $ 200 mil pelos filmes. Assim, se diferentes cinemas atribuírem valores diferentes aos filmes, a venda casada poderá permitir que o estúdio aumente seu lucro, cobrando um preço combinado mais próximo da disposição total para pagar dos compradores.

A venda casada ainda é uma prática empresarial controversa. O argumento da Suprema Corte de que esse tipo de venda permite que uma empresa amplie seu poder de mercado a outros bens talvez não esteja bem fundamentado, pelo menos em sua forma mais simples. Contudo, os economistas propuseram teorias mais elaboradas sobre como as vendas casadas podem restringir a competição. Dado nosso conhecimento econômico atual, o debate sobre a venda casada ser prejudicial para a sociedade continua.

Estudo de caso

O caso da Microsoft

Um caso de ações antitruste particularmente importante e controverso foi o processo do governo estadunidense contra a Microsoft Corporation, aberto em 1998. O caso foi repleto de drama, e colocou uma das agências reguladoras mais poderosas do mundo (o Departamento de Justiça dos Estados Unidos) contra um dos homens mais ricos do planeta (Bill Gates). Testemunhando em favor do governo estava um economista proeminente (o professor do MIT Franklin Fisher), já do lado da Microsoft estava outro economista de destaque (Richard Schmalensee, também professor do MIT e ex-aluno de Fisher). Nesse processo, estava em jogo o futuro de uma das empresas mais valiosas do mundo (a Microsoft) em uma das indústrias que mais crescia na economia (o segmento de *software*).

A venda casada foi uma questão central no caso da Microsoft – em particular, a questão era se a empresa deveria ser autorizada a incorporar o navegador Internet Explorer ao sistema operacional Windows. O governo dizia que a Microsoft estava agrupando esses dois produtos para ampliar seu poder no mercado de sistemas operacionais para o mercado não relacionado de navegadores de internet. Permitir que a Microsoft incorpore esses produtos em seu sistema operacional, argumentou o governo, desestimularia outras empresas de *software* a entrar no mercado e oferecer novos produtos.

A Microsoft ressaltou que adicionar novos recursos a produtos antigos era uma parte natural do progresso tecnológico. Nos anos 1990, os carros começaram a incluir aparelhos de CD e ar-condicionado, que antes eram vendidos separadamente, e as câmeras vinham com o *flash* embutido. O mesmo valia para os sistemas operacionais. Ao longo do tempo, a Microsoft adicionou ao Windows diversos recursos que antes eram produtos independentes. Isso deixou os computadores mais confiáveis e fáceis de usar, porque os consumidores teriam a certeza de que as peças funcionavam em conjunto. A integração da tecnologia de internet, defendeu a Microsoft, era um próximo passo natural.

Um ponto de discórdia dizia respeito à extensão do poder de mercado da Microsoft. Lembrando que mais de 80% dos novos computadores pessoais usavam um sistema operacional da Microsoft, o governo argumentou que a empresa era efetivamente um monopólio e estava tentando estender sua influência para novos mercados. A Microsoft respondeu que o mercado de *softwares* estava sempre em transformação e que o Windows era constantemente desafiado por concorrentes, como os sistemas operacionais Apple Mac e Linux. Também argumentou que o preço baixo cobrado pelo Windows – cerca de 50 dólares na época, ou apenas 3% do preço de um computador comum – era uma prova de que seu poder de mercado era bastante limitado.

"Eu? Um monopolista? Não é bem assim..."

Assim como muitos grandes processos antitruste, o caso da Microsoft se transformou em uma complicação jurídica. Em novembro de 1999, após um longo julgamento, o juiz Penfield Jackson decidiu que a Microsoft tinha um grande poder de monopólio e havia abusado ilegalmente dessa vantagem. Em junho de 2000, após audiências sobre possíveis soluções, ordenou que a Microsoft fosse dividida em duas empresas – uma que vendesse o sistema operacional e outra que vendesse *softwares* de aplicações. Um ano depois, um tribunal de recursos anulou a decisão de Jackson e entregou o caso a um novo juiz. Em setembro de 2001, o Departamento de Justiça anunciou que não pretendia mais que a empresa fosse dividida e queria resolver o caso rapidamente.

As duas partes chegaram a um acordo em novembro de 2002. A Microsoft concordou com algumas restrições em suas práticas de negócios e o governo aceitou que o navegador continuasse fazendo parte do sistema operacional Windows. Porém, o acordo não acabou com os problemas antitruste da Microsoft. Nos anos seguintes, a empresa enfrentou diversos processos privados, além de ações movidas pela União Europeia acusando a empresa de uma série de comportamentos anticompetitivos.

O desenvolvimento tecnológico relegou a disputa sobre o antes poderoso Explorer ao nível de uma nota de rodapé histórica. Em junho de 2021, a Microsoft anunciou que descontinuaria o Internet Explorer, que havia perdido a maior parte de sua participação de mercado, substituindo-o por um novo navegador chamado Edge. Alguns analistas afirmam que o acordo da Microsoft com o Departamento de Justiça foi crucial para que navegadores como Google Chrome e Safari crescessem e, por fim, superassem o Explorer. ●

Amazon no centro das atenções

A gigante do varejo *online* está na mira do procurador-geral de Washington, D.C.

Um novo caso antitruste atinge o cerne da identidade da Amazon

Por Gilad Edelman

"Fundei a Amazon há 26 anos, com a missão de longo prazo de transformá-la na empresa mais centrada no cliente do planeta", testemunhou Jeff Bezos perante o subcomitê antitruste da Câmara dos Representantes dos Estados Unidos no último verão. "Nem toda empresa adota essa abordagem de priorização do cliente, mas nós sim, e essa é nossa maior força."

A obsessão de Bezos com a satisfação do cliente está no centro da mitologia própria da Amazon. Cada passo dado pela empresa, dessa forma, é pensado com um único objetivo em mente: deixar o cliente feliz. Se a Amazon se tornou uma potência econômica, a rainha do *e-commerce*, não seria por conta de nenhuma prática injusta ou concorrência desleal, mas simplesmente porque os clientes a adoram.

O processo antitruste contra a Amazon contesta diretamente essa narrativa. A ação, movida por Karl Racine, procurador-geral de Washington, D.C., foca no uso da chamada cláusula da nação mais favorecida por parte da Amazon em contratos com vendedores terceirizados, que respondem pela maior parcela do volume de vendas da empresa. A cláusula da nação mais favorecida exige que os vendedores não ofereçam seus produtos por um preço menor em nenhum outro *site*, nem mesmo seu próprio *e-commerce*. De acordo com o processo, isso prejudica os consumidores ao inflar os preços artificialmente em toda a internet, ao mesmo tempo em que impede que outros sites de *e-commerce* concorram com a Amazon em termos de preço. "Entrei com esse processo antitruste para dar fim à capacidade da Amazon de controlar os preços no mercado de varejo *online*", disse Racine em uma coletiva de imprensa ao anunciar o caso.

Por muito tempo, a Amazon fez abertamente aquilo de que estava sendo acusada: sua "cláusula de paridade de preços" proibia explicitamente os vendedores terceirizados de oferecer preços mais baixos em outros *sites*. Essa prática foi interrompida na Europa em 2013, depois que autoridades de fiscalização da concorrência do Reino Unido e da Alemanha começaram a investigar a empresa. Nos Estados Unidos, no entanto, a cláusula durou mais tempo, até que, em 2018, o senador Richard Blumenthal escreveu uma carta às agências antitruste sugerindo que a Amazon estava violando a legislação. Alguns meses depois, no início de 2019, a Amazon eliminou a paridade de preços.

Porém, essa história não acaba aí. O processo alega que a Amazon simplesmente substituiu a regra por uma nova política que usa uma linguagem diferente para chegar ao mesmo resultado. A "Política de Preços Justos do Marketplace da Amazon" informa aos vendedores terceirizados que eles podem ser punidos ou suspensos por uma série de infrações, inclusive "definir para um produto ou serviço um preço significativamente mais alto do que os preços oferecidos recentemente dentro ou fora da Amazon". Essa regra pode proteger os consumidores quando aplicada para evitar a manipulação de preços de produtos escassos, como aconteceu com as máscaras nos primeiros dias da pandemia, mas também pode ser usada para **inflar** os preços de itens que os vendedores prefeririam oferecer por um menor preço. O ponto principal é "fora da Amazon". Em outras palavras, a Amazon reserva-se o direito de excluir vendedores se eles listarem seus produtos mais baratos em outro *site* – assim como fazia sob a antiga cláusula de paridade de preços. De acordo com o relatório final apresentado pelo subcomitê antitruste da Câmara, com base no depoimento de vendedores terceiros, a nova política "tem o mesmo efeito de impedir que os vendedores ofereçam preços mais baixos em outros *sites* de varejo".

De acordo com vendedores que testemunharam contra a Amazon de maneira pública ou anônima, essa disciplina de preços se dá por meio da manipulação do acesso ao *status* de "Oferta em destaque", ou "Buy Box" – os botões "Adicionar ao carrinho" e "Comprar agora" no canto superior direito da listagem de produtos da Amazon. Quando você vai comprar algo, é normal que haja muitos vendedores querendo fazer a venda. Apenas um deles ganhará o "destaque", o que significa que ele conseguirá a venda quando você clicar em um daqueles botões. Como a maioria dos clientes não rola a tela para ver quem são os outros vendedores oferecendo o produto, conseguir a oferta em destaque é fundamental para quem está tentando ganhar a vida vendendo na Amazon [...].

GILAD EDELMAN, WIRED© CONDÉ NAST

Teste rápido

7. A legislação antitruste visa a
   a. facilitar a cooperação entre empresas em indústrias oligopolistas.
   b. encorajar fusões para aproveitar economias de escala.
   c. desencorajar empresas de mover unidades de produção para o exterior.
   d. impedir que as empresas ajam de maneiras que reduzem a concorrência.

8. A aplicação das leis antitruste é controversa, principalmente porque
   a. empresas domésticas cooperativas estão mais bem equipadas para lidar com concorrentes internacionais.
   b. algumas práticas comerciais que parecem anticompetitivas podem ter propósitos legítimos.
   c. a concorrência excessiva pode retirar algumas empresas do mercado, causando perda de empregos.
   d. a aplicação vigorosa pode reduzir a lucratividade dos negócios, diminuindo o valor para os acionistas.

As respostas estão no final do capítulo.

Jason Boyce, vendedor antigo da Amazon que se tornou consultor, me explicou como isso funciona. Ele e seus sócios ficaram empolgados ao ver que o último contrato de vendedor terceirizado que assinaram com a Amazon para vender artigos esportivos no *site*, não incluía a cláusula de paridade de preços. "Nós pensamos: 'Que ótimo, agora podemos oferecer descontos no Walmart, na Sears e em outros lugares'", contou. Mas então algo estranho aconteceu. Boyce (que falou com os investigadores da Câmara como parte do processo antitruste) notou que, depois que sua empresa reduziu os preços em outros sites, as vendas na Amazon começaram a cair. "Acessamos a listagem e o botão 'Adicionar ao carrinho' tinha sumido, o botão 'Comprar agora' tinha sumido. Em vez disso, havia uma caixa cinza com a informação 'Ver todas as opções de compra'. Ainda era possível comprar o produto, mas com um clique extra. Um clique extra na Amazon é uma eternidade – o que importa é a gratificação imediata." Além disso, os gastos da empresa de Boyce com publicidade despencaram, porque, segundo ele, a Amazon não mostra aos usuários anúncios de produtos que não são uma "Oferta em destaque". "Então, o que nós fizemos? Aumentamos nossos preços em todos os outros lugares e, em 24 horas, tudo voltou ao normal. O tráfego melhorou, os cliques aumentaram e as vendas voltaram."

A experiência de Boyce ilustra algo importante sobre a cláusula da nação mais favorecida: por si só, ela não é ilegal. O problema surge quando ela é usada por uma empresa com uma participação dominante no mercado. Se uma loja quiser incluir uma determinada marca em suas prateleiras em troca de um acordo para que os produtos não sejam vendidos por um preço

menor em uma rede rival, a marca pode decidir se o negócio vale a pena ou não. Mas, no caso da Amazon, de acordo com vendedores como Boyce, não há escolha real. O processo do procurador-geral destaca que a Amazon responde por algo entre 50 e 70% do mercado de varejo *online* dos Estados Unidos, e observa que "74% [dos consumidores] vão direto à Amazon quando querem comprar um produto específico". A ação acusa a Amazon de usar sua política de preços para manter esse poder de monopólio impedindo que plataformas rivais usem preços mais baixos para corroer sua participação de mercado.

Em uma declaração enviada por e-mail a repórteres, a Amazon não negou diretamente que pune os vendedores que oferecem preços mais baixos em outros lugares. Em vez disso, sugeriu que a prática é, no final das contas, benéfica para os consumidores. "O procurador-geral entendeu exatamente o contrário – os vendedores definem seus próprios preços para os produtos que oferecem em nossa loja", afirmou a empresa. "A Amazon se orgulha do fato de oferecer os preços mais baixos do mercado e, como qualquer outra loja, nos reservamos o direito de não destacar para os clientes ofertas que não tenham preços competitivos. O alívio desejado pelo procurador-geral forçaria a Amazon a oferecer preços mais altos aos clientes, o que vai contra os objetivos centrais da lei antitruste."

Mas essa lógica se baseia em uma definição muito peculiar de "preço competitivo". Quando uma pessoa acessa a Amazon para comprar alguma coisa, ela quer que o *site* mostre a melhor oferta disponível na **Amazon**. Se a Jenny's Bike Supply tem a melhor oferta de cadeados para bicicleta, então essa é a melhor oferta, mesmo que o vendedor também esteja oferecendo os cadeados por um preço melhor no eBay. Se a Amazon dificultar a compra do cadeado deste vendedor neste cenário, a única coisa que conseguirá é forçar os consumidores a se contentar com a segunda melhor oferta. E, claro, provavelmente conseguirá forçar a dona da loja a aumentar os preços no eBay. Mas isso não resultará em um preço **mais baixo** na Amazon.

Tudo isso torna o processo um caso mais limitado e com mais possibilidade de vitória do que algumas outras ações antitruste movidas contra empresas de tecnologia. ■

Questões para discussão

1. Você já comprou alguma coisa na Amazon? Se sim, acha que conseguiu um bom preço e um bom atendimento?
2. Você acha que a Amazon deveria ser proibida de favorecer vendedores que oferecem o menor preço aos clientes na plataforma? Por quê?

Fonte: *Wired*, 25 de maio de 2021.

18-4 Conclusão

Os oligopólios gostariam de agir como os monopólios, mas o interesse próprio os aproxima da competição. Onde os oligopólios se situam nesse espectro depende do número de empresas que os compõem e da capacidade de cooperação entre elas. A história do dilema dos prisioneiros mostra por que os oligopólios podem ser incapazes de manter a cooperação, mesmo quando ela é benéfica para todas as empresas envolvidas.

Os formuladores de políticas regulam o comportamento dos oligopolistas por meio da legislação antitruste. A abrangência apropriada dessas leis é objeto de controvérsia constante. Não há dúvida de que a fixação de preços entre empresas concorrentes reduz o bem-estar econômico e deve ser um alvo dos reguladores, mas algumas práticas comerciais que parecem reduzir a concorrência podem ter propósitos legítimos, ainda que sutis. Por isso, os formuladores de políticas precisam ser cautelosos ao utilizar os consideráveis poderes da legislação antitruste para impor limites ao comportamento das empresas.

RESUMO DO CAPÍTULO

- Os oligopolistas maximizam seu lucro total formando cartéis e agindo como se fossem monopolistas. Mas se eles tomarem individualmente suas decisões sobre os níveis de produção, o resultado será uma quantidade maior e um preço menor que os do resultado monopolista. Quanto maior for o número de empresas de um oligopólio, mais próximos dos níveis competitivos ficam a quantidade e o preço.
- O dilema dos prisioneiros demonstra que o interesse próprio pode impedir que as pessoas mantenham a cooperação, ainda que ela seja de seu interesse. A lógica do dilema dos prisioneiros aplica-se a muitas situações, incluindo a corrida armamentista, os problemas de recursos comuns e os oligopólios.
- Os formuladores de políticas usam a legislação antitruste para impedir que os oligopólios se comportem de uma maneira que reduza a competição. A aplicação dessas leis pode ser controversa, porque alguns comportamentos que parecem reduzir a competição podem ter finalidades empresariais legítimas.

CONCEITOS-CHAVE

oligopólio, p. 359
teoria dos jogos, p. 359
conluio, p. 361

cartel, p. 361
equilíbrio de Nash, p. 362

dilema dos prisioneiros, p. 365
estratégia dominante, p. 365

QUESTÕES DE REVISÃO

1. Se um grupo de vendedores pudesse formar um cartel, que quantidade tentariam vender e a que preço?
2. Compare a quantidade e o preço de um oligopólio com os de um monopólio.
3. Compare a quantidade e o preço de um oligopólio com os de um mercado perfeitamente competitivo.
4. De que maneira o número de empresas de um oligopólio afeta o resultado de seu mercado?
5. O que é o dilema dos prisioneiros e o que ele tem a ver com o oligopólio?
6. Dê dois exemplos de comportamentos, que não o oligopólio, que possam ser explicados pela lógica do dilema dos prisioneiros.
7. Que tipos de comportamento são proibidos pela legislação antitruste?

PROBLEMAS E APLICAÇÕES

1. Uma grande parte da oferta mundial de diamantes vem da Rússia e da África do Sul. Suponhamos que o custo marginal da produção de diamantes seja constante, de $ 1.000 por diamante, e que a demanda pelo produto seja a descrita pela tabela apresentada a seguir:

Preço	Quantidade
$ 8.000	5.000 diamantes
7.000	6.000
6.000	7.000
5.000	8.000
4.000	9.000
3.000	10.000
2.000	11.000
1.000	12.000

a. Se houvesse muitos fornecedores de diamantes, quais seriam o preço e a quantidade?
b. Se só houvesse um fornecedor de diamantes, quais seriam o preço e a quantidade?
c. Se a Rússia e a África do Sul formassem um cartel, quais seriam o preço e a quantidade? Se esses países dividissem o mercado por igual, quais seriam a produção e o lucro da África do Sul? O que aconteceria com o lucro da África do Sul se ela aumentasse sua produção em mil unidades, enquanto a Rússia se mantivesse fiel ao acordo de cartel?
d. Use sua resposta da parte (c) para explicar por que, em geral, os acordos de cartel são malsucedidos.

2. Alguns anos atrás, o *New York Times* reportou que "na semana passada, a incapacidade da Opep de chegar a um acordo de corte de produção deixou o mercado de petróleo em turbulência [...] [levando ao] menor preço interno de petróleo desde junho de 1990".

a. Por que os membros da Opep estavam tentando chegar a um acordo para reduzir a produção?
b. Por que, em sua opinião, a Opep não conseguiu chegar a um acordo de corte de produção? Por que o mercado de petróleo entrou em "turbulência" como resultado disso?
c. O jornal relata também a opinião da Opep de que "as nações produtoras não pertencentes à organização, como a Noruega e a Grã-Bretanha, poderiam fazer a sua parte e reduzir a produção". O que a frase "fazer a sua parte" sugere a respeito do relacionamento que a Opep desejaria ter com a Noruega e a Grã-Bretanha?

3. Este capítulo examinou empresas que são oligopolistas no mercado dos produtos que vendem. Muitas das mesmas ideias se aplicam às empresas que são oligopolistas no mercado dos insumos que compram.
   a. Se os vendedores que são oligopolistas tentam aumentar o preço dos bens que vendem, qual é o objetivo dos compradores que são oligopolistas?
   b. Os proprietários de times da principal liga de beisebol dos Estados Unidos têm um oligopólio do mercado de jogadores de beisebol. Qual é o objetivo desses proprietários no que se refere aos salários dos jogadores? Por que é difícil atingi-lo?
   c. Os jogadores de beisebol fizeram greve em 1994 porque não queriam aceitar o teto de salário que os proprietários desejavam impor. Se os proprietários já estivessem em conluio em relação aos salários, por que sentiriam necessidade de impor um teto salarial?

4. Considere as relações comerciais entre os Estados Unidos e o México. Suponha que os líderes dos dois países acreditem que o resultado de algumas políticas comerciais alternativas seja o seguinte:

		Decisão dos Estados Unidos	
		Tarifas baixas	Tarifas elevadas
Decisão do México	Tarifas baixas	EUA ganham $ 25 bilhões / México ganha $ 25 bilhões	EUA ganham $ 30 bilhões / México ganha $ 10 bilhões
	Tarifas elevadas	EUA ganham $ 10 bilhões / México ganha $ 30 bilhões	EUA ganham $ 20 bilhões / México ganha $ 20 bilhões

a. Qual é a estratégia dominante para os Estados Unidos? E para o México? Explique.
b. Defina o **equilíbrio de Nash**. Qual é o equilíbrio de Nash para a política comercial?
c. Em 1993, o Congresso dos Estados Unidos ratificou o Tratado Norte-Americano de Livre Comércio (Nafta), segundo o qual os Estados Unidos e o México concordaram em reduzir simultaneamente as barreiras ao comércio. Os resultados aqui indicados justificam esse tratamento da política comercial? Explique.
d. Com base em seu entendimento dos ganhos comerciais (discutidos nos Capítulos 3 e 9), você acha que esses resultados refletem efetivamente o bem-estar de um país, considerando cada um dos quatro possíveis resultados?

5. A Synergy e a Dynaco são as duas únicas empresas em um mercado específico do setor de alta tecnologia. Elas enfrentam a seguinte matriz de recompensas durante a definição da parcela de seu orçamento que será destinada à pesquisa:

		Decisão da Synergy	
		Orçamento pleno	Orçamento reduzido
Decisão da Dynaco	Orçamento pleno	Synergy recebe $ 20 milhões / Dynaco recebe $ 30 milhões	Synergy recebe zero / Dynaco recebe $ 70 milhões
	Orçamento reduzido	Synergy recebe $ 30 milhões / Dynaco recebe zero	Synergy recebe $ 40 milhões / Dynaco recebe $ 50 milhões

a. A Synergy tem uma estratégia dominante? Explique.
b. A Dynaco tem uma estratégia dominante? Explique.
c. Existe equilíbrio de Nash para esse cenário? Explique. (Dica: leia atentamente a definição de equilíbrio de Nash.)

6. Você e um colega devem fazer um trabalho no qual receberão a mesma nota. Vocês dois desejam tirar uma boa nota, mas não querem se esforçar muito. Especificamente, esta é a situação:
   • Se os dois se esforçarem, os dois tirarão nota A, o que dará a cada um 40 unidades de felicidade.
   • Se apenas um de vocês se esforçar, os dois tirarão nota B, o que dará a cada um 30 unidades de felicidade.
   • Se nenhum de vocês se esforçar, os dois tirarão nota D, o que dará a cada um 10 unidades de felicidade.
   • Esforçar-se para fazer o trabalho custa 25 unidades de felicidade.

a. Preencha a matriz de recompensas a seguir:

		Sua decisão	
		Esforçar-se	Descansar
Decisão de seu colega	Esforçar-se	Você / Seu colega	Você / Seu colega
	Descansar	Você / Seu colega	Você / Seu colega

b. Qual será o resultado provável? Explique.
c. Se você tiver de fazer vários trabalhos com esse colega durante o ano, em vez de apenas um, como isso mudará o resultado previsto no item (b)?

d. Outra colega de classe se preocupa mais em tirar boas notas: ela recebe 50 unidades de felicidade por uma nota B e 80 unidades por uma nota A. Se ela fosse sua dupla (mas as preferências não se modificam), como ficariam as respostas dos itens (a) e (b)? Qual colega você prefere como parceiro? Ele também preferiria você como parceiro?

7. Um estudo de caso neste capítulo descreve uma conversa telefônica entre os presidentes da American Airlines e da Braniff Airways. Vamos usar a teoria dos jogos para analisar a interação entre essas empresas. Suponha que cada uma possa cobrar um preço alto ou um preço baixo pela passagem aérea. Se uma companhia cobrar $ 300, terá lucros baixos se a outra cobrar o mesmo preço, e lucros altos se a outra cobrar $ 600. No entanto, se essa companhia cobrar $ 600, terá lucros muito baixos se a outra empresa cobrar $ 300, e lucros médios se a outra cobrar também $ 600.
    a. Elabore a matriz de recompensas para esse jogo.
    b. Qual é o equilíbrio de Nash para esse jogo? Explique.
    c. Existe um resultado que seria melhor que o equilíbrio de Nash para as duas empresas? Como conseguir isso? Quem sairia perdendo se isso acontecesse?

8. Dois atletas de igual habilidade estão competindo por um prêmio de $ 10 mil. Eles devem decidir se usam ou não uma droga perigosa que melhora o desempenho. Se um atleta usar a droga e o outro não, aquele que usou a droga ganha o prêmio. Se ambos usarem a droga, chegarão a um empate e dividirão o prêmio, o que também acontecerá se nenhum deles usar a droga. O uso da droga impõe riscos à saúde que equivalem à perda de X dólares.

    a. Desenhe uma matriz de recompensas 2 × 2 descrevendo as decisões que os atletas enfrentam.
    b. Para que X a decisão de tomar a droga é o equilíbrio de Nash?
    c. Tornar a droga mais segura (isto é, diminuir o X) melhora ou piora a situação dos atletas? Explique.

9. A Little Kona é uma pequena empresa produtora de café que está pensando em entrar em um mercado dominado pela Big Brew. O lucro de cada empresa depende da entrada ou não da Little Kona e do estabelecimento, pela Big Brew, de um preço alto ou baixo:

	Big Brew Preço alto	Big Brew Preço baixo
Little Kona — Entrar	Brew ganha $ 3 milhões / Kona ganha $ 2 milhões	Brew ganha $ 1 milhão / Kona perde $ 1 milhão
Little Kona — Não entrar	Brew ganha $ 7 milhões / Kona ganha zero	Brew ganha $ 2 milhões / Kona ganha zero

a. Algum dos jogadores desse jogo tem uma estratégia dominante?
b. A resposta do item (a) ajuda a imaginar o que o outro jogador deveria fazer? Qual é o equilíbrio de Nash? Existe apenas um?
c. A Big Brew ameaça a Little Kona, dizendo: "Se você entrar, vamos colocar o preço lá em baixo, então é melhor ficar fora". Você acha que a Little Kona deve acreditar nessa ameaça? Explique.
d. Se ambas as empresas fizerem conluio e concordarem em dividir o lucro total, qual resultado escolheriam?

Respostas do teste rápido

1. **d** 2. **c** 3. **a** 4. **d** 5. **c** 6. **b** 7. **d** 8. **b**

Capítulo 19

Os mercados de fatores de produção

Quando você terminar seus estudos, sua renda será determinada, em grande parte, pelo tipo de emprego que conseguir. Se você se tornar programador de computadores, ganhará mais do que se trabalhar como frentista de posto de gasolina. Este é um fato intrigante. Não há nenhuma lei que exija que programadores ganhem mais do que frentistas, tampouco algum princípio ético que afirme que programadores são mais merecedores. O que, então, determina qual emprego pagará o maior salário?

A sua renda é uma pequena parte de um grande quadro econômico. Em 2021, a renda total dos residentes dos Estados Unidos (uma estatística chamada **renda nacional**) foi de aproximadamente $ 20 trilhões. As pessoas obtiveram essa renda de diversas maneiras. Os trabalhadores receberam cerca de três quartos dela sob a forma de salários e benefícios adicionais, como plano de saúde e pensão. O restante foi para os proprietários de terras e para os proprietários do **capital** – o estoque de equipamentos e estruturas da economia – sob a forma de aluguéis, lucros e juros. O que determina quanto vai para os trabalhadores? E para os proprietários de terras? E para os proprietários do capital? Por que alguns trabalhadores ganham salários mais altos que outros, alguns proprietários de terras ganham aluguéis mais elevados que outros e alguns proprietários de capital têm lucros maiores que outros? Por que, em particular, programadores de computador ganham mais do que frentistas?

As respostas a essas perguntas, como a maioria das coisas em economia, dependem da oferta e da demanda. A oferta e a demanda por trabalho, terra e capital determinam os preços pagos a trabalhadores, proprietários de terras e proprietários do capital. Para entendermos por que algumas pessoas obtêm renda mais elevada que outras, precisamos analisar mais acuradamente os mercados dos serviços que elas oferecem. Essa será nossa tarefa neste e nos próximos dois capítulos.

Este capítulo oferece a teoria básica para a análise dos mercados de fatores de produção. Como você deve recordar, vimos no Capítulo 2 que os **fatores de produção** são os insumos usados para produzir bens e serviços. Mão de obra, terra e capital são os três fatores de produção mais importantes. Quando uma empresa de informática produz um novo *software*, usa o tempo dos programadores (mão de obra), o espaço físico em que estão seus escritórios (terra) e um prédio de escritórios e equipamentos de informática (capital). Da mesma forma, quando um posto vende gasolina, usa o tempo dos frentistas (mão de obra), o espaço físico (terra) e os tanques e as bombas de combustível (capital).

fatores de produção
os insumos usados para produzir bens e serviços

Os mercados de fatores de produção se distinguem dos mercados de bens e serviços analisados nos capítulos anteriores de forma importante: a demanda por um fator de produção é uma **demanda derivada**. Isto é, a demanda de uma empresa por um fator de produção deriva da sua decisão de ofertar um bem em outro mercado. Por exemplo, a demanda por programadores está necessariamente ligada à oferta de programas de computador, e é inevitável que a demanda por frentistas esteja ligada à oferta de combustível.

Neste capítulo, analisaremos a demanda por fatores, considerando como uma empresa competitiva e maximizadora de lucro decide quanto comprar de um fator de produção. Começaremos nossa análise pelo exame da demanda por mão de obra. A mão de obra é o fator de produção mais importante, porque os trabalhadores recebem a maior parte da renda total obtida na economia dos Estados Unidos. Mais adiante neste capítulo, veremos que essa análise se estende para outros fatores de produção.

A teoria básica dos fatores de produção desenvolvida neste capítulo é um grande passo para explicar como a renda da economia estadunidense se divide entre trabalhadores, proprietários de terras e proprietários de capital. O Capítulo 20 amplia essa análise, examinando em mais detalhes por que alguns trabalhadores ganham mais do que outros, e o Capítulo 21 examina quanta desigualdade de renda resulta do funcionamento dos fatores de mercado e considera o papel do governo na alteração da distribuição de renda.

19-1 A demanda por mão de obra

Os mercados de trabalho, como outros da economia, são governados pelas forças de oferta e demanda, conforme ilustrado na Figura 19-1. No painel (a), a oferta e a demanda por maçãs determinam o preço dessa fruta. No painel (b), a oferta e a demanda por colhedores de maçãs determinam o preço, ou salário, deles.

Como já havíamos notado, a demanda por mão de obra é uma demanda derivada. Na maioria dos casos, a mão de obra, em vez de ser um bem final, é um insumo na produção de outros bens. Para entender a demanda por mão de obra, precisamos focalizar as empresas que empregam a mão de obra e a utilizam para produzir bens para venda. O elo entre a produção de bens e a demanda por mão de obra para produzir esses bens é de suma importância para a determinação dos salários de equilíbrio.

19-1a A empresa competitiva e maximizadora de lucros

Vamos considerar como uma produtora de maçãs decide a quantidade de mão de obra que demandará. A empresa é proprietária de um pomar de macieiras e, a cada semana, decide quantos trabalhadores empregar para colher sua safra. Uma vez tomada a decisão de contratação, os trabalhadores colhem todas as maçãs que conseguem e, então, a empresa as vende, paga os trabalhadores e fica com o restante sob a forma de lucro.

Figura 19-1
A versatilidade da oferta e da demanda

As ferramentas básicas de oferta e demanda se aplicam aos bens e aos serviços da mão de obra. O painel (a) mostra como a oferta e a demanda por maçãs determinam o preço dessa fruta. O painel (b) mostra como a oferta e a demanda por colhedores de maçãs determinam o salário deles.

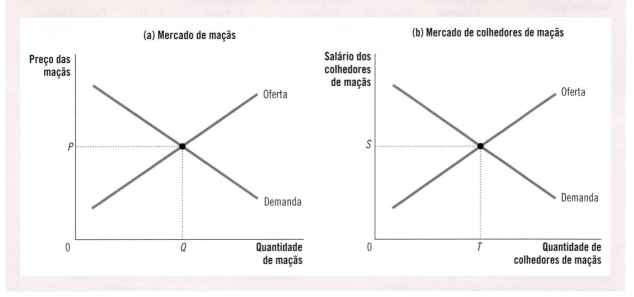

A teoria desenvolvida neste capítulo parte de dois pressupostos em relação a essa empresa. Primeiro, pressupomos que ela seja **competitiva** tanto no mercado de maçãs (em que é vendedora) quanto no de colhedores de maçãs (em que é compradora). As empresas competitivas são tomadoras de preços. Uma vez que há muitas outras empresas que vendem maçãs e empregam colhedores, uma única empresa tem pouca influência sobre o preço que recebe pelas maçãs ou sobre o salário que paga aos colhedores. A empresa aceita o preço e o salário como dados pelas condições do mercado, só precisando decidir quantos trabalhadores empregar e quantas maçãs vender.

Segundo, pressupomos que a empresa seja **maximizadora de lucros**. Ela não se importa com o número de trabalhadores que tem ou com o número de maçãs que produz. Só se interessa pelo lucro, que é igual à renda total da venda das maçãs menos o custo total de produção. A oferta de maçãs da empresa e sua demanda por trabalhadores são derivadas do seu objetivo principal de maximizar os lucros.

19-1b A função da produção e o produto marginal do trabalho

Para tomar a decisão de contratar, a empresa precisa considerar como o tamanho da sua força de trabalho afeta a quantidade produzida. Ela precisa considerar como o número de colhedores de maçãs afeta a quantidade de maçãs que pode colher e vender. A Tabela 19-1 apresenta um exemplo numérico. A coluna (1) mostra o número de trabalhadores, e a coluna (2) mostra a quantidade de maçãs que eles colhem por semana.

Os números dessas duas colunas descrevem a capacidade de produção da empresa. Lembre-se de que os economistas utilizam a expressão **função de produção** para descrever a relação entre a quantidade de insumos utilizada na produção de um bem e a quantidade produzida desse bem. Aqui, o "insumo" são os colhedores de maçãs, e a "produção", as maçãs. Os demais insumos – as macieiras, a terra, os caminhões e tratores da empresa, e assim por diante – serão mantidos fixos por enquanto. A função de produção dessa empresa mostra que, se ela empregar 1 trabalhador, ele colherá 100 caixas de maçãs por semana. Se empregar 2 trabalhadores, eles colherão, juntos, 180 caixas por semana e assim por diante.

função de produção
a relação entre a quantidade de insumos usada para produzir um bem e a quantidade produzida desse bem

Tabela 19-1	(1)	(2)	(3)	(4)	(5)	(6)
Como as empresas competitivas decidem quantos trabalhadores contratar	Mão de obra (trabalho) T	Produção Q	Produto marginal do trabalho PMgT = ΔQ/ΔT	Valor do produto marginal do trabalho VPMgT = P × PMgT	Salário S	Lucro marginal ΔLucro = VPMgT − S
	0 trabalhadores	0 caixas				
			100 caixas	$ 1.000	$ 500	$ 500
	1	100				
			80	800	500	300
	2	180				
			60	600	500	100
	3	240				
			40	400	500	−100
	4	280				
			20	200	500	−300
	5	300				

A Figura 19-2 apresenta graficamente os dados sobre mão de obra e produção apresentados na Tabela 19-1. O número de trabalhadores está representado no eixo horizontal, e a quantidade produzida, no eixo vertical. Essa figura ilustra a função de produção.

Figura 19-2
A função de produção

A função de produção é a relação entre os insumos na produção (colhedores de maçãs) e a quantidade de produção (maçãs). À medida que a quantidade de insumos aumenta, a função de produção vai se tornando menos inclinada, refletindo a propriedade do produto marginal decrescente.

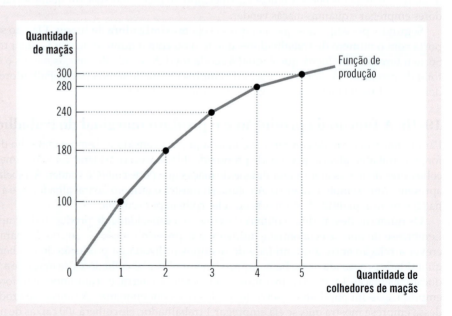

Um dos **dez princípios da economia** introduzidos no Capítulo 1, é que as pessoas racionais pensam na margem. Essa ideia é a chave para entender como as empresas decidem que quantidade de mão de obra empregarão. Para dar um passo em direção a essa decisão, a coluna (3) da Tabela 19-1 fornece o **produto marginal do trabalho**, o aumento da quantidade produzida originado por uma unidade adicional de mão de obra. Quando a empresa aumenta o número de trabalhadores de 1 para 2, por exemplo, a quantidade de maçãs produzida aumenta de 100 para 180 caixas. Assim, o produto marginal do trabalho do segundo trabalhador são 80 caixas.

Observe que, com o aumento do número de trabalhadores, o produto marginal do trabalho diminui. Ou seja, o processo de produção apresenta um **produto marginal decrescente**. No início, quando há poucos trabalhadores empregados, eles colhem as maçãs dos galhos mais baixos. À medida que o número de trabalhadores aumenta, os trabalhadores adicionais precisam usar escadas para colher dos galhos mais altos. E assim, à medida que mais e mais trabalhadores são empregados, cada trabalhador adicional contribui menos para a produção de maçãs. Por essa razão, a função de produção da Figura 19-2 se torna mais horizontal com o aumento no número de trabalhadores.

produto marginal do trabalho
o aumento da quantidade produzida em decorrência do uso de uma unidade adicional de mão de obra

produto marginal decrescente
a propriedade segundo a qual o produto marginal de um insumo diminui à medida que a quantidade do insumo aumenta

19-1c O valor do produto marginal e a demanda por mão de obra

Nossa empresa maximizadora de lucro está mais preocupada com o dinheiro do que com as maçãs. Assim, ao decidir quantos trabalhadores empregar para colher maçãs, ela considera o lucro que cada trabalhador proporcionará. Uma vez que o lucro é a receita total menos o custo total, o lucro de cada trabalhador adicional é sua contribuição à receita menos seu salário.

Para encontrar a contribuição do trabalhador à receita, devemos converter o produto marginal do trabalho (medido em caixas de maçãs) no **valor** do produto marginal (que é medido em dólares). Fazemos isso usando o preço das maçãs. Prosseguindo com o nosso exemplo, se uma caixa de maçãs é vendida por $ 10 e um trabalhador adicional produz 80 caixas, então ele produz uma receita de $ 800.

O **valor do produto marginal** de qualquer insumo é o produto marginal do insumo multiplicado pelo preço de mercado do produto. A coluna (4) da Tabela 19-1 mostra o valor do produto marginal do trabalho em nosso exemplo, supondo que o preço das maçãs seja $ 10 por caixa. Como o preço de mercado é constante para as empresas competitivas, enquanto o produto marginal diminui com mais trabalhadores, o valor do produto marginal diminui à medida que o número de trabalhadores aumenta. Às vezes, os economistas chamam essa coluna de números de **produto da receita marginal** da empresa: a receita extra que a empresa obtém do emprego de uma unidade adicional de um fator de produção.

valor do produto marginal
o produto marginal de um insumo multiplicado pelo preço do produto

Agora, vamos ver quantos trabalhadores a empresa empregará. Suponhamos que o salário de mercado dos colhedores de maçã seja de $ 500 por semana. Nesse caso, como vemos na Tabela 19-1, o primeiro trabalhador que a empresa emprega é lucrativo: ele gera $ 1 mil em receita ou $ 500 em lucro. De maneira similar, o segundo trabalhador gera uma receita adicional de $ 800 ou um lucro de $ 300. O terceiro gera $ 600 em receita adicional e $ 100 em lucro. Após o terceiro trabalhador, contudo, empregar mais trabalhadores não é lucrativo. O quarto trabalhador geraria uma receita adicional de apenas $ 400. Como o salário do trabalhador é de $ 500, empregá-lo significaria uma redução de $ 100 no lucro. Assim, a empresa emprega apenas três trabalhadores.

A Figura 19-3 apresenta um gráfico do valor do produto marginal. Essa curva tem inclinação descendente, porque o produto marginal do trabalho diminui à medida que o número de trabalhadores aumenta. A figura também inclui uma linha horizontal, que representa o salário de mercado. Para maximizar o lucro, a empresa emprega trabalhadores até o ponto em que as duas curvas se cruzam. Abaixo desse nível de emprego, o valor do produto marginal supera o salário, de modo que empregar mais um trabalhador aumenta o lucro. Acima desse nível, o valor do produto marginal é menor que o salário, de modo que

> **Figura 19-3**
>
> **O valor do produto marginal do trabalho**
>
> Esta figura mostra como o valor do produto marginal (o produto marginal multiplicado pelo preço do produto) depende do número de trabalhadores. A curva é descendente em razão do produto marginal decrescente. Para as empresas competitivas maximizadoras de lucro, essa curva de valor do produto marginal é também a curva de demanda por mão de obra.

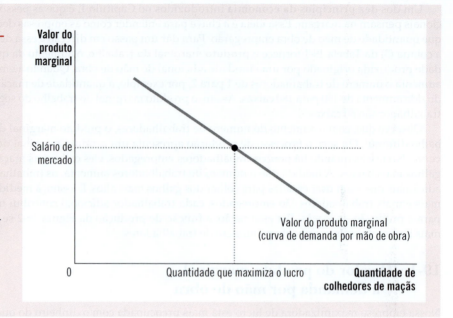

o trabalhador adicional não é lucrativo. **Uma empresa competitiva e maximizadora de lucro emprega trabalhadores até o ponto em que o valor do produto marginal do trabalho seja igual ao salário.**

Como a estratégia de contratação maximizadora de lucro das empresas competitivas já foi explicada, podemos agora oferecer uma teoria da demanda por mão de obra. Lembre-se de que a curva de demanda por mão de obra de uma empresa nos diz a quantidade de mão de obra que uma empresa demanda a qualquer salário dado. De acordo com a Figura 19-3, a empresa toma essa decisão escolhendo a quantidade de mão de obra em que o valor do produto marginal se iguala ao salário. **Como resultado, para as empresas competitivas maximizadoras de lucro, a curva de valor do produto marginal é a curva de demanda por mão de obra.**

19-1d O que faz a curva de demanda por trabalho se deslocar?

A curva de demanda por mão de obra reflete o valor do produto marginal do trabalho. Tendo isso em mente, vamos considerar algumas das coisas que podem fazer a curva de demanda por mão de obra se deslocar.

Preço do produto O valor do produto marginal é o produto marginal multiplicado pelo preço do produto de uma empresa. Quando o preço do produto muda, o valor do produto marginal também muda e a curva de demanda por mão de obra se desloca. Um aumento no preço das maçãs, por exemplo, aumenta o valor do produto marginal de cada trabalhador que as colhe e, com isso, aumenta a demanda por mão de obra por parte das empresas que ofertam maçãs. Inversamente, uma queda do preço das maçãs reduz o valor do produto marginal e a demanda por mão de obra.

Mudança tecnológica Entre 1960 e 2020, a produção por hora de um trabalhador estadunidense típico aumentou em 236%. Por quê? O motivo mais importante é o progresso tecnológico: os cientistas e engenheiros estão sempre imaginando maneiras novas e melhores de fazer as coisas, o que traz implicações profundas para o mercado de trabalho.

SAIBA MAIS: Demanda de insumos e oferta de produtos: dois lados da mesma moeda

No Capítulo 15, vimos como uma empresa competitiva maximizadora de lucro decide quanto venderá: ela escolhe a quantidade produzida na qual o preço do bem se iguala ao custo marginal da produção. Acabamos de ver como essa empresa decide quantos trabalhadores empregar: a empresa escolhe a quantidade de mão de obra em que o salário é igual ao valor do produto marginal. Como a função da produção liga a quantidade de insumos à quantidade produzida, a decisão da empresa sobre a demanda de insumos e sua decisão de produzir e ofertar são dois lados de uma mesma moeda.

Para entender melhor essa relação, vejamos como o produto marginal do trabalho (*PMgT*) e o custo marginal (*CMg*) estão relacionados. Suponhamos que um trabalhador adicional custe $ 500 e tenha um produto marginal de 50 caixas de maçãs. Nesse caso, produzir mais 50 caixas custa $ 500; o custo marginal de uma caixa é $ 500/50, ou $ 10. De forma mais geral, se o salário é *S* e uma unidade adicional de mão de obra produz *PMgT* unidades de produto, então o custo marginal de uma unidade de produção é *CMg* = *S*/*PMgT*.

Essa análise mostra que o produto marginal decrescente está estreitamente relacionado ao custo marginal crescente. Quando o nosso pomar de maçãs estiver lotado de trabalhadores, cada trabalhador adicional acrescentará menos à produção de maçãs (o *PMgT* cai). De maneira similar, quando a empresa estiver produzindo uma grande quantidade de maçãs, seu pomar já estará lotado de trabalhadores, de modo que o custo de produção de uma caixa adicional de maçãs será maior (o *CMg* sobe).

Vamos agora considerar o critério de maximização do lucro. Já determinamos que uma empresa maximizadora do lucro escolhe a quantidade de trabalho em que o valor do produto marginal (*P* × *PMgT*) seja igual ao salário (*S*). Isso pode ser escrito matematicamente como

$$P \times PMgT = S.$$

Se dividirmos os dois lados da equação por *PMgT*, obteremos

$$P = S/PMgT.$$

Acabamos de ver que *S*/*PMgT* é igual ao custo marginal, *CMg*. Assim, podemos fazer a substituição para chegar a

$$P = CMg.$$

Essa equação indica que o preço do produto da empresa é igual ao custo marginal de produção de uma unidade de produto. **Assim, quando uma empresa competitiva contrata trabalhadores até o ponto em que o valor do produto marginal é igual ao salário, ela também produz até o ponto em que o preço é igual ao custo marginal.** A análise da demanda por mão de obra feita neste capítulo é apenas outra maneira de enxergar a decisão de produção estudada no Capítulo 15. ■

O avanço da tecnologia aumenta o produto marginal do trabalho, o que, por sua vez, aumenta a demanda por mão de obra e desloca a curva de demanda por mão de obra para a direita.

Mas as mudanças tecnológicas também podem reduzir a demanda por mão de obra. A invenção de um robô industrial barato, por exemplo, poderia reduzir o produto marginal de mão de obra, deslocando a curva de demanda por mão de obra para a esquerda. Os economistas chamam essa mudança tecnológica de **economia de mão de obra**. A história mostra, entretanto, que a maior parte do progresso tecnológico **aumenta a mão de obra**. Por exemplo, um carpinteiro com uma pistola de pregos é mais produtivo do que um carpinteiro que usa apenas um martelo. O avanço tecnológico do aumento da mão de obra explica o aumento persistente do emprego diante do aumento dos salários: embora os salários (ajustados pela inflação) tenham aumentado em 201% de 1960 a 2020, as empresas mais que dobraram a quantidade de mão de obra empregada.

Oferta de outros fatores A quantidade disponível de um fator de produção pode afetar o produto marginal de outros fatores. A produtividade dos colhedores de maçãs depende, por exemplo, da disponibilidade de escadas. Se a oferta de escadas diminuir, o produto marginal desses trabalhadores também diminuirá, reduzindo, com isso, a demanda por eles. Trataremos da ligação entre os fatores de produção mais adiante neste capítulo.

Teste rápido

1. Qual é a porcentagem aproximada da renda nacional dos Estados Unidos que é paga aos trabalhadores, em relação aos detentores de capital e terra?
   a. 25%
   b. 45%
   c. 65%
   d. 85%

2. Se as empresas forem competitivas e maximizarem os lucros, a curva de demanda por mão de obra será determinada pelo(a)
   a. custo de oportunidade do tempo dos trabalhadores.
   b. valor do produto marginal do trabalho.
   c. valor do produto marginal do capital.
   d. razão entre o produto marginal do trabalho e o produto marginal do capital.

3. Uma padaria que opera em mercados competitivos vende sua produção a $ 20 por bolo e paga aos trabalhadores $ 10 por hora. Para maximizar o lucro, ela deverá contratar trabalhadores até o produto marginal do trabalho ser
   a. 1/2 bolo por hora.
   b. 2 bolos por hora.
   c. 10 bolos por hora.
   d. 15 bolos por hora.

As respostas estão no final do capítulo.

19-2 A oferta de mão de obra

Depois de analisar em detalhes a demanda por mão de obra, vamos nos voltar para o outro lado do mercado e tratar da oferta de mão de obra. Um modelo formal de oferta de mão de obra está disponível no Capítulo 22, no qual desenvolvemos a teoria da tomada de decisões no âmbito familiar. Aqui, discutiremos informalmente as decisões que estão por trás da curva de oferta de mão de obra.

19-2a O *trade-off* entre trabalho e lazer

Um dos **dez princípios da economia** do Capítulo 1 é que as pessoas enfrentam *trade-offs*. É provável que não haja *trade-off* mais óbvio ou mais importante na vida de uma pessoa do que aquele entre trabalho e lazer. Quanto mais horas você passar trabalhando, menos horas terá para navegar nas redes sociais, jantar com amigos ou praticar seu *hobby* predileto. O *trade-off* entre trabalho e lazer está por trás da curva de oferta de mão de obra.

"Eu não gostava nem um pouco de trabalhar cinco dias por semana, cinquenta semanas por ano durante quarenta anos, mas precisava do dinheiro."

Outro dos **dez princípios da economia** é que o custo de uma coisa é aquilo a que renunciamos para obtê-la. Do que abrimos mão para ter uma hora de lazer? Abrimos mão de uma hora de trabalho, o que, por sua vez, significa uma hora de salário. Assim, se seu salário for de $ 20 por hora, o custo de oportunidade de uma hora de lazer é $ 20. E quando você recebe um aumento e passa a ganhar $ 25 por hora, o custo de oportunidade do lazer aumenta.

A curva de oferta de mão de obra reflete a maneira como as decisões dos trabalhadores sobre o *trade-off* trabalho-lazer respondem a uma mudança daquele custo de oportunidade. Uma curva de oferta de mão de obra com inclinação ascendente significa que um aumento do salário induz os trabalhadores a aumentar a quantidade de trabalho que ofertam. Como o tempo é limitado, mais horas de trabalho significam que eles têm menos tempo para o lazer. Ou seja, os trabalhadores reagem ao aumento no custo de oportunidade do lazer desfrutando menos dele.

Vale a pena observar que a curva de oferta de mão de obra não precisa ter inclinação ascendente. Imagine que você receba um aumento de $ 20 para $ 25 por hora. O custo de oportunidade do lazer agora é maior, mas você também tem mais dinheiro que antes. Talvez conclua que, com esse dinheiro extra, pode agora se dar ao luxo de desfrutar de mais lazer.

Ou seja, com um salário mais alto, você poderia optar por trabalhar menos horas. Nesse caso, sua curva de oferta de mão de obra se inclinaria para trás. No Capítulo 22, discutiremos essa possibilidade em termos dos efeitos conflitantes sobre sua decisão, chamada de **efeito renda** e **efeito substituição**. O efeito renda reflete a resposta das horas trabalhadas devido a uma mudança no nível de bem-estar econômico de um indivíduo, enquanto o efeito substituição reflete a resposta das horas trabalhadas devido a uma mudança no custo de oportunidade de lazer. Por enquanto, vamos deixar de lado a possibilidade de oferta de mão de obra decrescente. Ou seja, vamos assumir que o efeito substituição domina, então a curva de oferta de mão de obra é crescente.

19-2b O que faz a curva de oferta de mão de obra se deslocar?

A curva de oferta de mão de obra desloca-se sempre que as pessoas alteram a quantidade de trabalho que estão dispostas a realizar a um dado salário. Consideremos alguns dos fatos que podem causar tal deslocamento.

Mudanças das preferências Em 1950, 34% das mulheres tinham ou estavam procurando emprego remunerado. Em 2020, essa porcentagem subiu para 56%. Há, é claro, muitas explicações para isso, mas uma delas é a mudança das preferências ou atitudes em relação ao trabalho. Em 1950, era uma regra as mulheres ficarem em casa cuidando dos filhos. Hoje, as famílias são menores e mais mães optam por trabalhar. O resultado é um aumento da oferta de mão de obra.

Mudanças das oportunidades alternativas A oferta de mão de obra depende das oportunidades disponíveis em outros mercados de trabalho. Se o salário dos colhedores de peras aumentar subitamente, alguns colhedores de maçãs poderão optar por mudar de ocupação, e assim a oferta de mão de obra no mercado de colhedores de maçãs cairá.

Imigração A movimentação de trabalhadores entre regiões ou entre países é uma fonte importante de deslocamento da oferta de mão de obra. Quando trabalhadores migrantes vão para o norte dos Estados Unidos para a colheita de outono, a oferta de mão de obra aumenta nos pomares de maçã, mas diminui nas fábricas de processamento de laranja no sul. Quando pessoas imigram para os Estados Unidos, a oferta de mão de obra aumenta neste país e diminui nos países de origem dos imigrantes. Grande parte do debate político sobre imigração gira em torno de seu efeito na oferta de trabalho e no equilíbrio salarial.

Teste rápido

4. Quem tem um custo de oportunidade maior para desfrutar do lazer: faxineiros ou cirurgiões?
    a. faxineiros, porque seus salários são mais baixos
    b. cirurgiões, porque seus salários são mais altos
    c. quem tem o maior efeito renda
    d. quem tem o maior efeito substituição

5. Uma pessoa trabalha mais horas com um salário maior se o efeito substituição
    a. for igual a zero.
    b. for igual ao efeito renda.
    c. for menor do que o efeito renda.
    d. for maior do que o efeito renda.

6. Qual dos seguintes eventos mudará a curva de oferta de mão de obra para a direita?
    a. Mais homens deixam a força de trabalho para passar tempo criando seus filhos.
    b. Novos videogames excelentes são lançados, aumentando o valor do lazer.
    c. Leis de imigração flexíveis permitem que mais trabalhadores entrem no país.
    d. Benefícios do governo para os aposentados são aumentados.

As respostas estão no final do capítulo.

19-3 Equilíbrio no mercado de trabalho

Até aqui, estabelecemos dois fatos a respeito de como são determinados os salários nos mercados de trabalho competitivos:

- O salário se ajusta para equilibrar a oferta e a demanda por mão de obra.
- O salário é igual ao valor do produto marginal da mão de obra.

À primeira vista, pode parecer surpreendente que essas duas coisas ocorram simultaneamente com o salário. Na verdade, não há nenhum mistério nisso, mas entender por que não há nenhum mistério é um passo importante para entender a determinação do salário.

A Figura 19-4 mostra o mercado de trabalho em equilíbrio, em que o salário e a quantidade de trabalho se ajustaram para equilibrar a oferta e a demanda. Quando o mercado está nesse equilíbrio, cada empresa empregou a quantidade de mão de obra que considerou ser lucrativa ao salário de equilíbrio. Ou seja, cada empresa seguiu a regra de maximização de lucro: contratou trabalhadores até que o valor do produto marginal fosse igual ao salário. Assim, o salário deve ser igual ao valor do produto marginal do trabalho, uma vez que trouxe a oferta e a demanda ao equilíbrio.

Isso nos apresenta a uma lição importante: **qualquer evento que altere a oferta ou a demanda por mão de obra deve alterar o salário de equilíbrio e o valor do produto marginal no mesmo montante, porque eles devem sempre ser iguais**. Para entender como isso funciona, consideremos alguns eventos que podem deslocar essas curvas.

19-3a Deslocamentos da oferta de mão de obra

Suponha que a imigração aumente o número de trabalhadores dispostos a colher maçãs. Como mostra a Figura 19-5, a oferta de mão de obra desloca-se para a direita, de O_1 para O_2. Ao salário inicial S_1, a quantidade de mão de obra ofertada agora supera a quantidade demandada. Esse excesso de mão de obra pressiona o salário dos colhedores de maçãs para baixo, e a queda do salário de S_1 para S_2, por sua vez, torna lucrativo para as empresas empregar mais trabalhadores. À medida que o número de trabalhadores empregados em cada pomar aumenta, o produto marginal de um trabalhador diminui e, com ele, o valor do produto marginal. No novo equilíbrio, tanto o salário quanto o valor do produto marginal do trabalho são menores do que eram antes do influxo de novos trabalhadores.

Um episódio passado em Israel, estudado pelo economista do MIT Joshua Angrist, ilustra como um deslocamento da oferta de mão de obra pode alterar o equilíbrio em um mercado de trabalho. Durante a maior parte da década de 1980, milhares de palestinos se deslocavam regularmente de seus lares em áreas sob ocupação israelense – Cisjordânia e Faixa de Gaza – para trabalhar em Israel, principalmente na indústria de construção e na agricultura. Entretanto, em 1988 as perturbações políticas nessa área levaram o governo de Israel a tomar medidas cujo subproduto foi a redução dessa oferta de trabalhadores. Foram impostos toques de recolher, as permissões de trabalho eram conferidas mais meticulosamente e a proibição de pernoite de palestinos em Israel passou a ser fiscalizada com mais rigor. O impacto econômico dessas

---

PERGUNTE A QUEM SABE — Imigração

"O cidadão estadunidense médio se beneficiaria se um número maior de trabalhadores estrangeiros com alta escolaridade pudesse imigrar legalmente para os Estados Unidos todos os anos."

O que dizem os economistas?

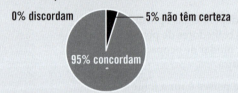

0% discordam — 5% não têm certeza — 95% concordam

"O cidadão estadunidense médio se beneficiaria se um número maior de trabalhadores estrangeiros pouco qualificados fosse legalmente autorizado a entrar nos Estados Unidos a cada ano."

O que dizem os economistas?

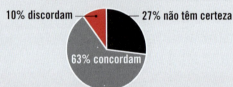

10% discordam — 27% não têm certeza — 63% concordam

"A menos que fossem compensados por outros, muitos trabalhadores estadunidenses pouco qualificados estariam substancialmente em pior situação se um número maior de trabalhadores estrangeiros pouco qualificados fosse legalmente autorizado a entrar nos Estados Unidos a cada ano."

O que dizem os economistas?

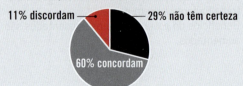

11% discordam — 29% não têm certeza — 60% concordam

Fonte: IGM Economic Experts Panel, 12 de fevereiro de 2013, 10 de dezembro de 2013.

Figura 19-4

Equilíbrio no mercado de trabalho

Como todos os preços, o preço da mão de obra (o salário) depende da oferta e demanda. Como a curva de demanda reflete o valor do produto marginal do trabalho, no equilíbrio os trabalhadores recebem o valor de sua contribuição marginal à produção de bens e serviços.

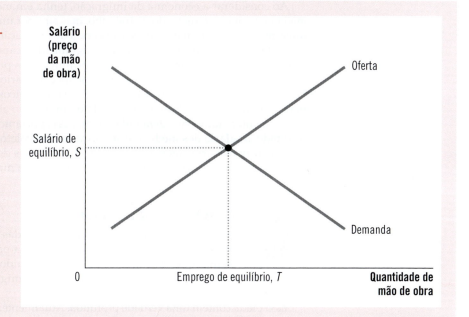

Figura 19-5

Deslocamento da oferta de mão de obra

Quando a oferta de mão de obra aumenta de O_1 para O_2, talvez por causa da imigração de novos trabalhadores, o salário de equilíbrio cai de S_1 para S_2. Com esse salário menor, as empresas empregam mais mão de obra, de modo que o emprego sobe de T_1 para T_2. A variação do salário reflete uma mudança no valor do produto marginal do trabalho: com mais trabalhadores, a produção adicional de um trabalhador extra é menor.

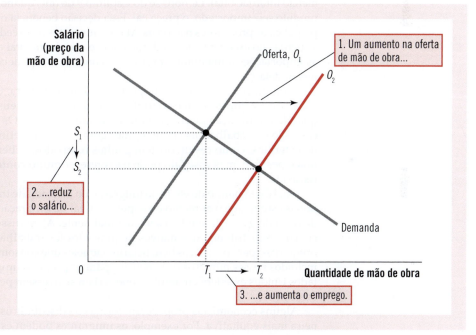

medidas foi exatamente o previsto pela teoria: o número de palestinos com emprego em Israel caiu pela metade, enquanto aqueles que continuaram a trabalhar em Israel desfrutaram de um aumento de salário de cerca de 50%. Com a redução do número de trabalhadores palestinos em Israel, o valor do produto marginal dos trabalhadores restantes elevou-se muito.

Ao considerar a economia da imigração, tenha em mente que a economia não é formada por um único mercado de trabalho, mas sim por uma variedade de mercados para diferentes tipos de trabalhadores. Uma onda de imigração pode diminuir os salários nos mercados de trabalho em que os novos imigrantes buscam emprego, mas pode ter o efeito contrário em outros. Por exemplo, se novos imigrantes procuram emprego de coletor de maçãs, a oferta de coletores de maçãs aumenta e o salário desses trabalhadores diminui. Porém, suponha que os novos imigrantes sejam médicos que usam parte de sua renda para comprar maçãs. Nesse caso, a onda de imigração aumentará a **oferta** de médicos, mas aumentará também a **demanda** por maçãs e, portanto, por coletores de maçãs. Como resultado, o salário dos médicos diminuirá e o dos coletores de maçãs aumentará. As ligações entre os vários mercados – às vezes chamadas de **efeitos do equilíbrio geral** – tornam a análise dos efeitos totais da imigração ainda mais complexa do que à primeira vista.

Estudo de caso

O debate sobre imigração

Pat Paulsen foi um comediante das décadas de 1960 a 1990 que, a cada quatro anos, conduzia uma campanha falsa para presidente. "Todos os problemas que enfrentamos nos Estados Unidos hoje", dizia Paulsen, "podem ser atribuídos a uma política pouco esclarecida de imigração por parte dos indígenas americanos".

Essa piada contém uma verdade profunda. Atualmente, a maioria dos estadunidenses é beneficiária de uma política que acolheu seus ancestrais quando eles chegaram à fronteira. Mas isso não impede que a imigração seja uma questão política polêmica. Uma razão para essa divisão é o impacto econômico da imigração.

Os efeitos da imigração sobre o bem-estar podem ser vistos sob a perspectiva do comércio internacional. Lembre-se do Capítulo 9 de que, quando uma nação permite que um produto seja importado, o preço cai. Essa decisão beneficia os consumidores do produto e prejudica os produtores nacionais. Mas os aumentos no excedente do consumidor excedem as perdas no excedente do produtor, então o excedente total aumenta. Em outras palavras, as importações aumentam a produção econômica, mas deixam alguns com uma porção menor dela.

A imigração implica uma importação de mão de obra. Os consumidores desses serviços são as empresas que contratam a mão de obra e seus clientes, que se beneficiam quando a imigração aumenta a oferta de mão de obra. Os produtores nacionais, nesse caso, são os trabalhadores nativos que agora estão competindo com novos trabalhadores do exterior e, como resultado, têm ganhos reduzidos. O benefício líquido para a economia é positivo, mas esse fato pode não oferecer muito conforto para aqueles com renda reduzida.

Qual é o tamanho do efeito da imigração no mercado de trabalho? O economista George Borjas estima que o aumento do superávit total da imigração para os Estados Unidos seja de cerca de 0,25% da renda nacional anualmente. Além disso, cerca de 2,5% da renda nacional é redistribuída dos nativos prejudicados (os trabalhadores que competem com os imigrantes) para os nativos beneficiários (aqueles que consomem esses serviços). Não estão incluídos nesses números os benefícios para os próprios imigrantes, cujos ganhos nos Estados Unidos excedem em muito o que seriam se tivessem permanecido em seus países de origem.

Alguns economistas propuseram formas de distribuir os ganhos da imigração de maneira mais equitativa. Por exemplo, os imigrantes podem estar sujeitos a um imposto especial cobrado deles próprios ou de seus empregadores. A receita poderia ser usada para reduzir a carga tributária dos trabalhadores nativos. Se os trabalhadores nativos compartilhassem mais dos benefícios da imigração, seria mais provável que a aceitassem.

No entanto, o debate sobre imigração não é apenas econômico. Também há um forte elemento emocional que diz respeito à identidade cultural e nacional. Mas a maioria dos estadunidenses deveria lembrar quanta sorte seus ancestrais tiveram de os indígenas americanos não terem seguido a política esclarecida de imigração sugerida por Paulsen. ●

> **Figura 19-6**
>
> **Deslocamento da demanda por mão de obra**
>
> Quando a demanda por mão de obra aumenta de D_1 para D_2, talvez por causa de um aumento do preço do produto da empresa, o salário de equilíbrio aumenta de S_1 para S_2 e o emprego aumenta de T_1 para T_2. A variação do salário reflete uma mudança do valor do produto marginal do trabalho: com preço mais elevado do produto, a produção adicional de um trabalhador a mais passa a ser mais valiosa.

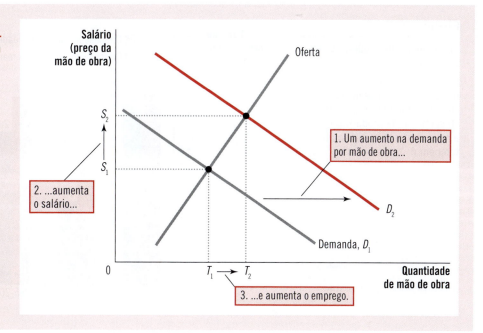

19-3b Deslocamentos da demanda por mão de obra

Suponha, agora, que um aumento na popularidade das maçãs provoque a elevação dos preços. Esse aumento de preço não altera o produto marginal do trabalho a qualquer número dado de trabalhadores, mas eleva o **valor** do produto marginal. Com o alto preço das maçãs, contratar mais colhedores agora passa a ser lucrativo. Como mostra a Figura 19-6, quando a demanda por trabalho se desloca de D_1 para D_2, o salário de equilíbrio aumenta de S_1 para S_2 e o emprego de equilíbrio aumenta de T_1 para T_2. Mais uma vez, o salário e o valor do produto marginal do trabalho movem-se juntos.

Essa análise mostra que a prosperidade das empresas de um setor está muitas vezes ligada à prosperidade dos trabalhadores desse setor. Quando o preço das maçãs sobe, os produtores dessa fruta obtêm maiores lucros e os colhedores ganham salários maiores. Quando o preço das maçãs cai, os produtores obtêm lucros menores e os colhedores ganham salários menores. Essa lição é bem conhecida pelos trabalhadores de setores em que os preços são altamente voláteis. Os trabalhadores de campos petrolíferos, por exemplo, sabem por experiência própria que seus ganhos estão estreitamente relacionados ao preço mundial do petróleo.

Com base nesses exemplos, você já deve ter um bom entendimento de como os salários são estabelecidos nos mercados de trabalho competitivos. Juntas, a oferta e a demanda por mão de obra determinam o salário de equilíbrio, e os deslocamentos da curva de oferta ou de demanda por mão de obra alteram o salário de equilíbrio. Ao mesmo tempo, a maximização do lucro por parte das empresas que demandam mão de obra garante que o salário de equilíbrio seja sempre igual ao valor do produto marginal do trabalho.

Produtividade e salários

Um dos **dez princípios da economia** no Capítulo 1 é que o padrão de vida de um país depende de sua capacidade de produzir bens e serviços. Esse princípio é evidente no mercado de trabalho. Nossa análise da demanda de trabalho

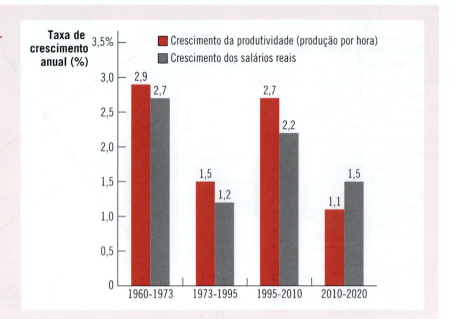

Figura 19-7

Crescimento da produtividade e salários reais

Quando a produtividade cresce rapidamente, o mesmo acontece com o salário real. E quando o crescimento da produtividade é mais modesto, o salário real também é.

Fonte: Bureau of Labor Statistics. O crescimento da produtividade é medido aqui como a taxa de variação anualizada na produção por hora no setor empresarial não agrícola. O crescimento em salários reais é medido como a mudança anualizada na remuneração por hora no setor empresarial não agrícola dividido pelo deflator de preços desse setor. Esses dados de produtividade medem a produtividade média – a quantidade de produção dividida pela quantidade de mão de obra – em vez da produtividade marginal, mas acredita-se que produtividade média e marginal se aproximem.

mostra que os salários são iguais à produtividade medida pelo valor do produto marginal de trabalho. Simplificando, trabalhadores altamente produtivos tendem a ser bem pagos, e trabalhadores menos produtivos geralmente ganham menos.

Esta lição é fundamental para entender por que os trabalhadores de hoje geralmente estão em melhor situação do que os trabalhadores das gerações anteriores. De 1960 a 2020, a produtividade em toda a economia, medida pela produção por hora de trabalho, cresceu cerca de 2% ao ano. Os salários reais (ou seja, salários ajustados pela inflação) cresceram 1,9% ao ano – quase a mesma taxa. Essa mudança nos salários pode ser pequena demais para ser notada de ano a ano, mas é relevante ao longo de muitos anos. Com uma taxa de crescimento de 2% ao ano, a produtividade e os salários reais dobram a cada 35 anos.

A ligação entre produtividade e salários reais aparece novamente quando examinamos vários períodos históricos com diferentes experiências de produtividade, conforme mostrado na Figura 19-7. Quando a produtividade cresce rapidamente, os salários reais aumentam rapidamente. Quando a produtividade cresce lentamente, o aumento dos salários reais é mais moderado. O período mais recente, de 2010 a 2020, apresentou baixo crescimento tanto na produtividade quanto nos salários reais.

Em suma: tanto a teoria quanto a história confirmam a estreita conexão entre produtividade e salários reais. ●

Teste rápido

7. Um avanço tecnológico que aumente o produto marginal do trabalho desloca a curva de _____ de mão de obra para a _____.
   a. demanda; esquerda
   b. demanda; direita
   c. oferta; esquerda
   d. oferta; direita

8. Por volta de 1973, a economia dos Estados Unidos experimentou uma significativa _____ no crescimento da produtividade, juntamente com uma _____ no crescimento dos salários reais.
   a. aceleração; aceleração
   b. aceleração; desaceleração
   c. desaceleração; aceleração
   d. desaceleração; desaceleração

As respostas estão no final do capítulo.

19-4 Os outros fatores de produção: terra e capital

Já vimos como as empresas decidem quanta mão de obra empregar e como essas decisões afetam o salário dos trabalhadores. Ao mesmo tempo que as empresas estão contratando trabalhadores, estão também tomando decisões sobre os outros insumos da produção. Por exemplo, nossa empresa produtora de maçãs poderia ter que escolher o tamanho de seu pomar e o número de escadas disponibilizadas para seus colhedores. Podemos pensar nos fatores de produção da empresa como divididos em três categorias: trabalho, terra e capital.

O significado dos termos **trabalho** e **terra** é claro, mas a definição de **capital** é um pouco mais complicada. Os economistas usam o termo capital para se referir ao estoque de equipamentos e estruturas usados para a produção. Ou seja, o capital da economia representa o estoque de bens produzidos no passado que está sendo usado no presente para a produção de novos bens e serviços. No caso da nossa empresa produtora de maçãs, o estoque de capital inclui as escadas usadas para subir nas macieiras, os caminhões usados para transportar as maçãs, os galpões usados para armazenar as maçãs e até as próprias macieiras.

capital
os equipamentos e as estruturas usados para produzir bens e serviços

19-4a Equilíbrio nos mercados de terra e de capital

O que determina quanto os proprietários de terra e de capital ganham por sua contribuição ao processo produtivo? Antes de respondermos a essa pergunta, precisamos distinguir entre dois preços: o preço de compra e o de arrendamento. O **preço de compra** da terra ou do capital é o preço pago por alguém para ser proprietário dela por um período indeterminado. O **preço de arrendamento** é o preço que alguém paga para usar esse fator por um período limitado. É importante ter essa distinção em mente, porque, como veremos, esses preços são determinados por forças econômicas um tanto diferentes.

Após a definição desses termos, podemos agora aplicar aos mercados de terra e de capital a teoria da demanda por fatores que desenvolvemos para o mercado de trabalho. Como o salário é o preço de arrendamento do trabalho, grande parte do que aprendemos sobre a determinação dos salários aplica-se também aos preços de arrendamento da terra e do capital. Como mostra a Figura 19-8, o preço de arrendamento da terra, mostrado no painel (a),

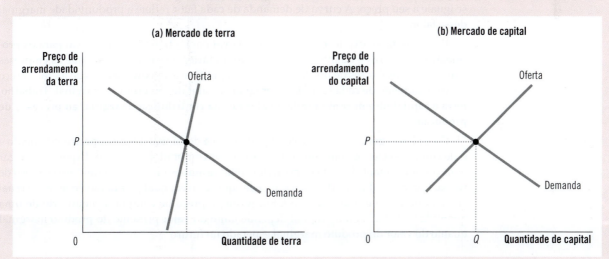

Figura 19-8
Os mercados de terra e de capital

Oferta e demanda determinam a remuneração paga aos proprietários de terra, como mostra o painel (a), e a remuneração paga aos proprietários de capital, como mostra o painel (b). A demanda de cada fator, por sua vez, depende do valor do produto marginal do fator em questão.

SAIBA MAIS: O que é renda de capital?

A renda do trabalho é um conceito fácil de entender: é o contracheque que os trabalhadores recebem de seus empregadores. A renda obtida pelo capital, contudo, é menos óbvia.

Em nossa análise, pressupomos implicitamente que as famílias são proprietárias do estoque de capital da economia — escadas, prensas, armazéns, e assim por diante — e o arrendam às empresas que o utilizam. A renda do capital, nesse caso, é a renda que as famílias recebem pelo uso que é feito do seu capital. Esse pressuposto simplificou nossa análise de como os proprietários do capital são remunerados, mas não é totalmente realista. De fato, as empresas costumam ser proprietárias do capital que utilizam e, portanto, recebem os ganhos desse capital.

Esses ganhos de capital, contudo, acabam sendo pagos às famílias. Parte deles é paga sob a forma de juros às famílias que emprestaram dinheiro às empresas. Portadores de títulos e possuidores de depósitos bancários são dois exemplos de recebedores de juros. Assim, quando você recebe juros sobre o saldo de sua conta bancária, essa renda é parte da renda de capital da economia.

Além disso, parte dos ganhos de capital é paga às famílias sob a forma de dividendos, que são pagamentos que as empresas fazem aos seus acionistas. Acionista é uma pessoa que comprou uma parte da propriedade de uma empresa e, assim, tem o direito de compartilhar de seus lucros.

As empresas não precisam pagar às famílias todos os seus lucros sob a forma de juros e dividendos. Em vez disso, podem reter parte dos lucros e utilizá-la para subscrever capital adicional. Embora esses lucros retidos não sejam distribuídos aos acionistas da empresa, ainda assim eles são beneficiados. Uma vez que os lucros retidos aumentam o montante de capital da empresa, eles tendem a aumentar os lucros futuros e, com isso, o valor das ações da empresa.

Esses detalhes institucionais são interessantes e importantes, mas não alteram a nossa conclusão a respeito da renda obtida pelos proprietários de capital. O capital é remunerado de acordo com o valor de seu produto marginal, independentemente de essa renda ser transmitida às famílias sob forma de juros ou dividendos ou de ser mantida nas empresas sob a forma de lucros não distribuídos. ■

---

e o preço de arrendamento do capital, mostrado no painel (b), são determinados pela oferta e pela demanda. Ademais, a demanda por terra e por capital é determinada da mesma forma que a demanda por mão de obra. Ou seja, quando nossa empresa produtora de maçãs está decidindo quanta terra e quantas escadas arrendar, segue a mesma lógica de quando decide quantos trabalhadores empregar. No que se refere tanto à terra quanto ao capital, a empresa aumenta a quantidade empregada até que o valor do produto marginal do fator se iguale a seu preço. A curva de demanda de cada fator reflete a produtividade marginal desse fator.

Podemos agora explicar quanto da renda vai para o trabalho, quanto vai para os proprietários de terras e quanto vai para os proprietários de capital. Desde que as empresas que utilizam os fatores de produção sejam competitivas e maximizadoras de lucro, o preço de arrendamento de cada fator deve ser igual ao valor de seu produto marginal. **Trabalho, terra e capital obtêm como renda o valor de sua contribuição marginal ao processo de produção.**

Considere, agora, o preço de compra da terra e do capital. O preço de arrendamento e o de compra estão, obviamente, relacionados: os compradores estarão dispostos a pagar mais por uma quantidade de terra ou de capital se ambos produzirem um fluxo valioso de renda. E, como acabamos de ver, a renda de equilíbrio em qualquer ponto no tempo é igual ao valor do produto marginal do fator. Assim, o preço de compra de equilíbrio de uma quantidade de terra ou de capital depende tanto do valor presente do produto marginal quanto do valor do produto marginal esperado no futuro.

19-4b Elos entre os fatores de produção

Nos mercados competitivos, o preço pago por qualquer fator de produção – trabalho, terra ou capital – é igual ao valor do produto marginal desse fator. O produto marginal de qualquer fator, por sua vez, depende da quantidade do fator que estiver disponível. Por causa do produto marginal decrescente, um fator com oferta abundante tem baixo produto marginal e, portanto, baixo preço, enquanto um fator com oferta escassa tem produto marginal e preços altos. Como resultado, quando a oferta de um fator diminui, seu preço de equilíbrio aumenta.

Porém, quando a oferta de algum fator muda, os efeitos não se limitam ao mercado desse fator em específico. Na maioria das situações, os fatores de produção são utilizados em conjunto, de forma que a produtividade de cada fator dependa das quantidades dos outros fatores disponíveis para uso no processo de produção. Sendo assim, quando alguma circunstância altera a oferta de algum fator de produção, com frequência os ganhos desse fator não serão os únicos afetados, mas também os de todos os outros fatores.

Por exemplo, suponha que um furacão destrua muitas das escadas que os trabalhadores usam para colher maçãs. (Para facilitar, imagine que a tempestade deixou as árvores intactas.) O que acontece com os ganhos gerados pelos diversos fatores de produção? O mais óbvio é que a oferta de escadas diminua e, com isso, o preço de arrendamento das escadas aumente. Agora, os proprietários que tiveram sorte o bastante para evitar danos às suas escadas obtêm um maior rendimento quando arrendam suas escadas para as empresas que produzem maçãs.

Os efeitos desse acontecimento, entretanto, não param no mercado de escadas. Como há menos escadas a serem usadas, os trabalhadores que colhem as maçãs têm um produto marginal menor. Assim, a redução da oferta de escadas reduz a demanda pelo trabalho dos colhedores de maçã, e isso provoca uma queda no salário de equilíbrio.

Essa história mostra uma lição genérica: **um evento que altera a oferta de qualquer fator de produção pode alterar os ganhos gerados por todos os demais fatores**. A alteração dos ganhos gerados por qualquer fator pode ser encontrada por meio da análise do impacto do evento sobre o valor do produto marginal do fator.

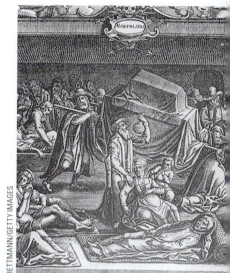

Os trabalhadores que sobreviveram à Peste Negra tiveram sorte em mais de um sentido.

A economia da Peste Negra

Na Europa do século XIV, a peste bubônica exterminou cerca de um terço da população em poucos anos – um evento muito mais catastrófico do que a trágica pandemia de Covid de 2020 e 2021, que matou menos de 1% da população. Esse evento, chamado de **Peste Negra**, fornece um terrível experimento natural para testar a teoria dos mercados de fatores que acabamos de desenvolver. Considere os efeitos da Peste Negra sobre aqueles que tiveram a sorte de sobreviver. O que você acha que aconteceu com os salários recebidos pelos trabalhadores e os aluguéis recebidos pelos proprietários de terras?

Para responder a essa pergunta, vamos examinar os efeitos de uma população reduzida no produto marginal do trabalho e no produto marginal da terra. Com uma oferta menor de trabalhadores, o produto marginal do trabalho aumenta. Este é um produto marginal decrescente funcionando ao contrário. Portanto, seria esperado que a Peste Negra aumentasse os salários.

Como a terra e a mão de obra são usadas juntas na produção, uma menor oferta de trabalhadores também afeta o mercado de terras, outro fator importante de produção na Europa medieval. Com menos trabalhadores disponíveis para cultivar a terra, uma unidade adicional de terra passou a ter sua produção adicional reduzida. Seria esperado que esse declínio no produto marginal da terra reduzisse os aluguéis.

Ambas as previsões teóricas estão em conformidade com a evidência histórica. Os salários aproximadamente dobraram durante esse período e os aluguéis diminuíram 50% ou mais. Para os sobreviventes, a Peste Negra levou à prosperidade econômica das classes camponesas e reduziu a renda das classes proprietárias de terras. ●

Teste rápido

9. Uma padaria que opera em mercados competitivos vende sua produção a $ 20 por bolo e aluga fornos a $ 30 por hora. Para maximizar o lucro, ela deve alugar fornos até que o produto marginal de um forno seja
   a. 2/3 bolo por hora.
   b. 3/2 bolos por hora.
   c. 10 bolos por hora.
   d. 25 bolos por hora.

10. Uma tempestade destrói várias fábricas, reduzindo o estoque de capital. Que efeito esse evento terá sobre os mercados de fatores de produção?
    a. Os salários e o aluguel do capital aumentam.
    b. Os salários e o aluguel do capital diminuem.
    c. Os salários aumentam, e o aluguel do capital diminui.
    d. Os salários diminuem, e o aluguel do capital aumenta.

As respostas estão no final do capítulo.

19-5 Conclusão

Este capítulo explicou como o trabalho, a terra e o capital são remunerados pelas funções que desempenham no processo produtivo. A teoria aqui desenvolvida é a chamada **teoria neoclássica da distribuição**, de acordo com a qual o valor pago a cada fator de produção depende da oferta e da demanda por esse fator. A demanda, por sua vez, depende da produtividade marginal do fator. No equilíbrio, cada fator de produção recebe o valor da sua contribuição marginal para a produção de bens e serviços.

A teoria neoclássica da distribuição é amplamente aceita. A maioria dos economistas, quando tenta explicar como os $ 20 trilhões em renda da economia estadunidense se dividem entre os diversos membros da economia, começa a fazê-lo pela teoria neoclássica. Nos dois capítulos seguintes, trataremos com mais detalhes da distribuição da renda. Como veremos, a teoria neoclássica oferece a base para essa discussão.

Agora, já podemos usar a teoria para responder à pergunta que abriu este capítulo: por que os programadores de computador ganham mais que os frentistas de posto de gasolina? É porque os programadores podem produzir um bem de maior valor de mercado do que os frentistas. As pessoas estão dispostas a pagar caro por um bom jogo de computador, mas estão dispostas a pagar pouco para alguém encher o tanque ou limpar os vidros de seu carro. O salário desses trabalhadores reflete os preços de mercado dos bens que produzem. Se, de repente, as pessoas se cansassem de usar computadores e decidissem passar mais tempo dirigindo, os preços desses bens mudariam e, com eles, os salários de equilíbrio desses dois grupos de trabalhadores.

RESUMO DO CAPÍTULO

- A renda da economia se distribui entre os mercados de fatores de produção. Os três fatores de produção mais importantes são o trabalho, a terra e o capital.
- A demanda por fatores, como o trabalho, é uma demanda derivada que surge das empresas que usam os fatores para produzir bens e serviços. Empresas competitivas maximizadoras de lucro empregam cada fator até o ponto em que o valor do produto marginal do fator se iguale ao seu preço.
- A oferta de trabalho resulta do *trade-off* dos indivíduos entre trabalho e lazer. Uma curva de oferta com inclinação ascendente significa que as pessoas respondem a um aumento do salário trabalhando mais horas e desfrutando menos do lazer.
- Nos mercados de fatores competitivos, o preço de cada fator ajusta-se para equilibrar a a oferta e demanda. Dado que essa demanda reflete o valor do produto marginal do fator em questão, no equilíbrio cada fator é remunerado de acordo com sua contribuição marginal à produção de bens e serviços.
- Como os fatores de produção são usados em conjunto, o produto marginal de qualquer fator depende da quantidade de todos os fatores disponíveis. Como resultado, uma variação da oferta de um fator altera os ganhos de equilíbrio de todos os outros.

CONCEITOS-CHAVE

fatores de produção, p. 382
função de produção, p. 383
produto marginal do trabalho, p. 385
produto marginal decrescente, p. 385
valor do produto marginal, p. 385
capital, p. 395

QUESTÕES DE REVISÃO

1. Explique como a função de produção de uma empresa está relacionada com o produto marginal do trabalho, como o produto marginal do trabalho de uma empresa está relacionado com o valor de seu produto marginal e como o valor do produto marginal de uma empresa está relacionado com sua demanda por mão de obra.
2. Dê dois exemplos de eventos que podem deslocar a demanda por mão de obra. Explique.
3. Dê dois exemplos de eventos que podem deslocar a oferta de mão de obra. Explique.
4. Explique como o salário pode se ajustar para equilibrar a oferta e a demanda por mão de obra ao mesmo tempo que se iguala ao valor do produto marginal do trabalho.
5. Se a população dos Estados Unidos aumentasse subitamente por causa de uma grande imigração, o que aconteceria com os salários? E com os ganhos dos proprietários de terra e de capital?

PROBLEMAS E APLICAÇÕES

1. Suponha que o presidente proponha uma nova lei que tenha por objetivo reduzir os custos do atendimento de saúde: todos os cidadãos são obrigados a comer uma maçã por dia.
   a. Como a lei da maçã diária afetaria a demanda e o preço de equilíbrio das maçãs?
   b. Como essa lei afetaria o produto marginal e o valor do produto marginal dos colhedores de maçãs?
   c. Como a lei afetaria a demanda e o salário de equilíbrio dos colhedores de maçãs?
2. Demonstre o efeito de cada um dos seguintes eventos sobre o mercado de trabalho no setor de fabricação de computadores.
   a. O governo de um país compra computadores pessoais para todos os estudantes universitários.
   b. Mais estudantes universitários formam-se em engenharia e ciência da computação.
   c. As empresas produtoras de computadores constroem novas fábricas.
3. Suponha que o trabalho seja o único insumo variável usado por uma empresa perfeitamente competitiva. A função de produção da empresa é:

Dias de trabalho	Unidades produzidas
0 dias	0 unidades
1	7
2	13
3	19
4	25
5	28
6	29
7	29

   a. Calcule o produto marginal para cada trabalhador adicional.
   b. Assumindo que cada unidade de produção é vendida a $ 10, calcule o valor do produto marginal de cada trabalhador adicional.
   c. Elabore uma tabela de demanda apresentando o número de trabalhadores empregados para todos os níveis de salário de zero a $ 100 por dia.
   d. Elabore o gráfico da curva de demanda da empresa.
   e. O que acontecerá com essa curva de demanda se o preço do produto aumentar de $ 10 para $ 12 por unidade?
4. A empresa de laticínios Vaquinha Sorridente pode vender todo leite que quiser por $ 4 o litro e alugar todos os robôs que quiser para ordenhar suas vacas por $ 100 por dia. Esta é a tabela de produção da empresa:

Número de robôs	Produção total
0	0 litros
1	50
2	85
3	115
4	140
5	150
6	155

   a. Em que tipo de estrutura de mercado a empresa vende seus produtos? Justifique.
   b. Em que tipo de estrutura de mercado a empresa aluga os robôs para extração de leite? Justifique.
   c. Calcule o produto marginal e o valor do produto marginal para cada robô adicional.
   d. Quantos robôs a empresa deve alugar? Explique.
5. Uma nação, Ectenia, tem 20 pomares de maçã competitivos, todos os quais vendem a fruta ao preço

unitário mundial de $ 2. As seguintes equações descrevem a função de produção e o produto marginal do trabalho em cada pomar:

$$Q = 100T - T^2$$
$$PMgT = 100 - 2T$$

em que Q é o número de maçãs produzidas por dia; T, o número de trabalhadores; e $PMgT$, o produto marginal do trabalho.

a. Qual é a demanda por mão de obra de cada pomar como uma função do salário diário S? Qual é a demanda por mão de obra do mercado?

b. A Ectenia tem 200 trabalhadores que oferecem seu trabalho inelasticamente. Calcule o salário S. Quantos trabalhadores cada pomar deve empregar? Quanto lucro cada proprietário de pomar obtém?

c. Se o preço mundial da unidade de maçã aumentar para $ 4, o que acontecerá com a renda dos trabalhadores e com a dos proprietários de pomares?

d. Agora suponha que o preço unitário da maçã volte a $ 2, mas um furacão destrói metade dos pomares. Calcule como o furacão afeta a renda de cada trabalhador e de cada proprietário dos pomares restantes. O que acontece à renda da Ectenia como um todo?

6. Seu tio empreendedor abre uma lanchonete que emprega sete pessoas. Os empregados recebem $ 12 por hora, e cada sanduíche é vendido a $ 6. Se seu tio quiser maximizar o lucro, qual será o valor do produto marginal do último trabalhador empregado? Qual é o produto marginal desse funcionário?

7. A empresa Leadbelly vende lápis em um mercado perfeitamente competitivo e contrata trabalhadores em um mercado de mão de obra perfeitamente competitivo. Suponha que o valor de mercado do salário seja de $ 150 por dia.

a. Que regra a empresa deveria seguir para contratar a quantidade de mão de obra que maximize o lucro?

b. No nível de produção que maximiza o lucro, o produto marginal do último trabalhador empregado é de 30 caixas de lápis por dia. Calcule o preço de uma caixa.

c. Elabore o diagrama do mercado de trabalho para os operários de lápis (como na Figura 19-4 deste capítulo) próximo de um diagrama da oferta e demanda por mão de obra para a Leadbelly (como na Figura 19-3). Especifique o salário de equilíbrio e a quantidade de mão de obra tanto para o mercado quanto para a empresa. Como os diagramas se relacionam?

d. Suponha que alguns trabalhadores migrem para a crescente indústria de computadores. Nos diagramas do item (c), mostre como essa mudança afeta o salário de equilíbrio e a quantidade de mão de obra para o mercado de lápis e para a Leadbelly. Como essa mudança afeta o produto marginal da mão de obra na empresa?

8. Nos últimos anos, alguns formuladores de políticas propuseram leis exigindo que as empresas concedessem alguns benefícios adicionais aos trabalhadores, como o seguro-saúde e licença-maternidade. Vamos considerar os efeitos dessa política sobre o mercado de trabalho.

a. Suponha que a lei exija que as empresas deem a cada trabalhador $ 3 sob a forma de benefícios por hora trabalhada na empresa. Como essa lei afeta o lucro marginal que a empresa obtém de cada trabalhador? Como ela afeta a curva de demanda por mão de obra? Represente graficamente sua resposta, colocando o salário em unidades monetárias, no eixo vertical.

b. Se não houver alteração na oferta de mão de obra, de que forma essa lei afetaria o emprego e os salários?

c. Por que a curva de oferta de mão de obra se deslocaria em resposta a essa lei? Esse deslocamento da oferta de mão de obra aumentaria ou diminuiria o impacto da lei sobre os salários e o emprego?

d. Como vimos no Capítulo 6, os salários de alguns trabalhadores, especialmente os sem qualificação e experiência, são mantidos acima do nível de equilíbrio por meio da lei do salário mínimo. Que efeito os benefícios adicionais teriam sobre esses trabalhadores?

9. Alguns economistas acreditam que a economia dos Estados Unidos como um todo pode ser modelada com a seguinte função de produção, chamada **função de produção Cobb-Douglas**:

$$Y = AK^{1/3}T^{2/3},$$

onde Y é a quantidade produzida, K é a quantidade de capital, T é a quantidade de mão de obra e A é um parâmetro que mede o estado da tecnologia. Para essa função de produção, o produto marginal do trabalho é

$$PMgT = (2/3) A(K/T)^{1/3}.$$

Suponha que o preço do produto P seja 2, A seja 3, K seja 1.000.000 e T seja 1.000. O mercado de trabalho é competitivo; portanto, a mão de obra recebe o valor de seu produto marginal.

a. Calcule a quantidade produzida Y e o montante financeiro da produção PY.

b. Calcule o salário S e o salário real S/P. (Nota: o salário é a compensação trabalhista medida em dólares, enquanto o salário real é a

compensação trabalhista medida em unidades de produção.)
c. Calcule o peso dos salários (a fração do valor de produção paga pelo trabalho), que é $(ST)/(PY)$.
d. Calcule o que acontece com a produção Y, o salário S, o salário real S/P e o peso dos salários $(ST)/(PY)$ em cada um dos seguintes cenários:
   i. A inflação aumenta o preço P de 2 para 3.
   ii. O progresso tecnológico aumenta A de 3 para 9.
   iii. O acúmulo de capital aumenta K de 1.000.000 para 8.000.000.
   iv. Uma peste diminui T de 1.000 para 125.
e. Apesar das muitas mudanças na economia dos Estados Unidos ao longo do tempo, o peso dos salários se manteve relativamente estável. Essa observação é coerente com a função de produção Cobb-Douglas? Explique.

Respostas do teste rápido

1. **c**   2. **b**   3. **a**   4. **b**   5. **d**   6. **c**   7. **b**   8. **d**   9. **b**   10. **d**

Capítulo 20

Ganhos e discriminação

Em 2020, nos Estados Unidos, cozinheiros de *fast food* ganhavam cerca de $ 24 mil por ano, professores do ensino médio, cerca de $ 67 mil, médicos de família, cerca de $ 214 mil, e os executivos-chefe das grandes empresas, cerca de $ 12 milhões. Enquanto isso, de acordo com a revista *Billboard*, a artista Taylor Swift ganhou $ 24 milhões, tornando-se a cantora mais bem paga do ano. Essas grandes diferenças nos ganhos têm enormes implicações. Elas explicam por que algumas pessoas moram em mansões, viajam em jatos particulares e passam férias em suas próprias ilhas, enquanto outras moram em apartamentos pequenos, viajam de ônibus e não tiram muitas férias.

Por que os ganhos variam tanto? O Capítulo 19, que desenvolveu a teoria neoclássica básica do mercado de trabalho, ofereceu uma resposta. Nele, afirmamos que os salários são regidos pela oferta e demanda, como muitas outras coisas na economia. A demanda de trabalho reflete a produtividade marginal do trabalho e, em equilíbrio, os trabalhadores recebem o valor de sua contribuição marginal para a produção de bens e serviços.

Essa teoria do mercado de trabalho, embora amplamente aceita pelos economistas, é apenas o começo da história. Para explicar as disparidades nos ganhos, devemos ir além dessa estrutura geral. Este capítulo examina com mais precisão o que determina a oferta e a demanda por diferentes tipos de mão de obra e por que, em alguns casos, os salários se afastam de seus níveis de equilíbrio. Também consideraremos como a discriminação pode influenciar os resultados do mercado de trabalho.

20-1 O que determina os salários?

Vamos, primeiro, considerar como as características dos trabalhadores e dos empregos afetam a oferta e demanda por mão de obra e os salários de equilíbrio.

20-1a Diferenciais compensatórios

Quando um trabalhador está decidindo se aceita ou não um emprego, o salário é apenas um dos muitos atributos que ele leva em consideração. Alguns empregos são fáceis, divertidos e seguros; outros são difíceis, entediantes e perigosos. Quanto melhor o emprego, julgado de acordo com essas características não monetárias, mais pessoas estarão dispostas a aceitá-lo por um dado salário. Em outras palavras, a oferta de mão de obra para empregos fáceis, divertidos e seguros é maior que a oferta para empregos difíceis, entediantes e perigosos. Como resultado, mantendo-se iguais todos os outros fatores, os empregos atrativos tenderão a ter salários de equilíbrio mais baixos do que os menos atrativos.

Imagine que você esteja procurando por um emprego de verão em uma cidade do litoral. Há dois tipos de emprego disponíveis: de salva-vidas ou de coletor de lixo. O salva-vidas passa o dia em seu posto, observando o comportamento dos banhistas e chamando-lhes a atenção quando necessário, a fim de evitar ocorrências desagradáveis. O coletor de lixo levanta-se antes de o sol nascer e dirige caminhões sujos e barulhentos pela cidade, coletando o lixo. Qual desses empregos você escolheria? A maioria das pessoas iria preferir o emprego de salva-vidas, se os salários fossem iguais. Para induzir os indivíduos a se tornar coletores de lixo, a cidade precisa oferecer salários mais altos a esses profissionais que aos salva-vidas.

Os economistas usam a expressão **diferencial compensatório** para se referir às diferenças salariais decorrentes das características não monetárias de diferentes empregos. Os diferenciais compensatórios existem em toda a economia. Eis alguns exemplos:

- Os mineradores de carvão ganham mais que outros trabalhadores com nível similar de educação. O salário maior compensa a natureza suja e perigosa da mineração de carvão e os problemas de saúde que os mineradores sofrem no longo prazo.
- Os trabalhadores do turno da noite ganham mais que os que trabalham durante o dia. O salário maior compensa a necessidade de trabalhar à noite e dormir de dia, um estilo de vida que a maioria das pessoas considera indesejável.
- Os professores ganham menos que os advogados e os médicos, que têm nível similar de educação. O baixo salário dos professores compensa a grande satisfação intelectual e pessoal que seu emprego oferece. (Na verdade, ensinar economia é tão divertido que chega a ser surpreendente que os professores da disciplina recebam qualquer pagamento!)

20-1b Capital humano

Como vimos no capítulo anterior, a palavra **capital** normalmente se refere ao estoque de equipamentos e estruturas da economia. O estoque de capital inclui o trator do fazendeiro, a fábrica do industrial e o quadro-negro do professor. Essencialmente, o capital é um fator de produção que foi, ele mesmo, produzido.

Há outro tipo de capital que, embora menos tangível que o capital físico, é igualmente importante para a produção da economia. O **capital humano** é o acúmulo dos investimentos feitos nas pessoas. E o tipo mais importante de capital humano é a educação. Como todas as formas de capital, a educação representa um gasto de recursos em um ponto do tempo para aumentar a produtividade no futuro. Mas, ao contrário do investimento em outras formas de capital, o investimento em educação está vinculado a uma pessoa específica, e é essa ligação que o torna capital humano.

Os trabalhadores que têm mais capital humano ganham, em média, mais que aqueles que têm menos. Nos Estados Unidos, por exemplo, os graduados recebem quase o dobro dos ganhos daqueles que apenas concluíram o ensino médio. Essa grande diferença

"Por um lado, sei que poderia ganhar mais dinheiro se trocasse o serviço público pelo setor privado, mas, por outro, não poderia cortar cabeças."

diferencial compensatório
diferença nos salários que surge para compensar as características não monetárias de diferentes empregos

capital humano
o acúmulo de investimentos nas pessoas, tais como educação e treinamento oferecido no emprego

foi documentada em diversos países do mundo e tende a ser maior nos países menos desenvolvidos, em que a oferta de trabalhadores com instrução é escassa.

É fácil perceber por que a educação eleva os salários pela perspectiva da oferta e da demanda. As empresas – que demandam mão de obra – estão dispostas a pagar mais aos trabalhadores com alto grau de instrução, porque eles têm um produto marginal maior. Os trabalhadores – ofertantes de mão de obra – estão dispostos a pagar o custo da instrução somente se houver alguma recompensa por isso. Essencialmente, a diferença salarial entre os trabalhadores com alto nível educacional e aqueles com nível educacional mais baixo pode ser considerada um diferencial compensatório pelo custo da instrução.

O aumento do valor das qualificações

"Os ricos ficam mais ricos e os pobres ficam mais pobres." Como muitos ditados, este nem sempre é verdadeiro, mas isto aconteceu recentemente nos Estados Unidos e em muitos outros países. Inúmeros estudos documentaram que a diferença de rendimentos entre trabalhadores com altas qualificações e trabalhadores com baixas qualificações aumentou substancialmente nas últimas décadas.

A Tabela 20-1 apresenta dados sobre a renda média dos graduados universitários e dos que concluíram o ensino médio sem qualquer escolaridade adicional. Esses dados mostram o aumento da recompensa financeira da educação nos Estados Unidos. Em 1974, um homem com diploma universitário ganhava 42% a mais, em média, do que um homem sem diploma; em 2019, esse número havia subido para 85%. Entre as mulheres, a diferença de renda entre aquelas com e sem diploma universitário aumentou de 35% em 1974 para 78% em 2019. O incentivo para obter educação de nível superior hoje é grande para os padrões históricos.

Por que a diferença de rendimentos entre trabalhadores qualificados e não qualificados aumentou? Economistas propuseram duas hipóteses, ambas sugerindo que a demanda por mão de obra qualificada aumentou em relação à demanda por mão de obra não qualificada. A mudança na demanda levou a uma mudança correspondente nos salários de ambos os grupos, aumentando a desigualdade.

A primeira hipótese se concentra no comércio internacional. Ao longo dos últimos 50 anos, a quantidade de comércio com outros países aumentou significativamente. Como

Tabela 20-1

Ganhos médios anuais por nível de escolaridade

Pessoas com diplomas universitários sempre ganharam mais do que os trabalhadores que não frequentaram a faculdade, mas a diferença aumentou nas últimas décadas.

	1974	2019
Homens		
Ensino médio, sem faculdade	$ 56.855	$ 52.677
Diploma universitário	$ 80.973	$ 97.554
Porcentagem extra para diplomados	+42%	+85%
Mulheres		
Ensino médio, sem faculdade	$ 32.675	$ 39.669
Diploma universitário	$ 44.200	$ 70.657
Porcentagem extra para diplomados	+35%	+78%

Nota: os dados de renda são ajustados pela inflação e expressos em dólares de 2019. Os dados se aplicam a trabalhadores em tempo integral, durante todo o ano, com 18 anos ou mais. Os dados de diplomados excluem trabalhadores com escolaridade adicional além da faculdade, como mestrado ou doutorado.

Fonte: U.S. Census Bureau, Tabelas P-32 e P-35, e cálculos do autor.

PERGUNTE A QUEM SABE

Desigualdade e qualificações

"Uma das principais causas do aumento da desigualdade de renda nos Estados Unidos ao longo das últimas três décadas é o fato de as alterações tecnológicas terem afetado trabalhadores com algumas qualificações diferentemente de como afetaram os outros."

O que dizem os economistas?

4% discordam
8% não têm certeza
88% concordam

Fonte: IGM Economic Experts Panel, 24 de janeiro de 2012.

porcentagem da produção total de bens e serviços dos Estados Unidos, as importações aumentaram de 5% em 1970 para 13% em 2020, e as exportações aumentaram de 6% em 1970 para 10% em 2020. Como a mão de obra não qualificada é abundante e barata em muitos países, os Estados Unidos tendem a importar bens produzidos com mão de obra não qualificada e exportar aqueles produzidos com mão de obra qualificada. Isso significa que, quando o comércio internacional se expande, a demanda doméstica aumenta por mão de obra qualificada e diminui por mão de obra não qualificada.

A segunda hipótese enfatiza a mudança tecnológica. Vamos pensar no caso dos computadores. Para manter registros comerciais, muitas empresas substituíram os gabinetes de arquivamento por bancos de dados de computador, reduzindo a demanda por arquivadores e aumentando a demanda por programadores e analistas de dados. Da mesma forma, os robôs industriais substituíram os trabalhadores não qualificados, cujas tarefas podem ser automatizadas, mas exigem engenheiros qualificados para produzi-los e mantê-los. Economistas chamam essa modificação na demanda de **mudança tecnológica enviesada para habilidades**.

Economistas debatem a importância do comércio, da tecnologia e de outras forças na distribuição de salários. Provavelmente não há uma única razão para a crescente diferença de rendimentos entre trabalhadores qualificados e não qualificados. O próximo capítulo discute a desigualdade de renda em mais detalhes. ●

20-1c Habilidade, esforço e sorte

Por que os jogadores de beisebol das ligas principais ganham mais que os jogadores das ligas inferiores? Certamente, o salário mais elevado não é um diferencial compensatório. Jogar nas ligas principais não é uma tarefa menos agradável que jogar nas ligas inferiores; na verdade, é o contrário. As ligas principais não exigem mais tempo de estudo ou mais experiência. Em grande medida, os jogadores das ligas principais ganham mais simplesmente porque têm mais habilidade.

As habilidades naturais são importantes para os trabalhadores de todas as ocupações. Por causa da hereditariedade e da criação, as pessoas diferem em seus atributos pessoais. Algumas são fortes; outras, fracas. Algumas são inteligentes; outras, nem tanto. Algumas são extrovertidas; outras, mais tímidas. Essas e muitas outras características pessoais determinam a produtividade dos trabalhadores e, portanto, ajudam a estabelecer os salários que eles ganham.

Outro aspecto estreitamente relacionado à habilidade é o esforço. Algumas pessoas trabalham arduamente, o que as torna mais produtivas e, geralmente, proporciona salários mais elevados. Em certa medida, as empresas recompensam os trabalhadores diretamente, remunerando-os com base no que produzem. Os vendedores, por exemplo, costumam receber uma porcentagem das vendas que realizam. Em outros casos, o trabalho árduo é recompensado de forma menos direta, por meio de um salário anual maior ou de uma bonificação.

A sorte também influencia na determinação dos salários. Se uma pessoa frequentou uma escola técnica para aprender a consertar televisores a válvula e depois viu essa qualificação se tornar obsoleta por causa da invenção do transistor, ela acabará ganhando um salário baixo se comparada com outras pessoas com o mesmo tempo de treinamento. Ou imagine o que poderá acontecer no futuro aos ganhos de motoristas de caminhão se os caminhões autônomos forem aperfeiçoados. O declínio na renda desses trabalhadores se deve a essa mudança tecnológica.

A sorte também atua em acasos de nascimento. Se você nasce em uma família de alta renda e alto nível de educação, essa sorte lhe dará vantagens na vida. Da mesma forma, nascer em uma família em extrema pobreza, com uma deficiência grave ou em um bairro sem pessoas que sirvam como bons exemplos também é uma questão de sorte.

Até que ponto as habilidades, o esforço e a sorte são importantes na determinação dos salários? Não se sabe ao certo por que esses fatores são difíceis de medir, mas as evidências indiretas sugerem que são muito importantes. Quando os economistas do trabalho estudam os salários, relacionam o salário do trabalhador com as variáveis que podem ser medidas, como anos de instrução, tempo de experiência, idade e características do emprego. Todas essas variáveis afetam o salário dos trabalhadores da maneira prevista pela teoria, mas respondem por menos da metade da variação nos salários em nossa economia. Como grande parte da variação nos salários não é explicada, as variáveis omitidas, incluindo habilidade, esforço e sorte, devem desempenhar um papel importante.

Estudo de caso

Os benefícios da beleza

As pessoas diferem de várias maneiras, uma das quais é a atratividade física. A atriz Gal Gadot, por exemplo, é uma mulher bonita – ela já foi até vencedora de um concurso de beleza. Sua boa aparência ajuda a atrair grandes audiências para seus filmes, e as grandes audiências significam uma renda gigante para ela. Em 2020, ela teria ganhado mais de $ 30 milhões.

A atratividade física é obviamente útil para um ator, mas quão difundidos são os benefícios econômicos da beleza? Os economistas do trabalho Daniel Hamermesh e Jeff Biddle abordaram essa questão em um estudo publicado na edição de dezembro de 1994 da *American Economic Review*. Hamermesh e Biddle examinaram dados de pesquisas com pessoas nos Estados Unidos e no Canadá. Os entrevistadores que conduziram as pesquisas foram convidados a avaliar a aparência física de cada entrevistado. Hamermesh e Biddle então examinaram o quanto os salários dos entrevistados poderiam ser explicados pelos determinantes padrão – educação, experiência, etc. – e o quanto eles dependiam da aparência física.

Eles descobriram que a beleza compensa. Pessoas consideradas mais atraentes do que a média ganham 5% a mais do que pessoas com aparência média, e pessoas com aparência média ganham de 5 a 10% a mais do que pessoas consideradas menos atraentes do que a média. Resultados semelhantes foram encontrados para homens e mulheres.

O que explica essas diferenças salariais? Há várias interpretações possíveis do prêmio de beleza.

Uma é que a boa aparência é um tipo de habilidade natural que determina a produtividade e os salários. Algumas pessoas nascem com os atributos físicos de uma estrela de cinema; outras não. A boa aparência é útil em qualquer trabalho voltado para o público, não apenas atuando, mas também como modelo, vendedor e garçom. Nesse caso, trabalhadores atraentes são mais valiosos para a empresa, e sua disposição de pagar um prêmio por essa beleza reflete as preferências de seus clientes.

A beleza compensa.

Uma segunda interpretação é que a beleza relatada é uma medida indireta de outros tipos de habilidade. A aparência atraente de uma pessoa depende de mais do que apenas hereditariedade. Também depende do vestuário, do penteado, do comportamento pessoal e de outros atributos que podem ser controlados. Talvez uma pessoa que projete com sucesso uma imagem atraente em uma entrevista de pesquisa tenha mais chances de ser uma pessoa talentosa que também tenha sucesso em outras tarefas.

Uma terceira interpretação é que o prêmio de beleza é um tipo de discriminação, um tópico ao qual retornaremos. ●

20-1d Uma visão alternativa da educação: sinalização

Anteriormente, abordamos a visão da educação sob o enfoque do capital humano, segundo o qual a instrução aumenta o salário dos trabalhadores porque os torna mais produtivos. Alguns economistas propuseram uma teoria alternativa, que enfatiza o fato de as empresas usarem a realização acadêmica como uma maneira de diferenciar os trabalhadores habilidosos dos não habilidosos. De acordo com essa visão alternativa, quando as pessoas obtêm seu diploma universitário, por exemplo, não se tornam mais produtivas, mas **sinalizam** sua produtividade mais alta aos empregadores em potencial. Como a obtenção de um diploma é mais fácil para as pessoas habilidosas que para as não habilidosas, mais pessoas habilidosas obtêm graduação universitária. Como resultado, é racional para as empresas interpretar o título universitário como sinal de habilidade.

A teoria do sinal na educação é semelhante à teoria do sinal na publicidade que abordamos no Capítulo 17. Segundo a teoria do sinal na publicidade, o anúncio em si não contém nenhuma informação, mas a empresa sinaliza a qualidade de seu produto aos consumidores por meio de sua disposição para gastar dinheiro com publicidade. Segundo a teoria do sinal na educação, a instrução não traz nenhum benefício real em termos de produtividade, mas o trabalhador sinaliza sua produtividade inata aos empregadores por meio de sua disposição de passar vários anos estudando. Nos dois casos, uma ação está sendo realizada não por seu benefício intrínseco, mas porque a disposição para executá-la transmite informações particulares aos observadores.

Tanto a teoria do capital humano quanto a do sinal podem explicar por que os trabalhadores mais instruídos tendem a ganhar mais do que os de menor instrução. De acordo com a teoria do capital humano, a instrução torna os trabalhadores mais produtivos; de acordo com a teoria do sinal, a instrução está correlacionada com o talento natural. Mas as duas visões levam a previsões radicalmente diferentes sobre os efeitos das políticas que pretendem aumentar a instrução. De acordo com a teoria do capital humano, aumentar o nível de instrução de todos os trabalhadores aumentaria a produtividade de todos eles e, com isso, seus salários. Segundo a teoria do sinal, a instrução não aumenta a produtividade, de modo que aumentar o nível de instrução de todos os trabalhadores não afetaria os salários.

O mais provável é que a verdade esteja em algum ponto entre esses dois extremos. Os benefícios da educação são, provavelmente, uma combinação dos efeitos do capital humano, que aumentam a produtividade, e dos efeitos da sinalização, que revelam a produtividade. A questão que está em aberto é o peso relativo desses dois efeitos.

20-1e O fenômeno das superestrelas

Embora a maioria dos atores ganhe pouco e precise, muitas vezes, trabalhar como garçom para se sustentar, Scarlett Johansson ganha milhões de dólares por cada filme que faz. De forma similar, enquanto a maioria das pessoas que joga tênis o faz de graça, como *hobby*, Daniil Medvedev ganha milhões no circuito profissional. Johansson e Medvedev são superestrelas em seus campos, e seu grande apelo ao público se reflete em rendas astronômicas.

Por que Scarlet e Daniil ganham tanto? Não é de surpreender que haja diferenças de remuneração dentro de cada ocupação. Bons carpinteiros ganham mais que carpinteiros medíocres, e bons encanadores ganham mais que encanadores medíocres. O talento e o esforço das pessoas variam, e essas diferenças levam a diferenças de renda. Mas os melhores carpinteiros e encanadores não ganham os milhões de dólares pagos aos melhores atores e atletas. O que explica essa diferença?

Para entender as rendas avantajadas de Scarlett e Daniil, é preciso examinar as características especiais dos mercados em que eles vendem seus serviços. As superestrelas surgem em mercados que apresentam duas características:

- Todos os clientes do mercado querem desfrutar do bem ofertado pelo melhor produtor.
- O bem é produzido com uma tecnologia que possibilita ao melhor produtor ofertá-lo a todos os clientes a um baixo custo.

Se Scarlett Johansson é a melhor atriz que há, então todos desejarão assistir a seu próximo filme; assistir ao dobro de filmes com um ator com metade do carisma não é um bom substituto. Além disso, é **possível** para todos assistir a uma atuação de Scarlett Johansson. Como é fácil fazer muitas cópias de um filme, Scarlett Johansson pode facilmente oferecer seu serviço a milhões de pessoas ao mesmo tempo. De maneira similar, como os jogos de tênis são transmitidos pela TV, milhões de fãs podem desfrutar do extraordinário talento de Daniil Medvedev.

Podemos agora entender por que não há superestrelas entre os carpinteiros e os encanadores. Com as demais condições permanecendo iguais, todos preferem empregar o melhor carpinteiro, porém o carpinteiro, ao contrário do ator de cinema, só pode oferecer seu serviço a um número limitado de clientes. Embora o melhor carpinteiro possa obter um salário mais elevado que a média, o carpinteiro médio, ainda assim, conseguirá ganhar bem.

20-1f Salários abaixo do equilíbrio: monopsônio

Na maioria das vezes, os economistas analisam os mercados de trabalho usando as ferramentas de oferta e demanda. Supõe-se que o mercado seja competitivo com muitos compradores e vendedores, cada um dos quais tem um efeito insignificante sobre o salário. No entanto, essa suposição nem sempre se aplica.

Imagine que o mercado de trabalho em uma pequena cidade seja dominado por um único e grande empregador. Esse empregador pode exercer uma grande influência sobre o salário atual, alterando substancialmente o resultado no mercado de trabalho. Um mercado em que há um único comprador é chamado de **monopsônio**.

monopsônio
um mercado que tem apenas um comprador

Um monopsônio (um mercado com um comprador) é como um monopólio (um mercado com um vendedor). Lembre-se do Capítulo 16: um monopólio produz menos do bem do que uma empresa competitiva; ao reduzir a quantidade oferecida para venda, o monopólio se move ao longo da curva de demanda do produto, aumentando o preço e seu lucro. Da mesma forma, um monopsônio em um mercado de trabalho contrata menos trabalhadores do que uma empresa competitiva; ao reduzir o número de empregos disponíveis, o monopsônio se move ao longo da curva de oferta de trabalho, reduzindo o salário que paga e aumentando seu lucro. Tanto os monopolistas quanto os monopsonistas reduzem a atividade econômica em um mercado abaixo do nível socialmente ideal. Em ambos os casos, a existência de poder de mercado distorce o resultado e causa peso morto. Trabalhadores empregados por monopsônios ganham menos do que ganhariam sob concorrência.

Este livro não apresenta o modelo formal de monopsônio porque os monopsônios verdadeiros são raros. Na maioria dos mercados de trabalho, os trabalhadores têm muitos empregadores possíveis e as empresas competem entre si para atrair trabalhadores. Nesses casos, o modelo de oferta e demanda é o melhor a ser usado.

No entanto, o conceito de monopsônio, desenvolvido pela economista Joan Robinson na década de 1930, é importante em alguns casos. Em 2021, a Suprema Corte declarou que a National Collegiate Athletic Association (NCAA, Associação Atlética Universitária Nacional) funcionou como um monopsônio, privando atletas universitários da compensação que ganhariam em um mercado mais competitivo. Na mesma época, o governo Biden destacou os monopsônios em um decreto presidencial, buscando reduzir o poder das grandes empresas de tecnologia e aumentar o poder de negociação dos trabalhadores. Um problema crescente, segundo muitos economistas, é o uso frequente de contratos de trabalho com cláusulas de não concorrência, que impedem os funcionários de sair para trabalhar para um concorrente. Embora esses acordos protejam os segredos comerciais dos empregadores, eles também restringem a concorrência no mercado de trabalho, mantendo os salários abaixo do nível de equilíbrio.

Monopsônios em sua forma pura não são comuns, mas a tendência à monopsonia ainda atormenta algumas partes da economia moderna. Os efeitos do poder monopsônico podem ajudar a explicar os salários de alguns trabalhadores.

PERGUNTE A QUEM SABE

Concorrência nos mercados de trabalho

"O uso de cláusulas de não concorrência nos contratos de trabalho dos Estados Unidos reduz a mobilidade e os salários dos trabalhadores em mais do que o justificado pela proteção da propriedade intelectual e dos segredos comerciais dos empregadores."

O que dizem os economistas?

3% discordam — 11% não têm certeza
86% concordam

Fonte: IGM Economic Experts Panel, 3 de agosto de 2021.

Os efeitos tardios da pandemia de Covid

Alguns economistas temem que os estudantes que ficaram para trás por causa das restrições da Covid nunca recuperem plenamente suas habilidades, perspectivas de emprego e renda.

Os custos econômicos de longo prazo da perda de escolaridade

Por Jon Hilsenrath

Imagine por um momento dois objetos em suas mãos: um pedaço de papel e um elástico. Se você apertar as mãos com força e soltar, o papel permanecerá amassado, mas o elástico retornará à sua forma original.

Os economistas tendem a pensar na economia como um elástico. Depois de uma perturbação, eles esperam que ela volte ao normal. Quando isso não acontece, como o papel amassado, eles chamam o efeito de "histerese" – mudanças duradouras causadas por uma grande perturbação. A pandemia de Covid-19 é um exemplo clássico. Quais danos permanentes à economia ela deixará para trás?

O primeiro lugar a procurar é nas salas de aula, dizem Eric Hanushek e Margaret Raymond, economistas e pesquisadores educacionais da Stanford University. O tempo perdido de estudo das crianças durante a pandemia tem o potencial de causar danos duradouros não apenas às suas perspectivas de longo prazo, mas também à prosperidade americana em geral, diz o casal.

Raymond estudou 18 estados e Washington, D.C., e concluiu que, em média, as crianças perderam 116 dias de leitura durante os estágios iniciais da pandemia no ano passado e 215 dias de estudo de matemática – ensino que será difícil de recuperar e pode deixar toda uma geração de crianças lutando para acompanhar seus estudos e testes. Se sua filha perder a oportunidade de aprender frações agora, como ela se sairá em álgebra mais tarde?

E o dano foi distribuído de forma desigual. Crianças em áreas rurais e áreas com grandes populações negras e hispânicas foram as mais atingidas. Entre os estados que mais sofrem estão Carolina do Sul e Illinois, de acordo com o estudo de Raymond.

A produção econômica é uma função da inovação, das habilidades que os trabalhadores trazem para seus empregos e das máquinas que eles usam para criar bens e serviços. A inovação e as habilidades são moldadas pela educação.

No próximo século, o dano da qualificação de 2020 produzirá uma perda de produção econômica de $ 25 trilhões a $ 30 trilhões atuais, estima Hanushek, e a renda familiar vitalícia dos estudantes afetados será 6 a 9% menor.

Ele chegou a essa conclusão em parte examinando a experiência de estudantes alemães. Em 1966 e 1967, o governo alemão encurtou temporariamente o ano letivo em uma reformulação do calendário escolar. Estudos longitudinais, diz ele, mostram que essa perda de tempo de aula reduziu a renda desse grupo de estudantes em 5% ao longo de suas vidas. Os estudantes de hoje "sentirão os efeitos de longo prazo da Covid mesmo quando voltarem à escola", diz Hanushek.

Economistas tomaram emprestado o termo histerese da física do magnetismo. Se você aplicar uma força magnética grande o suficiente a um objeto de metal, a polaridade do objeto poderá ser transformada permanentemente. É o mecanismo usado, por exemplo, para criar memória em um disco rígido. No campo da economia, a histerese geralmente está associada a danos após crises, embora também possa haver transformações positivas, como o desenvolvimento de tecnologias de vacinas e opções de trabalho em casa.

20-1g Salários acima do equilíbrio: leis de salário mínimo, sindicatos e salários de eficiência

Enquanto os trabalhadores empregados por um monopsônio têm salários abaixo do patamar que seria observado em um mercado competitivo em equilíbrio, outros trabalhadores são remunerados acima desse nível. Salários acima do equilíbrio podem surgir por três razões.

Um dos motivos são as leis de salário mínimo, conforme discutido no Capítulo 6. A maioria dos trabalhadores na economia não é afetada por essas leis porque seus salários de equilíbrio estão bem acima do salário mínimo legal. Mas para alguns trabalhadores, especialmente os menos qualificados e experientes, as leis de salário mínimo elevam os salários acima do nível que eles ganhariam em um mercado de trabalho não regulamentado.

Uma segunda razão pela qual os salários podem subir acima de seu nível de equilíbrio é o poder de mercado dos sindicatos. Um **sindicato** é uma associação de trabalhadores que negocia salários e condições de trabalho com os empregadores. Os sindicatos geralmente aumentam os salários acima do nível que se observaria em sua ausência, talvez por serem capazes de organizar os trabalhadores para reter seu trabalho ao convocar uma **greve**. Às vezes, os sindicatos agem como uma força contrária para compensar o comportamento

---

sindicato
associação de trabalhadores que negocia salários, benefícios e condições de trabalho com os empregadores

greve
recusa coletiva de trabalhar, organizada como uma forma de protesto

Por muitos anos, economistas procuraram evidências de histerese nos mercados de trabalho. Na Europa nas décadas de 1970 e 1980, os economistas Olivier Blanchard e Lawrence Summers notaram que o desemprego tendia a aumentar durante as crises econômicas, como esperado, mas não retornou totalmente aos níveis anteriores quando a economia reacendeu. O elástico, em outras palavras, não recuperou sua forma.

Em um artigo de 1986, "Histerese no desemprego", os professores supuseram que isso se devia a problemas estruturais nesses mercados. Os sindicatos tendiam a lutar arduamente para evitar que seus trabalhadores perdessem empregos, mas pouco faziam para ajudá-los depois de serem demitidos, dificultando o reemprego. As proteções trabalhistas codificadas na lei tiveram o mesmo efeito: as empresas estavam relutantes em recontratar após crises porque era muito difícil demitir pessoas em uma recessão. "Danos que pensávamos que deveriam ser temporários tiveram efeitos duradouros", disse Blanchard em uma entrevista recente.

Três décadas depois, Blanchard voltou atrás e analisou o problema da histerese nos mercados de trabalho após a crise financeira de 2007-2009. Milhões de estadunidenses estavam passando por longos períodos de desemprego. Em 2010, quase metade dos trabalhadores desempregados ficaram sem emprego por pelo menos seis meses, um número surpreendentemente alto. No meio século anterior à crise, apenas um em cada oito trabalhadores desempregados, em média, ficou sem trabalhar por tanto tempo.

Blanchard e outros economistas se preocuparam com os danos duradouros causados às pessoas que ficaram à margem do mercado de trabalho e viram suas habilidades se deteriorarem. Alguns pararam de procurar trabalho; outros encontraram renda em listas federais de invalidez. À medida que a expansão avançava, no entanto, alguns foram atraídos de volta ao mercado de trabalho. Blanchard, para sua surpresa, encontrou evidências de histerese menos convincentes do que ele esperava.

Na atual crise econômica, os formuladores de políticas em Washington estão ansiosos para reduzir a taxa de desemprego o mais rápido possível para reverter um novo aumento no desemprego de longa duração. Essa é uma das razões pelas quais a secretária do Tesouro, Janet Yellen, economista do trabalho, pediu que o Congresso aposte alto em um pacote de auxílio.

Desta vez, a histerese pode estar agindo em indústrias inteiras, disse Blanchard. Viagens aéreas, imóveis comerciais e varejo físico, por exemplo, podem nunca mais ser os mesmos.

Como Hanushek e Raymond, Blanchard está muito preocupado com os efeitos de longo prazo da crise da Covid sobre as crianças e seu futuro como trabalhadores. "Eu faria tudo o que pudesse para permitir que as crianças voltassem pessoalmente à escola com segurança", disse ele. Raymond disse que talvez seja hora de começar a pensar em mandar crianças para a escola de verão para recuperar o tempo perdido. No mínimo, ela disse, é hora de os educadores começarem a pensar em como consertar a escolaridade quando a pandemia terminar. ■

Fonte: *The Wall Street Journal*, 27 de fevereiro de 2021.

Questões para discussão

1. Você perdeu oportunidades educacionais durante a pandemia de Covid? Em caso afirmativo, você acha que posteriormente conseguiu alcançar o patamar onde estaria se não fosse a pandemia?

2. Como você acha que os sistemas educacionais podem compensar melhor as oportunidades perdidas devido à pandemia?

---

monopsonista dos empregadores; outras vezes, eles agem mais como monopolistas, fixando o preço de sua mão de obra acima do nível competitivo. Estudos sugerem que trabalhadores sindicalizados ganham cerca de 10 a 20% a mais do que trabalhadores similares não sindicalizados.

Uma terceira razão para salários acima do equilíbrio é baseada na teoria dos **salários de eficiência**. Essa teoria afirma que altos salários aumentam a produtividade dos trabalhadores ao reduzir a rotatividade, motivar maiores esforços e atrair candidatos superiores a se candidatarem a empregos. Se esses efeitos forem fortes o bastante, as empresas podem achar lucrativo pagar salários acima do nível de equilíbrio.

Salários acima do equilíbrio, sejam causados por leis de salário mínimo, sindicatos ou salários de eficiência, têm efeitos semelhantes no mercado de trabalho. Em cada caso, estabelecer um salário acima do nível de equilíbrio aumenta a quantidade de mão de obra fornecida e reduz a quantidade de mão de obra demandada. Isso cria um excedente de mão de obra ou desemprego. O estudo do desemprego geralmente é considerado um tópico dentro da macroeconomia, que está além do escopo deste capítulo, mas essas questões podem ser importantes ao analisar os ganhos. A maioria das diferenças de ganhos pode ser entendida assumindo que os salários equilibram a oferta e a demanda, mas salários acima do equilíbrio têm um impacto em alguns casos.

salários de eficiência
salários acima do nível de equilíbrio pagos pelas empresas, objetivando aumentar a produtividade dos trabalhadores

Teste rápido

1. Ted deixa seu emprego como professor de matemática do ensino médio e volta à escola para estudar as últimas inovações em programação de computadores. Em seguida, ele consegue um emprego mais bem remunerado em uma empresa de *softwares*. Este é um exemplo de
   a. diferencial compensatório.
   b. capital humano.
   c. monopsônio.
   d. salários de eficiência.

2. Marshall e Lily trabalham em uma loja de departamentos local. Marshall, que recebe os clientes quando eles chegam, ganha menos que Lily, que limpa os banheiros. Este é um exemplo de um
   a. diferencial compensatório.
   b. monopsônio.
   c. sinalização.
   d. salários de eficiência.

3. Barney dirige uma pequena empresa manufatureira. Ele paga a seus funcionários aproximadamente duas vezes mais do que outras empresas, embora pudesse pagar menos e ainda recrutar todos os trabalhadores de que precisa. Ele acredita que salários mais altos tornam seus trabalhadores mais leais e esforçados. Este é um exemplo de
   a. monopsônio.
   b. capital humano.
   c. sinalização.
   d. salários de eficiência.

4. Uma empresa de consultoria de negócios contrata Robin porque ela se formou em matemática na faculdade. Seu novo emprego não exige o uso dessa área de estudo, mas a empresa acredita que qualquer pessoa que tem capacidade de se formar em matemática deve ser muito inteligente. Este é um exemplo de
   a. diferencial compensatório.
   b. capital humano.
   c. sinalização.
   d. monopsônio.

As respostas estão no final do capítulo.

20-2 A economia da discriminação

discriminação
oferta de oportunidades diferentes a indivíduos semelhantes que diferem entre si apenas por raça, grupo étnico, gênero, idade, religião, orientação sexual ou outras características pessoais

Outra fonte de diferenças nos salários é a discriminação. A **discriminação** ocorre quando o mercado oferece ou nega oportunidades com base em raça, grupo étnico, gênero, idade, religião, orientação sexual ou outras características pessoais. A discriminação no mercado de trabalho reflete preconceitos mais amplos na sociedade. Os economistas estudam esse fenômeno para compreender melhor sua magnitude e suas causas.

20-2a Medindo a discriminação no mercado de trabalho

Em que medida a discriminação nos mercados de trabalho afeta os ganhos de diferentes grupos de trabalhadores? Essa questão é importante, mas respondê-la com precisão não é fácil.

Não resta dúvida que diferentes grupos de trabalhadores recebem salários substancialmente diferentes, como demonstra a Tabela 20-2. Em 2019, nos Estados Unidos, o homem

Tabela 20-2
Ganhos anuais medianos por raça e sexo

	Brancos	Negros	Porcentagem em que os ganhos são menores para os trabalhadores negros
Homens	$ 60.017	$ 45.644	24%
Mulheres	$ 48.845	$ 41.098	16%
Porcentagem em que os ganhos são menores para as trabalhadoras	19%	10%	

Nota: os dados de ganhos são referentes a 2019 e aplicam-se a trabalhadores, em período integral, com 14 anos ou mais. Indivíduos que relataram mais de uma raça foram excluídos desses dados.

Fonte: U.S. Census Bureau, Tabela P-38, e cálculos do autor.

negro mediano recebia 24% a menos que o homem branco mediano, e a mulher negra mediana recebia 16% a menos que a mulher branca mediana. A mulher branca mediana recebia 19% a menos que o homem branco mediano, e a mulher negra mediana recebia 10% a menos que o homem negro mediano. Tomadas ao pé da letra, esses diferenciais parecem evidenciar que os empregadores discriminam negros e mulheres.

Há, no entanto, um problema em potencial com essa inferência. Mesmo em um mercado de trabalho livre de discriminação, pessoas diferentes recebem salários diferentes. As pessoas diferem no montante de capital humano que possuem e no tipo de trabalho que podem e desejam fazer. As diferenças de salários que observamos na economia podem, em certa medida, ser atribuídas aos determinantes dos salários de equilíbrio que abordamos na seção anterior. A simples observação das diferenças salariais entre grupos amplos – brancos e negros, homens e mulheres – não prova que os empregadores os discriminam.

Considere o papel do capital humano. Em 2019, entre aqueles com 25 anos ou mais, 36% dos estadunidenses brancos tinham diploma de bacharel, em comparação com 26% dos afro-americanos. Essas diferenças educacionais explicam parte da diferença salarial. E, historicamente, as escolas públicas em áreas predominantemente negras são de qualidade inferior – medida pelos gastos, tamanho das turmas e assim por diante – do que escolas públicas em áreas predominantemente brancas. Se pudéssemos medir a qualidade e a quantidade da educação, as diferenças no capital humano provavelmente pareceriam ainda maiores.

O capital humano adquirido através de experiência de trabalho também pode ajudar a explicar as diferenças salariais. As mulheres, particularmente, são mais propensas a interromper a carreira para criar os filhos. Entre a população de 25 a 44 anos (faixa etária em que muitas pessoas têm filhos em casa), apenas cerca de 24% das mulheres estão fora da força de trabalho, em comparação com 10% dos homens. Como resultado, as trabalhadoras, em especial as mais velhas, tendem a ter menos experiência profissional que os homens.

Já outra fonte de diferenças salariais está nos diferenciais compensatórios. Homens e mulheres não escolhem os mesmos tipos de trabalho, e esse fato pode ajudar a explicar algumas das diferenças nos ganhos entre eles. Por exemplo, as mulheres são mais propensas a virar secretárias, e os homens, mais propensos a ser motoristas de caminhão. Os salários relativos das secretárias e dos motoristas de caminhão dependem, em parte, das condições de trabalho de cada ocupação. Como é difícil medir esses aspectos não monetários, é também difícil avaliar a importância prática dos diferenciais compensatórios para explicar as diferenças salariais observadas.

No fim, o estudo das diferenças salariais entre grupos não estabelece nenhuma conclusão clara sobre a existência de discriminação nos mercados de trabalho norte-americanos. A maioria dos economistas acredita que parte dos diferenciais salariais observados pode ser atribuída à discriminação, mas não há consenso a respeito de quanto. A única conclusão sobre a qual há consenso entre os economistas é negativa: uma vez que as diferenças entre os salários médios dos grupos refletem, em parte, as diferenças no capital humano e nas características dos empregos, elas, por si só, não são capazes de medir quanta discriminação há no mercado de trabalho.

Diferenças no capital humano entre grupos de trabalhadores, porém, refletem um tipo de discriminação. Os currículos menos rigorosos tradicionalmente oferecidos às estudantes, por exemplo, podem ser considerados uma prática discriminatória. De forma similar, as escolas de qualidade inferior historicamente disponíveis para estudantes negros também podem ser atribuídas ao preconceito das câmaras municipais e dos conselhos de ensino. No entanto, esse tipo de discriminação ocorre muito antes de o trabalhador ingressar no mercado de trabalho, caracterizando, assim, uma doença política, ainda que o sintoma seja econômico.

Estudo de caso

Emily é mais empregável do que Lakisha?

Embora seja difícil mensurar a discriminação com base nos resultados do mercado de trabalho, evidências convincentes da existência dessa discriminação vêm de um experimento de campo criativo. Os economistas Marianne Bertrand e Sendhil Mullainathan responderam a mais de 1.300 anúncios de oferta de vaga veiculados nos jornais de Boston e Chicago enviando quase 5 mil currículos falsos. Metade dos currículos tinha nomes comuns na comunidade afro-americana, como Lakisha Washington ou Jamal Jones. A outra metade tinha nomes mais comuns entre a população branca, como Emily Walsh e Greg Baker. Fora isso, os currículos eram semelhantes. Os resultados desse experimento foram publicados na *American Economic Review* em setembro de 2004.

Os pesquisadores descobriram grandes diferenças na forma como os empregadores responderam aos dois grupos de currículos. Candidatos a emprego com nomes brancos receberam cerca de 50% mais ligações de empregadores do que aqueles com nomes afro-americanos. O estudo constatou que essa discriminação ocorreu com todos os tipos de empregadores, incluindo aqueles que alegaram ser um "empregador com oportunidades iguais" em seus anúncios de oferta de vaga. Os pesquisadores concluíram que "a discriminação racial ainda é uma característica marcante do mercado de trabalho".

Mais recentemente, o economista Philip Oreopoulos examinou o mercado de trabalho canadense enviando alguns currículos falsos com nomes anglófonos e outros com nomes indianos, paquistaneses, chineses e gregos. Publicado no *American Economic Journal: Economic Policy* em novembro de 2011, o estudo encontrou novamente evidências significativas de discriminação. Nomes que pareciam anglófonos receberam 39% mais ligações de empregadores. As diferenças foram semelhantes entre os quatro grupos étnicos. E os resultados eram praticamente os mesmos se o candidato fictício tivesse um primeiro nome anglófono e um sobrenome chinês (como James Liu ou Amy Wang). Posteriormente, quando os recrutadores da empresa foram questionados sobre essas descobertas, eles tentaram justificar seu comportamento dizendo que eles se preocupam com as habilidades linguísticas. No entanto, a discriminação ocorreu mesmo quando o candidato tinha uma educação canadense e experiência profissional canadense, e não havia relação entre a vantagem dada aos nomes em inglês e o grau de habilidades linguísticas necessárias para o tipo de trabalho.

"O que há em um nome?", escreveu Shakespeare em *Romeu e Julieta*. Como os Montéquio e os Capuleto, muitos empregadores não conseguem enxergar além dos nomes das pessoas que estão avaliando. ●

20-2b Discriminação por parte dos empregadores

Agora vamos passar da medição para as forças econômicas que estão por trás da discriminação nos mercados de trabalho. Se um grupo na sociedade recebe um salário menor que outro mesmo após ter controlado os efeitos do capital humano e das características do emprego, de quem é a culpa pela diferença?

A resposta pode parecer óbvia: os empregadores. Eles tomam as decisões de contratação que determinam a demanda por mão de obra e os salários. Se alguns grupos de trabalhadores recebem salários menores do que deveriam, os empregadores parecem ser os culpados naturais. Contudo, muitos economistas são céticos em relação a essa resposta. Eles acreditam que economias de mercado competitivas oferecem um antídoto natural para a discriminação por parte dos empregadores: o motivo do lucro.

Imagine uma economia na qual os trabalhadores são diferenciados apenas pela cor do cabelo. Nesse mundo simplificado, as pessoas são loiras ou morenas. Os dois grupos têm as mesmas habilidades, experiência e ética de trabalho. No entanto, devido à discriminação, os empregadores preferem contratar morenas, e essa preferência reduz a demanda por loiras. Isso faz com que as loiras recebam um salário inferior ao das morenas.

Essa diferença salarial, no entanto, não durará por muito tempo. Os empreendedores logo perceberão uma maneira fácil de superar a concorrência: contratar trabalhadores loiros. Fazer isso significa custos trabalhistas mais baixos e lucros mais altos. Com o tempo, mais e mais empresas "loiras" entram no mercado para explorar essa vantagem de custo. Como as empresas "morenas" têm custos mais altos, elas começam a perder dinheiro diante dos novos concorrentes e, por fim, saem do mercado. A entrada de empresas loiras e a saída de empresas morenas aumentam a demanda por trabalhadores loiros e reduzem a demanda por trabalhadores morenos. Esses ajustes na demanda aproximam os salários dos dois grupos. O processo continua até que a economia alcance um novo equilíbrio, sem a diferença salarial discriminatória.

Dito de maneira mais simples, os proprietários das empresas que só se preocupam em ganhar dinheiro estão em vantagem quando concorrem contra aqueles que também se preocupam em discriminar. Como resultado, as empresas que não discriminam tendem a substituir aquelas que o fazem. Dessa forma, os mercados competitivos têm um remédio natural para a discriminação por parte dos empregadores.

Estudo de caso — Bondes segregados e a motivação do lucro

No início do século XX, em muitas cidades do sul dos Estados Unidos, havia segregação racial nos bondes. Passageiros brancos sentavam-se na frente dos bondes e passageiros negros sentavam-se na parte de trás. As empresas que administravam os bondes aplicaram essa prática, mas pesquisas históricas mostram que elas não a iniciaram.

Em um artigo de 1986 no *Journal of Economic History*, a historiadora econômica Jennifer Roback descobriu que a segregação de viagens em bondes resultou de leis que exigiam segregação. Antes da existência dessas leis, a discriminação racial nos assentos era rara. Era muito mais comum separar fumantes e não fumantes.

Na verdade, as empresas que administravam os bondes muitas vezes se opunham às leis que exigiam a segregação racial. Oferecer assentos separados para diferentes viagens aumentou os custos das empresas e reduziu seus lucros. Um gerente de uma empresa ferroviária reclamou ao conselho da cidade que, de acordo com as leis de segregação, "a empresa tem que transportar por aí uma boa quantidade de espaço vazio".

Veja como Roback descreve a situação em uma cidade do sul:

> A companhia ferroviária não iniciou a política de segregação e não estava nem um pouco disposta a cumpri-la. A legislação estadual, a agitação pública e a ameaça de prender o presidente da ferrovia foram necessárias para induzi-los a separar as viagens em seus carros. [...] Não há indícios de que a administração da companhia ferroviária tenha sido motivada pela crença nos direitos civis ou na igualdade racial. As evidências indicam que seus principais motivos eram econômicos; a separação era cara. [...] Os funcionários da empresa podiam ou não desgostar dos negros, mas não estavam dispostos a abrir mão dos lucros necessários para ceder a esse preconceito.

A história dos bondes do sul ilustra uma lição geral: normalmente, os proprietários de empresas estão mais interessados em obter lucros, não em discriminar um grupo específico. Quando as empresas se envolvem em práticas discriminatórias, a fonte da discriminação geralmente não está nas próprias empresas, mas em outros lugares. Nesse caso, as empresas de bonde segregaram brancos e negros porque leis discriminatórias, às quais as empresas se opunham, exigiam que eles o fizessem. ●

20-2c Discriminação por parte de clientes e governos

A motivação do lucro é uma força considerável que age para eliminar diferenciais salariais discriminatórios, mas existem limites para sua capacidade corretiva. Dois limites importantes são: preferências dos clientes e políticas governamentais.

Para ver como as preferências dos clientes pela discriminação podem afetar os salários, considere novamente nossa economia imaginária de loiros e morenos. Suponha que os proprietários de restaurantes discriminem os loiros ao contratar garçons. Como resultado, os garçons loiros receberão salários menores que os morenos. Nesse caso, um restaurante pode abrir com garçons loiros e cobrar preços mais baixos. Se os clientes só se preocuparem com a qualidade e o preço das refeições, as empresas discriminadoras serão expulsas do negócio e o diferencial salarial desaparecerá.

No entanto, imagine que os clientes preferem ser servidos por garçonetes morenas. Se essa preferência discriminatória for forte, a entrada de restaurantes que contratam loiros não conseguirá eliminar o diferencial salarial entre morenas e loiras. Ou seja, se os clientes tiverem preferências discriminatórias, um mercado competitivo será consistente com um diferencial salarial discriminatório. Uma economia com tal discriminação conteria dois tipos de restaurante: os restaurantes que contratam loiros, têm custos menores e cobram preços mais baixos, e os restaurantes que contratam morenos, têm custos maiores e cobram preços mais elevados. Os clientes que não se preocupassem com a cor de cabelo dos garçons seriam atraídos pelos preços mais baixos dos restaurantes que contratam loiros; já os intolerantes iriam aos restaurantes que contratam morenos e pagariam por sua preferência discriminatória por meio de preços mais altos.

Outra maneira de a discriminação persistir nos mercados competitivos é a imposição de práticas discriminatórias pelo governo. Se, por exemplo, o governo aprovar uma lei que declare que os loiros podem lavar pratos nos restaurantes, mas não podem trabalhar como garçons, então o diferencial salarial persistirá em um mercado competitivo. Nos anos 1990, antes de a África do Sul abandonar seu sistema de *apartheid*, os negros eram proibidos de trabalhar em algumas ocupações. Os governos discriminatórios aprovam esse tipo de lei para suprimir a força equalizadora normal dos mercados livres e competitivos.

Em suma: **os mercados competitivos têm um remédio natural para a discriminação por parte dos empregadores. A entrada no mercado de empresas que só se preocupam com o lucro tende a eliminar os diferenciais salariais discriminatórios. Esses diferenciais salariais persistem nos mercados competitivos somente quando os clientes estão dispostos a pagar mais para manter a prática discriminatória ou quando o governo a impõe.**

Discriminação no esporte

Medir discriminação geralmente é difícil. Para determinar se um grupo de trabalhadores é discriminado, um pesquisador deve corrigir as diferenças na produtividade entre esse grupo e outros na economia. No entanto, na maioria das empresas, é difícil medir a contribuição de um trabalhador para a produção de bens e serviços.

Os esportes são, de certa forma, uma exceção. As equipes esportivas profissionais se destacam em medidas objetivas de produtividade. No basquete, por exemplo, as estatísticas sobre as médias dos jogadores em pontuação, assistências e rebotes são compiladas instantaneamente e analisadas por torcedores fanáticos. Para os economistas, essa extensa documentação representa uma verdadeira mina de ouro.

Estudos sobre equipes esportivas sugerem que a discriminação racial tem sido, de fato, comum e que grande parte da culpa recai sobre os torcedores. Um estudo, publicado no *Journal of Labor Economics* em 1988, analisou os salários dos jogadores de basquete e descobriu que jogadores negros ganhavam 20% a menos do que jogadores brancos com habilidades comparáveis. O estudo também constatou que o público nos jogos de basquete era maior para equipes com maior proporção de jogadores brancos. Uma interpretação desses fatos é que, pelo menos na época do estudo, a discriminação dos torcedores tornava os jogadores negros menos lucrativos do que os brancos para os donos de equipes. Na presença dessa discriminação por parte do cliente, uma diferença salarial discriminatória pode persistir, mesmo que os donos das equipes se preocupem apenas com o lucro.

Uma situação semelhante já ocorreu com jogadores de beisebol. Um estudo usando dados do final dos anos 1960 mostrou que jogadores negros ganhavam menos do que jogadores brancos de mesmo nível. Além disso, menos torcedores assistiam a jogos com arremessadores negros do que com arremessadores brancos, embora os arremessadores negros tivessem melhores recordes do que os arremessadores brancos. Estudos sobre salários mais recentes no beisebol, no entanto, não encontraram evidências de diferenças salariais discriminatórias.

Outro estudo, publicado no *Quarterly Journal of Economics* em 1990, analisou os preços de mercado de cartões de beisebol antigos. Esse estudo encontrou evidências semelhantes de discriminação. Os cartões de rebatedores negros foram vendidos por 10% menos do que os cartões de rebatedores brancos do mesmo nível, e os cartões de arremessadores negros foram vendidos por 13% menos do que os cartões de arremessadores brancos do mesmo nível. Esses resultados sugerem discriminação por parte do cliente entre fãs de beisebol. ●

20-2d Discriminação estatística

Além da animosidade em relação a grupos específicos, há outra causa possível de discriminação, chamada **discriminação estatística**. Essa teoria pressupõe que os empregadores tenham informações imperfeitas sobre possíveis funcionários. Se alguma característica do funcionário que seja relevante, mas não observável, estiver correlacionada a uma característica irrelevante, mas observável, os empregadores podem confiar na característica observável ao tomar decisões de contratação.

Suponha que os empregadores se preocupem com a pontualidade, mas não saibam se é provável que um candidato a emprego seja pontual depois de contratado. E suponha que os empregadores tenham descoberto que 10% dos trabalhadores com olhos azuis estão cronicamente atrasados, em comparação com apenas 5% dos trabalhadores com olhos castanhos. Por causa dessa correlação, os empregadores podem preferir contratar trabalhadores de olhos castanhos, mesmo que eles não se importem com a cor dos olhos. As pessoas de olhos azuis, como grupo, sofreriam discriminação, embora 90% delas sejam pontuais. A discriminação é "estatística" no sentido de que cada pessoa de olhos azuis está sendo estereotipada pelo comportamento médio do grupo.

Esse exemplo é ridículo (a pontualidade não está realmente relacionada à cor dos olhos), mas o mesmo fenômeno surge em casos reais.

Alguns empregadores, por exemplo, preferem não contratar trabalhadores com antecedentes criminais. A maneira mais simples de evitar isso é perguntar aos candidatos a emprego se eles têm antecedentes criminais, e muitos empregadores o fazem. Alguns estados, no entanto, aprovaram leis conhecidas como "*ban the box*" (proibir a caixa), que proibiam os empregadores de perguntar sobre os antecedentes criminais dos candidatos. (A "caixa" refere-se ao campo no formulário de emprego onde a pessoa marcaria para indicar que possui um histórico limpo.) O objetivo dessas leis é ajudar ex-infratores a encontrarem emprego e reintegrarem-se à sociedade.

Apesar da intenção nobre dessas leis, uma consequência não intencional é que elas promovem a discriminação estatística. As estatísticas mostram que homens negros têm mais chances de terem cumprido pena de prisão do que homens brancos. Alguns empregadores que estão cientes disso, mas estão proibidos de perguntar sobre antecedentes criminais, podem evitar a contratação de homens negros. Como resultado, homens negros sem antecedentes criminais sofreriam discriminação por causa das características médias de seu grupo. Alguns estudos compararam estados com e sem políticas de "*ban the box*" e descobriram que essas leis reduzem significativamente o emprego de jovens negros sem diploma universitário. Esses resultados sugerem que os formuladores de políticas devem procurar outras maneiras de ajudar ex-detentos, que não aumentem inadvertidamente a discriminação estatística.

> **discriminação estatística**
> discriminação que surge porque uma característica pessoal irrelevante, mas observável, está correlacionada com um atributo relevante, mas não observável

Teste rápido

5. Entre os trabalhadores estadunidenses em tempo integral, as mulheres brancas ganham cerca de _____ % menos do que os homens brancos, e os homens negros ganham cerca de _____ % menos do que os homens brancos.
   a. 5; 20
   b. 5; 40
   c. 20; 20
   d. 20; 40

6. É difícil medir até que ponto a discriminação afeta os resultados do mercado de trabalho porque
   a. os dados sobre salários são cruciais, mas não estão prontamente disponíveis.
   b. as empresas relatam erroneamente os salários que pagam para esconder práticas discriminatórias.
   c. os trabalhadores diferem em seus atributos e nos tipos de empregos que possuem.
   d. a mesma lei de salário mínimo se aplica aos trabalhadores de todos os grupos.

7. As forças da concorrência em mercados com livre entrada e saída tendem a eliminar os diferenciais salariais decorrentes da discriminação por parte
   a. dos empregadores.
   b. dos clientes.
   c. do governo.
   d. Todas as opções acima

As respostas estão no final do capítulo.

20-3 Conclusão

Nos mercados competitivos, os trabalhadores recebem um salário igual à sua contribuição marginal para a produção de bens e serviços. Há, contudo, muitas coisas que afetam o valor do produto marginal. As empresas pagam mais a trabalhadores que sejam mais talentosos, mais diligentes, mais experientes e mais instruídos, porque eles são mais produtivos. As empresas pagam menos aos trabalhadores que são discriminados pela clientela porque eles contribuem menos para a receita.

A teoria do mercado de trabalho desenvolvida nos dois últimos capítulos explica por que alguns trabalhadores ganham salários mais altos que outros. Todavia, a teoria não diz que a distribuição resultante da renda é igual, justa ou desejável. Este é o tópico que abordaremos no próximo capítulo.

RESUMO DO CAPÍTULO

- Os trabalhadores recebem salários diferentes por diversos motivos. Em certa medida, os diferenciais salariais compensam o trabalhador pelos seus atributos profissionais. Com as demais condições constantes, os trabalhadores em atividades difíceis e desagradáveis ganham mais que aqueles com empregos fáceis e agradáveis.
- Os trabalhadores com mais capital humano recebem mais que aqueles com menos. O retorno ao capital humano acumulado é elevado e tem aumentado nas duas últimas décadas.
- Embora anos de instrução, experiência e características do emprego afetem os ganhos, como a teoria prevê, há uma grande variação dos ganhos que não pode ser explicada por coisas que os economistas são capazes de medir. A variação não explicada dos ganhos é atribuída, em grande parte, ao talento natural, ao esforço e à sorte.
- Alguns economistas sugeriram que trabalhadores mais instruídos ganham salários mais altos não porque a instrução aumente a produtividade, mas porque trabalhadores com talento natural elevado usam a educação como forma de sinalizar sua capacidade aos empregadores. Se essa teoria da sinalização estiver correta, aumentar o nível de instrução de todos os trabalhadores não elevará o nível geral dos salários.
- Às vezes, os salários se afastam do nível que equilibra oferta e demanda. Uma explicação para salários abaixo do equilíbrio é o poder de monopsônio de alguns empregadores. Os três motivos que impulsionam os salários acima do equilíbrio são: a legislação do salário-mínimo, os sindicatos e os salários de eficiência.
- Algumas diferenças nos ganhos são atribuídas à discriminação por raça, sexo ou outros fatores. Mas medir o montante de discriminação é difícil, porque é preciso corrigir as diferenças de capital humano e as características do emprego.
- Os mercados competitivos tendem a limitar o impacto da discriminação sobre os salários. Se os salários de um grupo de trabalhadores forem inferiores aos de outro grupo por motivos que não estejam ligados à produtividade marginal, as empresas que não discriminam serão mais lucrativas que aquelas que discriminam. O comportamento maximizador de lucro pode, portanto, reduzir os diferenciais salariais discriminatórios. Ainda assim, a discriminação persistirá nos mercados competitivos se os clientes estiverem dispostos a pagar mais às empresas que discriminam ou se o governo aprovar leis exigindo a discriminação por parte das empresas.
- A discriminação também pode ocorrer por razões estatísticas. Se os empregadores têm informações imperfeitas sobre os candidatos a uma vaga, eles podem acabar discriminando contra todos os membros de um grupo cujas características consideram indesejáveis.

CONCEITOS-CHAVE

diferencial compensatório, p. 404
capital humano, p. 404
monopsônio, p. 409

sindicato, p. 410
greve, p. 410
salários de eficiência, p. 411

discriminação, p. 412
discriminação estatística, p. 417

QUESTÕES DE REVISÃO

1. Por que os mineradores de carvão ganham mais que outros trabalhadores com o mesmo nível de instrução?
2. Em que sentido a instrução é um tipo de capital?
3. Como a instrução pode aumentar o salário de um trabalhador sem aumentar sua produtividade?
4. Que condições levam à existência de superestrelas com ganhos extremamente altos? É provável que surjam superestrelas na área de odontologia? E na música? Explique.
5. Cite três motivos pelos quais o salário de um trabalhador pode ficar acima do nível que equilibra oferta e demanda.
6. Quais são as dificuldades para determinar se um grupo de trabalhadores tem salário mais baixo por causa da discriminação?
7. Explique como as forças da competição econômica tendem a exacerbar ou a atenuar a discriminação racial.
8. Dê um exemplo de como a discriminação pode persistir em um mercado competitivo.

PROBLEMAS E APLICAÇÕES

1. Os estudantes universitários, às vezes, trabalham como estagiários de empresas privadas ou do governo. Muitos desses estágios pagam pouco ou nada.
   a. Qual é o custo de oportunidade de aceitar um emprego desse tipo?
   b. Explique por que os estudantes estão dispostos a aceitar esse tipo de emprego.
   c. Se comparasse os ganhos futuros dos que trabalham como estagiários com aqueles que, no mesmo período, trabalharam em empregos que pagavam mais, o que você esperaria encontrar?
2. Como foi explicado no Capítulo 6, a lei do salário mínimo distorce o mercado de mão de obra de baixo salário. Para reduzir isso, alguns economistas defendem um sistema de salário mínimo em duas categorias: um mínimo regular para adultos e um mais baixo para adolescentes. Apresente duas razões pelas quais um único salário mínimo poderia distorcer o mercado de mão de obra de adolescentes mais que o faria no mercado de trabalhadores adultos.
3. Uma conclusão básica da economia do trabalho é a de que os trabalhadores mais experientes da força de trabalho ganham mais que os menos experientes, ainda que tenham o mesmo nível de instrução. Por que isso acontece? Alguns estudos concluíram também que a experiência em um mesmo emprego (chamada *estabilidade no emprego*) tem efeito adicional positivo sobre o salário. Explique.
4. Em algumas faculdades e universidades, os professores de economia ganham mais que os de outras áreas.
   a. Por que isso acontece?
   b. Outras faculdades e universidades têm a política de pagar salários iguais aos professores de todas as áreas. Em algumas dessas instituições, os professores de economia têm cargas horárias menores que os de outras áreas. Que papel representam as diferenças de carga horária?
5. Imagine que alguém lhe ofereça uma escolha: você pode passar quatro anos estudando na melhor universidade do mundo, mas teria que manter em segredo que estudou lá, ou pode receber um diploma da melhor universidade do mundo, mas sem realmente frequentar as aulas. Em sua opinião, qual das duas possibilidades lhe proporcionaria maiores ganhos no futuro? O que a sua resposta diz a respeito do debate entre sinalização e capital humano no papel da educação?
6. Quando os dispositivos de gravação foram inventados, há quase 100 anos, os músicos passaram a poder fornecer sua música a grandes públicos a um custo baixo. Em sua opinião, como isso afetou a renda dos melhores músicos? E como afetou a renda dos músicos medianos?
7. Um debate atual na área da educação é se os professores deveriam receber de acordo com uma escala padrão com base apenas no tempo de estudo e de experiência, ou se parte do salário deveria se basear no desempenho ("pagamento por mérito").
   a. Por que o pagamento por mérito seria desejável?
   b. Quem se oporia ao sistema de pagamento por mérito?
   c. Qual é o desafio potencial do pagamento por mérito?
   d. Uma questão relacionada a essa: o que poderia levar uma cidade a decidir pagar aos seus professores um salário significativamente maior que o pago pelas cidades vizinhas?
8. Quando Alan Greenspan (um economista que viria a ser presidente do Federal Reserve) dirigia uma empresa de consultoria econômica no fim da década de 1960, ele contratava principalmente economistas

do sexo feminino. Greenspan, certa vez, declarou ao *New York Times*: "Sempre atribuí igual valor a homens e mulheres, e descobri que, porque outros não o faziam, economistas competentes do sexo feminino eram mais baratas que economistas do sexo masculino". O comportamento de Greenspan maximiza o lucro? É um comportamento admirável ou desprezível? Se mais empregadores agissem como ele, o que aconteceria com a diferença salarial entre homens e mulheres? Por que outras empresas de consultoria econômica da época não seguiram a estratégia empresarial de Greenspan?

Respostas do teste rápido

1. **b** 2. **a** 3. **d** 4. **c** 5. **c** 6. **c** 7. **a**

Capítulo 21

Desigualdade de renda e pobreza

O grande primeiro-ministro britânico Winston Churchill disse, certa vez: "O vício inerente ao capitalismo é a repartição desigual de bênçãos. A virtude inerente ao socialismo é a repartição igual de misérias". Em 1945, quando fez essas observações, Churchill era um crítico notório do socialismo e um defensor eloquente do Império Britânico e do sistema econômico que ajudou a alimentá-lo. As observações feitas por ele destacam dois fatos. Primeiro, graças à mão invisível de Adam Smith, as nações que usam mecanismos do mercado para alocar recursos geralmente têm mais prosperidade do que aquelas que não usam. Segundo, a prosperidade nas economias de mercado não é dividida igualmente. A renda pode variar bastante entre o topo e a base da pirâmide econômica.

Os dois capítulos anteriores analisaram por que a renda das pessoas difere tanto. O rendimento deriva dos pagamentos aos fatores de produção – trabalho, terra e capital. Quando os mercados são competitivos, os preços dos fatores se ajustam para equilibrar oferta e demanda. Em equilíbrio, os fatores de produção são pagos pelo valor de seu produto marginal.

Como os ganhos do trabalho representam cerca de dois terços da renda total da economia estadunidense, o trabalho é o fator mais importante para determinar o padrão de vida das famílias. A oferta e a demanda de trabalho dependem de aspectos como capacidade, esforço, capital humano, diferenciais de remuneração, discriminação, e assim por diante. Na maior parte das vezes, esses aspectos determinam quanto os trabalhadores recebem. Mas, às vezes, por conta de leis de salário mínimo, sindicatos, salários de eficiência e poder de monopsônio, os pagamentos se afastam de seus níveis de equilíbrio competitivo. Todas essas forças diversas determinam se uma pessoa será rica, pobre, ou algo entre esses dois pontos.

A distribuição de renda levanta questões fundamentais a respeito da economia e das políticas públicas. Este capítulo aborda o assunto em três etapas. Primeiro, vamos analisar como a desigualdade é medida e qual é sua magnitude nos Estados Unidos e ao redor do mundo. Depois, vamos examinar diferentes pontos de vista sobre o papel do governo na alteração da distribuição de renda. E, por fim, discutiremos políticas públicas focadas em ajudar os membros mais necessitados da sociedade.

21-1 A mensuração da desigualdade

Começamos fazendo quatro perguntas:

- Quanta desigualdade econômica há na sociedade estadunidense?
- Quantas pessoas vivem na pobreza?
- Quais problemas surgem na mensuração da desigualdade e pobreza?
- Com que frequência as pessoas mudam de uma classe de renda para outra?

21-1a Desigualdade de renda nos Estados Unidos

Imagine que você enfileirasse todas as famílias da economia de acordo com sua renda anual e, então, as dividisse em cinco grupos iguais chamados **quintis**. A Tabela 21-1 mostra as faixas de renda de cada um desses grupos em 2019, assim como dos 5% mais ricos (um subgrupo do quintil superior). Você pode usar essa tabela para descobrir em que faixa da distribuição de renda sua família se encontra.

Para estudar a distribuição de renda, os economistas consideram útil calcular a parcela da renda total recebida por cada quintil. A Tabela 21-2 mostra essas informações em anos selecionados. Em 2019, o quintil inferior ganhou 3,9% da renda total, enquanto o quintil superior recebeu 49,5%. Embora todos os quintis incluam o mesmo número de famílias, o quintil superior registrou uma renda quase 13 vezes maior que o quintil inferior.

"Por mim, eles podem fazer o que quiserem com o salário mínimo, desde que não toquem no salário máximo."

Tabela 21-1
Distribuição de renda nos Estados Unidos: 2019

Fonte: U.S. Bureau of the Census, Historical Income Tables, Table F-1.

Grupo	Renda familiar anual
Quintil inferior	Menos de $ 40.000
Segundo quintil	$ 40.001 a $ 69.000
Quintil intermediário	$ 69.001 a $ 105.038
Quarto quintil	$ 105.039 a $ 164.930
Quintil superior	$ 164.931 ou mais
5% mais ricos	$ 304.153 ou mais

Tabela 21-2

Desigualdade de renda nos Estados Unidos

Esta tabela mostra a porcentagem da renda total, antes do pagamento de impostos, recebida pelas famílias em cada quintil da distribuição de renda e pelas famílias que se encontram entre os 5% mais ricos.

Fonte: U.S. Bureau of the Census, Historical Income Tables, Table F-2.

Ano	Quintil inferior	Segundo quintil	Quintil intermediário	Quarto quintil	Quintil superior	5% mais ricos
2019	3,9%	9,2%	14,8%	22,5%	49,5%	21,9%
2010	3,8	9,4	15,4	23,5	47,9	20,0
2000	4,3	9,8	15,4	22,7	47,7	21,1
1990	4,6	10,8	16,6	23,8	44,3	17,4
1980	5,3	11,6	17,6	24,4	41,1	14,6
1970	5,4	12,2	17,6	23,8	40,9	15,6
1960	4,8	12,2	17,8	24,0	41,3	15,9
1950	4,5	12,0	17,4	23,4	42,7	17,3
1935	4,1	9,2	14,1	20,9	51,7	26,5

A última coluna mostra a parcela da renda das famílias mais ricas. Em 2019, as famílias do grupo dos 5% mais ricos receberam 21,9% da renda total, valor que supera a renda total dos 40% mais pobres.

A Tabela 21-2 mostra também a distribuição de renda em vários anos a partir de 1935. À primeira vista, a distribuição de renda parece estável. Nas últimas décadas, o quintil inferior das famílias recebeu cerca de 4 a 5% da renda, enquanto o quintil superior recebeu cerca de 40 a 50% da renda. Mas uma análise mais cuidadosa mostra algumas tendências quanto ao grau de desigualdade. De 1935 a 1970, a distribuição tornou-se, gradualmente, mais igual. A participação do quintil inferior subiu de 4,1% para 5,5%, e a participação do quintil superior caiu de 51,7 para 40,9%. Em anos mais recentes, essa tendência se reverteu. De 1970 a 2019, a participação do quintil inferior caiu de 5,4 para 3,9%, e a do quintil superior aumentou de 40,9 para 49,5%.

O capítulo anterior discutiu alguns dos motivos para o recente aumento da desigualdade. A expansão do comércio com países em que os salários são baixos (como a China) e mudanças tecnológicas vinculadas a habilidades (como robôs) acabaram reduzindo a demanda por mão de obra não qualificada e aumentando a demanda por trabalhadores qualificados. Essas mudanças na demanda reduziram os salários de trabalhadores não qualificados em comparação com a dos profissionais qualificados, e a mudança nos salários relativos aumentou a desigualdade de renda entre as famílias.

21-1b Desigualdade ao redor do mundo

Como a desigualdade de renda nos Estados Unidos se compara com a de outros países? Essa questão é interessante, mas respondê-la é problemático. Alguns países não possuem dados confiáveis, e mesmo quando esses dados estão disponíveis, eles são coletados de maneiras diferentes. Alguns medem a renda individual, enquanto outros, a renda familiar. Outros, ainda, coletam dados sobre gastos como uma aproximação grosseira da renda. Não é possível ter certeza se uma diferença observada no grau de desigualdade reflete uma diferença real nas economias ou se é simplesmente uma diferença na maneira como os dados são coletados.

424 Parte VI A economia dos mercados de trabalho

SAIBA MAIS — A renda dos super-ricos

As Tabelas 21-1 e 21-2 apresentam algumas informações sobre os mais abastados – os grupos dos 20% superiores e dos 5% mais ricos na distribuição de renda. Mas e quanto aos super-ricos, como o grupo do 1% mais rico? Ou os muito, muito ricos, como os do 0,01%?

Dados padrão derivados de pesquisas populacionais atuais são menos confiáveis em relação aos extremos da distribuição de renda. Um dos problemas é o tamanho da amostra. Se o governo entrevistar 60.000 famílias, terá apenas 600 no grupo do 1% superior e apenas 6 no 0,01%. Outro problema é que a participação nas pesquisas é voluntária. Quando abordados por agentes de coleta de dados do governo, os ricos podem ser mais propensos a responder "não, obrigado".

Para estudar os super-ricos, os economistas recorrem às declarações de imposto de renda. Como todos estão sujeitos ao imposto de renda, as amostras são grandes, e deixar de participar não é uma opção. Ainda assim, os dados das declarações, embora sejam melhores, de certa forma, tem alguns aspectos piores. O código tributário foi projetado para arrecadar receita, não para coletar dados consistentes ao longo do tempo. À medida que os legisladores revisam o código, os incentivos para que as pessoas recebam e declarem rendimentos de uma forma específica podem mudar. (Por exemplo, a renda corporativa é particularmente importante para os super-ricos. A forma como essa renda é reportada depende do regime de organização dessa empresa como sociedade ou corporação e os proprietários podem mudar isso. No entanto, os dados fiscais podem ser a melhor lente para analisar a vida dos super-ricos.

Dois economistas que estudaram dados tributários dos Estados Unidos para avaliar a desigualdade são Thomas Piketty e Emmanuel Saez. Essas são algumas das descobertas que fizeram:

- Para estar no grupo do 1% mais rico em 2018, um contribuinte precisava ter uma renda acima de $ 441.970. A participação deste grupo na renda total aumentou de 7,8% em 1970 para 18,3% em 2018.
- Para estar no grupo do 0,1% mais rico em 2018, um contribuinte precisava ter uma renda acima de $ 1.753.300. A participação deste grupo na renda total aumentou de 1,9% em 1970 para 7,9% em 2018.
- Para estar no grupo do 0,01% mais rico em 2018, um contribuinte precisava ter uma renda acima de $ 7.879.500. A participação deste grupo na renda total aumentou de 0,5% em 1970 para 3,4% em 2018.

Conclusão: o aumento na desigualdade ao longo dos últimos 50 anos documentado na Tabela 21-2 parece estar altamente concentrado entre os super-ricos. ∎

Com isso em mente, observe a Figura 21-1, que compara a desigualdade em 24 países destacados. A medida de desigualdade usada aqui é a **razão dos quintis**, que é a renda do quintil mais rico dividida pela do quintil mais pobre. A maior igualdade é encontrada no Paquistão e na Suécia, onde o quintil superior recebe 4,7 vezes mais que o quintil inferior (embora essa igualdade relativa ocorra em um nível baixo da renda média no Paquistão e em um nível alto na Suécia). A menor igualdade é encontrada na África do Sul, onde o grupo superior recebe 28 vezes mais renda que o grupo inferior. Todos os países apresentam disparidades significativas entre ricos e pobres, mas o grau de desigualdade varia substancialmente.

Os Estados Unidos apresentam mais desigualdade que a maioria dos países e muito mais do que outras nações economicamente desenvolvidas, como Alemanha, França e Japão. Porém, sua distribuição de renda é mais igualitária do que a de alguns países em desenvolvimento, como África do Sul, Venezuela e Brasil. Os Estados Unidos têm aproximadamente o mesmo nível de desigualdade que a China, a nação mais populosa do mundo, que afirma praticar um "socialismo com características chinesas", mas, nos últimos anos, tem abraçado cada vez mais as forças do mercado.

21-1c A taxa de pobreza

Uma medida comum da distribuição de renda é a **taxa de pobreza**, que é o percentual da população cuja renda familiar se encontra abaixo de um nível absoluto chamado **linha de pobreza**. A linha de pobreza é estabelecida pelo governo federal em aproximadamente três

taxa de pobreza
porcentagem da população cuja renda familiar se encontra abaixo de um nível absoluto denominado linha de pobreza

linha de pobreza
nível absoluto de renda fixado pelo governo federal para cada tamanho de família, abaixo do qual a família é considerada em estado de pobreza

Capítulo 21 Desigualdade de renda e pobreza 425

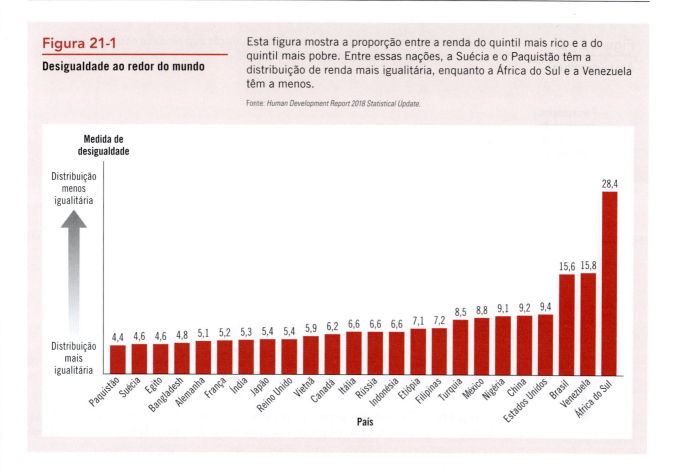

Figura 21-1
Desigualdade ao redor do mundo

Esta figura mostra a proporção entre a renda do quintil mais rico e a do quintil mais pobre. Entre essas nações, a Suécia e o Paquistão têm a distribuição de renda mais igualitária, enquanto a África do Sul e a Venezuela têm a menos.

Fonte: *Human Development Report 2018 Statistical Update*.

vezes o custo de uma alimentação adequada. Essa linha depende do tamanho da família e é ajustada todos os anos para levar em conta as variações de preços.

Considere os dados de 2019. Naquele ano, uma família média nos Estados Unidos tinha renda de $ 86.011, e a linha de pobreza para uma família com dois adultos e duas crianças era $ 25.926. A taxa de pobreza era de 10,5%. Em outras palavras, 10,5% da população norte-americana vivia abaixo da linha de pobreza.

A Figura 21-2 mostra a taxa de pobreza desde 1959, quando começaram os dados oficiais. Você pode constatar que a taxa de pobreza caiu de 22,4%, em 1959, para 11,1%, em 1973. Essa queda ocorreu porque a renda média da economia, descontada a inflação, cresceu mais de 50%. Como a linha de pobreza é um padrão absoluto, não relativo, mais famílias tendem a ser trazidas para cima da linha à medida que o crescimento econômico conduz toda a distribuição de renda para cima. Como disse o presidente John F. Kennedy, "a maré alta ergue todos os barcos".

Desde o início da década de 1970, contudo, a maré alta da economia deixou os barcos menores para trás. Apesar do crescimento contínuo na renda média, a taxa de pobreza não mudou significativamente desde 1973. Essa falta de avanços na redução da pobreza nas últimas décadas está estreitamente relacionada ao aumento da desigualdade que vimos na Tabela 21-2. Embora o crescimento econômico tenha aumentado a renda da família típica, o aumento da desigualdade tem impedido as famílias mais pobres de compartilhar dessa prosperidade.

Figura 21-2
A taxa de pobreza

A taxa de pobreza mostra a porcentagem da população cuja renda se encontra abaixo de um nível absoluto denominado linha de pobreza.

Fonte: U.S. Bureau of the Census.

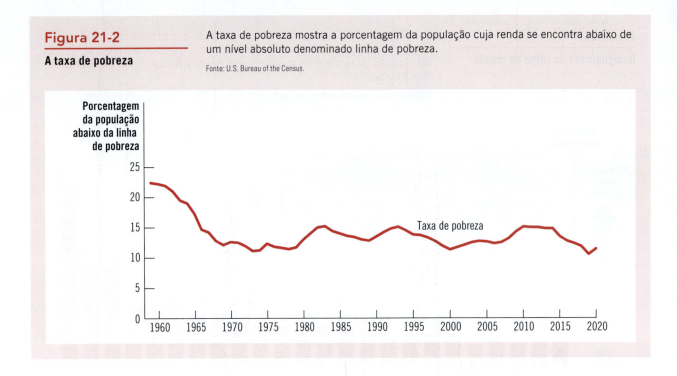

A pobreza afeta todos os grupos da população, mas não os afeta com igual frequência. A Tabela 21-3 mostra as taxas de pobreza de diversos grupos e revela três fatos marcantes:

- A pobreza está correlacionada à raça. Negros e hispânicos têm cerca de três vezes mais probabilidade de viver na pobreza do que os brancos.
- A pobreza está correlacionada à idade. As crianças têm probabilidade acima da média de pertencer a famílias pobres, e os idosos têm menos probabilidade que a média de ser pobres.

Tabela 21-3
Quem vive na pobreza?
Esta tabela mostra que a taxa de pobreza varia muito entre os diferentes grupos da população.

Fonte: U.S. Bureau of the Census. Os dados são de 2019.

Grupo	Taxa de pobreza
Todos	10,5%
Brancos não hispânicos	7,3
Negros	18,8
Hispânicos	15,7
Asiáticos	7,3
Crianças (menores de 18 anos)	14,4
Idosos (acima de 64 anos)	8,9
Famílias encabeçadas por casais	4,6
Famílias encabeçadas por mulheres, sem a presença de cônjuge	24,3

- A pobreza está correlacionada à composição da família. As famílias encabeçadas por mães solo têm quase seis vezes mais probabilidade de viver na pobreza que as famílias encabeçadas por um casal.

Essas correlações descrevem a sociedade estadunidense há muitos anos e mostram quais pessoas têm maior probabilidade de ser pobres. Esses efeitos também atuam em conjunto: crianças de famílias encabeçadas por mulheres de origem negra ou hispânica apresentam taxas especialmente altas de pobreza.

21-1d Problemas na mensuração da desigualdade

Embora os dados sobre distribuição de renda e taxa de pobreza nos ajudem a ter alguma ideia do grau de desigualdade na sociedade estadunidense, interpretá-los não é tão simples e direto quanto pode parecer à primeira vista. Os dados se baseiam nas rendas anuais das famílias. O que interessa, contudo, à maioria das pessoas não é a renda auferida em um único ano, mas a capacidade de manter um bom padrão de vida. Por diversos motivos, os dados sobre distribuição de renda e taxa de pobreza oferecem um quadro incompleto da desigualdade de padrão de vida.

Impostos e transferências em espécie As medidas padrão da distribuição de renda e da taxa de pobreza se baseiam na renda das famílias **antes dos impostos**. Elas não levam em conta os elevados impostos que as famílias com renda mais alta normalmente pagam, nem os créditos tributários recebidos com frequência por famílias de baixa renda. Em especial, o crédito tributário sobre rendimentos do trabalho (discutido mais adiante neste capítulo) oferece pagamentos em dinheiro a muitos trabalhadores com salários baixos. Como esses pagamentos são feitos por meio do sistema de imposto de renda, a renda usada para calcular a taxa oficial de pobreza não reflete o impacto desse programa de combate à pobreza.

Esse problema relacionado aos dados foi importante durante a pandemia de 2020, quando o Congresso estabeleceu programas de grande porte para apoiar a renda das famílias, já que muitas empresas estavam temporariamente fechadas. Alguns dos novos pagamentos, como um seguro-desemprego ampliado, foram incluídos na medida de renda usada para calcular a taxa de pobreza. Porém, os chamados "cheques de estímulo" recebidos pela maior parte das famílias foram excluídos porque eram administrados através do sistema tributário. Como resultado, a taxa oficial de pobreza aumentou em 2020, embora uma estatística chamada Medida Suplementar de Pobreza, que contabiliza reembolsos de impostos como os cheques de estímulo, tenha mostrado uma redução na pobreza.

Outro problema com os dados sobre a distribuição de renda e a taxa oficial de pobreza é que eles são baseados na renda **monetária**. Porém, muitos programas governamentais oferecem itens não monetários a famílias de baixa renda, como alimentação, vouchers para moradia e serviços médicos. Transferências em forma de bens e serviços, em vez de dinheiro, são chamadas **transferências em espécie**. A Medida Suplementar de Pobreza leva em conta algumas dessas transferências, mas as medidas padrão de desigualdade e pobreza não.

transferências em espécie
transferências aos pobres dadas em forma de bens e serviços, em vez de dinheiro

Ciclo de vida econômico A renda varia de maneira previsível durante a vida de cada pessoa. Um trabalhador jovem, especialmente se estiver estudando, tem renda baixa. A renda aumenta à medida que o trabalhador ganha maturidade e experiência, atinge seu pico em torno dos 50 anos de idade, e cai acentuadamente quando o trabalhador se aposenta, por volta dos 65 anos. Esse padrão regular de variação da renda é chamado **ciclo de vida**.

Como as pessoas podem tomar empréstimos e poupar para suavizar as variações da renda durante o ciclo de vida, seu padrão de vida em qualquer ano não depende apenas da renda naquele ano. Os jovens, muitas vezes, se endividam, seja para pagar os estudos, seja para comprar uma casa, e então pagam esses empréstimos quando sua renda aumenta. As pessoas tendem a ter suas maiores taxas de poupanças pessoais durante a

ciclo de vida
o padrão regular de variação de renda ao longo da vida de uma pessoa

meia-idade. Essas economias podem ser utilizadas na aposentadoria, assim o padrão de vida dos idosos não cairia tanto quanto seus rendimentos.

A maior parte dos conjuntos de dados agrupa a renda de universitários, pessoas em seus primeiros anos de trabalho e aposentados. Devido a esse padrão comum do ciclo de vida, parte da desigualdade na renda anual não representa uma desigualdade real nos padrões de vida.

Renda transitória *versus* permanente As rendas variam ao longo da vida das pessoas não só por causa da variação previsível, resultante do ciclo de vida, mas também por causa de forças aleatórias e transitórias. Em um ano, a geada destrói a safra de laranja da Flórida e os produtores de laranjas veem sua renda cair temporariamente. Ao mesmo tempo, a geada na Flórida faz o preço da laranja subir, e os produtores da Califórnia veem sua renda aumentar temporariamente. No ano seguinte, pode acontecer o inverso. Ou uma pandemia pode reduzir a renda dos trabalhadores de restaurantes, mas aumentar a renda de pizzarias que fazem entrega. Quando a saúde pública é restaurada, este padrão muda.

Assim como as pessoas podem tomar empréstimos e poupar para suavizar as variações de renda ao longo do ciclo de vida, também podem tomar empréstimos e poupar para suavizar uma variação transitória da renda. Na medida em que uma família poupa nos períodos bons e se endivida (ou recorre à poupança) nos períodos ruins, as variações temporárias da renda não afetam seu padrão de vida. A capacidade que uma família tem de comprar bens e serviços dependeria, então, de sua **renda permanente**, que é sua renda normal, ou média, ao longo de vários anos.

renda permanente
renda normal de uma pessoa

Para avaliar a desigualdade dos padrões de vida, a distribuição da renda permanente pode ser mais relevante do que a distribuição da renda anual. Como a renda permanente é menos afetada por eventos transitórios, ela é distribuída de forma mais igualitária do que a renda atual.

21-1e Mobilidade econômica

As pessoas, às vezes, referem-se aos "ricos" e aos "pobres" como se esses grupos consistissem nas mesmas famílias ano após ano, mas isso não é verdade. A mobilidade econômica, a movimentação das pessoas entre as classes de renda, é substancial na economia dos Estados Unidos. Movimentos para cima na escala de renda podem ser devidos à boa sorte ou ao trabalho duro, e movimentos para baixo podem ser devidos à má sorte ou à indolência. Parte dessa mobilidade reflete variações transitórias da renda, enquanto parte reflete mudanças mais persistentes na renda.

Como a renda das famílias muda ao longo do tempo, a pobreza temporária é mais comum do que a taxa de pobreza sugere, e a pobreza persistente é menos comum. Em um período típico de 10 anos, cerca de uma em cada quatro famílias fica abaixo da linha de pobreza por pelo menos um ano, mas menos de 3% delas se mantêm pobres por oito anos ou mais. Como é provável que os temporariamente pobres e os persistentemente pobres enfrentem problemas diferentes, as políticas que tenham como propósito o combate à pobreza normalmente tentam distinguir entre esses grupos.

Outra maneira de avaliar a mobilidade é a persistência do sucesso econômico de geração para geração. De acordo com estudos sobre este assunto, uma renda acima da média tende a continuar de pai para filho, mas a persistência não é perfeita, indicando mobilidade substancial entre as classes de renda. Se um pai ganha 20% mais que a renda média de sua geração, seu filho provavelmente ganhará 8% mais que a renda média de sua geração. Além disso, a correlação entre a renda de um avô e a de seu neto é pequena.

Por conta dessa mobilidade econômica entre gerações, a economia estadunidense está repleta de milionários que se fizeram por si próprios, assim como de herdeiros que esbanjaram as fortunas que herdaram. De acordo com um estudo, cerca de quatro em cada cinco milionários conquistaram sua riqueza por conta própria, em vez de herdá-la. Em geral, fundaram uma empresa ou escalaram a hierarquia corporativa.

Estudos documentaram que o grau de mobilidade entre gerações varia de país para país. Essa mobilidade seria negativamente correlacionada com a desigualdade. Países com mais desigualdade que os Estados Unidos, como o Brasil, tendem a ter menos mobilidade. Países com menos desigualdade que os Estados Unidos, como a Suécia, tendem a ter mais mobilidade. No entanto, não está claro se essas diferenças internacionais refletem mais as disparidades nas populações, políticas públicas, instituições, cultura ou outros fatores.

Estudo de caso: Uma perspectiva sobre a desigualdade de renda ao longo da vida

Pelos motivos discutidos anteriormente, os dados padrão sobre distribuição de renda podem oferecer um retrato enganoso sobre o nível de desigualdade existente. Em um estudo de 2021, intitulado "U.S. Inequality and Fiscal Progressivity" (desigualdade e progressividade fiscal nos Estados Unidos), os economistas Alan Auerbach, Laurence Kotlikoff e Darryl Koehler tentaram corrigir esses problemas. Em vez de agrupar todas as faixas etárias – universitários, trabalhadores e aposentados –, eles examinaram a desigualdade dentro de grupos específicos, como as pessoas entre 40 e 49 anos. Além disso, não analisaram a renda de um único ano, mas os recursos totais que as pessoas têm disponíveis para gastar durante o resto de suas vidas, que incluem patrimônio, renda atual e renda esperada para o futuro. Levaram em conta, também, impostos e pagamentos de transferência atribuíveis a políticas dos governos federal, estaduais e locais, incluindo transferências em espécie.

Essas foram as estimativas da distribuição dos recursos ao longo da vida para pessoas entre 40 e 49 anos:

- Quintil inferior: 6,6%
- Segundo quintil: 9,8%
- Quintil intermediário: 14,0%
- Quarto quintil: 19,7%
- Quintil superior: 49,8%
- 5% mais ricos: 24,4%
- 1% mais ricos: 11,8%

Ao comparar esses resultados com os da Tabela 21-2, você verá uma grande diferença no quintil inferior. Os dados padrão mostram que o quintil inferior recebe cerca de 4% da renda anual, mas esses novos dados sugerem que o quintil recebe 6,6% dos recursos ao longo da vida. No outro extremo da distribuição, enquanto os dados das declarações de imposto de renda (discutidos no quadro "Saiba mais" anterior) dizem que o 1% superior recebe 18,3% da renda anual, essa pesquisa aponta que o grupo recebe 11,8% dos recursos para o resto da vida.

Lembre-se que uma medida da desigualdade é a razão dos quintis, a relação entre a renda do quintil superior e a renda do quintil inferior. Essa medida é de cerca de 12,5% nos dados referentes à renda anual antes dos impostos da Tabela 21-2, mas de apenas 7,5% nos dados sobre recursos ao longo da vida.

Essa pesquisa também quantifica como as políticas públicas – incluindo impostos e transferências – afetam a distribuição dos recursos ao longo da vida. O quintil superior paga uma alíquota média de 31% ao longo da vida, enquanto o 1% mais rico paga uma alíquota média de 35%. A classe média, definida aqui como o quintil intermediário dos recursos ao longo da vida, paga uma alíquota média de 19%. Mas, devido aos créditos tributários e outros programas de combate à pobreza, os membros do quintil inferior têm uma alíquota média **negativa** de 44%. O sinal negativo significa que as pessoas do quintil inferior recebem mais em pagamentos de transferência do governo do que pagam em impostos.

Conclusão: os Estados Unidos têm uma desigualdade significativa, mas não tão grande quanto as medidas convencionais apontam. ●

Teste rápido

1. Nos Estados Unidos de hoje, o quintil mais pobre da população ganha cerca de _____% da renda total anual antes dos impostos, enquanto o quintil mais rico ganha cerca de _____%.
   a. 2; 70
   b. 4; 50
   c. 6; 35
   d. 8; 25

2. Ao comparar a desigualdade de renda entre as nações, descobre-se que os Estados Unidos são
   a. o país mais igualitário do mundo.
   b. mais igualitários que a maioria dos países, mas não o país mais igualitário.
   c. menos igualitários que a maioria dos países, mas não o país menos igualitário.
   d. o país menos igualitário do mundo.

3. Por ser amplamente determinado pela renda _____, o consumo é distribuído de maneira _____ igualitária que a renda atual.
   a. permanente; mais
   b. permanente; menos
   c. transitória; mais
   d. transitória; menos

As respostas estão no final do capítulo.

21-2 A filosofia política da redistribuição de renda

Acabamos de ver como a renda da economia é distribuída e examinamos alguns dos problemas existentes com a interpretação da desigualdade medida. Essa discussão foi **positiva** no sentido de que se limitou a descrever o mundo como ele é. Agora nos voltaremos para a questão **normativa**: o que a sociedade deve fazer a respeito da desigualdade econômica?

A análise econômica, por si só, não consegue responder a essa pergunta. As opiniões divergentes das pessoas sobre o tema são, em grande medida, uma questão de filosofia política. Contudo, como o papel do governo na redistribuição de renda é central para muitos debates sobre políticas econômicas, vamos nos desviar um pouco da ciência econômica para ver o que os filósofos políticos têm a dizer.

21-2a A tradição utilitarista

utilitarismo
filosofia política segundo a qual o governo deve escolher políticas que maximizem a utilidade total de todos na sociedade

utilidade
uma medida de satisfação

Uma escola de pensamento da filosofia política é o **utilitarismo**, fundado por Jeremy Bentham (1748-1832) e John Stuart Mill (1806-1873). Em grande medida, o objetivo dos utilitaristas é aplicar a lógica da tomada de decisões individual a questões ligadas à moralidade e às políticas públicas.

O ponto de partida do utilitarismo é o conceito de **utilidade** – o nível de satisfação que as pessoas obtêm de suas condições. A utilidade é uma medida de bem-estar e, segundo os utilitaristas, é o objetivo último de todas as ações públicas e privadas. O objetivo adequado do governo, eles alegam, é proporcionar "o maior benefício para o maior número". Em uma linguagem mais técnica, o objetivo é maximizar a soma da utilidade alcançada por todos os membros da sociedade.

A partir dessa perspectiva, o argumento para a redistribuição de renda é baseado na hipótese da **utilidade marginal decrescente**. Isso significa, por exemplo, que um dólar a mais de renda aumenta o bem-estar de uma pessoa pobre mais do que aumentaria para uma pessoa rica. Em outras palavras, à medida que a renda de uma pessoa aumenta, a utilidade adicional derivada de um dólar extra de renda diminui. Essa hipótese plausível, somada ao objetivo de maximizar a utilidade total, implica que o governo deve adotar medidas para alcançar uma distribuição de renda mais igualitária.

O argumento é simples. Imagine que Pedro e Paula sejam iguais, a não ser pelo fato de que Pedro ganha $ 150 mil, e Paula, $ 50 mil. Nesse caso, tirar um dólar de Pedro e entregá-lo a Paula reduzirá a utilidade de Pedro e aumentará a de Paula. Mas, por causa da utilidade marginal decrescente, a utilidade de Pedro cai menos que a utilidade de Paula aumenta. Essa redistribuição aumenta a utilidade total, que é o objetivo dos utilitaristas.

À primeira vista, esse argumento utilitarista parece implicar que o governo deve continuar a redistribuir a renda até que todos os membros da sociedade tenham exatamente a mesma renda. Realmente, seria esse o caso se a quantidade total de renda – $ 200 mil, no nosso exemplo – fosse fixa, o que, de fato, ela não é. Os utilitaristas rejeitam a completa equalização das rendas porque aceitam um dos **dez princípios da economia** apresentados no Capítulo 1: as pessoas reagem a incentivos.

Para retirar de Pedro e dar a Paula, o governo precisa adotar políticas que redistribuam a renda, como o imposto de renda federal e o sistema de bem-estar social adotados pelo governo dos Estados Unidos. Com essas políticas, as pessoas que têm renda elevada pagam impostos elevados e as que têm baixa renda recebem transferências de renda. Estas transferências de renda são eliminadas gradualmente: à medida que a pessoa ganha mais, ela passa a receber menos do governo. No entanto, quando Pedro se depara com um imposto de renda mais alto e Paula enfrenta um sistema de transferência de renda com eliminação gradual, ambos têm menos incentivos para trabalhar arduamente, porque cada um deles ficará com apenas uma fração de todo o ganho adicional. Mas se eles trabalham menos, a renda da sociedade diminui e, com ela, a utilidade total. O governo utilitarista precisa equilibrar os ganhos da maior igualdade com as perdas da distorção de incentivos. Portanto, para maximizar a utilidade total, o governo não chega a tornar a sociedade totalmente igualitária.

Uma parábola famosa esclarece a lógica utilitarista. Imagine que Pedro e Paula sejam viajantes sedentos, presos em lugares diferentes do deserto. O oásis de Pedro tem muita água; o de Paula, só um pouco. Se o governo pudesse transferir água de um oásis para o outro sem custo, maximizaria a utilidade total da água, igualando a quantidade dela nos dois lugares. Mas suponha que o governo tenha somente um balde com furos. Ao tentar transportar a água de um lugar para outro perderá parte dela no caminho. Nesse caso, um governo utilitarista, ainda assim, poderia tentar transferir alguma água de Pedro para Paula, dependendo de quanto Paula estivesse sedenta e de quantos furos o balde tivesse. Entretanto, se dispuser apenas de um balde furado, um governo utilitarista não tentará atingir a igualdade completa.

21-2b A tradição contratualista liberal

Uma segunda maneira de encarar a desigualdade pode ser chamada de **contratualismo**. Uma obra importante dessa escola de pensamento é o livro *Uma teoria da justiça*, do filósofo John Rawls (1921-2002). Ele está intimamente relacionado aos trabalhos anteriores dos economistas e ganhadores do Prêmio Nobel William Vickrey (1914-1996) e John Harsanyi (1920-2000).

Rawls parte da premissa de que as instituições, leis e políticas de uma sociedade deveriam ser justas. E, então, aborda uma questão que surge naturalmente: como podemos nós, membros da sociedade, chegar a um acordo sobre o que significa justiça? O ponto de vista de uma pessoa é, inevitavelmente, baseado em suas próprias circunstâncias – seja ela talentosa ou inepta, aplicada ou preguiçosa, instruída ou não, nascida em família rica ou pobre, ou parte de uma maioria privilegiada ou de uma minoria oprimida. Será que poderíamos determinar **objetivamente** como deve ser uma sociedade justa?

Para responder a essa questão, Rawls propõe o seguinte raciocínio experimental: imagine que, antes de qualquer um de nós ter nascido, todos nos reunamos no período que antecede a vida (uma versão pré-nascimento do pós-vida) para discutir e estabelecer um contrato com as regras que governarão a sociedade. Nesse ponto, não sabemos a posição que ocuparemos na vida. Nas palavras de Rawls, estaríamos em uma "posição original", por trás de um "véu de ignorância". Nessa posição original, argumenta Rawls, podemos escolher um conjunto de regras justas para a sociedade, porque precisamos pensar em como elas afetarão cada pessoa. Segundo o filósofo: "Desde que

contratualismo
a filosofia política segundo a qual o governo deve escolher políticas consideradas justas, como se fossem avaliadas por observadores imparciais encobertos por um "véu de ignorância"

todos estejam em situação semelhante e ninguém seja capaz de estabelecer princípios que favoreçam suas condições pessoais, os princípios de justiça são o resultado de acordo ou negociação justos".

O desenvolvimento de políticas e instituições públicas dessa maneira promove a objetividade a respeito das políticas que são consideradas justas. Em muitos aspectos, isso equivale a um apelo formal e filosófico para o cumprimento de uma "regra de ouro", um conceito ético encontrado em várias religiões e culturas ao longo da história: trate os outros como gostaria de ser tratado. Ao redigir o contrato social na posição original, você não tem outra escolha a não ser seguir essa regra, já que ainda não sabe quem você será.

Em seu livro, Rawls analisa o que a política pública concebida por trás desse véu de ignorância tentaria atingir. Mais especificamente, ele considera qual distribuição de renda uma pessoa acharia justa se não soubesse se estaria no topo, na base ou no meio da distribuição. Rawls argumenta que uma pessoa na posição original estaria particularmente preocupada com a possibilidade de se ver na **base** da distribuição de renda. Quando a sociedade elabora políticas públicas, portanto, o bem-estar da pessoa que está em pior situação na sociedade deve ser a maior preocupação. Em vez de maximizar a soma da utilidade de todos, como fariam os utilitaristas, Rawls tentaria maximizar a utilidade mínima. A regra de Rawls é chamada **critério maximin**.

critério maximin
afirmação de que o governo deveria ter por objetivo maximizar o bem-estar da pessoa em pior situação na sociedade

O critério maximin enfatiza o grupo de pessoas menos afortunadas da sociedade, mas não levaria a uma sociedade inteiramente igualitária. Assim como os utilitaristas, Rawls reconhece que as pessoas respondem a incentivos. Se o governo prometesse igualar completamente a renda de todos, as pessoas não teriam incentivos para trabalhar duro, a renda total da sociedade cairia de maneira substancial e a pessoa menos afortunada se veria em pior situação. O critério maximin ainda permite disparidades de renda quando elas melhoram os incentivos e, com isso, aumentam a capacidade da sociedade de ajudar os pobres. Mas Rawls não está totalmente de acordo com os utilitaristas: como sua filosofia coloca o peso nos membros menos afortunados da sociedade, ela reivindica uma maior redistribuição do que o utilitarismo.

Os pontos de vista de Rawls são controversos, mas o raciocínio experimental que ele propõe tem forte apelo. Ele permite considerar a redistribuição de renda como uma forma de **seguro social**. Ou seja, da perspectiva da posição original, por trás do véu de ignorância, a redistribuição de renda é como uma apólice de seguro. Os proprietários de imóveis fazem seguros contra incêndio para se proteger do risco de que sua casa pegue fogo. De maneira similar, quando nós, como sociedade, escolhemos políticas que tributam os ricos para suplementar a renda dos pobres, estamos todos contratando um seguro contra a possibilidade de virmos a ser membros de uma família pobre. Como as pessoas têm aversão ao risco, deveríamos estar felizes por termos nascido em uma sociedade que proporcione esse tipo de seguro.

seguro social
política do governo para proteger as pessoas contra o risco de adversidades

Ainda assim, pessoas racionais por trás do véu da ignorância podem não ser realmente tão avessas ao risco a ponto de seguirem o critério maximin. De fato, como uma pessoa na posição original poderia ficar em qualquer ponto da distribuição de renda, ela poderia tratar todos os resultados possíveis da mesma maneira ao estabelecer políticas públicas. Nesse caso, a melhor política por trás do véu de ignorância seria maximizar a utilidade média dos membros da sociedade, e a noção de justiça resultante seria mais utilitarista que rawlsiana.

21-2c A tradição libertária

Uma terceira visão da desigualdade é o chamado **libertarismo**. Os dois pontos de vista de que tratamos até aqui – o utilitarismo e o contratualismo – veem a renda total da sociedade como um recurso compartilhado que um planejador social pode livremente redistribuir para atingir algum objetivo social. Os libertaristas, por sua vez, defendem que a sociedade, por si só, não recebe renda, e sim os indivíduos. Para eles, o governo não tem embasamento para tirar de alguns indivíduos e dar para outros para alcançar uma determinada distribuição de renda.

libertarismo
filosofia política segundo a qual o governo deveria punir os crimes e fazer valer os acordos voluntários, mas não redistribuir a renda

Por exemplo, em seu famoso livro *Anarquia, estado e utopia*, o filósofo Robert Nozick (1938-2002) escreveu o seguinte:

> Não estamos na posição de crianças que receberam fatias de torta de alguém que agora faz ajustes de última hora para corrigir cortes malfeitos. Não há distribuição **central**, não há uma pessoa ou um grupo encarregado de controlar todos os recursos, decidindo em conjunto como devem ser distribuídos. Cada indivíduo recebe de outras pessoas aquilo que estas lhe dão em troca de algo ou como presente. Em uma sociedade livre, diferentes pessoas controlam diferentes recursos e novas propriedades surgem das trocas e de ações pessoais.

Enquanto utilitaristas e contratualistas procuram julgar quanto de desigualdade é desejável em uma sociedade, Nozick nega a própria validade da questão.

A alternativa libertarista à avaliação dos **resultados** econômicos é avaliar o **processo** por meio do qual esses resultados surgem. Os libertaristas concordam com quase todos os outros que, quando a distribuição de renda é alcançada de maneira injusta – por exemplo, quando uma pessoa rouba ou engana outra –, o governo deve remediar o problema. Mas, essa escola de pensamento afirma que, se o processo for justo, a distribuição resultante também será, não importa o quão desigual ela seja.

Nozick critica a abordagem de Rawls, fazendo uma analogia entre a distribuição de renda na sociedade e a distribuição de notas em um curso. Suponha que você fosse chamado para avaliar a equidade das notas do curso de economia em que está matriculado. Você se imaginaria por trás de um véu de ignorância e escolheria uma distribuição de notas sem conhecer o talento, o esforço e o desempenho de cada aluno, ou se certificaria de que o processo de atribuição de notas aos alunos é justo, independentemente de a distribuição de notas resultante ser igual ou desigual? No caso das notas, a ênfase dos libertaristas no processo, em detrimento do resultado, pode ser convincente. Agora, se uma lógica semelhante pode ser aplicada à renda ainda é uma questão em aberto.

Os libertaristas concluem que a igualdade de oportunidades é mais importante que a igualdade de resultados. Eles acreditam que o governo deve fazer valer os direitos individuais para garantir que todos tenham a mesma oportunidade de usar seus talentos e ter sucesso. Uma vez estabelecidas e aplicadas as regras do jogo, segundo os libertaristas, o governo não tem nenhum motivo para alterar a distribuição de renda resultante.

Teste rápido

4. Um utilitarista acredita que a redistribuição de renda é válida, desde que
   a. os membros mais prejudicados da sociedade se beneficiem dela.
   b. aqueles que contribuem para o sistema sejam favoráveis a ela.
   c. a renda de todos, depois de impostos e transferências, reflita seu produto marginal.
   d. o efeito de distorção sobre os incentivos ao trabalho não seja tão grande.

5. O raciocínio experimental de Rawls sobre a "posição original" por trás de um "véu de ignorância" visa chamar a atenção para o fato de que
   a. a maioria das pessoas com baixa renda não recebe instrução suficiente quando jovem.
   b. a posição de vida em que cada um nasce é, em grande parte, questão de sorte.
   c. os ricos têm tanto dinheiro que não sabem como gastá-lo.
   d. os resultados só serão eficientes se todos começarem com oportunidades iguais.

6. Os libertaristas acreditam que
   a. o governo deve se concentrar em melhorar o bem-estar da pessoa que está em pior situação na sociedade.
   b. as políticas devem ter o objetivo de garantir uma distribuição de renda que maximize a felicidade total de todos os membros da sociedade.
   c. as pessoas devem ser livres para participar de transações voluntárias, mesmo que isso resulte em grandes disparidades de renda.
   d. grandes disparidades de renda podem ameaçar a liberdade política.

As respostas estão no final do capítulo.

21-3 Políticas de redução da pobreza

Como acabamos de ver, os filósofos políticos têm diversas teorias sobre a redistribuição de renda. O debate político reflete uma divergência semelhante. No entanto, a maioria das pessoas acredita que, no mínimo, a sociedade deveria tentar ajudar os mais necessitados e que o governo precisa intervir quando a caridade particular não funciona. De acordo com uma metáfora conhecida, a sociedade deveria oferecer uma "rede de segurança" para impedir que qualquer cidadão sofra uma grande queda.

A pobreza é um problema complicado. Famílias com baixa renda estão mais propensas do que a população em geral à falta de moradia, dependência de drogas, problemas de saúde, gravidez na adolescência, analfabetismo, desemprego e baixo grau de escolaridade. Os membros de famílias pobres têm mais probabilidade de praticarem crimes ou de serem vítimas de crimes. Embora seja difícil separar as causas da pobreza de seus efeitos, não há dúvida de que a pobreza esteja associada a diversos males econômicos e sociais.

Suponha que você seja um formulador de políticas governamentais e que sua meta seja reduzir o número de pessoas que vivem na pobreza. O que você faria? Aqui, examinaremos algumas opções de políticas a serem consideradas. Todas essas opções ajudam algumas pessoas a escaparem da pobreza, mas nenhuma é perfeita, e decidir qual é a melhor combinação a ser adotada não é fácil.

21-3a Legislação do salário mínimo

A legislação que estabelece o salário mínimo que deve ser pago aos trabalhadores pelos empregadores é uma fonte constante de debates. Os defensores enxergam o salário mínimo como uma maneira de ajudar o trabalhador pobre sem nenhum custo para o governo. Os críticos acreditam que ele prejudica aqueles a quem pretende ajudar.

O salário mínimo pode ser facilmente compreendido com as ferramentas de oferta e demanda discutidas no Capítulo 6. Para trabalhadores com baixos níveis de qualificação e experiência, um salário mínimo elevado leva o salário acima do nível de equilíbrio entre oferta e demanda. Com isso, aumenta o custo da mão de obra para as empresas e reduz a quantidade de mão de obra que elas demandam, resultando em maior desemprego entre os grupos de trabalhadores afetados pelo salário mínimo. Embora os trabalhadores que mantêm seus empregos sejam beneficiados por um salário maior, aqueles que poderiam estar empregados a um salário menor são prejudicados.

A magnitude desses efeitos depende crucialmente da elasticidade da demanda. Os defensores de um salário mínimo elevado argumentam que a demanda por mão de obra não qualificada é relativamente inelástica, de modo que um salário mínimo elevado diminuiria muito pouco o nível de emprego. Os críticos argumentam que a demanda por mão de obra é mais elástica, especialmente no longo prazo, quando as empresas podem ajustar produção e emprego mais plenamente. Observam também que, como muitos trabalhadores que recebem salário mínimo são adolescentes de famílias de classe média, o salário mínimo não é uma política bem segmentada de assistência aos pobres.

21-3b Bem-estar social

Uma maneira de elevar o padrão de vida dos pobres é a suplementação de sua renda pelo governo. A principal via adotada pelo governo nesse sentido é o sistema de bem-estar social. **Bem-estar social** é uma expressão ampla e imprecisa, que inclui uma série de programas governamentais. A Assistência Temporária para Famílias Necessitadas (TANF, Temporary Assistance for Needy Families) é um programa que auxilia famílias com crianças, mas sem nenhum adulto capaz de sustentar a família. A Renda de Segurança Suplementar (SSI, Supplemental Security Income) ajuda pessoas que têm baixa renda por conta de doenças ou algum tipo de deficiência. Nesses dois programas, as pessoas não podem se candidatar ao auxílio simplesmente porque têm recursos financeiros limitados. Elas precisam provar a existência de uma "necessidade" adicional, como filhos pequenos ou uma deficiência.

---

bem-estar social
programas governamentais que suplementam a renda dos necessitados

Uma crítica comum aos programas de assistência à população é que eles criam "incentivos perversos" para aqueles que poderiam se qualificar para os benefícios. Por exemplo, costuma-se dizer que esses programas incentivam a desestruturação familiar (porque muitas famílias só recebem a assistência financeira se o pai estiver ausente) e estimulam mulheres a terem filhos fora do casamento (porque muitas mulheres solteiras pobres só se qualificam para o benefício se tiverem filhos). Como as mães solo pobres correspondem a uma grande parte do problema da pobreza, críticos afirmam que essas políticas exacerbam os problemas que deveriam sanar. Esses argumentos levaram a uma reforma do sistema de bem-estar social em 1996, com uma lei que limitou o prazo para os beneficiários permanecerem nos programas. Essa mudança na política ainda é controversa.

Aqueles que refutam esses argumentos e defendem programas de bem-estar social mais generosos destacam que ser uma mãe solo pobre e que depende da assistência social é, no mínimo, uma existência difícil. Eles não acreditam que muitas pessoas escolheriam viver assim, se essa não fosse uma circunstância imposta pela vida. Além disso, as tendências não apoiam a ideia de que a redução no número de famílias compostas por pai e mãe esteja conectada aos programas de assistência. A redução nos benefícios de 1996 não provocou uma diminuição na porcentagem de crianças vivendo com apenas um dos pais.

21-3c Imposto de renda negativo

Quando o governo coleta impostos, afeta a distribuição de renda. Isso fica claro ao observar o imposto de renda progressivo: famílias com renda mais elevada pagam uma porcentagem maior de sua renda em impostos do que as famílias de baixa renda. Como vimos no Capítulo 13, a progressividade das alíquotas é uma ferramenta política que tem o objetivo de alcançar uma equidade vertical.

Muitos economistas defendem o apoio a famílias de baixa renda com um **imposto de renda negativo**. Segundo essa política, um imposto de renda progressivo incluiria não só um aumento nas alíquotas médias, mas também subsídios para famílias na base da distribuição de renda. Em outras palavras, essas famílias "pagariam" um "imposto negativo".

Suponha que o governo use a seguinte fórmula para calcular quanto uma família deve em impostos:

$$\text{Impostos devidos} = (\tfrac{1}{3} \text{ da renda}) - \$ 15 \text{ mil}.$$

Nesse caso, uma família que ganhasse $ 180 mil pagaria $ 45 mil em impostos, e uma que ganhasse $ 90 mil pagaria $ 15 mil. Já uma família que ganhasse $ 45 mil não pagaria nada, enquanto uma que recebesse $ 15 mil "deveria" –$ 10 mil. Em outras palavras, o governo enviaria a essa família um cheque no valor de $ 10 mil.

Um imposto de renda negativo proporciona a chamada **renda básica universal**. Neste exemplo, uma família que não ganha nada por conta própria receberia $ 15 mil do governo. Dessa forma, nenhuma família teria uma renda após impostos menor que $ 15 mil. Esse tipo de sistema pode ser visto como um imposto proporcional de um terço da renda, juntamente com um subsídio de $ 15 mil para todas as famílias.

Com um imposto de renda negativo, a única qualificação necessária para receber assistência do governo é ter baixa renda. Dependendo do ponto de vista, essa característica pode ser uma vantagem ou uma desvantagem. Por um lado, um imposto de renda negativo estabeleceria um padrão de vida mínimo para todos, independentemente das circunstâncias. Por outro, subsidiaria não só os menos afortunados, mas também aqueles que simplesmente não querem trabalhar e, para algumas pessoas, não merecem apoio do governo.

Algumas cláusulas do sistema tributário funcionam como um imposto de renda negativo. Uma delas é o Crédito Tributário de Imposto de Renda (EITC, Earned Income Tax Credit). Esse crédito permite que famílias de trabalhadores pobres recebam restituições de imposto de renda maiores do que os impostos pagos durante o ano. Como o EITC se aplica somente aos pobres que estão empregados, ele não desestimula o trabalho, como dizem que outros programas de combate à pobreza fazem. Pelo mesmo motivo, contudo, não

---

imposto de renda negativo
sistema tributário que arrecada receita das famílias de alta renda e concede subsídios àquelas de baixa renda

ajuda a aliviar a pobreza que resulta do desemprego, da doença ou de outra incapacidade de trabalhar.

Outra cláusula do sistema tributário dos Estados Unidos que funciona como um imposto de renda negativo é o crédito fiscal infantil. Em 2021, esse crédito foi elevado, de modo que as famílias passaram a poder receber $ 3.600 por cada criança com menos de 6 anos e $ 3.000 por criança entre 6 e 17 anos. Embora o crédito fiscal ampliado tenha sido aprovado como parte de um projeto de lei de alívio aos efeitos da pandemia e concebido como algo temporário, o presidente Biden propôs transformá-lo em uma política permanente para reduzir a pobreza na infância.

21-3d Transferências em espécie

Outra maneira de ajudar famílias de baixa renda é fornecer diretamente alguns dos bens e serviços de que precisam para aumentar seu padrão de vida. Por exemplo, instituições de caridade oferecem comida, roupas, abrigo e brinquedos no Natal. O governo fornece alimentos às famílias pobres por meio do Programa de Assistência Nutricional Suplementar (SNAP, Supplemental Nutrition Assistance Program). O programa, que substituiu uma iniciativa semelhante à do vale-alimentação, dá às famílias um cartão, como um cartão de débito, que pode ser usado para comprar alimentos em estabelecimentos. O governo também oferece assistência médica a muitas pessoas de baixa renda através do programa Medicaid.

Pobreza durante a pandemia

Durante a pandemia de Covid-19, os formuladores de políticas públicas dos Estados Unidos ofereceram uma rede de segurança que, para os padrões históricos, era bastante generosa.

Rede de segurança temporária da pandemia leva níveis de pobreza a uma baixa recorde

Por Jason DeParle

Washington – O grande aumento no auxílio governamental provocado pela pandemia de coronavírus reduzirá a pobreza quase pela metade este ano, em comparação aos níveis anteriores à pandemia. Além disso, levará a parcela de estadunidenses na pobreza para o nível mais baixo da história, de acordo com a análise mais abrangente até o momento de uma expansão ampla, mas temporária, da rede de segurança.

O número de estadunidenses pobres deve cair em quase 20 milhões em relação aos níveis de 2018, uma queda de aproximadamente 45%. O país nunca teve uma redução tão grande da pobreza em um período tão curto, e o acontecimento é especialmente notável porque desafia turbulências econômicas – a economia tem quase 7 milhões de empregos a menos do que antes da pandemia.

A redução extraordinária da pobreza também teve um custo extraordinário, com a previsão de que os gastos anuais nos principais programas aumentarão em quatro vezes, para mais de $ 1 trilhão. Ainda assim, sem novas medidas dispendiosas, milhões de famílias podem sair da pobreza em breve. Os três programas que mais reduzem a pobreza – cheques de estímulo, aumento do vale-alimentação e ampliação do seguro-desemprego – terminaram ou devem retornar logo ao regime pré-pandemia.

Embora a pobreza tenha diminuído mais entre as crianças, esse recuo é bem amplo: houve diminuição entre estadunidenses brancos, negros, latinos e asiáticos, de todas as faixas etárias e residentes em todos os estados.

"São reduções bem grandes no nível de pobreza – as maiores reduções em curto prazo que já vimos", disse Laura Wheaton, do Urban Institute, que produziu a estimativa com suas colegas Linda Giannarelli e Ilham Dehry. O modelo de simulação do instituto é amplamente usado por agências governamentais. O *New York Times* solicitou a análise, que expandiu uma projeção anterior.

A descoberta – de que a pobreza despencou em tempos difíceis e com enormes custos fiscais – surge em um momento de debates acalorados a respeito do futuro da rede de segurança.

O governo Biden começou a fazer pagamentos mensais à maioria das famílias com filhos através de uma expansão do crédito fiscal infantil. Os democratas querem tornar permanente esta iniciativa, inicialmente prevista para durar 1 ano, o que reduziria os níveis de pobreza na infância em uma base contínua ao oferecer às famílias uma garantia de renda.

Os progressistas apontam que os novos números justificam a afirmação de que os níveis de pobreza refletem escolhas políticas e que programas governamentais são capazes de reduzir as necessidades econômicas.

"Uau, são descobertas impressionantes", destacou Bob Greenstein, defensor antigo de programas de rede de segurança que hoje trabalha na Brookings Institution. "A resposta da política desde o início da pandemia vai além de tudo o que já fizemos, e o efeito antipobreza supera o que a maioria de nós acreditava ser possível."

Conservadores defendem que os gastos da época da pandemia são insustentáveis e prejudicarão os mais pobres em longo prazo, argumentando que o auxílio incondicional desencoraja o trabalho e o casamento. O crédito fiscal infantil oferece até $ 300 por mês por criança às famílias, independentemente de os pais terem ou não um emprego, o que os

É melhor ajudar os pobres com essas transferências em espécie ou com pagamentos em dinheiro? Não há resposta clara.

Os defensores das transferências em espécie afirmam que tais transferências são mais confiáveis para ajudar aqueles que estão passando por dificuldades. Entre os membros mais pobres da sociedade, o vício em álcool e drogas é mais comum do que na sociedade como um todo. Ao proporcionar alimentos, abrigo e assistência médica de maneira direta, a sociedade pode ficar mais segura de que não está ajudando a sustentar esses vícios, mas oferecendo aquilo de que as pessoas realmente precisam.

Defensores dos pagamentos em dinheiro afirmam que as transferências em espécie são ineficientes e desrespeitosas. O governo não sabe quais são os bens e serviços que as famílias de baixa renda necessitam mais. Muitos dos pobres são pessoas comuns que não tiveram sorte. Apesar de seu infortúnio, estão na melhor posição para decidir como elevar o próprio padrão de vida. Em vez de dar às pessoas transferências em espécie dos bens e serviços que eles podem não desejar, talvez seja melhor dar-lhes dinheiro e permitir que comprem aquilo que consideram ser mais necessário.

21-3e Programas antipobreza e incentivos ao trabalho

As políticas voltadas ao combate à pobreza podem, às vezes, ter o efeito não intencional de desencorajar as pessoas a sair da pobreza por conta própria. Por exemplo, suponha que as pessoas precisem de uma renda de $ 25 mil para manter um padrão de vida minimamente digno, e que o governo, preocupado com os menos favorecidos, garanta essa renda a todos.

---

críticos consideram um retorno a políticas de assistência social fracassadas.

"Não há dúvidas de que, empurrando trilhões de dólares aos pobres, você consegue reduzir a pobreza", disse Robert Rector, da Heritage Foundation. "Mas isso não é eficiente e nem bom para os pobres, porque produz marginalização social. Precisamos de políticas que estimulem o trabalho e o casamento, e não o contrário."

As taxas de pobreza tinham atingido novos níveis mínimos antes da pandemia, acrescentou Rector, com políticas destinadas a desencorajar a assistência social e promover o trabalho.

Para entender a magnitude da expansão recente dos auxílios, considere a experiência de Kathryn Goodwin, mãe solo de cinco filhos em St. Charles, Missouri, que administrava um grupo de estacionamentos de trailers antes da pandemia acabar com seu emprego, em que ganhava 33 mil dólares por ano.

Sem as ampliações feitas durante a pandemia – aprovadas em três votações os governos de Trump e Biden – a perda de emprego de Goodwin teria feito a renda dela despencar para cerca de 29 mil dólares (em benefícios como seguro-desemprego, vale-alimentação e outros auxílios), deixando-a oficialmente na pobreza.

Em vez disso, a renda de Goodwin aumentou em comparação com o nível pré-pandemia, embora ela não trabalhe há um ano. Ela recebeu cerca de 25 mil dólares em benefícios para desempregados (aproximadamente três vezes o que receberia antes da pandemia) e $ 12.000 em cheques de estímulo. Com o aumento dos benefícios de vale-refeição e outras ajudas, a renda de Goodwin aumentou para $ 67.000 – quase 30% a mais do que quando ela tinha um emprego.

"Sem essa ajuda, não sei como teria sobrevivido", afirmou. "Teríamos ficado sem teto."

Ainda assim, Goodwin, de 29 anos, tem opiniões conflitantes sobre grandes pagamentos sem nenhum controle.

"No meu caso, sim, foi extremamente benéfico", relatou, completando que conhece outras pessoas que compraram TVs gigantes e que seu ex-namorado comprou drogas. "Todo esse dinheiro livre permitiu que ele ficasse mais viciado do que já era", disse ela. "Por que os contribuintes deveriam pagar por isso?"

As projeções do Urban Institute mostram que o nível de pobreza caiu de 13,9% em 2018 para 7,7% este ano. Essa queda, de 45%, é quase três vezes o recorde anterior de três anos, de acordo com estimativas históricas feitas por pesquisadores da Universidade de Columbia. A queda projetada na pobreza infantil, de 14,2% para 5,6%, corresponde a uma redução de 61%. Isso supera os níveis dos últimos 50 anos combinados, de acordo com dados de Columbia...

Jessica Moore, de St. Louis, relata que o auxílio expandido a ajudou a recomeçar.

Mãe solo de três crianças, Jessica, de 24 anos, perdeu seu emprego de garçonete no início da pandemia, mas recebeu do seguro-desemprego e dos cheques de estímulo o suficiente para comprar um carro e se matricular em uma faculdade comunitária. Agora, ela está estudando para se tornar técnica de emergência médica, o que promete aumentar seus rendimentos em 50%.

"Quando você perde o emprego, não espera ter benefícios maiores do que o salário que recebia", afirmou. "Foi uma grande benção." ■

Questões para discussão

1. Você acha que as circunstâncias incomuns da pandemia de Covid exigiam uma rede de segurança mais generosa do que aquela que estava disponível em períodos "normais"? Justifique sua resposta.

2. Na sua opinião, as experiências descritas no artigo apoiam a manutenção de uma rede de segurança mais ampla em períodos normais? Justifique.

Fonte: *New York Times*, 29 de julho de 2021.

Seja qual for a renda do indivíduo, o governo completará a diferença para chegar a $ 25 mil. Quais seriam os efeitos dessa política?

Em termos de incentivos, os efeitos são óbvios: qualquer pessoa que ganhasse menos de $ 25 mil teria poucos incentivos para procurar e manter um emprego. Para cada dólar que ganhasse, o governo reduziria sua renda complementar em um dólar. Na prática, o governo taxaria 100% dos ganhos adicionais. Uma alíquota marginal efetiva de 100% é uma política com um grande peso morto.

Esse programa de combate à pobreza é hipotético, mas não é totalmente irrealista. As iniciativas de bem-estar social, o Medicaid, o SNAP e o EITC são programas que têm o objetivo de ajudar as pessoas que vivem em situação de pobreza, e todos eles são vinculados à renda. À medida que a renda das pessoas aumenta, elas deixam de ter direito aos programas. Quando todos os programas são somados, as alíquotas marginais efetivas podem ser bem altas, às vezes até maiores que 100%, de modo que as famílias de baixa renda ficam em uma pior situação quando ganham mais. Ao tentar ajudar os menos favorecidos, o governo acaba desestimulando o trabalho. De acordo com os críticos dos programas de combate à pobreza, essas iniciativas alteram as atitudes em relação ao trabalho e criam uma "cultura de pobreza".

O problema do desincentivo pode parecer fácil de resolver: reduzir os benefícios de maneira gradual, à medida que a renda das pessoas aumenta. Por exemplo, se uma pessoa perder 30 centavos dos benefícios a cada dólar que ganhar, ela terá uma alíquota marginal efetiva de 30%. Essa alíquota efetiva reduz o esforço do trabalho, de certa forma, mas não elimina totalmente o incentivo ao trabalho.

O problema dessa solução é que ela aumenta em muito o custo dos programas de combate à pobreza. Se os benefícios forem reduzidos gradualmente à medida que a renda das pessoas pobres aumenta, então aquelas logo acima do nível de pobreza também estarão qualificadas a receber benefícios substanciais. Quanto mais gradual for a redução dos benefícios, mais pessoas estarão qualificadas e maiores serão os custos do programa. Assim, os formuladores de políticas deparam-se com um *trade-off* entre onerar os pobres com alíquotas marginais elevadas e onerar os contribuintes com programas dispendiosos para a redução da pobreza.

Há diversas outras maneiras de tentar reduzir o desestímulo ao trabalho causado pelos programas de combate à pobreza. Uma é exigir que qualquer pessoa que receba os benefícios esteja empregada ou aceite um emprego dado pelo governo – um sistema por vezes chamado **workfare**. Com essa abordagem, porém, surge uma questão: o governo é a melhor instituição para atuar como empregador, em última instância? Outra possibilidade é oferecer os benefícios por um prazo limitado. Esse caminho foi adotado em 1996, quando a reforma do sistema de bem-estar social limitou em cinco anos a concessão de benefícios aos contemplados. Quando o presidente Bill Clinton assinou a lei, ele explicou que "o programa de bem-estar social deve ser uma segunda chance, não um meio de vida". No entanto, a remoção dos benefícios não será uma solução para a pobreza se as pessoas não tiverem as habilidades necessárias para conseguir empregos bem remunerados. É por isso que essas questões ainda nos rodeiam, apesar de décadas de esforços para resolvê-las.

Teste rápido

7. Um imposto de renda negativo é uma política sob a qual
   a. todas as pessoas com baixa renda recebem transferências do governo.
   b. o governo eleva a receita tributária sem distorcer os incentivos.
   c. todos pagam menos do que com um imposto de renda convencional.
   d. alguns contribuintes estão no lado errado da curva de Laffer.

8. Se os benefícios de um programa de combate à pobreza forem eliminados gradualmente à medida que a renda de uma pessoa aumentar, o programa irá
   a. encorajar um maior esforço dos mais pobres em relação ao trabalho.
   b. gerar um excesso de oferta de mão de obra entre trabalhadores não qualificados.
   c. custar mais ao governo do que um programa que beneficia a todos.
   d. aumentar a alíquota marginal efetiva enfrentada pelos mais pobres.

As respostas estão no final do capítulo.

21-4 Conclusão

As pessoas vêm refletindo sobre a distribuição de renda na sociedade há muito tempo. Platão, o filósofo da Grécia antiga, concluiu que, em uma sociedade ideal, a renda da pessoa mais rica não deveria ser mais do que quatro vezes maior que a da pessoa mais pobre. Medir a desigualdade não é fácil, mas é claro que a maioria dos países do mundo, sobretudo os Estados Unidos, tem muito mais desigualdade do que a recomendada por Platão.

Um dos **dez princípios da economia** discutidos no Capítulo 1 é que os governos podem, algumas vezes, melhorar os resultados do mercado. Este princípio é importante ao analisarmos a distribuição de renda. Mesmo quando a alocação de recursos alcançada pela mão invisível é eficiente, em geral ela está bem longe da igualdade, e não é necessariamente justa. Ainda assim, não existe um consenso sobre o que significa justiça ou até que ponto o governo deve redistribuir a renda. Os legisladores debatem com frequência a progressividade do código tributário e a generosidade da rede de seguridade social. A economia, por si só, não é capaz de resolver essa divergência.

Outros dois dos **dez princípios da economia** apontam que as pessoas enfrentam *trade-offs* e respondem a incentivos. Esses princípios são incorporados às discussões sobre desigualdade econômica. Quando o governo implementa políticas para equalizar parcialmente a renda, elas podem distorcer os incentivos, alterar o comportamento e tornar a alocação de recursos menos eficiente. Consequentemente, os formuladores de políticas enfrentam um *trade-off* entre igualdade e eficiência. Quanto mais igualmente o bolo econômico estiver dividido, menor ele se torna. Isso não significa que os responsáveis pelas políticas públicas devem, necessariamente, evitar a redistribuição de renda, mas sugere que abordem políticas de redistribuição conscientes de seus possíveis custos.

RESUMO DO CAPÍTULO

- Os dados sobre a distribuição de renda mostram uma ampla disparidade na sociedade estadunidense. A renda das famílias do quintil mais rico é mais de 12 vezes maior que a do quintil mais pobre.

- Uma vez que as transferências em espécie, os créditos tributários, o ciclo de vida econômico, a renda transitória e a mobilidade econômica são tão importantes para a compreensão das variações dos padrões de vida, é difícil medir o grau de desigualdade na sociedade usando dados de distribuição de renda somente de um ano. Quando esses outros fatores são levados em conta, tendem a sugerir que o bem-estar econômico é distribuído mais igualmente que a renda anual.

- Os filósofos políticos divergem em suas teorias sobre o papel do governo na alteração da distribuição de renda. Utilitaristas, como John Stuart Mill, escolheriam a distribuição de renda que maximiza a soma das utilidades de todos na sociedade. Contratualistas, como John Rawls, determinariam a distribuição de renda como se estivéssemos por trás de um "véu de ignorância" que nos impedisse de conhecer a situação em que viveríamos. Libertaristas, como Robert Nozick, prefeririam que o governo assegurasse os direitos individuais para garantir um processo justo, mas não se preocupariam com a desigualdade da distribuição de renda resultante.

- Diversas políticas destinam-se a ajudar as pessoas de baixa renda, como a legislação do salário mínimo, o bem-estar social, o imposto de renda negativo e as transferências em espécie. Embora essas políticas ajudem a diminuir a pobreza, elas também têm efeitos colaterais não intencionais. Dado que a assistência financeira diminui à medida que a renda aumenta, os pobres, frequentemente, deparam-se com alíquotas marginais efetivas muito elevadas, que desencorajam as famílias pobres a escaparem da pobreza por si próprias.

CONCEITOS-CHAVE

taxa de pobreza, p. 424
linha de pobreza, p. 424
transferências em espécie, p. 427
ciclo de vida, p. 427
renda permanente, p. 428

utilitarismo, p. 430
utilidade, p. 430
contratualismo, p. 431
critério maximin, p. 432
seguro social, p. 432

libertarismo, p. 432
bem-estar social, p. 434
imposto de renda negativo, p. 435

QUESTÕES DE REVISÃO

1. O quintil mais rico da população estadunidense tem renda aproximadamente 3, 6 ou 12 vezes maior que o quintil mais pobre?
2. O que aconteceu com a parcela da renda do quintil mais rico da população dos Estados Unidos nos últimos 50 anos?
3. Que grupos da população estadunidense têm maior probabilidade de viver na pobreza?
4. Por que as variações transitórias e cíclicas da renda causam dificuldades na avaliação do grau de desigualdade?
5. Como um utilitarista, um contratualista e um libertarista determinariam o grau permissível de desigualdade de renda?
6. Quais são os prós e os contras das transferências em espécie (em vez de dinheiro) para famílias de baixa renda?
7. Descreva como os programas de combate à pobreza podem desencorajar os pobres a trabalharem. Como você reduziria esse desestímulo? Quais são as desvantagens da sua proposta política?

PROBLEMAS E APLICAÇÕES

1. A Tabela 21-2 mostra que a desigualdade de renda nos Estados Unidos aumentou desde 1970. Alguns dos fatores que contribuíram para esse aumento foram discutidos no Capítulo 20. Quais são?
2. A Tabela 21-3 mostra que o percentual de crianças em famílias com renda abaixo da linha de pobreza excede em muito a porcentagem de idosos nessas famílias. Como a alocação de dinheiro do governo entre diferentes programas sociais contribuiu para esse fenômeno?
3. Este capítulo discutiu a importância da mobilidade econômica.
    a. Que políticas o governo poderia empregar para aumentar a mobilidade econômica de um ano para outro dentro de uma geração?
    b. Que políticas o governo poderia empregar para aumentar a mobilidade econômica entre gerações?
    c. Em sua opinião, devemos reduzir as despesas com os atuais programas de bem-estar social a fim de aumentar as despesas com programas que intensifiquem a mobilidade econômica? Quais são as vantagens e desvantagens de se fazer isso?
4. Considere duas comunidades. Em uma delas, dez famílias têm renda de $ 100 mil cada e dez famílias têm renda de $ 20 mil cada. Na outra comunidade, dez famílias têm renda de $ 250 mil cada e dez famílias têm renda de $ 25 mil cada.
    a. Em qual comunidade a distribuição de renda é mais desigual? Em qual das comunidades o problema da pobreza tende a ser pior?
    b. Qual distribuição de renda Rawls preferiria? Explique.
    c. Qual distribuição de renda você preferiria? Explique.
    d. O que poderia levar alguém a ter uma preferência oposta?
5. O capítulo valeu-se de uma analogia com um "balde furado" para explicar uma restrição à redistribuição de renda.
    a. Quais elementos do sistema estadunidense de redistribuição de renda criam furos no balde? Especifique.
    b. Em sua opinião, quem, em geral, acredita que o balde usado para redistribuir a renda está mais furado: republicanos ou democratas? Como essa crença afeta a sua opinião sobre o montante de redistribuição de renda que o governo deveria realizar?
6. Suponha que haja duas possibilidades de distribuição de renda em uma sociedade de dez pessoas. Na primeira, nove pessoas teriam renda de $ 60 mil e uma teria renda de $ 20 mil. Na segunda, todas as dez pessoas teriam renda de $ 50 mil.
    a. Se a sociedade tivesse a primeira distribuição de renda, qual seria o argumento utilitarista para redistribuir renda?
    b. Qual distribuição de renda Rawls consideraria mais equitativa? Explique.
    c. Qual distribuição de renda Nozick consideraria mais equitativa? Explique.

7. A taxa de pobreza seria substancialmente menor se o valor de mercado das transferências em espécie fosse somado à renda das famílias. A maior transferência em espécie é o Medicaid, o programa de assistência à saúde para pessoas de baixa renda. Digamos que o programa custe $ 10 mil por família.
   a. Se o governo entregasse a cada família beneficiária um cheque no valor de R$ 10 mil, em vez de inscrevê-la no programa Medicaid, você acha que a maioria dessas famílias usaria essa quantia para fazer um plano de assistência médica? Por quê? (Lembre-se de que a linha de pobreza é abaixo de $ 25 mil para uma família de quatro pessoas.)
   b. De que maneira sua resposta à parte (a) afeta sua opinião sobre se deveríamos determinar a taxa de pobreza atribuindo às transferências em espécie valor igual ao preço que o governo paga por elas? Explique.
   c. De que maneira sua resposta à parte (a) afeta sua opinião sobre se deveríamos oferecer assistência a famílias de baixa renda na forma de dinheiro ou transferências em espécie? Explique.

8. Considere dois dos programas de seguridade de renda nos Estados Unidos: a assistência temporária a famílias necessitadas (TANF) e o crédito do imposto de renda (EITC).
   a. Quando uma mulher com filhos e renda muito baixa ganha um dólar extra, ela recebe menos em benefícios da TANF. Qual é o efeito disso sobre a oferta de mão de obra de mulheres de baixa renda? Explique.
   b. O EITC oferece mais benefícios à medida que trabalhadores com baixa renda ganham mais (até determinado ponto). Qual é o efeito desse programa sobre a oferta de mão de obra de pessoas de baixa renda? Explique.
   c. Quais as desvantagens de se eliminar o programa TANF e alocar as economias para o EITC?

Respostas do teste rápido

1. **b** 2. **c** 3. **a** 4. **d** 5. **b** 6. **c** 7. **a** 8. **d**

Capítulo 22

A teoria da escolha do consumidor

Ao entrar em uma loja física ou virtual, você se depara com milhares de bens que poderia comprar. Muitas coisas podem chamar sua atenção, mas, como seus recursos financeiros são limitados, não é possível comprar todas elas. Então, você avalia os preços e compra uma seleção de itens que, dados os seus recursos, melhor atenda às suas necessidades e aos seus desejos.

Este capítulo desenvolve uma teoria que descreve como as pessoas tomam essas decisões. Até aqui, este livro resumiu o comportamento dos consumidores por meio da curva de demanda. Como vimos, a curva de demanda de um bem reflete a disposição do consumidor para pagar por ele. Quando o preço de um bem aumenta, os consumidores estão dispostos a pagar por menos unidades, de modo que a quantidade demandada diminui. Agora, analisaremos com mais profundidade as decisões que estão por trás da curva de demanda. A teoria da escolha do consumidor apresentada neste capítulo permite um entendimento mais profundo da demanda, assim como a teoria da empresa competitiva do Capítulo 15 proporcionou um entendimento mais profundo da oferta.

Um dos **dez princípios da economia** discutidos no Capítulo 1 é que as pessoas enfrentam *trade-offs*. Esse princípio é a essência da teoria da escolha do consumidor. Quando um consumidor compra um bem em quantidade maior, tem que comprar outros em quantidade menor. Quando dedica mais tempo ao lazer e menos tempo ao trabalho, tem renda menor e pode consumir menos. Quando gasta mais de sua renda no presente, reduz o valor a ser poupado e terá menos para gastar no futuro. A teoria da escolha do consumidor examina como as pessoas que se deparam com esses *trade-offs* tomam decisões e como respondem a mudanças em seu ambiente.

Essa teoria é útil para analisarmos uma gama de situações. Após desenvolvermos suas bases, perguntaremos:

- Todas as curvas de demanda têm inclinação negativa?
- Como os salários afetam a oferta de mão de obra?
- Como as taxas de juros afetam a poupança das famílias?

Pode parecer que essas questões não estão relacionadas, mas a teoria da escolha do consumidor ajuda a responder cada uma delas.

22-1 A restrição orçamentária: o que o consumidor pode gastar

Mantendo todos os outros fatores inalterados, a maioria das pessoas gostaria de consumir mais – dirigir carros mais imponentes, vestir roupas da moda, comer em bons restaurantes ou tirar férias grandiosas. As pessoas consomem menos do que desejam porque seus gastos são **restritos**, ou seja, limitados por sua renda. Nosso estudo da escolha do consumidor começa com essa restrição.

22-1a Representando oportunidades de consumo em um gráfico

Vamos analisar o caso de Consuela, uma consumidora que compra apenas dois bens: pizza e Pepsi. No mundo real, as pessoas compram centenas de tipos diferentes de bens, e uma dieta limitada a pizza e Pepsi não seria saudável, mas, assumir que existem apenas dois bens simplifica o modelo sem alterar a compreensão básica sobre a escolha do consumidor.

A renda de Consuela é de $ 1.000 por mês e, por ser insaciável, ela gasta tudo em pizza e Pepsi. O preço de uma pizza é $ 10 e o de uma lata de Pepsi é $ 2. A renda de Consuela e esses preços de mercado limitam os gastos da consumidora.

A tabela da Figura 22-1 mostra algumas das muitas combinações de Pepsi e pizza que Consuela pode comprar. A primeira linha da tabela mostra que, se ela gastar toda a sua renda em pizza, poderá comer 100 pizzas durante o mês, mas não poderá comprar nenhuma quantidade de Pepsi. A segunda linha mostra outra combinação de consumo possível: 90 pizzas e 50 latas de Pepsi. E assim por diante. Cada combinação de consumo mostrada na tabela custa exatamente $ 1 mil.

O gráfico da Figura 22-1 ilustra as combinações de consumo que Consuela pode escolher. O eixo vertical mede a quantidade de latas de Pepsi, e o horizontal, a de pizzas. Três pontos estão marcados na figura. No ponto A, Consuela não compra Pepsi e consome 100 pizzas. No ponto B, ela não compra pizza e consome 500 latas de Pepsi. No ponto C, ela compra 50 pizzas e 250 latas de Pepsi. O ponto C, que está exatamente no meio da linha que liga A e B, é o ponto em que Consuela gasta a mesma quantia ($ 500) nos dois produtos. Naturalmente, essas são apenas três das muitas combinações de Pepsi e pizza que ela pode escolher. Todos os pontos da linha que vai de A a B são possíveis. Essa linha, chamada **restrição orçamentária**, mostra as combinações de consumo de que um consumidor dispõe. Nesse caso, representa o *trade-off* entre Pepsi e pizza com que Consuela se depara.

restrição orçamentária
limite das combinações de consumo de bens que o consumidor pode adquirir

Figura 22-1
A restrição orçamentária do consumidor

A restrição orçamentária mostra as várias combinações de bens que o consumidor pode comprar com determinada renda. Aqui, Consuela compra combinações de pizza e Pepsi. A tabela e o gráfico mostram o que a consumidora poderá comprar se sua renda for $ 1.000, o preço da pizza for $ 10 e o preço da Pepsi for $ 2.

Quantidade de pizzas	Latas de Pepsi	Gastos com pizza	Gastos com Pepsi	Gastos totais
100	0	$ 1.000	$ 0	$ 1.000
90	50	900	100	1.000
80	100	800	200	1.000
70	150	700	300	1.000
60	200	600	400	1.000
50	250	500	500	1.000
40	300	400	600	1.000
30	350	300	700	1.000
20	400	200	800	1.000
10	450	100	900	1.000
0	500	0	1.000	1.000

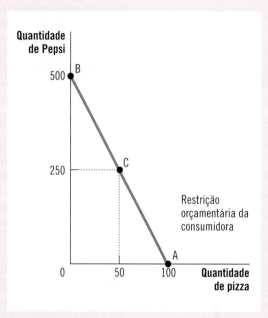

A inclinação da restrição orçamentária mede a taxa à qual o consumidor pode trocar um bem pelo outro. Lembre-se de que a inclinação entre dois pontos é calculada como a variação da distância vertical dividida pela variação da distância horizontal ("aumento sobre distância"). Do ponto A ao ponto B, a distância vertical é de 500 latas e a distância horizontal é de 100 pizzas. Assim, a inclinação é de 5 latas por pizza. (Na verdade, como a restrição orçamentária se inclina para baixo, a inclinação é um número negativo. Para o nosso propósito, entretanto, vamos ignorar o sinal negativo.)

Observe que a inclinação da restrição orçamentária é igual ao **preço relativo** dos dois bens – o preço de um bem comparado ao preço do outro. Uma pizza custa 5 vezes mais que uma lata de Pepsi, de modo que o custo de oportunidade de uma pizza são 5 latas de Pepsi. A inclinação da restrição orçamentária no valor de 5 reflete o *trade-off* que o mercado oferece a Consuela: 1 pizza por 5 latas de Pepsi.

22-1b Mudanças na restrição orçamentária

A restrição orçamentária mostra as oportunidades disponíveis para Consuela. Ela é inferida com base na renda da consumidora e nos preços dos dois bens. Se a renda de Consuela ou os preços mudarem, a restrição orçamentária se deslocará. Considere três exemplos para ver como isso pode ocorrer.

Primeiro, suponha que a renda de Consuela aumente de $ 1 mil para $ 2 mil, enquanto os preços continuam os mesmos. Com a renda mais alta, ela pode comprar mais dos dois bens. O aumento da renda desloca a restrição orçamentária para fora, como mostra o painel (a) da Figura 22-2. Como o preço relativo dos dois bens não mudou, a inclinação da nova restrição orçamentária é a mesma da situação inicial. Ou seja, o aumento da renda provoca um deslocamento paralelo da restrição orçamentária.

Agora, suponha que o preço da Pepsi caia de $ 2 para $ 1, enquanto a renda de Consuela segue sendo $ 1.000, e o preço da pizza, $ 10. Se ela gastar toda sua renda em pizza, o preço da Pepsi será irrelevante. Nesse caso, ela ainda pode comprar apenas 100 pizzas, então, o ponto no eixo horizontal representando 100 pizzas e zero latas de Pepsi continua o mesmo. Contudo, como ela vai comprar alguma quantidade de Pepsi, o preço mais baixo do refrigerante amplia seu leque de oportunidades. A restrição orçamentária se desloca para fora, como mostra o painel (b) da Figura 22-2. O preço mais baixo permite que ela compre a mesma quantidade de pizza do que antes e mais Pepsi, a mesma quantidade de Pepsi e mais pizza ou mais dos dois bens.

Como a inclinação reflete o preço relativo da pizza e da Pepsi, ela muda quando o preço da Pepsi cai. Com esse menor preço, Consuela pode trocar uma pizza por 10 latas de Pepsi, em vez de 5. Como resultado, a nova restrição orçamentária é mais inclinada. A expansão das oportunidades é representada por um movimento rotacional, e não por um deslocamento paralelo.

Para o terceiro exemplo, suponha que o preço da pizza caia de $ 10 para $ 5, enquanto a renda de Consuela permanece $ 1.000, e o preço da Pepsi, $ 2. Mais uma vez, o preço mais baixo amplia o leque de oportunidades de Consuela e provoca uma rotação da restrição orçamentária para fora, como mostra o painel (c) da Figura 22-2. Agora, com o menor preço da pizza, Consuela pode trocar uma pizza por 2,5 latas de Pepsi, em vez de 5, e a restrição orçamentária fica menos íngreme.

A Figura 22-2 mostra o que acontece quando uma renda mais alta ou um preço mais baixo expandem o leque de oportunidades de Consuela. O oposto ocorre quando uma renda mais baixa ou um preço mais alto reduzem suas oportunidades. As imagens são bem parecidas com as da Figura 22-2, mas com a direção das setas invertida. Quando mais de uma mudança ocorre ao mesmo tempo, podemos analisar o impacto geral através de gráficos e comparações das restrições orçamentárias iniciais e finais.

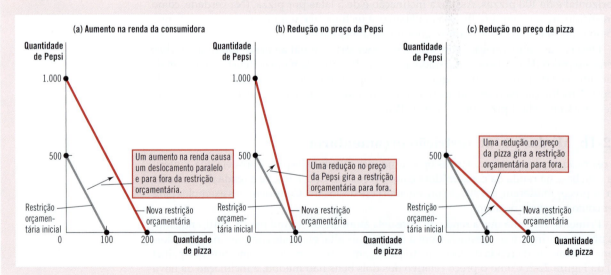

Figura 22-2

Mudanças na restrição orçamentária do consumidor

No painel (a), um aumento na renda de Consuela desloca a restrição orçamentária para fora. A inclinação continua a mesma porque o preço da pizza e da Pepsi não mudou. No painel (b), uma redução no preço da Pepsi desloca a restrição orçamentária para fora, enquanto no painel (c), uma redução no preço da pizza desloca a restrição orçamentária para fora. Nesses dois casos, a inclinação muda porque o preço relativo dos produtos mudou.

Teste rápido

1. Homer compra hambúrguer por $ 10 e refrigerante por $ 2. Ele tem uma renda de $ 100. Sua restrição orçamentária se deslocará para dentro se
   a. o preço do hambúrguer aumentar para $ 12.
   b. o preço do refrigerante cair para $ 1.
   c. sua renda aumentar para $ 150.
   d. os preços do hambúrguer e do refrigerante e sua renda aumentarem em 50%.

2. Marge também compra hambúrguer por $ 10 e refrigerante por $ 2. Ela tem uma renda de $ 200. Sua restrição orçamentária passará por um deslocamento **paralelo** para fora se
   a. o preço do hambúrguer cair para $ 5, o preço do refrigerante cair para $ 1 e sua renda cair para $ 100.
   b. o preço do hambúrguer subir para $ 20, o preço do refrigerante subir para $ 4 e sua renda permanecer a mesma.
   c. o preço do hambúrguer cair para $ 8, o preço do refrigerante cair para $ 1 e sua renda subir para $ 240.
   d. o preço do hambúrguer subir para $ 20, o preço do refrigerante subir para $ 4 e sua renda subir para $ 500.

As respostas estão no final do capítulo.

22-2 Preferências: o que o consumidor quer

O objetivo deste capítulo é verificar como os consumidores fazem escolhas. A restrição orçamentária é uma parte da análise: ela mostra quais combinações de bens o consumidor pode adquirir, dada a sua renda e o preço dos bens. As escolhas do consumidor, contudo, não dependem apenas de sua restrição orçamentária, mas também de suas preferências.

22-2a Representação das preferências com curvas de indiferença

As preferências de Consuela permitem que ela escolha entre diferentes combinações de pizza e Pepsi. Se você oferecer duas combinações diferentes, ela escolherá aquela que melhor atender às suas preferências. Se ambas atenderem igualmente a suas preferências, dizemos que Consuela é **indiferente** entre as duas combinações.

Da mesma forma que representamos graficamente a restrição orçamentária de Consuela, podemos também representar graficamente suas preferências. Fazemos isso com as curvas de indiferença. Uma **curva de indiferença** mostra as combinações de consumo que fazem um consumidor igualmente feliz. Nesse caso, as curvas de indiferença mostram as combinações de Pepsi e pizza com as quais Consuela está igualmente satisfeita.

A Figura 22-3 mostra duas das muitas curvas de indiferença de Consuela. Podemos ver que ela é indiferente em relação às combinações A, B e C porque elas estão na mesma curva. Então, se o consumo de pizza de Consuela for reduzido, digamos, do ponto A para o ponto B, o consumo de Pepsi precisará aumentar para mantê-la igualmente satisfeita. Se o consumo de pizza for novamente reduzido, do ponto B para o C, a quantidade consumida de Pepsi precisará aumentar novamente.

A inclinação em qualquer ponto de uma curva de indiferença é igual à taxa à qual Consuela está disposta a substituir um bem por outro. (A inclinação é negativa, mas podemos ignorar o sinal.) Essa taxa é chamada **taxa marginal de substituição** (*TMgS*). Nesse caso, ela mede a quantidade de Pepsi que Consuela precisa para se sentir compensada pela perda de uma unidade no consumo de pizza.

curva de indiferença
curva que mostra as combinações de consumo que proporcionam ao consumidor o mesmo nível de satisfação

taxa marginal de substituição
taxa à qual um consumidor está disposto a trocar um bem por outro

Figura 22-3

As preferências do consumidor

As preferências de Consuela são representadas pelas curvas de indiferença, que mostram as combinações de Pepsi e pizza que a deixam igualmente satisfeita. Como a consumidora prefere mais de um bem, os pontos que estiverem em uma curva de indiferença mais elevada (I_2, neste caso) são preferidos aos pontos em uma curva de indiferença mais baixa (I_1). A taxa marginal de substituição (*TMgS*) mostra a taxa à qual a consumidora está disposta a trocar a Pepsi por pizza. Ela mede a quantidade de latas de Pepsi que devem ser dadas na troca por 1 pizza.

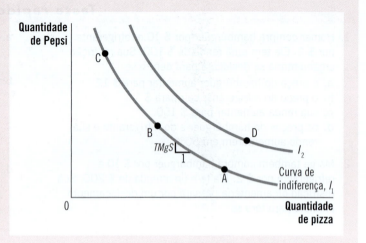

Como as curvas de indiferença não são linhas retas, a taxa marginal de substituição não é a mesma em todos os pontos de uma dada curva de indiferença. A taxa à qual Consuela está disposta a trocar um bem por outro depende da quantidade de bens que ela já está consumindo. Ou seja, a taxa à qual ela está disposta a trocar pizza por Pepsi depende de estar com mais fome ou mais sede, o que, por sua vez, depende de quanta pizza e quanta Pepsi ela já consumiu.

Consuela está igualmente satisfeita em todos os pontos de uma dada curva de indiferença, mas prefere algumas curvas de indiferença a outras. Como ela prefere mais consumo a menos consumo, as curvas de indiferença mais elevadas são preferíveis às mais baixas. Na Figura 22-3, qualquer ponto na curva de indiferença I_2 é preferível a qualquer ponto na curva I_1.

O conjunto de curvas de indiferença de Consuela nos dá uma classificação completa das suas preferências. Ou seja, podemos usar as curvas de indiferença para classificar quaisquer duas combinações de bens. Por exemplo, as curvas de indiferença nos dizem que Consuela prefere a combinação do ponto D ao ponto A (essa conclusão é óbvia, já que o ponto D proporciona mais dos dois produtos). As curvas de indiferença também nos dizem que Consuela prefere a combinação do ponto D ao ponto C, porque está em uma curva de indiferença mais elevada. Embora no ponto D haja menos Pepsi que no ponto C, ele contém uma quantidade de pizza adicional que é mais do que suficiente para fazer Consuela preferir esse ponto. Vendo qual ponto está situado na curva de indiferença mais elevada, podemos usar o conjunto de curvas de indiferença para classificar quaisquer combinações de Pepsi e pizza.

22-2b Quatro propriedades das curvas de indiferença

Como as curvas de indiferença representam as preferências do consumidor, suas propriedades refletem essas preferências. Examinaremos aqui quatro propriedades que descrevem a maioria das curvas de indiferença:

- **Propriedade 1: as curvas de indiferença mais elevadas são preferíveis às mais baixas.** Em geral, as pessoas preferem consumir mais do que menos. Essa preferência por maiores quantidades se reflete nas curvas de indiferença. Como mostra a Figura 22-3, curvas de indiferença mais elevadas representam quantidades maiores de bens do que

Figura 22-4

A impossibilidade de intersecção de curvas de indiferença

Uma situação como essa nunca pode acontecer. De acordo com estas curvas de indiferença, Consuela estaria igualmente satisfeita nos pontos A, B e C, embora o ponto C tenha mais de ambos os bens que o ponto A.

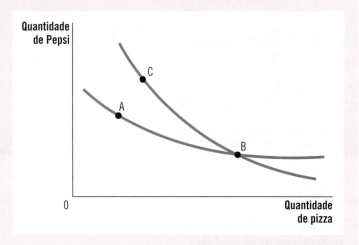

curvas de indiferença mais baixas. Assim, o consumidor prefere estar nas curvas de indiferença mais elevadas.

- **Propriedade 2: as curvas de indiferença têm inclinação descendente.** A inclinação de uma curva de indiferença reflete a taxa à qual o consumidor está disposto a substituir um bem por outro. Na maioria dos casos, o consumidor gosta de ambos os bens, de modo que, se a quantidade de um bem diminuir, a quantidade do outro deve aumentar para que o consumidor fique igualmente satisfeito. Por essa razão, a maioria das curvas de indiferença tem inclinação descendente.

- **Propriedade 3: as curvas de indiferença não se cruzam.** Para entender por que isso é verdade, suponha que duas curvas de indiferença se cruzem como na Figura 22-4. Nesse caso, como o ponto A está na mesma curva de indiferença que o ponto B, esses dois pontos deixariam o consumidor igualmente satisfeito. Além disso, como o ponto B está na mesma curva de indiferença que o ponto C, esses dois pontos também fariam o consumidor igualmente satisfeito. No entanto, isso significaria que os pontos A e C também deixariam o consumidor igualmente satisfeito, mesmo que o ponto C represente uma maior quantidade de ambos os bens. Isso contradiz a suposição de que o consumidor sempre prefere mais dos dois bens. Portanto, as curvas de indiferença não podem se cruzar.

- **Propriedade 4: as curvas de indiferença são convexas em relação à origem dos eixos.** A inclinação de uma curva de indiferença é a taxa marginal de substituição (*TMgS*) – a taxa à qual o consumidor está disposto a trocar um bem por outro. A *TMgS* geralmente depende da quantidade de cada bem sendo consumida. Como as pessoas estão mais dispostas a abrir mão de bens que têm em abundância e menos dispostas a abrir mão de bens que têm em pequena quantidade, as curvas de indiferença são convexas em relação à origem dos eixos. Por exemplo, considere a Figura 22-5. No ponto A, como Consuela tem muita Pepsi e pouca pizza, ela está com fome, mas não com sede. Para abrir mão de 1 pizza, ela teria de receber 6 latas de Pepsi: a taxa marginal de substituição é de 6 latas de Pepsi por pizza. Em contraste, no ponto B, Consuela tem pouca Pepsi e muita pizza, o que a deixa com sede, mas não com fome. Nesse ponto, ela estaria disposta a abrir mão de 1 pizza para obter 1 lata de Pepsi: a *TMgS* é de 1 lata de Pepsi por pizza. Portanto, a convexidade da curva de indiferença reflete a maior disposição de Consuela em abrir mão de algo que ela já tem em grande quantidade.

Figura 22-5

Curvas de indiferença convexas

As curvas de indiferença costumam ser convexas. Esse formato indica que a taxa marginal de substituição (*TMgS*) depende da quantidade dos dois bens que o consumidor está consumindo. No ponto A, Consuela tem pouca pizza e muita Pepsi, de modo que serão necessárias muitas Pepsis a mais para induzi-la a abrir mão de uma pizza: a *TMgS* é de 6 latas de Pepsi por pizza. No ponto B, a consumidora tem muita pizza e pouca Pepsi, de modo que serão necessárias poucas Pepsis a mais para induzi-la a abrir mão de uma pizza: a taxa marginal de substituição é de 1 lata de Pepsi por pizza.

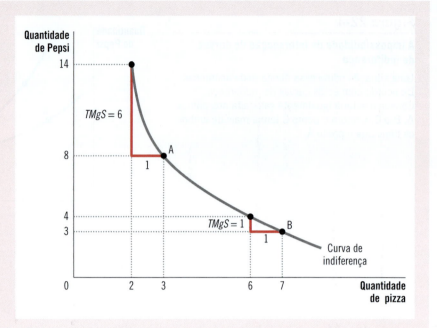

22-2c Dois exemplos extremos de curvas de indiferença

O formato de uma curva de indiferença revela a disposição do consumidor para trocar um bem por outro. Quando os bens são facilmente substituíveis um pelo outro, as curvas de indiferença são menos convexas; quando é difícil substituir um bem por outro, as curvas de indiferença são mais acentuadamente convexas. Para entender o motivo, vamos considerar dois casos extremos.

Substitutos perfeitos Suponha que alguém lhe ofereça vários pacotes com diferentes combinações de moedas de 5 e 10 centavos. Como você classificaria os diferentes pacotes?

Uma possibilidade é se atentar apenas ao valor monetário total de cada pacote. Nesse caso, você sempre estaria disposto a trocar duas moedas de 5 centavos por uma de 10. Sua taxa marginal de substituição entre moedas de 5 e 10 centavos seria um número fixo: *TMgS* = 2, qualquer que seja o número de moedas contidas no pacote.

Podemos representar essas preferências entre moedas de 5 e 10 centavos com as curvas de indiferença do painel (a) da Figura 22-6. Como a taxa marginal de substituição é constante, as curvas de indiferença são linhas retas. No caso de curvas de indiferença retas, dizemos que os dois bens são **substitutos perfeitos**.

substitutos perfeitos
dois bens cujas curvas de indiferença são retas

Complementos perfeitos Suponha, agora, que alguém lhe ofereça lotes de sapatos. Alguns sapatos servem no pé direito, enquanto outros servem no esquerdo. Como você classificaria esses diferentes lotes?

Nesse caso, você poderia se preocupar apenas com a quantidade de pares existentes. Sapatos sem par não servem para muita coisa. Então, você avaliaria um lote com base no número de pares que conseguiria encontrar nele. Um lote com 5 pés esquerdos e 7 pés direitos renderia apenas 5 pares.

As curvas de indiferença do painel (b) da Figura 22-6 representam essas preferências. Um lote com 5 pés esquerdos e 7 pés direitos tem o mesmo valor que um lote com 7 pés

Figura 22-6
Substitutos e complementos perfeitos

Quando dois bens são perfeitamente substituíveis um pelo outro, como moedas de 5 e 10 centavos, as curvas de indiferença são linhas retas, como mostra o painel (a). Quando dois bens são perfeitamente complementares, como os pés esquerdo e direito dos sapatos, as curvas de indiferença apresentam um ângulo reto, como mostra o painel (b).

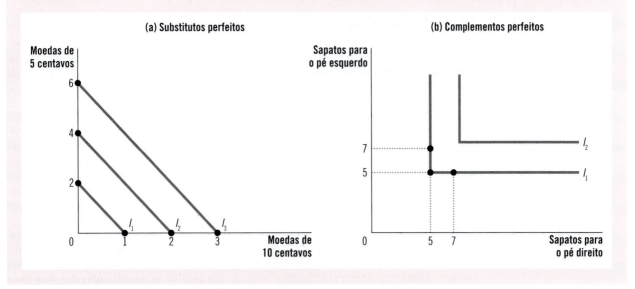

esquerdos e 5 pés direitos. E também é equivalente a um lote com 5 pés de cada. As curvas de indiferença, portanto, têm o formato de ângulos retos. No caso de curvas de indiferença com ângulo reto, os dois bens são **complementos perfeitos**.

No mundo real, a maioria dos bens não é classificada como um substituto perfeito (como moedas de 5 e 10 centavos) nem como um complemento perfeito (como sapatos para os pés esquerdo e direito). Substitutos e complementos perfeitos são casos extremos, apresentados aqui não porque são comuns, mas porque ilustram como as curvas de indiferença refletem as preferências dos consumidores. Para a maioria dos bens, as curvas de indiferença são convexas, mas não a ponto de formar ângulos retos.

complementos perfeitos
dois bens cujas curvas de indiferença formam um ângulo reto

Teste rápido

3. Em dois pontos de uma curva de indiferença,
   a. o consumidor tem a mesma renda.
   b. o consumidor tem a mesma taxa marginal de substituição.
   c. as combinações de bens têm o mesmo custo para o consumidor.
   d. as combinações de bens geram a mesma satisfação ao consumidor.

4. Em qualquer ponto de uma curva de indiferença, a inclinação medirá
   a. a renda do consumidor.
   b. a disposição do consumidor para trocar um bem por outro.
   c. a percepção do consumidor sobre os dois bens serem substitutos ou complementares.
   d. a elasticidade da demanda do consumidor.

As respostas estão no final do capítulo.

22-3 Otimização: o que o consumidor escolhe

Agora que já definimos os componentes da teoria da escolha do consumidor – a restrição orçamentária, ou o que os consumidores podem comprar, e as preferências, ou o que eles querem comprar –, vamos reuni-los para ver o que os consumidores escolhem.

22-3a As escolhas ótimas do consumidor

Mais uma vez, vamos usar o exemplo de Consuela, nossa consumidora de pizza e Pepsi. Ela gostaria de terminar com a melhor combinação de pizza e Pepsi, a combinação que a coloque na curva de indiferença mais elevada possível. No entanto, como a renda de Consuela limita seus gastos, ela também precisa se manter na linha ou abaixo de sua linha de restrição orçamentária, que mede o total de recursos disponíveis para ela.

A Figura 22-7 mostra a restrição orçamentária de Consuela e três curvas de indiferença. A curva mais elevada que ela pode atingir (I_2, na figura) é aquela que tangencia a restrição orçamentária. O ponto em que essa curva de indiferença e a restrição orçamentária se tocam é chamado **ótimo**. Consuela preferiria o ponto A, mas não pode atingi-lo, porque esse ponto está acima da sua restrição orçamentária. Ela pode optar pelo ponto B, mas esse ponto está em uma curva de indiferença mais baixa e, portanto, proporcionaria menor satisfação. O ótimo representa a melhor combinação de consumo de Pepsi e pizza que Consuela pode comprar.

No ótimo, a inclinação da curva de indiferença é igual à inclinação da restrição orçamentária. Dizemos que a curva de indiferença é **tangente** à restrição orçamentária. A inclinação da curva de indiferença é a taxa marginal de substituição entre Pepsi e pizza. Isso nos leva a uma importante conclusão: **o consumidor escolhe as quantidades dos dois bens de modo que a taxa marginal de substituição seja igual ao preço relativo**.

No Capítulo 7, vimos como os preços de mercado refletem o valor marginal que os consumidores atribuem aos bens. Essa análise da escolha do consumidor apresenta os mesmos resultados de uma maneira diferente. Ao fazer suas escolhas de consumo, Consuela toma como dado o preço relativo dos dois bens e, então, escolhe uma combinação ótima de bens, cuja taxa marginal de substituição seja igual ao preço relativo. O preço relativo é a taxa à qual o **mercado** está disposto a trocar um bem por outro, ao passo que a taxa marginal de substituição é a taxa à qual o **consumidor** está disposto a trocar um bem por outro. No ótimo do consumidor, a avaliação que Consuela faz dos dois bens (medida pela taxa marginal de substituição) é igual à avaliação do mercado (medida pelo preço relativo). Em outras palavras, quando os consumidores otimizam, o preço relativo dos bens no mercado reflete o valor relativo que os consumidores atribuem a eles.

Figura 22-7

O ótimo do consumidor

Consuela escolhe o ponto de sua restrição orçamentária que toca a curva de indiferença mais elevada. Aqui, a curva de indiferença mais elevada que ela pode atingir é I_2. A consumidora prefere o ponto A, que está na curva de indiferença I_3, mas sua restrição orçamentária a impede de obter essa combinação de pizza e Pepsi. Em contrapartida, o ponto B é compatível com suas possibilidades, mas, como está em uma curva de indiferença mais baixa, a consumidora não o prefere. No ótimo, a taxa marginal de substituição é igual ao preço relativo dos dois bens.

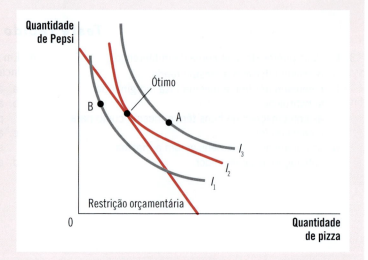

Utilidade: uma forma alternativa de descrever as preferências e a otimização

Temos utilizado as curvas de indiferença para representar as preferências do consumidor. Outra forma comum de representar preferências é por meio do conceito de **utilidade**. Utilidade é uma medida abstrata da satisfação ou felicidade que um consumidor obtém de um conjunto de bens. De acordo com os economistas, um consumidor prefere um conjunto de bens a outro se o primeiro oferecer mais utilidade que o segundo.

As curvas de indiferença e de utilidade estão estreitamente relacionadas. Como o consumidor prefere os pontos que estejam em curvas de indiferença mais elevadas, os conjuntos de bens que estão em curvas de indiferença mais elevadas proporcionam maior utilidade. Como o consumidor fica igualmente satisfeito em todos os pontos que estejam em uma mesma curva de indiferença, todos esses conjuntos proporcionam a mesma utilidade. Podemos pensar em uma curva de indiferença como se fosse uma curva de "utilidade igual".

A **utilidade marginal** de qualquer bem é o aumento de utilidade que o consumidor obtém de uma unidade adicional do bem em questão. Supõe-se que a maioria dos bens exibe **utilidade marginal decrescente**: quanto mais de um bem o consumidor tem, menor é a utilidade marginal proporcionada por uma unidade a mais do mesmo bem.

A taxa marginal de substituição entre dois bens depende de suas utilidades marginais. Por exemplo, se a utilidade marginal do bem X for duas vezes a utilidade marginal do bem Y, então o indivíduo precisaria de duas unidades do bem Y para compensar a perda de uma unidade do bem X, e a taxa marginal de substituição seria igual a 2. De maneira mais geral, a taxa marginal de substituição (e, portanto, a inclinação da curva de indiferença) é igual à utilidade marginal de um bem dividida pela utilidade marginal do outro bem.

A análise da utilidade nos proporciona outra maneira de descrever a otimização do consumidor. Lembre-se de que, no ótimo do consumidor, a taxa marginal de substituição é igual à razão entre os preços. Isto é,

$$TMgS = P_x/P_y.$$

Como a taxa marginal de substituição é igual à razão das utilidades marginais, podemos escrever essa condição de otimização como

$$UMg_x/UMg_y = P_x/P_y.$$

E podemos reorganizar essa expressão para chegar a

$$UMg_x/P_x = UMg_y/P_y.$$

Essa equação apresenta uma interpretação simples: no ótimo, a utilidade marginal por dólar gasto com o bem X é igual à utilidade marginal por dólar gasto com o bem Y. Se essa igualdade não se mantivesse, o consumidor poderia aumentar a utilidade gastando menos com o bem que lhe proporcionasse menor utilidade marginal por dólar e mais com o bem que proporcionasse maior utilidade marginal por dólar.

Quando os economistas debatem a teoria da escolha do consumidor, podem expressá-la usando diferentes palavras. Um economista poderia dizer que o objetivo do consumidor é maximizar a utilidade, enquanto outro diria que o objetivo do consumidor é situar-se na curva de indiferença mais elevada possível. O primeiro economista concluiria que, no ótimo do consumidor, a utilidade marginal por dólar é a mesma para todos os bens, ao passo que o segundo concluiria que o ótimo do consumidor fica no ponto em que a curva de indiferença é tangente à restrição orçamentária. No fundo, são duas maneiras de dizer a mesma coisa. ■

22-3b Como as variações na renda afetam as escolhas do consumidor

Agora, vamos analisar como a decisão de consumo de Consuela responde a variações em sua renda. Especificamente, suponha que a renda dela tenha aumentado. Como vimos, um aumento na renda leva a um deslocamento paralelo da restrição orçamentária, ilustrado na Figura 22-8. Já que o preço relativo dos dois bens não mudou, a inclinação da nova restrição orçamentária é a mesma que a da restrição orçamentária inicial.

A restrição orçamentária expandida permite que Consuela escolha uma curva de indiferença mais elevada, refletindo uma combinação mais desejável de pizza e Pepsi. Considerando o deslocamento na restrição orçamentária e as preferências de Consuela, o ótimo do consumidor passa do ponto indicado como "ótimo inicial" para o "novo ótimo".

Na Figura 22-8, Consuela opta por consumir mais Pepsi e mais pizza. A lógica do modelo não exige um aumento do consumo dos dois bens em resposta a um aumento da renda, mas essa situação é a mais comum. Como discutimos no Capítulo 4, se o consumidor deseja aumentar seu consumo de um bem quando sua renda aumenta, os economistas o classificam como **bem normal**. As curvas de indiferença da Figura 22-8 foram desenhadas assumindo que tanto a pizza quanto a Pepsi são bens normais.

bem normal
bem para o qual um aumento na renda eleva a quantidade demandada

Figura 22-8
Um aumento na renda

Quando a renda de Consuela aumenta, sua restrição orçamentária desloca-se para fora. Se os dois bens forem normais, a consumidora responderá ao aumento da renda comprando mais de ambos os bens. Aqui, a consumidora compra mais pizza e mais Pepsi.

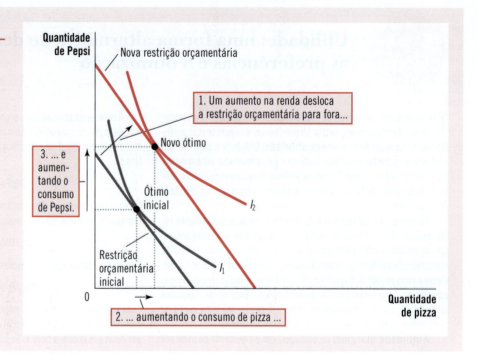

bem inferior
bem para o qual um aumento na renda diminui a quantidade demandada

A Figura 22-9 mostra um exemplo em que um aumento na renda induz Consuela a comprar mais pizza e menos Pepsi. Se um consumidor compra menos de um bem quando sua renda aumenta, os economistas o classificam como **bem inferior**. A Figura 22-9 foi desenhada assumindo que a pizza é um bem normal, e a Pepsi, um bem inferior.

Figura 22-9
Um bem inferior

Um bem é inferior se o consumidor compra menos dele quando sua renda aumenta. Aqui, a Pepsi é um bem inferior: quando a renda de Consuela aumenta e sua restrição orçamentária se desloca para fora, a consumidora compra mais pizza e menos Pepsi.

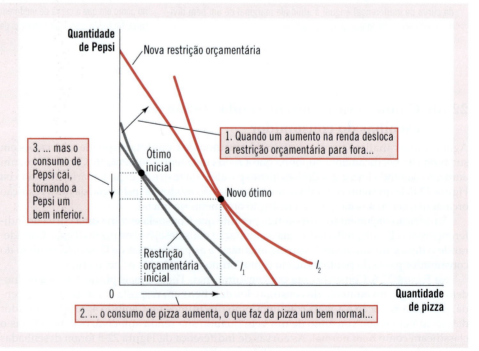

Embora a maioria dos bens seja normal, alguns bens são inferiores. Um exemplo está nas passagens de ônibus. À medida que a renda aumenta, é maior a probabilidade de que os consumidores tenham carro ou andem de Uber e menor a probabilidade de andarem de ônibus. As passagens de ônibus são, portanto, um bem inferior.

22-3c Como as variações nos preços afetam as escolhas do consumidor

Usaremos agora esse modelo da escolha do consumidor para ver como uma mudança no preço de um dos bens altera as escolhas de Consuela.

Suponha que o preço da Pepsi caia. Como vimos anteriormente, uma queda no preço de qualquer um dos bens desloca a restrição orçamentária para fora. Além disso, mudanças no preço relativo dos dois bens também alteram a inclinação da restrição orçamentária. A Figura 22-10 mostra como a queda no preço da Pepsi rotaciona a restrição orçamentária e altera o ótimo do consumidor.

A maneira como uma mudança na restrição orçamentária afeta a quantidade dos bens comprados depende das preferências de Consuela. Nas curvas de indiferença apresentadas na figura, ela compra mais Pepsi e menos pizza. No entanto, basta um pouco de criatividade para elaborar curvas de indiferença com outros resultados. Um consumidor poderia plausivelmente responder ao preço mais baixo da Pepsi comprando mais de ambos os bens.

22-3d Efeito renda e efeito substituição

O impacto de uma mudança no preço de um bem sobre a quantidade adquirida pode ser decomposto em dois efeitos: **efeito renda** e **efeito substituição**. Quando os consumidores respondem a uma variação nos preços, os dois efeitos estão em ação.

Para entender esses efeitos, imagine como Consuela responderia ao descobrir que o preço da Pepsi caiu. Ela poderia raciocinar das seguintes maneiras:

- "Grande notícia! Agora que a Pepsi está mais barata, minha renda tem maior poder de compra. Estou, de fato, mais rica que antes. Como estou mais rica, posso comprar mais Pepsi e mais pizza." (Esse é o efeito renda.)

efeito renda
variação de consumo que ocorre quando uma mudança de preço move o consumidor para uma curva de indiferença mais elevada ou menos elevada

efeito substituição
variação de consumo que ocorre quando uma mudança de preço move o consumidor ao longo de uma dada curva de indiferença até um ponto com uma nova taxa marginal de substituição

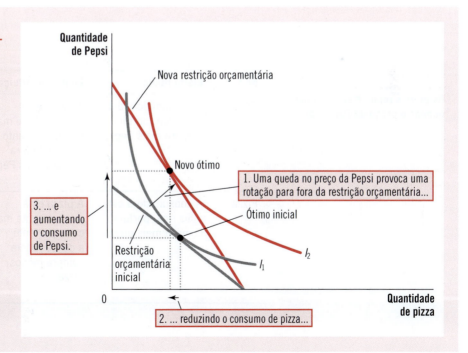

Figura 22-10

Uma variação no preço

Quando o preço da Pepsi cai, a restrição orçamentária de Consuela desloca-se para fora e muda sua inclinação. A consumidora move-se do ótimo inicial para o novo ótimo, o que muda as suas compras tanto de pizza quanto de Pepsi. Nesse caso, a quantidade consumida de Pepsi aumenta, e a quantidade consumida de pizza cai.

- "Agora que o preço da Pepsi caiu, posso comprar mais latas de Pepsi para cada pizza de que eu abrir mão. Como a pizza agora está relativamente mais cara, eu deveria comprar menos pizza e mais Pepsi." (Esse é o efeito substituição.)

As duas afirmações fazem sentido. A queda no preço da Pepsi deixa Consuela em uma melhor situação. Se pizza e Pepsi forem bens normais, ela desejará distribuir esse aumento no poder de compra entre os dois bens. Esse efeito renda tende a fazê-la comprar mais pizza e mais Pepsi. Porém, ao mesmo tempo, o custo de oportunidade da pizza (em termos de latas de Pepsi abdicadas) aumentou, enquanto o custo de oportunidade da Pepsi (em termos de pizzas abdicadas) diminuiu. Esse efeito substituição tende a fazer Consuela optar por menos pizza e mais Pepsi.

Agora, considere o resultado desses dois efeitos de forma concomitante. Consuela certamente compra mais Pepsi, já que tanto o efeito renda quanto o efeito substituição agem para aumentar as compras de Pepsi. Para a pizza, contudo, os efeitos renda e substituição apontam para direções opostas. Como resultado, não se pode dizer com certeza se Consuela comprará mais ou menos pizza. O resultado pode ser qualquer um, dependendo da magnitude dos efeitos renda e substituição. A Tabela 22-1 resume essas conclusões.

Podemos interpretar os efeitos renda e substituição usando curvas de indiferença. **O efeito renda é a variação no consumo que resulta da passagem para uma curva de indiferença mais elevada. O efeito substituição é a variação no consumo que resulta de se estar em um ponto de uma curva de indiferença com uma taxa marginal de substituição diferente.**

A Figura 22-11 decompõe a mudança de decisão de Consuela em seus efeitos renda e substituição. Quando o preço da Pepsi cai, a consumidora se move do ótimo inicial, o ponto A, para o novo ótimo, o ponto C. Podemos considerar que essa mudança se dê em duas etapas. Primeiro, Consuela se move **ao longo** da curva de indiferença inicial, I_1, do ponto A para o B. Ela está igualmente satisfeita nesses dois pontos, mas, no ponto B, a taxa marginal de substituição reflete o novo preço relativo (a linha tracejada que passa pelo ponto B reflete o novo preço relativo, sendo paralela à nova restrição orçamentária). Em seguida, Consuela se **desloca** para a curva de indiferença mais elevada, I_2, movendo-se do ponto B para o C. Embora os pontos B e C estejam em curvas de indiferença diferentes, eles têm a

Tabela 22-1
Os efeitos renda e substituição quando o preço da Pepsi cai

Bem	Efeito renda	Efeito substituição	Efeito total
Pepsi	A consumidora está mais rica, portanto compra mais Pepsi.	A Pepsi está relativamente mais barata, portanto a consumidora compra mais Pepsi.	Os efeitos renda e substituição agem no mesmo sentido, portanto a consumidora compra mais Pepsi.
Pizza	A consumidora está mais rica, portanto compra mais pizza.	A pizza está relativamente mais cara, portanto a consumidora compra menos pizza.	Os efeitos renda e substituição agem em direções opostas, portanto o efeito total sobre o consumo de pizza é incerto.

Figura 22-11

Efeitos renda e substituição

O efeito de uma mudança no preço pode ser decomposto em efeitos renda e substituição. O efeito substituição – o movimento ao longo de uma curva de indiferença para um ponto com taxa marginal de substituição diferente – é representado pela mudança do ponto A para o ponto B ao longo da curva de indiferença I_1. O efeito renda – o deslocamento para uma curva de indiferença mais elevada – é representado aqui pela mudança do ponto B na curva de indiferença I_1 para o ponto C na curva de indiferença I_2.

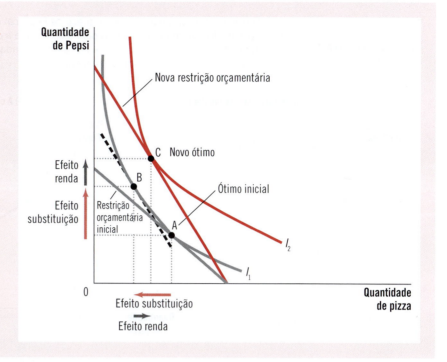

mesma taxa marginal de substituição. Ou seja, a inclinação da curva de indiferença I_1 no ponto B é igual à inclinação da curva de indiferença I_2 no ponto C.

Embora Consuela nunca chegue a escolher efetivamente o ponto B, esse ponto hipotético é útil para esclarecer os dois efeitos que determinam sua decisão. A passagem do ponto A para o B representa uma pura variação da taxa marginal de substituição, sem nenhuma mudança no bem-estar de Consuela. A mudança do ponto B para o C representa uma pura mudança no bem-estar, sem nenhuma variação da taxa marginal de substituição. O movimento de A para B mostra o efeito substituição, e o movimento de B para C mostra o efeito renda.

22-3e Derivação da curva de demanda

A curva de demanda do consumidor para qualquer bem mostra a quantidade demandada do bem a qualquer preço. Basicamente, ela resume as decisões ótimas que derivam das restrições orçamentárias e preferências do consumidor.

Por exemplo, a Figura 22-12 mostra a demanda de Consuela por Pepsi. O painel (a) mostra que, quando o preço de uma lata cai de $ 2 para $ 1, a restrição orçamentária de Consuela se desloca para fora. Em virtude dos efeitos renda e substituição, ela aumenta suas compras de Pepsi de 250 para 750 latas. O painel (b) traz a curva de demanda resultante dessas decisões. Dessa forma, a teoria da escolha do consumidor proporciona os fundamentos teóricos para a curva de demanda de um indivíduo.

Pode ser reconfortante saber que a curva de demanda surge naturalmente da teoria da escolha do consumidor, mas esse exercício, por si só, não justifica o desenvolvimento da teoria. Não há necessidade de uma estrutura analítica rigorosa apenas para estabelecer que as pessoas respondem às variações nos preços. A teoria da escolha do consumidor é, contudo, muito útil para estudar as diversas decisões que as pessoas tomam durante a vida, como veremos na próxima seção.

Figura 22-12
Derivação da curva de demanda

O painel (a) mostra que, quando o preço da Pepsi cai de $ 2 para $ 1, o ótimo da consumidora se move do ponto A para o ponto B, e a quantidade de Pepsi consumida aumenta de 250 para 750 latas. A curva de demanda do painel (b) reflete essa relação entre o preço e a quantidade demandada.

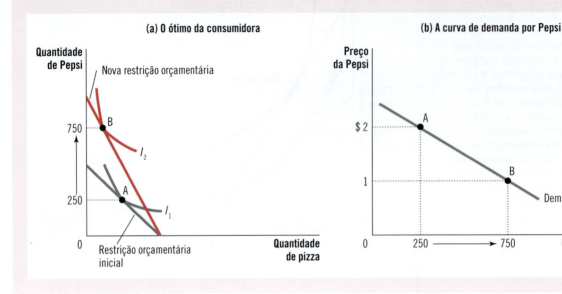

Teste rápido

5. Bart e Lisa são consumidores otimizadores nos mercados de camisetas e bonés, nos quais pagam $ 100 por camiseta e $ 50 por boné. Bart compra 8 camisetas e 4 bonés, enquanto Lisa compra 6 camisetas e 12 bonés. Com base nessas informações, podemos inferir que a taxa marginal de substituição de Bart é de _____ bonés por camiseta, já a de Lisa é de _____.
   a. 2; 1
   b. 2; 2
   c. 4; 1
   d. 4; 2

6. Maggie compra pasta de amendoim e geleia, ambos considerados bens normais. Quando o preço da pasta de amendoim aumenta, o efeito renda induz Maggie a comprar _____ pasta de amendoim e _____ geleia.
   a. mais; mais
   b. mais; menos
   c. menos; mais
   d. menos; menos

7. Ned compra vinho e pão. Quando o preço do pão aumenta, o efeito substituição induz Ned a comprar _____ vinho e _____ pão.
   a. mais; mais
   b. mais; menos
   c. menos; mais
   d. menos; menos

As respostas estão no final do capítulo.

22-4 Três aplicações

Agora que desenvolvemos a teoria básica da escolha do consumidor, vamos usá-la para lançar luz sobre três questões a respeito de como funciona a economia.

22-4a Todas as curvas de demanda têm inclinação negativa?

Normalmente, quando o preço de um bem aumenta, as pessoas compram menos desse bem. Esse comportamento usual, denominado **lei da demanda**, se reflete na inclinação negativa da curva de demanda.

Como assunto de teoria econômica, entretanto, as curvas de demanda podem, em alguns casos, ter inclinação positiva. Em outras palavras, os consumidores podem, às vezes, violar a lei da demanda e comprar uma **maior** quantidade de um bem quando seu preço aumenta. Para ver como isso pode acontecer, considere a Figura 22-13. Nesse exemplo, o consumidor, Conrado, compra dois bens: carne e batatas. Inicialmente, a restrição orçamentária é a linha que vai do ponto A ao B, e o ótimo é o ponto C. Quando o preço das batatas aumenta, a restrição orçamentária se desloca para dentro e passa a ser a linha que vai do ponto A ao D. O ótimo é agora o ponto E. Observe que o aumento do preço das batatas fez com que o consumidor passasse a comprar uma quantidade maior delas.

Por que Conrado reage dessa maneira estranha? Nesse exemplo, a carne é um bem normal, mas as batatas são um bem fortemente inferior. Ou seja, as batatas são um bem que Conrado compra muito menos quando sua renda aumenta e muito mais quando sua renda cai. Na Figura 22-13, o aumento no preço das batatas deixa Conrado mais pobre; isto é, ele passa para uma curva de indiferença mais baixa. Por estar mais pobre, o efeito renda faz Conrado querer comprar menos carne (o bem normal) e mais batatas (o bem inferior). Ao mesmo tempo, como as batatas ficaram mais caras em relação à carne, o efeito substituição faz Conrado querer comprar mais carne e menos batatas. Observe que os efeitos renda e substituição atuam em direções opostas. Se o efeito renda for maior que o efeito substituição, como nesse exemplo, Conrado responderá ao preço mais alto das batatas comprando menos carne e mais batatas.

Os economistas usam a expressão **bem de Giffen** para descrever um bem que viola a lei da demanda. A expressão vem do economista Robert Giffen (1837-1910), que foi o primeiro a observar essa possibilidade. Nesse exemplo, as batatas são bens de Giffen. Os bens de Giffen são bens inferiores para os quais o efeito renda domina o efeito substituição. Portanto, suas curvas de demanda têm inclinação positiva.

bem de Giffen
bem para o qual um aumento no preço provoca um aumento na quantidade demandada

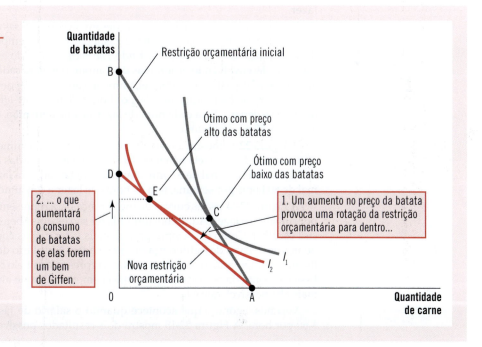

Figura 22-13
Um bem de Giffen

Neste exemplo, quando o preço das batatas aumenta, o ótimo do consumidor desloca-se do ponto C para o ponto E. Nesse caso, o consumidor responde ao maior preço das batatas comprando menos carne e mais batatas.

A busca por bens de Giffen

Será que algum bem de Giffen já foi observado? Alguns historiadores sugerem que as batatas foram um bem de Giffen durante a Grande Fome da Irlanda, no século XIX. As batatas eram uma parte tão importante da dieta das pessoas que, quando o preço aumentou, a mudança teve um grande efeito renda. As pessoas responderam a essa redução no padrão de vida cortando o luxo da carne e comprando mais alimentos básicos, como as batatas. Assim, argumenta-se que o preço mais elevado das batatas acabou aumentando a quantidade de batatas demandada.

Um estudo conduzido por Robert Jensen e Nolan Miller, publicado na revista *American Economic Review* em 2008, produziu evidências mais concretas da existência de bens de Giffen. Esses dois economistas realizaram um experimento de campo durante cinco meses na província chinesa de Hunan. Os pesquisadores forneceram a famílias selecionadas aleatoriamente *vouchers* que subsidiavam a compra de arroz, um alimento básico na dieta local, e usaram levantamentos para avaliar como o consumo de arroz respondia às mudanças no preço. Eles encontraram fortes evidências de que muitas famílias pobres exibiam um comportamento de Giffen. A redução do preço do arroz com o *voucher* fez com que essas famílias diminuíssem o consumo de arroz, enquanto a remoção do subsídio teve o efeito contrário. Jensen e Miller destacaram: "Até onde sabemos, essa é a primeira evidência empírica rigorosa do comportamento de Giffen".

Assim, a teoria da escolha do consumidor permite curvas de demanda com inclinação positiva, e às vezes esse estranho fenômeno realmente ocorre. Como resultado, a lei da demanda introduzida no Capítulo 4 não é totalmente confiável. É certo dizer, porém, que os bens de Giffen são raros. ●

22-4b Como os salários afetam a oferta de trabalho?

A teoria da escolha do consumidor pode ser usada para analisar como as pessoas distribuem seu tempo, não só a renda. A maioria das pessoas passa parte do seu tempo em atividades de lazer e parte trabalhando para poder comprar bens e serviços para consumir. A essência do problema de alocação de tempo é o *trade-off* entre consumo e lazer.

Vamos pensar no caso de Jasmine, desenvolvedora de *software* autônoma. Ela permanece acordada 100 horas por semana, e gasta parte desse tempo desfrutando de algum tipo de lazer – jogando *Minecraft*, assistindo *The Bachelor* e lendo este livro. O restante do tempo ela passa desenvolvendo programas de computador. Para cada hora que passa trabalhando, ela recebe $ 50, gastos com aluguel, alimentação, *streaming* de música e outros bens de consumo. O salário de Jasmine de $ 50 por hora reflete o *trade-off* entre lazer e consumo com o qual ela se depara. Para cada hora de lazer de que abre mão, ela trabalha uma hora a mais e ganha $ 50 para consumo.

A Figura 22-14 mostra a restrição orçamentária de Jasmine. Se gastar todas as 100 horas desfrutando de lazer, ela não terá consumo. Se passar todas as 100 horas trabalhando, ela terá consumo semanal de $ 5 mil, mas não terá tempo para lazer. Se fizer uma jornada normal de 60 horas por semana, terá 60 horas de lazer e consumo semanal de $ 2 mil.

A Figura 22-14 usa as curvas de indiferença para representar as preferências de Jasmine por consumo e lazer. Aqui, consumo e lazer são os dois "bens" entre os quais Jasmine precisa escolher. Como ela sempre prefere mais lazer e mais consumo, sua preferência é por pontos em curvas de indiferença mais elevadas. Ao salário de $ 50 por hora, Jasmine escolhe uma combinação de consumo e lazer, representada pelo ponto indicado como "ótimo". Esse é o ponto da restrição orçamentária em que Jasmine alcança a curva de indiferença mais alta possível, que é I_2.

Vejamos, agora, o que acontece quando o salário de Jasmine aumenta de $ 50 para $ 60 por hora. A Figura 22-15 mostra dois resultados possíveis. Em cada caso, a restrição

Figura 22-14

A decisão trabalho-lazer

Esta figura mostra a restrição orçamentária de Jasmine para decidir quanto trabalhar, suas curvas de indiferença para consumo e lazer, e seu ótimo.

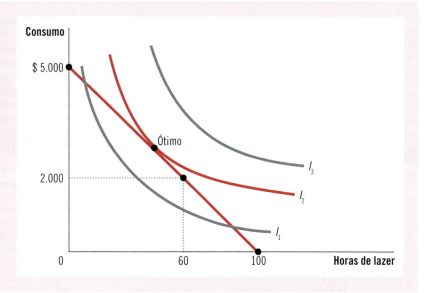

orçamentária mostrada no gráfico à esquerda se desloca para fora, de RO_1 para RO_2. Nesse processo, a restrição orçamentária se torna mais inclinada, refletindo a mudança no preço relativo: com o salário maior, Jasmine obtém mais consumo para cada hora de lazer de que abre mão.

As preferências de Jasmine, como representadas pelas curvas de indiferença, determinam como ela responde, em termos de consumo e lazer, ao maior salário. Nos dois painéis, o consumo aumenta, mas a resposta do lazer à mudança no salário é diferente em cada caso. No painel (a), Jasmine responde ao maior salário desfrutando de menos lazer. No painel (b), ela responde desfrutando de mais lazer.

A decisão de Jasmine entre lazer e consumo determina sua oferta de trabalho, pois, quanto mais lazer ela desfruta, menos tempo ela tem para trabalhar. Em cada painel da Figura 22-15, o gráfico à direita mostra a curva de oferta de trabalho implícita na decisão de Jasmine. No painel (a), um salário maior induz Jasmine a desfrutar de menos lazer e trabalhar mais, de modo que a curva de oferta de trabalho tem inclinação positiva. No painel (b), um salário maior induz Jasmine a desfrutar de mais lazer e trabalhar menos, de modo que a curva de oferta de trabalho se inclina "para trás".

À primeira vista, a curva de oferta de trabalho com inclinação para trás é enigmática. Por que alguém responderia a um salário maior trabalhando menos? A resposta é dada pelos efeitos renda e substituição decorrentes de um salário maior.

Vamos tratar, primeiro, do efeito substituição. Quando o salário de Jasmine aumenta, o lazer se torna mais caro em relação ao consumo, e isso a encoraja a substituir lazer por consumo. Em outras palavras, o efeito substituição induz Jasmine a trabalhar mais em resposta aos maiores salários, o que tende a causar uma inclinação positiva na curva de oferta de trabalho.

Consideremos agora o efeito renda. Quando o salário de Jasmine aumenta, ela se move para uma curva de indiferença mais elevada. Ela agora está em uma situação melhor do que antes. Desde que lazer e consumo sejam bens normais, Jasmine tenderá a usar esse aumento de bem-estar para desfrutar de mais consumo e mais lazer. Em outras palavras, o efeito renda a induz a trabalhar menos, o que tende a levar a curva de oferta de trabalho a se inclinar para trás.

Figura 22-15
Um aumento no salário

Os dois painéis desta figura mostram como uma pessoa poderia reagir a um aumento no salário. Os gráficos à esquerda mostram a restrição orçamentária original da consumidora, RO_1, e a nova restrição orçamentária, RO_2, além das escolhas ótimas da consumidora entre consumo e lazer. Os gráficos à direita mostram a curva de oferta de trabalho resultante. Como as horas trabalhadas são iguais ao total de horas disponíveis menos as horas de lazer, qualquer alteração no número de horas de lazer implica uma mudança no sentido oposto na quantidade de trabalho ofertada. No painel (a), quando o salário aumenta, o consumo aumenta e o lazer diminui, resultando em uma curva de oferta de trabalho de inclinação positiva. No painel (b), quando o salário aumenta, tanto o consumo quanto o lazer aumentam, resultando em uma curva de oferta de trabalho que se inclina para trás.

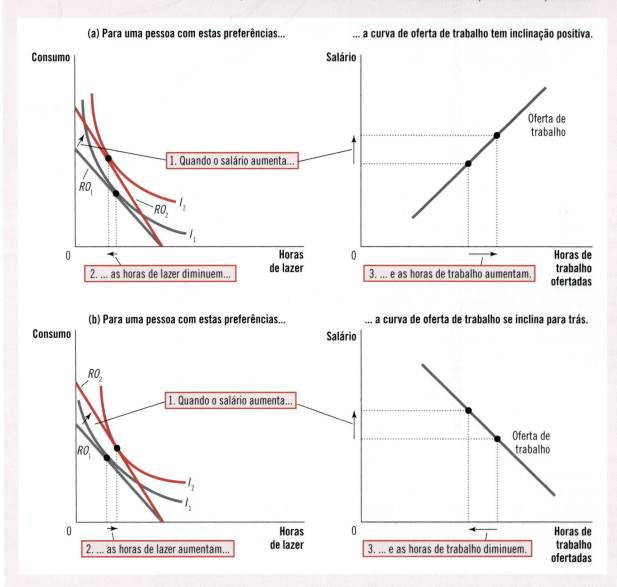

No fim, a teoria econômica não nos permite prever com clareza se o aumento do salário induzirá Jasmine a trabalhar mais ou menos. Se o efeito substituição for maior que o efeito renda, ela trabalhará mais. Se o efeito renda for maior que o efeito substituição, ela trabalhará menos. A curva de oferta de trabalho, portanto, pode ter inclinação positiva ou negativa.

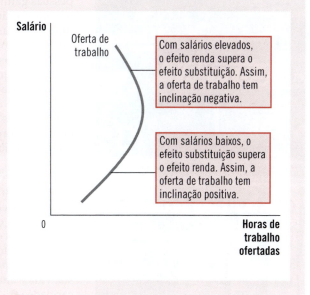

Figura 22-16

Uma curva de oferta de trabalho para trás

Aqui, a curva de oferta de trabalho tem inclinação positiva com um salário baixo porque o efeito substituição prevalece sobre o efeito renda. Contudo, à medida que o salário aumenta, o efeito renda começa a predominar, causando uma inclinação negativa na curva de oferta de trabalho.

Além disso, a inclinação da curva de oferta de trabalho não precisa ser a mesma para todos os salários. Por exemplo, dependendo das preferências da pessoa, é possível que o efeito substituição predomine sobre o efeito renda no caso de um salário baixo e o efeito renda supere o efeito substituição com um salário elevado. Nesse caso, como mostra a Figura 22-16, a curva de oferta de trabalho começa com uma inclinação positiva, mas depois se inclina para trás à medida que o salário aumenta.

Estudo de caso: Efeitos da renda sobre a oferta de trabalho: tendências históricas, ganhadores da loteria e a hipótese de Carnegie

A ideia de uma curva de oferta de trabalho com inclinação para trás não é uma mera curiosidade teórica. Há evidências de que, quando avaliada por longos períodos, a curva de oferta de trabalho realmente se inclina para trás. Cem anos atrás, muitas pessoas trabalhavam seis dias por semana. Hoje, a semana de trabalho de cinco dias é a norma. Embora a duração da semana de trabalho tenha diminuído, o salário do trabalhador médio (ajustado pela inflação) tem aumentado.

Os economistas explicam esse padrão histórico da seguinte forma: ao longo do tempo, os avanços tecnológicos aumentaram a produtividade dos trabalhadores e a demanda por trabalho. Esse aumento na demanda eleva os salários de equilíbrio. À medida que os salários aumentam, a recompensa pelo trabalho também aumenta. No entanto, em vez de responder a esse maior incentivo trabalhando mais, a maioria dos trabalhadores aproveita sua maior prosperidade aumentando o lazer. Em outras palavras, o efeito renda dos salários mais altos predomina sobre o efeito substituição.

Outras evidências de um efeito renda forte na oferta de trabalho derivam de dados bastante diferentes: de ganhadores de loterias. Ganhadores de prêmios altos em loterias veem um grande aumento em sua renda e, consequentemente, grandes deslocamentos de suas restrições orçamentárias para fora. Como o salário dos ganhadores não mudou, a **inclinação** de suas restrições orçamentárias continua a mesma. Não há, portanto, efeito substituição. Ao comparar ganhadores de loteria com aqueles que jogaram e perderam, os pesquisadores conseguem isolar o efeito renda sobre a oferta de trabalho.

Um estudo de 2021 realizado por quatro economistas da University of Chicago fez exatamente isso e obteve alguns resultados impressionantes. Para cada dólar que as

"Nunca mais eu bato ponto."

pessoas ganhavam, seus rendimentos trabalhistas totais após os impostos eram reduzidos em 40 centavos. Em outras palavras, 40% dos ganhos eram usados para aumentar o lazer (ou talvez para mudar para um emprego mais agradável, mas com um salário menor), enquanto 60% eram gastos no aumento do consumo de bens e serviços. Por exemplo, entre aqueles que estavam mais próximos da idade de se aposentar, os ganhadores de loterias eram muito mais propensos que os perdedores a se aposentar mais cedo. Os pesquisadores também relataram que famílias com renda elevada antes de ganhar na loteria exibiam efeitos maiores no lazer e menores no consumo. O efeito renda sobre a oferta de trabalho parece ser substancial, especialmente entre os mais afortunados.

Essas descobertas não teriam surpreendido Andrew Carnegie, empresário do século XIX. Em seu livro *O evangelho da riqueza*, ele alertou que "o pai que deixa ao filho uma enorme riqueza geralmente enfraquece os talentos e as energias do filho, tentando-o a levar uma vida menos útil e menos digna do que ele teria de outra forma". Ou seja, Carnegie considerava que o efeito renda sobre a oferta de trabalho era grande e, segundo sua perspectiva paterna, lamentável. Talvez isso explique por que, ao longo de sua vida e antes de morrer, Carnegie doou grande parte de sua fortuna à caridade. ●

22-4c Como as taxas de juros afetam a poupança das famílias?

Uma decisão importante com a qual todas as pessoas se deparam é quanto da renda consumir hoje e quanto poupar para o futuro. Podemos usar a teoria da escolha do consumidor para analisar como as pessoas tomam essa decisão e em que medida o montante que poupam depende da taxa de juros que suas poupanças renderão.

Considere a decisão de Ricardo, um trabalhador que está planejando sua aposentadoria. Para simplificar, vamos dividir a vida de Ricardo em dois períodos. No primeiro, Ricardo é jovem e trabalha. No segundo, é idoso e está aposentado. Quando jovem, Ricardo ganha $ 100 mil e divide essa renda entre o consumo corrente e a poupança. Quando se tornar idoso, Ricardo consumirá o que poupou, incluindo os juros que sua poupança rendeu.

Podemos ver o "consumo na fase jovem" e o "consumo na fase idosa" como os dois bens entre os quais Ricardo precisa escolher. A taxa de juros determina o preço relativo desses dois bens. Suponha que a taxa de juros seja de 10%. Assim, para cada dólar poupado por Ricardo quando jovem, ele poderá consumir $ 1,10 quando for idoso.

A Figura 22-17 mostra a restrição orçamentária de Ricardo. Se ele não poupar nada, consumirá $ 100 mil quando jovem e nada quando idoso. Se poupar tudo, não consumirá nada quando jovem e $ 110 mil quando idoso. A restrição orçamentária mostra essas duas possibilidades e todas as outras intermediárias.

A Figura 22-17 usa curvas de indiferença para representar as preferências de Ricardo por consumo nos dois períodos. Como ele prefere consumir mais nos dois períodos, irá preferir pontos que estejam nas curvas de indiferença elevadas, em vez de pontos situados em curvas de indiferença mais baixas. Dadas as suas preferências, Ricardo escolhe a combinação ótima de consumo nos dois períodos de sua vida, que é o ponto da restrição orçamentária que está na curva de indiferença mais elevada possível. Nesse ótimo, Ricardo consome $ 50 mil quando jovem e $ 55 mil quando idoso.

Vejamos agora o que acontece se a taxa de juros aumentar de 10 para 20%. A Figura 22-18 mostra dois resultados possíveis; em ambos os casos, a restrição orçamentária desloca-se para fora e se torna mais inclinada. Com a nova e mais alta taxa de juros, Ricardo, quando idoso, pode consumir mais para cada dólar de consumo de que abre mão quando jovem.

Figura 22-17

A decisão consumo-poupança

A figura mostra a restrição orçamentária para uma pessoa que decide quanto consumir nos dois períodos de sua vida; as curvas de indiferença representam suas preferências e o ponto ótimo.

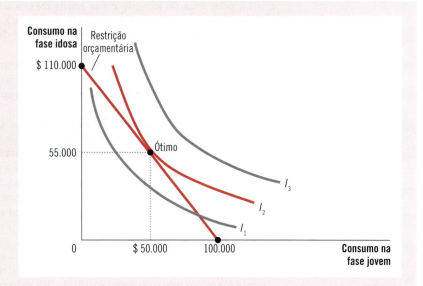

Figura 22-18

Um aumento da taxa de juros

Nos dois painéis, um aumento da taxa de juros desloca a restrição de orçamento para fora. No painel (a), o consumo cai na fase jovem e aumenta na fase idosa: o resultado é um aumento da poupança quando jovem. No painel (b), o consumo aumenta nos dois períodos: o resultado é uma redução da poupança na fase jovem.

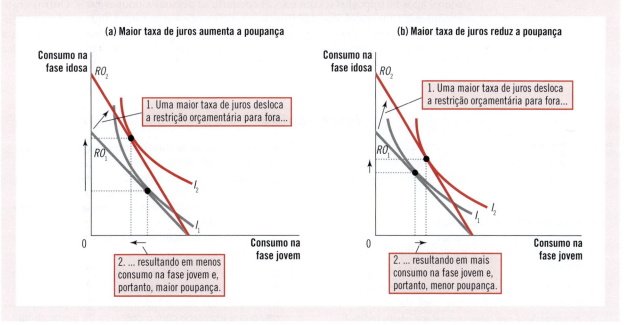

Os dois painéis mostram os resultados considerando as diferentes preferências de Ricardo. Nos dois casos, o consumo na fase idosa aumenta. No entanto, a resposta do consumo na fase jovem é diferente em cada um dos casos. No painel (a), Ricardo responde ao aumento da taxa de juros consumindo menos quando jovem. No painel (b), ele responde consumindo mais quando jovem.

A poupança de Ricardo é sua renda menos o montante que consome na fase jovem. No painel (a), um aumento na taxa de juros reduz o consumo na fase jovem, aumentando a poupança. No painel (b), um aumento na taxa de juros eleva o consumo na fase jovem, reduzindo a poupança.

O caso mostrado no painel (b) pode parecer estranho: Ricardo responde a um aumento no rendimento da poupança economizando menos. Contudo, esse comportamento não é tão peculiar quanto parece. Podemos entendê-lo considerando os efeitos renda e substituição de uma taxa de juros mais elevada.

Consideremos, primeiro, o efeito substituição. Quando a taxa de juros aumenta, o consumo na fase idosa se torna mais barato em relação ao consumo na fase jovem. Desse modo, o efeito substituição induz Ricardo a consumir mais quando idoso e menos quando jovem. Em outras palavras, o efeito substituição o induz a poupar mais.

Vamos considerar agora o efeito renda. Quando a taxa de juros aumenta, Ricardo se desloca para uma curva de indiferença mais elevada, ficando em uma melhor situação. Se os consumos na fase jovem e na fase idosa forem considerados bens normais, ele tenderá a usar esse aumento do bem-estar para consumir mais em ambos os períodos. Em outras palavras, o efeito renda o induz a poupar menos.

O resultado depende, é claro, dos efeitos renda e substituição. Se o efeito substituição de uma taxa de juros mais alta for maior que o efeito renda, Ricardo poupará mais. Se o efeito renda for maior que o efeito substituição, Ricardo poupará menos. Assim, a teoria da escolha do consumidor diz que um aumento da taxa de juros pode encorajar ou desencorajar a poupança.

Embora esse resultado ambíguo seja interessante do ponto de vista da teoria econômica, é desapontador do ponto de vista da política econômica. Uma questão importante da política tributária depende, em parte, de como a poupança responde às taxas de juros. Alguns economistas propuseram reduzir a tributação sobre os juros e outras rendas de capital, argumentando que essa mudança aumentaria a taxa de juros recebida pelos poupadores após os impostos e, com isso, encorajaria as pessoas a poupar mais. Outros argumentam que, como os efeitos substituição e renda tendem a se anular, uma mudança tributária como essa poderia não aumentar a poupança, e talvez até a reduziria. Infelizmente, a pesquisa não leva a um consenso. Ainda há divergências sobre se as alterações na política tributária com o objetivo de estimular a poupança têm, de fato, o efeito desejado.

Teste rápido

8. O Sr. Burns compra apenas lagosta e frango. A lagosta é um bem normal, enquanto o frango é um bem inferior. Quando o preço da lagosta aumenta, o Sr. Burns compra
   a. menos dos dois bens.
   b. mais lagosta e menos frango.
   c. menos lagosta e mais frango.
   d. menos lagosta, mas o impacto sobre o frango é incerto.

9. Se Edna compra mais macarrão quando o preço aumenta, podemos inferir que, para ela
   a. o macarrão é um bem normal e o efeito renda é maior que o efeito substituição.
   b. o macarrão é um bem normal e o efeito substituição é maior que o efeito renda.
   c. o macarrão é um bem inferior e o efeito renda é maior que o efeito substituição.
   d. o macarrão é um bem inferior e o efeito substituição é maior que o efeito renda.

10. A curva de oferta de trabalho de Maude terá inclinação positiva se, para ela,
    a. o lazer for um bem normal.
    b. o consumo for um bem normal.
    c. o efeito renda sobre o lazer for maior que o efeito substituição.
    d. o efeito substituição sobre o lazer for maior que o efeito renda.

11. O consumo na fase jovem e o consumo na fase idosa são bens normais para Seymour, um trabalhador que poupa para sua aposentadoria. Quando a taxa de juros cai, o que acontece com o consumo de Seymour na fase idosa?
    a. Definitivamente aumenta.
    b. Definitivamente diminui.
    c. Só aumenta se o efeito substituição for maior que o efeito renda.
    d. Só diminui se o efeito substituição for maior que o efeito renda.

As respostas estão no final do capítulo.

22-5 Conclusão: as pessoas realmente pensam assim?

A teoria da escolha do consumidor descreve de que maneira as pessoas tomam decisões. Como vimos, ela se aplica a diversas questões, e pode explicar como as pessoas escolhem entre Pepsi e pizza, trabalho e lazer, consumo e poupança, e assim por diante.

Agora que já entendemos a teoria, vamos dar um passo para trás e avaliar se ela é confiável. Você pode estar tentado a tratar a teoria da escolha do consumidor com algum ceticismo. Afinal de contas, você é um consumidor. Você decide o que comprar sempre que entra em uma loja. E sabe que não toma uma decisão de compra listando suas restrições orçamentárias e mapeando as curvas de indiferença. Esse conhecimento sobre seu próprio processo de tomada de decisões não seria uma evidência contrária à teoria?

A resposta é não. A teoria da escolha do consumidor não pretende explicar de forma literal de que maneira as pessoas tomam decisões. Ela é um modelo. E, como vimos no Capítulo 2, os modelos não pretendem ser completamente realistas.

A teoria da escolha do consumidor deve ser vista como uma metáfora de como os consumidores tomam decisões. Nenhum consumidor (exceto eventuais economistas) desenvolve as etapas da otimização descrita pela teoria, embora os consumidores estejam cientes de que suas escolhas são restritas por seus recursos financeiros. E, dadas essas restrições, eles fazem o melhor que podem para atingir o nível mais elevado de satisfação. A teoria da escolha do consumidor descreve esse processo intuitivo de forma a permitir uma análise econômica explícita.

Assim como a prova do pudim está em comê-lo, o teste de uma teoria são suas aplicações. Na última seção do capítulo, aplicamos a teoria da escolha do consumidor a três questões práticas. Se você fizer cursos mais avançados de economia, verá que essa teoria fornece o arcabouço para muitas análises adicionais.

RESUMO DO CAPÍTULO

- A restrição orçamentária do consumidor mostra as possíveis combinações de bens que ele pode comprar com base em sua renda e nos preços dos bens. A inclinação da restrição orçamentária é igual ao preço relativo dos bens.
- As curvas de indiferença do consumidor representam suas preferências. Uma curva de indiferença mostra as diversas combinações de bens que deixam o consumidor igualmente satisfeito. Pontos localizados em curvas de indiferença mais elevadas são preferíveis aos pontos localizados em curvas de indiferença mais baixas. A inclinação de uma curva de indiferença em um ponto qualquer é a taxa marginal de substituição do consumidor – a taxa à qual o consumidor está disposto a trocar um bem por outro.
- O consumidor otimiza escolhendo o ponto de sua restrição orçamentária que tangencia a curva de indiferença mais elevada. Nesse ponto, a inclinação da curva de indiferença (a taxa marginal de substituição entre os bens) é igual à inclinação da restrição orçamentária (o preço relativo dos bens); e o valor que o consumidor atribui aos dois bens (medido pela taxa marginal de substituição) é igual ao valor do mercado (medido pelo preço relativo).
- Quando o preço de um bem cai, o impacto sobre as escolhas do consumidor pode ser decomposto em efeitos renda e substituição. O efeito renda é a variação de consumo que ocorre porque um preço mais baixo deixa o consumidor em melhor situação. O efeito substituição é a variação do consumo que ocorre porque uma mudança no preço encoraja um aumento do consumo do bem que tiver se tornado relativamente mais barato. O efeito renda se reflete no movimento de uma curva de indiferença mais baixa para outra mais elevada, ao passo que o efeito substituição se reflete em um movimento ao longo de uma curva de indiferença para um ponto com uma inclinação diferente.
- A teoria da escolha do consumidor pode ser aplicada a muitas situações. Ela explica por que as curvas de demanda podem, às vezes, ter inclinação positiva, por que maiores salários podem aumentar ou diminuir a quantidade ofertada de trabalho e por que maiores taxas de juros podem aumentar ou diminuir a poupança.

CONCEITOS-CHAVE

restrição orçamentária, p. 444
curva de indiferença, p. 447
taxa marginal de substituição, p. 447
substitutos perfeitos, p. 450

complementos perfeitos, p. 451
bem normal, p. 453
bem inferior, p. 454
efeito renda, p. 455

efeito substituição, p. 455
bem de Giffen, p. 459

QUESTÕES DE REVISÃO

1. Hari tem renda de $ 6 mil. O copo de vinho custa $ 3, e o quilo de queijo, $ 6. Represente graficamente a restrição orçamentária de Hari com o vinho no eixo vertical. Qual é a inclinação dessa restrição orçamentária?

2. Hari tem curvas de indiferença típicas entre vinho e queijo. Descreva e explique quatro propriedades dessas curvas de indiferença.

3. Escolha um ponto da curva de indiferença entre vinho e queijo e mostre a taxa marginal de substituição. O que ela nos diz?

4. Mostre a restrição orçamentária de Hari e suas curvas de indiferença entre vinho e queijo. Mostre a escolha de consumo ótima. Se o preço do copo de vinho for $ 6 e o do quilo de queijo for $ 12, qual será a taxa marginal de substituição nesse ótimo?

5. Hari recebeu um aumento, de modo que sua renda passou de $ 6 mil para $ 8 mil. Mostre o que aconteceria se tanto o queijo quanto o vinho fossem bens normais. Depois, mostre o que aconteceria se o queijo fosse um bem inferior.

6. O preço do quilo do queijo aumentou de $ 12 para $ 20, enquanto o preço do vinho continua sendo $ 6 a taça. Assumindo que Hari tem uma renda constante de $ 6 mil, mostre o que aconteceria com o consumo de vinho e queijo. Decomponha a variação para exibir os efeitos renda e substituição.

7. Um aumento no preço do queijo pode induzir Hari a comprar mais queijo? Explique.

PROBLEMAS E APLICAÇÕES

1. Maya divide sua renda entre café e *croissants* (ambos são bens normais). Uma geada fora de época no Brasil provoca um grande aumento no preço do café nos Estados Unidos.
   a. Mostre o efeito da geada na restrição orçamentária de Maya.
   b. Mostre o efeito da geada sobre a combinação ótima de consumo de Maya, supondo que o efeito substituição exceda o efeito renda para os *croissants*.
   c. Mostre o efeito da geada sobre a combinação ótima de consumo, supondo que o efeito renda exceda o efeito substituição para os *croissants*.

2. Compare os dois pares de bens a seguir:
   - Coca e Pepsi
   - Esquis e travas para esquis
   a. Em que caso os dois bens são complementares? Em que caso são substitutos?
   b. Em que caso as curvas de indiferença serão linhas retas? Em que caso as curvas de indiferença serão muito convexas?
   c. Em que caso o consumidor responderá mais a uma variação no preço relativo dos dois bens?

3. Você consome apenas refrigerante e pizza. Um dia, o preço do refrigerante sobe, o preço da pizza diminui, e você continua tão feliz como era antes das mudanças de preços.
   a. Ilustre essa situação em um gráfico.
   b. Como seu consumo desses dois bens se altera? De que forma sua resposta depende dos efeitos renda e substituição?
   c. Você pode pagar a combinação de refrigerante e pizza que consumiu antes das alterações de preços?

4. Raj consome apenas queijo e bolachas.
   a. Tanto o queijo quanto as bolachas podem ser bens inferiores para Raj? Explique.
   b. Suponha que, para Raj, o queijo seja um bem normal e as bolachas sejam um bem inferior. Se o preço do queijo cair, o que acontecerá com o seu consumo de bolachas? E com seu consumo de queijo? Explique.

5. Darius só compra leite e biscoitos.
   a. No ano 1, Darius ganha $ 100, o leite custa $ 2 o litro e os biscoitos custam $ 4 a dúzia. Represente graficamente a restrição orçamentária de Darius.
   b. Suponha, agora, que todos os preços aumentem 10% no ano 2 e que o salário de Darius também aumente 10%. Represente graficamente a nova restrição orçamentária de Darius. Compare a combinação ótima de leite e biscoitos de Darius no ano 2 com a combinação ótima no ano 1.
6. Assinale V (verdadeiro) ou F (falso) para cada uma das afirmativas a seguir. Explique as suas respostas.
   a. "Todos os bens de Giffen são bens inferiores."
   b. "Todos os bens inferiores são bens de Giffen."
7. Priya, uma estudante universitária, tem duas opções de alimentação: comer no bandejão por $ 6 a refeição ou tomar um prato de sopa por $ 1,50. Seu orçamento semanal para alimentação é de $ 60.
   a. Represente graficamente a restrição orçamentária, mostrando o *trade-off* entre comer no bandejão e tomar a sopa. Supondo que Priya gaste valores iguais nos dois produtos, elabore a curva de indiferença, mostrando a escolha ótima. Identifique essa escolha como o ponto A.
   b. Suponha que o preço da sopa aumente para $ 2. Use o diagrama do item (a) para mostrar as consequências dessa mudança de preço. Imagine que, agora, Priya gaste apenas 30% da renda no bandejão. Identifique essa nova escolha ótima como o ponto B.
   c. O que aconteceu com a quantidade de sopa consumida como resultado da mudança de preço? O que esse resultado mostra sobre os efeitos renda e substituição? Explique.
   d. Use os pontos A e B para determinar a curva de demanda por sopa. Como se chama esse tipo de produto?
8. Considere sua decisão sobre quantas horas trabalhar.
   a. Represente graficamente sua restrição orçamentária, supondo que você não paga imposto de renda. No mesmo diagrama, represente outra restrição orçamentária, supondo que você pague 15% de imposto.
   b. Mostre como o imposto poderia levá-lo a trabalhar mais horas, menos horas ou o mesmo número de horas. Explique.
9. Anya passa 100 horas por semana acordada. Usando um diagrama, mostre as restrições orçamentárias de Anya se ela ganhar $ 12 por hora, $ 16 por hora e $ 20 por hora. Agora, represente graficamente as curvas de indiferença, de tal forma que a curva de oferta de trabalho de Anya tenha inclinação positiva quando o salário está entre $ 12 e $ 16 por hora e inclinação para trás quando está entre $ 16 e $ 20 por hora.
10. Represente graficamente a curva de indiferença de alguém que esteja decidindo como alocar o tempo entre trabalho e lazer. Suponha que o salário aumente. É possível que o consumo da pessoa diminua? Isso seria plausível? Discuta. (Dica: pense nos efeitos renda e substituição.)
11. O economista George Stigler certa vez escreveu que, de acordo com a teoria do consumidor, "se os consumidores não comprarem menos de uma mercadoria quando sua renda aumentar, eles certamente comprarão menos quando o preço da mercadoria subir". Explique essa declaração empregando os conceitos de efeitos renda e substituição.
12. Cinco consumidores têm a seguinte utilidade marginal por maçãs e peras:

	Utilidade marginal por maçãs	Utilidade marginal por peras
Clara	6	12
Rafael	6	6
Diana	6	3
Alex	3	6
Lucas	3	12

O preço de uma maçã é $ 1 e o de uma pera é $ 2. Qual desses consumidores otimiza (se é que algum deles o faz) a escolha entre as frutas? E os que não o fazem, como deveriam modificar seus gastos?

Respostas do teste rápido

1. **a**   2. **d**   3. **d**   4. **b**   5. **b**   6. **d**   7. **c**   8. **c**   9. **c**   10. **d**   11. **b**

Capítulo 23

Fronteiras da microeconomia

A economia é o estudo das escolhas que as pessoas fazem e das interações entre as pessoas no decorrer de suas vidas. Esse estudo tem muitas facetas, como vimos nos capítulos anteriores, mas seria um erro pensar que todas as facetas que vimos compõem uma joia acabada, perfeita e imutável. Como todos os cientistas, os economistas estão sempre em busca de novas áreas de estudo, novos fenômenos para explicar e novas maneiras de ver o mundo. Este último capítulo sobre microeconomia trata de três tópicos que estão na fronteira da disciplina para mostrar como os economistas estão tentando expandir sua compreensão do comportamento humano e da sociedade.

O primeiro tópico é a economia da **informação assimétrica**. Muitas vezes, na vida, algumas pessoas estão mais bem informadas que outras, e essa diferença de informação pode afetar as escolhas que fazem e a maneira como se relacionam umas com as outras. Pensar nessa assimetria pode lançar luz sobre muitos aspectos do mundo real, desde o mercado de carros usados até o costume de dar presentes.

O segundo tópico que analisaremos neste capítulo é a **economia política**, um termo que, no passado, abarcava todo o campo da

economia, mas agora se refere ao trabalho interdisciplinar que se dá na fronteira entre as ciências políticas e a economia. Ao longo deste livro, vimos muitos exemplos em que os mercados falham em produzir resultados desejáveis, e a política governamental pode potencialmente melhorar a situação. Mas o termo "potencialmente" é um qualificador necessário: se esse potencial se realiza ou não depende de quão bem nossas instituições políticas funcionam. O campo da economia política aplica as ferramentas da economia para compreender o funcionamento do governo e, ao fazer isso, proporciona uma compreensão mais profunda da política econômica.

O terceiro tópico do capítulo é a **economia comportamental**. Esse campo traz alguns conhecimentos da psicologia para o estudo de questões econômicas. Ele questiona se as pessoas são inteiramente racionais, pelo menos no sentido convencional, e oferece uma visão do comportamento humano que é mais sutil e complexa, e talvez mais realista, do que aquela encontrada na teoria econômica padrão.

Este capítulo cobre muito terreno. Por isso, não oferece porções completas desses três tópicos, mas dá um gostinho de cada um. Um dos objetivos é mostrar para onde os economistas estão indo em seus esforços para expandir o conhecimento; outro é aguçar o seu apetite por mais cursos de economia e áreas afins.

23-1 Informação assimétrica

"Eu sei e você não sabe." Essa provocação comum entre crianças traduz uma verdade profunda a respeito de como as pessoas interagem umas com as outras em algumas situações. Em muitas situações da vida, uma pessoa sabe mais do que outra sobre o que está acontecendo. Quando uma diferença de acesso ao conhecimento é relevante para uma interação, ela é chamada de **informação assimétrica**.

Os exemplos disso são muitos. Um trabalhador sabe mais que seu empregador sobre quanto esforço despende em seu trabalho. Um vendedor de carros usados sabe mais que o comprador sobre a verdadeira condição do carro. O primeiro caso é um exemplo de **ação oculta**, enquanto o segundo é um exemplo de **característica oculta**. Em cada caso, a parte que não tem conhecimento (o empregador ou o comprador do carro) gostaria de ter as informações relevantes, mas a parte informada (o trabalhador ou o vendedor do carro) pode ter um incentivo para ocultá-las.

Uma vez que a assimetria de informação é tão comum, os economistas dedicaram grandes esforços ao estudo dos seus efeitos. Aqui vão algumas conclusões proporcionadas por esses estudos.

23-1a Ações ocultas: principais, agentes e risco moral

O **risco moral** é um problema que surge quando alguém, chamado **agente**, realiza alguma tarefa em nome de outra pessoa, denominada **principal**. Se o principal não puder monitorar perfeitamente o comportamento do agente, este tende a empregar menos esforços do que o principal consideraria desejável. Os economistas adotaram a expressão **risco moral** da indústria de seguros, e ela se refere ao risco de comportamento inadequado ou "imoral" por parte do agente. Em tal situação, o principal tenta, de diversas maneiras, encorajar o agente a agir de maneira mais responsável.

A relação de emprego é o exemplo clássico. O empregador é o principal, e o trabalhador é o agente. O problema do risco moral é a tentação que trabalhadores, inadequadamente monitorados, têm de fugir às suas responsabilidades. Os empregadores podem reagir a esse problema de diversas maneiras:

- **Melhor monitoramento.** Os empregadores podem instalar câmeras de vídeo ocultas para registrar o comportamento dos trabalhadores. O objetivo é identificar comportamentos irresponsáveis, que podem ocorrer quando os supervisores estiverem ausentes.
- **Altos salários.** De acordo com a **teoria dos salários** (abordada no Capítulo 20), alguns empregadores podem optar por pagar aos seus trabalhadores um salário superior ao

---

risco moral
a tendência de uma pessoa que é pouco monitorada de se envolver em comportamentos desonestos ou indesejáveis

agente
alguém que pratica um ato em nome de outra pessoa, chamada principal

principal
alguém em cujo nome outra pessoa, chamada agente, pratica algum ato

nível que equilibra oferta e demanda no mercado de trabalho. Um trabalhador que receba um salário superior ao de equilíbrio – é que seja bem tratado em outros sentidos – tem menos chances de violar a confiança de seu empregador.

- **Pagamento adiado.** As empresas podem adiar o pagamento de parte da remuneração de um trabalhador, de modo que, se ele for flagrado esquivando-se de suas responsabilidades, sofrerá uma grande penalidade. Um exemplo de pagamento adiado é a gratificação de fim de ano. De forma similar, uma empresa pode optar por pagar a seus empregados mais adiante em suas vidas. Assim, os aumentos de salário que os trabalhadores recebem à medida que envelhecem podem refletir não só os benefícios da experiência, mas também uma resposta ao risco moral.

Os empregadores podem usar uma combinação de diversos mecanismos para reduzir o problema do risco moral.

Há muitos outros exemplos do risco moral além do ambiente de trabalho. Um proprietário de imóvel que tenha seguro contra incêndio provavelmente comprará poucos extintores, visto que é ele quem arca com o custo desse equipamento, enquanto a seguradora recebe grande parte do benefício. Uma família pode viver próxima a um rio com alto risco

SAIBA MAIS — Administração corporativa

As corporações dominam a economia moderna. Como outras empresas, essas companhias compram insumos nos mercados de fatores de produção, vendem o produto nos mercados de bens e serviços e visam a maximização do lucro de seus proprietários. Entretanto, uma grande corporação tem de lidar com algumas questões que não existem nas pequenas empresas familiares.

Do ponto de vista jurídico, uma corporação é uma organização que recebe um estatuto reconhecendo-a como uma entidade legal distinta, com direitos e responsabilidades próprios, separados dos de seus proprietários e funcionários. Uma proteção importante que as corporações têm é a responsabilidade limitada: os proprietários podem perder todo o capital investido no negócio, mas não mais do que isso. Eles não são pessoalmente responsáveis por eventuais perdas da empresa.

A responsabilidade limitada está relacionada a outra característica das companhias: a separação entre propriedade e controle. Um grupo de pessoas, os acionistas, detém a propriedade da corporação e divide seus lucros. Outro grupo de pessoas, os administradores, é contratado para tomar decisões a respeito dos recursos da empresa. Esse acordo exige responsabilidade limitada, pois os acionistas ficariam relutantes de investir em um negócio e deixar que os administradores o controlassem se pudessem ficar sujeitos a perdas enormes.

A separação entre propriedade e controle cria o problema do agente-principal, em que os acionistas são os principais, e os administradores, os agentes. O presidente da empresa e outros administradores são responsáveis por administrar a empresa para os acionistas. Isso ocorre porque os administradores estão na melhor posição para conhecer as oportunidades de negócios disponíveis. Contudo, essa situação está repleta de riscos morais. Enquanto os acionistas geralmente esperam que os administradores maximizem o lucro, os administradores têm seus próprios objetivos, como levar uma vida mansa, ter escritórios chiques e jatinhos particulares, dar festas extravagantes ou presidir grandes impérios corporativos.

O conselho de administração da corporação é responsável por contratar e demitir a alta gestão. O conselho supervisiona o desempenho dos gestores e define pacotes de remuneração frequentemente estruturados com incentivos para alinhar os interesses dos acionistas aos dos gestores. Esses pacotes podem incluir bônus atrelados ao desempenho ou opções de ações, cujo valor aumenta se a empresa apresentar bons resultados.

Entretanto, os próprios conselheiros são representantes dos acionistas. A existência de um conselho que fiscaliza os administradores só desloca o problema de principal-agente. O desafio passa a ser garantir que o conselho de administração cumpra sua obrigação legal de agir no melhor interesse dos acionistas. Caso os conselheiros se tornem excessivamente próximos da gestão, podem deixar de exercer a devida fiscalização.

O problema de agente-principal, inerente às corporações, é reaceso periodicamente. Ele ganhou grande destaque em 2005, quando altos executivos de empresas como Enron, Tyco e WorldCom foram flagrados em práticas que os beneficiavam pessoalmente em detrimento dos acionistas. Nesses casos, as ações foram tão extremas que foram consideradas criminosas, resultando não apenas na demissão, mas também na prisão de executivos. Alguns acionistas processaram os conselheiros por negligência na supervisão da gestão.

Embora crimes corporativos cometidos por administradores sejam raros, eles representam apenas a ponta do icebergue. Sempre que há separação entre propriedade e controle, como ocorre na maioria das grandes corporações, existe um conflito inevitável entre os interesses dos acionistas e dos administradores. O problema do risco moral pode dificultar o funcionamento eficiente das empresas. ∎

de inundação porque pode apreciar a paisagem, enquanto o governo arca com o custo da assistência às vítimas de desastres se houver uma inundação. Muitas regras têm por objetivo tratar desse problema: uma seguradora pode exigir que os proprietários comprem extintores, e o governo pode proibir a construção de imóveis em terras com alto risco de inundação. No entanto, a seguradora não tem informações perfeitas sobre o grau de cuidado do proprietário do imóvel, e o governo não tem informações perfeitas sobre o risco que as famílias assumem quando escolhem onde morar. Como resultado, o problema do risco moral persiste.

23-1b Características ocultas: seleção adversa e o problema do limão

seleção adversa
tendência de a combinação de atributos não observados se tornar indesejável do ponto de vista de uma parte desinformada

A **seleção adversa** é um problema que surge em mercados em que uma parte sabe mais sobre os atributos de um bem que está sendo vendido do que a outra. Por exemplo, o vendedor de um bem pode saber mais sobre ele do que o comprador, de modo que o comprador corra o risco de comprar um bem de baixa qualidade. A "seleção" dos bens vendidos pode ser "adversa" do ponto de vista do comprador desinformado.

O exemplo clássico de seleção adversa é o mercado de carros usados. Os vendedores de carros usados conhecem os defeitos dos veículos, ao passo que os compradores frequentemente os desconhecem. Como os proprietários dos piores carros têm maior probabilidade de vendê-los que os proprietários dos melhores carros, os compradores muitas vezes têm medo de adquirir um "limão"*, e muitos evitam comprar veículos no mercado de carros usados. O problema do limão pode explicar por que um carro com apenas algumas semanas de uso pode ser muito mais barato que um carro novo do mesmo tipo. O comprador pode achar que o vendedor está tentando se livrar do carro rapidamente porque sabe de algo que ele, o comprador, desconhece.

Um segundo exemplo de seleção adversa ocorre no mercado de trabalho. De acordo com uma teoria dos salários de eficiência, os trabalhadores conhecem suas qualificações melhor do que as empresas que os contratam. Quando uma empresa reduz os salários que paga, os trabalhadores mais talentosos são os que mais tendem a pedir demissão, sabendo que têm mais chances de conseguir outro emprego. Pelo mesmo raciocínio, uma empresa pode optar por pagar salários acima do equilíbrio para atrair melhores trabalhadores.

Um terceiro exemplo de seleção adversa ocorre nos mercados de seguros, como discutido no Capítulo 12. Por exemplo, os usuários de seguro-saúde sabem mais sobre os seus problemas de saúde do que as seguradoras. Uma vez que as pessoas com maiores problemas de saúde ocultos são mais propensas a contratar um seguro-saúde que as demais pessoas, o preço do seguro reflete os custos de uma pessoa mais doente que a média. Com isso, as pessoas de saúde média podem ser desencorajadas a contratar um seguro-saúde, o que só torna esse bem mais caro.

Quando os mercados estão sujeitos à seleção adversa, a mão invisível não necessariamente consegue operar sua mágica, garantindo que os ganhos de uma troca sejam completos. No mercado de carros usados, os proprietários de veículos em boas condições podem optar por ficar com eles, em vez de vendê-los pelo preço baixo que os compradores céticos estão dispostos a pagar. No mercado de trabalho, os salários podem ficar acima do nível que equilibra oferta e demanda, resultando em desemprego. Nos mercados de seguros, compradores em potencial podem optar por permanecer sem seguro, já que as apólices que lhes são oferecidas não refletem suas verdadeiras características.

23-1c Sinalização para transmitir informações privadas

sinalização
ação praticada por uma parte informada para revelar informações privadas à parte não informada

Os mercados respondem ao problema da informação assimétrica de diversas maneiras. Uma delas é a **sinalização**, que se refere às ações praticadas por uma parte informada com o propósito exclusivo de revelar suas informações privadas.

---

*N. de T. No inglês, diz-se que algo é um "limão" (*lemon*) quando é defeituoso, imperfeito ou insatisfatório.

Vimos exemplos de sinalização em capítulos anteriores. Como abordado no Capítulo 17, as empresas podem gastar dinheiro em publicidade para sinalizar aos clientes em potencial que seus produtos são de alta qualidade. No Capítulo 20, vimos que, em vez de aumentar sua produtividade, estudantes podem concluir graduações e pós-graduações para sinalizar aos empregadores em potencial que são pessoas de grande qualificação. Esses dois exemplos de sinalização (publicidade e educação) podem parecer muito diferentes, mas, na verdade, são bem parecidos: nos dois casos, a parte informada (a empresa, o aluno) está usando o sinal para convencer a parte desinformada (o cliente, o empregador) de que está oferecendo algo de alta qualidade.

O que é preciso para que uma ação constitua um sinal eficaz? Obviamente, ela deve ter um custo. Se um sinal fosse gratuito, todos o usariam, e ele não transmitiria nenhuma informação. Pelo mesmo motivo, há outro requisito: o sinal deve ser menos custoso, ou mais benéfico, para a pessoa que tiver o produto de maior qualidade. Do contrário, todos estariam sujeitos ao mesmo incentivo para usar o sinal, e ele nada revelaria.

Considere novamente nossos dois exemplos. No caso da publicidade, uma empresa que tenha um bom produto colhe um benefício maior da publicidade, pois os consumidores que o experimentam uma vez têm maior chance de se tornar clientes constantes. Portanto, é racional para a empresa com um bom produto pagar pelo custo do sinal (publicidade) e é racional para o consumidor usar o sinal como fonte de informação sobre a qualidade do produto. No caso da educação, uma pessoa talentosa pode concluir os estudos com mais facilidade que outra com menos talento. Assim, é racional para a pessoa talentosa arcar com o custo do sinal (educação), e é racional para o empregador usar o sinal como fonte de informação sobre o talento de uma pessoa.

O mundo está repleto de exemplos de sinalização. Anúncios em revistas muitas vezes recorrem à frase "como mostrado na TV". Por que destacar esse fato? Uma possibilidade é de que a empresa esteja tentando transmitir sua disposição para pagar por um sinal caro (uma publicidade na TV), na esperança de que o leitor faça a inferência de que o produto é de alta qualidade. Pelo mesmo motivo, os formados em escolas de elite sempre destacam esse fato em seu currículo.

Estudo de caso

Presentes como sinais

Um homem está pensando sobre o que dar à namorada no aniversário dela. "Já sei", diz ele para si mesmo, "Vou presenteá-la com dinheiro. Afinal, não conheço suas preferências tão bem quanto ela própria e, com o dinheiro, ela pode comprar o que quiser." Contudo, quando ele lhe entrega o presente, ela fica ofendida. Convencida de que ele não a ama de verdade, ela rompe o relacionamento.

Qual é a lógica econômica por trás dessa história?

De certa forma, dar presentes é um costume estranho. Como sugere o homem dessa história, as pessoas geralmente conhecem melhor seus próprios gostos do que os outros, então poderíamos esperar que todos prefiram receber de presente dinheiro em vez de produtos. Se seu empregador escolhesse alguma mercadoria e a substituísse por seu salário, você provavelmente se oporia a esse meio de pagamento. No entanto, sua reação é muito diferente quando alguém que ama você (ao menos você espera) faz algo parecido.

Uma interpretação do fato de dar presentes é que ela reflete informações assimétricas e sinalizações. O homem da nossa história tem informações privadas que a namorada gostaria de saber: ele realmente a ama? Ele diz que sim, mas ela deveria acreditar nele? Palavras não dizem nada.

Escolher um bom presente para ela pode ser um sinal do amor dele. Certamente, o ato de escolher um bom presente, em vez de dar dinheiro, tem as características certas para ser um sinal. Isso é caro (leva tempo) e depende de informações privadas (o quanto ele a ama). Se ele realmente a ama, escolher um bom presente é fácil porque ele está pensando nela o tempo todo. Se ele não a ama, é mais difícil encontrar o

"Agora vamos ver o quanto ele me ama."

presente certo. Assim, dar um presente adequado à namorada é uma forma de ele transmitir a informação privada de seu amor por ela. Dar dinheiro mostra que ele nem se preocupa em tentar.

A teoria da sinalização para a prática de dar presentes é consistente com outra observação: as pessoas se preocupam mais com a tradição quando a intensidade do afeto está mais em questão. Dar dinheiro para uma namorada ou namorado geralmente é uma má escolha. Contudo, quando estudantes universitários recebem dinheiro de seus pais, eles se ofendem com menos frequência. É menos provável que o amor dos pais esteja em dúvida, então o destinatário provavelmente não interpretará o presente em dinheiro como um sinal de afeto insuficiente. ●

23-1d Seleção para descobrir informações privadas

Quando uma parte informada pratica ações para revelar suas informações particulares, esse fenômeno é chamado de sinalização. Já quando uma parte desinformada pratica ações para induzir a parte informada a revelar informações particulares, o fenômeno é chamado de **seleção**.

Em alguns casos, a seleção nada mais é do que bom senso. Alguém que compra um carro usado pode perguntar se ele foi verificado por um mecânico antes da venda. O vendedor que se recuse a responder revela sua informação particular de que o carro é "um limão". O comprador pode optar por oferecer um preço mais baixo ou procurar outro carro.

Outros exemplos de seleção são mais sutis. Imagine, por exemplo, uma empresa que venda apólices de seguro para carros. A empresa gostaria de cobrar um prêmio baixo dos motoristas cautelosos e um prêmio alto dos motoristas de maior risco. Mas como diferenciar uns dos outros? Os motoristas sabem se são cautelosos ou de maior risco, mas não o revelariam. O histórico do motorista é uma fonte de informação (que as seguradoras efetivamente usam), mas, em virtude da aleatoriedade intrínseca aos acidentes de automóvel, é um indicador imperfeito do risco futuro.

A seguradora poderia separar os dois tipos de motorista, oferecendo apólices diferentes que os induzissem a se distinguir por si mesmos. Uma apólice teria prêmio elevado e cobriria o custo total de quaisquer acidentes que acontecessem; a outra teria um prêmio menor, mas uma franquia de, digamos, $ 2 mil. (Ou seja, o motorista se responsabilizaria pelos primeiros $ 2 mil em danos, e a seguradora cobriria o restante.) Observe que a franquia representa um encargo maior para os motoristas de maior risco, uma vez que eles têm mais chances de se envolver em acidentes. Assim, havendo uma franquia grande o bastante, a apólice de prêmio menor com a franquia atrairia os motoristas cautelosos, enquanto a de prêmio maior sem a franquia atrairia os motoristas de maior risco. Em face desses dois tipos de apólice, os dois tipos de motorista revelariam informações privadas escolhendo apólices diferentes.

23-1e Informação assimétrica e política pública

Examinamos dois tipos de informação assimétrica – o risco moral e a seleção adversa – e vimos como as pessoas podem responder ao problema por meio de sinalização ou seleção. Agora, veremos o que o estudo da informação assimétrica sugere a respeito do propósito adequado da política pública.

A tensão entre o sucesso de mercado e a falha de mercado é crucial para a microeconomia. No Capítulo 7, vimos que o equilíbrio de oferta e demanda é eficiente, já que maximiza o excedente total que a sociedade pode obter do mercado. A mão invisível de Adam Smith parecia ter poder supremo. Essa conclusão foi, então, testada com o estudo das externalidades (Capítulo 10), dos bens públicos (Capítulo 11), da economia da saúde (Capítulo 12), da competição imperfeita (Capítulos 16 a 18) e da pobreza (Capítulo 21). Esses capítulos examinaram como os governos às vezes podem melhorar os resultados do mercado.

---

seleção
ação praticada por uma parte desinformada para induzir a parte informada a revelar informações

O estudo da informação assimétrica nos dá uma nova razão para ter cautela com os mercados. Quando algumas pessoas conhecem mais que outras, o mercado pode falhar ao colocar seus recursos em seu melhor uso. As pessoas que têm carros usados de alta qualidade podem ter dificuldade para vendê-los, pois os compradores têm medo de ficar com um limão. Pessoas saudáveis podem ter dificuldade para conseguir seguro-saúde de baixo custo, porque as seguradoras as colocam na mesma categoria das pessoas que têm problemas de saúde significativos, porém ocultos.

A informação assimétrica pode até justificar a ação do governo em alguns casos, mas há três fatos que complicam a questão. Primeiro, como vimos, o mercado privado pode, algumas vezes, lidar sozinho com as assimetrias de informação usando uma combinação de sinalização e seleção. Segundo, o governo raramente dispõe de mais informações que as partes privadas. Mesmo que a alocação de recursos do mercado não seja a melhor possível, pode ser a segunda melhor, ou seja, quando há informações assimétricas, os formuladores de políticas podem ter dificuldade para melhorar o resultado reconhecidamente imperfeito do mercado. Terceiro, o próprio governo é uma instituição imperfeita – um tópico que abordaremos na próxima seção.

Teste rápido

1. Como Elaine tem um histórico familiar de problemas médicos significativos, ela contrata um seguro de saúde, enquanto seu amigo Jerry, que tem uma família mais saudável, não o faz. Esse é um exemplo de
   a. risco moral.
   b. seleção adversa.
   c. sinalização.
   d. seleção.

2. George tem uma apólice de seguro de vida que pagará à sua família $ 1 milhão caso ele morra. Como resultado, ele não hesita em aproveitar seu *hobby* favorito: pular de *bungee jumping*. Esse é um exemplo de
   a. risco moral.
   b. seleção adversa.
   c. sinalização.
   d. seleção.

3. Antes de vender a alguém uma apólice de seguro de vida, a Kramer Insurance Company exige que os interessados sejam submetidos a um exame médico. A empresa cobra mais daqueles com problemas médicos preexistentes significativos. Esse é um exemplo de
   a. risco moral.
   b. seleção adversa.
   c. sinalização.
   d. seleção.

4. A Dra. Átila exibe seu diploma de medicina na sala de espera de seu consultório, esperando que os pacientes fiquem impressionados com o fato de ela ter frequentado uma faculdade de medicina de prestígio. Esse é um exemplo de
   a. risco moral.
   b. seleção adversa.
   c. sinalização.
   d. seleção.

As respostas estão no final do capítulo.

23-2 Economia política

Quando o resultado do mercado é considerado ineficiente ou injusto, o governo pode melhorar a situação. No entanto, antes de adotar uma atuação governamental ativa, é preciso considerar um fato importante: o governo também é uma instituição imperfeita. O campo da **economia política** (por vezes chamado campo da **escolha pública** ou **escolha social**) aplica os métodos da economia para estudar como o governo funciona.

economia política
estudo do governo por meio de métodos analíticos da economia

23-2a O paradoxo eleitoral de Condorcet

Princípios democráticos regem as complexas instituições governamentais existentes em muitos países. Talvez o mais fundamental desses princípios seja a regra da maioria. Apesar de parecer suficientemente direta, essa regra pode ser mais complicada do que se imagina.

Imagine que uma cidade esteja decidindo onde construir um novo parque, e o prefeito decide fazer uma votação. Como isso funcionaria? Se houver somente duas opções, a resposta é simples: a maioria vence. Mas e se houver mais de dois locais em que o parque pode ser construído? Nesse caso, como apontou o Marquês de Condorcet, um teórico político francês do século XVIII, a democracia pode ter dificuldade em decidir qual opção escolher.

Suponha, por exemplo, que haja três resultados possíveis, chamados A, B e C, e três tipos de eleitores, com as preferências indicadas na Tabela 23-1. O prefeito da cidade quer agregar essas preferências individuais em preferências para a sociedade como um todo. Como ele deve proceder?

De início, ele poderia experimentar agregar votos em pares. Se pedir aos eleitores que escolham entre B e C, os eleitores dos tipos 1 e 2 votarão em B, ficando B com a maioria. Se, então, pedir aos eleitores que escolham entre A e B, os eleitores dos tipos 1 e 3 escolherão A, dando a essa opção a maioria. Observando que A vence B e B vence C, o prefeito poderia concluir que A é a escolha dos eleitores.

Mas espere: suponha que o prefeito peça aos eleitores que escolham entre A e C. Nesse caso, os eleitores dos tipos 2 e 3 escolherão C, dando a essa opção a maioria dos votos. Nas eleições majoritárias em pares, A vence B, B vence C e C vence A. Normalmente, a expectativa seria de que as preferências apresentassem uma propriedade chamada **transitividade**: se A é preferível a B e B é preferível a C, então seria de esperar que A fosse preferível a C. O **paradoxo de Condorcet** é que os resultados democráticos nem sempre obedecem a essa propriedade. A votação em pares pode produzir preferências transitivas em alguns casos, mas não há nada que garanta que isso aconteça.

Uma implicação do paradoxo de Condorcet é de que a ordem em que as coisas são votadas pode afetar o resultado. Se o prefeito sugerir escolher primeiro entre A e B e, então, comparar o vencedor com C, a cidade acabará por escolher C. Contudo, se os eleitores escolherem primeiro entre B e C e depois compararem o vencedor com A, a cidade escolherá A. Se os eleitores escolherem primeiro entre A e C e depois compararem o vencedor com B, a cidade acabará escolhendo B.

O paradoxo de Condorcet nos ensina duas lições. A primeira, de escopo mais restrito, é que quando há mais de duas opções, a definição da ordem em que os itens são votados pode ter forte influência sobre o resultado de uma eleição democrática. A segunda é que o voto da maioria, por si só, não necessariamente diz qual resultado uma sociedade realmente deseja.

paradoxo de Condorcet
falha da regra da maioria em produzir preferências transitivas para a sociedade

Tabela 23-1

O paradoxo de Condorcet
Se os eleitores tivessem as preferências apresentadas a seguir pelos resultados A, B e C, então, em eleições majoritárias em pares, A venceria B, B venceria C e C venceria A.

	Tipo de eleitor		
	Tipo 1	Tipo 2	Tipo 3
Porcentagem do eleitorado	35%	45%	20%
Primeira opção	A	B	C
Segunda opção	B	C	A
Terceira opção	C	A	B

23-2b O teorema da impossibilidade de Arrow

Desde que os cientistas políticos perceberam o paradoxo de Condorcet, eles dedicaram grandes esforços ao estudo dos sistemas eleitorais existentes e à sugestão de novos.

Como alternativa ao voto majoritário em pares, o prefeito da cidade poderia pedir a cada eleitor que ranqueasse os candidatos. Para cada eleitor, poderíamos atribuir 1 ponto para o último lugar, 2 para o penúltimo, 3 para o antepenúltimo, e assim por diante. Venceria o resultado que tivesse o maior número total de pontos. Esse método eleitoral é chamado **contagem de Borda**, em homenagem ao matemático e cientista político francês do século XVIII que o concebeu. É muito usado em pesquisas de classificação de equipes esportivas. Com as preferências da Tabela 23-1, você encontrará que o candidato vencedor seria o B.

Outro sistema possível é o do **voto único transferível**, que muitas cidades estadunidenses usam para eleger seus oficiais. Novamente, os eleitores ranqueiam os candidatos. Cada voto é atribuído para a primeira opção de cada eleitor. Então, o candidato com menos votos é eliminado, e esses votos são realocados para a segunda opção dos eleitores, e assim por diante. Os candidatos vão sendo eliminados até que um deles tenha a maioria dos votos. Com as preferências da Tabela 23-1, o candidato C é eliminado no primeiro turno, os votos do tipo 3 são realocados de C para A, e A vence.

Há algum sistema eleitoral perfeito? O economista Kenneth Arrow abordou essa questão em seu livro de 1951, *Escolha social e valores individuais*. Arrow partiu da definição do que poderia ser um sistema eleitoral perfeito. Ele assume que os indivíduos da sociedade têm preferências entre os diversos resultados possíveis: A, B, C, e assim por diante. Então, ele faz a suposição de que a sociedade deseja um sistema eleitoral para escolher, entre esses resultados, aquele que satisfaça diversas condições:

- **Unanimidade:** se todos preferirem A a B, então A deverá superar B.
- **Transitividade:** se A supera B e B supera C, então A deve superar C.
- **Independência de alternativas irrelevantes:** a classificação de dois resultados quaisquer A e B não deve depender de um terceiro resultado C que também esteja disponível.
- **Ausência de ditadores:** não existe nenhuma pessoa que sempre vença, independentemente das preferências de todas as demais.

Todas essas propriedades parecem ser desejáveis e compatíveis. No entanto, Arrow provou, matemática e irrefutavelmente, **que nenhum sistema eleitoral é capaz de satisfazer todas essas propriedades**. Esse resultado surpreendente é chamado **teorema da impossibilidade de Arrow**.

Os cálculos necessários para provar o teorema de Arrow vão além do objetivo deste livro, mas para que tenhamos uma noção de por que o teorema é verdadeiro, vamos considerar dois exemplos. Já vimos o problema da votação majoritária em pares. O paradoxo de Condorcet mostra que a regra da maioria não é capaz de produzir uma classificação de resultados que sempre satisfaça a transitividade.

Como outro exemplo, a contagem de Borda não satisfaz a condição de independência das alternativas irrelevantes. Lembre-se de que, com base nas preferências da Tabela 23-1, o resultado B vencerá se for adotada uma contagem de Borda. Contudo, suponha que a alternativa C não esteja mais disponível. Se o método de contagem de Borda for aplicado somente aos resultados A e B, então A vencerá. A eliminação da alternativa C altera a classificação entre A e B, pois o resultado da contagem de Borda depende do número de pontos que A e B recebem, e o número de pontos depende de a alternativa irrelevante C também estar disponível.

O voto único transferível também não satisfaz a independência de alternativas irrelevantes. Lembre-se de que, utilizando as preferências da Tabela 23-1, o voto único transferível torna A o vencedor. Mas, se B deixar de ser uma alternativa, o vencedor se torna C. Essa mudança ocorre porque, quando B deixa de ser uma possibilidade, mais eleitores têm C como primeira escolha. Então, em vez de ser eliminado, C tem a maioria dos votos no primeiro turno.

teorema da impossibilidade de Arrow
um resultado matemático que mostra que, sob certos pressupostos, não há sistema que permita agregar as preferências individuais em um conjunto válido de preferências sociais

Com certeza, os três sistemas discutidos até agora – votação majoritária em pares, contagem de Borda e voto único transferível – não englobam todo o rico e complexo conjunto de regras e instituições que formam democracias reais. No entanto, o teorema das impossibilidades de Arrow é um resultado geral: ele aplica-se não apenas a esses três sistemas simples, mas a qualquer forma pela qual a sociedade possa agregar preferências individuais para escolher um resultado. O teorema de impossibilidades de Arrow não diz que devemos abandonar a democracia como uma forma de governo, mas que qualquer democracia, por melhor que seja planejada, deve ser falha como um mecanismo de tomada de decisão social.

23-2c O eleitor mediano é rei

Apesar do teorema de Arrow, as eleições são o meio usado por muitas sociedades para escolher líderes e políticas públicas, frequentemente por maioria. O passo seguinte do estudo do governo é verificar como funcionam os governos regidos pela vontade da maioria. Ou seja, em uma sociedade democrática, quem determina qual a política escolhida? Em alguns casos, a teoria do governo democrático resulta em uma resposta surpreendentemente simples.

Imagine que a sociedade esteja decidindo quanto dinheiro gastar em algum bem público, como o Exército ou parques nacionais. Cada eleitor tem seu orçamento preferido e sempre prefere resultados mais próximos à sua preferência do que os mais distantes. Poderíamos classificar os eleitores desde aqueles que preferem o menor orçamento aos que preferem o maior. A Figura 23-1 é um exemplo, no qual há cem eleitores e o orçamento varia de zero a $ 20 bilhões. Dadas essas preferências, que resultado você espera que uma democracia produza?

De acordo com um resultado chamado **teorema do eleitor mediano**, a vontade da maioria produzirá o resultado preferido pelo eleitor mediano. O **eleitor mediano** é aquele que está exatamente no meio de uma distribuição. Nesse exemplo, se tomarmos

teorema do eleitor mediano
resultado matemático que mostra que, se os eleitores estão escolhendo um ponto ao longo de uma linha e todos desejam o ponto mais próximo de seu preferido, então a regra da maioria levará à escolha do ponto preferido do eleitor mediano

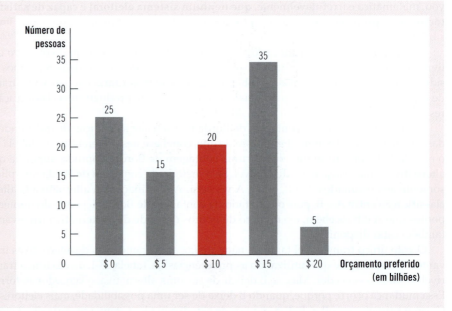

Figura 23-1

O teorema do eleitor mediano: um exemplo

Este gráfico mostra como o orçamento preferido de 100 eleitores se distribui entre cinco opções, de zero a $ 20 bilhões. Se a sociedade decidir pela vontade da maioria, o eleitor mediano (que, nesse caso, deseja um orçamento de $ 10 bilhões) determinará o resultado.

uma fila de eleitores organizada por ordem de preferência do orçamento e contarmos 50 eleitores até o fim da fila, veremos que o eleitor mediano deseja um orçamento de $ 10 bilhões. Entretanto, o resultado preferido médio (calculado somando os resultados e dividindo-os pelo número de eleitores) é de $ 9 bilhões, e o modal (o resultado preferido do maior número de eleitores) é de $ 15 bilhões.

O eleitor mediano vence, porque seu resultado preferido supera qualquer outra proposta em uma disputa entre duas opções. Nesse exemplo, mais da metade dos eleitores quer orçamentos de $ 10 bilhões ou mais, e mais da metade quer orçamentos de $ 10 bilhões ou menos. Se alguém propuser, digamos, $ 8 bilhões em vez de $ 10 bilhões, todos os que preferem $ 10 bilhões ou mais votarão com o eleitor mediano. De forma similar, se alguém propuser $ 12 bilhões, todos os que querem $ 10 bilhões ou menos votarão com o eleitor mediano. Seja em um caso, seja no outro, o eleitor mediano tem mais da metade dos eleitores do seu lado.

E quanto ao paradoxo eleitoral de Condorcet? Ocorre que, quando a maioria dos eleitores está escolhendo um ponto ao longo de uma linha e cada eleitor tenta se aproximar do seu ponto preferido, o paradoxo de Condorcet não pode surgir. O resultado preferido do eleitor mediano supera todos os concorrentes.

Uma implicação do teorema do eleitor mediano é que, se dois partidos políticos estiverem, cada um deles, tentando maximizar sua chance de eleição, os dois moverão seu posicionamento para aproximar-se do eleitor mediano. Suponha, por exemplo, que o Partido Democrata proponha um orçamento de $ 15 bilhões, e o Partido Republicano, um orçamento de $ 10 bilhões. A posição democrata é mais popular, no sentido de que a proposta de $ 15 bilhões atrai mais eleitores que qualquer outra proposta por si só. Ainda assim, os republicanos conseguem mais de 50% dos votos: eles atraem os 20 eleitores que desejam $ 10 bilhões, os 15 que desejam $ 5 bilhões e os 25 que desejam zero. Se os democratas quiserem vencer, terão de mover sua plataforma para um ponto mais próximo do eleitor mediano. Isso explica, na teoria, por que os partidos em um sistema bipartidário são tão parecidos. Os dois estão se aproximando do eleitor mediano.

Outra implicação do teorema do eleitor mediano é que as opiniões minoritárias nunca recebem muita atenção. Imagine que 40% da população deseje que se gaste muito dinheiro nos parques nacionais e que 60% deseje que não se gaste nada. Nesse caso, a preferência do eleitor mediano é zero, independentemente da opinião da minoria. Em vez de atingir um meio-termo que leve em consideração as preferências de todos, a regra da maioria se volta apenas para a pessoa que está exatamente no meio da distribuição. Isso faz parte da lógica da democracia.

23-2d Os políticos também são pessoas

Quando os economistas estudam o comportamento dos consumidores, pressupõem que estes comprem a combinação de bens e serviços que lhes proporcione o maior nível de satisfação. Quando os economistas estudam o comportamento das empresas, pressupõem que elas produzam a quantidade de bens e serviços que leve ao maior nível de lucros. O que os economistas deveriam pressupor quando estudam as pessoas envolvidas na política?

Seria tranquilizador poder assumir que os líderes políticos estão sempre em busca do bem-estar da sociedade, que eles têm como meta uma combinação ótima de eficiência e igualdade. Seria tranquilizador, talvez, mas não realista. O interesse próprio é uma motivação tão poderosa para os políticos quanto para os consumidores e proprietários das empresas. Alguns políticos são motivados pelo desejo de se reeleger e se dispõem a sacrificar o interesse nacional se isso puder solidificar sua base de eleitores. Outros são motivados por simples ganância. Se tiver alguma dúvida quanto a isso, basta observar os países mais pobres do mundo, onde a corrupção é um obstáculo comum ao desenvolvimento econômico. A corrupção entre líderes políticos é menos comum em nações avançadas, mas, de tempos em tempos, surgem escândalos – estes, porém, só revelam políticos corruptos que foram pegos.

"Não é essa a parte mais genial da democracia? No fim, os culpados são os ELEITORES."

Este livro não é o meio adequado para desenvolver uma teoria do comportamento político. Contudo, ao pensar na política econômica, lembre-se de que ela é feita não por um rei benevolente (ou mesmo por economistas benevolentes), e sim por pessoas reais, com seus próprios interesses puramente humanos. Às vezes, elas são motivadas pelo desenvolvimento nacional, em outros casos, porém, sua motivação está em suas próprias ambições políticas e financeiras. Não devemos nos surpreender quando a política econômica diverge dos ideais apontados nos livros de economia.

Teste rápido

5. O paradoxo de Condorcet ilustra o teorema da impossibilidade de Arrow ao mostrar que a votação majoritária de pares
   a. é inconsistente com o princípio da unanimidade.
   b. leva a preferências sociais que não são transitivas.
   c. viola a independência de alternativas irrelevantes.
   d. torna uma pessoa efetivamente um ditador.

6. Georgina está prestes a ser reeleita como presidente de classe contra sua adversária Billie. Entretanto, Rossana também entra na disputa, retirando votos de Georgina e permitindo que Billie saia vitoriosa. O sistema de votação da escola
   a. é inconsistente com o princípio da unanimidade.
   b. leva a preferências sociais que não são transitivas.
   c. viola a independência de alternativas irrelevantes.
   d. torna uma pessoa efetivamente um ditador.

7. Dois candidatos políticos estão disputando o cargo de prefeito da cidade, e a questão principal é quanto gastar com a queima de fogos de artifício no aniversário da cidade. Entre os 100 eleitores, 40 querem gastar $ 30 mil, 30 querem gastar $10 mil e 30 não querem gastar absolutamente nada. Qual é a posição vencedora nessa questão?
   a. $ 10 mil
   b. $ 15 mil
   c. $ 20 mil
   d. $ 30 mil

As respostas estão no final do capítulo.

23-3 Economia comportamental

A economia estuda o comportamento humano, mas não é o único campo que pode fazer essa afirmação, pois a ciência social da psicologia também lança luz sobre as escolhas que as pessoas fazem durante a vida. Os campos da economia e da psicologia costumam operar independentemente, em parte porque abordam um conjunto diferente de questões. No entanto, surgiu recentemente um campo chamado **economia comportamental**, em que os economistas estão usando princípios básicos de psicologia para melhor compreender as decisões que as pessoas tomam.

economia comportamental
área da economia que integra as descobertas e princípios da psicologia

23-3a As pessoas nem sempre são racionais

A teoria econômica é povoada por uma espécie peculiar às vezes chamada de *Homo economicus*. Os membros dessa espécie são sempre racionais. Como administradores de empresas, eles maximizam os lucros. Como consumidores, eles maximizam a utilidade (ou, de forma equivalente, escolhem o ponto da curva de indiferença mais alta). Dadas as restrições a que estão sujeitos, eles ponderam racionalmente os custos e os benefícios e sempre escolhem o melhor curso de ação possível.

As pessoas reais, contudo, são *Homo sapiens*. Embora lembrem de muitas maneiras os habitantes racionais e calculistas da teoria econômica, estes são muito mais complexos. Podem ser esquecidos, impulsivos, confusos, emotivos e limitados. Essas imperfeições do raciocínio humano são o ganha-pão da psicologia, mas, até recentemente, os economistas muitas vezes as desconsideravam.

Herbert Simon, um dos primeiros cientistas sociais a trabalhar na fronteira entre a economia e a psicologia, sugeriu que os humanos podem ser vistos não como maximizadores racionais, mas como **satisfeitores**. Em vez de sempre escolherem o melhor caminho, eles tomam decisões que são apenas boas o suficiente. De forma similar, outros economistas sugeriram que os humanos são apenas "quase racionais" ou que apresentam "racionalidade limitada".

Estudos sobre a tomada de decisão em humanos procuraram identificar erros sistemáticos que as pessoas cometem, como os apresentados a seguir:

- **As pessoas são excessivamente confiantes.** Pesquisadores demonstraram que, com frequência, as pessoas acreditam que sabem mais do que realmente sabem. Imagine que alguém lhe faça perguntas numéricas, como o número de países africanos membros da Organização das Nações Unidas, a altura da montanha mais alta do mundo, quantas medalhas de ouro a China ganhou nas últimas Olimpíadas, e assim por diante. Em vez de responder com uma estimativa exata, você deve indicar um **intervalo de confiança** de 90%, ou seja, um intervalo em que você possa ter 90% de certeza que compreende o número verdadeiro. Quando psicólogos fazem experimentos desse tipo, eles percebem que a maioria das pessoas propõe intervalos muito pequenos: o número verdadeiro encontra-se nesses intervalos bem menos que 90% das vezes. Ou seja, a maioria das pessoas confia demais na própria capacidade.
- **As pessoas dão importância demais a um pequeno número de observações vívidas.** Imagine que você esteja pensando em comprar um carro da marca X. Para saber mais sobre a confiabilidade do veículo, você lê a *Consumer Reports*, que fez uma pesquisa com mil proprietários do carro X. Então você encontra uma amiga que possui um carro da marca e ela diz que ele é um problema. Como você trata a observação da sua amiga? Se pensar racionalmente, verá que ela só aumentou o tamanho da amostra de 1.000 para 1.001, o que não representa muita informação nova. Contudo, como a história de sua amiga é vívida – simplesmente porque veio da sua amiga –, você pode sentir-se tentado a dar maior peso a ela em sua tomada de decisão do que deveria. Esse fenômeno é chamado de **saliência indevida**.
- **As pessoas relutam em mudar de ideia.** As pessoas tendem a interpretar as evidências de maneira a confirmar crenças que já tenham. Em um estudo, pediu-se aos entrevistados que lessem e avaliassem um relatório de pesquisa a respeito da pena capital quanto à sua capacidade de reduzir a criminalidade. Após lerem o relatório, as pessoas inicialmente favoráveis à pena de morte afirmaram estar mais convencidas de sua opinião, e as que eram contrárias também disseram estar mais convencidas de sua opinião. Os dois grupos interpretaram as mesmas evidências de maneiras exatamente opostas. Esse comportamento é chamado **viés de confirmação**.

Pense nas decisões que tomou em sua vida. Você apresenta alguns desses traços?

Desvios de racionalidade são importantes para entender os fenômenos econômicos. Um exemplo intrigante surge no estudo dos planos 401(k)*, as contas de poupança com vantagens tributárias para aposentadoria que algumas empresas oferecem a seus trabalhadores. Em algumas empresas, os trabalhadores podem escolher participar do plano, bastando preencher um formulário simples. Em outras, os trabalhadores são inscritos automaticamente e podem optar por sair do plano, também preenchendo um formulário. O fato é que mais trabalhadores participam no segundo caso que no primeiro. Se os trabalhadores fossem maximizadores perfeitamente racionais, escolheriam a quantidade ótima de poupança para a aposentadoria, independentemente da condição inicial oferecida pelo empregador. Na verdade, o comportamento dos trabalhadores parece exibir um considerável grau de apatia. Entender o comportamento deles parece mais fácil quando abandonamos o modelo do homem racional.

Por que, você poderia perguntar, a economia se baseia na hipótese da racionalidade quando a psicologia e o bom senso a colocam em dúvida? Uma resposta possível é que a hipótese, mesmo que não seja exatamente verdadeira, pode ser uma boa aproximação de modelos de comportamento razoavelmente precisos. Por exemplo, quando estudamos as

---

*N. de R.T. O plano 401(k) é um programa de previdência privada dos EUA que permite aos trabalhadores contribuírem com parte do salário bruto para a aposentadoria, com benefícios fiscais. Muitos empregadores complementam essas contribuições, incentivando a poupança. Os recursos são investidos em ativos financeiros, mas saques antes dos 59 anos e meio são penalizados. É uma das principais formas de garantir renda complementar à Seguridade Social.

diferenças entre as empresas monopolistas e as competitivas, a hipótese de que as empresas racionais maximizam o lucro rendeu muitas considerações importantes e válidas. A incorporação de desvios psicológicos complexos da racionalidade no exemplo pode ter acrescentado algum realismo, mas também teria deixado as coisas mais obscuras, tornando tais considerações mais difíceis de serem deduzidas. Lembre-se de que, como vimos no Capítulo 2, os modelos econômicos não pretendem ser réplicas da realidade, mas simplesmente mostrar a essência do problema.

Outro motivo pelo qual os economistas adotam com tanta frequência a hipótese da racionalidade pode ser porque os próprios economistas não são, eles mesmos, maximizadores racionais. Como a maioria das pessoas, eles têm excesso de confiança e relutam em mudar de ideia. Sua escolha entre teorias alternativas do comportamento humano pode exibir apatia excessiva. Além disso, os economistas podem se contentar com uma teoria que, mesmo não sendo perfeita, é boa o suficiente. O modelo do homem racional pode ser a escolha teórica que satisfará um cientista social.

23-3b As pessoas se importam com a justiça

Outro princípio a respeito do comportamento humano pode ser mais bem ilustrado com um experimento chamado **jogo do ultimato**. O jogo funciona assim: dizemos a dois voluntários (que não se conhecem) que eles vão participar de um jogo e podem ganhar até $ 100. Antes do jogo, eles aprendem as regras. Primeiro, joga-se uma moeda para atribuir aos jogadores os papéis de jogador A e jogador B. O objetivo do jogador A é propor uma divisão do prêmio de $ 100 entre ele e o outro jogador. Depois de o jogador A ter feito sua proposta, o jogador B decide se a aceita ou não. Se aceitar, os dois são pagos de acordo com a proposta, mas se o jogador B rejeitá-la, os dois irão embora sem ganhar nada. Qualquer que seja a decisão tomada, o jogo termina.

Antes de prosseguirmos, pense no que você faria. Se fosse o jogador A, que divisão dos $ 100 proporia? Se fosse o jogador B, que ofertas aceitaria?

A teoria econômica convencional admite que as pessoas sejam maximizadoras de riqueza racionais. Essa hipótese leva a uma previsão simples: o jogador A deve propor ficar com $ 99, o que significa que o jogador B receberá $ 1, e que o jogador B deve aceitar a proposta. Afinal de contas, uma vez feita a proposta, o jogador B estará em melhor situação se aceitá-la, desde que receba alguma coisa. Além disso, como o jogador A sabe que aceitar a proposta favorece os interesses de B, não tem nenhum motivo para oferecer mais do que $ 1. Na linguagem da teoria dos jogos (abordada no Capítulo 18), a divisão 99-1 é o equilíbrio de Nash.

No entanto, quando economistas experimentais pedem a pessoas reais que participem do jogo do ultimato, os resultados são muito diferentes dos previstos aqui. As pessoas que estão no papel do jogador B costumam rejeitar as propostas que só proporcionam $ 1 ou outra quantia muito pequena. Cientes disso, as pessoas que estão no papel de jogador A geralmente propõem dar ao jogador B bem mais que $ 1. Algumas pessoas oferecem divisão em partes iguais, mas é muito mais comum o jogador A oferecer ao jogador B uma quantia como $ 30 ou $ 40, mantendo a maior parte para si. Nesse caso, o jogador B costuma aceitar a proposta.

O que está acontecendo aqui? A interpretação intuitiva é a de que as pessoas são motivadas, em parte, por um senso de justiça inato. Uma divisão 99-1 parece tão injusta para tantas pessoas que elas a rejeitam, mesmo em detrimento de si próprias. No entanto, uma divisão 70-30 ainda é injusta, mas não tanto que leve as pessoas ao abandono de seu interesse próprio.

Em todo o nosso estudo do comportamento das famílias e empresas, o senso natural de justiça não desempenhou nenhuma função, mas os resultados do jogo do ultimato sugerem que talvez devesse. Por exemplo, nos Capítulos 19 e 20, vimos como os salários são determinados pela oferta e demanda de mão de obra. Alguns economistas sugerem que a sensação de justiça a respeito do que uma empresa paga a seus trabalhadores também deve ser levada em consideração. Assim, quando uma empresa tem um ano especialmente lucrativo, os trabalhadores (como o jogador B) podem esperar receber uma parte justa de recompensa, mesmo que o equilíbrio normal não o determine. A empresa (como o jogador A) pode perfeitamente decidir dar aos trabalhadores mais que o salário de equilíbrio, temendo que, do contrário, eles procurem puni-la com menor esforço, greves ou até mesmo vandalismo.

23-3c As pessoas são inconsistentes ao longo do tempo

Considere alguma tarefa irritante, como lavar a roupa, guardar a louça ou preencher os formulários do imposto de renda. Agora, considere as seguintes questões:

1. Você preferiria (A) passar 50 minutos cumprindo a tarefa imediatamente ou (B) passar 60 minutos cumprindo a tarefa no dia seguinte?
2. Você preferiria (A) passar 50 minutos cumprindo a tarefa daqui a 90 dias ou (B) passar 60 minutos cumprindo a tarefa daqui a 91 dias?

Quando questões como essas são propostas, muitas pessoas escolhem B na questão 1 e A na questão 2. Quando olham para o futuro (como na questão 2), elas minimizam a quantidade de tempo dedicada à tarefa incômoda. Contudo, ante a perspectiva de cumprir a tarefa imediatamente (como na questão 1), elas preferem adiar.

De certa forma, esse comportamento não surpreende: todos procrastinam de tempos em tempos. No entanto, do ponto de vista da teoria do homem racional, isso causa estranheza. Suponha que, respondendo à questão 2, alguém opte por gastar 50 minutos daqui a 90 dias. Então, quando chega o 90° dia, permitimos que mude de ideia. Na prática, a pessoa se deparará com a questão 1, de modo que optará por deixar a tarefa para o dia seguinte. Mas por que a simples passagem do tempo afeta as escolhas feitas?

Em muitas situações na vida, as pessoas fazem planos para si mesmas, mas não os cumprem. Um fumante promete parar, mas, poucas horas depois de apagar o último cigarro, sente vontade de fumar e quebra sua promessa. Alguém que esteja tentando emagrecer promete parar de comer sobremesa, mas, quando o garçom traz o carrinho de doces, a promessa é esquecida. Nos dois casos, o desejo por uma satisfação imediata induz o tomador de decisões a abandonar seus planos.

Alguns economistas acreditam que a decisão consumo--poupança é um exemplo importante dessa inconsistência ao longo do tempo. Para muitas pessoas, os gastos representam uma forma de satisfação imediata. Poupar, assim como parar de fumar ou abandonar a sobremesa, exige um sacrifício do presente em troca de uma recompensa no futuro distante. E, assim como muitos fumantes adorariam conseguir parar de fumar e muitas pessoas acima do seu peso ideal desejariam comer menos, muitos consumidores gostariam de poupar mais. De acordo com uma pesquisa, 76% dos estadunidenses afirmam que não estão poupando o suficiente para sua aposentadoria.

Uma implicação dessa incoerência ao longo do tempo é que as pessoas tentariam encontrar maneiras de se comprometer com o cumprimento dos planos que fazem. Um fumante que quer parar de fumar pode jogar fora os cigarros que restam, e alguém que esteja de dieta pode colocar um cadeado na geladeira. O que pode fazer alguém que não poupa o suficiente? Essa pessoa precisa encontrar alguma maneira de "trancar" seu dinheiro antes que possa gastá-lo. É exatamente o que fazem algumas contas de aposentadoria, como os planos 401(k). Um trabalhador pode concordar em ter algum dinheiro retirado de seu contracheque antes mesmo de tê-lo em mãos. O dinheiro é depositado em uma conta que

PERGUNTE A QUEM SABE

Economia comportamental

"Os *insights* da psicologia sobre o comportamento individual – exemplos incluem racionalidade limitada, baixo autocontrole ou senso de justiça – predizem vários tipos importantes de resultados de mercado observados que os modelos econômicos totalmente racionais não permitem."

O que dizem os economistas?

0% discordam   0% não têm certeza

100% concordam

Fonte: IGM Economic Experts Panel, 19 de outubro de 2017.

somente pode ser movimentada antes da aposentadoria mediante o pagamento de uma multa. Talvez esta seja a razão pela qual essas contas de aposentadoria são tão populares: elas protegem as pessoas de seus próprios desejos de satisfação imediata.

Teste rápido

8. Um comprovado desvio de racionalidade ocorre quando muitas pessoas
   a. tendem a ser excessivamente confiantes em suas próprias habilidades.
   b. mudam de ideia muito rapidamente quando recebem novas informações.
   c. dão muito peso aos resultados que ocorrerão em um futuro distante.
   d. tomam decisões igualando benefícios marginais e custos marginais.

9. O experimento chamado jogo do ultimato ilustra que as pessoas
   a. empregam o equilíbrio de Nash em situações estratégicas.
   b. são motivadas pelo desejo de gratificação instantânea.
   c. preocupam-se com a justiça, mesmo que seja em detrimento próprio.
   d. tomam decisões que são inconsistentes ao longo do tempo.

As respostas estão no final do capítulo.

 É NOTÍCIA — Falhas na avaliação de risco

Mesmo depois de serem totalmente vacinadas, muitas pessoas continuaram com medo da Covid-19. Por que isso acontece e o que isso diz sobre a capacidade das pessoas de avaliar o risco?

Medos irracionais da Covid

Por David Leonhardt

Guido Calabresi, juiz federal e professor de Direito em Yale, inventou uma pequena parábola que ele vem contando a estudantes de Direito há mais de três décadas.

Ele pede aos alunos que imaginem um deus surgindo para oferecer à sociedade uma invenção maravilhosa que melhoraria a vida cotidiana em quase todos os sentidos. Isso permitiria que as pessoas passassem mais tempo com amigos e familiares, conhecessem novos lugares e trabalhassem em áreas que, de outra forma, não poderiam. Mas também teria um alto custo. Em troca de conceder essa invenção à sociedade, o deus escolheria mil homens e mulheres e os mataria.

Calabresi então pergunta: você aceitaria o acordo? Quase invariavelmente, os estudantes dizem que não. O professor, então, dá a lição da parábola: "Qual é a diferença entre isso e o automóvel?".

Na verdade, os automóveis matam muito mais de mil jovens a cada ano; o número total de mortos só nos Estados Unidos gira em torno de 40 mil por ano. Aceitamos esse "pedágio", quase sem pensar, porque acidentes de veículos sempre fizeram parte de nossas vidas. Não conseguimos imaginar um mundo sem eles.

Este é um exemplo clássico da irracionalidade humana em relação ao risco. Muitas vezes, subestimamos perigos crônicos grandes, como acidentes de carro ou poluição química, e nos fixamos em riscos pequenos, mas salientes, como acidentes de avião ou ataques de tubarão.

Uma forma de um risco se tornar evidente é ser novo. Essa é a ideia central por trás da parábola de Calabresi. Ele pede aos alunos que considerem se aceitariam o custo da viagem de veículo se ela ainda não existisse. O fato de eles responderem "não" ressalta as diferentes formas de tratarmos riscos novos e duradouros.

Estive pensando na parábola recentemente devido à Covid-19. A Covid certamente apresenta um risco importante: é uma pandemia global que virou nosso cotidiano de ponta-cabeça por mais de um ano. Ela mudou a forma como vivemos, onde trabalhamos e até mesmo o que usamos em nossos rostos. A Covid parece onipresente.

Felizmente, ela também é curável. As vacinas quase eliminaram a morte, a hospitalização e outras manifestações graves da doença entre as pessoas que a receberam. As vacinas também reduziram radicalmente as chances de as pessoas contraírem até mesmo uma versão leve da Covid ou de passá-la para outras pessoas.

No entanto, muitas pessoas vacinadas continuam obcecadas com os riscos da Covid – porque eles são muito novos e marcantes.

Para dar apenas um exemplo, os principais meios de comunicação divulgaram novos dados do governo na semana passada, mostrando que 5.800 estadunidenses totalmente vacinados haviam contraído a Covid. Isso pode parecer um grande número, mas indica que as chances de uma pessoa vacinada contrair Covid são de cerca de 1 em 11 mil. As chances de contrair uma versão pior do que um resfriado comum são ainda mais remotas.

Mas elas não são zero. E elas não serão zero em nenhum momento no futuro previsível. A vitória contra a Covid não envolverá sua

23-4 Conclusão

Este capítulo examinou a fronteira da microeconomia. Você talvez tenha percebido que nos limitamos a delinear as ideias, sem desenvolvê-las. Isso não foi por acaso. Um dos motivos é que você poderá estudar esses tópicos com mais detalhes em disciplinas avançadas. O outro é que esses tópicos são áreas ativas de pesquisa e, portanto, ainda estão sendo investigados.

Para ver como esses tópicos se enquadram no panorama geral, lembre-se dos **dez princípios da economia** do Capítulo 1. Um deles diz que os mercados costumam ser uma boa forma de organizar a atividade econômica. Outro declara que os governos podem, às vezes, melhorar os resultados de mercado. Ao estudar economia, você poderá apreciar mais plenamente a verdade desses princípios e também as limitações que eles apresentam. O estudo das informações assimétricas deve tê-lo deixado cauteloso com os resultados de mercado. Já o estudo da economia política deve tê-lo deixado precavido com as soluções do governo. E o estudo da economia comportamental deve tê-lo deixado com um pé atrás com qualquer instituição que dependa da tomada de decisões pelas pessoas – incluindo os mercados e o governo.

Se há um tema comum a esses tópicos, é o de que a vida é complicada. Informações são imperfeitas, o governo é imperfeito, as pessoas são imperfeitas. É claro que você já sabia disso muito antes de começar a estudar economia, mas os economistas precisam entender essas imperfeições com a maior precisão possível para que possam explicar e, quem sabe, melhorar o mundo que os cerca.

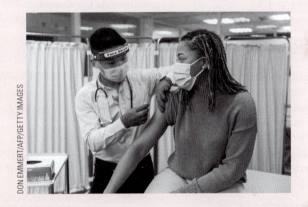

eliminação. Em vez disso, a vitória significará transformá-la no tipo de perigo que os acidentes de avião ou os ataques de tubarões representam – pequeno demais para valer a pena reordenar nossas vidas.

É isso que as vacinas fazem. Se você for vacinado, a Covid apresenta um risco minúsculo para você, e você apresenta um risco minúsculo de transmitir Covid para qualquer outra pessoa. Uma viagem de carro é uma ameaça maior, para você e outras pessoas. É provável que cerca de 100 estadunidenses morram em acidentes de carro apenas no dia de hoje. Os novos dados federais sugerem que zero ou uma pessoa vacinada morrerá hoje de Covid...

Enfrentar a realidade tranquila da vida pós-vacinação levará algum tempo para a maioria de nós. É natural que tantas pessoas vacinadas continuem a nutrir medos irracionais. No entanto, reconhecer lentamente essa irracionalidade será uma parte vital para superar a Covid.

"Não vamos chegar a um local de risco zero", disse Jennifer Nuzzo, epidemiologista da Johns Hopkins, durante um evento virtual do *Times* na semana passada. "Não acho que essa seja a métrica certa para sentir que as coisas estão normais."

Depois que Nuzzo fez essa observação, o Dr. Ashish Jha, da Brown University, contou-nos sobre sua própria luta para voltar ao normal. Ele está totalmente vacinado há quase dois meses, disse ele, e só recentemente decidiu se encontrar com um amigo vacinado para tomar uma bebida, sem máscara. "Foi difícil – psicologicamente difícil – para mim", disse Jha.

"Haverá alguns desafios na readaptação e reintegração", ele acrescentou. "Mas temos que enfrentá-los."

"E como foi a sensação final de se reunir com seu amigo?", perguntei.

"Foi incrível", disse Jha. ■

Questões para discussão

1. Como você acha que teria respondido à pergunta da parábola de Calabresi? Você acha que sua resposta é racional?

2. Se você foi vacinado contra a Covid-19, como a vacinação mudou suas atitudes e seu comportamento? Você acha que sua resposta foi totalmente racional?

Fonte: *New York Times*, 19 de abril de 2021.

RESUMO DO CAPÍTULO

- Em muitas transações econômicas, a informação é assimétrica. Quando há ações ocultas, os principais podem temer que os agentes sofram do problema do risco moral. Quando há características ocultas, os compradores podem temer a questão da seleção adversa entre os vendedores. Às vezes, os mercados privados lidam com a informação assimétrica por meio de sinalização e seleção.

- Embora a política governamental possa, às vezes, melhorar os resultados de mercado, os governos são, eles mesmos, instituições imperfeitas. O paradoxo de Condorcet mostra que a regra da maioria fracassa em produzir preferências transitivas para a sociedade, e o teorema da impossibilidade de Arrow mostra que não há sistema eleitoral perfeito. Em muitas situações, as instituições democráticas produzem o resultado desejado pelo eleitor mediano, independentemente das preferências do restante do eleitorado. Além disso, as pessoas que estabelecem a política governamental podem ser motivadas por interesses próprios, e não pelo interesse nacional.

- O estudo da psicologia e da economia revela que a tomada de decisões humana é mais complexa do que se costuma admitir na teoria econômica convencional. As pessoas nem sempre são racionais, elas se preocupam com a justiça dos resultados econômicos (mesmo em detrimento próprio) e podem ser inconsistentes ao longo do tempo.

CONCEITOS-CHAVE

risco moral, p. 472
agente, p. 472
principal, p. 472
seleção adversa, p. 474

sinalização, p. 474
seleção, p. 476
economia política, p. 477
paradoxo de Condorcet, p. 478

teorema da impossibilidade de Arrow, p. 479
teorema do eleitor mediano, p. 480
economia comportamental, p. 482

QUESTÕES DE REVISÃO

1. O que é risco moral? Liste três coisas que um empregador poderia fazer para atenuar esse problema.
2. O que é seleção adversa? Dê um exemplo de um mercado em que a seleção adversa poderia representar um problema.
3. Defina **sinalização** e **seleção** e dê um exemplo de cada um deles.
4. Que propriedade estranha do processo eleitoral foi observada por Condorcet?
5. Explique por que a regra da maioria respeita as preferências do eleitor mediano e não as do eleitor médio.
6. Descreva o jogo do ultimato. Que resultado a teoria econômica convencional poderia prever para esse jogo? A prática confirma essa previsão? Explique.

PROBLEMAS E APLICAÇÕES

1. Todas as situações a seguir envolvem risco moral. Em cada caso, identifique o principal e o agente e explique por que há informação assimétrica. De que maneira a ação descrita atenua o problema do risco moral?
   a. Os proprietários exigem que seus inquilinos depositem uma caução.
   b. As empresas recompensam seus executivos mais graduados com opções de compra de ações da empresa a determinado preço no futuro.
   c. As seguradoras de carros oferecem descontos a clientes que instalam dispositivos antifurto em seus veículos.
2. Um estudo de caso desse capítulo descreve como um homem pode demonstrar amor por sua namorada dando-lhe um presente apropriado. Você acha que dizer "eu te amo" também pode servir como um sinal? Por quê?
3. A reforma do seguro-saúde sancionada pelo presidente Obama em 2010 incluía as duas disposições a seguir:
   i. As empresas de seguro devem oferecer convênios a todos os requerentes e cobrar o mesmo preço, independentemente das condições de saúde preexistentes da pessoa.
   ii. Todos devem dispor de seguro-saúde ou pagar uma penalidade caso não o façam.
   a. Qual dessas políticas, considerada isoladamente, torna pior o problema da seleção adversa? Explique.
   b. Por que você acha que a política identificada na parte (a) foi incluída na lei?
   c. Por que você acha que a outra política foi incluída na lei?
4. Ken entra em uma sorveteria:
   Garçom: "Hoje temos sorvete de creme e de chocolate."

Ken: "Quero o de creme."
Garçom: "Quase me esqueci. Também temos de morango."
Ken: "Nesse caso, quero o de chocolate."

Que propriedade padrão da tomada de decisão Ken violou? (Dica: leia a seção sobre o teorema da impossibilidade de Arrow.)

5. Três amigos estão escolhendo um restaurante para jantar. Veja as preferências de cada um deles.

	Rachel	Ross	Joey
Primeira opção	Italiano	Italiano	Chinês
Segunda opção	Chinês	Chinês	Mexicano
Terceira opção	Mexicano	Mexicano	Francês
Quarta opção	Francês	Francês	Italiano

a. Se eles empregarem a contagem de Borda para decidir, onde irão jantar?
b. Quando estão a caminho do restaurante escolhido, percebem que os restaurantes francês e mexicano estão fechados, então usam a contagem de Borda mais uma vez para decidir entre as duas opções que restam. Qual escolhem?
c. De que modo as respostas dos itens (a) e (b) se relacionam com o teorema da impossibilidade de Arrow?

6. Três amigos estão escolhendo um programa de TV para assistir. Veja as preferências de cada um deles.

	Chandler	Phoebe	Monica
Primeira opção	NCIS	Ted Lasso	Survivor
Segunda opção	Ted Lasso	Survivor	NCIS
Terceira opção	Survivor	NCIS	Ted Lasso

a. Se os três usarem a contagem de Borda para decidir a que programa assistir, o que acontecerá?
b. Monica sugere uma votação pela vontade da maioria. Ela propõe que primeiro escolham entre NCIS e Ted Lasso, em seguida entre o vencedor da primeira votação e Survivor. Se todos votarem honestamente, qual será o resultado?
c. Chandler deve concordar com a sugestão de Monica? Que sistema de votação ele preferiria?
d. Phoebe e Monica convencem Chandler a concordar com o sistema de votação de Monica. Na primeira votação, Chandler, desonestamente, diz que prefere Ted Lasso a NCIS. Por que ele faria isso?

7. Cinco amigos planejam passar o final de semana assistindo a filmes e estão discutindo quantos filmes irão assistir. Eis a disponibilidade de cada um para pagar:

	Velma	Fred	Daphne	Salsicha	Scooby
Primeiro filme	$14	$10	$8	$4	$2
Segundo filme	12	8	4	2	0
Terceiro filme	10	6	2	0	0
Quarto filme	6	2	0	0	0
Quinto filme	2	0	0	0	0

Um filme em uma plataforma de *streaming* custa $15, que, dividido igualmente entre os cinco, resultaria no pagamento individual de $3 por filme.

a. Qual é o número eficiente de filmes para assistir, ou seja, o número de filmes que maximiza o excedente total?
b. Do ponto de vista de cada um deles, qual é o número preferível de filmes?
c. Qual é a preferência do amigo mediano?
d. Se eles fizessem uma votação entre o resultado eficiente *versus* a preferência do eleitor mediano, como cada um deles votaria? Qual resultado ganharia a maioria dos votos?
e. Se um deles propusesse um número diferente de filmes, de que modo essa proposta derrotaria o vencedor do item (d) em uma votação?
f. A regra da maioria pode ser usada para alcançar resultados eficientes na provisão de bens públicos?

8. Dois carrinhos de sorvete estão decidindo onde se instalar em uma praia com 2 km de extensão. As pessoas estão uniformemente distribuídas ao longo da praia e cada uma delas compra exatamente um sorvete por dia do carrinho mais próximo. Cada vendedor deseja para si o número máximo de clientes. Em qual ponto da praia os dois irão ficar? Esse problema refere-se a que resultado abordado neste capítulo?

9. O governo está considerando duas formas de ajudar os necessitados: dar-lhes dinheiro ou dar-lhes refeições gratuitas em cozinhas comunitárias.

a. Forneça um argumento, com base na teoria padrão do consumidor racional, a favor da doação de dinheiro.
b. Forneça um argumento, com base na informação assimétrica, que mostre por que a cozinha comunitária pode ser melhor que a doação de dinheiro.
c. Forneça um argumento, com base na economia comportamental, que mostre por que a cozinha comunitária pode ser melhor que a doação de dinheiro.

Respostas do teste rápido

1. b   2. a   3. d   4. c   5. b   6. c   7. a   8. a   9. c

Capítulo 24

Medindo a renda nacional

Quando você concluir os estudos e começar a procurar por um emprego em tempo integral, sua experiência será moldada, em grande medida, pelas condições econômicas do momento. Em alguns períodos, as empresas de toda a economia expandem sua produção de bens e serviços, o nível de emprego aumenta e as vagas são abundantes. Em outros, as empresas reduzem a produção, o nível de emprego está em declínio e as vagas são escassas. Profissionais recém-formados que começam a procurar emprego em um ano de expansão econômica têm muito mais facilidade do que aqueles que iniciam essa jornada em um ano de contração econômica.

Como a saúde geral da economia afeta a todos, as mudanças das condições econômicas são muito noticiadas pela mídia. De fato, os noticiários são repletos de estatísticas econômicas. Esses números podem medir a renda total de todos os indivíduos na economia (produto interno bruto, ou PIB), a taxa a que os preços estão aumentando ou caindo (inflação/deflação), a porcentagem da força

de trabalho que está sem emprego (taxa de desemprego), os gastos totais em lojas (vendas no varejo) ou o desequilíbrio do comércio entre o país e o restante do mundo (déficit comercial). Todas essas estatísticas são **macroeconômicas**. Em vez de se concentrarem em uma família, empresa ou mercado específico, elas apresentam informações sobre a economia como um todo.

Como vimos no Capítulo 2, a ciência econômica se divide em dois ramos: microeconomia e macroeconomia A **microeconomia** estuda como as famílias e as empresas individuais tomam decisões e interagem umas com as outras nos mercados. A **macroeconomia** é o estudo da economia como um todo e tem o objetivo de explicar as mudanças econômicas que afetam muitas famílias, empresas e mercados simultaneamente. Os macroeconomistas abordam diversas questões: por que a renda média é elevada em alguns países e baixa em outros? Por que os preços sobem rapidamente em algumas épocas e permanecem mais estáveis em outras? Por que a produção e o emprego aumentam em alguns anos e se contraem em outros? O que o governo pode fazer para promover um crescimento acelerado da renda, uma inflação baixa e um nível de emprego estável? Essas perguntas dizem respeito ao funcionamento da economia como um todo e, por isso, estão dentro do escopo da macroeconomia.

Como a economia nada mais é que um conjunto de muitas famílias e empresas interagindo em vários mercados, a microeconomia e a macroeconomia estão intimamente associadas. As ferramentas de oferta e demanda, por exemplo, são tão cruciais para a análise macroeconômica quanto para a microeconômica. Contudo, estudar a economia na sua totalidade levanta alguns desafios interessantes. Para entender uma floresta, não é suficiente analisar cada uma das árvores.

Neste capítulo e no próximo, abordaremos alguns dos dados que os economistas e os formuladores de políticas usam para monitorar o desempenho da economia. Nosso ponto de partida é o **produto interno bruto** (PIB), que mede a renda total de uma nação. O PIB é muitas vezes considerado a melhor medida do bem-estar econômico de uma sociedade.

microeconomia
estudo de como famílias e empresas tomam decisões e interagem nos mercados

macroeconomia
estudo de fenômenos que afetam a economia como um todo, incluindo inflação, desemprego e crescimento econômico

24-1 Renda e despesa da economia

Se você fosse julgar a situação econômica de uma família, olharia primeiramente para a renda dela. Uma renda mais elevada normalmente se traduz em um melhor padrão de vida – casas maiores, melhor atendimento à saúde, carros mais luxuosos, férias mais opulentas, e assim por diante.

A mesma lógica se aplica à economia de um país. Ao julgar se uma economia vai bem ou mal, é natural examinar a renda total obtida por todos os membros dessa economia. O PIB nos permite fazer isso.

O PIB mede duas coisas ao mesmo tempo: a renda total de todas as pessoas da economia e a despesa total com os bens e serviços produzidos na economia. O PIB consegue medir tanto a renda total quanto a despesa total porque, na verdade, as duas são a mesma coisa. **Para a economia como um todo, a renda deve ser igual à despesa.**

Isso acontece porque toda transação tem duas partes: um comprador e um vendedor. Cada dólar gasto por um comprador é um dólar de renda para um vendedor. Se Karen paga a Douglas $ 100 para cortar seu gramado, Douglas recebe $ 100 com a venda do serviço e Karen gasta $ 100 com a compra do serviço. A transação contribui igualmente para a renda e para as despesas da economia. Medido pela renda total ou pela despesa total, o PIB aumenta em $ 100.

Outra maneira de enxergar a igualdade entre renda e despesa é por meio do diagrama do fluxo circular representado na Figura 24-1. Como vimos no Capítulo 2, esse diagrama descreve todas as transações que envolvem as famílias e as empresas. Podemos simplificar as coisas supondo que todos os bens e serviços são comprados por famílias e que elas gastam toda a sua renda. Nessa economia, as famílias compram bens e serviços das empresas; essas despesas fluem através dos mercados de bens e serviços. As empresas, por sua vez, usam o dinheiro que recebem pelas vendas para pagar salários aos trabalhadores, aluguéis aos proprietários da terra e lucros aos proprietários das empresas; essa renda flui através dos mercados de fatores de produção. Nessa economia, o dinheiro flui continuamente das famílias para as empresas e destas para as famílias.

O PIB mede o fluxo de dinheiro na economia e pode ser calculado de duas maneiras: somando-se a despesa total das famílias ou somando-se a renda total (salários, aluguéis e lucros) paga pelas empresas. Como qualquer despesa da economia acaba como renda de alguém, o PIB é o mesmo, independentemente do método de cálculo escolhido.

A economia real é bem mais complexa do que a ilustrada na Figura 24-1. Em particular, as famílias não gastam toda a sua renda. Elas entregam parte ao governo, na forma de impostos, e poupam parte para algum uso futuro. Além disso, famílias não compram todos os bens e serviços produzidos na economia. Alguns bens e serviços são comprados pelos governos para fins públicos e outros por empresas que que planejam expandir sua capacidade de produção. Ainda assim, a lição básica permanece a mesma: independentemente de o comprador do bem ou serviço ser uma família, um governo ou uma empresa, a transação terá um comprador e um vendedor. Para a economia como um todo, a despesa e a renda são sempre iguais.

Figura 24-1

O diagrama do fluxo circular

As famílias compram bens e serviços das empresas, e as empresas usam a receita que obtêm das vendas para pagar salários aos trabalhadores, aluguel aos proprietários de terra e lucros aos proprietários das empresas. O PIB é igual ao total das despesas das famílias no mercado de bens e serviços. E é igual também ao total de salários, aluguéis e lucros pagos pelas empresas no mercado de fatores de produção.

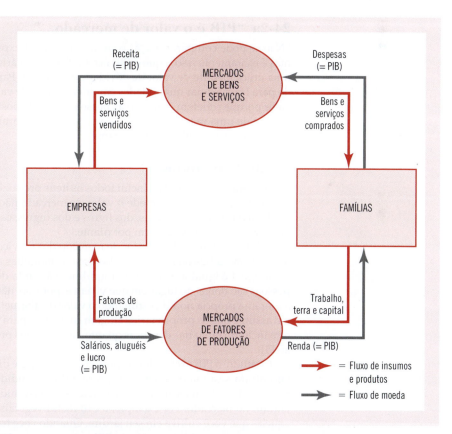

Teste rápido

1. O produto interno bruto de uma economia é
   a. o excesso de despesas sobre a renda.
   b. o excesso de renda sobre as despesas.
   c. renda total e despesas totais.
   d. despesas totais como uma porcentagem da renda total.

2. Carla prepara um bolo e o vende a Norman por $ 10. Sam paga $ 30 pelas aulas particulares de Diane. Nesta economia, qual é o PIB?
   a. $ 10
   b. $ 20
   c. $ 30
   d. $ 40

As respostas estão no final do capítulo.

24-2 Mensuração do PIB

Agora que discutimos o significado de produto interno bruto em termos gerais, vamos ser mais precisos a respeito da medição dessa estatística. A seguir, apresentamos uma definição de PIB que o considera uma medida dos gastos totais:

- **Produto interno bruto (PIB)** é o valor de mercado de todos os bens e serviços finais produzidos em um país em um dado período.

produto interno bruto (PIB)
valor de mercado de todos os bens e serviços finais produzidos em um país em um dado período

Essa definição pode parecer bem simples, mas, na verdade, muitas questões sutis surgem quando calculamos o PIB de uma economia. Vamos considerar cada frase dessa definição com atenção.

24-2a "PIB é o valor de mercado..."

"Não se pode comparar maçãs com laranjas." Essa expressão normalmente é verdadeira, mas é exatamente isso o que o PIB faz. O PIB soma vários tipos diferentes de produtos em uma única medida de valor da atividade econômica. Para isso, ele usa os preços do mercado para transformar quantidades em uma medida de valor. Os preços são um indicador de valor porque refletem o quanto as pessoas estão dispostas a pagar por diferentes bens. Se o preço de uma maçã for o dobro do preço de uma laranja, então a maçã contribuirá duas vezes mais para o PIB do que a laranja.

24-2b "...de todos..."

O PIB tenta ser abrangente. Inclui todos os itens produzidos na economia e vendidos legalmente nos mercados. Ele mede o valor de mercado não só das maçãs e das laranjas, mas também das peras e das uvas, dos livros e dos ingressos de cinemas, dos cortes de cabelo e dos serviços de saúde, e assim por diante.

O PIB também inclui o valor de mercado dos serviços habitacionais prestados pelo estoque de moradias da economia. No caso das moradias alugadas, é fácil calcular esse valor – o aluguel é igual à despesa do inquilino e à renda do proprietário. Entretanto, muitas pessoas são donas do lugar em que vivem e, por isso, não pagam aluguel. O governo inclui a moradia própria no PIB, estimando o valor de aluguel. De fato, o cálculo da renda nacional assume que os proprietários alugam suas casas para si próprios. Esse aluguel imputado está incluído tanto nas despesas quanto na renda dos proprietários, por isso é incorporado ao PIB.

Contudo, o PIB exclui alguns produtos cujo valor é difícil de mensurar. Nessa categoria, encontram-se a maioria dos itens produzidos e vendidos ilegalmente, como drogas ilícitas. O PIB também exclui itens produzidos e consumidos em casa e que, portanto, nunca entram no mercado. Por exemplo, o PIB inclui vegetais comprados no mercado, mas não aqueles que você cultiva em seu jardim. Quando você trabalha em casa, aquilo que produz para seu empregador faz parte do PIB, mas o que produz para sua família, não.

Essas exclusões do PIB podem, por vezes, levar a resultados paradoxais. Por exemplo, quando Karen paga a Douglas para que corte seu gramado, a transação faz parte do PIB. Se ela se casasse com Douglas, a situação mudaria. Embora Douglas possa continuar a cortar o gramado de Karen, o valor do serviço deixa de ser incluído no PIB, porque o serviço dele não está mais sendo vendido em um mercado. O casamento pode melhorar o bem-estar do casal e o bem-estar total da sociedade, mas reduziria o PIB.

24-2c "... os bens e serviços ..."

O PIB inclui tanto os bens tangíveis (alimento, vestuário, carros) quanto os serviços intangíveis (cortes de cabelo, faxina, consultas médicas). Quando você compra uma camiseta com o logo da sua banda favorita, está comprando um bem, e o preço de compra faz parte do PIB. Quando você paga para assistir a um show da mesma banda, está comprando um serviço, e o preço do ingresso também faz parte do PIB.

24-2d "... finais ..."

Quando a Intel fabrica um microchip que a Dell usa para produzir um computador, o microchip é um **bem intermediário** e o computador é um **bem final**. O PIB inclui somente o valor dos bens finais, porque o valor dos bens intermediários já está incluído no preço dos bens finais. Somar o valor de mercado do microchip ao valor de mercado do computador seria uma dupla contagem: seria como contar (incorretamente) o microchip duas vezes.

Uma exceção a esse princípio surge quando um bem intermediário é produzido e, em vez de ser usado, é acrescentado ao estoque de bens de uma empresa para ser usado ou vendido em uma data posterior. Nesse caso, o bem intermediário é considerado temporariamente "final" e seu valor como investimento em estoque é incluído no PIB. Portanto, os acréscimos ao estoque são somados ao PIB; quando o bem em estoque for, mais tarde, utilizado ou vendido, as reduções do estoque serão subtraídas do PIB.

24-2e "... produzidos ..."

O PIB inclui os bens e serviços produzidos no presente. Não inclui transações que envolvam itens produzidos no passado. Quando a Ford produz e vende um carro novo, o valor do carro é incluído no PIB. Quando uma pessoa vende a outra um carro usado, o valor do carro usado não é incluído no PIB.

24-2f "... em um país..."

O PIB mede o valor da produção dentro dos limites geográficos de um país. Quando um cidadão canadense trabalha temporariamente nos Estados Unidos, sua produção faz parte do PIB dos Estados Unidos. Quando um cidadão estadunidense é dono de uma fábrica no Haiti, a produção da sua fábrica não faz parte do PIB dos Estados Unidos, mas sim do Haiti. Assim, os itens criados serão incluídos no PIB de um país se forem produzidos internamente, independentemente da nacionalidade do produtor.

24-2g "... em um dado período"

O PIB mede o valor da produção em um intervalo de tempo específico. Em geral, esse intervalo costuma ser de um ano ou um trimestre. O PIB mede o fluxo de renda e despesa durante esse intervalo.

Quando o governo divulga o PIB de um trimestre, geralmente o apresenta "a uma taxa anual", ou anualizado. Isso significa que o valor relatado do PIB trimestral é o montante de renda e despesa durante o trimestre multiplicado por 4. O governo usa essa convenção para facilitar a comparação entre os valores trimestrais e anuais do PIB.

Além disso, quando o governo divulga o PIB trimestral, apresenta os dados depois de terem sido modificados por um procedimento estatístico chamado **ajustamento sazonal**. Os dados não ajustados normalmente mostram com clareza que a economia produz mais bens e serviços em algumas épocas do ano que em outras (dezembro, com as compras de fim de ano, é um dos pontos altos). Quando monitoram as condições da economia, economistas e legisladores frequentemente preferem olhar além dessas variações sazonais. Assim, os estatísticos do governo ajustam os dados trimestrais de maneira a excluir o ciclo sazonal. Os dados sobre o PIB divulgados nos noticiários são sempre ajustados sazonalmente.

Vamos, agora, repetir a definição de PIB:

- Produto interno bruto (PIB) é o valor de mercado de todos os bens e serviços finais produzidos em um país em um dado período.

Essa definição enfoca o PIB como gastos totais na economia, mas não se esqueça de que cada dólar gasto pelo comprador de um bem ou serviço se torna um dólar para a renda do vendedor desse bem ou serviço. Portanto, além de adicionar as despesas totais da economia para calcular o PIB, o governo também soma a renda total na economia para chegar à **renda interna bruta** (RIB). O PIB e a RIB produzem praticamente o mesmo resultado. Por que "praticamente"? Embora as duas medidas devam ser precisamente as mesmas, as fontes dos dados não são perfeitas. A diferença entre PIB e RIB é chamada de **discrepância estatística**.

Deve estar claro que o PIB é uma medida sofisticada do valor da atividade econômica. Nas disciplinas avançadas de macroeconomia, você aprenderá mais sobre as sutilezas que surgem durante seu cálculo. Mas, mesmo por enquanto, já é possível perceber que cada palavra dessa definição está repleta de significados.

SAIBA MAIS — Outras medidas de renda

Quando o Departamento de Comércio dos Estados Unidos (U.S. Department of Commerce) calcula o PIB do país, calcula também várias outras medidas de renda para obter um panorama mais completo sobre o que está acontecendo na economia. Essas outras medidas diferem do PIB porque incluem ou excluem certas categorias de renda. O que se segue é uma breve descrição de cinco dessas medidas de renda, ordenadas da maior para a menor.

- O **produto nacional bruto** (PNB) é a renda total dos residentes permanentes de um país. Ele difere do PIB por incluir a renda que os residentes do país ganham no exterior e por excluir a renda que os estrangeiros ganham aqui. Por exemplo, quando um cidadão do Canadá trabalha temporariamente nos Estados Unidos, sua produção é parte do PIB estadunidense, mas não é parte do PNB estadunidense (sua produção é parte do PNB canadense). Para a maioria dos países, incluindo Estados Unidos, residentes domésticos são responsáveis pela maior parte da produção interna, de modo que o PIB e o PNB são muito próximos.
- O **produto nacional líquido** (PNL) é a renda total dos residentes de uma nação (PNB) menos as perdas decorrentes da depreciação. A **depreciação** é o desgaste do estoque de equipamentos e estruturas da economia, como a ferrugem dos caminhões e a obsolescência dos computadores. Nas contas da renda nacional preparadas pelo Departamento de Comércio, a depreciação é denominada "consumo de capital fixo".
- A **renda nacional** é a renda total obtida pelos residentes de uma nação na produção de bens e serviços. Trata-se de uma medida quase idêntica ao PNL.* A renda nacional e o PNL diferem em razão da **discrepância estatística** que surge de problemas decorrentes da coleta de dados.
- A **renda pessoal** é a renda recebida pelas famílias e pelas empresas não constituídas no formato de sociedades por ações. Ao contrário da renda nacional, a renda pessoal não inclui os **lucros retidos**, que são a renda obtida pelas empresas, mas não distribuída a seus proprietários. A renda pessoal também subtrai os impostos indiretos (como impostos sobre vendas), os impostos sobre a renda das pessoas jurídicas e as contribuições para a previdência social, principalmente os impostos para Seguridade Social. Além disso, a renda pessoal inclui a renda de juros que as famílias recebem sobre os empréstimos que fazem ao governo e a renda que recebem de programas de transferência governamental, como os programas de bem-estar e a Seguridade Social.
- A **renda pessoal disponível** é a renda que resta às famílias e empresas não constituídas no formato de sociedades por ações depois de satisfeitas todas as suas obrigações perante o governo. É igual à renda pessoal menos os impostos pessoais e certos pagamentos que não são impostos, como multas de trânsito.

Embora as diversas medidas de renda difiram em detalhes, quase sempre nos dizem a mesma coisa sobre as condições econômicas. Quando o PIB está crescendo rapidamente, essas outras medidas de renda também costumam crescer rapidamente. Quando o PIB está em queda, essas outras medidas também costumam cair. Para monitorar as flutuações da economia global, não importa muito qual medida de renda utilizamos. ■

---

*N. de R.T. À exceção das pequenas discrepâncias estatísticas, a renda nacional é igual ao PNL a custo de fatores, ou seja, pela remuneração dos recursos produtivos.

Teste rápido

3. Se o preço de um cachorro-quente é $ 2 e o preço de um hambúrguer é $ 4, então 30 cachorros-quentes contribuem para o PIB tanto quanto ___ hambúrgueres.
   a. 5
   b. 15
   c. 30
   d. 60

4. Angus, pastor de ovelhas, vende lã a Barnaby, dono de uma malharia, por $ 20. Barnaby faz dois suéteres, cada um deles com um preço de mercado de $ 40. Collete compra um deles, enquanto o outro permanece na prateleira da loja de Barnaby para ser vendido posteriormente. De quanto é o PIB aqui?
   a. $ 40
   b. $ 60
   c. $ 80
   d. $ 100

5. Darla, estudante universitária nos Estados Unidos, viajou para o Japão no verão para dar aulas de inglês. O salário dela é incluído
   a. apenas no PIB dos Estados Unidos.
   b. apenas no PIB do Japão.
   c. no PIB dos Estados Unidos e no do Japão.
   d. em nenhuma das medidas.

As respostas estão no final do capítulo.

24-3 Os componentes do PIB

A despesa na economia assume diversas formas. A qualquer momento, a família Lopez pode estar almoçando em uma lanchonete Burger King, a Ford pode estar construindo uma fábrica de carros, a Marinha pode adquirir um submarino, e a British Airways pode comprar um avião da Boeing. O PIB inclui todas essas diversas formas de despesas em bens e serviços produzidos internamente.

Para entender como a economia está usando seus recursos escassos, os economistas estudam a composição do PIB de acordo com diversos tipos de dispêndio. Para isso, o PIB (que chamaremos de Y) é dividido em quatro componentes: consumo (C), investimento (I), gastos do governo (G) e exportações líquidas (XL):

$$Y = C + I + G + XL.$$

Essa equação é uma **identidade** – uma equação que deve ser verdadeira dadas as definições das variáveis na equação. Nesse caso, como cada dólar de dispêndio incluído no PIB é colocado em um dos quatro componentes, a soma desses componentes deve ser igual ao PIB. Vamos analisar esses quatro componentes com maior profundidade.

24-3a Consumo

O **consumo** é a despesa das famílias em bens e serviços, com a exceção de compra de novas moradias. Os "bens" incluem bens duráveis, como carros e eletrodomésticos, e bens não duráveis, como alimento e vestuário. Os "serviços" incluem itens intangíveis, como cortes de cabelo e serviços de saúde. Por convenção, as despesas das famílias com educação também são incluídas no consumo de serviços, embora seja possível argumentar que elas se encaixariam melhor no próximo componente.

consumo
despesas das famílias em bens e serviços, excetuando-se a compra de imóveis residenciais novos

24-3b Investimento

O **investimento** é a compra de bens (chamados de **bens de capital**) que serão usados no futuro para produzir mais bens e serviços. É a soma dos gastos do capital empresarial, do capital residencial e dos estoques. O capital empresarial inclui as estruturas de uma empresa (como uma fábrica ou o edifício do escritório), equipamentos (como o computador de um funcionário) e produtos de propriedade intelectual (como o *software* em execução no computador). O capital residencial inclui o prédio de aluguel de um senhorio e a residência

investimento
gastos com capital empresarial, capital residencial e estoques

pessoal de um proprietário. Por convenção, a compra de uma casa nova é o único tipo de gasto doméstico classificado como investimento em vez de consumo.

Como já apontamos, os estoques merecem uma atenção especial. Quando a Apple produz um computador e, em vez de vendê-lo, acrescenta-o a seu estoque, assume-se que ela tenha "comprado" o computador para si mesma. Ou seja, os contadores da renda nacional tratam o computador como parte dos dispêndios de investimento da empresa. Quando, posteriormente, a Apple vende o computador, tirando-o de seu estoque, a venda é descontada do investimento em estoque da empresa, compensando o dispêndio positivo do comprador. Os estoques são tratados dessa maneira porque um dos objetivos do PIB é medir o valor da produção da economia, e os bens acrescentados aos estoques são parte da produção do período em questão.

Observe que a contabilidade do PIB emprega a palavra **investimento** com um sentido diferente. No dia a dia, essa palavra pode fazer você pensar em investimentos financeiros, como ações, títulos e fundos mútuos, temas que estudaremos mais adiante neste livro. No entanto, como o PIB mede os gastos com bens e serviços, aqui a palavra **investimento** se refere à compra de bens (como capital empresarial, imóveis residenciais e estoques) que serão usados para produzir outros bens e serviços no futuro.

24-3c Gastos do governo

gastos do governo
gastos dos governos municipais, estaduais e federal com bens e serviços

Os **gastos do governo** medem as despesas em bens e serviços dos governos municipais, estaduais e federal. Esse componente inclui os salários dos funcionários do governo e as despesas em obras públicas. As contas de renda nacional dos Estados Unidos chamam essa categoria de **despesas de consumo e investimento bruto do governo**, mas este livro usa um termo mais breve: **gastos do governo**.

O significado dos "gastos do governo" exige algum esclarecimento. Quando o governo paga o salário de um soldado ou de um professor, o salário faz parte dos gastos do governo. Contudo, quando o governo paga um benefício da Seguridade Social a um idoso ou um seguro-desemprego a um trabalhador demitido recentemente, a história é bem diferente: esse tipo de dispêndio é denominado **pagamento de transferência**, pois não é feito em troca de um bem ou serviço produzido correntemente na economia. Os pagamentos de transferência afetam a renda das famílias, mas não refletem a produção da economia. (Do ponto de vista macroeconômico, eles são como impostos negativos.) Uma vez que o PIB tem por objetivo medir a renda e as despesas ligadas à produção de bens e serviços, os pagamentos de transferências não são contados como compras do governo.

24-3d Exportações líquidas

exportações líquidas
gastos por parte de estrangeiros com bens produzidos internamente (exportações) menos gastos por parte de residentes internos com bens estrangeiros (importações)

As **exportações líquidas** equivalem às compras feitas por estrangeiros de bens produzidos internamente (exportações) menos as compras internas de bens estrangeiros (importações). Uma venda feita por uma empresa nacional a um comprador de outro país, como a venda da Boeing à British Airways, aumenta as exportações líquidas.

A palavra **líquida** na expressão **exportações líquidas** refere-se ao fato de que as importações são subtraídas das exportações. Essa subtração é feita porque outros componentes do PIB incluem as importações de bens e serviços. Por exemplo, suponha que uma família compre um carro de $ 50 mil da Volvo, a fabricante sueca. Essa transação aumenta o consumo em $ 50 mil, visto que as compras de carros fazem parte das despesas de consumo, e também reduz as exportações líquidas em $ 50 mil, visto que o carro é uma importação. Em outras palavras, as exportações líquidas incluem os bens e serviços produzidos no exterior (com sinal negativo), porque esses bens e serviços já estão incluídos no consumo, no investimento e nas compras do governo (com sinal positivo). Assim sendo, quando uma família, empresa ou governo adquire um bem ou serviço do exterior, a compra não afeta o PIB, porque reduz as exportações líquidas na mesma proporção que aumenta o consumo, o investimento ou as compras do governo.

Estudo de caso: Os componentes do PIB dos Estados Unidos

A Tabela 24-1 mostra a composição do PIB dos Estados Unidos em 2021. Naquele ano, o PIB do país foi cerca de $ 23 trilhões. Dividindo-se esse número pela população estadunidense de 331 milhões de pessoas, tem-se o PIB *per capita* (ou PIB por pessoa), que revela que a renda e as despesas de um estadunidense médio em 2021 foram de $ 69.386.

O consumo das famílias corresponde a 68% do PIB, ou $ 47.528 por pessoa. Já o investimento foi de $ 12.396 por pessoa. Os gastos do governo foram equivalentes a $ 12.226 por pessoa, enquanto as exportações líquidas foram de $ –2.764 por pessoa. O número é negativo porque os estadunidenses gastaram mais em bens estrangeiros do que os estrangeiros gastaram em bens dos Estados Unidos.

Esses dados são do Bureau of Economic Analysis, agência do Departamento de Comércio dos Estados Unidos (U.S. Department of Commerce) que produz os cálculos da renda nacional. Você pode encontrar dados mais recentes do PIB no *site* http://www.bea.gov. ●

Tabela 24-1

O PIB e seus componentes

Esta tabela mostra o PIB total da economia dos Estados Unidos em 2021 e a divisão em seus quatro componentes. Ao ler a tabela, lembre-se da identidade $Y = C + I + G + XL$.

	Total (em bilhões de dólares)	Per capita (em dólares)	Porcentagem do total
Produto interno bruto, Y	$ 22.994	$ 69.386	100%
Consumo, C	15.750	47.528	68
Investimento, I	4.108	12.396	18
Gastos do governo, G	4.052	12.226	18
Exportações líquidas, XL	–916	–2.764	–4

Fonte: U.S. Department of Commerce. A soma dos valores pode não corresponder ao total devido ao arredondamento.

Teste rápido

6. Qual das seguintes alternativas NÃO adiciona valor ao PIB dos Estados Unidos?
   a. A Boeing fabrica e vende um avião para a Air France.
   b. A General Motors monta uma nova fábrica de automóveis na Carolina do Norte.
   c. A cidade de Nova York paga um salário a um policial.
   d. O governo federal envia um cheque da Seguridade Social para sua avó.

7. Um estadunidense compra um par de sapatos fabricado na Itália. Como as contas da renda nacional dos Estados Unidos tratam a transação?
   a. As exportações líquidas e o PIB aumentam.
   b. As exportações líquidas e o PIB diminuem.
   c. As exportações líquidas caem, e o PIB não muda.
   d. As exportações líquidas não mudam, e o PIB aumenta.

8. Qual é o maior componente do PIB?
   a. consumo
   b. investimentos
   c. gastos do governo
   d. exportações líquidas

As respostas estão no final do capítulo.

24-4 PIB real *versus* PIB nominal

Como acabamos de ver, o PIB mede a despesa total em bens e serviços em todos os mercados de uma economia. Se a despesa total aumenta de um ano para o outro, pelo menos uma destas duas afirmações deve ser verdadeira: (1) a economia está produzindo uma quantidade maior de bens e serviços ou (2) os bens e serviços estão sendo vendidos a preços mais elevados. Quando estudam mudanças da economia ao longo do tempo, os economistas preferem separar esses dois efeitos. Mais especificamente, o que querem é uma medida da quantidade total de bens e serviços produzidos pela economia que não seja afetada pelas variações nos preços desses bens e serviços.

Para que isso ocorra, os economistas usam uma medida denominada **PIB real**, que responde à seguinte pergunta hipotética: qual seria o valor dos bens e serviços produzidos neste ano se os avaliássemos com base nos preços vigentes em algum outro ano específico, no passado? Quando se avalia a produção corrente a preços fixos em níveis passados, o PIB real mostra como a produção geral de bens e serviços da economia muda com o passar do tempo.

Para vermos com mais precisão como o PIB real é construído, vamos considerar um exemplo.

Tabela 24-2

PIB real e PIB nominal
Esta tabela mostra como calcular o PIB real, o PIB nominal e o deflator do PIB para uma economia hipotética que só produz cachorros-quentes e hambúrgueres.

Preços e quantidades

Ano	Preço dos cachorros-quentes	Quantidade de cachorros-quentes	Preço dos hambúrgueres	Quantidade de hambúrgueres
2022	$ 1	100	$ 2	50
2023	$ 2	150	$ 3	100
2024	$ 3	200	$ 4	150

Cálculo do PIB nominal

2022	($ 1 por cachorro-quente × 100 cachorros-quentes) + ($ 2 por hambúrguer × 50 hambúrgueres) = $ 200
2023	($ 2 por cachorro-quente × 150 cachorros-quentes) + ($ 3 por hambúrguer × 100 hambúrgueres) = $ 600
2024	($ 3 por cachorro-quente × 200 cachorros-quentes) + ($ 4 por hambúrguer × 150 hambúrgueres) = $ 1.200

Cálculo do PIB real (ano-base 2022)

2022	($ 1 por cachorro-quente × 100 cachorros-quentes) + ($ 2 por hambúrguer × 50 hambúrgueres) = $ 200
2023	($ 1 por cachorro-quente × 150 cachorros-quentes) + ($ 2 por hambúrguer × 100 hambúrgueres) = $ 350
2024	($ 1 por cachorro-quente × 200 cachorros-quentes) + ($ 2 por hambúrguer × 150 hambúrgueres) = $ 500

Cálculo do deflator do PIB

2022	($ 200 / $ 200) × 100 = 100
2023	($ 600 / $ 350) × 100 = 171
2024	($ 1.200 / $ 500) × 100 = 240

24-4a Um exemplo numérico

A Tabela 24-2 mostra alguns dados de uma economia que produz somente dois bens: cachorros-quentes e hambúrgueres. A tabela mostra o preço e a quantidade produzida dos dois bens em 2022, 2023 e 2024.

Para calcular a despesa total dessa economia, multiplicamos as quantidades de cachorros-quentes e hambúrgueres pelos seus respectivos preços. Em 2022, 100 cachorros-quentes eram vendidos a $ 1 cada, de modo que as despesas com cachorros-quentes foram de $ 100. No mesmo ano, 50 hambúrgueres eram vendidos por $ 2 cada, de modo que as despesas com hambúrgueres também foram de $ 100. A despesa total da economia – a soma das despesas com cachorros-quentes e com hambúrgueres – é de $ 200. Esse valor, a produção de bens e serviços avaliada a preços correntes, é denominado **PIB nominal**.

A tabela mostra o cálculo do PIB nominal nesses três anos. A despesa total aumenta de $ 200 em 2022 para $ 600 em 2023 e $ 1.200 em 2024. Parte desse crescimento é atribuída ao aumento nas quantidades de cachorros-quentes e hambúrgueres, e outra parte, ao aumento dos preços.

Para remover o efeito das variações de preços e obter uma medida da quantidade produzida, usamos o **PIB real**, que é a produção dos bens e serviços avaliada a preços constantes. Para calcular o PIB real, determinamos primeiro um ano como **ano-base**. Então, utilizamos os preços dos cachorros-quentes e dos hambúrgueres no ano escolhido para calcular o valor dos bens e serviços em todos os anos. Em outras palavras, os preços do ano-base fornecem a base para comparar quantidades em diferentes anos.

Suponha que, em nosso exemplo, 2022 seja o ano-base. Podemos, então, usar os preços de 2022 para calcular o valor da produção em 2022, 2023 e 2024. A Tabela 24-2 mostra esses cálculos. Para calcular o PIB real de 2022, multiplicamos preços dos cachorros-quentes e hambúrgueres em 2022 (o ano-base) e as quantidades de cachorros-quentes e hambúrgueres produzidas em 2022 (assim, para o ano-base, o PIB real será sempre igual ao PIB nominal). Para calcular o PIB real de 2023, multiplicamos os preços dos cachorros-quentes e dos hambúrgueres em 2022 (o ano-base) pelas quantidades produzidas em 2023. Da mesma forma, para calcular o PIB real de 2024, multiplicamos os preços em 2022 pelas quantidades em 2024. Descobrimos que o PIB real aumentou de $ 200 em 2022 para $ 350 em 2023 e $ 500 em 2024. Essa alta pode ser atribuída a um aumento nas quantidades produzidas porque os preços estão sendo mantidos fixos nos níveis do ano-base.

Em suma: **o PIB nominal usa os preços correntes para atribuir um valor à produção de bens e serviços da economia. O PIB real usa os preços constantes do ano-base para atribuir um valor à produção de bens e serviços da economia.** Como o PIB real não é afetado pela variação nos preços, suas variações refletem somente as mudanças nas quantidades produzidas. Assim, o PIB real pode ser interpretado como uma medida da produção de bens e serviços da economia como um todo.

Ao calcular o PIB, nosso objetivo é medir o desempenho da economia como um todo. Como o PIB real mede a produção de bens e serviços da economia, ele reflete a capacidade da economia de satisfazer as necessidades e os desejos materiais das pessoas. Assim, o PIB real é uma medida melhor do bem-estar econômico que o PIB nominal. Quando os economistas falam do PIB da economia, em geral estão se referindo ao PIB real, não ao nominal. E, quando falam do crescimento da economia, estão falando de um crescimento medido como a variação percentual do PIB real de um período para outro.

24-4b O deflator do PIB

Recapitulando: o PIB nominal reflete as quantidades e os preços dos bens e serviços produzidos na economia. O PIB real reflete apenas as quantidades produzidas, porque os preços são mantidos constantes nos níveis do ano-base. A partir dessas duas estatísticas, podemos calcular uma terceira, chamada de deflator do PIB, que reflete apenas os preços dos bens e serviços.

O **deflator do PIB** é calculado da seguinte maneira:

$$\text{Deflator do PIB} = \frac{\text{PIB nominal}}{\text{PIB real}} \times 100.$$

PIB nominal
produção de bens e serviços avaliada a preços correntes

PIB real
produção de bens e serviços avaliada a preços constantes

deflator do PIB
medida do nível de preços calculada como a razão entre o PIB nominal e o PIB real multiplicada por 100

Como o PIB nominal e o PIB real devem ser iguais no ano-base, o deflator do PIB para o ano-base é sempre igual a 100. O deflator do PIB para os anos subsequentes mede a variação do PIB nominal a partir do ano-base que não pode ser atribuída a uma variação do PIB real.

O deflator do PIB mede o nível de preços corrente em relação ao nível de preços do ano-base. Para verificar por que, vamos considerar dois exemplos simples. Primeiro, imagine que as quantidades produzidas na economia aumentem com o tempo, mas os preços permaneçam os mesmos. Nesse caso, tanto o PIB nominal quanto o PIB real aumentam juntos, de modo que o deflator do PIB é constante. Suponha, agora, que os preços aumentem com o tempo, mas as quantidades produzidas permaneçam as mesmas. Nesse segundo caso, o PIB nominal aumenta, mas o PIB real se mantém inalterado, de modo que o deflator do PIB também aumenta. Em ambos os casos, o deflator do PIB reflete o que está acontecendo com os preços, não com as quantidades.

Vamos examinar novamente o exemplo numérico da Tabela 24-2. O deflator do PIB é calculado na parte inferior da tabela. Em 2022, o PIB nominal é $ 200 e o PIB real também é $ 200, então o deflator é 100. (Lembre-se de que deflator é sempre 100 no ano-base.) Em 2023, o PIB nominal é $ 600, e o PIB real, $ 350, portanto o deflator do PIB é 171.

Os economistas usam o termo **inflação** para descrever uma situação em que o nível geral de preços da economia aumenta. A **taxa de inflação** é a mudança na porcentagem, em alguma medida, do nível de preços de um período para o outro. Quando se emprega o deflator, a taxa de inflação entre dois anos consecutivos é calculada da seguinte forma:

$$\text{Taxa de inflação no ano 2} = \frac{\text{Deflator do PIB no ano 2} - \text{deflator do PIB no ano 1}}{\text{Deflator do PIB no ano 1}} \times 100.$$

Como em 2023 o deflator do PIB aumentou de 100 para 171, a taxa de inflação é 100 × (171 − 100)/100, ou 71%. Em 2024, o deflator do PIB aumentou de 171, no ano anterior, para 240; portanto, a taxa de inflação é 100 × (240 − 171)/171, ou 40%.

O deflator do PIB é uma medida que os economistas usam para monitorar o nível médio de preços na economia e, consequentemente, a taxa de inflação. O deflator do PIB tem esse nome porque pode ser empregado para obter a inflação do PIB nominal, ou seja, para "deflacionar" o PIB nominal devido ao aumento de preços. O próximo capítulo examina outra medida do nível de preços da economia, chamada de **índice de preços ao consumidor (IPC)**, e discute as diferenças entre essas duas estatísticas.

Estudo de caso: O PIB real ao longo de meio século

O PIB real transmite informações importantes. A Figura 24-2 mostra dados trimestrais sobre o PIB real da economia dos Estados Unidos desde 1970.

Uma mensagem desses dados é que o PIB real aumenta ao longo do tempo. O PIB real da economia estadunidense em 2021 era cerca de quatro vezes o nível de 1970. Em outras palavras, a produção de bens e serviços nos Estados Unidos aumentou, em média, 3% ao ano. Como esse crescimento contínuo do PIB ultrapassa a taxa de crescimento populacional, os estadunidenses médios de hoje desfrutam de uma maior prosperidade econômica do que as gerações anteriores.

Os dados do PIB também mostram que o crescimento não é estável. O aumento do PIB real é interrompido ocasionalmente por períodos de queda no PIB, chamados **recessões**. A Figura 24-2 marca as recessões com barras verticais sombreadas. (Não existe uma regra rígida para o comitê oficial de datação de ciclos econômicos declarar que houve uma recessão, mas uma regra prática antiga é considerar dois trimestres consecutivos de queda do PIB real. Uma exceção é a recessão da pandemia de 2020, quando houve uma queda excepcionalmente grande no PIB que durou apenas um trimestre.) As recessões estão associadas não só a uma queda no rendimento, mas também a outros tipos de adversidades: aumento do desemprego, redução nos lucros, maior número de falências, e assim por diante.

Grande parte da macroeconomia visa explicar o crescimento de longo prazo e as flutuações de curto prazo no PIB real. Como você verá nos próximos capítulos, esses dois

Figura 24-2
PIB real nos Estados Unidos

Esta figura mostra dados trimestrais sobre o PIB real na economia dos Estados Unidos desde 1970. As recessões – períodos de queda no PIB real – são marcadas com barras verticais sombreadas.

Fonte: U.S. Department of Commerce.

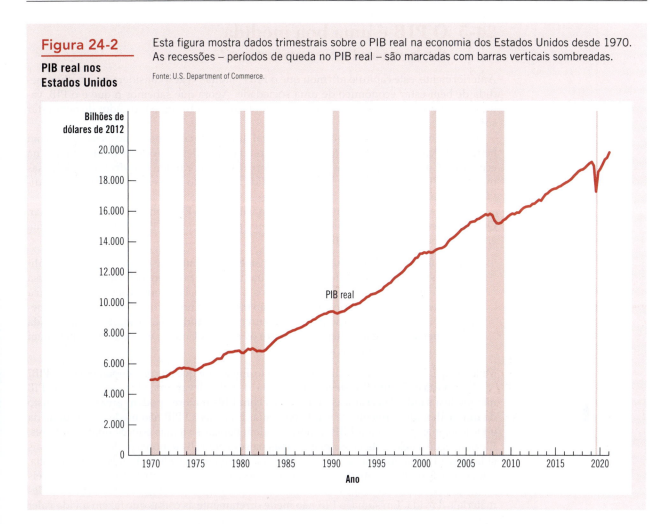

propósitos exigem modelos diferentes. Como as flutuações de curto prazo representam desvios da tendência de longo prazo, primeiro examinaremos o comportamento das principais variáveis macroeconômicas, incluindo o PIB real, em longo prazo. Capítulos posteriores irão expandir essa análise para explicar as flutuações de curto prazo. ●

Teste rápido

9. Uma economia produz 10 biscoitos no ano 1 por um preço de $ 2 cada e 12 biscoitos no ano 2 por um preço de $ 3 cada. Do ano 1 ao ano 2, o PIB real aumentou em
   a. 20%.
   b. 50%.
   c. 70%.
   d. 80%.

10. Se todas as quantidades produzidas aumentassem 5% e todos os preços caíssem 5%, qual dos seguintes resultados ocorreria?
    a. O PIB real aumentaria em 5%, enquanto o PIB nominal cairia 5%.
    b. O PIB real aumentaria em 5%, enquanto o PIB nominal não mudaria.
    c. O PIB real não mudaria, enquanto o PIB nominal aumentaria em 5%.
    d. O PIB real não mudaria, enquanto o PIB nominal cairia em 5%.

——————— As respostas estão no final do capítulo.

24-5 O PIB é uma boa medida de bem-estar econômico?

Anteriormente, este capítulo afirmou que o PIB é, muitas vezes, considerado a melhor medida de bem-estar econômico de uma sociedade. Agora que sabemos o que é o PIB, vamos discutir as bases dessa afirmação e as limitações do PIB como indicador do bem-estar social.

Como vimos, o PIB mede tanto a renda total da economia quanto as despesas totais com bens e serviços. O PIB *per capita* nos fala da renda e das despesas do indivíduo médio na economia. Como a maioria das pessoas preferiria ter maior renda e desfrutar de despesas maiores, o PIB *per capita* parece ser uma medida natural do bem-estar econômico do indivíduo médio.

Algumas pessoas, no entanto, contestam a validade do PIB como medida do bem-estar. Quando o senador Robert Kennedy concorreu à presidência, em 1968, fez uma comovente crítica a respeito dessas estatísticas:

> [O produto interno bruto] não leva em consideração a saúde de nossas crianças, a qualidade de sua educação ou a felicidade de suas brincadeiras. Não inclui a beleza de nossa poesia nem a solidez de nossos casamentos, a inteligência de nosso debate público ou a integridade dos funcionários públicos. Não mede nem nossa coragem, nem nossa sabedoria, nem nossa devoção ao país. Em resumo, mede tudo, exceto aquilo que faz a vida valer a pena, e pode nos dizer tudo sobre os Estados Unidos, exceto a razão pela qual nos orgulhamos de sermos americanos.

Muito do que Robert Kennedy disse está correto. Então, por que nos preocupamos com o PIB?

A resposta é que um PIB elevado nos ajuda, de fato, a levar uma vida confortável. O PIB não mede a saúde das crianças, mas países com PIBs maiores podem arcar com o custo de um melhor atendimento de saúde para suas crianças. O PIB não mede a qualidade da educação, mas países com PIBs maiores podem bancar sistemas educacionais melhores. Ele não mede a beleza da nossa poesia, mas países com PIBs maiores podem ensinar mais cidadãos a ler e a apreciar a poesia. O PIB não leva em consideração nossa inteligência, integridade, coragem, sabedoria ou devoção ao país, mas esses atributos são mais fáceis de desenvolver quando as pessoas estão menos preocupadas em garantir as necessidades materiais da vida. Em suma, o PIB não mede diretamente as coisas que fazem a vida valer a pena, mas mede nossa capacidade de obter os insumos para uma vida que valha a pena.

O PIB, entretanto, não é uma medida perfeita do bem-estar. Ele omite alguns aspectos que contribuem para uma boa vida, como o lazer. Suponha, por exemplo, que todos de repente passem a trabalhar todos os dias da semana, em vez de tirar o fim de semana de folga para desfrutar com familiares e amigos ou se dedicar a atividades pessoais. Mais bens e serviços seriam produzidos, e o PIB aumentaria. No entanto, apesar do aumento do PIB, não poderíamos concluir que todos estariam em melhor situação. A perda de bem-estar decorrente da redução do lazer anularia os ganhos de bem-estar decorrentes da produção e do consumo de uma maior quantidade de bens e serviços.

Como o PIB usa os preços de mercado para avaliar bens e serviços, ele desconsidera o valor de quase todas as atividades que ocorrem fora dos mercados. Mais especificamente, o PIB omite o valor dos bens e serviços produzidos em casa. Quando um *chef* prepara uma deliciosa refeição e a vende em seu restaurante, o valor dessa refeição faz parte do PIB, mas, se ele preparar a mesma refeição para a família, o valor que agregou aos ingredientes não entrará para o PIB. De forma similar, o cuidado infantil oferecido em creches faz parte do PIB, enquanto o cuidado infantil realizado pelos pais em casa não faz parte do PIB. O trabalho voluntário contribui para o bem-estar dos membros da sociedade, mas o PIB não reflete essas contribuições.

Outra coisa que o PIB exclui é a qualidade do meio ambiente. Imagine que o governo elimine todas as regulamentações ambientais. Nesse caso, as empresas poderiam produzir bens e serviços sem levar em consideração a poluição que criam, e o PIB poderia aumentar – o bem-estar, no entanto, provavelmente diminuiria. A deterioração da qualidade do ar e da água mais que contrabalançaria os ganhos decorrentes da maior produção.

O PIB também não diz nada a respeito da distribuição da renda. Considere duas sociedades, uma em que 100 pessoas têm renda anual de $ 50 mil e outra em que 10 pessoas ganham $ 500 mil e 90 sofram sem ganhar nada. As duas sociedades têm um PIB de $ 5 milhões e PIB *per capita* de $ 50 mil. Ainda assim, poucas pessoas considerariam ambas as situações equivalentes. Embora o PIB *per capita* nos diga o que acontece com a pessoa média, por trás da média existe uma ampla variedade de experiências individuais.

No fim das contas, podemos concluir que o PIB é uma boa medida do bem-estar econômico para a maioria dos propósitos, mas não para todos. É importante ter em mente o que o PIB inclui e o que fica de fora dele.

Diferenças internacionais no PIB e na qualidade de vida

Uma forma de avaliar a utilidade do PIB como medida de bem-estar econômico é examinando dados internacionais. Países ricos e pobres têm níveis bastante diferentes de PIB *per capita*. Se um PIB alto leva a um padrão de vida mais elevado, o PIB deve estar fortemente correlacionado com outras medidas de qualidade de vida. E, de fato, está.

A Tabela 24-3 mostra 12 grandes países classificados por ordem de PIB *per capita*. A tabela também mostra a expectativa de vida ao nascer, a média de anos de escolaridade entre adultos e um índice de satisfação com a vida baseado nas respostas das pessoas sobre como elas se sentem em relação às suas vidas em uma escala de 0 a 10 (com 10 sendo a melhor nota). Esses dados mostram um padrão claro. Em países ricos, como os Estados Unidos e a Alemanha, as pessoas têm uma expectativa de vida de cerca de 80 anos, aproximadamente 13 anos de escolaridade e nível 7 de satisfação com a vida. Em países pobres, como Bangladesh e Nigéria, as pessoas geralmente morrem cerca de 10 anos antes, têm menos da metade da escolaridade e classificam sua satisfação com a vida com cerca de 2 pontos a menos na escala.

Dados sobre outros aspectos da qualidade de vida contam uma história parecida. Países com PIB *per capita* baixo tendem a ter mais crianças abaixo do peso ao nascer e taxas mais

Tabela 24-3
PIB e qualidade de vida
A tabela mostra o PIB *per capita* e três outras medidas da qualidade de vida em 12 grandes países.

Fonte: *Human Development Indices and Indicators: 2018 Statistical Update*, Organização das Nações Unidas. O PIB real é de 2017, expresso em dólares de 2011. Os anos de escolaridade referem-se a adultos de 25 anos ou mais.

País	PIB *per capita* real	Expectativa de vida	Anos de escolaridade (média)	Satisfação com a vida (escala de 0 a 10)
Estados Unidos	$ 54.941	80 anos	13 anos	7,0
Alemanha	46.136	81	14	7,1
Japão	38.986	84	13	5,9
Rússia	24.233	71	12	5,6
México	16.944	77	9	6,4
China	15.270	76	8	5,1
Brasil	13.755	76	8	6,3
Indonésia	10.846	69	8	5,1
Índia	6.353	69	6	4,0
Paquistão	5.311	67	5	5,8
Nigéria	5.231	54	6	5,3
Bangladesh	3.677	73	6	4,3

É NOTÍCIA — Sexo, drogas e PIB

Alguns países estão debatendo o que incluir em suas contas de rendimento nacional.

Nada de sexo, por favor, somos franceses

Por Zachary Karabell

O governo da França acaba de fazer o que, à primeira vista, parece ser um anúncio óbvio: o país não incluirá drogas ilícitas e prostituição em seu cálculo oficial do produto interno bruto.

O que causou estranheza foi o fato de que essas atividades nunca haviam sido incluídas no cálculo do PIB, nem pela França, nem pela maioria dos países. A maioria dos governos também não anuncia o que não planeja fazer. ("O governo dos Estados Unidos não tem a intenção de enviar humanos a Vênus.") No entanto, a decisão francesa foi anunciada após uma grande pressão dos países vizinhos e da União Europeia (UE) para integrar essas atividades nas contas nacionais e na produção econômica. Isso levanta uma série de questões: essas atividades **deveriam** ser incluídas? E, em caso positivo, por que outras atividades não seriam? O que exatamente estamos medindo — e por quê?

Poucos números moldam mais o mundo hoje que o PIB. A medida se tornou o alfa e o ômega do sucesso nacional, usada por políticos e especialistas como o principal indicador da força de um país e tratado como um símbolo numérico de grandeza ou falta dela.

No entanto, o PIB é apenas uma estatística, repleta de limitações como todas as outras. Criado como um desdobramento das contas nacionais, que só foram concebidas na década de 1930, o PIB nunca foi uma medida abrangente, embora seja tratado como tal. Várias áreas da vida econômica foram deixadas de fora, incluindo o trabalho voluntário e o trabalho doméstico.

Agora, a Eurostat, agência oficial de estatísticas da União Europeia, está liderando um esforço para incluir uma série de atividades ilegais nos cálculos nacionais do PIB, em especial a prostituição e as drogas ilícitas. O argumento, apresentado por uma comissão da Organização das Nações Unidas em 2008, é bem simples: a prostituição e as drogas ilícitas são atividades econômicas significativas e, se não forem levadas em conta nas estatísticas econômicas, estaremos diante de um quadro incompleto — o que, por sua vez, tornará a elaboração de políticas inteligentes muito mais difícil. Além disso, países diferentes têm leis diferentes: na Holanda, por exemplo, a prostituição é legalizada, assim como a maconha. Essas transações comerciais (ou pelo menos aquelas que são registradas e tributadas) já fazem parte do PIB holandês. A não inclusão dessas atividades no PIB da Itália ou da Espanha pode dificultar a comparação dos números nacionais.

É por isso que Espanha, Itália, Bélgica e Reino Unido avançaram, nos últimos meses, na inclusão de drogas ilícitas e comércio

---

elevadas de mortalidade infantil, mortalidade materna e desnutrição infantil. Eles também têm menos acesso a eletricidade, estradas pavimentadas e água potável. Nesses países, menos crianças em idade escolar efetivamente vão à escola, e as que frequentam contam com menos professores por aluno. Além disso, o analfabetismo entre adultos é mais comum. Cidadãos desses países tendem a ter menos televisores, menos telefones e menos oportunidades de acesso à internet. Dados internacionais não deixam dúvidas de que o PIB *per capita* de um país está intimamente associado ao padrão de vida de sua população. ●

Teste rápido

11. Se o Sr. Pereira deixar seu emprego como professor para ensinar seus filhos em casa, o PIB
    a. continuará igual, porque ele estará realizando a mesma atividade.
    b. aumentará, porque agora ele paga menos imposto de renda.
    c. cairá, porque sua renda de mercado diminuirá.
    d. pode aumentar ou diminuir, dependendo do valor do ensino domiciliar.

12. O PIB é uma medida imperfeita do bem-estar econômico porque
    a. inclui bens físicos produzidos, mas não serviços intangíveis.
    b. exclui bens e serviços fornecidos pelo governo.
    c. ignora a degradação ambiental da atividade econômica.
    d. não está correlacionado com outras medidas da qualidade de vida.

As respostas estão no final do capítulo.

sexual não licenciado em suas contas nacionais. O gabinete de estatísticas nacionais do Reino Unido, em especial, abordou essa instrução com uma seriedade duvidosa, publicando um resumo de 20 páginas de sua metodologia explicando como iria, por exemplo, calcular o valor monetário da prostituição (com a ajuda de registros policiais) ou lidar com drogas produzidas internamente *versus* importadas. O resultado, que será anunciado formalmente em setembro, será um acréscimo de 10 bilhões de libras ao PIB da Grã-Bretanha.

A França, contudo, se opôs a essa mudança. Uma nação que ostenta uma reputação clichê de contar com um certo *savoir faire* quando se trata de sexo e outras atividades noturnas decidiu (ou, pelo menos, seus burocratas decidiram) que, apesar de uma diretriz da União Europeia, não calculará os efeitos de atividades ilegais que muitas vezes são não consensuais ou não voluntárias. Esse é claramente o caso da prostituição – um ministro francês afirmou que a "prostituição de rua" é amplamente controlada pela máfia –, e o mesmo poderia ser dito sobre o uso de algumas drogas pesadas, considerando sua natureza aditiva.

Não há como negar que há um forte componente moralista na decisão francesa. Ao afirmar que, por não serem voluntárias ou consensuais, essas atividades não deveriam ser incluídas no PIB, o governo francês está colocando a visão moral do que a sociedade **deveria ser** à frente da visão econômica do que a sociedade realmente **é**. Isso, por sua vez, traz ainda mais confusão para uma estatística que já é confusa, algo que não serve aos interesses nacionais de ninguém...

Com todas as limitações do PIB, a adição de uma nova dimensão moral só serviria para tornar o número menos útil. Afinal, por que parar no argumento de não incluir a prostituição porque ela degrada as mulheres? Por que não deixar de medir a produção de carvão, já que ela degrada o meio ambiente? Por que não deixar de fora o uso de cigarro, já que ele causa câncer? A lista de possíveis exclusões com base nesse argumento é interminável.

Se o PIB é nossa melhor medida atual da produção nacional, então, no mínimo, ele deveria tentar incluir toda a produção mensurável. Os Estados Unidos, tradicionalmente moralistas, incluem a prostituição legalizada em Nevada, assim como as vendas e o consumo de maconha no Colorado, na Califórnia e em Washington, sem qualquer objeção, com base apenas no argumento de que são trocas comerciais que constituem essa entidade confusa que chamamos de "economia"...

A não inclusão de drogas e sexo não fará com que essas atividades deixem de existir, mas prejudicará os esforços para compreender o tecido confuso das nossas vidas econômicas, tudo isso por uma tentativa de extirpar aquilo de que não gostamos. ■

Questões para discussão

1. Você acha que as atividades ilegais deveriam ser incluídas no PIB? Por quê?

2. Existe alguma atividade legalizada que você considere socialmente indesejável? Se sim, quais? Você acha que o PIB deve incluí-las? Por quê?

Fonte: *Slate*, 20 de junho de 2014.

24-6 Conclusão

Este capítulo discutiu a forma como os economistas medem a renda total de um país. A medição, naturalmente, é somente um ponto de partida. Grande parte da macroeconomia tem por objetivo revelar os determinantes de longo e curto prazo do PIB de um país. Por exemplo, por que o PIB *per capita* é mais elevado nos Estados Unidos e no Japão do que na Índia e na Nigéria? O que os países pobres podem fazer para promover um crescimento mais rápido e alcançar os países ricos? Por que o PIB dos países aumenta rápido em alguns anos e cai em outros? O que os formuladores de políticas estadunidenses podem fazer para reduzir a severidade dessas flutuações? Essas questões serão abordadas mais adiante.

Nesse ponto, é importante reconhecer a relevância da simples mensuração do PIB. Com ela, todos temos uma percepção geral de como vai a economia enquanto levamos a vida. No entanto, para que façam bem seu trabalho, economistas e formuladores de políticas precisam de dados concretos. A quantificação do comportamento da economia com dados estatísticos como o PIB é o primeiro passo para desenvolver a ciência da macroeconomia.

RESUMO DO CAPÍTULO

- Como cada transação tem um comprador e um vendedor, a despesa total da economia deve ser igual à renda total da economia.
- O produto interno bruto (PIB) mede a despesa total de uma economia em bens e serviços recentemente produzidos e a renda total obtida com a produção desses bens e serviços. Mais precisamente, o PIB é o valor de mercado de todos os bens e serviços finais produzidos em um país em determinado período.
- O PIB é dividido entre quatro componentes de despesa: consumo, investimento, gastos do governo e exportações líquidas. O consumo inclui despesas das famílias em bens e serviços, exceto pela compra de novas residências. O investimento inclui os gastos em capital empresarial, capital residencial e estoques. Os gastos do governo incluem as despesas em bens e serviços dos governos municipais, estaduais e federal. A exportação líquida é igual ao valor dos bens e serviços produzidos internamente e vendidos no exterior (exportações) menos o valor dos bens e serviços produzidos no exterior e vendidos internamente (importações).
- O PIB nominal usa os preços correntes para avaliar a produção de bens e serviços da economia. O PIB real usa preços constantes de um ano-base para avaliar a produção de bens e serviços da economia. O deflator do PIB – calculado como a razão entre o PIB nominal e o PIB real – mede o nível de preços da economia.
- O PIB é uma boa medida de bem-estar econômico, porque as pessoas preferem rendas elevadas a rendas baixas, mas não é uma medida perfeita de bem-estar. Por exemplo, o PIB desconsidera o valor do lazer e de um meio ambiente limpo.

CONCEITOS-CHAVE

microeconomia, p. 492
macroeconomia, p. 492
produto interno bruto (PIB), p. 494
consumo, p. 497

investimento, p. 497
gastos do governo, p. 498
exportações líquidas, p. 498
PIB nominal, p. 501

PIB real, p. 501
deflator do PIB, p. 501

QUESTÕES DE REVISÃO

1. Explique por que a renda de uma economia deve ser igual às suas despesas.
2. O que contribui mais para o PIB: a produção de um carro popular ou a de um carro de luxo? Por quê?
3. Um agricultor vende trigo para um padeiro por $ 2 e este usa o trigo para produzir pão, que é vendido a $ 3. Qual é a contribuição total dessas transações para o PIB?
4. Há muitos anos, Sophie pagou $ 500 para montar uma coleção de CDs. Hoje, ela vendeu seus CDs por $ 100. Como essa venda afeta o PIB corrente?
5. Enumere os quatro componentes do PIB. Dê um exemplo de cada um deles.
6. Por que os economistas usam o PIB real, e não o nominal, para medir o bem-estar econômico?
7. Em 2023, a economia produziu 100 pães, que são vendidos a $ 2 cada. Em 2024, a economia produziu 200 pães, que são vendidos a $ 3 cada. Calcule o PIB nominal, o PIB real e o deflator do PIB em cada ano. (Use 2023 como o ano-base.) Qual será o aumento percentual de cada uma dessas três estatísticas de um ano para o outro?
8. Por que é desejável para um país ter um PIB elevado? Dê um exemplo de algo que poderia aumentar o PIB, mas que seria indesejável.

PROBLEMAS E APLICAÇÕES

1. Quais componentes do PIB (se houver) cada uma das transações a seguir afetaria? Explique.
    a. Tio Henry compra um novo refrigerador de um fabricante nacional.
    b. Tia Dolly contrata uma empreiteira local para construir sua nova casa.
    c. A família Huang compra uma antiga casa vitoriana da família Ellis.
    d. Você paga ao cabeleireiro por um corte de cabelo.
    e. A Ford vende um Mustang de seu estoque para a família Martinez.

f. A Ford fabrica um Focus e o vende para a Avis, empresa locadora de veículos.
g. A Califórnia emprega trabalhadores para recapear a Rodovia 66.
h. O governo federal envia um cheque da Seguridade Social para sua avó.
i. Seus pais compram uma garrafa de vinho francês.
j. A Honda expande sua fábrica em Ohio.

2. Complete as lacunas:

Ano	PIB real (em $ de 2000)	PIB nominal (em $ atuais)	Deflator do PIB (ano-base: 2000)
1970	3.000	1.200	_____
1980	5.000	_____	60
1990	_____	6.000	100
2000	_____	8.000	_____
2010	_____	15.000	200
2020	10.000	_____	300
2030	20.000	50.000	_____

3. O componente "gastos do governo" do PIB não inclui as despesas em pagamentos de transferência, como Seguridade Social. Pensando sobre a definição do PIB, explique por que os pagamentos de transferência são excluídos.

4. Como vimos neste capítulo, o PIB não inclui o valor de bens usados que são revendidos. Por que a inclusão dessas transações faria do PIB uma medida menos precisa do bem-estar econômico?

5. A seguir, são apresentados alguns dados sobre a terra do leite e do mel.

Ano	Preço do leite	Quantidade de leite (litros)	Preço do mel	Quantidade de mel (litros)
2023	$ 1	100	$ 2	50
2024	1	200	2	100
2025	2	200	4	100

a. Calcule o PIB nominal, o PIB real e o deflator do PIB para cada ano, usando 2023 como ano-base.
b. Calcule a variação percentual do PIB nominal, do PIB real e do deflator do PIB em 2024 e 2025 em relação ao ano anterior. Para cada ano, identifique a variável que se mantém inalterada. Explique por que sua resposta faz sentido.
c. O bem-estar econômico aumentou mais em 2024 ou em 2025? Explique.

6. Considere uma economia que produz apenas barras de chocolate. No ano 1, a quantidade produzida é de 3 barras e o preço é $ 4. No ano 2, a quantidade produzida é de 4 barras e o preço é $ 5. No ano 3, a quantidade produzida é de 5 barras e o preço é $ 6. O ano 1 é o ano-base.
a. Qual é o PIB nominal de cada ano?
b. Qual é o PIB real de cada ano?
c. Qual é o deflator do PIB de cada ano?
d. Qual é a porcentagem da taxa de crescimento do PIB real do ano 2 para o ano 3?
e. Qual é a taxa de inflação, como medida pelo deflator do PIB, do ano 2 para o ano 3?
f. Nesse cenário de economia favorável, como você teria respondido às questões (d) e (e) sem responder primeiramente às questões (b) e (c)?

7. Considere os seguintes dados sobre o PIB dos Estados Unidos:

Ano	PIB nominal ($ bilhões)	Deflator do PIB (ano-base 2012)
2020	21.141	113,6
2000	10.287	78,1

a. Qual foi a taxa de crescimento do PIB nominal entre 2000 e 2020? (Dica: a taxa de crescimento de uma variável X sobre um período de N anos, é calculada como $100 \times [(X_{final}/X_{inicial})^{1/N} - 1]$.)
b. Qual foi a taxa de crescimento do deflator do PIB entre 2000 e 2020?
c. Qual era o PIB real em 2000, medido em preços de 2012?
d. Qual era o PIB real em 2020, medido em preços de 2012?
e. Qual foi a taxa de crescimento do PIB real entre 2000 e 2020?
f. A taxa de crescimento do PIB nominal foi maior ou menor que a taxa de crescimento do PIB real? Explique.

8. O governo dos Estados Unidos costuma divulgar estimativas revistas do PIB próximo ao fim de cada mês. Encontre um artigo de jornal que fale da divulgação mais recente ou leia você mesmo o comunicado no endereço http://www.bea.gov, o *site* do Escritório de Análises Econômicas dos Estados Unidos. Discuta as variações recentes no PIB real, no PIB nominal e nos componentes do PIB.

9. Um fazendeiro cultiva trigo e o vende ao moleiro por $ 100. Este transforma o trigo em farinha, que é vendida ao padeiro por $ 150. Este, por sua vez, transforma a farinha em pão, que é vendido aos consumidores por $ 180. Os consumidores consomem o pão.
a. Qual é o PIB nessa economia? Explique.
b. O **valor agregado** é definido como o valor de um produto menos o valor dos bens intermediários que o produtor compra para produzir um bem. Supondo que não haja bens intermediários além dos descritos anteriormente, calcule o valor agregado de cada um dos três produtores.

c. Qual é o valor agregado total dos três produtores dessa economia? De que forma pode ser comparado com o PIB? Esse exemplo sugere outra forma de calcular o PIB?

10. Os bens e serviços que não são vendidos nos mercados, como alimentos produzidos e consumidos em casa, não costumam ser incluídos no PIB. De que forma esse dado poderia nos levar a considerar enganosos os números da segunda coluna da Tabela 24-3 em uma comparação entre o bem-estar econômico dos Estados Unidos e da Índia? Explique.

11. A participação das mulheres na força de trabalho estadunidense aumentou drasticamente desde 1970.
    a. Na sua opinião, como esse aumento afetou o PIB?
    b. Agora, imagine uma medida de bem-estar econômico que inclua o tempo gasto com trabalhos domésticos e lazer. De que maneira a mudança dessa medida de bem-estar se compararia com a mudança do PIB?
    c. Você consegue pensar em outros aspectos do bem-estar que estejam associados ao aumento da participação feminina na força de trabalho? Seria prático construir uma medida de bem-estar que incluísse esses aspectos?

12. Barry, o barbeiro, ganha $ 400 por dia com cortes de cabelo. Durante esse período, o equipamento se deprecia em $ 50. Dos $ 350 restantes, Barry paga $ 30 em impostos de vendas ao governo, leva para casa $ 220 em salário e retém $ 100 para adquirir novos equipamentos no futuro. Dos $ 220 que leva consigo, ele paga $ 70 em imposto de renda. Com base nessa informação, calcule a contribuição de Barry para as seguintes medidas de renda.
    a. produto interno bruto
    b. produto nacional líquido
    c. renda nacional
    d. renda pessoal
    e. renda pessoal disponível

Respostas do teste rápido

1. c   2. d   3. b   4. c   5. b   6. d   7. c   8. a   9. a   10. b   11. c   12. c

Capítulo 25

Medindo o custo de vida

Em 1931, enquanto a economia norte-americana sofria os efeitos da Grande Depressão, Babe Ruth, o famoso jogador de beisebol, recebeu do New York Yankees $ 80 mil. Na época, o salário era extraordinário, mesmo entre as estrelas do esporte. Mas Ruth não era um jogador qualquer e estava bem ciente disso. De acordo com uma história, um repórter perguntou a Ruth se ele achava certo ganhar mais que o presidente Herbert Hoover, cujo salário era de apenas $ 75 mil. Ruth respondeu: "Eu tive um ano melhor".

Em 2021, o salário médio dos jogadores da liga principal de beisebol foi cerca de $ 4,2 milhões. O arremessador do Los Angeles Dodgers, Trevor Bauer, recebeu $ 38 milhões, o que fez dele o jogador mais bem pago. À primeira vista, esse fato pode nos levar a pensar que o beisebol se tornou muito mais lucrativo ao longo dos últimos 90 anos. Mas, como todos sabem, os preços dos bens e serviços também aumentaram. Em 1931, um sorvete custava 10 centavos, e com 25 centavos podia-se comprar um ingresso para o cinema. Como na época de Babe Ruth os preços eram muito mais baixos do

que hoje, não está claro se ele desfrutava de um padrão de vida melhor ou pior que os jogadores de hoje.

No capítulo anterior, vimos como os economistas usam o produto interno bruto (PIB) para medir a quantidade de bens e serviços que a economia está produzindo. Este capítulo examina como os economistas medem o custo de vida. Para comparar o salário de $ 80 mil de Babe Ruth com os salários de hoje, precisamos encontrar uma maneira de transformar os valores monetários em medidas significativas de poder aquisitivo. É exatamente essa a função de uma estatística chamada **índice de preços ao consumidor**, ou IPC.

O IPC é usado para monitorar mudanças no custo de vida ao longo do tempo. Quando esse índice aumenta, a família típica precisa gastar mais dinheiro para manter o mesmo padrão de vida. Os economistas empregam o termo **inflação** para descrever uma situação em que o nível geral de preços da economia está em ascensão e **deflação** para descrever uma situação em que o nível geral de preços está caindo. A **taxa de inflação** é a variação percentual do nível de preços em relação ao período anterior. No capítulo anterior, vimos como os economistas medem a inflação usando o deflator do PIB. A taxa de inflação de que ouvimos falar nos noticiários da televisão, no entanto, é baseada no IPC, que reflete melhor os bens e serviços comprados pelos consumidores.

Como veremos nos próximos capítulos, a inflação é um aspecto do desempenho macroeconômico cuidadosamente observado e uma variável-chave na orientação da política macroeconômica. Este capítulo fornece a base para essa análise, discutindo como o IPC é construído e como ele pode ser utilizado para comparar valores em dólares em diferentes períodos de tempo.

25-1 O índice de preços ao consumidor

índice de preços ao consumidor (IPC)
uma medida do custo total dos bens e serviços comprados por um consumidor típico

O **índice de preços ao consumidor (IPC)** é uma medida do custo geral de todos os bens e serviços comprados por um consumidor típico. A cada mês, o Bureau of Labor Statistics (BLS; departamento de estatísticas de trabalho dos Estados Unidos) calcula e divulga o índice de preços ao consumidor. Nesta seção, abordaremos como esse índice é calculado e os problemas relacionados à sua medição. Veremos, ainda, como ele se compara ao deflator do PIB, outra medida do nível geral de preços que examinamos no capítulo anterior.

25-1a Como é calculado o IPC

Quando o BLS calcula o IPC e a taxa de inflação, ele usa dados relativos aos preços de milhares de bens e serviços. Para ver como essas estatísticas são construídas, consideremos uma economia simples em que os consumidores só comprem dois bens – cachorros-quentes e hambúrgueres. A Tabela 25-1 mostra as cinco etapas seguidas pelo BLS.

1. **Fixar a cesta.** Determinar quais preços são mais importantes para o consumidor típico. Se o consumidor típico compra mais cachorros-quentes que hambúrgueres, então o preço do cachorro-quente é mais importante que o do hambúrguer e, portanto, deve ter um peso maior no cálculo do custo de vida. O BLS estabelece esses pesos pesquisando os consumidores e identificando a cesta de bens e serviços que o consumidor típico compra. No exemplo da tabela, ele compra uma cesta de 4 cachorros-quentes e 2 hambúrgueres.

2. **Coletar os preços.** Coletar os preços de cada um dos bens e serviços da cesta em cada momento. A tabela mostra os preços dos cachorros-quentes e dos hambúrgueres em três anos diferentes.

3. **Calcular o custo da cesta.** Usar os dados sobre preços para calcular o custo da cesta de bens e serviços em diferentes momentos. A tabela mostra esse cálculo para cada um dos três anos. Observe que, nesse cálculo, somente os preços mudam. Mantendo constante a cesta de bens (4 cachorros-quentes e 2 hambúrgueres), estamos isolando os efeitos das variações de preços do efeito de qualquer variação de quantidade que possa estar ocorrendo ao mesmo tempo.

Tabela 25-1

Cálculo do índice de preços ao consumidor e da taxa de inflação: um exemplo

Esta tabela mostra como calcular o índice de preços ao consumidor e a taxa de inflação para uma economia hipotética em que os consumidores compram apenas cachorros-quentes e hambúrgueres.

Etapa 1: Pesquisar os consumidores para determinar uma cesta fixa de bens

Cesta = 4 cachorros-quentes, 2 hambúrgueres

Etapa 2: Coletar o preço de cada bem em cada ano

Ano	Preço dos cachorros-quentes	Preço dos hambúrgueres
2022	$ 1	$ 2
2023	2	3
2024	3	4

Etapa 3: Calcular o custo da cesta de bens a cada ano

2022	($ 1 por cachorro-quente × 4 cachorros-quentes) + ($ 2 por hambúrguer × 2 hambúrgueres) = $ 8 por cesta
2023	($ 2 por cachorro-quente × 4 cachorros-quentes) + ($ 3 por hambúrguer × 2 hambúrgueres) = $ 14 por cesta
2024	($ 3 por cachorro-quente × 4 cachorros-quentes) + ($ 4 por hambúrguer × 2 hambúrgueres) = $ 20 por cesta

Etapa 4: Escolher um ano como ano-base (2022) e calcular o IPC em cada ano

2022	($ 8 / $ 8) × 100 = 100
2023	($ 14 / $ 8) × 100 = 175
2024	($ 20 / $ 8) × 100 = 250

Etapa 5: Usar o índice de preços do consumidor para calcular a taxa de inflação do ano anterior

2023	(175 − 100) / 100 × 100 = 75%
2024	(250 − 175) / 175 × 100 = 43%

4. **Escolher um ano-base e calcular o índice.** Designar um ano como ano-base, que servirá como padrão em relação ao qual os demais anos serão comparados. (A escolha do ano-base é arbitrária, pois o índice é usado para medir as mudanças no custo de vida, que são as mesmas independente do ano escolhido como base.) Após a escolha do ano-base, o índice é calculado da seguinte forma:

$$\text{Índice de preços ao consumidor} = \frac{\text{Preço da cesta de bens e serviços no ano corrente}}{\text{Preço da cesta no ano-base}} \times 100.$$

Ou seja, para calcular o índice, o preço da cesta de bens e serviços em cada ano é dividido pelo preço da cesta no ano-base, e essa razão é então multiplicada por 100.

No exemplo da Tabela 25-1, o ano-base é 2022. Nesse ano, a cesta de cachorros-quentes e hambúrgueres custava $ 8. Consequentemente, o preço da cesta em todos os anos é dividido por $ 8 e multiplicado por 100. O IPC é 100 em 2022 (o índice é sempre 100 no ano-base). O IPC é 175 em 2023, o que significa que o preço da cesta em 2023 é 175% do seu preço no ano-base. Em outras palavras, uma cesta de bens que custava $ 100 no ano-base custa $ 175 em 2023. De forma similar, o IPC é 250 em 2024, indicando que o nível de preço nesse ano é 250% do nível de preço no ano-base.

taxa de inflação
variação percentual do índice de preços em relação a um período anterior

5. **Calcular a taxa de inflação.** Usar o índice de preços ao consumidor para calcular a **taxa de inflação**, que é a variação percentual do índice de preços em relação a um período anterior. Ou seja, a taxa de inflação entre dois anos consecutivos é calculada da seguinte maneira:

$$\text{Taxa de inflação no ano 2} = \frac{\text{IPC no ano 2} - \text{IPC no ano 1}}{\text{IPC no ano 1}} \times 100.$$

Como se pode ver no final da Tabela 25-1, a taxa de inflação, em nosso exemplo, é de 75% em 2023 e de 43% em 2024.

Embora esse exemplo simplifique a realidade incluindo apenas dois bens, ele mostra como o BLS calcula o IPC e a taxa de inflação. O BLS coleta e processa dados sobre os preços de milhares de bens e serviços a cada mês e, seguindo as cinco etapas que acabamos de abordar, determina o quão rapidamente o custo de vida está subindo para o consumidor típico. Quando o BLS faz seu comunicado mensal do IPC, em geral ouvimos o número no noticiário noturno da TV ou lemos sobre ele no jornal da manhã seguinte.

SAIBA MAIS

O que há na cesta do IPC?

Ao construir o IPC, o Bureau of Labor Statistics tenta incluir todos os bens e serviços que o consumidor típico compra. Além disso, tenta atribuir pesos a esses bens e serviços de acordo com a quantidade que os consumidores compram de cada item.

A Figura 25-1 mostra a decomposição das despesas dos consumidores nas principais categorias de bens e serviços. A maior categoria, de longe, é a moradia, que representa 42% do orçamento do consumidor típico. Essa categoria inclui custo de abrigo (33%), combustível e outros serviços públicos (5%) e mobiliário doméstico e materiais de limpeza (5%). A segunda maior categoria, com 18%, é transporte, que inclui despesas com carros, gasolina, passagens de ônibus, metrô, etc. Em seguida, com 14%, vêm alimentos e bebidas; essa categoria inclui alimentos consumidos em casa (8%), alimentos consumidos fora de casa (5%) e bebidas alcoólicas (1%). A seguir, vêm assistência médica (8%), educação e comunicação (6%) e lazer (5%). Vestuário, que inclui roupas, calçados e joias, representa 2% do orçamento do consumidor típico.

Também incluída na figura, com 3% das despesas, temos a categoria outros bens e serviços: trata-se de uma classificação genérica para as coisas que os consumidores compram e que não se enquadram nas demais categorias, como cigarros, cortes de cabelo e despesas com funerais. ■

Figura 25-1

A cesta típica de bens e serviços

Esta figura mostra como o consumidor típico divide suas despesas entre as várias categorias de bens e serviços. O Bureau of Labor Statistics chama cada porcentagem de "importância relativa" da categoria.

Fonte: Bureau of Labor Statistics.

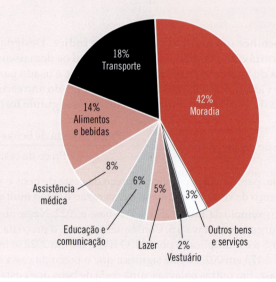

Além do IPC da economia como um todo, o BLS calcula diversos outros índices de preços. Ele divulga o índice de categorias restritas de bens e serviços, como alimentos, vestuário e energia. Também calcula o IPC de todos os bens e serviços, excluindo alimentos e energia, mediante uma estatística chamada **núcleo do IPC**. Como os preços de alimentos e energia mostram grande volatilidade no curto prazo, o núcleo do IPC reflete melhor as tendências da inflação em andamento. Por fim, o BLS calcula ainda o **índice de preços ao produtor (IPP)**, que mede o custo de uma cesta de bens e serviços comprados pelas empresas. Antes conhecido como índice de preços no atacado, o IPP surgiu em um relatório do Senado em 1893, tornando-o um dos índices de preço mais antigos da economia dos Estados Unidos.

núcleo do IPC
uma medida do custo total dos bens de consumo e serviços, exceto alimentos e energia

índice de preços ao produtor (IPP)
uma medida do custo de uma cesta de bens e serviços comprados pelas empresas

25-1b Problemas no cálculo do custo de vida

O objetivo do IPC é medir variações no custo de vida. Em outras palavras, o IPC tenta avaliar o quanto as rendas devem aumentar para manter um padrão de vida constante. O IPC, contudo, não é uma medida perfeita do custo de vida; ele contém três problemas que todos reconhecem, mas que são de difícil resolução.

O primeiro problema é o **viés da substituição**. Quando os preços mudam de um ano para outro, eles não mudam todos na mesma proporção: alguns preços aumentam mais que outros, e alguns até diminuem. Os consumidores respondem a essas variações comprando menos dos bens cujos preços subiram mais e mais daqueles cujos preços subiram menos ou diminuíram. Ou seja, os consumidores substituem os bens que se tornaram relativamente mais caros pelos que se tornaram relativamente mais baratos. Se um índice de preços é calculado a partir de uma cesta fixa de bens e serviços, ele ignora a substituição pelos consumidores e superestima o aumento do custo de vida de um ano para o outro.

Consideremos um exemplo. Imagine que, inicialmente, as maçãs estivessem mais baratas que as peras e que, portanto, os consumidores tenham comprado mais maçãs do que peras. Quando o BLS construiu a cesta de bens, incluiu mais maçãs do que peras devido aos hábitos de compra dos consumidores. Suponha que, no ano seguinte, as peras estavam mais baratas que as maçãs. Os consumidores provavelmente vão comprar mais peras e menos maçãs. Todavia, visto que a cesta de bens é fixa, o IPC é calculado como se os consumidores seguissem comprando as maçãs, agora caras, na mesma quantidade de antes. Por essa razão, o índice medirá um aumento do custo de vida muito maior que o efetivamente experimentado pelos consumidores.

O segundo problema do índice de preços ao consumidor é o **surgimento de novos bens**. Quando um novo bem surge, os consumidores têm maior variedade de produtos para escolher, e isso reduz o custo de manter o mesmo nível de bem-estar econômico. Para entender como isso ocorre, suponha que você possa escolher entre um vale-presente de $ 100 em uma grande loja, que oferece uma grande variedade de produtos, e um vale-presente de $ 100 em uma pequena loja com os mesmos preços, mas com menor número de opções. O que você prefere? A maioria das pessoas escolheria a loja com maior variedade. Resumindo, com mais variedade, cada centavo vale mais. Isso também é verdadeiro para a economia: à medida que novos produtos vão surgindo os consumidores têm mais opções, e cada dólar vale mais. Contudo, como o IPC baseia-se em uma cesta fixa de bens e serviços, ele não reflete o aumento do valor da moeda que ocorre com o surgimento de novos bens.

Por exemplo, em 2001, a Apple apresentou o iPod, um pequeno dispositivo reprodutor de músicas que foi precursor do iPhone. Já havia dispositivos reprodutores de música, mas eles não eram nem de perto tão portáteis, eficientes e fáceis de usar. O iPod se tornou uma nova opção, que aumentou as possibilidades dos consumidores. Qualquer que fosse o preço, a chegada do iPod foi muito benéfica para os consumidores; por outro lado, alcançar o mesmo nível de bem-estar requeria menos dinheiro. E, claro, o mesmo aconteceu com a chegada subsequente do iPhone e de outros *smartphones*, que poderiam fazer o que o iPod fazia e muito mais. Um índice de custo de vida perfeito teria refletido a redução do custo de vida em virtude desses novos aparelhos. Contudo, como o IPC usa uma cesta fixa, ele não diminui quando novos bens surgem. Por fim, o BLS revisou a cesta de bens para que esta incluísse iPods e iPhones, e, em em seguida o índice passou a refletir a mudança em seus preços. Todavia, a redução do custo de vida associado à chegada desses dispositivos nunca apareceu no índice.

O terceiro problema do índice de preços ao consumidor é a **mudança de qualidade não captada**. Se a qualidade de um bem se deteriora de um ano para o outro enquanto o seu preço permanece o mesmo, acabamos com um produto inferior pela mesma quantidade de dinheiro, e o valor da moeda cai. De forma similar, se a qualidade de um bem aumenta de um ano para o outro, o valor do dólar sobe. O BLS faz o possível para levar em consideração as mudanças qualitativas. Quando a qualidade de um bem da cesta muda – por exemplo, quando um modelo de carro tem a sua potência aumentada ou passa a consumir menos gasolina de um ano para o outro –, o BLS ajusta o preço do bem para levar em consideração a mudança qualitativa. Trata-se, em essência, de tentar calcular o preço de uma cesta de bens de qualidade constante. Apesar desses esforços, as mudanças de qualidade continuam sendo um problema, porque a medição da qualidade é difícil.

Ainda há muito debate a respeito da gravidade desses problemas de medição e do que se pode fazer em relação a eles. Estudos estimaram, de maneira otimista, que a inflação aumentava de 0,5 a 1,0% por ano. Isso é relevante, pois muitos programas governamentais usam o IPC para se ajustar a mudanças no nível geral os preços. Beneficiários da Seguridade Social, por exemplo, obtêm aumentos anuais de benefícios atrelados ao IPC. Alguns economistas sugeriram modificar esses programas para corrigir problemas de mensuração, por exemplo, reduzindo a magnitude dos aumentos automáticos de benefícios. Outros, entretanto, apontam que isso seria um erro, pois pessoas mais idosas tendem a gastar mais com cuidados relacionados à saúde, cujos preços geralmente sobem com mais velocidade do que a cesta fixa regular do IPC.

25-1c O deflator do PIB *versus* o índice de preços ao consumidor

No capítulo anterior, examinamos outra medida do nível geral de preços na economia: o deflator do PIB. O deflator do PIB é a razão entre o PIB nominal e o PIB real. Como o PIB nominal é a produção corrente avaliada a preços correntes e o PIB real é a produção corrente avaliada a preços do ano-base, o deflator do PIB reflete o nível de preços corrente em relação ao nível de preços do ano-base.

Os economistas e formuladores de políticas monitoram tanto o deflator do PIB quanto o IPC, além de outros indicadores, para avaliar a velocidade de crescimento dos preços. Em geral, essas duas estatísticas contam a mesma história, mas há duas diferenças importantes que podem fazê-las divergir.

A primeira diferença é que o deflator do PIB reflete os preços de todos os bens e serviços **produzidos internamente**, enquanto o IPC reflete os preços de todos os bens e serviços **comprados pelos consumidores**. Por exemplo, suponha que o preço de um avião produzido pela Boeing e vendido à Força Aérea aumente. Embora o avião faça parte do PIB, ele não faz parte da cesta de bens e serviços comprados por um consumidor típico. Assim, o aumento do preço aparece no deflator do PIB, mas não no IPC.

Como outro exemplo, suponha que a Fiat aumente os preços de seus carros. Como os carros da Fiat são fabricados na Itália, o carro não faz parte do PIB estadunidense. Todavia, os consumidores dos Estados Unidos compram Fiat, e, por isso, o carro faz parte da cesta de bens dos consumidores. Assim, um aumento no preço de um bem importado, como um carro da Fiat, aparece no IPC, mas não no deflator do PIB.

Historicamente, a primeira diferença entre o IPC e o deflator do PIB é especialmente importante quando aumenta o preço do petróleo. Os Estados Unidos produzem alguma quantidade de petróleo, mas consomem muito mais, o que resulta em importações substanciais de petróleo. Com isso, o petróleo e seus derivados, como a gasolina e o óleo combustível utilizados para aquecimento, têm uma participação maior nas despesas do consumidor que no PIB. Quando o preço do petróleo aumenta, o IPC aumenta muito mais que o deflator do PIB. Esse fenômeno é menos importante hoje. Desde 2008, a produção de petróleo dos Estados Unidos aumentou substancialmente, reduzindo a dependência do país das importações de petróleo.

"O preço pode parecer meio alto, mas você deve se lembrar de que isso é no valor de hoje."

A segunda e mais sutil diferença entre o deflator do PIB e o IPC diz respeito a como os diversos preços são ponderados a fim de que resultem em um só número referente ao nível geral de preços. O IPC compara o preço de uma cesta **fixa** de bens e serviços com o preço da mesma cesta no ano-base. O BLS muda apenas ocasionalmente a composição da cesta de bens. Por sua vez, o deflator do PIB compara o preço dos bens e serviços **produzidos atualmente** com o preço dos mesmos bens e serviços no ano-base. Assim sendo, o grupo de bens e serviços usados para calcular o deflator do PIB muda automaticamente ao longo do tempo. Essa diferença não é importante quando todos os preços mudam proporcionalmente. Entretanto, se os preços de diferentes bens e serviços estiverem mudando em ritmos diferentes, a forma como os preços são ponderados influenciará a taxa geral de inflação.

A Figura 25-2 mostra a taxa de inflação medida tanto pelo deflator do PIB quanto pelo IPC para cada ano desde 1965. Como podemos ver, as duas medidas às vezes divergem. Quando isso acontece, é possível olhar por trás dos números e explicar a divergência com as duas diferenças que acabamos de abordar. Por exemplo, em 1979 e 1980, a taxa de inflação do IPC disparou mais que o deflator do PIB em grande parte porque o preço do petróleo mais que duplicou durante aquele período. Por outro lado, em 2009 e 2015, a inflação do IPC caiu bem abaixo da inflação medida pelo deflator do PIB devido à queda dos preços do petróleo. No entanto, a divergência entre essas duas medidas é a exceção e não a regra.

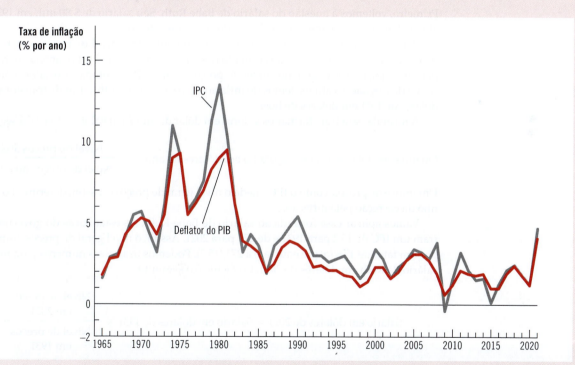

Figura 25-2
Duas medidas de inflação

A figura mostra a taxa de inflação – a variação percentual do nível de preços – medida pelo deflator do PIB e pelo índice de preços ao consumidor usando dados anuais desde 1965. Observe que, em geral, as duas medidas de inflação se movem juntas.

Fonte: U. S. Department of Labor; U. S. Department of Commerce.

> **Teste rápido**

1. O IPC mede aproximadamente o mesmo fenômeno econômico que
   a. o PIB nominal.
   b. o PIB real.
   c. o deflator do PIB.
   d. a taxa de desemprego.

2. O maior componente na cesta de bens e serviços usada para calcular o IPC é
   a. alimentos e bebidas.
   b. moradia.
   c. assistência médica.
   d. vestuário.

3. Se um fabricante de armas da Pensilvânia aumenta o preço dos rifles que vende para o Exército estadunidense, esse aumento irá elevar
   a. tanto o IPC quanto o deflator do PIB.
   b. nem o IPC nem o deflator do PIB.
   c. o IPC, mas não o deflator do PIB.
   d. o deflator do PIB, mas não o IPC.

4. Considerando que os consumidores, às vezes, podem comprar produtos mais baratos em substituição àqueles que aumentaram de preço
   a. o IPC superestima a inflação.
   b. o IPC subestima a inflação.
   c. o deflator do PIB superestima a inflação.
   d. o deflator do PIB subestima a inflação.

As respostas estão no final do capítulo.

25-2 Corrigindo as variáveis econômicas dos efeitos da inflação

Agora que sabemos como são calculados os índices de preços, vejamos como se pode utilizá-los para comparar uma quantia monetária do passado com uma quantia monetária do presente.

25-2a Valores monetários em diferentes épocas

Primeiro, voltemos à questão do salário de Babe Ruth. Seu salário de $ 80 mil, em 1931, era alto ou baixo se comparado aos salários dos jogadores de hoje?

Para responder a essa pergunta, precisamos conhecer o nível de preços em 1931 e o nível de preços de hoje. Parte do aumento dos salários no beisebol serve apenas para compensar os jogadores pelo maior nível de preços de hoje. Para comparar o salário de Ruth com o dos jogadores atuais, temos de inflacionar o salário de Ruth, a fim de transformar os dólares de 1931 em dólares de hoje.

A fórmula para transformar os valores em dólar do ano T em valores atuais é a seguinte:

$$\text{Quantia em dólares atuais} = \text{Quantia em dólares no ano } T \times \frac{\text{Nível de preços atual}}{\text{Nível de preços no ano } T}.$$

Um índice de preços, como o IPC, mede o nível geral de preços e, assim, determina o tamanho da correção pela inflação.

Vamos aplicar essa fórmula ao salário de Babe Ruth. As estatísticas do governo mostram um IPC de 15,2 para 1931 e de 271 para 2021. Assim, o nível geral de preços aumentou por um fator de 17,8 (o que equivale a 271/15,2). Podemos usar esses números para medir o salário de Ruth em dólares de 2021. O cálculo é o seguinte:

$$\text{Salário em dólares de 2021} = \text{Salário em dólares de 1931} \times \frac{\text{Nível de preços em 2021}}{\text{Nível de preços em 1931}}$$

$$= \$\,80.000 \times \frac{271}{15,2}$$

$$= \$\,1.426.316$$

SAIBA MAIS: O Sr. Índice vai a Hollywood

Qual foi o filme mais popular de todos os tempos? A resposta pode ser uma surpresa.

A popularidade dos filmes costuma ser medida pela bilheteria. Por esse critério, *Star Wars: o despertar da força*, lançado em 2015, é o filme número um de todos os tempos, com uma bilheteria doméstica de $ 937 milhões, seguido por *Vingadores: Ultimato* ($ 853 milhões), *Avatar* ($ 761 milhões) e *Pantera Negra* ($ 700 milhões). Contudo, esse *ranking* ignora um fato óbvio, mas importante: os preços, incluindo os de ingressos de cinema, aumentam ao longo do tempo. A inflação dá uma vantagem a filmes mais novos.

Quando corrigimos as bilheterias pela inflação, a história é bem diferente. O filme número um passa a ser *...E o vento levou* ($ 1,851 bilhão em dólares de 2019), seguido pelo filme original da série *Star Wars* ($ 1,629 bilhão) e *A noviça rebelde* ($ 1,304 bilhão). *Star Wars: o despertar da força* cai para a 11ª posição, com $ 989 milhões.

...E o vento levou foi lançado em 1939, antes que todo mundo tivesse televisores em casa e em uma época em que cerca de 90 milhões de estadunidenses iam ao cinema todas as semanas, comparados aos cerca de 25 milhões de hoje. No entanto, os filmes daquela época raramente aparecem nos *rankings* convencionais de popularidade, porque os ingressos eram vendidos por apenas 25 centavos. De fato, no *ranking* baseado no valor nominal da bilheteria, *...E o vento levou* não está entre os 100 filmes mais rentáveis. Scarlett e Rhett se saem muito melhor quando corrigimos os valores pelos efeitos da inflação. ■

"Que a força da inflação esteja com você."

Concluímos que, em 1931, o salário de Ruth equivaleria a um salário atual de mais de $ 1,4 milhão. Era uma boa renda, mas era apenas um terço do salário de um jogador médio de hoje e somente 4% do que o Dodgers paga a Trevor Bauer. Várias forças, incluindo o crescimento econômico geral e as participações cada vez maiores que os superastros recebem, aumentaram substancialmente o padrão de vida dos melhores atletas.

Vamos examinar também o salário do presidente Hoover em 1931, que era de $ 75.000. Para converter esse valor em dólares de 2021, novamente temos de multiplicá-lo pela razão dos níveis de preços nos dois anos. Verificamos que o salário de Hoover era o equivalente a $ 75 mil x (271/15,2), ou $ 1.337.171 em dólares de 2021. Isso está bem acima do salário de $ 400 mil do presidente Joe Biden. Parece que, afinal, o presidente Hoover teve um ano muito bom.

Estudo de caso: Diferenças regionais no custo de vida

Ao se formar na faculdade, você pode ter várias ofertas de emprego. Se os empregos estiverem em localizações diferentes, no entanto, tenha cuidado ao comparar o quanto eles pagam. O custo de vida varia não apenas com o tempo, mas também entre os locais. O que parece ser um salário maior pode não ser quando você contabiliza as diferenças regionais de preços.

O Bureau of Economic Analysis (departamento de análise econômica dos Estados Unidos) utiliza os dados coletados para o IPC para comparar preços nos Estados Unidos. Ele produz uma estatística útil chamada **índice de preços regionais**. Assim como o IPC mede a variação no custo de vida de ano para ano, os índices de preço regionais medem as diferenças no custo de vida de estado para estado.

A Figura 25-3 mostra os índices de preços regionais para 2020. Por exemplo, morar no Havaí custa 112% do que custa morar em um lugar típico nos Estados Unidos (i.e., o

Figura 25-3

Variação regional no custo de vida

Esta figura mostra como os custos de vida nos 50 estados dos Estados Unidos e em Washington, D.C., comparam-se à média dos Estados Unidos.

Fonte: U.S. Department of Commerce.

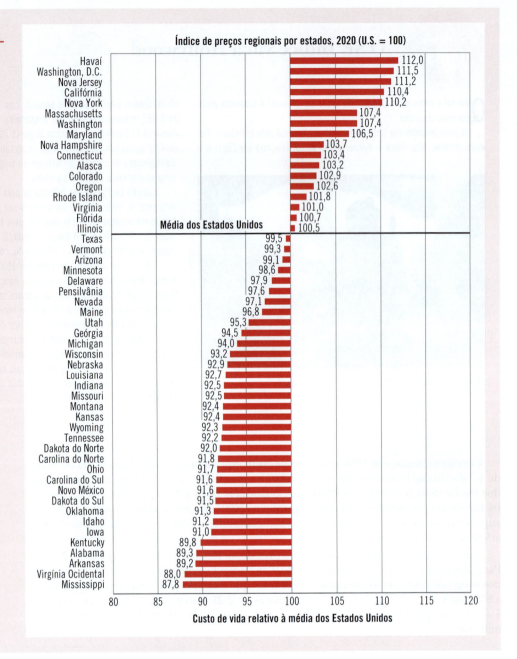

Havaí é 12% mais caro do que a média). Morar no Mississippi custa 87,8% do que custa morar em um lugar típico (i.e., o Mississippi é 12,2% mais barato do que a média).

O que explica essas diferenças? Os preços de bens, como alimentos e roupas, explicam apenas uma pequena parte dessas diferenças regionais. A maioria dos produtos é comercializável: eles podem ser facilmente transportados de um estado para outro. Em virtude do comércio regional, é improvável que grandes disparidades de preços persistam por muito tempo.

Os serviços explicam uma grande parte das diferenças regionais. Um corte de cabelo, por exemplo, pode custar mais em um estado do que em outro. Se os barbeiros estivessem dispostos a se mudar para lugares onde o preço de um corte de cabelo é alto, ou se os clientes estivessem dispostos a voar pelo país em busca de cortes de cabelo baratos, os preços dos cortes de cabelo entre as regiões poderiam convergir. No entanto, como o transporte para ir cortar o cabelo é muito caro, as altas disparidades de preço persistem.

Os serviços habitacionais são particularmente importantes para entender as diferenças regionais no custo de vida. Esses serviços representam uma grande parte do orçamento de um consumidor típico. Uma vez construída, uma casa ou um prédio de apartamentos não podem ser movidos facilmente, enquanto o terreno em que eles se encontram fica completamente imóvel. Consequentemente, as diferenças nos custos de moradia podem ser persistentemente grandes. Por exemplo, os aluguéis no Havaí são cerca do dobro dos do Mississippi.

É importante se atentar a esses fatos ao comparar ofertas de emprego. Não analise apenas os salários, mas também os preços locais de bens e serviços, especialmente da moradia. ●

25-2b Indexação

Como acabamos de ver, os índices de preços são usados para corrigir os efeitos da inflação quando comparamos valores monetários de diferentes épocas. Quando alguma quantia em dólares é automaticamente corrigida por mudanças no nível de preços, por força de lei ou de contrato, dizemos que a quantia está **indexada** pela inflação.

indexação
correção automática, por força de lei ou de contrato, de uma quantia pela inflação

Por exemplo, muitos contratos de longo prazo entre empresas e sindicatos incluem uma indexação total ou parcial do salário pelo IPC. Condições como essa são chamadas de **reajuste pelo custo de vida** (COLA, do inglês *cost of living allowance*). O COLA automaticamente aumenta os salários quando o IPC aumenta.

A indexação também é uma característica de muitas leis. Os benefícios da Seguridade Social, por exemplo, são reajustados a cada ano para compensar os idosos pelos aumentos dos preços. As faixas do imposto de renda federal – os níveis de renda em que as alíquotas mudam – também são indexadas. Há, contudo, muitos pontos do sistema tributário que não estão indexados, quando talvez devessem estar. Abordaremos essas questões mais adiante.

25-2c Taxas de juros reais e nominais

Corrigir as variáveis econômicas pelos efeitos da inflação é particularmente importante, e por vezes complicado, quando observamos os dados sobre as taxas de juros. O conceito de taxa de juros envolve necessariamente a comparação de valores entre períodos diferentes. Quando você deposita sua poupança em uma conta bancária, recebe juros sobre seu depósito. Da mesma forma, quando você faz um empréstimo bancário, terá de pagar juros sobre esse empréstimo. Nos dois casos, para entender os aspectos dessas transações, é preciso saber que os valores monetários futuros podem ser diferentes dos atuais. Ou seja, é preciso saber como corrigir os efeitos da inflação.

Vamos considerar um exemplo. Suponha que Sara deposite $ 1.000 em uma conta bancária que paga taxa anual de juros de 10%. Após um ano, Sara acumulou $ 100 em juros. Ela então retira os seus $ 1.100. Sara está $ 100 mais rica que quando fez o depósito, um ano antes?

A resposta depende do que queremos dizer com "rica". Sara tem $ 100 a mais que um ano atrás. Em outras palavras, o número de dólares aumentou 10%. Sara não se importa com a quantidade de dinheiro em si, mas com o que pode adquirir com ele. Se os preços subiram enquanto o dinheiro estava no banco, cada dólar agora compra menos que há um ano. Nesse caso, seu poder de compra – a quantidade de bens e serviços que pode comprar – não aumentou 10%.

Simplificando, vamos supor que Sara goste de filmes e gaste muito dinheiro indo ao cinema. Quando ela fez o depósito, um ingresso custava $ 10. O depósito de $ 1.000 era equivalente a 100 ingressos. Um ano mais tarde, após receber os 10% de juros, ela tem $ 1.100.

Quantos ingressos ela pode comprar? Depende do que aconteceu com o preço do ingresso. Observe alguns exemplos:

- Inflação zero: se o preço do ingresso permanece $ 10, a quantidade que ela pode comprar aumenta de 100 para 110 ingressos. O aumento de 10% no total depositado representa um aumento de 10% no poder de compra.
- Inflação de 6%: se o preço do ingresso aumenta de $ 10 para $ 10,60, a quantidade que ela pode comprar aumenta de 100 para aproximadamente 104 ingressos. O poder de compra aumenta cerca de 4%.
- Inflação de 10%: se o preço do ingresso aumenta de $ 10 para $ 11, ela pode comprar apenas 100 ingressos. Embora o valor depositado tenha aumentado, o poder de compra permanece o mesmo de um ano antes.
- Inflação de 12%: se o preço do ingresso aumenta de $ 10 para $ 11,20, então, mesmo com mais dinheiro, a quantidade de ingressos que pode comprar cai de 100 para aproximadamente 98. Mesmo com mais dólares, o poder de compra diminui quase 2%.

Se Sara vivesse em uma economia com deflação – inflação negativa ou queda de preços –, poderia surgir outra possibilidade:

- Deflação de 2%: se o preço do ingresso cai de $ 10 para $ 9,80, a quantidade de ingressos que ela pode comprar aumenta de 100 para aproximadamente 112 ingressos. O poder de compra aumenta cerca de 12%.

Esses exemplos mostram que, quanto maior é a taxa de inflação, menor é o aumento no poder de compra de Sara. Se a taxa de inflação exceder a taxa de juros, o poder de compra diminuirá. Se houver deflação (i.e., taxa de inflação negativa), o poder de compra aumentará mais que a taxa de juros.

Para entender o quanto uma pessoa ganha com uma caderneta de poupança, é preciso considerar a taxa de juros e as mudanças de preços. A taxa de juros que o banco paga é chamada de **taxa de juros nominal**, e a taxa de juros corrigida pela inflação é chamada de **taxa de juros real**. Podemos representar a relação entre taxa de juros nominal, taxa de juros real e taxa de inflação da seguinte maneira:

Taxa de juros real = Taxa de juros nominal − Taxa de inflação.

taxa de juros nominal
a taxa de juros tal como normalmente é cotada, sem a correção dos efeitos da inflação

taxa de juros real
a taxa de juros após o desconto da taxa de inflação

A taxa de juros real é a diferença entre a taxa de juros nominal e a taxa de inflação. A taxa de juros nominal nos informa a que velocidade o número de dólares aumenta na conta bancária ao longo do tempo, enquanto a taxa de juros real nos diz a que velocidade o poder aquisitivo de uma conta bancária cresce ao longo do tempo.

Estudo de caso: Taxas de juros na economia dos Estados Unidos

A Figura 25-4 mostra as taxas de juros reais e nominais na economia dos Estados Unidos desde 1965. A taxa de juros nominal nesta figura é a taxa dos títulos do Tesouro de três meses (embora os dados sobre outras taxas de juros sejam semelhantes). A taxa de juros real é calculada subtraindo a taxa de inflação dessa taxa de juros nominal. Aqui, a taxa de inflação é medida como a variação percentual no IPC.

Uma característica dessa figura é que a taxa de juros nominal geralmente excede a taxa de juros real. Isso reflete o fato de que, embora a deflação tenha ocorrido ocasionalmente, a economia dos Estados Unidos experimentou um aumento nos preços ao consumidor na maioria dos anos durante esse período. Por outro lado, se você observar os dados da economia dos Estados Unidos durante o final do século XIX ou da economia japonesa em alguns

Figura 25-4
Taxas de juros reais e nominais

Esta figura mostra as taxas de juros nominais e reais usando dados anuais desde 1965. A taxa de juros nominal é a taxa dos títulos do Tesouro em três meses. A taxa de juros real é a taxa de juros nominal menos a taxa de inflação medida pelo IPC. Observe que as taxas de juros nominais e reais geralmente não se movem juntas.

Fonte: U.S. Department of Labor; U.S. Department of Treasury.

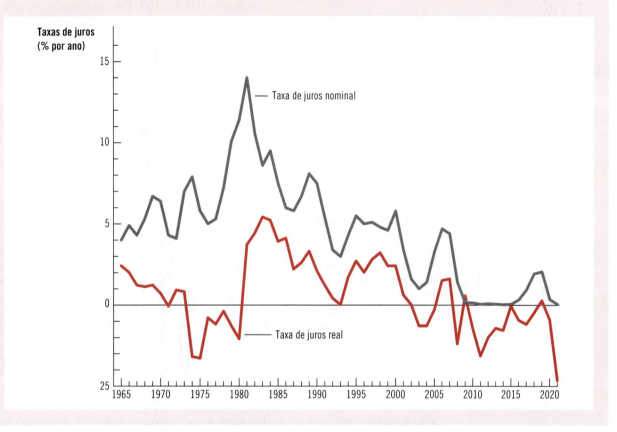

anos recentes, encontrará períodos significativos de deflação. Durante a deflação, a taxa de juros real excede a taxa de juros nominal.

A figura também mostra que, como a inflação é variável, as taxas de juros reais e nominais nem sempre se movem juntas. Por exemplo, no final da década de 1970, as taxas de juros nominais eram altas. Contudo, como a inflação estava muito alta, as taxas de juros reais estavam baixas. De fato, durante grande parte da década de 1970, as taxas de juros reais foram negativas: a inflação corroeu as economias das pessoas mais rapidamente do que os pagamentos de juros nominais puderam aumentá-las. Por outro lado, no final da década de 1990, as taxas de juros nominais estavam mais baixas do que duas décadas antes, mas as taxas de juros reais estavam mais altas porque a inflação estava muito mais baixa. No entanto, as taxas de juros nominais e reais geralmente se movem na mesma direção: durante a recessão do coronavírus de 2020, por exemplo, as taxas de juros nominais caíram para cerca de zero, e as taxas de juros reais voltaram a ficar negativas. Os próximos capítulos examinarão as forças econômicas que determinam as taxas de juros reais e nominais. ●

Teste rápido

5. Se o IPC for 200 para o ano de 2010 e 300 hoje, então $ 600 em 2010 têm o mesmo poder de compra que _____ tem hoje.
   a. $ 400
   b. $ 500
   c. $ 700
   d. $ 900

6. A principal razão pela qual o custo de vida varia entre as regiões do país são as diferenças no preço de
   a. alimentação.
   b. vestuário.
   c. moradia.
   d. assistência médica.

7. Você deposita $ 2.000 em uma conta poupança e, um ano depois, tem $ 2.100. Enquanto isso, o IPC sobe de 200 para 204. Nesse caso, a taxa de juros nominal é de _____ %, e a taxa de juros real é de _____ %.
   a. 1; 5
   b. 3; 5
   c. 5; 1
   d. 5; 3

As respostas estão no final do capítulo.

25-3 Conclusão

"Uma moeda de 10 centavos hoje não vale nem uma de 5 centavos!", observou certa vez o grande jogador de beisebol Yogi Berra. De fato, por toda a história recente, os valores das moedas e cédulas não se mantiveram estáveis. Aumentos persistentes do nível geral de preços têm sido a norma. Essa inflação reduz o poder aquisitivo de cada unidade monetária ao longo do tempo. Quando comparamos valores expressos em dólar de diferentes épocas, é importante lembrar que um dólar de hoje não é o mesmo que um dólar de 20 anos atrás ou, muito provavelmente, que um dólar daqui a 20 anos.

Este capítulo abordou como os economistas medem o nível geral de preços da economia e como usam os índices de preços para corrigir variáveis econômicas dos efeitos da inflação. A indexação de preços permite comparar valores monetários em diferentes momentos no tempo e entender melhor as mudanças na economia.

A abordagem sobre os índices de preços neste capítulo e a do PIB do capítulo anterior representam apenas a primeira etapa no estudo da macroeconomia. Em breve, examinaremos o que determina o PIB de um país ou as causas e os efeitos da inflação. Agora que sabemos como os economistas medem as quantidades macroeconômicas e os preços, estamos prontos para desenvolver os modelos que explicam os movimentos dessas variáveis.

Esta será nossa estratégia para os próximos capítulos. Primeiro, examinaremos os determinantes de longo prazo do PIB real e as respectivas variáveis, como poupança, investimento, taxa de juros reais e desemprego. Em seguida, examinaremos os determinantes de longo prazo do nível de preços e as respectivas variáveis, como oferta monetária, inflação e taxa de juros nominal. Por fim, após o estudo de como essas variáveis são determinadas no longo prazo, examinaremos a questão mais complexa do que provoca as flutuações no curto prazo no PIB real e no nível de preços. Em todos esses capítulos, as medidas que acabamos de discutir fornecem a fundamentação para as análises.

RESUMO DO CAPÍTULO

- O índice de preços ao consumidor (IPC) mostra o custo de uma cesta de bens e serviços em relação ao custo da mesma cesta no ano-base. O índice é usado para medir o nível geral de preços da economia. A variação percentual do IPC mede a taxa de inflação.
- O IPC é uma medida imperfeita do custo de vida por três motivos. Primeiro, não leva em consideração a capacidade que os consumidores têm de, com o passar do tempo, substituir os bens que se tornam mais caros por bens que se tornam relativamente mais baratos. Segundo, não considera aumentos do poder aquisitivo do dólar causados pelo surgimento de novos bens. Terceiro, é distorcido por variações não medidas na qualidade dos bens e serviços. Em virtude desses problemas de mensuração, o IPC superestima a inflação ocorrida.
- Da mesma forma que o IPC, o deflator do PIB mede o nível geral de preços da economia. Embora esses dois índices andem juntos, há diferenças importantes. O deflator do PIB é diferente do IPC, porque inclui bens e serviços produzidos, em vez de bens e serviços consumidos. Com isso, os bens e serviços importados afetam o índice de preços ao consumidor, mas não o deflator do PIB. Além disso, enquanto o IPC usa uma cesta fixa de bens, o deflator do PIB muda automaticamente o grupo de bens e serviços, à medida que, com o passar do tempo, a composição do PIB muda.
- Os valores monetários em diferentes momentos não representam comparação válida do poder aquisitivo. Para comparar valores monetários do passado com valores monetários de hoje, o valor antigo precisa ser inflacionado por meio de um índice de preços.
- Várias leis e contratos privados usam índices de preços para corrigir os efeitos da inflação. As leis tributárias, contudo, são apenas parcialmente indexadas pela inflação.
- A correção da inflação é especialmente importante quando analisamos dados sobre taxas de juros. A taxa de juros nominal é a taxa de juros que costuma ser divulgada; é a taxa à qual o número de dólares depositados em uma conta de poupança aumenta com o passar do tempo. Por sua vez, a taxa de juros real leva em consideração variações do valor do dólar ao longo do tempo. A taxa de juros real é igual à taxa de juros nominal menos a taxa de inflação.

CONCEITOS-CHAVE

índice de preços ao consumidor (IPC), p. 512
taxa de inflação, p. 514
núcleo do IPC, p. 515
índice de preços ao produtor (IPP), p. 515
indexação, p. 521
taxa de juros nominal, p. 522
taxa de juros real, p. 522

QUESTÕES DE REVISÃO

1. Dos dados apresentados a seguir, qual tem maior efeito sobre o IPC: um aumento de 10% no preço do frango ou um aumento de 10% no preço do caviar? Por quê?
2. Descreva os três problemas que fazem do IPC uma medida imperfeita do custo de vida.
3. Se o preço de um vinho francês aumentar, o que será mais afetado: o IPC ou o deflator do PIB? Por quê?
4. Durante um longo período, o preço da barra de chocolate aumentou de $ 0,20 para $ 1,20. No mesmo período, o IPC subiu de 150 para 300. Corrigindo pela inflação total, quanto aumentou o preço de barra de chocolate?
5. Explique o significado de **taxa de juros nominal** e de **taxa de juros real**. Como ambas as taxas estão relacionadas?

PROBLEMAS E APLICAÇÕES

1. Suponha que no ano em que você nasceu alguém tenha comprado $ 100 de bens e serviços para o seu chá de bebê. Quanto custaria hoje comprar a mesma quantidade de bens e serviços? Agora, encontre dados sobre o IPC e calcule a resposta com base nele. (A calculadora da inflação do Bureau of Labor Statistics [BLS] está disponível em: http://www.bls.gov/data/inflation_calculator.htm.)

2. Os habitantes de Vegópia gastam toda a renda em couve-flor, brócolis e cenouras. Em 2023, eles compraram 100 cabeças de couve-flor por $ 200, 50 maços de brócolis por $ 75 e 500 cenouras por $ 50. Em 2024, compraram 75 cabeças de couve-flor por $ 225, 80 maços de brócolis por $ 120 e 500 cenouras por $ 100.
   a. Calcule o preço de uma unidade de cada tipo de legume em cada ano.
   b. Considerando 2023 como ano-base, calcule o IPC de cada ano.
   c. Qual é a taxa de inflação em 2024?

3. Suponha que as pessoas consumam apenas três bens, como mostra a tabela:

	Bolas de tênis	Bolas de golfe	Garrafas de Gatorade
Preço de 2023	$ 2	$ 4	$ 1
Quantidade de 2023	100	100	200
Preço de 2024	$ 2	$ 6	$ 2
Quantidade de 2024	100	100	200

   a. Qual é a variação percentual no preço de cada um dos três bens?
   b. Empregando um método semelhante ao do IPC, calcule a variação percentual no nível total de preços.
   c. Se você soubesse que o tamanho da garrafa de Gatorade aumentaria de 2023 para 2024, essa informação afetaria o cálculo da taxa de inflação? Explique.
   d. Se você soubesse que a Gatorade introduziria novos sabores em 2024, essa informação afetaria o cálculo da taxa de inflação? Explique.

4. Visite o *site* do Bureau of Labor Statistics (http://www.bls.gov) e encontre dados sobre o IPC. Quanto o índice que inclui todos os itens aumentou durante o último ano? Em quais categorias de despesas os preços subiram mais? Em quais categorias subiram menos? Houve categorias que apresentaram queda de preços? Você consegue explicar algum desses fatos?

5. Um pequeno país com 10 pessoas adora o programa de TV *The Voice*. Tudo o que produzem e consomem são equipamentos de karaokê e aulas de canto, nas seguintes quantidades:

	Karaokê		Aulas de canto	
	Quantidade	Preço	Quantidade	Preço
2023	10	$ 40	6	$ 50
2024	12	60	10	60

   a. Usando um método semelhante ao do IPC, calcule a variação na porcentagem do nível geral de preços. Considere 2023 como ano-base e estabeleça a cesta fixa em 5 equipamentos de karaokê e 3 aulas de canto.
   b. Usando um método semelhante ao do deflator do PIB, calcule a alteração na porcentagem do nível geral de preços. Considere também 2023 como ano-base.
   c. A taxa de inflação em 2024 é a mesma apurando-a com os dois métodos? Explique.

6. Qual dos problemas ligados à construção do IPC cada uma das situações a seguir exemplifica? Explique.
   a. a invenção dos telefones celulares
   b. a introdução de *air bags* nos carros
   c. aumento das compras de computadores pessoais em resposta a uma queda de seus preços
   d. maior quantidade de passas em cada pacote de granola
   e. maior uso de carros mais eficientes depois do aumento dos preços da gasolina

7. Uma dúzia de ovos custava $ 0,88 em janeiro de 1980 e $ 1,47 em janeiro de 2021. O salário médio dos trabalhadores da produção era $ 6,57 por hora em janeiro de 1980 e $ 25,86 em janeiro de 2021.
   a. Qual foi o percentual de aumento do preço dos ovos?
   b. Qual foi o percentual de aumento dos salários?
   c. Em cada ano, quantos minutos um trabalhador teve de trabalhar para ganhar o suficiente para comprar uma dúzia de ovos?
   d. O poder de compra dos trabalhadores em termos de ovos aumentou ou diminuiu?

8. O capítulo explica que os benefícios da Seguridade Social aumentam a cada ano de acordo com o aumento do IPC, embora a maioria dos economistas acredite que o IPC superestime a inflação ocorrida.
   a. Se os idosos consumirem a mesma cesta de mercado que as demais pessoas, a Seguridade Social lhes proporcionará uma melhoria do padrão de vida a cada ano? Explique.
   b. Na verdade, os idosos consomem mais assistência médica que os mais jovens, e os custos desse tipo

de serviço subiram mais que a inflação geral. O que você faria para determinar se os idosos estão, realmente, em melhor situação a cada ano?

9. Suponha que um devedor e um credor concordem com uma taxa de juros nominal a ser paga em um empréstimo. Então, a inflação se revela mais alta do que ambos esperavam.

   a. A taxa de juros real do empréstimo é maior ou menor que a esperada?

   b. O credor sai ganhando ou perdendo com essa inflação inesperadamente elevada? E o devedor sai ganhando ou perdendo?

   c. A inflação durante os anos 1970 foi muito mais elevada que a maioria das pessoas esperava quando a década teve início. Como isso afetou os proprietários de imóveis que obtiveram hipotecas a taxas fixas durante a década de 1960? Como isso afetou os bancos que concederam os empréstimos?

Respostas do teste rápido

1. **c**   2. **b**   3. **d**   4. **a**   5. **d**   6. **c**   7. **d**

Capítulo 26

Produção e crescimento

Quando viajamos pelo mundo, podemos observar enormes variações nos padrões de vida. Ajustada para as diferenças de preços entre os países, a renda média de um país rico, como os Estados Unidos, o Japão ou a Alemanha, é mais de dez vezes a renda média de um país pobre, como a Índia, a Nigéria ou a Nicarágua. Essas diferenças de renda se refletem em muitas disparidades na qualidade de vida. As pessoas nos países mais ricos em geral têm melhor nutrição, moradia mais segura, melhor atendimento de saúde e maior expectativa de vida, além de mais carros, mais telefones e mais computadores.

Dentro de cada país, também há grandes variações no padrão de vida ao longo do tempo. Nos Estados Unidos, durante o século passado, a renda média medida pelo produto interno bruto (PIB) real *per capita* aumentou cerca de 2% ao ano. Essa taxa de crescimento pode parecer pequena, mas implica que a renda média praticamente dobrou a cada 35 anos. Os estadunidenses jovens hoje desfrutam de um padrão de vida mais alto do que seus avós tinham quando tinham sua idade.

As taxas de crescimento variam substancialmente de país para país. De 1990 a 2020, o PIB *per capita* da China cresceu a uma taxa média de 8,5% ao ano, resultando em um aumento de quase 12 vezes na renda média. Esse crescimento fez a China deixar de ser um dos países mais pobres do mundo para se tornar um país de renda média em aproximadamente uma geração. Em comparação, no mesmo período de tempo, a renda *per capita* no Zimbábue caiu um total de 24%, deixando o cidadão típico dessa nação mergulhado na pobreza.

O que explica essas diferenças? Como os países ricos podem garantir a manutenção de seus elevados padrões de vida? Quais políticas os países mais pobres devem adotar para promover crescimento mais rápido, a fim de ingressar no mundo desenvolvido? Essas questões estão entre as mais importantes da macroeconomia. Como disse o economista Robert Lucas, "As consequências para o bem-estar humano em questões como essas são simplesmente surpreendentes: quando se começa a pensar neles, é difícil pensar em qualquer outra coisa".

Nos dois últimos capítulos, vimos como os economistas medem as quantidades e os preços do ponto de vista macroeconômico. Podemos agora começar a estudar as forças que determinam essas variáveis. Lembre-se de que o PIB de uma economia mede tanto a renda total gerada na economia quanto os gastos totais com a produção de bens e serviços dessa economia. O nível do PIB real é uma medida da prosperidade econômica, e seu crescimento é uma medida do progresso econômico. Neste capítulo, vamos nos concentrar nos determinantes de longo prazo do nível e do crescimento do PIB real. Mais adiante, estudaremos as flutuações de curto prazo do PIB real em torno de sua tendência de longo prazo.

Prosseguiremos em três etapas. Primeiro, examinaremos dados internacionais sobre o PIB real *per capita*. Esses dados nos darão uma ideia de quanto o nível e o crescimento dos padrões de vida variam ao redor do mundo. Segundo, examinaremos a **produtividade** – a quantidade de bens e serviços produzida por hora de trabalho. A produtividade é o principal determinante do padrão de vida de uma nação, por isso consideramos cuidadosamente os vários fatores que a influenciam. Terceiro, examinaremos a ligação entre a produtividade e as políticas econômicas adotadas por uma nação.

26-1 Crescimento econômico no mundo

Como ponto de partida para o nosso estudo do crescimento no longo prazo, vamos verificar as experiências de algumas das economias do mundo. A Tabela 26-1 mostra dados sobre o PIB real *per capita* em 13 países. Para cada país, os dados abrangem mais de um século de história. A primeira e a segunda coluna da tabela apresentam os países e os períodos. (Os períodos diferem um pouco de país para país devido às diferenças na disponibilidade de dados.) As terceira e quarta coluna mostram estimativas do PIB real *per capita* há mais de um século e em um ano recente.

Os dados sobre o PIB real per capita mostram que os padrões de vida variam consideravelmente de país para país. A renda *per capita* nos Estados Unidos, por exemplo, é de quase quatro vezes a da China e cerca de dez vezes a da Índia. Os países mais pobres têm níveis de renda média que há muitas décadas não são vistos no mundo desenvolvido. A pessoa típica em Bangladesh ou no Paquistão em 2020 tinha aproximadamente a mesma renda real que o estadunidense típico em 1870.

A última coluna da tabela mostra a taxa de crescimento de cada país. A taxa de crescimento mede a velocidade com que a renda *per capita* aumentou em um ano típico. Nos Estados Unidos, por exemplo, onde a renda *per capita* foi de $ 4.668 em 1870 e de $ 63.544 em 2020, a taxa de crescimento foi de 1,76% ao ano. Isso significa que, se a renda *per capita* aumentasse 1,76% ao ano durante 150 anos, iniciando em $ 4.668, acabaria em $63.544. Obviamente, a

Tabela 26-1
Várias experiências de crescimento

Fonte: Robert J. Barro e Xavier Sala-i-Martin, *Economic Growth* (New York: McGraw-Hill, 1995), Tabelas 10.2 e 10.3; dados *online* do Banco Mundial; e cálculos do autor. Para contabilizar as diferenças de preços internacionais, os dados são ajustados ao PPP quando disponíveis.

País	Período	PIB real *per capita* (em dólares de 2020) No início do período	PIB real *per capita* (em dólares de 2020) No final do período	Taxa de crescimento (por ano)
China	1900-2020	$ 834	$ 17.312	2,56%
Japão	1890-2020	1.751	42.197	2,48
Brasil	1900-2020	907	14.836	2,36
México	1900-2020	1.350	18.833	2,22
Indonésia	1900-2020	1.038	12.074	2,07
Alemanha	1870-2020	2.544	53.694	2,05
Canadá	1870-2020	2.766	48.073	1,92
Índia	1900-2020	786	6.454	1,77
Estados Unidos	1870-2020	4.668	63.544	1,76
Argentina	1900-2020	2.671	20.768	1,72
Bangladesh	1900-2020	726	5.083	1,64
Paquistão	1900-2020	859	4.877	1,46
Reino Unido	1870-2020	5.601	44.916	1,40

renda não aumentou exatamente 1,76% a cada ano: em alguns anos cresceu mais, em outros menos e em outros ainda caiu. A taxa de crescimento de 1,76% ao ano desconsidera as flutuações de curto prazo em torno da tendência de longo prazo e representa uma taxa média de crescimento da renda *per capita* no decorrer de muitos anos.

Os países da Tabela 26-1 estão ordenados segundo a taxa de crescimento, da mais rápida para a mais lenta. No topo da lista estão o Brasil e a China, que eram dois dos países mais pobres do mundo e se tornaram nações de renda média. Também no topo da lista está o Japão, anteriormente uma nação de renda média e agora uma das mais ricas.

Quase no fim da lista estão Paquistão e Bangladesh, que estavam entre os países mais pobres no fim do século XIX e ainda permanecem nessa posição nos dias de hoje. Na base da lista está o Reino Unido. Em 1870, era o país mais rico do mundo, com renda média cerca de 20% maior que a dos Estados Unidos e mais que duas vezes maior que a do Canadá. Hoje, a renda média do Reino Unido é 29% inferior à encontrada nos Estados Unidos e 7% inferior à do Canadá.

Esses dados mostram que os países mais ricos do mundo não têm garantia de que continuarão sendo os mais ricos e que os mais pobres não estão condenados à pobreza eterna. Mas o que explica essas mudanças ao longo do tempo? Por que alguns países avançam rapidamente, enquanto outros ficam para trás? São essas as perguntas que abordaremos a seguir.

SAIBA MAIS

Você é mais rico do que o estadunidense mais rico?

John D. Rockefeller

A revista *American Heritage* publicou, certa vez, uma lista das pessoas mais ricas de todos os tempos nos Estados Unidos. O primeiro lugar coube a John D. Rockefeller, o empresário do petróleo que viveu de 1839 a 1937. De acordo com os cálculos da revista, sua fortuna equivaleria hoje a 250 bilhões de dólares, que se aproxima do patrimônio de Elon Musk, o empresário de tecnologia que, atualmente, é o estadunidense mais rico.

Apesar de sua grande fortuna, Rockefeller não desfrutava de muitos dos confortos a que estamos habituados. Ele não podia assistir à TV, jogar videogames, navegar na internet ou enviar e-mails. No calor imenso do verão, ele não podia refrescar sua casa com ar-condicionado. Durante grande parte de sua vida, não podia viajar de carro ou de avião e não tinha como telefonar a seus parentes ou amigos. Não pôde se beneficiar de muitas vacinas e medicamentos que os médicos hoje usam diariamente para prolongar e melhorar a vida.

Agora pense: quanto teriam de oferecer para que você abrisse mão, pelo resto de sua vida, de todos os confortos modernos que Rockefeller desconhecia? Você o faria por $ 250 bilhões? Talvez não. E, se não o fizesse, seria correto dizer que você está em melhor situação que John D. Rockefeller, que tinha uma fortuna lendária?

O capítulo anterior abordou como os índices de preço padrão, usados para comparar somas de dinheiro de diferentes épocas, não conseguem refletir plenamente o surgimento de novos bens na economia. Como resultado, a taxa de inflação é superestimada. O outro lado dessa observação é que a taxa de crescimento econômico real é subestimada. Pensar na vida de Rockefeller mostra como esse problema pode ser significativo. Por causa dos tremendos avanços da tecnologia, o estadunidense médio de hoje pode ser considerado "mais rico" que o estadunidense mais rico há 100 anos, embora essa realidade seja perdida nas estatísticas econômicas comuns. ■

Teste rápido

1. No último século, o PIB real *per capita* nos Estados Unidos cresceu cerca de ____% ao ano, o que significa que praticamente dobrou a cada ____ anos.
    a. 2; 14
    b. 2; 35
    c. 5; 14
    d. 5; 35

2. Os países ricos, como os Estados Unidos e a Alemanha, têm uma renda *per capita* que é cerca de ____ vezes a renda *per capita* nos países pobres, como o Paquistão e a Índia.
    a. 2
    b. 4
    c. 10
    d. 30

3. Ao longo do último século, _____ teve um crescimento particularmente forte, e _____ teve um crescimento particularmente fraco.
    a. a China; o Reino Unido
    b. a China; o Canadá
    c. o Reino Unido; o Canadá
    d. o Canadá; a China

As respostas estão no final do capítulo.

26-2 Produtividade: seu papel e seus determinantes

Explicar por que os padrões de vida variam tanto de país para país e ao longo do tempo é, em certo sentido, fácil. Como veremos, a explicação pode ser resumida em uma só palavra – **produtividade**. Mas, em outro sentido, a variação nos padrões de vida é intrigante porque muitos fatores influenciam a produtividade de uma nação.

26-2a Por que a produtividade é tão importante

Considere um modelo simples baseado vagamente no romance *Robinson Crusoé*, de Daniel Defoe, sobre um marinheiro preso em uma ilha deserta. Solitário, Crusoé pesca seu próprio peixe, cultiva seus legumes e faz suas próprias roupas. Podemos pensar nas atividades de Crusoé – sua produção e seu consumo de peixes, legumes e roupas – como uma economia simples. Examinando a economia de Crusoé, podemos aprender algumas coisas que também se aplicam a economias mais complexas e realistas.

O que determina o padrão de vida de Crusoé? Em uma palavra, **produtividade**, a quantidade de bens e serviços produzidos por unidade de trabalho empregada. Se Crusoé tiver aptidão para pescar, cultivar legumes e fazer roupas, viverá bem – ou tão bem quanto possível naquela ilha. Se não tiver competência para realizar essas atividades, viverá mal. Como ele só pode consumir o que produz, seu padrão de vida está ligado à sua produtividade.

No caso da economia de Crusoé, é fácil perceber que a produtividade é o determinante-chave do padrão de vida e que o crescimento da produtividade é o determinante principal do crescimento dos padrões de vida. Quanto mais peixes Crusoé puder pescar por hora, mais poderá comer no jantar. Se ele encontrar um lugar melhor para pescar, sua produtividade aumentará. Esse aumento na produtividade melhora a situação de Crusoé: ele pode comer mais peixe ou pode passar menos tempo pescando e dedicar mais tempo a outras coisas.

O papel central da produtividade ao determinar os padrões de vida é tão verdadeiro para as nações quanto para os náufragos presos em uma ilha. Lembre-se de que o PIB mede duas coisas ao mesmo tempo: a renda total auferida por todas as pessoas da economia e a despesa total com os bens e serviços produzidos. O PIB é capaz de medir duas coisas simultaneamente porque, para a economia como um todo, elas precisam ser iguais. Dito de maneira mais simples, a renda de uma economia é igual à produção da economia.

Isso significa que uma nação só pode usufruir de um padrão de vida elevado se puder produzir uma grande quantidade de bens e serviços. Os estadunidenses vivem melhor do que os nigerianos porque os trabalhadores estadunidenses são mais produtivos do que os trabalhadores nigerianos. Os japoneses desfrutaram de um crescimento mais rápido de seu padrão de vida do que os argentinos porque a produtividade dos trabalhadores japoneses cresceu mais rapidamente. Lembre-se que um dos **dez princípios da economia** do Capítulo 1 é que o padrão de vida de um país depende de sua capacidade de produzir bens e serviços. Isso é tão verdadeiro para as grandes e complexas economias de hoje quanto para a pequena e simples de Crusoé.

Mas ver a ligação entre padrões de vida e produtividade é apenas o primeiro passo. Isso leva naturalmente à próxima pergunta: por que algumas economias são muito melhores na produção de bens e serviços do que outras?

produtividade
a quantidade de bens e serviços produzidos por unidade de trabalho

26-2b Como a produtividade é determinada

A produtividade tem uma importância singular para determinar o padrão de vida de Robinson Crusoé, mas são muitos os fatores que a determinam. Ele pescará melhor, por exemplo, se tiver mais varas de pesca, se tiver sido treinado nas melhores técnicas de pesca, se sua ilha tiver uma oferta abundante de peixes ou se ele inventar uma isca de pesca melhor. Cada um desses determinantes da produtividade de Crusoé – que podemos chamar **capital físico**, **capital humano**, **recursos naturais** e **conhecimento tecnológico** – tem sua contraparte em economias mais complexas e realistas. Vamos considerar cada um desses fatores.

Capital físico por trabalhador Os trabalhadores serão mais produtivos se dispuserem de ferramentas para trabalhar. O estoque de equipamentos e estruturas usado para produzir bens e serviços é chamado **capital físico** ou, simplesmente, **capital**. Por exemplo,

capital físico
o estoque de equipamentos e estruturas usado para produzir bens e serviços

quando os marceneiros fabricam móveis, usam serrotes, tornos e brocas de perfurar. Uma quantidade maior de ferramentas permite que o trabalho seja realizado com mais rapidez e precisão. Ou seja, um trabalhador que tenha apenas ferramentas manuais básicas fabricará menos móveis por semana que outro que tenha equipamentos de marcenaria sofisticados e especializados.

Lembre-se que os insumos usados para produzir bens e serviços – trabalho, capital etc. – são chamados **fatores de produção**. Uma característica importante do capital é ser um fator de produção **produzido**. Ou seja, o capital é um insumo do processo produtivo que foi, no passado, o produto de outro processo produtivo. O marceneiro usa um torno para fazer a perna de uma mesa. Antes disso, o próprio torno foi produção de uma empresa que fabrica tornos. O fabricante de tornos, por sua vez, usou outro equipamento para fazer seu produto. Assim, o capital é um fator de produção usado para produzir todos os tipos de bens e serviços, incluindo mais capital.

capital humano
o conhecimento e as habilidades que os trabalhadores adquirem por meio de educação, treinamento e experiência

Capital humano por trabalhador Um segundo determinante da produtividade é o **capital humano**. Essa é a expressão utilizada pelos economistas para designar o conhecimento e as habilidades que os trabalhadores adquirem por meio de educação, treinamento e experiência. O capital humano inclui as habilidades adquiridas nos programas de primeira infância, nos ensinos fundamental e médio, na universidade e no treinamento no emprego para trabalhadores adultos.

Educação, treinamento e experiência são menos tangíveis que tornos, escavadeiras e prédios, mas o capital humano é semelhante ao capital físico em muitos aspectos. Ambos aumentam a capacidade de uma nação de produzir bens e serviços, e ambos são fatores de produção produzidos. Produzir capital humano exige insumos na forma de professores, livros e tempo dos estudantes. Em certo sentido, os estudantes são "trabalhadores" que têm a importante tarefa de produzir o capital humano que usarão na produção futura.

recursos naturais
os insumos para a produção de bens e serviços que são fornecidos pela natureza, como terra, rios e depósitos minerais

Recursos naturais por trabalhador Os **recursos naturais** são um terceiro determinante da produtividade. São terras, rios, depósitos minerais e outros recursos fornecidos pela natureza e usados como insumos na produção. Os recursos naturais assumem duas formas: renováveis e não renováveis. Uma floresta, se usada de forma adequada, é um recurso natural renovável. Quando uma árvore é derrubada, uma muda pode ser plantada em seu lugar para ser utilizada no futuro. O petróleo é um recurso natural não renovável. Como é produzido pela natureza ao longo de muitos milhões de anos, a oferta é limitada. Quando o suprimento se esgota, é impossível criar mais.

As diferenças quanto aos recursos naturais respondem por algumas das diferenças entre os padrões de vida pelo mundo. O sucesso histórico dos Estados Unidos foi impulsionado, em parte, pela grande oferta de terras adequadas para a agricultura. Hoje, alguns países do Oriente Médio, como o Kuwait e a Arábia Saudita, são ricos simplesmente porque estão localizados sobre algumas das maiores reservas de petróleo do mundo.

Por mais importantes que sejam os recursos naturais, eles não são necessários para que uma economia seja altamente produtiva. O Japão tem poucos recursos naturais, mas é um dos países mais ricos. O comércio internacional torna possível seu sucesso. O Japão importa petróleo e outros recursos naturais e exporta seus produtos manufaturados. Países ricos em recursos naturais também se beneficiam do intercâmbio.

conhecimento tecnológico
o conhecimento que a sociedade tem das melhores maneiras de produzir bens e serviços

Conhecimento tecnológico Um quarto determinante da produtividade é o **conhecimento tecnológico**, ou seja, conhecer as melhores maneiras de produzir bens e serviços. Duzentos anos atrás, a tecnologia agrícola exigia uma grande quantidade de mão de obra para alimentar uma população inteira, então a maioria dos estadunidenses trabalhava em fazendas. Hoje, graças aos avanços em fertilizantes, agrotóxicos e maquinário agrícola, uma pequena fração da população é capaz de produzir alimento suficiente para o país todo.

Essa mudança tecnológica liberou mão de obra, que poderia então ser usada para produzir outros bens e serviços.

O conhecimento tecnológico assume diversas formas. Algumas tecnologias são de conhecimento comum, isto é, depois que alguém as utiliza, todos ficam a par delas. Depois que Henry Ford introduziu a produção em linhas de montagem, fabricantes de automóveis rivais rapidamente seguiram seu exemplo. Outras tecnologias são proprietárias (ou exclusivas), conhecidas apenas pela empresa que as descobriu. Por exemplo, apenas a Coca-Cola Company conhece a receita para produzir seu refrigerante. Outras tecnologias ainda são proprietárias por um período limitado. Quando uma empresa farmacêutica descobre um novo medicamento, o sistema de patentes lhe confere um direito temporário de fabricação exclusiva. Quando a patente expira, contudo, outras empresas podem fabricar versões genéricas. Todas essas formas de conhecimento tecnológico são importantes para a produção de bens e serviços da economia.

Vale a pena distinguir entre conhecimento tecnológico e capital humano. O conhecimento tecnológico se refere à compreensão da sociedade sobre como o mundo funciona. O capital humano se refere aos recursos gastos na transmissão desse entendimento às pessoas que fazem uso dele. Para usar uma metáfora relevante, diríamos que o conhecimento é a qualidade dos livros-texto da sociedade, enquanto o capital humano é a quantidade de tempo que a população dedica à sua leitura. A produtividade depende de ambos.

SAIBA MAIS — A função de produção

Os economistas costumam usar uma **função de produção** para descrever a relação entre a quantidade de insumos utilizada na produção e a quantidade de produtos obtida. Por exemplo, suponha que Y represente a quantidade produzida; T, a quantidade de trabalho; K, a quantidade de capital físico; H, a quantidade de capital humano; e N, a quantidade de recursos naturais. Então, podemos escrever

$$Y = AF(T, K, H, N),$$

onde $F(\ )$ é uma função que mostra como os insumos são combinados para gerar o produto. A é uma variável que reflete a tecnologia de produção disponível. À medida que a tecnologia é aperfeiçoada, A aumenta, de modo que a economia produz mais a partir qualquer combinação de insumos.

Muitas funções de produção têm uma propriedade chamada **retornos constantes de escala**. Se uma função de produção tem retornos constantes de escala, então a duplicação de todos os insumos faz com que a quantidade produzida também seja duplicada. Matematicamente, podemos dizer que a função de produção tem retornos constantes de escala se, para qualquer valor positivo de x,

$$xY = AF(xT, xK, xH, xN).$$

A duplicação de todos os insumos é representada nessa equação por $x = 2$. O lado direito mostra a duplicação dos insumos, e o lado esquerdo, a duplicação da produção.

As funções de produção com retornos constantes de escala trazem uma implicação interessante. Para ver qual é, façamos $x = 1/T$. Então, aquela equação passa a ser

$$Y/T = AF(1, K/L, H/L, N/L).$$

Observe que Y/T é a produção por trabalhador, que é uma medida de produtividade. Essa equação diz que a produtividade do trabalho depende das quantidades de capital físico por trabalhador (K/T), capital humano por trabalhador (H/T) e recursos naturais por trabalhador (N/T) e do estado da tecnologia, conforme representado pela variável A. A equação resume os quatro determinantes da produtividade que acabamos de discutir. ■

Estudo de caso

Os recursos naturais são um limite para o crescimento?

Hoje, a população mundial é de quase 8 bilhões, cerca de quatro vezes o que era há um século. No mesmo período, o padrão de vida médio também aumentou. Um debate perene diz respeito a se esse crescimento da população e dos padrões de vida pode continuar no futuro.

Alguns comentaristas argumentaram que os recursos naturais acabarão por limitar o quanto as economias mundiais podem crescer. O mundo tem apenas quantidades fixas de recursos naturais não renováveis, como petróleo e minerais, que se esgotam gradualmente com o tempo. À medida que os suprimentos desses recursos diminuem, o crescimento econômico diminuirá e os padrões de vida poderão até ser forçados a declinar. Ou é o que diz o argumento.

Apesar dessa lógica ter certo apelo, a maioria dos economistas está menos preocupada com esses limites do que se poderia esperar. Eles argumentam que o progresso tecnológico geralmente oferece maneiras de evitar esses limites. Compare a economia do passado e do presente e você verá imediatamente maneiras pelas quais o uso dos recursos naturais melhorou. Os carros modernos têm melhor consumo de combustível, e alguns nem usam mais gasolina. Casas novas têm melhor isolamento e requerem menos energia para aquecer e resfriar. Plataformas de petróleo mais eficientes desperdiçam menos óleo no processo de extração. A reciclagem permite que alguns recursos não renováveis sejam reutilizados. O desenvolvimento de fontes alternativas de energia permite a substituição de recursos não renováveis por renováveis. O vento e o sol, por exemplo, estão substituindo gradualmente o carvão e o petróleo na geração de eletricidade.

Em meados do século XX, alguns conservacionistas estavam preocupados com o uso excessivo de estanho e cobre. Na época, essas eram mercadorias essenciais: o estanho era usado para fazer muitos recipientes para alimentos, e o cobre era necessário para fazer fios telefônicos. Algumas pessoas defenderam a reciclagem obrigatória e o racionamento de estanho e cobre para que os suprimentos estivessem disponíveis para as gerações futuras. Hoje, no entanto, o plástico substituiu o estanho como material em muitos recipientes para alimentos, e as chamadas telefônicas costumam ser feitas por cabos de fibra óptica, feitos de areia, ou por ondas de rádio, sem precisar de nenhum cabo. Com o progresso tecnológico, recursos naturais que antes eram cruciais hoje são menos necessários.

Mas esses esforços são suficientes para sustentar o crescimento econômico? Uma forma de responder a essa pergunta é analisar os preços dos recursos naturais. Em uma economia de mercado, a escassez se reflete nos preços de mercado. Se o mundo estivesse ficando sem recursos naturais cruciais, os preços desses recursos aumentariam com o tempo. Mas, na verdade, o oposto é mais frequentemente verdadeiro. Os preços dos recursos naturais apresentam flutuações substanciais de curto prazo, mas em longos períodos, os preços da maioria dos recursos naturais (ajustados pela inflação) permanecem estáveis ou estão caindo. Parece que nossa capacidade de conservar esses recursos está crescendo mais rapidamente do que seus suprimentos estão diminuindo. Os preços de mercado não dão motivos para acreditar que os recursos naturais sejam um limite para o crescimento econômico. ●

Teste rápido

4. Aumentos na quantidade de capital humano na economia tendem a _____ a renda real porque aumentam a(o) _____ da mão de obra.
   a. aumentar; poder de barganha
   b. aumentar; produtividade
   c. diminuir; poder de barganha
   d. diminuir; produtividade

5. A maioria dos economistas _____ que os recursos naturais acabarão por limitar o crescimento econômico. Como evidência, eles observam que os preços da maioria dos recursos naturais, ajustados pela inflação geral, tenderam a _____ ao longo do tempo.
   a. estão preocupados; aumentar
   b. estão preocupados; cair
   c. não estão preocupados; aumentar
   d. não estão preocupados; cair

As respostas estão no final do capítulo.

26-3 Crescimento econômico e políticas públicas

O padrão de vida de uma sociedade depende de sua capacidade de produzir bens e serviços, e sua produtividade depende da quantidade de capital físico, capital humano e recursos naturais disponíveis por trabalhador, bem como do conhecimento tecnológico. Dadas essas relações, os formuladores de políticas em todo o mundo enfrentam uma questão central: o que a política governamental pode fazer para aumentar a produtividade e os padrões de vida?

26-3a Poupança e investimento

Como o capital é um fator de produção produzido, uma sociedade pode alterar a quantidade de capital de que dispõe. Se hoje a economia produz uma grande quantidade de novos bens de capital, amanhã ela terá um maior estoque de capital e maior capacidade de produzir bens e serviços. Uma maneira de aumentar a produtividade futura, então, é dedicar mais recursos correntes na produção de capital.

Um dos **dez princípios da economia** do Capítulo 1 é que as pessoas enfrentam *trade-offs*. Isso é especialmente importante quando consideramos o acúmulo de capital. Como os recursos são escassos, dedicar mais recursos à produção de capital implica dedicar menos recursos à produção de bens e serviços para consumo hoje. Ou seja, para que uma sociedade invista mais em capital, ela deve consumir menos e poupar mais de sua renda atual. O crescimento que surge do acúmulo de capital não é de graça: ele exige que a sociedade sacrifique o consumo no presente para desfrutar de um maior consumo no futuro.

No próximo capítulo, examinaremos mais detalhadamente como os mercados financeiros da economia coordenam a poupança e o investimento. Também examinaremos como as políticas governamentais influenciam as quantidades de poupança e investimento que ocorrem. Nesse ponto, observe que incentivar a poupança e o investimento é uma das maneiras pelas quais o governo pode estimular o crescimento e, no longo prazo, aumentar o padrão de vida da economia.

26-3b Rendimentos decrescentes e o efeito de convergência

Suponha que um governo adote políticas que aumentem a taxa de poupança de uma nação – o percentual do PIB destinado à poupança, não ao consumo. O que aconteceria? Quando a nação poupa mais, menos recursos são necessários para produzir bens de consumo, e há mais recursos disponíveis para produzir bens de capital. Como resultado, o estoque de capital aumenta, levando a uma produtividade crescente e a um crescimento mais rápido do PIB. Mas quanto tempo dura essa alta taxa de crescimento? Na hipótese de que a taxa de poupança permaneça nesse novo nível elevado, a taxa de crescimento do PIB se manterá elevada indefinidamente ou apenas por um período?

A visão tradicional do processo de produção é de que o capital está sujeito a **rendimentos decrescentes**: à medida que o estoque de capital aumenta, a produção extra, advinda de uma unidade adicional de capital, cai. Em outras palavras, quando os trabalhadores já dispõem de uma grande quantidade de capital para utilizar na produção de bens e serviços, dar a eles uma unidade adicional de capital aumenta muito pouco sua produtividade. A Figura 26-1 ilustra esse fenômeno, que mostra como a quantidade de capital por trabalhador determina a quantidade produzida por trabalhador, mantendo constantes os outros determinantes da produção, como os recursos naturais e o conhecimento tecnológico. Os retornos decrescentes do capital às vezes são chamados de **produto marginal decrescente do capital**.

Por causa dos rendimentos decrescentes, um aumento da taxa de poupança leva a um maior crescimento apenas durante algum tempo. Como a maior taxa de poupança permite maior acúmulo de capital, os benefícios do capital adicional se tornam menores com o passar do tempo, e o crescimento desacelera. **No longo prazo, uma maior taxa de poupança leva a um maior nível de produtividade e renda, mas não a um maior crescimento dessas variáveis.** Atingir esse longo prazo, porém, pode levar bastante tempo. Estudos de dados internacionais sobre crescimento econômico mostram que aumentar a taxa de poupança pode levar a um crescimento substancialmente mais alto por um período de diversas décadas.

> **rendimentos decrescentes**
> a propriedade segundo a qual o benefício de uma unidade adicional de um insumo diminui à medida que a quantidade desse insumo aumenta

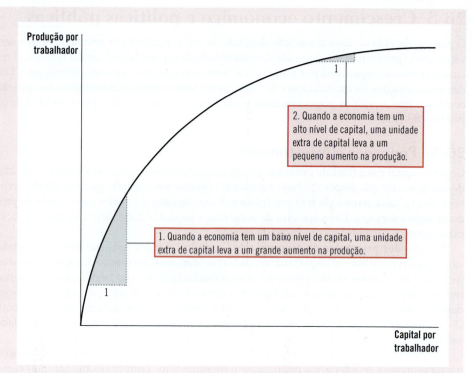

Figura 26-1

Ilustrando a função de produção

Esta figura mostra como a quantidade de capital por trabalhador influencia a quantidade de produção por trabalhador. Outros determinantes da produção, incluindo capital humano, recursos naturais e tecnologia, são mantidos constantes. A curva se torna mais plana à medida que a quantidade de capital aumenta devido à diminuição dos retornos sobre o capital.

efeito de convergência
a propriedade por conta da qual países que começam mais pobres tendem a crescer mais rapidamente do que países que já são ricos

A propriedade de retornos decrescentes sobre o capital tem outra implicação importante: em igualdade de condições, é mais fácil para um país crescer rapidamente se ele começar relativamente pobre. Esse efeito das condições iniciais sobre o crescimento subsequente é, por vezes, chamado **efeito de convergência**. Em países pobres, faltam aos trabalhadores até as ferramentas mais rudimentares, e, como resultado, a produtividade é baixa. Em tais condições, pequenas quantidades de investimento de capital podem aumentar substancialmente a produtividade. Por outro lado, os trabalhadores nos países ricos têm alta produtividade em parte porque já têm grandes quantidades de capital para trabalhar. Nesse caso, o investimento adicional de capital tem um efeito relativamente pequeno na produtividade. Estudos de dados internacionais sobre crescimento econômico confirmam o efeito de convergência: controlando as demais variáveis, como o percentual do PIB destinado ao investimento, os países pobres tendem a crescer a um ritmo mais rápido que os países ricos.

Esse efeito de convergência pode ajudar a explicar alguns fatos enigmáticos de outra maneira. De 1960 a 1990, os Estados Unidos e a Coreia do Sul destinaram parcelas semelhantes de PIB ao investimento. Mas, durante esse período, os Estados Unidos tiveram um crescimento apenas moderado, em torno de 2%, enquanto a Coreia apresentou um crescimento de mais de 6%. O efeito de convergência explica a diferença. Em 1960, o PIB *per capita* da Coreia do Sul era menos que um décimo do nível dos Estados Unidos, em parte porque o investimento anterior tinha sido muito baixo. Com um pequeno estoque de capital inicial, a Coreia do Sul obteve maiores benefícios para o acúmulo de capital e, portanto, teve uma maior taxa de crescimento subsequente.

O efeito de convergência surge também em outros aspectos da vida. Quando uma escola concede um prêmio no final do ano ao aluno que apresentou "o melhor aproveitamento", o aluno agraciado costuma ser alguém que começou o ano com desempenho relativamente fraco. Os alunos que começam o ano sem estudar têm maior facilidade para melhorar do que os que sempre estudaram muito. Observe que é bom ser o aluno de "melhor aproveitamento", dado o ponto de partida, mas é ainda melhor ser o "melhor aluno". De forma similar, o crescimento econômico entre 1960 e 1990 foi muito mais rápido na Coreia do Sul que nos Estados Unidos, mas o PIB *per capita* ainda é maior nos Estados Unidos.

26-3c Investimento estrangeiro

Políticas que visam a aumentar a taxa de poupança de um país podem aumentar o investimento e o crescimento econômico em longo prazo, mas a poupança de residentes domésticos não é a única maneira de um país aumentar seu estoque de capital. O investimento de estrangeiros também pode fazer isso.

O investimento estrangeiro assume várias formas. A Ford Motor Company poderia construir uma fábrica de carros no México. Um investimento de capital que é possuído e operado por uma entidade estrangeira é chamado **investimento direto no país**. Alternativamente, um estadunidense poderia comprar ações de uma empresa mexicana (ou seja, comprar uma participação na propriedade da empresa), e a empresa mexicana poderia, então, usar os recursos obtidos com a venda de ações para construir uma nova fábrica. Um investimento financiado com dinheiro estrangeiro, mas operado por residentes, é chamado **investimento estrangeiro em carteira**. Em ambos os casos, os estadunidenses fornecem os recursos necessários para aumentar o estoque de capital no México. Ou seja, a poupança estadunidense está sendo usada para financiar investimentos mexicanos.

Quando estrangeiros investem em um país, eles o fazem porque esperam obter um retorno sobre seu investimento. A fábrica de carros da Ford aumenta o estoque de capital mexicano e, com isso, aumenta a produtividade e o PIB do México. Mas a Ford leva parte dessa renda adicional de volta aos Estados Unidos na forma de lucros. De forma similar, quando um investidor estadunidense compra ações mexicanas, tem direito a uma parte do lucro obtido pela empresa mexicana.

Assim, o investimento estrangeiro não tem o mesmo efeito em todas as medidas de prosperidade econômica. Lembre-se de que o produto interno bruto (PIB) é a renda obtida em um país tanto por residentes quanto por não residentes, enquanto o produto nacional bruto (PNB) é a renda obtida pelos residentes de um país tanto no país quanto no exterior. Quando a Ford abre sua fábrica no México, parte da renda gerada vai para pessoas que não vivem no México. Como resultado, o investimento estrangeiro no México aumenta menos a renda dos mexicanos (medida pelo PNB) do que aumenta a produção do México (medida pelo PIB).

Ainda assim, o investimento estrangeiro é uma maneira pela qual os países podem crescer. Mesmo que parte dos benefícios retorne ao proprietário estrangeiro, o investimento aumenta o estoque de capital da economia, propiciando maior produtividade e maiores salários. Além disso, o investimento estrangeiro é uma forma pela qual os países pobres podem aprender tecnologias desenvolvidas e usadas por países mais ricos. Por essas razões, muitos economistas recomendam que países menos desenvolvidos incentivem o investimento estrangeiro. Isso, muitas vezes, significa remover restrições à propriedade estrangeira do capital.

Uma organização internacional que procura promover o fluxo de capital para os países pobres é o Banco Mundial. Ela obtém fundos de países com capital abundante: seus maiores acionistas são Estados Unidos, Japão, China, Alemanha, França e Reino Unido. O banco empresta a países menos desenvolvidos para que eles possam investir em estradas, sistemas de esgoto, escolas e outros tipos de capital. E também oferece a esses países assessoria sobre como empregar melhor os recursos. O Banco Mundial, juntamente com a sua instituição irmã, o Fundo Monetário Internacional, foi estabelecido após a Segunda Guerra Mundial. Uma lição aprendida com a guerra foi a de que as dificuldades econômicas, muitas vezes, levam a turbulências políticas, tensões militares e conflitos internacionais. Portanto, todos os países têm interesse em promover a prosperidade econômica em todo o mundo. O Banco Mundial e o Fundo Monetário Internacional visam a atingir esse objetivo comum.

26-3d Educação

A educação – uma forma de investimento em capital humano – é, pelo menos, tão importante quanto o investimento em capital físico para o sucesso econômico de longo prazo de um país. Historicamente, nos Estados Unidos, cada ano de estudo eleva o salário de uma pessoa em 10%, em média. Em países menos desenvolvidos, nos quais o capital humano é especialmente escasso, o hiato entre os salários dos trabalhadores instruídos e não instruídos é ainda maior. Ao oferecer boas escolas e incentivar as pessoas a aproveitá-las, a política governamental pode melhorar o padrão de vida.

O investimento em capital humano, assim como o investimento em capital físico, tem um custo de oportunidade. Quando os estudantes estão na escola, abrem mão dos salários que poderiam ganhar. Em países menos desenvolvidos, as crianças costumam abandonar a escola muito jovens, ainda que o benefício da educação seja alto, simplesmente porque seu trabalho é necessário para ajudar a manter a família.

Alguns economistas argumentam que o capital humano é particularmente importante para o crescimento econômico, porque propaga externalidades positivas. Uma **externalidade** é o efeito das ações de uma pessoa sobre o bem-estar de quem esteja próximo. Uma pessoa instruída, por exemplo, poderia gerar novas ideias sobre a melhor forma de produzir bens e serviços. Se essas ideias entrarem para o conjunto de conhecimentos de uma sociedade, de modo que todos possam usá-las, então elas serão uma externalidade da educação. Nesse caso, o retorno da instrução para a sociedade é ainda maior que o retorno para o indivíduo. Esse argumento justifica os grandes subsídios ao investimento em capital humano que observamos na forma de educação pública.

Um problema que alguns países pobres enfrentam é a **fuga de cérebros** – a emigração de trabalhadores mais instruídos para países ricos, onde eles podem ganhar mais. Se o capital humano tem externalidades positivas, essa fuga de cérebros deixaria as pessoas que ficam para trás ainda mais pobres que antes. Os formuladores de políticas enfrentam um dilema. Os Estados Unidos e outros países ricos têm os melhores sistemas de educação superior, e seria natural que os países mais pobres enviassem seus melhores alunos para o exterior a fim de melhorar sua instrução. Porém, esses alunos que passaram algum tempo fora podem decidir não voltar para seus países de origem, e essa fuga de cérebros reduzirá ainda mais o estoque de capital humano da nação pobre.

26-3e Saúde e nutrição

O termo **capital humano** geralmente refere-se à educação, mas também pode descrever outro tipo de investimento em pessoas: gastos que levam a uma população mais saudável. Os investimentos certos na saúde da população são uma forma de uma nação aumentar a produtividade e elevar os padrões de vida.

O falecido historiador econômico Robert Fogel constatou que a melhora da saúde devido a uma melhor nutrição foi um fator significativo para o crescimento econômico de longo prazo. Fogel estimou que, na Grã-Bretanha, em 1780, cerca de 1 em cada 5 pessoas estava tão desnutrida, que era incapaz de realizar qualquer trabalho manual. Entre aqueles que podiam trabalhar, a ingestão calórica insuficiente reduzia significativamente o esforço físico que conseguiam desempenhar. À medida que a nutrição melhorava, a produtividade dos trabalhadores também aumentava.

Fogel estudou essas tendências analisando em parte, as medições da altura das pessoas. A baixa estatura pode ser um indicador de desnutrição, especialmente durante a gestação e os primeiros anos de vida. Fogel constatou que, à medida que as nações se desenvolvem economicamente, a população consome mais alimentos, e a estatura da população aumenta. De 1775 a 1975, a média de ingestão calórica na Grã-Bretanha aumentou 26%, enquanto a altura média dos homens subiu 9,14 cm. Da mesma forma, durante o crescimento econômico espetacular na Coreia do Sul, de 1962 a 1995, o consumo calórico aumentou 44%, e a altura média dos homens aumentou 5,08 cm. Naturalmente, a altura é determinada por uma combinação de fatores genéticos e ambientais. Porém, como a estrutura genética de uma população muda lentamente, tais aumentos na altura média provavelmente se devem a mudanças no ambiente – sendo a nutrição a explicação mais óbvia.

Fogel ganhou o Prêmio Nobel em Economia em 1993 por seu trabalho sobre a história da economia, que inclui, além dos estudos sobre nutrição, estudos sobre a escravidão nos Estados Unidos e o papel das ferrovias no desenvolvimento da economia estadunidense. Em sua palestra do Nobel, Fogel analisou as evidências sobre saúde e crescimento econômico. Ele concluiu que "a melhoria da nutrição bruta explica aproximadamente 30% do crescimento da renda *per capita* na Grã-Bretanha entre 1790 e 1980".

Atualmente, a nutrição inadequada é rara em países desenvolvidos, como a Grã-Bretanha e os Estados Unidos. (A obesidade é um problema mais comum.) Mas, em nações em desenvolvimento, a saúde precária e a desnutrição ainda são problemas graves. A Organização das Nações Unidas estima que cerca de um quarto da população da África Subsaariana está desnutrida.

A relação causal entre saúde e riqueza funciona nos dois sentidos. Países pobres são pobres, em parte, porque suas populações não são saudáveis, e suas populações não são saudáveis, em parte, porque são pobres e não podem pagar por cuidados médicos e alimentação adequados. Muitas vezes, esse é um círculo vicioso. Mas também existe a possibilidade de um círculo virtuoso: políticas que promovam um crescimento mais rápido podem melhorar os resultados de saúde, o que, por sua vez, promoveria ainda mais o crescimento econômico.

26-3f Direitos de propriedade e estabilidade política

Outra maneira pela qual os formuladores de políticas públicas podem incentivar o crescimento econômico é protegendo os direitos de propriedade e promovendo a estabilidade política. Essa questão atinge o âmago do funcionamento da economia de mercado.

A produção nas economias de mercado resulta das interações entre milhões de indivíduos e empresas. Quando você compra um carro, está comprando a produção de uma concessionária, de um fabricante, de uma siderúrgica, de uma mineradora de ferro, e assim por diante. Essa divisão da produção permite que os fatores de produção da economia sejam usados de maneira efetiva. Para atingir esse resultado, é preciso coordenar as transações entre as empresas e entre elas e os consumidores. As economias de mercado alcançam essa coordenação por meio de preços de mercado. Ou seja, os preços são o instrumento com o qual a mão invisível equilibra a oferta e a demanda em cada um dos milhares de mercados que compõem a economia.

Os **direitos de propriedade**, ou seja, a capacidade das pessoas de exercerem autoridade sobre os recursos que possuem, precisam ser respeitados para que esse sistema funcione. Uma empresa mineradora não se dará ao trabalho de extrair minério de ferro se achar que esse minério será roubado. Da mesma forma, uma empresa siderúrgica não pagará pelo minério se achar que a empresa mineradora não cumprirá sua promessa de entrega. Por esse motivo, os tribunais desempenham um papel crucial em uma economia de mercado: eles garantem o cumprimento dos direitos de propriedade. Por meio do sistema de justiça criminal, os tribunais desencorajam o roubo e a fraude. Já pelo sistema de justiça cível, os tribunais garantem que compradores e vendedores respeitem os contratos.

Em países menos desenvolvidos, onde os sistemas de justiça frequentemente não funcionam bem, a falta de direitos de propriedade pode ser um grande problema. É difícil fazer os contratos serem cumpridos, e fraudes costumam ficar impunes. Em alguns casos, o governo não somente falha ao fazer os direitos de propriedade serem cumpridos, como também os infringe. Para que possam fazer negócios em alguns locais, as empresas são frequentemente obrigadas a subornar funcionários públicos. Essa corrupção degrada a vida de várias maneiras. Em termos econômicos, ela prejudica o poder coordenador dos mercados e desestimula tanto a poupança doméstica quanto os investimentos estrangeiros.

Uma ameaça aos direitos de propriedade é a instabilidade política. Revoluções e golpes de Estado frequentes lançam dúvidas sobre se os direitos de propriedade serão respeitados no futuro. Se um governo revolucionário confiscar o capital de algumas empresas, como aconteceu com frequência após revoluções comunistas, os residentes terão menos incentivos para poupar, investir e iniciar novos negócios. Ao mesmo tempo, os estrangeiros terão menos incentivos para investir no país. Até mesmo a ameaça de revolução pode reduzir o padrão de vida de uma nação.

Em resumo, a prosperidade econômica depende, em parte, das instituições políticas favoráveis. Um país que tenha um sistema judiciário eficiente, funcionários públicos honestos e uma constituição estável desfrutará de um padrão de vida mais elevado que outro que tenha um sistema judiciário deficiente, funcionários corruptos e mudanças frequentes de regime.

26-3g Livre-comércio

Alguns dos países mais pobres do mundo tentaram alcançar um crescimento econômico mais rápido adotando **políticas orientadas para dentro**, que visam aumentar a produtividade e os padrões de vida, evitando a interação com o resto do mundo. As empresas locais frequentemente usam o argumento da indústria nascente, reivindicando que precisam de proteção contra concorrentes estrangeiros para se desenvolver e crescer. O argumento da indústria nascente, juntamente com uma desconfiança generalizada em relação aos estrangeiros, por vezes tem levado os formuladores de políticas de países menos desenvolvidos a impor tarifas e outras restrições ao comércio.

A maioria dos economistas de hoje acredita que os países pobres se dão melhor quando adotam **políticas voltadas para fora**, que os integrem à economia mundial. O comércio internacional de bens e serviços pode melhorar o bem-estar econômico dos cidadãos de um país. O comércio é, de certa forma, um tipo de tecnologia. Quando um país exporta trigo e importa produtos têxteis, beneficia-se da mesma forma que se tivesse inventado uma tecnologia capaz de transformar trigo em produtos têxteis. Portanto, um país que elimine as restrições ao comércio experimentará o mesmo tipo de crescimento econômico que ocorreria após um grande avanço tecnológico.

O impacto negativo da orientação para dentro torna-se claro quando se leva em consideração o pequeno tamanho de muitas economias menos desenvolvidas. O PIB total da Argentina, por exemplo, é próximo ao do estado de Michigan. Imagine o que aconteceria se os residentes de Michigan fossem proibidos de negociar com pessoas que moram em outros estados e países. Sem poder tirar vantagens dos ganhos comerciais, Michigan precisaria produzir tudo o que consumisse. Também teria de produzir todos os seus bens de capital, em vez de importar equipamentos de ponta de outras cidades. Os padrões de vida cairiam imediatamente, e o problema só pioraria com o tempo. Foi o que aconteceu durante grande parte do século XX, quando a Argentina adotou políticas voltadas para dentro. Por sua vez, países que adotaram políticas voltadas para fora, como a Coreia do Sul, Singapura e Taiwan, desfrutaram de taxas elevadas de crescimento econômico.

O montante do comércio de uma nação com outras é determinado não só pela política do governo, mas também pela geografia. Países com bons portos marítimos naturais têm mais facilidade para comerciar com outros países que aqueles que não dispõem desse recurso. Não é coincidência que muitas das grandes cidades do mundo, como Nova York, São Francisco e Hong Kong, estejam perto dos oceanos. De forma similar, como muitos países sem saída para o mar têm maior dificuldade para comerciar internacionalmente, tendem a ter níveis de renda menores que os países que têm fácil acesso às vias marítimas.

26-3h Pesquisa e desenvolvimento

A principal razão pela qual o padrão de vida é mais elevado hoje que há um século é o avanço do conhecimento tecnológico. O telefone, o transistor, o computador e o motor elétrico estão entre as inovações que ampliaram a capacidade da economia de produzir bens e serviços.

Embora a maior parte dos avanços tecnológicos venha de pesquisas realizadas por empresas privadas e inventores individuais, há um interesse público em promover esses esforços. Em grande medida, o conhecimento é um **bem público**: uma vez que alguém tenha uma ideia, esta entra para o conjunto de conhecimentos da sociedade e outras pessoas podem fazer livre uso dela. Da mesma forma que o governo tem um papel na oferta de bens públicos, como a defesa nacional, também tem um papel a desempenhar no incentivo à pesquisa e ao desenvolvimento de novas tecnologias.

O governo dos Estados Unidos há tempos desempenha um papel importante na criação e disseminação do conhecimento tecnológico. Há um século, o governo patrocinava a pesquisa de métodos de produção agrícola e aconselhava os agricultores sobre como usar melhor a terra. Mais recentemente, por meio da Força Aérea e da Nasa, o governo estadunidense sustentou a pesquisa aeroespacial; como resultado, os Estados Unidos tornaram-se líderes na produção de foguetes e aviões. O governo continua a patrocinar o avanço do conhecimento com bolsas de pesquisa da National Science Foundation (Fundação Nacional de Ciências) e do National Institutes of Health (Institutos Nacionais de Saúde), além de deduções de impostos para as empresas que se dedicam à pesquisa e ao desenvolvimento.

Outra maneira de a política governamental incentivar a pesquisa é por meio do sistema de patentes. Quando uma pessoa ou empresa inventa um novo produto, como um novo medicamento, por exemplo, o inventor pode solicitar uma patente. Se o produto for considerado original, o governo concede a patente, que dá ao inventor direito exclusivo de fabricação do produto por um número determinado de anos. Em essência, patentes dão aos inventores o direito de propriedade sobre sua invenção, tornando a nova ideia um bem privado, em vez de um bem público. Isso pode retardar a disseminação de inovações. Porém, ao permitir que os inventores lucrem com seus inventos – ainda que só temporariamente –, o sistema de patentes aumenta o incentivo para que indivíduos e empresas se dediquem à pesquisa.

PERGUNTE A QUEM SABE

Inovação e crescimento

"As inovações futuras a nível mundial não serão transformadoras o suficiente para promover taxas de crescimento econômico *per capita* nos Estados Unidos e na Europa Ocidental no próximo século que sejam continuamente tão altas quanto as dos últimos 150 anos."

O que dizem os economistas?

34% discordam
59% não tem certeza
7% concordam

Fonte: IGM Economic Experts Panel, 11 de fevereiro de 2014.

26-3i Crescimento populacional

Os economistas e outros cientistas sociais há muito tempo debatem sobre os efeitos do tamanho e do crescimento populacional em uma sociedade. O efeito mais direto está no tamanho da força de trabalho: uma população grande significa que mais trabalhadores estão disponíveis para produzir bens e serviços. O tamanho da população é um dos motivos pelos quais a China tem um papel tão importante na economia mundial.

Ao mesmo tempo, uma grande população significa que há mais pessoas para consumir esses bens e serviços. Assim, embora isso leve uma maior produção total de bens e serviços, não necessariamente se traduz em um padrão de vida mais alto para o cidadão típico. De fato, países grandes e pequenos podem ser encontrados em todos os níveis do desenvolvimento econômico.

Além desses efeitos óbvios do tamanho da população, o crescimento populacional interage com outros fatores de produção de maneiras mais sutis e mais abertas ao debate.

Exploração excessiva dos recursos naturais Thomas Robert Malthus (1766-1834), um pastor e pensador econômico inglês, é famoso por seu livro *Um ensaio sobre o princípio da população e seu impacto no futuro da sociedade*. Nele, Malthus fez uma previsão sombria. O autor argumentou que um crescimento constante da população sobrecarregaria cada vez mais a capacidade da sociedade de se sustentar. Como resultado, a humanidade estaria condenada a viver para sempre na pobreza.

A lógica de Malthus era simples. Ele começou observando que "o alimento é necessário para a existência do homem" e que "a paixão entre os sexos é necessária e continuará

Thomas Robert Malthus

próxima de seu estado atual". E concluiu que "o vigor da população é infinitamente maior que a capacidade que a terra tem de produzir subsistência para o homem". De acordo com Malthus, os únicos controles sobre o crescimento populacional seriam "a miséria e o vício". As tentativas das instituições de caridade e dos governos de atenuar a pobreza eram contraproducentes, argumentava ele, porque permitiam que os pobres, de tempos em tempos, tivessem mais filhos, colocando um peso ainda maior sobre a capacidade produtiva da sociedade.

Malthus pode ter descrito corretamente o mundo em que viveu, mas sua terrível previsão estava longe de se concretizar. A população mundial multiplicou-se por seis nos dois últimos séculos, mas os padrões de vida em todo o mundo também aumentaram. O crescimento econômico tornou a fome crônica e a desnutrição menos comuns do que na época de Malthus. Quando a fome moderna ocorre, ela é mais frequentemente o resultado da má distribuição de renda ou da instabilidade política que de uma produção insuficiente de alimentos.

Onde Malthus errou? Como já discutimos neste capítulo, o crescimento da capacidade de invenção da humanidade contrabalançou os efeitos de uma população maior. Agrotóxicos, fertilizantes, equipamentos agrícolas mecanizados, novas variedades de cultivo e outros avanços tecnológicos que Malthus jamais imaginou permitiram que um único agricultor alimentasse um número crescente de pessoas. Mesmo com mais bocas para alimentar, são necessários menos fazendeiros, porque cada um deles é muito mais produtivo.

Diluindo o estoque de capital Enquanto Malthus se preocupava com os efeitos da população sobre o uso dos recursos naturais, algumas teorias modernas do crescimento econômico enfatizaram seus efeitos sobre o acúmulo de capital. De acordo com essas teorias, um crescimento populacional elevado reduz o PIB por trabalhador, porque o crescimento rápido do número de trabalhadores faz que o estoque de capital seja distribuído entre mais pessoas. Em outras palavras, quando o crescimento populacional é rápido, cada trabalhador dispõe de menos capital. Uma quantidade menor de capital por trabalhador leva a uma produtividade menor e a um PIB menor por trabalhador.

Esse problema é mais aparente no caso do capital humano. Países com alto crescimento populacional têm muitas crianças em idade escolar, o que impõe um peso maior sobre o sistema educacional. Esse é um dos motivos pelos quais a escolaridade é menor em países com alto crescimento populacional.

As diferenças de crescimento populacional no mundo todo são grandes. Nos países desenvolvidos, como os Estados Unidos e a Europa Ocidental, a população tem crescido menos de 1% ao ano nas últimas décadas, e espera-se que cresça ainda mais lentamente no futuro. No entanto, em alguns países pobres da África, a população cresceu cerca de 3% ao ano. Nesse ritmo, a população dobra a cada 23 anos. Esse rápido crescimento populacional torna mais difícil proporcionar aos trabalhadores as ferramentas e habilidades necessárias para alcançar altos níveis de produtividade.

Embora o rápido crescimento populacional não seja a principal razão pela qual os países menos desenvolvidos são pobres, alguns analistas acreditam que a redução na taxa de crescimento populacional poderia ajudar esses países a elevar seus padrões de vida. Em alguns países, esse objetivo está sendo atingido diretamente com leis que regulamentam o número de filhos que cada família pode ter. De 1980 a 2015, a China, por exemplo, só permitia um filho por família; os casais que infringissem essa lei estavam sujeitos a multas substanciais. Em países menos autoritários, o objetivo de redução do crescimento populacional é atingido menos diretamente, por meio de uma maior conscientização das técnicas de controle de natalidade.

Outra maneira pela qual os países podem influenciar o crescimento populacional é aplicar um dos **dez princípios da economia**: as pessoas respondem a incentivos. Ter um filho, como qualquer decisão, tem um custo de oportunidade. Quando o custo aumenta, as pessoas optam por ter famílias menores. Mais especificamente, as mulheres com boa educação e perspectiva de emprego tendem a querer menos filhos que as que têm menos oportunidades de trabalho fora de casa. Assim, políticas que promovem tratamento igual para as mulheres podem ser um meio pelo qual as economias menos desenvolvidas podem reduzir a taxa de crescimento populacional e, talvez, aumentar o padrão de vida.

Promovendo o progresso tecnológico Embora o rápido crescimento populacional possa reduzir a prosperidade econômica ao limitar o capital disponível para cada trabalhador, ele também pode trazer benefícios. Alguns economistas sugeriram que o crescimento populacional mundial é um mecanismo de progresso tecnológico. O mecanismo é simples: se houver mais pessoas, haverá mais cientistas, inventores e engenheiros para contribuir para o avanço tecnológico, o que beneficia a todos.

O economista Michael Kremer corroborou essa hipótese em um artigo de 1993 intitulado *"Crescimento populacional e mudança tecnológica: um milhão desde a.C. até 1990."* Kremer começa por observar que, durante a longa história da humanidade, as taxas de crescimento mundial aumentaram juntamente com a população do mundo. Por exemplo, o crescimento mundial foi mais rápido quando a população estava em 1 bilhão de pessoas (em torno de 1800) do que quando era de apenas 100 milhões (por volta de 500 a.C.). Isso é consistente com a hipótese de que ter uma população maior leva a um maior progresso tecnológico.

A segunda evidência de Kremer vem de uma comparação de diferentes regiões do mundo. O derretimento das calotas polares no fim da Era do Gelo, em torno de 10.000 a.C., fez submergir as pontes terrestres e separou o mundo em regiões distintas, que não puderam se comunicar umas com as outras durante milhares de anos. Se o progresso tecnológico é mais rápido quando há mais pessoas para descobrir coisas, então as regiões mais populosas devem ter experimentado um crescimento mais acelerado.

Segundo Kremer, foi isso o que aconteceu. A região mais bem-sucedida do mundo em 1500, quando navegadores europeus restabeleceram o contato, abrangia as civilizações do Velho Mundo, da grande região da Eurafrásia. Em seguida em termos de desenvolvimento tecnológico, temos as civilizações asteca e maia, nas Américas, seguidas pelos caçadores-coletores na Austrália, e, finalmente, os povos primitivos da Tasmânia, que não possuíam nem mesmo técnicas de produção de fogo ou a maioria das ferramentas de pedra e osso.

A menor região isolada era a Ilha Flinders, uma pequena ilha entre a Tasmânia e a Austrália. Com a menor população, a Ilha Flinders teve menos oportunidades de avanço tecnológico e parece ter regredido. Em torno de 3.000 a.C., a sociedade humana da ilha desapareceu completamente.

Kremer concluiu a partir dessa evidência que populações maiores aumentam o potencial para o progresso tecnológico.

Estudo de caso

Por que grande parte da África é pobre?

Muitas das pessoas mais pobres do planeta vivem na África Subsaariana. Em 2020, o PIB *per capita* era de apenas $ 3.821, somente 22% da média mundial.

A pobreza extrema é endêmica na região: 40% de sua população vive com menos de 1,90 dólar por dia, em comparação com 9% da população mundial.

Não há uma explicação fácil para esse baixo nível de desenvolvimento econômico. Muitas forças inter-relacionadas estão em ação, e, às vezes, é difícil distinguir as causas da pobreza dos efeitos. Mas aqui estão algumas pistas.

Baixo investimento de capital. Como a África Subsaariana tem baixos níveis de renda e capital por trabalhador, pode-se esperar que os retornos sobre o capital sejam altos, tornando a região um lugar atraente para investir tanto para poupadores nacionais quanto para investidores estrangeiros. Mas, na verdade, como porcentagem do PIB, a formação de capital na África Subsaariana está vários pontos percentuais abaixo da média mundial. O baixo nível de investimento pode ser impulsionado por alguns dos seguintes fatores.

Baixo nível de escolaridade. Das crianças que vivem na região, 31% param de estudar antes de concluírem a escola primária, em comparação com 10% das crianças em todo o

A África Subsaariana é a região mais pobre do mundo.

mundo. E a qualidade do ensino também é menor: a razão aluno-professor nas escolas primárias é de 37 na África Subsaariana, em comparação com uma média mundial de 23. Apenas 65% dos adultos são alfabetizados, em comparação com 86% em todo o mundo. Trabalhadores com menos escolaridade são menos produtivos.

Saúde precária. Entre crianças de um ano na África Subsaariana, 27% não foram imunizadas contra DPT (difteria, coqueluche e tétano) e 30% não foram imunizadas contra o sarampo – em ambos os casos, cerca de duas vezes a média mundial. Entre as crianças menores de 5 anos, 33% estão desnutridas o suficiente para retardar o crescimento, em comparação com 22% em todo o mundo. Entre os adultos, 1,6% estão infectados pelo HIV, quatro vezes a média mundial. Essas estatísticas não apenas refletem uma tragédia pessoal extrema, mas também ajudam a explicar uma tragédia econômica. Trabalhadores menos saudáveis são menos produtivos.

Alto crescimento populacional. A população na África Subsaariana tem crescido recentemente cerca de 2,7% ao ano, então dobra a cada 26 anos. Em contrapartida, a população mundial cresce 1,1% ao ano, dobrando a cada 64 anos. O rápido crescimento populacional dificulta a capacitação dos trabalhadores com o capital físico e humano necessário para alcançar alta produtividade.

Desvantagens geográficas. Mais de 25% da população da África Subsaariana vive sem saída para o mar, como Etiópia, Uganda, Chade, Níger e Mali, em comparação com 7% da população mundial. Nações sem acesso ao litoral tendem a ser mais pobres. Sem fácil acesso aos oceanos para fins de transporte, é difícil para esses países aproveitar os benefícios do comércio.

Liberdade restrita. Cientistas sociais desenvolveram índices para medir o grau de liberdade disponível para os cidadãos de uma nação. Esses índices medem características como a confiabilidade do sistema judicial, a segurança pessoal, a liberdade de expressão, o direito de participar do comércio internacional e assim por diante. As nações da África Subsaariana tendem a ter uma classificação baixa nessas medidas, assim como as do Sul da Ásia, Europa Oriental e Oriente Médio. As nações mais livres tendem a ser aquelas da Europa Ocidental, do Norte da Europa e da América do Norte. (Outras regiões do mundo, como a América do Sul, estão entre esses casos extremos.) Esses índices de liberdade estão positivamente correlacionados com a prosperidade econômica: maior liberdade geralmente está associada a rendas mais altas, talvez porque certas restrições impeçam a capacidade da mão invisível de alocar recursos com eficiência.

Corrupção desenfreada. Os governos de muitas nações africanas exibem altos níveis de corrupção. De acordo com a Transparência Internacional, uma organização sem fins lucrativos que monitora a corrupção, a Somália e o Sudão do Sul foram os países mais corruptos do mundo em 2020, e a África Subsaariana em geral foi a região mais corrupta. (Os países menos corruptos foram a Nova Zelândia e a Dinamarca.) Os altos níveis de corrupção desencorajam os residentes nacionais de economizar e investir e impedem o investimento do exterior.

O legado da colonização. Os economistas Daron Acemoglu e James Robinson atribuem o baixo nível de desenvolvimento econômico em grande parte da África às instituições originalmente criadas pelos colonizadores europeus. Nos séculos XVII e XVIII, os europeus preferiram se estabelecer em colônias com climas moderados, como Estados Unidos, Canadá e Nova Zelândia. Como planejavam ficar lá, os europeus trouxeram **instituições inclusivas** como as de suas terras natais. Instituições inclusivas espalham amplamente o poder político, respeitam os direitos de propriedade e o estado de direito e, assim, promovem a prosperidade econômica. Em regiões de clima tropical, incluindo grande parte da África, os colonizadores tinham pouco interesse em assentamentos permanentes. Por isso estabeleceram **instituições extrativistas**, como governos autoritários, projetadas para explorar a população local e os recursos naturais da região. Mesmo depois que os colonizadores partiram, as instituições extrativas permaneceram e foram assumidas por novas elites governantes, impedindo o desenvolvimento econômico.

Consequências do comércio de escravos. O economista Nathan Nunn propôs que o baixo nível de desenvolvimento africano é parcialmente resultado do comércio internacional de escravos, que começou por volta de 1400 e durou cerca de 500 anos. Durante esse período, cerca de 20 milhões de africanos foram escravizados por meio de guerras, sequestros e traições de amigos e parentes. Nunn fornece evidências para sua hipótese ao mostrar que as áreas mais pobres da África hoje tendem a ser aquelas das quais o maior número de escravos foi retirado (embora essas áreas não fossem originalmente as mais pobres). Para explicar essa descoberta, ele sugere que o comércio de escravos impediu o desenvolvimento econômico ao minar as instituições políticas e jurídicas e deixar uma cultura de desconfiança.

Nenhuma dessas causas sugere uma solução fácil para os problemas da África. Mas a pobreza também não é uma conclusão inevitável. Por meio de uma combinação de boa política e boa sorte, a nação africana de Botsuana se tornou um país de renda média, com PIB *per capita* próximo à média mundial e uma taxa de pobreza extrema inferior à metade do resto da África Subsaariana. Apesar da desvantagem de não ter acesso ao mar e de enfrentar uma ampla disseminação do HIV, Botsuana apresenta níveis mais altos de investimento, melhor educação, menor crescimento populacional, taxas mais elevadas de vacinação, menor desnutrição, maiores liberdades e menos corrupção, em comparação com a maioria de seus vizinhos. Além disso, o país teve a sorte de não possuir um histórico extenso de escravidão. De muitas formas, Botsuana é um modelo do que uma nação pode alcançar ao se concentrar nos fatores que impulsionam o crescimento econômico. ●

Teste rápido

6. Como o capital está sujeito a retornos decrescentes, maiores poupanças e investimentos não levam a maior
    a. renda em longo prazo.
    b. renda em curto prazo.
    c. crescimento em longo prazo.
    d. crescimento em curto prazo.

7. Quando a montadora japonesa Toyota expande uma de suas fábricas de automóveis nos Estados Unidos, qual é o provável impacto desse evento no produto interno bruto e no produto nacional bruto desse país?
    a. O PIB sobe, e o PNB cai.
    b. O PNB sobe, e o PIB cai.
    c. Tanto o PIB quanto o PNB aumentam, mas o PIB aumenta mais.
    d. Tanto o PIB quanto o PNB aumentam, mas o PNB aumenta mais.

8. Thomas Robert Malthus acreditava que o crescimento populacional
    a. prejudicaria a capacidade da economia de produzir alimentos, condenando os humanos a permanecerem na pobreza.
    b. distribuiria muito pouco o estoque de capital pela força de trabalho, diminuindo a produtividade de cada trabalhador.
    c. promoveria o progresso tecnológico porque haveria mais cientistas e inventores.
    d. acabaria diminuindo para níveis sustentáveis à medida que o controle da natalidade melhorasse e as pessoas tiveram famílias menores.

As respostas estão no final do capítulo.

A receita secreta da prosperidade estadunidense

Entre os países grandes, os Estados Unidos têm há muito tempo a maior renda média. Neste artigo de opinião, um economista pondera as razões desse sucesso.

Por que os EUA ainda são mais ricos do que qualquer outro grande país

Por Martin Feldstein

A cada ano, os Estados Unidos têm maior produção *per capita* do que a maioria das outras economias avançadas. Em 2015, o PIB real *per capita* foi de $ 56.000 nos Estados Unidos. No mesmo ano, o PIB real *per capita* foi de $ 47.000 na Alemanha, $ 41.000 na França e no Reino Unido e $ 36.000 na Itália, ajustado pelo poder de compra.

Em resumo, os Estados Unidos continuam mais ricos do que seus pares. Mas por quê? Consigo pensar em 10 aspectos que os distinguem de outras economias industriais. [...]

Cultura empreendedora. Indivíduos nos Estados Unidos demonstram o desejo de iniciar negócios e expandi-los, bem como a vontade de assumir riscos. Há menos penalidades na cultura estadunidense por fracassar e começar de novo. Até mesmo estudantes que frequentaram uma faculdade ou uma escola de negócios mostram esse desejo empreendedor, que se reforça: sucessos do Vale do Silício, como o Facebook, inspiram mais empreendedorismo.

Sistema financeiro que apoia o empreendedorismo. Os Estados Unidos têm um sistema de financiamento de ações mais desenvolvido do que os países da Europa, incluindo investidores dispostos a financiar *startups* e um mercado de capital de risco muito ativo que ajuda a financiar o crescimento dessas empresas. Também têm um sistema bancário descentralizado, incluindo mais de 7.000 pequenos bancos, que concede empréstimos a empreendedores.

Universidades de pesquisa de classe mundial. As universidades estadunidenses produzem grande parte da pesquisa básica que impulsiona o empreendedorismo de alta tecnologia. Membros do corpo docente e doutorandos geralmente passam tempo com *startups*, e a cultura das universidades e das empresas incentiva essa sobreposição. As melhores universidades de pesquisa atraem estudantes talentosos de todo o mundo, muitos dos quais acabam permanecendo nos Estados Unidos.

Mercados de trabalho que geralmente conectam trabalhadores e empregos sem grandes impedimentos causados por sindicatos fortes, empresas estatais ou regulamentações trabalhistas excessivamente restritivas. Menos de 7% da força de trabalho do setor privado dos Estados Unidos é sindicalizada e praticamente não há empresas estatais. Embora o país regule as condições de trabalho e a contratação, as regras são muito menos onerosas do que na Europa. Como resultado, os trabalhadores têm mais chances de encontrar o emprego adequado, as empresas encontram maior facilidade para inovar, e as novas empresas têm menos barreiras para começar suas atividades.

Uma população crescente, inclusive pela imigração. Uma população crescente significa uma força de trabalho mais jovem e, portanto, mais flexível e treinável. Embora existam restrições à imigração para os Estados Unidos, também existem regras especiais que fornecem acesso à economia do país e um caminho para a cidadania (*green cards*), com base no talento individual e no patrocínio industrial. Uma "loteria de *green card*" oferece uma possibilidade a pessoas que querem morar nos Estados Unidos. A capacidade do país de atrair imigrantes tem sido uma razão importante para sua prosperidade.

Uma cultura (e um sistema tributário) que incentiva o trabalho árduo e uma longa jornada de trabalho. O funcionário médio nos

26-4 Conclusão: a importância do crescimento no longo prazo

Neste capítulo, vimos o que determina o padrão de vida de uma nação e como os formuladores de políticas públicas podem tentar elevar o padrão de vida por meio de políticas que promovam o crescimento econômico. A maior parte da análise está resumida em um dos **dez princípios da economia**: o padrão de vida de um país depende de sua capacidade de produzir bens e serviços. Os formuladores de políticas que queiram incentivar a elevação do padrão de vida devem procurar aumentar a produtividade, estimulando o rápido acúmulo de fatores de produção e garantindo que sejam empregados da maneira mais eficaz possível.

Os economistas divergem quanto ao papel do governo na promoção do crescimento econômico. O governo pode, no mínimo, auxiliar a mão invisível, mantendo os direitos de propriedade e a estabilidade política. Mais controverso é se o governo deve subsidiar indústrias específicas que possam ser cruciais para o progresso tecnológico. Essas questões estão entre as mais importantes na economia. O sucesso dos formuladores de políticas de uma geração em aprender e seguir as lições fundamentais sobre crescimento econômico determina o tipo de mundo que a próxima geração herdará.

Estados Unidos trabalha 1.800 horas por ano, substancialmente mais do que as 1.500 horas trabalhadas na França e as 1.400 horas trabalhadas na Alemanha (embora não tanto quanto as mais de 2.200 em Hong Kong, Singapura e Coreia do Sul). Em geral, trabalhar por mais tempo significa produzir mais, o que significa maior renda.

Um suprimento de energia que torna o país independente. O fraturamento hidráulico de gás natural, em particular, forneceu às empresas dos Estados Unidos energia abundante e relativamente barata.

Um ambiente regulatório favorável. Embora as regulamentações dos Estados Unidos estejam longe de serem perfeitas, elas são menos onerosas para as empresas do que as regulamentações impostas pelos países europeus e pela União Europeia.

Um tamanho menor do governo do que em outros países industrializados. De acordo com a OCDE, os gastos do governo nos níveis federal, estadual e local totalizaram 38% do PIB, enquanto o valor correspondente foi de 44% na Alemanha, 51% na Itália e 57% na França. O nível mais alto de gastos do governo em outros países implica não apenas uma maior parcela da renda recebida em impostos, mas também maiores pagamentos por transferência que reduzem os incentivos ao trabalho. Não é surpresa que os americanos trabalhem muito; eles têm um incentivo extra para fazer isso.

Um sistema político descentralizado no qual os estados competem. A competição entre os estados incentiva o empreendedorismo e o trabalho, e os estados competem por empresas e por residentes individuais com suas regras legais e regimes tributários. Alguns estados não têm imposto de renda e têm leis trabalhistas que limitam a sindicalização. Os estados oferecem universidades de alta qualidade com mensalidades baixas para estudantes residentes no estado. Eles também competem em suas regras de responsabilidade legal. Os sistemas legais atraem tanto novos empreendedores quanto grandes corporações. Os Estados Unidos talvez sejam únicos entre as nações de alta renda em seu grau de descentralização política.

Os Estados Unidos manterão essas vantagens? Em seu livro de 1942, *Socialismo, capitalismo e democracia*, Joseph Schumpeter alertou que o capitalismo declinaria e fracassaria porque o ambiente político e intelectual necessário para o capitalismo florescer seria minado pelo sucesso do capitalismo e pela crítica dos intelectuais. Ele argumentou que partidos social-democratas eleitos popularmente criariam um estado de bem-estar social que restringiria o empreendedorismo.

Embora o livro de Schumpeter tenha sido publicado mais de 20 anos depois de ele ter se mudado da Europa para os Estados Unidos, seu aviso parece mais apropriado para a Europa atual do que para os Estados Unidos. O estado de bem-estar cresceu nos Estados Unidos, mas muito menos do que na Europa. E o clima intelectual nos Estados Unidos é muito mais favorável ao capitalismo.

Se Schumpeter estivesse conosco hoje, ele poderia apontar o crescimento dos partidos social-democratas na Europa e a resultante expansão do estado de bem-estar como razões pelas quais os países industrializados da Europa não desfrutaram do mesmo crescimento econômico robusto que prevaleceu nos Estados Unidos. ■

Questões para discussão

1. Quais atributos dos Estados Unidos listados neste artigo você acha que melhor explicam a prosperidade dos Estados Unidos? Por quê?

2. Quais dos atributos listados neste artigo você acha que correm maior risco de serem prejudicados por escolhas políticas inadequadas? Por quê?

3. Você concorda com o ponto de vista do autor? Em quais itens você discorda e por quê?

Martin Feldstein foi professor de economia na Harvard University.

Fonte: Harvard Business Review, 20 de abril de 2017.

RESUMO DO CAPÍTULO

- A prosperidade econômica, medida pelo PIB *per capita*, varia substancialmente em todo o mundo. A renda média nos países mais ricos do mundo é mais de 10 vezes maior que a dos mais pobres. Como as taxas de crescimento do PIB real também variam substancialmente, as posições relativas dos países podem mudar drasticamente ao longo do tempo.

- O padrão de vida depende da capacidade da economia de produzir bens e serviços. A produtividade, por sua vez, depende do capital físico, do capital humano, dos recursos naturais e do conhecimento tecnológico disponível para os trabalhadores.

- As políticas governamentais podem tentar influenciar a taxa de crescimento da economia de várias maneiras: incentivando a poupança e o investimento, facilitando o investimento estrangeiro, promovendo a educação, promovendo a boa saúde, mantendo os direitos de propriedade e a estabilidade política, permitindo o livre-comércio e apoiando a pesquisa e o desenvolvimento de novas tecnologias.

- O acúmulo de capital está sujeito a retornos decrescentes: quanto mais capital uma economia tem, menos produção adicional ela obtém de uma unidade extra de capital. Embora maiores economias e investimentos levem a um maior crescimento por um tempo, o crescimento acaba desacelerando à medida que o capital, a produtividade e a renda aumentam. Além disso, devido à diminuição dos retornos, o retorno ao capital

costuma ser alto nos países pobres. Em igualdade de condições, esses países podem crescer mais rapidamente devido ao efeito de convergência.
- O crescimento populacional tem vários efeitos no crescimento econômico. Um crescimento populacional mais rápido pode diminuir a produtividade ao aumentar a oferta de recursos naturais e reduzir a quantidade de capital disponível para cada trabalhador. Mas uma população maior pode aumentar a taxa de progresso tecnológico porque há mais cientistas e engenheiros.

CONCEITOS-CHAVE

produtividade, p. 533
capital físico, p. 533
capital humano, p. 534
recursos naturais, p. 534
conhecimento tecnológico, p. 534
rendimentos decrescentes, p. 537
efeito de convergência, p. 538

QUESTÕES DE REVISÃO

1. O que mede o nível do PIB de uma nação? O que a taxa de crescimento do PIB mede? Você prefere viver em um país com alto nível de PIB e baixa taxa de crescimento ou em um país com baixo nível de PIB e alta taxa de crescimento?
2. Enumere e descreva quatro determinantes da produtividade.
3. De que forma um diploma universitário é uma forma de capital?
4. Explique como uma maior poupança leva a um padrão de vida mais alto. O que poderia impedir um formulador de políticas de tentar aumentar a taxa de poupança?
5. Uma taxa mais alta de poupança leva a um maior crescimento temporária ou indefinidamente?
6. Por que a remoção de uma restrição comercial, como uma tarifa, levaria a um crescimento econômico mais rápido?
7. Como a taxa de crescimento populacional influencia o nível do PIB *per capita*?
8. Descreva duas maneiras pelas quais o governo dos Estados Unidos tenta incentivar avanços no conhecimento tecnológico.

PROBLEMAS E APLICAÇÕES

1. A maioria dos países, incluindo os Estados Unidos, importa quantidades substanciais de bens e serviços de outros países. Porém, o capítulo informa que uma nação só pode desfrutar de um padrão de vida elevado se puder produzir internamente uma grande quantidade de bens e serviços. Você consegue conciliar esses dois fatos?
2. Suponha que a sociedade decida reduzir o consumo e aumentar o investimento.
    a. Como essa mudança afetaria o crescimento econômico?
    b. Quais grupos da sociedade se beneficiariam com essa mudança? Quais grupos podem ser prejudicados?
3. As sociedades decidem qual parcela de seus recursos será destinada ao consumo e qual parcela será destinada ao investimento. Algumas dessas decisões envolvem gastos privados, enquanto outras envolvem gastos do governo.

    a. Descreva algumas formas de gastos privados que representam consumo e algumas formas que representam investimento. As contas nacionais incluem mensalidades escolares como parte dos gastos de consumo. Na sua opinião, os recursos que você dedica à sua educação são uma forma de consumo ou uma forma de investimento?
    b. Descreva algumas formas de gastos do governo que representam consumo e algumas formas que representam investimento. Em sua opinião, devemos considerar os gastos do governo em programas de saúde como uma forma de consumo ou investimento? Você faria a distinção entre programas de saúde para jovens e programas de saúde para idosos?
4. Qual é o custo de oportunidade de investir em capital? Você acha que um país pode investir demais em capital? Qual é o custo de oportunidade de investir em capital humano? Você acha que um país pode investir demais em capital humano? Explique.

5. Na década de 1990 e nas duas primeiras décadas dos anos 2000, investidores das economias asiáticas do Japão e da China realizaram investimentos significativos, tanto diretos como em carteira, nos Estados Unidos. Na época, muitos estadunidenses estavam insatisfeitos com esses investimentos.
    a. De que forma foi melhor para os Estados Unidos receber esse investimento estrangeiro do que não recebê-lo?
    b. De que forma teria sido ainda melhor se os próprios estadunidenses tivessem feito esse investimento?
6. Em muitos países em desenvolvimento, as mulheres jovens têm taxas de matrícula mais baixas no ensino médio do que os homens jovens. Descreva várias maneiras pelas quais maiores oportunidades educacionais para mulheres jovens podem levar a um crescimento econômico mais rápido nesses países.
7. O Índice Internacional de Direitos de Propriedade classifica os países com base em seus ambientes legais e políticos e na medida em que eles protegem os direitos de propriedade. Acesse a internet e encontre uma classificação recente. Escolha três países com pontuações altas e três países com pontuações baixas. Em seguida, encontre estimativas do PIB *per capita* em cada um desses seis países. Qual padrão você identifica? Dê duas interpretações possíveis para esse padrão.
8. Dados internacionais mostram uma correlação positiva entre a renda *per capita* e a saúde da população.
    a. Explique como uma renda mais alta pode causar melhores resultados de saúde.
    b. Explique como melhores resultados de saúde podem causar uma renda mais alta.
    c. Como a importância relativa dessas duas hipóteses pode ser relevante para políticas públicas?
9. O grande economista do século XVIII Adam Smith escreveu: "Pouco mais é necessário para levar um estado do mais baixo grau de barbárie ao mais alto grau de opulência além de paz, impostos moderados e uma administração de justiça tolerável: todo o resto é trazido pelo curso natural das coisas". Explique como cada uma das três condições descritas por Smith promove o crescimento econômico.

Respostas do teste rápido

1. **b**   2. **c**   3. **a**   4. **b**   5. **d**   6. **c**   7. **c**   8. **a**

Capítulo 27

Poupança, investimento e sistema financeiro

Imagine que você tenha acabado de se formar na faculdade (em economia, é claro) e decida iniciar seu próprio negócio: uma empresa de previsões econômicas. Antes de ganhar qualquer dinheiro, você precisa incorrer em custos substanciais para montar a empresa. Precisa comprar computadores, mesas, cadeiras e arquivos. Cada um desses itens é um tipo de capital que sua empresa usará para produzir e vender seus serviços.

Como você obterá os recursos para investir nesses bens de capital? Talvez possa pagar por eles utilizando sua própria poupança. Entretanto, o mais provável é que, como a maioria dos empreendedores, você não disponha de recursos próprios suficientes para financiar o início do seu negócio. Você terá de obter o dinheiro de que precisa de outras fontes.

Há muitas maneiras de financiar esses investimentos de capital. Você poderia pegar um empréstimo de um banco, um amigo ou um parente e, nesse caso, você se comprometeria a devolver o dinheiro e pagar juros por seu uso. Ou poderia convencer alguém a fornecer o dinheiro necessário para seu negócio em troca de uma participação nos seus lucros futuros. Em qualquer um desses casos, seu investimento em computadores e equipamentos de escritório estará sendo financiado pela poupança de outra pessoa.

sistema financeiro
conjunto de instituições na economia que ajuda a conectar a poupança de uma pessoa com o investimento de outra

O **sistema financeiro** é composto de instituições que ajudam a promover o encontro da poupança de uma pessoa com o investimento de outra. Como vimos no capítulo anterior, poupança e investimento são elementos-chave do crescimento econômico de longo prazo: quando um país poupa uma grande parte de seu produto interno bruto (PIB), há mais recursos disponíveis para investimento em capital, e uma maior quantidade de capital aumenta a produtividade e o padrão de vida de um país. Contudo, coordenar poupança e investimento não é uma questão simples. A qualquer dado momento, há pessoas que querem poupar uma parte de sua renda para uso futuro, ao passo que há outras que querem tomar empréstimos para financiar investimentos em novos negócios e o crescimento dos negócios existentes. O que reúne esses dois grupos de pessoas? O que garante que a oferta de fundos daqueles que querem poupar seja igual à demanda por fundos daqueles que querem investir?

Este capítulo examina o funcionamento do sistema financeiro. Primeiro, discutiremos a grande variedade de instituições que compõem o sistema financeiro dos Estados Unidos. Segundo, examinaremos a relação entre o sistema financeiro e algumas variáveis macroeconômicas fundamentais – em particular poupança e investimento. Terceiro, desenvolveremos um modelo de oferta e demanda de fundos nos mercados financeiros. Nesse modelo simples, há apenas uma taxa de juros, que funciona como o preço que se ajusta para equilibrar oferta e demanda. O modelo mostra como diversas políticas governamentais afetam a taxa de juros e, portanto, a alocação de recursos escassos pela sociedade.

27-1 Instituições financeiras na economia dos Estados Unidos

No nível mais amplo, o sistema financeiro move os recursos escassos da economia dos poupadores (as pessoas que gastam menos do que ganham) para os tomadores (as pessoas que gastam mais do que ganham). Os poupadores têm diversos objetivos – desde reservar dinheiro para uma viagem em alguns meses, até financiar a educação universitária de um filho em alguns anos ou garantir uma aposentadoria confortável daqui a várias décadas. De forma similar, os tomadores também fazem empréstimos por várias razões – desde comprar um carro, adquirir uma casa ou até abrir um negócio. Os poupadores ofertam seu dinheiro ao sistema financeiro com a expectativa de recebê-lo de volta com juros em uma data futura. Os tomadores demandam dinheiro do sistema financeiro conscientes de que terão de devolvê-lo com juros em uma data futura.

O sistema financeiro é composto pelas instituições financeiras que ajudam a coordenar as ações de poupadores e tomadores. Como introdução à análise das forças econômicas que movimentam o sistema financeiro, vamos considerar as instituições financeiras mais importantes desse sistema. Elas podem ser agrupadas em duas categorias: mercados financeiros e intermediários financeiros.

27-1a Mercados financeiros

mercados financeiros
instituições financeiras por meio das quais os poupadores podem fornecer fundos diretamente aos tomadores de empréstimos

título
um certificado de dívida

Os **mercados financeiros** são as instituições por meio das quais uma pessoa que quer poupar pode oferecer fundos diretamente a uma pessoa que deseja tomar empréstimo. Os dois mercados financeiros mais importantes da economia estadunidense são o mercado de títulos e o de ações.

Mercado de títulos Quando a Intel, fabricante de *chips* para computadores, quer tomar um empréstimo para financiar a construção de uma nova fábrica, ela pode tomar recursos diretamente do público, e o faz com a venda de títulos. Um **título** é um certificado de dívida que especifica as obrigações do emissor para com o comprador do título. Simplificando, o comprador de um título é um credor, e o título é uma espécie de "eu devo a você" (IOU, de *I owe you*). O título estabelece a data em que o empréstimo será reembolsado, conhecida como **data de vencimento**, e a taxa de juros que serão pagos periodicamente até o vencimento do empréstimo. O comprador de um título entrega seu dinheiro à Intel em troca da promessa de pagamento de juros e reembolso final do montante emprestado, chamado de **principal**. Os compradores podem manter o título até o vencimento ou vendê-lo antes.

Há milhões de títulos diferentes na economia estadunidense. Quando grandes empresas, o governo federal ou governos estaduais e locais precisam tomar empréstimos para financiar a compra de uma nova fábrica, um novo bombardeiro ou uma nova escola, eles costumam fazê-lo por meio da emissão de títulos. Se você procurar no *Wall Street Journal* ou na seção de negócios de seu jornal local, encontrará uma lista dos preços e taxas de juros de algumas das principais emissões de títulos. Esses títulos apresentam três características significativas.

A primeira característica é o **prazo** do título, ou seja, a duração do tempo até o vencimento do título. Alguns títulos têm prazo curto, alguns meses, enquanto outros podem ter prazos longos, de 30 anos ou mais. (O governo britânico já emitiu um título que nunca vence, chamado de **perpetuidade**. Esse título paga juros para sempre, mas o principal nunca será reembolsado.) A taxa de juros de um título depende, em parte, do seu prazo. Títulos de longo prazo apresentam maior risco que os de curto prazo, porque seus detentores precisam esperar mais pelo reembolso do principal. Se o detentor de um título de longo prazo precisar de seu dinheiro antes da data de vencimento, não terá escolha a não ser vendê-lo a outra pessoa, talvez a um preço reduzido. Para compensar esse risco, os títulos de longo prazo costumam pagar taxas de juros mais elevadas que os de curto prazo.

A segunda característica importante de um título é seu **risco de crédito**, isto é, a probabilidade de que o tomador deixe de pagar parte dos juros ou do principal. Esse não pagamento é chamado de **inadimplência**. Os tomadores podem – e às vezes o fazem – deixar de pagar seus empréstimos, declarando falência. Quando os compradores de títulos percebem que a probabilidade de inadimplência é elevada, exigem uma taxa de juros mais alta para compensar esse risco. Como o risco de crédito do governo dos Estados Unidos é considerado seguro, os títulos do governo tendem a pagar uma taxa de juros baixa. Por sua vez, empresas em dificuldades financeiras levantam recursos com a emissão dos chamados **títulos podres** (*junk bonds*), que pagam taxas de juros muito elevadas. Os compradores de títulos podem julgar o risco de crédito por meio de diversas agências privadas, como a Standard & Poor's, que classifica o risco de crédito de diferentes títulos de AAA (mais seguros) a D (aqueles que já estão inadimplentes).

A terceira característica importante dos títulos é o **tratamento tributário**, que é a maneira como a legislação tributária trata os juros ganhos sobre o título. Os juros da maioria dos títulos constituem renda tributável, de modo que o detentor precisa pagar parte dos juros recebidos como imposto de renda. No entanto, quando os governos estaduais e municipais emitem títulos, chamados **títulos municipais**, os detentores não devem imposto de renda federal sobre os juros ganhos. Em virtude dessa vantagem tributária, os títulos emitidos pelos governos estaduais e municipais pagam juros menores que os títulos emitidos pelas empresas ou pelo governo federal.

A quarta característica importante de um título é se ele oferece **proteção contra a inflação**. A maioria dos títulos é escrita em termos nominais, ou seja, eles prometem pagar os juros e o principal em um número específico de dólares (ou em outra moeda). Se os preços subirem e o dólar tiver menos poder de compra, o detentor do título fica em desvantagem. Alguns títulos, no entanto, indexam os pagamentos dos juros e do principal de acordo com uma medida da inflação, de modo que, quando os preços sobem, os pagamentos aumentam proporcionalmente. Desde 1997, o governo dos Estados Unidos emitiu esses títulos, chamados de Títulos do Tesouro Protegidos contra Inflação (TIPS, de Treasury Inflation-Protected Securities). Como o TIPS oferece proteção contra a inflação, ele geralmente paga uma taxa de juros mais baixa do que títulos similares que não têm essa característica.

Mercado de ações Outra maneira de a Intel levantar fundos para a construção de uma nova fábrica de semicondutores é a venda de ações da empresa. Uma **ação** representa uma participação parcial na propriedade da empresa e, portanto, dá direito a uma parte dos lucros que a empresa gera. Por exemplo, se a Intel emitir um total de 1.000.000 de ações, cada ação representará a propriedade de 1/1.000.000 da propriedade da empresa.

ação
direito a uma parte da propriedade de uma empresa

A venda de ações para levantar fundos é denominada **financiamento por capital próprio** (*equity finance*), ao passo que a venda de títulos é denominada **financiamento por endividamento**. Embora as empresas usem os dois tipos de financiamento para levantar fundos para novos investimentos, ações e títulos são muito diferentes. O proprietário de ações da Intel é proprietário de parte da empresa, enquanto o proprietário de um título da Intel é um credor da empresa. Se a Intel for muito lucrativa, os acionistas se beneficiam dos lucros, enquanto os detentores de títulos recebem apenas os juros que lhes são devidos. Se a Intel encontrar dificuldades financeiras, os detentores de títulos receberão o que lhes é devido antes de os acionistas receberem qualquer coisa. Comparadas aos títulos, as ações oferecem riscos maiores aos acionistas, mas oferecem um rendimento potencialmente maior.

Depois que uma empresa emite ações e as vende ao público, elas são negociadas entre os acionistas em bolsas de valores organizadas. Nessas transações, a empresa em si não recebe nada quando suas ações mudam de mãos. As bolsas de valores mais importantes na economia dos Estados Unidos são a Bolsa de Valores de Nova York (NYSE) e a Nasdaq (Associação Nacional de Corretores de Títulos de Cotações Automáticas). A maior parte dos países tem suas próprias bolsas de valores, nas quais são vendidas as ações de empresas locais. As mais importantes ficam em Tóquio, Shangai, Hong Kong e Londres.

Os preços pelos quais as ações são negociadas nas bolsas de valores são determinados pela oferta e demanda. Como as ações representam a propriedade de uma empresa, a demanda por uma ação – e, portanto, seu preço – reflete a percepção das pessoas sobre a lucratividade futura da empresa. Quando as pessoas estão otimistas acerca do futuro de uma empresa, a demanda pelas ações dessa empresa aumenta e, consequentemente, também seu preço. No entanto, quando as pessoas esperam que uma empresa tenha lucros baixos, ou até mesmo prejuízo, o preço da ação cai.

Há diversos índices de ações para monitorar o nível geral dos preços das ações. Um **índice de ações** é calculado como a média de preço de um grupo de ações. O índice de ações mais famoso é o Dow Jones Industrial Average, introduzido em 1896. Ele é calculado com base nos preços das ações das 30 principais empresas dos Estados Unidos, como Disney, Microsoft, Coca-Cola, Boeing, Apple e Walmart. Outro índice de ações bem conhecido é o Standard & Poor's 500, com base nos preços das ações das 500 principais empresas estadunidenses. Como os preços das ações refletem a lucratividade esperada, esses índices de ações são observados atentamente como possíveis indicadores das condições econômicas futuras.

27-1b Intermediários financeiros

Os **intermediários financeiros** são instituições financeiras por meio das quais os poupadores podem, de forma indireta, ofertar fundos aos tomadores de empréstimos. A palavra **intermediário** reflete o papel dessas instituições, que se situam entre os poupadores e os tomadores. Os bancos e os fundos mútuos são os dois intermediários financeiros mais importantes.

Bancos Imagine a família Silva, proprietária de uma pequena mercearia. Se a família quiser financiar a expansão do seu negócio, o fará de forma diferente da Intel. Diferente de uma grande empresa, um negócio de família pequeno pode se deparar com dificuldades ao levantar fundos nos mercados de ações e de títulos. A maior parte dos compradores prefere adquirir ações e títulos emitidos por empresas maiores e mais conhecidas. Provavelmente, a família Silva vai financiar a expansão de seu negócio com um empréstimo de um banco local.

Os bancos são os intermediários financeiros com os quais as pessoas mais estão familiarizadas. Um dos principais negócios dos bancos é receber depósitos das pessoas que querem poupar e usar esses depósitos para conceder empréstimos a pessoas que os desejam. Os bancos pagam aos depositantes um juro sobre seus depósitos e cobram dos tomadores um juro ligeiramente superior. A diferença entre essas taxas de juros cobre os custos bancários e rende um lucro para os proprietários dos bancos.

---

intermediários financeiros
instituições financeiras por meio das quais os poupadores podem ofertar fundos indiretamente aos tomadores de empréstimos

Além de serem intermediários financeiros, os bancos desempenham um segundo papel importante na economia: eles facilitam a aquisição de bens e serviços, permitindo que as pessoas emitam cheques contra seus depósitos e acessem esses depósitos com cartões de débito. Em outras palavras, os bancos ajudam a criar um ativo especial, chamado **meio de troca**, que as pessoas podem usar para realizar transações. O papel dos bancos em prover um meio de troca os distingue de muitas outras instituições financeiras. Ações e títulos, assim como os depósitos bancários, são uma possível **reserva de valor** para a riqueza que as pessoas acumularam com sua poupança, mas o acesso a essa riqueza não é tão fácil, barato e imediato como assinar um cheque, apertar um botão de "Pagar" ou usar um cartão de débito. Por enquanto, vamos ignorar esse segundo papel dos bancos; retornaremos a ele quando discutirmos o sistema monetário mais adiante.

Fundos mútuos São intermediários financeiros de importância crescente nos Estados Unidos. Um **fundo mútuo** é uma instituição que vende cotas ao público e usa o resultado da venda para comprar uma seleção, ou **carteira de títulos**, de diversos tipos de ações, títulos ou ambos. O cotista do fundo mútuo aceita todos os riscos e retornos associados à carteira de títulos. Se o valor da carteira aumentar, o cotista terá ganhos; se o valor da carteira cair, o cotista terá perdas.

A vantagem inicial dos fundos mútuos é o fato de eles permitirem que pessoas com pequenas quantias de dinheiro diversifiquem suas aplicações. Como o valor de qualquer ação ou título está atrelado ao resultado de uma empresa específica, possuir um só tipo de ação ou título é muito arriscado. No entanto, as pessoas que têm uma carteira diversificada de ações e títulos enfrentam menor risco, porque têm apenas uma pequena participação em cada empresa. Os fundos mútuos facilitam essa diversificação. Com apenas poucas centenas de dólares, uma pessoa pode comprar cotas de um fundo mútuo e, indiretamente, tornar-se coproprietária ou credora de centenas de grandes empresas. Por esse serviço, a empresa operadora do fundo mútuo cobra dos cotistas uma taxa, geralmente entre 0,1 e 1,5% dos ativos por ano.

Uma segunda vantagem dos fundos mútuos é o fato de eles darem a pessoas comuns acesso às habilidades de administradores financeiros profissionais. Os administradores da maioria dos fundos mútuos prestam muita atenção ao desenvolvimento e às perspectivas das empresas das quais compram ações. Esses administradores compram ações das empresas que, em sua opinião, terão um futuro lucrativo, e vendem as das empresas que eles acreditam apresentar perspectivas menos promissoras. Argumenta-se que essa administração profissional é capaz de aumentar o retorno que os cotistas de fundos mútuos obtêm em suas aplicações.

No entanto, os economistas financeiros costumam se mostrar céticos em relação a esse segundo argumento. Com milhares de administradores dando tanta atenção às perspectivas de cada empresa, o preço das ações costuma ser um bom reflexo do verdadeiro valor da empresa. Como resultado, é difícil "ganhar do mercado" comprando ações boas e vendendo as ruins. De fato, os fundos mútuos denominados **fundos de índice**, que compram todas as ações de determinado índice de ações, têm, em média, desempenho um pouco superior ao dos fundos mútuos que utilizam a transação ativa realizada por um administrador

> **fundo mútuo**
> instituição que vende cotas ao público e usa o resultado das vendas para comprar uma carteira de ações e títulos

ARLO E JANIS por Jimmy Johnson

financeiro profissional. A explicação do desempenho superior dos fundos de índice é que eles mantêm os custos baixos, pois compram e vendem muito raramente e não têm de pagar os salários dos administradores financeiros profissionais.

27-1c Resumindo

A economia dos Estados Unidos contém uma grande variedade de instituições financeiras. Além do mercado de títulos, do mercado de ações, dos bancos e dos fundos mútuos, há fundos de pensão, cooperativas de crédito, empresas de seguros e até agiotas locais. Essas instituições diferem umas das outras de muitas maneiras. Entretanto, quando se analisa o papel macroeconômico do sistema financeiro, é mais importante ter em mente que, apesar das suas diferenças, essas instituições financeiras atendem a um mesmo objetivo, que é direcionar os recursos dos poupadores para as mãos dos tomadores de empréstimos.

Teste rápido

1. Lois quer lançar um jornal local, mas não possui os recursos financeiros necessários para começar o negócio. Ela pega emprestado $ 60 mil de seu amigo Clark, a quem promete uma taxa de juros de 7%, e recebe outros $ 40 mil de seu amigo Jimmy, a quem promete 10% de seus lucros. O que melhor descreve essa situação?
   a. Clark é acionista, e Lois é detentora de títulos.
   b. Clark é acionista, e Jimmy é detentor de títulos.
   c. Jimmy é acionista, e Lois é detentora de títulos.
   d. Jimmy é acionista, e Clark é detentor de títulos.

2. Um título tende a pagar uma alta taxa de juros se for
   a. um título de curto prazo, em vez de um título de longo prazo.
   b. um título municipal isento de tributação federal.
   c. emitido pelo governo federal, em vez de por uma corporação.
   d. emitido por uma empresa de qualidade de crédito duvidosa.

3. A principal vantagem dos fundos mútuos é que eles fornecem
   a. um retorno garantido pelo governo.
   b. uma maneira fácil de manter uma carteira de títulos diversificada.
   c. um ativo que é amplamente utilizado como meio de troca.
   d. uma forma de evitar flutuações nos preços de ações e títulos.

As respostas estão no final do capítulo.

27-2 Poupança e investimento nas contas da renda nacional

Os eventos que ocorrem no sistema financeiro são fundamentais para entender os acontecimentos na economia. Como acabamos de ver, as instituições que compõem o sistema – o mercado de títulos, o mercado de ações, os bancos e os fundos mútuos – têm o papel de coordenar a poupança e o investimento da economia. Conforme vimos no capítulo anterior, a poupança e o investimento são determinantes importantes do crescimento em longo prazo do PIB e dos padrões de vida. Consequentemente, os macroeconomistas precisam entender de que maneira os mercados financeiros funcionam e de que maneira diferentes acontecimentos e políticas os afetam.

Como ponto de partida para uma análise dos mercados financeiros, discutiremos nesta seção as principais variáveis macroeconômicas que medem a atividade nesses mercados. A ênfase aqui não é no comportamento, mas sim na contabilidade. A **contabilidade** é a forma como diferentes números são definidos e somados. Um contador pessoal pode ajudar uma pessoa a somar sua renda e suas despesas. Um contador da renda nacional faz o mesmo em relação à economia. As contas da renda nacional incluem, particularmente, o PIB e muitas estatísticas correlatas.

As regras de contabilidade da renda nacional incluem diversas identidades importantes. Lembre-se de que uma **identidade** é uma equação que precisa ser verdadeira devido à maneira como suas variáveis são definidas. As identidades esclarecem a maneira como diferentes variáveis estão relacionadas entre si. Aqui, examinaremos algumas identidades contábeis que lançam luz sobre o papel macroeconômico dos mercados financeiros.

27-2a Algumas identidades importantes

Vimos que o PIB é tanto a renda total de uma economia quanto a despesa total em bens e serviços produzidos pela economia. O PIB (denotado por Y) se divide em quatro componentes de dispêndio: consumo (C), investimento (I), gastos do governo (G) e exportações líquidas (XL). Escrevemos:

$$Y = C + I + G + XL.$$

Essa equação é uma identidade, porque cada dólar do dispêndio que surge do lado esquerdo também aparece em um dos quatro componentes do lado direito. Devido à maneira como cada uma das variáveis é definida e medida, essa equação deve sempre ser verdadeira.

Neste capítulo, simplificaremos a análise, supondo que a economia analisada seja fechada. Uma **economia fechada** não interage com outras economias. Mais especificamente, uma economia fechada não se engaja no comércio internacional de bens e serviços e não toma nem concede empréstimos internacionais. É claro que as economias no mundo real são **economias abertas**, ou seja, elas interagem com outras economias do mundo. Ainda assim, a suposição de uma economia fechada é uma simplificação útil, com a qual podemos aprender algumas lições que se aplicam a todas as economias. Além disso, essa suposição aplica-se perfeitamente à economia mundial (porque o comércio interplanetário ainda não é comum!).

Como uma economia fechada não está engajada no comércio internacional, as importações e as exportações são iguais a zero. Portanto, as exportações líquidas (XL) também são zero. Nesse caso, podemos escrever:

$$Y = C + I + G.$$

Essa equação afirma que o PIB é a soma do consumo, do investimento e dos gastos do governo. Cada unidade de produto vendida em uma economia fechada é consumida, investida ou comprada pelo governo.

Para vermos o que essa identidade pode dizer a respeito dos mercados financeiros, vamos subtrair C e G dos dois lados da equação. Obtemos então:

$$Y - C - G = I.$$

O lado esquerdo da equação ($Y - C - G$) é o que resta da renda total da economia após o pagamento das despesas de consumo e dos gastos do governo: esse montante é chamado de **poupança nacional** e é denotado por S. Substituindo S por $Y - C - G$, podemos escrever a última equação como:

$$S = I.$$

poupança nacional
o que resta da renda total da economia após o pagamento das despesas de consumo e das compras do governo

Essa equação afirma que a poupança é igual ao investimento.

Para entender o significado da poupança nacional, é útil manipular um pouco mais sua definição. Considere que T é o montante que o governo recolhe das famílias na forma de tributação menos a quantia que restitui a elas na forma de pagamentos de transferência (como seguridade social e bem-estar social). Então, podemos representar a poupança nacional de duas maneiras:

$$S = Y - C - G$$

ou

$$S = (Y - T - C) + (T - G).$$

Essas equações são iguais, porque os dois Ts da segunda equação cancelam-se mutuamente, mas cada uma delas revela uma maneira diferente de pensar sobre a poupança nacional. Em particular, a segunda equação separa a poupança nacional em duas partes: poupança privada $(Y - T - C)$ e poupança pública $(T - G)$.

poupança privada
renda que fica com as famílias após o pagamento de impostos e de despesas de consumo

poupança pública
receita tributária que fica com o governo após o pagamento de suas despesas

superávit orçamentário
excesso de arrecadação tributária em relação aos gastos do governo

déficit orçamentário
arrecadação tributária menor que os gastos do governo

Vamos considerar cada uma dessas duas partes. A **poupança privada** é o montante da renda que fica com as famílias após o pagamento de seus impostos e de seus gastos de consumo. Mais especificamente, como as famílias recebem renda de Y, pagam impostos T e gastam C em consumo, a poupança privada é $Y - T - C$. A **poupança pública** é o montante da receita tributária que fica com o governo após o pagamento de seus gastos. O governo recebe T em tributação e gasta G em bens e serviços. Se T for maior que G, o governo receberá mais dinheiro do que gasta. Nesse caso, a poupança pública $(T - G)$ é positiva, e diz-se que o governo está operando com um **superávit orçamentário**. Se o governo gastar mais do que arrecadar em receita tributária, então G será maior que T. Nesse caso, o governo terá um **déficit orçamentário**, e a poupança pública $(T - G)$ será um número negativo.

Consideremos agora como essas identidades contábeis se relacionam com os mercados financeiros. A equação $S = I$ revela um fato importante: **para a economia como um todo, a poupança deve ser igual ao investimento**. Mas isso levanta algumas questões importantes. Que mecanismos estão por trás dessa identidade? O que coordena as pessoas que estão decidindo quanto poupar e as que estão decidindo quanto investir? A resposta é: o sistema financeiro. O mercado de títulos, o mercado de ações, os bancos, os fundos mútuos e os demais mercados e intermediários financeiros colocam-se entre os dois lados da equação $S = I$. Eles recolhem a poupança nacional e a direcionam para o investimento nacional.

27-2b O significado de poupança e investimento

Às vezes, os termos **poupança** e **investimento** podem causar confusão. A maioria das pessoas utiliza esses termos de maneira casual e até intercambiável. Já os macroeconomistas que processam as contas da renda nacional utilizam esses termos com cautela e de maneira distinta.

Por exemplo, suponha que Larry ganhe mais do que gasta e deposite a renda não gasta em um banco ou a utilize para comprar um título ou algumas ações de uma empresa. Como a renda de Larry supera seu consumo, ele aumenta a poupança nacional. Larry pode pensar que está "investindo" seu dinheiro, mas um macroeconomista diria que ele está poupando, e não investindo.

Na linguagem macroeconômica, investimento refere-se à compra de novo capital, como equipamentos ou prédios. Quando Moe toma dinheiro emprestado do banco para construir para si uma casa nova, ele aumenta o investimento nacional (lembre-se de que a compra de um imóvel é um gasto familiar considerado investimento, e não consumo). De modo similar, quando a Curly Corporation vende ações e usa o resultado da venda para construir uma nova fábrica, isso também aumenta o investimento nacional.

Embora a identidade contábil $S = I$ mostre que poupança e investimento são iguais para a economia, isso não precisa ser verdadeiro para cada família ou empresa específica. A poupança de Larry pode ser maior que seu investimento, e ele pode depositar o excedente em um banco. A poupança de Moe pode ser menor que seu investimento, e ele pode tomar um empréstimo bancário para cobrir a diferença. Os bancos e as demais instituições financeiras tornam possíveis essas diferenças individuais entre poupança e investimento ao permitir que a poupança de uma pessoa financie o investimento de outra.

Teste rápido

4. Se o governo arrecada mais em receita tributária do que gasta e as famílias consomem mais do que recebem em renda após os impostos, então
   a. a poupança privada e a poupança pública são ambas positivas.
   b. a poupança privada e a poupança pública são ambas negativas.
   c. a poupança privada é positiva, mas a poupança pública é negativa.
   d. a poupança privada é negativa, mas a poupança pública é positiva.

5. Uma economia fechada tem renda de $ 1 mil, gastos do governo de $ 200, impostos de $ 150 e investimento de $ 250. Qual é o valor da poupança privada?
   a. $ 100
   b. $ 200
   c. $ 300
   d. $ 400

As respostas estão no final do capítulo.

27-3 O mercado de fundos emprestáveis

Após abordarmos aspectos relacionados a algumas das instituições financeiras mais importantes em nossa economia e o papel macroeconômico delas, estamos prontos para construir um modelo dos mercados financeiros. Nosso objetivo com esse modelo é explicar de que maneira os mercados financeiros coordenam a poupança e o investimento da economia. O modelo também oferece um instrumento com o qual podemos analisar diversas políticas governamentais que influenciam a poupança e o investimento.

Para simplificar, partiremos do pressuposto de que a economia tem apenas um mercado financeiro, denominado **mercado de fundos emprestáveis**. Todos os poupadores precisam ir a esse mercado para depositar sua poupança, e todos os tomadores precisam ir a esse mercado para obter empréstimos. Assim, a expressão **fundos emprestáveis** refere-se a toda renda que as pessoas decidiram poupar e emprestar, em vez de usarem-na para seu próprio consumo, e ao montante que os investidores decidiram tomar emprestado para financiar novos projetos de investimento. No mercado de fundos emprestáveis, há uma só taxa de juros que representa tanto o retorno da poupança quanto o custo do empréstimo.

É claro que a suposição de um só mercado financeiro não é literalmente verdadeira, pois a economia tem muitos tipos de instituições financeiras. Mas, como vimos no Capítulo 2, a arte da construção de um modelo econômico está em simplificar o mundo para explicá-lo. Para nossos propósitos aqui, podemos ignorar a diversidade de instituições financeiras e supor que a economia tenha um só mercado financeiro.

mercado de fundos emprestáveis
mercado em que aqueles que querem poupar ofertam fundos e aqueles que querem tomar empréstimos para investir demandam fundos

27-3a Oferta e demanda de fundos emprestáveis

O mercado de fundos emprestáveis, como os demais mercados da economia, é regido pela oferta e demanda.

A oferta de fundos emprestáveis vem das pessoas que têm alguma renda extra que desejam poupar e emprestar. Esse empréstimo pode ocorrer diretamente, por exemplo, quando uma família compra um título de uma empresa, ou indiretamente, como quando uma família faz um depósito em um banco que, por sua vez, usa os fundos para conceder empréstimos. **Nos dois casos, a poupança é a fonte da oferta de fundos emprestáveis.**

A demanda por fundos emprestáveis vem das famílias e das empresas que desejam tomar empréstimos para realizar investimentos. Essa demanda inclui hipotecas imobiliárias.

Inclui também as empresas que tomam empréstimos para a compra de novos equipamentos ou para a construção de fábricas. Nos dois casos, **o investimento é a fonte da demanda por fundos emprestáveis**.

A taxa de juros é o preço de um empréstimo. Ela representa o montante que os tomadores pagam pelo empréstimo e o montante que os que emprestam recebem por sua poupança. Como uma taxa de juros elevada torna o empréstimo mais caro, a quantidade demandada de fundos emprestáveis cai à medida que a taxa de juros aumenta. Simultaneamente, como uma taxa de juros elevada torna a poupança mais atrativa, a quantidade ofertada de fundos emprestáveis aumenta quando a taxa de juros se eleva. Em outras palavras, a curva de demanda por fundos emprestáveis tem inclinação negativa, ao passo que a curva da oferta de fundos emprestáveis tem inclinação positiva.

A Figura 27-1 mostra a taxa de juros que equilibra a oferta e a demanda de fundos emprestáveis. No equilíbrio, a taxa de juros é de 5%, e a quantidade demandada e ofertada de fundos emprestáveis é de $ 1.200 bilhões.

O ajuste da taxa de juros para o nível de equilíbrio ocorre pelas razões de sempre. Se a taxa de juros fosse menor que o nível de equilíbrio, a quantidade ofertada de fundos emprestáveis seria menor que a quantidade demandada. A escassez de fundos emprestáveis resultante incentivaria os que fazem empréstimos a aumentar a taxa de juros cobrada. Uma taxa de juros mais elevada estimularia a poupança, aumentando com isso a quantidade ofertada de fundos emprestáveis, e desestimularia a tomada de empréstimos para investimento, diminuindo, assim, a quantidade demandada de fundos emprestáveis. De modo inverso, se a taxa de juros fosse maior que o nível de equilíbrio, a quantidade ofertada de fundos emprestáveis seria maior que a quantidade demandada. Como os emprestadores competiriam pelos escassos tomadores de empréstimos, a taxa de juros cairia. Com isso, a taxa de juros caminharia para o nível de equilíbrio, em que a oferta e a demanda de fundos emprestáveis são iguais.

Lembre-se de que os economistas fazem uma distinção entre a taxa de juros real e a taxa de juros nominal. A taxa de juros nominal é aquela usualmente informada, como o retorno monetário da poupança e o custo dos empréstimos. A taxa de juros real é a taxa

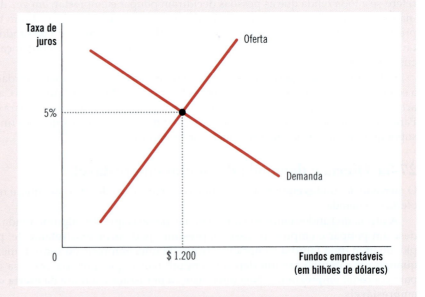

Figura 27-1

O mercado de fundos emprestáveis

A taxa de juros da economia se ajusta para equilibrar a oferta e a demanda de fundos emprestáveis. A oferta de fundos emprestáveis vem da poupança nacional, incluindo tanto a poupança privada quanto a pública. A demanda por fundos emprestáveis vem das empresas e famílias que querem tomar empréstimos com o objetivo de investir. Aqui, a taxa de juros de equilíbrio é de 5%, e $ 1.200 bilhões de fundos emprestáveis são ofertados e demandados.

de juros nominal corrigida pela inflação; ela é igual à taxa de juros nominal menos a taxa de inflação. Como a inflação corrói o valor do dinheiro ao longo do tempo, a taxa de juros real reflete, de forma mais acurada, o retorno real da poupança e o custo real dos empréstimos. Portanto, a oferta e a demanda de fundos emprestáveis dependem da taxa de juros real, em vez da taxa nominal, e o equilíbrio da Figura 27-1 deveria ser interpretado como a determinação da taxa de juros real da economia. No restante do capítulo, ao se deparar com a expressão **taxa de juros**, lembre-se de que estamos falando da taxa de juros real.

Esse modelo de oferta e demanda de fundos emprestáveis mostra que os mercados financeiros funcionam como os demais mercados da economia. No mercado do leite, por exemplo, o preço do produto se ajusta para que a quantidade ofertada de leite seja igual à quantidade demandada. Dessa forma, a mão invisível coordena o comportamento dos produtores e dos consumidores de leite. Uma vez que se compreenda que a poupança representa a oferta de fundos emprestáveis e que o investimento representa a demanda, é possível ver como a mão invisível coordena a poupança e o investimento. Quando a taxa de juros se ajusta para equilibrar oferta e demanda no mercado de fundos emprestáveis, ela coordena o comportamento das pessoas que querem poupar (os ofertantes de fundos emprestáveis) e das pessoas que querem investir (os demandantes de fundos emprestáveis).

Podemos agora usar essa análise do mercado de fundos emprestáveis para examinar as políticas governamentais que afetam a poupança e o investimento da economia. Como se trata de um modelo de oferta e demanda em um mercado específico, analisamos qualquer política usando os três passos discutidos no Capítulo 4. Primeiro, decidimos se a política desloca a curva de oferta ou a curva de demanda. Segundo, determinamos a direção do deslocamento. Terceiro, usamos o diagrama de oferta e demanda para ver como o equilíbrio muda.

27-3b Política 1: incentivos à poupança

Muitos economistas e formuladores de políticas defendem o incremento da poupança pessoal. O argumento é simples. Um dos **dez princípios da economia** do Capítulo 1 é que o padrão de vida de um país depende de sua capacidade de produzir bens e serviços. E, como vimos no capítulo anterior, a poupança é um determinante importante da produtividade de um país no longo prazo. Se os Estados Unidos pudessem, de alguma maneira, aumentar sua taxa de poupança, mais recursos estariam disponíveis para a acumulação de capital, a taxa de crescimento do PIB aumentaria, e, com o tempo, os cidadãos estadunidenses poderiam desfrutar de um padrão de vida mais elevado.

Outro dos **dez princípios da economia** é que as pessoas respondem a incentivos. Muitos economistas usaram esse princípio para sugerir que a baixa taxa de poupança dos Estados Unidos pode, pelo menos em parte, ser atribuída a leis tributárias que desencorajam a poupança. O governo federal estadunidense, assim como muitos governos estaduais, obtém receita tributando a renda, incluindo juros e dividendos na renda tributável. Para ver os efeitos dessa política, imagine uma pessoa de 25 anos que poupe $ 1.000 e compre um título de 30 anos que paga uma taxa de juros de 9%. Na ausência de impostos, os $ 1.000 aumentariam para $ 13.268 quando o poupador atingisse a idade de 55 anos. No entanto, se o juro fosse tributado a uma taxa de, digamos, 33%, então a taxa de juros após os impostos seria de apenas 6%. Nesse caso, os $ 1.000 aumentariam para apenas $ 5.743 após 30 anos. O imposto sobre a renda de juros reduz substancialmente o rendimento futuro da poupança corrente e, como resultado, diminui o incentivo à poupança.

Em resposta a esse problema, muitos economistas e legisladores propuseram reformar o código tributário para incentivar a poupança. Uma das propostas é a de se expandir o número de contas especiais, como as Contas Individuais de Aposentadoria, que permitem que as pessoas protejam parte de sua poupança da tributação. Consideremos o efeito de tal incentivo à poupança no mercado de fundos emprestáveis, como ilustra a Figura 27-2.

Em primeiro lugar, qual curva seria afetada por essa política? Visto que a mudança tributária alteraria o incentivo para que as famílias poupem a qualquer taxa de juros dada, ela afetaria a quantidade ofertada de fundos emprestáveis a cada taxa de juros. Portanto, a curva de oferta de fundos emprestáveis se deslocaria. A curva de demanda por fundos emprestáveis se manteria inalterada, porque a mudança tributária não afetaria diretamente o montante que os tomadores de empréstimo desejariam emprestar a qualquer taxa de juros.

Em segundo lugar, em que direção a curva de oferta se deslocaria? Como a poupança seria menos tributada em relação às condições da legislação atual, as famílias aumentariam sua poupança, consumindo uma fração menor de suas rendas. As famílias usariam essa poupança adicional para aumentar seus depósitos nos bancos ou comprar mais títulos. A oferta de fundos emprestáveis aumentaria, e a curva de oferta se deslocaria para a direita, de O_1 para O_2, como mostra a Figura 27-2.

Por fim, podemos comparar o equilíbrio antigo e o novo. Na figura, a maior oferta de fundos emprestáveis reduz a taxa de juros de 5 para 4%. A taxa de juros mais baixa, então, aumenta a quantidade demandada de fundos emprestáveis de $ 1.200 bilhões para $ 1.600 bilhões. Ou seja, o deslocamento na curva de oferta move o equilíbrio de mercado ao longo da curva de demanda. Com o menor custo dos empréstimos, as famílias e as empresas ficam motivadas a tomar mais empréstimos para financiar mais investimentos. **Portanto, se uma mudança tributária incentivasse uma maior poupança, o resultado seria uma menor taxa de juros e um maior investimento.**

Embora essa análise dos efeitos de uma maior poupança seja aceita de maneira generalizada entre os economistas, há menos consenso sobre quais tipos de mudanças tributárias deveriam ser feitas. Muitos economistas apoiam uma mudança tributária que aumente a poupança, a fim de estimular o investimento e o crescimento. No entanto, outros são céticos e duvidam de que essas mudanças possam ter grande efeito sobre a poupança nacional. Esses céticos também questionam a equidade das mudanças propostas. Eles argumentam

Figura 27-2

Os incentivos à poupança aumentam a oferta de fundos emprestáveis

Uma mudança na legislação tributária para incentivar os estadunidenses a poupar mais deslocaria a curva de oferta de fundos emprestáveis para a direita, de O_1 para O_2. Como resultado, a taxa de juros de equilíbrio cairia, o que estimularia o investimento. Nesse exemplo, a taxa de juros de equilíbrio cai de 5 para 4%, e a quantidade de equilíbrio de fundos emprestáveis poupados e investidos aumenta de $ 1.200 bilhões para $ 1.600 bilhões.

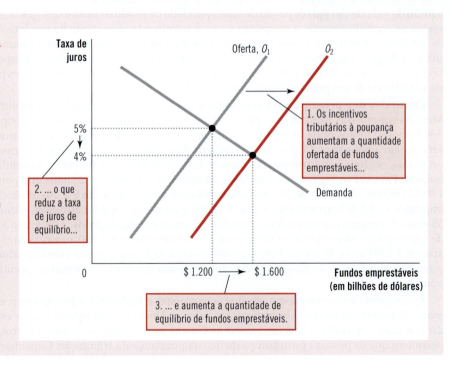

que, em muitos casos, os benefícios das mudanças iriam principalmente para os ricos, que são os que menos precisam de um alívio tributário.

27-3c Política 2: incentivos ao investimento

Suponha que o Congresso aprove uma mudança tributária cujo objetivo seja tornar o investimento mais atraente. Essencialmente, é isso que o Congresso faz quando cria um **crédito tributário para investimento**, como acontece de tempos em tempos. Um crédito tributário para investimento concede uma vantagem tributária a qualquer empresa que construa uma nova fábrica ou compre um novo equipamento. Consideremos os efeitos de tal mudança tributária sobre o mercado de fundos emprestáveis, como ilustra a Figura 27-3.

Primeiro, esse crédito tributário afetaria a oferta ou a demanda? Dado que o crédito tributário recompensaria as empresas que tomassem empréstimos e investissem em novo capital, isso alteraria o investimento a qualquer taxa de juros dada e, portanto, mudaria a demanda por fundos emprestáveis. No entanto, como o crédito tributário não afetaria o montante que as famílias poupam a qualquer taxa de juros dada, ele não alteraria a oferta de fundos emprestáveis.

Segundo, em qual direção a curva de demanda se deslocaria? Como as empresas teriam um incentivo para aumentar o investimento a qualquer taxa de juros, a quantidade demandada de fundos emprestáveis seria maior para qualquer taxa de juros dada. Portanto, a curva de demanda por fundos emprestáveis se moveria para a direita, como mostra o deslocamento de D_1 para D_2 na figura.

Terceiro, vamos examinar como o equilíbrio mudaria. Na Figura 27-3, a maior demanda por fundos emprestáveis eleva a taxa de juros de 5 para 6%, e a maior taxa de juros, por sua vez, eleva a quantidade ofertada de fundos emprestáveis de $ 1.200 bilhões para $ 1.400 bilhões, à medida que as famílias respondem, aumentando o montante que poupam. Essa mudança no comportamento das famílias é representada, aqui, como um movimento ao longo da curva de oferta. **Portanto, se uma mudança na legislação tributária incentivasse um maior investimento, o resultado seria uma taxa de juros mais elevada e uma maior poupança.**

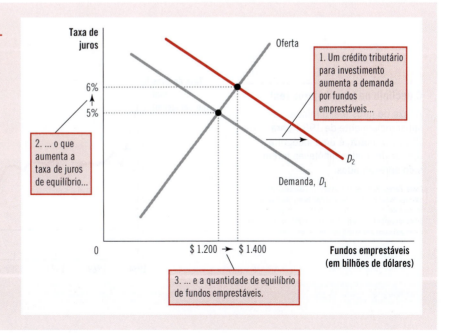

Figura 27-3

Os incentivos ao investimento aumentam a demanda por fundos emprestáveis

Se a aprovação de um crédito tributário para investimento incentivasse as empresas a investir mais, a demanda por fundos emprestáveis aumentaria. Como resultado, a taxa de juros de equilíbrio aumentaria, e a taxa de juros mais elevada estimularia a poupança. Aqui, quando a curva de demanda se desloca de D_1 para D_2, a taxa de juros de equilíbrio aumenta de 5 para 6%, e a quantidade de equilíbrio de fundos emprestáveis poupados e investidos aumenta de $ 1.200 bilhões para $ 1.400 bilhões.

O declínio nas taxas de juros reais de 1984 a 2020

Na evolução da economia dos Estados Unidos ao longo das últimas décadas, um fato se destaca como especialmente notável: o grande e relativamente constante declínio nas taxas de juros reais. A Figura 27-4 ilustra o fenômeno.

No final da década de 1980 e na década de 1990, a taxa de juros real geralmente ficava entre 4 e 5%. Na década de 2010, normalmente ela ficava abaixo de 1%. Em 2020, a taxa de juros real chegou a ficar abaixo de zero. Durante esse período, muitas outras nações testemunharam uma tendência semelhante.

O que explica esse declínio e quais são suas implicações? Vamos começar com três razões que podem ter levado a um aumento na poupança, deslocando a oferta de fundos emprestáveis para a direita:

- Como a desigualdade de renda aumentou nas últimas décadas, os recursos passaram das famílias mais pobres para as mais ricas. Se os ricos têm maior propensão a economizar, mais recursos fluem para os mercados de capital.
- A economia chinesa cresceu rapidamente nos últimos anos, e a China tem uma alta taxa de poupança. Esse novo e vasto volume de poupança flui para os mercados de capital em todo o mundo.
- Eventos como a crise financeira de 2008 e a pandemia de 2020 são lembretes vívidos de quão incerta a vida pode ser. As pessoas podem reagir aumentando a poupança preventiva para se preparar para possíveis infortúnios.

Além disso, considere três razões pelas quais o investimento pode ter diminuído, deslocando a demanda por fundos emprestáveis para a esquerda:

- Nas últimas décadas, o crescimento econômico médio diminuiu, devido a uma combinação de menor crescimento da produtividade e menor crescimento populacional. Um declínio no crescimento reduz a demanda por novos investimentos de capital.
- Tecnologias antigas, como ferrovias e fábricas de automóveis, exigiam grandes investimentos de capital. Novas tecnologias, como as desenvolvidas no Vale do Silício, podem requerer menos capital.
- Alguns economistas sugerem que a economia dos Estados Unidos está menos competitiva do que antes. Empresas com maior poder de mercado não apenas cobram preços mais altos, mas também investem menos.

Figura 27-4

O declínio na taxa de juros real

A taxa de juros real diminuiu substancialmente de 1984 para 2020. O motivo é uma incógnita, apesar de muitas hipóteses terem sido apresentadas.

Fonte: Federal Reserve, Department of Commerce (EUA) e cálculos do autor. A taxa de juros real apresentada aqui é o rendimento em ações do Tesouro de 10 anos menos a taxa de inflação central (com base no deflator do IPC menos alimentos e energia) como uma medida da inflação esperada.

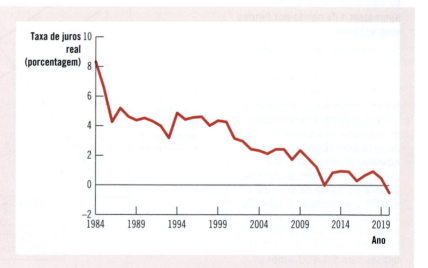

Qual dessas hipóteses está correta? É muito provável que uma combinação dessas forças esteja em ação. Quando a oferta de fundos emprestáveis se desloca para a direita e a demanda se desloca para a esquerda, o impacto no equilíbrio entre poupança e investimento é ambíguo, mas o efeito sobre a taxa de juros de equilíbrio é claro: ela cai.

Algumas das implicações das baixas taxas de juros são evidentes. Por exemplo, ao longo do século passado, uma carteira equilibrada, com metade dos investimentos em ações e metade em títulos, obteve um retorno anual médio de cerca de 5% após a inflação. No entanto, olhando para o futuro a partir de 2021, uma projeção mais plausível é um retorno de cerca de 3%.

Se essa previsão se confirmar, instituições como universidades, que utilizam o retorno de seus fundos para financiar suas atividades, precisarão apertar os cintos. Isso também significa que os indivíduos precisarão repensar sua poupança para a aposentadoria. Para sustentar qualquer nível de gastos para uma aposentadoria de 30 anos, o montante acumulado necessário ao início da aposentadoria precisa ser 27% maior quando a taxa de retorno é de 3% ao ano, em vez de 5%. Pelas mesmas razões, os planos de pensão públicos e privados provavelmente estão mais subfinanciados do que as estimativas atuais sugerem.

Por outro lado, há também benefícios associados ao declínio das taxas de juros. Famílias jovens que desejam comprar casas, por exemplo, beneficiam-se do menor custo do financiamento hipotecário.

No fim das contas, a taxa de juros é apenas um preço. Um preço baixo beneficia aqueles do lado da demanda do mercado (famílias jovens contratando hipotecas) e prejudica aqueles do lado da oferta (indivíduos mais velhos poupando para a aposentadoria). Se as taxas de juros começarem a subir novamente, as posições de vencedores e perdedores serão invertidas. ●

27-3d Política 3: déficits e superávits orçamentários do governo

Um assunto constante do debate político é a situação do orçamento governamental. Lembre-se de que um **déficit orçamentário** ocorre quando o governo gasta mais do que arrecada em impostos. O governo financia seus déficits orçamentários tomando empréstimos no mercado de títulos, e o acúmulo de empréstimos do governo é chamado de **dívida pública**. Um **superávit orçamentário**, que se dá quando a receita tributária do governo é maior que seus gastos, pode ser usado para pagar parte dessa dívida pública. Se os gastos do governo forem exatamente iguais à sua arrecadação tributária, dizemos que o governo está com o **orçamento equilibrado**.

Imagine que o governo comece com um orçamento equilibrado e então, devido a um aumento dos gastos, passe a registrar um déficit orçamentário. Podemos analisar os efeitos do déficit orçamentário seguindo as três etapas no mercado de fundos emprestáveis, como ilustra a Figura 27-5.

Primeiro, qual curva se desloca quando o governo começa a apresentar déficit orçamentário? Lembre-se de que a poupança nacional – a fonte de oferta de fundos emprestáveis – é composta de poupança privada e de poupança pública. Uma alteração no equilíbrio orçamentário do governo representa uma alteração na poupança pública e, portanto, na oferta de fundos emprestáveis. Como o déficit orçamentário não influencia o montante que as famílias e empresas desejam tomar emprestado para financiar o investimento a qualquer taxa de juros dada, ele não altera a demanda por fundos emprestáveis.

Segundo, em qual direção a curva de oferta se desloca? Quando o governo incorre em déficit orçamentário, a poupança pública é negativa, e isso reduz a poupança nacional. Em outras palavras, quando o governo toma empréstimos para financiar seu déficit orçamentário, ele reduz a oferta de fundos emprestáveis disponível para financiar o investimento das famílias e das empresas. Portanto, um déficit orçamentário desloca a curva de oferta de fundos emprestáveis para a esquerda, de O_1 para O_2, como mostra a Figura 27-5.

Terceiro, podemos comparar o antigo equilíbrio com o novo. Na figura, quando o déficit orçamentário reduz a oferta de fundos emprestáveis, a taxa de juros aumenta de 5 para 6%.

Figura 27-5

O efeito de um déficit orçamentário governamental

Quando o governo gasta mais do que arrecada em receita tributária, o déficit orçamentário resultante reduz a poupança nacional. A oferta de fundos emprestáveis diminui, e a taxa de juros de equilíbrio aumenta. Assim, quando o governo toma empréstimos para financiar seu déficit orçamentário, ele desloca as famílias e empresas que, em outras condições, desejariam tomar empréstimos para financiar investimentos. Aqui, quando a oferta se desloca de O_1 para O_2, a taxa de juros de equilíbrio aumenta de 5 para 6%, e a quantidade de equilíbrio de fundos emprestáveis poupados e investidos cai de $ 1.200 bilhões para $ 800 bilhões.

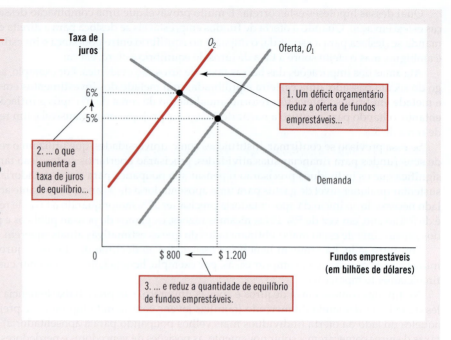

A quantidade de fundos emprestáveis demandada, então, diminui de $ 1.200 bilhões para $ 800 bilhões, à medida que a taxa de juros mais alta desestimula muitos demandantes de fundos emprestáveis. Menos famílias compram casas novas e menos empresas optam por construir novas fábricas. A queda no investimento resultante da tomada de empréstimos pelo governo é representada pelo movimento ao longo da curva da demanda e é chamada de *crowding out* (deslocamento do investimento). Ou seja, quando o governo toma empréstimos para financiar seu déficit orçamentário, ele desloca tomadores privados que estão tentando financiar investimentos.

crowding out
diminuição do investimento resultante da tomada de empréstimos pelo governo

Nesse modelo padrão, a lição mais básica sobre os déficits orçamentários decorre diretamente de seus efeitos sobre a oferta e a demanda de fundos emprestáveis: **quando o governo reduz a poupança nacional ao operar um déficit orçamentário, a taxa de juros aumenta e o investimento diminui**. Como o investimento é fundamental para o crescimento econômico de longo prazo, os déficits orçamentários do governo reduzem a taxa de crescimento da economia.

Você pode se perguntar: por que um déficit orçamentário afeta a oferta de fundos emprestáveis e não a demanda por eles? Afinal, o governo financia um déficit orçamentário emitindo títulos, portanto tomando empréstimos do setor privado. Por que o aumento do endividamento do governo desloca a curva da oferta, enquanto o aumento do endividamento dos investidores privados desloca a curva de demanda? Para responder a essa pergunta, é preciso examinar melhor o significado de "fundos emprestáveis". O modelo aqui apresentado usa essa expressão para se referir ao **fluxo de recursos disponíveis para financiar investimentos privados**; por essa razão, um déficit orçamentário do governo reduz a oferta de fundos emprestáveis. Se, ao contrário, definíssemos "fundos emprestáveis" como o **fluxo de recursos disponíveis provenientes da poupança privada**, então o déficit orçamentário do governo aumentaria a demanda, em vez de reduzir a oferta. Alterar a interpretação do termo causaria uma mudança semântica na forma como o modelo foi descrito, mas o resultado da análise seria o mesmo: em ambos os casos, o déficit orçamentário eleva a taxa de juros, deslocando os tomadores de empréstimos privados que dependem dos mercados financeiros para financiar projetos de investimento privados.

Até aqui, examinamos o déficit orçamentário que resulta de um aumento dos gastos do governo; porém, um déficit orçamentário resultante de um corte de impostos tem efeitos similares. Um corte de impostos reduz a receita tributária T e poupança pública, $T - G$. A poupança privada, $Y - T - C$, deve aumentar em razão de uma T menor, mas, como as famílias respondem à queda nos impostos consumindo mais, C aumenta. Portanto, a poupança privada aumenta menos que a poupança pública declina. Assim, a poupança nacional $(S = Y - C - G)$, que é a soma das poupanças pública e privada, diminui também. Mais uma vez, o déficit orçamentário reduz a oferta de fundos emprestáveis, aumenta a taxa de juros e causa um deslocamento dos tomadores que tentam financiar investimentos de capital.

Agora que entendemos o impacto dos déficits orçamentários, podemos inverter nossa análise e observar que os superávits orçamentários do governo têm o efeito oposto. Quando o governo arrecada mais em impostos do que gasta, ele poupa a diferença, reduzindo parte da dívida pública. Esse superávit orçamentário, ou poupança pública, contribui para a poupança nacional. **Assim, um superávit orçamentário aumenta a oferta de fundos emprestáveis, reduz a taxa de juros e estimula o investimento.** Maior investimento, por sua vez, significa um maior acúmulo de capital e um crescimento econômico mais rápido.

PERGUNTE A QUEM SABE
Política fiscal e poupança

"Políticas fiscais e de gastos sustentadas que impulsionam o consumo de maneira a reduzir a taxa de poupança tendem a diminuir o padrão de vida no longo prazo."

O que dizem os economistas?

- 21% não têm certeza
- 0% discordam
- 79% concordam

Fonte: IGM Economic Experts Panel, 8 de julho de 2013.

Estudo de caso
A história da dívida do governo dos Estados Unidos

Quão endividado está o governo dos Estados Unidos? A resposta a essa pergunta varia substancialmente ao longo do tempo. A Figura 27-6 mostra a dívida do governo federal dos Estados Unidos expressa como uma porcentagem de seu PIB. Isso mostra que a dívida do governo flutuou de zero, em 1836, para 106% do PIB, em 1946.

A relação dívida/PIB é um indicador das finanças do governo. Visto que o PIB é uma medida aproximada da base tributária do governo, uma relação dívida/PIB em declínio indica que o endividamento do governo está diminuindo em relação à sua capacidade de aumentar a receita tributária. Isso sugere que o governo está, de certa forma, vivendo de acordo com seus recursos. Em contraste, um aumento da relação dívida/PIB significa que o endividamento do governo está aumentando em relação à sua capacidade de aumentar a receita tributária. Isso, muitas vezes, é interpretado como sinal de que a política fiscal – gastos e impostos do governo – não pode ser sustentada para sempre nos níveis atuais.

Ao longo da história, a principal causa das flutuações na dívida pública foi a guerra. Durante uma guerra, os gastos do governo com a defesa nacional aumentam substancialmente para pagar soldados e equipamentos militares. Às vezes, os impostos também aumentam, mas normalmente por muito menos do que o aumento nos gastos. O resultado é um déficit de orçamento e aumento da dívida pública. Quando a guerra acaba, os gastos do governo declinam, e a relação dívida/PIB também começa a diminuir.

Há duas razões para acreditar que o financiamento da guerra por dívida é uma política apropriada. Primeiro, permite que o governo mantenha as alíquotas de impostos baixas ao longo do tempo. Sem financiamento da dívida, as guerras exigiriam aumentos acentuados nas alíquotas de impostos, o que causaria um declínio substancial na eficiência econômica. Em segundo lugar, o financiamento da dívida das guerras transfere parte do custo das guerras para as gerações futuras, que terão de pagar a dívida do governo. Transferir parte da carga tributária para as gerações futuras é indiscutivelmente justo se houver um benefício duradouro de uma guerra travada por uma geração anterior.

Figura 27-6

A dívida do governo dos Estados Unidos

A dívida do governo federal dos Estados Unidos, expressa aqui como uma porcentagem do PIB, variou ao longo da história. Guerras e crises econômicas profundas são normalmente associadas a aumentos substanciais na dívida do governo.

Fonte: U.S. Department of Treasury; U.S. Department of Commerce; e T. S. Berry, "Production and Population since 1789,", Bostwick Paper No. 6, Richmond, 1988. Os dados aqui são da dívida do governo mantida pelo público, o que exclui a dívida do governo mantida em contas do governo, como o fundo fiduciário da seguridade social.

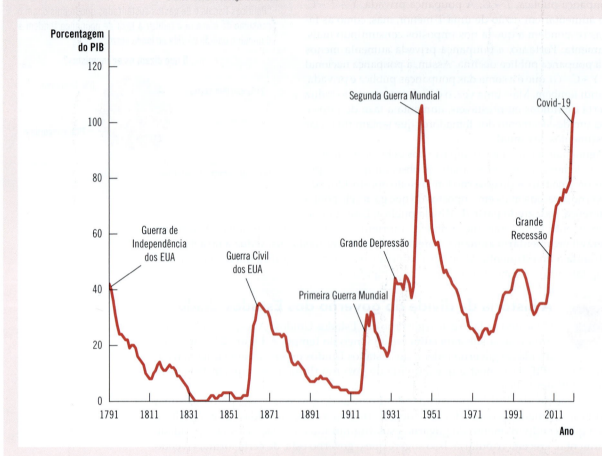

Outra causa notável de aumentos na dívida do governo são as profundas crises econômicas, como a Grande Depressão da década de 1930, a Grande Recessão associada à crise financeira de 2008-2009 e a recessão da Covid de 2020. Durante recessões, a receita do governo automaticamente diminui à medida que os valores provenientes de impostos sobre renda e folha de pagamento caem. Gastos com programas governamentais, como seguro-desemprego, também sobem automaticamente. Além disso, os formuladores de políticas geralmente implementam medidas para suavizar a recessão e mitigar as dificuldades econômicas, aumentando ainda mais o déficit orçamentário.

Olhando para o futuro, muitos analistas orçamentários estão preocupados com novos aumentos na relação dívida/PIB. À medida que os *baby-boomers* alcançarem a idade de aposentadoria, eles se tornarão elegíveis para benefícios da seguridade social e do Medicare, exercendo pressão crescente sobre os gastos do governo. Sem aumentos consideráveis na receita tributária ou cortes nos gastos do governo, o governo federal dos Estados Unidos provavelmente experimentará uma dívida substancialmente crescente nas próximas décadas. De acordo com uma projeção de 2021 feita pelo Escritório de Orçamento do Congresso, a relação dívida/PIB está no caminho para chegar a 140% até 2040, o que ultrapassa qualquer marca histórica anterior. ●

SAIBA MAIS: Crises financeiras

Em 2008 e 2009, a economia estadunidenses e muitas outras economias importantes ao redor do mundo passaram por uma crise financeira, o que levou, por sua vez, a uma profunda desaceleração na atividade econômica. Examinaremos esses eventos em detalhes mais adiante, mas, como este capítulo apresenta o sistema financeiro, podemos delinear os elementos-chave de uma típica crise financeira.

O primeiro elemento de uma crise financeira é um grande declínio dos preços de alguns ativos. Em 2008 e 2009, ocorreu o declínio dos ativos imobiliários. O preço da habitação, após passar por um *boom* no início da década, caiu cerca de 30% em apenas alguns anos. Não se via um declínio tão grande nos preços dos imóveis nos Estados Unidos desde a década de 1930.

O segundo elemento de uma crise financeira é a insolvência generalizada das instituições financeiras (uma empresa está **insolvente** quando suas dívidas superam o valor de seus ativos). Em 2008 e 2009, muitos bancos e outras instituições financeiras apostaram no preço dos imóveis, sustentados pelas garantias das hipotecas desses mesmos imóveis. Quando o preço dos imóveis caiu, um grande número de proprietários parou de pagar os empréstimos, e essas inadimplências levaram muitas instituições financeiras à falência.

O terceiro elemento de uma crise financeira é o declínio na confiança nas instituições financeiras. Apenas alguns depósitos bancários são garantidos pelo governo. À medida que a insolvência aumenta, todas as instituições financeiras se tornam possíveis candidatas à falência. Indivíduos e empresas com depósitos não segurados nessas instituições sacam todo o numerário. Para enfrentar saques maciços, os bancos começaram a vender ativos (às vezes, a preços muito reduzidos, a fim de conseguir vendas rápidas) e a cortar novos empréstimos.

O quarto elemento de uma crise financeira é a escassez de crédito. Com muitas instituições financeiras enfrentando dificuldades, os potenciais tomadores tiveram problemas para obter empréstimos, mesmo que tivessem projetos de investimento rentáveis. Basicamente, o sistema financeiro teve dificuldade de executar sua função normal de direcionar os recursos dos poupadores para os tomadores de empréstimos com as melhores oportunidades de investimento.

O quinto elemento de uma crise financeira é uma crise econômica. Com as pessoas impossibilitadas de obter financiamentos para novos projetos de investimento, houve declínio na demanda agregada de bens e serviços. Como resultado, por razões que discutiremos mais a fundo em capítulos subsequentes, a renda nacional caiu e o desemprego aumentou.

O sexto e último elemento de uma crise financeira é um círculo vicioso. A crise econômica reduziu a rentabilidade de muitas empresas e o valor de muitos ativos. Assim, voltamos ao primeiro estágio, em que os problemas no sistema financeiro e a crise econômica se reforçam mutuamente.

Crises financeiras, como as de 2008 e 2009, podem ter graves consequências. Felizmente, elas terminam. As instituições financeiras acabam por se reerguer, talvez com alguma ajuda da política governamental, e retornam à sua função normal de intermediação financeira. ■

Teste rápido

6. Se um famoso programa de TV sobre finanças pessoais convencer os estadunidenses a economizar mais para a aposentadoria, a curva de _____ dos fundos emprestáveis se deslocará, impulsionando a taxa de juros de equilíbrio para _____.
    a. oferta; cima
    b. oferta; baixo
    c. demanda; cima
    d. demanda; baixo

7. Se a comunidade empresarial se tornar mais otimista em relação à lucratividade do capital, a curva de _____ dos fundos emprestáveis se deslocará, impulsionando a taxa de juros de equilíbrio para _____.
    a. oferta; cima
    b. oferta; baixo
    c. demanda; cima
    d. demanda; baixo

8. Quais das seguintes políticas reduziriam inequivocamente a oferta de fundos emprestáveis e causariam *crowding out*?
    a. aumento dos impostos e diminuição dos gastos do governo
    b. diminuição dos impostos juntamente ao aumento dos gastos do governo
    c. aumento dos impostos e dos gastos do governo
    d. diminuição dos impostos e dos gastos do governo

9. De 2019 a 2021, durante a crise da Covid-19, a relação entre a dívida do governo e o PIB nos Estados Unidos
    a. aumentou acentuadamente.
    b. diminuiu acentuadamente.
    c. permaneceu estável em um nível historicamente elevado.
    d. permaneceu estável em um nível historicamente baixo.

As respostas estão no final do capítulo.

27-4 Conclusão

"Não empreste a ninguém nem peça emprestado", aconselha Polônio a seu filho em *Hamlet*, de Shakespeare. Se todos seguissem esse conselho, este capítulo teria sido desnecessário.

Mas poucas pessoas o fazem. Em nossa economia, as pessoas frequentemente tomam e concedem empréstimos, geralmente por bons motivos. Um dia, você pode tomar um empréstimo para iniciar seu próprio negócio ou comprar uma casa. Ao mesmo tempo, outras pessoas podem lhe emprestar dinheiro na esperança de que os juros pagos por você lhes permitam desfrutar de uma aposentadoria mais próspera. O papel do sistema financeiro é coordenar todo esse processo de empréstimos e financiamentos.

De muitas maneiras, os mercados financeiros são como todos os demais mercados da economia. O preço dos fundos emprestáveis – a taxa de juros – é determinado pelas forças de oferta e demanda, assim como os outros preços da economia. Podemos analisar os deslocamentos na oferta e na demanda nos mercados financeiros da mesma forma como analisamos os de outros mercados. Um dos **dez princípios da economia** introduzidos no Capítulo 1 é que os mercados costumam ser uma boa maneira de organizar a atividade econômica. Esse princípio se aplica também aos mercados financeiros. Quando eles equilibram a oferta e a demanda de fundos emprestáveis, ajudam a alocar os recursos escassos da economia para seus usos mais eficientes.

Há um aspecto, no entanto, em que os mercados financeiros são especiais. Diferentemente da maioria dos outros mercados, os mercados financeiros conectam o presente ao futuro. Aqueles que oferecem fundos emprestáveis – os poupadores – o fazem porque desejam converter parte de sua renda atual em poder de compra no futuro. Aqueles que demandam fundos emprestáveis – os tomadores de empréstimos – o fazem porque desejam investir hoje e usar o capital para produzir bens e serviços no futuro. Mercados financeiros que funcionam bem são importantes não apenas para as gerações atuais, mas também para as futuras gerações, que herdarão muitos de seus benefícios.

RESUMO DO CAPÍTULO

- O sistema financeiro estadunidense é composto de muitos tipos de instituições financeiras, como o mercado de títulos, o mercado de ações, os bancos e os fundos mútuos. Todas essas instituições agem para direcionar os recursos das famílias que querem poupar parte de sua renda para as mãos das famílias e empresas que querem tomar empréstimos.
- As identidades contábeis da renda nacional revelam algumas relações importantes entre as variáveis macroeconômicas. Mais especificamente, em uma economia fechada, a poupança nacional deve ser igual ao investimento. As instituições financeiras são o mecanismo por meio do qual a economia une a poupança de uma pessoa com o investimento de outra.
- A taxa de juros é determinada pela oferta e demanda de fundos emprestáveis. A oferta de fundos emprestáveis vem das famílias que querem poupar parte de sua renda e emprestá-la. A demanda por fundos emprestáveis vem das famílias e empresas que querem tomar empréstimos para investir. Para analisar como qualquer política ou evento afeta a taxa de juros, é preciso analisar a maneira como eles afetam a oferta e a demanda de fundos emprestáveis.
- A poupança nacional é igual à poupança privada mais a poupança pública. Um déficit orçamentário do governo representa uma poupança pública negativa, o que, por sua vez, reduz a poupança nacional e a oferta de fundos emprestáveis disponíveis para financiar o investimento. Quando um déficit orçamentário governamental desloca o investimento, isso reduz o crescimento da produtividade e do PIB.

CONCEITOS-CHAVE

sistema financeiro, p. 554
mercados financeiros, p. 554
título, p. 554
ação, p. 555
intermediários financeiros, p. 556
fundo mútuo, p. 557
poupança nacional, p. 559
poupança privada, p. 560
poupança pública, p. 560
superávit orçamentário, p. 560
déficit orçamentário, p. 560
mercado de fundos
   emprestáveis, p. 561
crowding out, p. 568

QUESTÕES DE REVISÃO

1. Qual é a função do sistema financeiro? Cite e descreva dois mercados que são parte do sistema financeiro da economia dos Estados Unidos. Cite e descreva dois intermediários financeiros.
2. Por que é importante que as pessoas tenham ações e títulos para diversificar seus ativos? Que tipo de instituição financeira facilita essa diversificação?
3. O que é poupança nacional? O que é poupança privada? O que é poupança pública? Como essas três variáveis se relacionam?
4. O que é investimento? Como ele se relaciona com a poupança nacional?
5. Descreva uma alteração do código tributário capaz de aumentar a poupança privada. Se essa medida fosse implementada, como ela poderia afetar o mercado de fundos emprestáveis?
6. O que é um déficit orçamentário do governo? Como ele afeta as taxas de juros, o investimento e o crescimento econômico?

PROBLEMAS E APLICAÇÕES

1. Para cada um dos pares a seguir, qual título deve pagar taxas de juros mais altas? Explique.
    a. um título do governo dos Estados Unidos ou um título de um país do Leste Europeu
    b. um título que reembolsa o principal em 2030 ou um título que reembolsa o principal em 2050
    c. um título da Coca-Cola ou um título de uma empresa de *software* que você administra em sua garagem
    d. um título emitido pelo governo federal ou um título emitido pelo estado de Nova York
2. Muitos trabalhadores possuem grandes quantidades de ações emitidas pelas empresas em que trabalham. Na sua opinião, por que as empresas encorajam esse comportamento? Por que uma pessoa poderia **não** querer ter ações da empresa em que trabalha?
3. Explique a diferença entre poupança e investimento, tal como definida por um macroeconomista. Quais das situações a seguir representam investimentos? E poupanças? Explique.
    a. Sua família contrata uma hipoteca e compra uma casa nova.
    b. Você usa $ 200 de seu salário para comprar ações da AT&T.
    c. Seu colega ganha $ 100 e os deposita na própria conta bancária.
    d. Você toma $ 1.000 emprestados do banco para comprar um carro que utilizará em seu negócio de entrega de pizzas a domicílio.
4. Suponha que o PIB seja de $ 8 trilhões, os impostos sejam de $ 1,5 trilhão, a poupança privada seja de $ 0,5 trilhão e a poupança pública seja de $ 0,2 trilhão. Admitindo a hipótese de que se trata de uma economia fechada, calcule o consumo, as compras do governo, a poupança nacional e o investimento.
5. Os economistas da Risolândia, uma economia fechada, obtiveram as seguintes informações sobre a economia em um ano específico:

$$Y = 10.000$$
$$C = 6.000$$
$$T = 1.500$$
$$G = 1.700$$

Os economistas também estimam que a função investimento seja:

$$I = 3.300 - 100r,$$

em que r é a taxa de juros real do país, expressa em porcentagem. Calcule a poupança privada, a poupança pública, a poupança nacional, o investimento e a taxa de juros real de equilíbrio.
6. Imagine que a Intel esteja pensando em construir uma nova fábrica de *chips*.
    a. Supondo que a Intel precise tomar dinheiro emprestado no mercado de títulos, por que um aumento na taxa de juros afetaria a decisão da Intel de construir ou não a fábrica?
    b. Se a Intel tiver recursos próprios em quantidade suficiente para construir a nova fábrica sem tomar empréstimos, um aumento na taxa de juros ainda afetaria sua decisão de construir ou não a fábrica? Explique.

7. Três estudantes economizaram $ 1.000 cada um. Cada um deles tem uma oportunidade de investimento de até $ 2.000. Eis as taxas de retorno dos projetos de investimento dos alunos:

Harry	5%
Rony	8%
Hermione	20%

   a. Se emprestar e tomar emprestado for proibido, cada aluno poderá usar apenas as próprias economias para financiar seu projeto individual. Quanto cada um terá um ano mais tarde, quando ocorrer o retorno do projeto?
   b. Agora, suponha que a escola abra um mercado de fundos emprestáveis, no qual os alunos possam tomar emprestado e emprestar entre si a uma taxa de juros r. O que determina a escolha do aluno entre ser tomador ou financiador nesse mercado?
   c. Entre esses três alunos, qual seria a quantidade de fundos emprestáveis e a quantidade demandada a uma taxa de juros de 7%? E a 10%?
   d. A que taxa de juros o mercado de fundos emprestáveis entre esses três alunos estaria em equilíbrio? A essa taxa de juros, qual – ou quais – deles tomaria empréstimos e quem emprestaria?
   e. À taxa de juros de equilíbrio, quanto cada aluno terá um ano mais tarde, após os projetos de investimento darem seu retorno e os empréstimos serem reembolsados? Compare suas respostas com aquelas que você deu na parte (a). Quem se beneficia com a existência do mercado de fundos emprestáveis: aquele que toma emprestado ou aquele que empresta? Quem tem a pior posição?

8. Suponha que, no ano que vem, o governo tome $ 20 bilhões a mais em empréstimos do que neste ano.
   a. Use um diagrama de oferta e demanda para analisar essa política. A taxa de juros aumenta ou diminui?
   b. O que acontece com o investimento? E com a poupança privada? E com a poupança pública? E com a poupança nacional? Compare a dimensão das alterações com os $ 20 bilhões de empréstimos adicionais do governo.
   c. Como a elasticidade da oferta de fundos emprestáveis afeta a dimensão dessas alterações?
   d. Como a elasticidade da demanda por fundos emprestáveis afeta a dimensão dessas alterações?
   e. Suponha que as famílias acreditem que o maior endividamento do governo hoje implique maiores impostos para pagar a dívida pública no futuro. O que essa crença traz para a poupança privada e para a oferta de fundos emprestáveis hoje? Ela aumenta ou diminui os efeitos que você discutiu nas partes (a) e (b)?

9. Este capítulo explica que o investimento pode aumentar tanto por meio da redução dos impostos sobre a poupança privada quanto por meio da redução do déficit orçamentário do governo.
   a. Por que é difícil implementar as duas políticas ao mesmo tempo?
   b. O que você precisaria saber sobre a poupança privada para avaliar qual das duas políticas seria um meio mais eficaz de aumentar o investimento?

Respostas do teste rápido

1. **d**   2. **d**   3. **b**   4. **d**   5. **c**   6. **b**   7. **c**   8. **b**   9. **a**

Capítulo 28

Ferramentas básicas de finanças

Em algum momento de sua vida, você terá de lidar com o sistema financeiro da economia. Irá depositar sua poupança em uma conta bancária ou fazer uma hipoteca para comprar uma casa. Após conseguir um emprego, seu empregador poderá abrir uma conta de aposentadoria para você, e você decidirá se deve investir os fundos em ações, títulos ou outros instrumentos financeiros. Poderá, ainda, tentar montar sua própria carteira de ações e, então, terá de decidir se deve apostar em empresas já bem estabelecidas, como a Coca-Cola, ou em outras mais novas, como a Airbnb. E, sempre que assistir ao noticiário noturno, obterá informações sobre a alta ou a queda do mercado de ações, com as tentativas, em geral frágeis, de explicar o comportamento do mercado.

Em quase todas as decisões financeiras que você tomará durante a vida, haverá dois elementos relacionados: tempo e risco. Como vimos nos dois capítulos anteriores, o sistema financeiro coordena a poupança e o investimento da economia, que são determinantes

cruciais para o crescimento econômico. Portanto, fundamentalmente, o sistema financeiro diz respeito às decisões que tomamos hoje e que afetarão nossa vida no futuro. Quando alguém decide poupar ou quando uma empresa decide investir, a decisão se baseia em uma previsão sobre um provável resultado futuro. O resultado real, contudo, pode acabar sendo bem diferente do previsto.

Este capítulo apresenta algumas ferramentas que nos ajudam a entender as decisões financeiras que as pessoas tomam. O campo das **finanças** desenvolve essas ferramentas em mais detalhes, e você poderá optar por fazer cursos que se concentrem nesse assunto. Contudo, em razão da grande importância do sistema financeiro, muitos dos princípios básicos das finanças são cruciais para compreender como a economia funciona. As ferramentas financeiras também podem ajudar a pensar sobre algumas das decisões que você terá de tomar durante a vida.

Este capítulo aborda três temas: como comparar montantes de dinheiro em diferentes pontos no tempo, como gerenciar o risco e como determinar o valor de um ativo, como uma ação.

finanças
campo que estuda como as pessoas tomam decisões sobre a alocação de recursos ao longo do tempo e como lidam com o risco

28-1 Valor presente: medindo o valor do dinheiro ao longo do tempo

Imagine que alguém ofereça a você $ 100 hoje ou $ 100 daqui a 10 anos. Qual das duas alternativas você escolheria? Trata-se de uma pergunta fácil. Ter $ 100 hoje é melhor porque se pode depositar o dinheiro em um banco, tê-lo ainda daqui a 10 anos e, enquanto isso, receber juros sobre os $ 100. A lição: qualquer quantia é mais valiosa hoje do que a mesma quantia no futuro.

Considere agora uma situação mais difícil: imagine que alguém lhe ofereça $ 100 hoje ou $ 200 daqui a 10 anos. Qual das alternativas você escolheria? Para responder a essa pergunta, você precisa comparar, de alguma maneira, somas de dinheiro em diferentes pontos no tempo. Os economistas fazem isso por meio de um conceito denominado valor presente. O **valor presente** de qualquer soma de dinheiro futura é a quantidade que seria necessária hoje, às atuais taxas de juros, para produzir aquela soma futura.

Para aprendermos a usar o conceito de valor presente, vamos analisar dois exemplos simples:

Pergunta: se você depositar $ 100 hoje em uma conta bancária, quanto isso valerá em N anos? Ou seja, qual será o **valor futuro** desses $ 100?

Resposta: vamos usar r para representar a taxa de juros na forma decimal, ou seja, uma taxa de juros de 5% significa que $r = 0,05$. Suponha que os juros sejam pagos anualmente e que permaneçam na conta bancária rendendo mais juros, em um processo chamado de **capitalização**. Assim sendo, os $ 100 se tornarão

$(1 + r) \times \$ 100$	após 1 ano,
$(1 + r) \times (1 + r) \times \$ 100 = (1 + r)^2 \times \$ 100$	após 2 anos,
$(1 + r) \times (1 + r) \times (1 + r) \times \$ 100 = (1 + r)^3 \times \$ 100$	após 3 anos...
$(1 + r)^N \times \$ 100$	após N anos.

Por exemplo, se estivermos investindo a uma taxa de juros de 5% por 10 anos, o valor futuro dos $ 100 será de $(1,05)^{10} \times \$ 100$, ou $ 163.

Pergunta: suponha agora que você vá receber $ 200 daqui a N anos. Qual é o **valor presente** desse pagamento futuro? Ou seja, quanto você teria de depositar em um banco hoje para ter $ 200 em N anos?

Resposta: para responder a essa pergunta, basta inverter a resposta anterior. Na última pergunta, calculamos um valor futuro com base no valor presente **multiplicando** pelo fator $(1 + r)^N$. Para calcularmos um valor presente a partir de um valor futuro, **dividimos** pelo

valor presente
montante de dinheiro que seria necessário hoje para produzir, à taxa de juros vigente, certo montante de dinheiro no futuro

valor futuro
montante de dinheiro no futuro que um montante de dinheiro hoje vai render, dada a atual taxa de juros

capitalização
processo de acumulação de uma quantia de dinheiro, como em uma conta bancária, em que os juros ganhos permanecem na conta para gerar juros adicionais no futuro

fator $(1 + r)^N$. O valor presente de $ 200 em N anos é $ 200/$(1 + r)^N$. Se esse valor fosse depositado em um banco hoje, após N anos se tornaria $(1 + r)^N \times$ [$ 200/$(1 + r)^N$], o que daria $ 200. Por exemplo, se a taxa de juros for de 5%, o valor presente de $ 200 a serem pagos em 10 anos será $ 200/$(1,05)^{10}$, ou $ 123. Isso significa que os $ 123 depositados hoje em uma conta bancária que recebeu 5% produziriam $ 200 após 10 anos.

Isso ilustra a fórmula geral:

- Sendo r a taxa de juros, um montante X a ser recebido em N anos tem valor presente de $X/(1 + r)^N$.

Como a possibilidade do ganho de juros reduz o valor presente para um valor abaixo de X, o processo de encontrar o valor presente de um montante futuro chama-se **desconto**. Essa fórmula mostra precisamente o montante a ser descontado.

Agora, voltemos à pergunta anterior: você deveria optar por $ 100 hoje ou $ 200 daqui a 10 anos? Podemos deduzir, com base em nossos cálculos do valor presente, que, se a taxa de juros for de 5%, você deverá escolher $ 200 daqui a 10 anos. Os $ 200 futuros têm valor presente de $ 123, que é maior que $ 100. Você estará em uma posição financeira melhor se esperar pela quantia futura.

Observe que a resposta à nossa pergunta depende da taxa de juros. Se a taxa de juros fosse de 8%, então os $ 200 em 10 anos teriam valor presente de $ 200/$(1,08)^{10}$, que é apenas $ 93. Nesse caso, você deveria aceitar os $ 100 hoje. Por que a taxa de juros deve afetar sua decisão? A resposta é que, quanto maior é a taxa de juros, mais você pode ganhar depositando seu dinheiro no banco e mais atraente se torna ter $ 100 hoje.

Nesse ponto, um leitor curioso pode perguntar: qual taxa de juros deve ser usada nesses cálculos – a real ou a nominal? Elas diferem quando o nível de preço está mudando. A resposta é: depende. Se a soma futura a ser descontada for expressa em termos nominais (ou seja, como um valor monetário específico), é necessário utilizar a taxa de juros nominal. Contudo, se a soma futura for expressa em termos reais (i.e., como um valor monetário ajustado pela inflação, medido em termos dos preços atuais), o correto é utilizar a taxa de juros real. O desconto e o valor presente se aplicam em ambos os casos, mas o cálculo deve ser feito de forma consistente.

O conceito de valor presente é útil em muitas aplicações, até mesmo em decisões com que as empresas se deparam ao avaliar projetos de investimento. Por exemplo, imagine que a General Motors esteja pensando em construir uma nova fábrica. Suponha que a fábrica custará $ 100 milhões hoje e renderá à empresa $ 200 milhões em 10 anos. A General Motors deve realizar o projeto? É fácil perceber que a decisão é idêntica à que acabamos de estudar. Para tomar a decisão, a empresa deve comparar o valor presente do rendimento de $ 200 milhões com o custo de $ 100 milhões.

A decisão da empresa, portanto, dependerá da taxa de juros. Se a taxa de juros for de 5%, o valor presente do retorno de $ 200 milhões será de $ 123 milhões, e a empresa deve optar por arcar com o custo de $ 100 milhões. No entanto, se a taxa de juros for de 8%, o valor presente do retorno será de apenas $ 93 milhões, e a empresa deve optar por deixar o projeto de lado. Assim, o conceito de valor presente ajuda a explicar por que o investimento – e, portanto, a quantidade demandada de fundos emprestáveis – diminui quando a taxa de juros aumenta.

Eis outra explicação do valor presente: suponha que você ganhe uma loteria de 1 milhão de dólares e possa optar entre receber $ 20 mil por ano durante 50 anos (em um total de $ 1 milhão) ou receber um pagamento imediato de $ 500 mil. Qual opção você escolheria? Para tomar a decisão apropriada, você precisa calcular o valor presente do fluxo de pagamentos. Suponhamos que a taxa de juros seja de 5%. Após realizar 50 cálculos semelhantes ao feito anteriormente (um para cada pagamento) e somar os resultados, você constatará que o valor presente do prêmio de 1 milhão de dólares a uma taxa de juros de 5% é de apenas $ 383 mil. Você ficará em uma situação melhor se aceitar o pagamento imediato de $ 500 mil. Um milhão de dólares pode parecer muito dinheiro, mas os fluxos de caixa futuros, uma vez descontados para o presente, valem bem menos.

SAIBA MAIS — A mágica da capitalização e a regra dos 70

Suponha que você observe que um país tem uma taxa de crescimento média de 1% ao ano, enquanto outro cresce, em média, 3% ao ano. À primeira vista, isso pode não parecer grande coisa. Que diferença 2% pode fazer?

A reposta é: uma grande diferença. Taxas de crescimento que parecem pequenas, quando expressas em termos percentuais, tornam-se significativas após serem capitalizadas ao longo de muitos anos.

Considere um exemplo. Suponha que dois universitários já formados – William e Sarah – comecem em seus primeiros empregos aos 22 anos, ambos com um salário anual de $ 50.000. William vive em uma economia onde todas as rendas crescem 1% ao ano, enquanto Sarah vive em uma economia onde as rendas crescem 3% ao ano. Cálculos simples mostram o impacto dessa diferença. Quarenta anos depois, aos 62 anos, William ganha $ 74.000 por ano, enquanto Sarah ganha $ 163.000 por ano. Devido à diferença de apenas 2 pontos percentuais na taxa de crescimento, o salário de Sarah corresponde a mais do que o dobro do salário de William.

Uma antiga regra de ouro, chamada de **regra de 70**, ajuda a entender as taxas de crescimento e os efeitos da capitalização. Segundo a regra de 70, se uma variável crescer a uma taxa de x% ao ano, então a variável dobrará a cada $70/x$ anos, aproximadamente. Na economia de William, a renda cresce 1% ao ano, de modo que levará cerca de 70 anos para se duplicar. Na economia de Sarah, a renda cresce 3% ao ano, de modo que levará aproximadamente 70/3, ou 23 anos, para dobrar.

A regra de 70 não se aplica apenas ao crescimento de uma economia, mas também ao de uma caderneta de poupança. Eis um exemplo: em 1791, Ben Franklin morreu e deixou $ 5 mil para serem investidos por um período de 200 anos em benefício de estudantes de medicina e de pesquisa científica. Se esse dinheiro rendesse 7% ao ano (o que teria sido possível), o investimento dobraria de valor a cada 10 anos. Após 200 anos, teria dobrado 20 vezes. No fim dos 200 anos de capitalização, o investimento valeria $2^{20} \times$ $ 5 mil, o que é cerca de $ 5 bilhões (na realidade, os $ 5 mil de Franklin só chegaram a $ 2 milhões em 200 anos, porque parte do dinheiro foi gasta nesse meio-tempo).

Franklin entendia a capitalização, e a descreveu da seguinte maneira: "Dinheiro gera dinheiro. E o dinheiro gerado pelo dinheiro gera dinheiro". Se esse processo seguir por muitos anos, ele pode levar a resultados espetaculares. ■

Teste rápido

1. Se a taxa de juros é zero, então a quantia de $ 100 a ser paga em 10 anos tem um valor presente
   a. menor que $ 100.
   b. exatamente $ 100.
   c. maior que $ 100.
   d. indeterminado.

2. Se a taxa de juros é 10%, então o valor futuro em 2 anos de $ 100 hoje será
   a. $ 80.
   b. $ 83.
   c. $ 120.
   d. $ 121.

3. Se a taxa de juros é de 10%, então o valor presente de $ 100 a ser pago em 2 anos será
   a. $ 80.
   b. $ 83.
   c. $ 120.
   d. $ 121.

As respostas estão no final do capítulo.

28-2 Gerenciando o risco

A vida é cheia de riscos. Quando você esquia, corre o risco de quebrar a perna. Quando anda de carro, corre o risco de se envolver em um acidente. Quando você investe parte de sua poupança no mercado de ações, corre o risco de perder dinheiro caso os preços das ações caiam. A resposta racional a esse risco não é, necessariamente, evitá-lo a qualquer custo, mas levá-lo em consideração em sua tomada de decisão. Vamos ver como isso pode ser feito ao tomar decisões financeiras.

28-2a Aversão ao risco

A maioria das pessoas é **avessa ao risco**. Isso significa mais do que simplesmente não gostar que coisas ruins aconteçam com elas. Significa que elas desgostam de coisas ruins mais do que gostam de coisas boas comparáveis.

aversão ao risco
uma antipatia à incerteza

Por exemplo, suponha que sua amiga Felícia lhe ofereça o seguinte acordo. Ela lançará uma moeda, que pode dar cara ou coroa. Se sair cara, Felícia lhe pagará $ 1.000. Mas se sair coroa, você terá que pagar $ 1.000 a ela. Você aceitaria essa aposta? Se você for avesso ao risco, não aceitará. Para uma pessoa avessa ao risco, a dor de perder $ 1.000 seria maior do que o prazer de ganhar $ 1.000. Como os dois resultados têm a mesma probabilidade, você estaria em uma posição pior.

Os economistas desenvolveram modelos de aversão ao risco usando o conceito de **utilidade**, que é a medida subjetiva de bem-estar ou satisfação de uma pessoa. Conforme ilustrado na função de utilidade da Figura 28-1, cada nível de riqueza gera um determinado nível de utilidade. No entanto, a curva de utilidade se torna mais plana à medida que a riqueza aumenta, refletindo a propriedade da utilidade marginal decrescente: quanto maior a riqueza de uma pessoa, menor o ganho de utilidade proporcionado por cada dólar adicional. Por conta disso, a utilidade perdida ao não ganhar a aposta de $ 1.000 supera a utilidade obtida ao ganhá-la. Em outras palavras, a utilidade marginal decrescente é a razão pela qual a maioria das pessoas é avessa ao risco.

A aversão ao risco auxilia a explicação de diversas coisas que observamos na economia. Vamos considerar três delas: seguros, diversificação e o *trade-off* risco-retorno.

28-2b Os mercados de seguros

Uma maneira de lidar com o risco é contratar um seguro. Como característica geral dos contratos de seguro, a pessoa que enfrenta o risco paga uma taxa a uma companhia seguradora, que concorda em aceitar total ou parcialmente o risco. Os seguros assumem diversas formas: o seguro de automóvel cobre o risco de um acidente, o seguro contra incêndio cobre o risco de sua casa pegar fogo, o seguro de saúde cobre o risco de necessitar de um tratamento médico caro e o seguro de vida cobre o risco de morrer jovem e deixar sua família sem recursos suficientes. Existe também o seguro contra o risco de esgotar seus recursos:

Figura 28-1

A função utilidade

Esta função utilidade mostra como a utilidade, uma medida subjetiva de satisfação, depende da riqueza. À medida que a riqueza aumenta, a função utilidade torna-se menos inclinada, refletindo a propriedade da utilidade marginal decrescente. Em virtude da utilidade marginal decrescente, uma perda de $ 1.000 reduz a utilidade em maior medida que um ganho de $ 1.000 a aumenta.

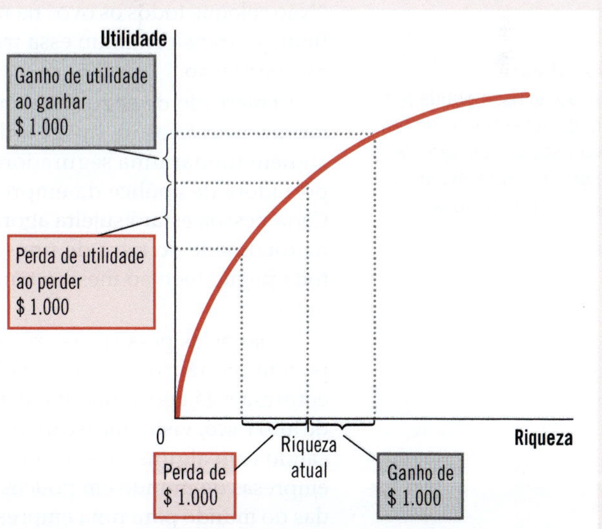

mediante o pagamento de uma taxa hoje, uma companhia de seguros pagará uma **anuidade** – uma renda regular pelo resto da sua vida.

Em certo sentido, cada contrato de seguro é uma aposta. É possível que você não se envolva em um acidente de trânsito, que sua casa não pegue fogo e que você nunca precise de tratamentos médicos caros. Na maioria dos anos, você pagará o prêmio à seguradora e não terá nada em troca, a não ser paz de espírito. De fato, a seguradora conta com o fato de que a maioria das pessoas não reivindique suas apólices; do contrário, ela não poderia atender às reivindicações dos poucos desafortunados e continuar em operação.

Do ponto de vista da economia, o papel do seguro não é eliminar os riscos inerentes à vida, mas distribuí-los com maior eficiência. Vamos considerar, por exemplo, o seguro contra incêndio. Ter um seguro contra incêndio não reduz o risco de você perder sua casa em um incêndio, mas se esse infeliz sinistro ocorrer, a empresa seguradora lhe pagará uma indenização. O risco, em vez de ser carregado só por você, é dividido entre os milhares de acionistas da seguradora.

O mercado de seguros sofre de dois tipos de problemas que reduzem sua capacidade de distribuição do risco. Um problema é a **seleção adversa**: uma pessoa de alto risco tem maior probabilidade de contratar um seguro que uma de baixo risco. Um segundo problema é o **risco moral**: depois que contratam um seguro, as pessoas têm menos incentivo para serem cuidadosas com seu comportamento de risco porque a seguradora cobrirá grande parte das eventuais perdas. As seguradoras estão cientes desses problemas, mas não conseguem se prevenir totalmente contra eles, pois não são capazes de distinguir perfeitamente entre segurados de alto risco e de baixo risco, nem de controlar o comportamento de risco dos clientes. O preço do seguro reflete os riscos reais que a seguradora enfrentará após a contratação da apólice. O alto preço dos seguros é o motivo pelo qual algumas pessoas, especialmente as que sabem que são de baixo risco, optam por não contratar seguro e, em vez disso, suportar por si sós algumas das incertezas da vida.

28-2c Diversificação do risco específico da empresa

Em 2001, a Enron, uma grande e outrora respeitada empresa, foi à falência cercada de acusações de fraude e irregularidades contábeis, e vários de seus altos executivos foram processados e condenados à prisão. A parte mais triste da história, contudo, envolveu milhares de empregados dos níveis inferiores. Eles não apenas perderam o emprego; muitos deles perderam, também, toda a sua poupança. Cerca de dois terços dos fundos de aposentadoria dos empregados estavam em ações da Enron, que perderam todo o valor.

Se há um conselho que as finanças oferecem às pessoas avessas ao risco, é o seguinte: "Não coloque todos os ovos na mesma cesta". Talvez você já tenha ouvido isso antes, mas as finanças transformaram essa tradicional sabedoria em uma ciência. Essa ciência se chama **diversificação**.

diversificação
redução do risco obtida por meio da substituição de um único risco por um grande número de riscos menores e não correlacionados

O mercado de seguros é um exemplo de diversificação. Imagine uma cidade com 10 mil proprietários de casas, todos se deparando com o risco de o imóvel pegar fogo. Se alguém fundar uma seguradora e cada pessoa da cidade se tornar tanto acionista quanto portadora de apólice da empresa, todas reduzirão seu risco por meio da diversificação. Cada pessoa estará sujeita agora a 1/10.000 do risco de 10 mil possíveis incêndios, em vez da totalidade do risco de um só incêndio em seu próprio imóvel. A menos que a cidade toda pegue fogo ao mesmo tempo, o resultado negativo que cada pessoa enfrenta é bem menor.

Quando as pessoas usam sua poupança para comprar ativos financeiros, elas também podem reduzir o risco por meio da diversificação. A pessoa que compra ações de uma empresa está apostando na lucratividade futura da empresa. Essa aposta, muitas vezes, é de alto risco, visto que é difícil prever o destino das empresas. A Microsoft evoluiu, começando com alguns jovens peritos em computação, e chegou a ser uma das mais valiosas empresas do mundo em poucos anos; a Enron passou de uma das empresas mais respeitadas do mundo para uma empresa quase sem valor em apenas alguns meses. Felizmente, os acionistas não precisam atrelar sua própria sorte à de uma empresa qualquer. O risco pode ser reduzido fazendo um grande número de apostas menores e imperfeitamente correlacionadas, em vez de um pequeno número de grandes apostas.

A Figura 28-2 mostra como o risco de uma carteira de ações depende do número de ações que há em uma carteira. O risco é medido aqui com a estatística denominada **desvio-padrão**, que você talvez tenha aprendido em uma aula de matemática ou estatística. O desvio-padrão mede a volatilidade de uma variável, ou seja, o quanto é provável que a variável flutue. Quanto maior for o desvio-padrão do retorno de uma carteira, maior será a probabilidade de o retorno ser mais volátil e maior será o risco de o detentor dessa carteira conseguir o retorno esperado.

A figura mostra que o risco de uma carteira de ações cai substancialmente com o aumento do número de ações. Para uma carteira com uma só ação, o desvio-padrão é de 49%. Passar de uma para 10 ações elimina cerca de metade do risco. Passar de 10 para 20 ações reduz o risco em mais 10%. À medida que o número de ações continua a aumentar, o risco continua a cair, embora as reduções do risco após 20 ou 30 ações sejam pequenas.

Observe que é impossível eliminar todo o risco por meio do aumento do número de ações em carteira. A diversificação é capaz de eliminar o **risco específico da empresa** – a incerteza associada a empresas específicas. Todavia, a diversificação não pode eliminar o **risco de mercado** – a incerteza associada à economia como um todo, que afeta todas as empresas cujas ações são negociadas na bolsa de valores. Por exemplo, quando a economia entra em recessão, a maioria das empresas apresenta queda nas vendas, redução do lucro e baixo retorno de suas ações. A diversificação reduz o risco dos detentores de ações, mas não o elimina.

risco específico da empresa
risco que afeta apenas uma única empresa

risco de mercado
risco que afeta todas as empresas no mercado de ações

28-2d O *trade-off* entre risco e retorno

Um dos **dez princípios da economia** do Capítulo 1 é que as pessoas enfrentam *trade-offs*. O *trade-off* mais importante para a compreensão das decisões financeiras é aquele que ocorre entre risco e retorno.

Como vimos, há riscos inerentes à compra de ações, mesmo em uma carteira diversificada. No entanto, as pessoas avessas ao risco estão dispostas a aceitar essa incerteza, porque são remuneradas por isso. Historicamente, as ações oferecem taxas de retorno muito

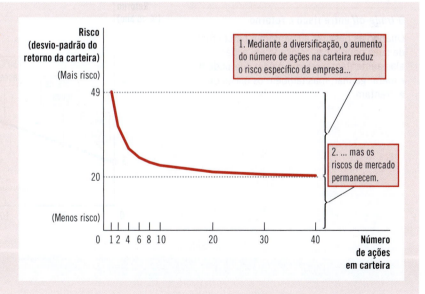

Figura 28-2

A diversificação reduz o risco

Esta figura mostra como o risco de uma carteira, medido aqui com a estatística denominada **desvio-padrão**, depende do número de ações na carteira. Presume-se que o investidor coloque um percentual igual de sua carteira em cada uma das ações. Aumentar o número de ações reduz o montante de risco de uma carteira de ações, mas não o elimina.

Fonte: Adaptada de Meir Statman, "How many stocks make a diversified portfolio?", *Journal of Financial and Quantitative Analysis 22*, p. 353-364, set. 1987.

mais elevadas que outros ativos financeiros, como títulos e cadernetas de poupança. Nos dois últimos séculos, as ações proporcionaram um retorno real médio de aproximadamente 8% ao ano, enquanto os títulos governamentais de curto prazo pagaram retorno real de apenas 3% ao ano.

Ao decidir como alocar suas poupanças, as pessoas precisam decidir quanto risco estão dispostas a aceitar para obter o maior retorno. Por exemplo, considere uma pessoa escolhendo como alocar sua carteira de ações entre duas classes de ativos.

- A primeira classe de ativos é um grupo diversificado de ações de risco, com retorno médio de 8% e desvio-padrão de 20%. Como você já deve ter visto em aulas de matemática ou de estatística, uma variável aleatória normal situa-se entre dois desvios-padrão de sua média em aproximadamente 95% das vezes. Aqui, dois desvios-padrão significam flutuações de ± 40%. Assim, embora os retornos reais se situem em torno de 8%, eles variam de um ganho de 48% a uma perda de 32% em 95% das vezes. (Em 5% das vezes, o ganho ou a perda é maior.)

- A segunda classe de ativos é uma alternativa segura, com retorno de 3% e desvio-padrão de zero. Ou seja, o retorno desse ativo é de exatamente 3%. Essa alternativa segura pode ser uma conta de poupança ou títulos do governo.

A Figura 28-3 ilustra o *trade-off* entre risco e retorno. Cada ponto da figura representa uma alocação específica entre as ações de risco e o ativo seguro. A figura mostra que, quanto mais a pessoa investe em ações, maiores são tanto o risco quanto o retorno.

Reconhecer o *trade-off* risco-retorno, por si só, não diz o que alguém deve fazer. A escolha de uma combinação específica de risco e retorno depende da aversão da pessoa ao risco, o que reflete as próprias preferências pessoais. Por isso, é importante os acionistas perceberem que o preço do retorno médio mais elevado que eles apreciam vem do maior risco.

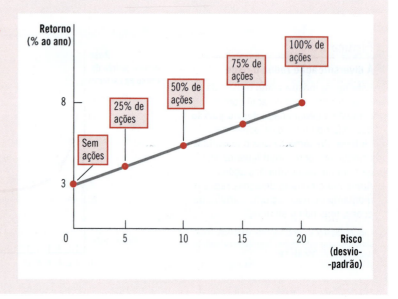

Figura 28-3

O *trade-off* entre risco e retorno

Quando as pessoas aumentam o percentual de suas poupanças colocado em ações, elas aumentam o retorno médio que podem esperar ganhar, mas também os riscos que enfrentam.

> **Teste rápido**
>
> 4. A capacidade de um seguro de distribuir riscos é limitada por
>   a. aversão ao risco e risco moral.
>   b. aversão ao risco e seleção adversa.
>   c. risco moral e seleção adversa.
>   d. somente aversão ao risco.
> 5. O benefício da diversificação ao construir um portfólio é que ela pode eliminar
>   a. a seleção adversa.
>   b. a aversão ao risco.
>   c. o risco específico da empresa.
>   d. o risco de mercado.
> 6. O retorno adicional que as ações obtêm sobre os títulos (em média) compensa os acionistas pelo(s)
>   a. maior risco de mercado que a participação acionária implica.
>   b. maior risco específico da empresa que a participação acionária implica.
>   c. maiores impostos cobrados dos acionistas.
>   d. maiores custos de corretagem incorridos na compra de ações.
>
> As respostas estão no final do capítulo.

28-3 Avaliação de ativos

Agora que desenvolvemos uma compreensão básica dos dois tijolos das finanças – tempo e risco –, vamos aplicar esse conhecimento. Esta seção trata de uma questão simples: o que determina o preço de uma ação? Como a maioria dos preços, a resposta é a oferta e a demanda. Mas esse não é o fim da história. Para entender os preços das ações, precisamos pensar mais profundamente sobre o que determina a disposição de uma pessoa para pagar por uma ação.

28-3a Análise fundamentalista

Imaginemos que você decida investir 60% de sua poupança em ações e que, para diversificar, resolva comprar 20 ações diferentes. Se abrir o jornal, encontrará uma lista com milhares de ações. Como escolher as 20 para sua carteira?

Ao comprar uma ação, você está comprando participação em uma empresa. Para decidir de qual empresa você quer comprar uma ação, devem ser consideradas duas coisas: o valor daquela ação da empresa e o preço a que ela está sendo vendida. Se o preço for maior do que o valor, a ação está **supervalorizada**. Se o preço e o valor estão iguais, a ação está **corretamente valorizada**. E se o preço está menor do que o valor, a ação está **subvalorizada**. Ações subvalorizadas são uma barganha, porque você está pagando menos do que a empresa vale. Ao escolher 20 ações para a sua carteira, você deve buscar ações subvalorizadas.

No entanto, é mais fácil falar do que fazer. Não há nenhuma dificuldade em descobrir o preço: basta consultar o jornal. O difícil é determinar o valor da empresa. A expressão **análise fundamentalista** se refere a uma análise detalhada da empresa para determinar seu valor. Muitas empresas de Wall Street contratam analistas de ações para realizar esse tipo de análise e aconselhar a compra de ações.

O valor de uma ação para um acionista é o que ele recebe por ser seu proprietário, o qual inclui o valor presente do fluxo de pagamentos de dividendos e o preço final de venda. Lembre-se de que **dividendos** são pagamentos em dinheiro que uma empresa faz a seus acionistas. A capacidade que uma empresa tem de pagar dividendos, assim como o valor da ação quando o acionista as vende, depende da capacidade da empresa de obter lucros. A sua lucratividade, por sua vez, depende de um grande número de fatores, como a demanda por seu produto, o grau de concorrência que ela enfrenta, a quantidade de capital de que dispõe, o nível de sindicalização de seus trabalhadores, a fidelidade de seus clientes,

análise fundamentalista
estudo das demonstrações contábeis e das expectativas futuras de uma empresa para determinar seu valor

SAIBA MAIS: Números-chave para observadores do mercado de ações

Ao acompanhar as ações de uma empresa, você deve ficar de olho em três números-chave. Esses números são relatados em alguns jornais e em muitos serviços *online*:

- **Preço.** Sem dúvida, a informação mais importante sobre uma ação é o seu preço. Os serviços de notícias geralmente apresentam vários preços. O "último" preço é o preço pelo qual a ação foi negociada mais recentemente. O "fechamento anterior" é o preço da última transação que ocorreu até o fechamento do dia anterior de negociação. Os serviços de notícias também podem fornecer os preços "máximos" e "mínimos" no último dia de negociação e, às vezes, na última semana, mês ou ano. Isso também pode relatar a variação em relação ao preço de fechamento do dia anterior.
- **Dividendo.** As empresas pagam parte de seus lucros aos acionistas; esse valor é chamado de **dividendo**. (Os lucros não pagos são chamados de **lucros retidos**, que as empresas podem usar para financiar investimentos de capital, aumentar as reservas de caixa ou recomprar suas próprias ações.) Os serviços de notícias geralmente relatam o dividendo pago no ano anterior por cada ação. Às vezes, eles relatam o **rendimento de dividendos**, que é o dividendo expresso como uma porcentagem do preço da ação.
- **Relação preço-lucro.** Os ganhos de uma empresa, ou lucro contábil, são o valor da receita que ela recebe pela venda de seus produtos menos seus custos de produção, conforme medido por seus contadores. O **lucro por ação** é o lucro total da empresa dividido pelo número de ações em circulação. A **relação preço-lucro**, geralmente chamada de P/L, é o preço de uma ação de uma empresa dividido pelo lucro por ação dela no ano passado. Historicamente, os índices preço/lucro tiveram uma média de cerca de 16, embora o desvio dessa média atinja valores substanciais. Um P/L alto indica que as ações de uma empresa estão caras em relação aos lucros recentes, sugerindo que as pessoas esperam que os lucros aumentem no futuro ou que as ações estão supervalorizadas. Por outro lado, um P/L baixo indica que as ações de uma empresa estão baratas em relação aos lucros recentes, sugerindo que as pessoas esperam que os lucros caiam ou que as ações estão subvalorizadas.

Por que os serviços financeiros divulgam todos esses dados? Muitas pessoas que investem suas economias em ações seguem esses números de perto ao decidir quais ações comprar e vender. Por outro lado, alguns acionistas seguem uma estratégia de *buy and hold*: eles compram ações de empresas bem geridas, mantêm-nas por longos períodos e não reagem às flutuações diárias. ■

---

os tipos de regulamentos governamentais e impostos com que lida, e assim por diante. A função do analista fundamentalista é levar em consideração todos esses fatores para determinar quanto vale a ação de uma empresa.

Se quiser usar uma análise fundamentalista para escolher uma carteira de ações, há três meios para isso. Um é fazer você mesmo toda a pesquisa, lendo os relatórios anuais das empresas, e assim por diante. Um segundo meio é confiar nos conselhos dos analistas de Wall Street. O terceiro é participar de um fundo mútuo, pois este tem um gerente que faz a análise fundamentalista e toma a decisão por você.

28-3b A hipótese dos mercados eficientes

Existe outra maneira de escolher 20 ações para compor sua carteira: selecioná-las aleatoriamente, por exemplo, fixando as páginas de cotações em um quadro de avisos e lançando dardos sobre elas. Essa abordagem pode parecer irracional, mas há uma razão para acreditar que não levará a resultados tão distantes do desejável. Essa razão é denominada **hipótese dos mercados eficientes**.

Para entender essa teoria, o ponto de partida é reconhecer que cada empresa cotada em uma bolsa de valores importante é atentamente acompanhada por muitos administradores de recursos, como as pessoas que gerenciam os fundos mútuos, os fundos de pensão e as doações para universidades e que estão buscando ativamente o melhor retorno. Todos os dias, esses administradores monitoram notícias e fazem análises fundamentalistas para tentar determinar o valor da ação. O trabalho desses profissionais é comprar uma ação quando o preço é fixado abaixo do seu valor fundamental e vender quando o preço supera esse valor.

hipótese dos mercados eficientes
teoria de que os preços dos ativos refletem todas as informações públicas disponíveis sobre o valor de um ativo

A segunda parte da hipótese dos mercados eficientes é que o equilíbrio de oferta e demanda estabelece o preço de mercado. Isso significa que, ao preço de mercado, o número de ações oferecidas para venda é exatamente igual ao número de ações que as pessoas desejam comprar. Em outras palavras, ao preço de mercado, o número de pessoas que acham que a ação está supervalorizada equilibra o de pessoas que acham que ela está subvalorizada. No julgamento da pessoa típica presente no mercado, todas as ações estão corretamente valorizadas o tempo todo.

De acordo com essa teoria, o mercado de ações apresenta **eficiência informacional**, ou seja, ele reflete todas as informações disponíveis sobre o valor de um ativo. Os preços das ações mudam conforme novas informações se tornam públicas. Quando surgem boas notícias sobre as perspectivas de uma empresa, seu valor e o preço de suas ações aumentam. Por outro lado, quando as perspectivas de uma empresa pioram, seu valor e seu preço caem. No entanto, a qualquer momento, o preço de mercado representa a melhor estimativa do valor da empresa com base nas informações disponíveis.

Uma das implicações da hipótese dos mercados eficientes é que os preços das ações devem seguir um **caminho aleatório**, ou seja, a menos que se tenha informação privilegiada, as variações nos preços das ações devem ser impossíveis de prever. Se, com base em informações publicamente disponíveis, uma pessoa pudesse prever que o preço de uma ação subiria 10% amanhã, isso significaria que o mercado acionário não está incorporando corretamente essa informação hoje. De acordo com essa teoria, o único fator capaz de movimentar o preço das ações de uma empresa é a publicação de notícias que alterem a percepção do mercado sobre seu valor. No entanto, as notícias são, por natureza, imprevisíveis – caso contrário, não seriam realmente notícias. Como consequência, as variações nos preços das ações também devem ser imprevisíveis.

Se a hipótese dos mercados eficientes estiver correta, então há pouca objetividade em passar muitas horas estudando a página de negócios do jornal para decidir quais 20 ações serão acrescentadas à sua carteira. Se os preços refletem todas as informações disponíveis, nenhuma ação será uma compra melhor do que qualquer outra. O melhor que você pode fazer é comprar uma carteira diversificada.

eficiência informacional
descrição dos preços de um ativo que refletem racionalmente toda a informação disponível

caminho aleatório
a trajetória de uma variável cujas mudanças são impossíveis de prever

Estudo de caso
Caminho aleatório e fundos de índice

A hipótese dos mercados eficientes é uma teoria sobre como os mercados financeiros funcionam. A teoria pode não ser totalmente verdadeira: como explica a próxima seção, há motivos para duvidar que os acionistas sejam sempre racionais e que os preços das ações sejam eficientes a todo momento. No entanto, a hipótese dos mercados eficientes descreve o mundo muito melhor do que você imagina.

Há muitas evidências de que os preços das ações seguem, mesmo que não exatamente, algo próximo a um caminho aleatório. Por exemplo, você pode ficar tentado a comprar ações que subiram recentemente e evitar ações que caíram recentemente (ou talvez o oposto). No entanto, estudos estatísticos demonstraram que seguir essas tendências (ou ir contra elas) não leva a um desempenho consistentemente superior ao do mercado. A correlação entre o desempenho de uma ação em um ano e o desempenho no ano seguinte é aproximadamente zero.

Algumas das melhores evidências da hipótese dos mercados eficientes vêm do desempenho dos fundos de índice. Um fundo de índice é um fundo de investimento que adquire todas as ações que compõem um determinado índice de mercado. O desempenho desses fundos pode ser comparado ao dos fundos de gestão ativa, nos quais gestores profissionais selecionam ações com base em pesquisas detalhadas e suposta expertise. Na prática, os fundos de índice compram todas as ações e oferecem aos investidores um retorno equivalente à média do mercado, enquanto os fundos de gestão ativa tentam selecionar apenas as melhores ações e superar os índices de referência.

Na prática, porém, os gestores ativos geralmente não conseguem superar os fundos de índice. Por exemplo, no período de 15 anos encerrado em 31 de dezembro de 2021, 86% dos fundos mútuos de ações tiveram um desempenho inferior ao de um fundo de índice amplamente diversificado que detinha todas as ações negociadas nas bolsas dos Estados Unidos. Ao longo desse período, o retorno médio anual dos fundos de ações ficou 1,07% abaixo do retorno do fundo de índice. A maioria dos gestores ativos fica atrás do mercado porque negocia com maior frequência, gerando custos de transação mais elevados, e cobra taxas mais altas para compensar seus esforços de pesquisa e expertise.

E quanto aos 14% dos gestores que superaram o mercado? Talvez eles sejam mais espertos do que a média, ou talvez tenham tido mais sorte. Se 5 mil pessoas jogarem uma moeda dez vezes, em média, cerca de cinco pessoas vão obter dez caras. Esses cinco poderiam alegar uma habilidade excepcional de lançar moedas, mas teriam dificuldade em replicar a

PERGUNTE A QUEM SABE — Investimento diversificado

"De modo geral, na ausência de informações privilegiadas, um investidor em ações pode esperar um desempenho superior se mantiver um fundo de índice passivo, bem diversificado e de baixo custo em vez de investir em poucas ações."

O que dizem os economistas?

0% discordam 0% não têm certeza

100% concordam

Fonte: IGM Economic Experts Panel, 28 de janeiro de 2019.

É NOTÍCIA — Os perigos de investir com um cromossomo Y

O excesso de confiança é ruim quando se investe, e esse problema é especialmente comum entre os homens.

As mulheres podem ser melhores investidoras do que os homens. Deixe que eu, um homem, explique o porquê.

Por Ron Lieber

Merrill era um homem, assim como Lynch. Goldman? Um homem, e Sachs também. Charles Schwab é um homem, assim como E. F. Hutton. Gordon Gekko era um macho alfa. E Jordan Belfort, o Lobo de Wall Street? Também.

Heróis ou vilões, vencedores ou perdedores, reais ou imaginários, nossos investidores icônicos são muito, muito homens. Mas isso é um erro, porque as mulheres geralmente investem melhor.

A Fidelity ofereceu as evidências mais recentes este mês: em um período de 10 anos, suas clientes do sexo feminino ganharam, em média, 0,4% a mais anualmente do que seus colegas do sexo masculino. Isso pode não parecer muito, mas, ao longo de algumas décadas, pode se acumular dezenas de milhares de dólares ou mais.

"Invista como uma mulher é a lição que se tira disso", disse Lorna Kapusta, chefe de mulheres investidoras e engajamento de clientes da Fidelity.

Essa não é a primeira vez que pesquisadores descobriram que as mulheres são as melhores investidoras. O surpreendente desse fenômeno, no entanto, é que nem as mulheres nem os homens parecem estar cientes disso — e acabam se privando de algumas lições que podem ajudar ambos os sexos a investir melhor.

A análise da Fidelity abrangeu 5,2 milhões de contas de clientes (algumas pessoas tinham mais de uma), de 2011 a 2020. Foram analisadas contas de aposentadoria individuais, 529 planos e contas básicas de corretagem controladas por indivíduos (não consultores financeiros), mas não contas vinculadas a empregadores, como 401(k)s. Nenhuma estratégia foi excluída: aqueles que negociaram ações individuais foram rastreados junto àqueles que se limitaram a fundos mútuos.

A fonte dos melhores retornos das mulheres é a forma como elas negociam. Ou melhor, como não o fazem. Clientes do sexo feminino da Fidelity compraram e venderam metade da quantia dos clientes do sexo masculino. A Vanguard observou padrões semelhantes no

façanha. Da mesma forma, estudos mostraram que gestores de fundos mútuos com histórico de desempenho superior raramente conseguem repetir esse desempenho de forma consistente no longo prazo.

A hipótese dos mercados eficientes diz que é impossível superar o mercado a longo prazo. Muitos estudos confirmam que superar o mercado é, na melhor das hipóteses, extremamente difícil. A hipótese dos mercados eficientes pode não descrever o mundo perfeitamente, mas oferece uma perspectiva útil. ●

28-3c Irracionalidade do mercado

A hipótese dos mercados eficientes admite que as pessoas que compram e vendem ações processam racionalmente as informações que têm sobre o valor subjacente da ação. Mas será que o mercado de ações é realmente tão racional? Ou será que os preços das ações às vezes se desviam das expectativas razoáveis quanto ao seu real valor?

Há uma longa tradição que sugere que as flutuações dos preços das ações são, em parte, psicológicas. Na década de 1930, o economista John Maynard Keynes sugeriu que os mercados de ativos são movidos pelos "instintos animais" dos investidores – ondas irracionais de otimismo e pessimismo. Na década de 1990, quando o mercado de ações atingiu níveis recordes, o presidente do Fed, Alan Greenspan, questionou se o *boom* poderia ser um reflexo de "exuberância irracional". Os preços das ações caíram subsequentemente, mas se a exuberância dos anos de 1990 foi irracional, dadas as informações disponíveis na época, ainda é discutível. Sempre que o preço de um ativo aumenta acima do que parece ser seu valor fundamental, diz-se que o mercado passa por uma **bolha especulativa**.

A possibilidade de tais bolhas especulativas no mercado de ações deve-se, em parte, ao fato de o valor de uma ação para o acionista depender não só do fluxo de pagamentos de dividendos, mas também do preço de venda final. Portanto, uma pessoa pode estar

---

mesmo período de uma década ao examinar as contas de aposentadoria no local de trabalho que administra; pelo menos 50% mais homens negociavam com a Vanguard do que mulheres todos os anos durante esse período.

Isso é muito ruim. Em um artigo agora clássico publicado no *Journal of Finance* em 2000, intitulado "Negociar é perigoso para sua riqueza", dois professores, Brad M. Barber e Terrance Odean, provaram exatamente isso. De 1991 a 1996, os investidores individuais que negociaram mais obtiveram um retorno anual 6,5% pior do que o desempenho geral do mercado de ações.

No ano seguinte, os dois professores abordaram negociação e gênero em um artigo diferente, chamado "Boys Will Be Boys". Claro, as mulheres também negociaram mais do que deveriam e, de 1991 a 1997, suas negociações reduziram seus retornos líquidos em 1,72% por ano. Contudo, o fato de os homens comprarem e venderem com mais frequência fez com que eles sofressem 2,65% – mais do que o dobro do baixo desempenho masculino encontrado pela Fidelity anos depois.

Por que os homens negociam demais? Os professores Barber e Odean atribuíram isso a excesso de confiança. E de onde vem o excesso de confiança? William J. Bernstein, neurologista que, anos atrás, voltou suas atenções para investimentos, aponta a causa para a testosterona.

O hormônio causa três problemas para os investidores: diminui o medo, aumenta a ganância e contribui muito para o excesso de confiança. "Ele faz maravilhas para a massa muscular e o tempo de reflexo, mas não contribui muito para a capacidade de julgamento", disse ele.

Se você teme muito pouco, é mais provável que seja duramente atingido quando os mercados caírem, pois terá muito dinheiro nos tipos errados de investimentos. Da mesma forma, muita ganância pode levar a muitos riscos.

Quanto ao excesso de confiança, Bernstein, autor de livros como *O manifesto do investidor*, sugere uma pergunta a ser feita a si mesmo: quão certo estou do que estou fazendo? "Em finanças, se você tem certeza de alguma coisa, está fora de si", disse ele. ■

Questões para discussão

1. Em sua experiência pessoal, você acha que os homens são mais propensos do que as mulheres a serem excessivamente confiantes?

2. Como os investidores podem se proteger de seu próprio excesso de confiança?

Fonte: *New York Times*, 29 de outubro de 2021.

disposta a pagar mais por uma ação do que ela vale hoje, se acreditar que outra pessoa estará disposta a pagar ainda mais amanhã. Ao avaliar uma ação, você precisa estimar não apenas o valor da empresa, mas também o que outras pessoas pensarão que ela vale no futuro.

Há muito debate entre os economistas sobre a frequência e a importância de desvios da formação racional dos preços. Os que acreditam na irracionalidade do mercado apontam (corretamente) que, em geral, o mercado de ações se move de maneiras difíceis de explicar com base em notícias que poderiam alterar uma avaliação racional. Os que acreditam na hipótese dos mercados eficientes apontam (corretamente) que é impossível saber o valor correto e racional de uma empresa; por isso, ninguém deve chegar apressadamente à conclusão de que qualquer avaliação específica seja irracional. Além disso, se o mercado fosse irracional, uma pessoa racional deveria ser capaz de se aproveitar disso; mas, como vimos no estudo de caso anterior, superar o mercado continuamente no longo prazo é quase impossível.

Teste rápido

7. O objetivo da análise fundamentalista é
   a. determinar o verdadeiro valor de uma empresa.
   b. construir um portfólio diversificado.
   c. prever mudanças na irracionalidade dos investidores.
   d. eliminar a aversão ao risco do investidor.

8. De acordo com a hipótese dos mercados eficientes
   a. a diversificação excessiva pode reduzir os retornos de um portfólio esperados pelo investidor.
   b. as mudanças nos preços das ações são impossíveis de prever a partir de informações públicas.
   c. os fundos mútuos administrados ativamente devem gerar retornos maiores do que os fundos de índice.
   d. o mercado de ações se move com base nas alterações do espírito animal dos investidores.

9. Historicamente, os fundos de índice tiveram _____ do que a maioria dos fundos mútuos administrados ativamente.
   a. taxas mais altas
   b. menor diversificação
   c. maiores cargas tributárias
   d. melhores retornos

As respostas estão no final do capítulo.

28-4 Conclusão

Este capítulo desenvolveu algumas das ferramentas básicas que as pessoas devem usar (e frequentemente usam) para tomar decisões financeiras. O conceito de valor presente nos lembra de que um dólar no futuro vale menos que um dólar no presente e oferece uma maneira de comparar somas de dinheiro em diferentes pontos no tempo. A teoria da administração do risco nos lembra de que o futuro é incerto e de que as pessoas avessas ao risco podem tomar precauções para se proteger contra essa incerteza. E o estudo da valorização de ativos nos diz que o preço da ação de uma empresa qualquer reflete a expectativa quanto à sua lucratividade futura.

Embora a maioria das ferramentas financeiras esteja bem estabelecida, ainda há controvérsia quanto à validade da hipótese dos mercados eficientes e à possibilidade de os preços das ações serem, na prática, estimativas racionais do verdadeiro valor de uma empresa. Racionais ou não, os grandes movimentos dos preços das ações que observamos trazem importantes implicações macroeconômicas. As flutuações do mercado de ações costumam andar de mãos dadas com flutuações mais amplas da economia. Trataremos novamente do mercado de ações quando estudarmos as flutuações econômicas mais adiante.

RESUMO DO CAPÍTULO

- Como a poupança pode render juros, uma soma de dinheiro hoje é mais valiosa que a mesma soma de dinheiro no futuro. Uma pessoa pode comparar somas em diferentes momentos usando o conceito de valor presente. O valor presente de qualquer soma futura é o montante que seria necessário hoje, dada a taxa de juros em vigor, para produzir aquela soma futura.
- Em virtude da utilidade marginal decrescente, a maioria das pessoas é avessa ao risco. O risco pode ser reduzido por meio de seguros, de diversificação e da escolha de uma carteira com menor risco e menor retorno.
- O valor de um ativo é igual ao valor presente dos fluxos de caixa que o proprietário receberá. Para cada ação, o fluxo de caixa inclui o fluxo de dividendos e o preço de venda final. De acordo com a hipótese dos mercados eficientes, os mercados financeiros processam racionalmente as informações disponíveis, de modo que o preço de uma ação é sempre igual à melhor estimativa do valor subjacente da empresa. No entanto, alguns economistas questionam a hipótese dos mercados eficientes e acreditam que fatores psicológicos irracionais também podem afetar os preços dos ativos.

CONCEITOS-CHAVE

finanças, p. 576
valor presente, p. 576
valor futuro, p. 576
capitalização, p. 576
aversão ao risco, p. 579

diversificação, p. 580
risco específico da empresa, p. 581
risco de mercado, p. 581
análise fundamentalista, p. 583

hipótese dos mercados eficientes, p. 584
eficiência informacional, p. 585
caminho aleatório, p. 585

QUESTÕES DE REVISÃO

1. A taxa de juros é de 7%. Use o conceito de valor presente para comparar $ 200 a serem recebidos em 10 anos e $ 300 a serem recebidos em 20 anos.
2. Que benefício as pessoas obtêm do mercado de seguros? Quais são os dois problemas que impedem o mercado de seguros de funcionar perfeitamente?
3. O que é diversificação? Um acionista diversifica mais passando de 1 para 10 ações ou de 100 para 120 ações?
4. Em uma comparação entre ações de empresas e títulos do governo, qual opção traz o maior risco? Qual paga o maior retorno médio?
5. Quais fatores um analista de ações deve levar em consideração ao determinar o valor de uma ação?
6. Descreva a hipótese dos mercados eficientes e forneça uma das evidências consistentes com essa hipótese.
7. Explique a opinião dos economistas que são céticos em relação à hipótese dos mercados eficientes.

PROBLEMAS E APLICAÇÕES

1. Conforme uma velha lenda, os indígenas algonquinos venderam a ilha de Manhattan 400 anos atrás por $ 24. Se eles tivessem investido esse dinheiro a uma taxa de juros de 7% ao ano, quanto, aproximadamente, teriam hoje?
2. Uma empresa tem um projeto de investimento que custaria $ 10 milhões hoje e renderia um lucro de $ 15 milhões em 4 anos.
   a. Calcule se a empresa deve realizar o projeto, considerando cada uma das possíveis taxas de juros de 11, 10, 9 e 8%.
   b. Você é capaz de descobrir a taxa de juros exata que separaria a lucratividade da não lucratividade? (Essa taxa é chamada de **taxa interna de retorno**.)
3. O título A paga $ 8.000 em 20 anos, e o título B, $ 8.000 em 40 anos. (Para simplificar, suponha que se trate de títulos de cupom zero, o que significa que o valor de $ 8.000 é o único pagamento que o portador do título recebe.)
   a. Se a taxa de juros for de 3,5%, qual é o valor de cada título hoje? Qual título vale mais? Por quê? (Dica: você pode usar uma calculadora, mas a regra de 70 deve facilitar o cálculo.)
   b. Se a taxa de juros aumentar para 7%, qual é o valor de cada título hoje? Qual título tem a maior **porcentagem** de alteração de valor?
   c. Com base no exemplo anterior, assinale o termo mais adequado – entre colchetes – para completar esta frase: "O valor de um título [aumenta/cai] quando a taxa de juros aumenta e os títulos com maior vencimento são [mais/menos] sensíveis a mudanças na taxa de juros".

4. Seu banco paga uma taxa de juros de 8%. Você pensa em comprar ações da empresa XYZ por $ 110. Após um, 2 e 3 anos, os dividendos serão de $ 5. Você espera vender as ações após 3 anos por $ 120. Essa empresa é um bom investimento? Apresente os cálculos que justificam sua resposta.

5. Para cada um dos seguintes tipos de seguro, dê um exemplo de comportamento que poderia ser chamado de **risco moral** e outro de comportamento que poderia ser chamado de **seleção adversa**.
   a. seguro-saúde
   b. seguro de automóvel
   c. seguro de vida

6. Que tipo de ação você espera que pague a maior taxa de retorno: a ação de uma empresa pertencente a um setor muito sensível às condições econômicas (como uma montadora de veículos) ou a de uma empresa pertencente a um setor relativamente insensível às condições econômicas (como uma fornecedora de água potável)? Por quê?

7. Uma empresa enfrenta dois tipos de risco. O risco específico da empresa é de que um concorrente possa entrar no mercado e conquistar parte de sua clientela. Já o risco de mercado, de que a economia possa entrar em recessão, reduzindo as vendas. Qual desses dois riscos tem maior chance de levar os acionistas da empresa a demandar um retorno maior? Por quê?

8. Quando os executivos das empresas compram e vendem ações com base em informações reservadas, obtidas em decorrência do cargo que ocupam, estão fazendo o que é chamado de *insider trading* (troca de informação privilegiada).
   a. Dê um exemplo de informação privilegiada que possa ser útil na compra ou na venda de ações.
   b. Os que negociam ações com base em informações privilegiadas costumam obter taxas muito elevadas de retorno. Esse fato viola a hipótese dos mercados eficientes?
   c. O *insider trading* é ilegal. Por quê?

9. Jamal tem uma função utilidade $U = W^{½}$, em que W é sua riqueza em milhões de dólares (o que determina quanto ele tem para comprar e consumir ao longo de sua vida), e U, a utilidade que ele obtém. No estágio final de um *game show*, o apresentador oferece a Jamal a opção de escolher entre levar (A) $ 4 milhões garantidos ou (B) uma aposta com 0,6 de probabilidade de levar $ 1 milhão e 0,4 de probabilidade de levar $ 9 milhões.
   a. Trace o gráfico da função de utilidade de Jamal. Ele é avesso ao risco? Explique.
   b. Qual opção oferece a Jamal o maior prêmio esperado: A ou B? Explique seu raciocínio com cálculos apropriados. (*Dica*: o valor esperado de uma variável aleatória é a média ponderada dos possíveis resultados, na qual as probabilidades são os pesos.)
   c. Qual opção oferece a Jamal a maior utilidade esperada: A ou B? Novamente, apresente seus cálculos.
   d. Jamal deve escolher A ou B? Por quê?

Respostas do teste rápido

1. **b**   2. **d**   3. **b**   4. **c**   5. **c**   6. **a**   7. **a**   8. **b**   9. **d**

Capítulo 29

Desemprego

Perder o emprego pode ser um dos eventos econômicos mais desoladores na vida de uma pessoa. A maioria das pessoas conta com os ganhos de seu trabalho para manter seu padrão de vida, e muitas obtêm um sentimento de realização pessoal vindo do trabalho. A perda de emprego pode significar problemas financeiros imediatos, ansiedade em relação ao futuro e baixa autoestima. Não é de surpreender, portanto, que políticos em campanha eleitoral falem com frequência a respeito de como suas propostas políticas ajudarão a criar empregos.

O desemprego não é uma tragédia apenas pessoal, mas também macroeconômica. Nos capítulos anteriores, vimos algumas das forças que determinam o nível e o crescimento dos padrões de vida de um país, como poupanças e investimentos, o estado de direito, a estabilidade política, o nível educacional, a disposição ao comércio e o progresso tecnológico. Outro determinante crítico do padrão de vida de um país é o nível de desemprego que ele enfrenta. As pessoas que gostariam de trabalhar, mas não conseguem encontrar emprego, não estão contribuindo para a produção de bens e serviços da economia. O desemprego é um obstáculo para a prosperidade econômica.

Economistas dividem o problema do desemprego em duas categorias: o problema de longo prazo e o de curto prazo. A **taxa natural de desemprego** da economia refere-se ao nível de desemprego que a economia apresenta normalmente. O **desemprego cíclico** refere-se às flutuações de ano para ano do desemprego em torno de sua taxa natural e está estreitamente associado aos altos e baixos da atividade econômica de curto prazo. Veremos mais sobre o desemprego cíclico quando estudarmos as flutuações econômicas de curto prazo mais adiante. Neste capítulo, abordaremos os determinantes da taxa natural de desemprego de uma economia. Como veremos, a designação **natural** não implica que essa taxa de desemprego seja desejável. Muito menos que seja constante ao longo do tempo ou imune à política econômica. Significa apenas que esse desemprego não desaparece por si só, nem mesmo no longo prazo.

Começaremos o capítulo com três perguntas a respeito dos dados sobre o desemprego. Como o governo mede a taxa de desemprego da economia? Que problemas surgem na interpretação desses dados? Por quanto tempo o desempregado típico permanece sem trabalho?

Em seguida, estudaremos as razões pelas quais as economias sempre apresentam algum nível de desemprego e como os formuladores de políticas podem ajudar os desempregados. Abordaremos quatro explicações para a taxa natural de desemprego: busca de emprego, legislação do salário mínimo, sindicatos e salários de eficiência. O desemprego de longo prazo não decorre de um único problema, mas reflete uma variedade de elementos a ele associados. Como consequência, não há um caminho simples para os formuladores de políticas para reduzir a taxa natural de desemprego da economia e aliviar as dificuldades enfrentadas pelos desempregados. Todavia, o estudo do desemprego esclarece as opções disponíveis e os *trade-offs* que os formuladores de políticas encontram.

29-1 Identificando o desemprego

Começaremos examinando em detalhes o que significa o termo **desemprego**.

29-1a Como se mede o desemprego?

A medição do desemprego nos Estados Unidos é tarefa do Bureau of Labor Statistics (BLS), que faz parte do U.S. Department of Labor (Departamento de Trabalho dos Estados Unidos). A cada mês, o BLS produz dados sobre o desemprego e outros aspectos do mercado de trabalho, como os tipos de emprego, a duração média da semana de trabalho e a duração do desemprego. Esses dados vêm de uma pesquisa regular com 60 mil famílias, denominada Pesquisa da População Atual (Current Population Survey).

Com base nas respostas às perguntas da pesquisa, o BLS coloca cada adulto (pessoas com 16 anos ou mais) em cada domicílio pesquisado em uma das seguintes categorias:

- **Empregados:** essa categoria inclui aqueles que trabalhavam como assalariados, os que tinham negócio próprio ou os que trabalhavam sem receber salário em um negócio de família. Também inclui aqueles que trabalhavam em período integral ou meio período, e os que estavam temporariamente afastados do trabalho em decorrência de férias, doença, impedimentos climáticos ou razões similares.
- **Desempregados:** essa categoria inclui aqueles que não estavam empregados, que estavam disponíveis para o trabalho e que estiveram procurando uma colocação nas quatro semanas anteriores. Também inclui aqueles que estavam esperando ser chamados de volta para o trabalho do qual haviam sido dispensados temporariamente.
- **Fora da força de trabalho:** essa categoria inclui aqueles que não se encaixam em nenhuma das categorias anteriores, como estudantes em tempo integral, aposentados e donos de casa.

A Figura 29-1 mostra essa divisão para dezembro de 2021.

Tendo enquadrado todas as pessoas abrangidas pela pesquisa em alguma das categorias, o BLS calcula diversas estatísticas para resumir a situação do mercado de trabalho. O BLS define **força de trabalho** como a soma dos empregados e desempregados:

Força de trabalho = Número de empregados + Número de desempregados.

força de trabalho
número total de trabalhadores, incluindo tanto os empregados quanto os desempregados

O BLS define a **taxa de desemprego** como o percentual da força de trabalho que está desempregado:

$$\text{Taxa de desemprego} = \frac{\text{Número de desempregados}}{\text{Força de trabalho}} \times 100.$$

taxa de desemprego
percentual da força de trabalho que está sem emprego

O BLS calcula taxas de desemprego para toda a população adulta e para grupos de definição mais limitada, como negros, brancos, homens, mulheres, e assim por diante.

O BLS usa a mesma pesquisa para produzir dados sobre a participação na força de trabalho. A **taxa de participação na força de trabalho** mede o percentual da população adulta total dos Estados Unidos que está na força de trabalho:

$$\text{Taxa de participação na força de trabalho} = \frac{\text{Força de trabalho}}{\text{População adulta}} \times 100.$$

taxa de participação na força de trabalho
percentual da população adulta que está na força de trabalho

Essa estatística nos informa a fração da população que participa do mercado de trabalho. A taxa de participação na força de trabalho, assim como a taxa de desemprego, é calculada para toda a população adulta e para grupos mais específicos.

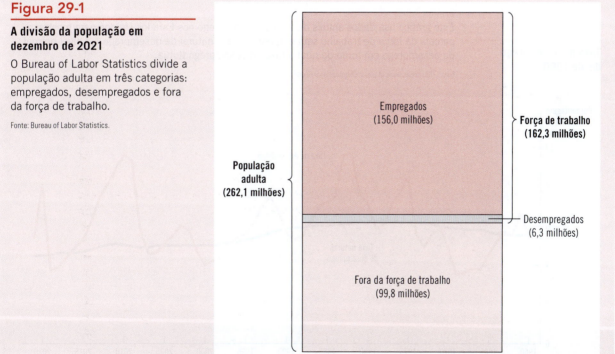

Figura 29-1

A divisão da população em dezembro de 2021

O Bureau of Labor Statistics divide a população adulta em três categorias: empregados, desempregados e fora da força de trabalho.

Fonte: Bureau of Labor Statistics.

Para ver como esses dados são calculados, considere os dados de dezembro de 2021. Nesse ano, havia 156 milhões de pessoas empregadas e 6,3 milhões desempregados. A força de trabalho era

$$\text{Força de trabalho} = 156{,}0 + 6{,}3 = 162{,}3 \text{ milhões.}$$

A taxa de desemprego era

$$\text{Taxa de desemprego} = (6{,}3/162{,}3) \times 100 = 3{,}9\%.$$

Como a população adulta era de 262,1 milhões, a taxa de participação na força de trabalho era:

$$\text{Taxa de participação na força de trabalho} = (162{,}3/262{,}1) \times 100 = 61{,}9\%.$$

Assim, em dezembro de 2021, 61,9% da população adulta dos Estados Unidos participava do mercado de trabalho, e 3,9% desses participantes estavam sem emprego.

Os dados do BLS a respeito do mercado de trabalho também permitem que os economistas e formuladores de políticas monitorem mudanças na economia ao longo do tempo. A Figura 29-2 mostra a taxa de desemprego nos Estados Unidos desde 1960. A figura indica que a economia sempre apresenta algum desemprego e que a taxa varia de ano para ano. A taxa normal de desemprego em torno da qual a taxa de desemprego flutua é chamada de **taxa natural de desemprego**, e o desvio da taxa de desemprego em relação a essa taxa natural é chamado de **desemprego cíclico**. A taxa natural de desemprego mostrada na figura é uma série estimada pelos economistas do Congressional Budget Office. Para 2021, foi estimada uma taxa natural de 4,5%, próxima da taxa de desemprego real de 5,4%. No restante deste capítulo, ignoraremos as flutuações de curto prazo em torno da taxa natural

taxa natural de desemprego
taxa normal de desemprego em torno da qual a taxa de desemprego flutua

desemprego cíclico
desvio do desemprego em relação à sua taxa natural

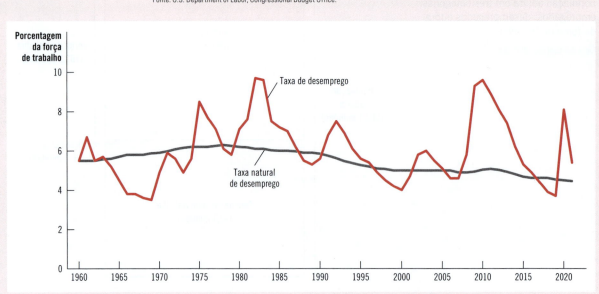

Figura 29-2

Taxa de desemprego desde 1960

Este gráfico usa dados anuais da taxa de desemprego nos Estados Unidos para mostrar a parcela da força de trabalho sem emprego. A taxa natural de desemprego é o nível normal de desemprego em torno do qual a taxa de desemprego flutua.

Fonte: U.S. Department of Labor, Congressional Budget Office.

de desemprego e examinaremos por que sempre há algum nível de desemprego nas economias de mercado.

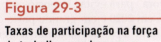 **Participação de mulheres e homens na força de trabalho na economia dos Estados Unidos**

O último século viu uma transformação dramática no papel das mulheres na sociedade estadunidense. Essa mudança tem muitas causas. Por um lado, ela se deve à adoção em massa de novas tecnologias, como máquina de lavar, secadora de roupas, geladeira, freezer e lava-louças, que reduziram o tempo necessário para as tarefas domésticas rotineiras. Por outro lado, está relacionada à melhoria do controle da natalidade, que reduziu o número de crianças nascidas em uma família típica. E, em parte, é atribuível à mudança de atitudes políticas e sociais, que, por sua vez, foram facilitadas pelos avanços na tecnologia e no controle de natalidade. Juntos, esses desenvolvimentos tiveram um impacto profundo na sociedade em geral e na economia em particular.

Esse impacto é claro nos dados sobre a participação da força de trabalho. A Figura 29-3 mostra as taxas de participação na força de trabalho de homens e mulheres nos Estados Unidos desde 1950. Logo após a Segunda Guerra Mundial, homens e mulheres tiveram experiências muito diferentes. Apenas 33% das mulheres estavam trabalhando ou procurando trabalho, em comparação com 87% dos homens. Desde então, essa diferença nas taxas de participação diminuiu gradualmente, à medida que um número crescente de mulheres ingressou na força de trabalho e alguns homens a deixaram. Os dados de 2021 mostram que, naquele ano, 56% das mulheres estavam na força de trabalho, em comparação com 68%

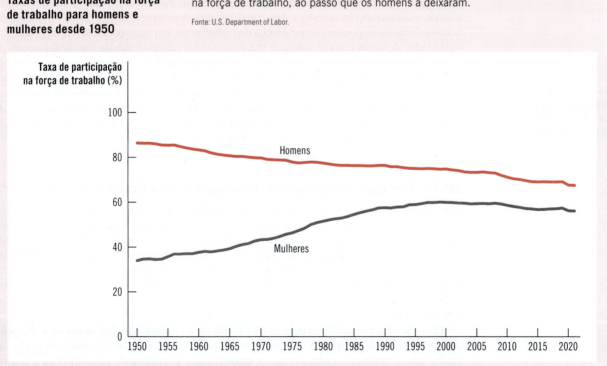

Figura 29-3
Taxas de participação na força de trabalho para homens e mulheres desde 1950

Esta figura mostra a porcentagem de homens e mulheres adultos que são membros da força de trabalho. Isso mostra que, nas últimas décadas, as mulheres entraram na força de trabalho, ao passo que os homens a deixaram.

Fonte: U.S. Department of Labor.

dos homens. Conforme medido pela participação da força de trabalho, homens e mulheres agora estão desempenhando papéis mais igualitários na economia.

O aumento da participação feminina na força de trabalho é fácil de explicar, mas a queda da participação dos homens pode parecer intrigante. Existem várias razões para esse declínio. Em primeiro lugar, os jovens de hoje permanecem na escola por mais tempo do que seus pais e avós. Em segundo lugar, os homens mais velhos estão desfrutando de períodos mais longos de aposentadoria. Em terceiro lugar, com mais mulheres empregadas, mais pais ficam em casa para criar seus filhos. Estudantes em tempo integral, aposentados e pais que ficam em casa são todos considerados fora da força de trabalho. ●

29-1b A taxa de desemprego mede o que queremos medir?

Medir o desemprego de uma economia pode parecer simples, mas não é. Embora seja fácil distinguir entre uma pessoa com um emprego em tempo integral e outra que não está trabalhando, é muito mais difícil distinguir entre uma pessoa desempregada e outra que está fora da força de trabalho.

Os movimentos de entrada e saída da força de trabalho são muito comuns. Mais de um terço dos desempregados entrou recentemente na força de trabalho. Isso inclui trabalhadores jovens procurando seu primeiro emprego e inclui também, em maior número, trabalhadores que deixaram a força de trabalho, mas agora voltam a procurar emprego. Além disso, nem todo desemprego termina com o interessado encontrando trabalho. Quase metade dos períodos de desemprego termina quando o desempregado para de procurar emprego e abandona a força de trabalho.

Como as pessoas entram na força de trabalho e saem dela com tanta frequência, as estatísticas de desemprego são difíceis de interpretar. Por um lado, algumas das pessoas que afirmam estar desempregadas podem não estar tentando encontrar um emprego com muita insistência. Elas podem estar se autodenominando desempregadas porque querem se qualificar a um programa governamental que dê assistência financeira aos desempregados ou porque estão trabalhando e sendo pagas "por fora" para evitar impostos sobre seus ganhos. (Isso pode ter sido especialmente relevante em 2020 e em grande parte de 2021, quando os programas de assistência do governo durante a pandemia deram a algumas pessoas incentivos extras para se considerarem desempregadas.) Pode ser mais realista considerar essas pessoas fora da força de trabalho ou, em alguns casos, empregadas. Por outro lado, algumas das pessoas que informam estar fora da força de trabalho podem, de fato, querer um emprego. Elas podem ter tentado encontrar emprego e desistido, depois de uma busca infrutífera. Essas pessoas, chamadas de **trabalhadores desalentados**, não aparecem nas estatísticas de desemprego, muito embora sejam trabalhadores sem emprego.

trabalhadores desalentados
indivíduos que gostariam de trabalhar, mas desistiram de procurar emprego

Em virtude desses e de outros problemas, o BLS calcula diversas outras medidas de desemprego além da taxa oficial. Essas medidas alternativas são apresentadas na Tabela 29-1. No final, é melhor considerar a taxa oficial de desemprego como uma medida útil, porém imperfeita, do desemprego.

29-1c Por quanto tempo os desempregados ficam sem trabalho?

Quando se avalia a gravidade do problema do desemprego, uma questão a considerar é se o desemprego é normalmente uma situação de curto prazo ou de longo prazo. Se o desemprego é de curto prazo, pode-se concluir que não é um problema muito grande. Os trabalhadores podem precisar de algumas semanas até encontrar a vaga que melhor se ajuste às suas preferências e habilidades. No entanto, se o desemprego é de longo prazo, pode-se concluir que é um problema importante. Os trabalhadores que ficam desempregados por muitos meses têm maior probabilidade de enfrentar dificuldades econômicas e psicológicas.

Os economistas dedicaram grandes esforços ao estudo de dados sobre a duração dos períodos de desemprego. Nesse trabalho, eles chegaram a um resultado importante, sutil e aparentemente contraditório: **a maioria dos períodos de desemprego é breve,**

Tabela 29-1
Medidas alternativas de desemprego

A tabela mostra diversas medidas de desemprego da economia estadunidense. Os dados são de dezembro de 2021.

Fonte: U.S. Department of Labor.

Medida e descrição		Taxa
D-1	Pessoas desempregadas há 15 semanas ou mais, como uma porcentagem da força de trabalho civil (inclui somente desempregados de longo período)	1,7%
D-2	Pessoas que perderam o emprego e aquelas que concluíram trabalhos temporários, como uma porcentagem da força de trabalho civil (exclui os que deixaram o emprego)	1,9
D-3	Total de desempregados, como uma porcentagem da força de trabalho civil (taxa oficial de desemprego)	3,9
D-4	Soma de desempregados mais trabalhadores desalentados, como uma porcentagem da força de trabalho civil mais trabalhadores desalentados	4,3
D-5	Total de desempregados mais todos os trabalhadores marginalizados, como uma porcentagem da força de trabalho civil mais todos os trabalhadores marginalizados	4,9
D-6	Total de desempregados mais todos os trabalhadores marginalizados mais o total dos que têm emprego de meio período por razões econômicas, como uma porcentagem da força de trabalho civil mais o total de trabalhadores marginalizados	7,3

Nota: o Bureau of Labor Statistics estabelece as seguintes definições:
- **Trabalhadores marginalizados** são aqueles que, no momento, não estão nem trabalhando nem procurando trabalho, mas demonstram que desejam um emprego e que estão disponíveis para ele, tendo procurado trabalho em algum momento do passado recente.
- **Trabalhadores desalentados**, um subconjunto dos marginalizados, são aqueles que apresentaram uma razão relacionada ao mercado de trabalho para não estarem à procura de emprego atualmente.
- **Pessoas com trabalho de meio período por razões econômicas** são aquelas que desejam um emprego e estão disponíveis para trabalhos em tempo integral, mas tiveram de aceitar um trabalho de meio período.

mas a maior parte do desemprego observado em qualquer período de tempo dado é de longo prazo.

Para entender como essa afirmação pode ser verdadeira, vamos considerar um exemplo. Suponha que você visite o órgão do governo que calcula o desemprego semanalmente, durante um ano, para pesquisar os desempregados. A cada semana, você constata que há quatro trabalhadores desempregados. Três deles são as mesmas pessoas durante todo o ano, enquanto o quarto é uma pessoa que muda a cada semana. Com base nessa experiência, você diria que o desemprego é normalmente de curto ou de longo prazo?

Alguns cálculos simples ajudam a responder a essa questão. Nesse exemplo, você encontra um total de 55 pessoas desempregadas no período de um ano; destas, 52 ficam desempregadas por uma semana, e 3, o ano inteiro. Portanto, 52 de 55, ou 95%, dos períodos de desemprego são de uma semana. Contudo, todas as vezes que você visitou o centro de atendimento para desempregados, 3 em cada 4 pessoas estavam desempregadas o ano inteiro. Portanto, embora 95% dos períodos de desemprego acabem em uma semana, 75% do desemprego observado a qualquer dado momento são atribuídos aos indivíduos que ficam desempregados durante um ano inteiro. Nesse exemplo, assim como na realidade, a maioria dos períodos de desemprego é curta, assim como a maior parte do desemprego observado em qualquer período é de longo prazo.

Essa conclusão sutil implica que os economistas e formuladores de políticas devem ser cuidadosos ao interpretar dados sobre o desemprego e ao conceber políticas para ajudar os desempregados. A maioria das pessoas que fica desempregada logo encontrará um emprego; no entanto, a maior parte do problema do desemprego da economia é atribuível aos relativamente poucos trabalhadores que permanecem desempregados por longos períodos.

29-1d Por que sempre há algumas pessoas desempregadas?

Discutimos a medição do desemprego, os problemas que surgem na interpretação das estatísticas de desemprego e a duração do desemprego. No entanto, não explicamos por que as economias experimentam o desemprego em primeiro lugar.

Vamos voltar à oferta e demanda. No modelo padrão de um mercado competitivo, conforme introduzido no Capítulo 4, os produtos vendidos são todos iguais e o preço se ajusta para equilibrar a quantidade fornecida e a quantidade demandada. Para alguns propósitos, esse modelo pode ser aplicado ao mercado de trabalho: o trabalho é o produto e o preço é o salário. Mas, como todos os modelos, este tem suas limitações. Ele não pode descrever completamente o mercado de trabalho porque, no equilíbrio do modelo, não há desemprego.

No mundo, sempre há alguns trabalhadores sem emprego, mesmo quando a economia está indo bem. O desemprego nunca cai para zero, mas, em vez disso, flutua em torno de sua taxa natural. Para explicar o desemprego, as seções restantes deste capítulo consideram por que os mercados de trabalho no mundo real se afastam do modelo de referência de oferta e demanda.

Para antecipar as conclusões, há quatro explicações para o desemprego. A primeira enfatiza que os trabalhadores e os empregos são diversos, de modo que leva tempo para que os trabalhadores encontrem os empregos que melhor se adequam a eles e para que as empresas encontrem os trabalhadores que melhor atendem às suas necessidades. O desemprego resultante do processo de busca é chamado de **desemprego friccional** e, muitas vezes, acredita-se que explique períodos relativamente curtos de desemprego.

desemprego friccional
desemprego que surge porque leva algum tempo para que os trabalhadores encontrem empregos que melhor se adaptem às suas preferências e habilidades

---

SAIBA MAIS — Os indicadores do trabalho

Quando o Bureau of Labor Statistics divulga a taxa de desemprego no início de cada mês, também apresenta a diminuição ou o aumento no número de vagas da economia. Como um indicador de tendências econômicas de curto prazo, o número de empregos recebe tanta atenção quanto a taxa de desemprego.

Qual é a origem do número de vagas? Você pode achar que ele vem da mesma pesquisa com 60 mil famílias que resulta na taxa de desemprego. Essa pesquisa, de fato, apresenta informações sobre o volume total de desemprego. No entanto, os indicadores que chamam mais a atenção resultam de uma pesquisa separada, realizada em 160 mil empresas que têm mais de 40 milhões de trabalhadores na folha de pagamento. Esses resultados são anunciados ao mesmo tempo que o resultado da pesquisa com as famílias.

As duas pesquisas geram dados sobre o total de empregos, mas os resultados nem sempre são iguais. Primeiro, porque as empresas oferecem maior amostragem, o que as torna mais confiáveis. Segundo, porque as pesquisas não avaliam os mesmos aspectos. Por exemplo, uma pessoa que tem dois empregos de meio período, em empresas diferentes, seria contabilizada como uma única pessoa empregada na pesquisa com famílias, mas como duas vagas de emprego na pesquisa com as empresas. Outro exemplo: uma pessoa que tem negócio próprio seria considerada empregada na pesquisa com as famílias, contudo não seria contabilizada na pesquisa com as empresas, porque ela considera apenas os funcionários que constam na folha de pagamento.

A pesquisa com as empresas é avaliada atentamente com relação aos dados de vagas, mas não apresenta nenhuma informação sobre o desemprego. Para medir esse indicador, é preciso saber quantos trabalhadores desempregados estão tentando encontrar uma colocação, e a pesquisa com as famílias é a única fonte para obter essa informação. ■

As próximas três explicações têm um tema comum: o desemprego surge quando, em alguns mercados de trabalho, o número de empregos disponíveis é menor do que o número de pessoas procurando trabalho. Em um mercado de trabalho ideal, isso nunca ocorre, pois os salários equilibram a oferta e a demanda. Contudo, às vezes os salários ficam acima do nível de equilíbrio, e a quantidade de mão de obra fornecida excede a quantidade demandada. Esse tipo de desemprego é chamado de **desemprego estrutural** e geralmente é considerado para explicar períodos mais longos de desemprego.

Discutiremos três razões para salários acima do equilíbrio: legislação do salário mínimo, sindicatos e salários de eficiência. Os salários são fixados acima do nível de equilíbrio pelo governo no primeiro caso, pelos trabalhadores no segundo e pelas empresas no terceiro.

desemprego estrutural
desemprego que surge porque o número de empregos disponíveis em alguns mercados de trabalho é insuficiente para proporcionar emprego a todos que o desejam

Teste rápido

1. A população de Ectenia é de 100 pessoas: 40 trabalham em período integral, 20 trabalham em meio período, mas preferiam trabalhar em período integral, 10 estão procurando emprego, 10 gostariam de trabalhar, mas estão tão desanimadas que desistiram de procurar, 10 não estão interessados em trabalhar porque são estudantes em tempo integral e 10 estão aposentadas. Qual é o número de desempregados?
   a. 10
   b. 20
   c. 30
   d. 40

2. Usando os números da pergunta anterior, qual é o tamanho da força de trabalho de Ectenia?
   a. 50
   b. 60
   c. 70
   d. 80

As respostas estão no final do capítulo.

29-2 Procura de emprego

Uma razão pela qual as economias sempre registram algum desemprego é a **procura de emprego**, o processo de busca por trabalhos apropriados por parte dos trabalhadores. Se todos os trabalhadores e todos os trabalhos fossem iguais, a procura de emprego não teria problemas. Contudo, os gostos e habilidades dos trabalhadores variam, os atributos das vagas de emprego são distintos e as informações a respeito de candidatos e vagas são disseminadas lentamente entre as muitas empresas e famílias de uma economia. Enquanto esse processo se dá, algumas pessoas ficam desempregadas.

procura de emprego
processo por meio do qual os trabalhadores encontram empregos apropriados, dadas as suas preferências e habilidades

29-2a Por que o desemprego friccional é inevitável?

O mercado de trabalho está em constante rotatividade. Conforme as empresas passam por altos e baixos financeiros, sua demanda por trabalho muda, resultando no desemprego friccional. Por exemplo, quando os consumidores decidem que preferem os carros da Tesla em vez dos da Ford, a Tesla aumenta as contratações, e a Ford demite trabalhadores. Os trabalhadores que eram da Ford precisam procurar por novos empregos, e a Tesla precisa decidir que trabalhadores contratar para preencher as vagas. O resultado dessa transição é um período de desemprego para alguns trabalhadores.

De forma similar, o emprego pode aumentar em uma região enquanto diminui em outra. Imagine o que acontece quando o preço mundial do petróleo cai. As empresas produtoras de petróleo no Texas e na Dakota do Norte reagirão ao menor preço reduzindo a produção e o emprego. Ao mesmo tempo, a gasolina mais barata estimula a venda de carros, de modo que as indústrias produtoras de automóveis em Michigan e Ohio aumentarão a produção e o emprego. O oposto acontece com o aumento no preço do petróleo. As mudanças na composição da demanda entre setores ou regiões são chamadas de **mudanças setoriais**.

Como leva tempo para que os trabalhadores procurem emprego nos novos setores, as mudanças setoriais causam desemprego temporário.

As mudanças nos padrões do comércio internacional também são uma fonte de desemprego friccional. No Capítulo 3, aprendemos que as nações exportam bens para os quais têm uma vantagem comparativa e importam bens para os quais outras nações têm uma vantagem comparativa. A vantagem comparativa, no entanto, não precisa ser estável ao longo do tempo. À medida que a economia mundial evolui, os países podem vir a importar e exportar bens diferentes dos do passado. Os trabalhadores precisarão, portanto, deslocar-se entre as indústrias, e, enquanto fazem essa transição, podem ficar desempregados por determinado período.

O desemprego friccional é inevitável porque a economia está sempre mudando. Por exemplo, na economia dos Estados Unidos, de 2010 a 2020, o nível de emprego caiu em 235 mil na publicação de jornais e livros, 238 mil na indústria hoteleira e 534 mil no governo estadual e municipal. Durante o mesmo período, o emprego aumentou em 650 mil na indústria, 1,8 milhão na construção e 3 milhões na área da saúde. Essa agitação da força de trabalho é normal em uma economia dinâmica e com um bom funcionamento. Já que os trabalhadores tendem a se mover na direção das indústrias em que são mais valorizados, o resultado de longo prazo desse processo é maior produtividade e padrões de vida mais elevados. Contudo, ao longo do caminho, os trabalhadores de setores em declínio ficam desempregados e procuram novos empregos, o que resulta em uma certa quantidade de desemprego friccional.

29-2b Políticas públicas e procura de emprego

Embora um certo nível de desemprego friccional seja inevitável, seu nível exato não é. Quanto mais rápida a disseminação da informação sobre abertura de vagas e disponibilidade de trabalhadores, mais rapidamente a economia ajustará trabalhadores e empresas. A internet, por exemplo, pode ajudar a facilitar a procura de emprego e a reduzir o desemprego friccional. Além disso, a política pública também pode desempenhar um papel nesse sentido. Se a política puder reduzir o tempo necessário para que os trabalhadores desempregados encontrem novos empregos, poderá reduzir a taxa natural de desemprego da economia.

Há programas governamentais que tentam facilitar a busca de emprego de diversas maneiras. Uma delas é por meio de agências de emprego operadas pelo governo, que dão informações sobre vagas no mercado. Outra é por meio de programas públicos de treinamento, que têm por objetivo facilitar a transição dos trabalhadores de setores em declínio para os que estão em crescimento e ajudar grupos desamparados a escapar da pobreza. Os defensores desses programas acreditam que eles fazem a economia operar de modo mais eficiente, mantendo a força de trabalho mais plenamente empregada, e que reduzem as desigualdades inerentes a uma economia de mercado em constante mudança.

Os críticos desses programas questionam se o governo deveria se envolver no processo de procura de emprego. Eles argumentam que é melhor deixar o mercado privado ajustar trabalhadores e empregos e que o governo não é melhor – na verdade, é provavelmente pior – disseminando as informações corretas para os trabalhadores corretos e decidindo que tipos de treinamento para os empregados são os melhores. Na verdade, a maior parte da busca por emprego nos Estados Unidos acontece sem intervenção governamental. Anúncios em jornais, *websites*, escritórios de carreiras, recrutadores e o boca a boca auxiliam a divulgação de informações sobre vagas e candidatos. De modo similar, muito da educação relacionada ao trabalho é feita de forma privada, por escolas ou treinamento no próprio trabalho.

29-2c Seguro-desemprego

seguro-desemprego
programa governamental que protege parcialmente a renda dos trabalhadores quando eles ficam desempregados

Um programa governamental que aumenta a quantidade de desemprego friccional – mesmo sem ter intenção de fazê-lo – é o **seguro-desemprego**. Esse programa oferece aos trabalhadores uma proteção parcial contra a perda do emprego. Os desempregados que deixaram o emprego voluntariamente, foram demitidos por justa causa ou acabaram de ingressar na força de trabalho não podem usufruir desse benefício. Os benefícios são pagos apenas aos desempregados que foram demitidos porque seus antigos empregadores não necessitavam mais de seus serviços. Embora os termos do programa variem ao longo do tempo e de estado para estado, um trabalhador estadunidense típico com seguro-desemprego recebe 50% de seu último salário por um prazo de 26 semanas. Esse seguro costuma ser aumentado em crises nacionais, e vimos isso acontecer especialmente durante a pandemia de Covid-19 de 2020-2021.

Embora o seguro-desemprego reduza as dificuldades impostas pelo desemprego, ele também aumenta a quantidade de desempregados. A explicação se baseia em um dos **dez princípios da economia** do Capítulo 1: as pessoas reagem a incentivos. Como os benefícios do seguro-desemprego cessam quando o trabalhador arruma um novo emprego, os desempregados dedicam menos esforços à procura de emprego e têm maior probabilidade de recusar ofertas de emprego pouco atraentes. Além disso, como o seguro-desemprego torna o desemprego menos oneroso, é menos provável que os trabalhadores procurem garantias de estabilidade no emprego ao negociar as condições de contratação com os empregadores.

Muitos estudos realizados por economistas do trabalho examinaram os efeitos do incentivo do seguro-desemprego. Um deles examinou um experimento realizado pelo estado de Illinois, nos Estados Unidos, em 1985. Quando os trabalhadores desempregados solicitavam os benefícios do seguro-desemprego, o estado escolhia aleatoriamente alguns deles e lhes oferecia uma bonificação de $ 500 se encontrassem um novo emprego no prazo de 11 semanas. Esse grupo foi, então, comparado com um grupo de controle, que não recebera a oferta do incentivo. A duração média do desemprego para o grupo que receberia a bonificação foi 7% menor que a do grupo de controle. Esse experimento mostra que as características do sistema de seguro-desemprego influenciam o esforço que o desempregado dedica à procura de emprego.

Outros estudos examinaram o esforço na procura de emprego acompanhando um grupo de trabalhadores ao longo do tempo. Os benefícios do seguro-desemprego não duram para sempre; em geral, terminam em seis meses ou um ano. Esses estudos concluíram que, quando o desempregado deixa de ter direito ao seguro-desemprego, a probabilidade de que encontre um novo emprego aumenta acentuadamente. Portanto, receber os benefícios do seguro-desemprego reduz o esforço do desempregado na busca de emprego.

Embora o seguro-desemprego reduza o esforço na procura de emprego e aumente o desemprego, não devemos concluir que a política necessariamente seja ruim. O programa atinge seu objetivo primário de reduzir a incerteza quanto à renda com a qual os trabalhadores se deparam. Além disso, quando os trabalhadores rejeitam ofertas de emprego pouco atraentes, têm a oportunidade de procurar empregos que melhor se adaptem às suas preferências e habilidades. Alguns economistas argumentam que o seguro-desemprego melhora a capacidade que a economia tem de combinar cada trabalhador com o emprego que lhe é mais adequado.

Teste rápido

3. O principal objetivo político do seguro-desemprego é reduzir
    a. o esforço de busca dos desempregados.
    b. a incerteza de renda que os trabalhadores enfrentam.
    c. o papel dos sindicatos na fixação salarial.
    d. a quantidade de desemprego friccional.

4. Uma consequência não intencional do seguro-desemprego é que ele reduz
    a. o esforço de busca dos desempregados.
    b. a incerteza de renda que os trabalhadores enfrentam.
    c. o papel dos sindicatos na fixação salarial.
    d. a quantidade de desemprego friccional.

As respostas estão no final do capítulo.

29-3 Legislação do salário mínimo

Enquanto o desemprego friccional resulta do processo de combinação entre trabalhadores e empregos, o desemprego estrutural resulta de um número insuficiente de empregos em relação ao número de trabalhadores.

Para entender o desemprego estrutural, começaremos analisando como as leis do salário mínimo podem causar desemprego. O salário mínimo não é o principal motivo do desemprego na economia dos Estados Unidos, mas sua análise é um bom ponto de partida, pois pode ser utilizada para entender outras razões para o desemprego estrutural.

A Figura 29-4 revê como o salário mínimo afeta o resultado em um mercado de trabalho competitivo. Quando a legislação do salário mínimo é obrigatória, ela força o salário a se manter acima do nível que equilibra oferta e demanda. Assim, em comparação com o nível de equilíbrio que prevaleceria sem essa política, a quantidade de mão de obra ofertada passa a ser maior, e a quantidade de mão de obra demandada passa a ser menor. Ou seja, há um excesso de mão de obra. Como há mais trabalhadores dispostos a trabalhar do que empregos, alguns ficam desempregados.

Na economia dos Estados Unidos, as leis relacionadas ao salário mínimo afetam apenas uma pequena porcentagem da força de trabalho. A maioria dos trabalhadores recebe salários muito acima do valor mínimo, portanto a lei não evita que esses salários sejam ajustados para equilibrar oferta e demanda. A legislação do salário mínimo é mais importante para os membros menos qualificados e menos experientes da força de trabalho, como os adolescentes. Como seus salários de equilíbrio são mais propensos a cair abaixo do mínimo legal, é principalmente entre esses trabalhadores que a legislação do salário mínimo ajuda a explicar o desemprego.

A Figura 29-4 ilustra uma lição mais geral: **se o salário se mantiver acima do nível de equilíbrio por qualquer razão, o resultado será o desemprego**. As últimas seções deste capítulo explicam dois motivos além da legislação do salário mínimo para que os salários se mantenham acima do nível de equilíbrio: sindicatos e salários de eficiência. A economia

Figura 29-4

Desemprego causado por um salário acima do nível de equilíbrio

Neste mercado de trabalho, o salário em que oferta e demanda se equilibram é S_E. A esse salário de equilíbrio, a quantidade ofertada e a quantidade demandada de mão de obra são ambas iguais a T_E. No entanto, se o salário for forçado a permanecer acima do nível de equilíbrio, talvez devido à legislação do salário mínimo, a quantidade ofertada de mão de obra aumentará para T_O, e a quantidade demandada de mão de obra cairá para T_D.
O excesso de mão de obra resultante, $T_O - T_D$, representa o desemprego.

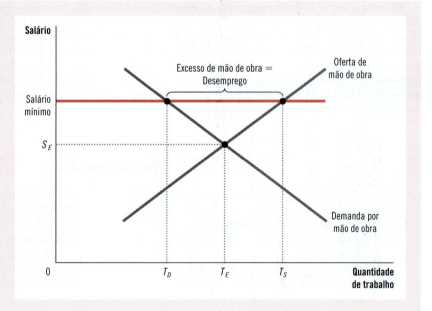

básica nesses casos é similar à mostrada na Figura 29-4, mas tais explicações para o desemprego estrutural se aplicam a muito mais trabalhadores.

Antes de prosseguir, no entanto, observe a principal diferença entre os desempregos estrutural e friccional. O desemprego estrutural surge de um salário acima do equilíbrio, ao passo que o desemprego friccional surge do processo de busca de emprego. A necessidade de procurar emprego não é causada pela incapacidade dos salários de equilibrar oferta e demanda de mão de obra, mas sim pela grande diversidade de trabalhadores e empregos. Quando a procura de emprego é a explicação para o desemprego, isso quer dizer que os trabalhadores estão **procurando** empregos que melhor se adaptem às suas preferências e habilidades. No entanto, quando o salário está acima do nível de equilíbrio, a quantidade ofertada de mão de obra excede a quantidade demandada, e os trabalhadores ficam desempregados, porque estão **esperando** pelo surgimento de vagas.

Estudo de caso

Quem ganha o salário mínimo federal?

Em 2021, o Departamento de Trabalho dos Estados Unidos divulgou um estudo mostrando quais tipos de trabalhadores relataram ganhos iguais ou inferiores ao salário mínimo federal em 2020, quando este era de $ 7,25 por hora. (Um salário relatado abaixo do salário mínimo é possível porque alguns trabalhadores estão isentos da lei, porque a fiscalização é imperfeita e porque alguns trabalhadores arredondam para baixo ao relatar seus salários em pesquisas.) Aqui está um resumo das descobertas:

- Em 2020, 73 milhões de trabalhadores foram pagos por hora (em vez de serem assalariados ou autônomos), representando 55% da força de trabalho. Entre os trabalhadores remunerados por hora, cerca de 1,5% relataram salários iguais ou inferiores ao mínimo federal vigente. No geral, o salário mínimo federal afeta diretamente cerca de 0,8% de todos os trabalhadores.
- Trabalhadores com salário mínimo tendem a ser jovens. Entre os adolescentes empregados (de 16 a 19 anos) pagos por hora, cerca de 5% ganhavam o salário mínimo ou menos, em comparação com 1% dos trabalhadores remunerados por hora com 25 anos ou mais.
- Trabalhadores com salário mínimo tendem a ter menor escolaridade. Entre os trabalhadores remunerados por hora com 16 anos ou mais, cerca de 2% dos que não tinham diploma de bacharel ganhavam o salário mínimo ou menos, em comparação com cerca de 1% daqueles com diploma de bacharel.
- Trabalhadores com salário mínimo têm maior probabilidade de trabalhar meio período. Entre os trabalhadores de meio período (aqueles que geralmente trabalham menos de 35 horas por semana), 4% recebiam o salário mínimo ou menos, em comparação com 1% dos trabalhadores em tempo integral.
- O setor com a maior proporção de trabalhadores com salários por hora declarados iguais ou inferiores ao salário mínimo foi lazer e hospitalidade (8%). Cerca de três quintos de todos os trabalhadores com salários iguais ou inferiores ao salário mínimo estavam empregados nesse setor, principalmente em restaurantes e outros serviços de alimentação. Para muitos desses trabalhadores, as gorjetas complementam seus salários por hora.
- A porcentagem de trabalhadores remunerados por hora que ganham o salário mínimo federal vigente ou menos mudou substancialmente ao longo do tempo. Ela diminuiu de 13,4% em 1979, quando a coleta de dados começou regularmente, para 1,5% em 2020. Uma razão para essa mudança é que o salário mínimo federal não acompanhou a inflação. Se a tivesse acompanhado, o salário mínimo em 2020 teria sido de cerca de $ 10, em vez de $ 7,25 por hora. Em um nível mais alto, o salário mínimo se torna um piso de preço obrigatório para mais trabalhadores.

Por fim, observe que cerca de metade dos estados dos Estados Unidos tem salários mínimos acima do federal, às vezes substancialmente. Para os trabalhadores desses estados, o salário mínimo estadual é o mais relevante. ●

> **Teste rápido**
>
> 5. Em um mercado de trabalho competitivo, um aumento no salário mínimo resulta em um(a) _____ na quantidade de mão de obra ofertada e um(a) _____ na quantidade de mão de obra demandada.
>   a. aumento; aumento
>   b. aumento; diminuição
>   c. diminuição; aumento
>   d. diminuição; diminuição
>
> 6. Aproximadamente qual porcentagem dos trabalhadores dos Estados Unidos é diretamente afetada pelo salário mínimo federal?
>   a. 1%
>   b. 6%
>   c. 12%
>   d. 25

As respostas estão no final do capítulo.

29-4 Sindicatos e negociação coletiva

sindicato
associação de trabalhadores que negocia salários, benefícios e condições de trabalho com os empregadores

Um **sindicato** é uma associação de trabalhadores que negocia salários, benefícios e condições de trabalho com os empregadores. Nas décadas de 1940 e 1950, quando os sindicatos atingiram seu auge, cerca de um terço da força de trabalho dos Estados Unidos era sindicalizada. Hoje em dia, menos de 11% dos trabalhadores dos Estados Unidos pertencem a sindicatos. Entretanto, os sindicatos continuam a ter papel importante em muitos países europeus. Na Bélgica, na Noruega e na Suécia, mais da metade dos trabalhadores é sindicalizada. Na França, na Itália e na Alemanha, o salário da maioria dos trabalhadores é determinado por acordos coletivos estabelecidos legalmente, mesmo que apenas alguns desses trabalhadores sejam sindicalizados. Nesses casos, os salários não são determinados pelo equilíbrio entre oferta e demanda do mercado de trabalho competitivo.

29-4a A economia dos sindicatos

A palavra "cartel" geralmente é utilizada para se referir a empresas que juntam forças para limitar a competição, mas, de muitas formas, esse termo também se aplica a sindicatos. Como qualquer cartel, um sindicato é um grupo de vendedores que age em conjunto, na esperança de exercer seu poder de mercado. A maioria dos trabalhadores da economia estadunidense discute individualmente salários, benefícios e condições de trabalho com seus empregadores. Por outro lado, trabalhadores em sindicatos o fazem coletivamente para ter mais influência sobre o reultado. O processo por meio do qual os sindicatos e as empresas chegam a um acordo em relação às condições de emprego é chamado de **negociação coletiva**.

negociação coletiva
processo por meio do qual os sindicatos e as empresas chegam a um acordo sobre as condições de emprego

greve
paralisação organizada do trabalho de uma empresa por parte de um sindicato

Quando um sindicato negocia com uma empresa, pede maiores salários, mais benefícios e melhores condições de trabalho do que a empresa ofereceria na ausência do sindicato. Se o sindicato e a empresa não chegarem a um acordo, o sindicato pode organizar uma paralisação do trabalho na empresa, chamada **greve**. Como uma paralisação reduz a produção, as vendas e o lucro, uma empresa que enfrenta uma ameaça de greve provavelmente concordará em pagar salários mais altos do que pagaria em outras condições. Os economistas que estudam os efeitos dos sindicatos costumam concluir que os trabalhadores sindicalizados ganham cerca de 10 a 20% mais do que trabalhadores semelhantes não sindicalizados.

Quando um sindicato eleva o salário acima do nível de equilíbrio, isso aumenta a quantidade ofertada de mão de obra e diminui sua quantidade demandada, resultando em desemprego. Os trabalhadores que continuam empregados com salários mais altos ficam em melhor situação, mas os que antes estavam empregados e ficaram sem emprego devido aos salários mais elevados acabam prejudicados. De fato, considera-se que os sindicatos costumam ser a causa de conflito entre diferentes grupos de trabalhadores: entre os *insiders* (os que estão dentro), que se beneficiam dos altos salários obtidos pelos sindicatos, e os *outsiders* (os que estão fora), que não conseguem os empregos ligados aos sindicatos.

Os *outsiders* podem reagir de duas maneiras: enquanto alguns continuam desempregados e esperam pela chance de se tornar *insiders* para ganhar o salário mais alto dos sindicalizados, outros aceitam empregos em empresas não sindicalizadas. Assim, quando os sindicatos aumentam os salários em uma parte da economia, a oferta de mão de obra aumenta em outras partes. Esse aumento na oferta de mão de obra, por sua vez, reduz os salários nos setores não sindicalizados. Em outras palavras, os trabalhadores sindicalizados colhem o benefício da negociação coletiva, enquanto os não sindicalizados arcam com alguns dos custos.

"Cavalheiros, nada impede que cheguemos a um acordo, exceto que a gerência quer a maximização dos lucros, e o sindicato quer mais bufunfa."

O papel dos sindicatos na economia depende, em parte, das leis que regem a organização sindical e a negociação coletiva. Normalmente, acordos explícitos entre os membros de um cartel são ilegais. Se as empresas que vendem um produto similar entram em acordo para fixar um preço alto para o seu produto, esse acordo é considerado "uma conspiração para restringir o comércio", e o governo, então, processa essas empresas na justiça civil e criminal por violação da legislação antitruste. Os sindicatos, por sua vez, são isentos em relação a essas leis. Os formuladores de políticas que redigiram as leis antitruste acreditavam que os trabalhadores precisavam de maior poder de mercado conforme negociavam com os empregadores. De fato, várias leis têm o propósito de incentivar a formação de sindicatos. Mais especificamente, a Lei Nacional de Relações Trabalhistas, que foi promulgada em 1935 e subsequentemente ganhou emendas, impede os empregadores de interferir de certas formas quando os trabalhadores tentam organizar sindicatos e, em empresas com trabalhadores sindicalizados, exige que os empregadores e os trabalhadores negociem os termos do emprego de boa-fé.

A legislação que afeta o poder de mercado dos sindicatos é um tópico permanente do debate político. Por exemplo, os legisladores estaduais debatem as **leis do direito ao trabalho**, que barram sindicatos e empregadores de exigir que trabalhadores apoiem o sindicato financeiramente. Sem essas leis, um sindicato pode buscar um acordo durante a negociação coletiva que exija que todos os funcionários, tanto membros quanto não membros, paguem taxas ao sindicato como condição de seguirem empregados. Em 2021, cerca de metade dos estados dos Estados Unidos tinha leis do direito ao trabalho, e alguns membros do Congresso propuseram leis do direito ao trabalho nacionais. Os formuladores de leis em Washington também consideraram leis que tornariam greves mais possíveis ou as proibiriam em algumas situações. Por exemplo, uma proposta impediria empresas de contratar substitutos permanentes (em vez de substitutos temporários) para os trabalhadores em greve. Se uma lei como essa fosse aplicada, trabalhadores em greve não enfrentariam mais a ameaça de perder seus trabalhos para substitutos permanentes, tornando as greves mais viáveis e aumentando o poder de mercado dos sindicatos. Outra proposta proibiria greves nas indústrias aérea e ferroviária, exigindo que sindicatos e empregadores, ao final da negociação coletiva, resolvessem seus desacordos remanescentes por meio de arbitragem. A forma como esses debates políticos são resolvidos determina o futuro do movimento sindical.

29-4b Os sindicatos são benéficos ou prejudiciais à economia?

Os economistas divergem sobre a questão de os sindicatos serem benéficos ou prejudiciais à economia. Vamos considerar os dois lados do debate.

Os críticos argumentam que os sindicatos têm o lado negativo de qualquer cartel. Quando eles elevam os salários acima do nível que prevaleceria em mercados competitivos, reduzem a quantidade demandada de mão de obra, fazem alguns trabalhadores ficarem desempregados e reduzem os salários no restante da economia. A alocação da mão de obra resultante, argumentam os críticos, seria ineficiente e injusta: ineficiente porque os elevados salários dos trabalhadores sindicalizados reduzem o emprego nas empresas sindicalizadas abaixo do nível eficiente e competitivo, e injusta porque alguns trabalhadores seriam beneficiados à custa de outros trabalhadores.

Os defensores argumentam que os sindicatos são um antídoto necessário para o poder de mercado das empresas que contratam trabalhadores. O caso extremo desse poder de mercado é a "cidade-empresarial", em que uma única empresa contrata a maioria das pessoas em uma região geográfica. Em uma cidade-empresarial, se os trabalhadores não aceitarem os salários e as condições de trabalho oferecidos pela empresa, eles terão pouca escolha: ou mudam de cidade ou param de trabalhar. Portanto, na ausência de um sindicato, a empresa poderia usar seu poder de mercado para pagar salários menores e oferecer condições de trabalho inferiores às que prevaleceriam se tivesse de competir com outras empresas pelos mesmos trabalhadores. Nesse caso, um sindicato pode contrabalançar o poder de mercado da empresa e proteger os trabalhadores, impedindo que fiquem à mercê dos proprietários da empresa.

Os defensores dos sindicatos também argumentam que essas instituições são importantes para ajudar as empresas a responder com eficiência às preocupações dos trabalhadores. Sempre que um trabalhador ingressa em um emprego, ele e a empresa precisam entrar em acordo sobre muitos atributos da função, além do salário: jornada de trabalho, horas extras, férias, licença médica, planos de saúde, esquemas de promoção, segurança no emprego, e assim por diante. Ao representar a opinião dos trabalhadores sobre essas questões, os sindicatos permitem que as empresas ofereçam uma combinação de atributos mais adequada. Mesmo que tenham o efeito adverso de empurrar os salários para cima do nível de equilíbrio e de causar desemprego, os sindicatos têm a vantagem de ajudar as empresas a manter uma força de trabalho satisfeita e produtiva.

No fim das contas, não há consenso entre os economistas quanto ao fato de os sindicatos serem bons ou ruins para a economia. Como muitas instituições, sua influência é provavelmente positiva em alguns casos e negativa em outros.

Teste rápido

7. Nos Estados Unidos, os trabalhadores sindicalizados recebem cerca de _____% a mais do que os trabalhadores não sindicalizados similares.
   a. 2
   b. 5
   c. 15
   d. 40

8. Em muitos países europeus, os sindicatos
   a. são considerados cartéis que violam as leis antitruste.
   b. conspiram com as empresas para manter os salários abaixo de níveis competitivos.
   c. são clubes sociais sem qualquer impacto econômico.
   d. desempenham um papel muito maior do que nos Estados Unidos.

As respostas estão no final do capítulo.

Incompatibilidade como fonte de desemprego estrutural

Às vezes, diz-se que o desemprego resulta de uma incompatibilidade entre os tipos de trabalhadores que procuram emprego e os tipos de trabalhadores que as empresas desejam contratar. Se os trabalhadores disponíveis são treinados como motoristas de caminhão, mas as empresas querem técnicos de informática, isso é uma incompatibilidade. Se os trabalhadores disponíveis interromperam seus estudos antes de concluírem o ensino médio, mas as empresas querem trabalhadores com diploma universitário, isso também é uma incompatibilidade. Se os trabalhadores disponíveis moram no Texas, mas as empresas estão contratando na Flórida, isso também é uma incompatibilidade.

Em um mercado de trabalho ideal governado pela oferta e demanda, os salários se ajustariam a essas incompatibilidades. Os salários cairiam para motoristas de caminhão, estudantes que abandonaram o ensino médio e indivíduos que vivem no Texas, e aumentariam para técnicos de informática, graduados universitários e pessoas que vivem na Flórida. Um ajuste salarial suficiente restauraria o equilíbrio sem desemprego.

No mundo real, os salários nem sempre se ajustam rápida e totalmente à oferta e demanda. Como resultado, quando surgem incompatibilidades, a quantidade de mão de obra fornecida pode exceder a quantidade demandada em alguns mercados de trabalho. Em nossos exemplos, haveria um excedente de motoristas de caminhão, desistentes do ensino médio e pessoas que moram no Texas. Esse é um tipo de desemprego estrutural. Ocorre quando a oferta ou a demanda mudam e, por vários motivos, alguns salários ficam acima do nível de equilíbrio. ∎

29-5 A teoria dos salários de eficiência

Uma quarta razão pela qual as economias sempre apresentam algum desemprego – além da busca de emprego, da legislação do salário mínimo e dos sindicatos – é sugerida pela teoria dos **salários de eficiência**. De acordo com essa teoria, as empresas operam de forma mais eficiente se os salários estiverem acima do nível de equilíbrio. Assim sendo, pode ser lucrativo para elas manter os salários elevados, mesmo que haja um excedente de oferta de mão de obra.

salários de eficiência
salários acima do nível de equilíbrio pagos pelas empresas, objetivando aumentar a produtividade dos trabalhadores

De certo modo, o desemprego decorrente dos salários de eficiência é semelhante ao que decorre da legislação do salário mínimo e dos sindicatos. Nos três casos, o desemprego resulta de salários acima do nível de equilíbrio entre a quantidade ofertada e demandada de mão de obra. Contudo, há uma diferença importante. A legislação do salário mínimo e os sindicatos impedem que as empresas reduzam os salários quando há excesso de mão de obra. A teoria dos salários de eficiência afirma que tal restrição sobre as empresas é desnecessária, porque elas podem se beneficiar da manutenção dos salários acima do nível de equilíbrio.

Por que as empresas desejariam manter os salários elevados? Normalmente, as empresas maximizadoras de lucro desejam manter os custos – e, portanto, os salários – tão baixos quanto possível. A nova percepção da teoria dos salários de eficiência é que o pagamento de salários elevados pode ser lucrativo, porque eles podem aumentar a eficiência dos trabalhadores de uma empresa.

Há diversos tipos de teoria dos salários de eficiência. Cada um sugere um mecanismo diferente para como os salários afetam a eficiência dos trabalhadores.

29-5a Saúde do trabalhador

A primeira e mais simples vertente da teoria dos salários de eficiência enfatiza a relação entre salários e a saúde dos trabalhadores. Trabalhadores mais bem pagos comem alimentos mais nutritivos, e trabalhadores mais bem alimentados são mais saudáveis e produtivos. Uma empresa pode considerar mais lucrativo pagar salários elevados e ter trabalhadores saudáveis e produtivos do que pagar salários baixos e ter trabalhadores menos saudáveis e menos produtivos.

A teoria dos salários de eficiência pode ser relevante para explicar o desemprego em países menos desenvolvidos, onde a alimentação inadequada é um problema mais comum. Nesses países, as empresas podem temer que um corte nos salários possa atuar de maneira adversa sobre a saúde e a produtividade de seus trabalhadores. A preocupação com a saúde é menos relevante para empresas de países ricos, como os Estados Unidos, onde os salários de equilíbrio para a maioria dos trabalhadores estão bem acima do nível necessário para proporcionar uma alimentação adequada.

29-5b Rotatividade do trabalhador

Um segundo tipo de teoria dos salários de eficiência enfatiza a relação entre os salários e a rotatividade do trabalhador. Os trabalhadores deixam seus empregos por diversas razões: para empregar-se em outras empresas, mudar-se para outras partes do país, deixar a força de trabalho, e assim por diante. A frequência com a qual eles se demitem depende da totalidade do conjunto de incentivos, incluindo os benefícios da saída e da permanência. Quanto mais uma empresa paga aos seus trabalhadores, menor é a frequência com que desejarão sair do emprego. Portanto, uma empresa pode reduzir a rotatividade entre seus trabalhadores pagando um salário maior a eles.

As empresas se preocupam com a rotatividade porque contratar e treinar novos trabalhadores tem um alto custo. Além disso, mesmo depois de treinados, os trabalhadores recém-contratados não são tão produtivos quanto aqueles mais experientes, de modo que as empresas com alta rotatividade tenderão a ter custos de produção mais elevados. As empresas podem considerar lucrativo pagar salários acima do nível de equilíbrio para reduzir a rotatividade dos trabalhadores.

29-5c Qualidade do trabalhador

O terceiro tipo de teoria dos salários de eficiência enfatiza a ligação entre salários e qualidade do trabalhador. Todas as empresas desejam funcionários talentosos. No entanto,

como não é possível avaliar precisamente a qualidade dos candidatos, o processo de contratação apresenta certo grau de incerteza. Quando uma empresa paga altos salários, ela atrai melhores candidatos, aumentando, portanto, a qualidade de sua força de trabalho. Se a empresa responde a um excedente de mão de obra reduzindo os salários, os candidatos mais competentes – que têm melhores oportunidades que os menos competentes – podem optar por não se candidatar à vaga. Se a influência do salário sobre a qualidade do trabalhador for grande, pode ser lucrativo para a empresa pagar um salário acima do nível de equilíbrio da oferta e da demanda.

29-5d Esforço do trabalhador

O quarto tipo de teoria dos salários de eficiência enfatiza a ligação entre os salários e o esforço do trabalhador. Em muitos empregos, o trabalhador é discreto com relação ao esforço aplicado ao trabalho, e muitos optam por trabalhar o mínimo possível. Como o monitoramento do local de trabalho é imperfeito e tem alto custo, as empresas nem sempre conseguem flagrar os procrastinadores.

Uma solução é oferecer salários acima do nível de equilíbrio. Os altos salários deixam os trabalhadores desejosos de manter o emprego, de modo que eles se esforçam cada vez mais. Se os salários estivessem no nível de equilíbrio entre oferta e demanda, os trabalhadores não teriam motivos para se esforçar, pois, se fossem demitidos, rapidamente conseguiriam encontrar outro emprego com o mesmo salário. Desse modo, as empresas pagam salários acima do nível de equilíbrio como um incentivo para que os trabalhadores não negligenciem as responsabilidades.

29-5e Estado de espírito do trabalhador

O quinto e último tipo de teoria dos salários de eficiência sugere que salários altos melhoram o estado de espírito dos trabalhadores, e que trabalhadores mais contentes são mais produtivos. Essa versão desvia do conceito padrão de racionalidade dos economistas e é baseada em normas sociais e no conceito de justiça das pessoas. Os trabalhadores podem considerar justo que uma firma lucrativa compartilhe suas riquezas com os funcionários, mesmo que isso signifique salários acima do nível de equilíbrio. Uma empresa pode compartilhar desse senso de equidade. Ou, talvez, ela simplesmente reconheça que seus funcionários são menos produtivos quando creem que não estão sendo tratados de forma justa. Se esse for o caso, pagar um salário alto pode ser muito melhor para a empresa.

Henry Ford e o incrível salário de 5 dólares por dia

Henry Ford era um homem complexo. Os historiadores nos dizem que ele era racista e antissemita, mas também era um visionário industrial. Como fundador da Ford Motor Company, ele introduziu técnicas modernas de produção. Em vez de construir carros com pequenas equipes de artesãos qualificados, a Ford construiu carros em linhas de montagem nas quais trabalhadores não qualificados eram ensinados a realizar as mesmas tarefas simples repetidamente. O resultado desse processo de montagem foi o Ford Modelo T, muitas vezes considerado o primeiro automóvel acessível, que tornou as viagens de carro possíveis às famílias de classe média.

Em 1914, a Ford introduziu outra inovação: a jornada de trabalho de $ 5 por dia. Isso pode não parecer muito hoje, mas, naquela época, $ 5 eram cerca do dobro do salário vigente. Também estava muito acima do salário que equilibrava a oferta e a demanda. Quando o novo salário de $ 5 por dia foi anunciado, longas filas de candidatos a emprego se formaram nas fábricas da Ford. O número de trabalhadores dispostos a trabalhar com esse salário excedeu em muito o número de que a Ford precisava.

A política de altos salários da Ford teve muitos dos efeitos previstos pela teoria da eficiência salarial. A rotatividade caiu, o absenteísmo caiu e a produtividade aumentou. Os trabalhadores foram tão mais eficientes que os custos de produção da Ford diminuíram apesar dos salários mais altos. Assim, pagar um salário acima do nível de equilíbrio era lucrativo para a empresa. Um historiador da antiga Ford Motor Company escreveu: "Ford e seus associados declararam livremente em muitas ocasiões que a política de altos salários acabou sendo um bom negócio. Com isso, eles queriam dizer que havia melhorado a disciplina dos trabalhadores, dado a eles um interesse mais leal na instituição e aumentado sua eficiência pessoal". O próprio Ford chamou o salário de $ 5 por dia de "uma das melhores medidas de redução de custos que já fizemos".

Por que foi preciso um Henry Ford para introduzir esse salário de eficiência? Por que outras empresas ainda não estavam aproveitando essa estratégia de negócios aparentemente lucrativa? De acordo com alguns analistas, a decisão da Ford estava ligada ao uso precoce da linha de montagem. Os trabalhadores organizados em uma linha de montagem são altamente interdependentes. Se um trabalhador está ausente ou trabalha lentamente, outros são menos capazes de concluir suas próprias tarefas. Embora as linhas de montagem tenham tornado a produção mais eficiente, elas também aumentaram a importância da baixa rotatividade de trabalhadores, da alta qualidade e do alto esforço do trabalhador. Pagar salários de eficiência pode ter sido uma estratégia melhor para a Ford Motor Company do que para outras empresas da época.

Salários acima do equilíbrio, no entanto, não são exclusivos da Ford. De acordo com um artigo de 2018 no *California Sun*, a rede de *fast-food* In-N-Out Burger pagou a seus gerentes de loja, em média, mais de $ 160 mil por ano, cerca do triplo da média do setor. Por quê? Denny Warnick, vice-presidente de operações, disse que a política remonta aos fundadores da empresa, que queriam focar no serviço de qualidade. "Pagar bem seus associados era apenas uma forma de ajudar a manter esse foco, e essas crenças permanecem firmes conosco hoje", disse ele. Como Henry Ford, os proprietários do In-N-Out Burger parecem pagar altos salários para promover a eficiência dos trabalhadores. ●

Teste rápido

9. De acordo com a teoria da eficiência salarial,
   a. as empresas podem achar lucrativo pagar salários acima do equilíbrio.
   b. um excesso de oferta de mão de obra pressiona por uma redução nos salários.
   c. as mudanças setoriais são a principal fonte de desemprego friccional.
   d. as leis de direito ao trabalho reduzem o poder de negociação dos sindicatos.

10. Quando uma empresa paga um salário de eficiência, ela pode
    a. ter dificuldade em atrair trabalhadores suficientes.
    b. ter de monitorar seus trabalhadores mais de perto.
    c. experimentar declínios na qualidade do trabalhador.
    d. notar que seus trabalhadores se demitem com menor frequência.

As respostas estão no final do capítulo.

Salários de eficiência na prática

Durante a recessão da Covid de 2020, muitas empresas cortaram ou congelaram a remuneração dos funcionários. No entanto, pesquisas mostram que pagar mais aos trabalhadores pode às vezes aumentar os resultados financeiros.

Como os salários mais altos podem aumentar os lucros

Por Ray Fisman e Michael Luca

Cortes e congelamentos salariais se tornaram uma marca registrada infeliz da recessão da Covid-19. Mais de 7 milhões de funcionários viram seus salários caírem desde março, e muitos outros tiveram seus salários congelados. Contudo, algumas empresas contrariaram essa tendência e aumentaram os salários, apesar da crise econômica. Em novembro, a fabricante de iogurte Chobani anunciou que estava aumentando o menor salário por hora de seus trabalhadores de $ 13 para $ 15; o piso foi fixado em $ 18 em centros de alto custo, como Nova York. A varejista de móveis eletrônicos Wayfair seguiu o exemplo na semana passada com um mínimo de $ 15.

Essas e outras empresas apresentam aumentos salariais como capitalismo esclarecido — uma forma de ajudar os funcionários em tempos difíceis e, ao mesmo tempo, comprar lealdade e boa vontade que se traduzem em maior produtividade e menor rotatividade. É a mais recente contribuição para um debate centenário sobre a possibilidade que empresas têm de melhorar a produtividade e os lucros ao pagar mais a seus trabalhadores. Os economistas se referem a essa possibilidade como a teoria dos salários de eficiência: a ideia de que os salários aumentados acima do nível do mercado podem efetivamente se pagar por meio do aumento da motivação e da retenção dos trabalhadores. Há evidências crescentes de que os defensores dos salários de eficiência podem estar certos: salários mais altos às vezes podem impulsionar os resultados financeiros, e, crucialmente no momento atual, cortes salariais podem provocar retaliação por parte dos funcionários e até mesmo sabotagem.

A economia simples dos salários eficientes foi intuída por Henry Ford em 1914 com sua ideia do salário diário de $ 5 — mais do que o dobro do salário nas fábricas vizinhas — para um turno de oito horas (abaixo das nove horas padrão da época). Ford esperava que os altos salários tornassem os funcionários mais engajados e trabalhadores e, se eles não conseguissem atender aos padrões exigidos, havia uma longa fila de candidatos a emprego nos arredores da fábrica da Highland Park, Michigan, esperando para substituí-los.

A teoria moderna dos salários de eficiência é mais sutil. Por exemplo, o ganhador do Nobel George Akerlof (marido da nova secretária do Tesouro Janet Yellen, ela própria pioneira no estudo dos salários de eficiência) introduziu a noção de "troca de presentes": se os empregadores forem "mais legais" do que deveriam ser — pagando salários acima do mercado, por exemplo —, os trabalhadores retribuirão sendo mais produtivos do que o necessário simplesmente para manter seus empregos.

Algumas das melhores evidências dos benefícios de salários mais altos aparecem em um artigo lançado recentemente pelas estudantes de doutorado da Harvard University, Natalia Emanuel e Emma Harrington, que examinou salários e produtividade entre trabalhadores de depósitos em um varejista *online* da Fortune 500 (mantido anônimo no estudo). Os pesquisadores analisaram os efeitos de um aumento salarial em 2019 que se parece muito com os anunciados recentemente pela Chobani e pela Wayfair – de cerca de $ 16 por hora para $ 18. Antes do aumento, os funcionários moviam uma média de 4,92 caixas por hora. Um aumento salarial de $ 1 aumentou esse valor em um terço de uma caixa. Salários mais altos também levaram a uma grande queda na rotatividade de funcionários: um aumento de $ 1 reduziu a taxa de demissão em 19%.

Dada a economia de custos de não precisar contratar e treinar novos funcionários, combinada com a melhoria da produtividade, o aumento mais do que se pagou, impulsionando os resultados financeiros da empresa, além de melhorar a vida dos funcionários. O resultado não foi verdadeiro apenas para os

29-6 Conclusão

Neste capítulo, discutimos as medidas de desemprego e as razões pelas quais as economias sempre apresentam algum grau de desemprego. Vimos como a procura de emprego, a legislação do salário mínimo, os sindicatos e os salários de eficiência podem ajudar a explicar por que alguns trabalhadores não têm emprego. Dessas quatro explicações para a taxa natural de desemprego, quais são mais importantes para a economia dos Estados Unidos e para outras economias em todo o mundo? Não há maneira fácil de saber. Os economistas divergem sobre qual dessas explicações do desemprego eles consideram mais importantes.

A análise deste capítulo nos dá uma lição importante: embora a economia sempre apresente algum desemprego, sua taxa natural não é imutável. Muitos fatos e políticas podem alterar o nível de desemprego que a economia costuma apresentar. Enquanto a revolução da informação muda o processo de procura de emprego, enquanto o Congresso ajusta o salário mínimo, enquanto os trabalhadores formam ou abandonam sindicatos e enquanto as empresas alteram sua confiança nos salários de eficiência, a taxa natural de desemprego evolui. O desemprego não é um problema simples com uma solução simples, mas a maneira como optamos por organizar nossa sociedade pode influenciar profundamente a abrangência do problema.

trabalhadores do depósito: o estudo também constatou melhorias semelhantes na produtividade e na rotatividade com salários mais altos para os representantes de atendimento ao cliente da empresa.

A vantagem de salários mais altos para essa empresa em particular sugere que os salários haviam sido reduzidos de forma ineficiente antes do aumento salarial de 2019. Se esse erro pudesse ser cometido por uma empresa da Fortune 500, outras empresas fariam bem em considerar se poderiam se beneficiar de uma política semelhante.

Outra pesquisa descobriu que o impacto dos aumentos salariais depende em parte de como eles são comunicados aos funcionários. Em um trabalho realizado por um de nós, publicado na revista *Management Science* em 2016 (com os coautores Duncan Gilchrist e Deepak Malhotra), buscamos compreender por que esses aumentos salariais têm o potencial de aumentar a produtividade. Em um experimento conduzido por meio da plataforma freelancer oDesk (agora chamada Upwork), descobrimos que os trabalhadores contratados por $ 4 por hora não se esforçavam mais do que aqueles contratados por $ 3 por hora. (Na época, a oDesk atraiu sua maior parcela de *freelancers* da Índia, e ambas as taxas do experimento foram altas em comparação com trabalhos similares na plataforma.) No entanto, dar aos funcionários um aumento inesperado de $ 3 por hora para $ 4 depois de serem contratados gerou um esforço maior.

Para gerentes que se sentem tentados a aproveitar a folga no mercado de trabalho para reduzir os salários ao mínimo, vale a pena considerar evidências sobre os efeitos dos cortes salariais. Um outro artigo na *Management Science*, escrito por Jason Sandvik, Richard Saouma, Nathan Seegert e Christopher Stanton, analisa a decisão de uma empresa de reequilibrar a remuneração de uma forma que acabou cortando o pagamento de um subconjunto de funcionários em um departamento. Outros departamentos não reequilibraram sua remuneração ao mesmo tempo e, portanto, atuaram como um "grupo de controle" no estudo.

Os pesquisadores obtiveram os registros de recursos humanos de mais de 2.033 agentes de vendas da empresa (novamente mantidos anônimos pelos pesquisadores). De modo consistente com as conclusões do estudo de Harvard sobre trabalhadores de depósitos, os autores descobriram que os funcionários que receberam cortes salariais tinham maior probabilidade de deixar a empresa. E o que foi ainda mais preocupante para os lucros da empresa: os que saíram foram os vendedores mais produtivos. Portanto, assim como salários mais altos podem se pagar por si mesmos, reduzir salários pode ter custos que anulam grande parte ou todas as economias.

Um recente documento de trabalho de Decio Coviello, Erika Deserranno e Nicola Persico apresentou evidências de que cortes salariais podem até mesmo levar os funcionários a serem deliberadamente improdutivos. Os pesquisadores descobriram que representantes de vendas por telefone de um grande varejista dos Estados Unidos reagiram a um corte salarial de 2014 vendendo itens que os clientes não queriam realmente. Como eles souberam disso? Porque a redução salarial foi acompanhada por um aumento nas vendas de itens que posteriormente foram devolvidos para reembolso. Seja por descuido ou sabotagem, as receitas da empresa sofreram.

Obviamente, nem todas as empresas puderam aumentar seus salários em 2021. Para empresas que estão lutando para se manter de pé, como as muitas lojas familiares que foram duramente atingidas pela recessão da Covid-19, cortes salariais podem, em última instância, ser a única opção. E algumas empresas podem optar por confiar em um monitoramento rigoroso ou em contratos de desempenho complexos para motivar os trabalhadores.

Contudo, quando os tempos estão difíceis, é especialmente importante pensar cuidadosamente sobre os custos e os benefícios de salários mais altos. Tem havido uma discussão considerável sobre o argumento moral por salários mais altos, mas também há um forte argumento comercial, já que altos salários têm o potencial de aumentar a produtividade e, finalmente, os lucros. Na transição para o novo normal econômico após a pandemia, fazer o que é certo também pode ser o melhor para os resultados financeiros. ■

Fisman é professor de economia na Boston Univeristy. Luca é professor de administração de empresas na Harvard Business School.

Fonte: *The Wall Street Journal*, 23 de janeiro de 2021.

RESUMO DO CAPÍTULO

- A taxa de desemprego é o percentual dos que gostariam de trabalhar, mas não têm emprego. O Bureau of Labor Statistics calcula essa estatística mensalmente, com base em uma pesquisa com milhares de famílias.
- A taxa de desemprego é uma medida imperfeita do desemprego. Algumas pessoas que se dizem desempregadas podem, na verdade, não querer trabalhar, e algumas pessoas que querem trabalhar deixaram a força de trabalho após uma busca de emprego infrutífera.
- Na economia estadunidense, a maioria das pessoas que ficam desempregadas encontra trabalho em um curto período de tempo. Ainda assim, a maioria do desemprego observado em qualquer período de tempo dado pode ser atribuída às poucas pessoas que ficam desempregadas por longos períodos.
- Uma razão para o desemprego é o tempo que os trabalhadores levam para encontrar o emprego que melhor se adapte às suas preferências e habilidades. O seguro-desemprego é uma política governamental que, embora proteja a renda dos trabalhadores, aumenta o nível de desemprego friccional.
- A segunda razão pela qual nossa economia sempre tem algum desemprego é a legislação do salário mínimo. Ao elevar o salário dos trabalhadores sem qualificação e sem experiência acima do nível de equilíbrio, a legislação do salário mínimo aumenta a quantidade ofertada de mão de obra e reduz a quantidade

demandada. O excesso de oferta de mão de obra resultante representa o desemprego.
- A terceira razão para o desemprego é o poder de mercado dos sindicatos. Quando os sindicatos forçam os salários nas empresas sindicalizadas acima do nível de equilíbrio, eles criam um excesso de oferta de mão de obra.
- A quarta razão para o desemprego é sugerida pela teoria dos salários de eficiência. De acordo com essa teoria, as empresas consideram lucrativo pagar salários acima do nível de equilíbrio. Salários elevados podem melhorar a saúde dos trabalhadores, reduzir a rotatividade da mão de obra, aumentar o esforço do trabalhador e elevar sua qualidade.

CONCEITOS-CHAVE

força de trabalho, p. 593
taxa de desemprego, p. 593
taxa de participação na força de trabalho, p. 593
taxa natural de desemprego, p. 594
desemprego cíclico, p. 594
trabalhadores desalentados, p. 596
desemprego friccional, p. 598
desemprego estrutural, p. 599
procura de emprego, p. 599
seguro-desemprego, p. 600
sindicato, p. 604
negociação coletiva, p. 604
greve, p. 604
salários de eficiência, p. 607

QUESTÕES DE REVISÃO

1. Quais são as três categorias em que o Bureau of Labor Statistics (BLS) divide a população? Como o BLS calcula a força de trabalho, a taxa de desemprego e a taxa de participação na força de trabalho?
2. O desemprego costuma ser de curto prazo ou de longo prazo? Explique.
3. Por que o desemprego friccional é inevitável? De que maneira o governo pode reduzir o nível de desemprego friccional?
4. A legislação do salário mínimo explica melhor o desemprego estrutural entre os adolescentes ou entre os graduados? Por quê?
5. De que maneira os sindicatos afetam a taxa natural de desemprego?
6. Quais argumentos os defensores dos sindicatos usam para afirmar que essas instituições são benéficas para a economia?
7. Explique quatro maneiras pelas quais uma empresa pode aumentar seus lucros elevando os salários que paga.

PROBLEMAS E APLICAÇÕES

1. Em abril de 2020, na recessão da Covid-19, o Bureau of Labor Statistics anunciou que, entre todos os estadunidenses adultos, 133.320.000 estavam empregados, 23.038.000 estavam desempregados e 103.538.000 não faziam parte da força de trabalho. Use essas informações para calcular:
   a. a população adulta.
   b. a força de trabalho.
   c. a taxa de participação na força de trabalho.
   d. a taxa de desemprego.
2. Explique se cada um dos eventos a seguir aumenta, diminui ou não tem efeito sobre a taxa de desemprego e a taxa de participação na força de trabalho.
   a. Depois de uma longa procura, Jon consegue um emprego.
   b. Tyrion, um estudante universitário em tempo integral, termina a faculdade e imediatamente consegue um emprego.
   c. Após uma busca por emprego sem sucesso, Arya desiste de procurar e se aposenta.
   d. Daenerys deixa o emprego para se tornar dona de casa.
   e. Sansa faz aniversário, torna-se adulta, mas não tem interesse em trabalhar.
   f. Jaime faz aniversário, torna-se adulto e começa a procurar emprego.
   g. Cersei morre enquanto aproveitava sua aposentadoria.
   h. Jorah morre trabalhando longas horas no escritório.
3. Visite o *site* do Bureau of Labor Statistics (http://www.bls.gov). Qual é a taxa de desemprego nos Estados Unidos nesta data? Encontre a taxa de desemprego do grupo demográfico que melhor o descreva (p. ex., com base em idade, sexo e raça). Essa taxa é maior ou menor que a média nacional? Como você explica isso?
4. Entre janeiro de 2012 e janeiro de 2019, o emprego total nos Estados Unidos aumentou em 17,3 milhões de trabalhadores, mas o número de trabalhadores desempregados diminuiu apenas 6,3 milhões. Qual é a consistência desses indicadores? Por que há a expectativa de que a redução do número de pessoas consideradas desempregadas seja menor que o aumento do número de pessoas empregadas?

5. Os economistas utilizam dados sobre a força de trabalho para avaliar o desempenho da economia por meio de seu recurso mais valioso: as pessoas. Duas estatísticas observadas com atenção são as taxas de desemprego e a razão entre emprego-população (calculada como a porcentagem da população adulta que está empregada). Explique o que acontece a cada uma delas nos cenários seguintes. Em sua opinião, qual delas é o meio mais significativo de demonstrar o desempenho da economia?
   a. Uma empresa de automóveis vai à falência e demite os funcionários, que imediatamente começam a procurar emprego.
   b. Após a procura infrutífera, alguns dos trabalhadores demitidos desistem de procurar emprego.
   c. Muitos universitários recém-formados não conseguem encontrar trabalho.
   d. Muitos universitários conseguem encontrar trabalho imediatamente após se formarem.
   e. Um aumento repentino no mercado de ações induz os trabalhadores de 60 anos recém-enriquecidos a requerer aposentadoria.
   f. Os avanços na saúde prolongam a vida de muitos aposentados.

6. Os trabalhadores a seguir têm maior probabilidade de enfrentar desemprego de curto prazo ou de longo prazo? Explique.
   a. um trabalhador da construção civil demitido por causa do mau tempo
   b. um operário que perde o emprego em uma fábrica localizada em uma região isolada
   c. um trabalhador em uma fábrica de carruagens que é demitido devido à concorrência das ferrovias
   d. um cozinheiro de lanchonete que perde o emprego quando um novo restaurante é inaugurado do outro lado da rua
   e. um soldador experiente com pouca educação formal que perde o emprego quando a empresa instala uma máquina de soldagem automática

7. Usando um diagrama do mercado de trabalho, mostre o efeito de um aumento do salário mínimo sobre o salário pago aos trabalhadores, a quantidade ofertada de mão de obra, a quantidade demandada de mão de obra e o nível de desemprego.

8. Considere uma economia com dois mercados de trabalho: um de trabalhadores de manufatura e outro de prestadores de serviços. Suponha que, inicialmente, nenhum deles seja sindicalizado.
   a. Se os operários organizarem um sindicato, que impacto você prevê sobre os salários e empregos na manufatura?
   b. De que maneira essas mudanças no mercado de trabalho de manufaturas afetariam a oferta de trabalho no mercado de prestadores de serviços? O que aconteceria com o salário de equilíbrio e com os empregos nesse mercado de trabalho?

9. Diz-se que o desemprego estrutural, às vezes, resulta de diferenças entre as habilidades que os empregadores desejam e as que os trabalhadores oferecem. Para explorar essa ideia, considere uma economia com duas indústrias: a de automóveis e a de aviões.
   a. Se os trabalhadores dessas indústrias exigissem quantidades semelhantes de treinamento e se os trabalhadores em início da carreira pudessem escolher em qual delas fazer treinamento, o que aconteceria com os salários nas duas indústrias? Quanto tempo levaria esse processo? Explique.
   b. Suponha que, um dia, a economia se abra para o mercado externo e, como resultado, comece a importar automóveis e a exportar aviões. O que aconteceria com a demanda por mão de obra nas duas indústrias?
   c. Suponha que os trabalhadores de uma indústria não possam ser treinados rapidamente para atuar na outra. De que maneira essas mudanças na demanda afetariam os salários de equilíbrio no curto e no longo prazos?
   d. Se, por algum motivo, os salários não se ajustarem aos novos níveis de equilíbrio, o que ocorrerá?

10. Suponha que o Congresso aprove uma lei exigindo que os empregadores ofereçam algum benefício aos empregados (como assistência médica) que eleve o custo de um empregado em $ 4 por hora.
    a. Que efeito essa exigência terá sobre a demanda por mão de obra? (Ao responder a essa pergunta e às demais, procure, sempre que possível, ser quantitativo.)
    b. Se os empregados atribuírem a esse benefício um valor exatamente igual ao custo, que efeitos essa exigência feita aos empregadores terá sobre a oferta de mão de obra?
    c. Se o salário puder se ajustar livremente de forma a equilibrar oferta e demanda, como essa lei afetará o salário e o nível de emprego? Os empregadores serão beneficiados ou prejudicados? Os empregados serão beneficiados ou prejudicados?
    d. Suponha que, antes dessa lei, os salários nesse mercado fossem $ 3 acima do salário mínimo. Nesse caso, como a exigência afetará o salário, o nível de emprego e o nível de desemprego?
    e. Suponha, agora, que os trabalhadores não atribuam nenhum valor ao benefício obrigatório. Como essa hipótese afetaria as respostas dadas aos itens (b) e (c) dessa questão?

Respostas do teste rápido

1. **a**   2. **c**   3. **b**   4. **a**   5. **b**   6. **a**   7. **c**   8. **d**   9. **a**   10. **d**

Capítulo 30

O sistema monetário

Quando você entra no restaurante da Rose para comprar uma refeição, obtém algo de valor – a barriga cheia. Para pagar por esse serviço, você pode dar a Rose vários pedaços desgastados de papel decorados com símbolos estranhos, prédios do governo e retratos de pessoas famosas já falecidas. Ou pode entregar-lhe um único pedaço de papel com o nome de um banco e a sua assinatura. Pode, ainda, compensar Rose com um cartão de plástico ou um aplicativo no seu telefone. Independentemente de você pagar em dinheiro, cheque ou cartão de débito, a dona do restaurante fica satisfeita em trabalhar duro para satisfazer seus desejos gastronômicos em troca desses itens que, em si e por si próprios, não têm nenhum valor.

Qualquer pessoa que tenha vivido em uma economia moderna está familiarizada com esse costume social. Embora o papel-moeda e os débitos digitais não tenham valor intrínseco, Rose confia que, no futuro, uma terceira pessoa os aceitará em troca de algo a que dê valor. E essa terceira pessoa confiará que uma quarta pessoa aceitará o dinheiro, sabendo que uma quinta pessoa o receberá, e assim por diante. Para Rose e para as demais pessoas da nossa sociedade, seu dinheiro, cheque ou cartão representam um direito a bens e serviços no futuro.

O hábito social de usar dinheiro para transações é extraordinariamente útil. Imagine, por um momento, que não haja nenhum item na economia que seja amplamente aceito em troca de bens e serviços. As pessoas teriam de recorrer ao **escambo** – a troca de um bem ou serviço por outro – para obter as coisas de que precisam. Para conseguir sua refeição no restaurante da Rose, por exemplo, você teria de oferecer a ela algo de valor imediato, como oferecer-se para lavar alguns pratos, cortar a grama ou dar-lhe a receita secreta da feijoada da sua família. Uma economia que dependa do escambo terá dificuldades para alocar eficientemente seus recursos escassos. Em uma economia desse tipo, o comércio requer a **dupla coincidência de desejos**, ou seja, a improvável circunstância em que duas pessoas tenham os bens ou serviços que a outra deseja.

A existência do dinheiro torna o comércio mais fácil. Rose não está preocupada em saber se você é capaz de produzir um bem ou serviço de valor para ela. Ela fica satisfeita em aceitar seu dinheiro, sabendo que outras pessoas farão o mesmo por ela. Essa convenção permite que o comércio seja indireto. Rose aceita o seu dinheiro e o usa para pagar Tony, sua chefe de cozinha; Tony utiliza o dinheiro para pagar a creche da sua filha Ana; a creche usa esse dinheiro para pagar o salário de Mira, a professora; e a professora contrata você, leitor, para aparar seu gramado. Ao fluir de pessoa para pessoa na economia, o dinheiro facilita a produção e o comércio, permitindo que cada pessoa se especialize naquilo que sabe fazer melhor e elevando o padrão de vida de todos.

Neste capítulo, começaremos a examinar o papel da moeda na economia. Discutiremos o que é a moeda, as diversas formas que ela assume, como o sistema bancário ajuda a criar a moeda e como o governo controla a quantidade de moeda em circulação. Dedicaremos muito esforço no restante do livro para aprender como as variações na quantidade de moeda afetam diversas variáveis econômicas, incluindo inflação, taxas de juros, produção e emprego. Continuando nosso enfoque no longo prazo nos três capítulos anteriores, vamos examinar, no próximo capítulo, os efeitos de longo prazo das variações na quantidade de moeda. Os efeitos das variações monetárias no curto prazo são um assunto mais complexo, que abordaremos mais adiante. Este capítulo fornece o pano de fundo para toda essa análise.

30-1 O significado de moeda

Quando você lê que o bilionário Bill Gates tem muito dinheiro, sabe o que isso significa: ele é tão rico que pode comprar quase tudo que quiser. O termo **dinheiro** é usado para significar **riqueza**.

Os economistas, contudo, usam um termo mais específico: moeda. A **moeda** é o conjunto de ativos na economia que as pessoas usam regularmente para comprar bens e serviços de outras pessoas. O dinheiro em sua carteira é moeda, porque você pode usá-lo para comprar uma refeição em um restaurante ou uma camisa em uma loja de roupas. No entanto, as riquezas da Amazon, que formam a maior parte da fortuna de Jeff Bezos, não são consideradas como uma forma de moeda. O Sr. Bezos não poderia comprar uma refeição ou uma camisa com essa riqueza sem, antes, obter algum tipo de dinheiro. De acordo com a definição dos economistas, a moeda inclui apenas aqueles poucos tipos de riqueza que são regularmente aceitos por vendedores em troca de bens e serviços.

30-1a As funções da moeda

A moeda tem três funções na economia: é um **meio de troca**, uma **unidade de conta** e uma **reserva de valor**. Essas três funções juntas distinguem a moeda dos demais ativos da economia, como ações, títulos, bens imóveis, obras de arte e até cartões de beisebol. Vamos examinar cada uma dessas funções da moeda.

Um **meio de troca** é algo que os compradores dão aos vendedores quando compram bens e serviços. Quando você compra uma camisa em uma loja de roupas, a loja lhe entrega a camisa e você entrega a moeda à loja. Essa transferência de moeda do comprador para o vendedor permite que a transação ocorra. Quando entra em uma loja, você está confiante

---

moeda
conjunto de ativos da economia que as pessoas usam regularmente para comprar bens e serviços

meio de troca
algo que os compradores dão aos vendedores quando querem comprar bens e serviços

de que ela vai aceitar sua moeda em troca dos itens que estão à venda, porque a moeda é o meio de troca comumente aceito.

Uma **unidade de conta** é um padrão de medida que as pessoas usam para anunciar preços e registrar débitos. Quando você vai às compras, pode observar que uma camisa custa $ 60, e um hambúrguer, $ 6. Embora seja correto dizer que o preço de uma camisa são dez hambúrgueres e que o preço de um hambúrguer é 1/10 do preço de uma camisa, os preços nunca são cotados dessa maneira. De forma similar, se você toma um empréstimo com um banco, o montante de suas prestações futuras será medido em dólares, não em uma quantidade de bens e serviços. Quando queremos medir e registrar valor econômico, usamos a moeda como unidade de conta.

Uma **reserva de valor** é algo que as pessoas podem usar para transferir poder de compra do presente para o futuro. Quando um vendedor aceita a moeda hoje em troca de um bem ou serviço, ele pode ficar com a moeda e tornar-se comprador de outro bem ou serviço em outro momento. É claro que a moeda não é a única reserva de valor da economia, já que uma pessoa também pode transferir poder de compra do presente para o futuro mantendo outros ativos, como ações e títulos. O termo **riqueza** é usado para fazer referência ao total de reservas de valor, incluindo tanto a moeda quanto os ativos não monetários.

Os economistas usam o termo **liquidez** para descrever a facilidade com que um ativo pode ser convertido em meio de troca da economia. Como a moeda é o meio de troca da economia, ela é o mais líquido dos ativos disponíveis. A liquidez dos demais ativos varia muito. A maioria das ações e dos títulos pode ser vendida facilmente com pequeno custo, de modo que esses são ativos relativamente líquidos. No entanto, vender uma casa, uma pintura de Rembrandt ou um cartão de Joe DiMaggio de 1948 exige mais tempo e esforço, de modo que esses ativos são menos líquidos.

Quando as pessoas decidem como alocar sua riqueza, elas precisam levar em consideração a liquidez de cada ativo em relação à sua utilidade como reserva de valor. A moeda é o ativo mais líquido, mas está longe de ser perfeita como reserva de valor. Quando os preços sobem, o valor da moeda cai. Em outras palavras, quando os bens e serviços se tornam mais caros, cada dólar que você tem na carteira pode comprar menos. Essa ligação entre o nível de preços e o valor da moeda se revelará importante para entender como a moeda afeta a economia, assunto que começaremos a abordar no próximo capítulo.

30-1b Tipos de moeda

Quando a moeda assume a forma de uma mercadoria com valor intrínseco, é chamada de **moeda-mercadoria**. A expressão **valor intrínseco** significa que o item teria valor mesmo que não fosse usado como moeda. Um exemplo de moeda-mercadoria é o ouro. O ouro tem valor intrínseco, porque é usado na indústria e na fabricação de joias. Embora hoje o ouro não seja mais usado como moeda, historicamente ele era uma forma comum de moeda por ser relativamente fácil de transportar, medir e avaliar para detectar impurezas. Quando uma economia usa ouro como moeda (ou usa papel-moeda que seja conversível em ouro à vista), diz-se que opera sob o **padrão-ouro**.

Outro exemplo de moeda-mercadoria são os cigarros. Nos campos de prisioneiros de guerra, durante a Segunda Guerra Mundial, os prisioneiros trocavam bens e serviços entre si fazendo uso de cigarros como reserva de valor, unidade de conta e meio de troca. De forma similar, quando a União Soviética estava em colapso, no final da década de 1980, os cigarros começaram a substituir o rublo como moeda corrente preferida em Moscou. Nos dois casos, até os não fumantes ficavam satisfeitos em aceitar cigarros em uma troca, sabendo que poderiam usá-los para comprar outros bens e serviços.

A moeda sem valor intrínseco é chamada de **moeda fiduciária** (*fiat money*). "*Fiat*" significa ordem ou decreto, e a moeda fiduciária é estabelecida como dinheiro por determinação governamental. Por exemplo, compare as notas de dólar (impressas pelo governo estadunidense) com as notas de um jogo de Banco Imobiliário (impressas pela fábrica de brinquedos). Por que você pode usar as primeiras para pagar a conta de um restaurante, mas não as segundas? A resposta é que o governo dos Estados Unidos decretou que seus dólares são moeda válida. Em cada nota de dólar há a seguinte inscrição: "Esta nota é moeda corrente para todas as dívidas, públicas e privadas".

---

unidade de conta
o padrão de medida que as pessoas usam para estabelecer preços e registrar dívidas

reserva de valor
algo que as pessoas podem usar para transferir poder de compra do presente para o futuro

liquidez
a facilidade com que um ativo pode ser convertido em meio de troca da economia

moeda-mercadoria
moeda que toma a forma de uma mercadoria com valor intrínseco

moeda fiduciária
moeda sem valor intrínseco, que é usada como moeda por decreto governamental

SAIBA MAIS — Criptomoedas: uma moda passageira ou o futuro?

Nos últimos anos, o mundo viu a proliferação de um novo tipo de moeda chamado **criptomoedas**. Essas moedas dependem da criptografia – a ciência da codificação de informações – para criar um meio de troca que existe apenas em formato eletrônico. É utilizada uma tecnologia chamada *blockchain* para manter um livro público que registra as transações.

A primeira dessas criptomoedas, introduzida em 2009, foi o **bitcoin**. Ele foi concebido por uma pessoa ou um grupo que usou o nome Satoshi Nakamoto. Nakamoto escreveu e divulgou um *white paper** estabelecendo o protocolo bitcoin, mas a identidade de Nakamoto é desconhecida. De acordo com o protocolo, as pessoas criam bitcoins usando computadores para resolver problemas matemáticos complexos. O número de bitcoins que podem ser "minerados"** dessa forma está supostamente limitado a 21 milhões de unidades. Uma vez criados, os bitcoins podem ser usados em trocas. Eles podem ser comprados e vendidos por dólares estadunidenses em bolsas organizadas de bitcoins, em que a oferta e a demanda determinam o preço em dólares de um bitcoin. As pessoas podem manter bitcoins como uma reserva de valor e podem usar bitcoins para comprar coisas de qualquer fornecedor que esteja disposto a aceitá-los. Em essência, Nakamoto criou um ativo virtual do zero e garantiu aos detentores que seu fornecimento seria permanentemente limitado.

Bitcoins não são moeda-mercadoria nem moeda fiduciária. Ao contrário da moeda-mercadoria, eles não têm valor intrínseco. Você não pode usar bitcoins para nada além de trocas. Ao contrário da moeda fiduciária, eles não são criados por decreto governamental. Os fãs do bitcoin adotam essa nova forma de moeda porque ela existe além do governo. Alguns usuários de bitcoin estão envolvidos em transações ilícitas, como o comércio de drogas, e se beneficiam do anonimato que as transações de bitcoin oferecem.

Durante a breve história do bitcoin, seu valor em dólares flutuou muito. Em 2010, o preço de um bitcoin variou entre 5 e 39 centavos. O preço subiu para acima de $ 1 em 2011 e acima de $ 1.000 em 2013, antes de cair para $ 500 em 2014. Nos anos seguintes, o valor em dólares de um bitcoin disparou, embora a viagem tenha sido turbulenta. O bitcoin atingiu $ 60.000 em abril de 2021, caiu para $ 31.000 em julho de 2021, subiu para $ 67.000 em novembro de 2021 e depois caiu novamente para $ 20.000 em julho de 2022. Enquanto isso, outras criptomoedas foram introduzidas, como Ethereum, Litecoin, Ripple e Zcash, oferecendo concorrência ao bitcoin. Essas outras criptomoedas diferem do bitcoin nos detalhes de seus protocolos, mas, como o bitcoin, todas exibiram grandes oscilações de preço. Algumas criptomoedas mais recentes, conhecidas como stablecoin, estão atreladas ao dólar. No entanto, às vezes, o vínculo é impossível de sustentar.

O sucesso em longo prazo das criptomoedas depende de elas conseguirem desempenhar as funções da moeda: uma reserva de valor, uma unidade de conta e um meio de troca. Muitos economistas estão céticos. A grande volatilidade dos preços em dólar da maioria das criptomoedas as torna uma forma arriscada de manter riqueza e uma medida inconveniente para fixar preços. Poucos varejistas as aceitam, pelo menos até agora. Como resultado, as criptomoedas têm sido excluídas das medidas padrão da quantidade de moeda.

As criptomoedas podem ser a moeda do futuro ou uma moda passageira. Ou elas podem se tornar apenas uma nova classe de ativos especializados. ■

---

*N. de R.T. No mundo dos investimentos e criptomoedas, um *white paper* serve para detalhar o funcionamento de um projeto, fornecendo informações sobre sua estrutura, seus objetivos e seu modelo econômico.

**N. de R.T. Mineração (ou *mining*) é o processo de validar e registrar transações em um *blockchain* por meio da resolução de complexos cálculos matemáticos.

Embora o governo seja a figura central para estabelecer e regular um sistema de moeda fiduciária (p. ex., processando os falsificadores), outros fatores também são necessários para o sucesso de um sistema monetário desse tipo. Em grande medida, a aceitação da moeda fiduciária depende tanto das expectativas e convenções sociais quanto do decreto governamental. O governo soviético da década de 1980 nunca abandonou o rublo como sua moeda oficial. Contudo, o povo de Moscou preferia aceitar cigarros ou mesmo dólares estadunidenses, porque acreditava que essas formas alternativas de pagamento seriam aceitas por outras pessoas no futuro.

30-1c A moeda na economia estadunidense

Como veremos, a quantidade de moeda em circulação na economia, chamada **estoque de moeda**, tem forte influência sobre muitas variáveis econômicas. No entanto, antes de examinarmos por que isso acontece, precisamos fazer uma pergunta preliminar: o que é quantidade de moeda? Mais especificamente, suponha que você receba a tarefa de medir a quantidade de moeda na economia estadunidense. O que você incluiria nessa medida?

O ativo mais óbvio para incluir é a **moeda corrente** – as notas e moedas metálicas que estão nas mãos do público. A moeda corrente é, claramente, o meio de troca mais aceito em nossa economia. Não há dúvida de que é parte do estoque de moeda.

moeda corrente
as cédulas de papel e as moedas de metal em poder do público

Ainda assim, a moeda corrente não é o único ativo que você pode usar para comprar bens e serviços. Muitas empresas também aceitam cheques pessoais. A riqueza mantida em sua conta corrente é quase tão conveniente para comprar coisas quanto o dinheiro mantido em sua carteira. Para medir o estoque de moeda, portanto, você deve incluir os **depósitos à vista**, que são os saldos em conta corrente que os depositantes podem sacar simplesmente com a emissão de um cheque ou passando um cartão de débito.

Uma vez que você inclua os depósitos à vista em conta corrente como parte do estoque de moeda, você é levado a considerar a grande variedade de outras contas que as pessoas mantêm em bancos e outras instituições financeiras. Em geral, os depositantes não podem emitir cheques sobre seus depósitos em contas de poupança, mas podem transferir facilmente os saldos desta para a conta corrente. Além disso, os depositantes de fundos mútuos do mercado monetário* podem, frequentemente, emitir cheques sobre seus depósitos. Portanto, essas outras contas deveriam fazer parte do estoque de moeda dos Estados Unidos.

Em uma economia tão complexa quanto a nossa, não é fácil estabelecer uma linha separando os ativos que podem ser chamados "moeda" dos que não podem. As moedas que temos no bolso, claramente, fazem parte do estoque de moeda, e o Edifício Empire State, não. Mas há muitos ativos entre esses dois extremos para os quais a situação não é tão clara. Como os analistas discordam a respeito de onde estabelecer a linha divisória entre ativos monetários e não monetários, há diversas medidas para o estoque de moeda na economia.

Na economia dos Estados Unidos, as duas medidas mais usadas para calcular o estoque de moeda são a M1 e a M2. A M1 inclui o dinheiro físico, a demanda de depósitos em bancos e alguns outros depósitos líquidos, como os saldos de poupanças. A M2 inclui tudo da M1 e, além de alguns depósitos e fundos do mercado financeiro (exceto os em contas de aposentadoria restritas). Para os propósitos deste livro, as diferenças entre as várias medidas da moeda não são cruciais. O ponto importante é que o estoque de moeda inclui não apenas dinheiro físico, mas também depósitos em bancos e em outras instituições financeiras que podem ser acessados de imediato e usados para comprar bens e serviços.

depósitos à vista
saldos em conta corrente aos quais os depositantes têm acesso mediante a emissão de um cheque

SAIBA MAIS — Por que os cartões de crédito não são moeda?

Pode parecer natural incluir os cartões de crédito como parte do estoque de moeda da economia; afinal, as pessoas os utilizam para fazer muitas de suas compras. Portanto, não seriam os cartões de crédito um meio de troca?

Embora esse argumento possa parecer persuasivo à primeira vista, os cartões de crédito são excluídos de todas as medidas de quantidade de moeda. A razão é que eles não são, na verdade, uma forma de pagamento, mas uma forma de **diferir** o pagamento. Quando você compra uma refeição com cartão de crédito, o banco que emitiu o cartão paga ao restaurante o que é devido e, em uma data posterior, você terá de reembolsar o banco (talvez com juros). Quando chegar a hora de pagar a fatura do seu cartão de crédito, você, provavelmente, o fará mediante a emissão de um cheque contra sua conta corrente ou debitando dinheiro dela eletronicamente. O saldo dessa conta corrente é parte do estoque de moeda da economia.

Observe que os cartões de crédito são bem diferentes dos cartões de débito, que automaticamente retiram fundos de uma conta bancária para pagar por itens comprados. Em vez de possibilitar que o usuário adie o pagamento de uma compra, o cartão de débito permite acesso imediato aos depósitos na conta bancária. Nesse sentido, um cartão de débito assemelha-se mais ao cheque que ao cartão de crédito. Os saldos das contas que estão por trás dos cartões de débito são incluídos nas medidas da quantidade de moeda.

Embora os cartões de crédito não sejam considerados uma forma de moeda, eles são importantes para a análise do sistema monetário. As pessoas que têm cartões de crédito podem pagar muitas de suas contas de uma só vez no final do mês, em vez de pagá-las esporadicamente à medida que fazem compras. Como resultado, os portadores de cartão de crédito provavelmente carregam consigo, em média, menos dinheiro que as pessoas que não possuem cartão de crédito. A chegada e a disponibilidade dos cartões de crédito – junto aos sistemas de pagamento eletrônico – pode reduzir a quantidade de moeda que as pessoas levam consigo. ■

---

*N. de R.T. Um fundo mútuo do mercado monetário é um veículo de investimento coletivo que capta recursos por meio da venda de cotas a investidores. Esses recursos são aplicados predominantemente em ativos financeiros de curto prazo e alta liquidez, como títulos do Tesouro, papéis privados de alta qualidade e certificados de depósito. Em alguns casos, os cotistas podem utilizar seus saldos no fundo para efetuar pagamentos, seja por meio da emissão de cheques ou por transferências eletrônicas, tornando essas cotas funcionalmente similares a depósitos bancários.

Onde está toda a moeda?

Estudo de caso

Um enigma sobre o estoque de moeda da economia dos Estados Unidos diz respeito à quantidade de moeda em circulação. Em novembro de 2021, havia $ 2,1 trilhões de moeda em circulação. Para colocar esse número em perspectiva, podemos dividi-lo por 262 milhões, o número de adultos (16 anos ou mais) nos Estados Unidos. Esse cálculo implica que há mais de $ 8 mil em moeda por adulto. A maioria das pessoas se surpreende com esse valor porque elas carregam muito menos em suas carteiras.

Quem está com todo esse dinheiro? Ninguém sabe ao certo, mas há duas explicações plausíveis.

A primeira é que grande parte dele é mantida no exterior. Em países estrangeiros sem um sistema monetário estável, as pessoas geralmente preferem dólares estadunidenses a ativos domésticos. As estimativas sugerem que mais da metade dos dólares estadunidenses circulam fora dos Estados Unidos.

A segunda explicação é que grande parte desse dinheiro é mantida por traficantes de drogas, sonegadores de impostos e outros criminosos. Para a maioria das pessoas na economia dos Estados Unidos, o dinheiro não é uma maneira particularmente boa de manter riqueza: ele não só pode ser perdido ou roubado, mas também não gera juros, ao contrário de um depósito bancário. Assim, a maioria das pessoas possui apenas pequenas quantidades de dinheiro vivo. Contudo, os criminosos o acham mais atraente. Eles podem evitar colocar seu dinheiro em bancos, por exemplo, porque um depósito bancário fornece à polícia um rastro em papel que pode ser usado para rastrear atividades ilegais. Para criminosos, o dinheiro vivo pode ser a melhor reserva de valor disponível.

Teste rápido

1. A moeda fiduciária é
   a. um tipo de dinheiro com valor intrínseco.
   b. um tipo de dinheiro estabelecido por decreto governamental.
   c. qualquer ativo utilizado como meio de troca.
   d. qualquer ativo utilizado como unidade de conta.

2. O estoque de moeda inclui todas as alternativas seguintes, EXCETO
   a. moedas de metal.
   b. papel-moeda.
   c. linhas de crédito acessíveis com cartões de crédito.
   d. saldos bancários acessíveis com cartões de débito.

As respostas estão no final do capítulo.

30-2 O sistema do Federal Reserve

Sempre que uma economia usa moeda fiduciária, como é o caso da economia dos Estados Unidos, deve haver um órgão responsável pela regulação do sistema. Nos Estados Unidos, esse órgão é o **Federal Reserve**, muitas vezes chamado simplesmente de **Fed**. Se você observar a parte superior de uma nota de dólar, verá que ela é denominada "Nota do Federal Reserve" (Federal Reserve Note). O Fed é um exemplo de **banco central** – uma instituição responsável por supervisionar o sistema bancário e regular a quantidade de moeda na economia. Outros grandes bancos centrais do mundo são o Banco da Inglaterra, o Banco do Japão e o Banco Central Europeu.

Federal Reserve (Fed)
o banco central dos Estados Unidos

banco central
uma instituição responsável por supervisionar o sistema bancário e regular a quantidade de moeda na economia

30-2a A organização do Fed

O Federal Reserve foi criado em 1913, depois de uma série de quebras de bancos ocorrida em 1907 convencer o Congresso de que os Estados Unidos precisavam de um banco central para garantir a saúde do sistema bancário da nação. Hoje, o Fed é administrado por seu Conselho de Governantes (Board of Governors), que é composto de sete membros indicados pelo presidente e confirmados pelo Senado. Os governantes têm mandatos de 14 anos. Assim como os juízes federais têm mandato vitalício para que possam ficar isolados da política, os governantes do Fed têm mandatos longos, cujo objetivo é assegurar a independência de pressões políticas de curto prazo ao formularem a política monetária.

Entre os membros do Conselho de Governantes, o mais importante é o presidente. O presidente lidera a equipe do Fed, preside as reuniões do conselho e presta depoimentos regulares sobre a política do Fed perante comissões do Congresso. O presidente dos Estados Unidos nomeia o presidente do Fed para um período de 4 anos. No momento da publicação deste livro, o presidente do Fed era Jerome Powell, indicado para o cargo pelo presidente Donald Trump em 2017 e reconduzido pelo presidente Joe Biden em 2021.

O sistema do Federal Reserve é composto pelo Conselho do Federal Reserve (Federal Reserve Board), em Washigton, D.C., e por 12 Bancos Regionais da Reserva Federal (Federal Reserve Banks) localizados nas principais cidades do país. Os presidentes dos bancos regionais são escolhidos pelo conselho diretor de cada banco, cujos membros são normalmente selecionados entre a comunidade bancária e empresarial da região.

Apesar de o Fed ter um grande nível de independência, a legislação que o criou é que determina o que ele deve alcançar. O Congresso deu um **mandato duplo** para o banco central: preços estáveis e emprego no máximo sustentável. O Fed realiza esse objetivo de duas maneiras.

A primeira é regulamentando bancos e garantindo a saúde do sistema bancário. Especificamente, o Fed monitora a condição financeira de cada banco e facilita as transações bancárias por meio da compensação de cheques. Ele também funciona como um banco dos bancos. Ou seja, o Fed concede empréstimos para os bancos quando eles próprios precisam de fundos. O Fed funciona como um **emprestador de última instância** – um emprestador para aqueles que não podem pegar empréstimos em nenhum outro lugar – para manter a estabilidade no sistema bancário de forma geral.

A segunda e mais importante tarefa do Fed é controlar a quantidade de moeda disponível na economia, denominada **oferta de moeda**. As decisões dos formuladores de políticas a respeito da oferta de moeda constituem a **política monetária**. No Federal Reserve, a política monetária é formulada pelo Comitê Federal de Mercado Aberto (Federal Open Market Committee – FOMC). O FOMC reúne-se em Washington a cada 6 semanas, aproximadamente, para discutir a situação da economia e estudar mudanças na política monetária.

oferta de moeda
quantidade de moeda disponível na economia

política monetária
estabelecimento da oferta de moeda pelos formuladores de políticas do banco central

30-2b O Comitê Federal de Mercado Aberto

O FOMC é composto de sete membros do Conselho de Governantes e de 5 dos 12 presidentes dos bancos regionais. Todos os 12 presidentes regionais participam das assembleias do FOMC, mas apenas cinco deles têm direito a voto. Periodicamente, há um rodízio entre os 12 presidentes regionais para determinar os cinco que terão direito a voto. Contudo, o presidente do Fed de Nova York sempre tem direito a voto, porque Nova York é o tradicional centro financeiro dos Estados Unidos e porque todas as compras e vendas de títulos do governo são conduzidas na mesa de operações do Fed de Nova York.

Por meio das decisões do FOMC, o Fed tem o poder de aumentar ou diminuir o número de dólares na economia. Utilizando uma metáfora simples, podemos imaginar que, para aumentar, o Fed imprima notas de dólares e as despeje de helicóptero por todo o país, e que, para diminuir, use um aspirador gigante e aspire notas de dólar das carteiras das pessoas. Embora, na prática, os métodos do Fed para alterar a oferta de moeda sejam mais complexos e sutis, a metáfora do helicóptero e do aspirador serve como um bom primeiro passo para entender a política monetária.

Mais adiante, este capítulo discute as diversas maneiras como o Fed pode influenciar a oferta de moeda sem o uso de um helicóptero ou de um aspirador de pó. No entanto, vale destacar que as principais ferramentas do Fed têm sido, historicamente, as **operações no mercado aberto** – a compra e a venda de títulos do governo dos Estados Unidos (lembre-se de que um título do governo dos Estados Unidos é um certificado de dívida do governo federal). Para aumentar a oferta de moeda, o Fed pode criar dólares e usá-los para comprar títulos públicos do mercado junto ao público. Após a compra, esses dólares passam a estar em posse do público. A compra de títulos pelo Fed no mercado aberto expande a oferta de moeda. Inversamente, para reduzir a oferta de moeda, o Fed pode vender títulos do governo de seu portfólio ao público no mercado de títulos. Após a venda, os dólares que o Fed recebe em troca dos títulos saem das mãos do público. Dessa forma, a venda de títulos pelo Fed no mercado aberto reduz a oferta de moeda. Nos últimos anos, o Fed tem dependido menos das operações de mercado aberto e mais de outras ferramentas de política monetária, como veremos adiante.

O banco central é uma instituição importante, porque mudanças na oferta de moeda podem afetar profundamente a economia. Um dos **dez princípios da economia** do Capítulo 1 é que os preços aumentam quando o governo emite moeda demais. Outro dos **dez princípios da economia** é que a sociedade enfrenta um *trade-off* de curto prazo entre inflação e desemprego. O poder do Fed repousa nesses princípios. Por razões que discutiremos com maior profundidade nos próximos capítulos, as decisões políticas do Fed têm forte influência sobre a taxa de inflação no longo prazo e sobre o emprego e a produção no curto prazo. O presidente do Federal Reserve já foi mencionado como a segunda pessoa mais poderosa dos Estados Unidos.

Teste rápido

3. Qual das afirmativas a seguir NÃO é verdadeira sobre o Federal Reserve?
   a. Ele foi estabelecido pela Constituição dos Estados Unidos.
   b. Ele regula o sistema bancário.
   c. Ele empresta aos bancos.
   d. Ele pode possuir títulos do governo.

4. Se o Fed quiser aumentar a oferta de moeda, ele pode
   a. aumentar as alíquotas do imposto de renda.
   b. reduzir as alíquotas do imposto de renda.
   c. comprar títulos em operações de mercado aberto.
   d. vender títulos em operações de mercado aberto.

As respostas estão no final do capítulo.

30-3 Os bancos e a oferta de moeda

Até aqui, introduzimos o conceito de "moeda" e discutimos como o Federal Reserve controla a oferta de moeda. Embora essa explicação da oferta de moeda seja correta, ela não é completa, pois omite o papel central desempenhado pelos bancos no sistema monetário.

Lembre-se de que a quantidade de moeda que você mantém em seu poder inclui tanto a moeda corrente (as notas em sua carteira e as moedas em seu bolso) quanto os depósitos à vista (o saldo em sua conta corrente). Como os depósitos à vista são mantidos em bancos, o comportamento dos bancos pode influenciar a quantidade de depósitos à vista na economia e, portanto, a oferta de moeda. Esta seção examina como os bancos afetam a oferta de moeda e como complicam a tarefa do Fed de controlá-la.

"Já ouvi falar bastante de dinheiro, e agora eu gostaria de experimentar."

30-3a O caso simples do sistema bancário com reservas de 100%

Para ver como os bancos influenciam a oferta de moeda, é útil imaginar, em primeiro lugar, um mundo em que não haja bancos. Nesse mundo simples, a moeda corrente é a única forma de moeda. Em termos concretos, suponha que a quantidade total de moeda corrente seja $ 100. A oferta de moeda é, portanto, de $ 100.

Suponha, agora, que alguém abra um banco, chamado apropriadamente de Primeiro Banco Nacional. Esse banco é apenas uma instituição depositária, ou seja, aceita depósitos, mas não concede empréstimos. O objetivo desse banco é proporcionar aos depositantes um lugar seguro para guardar o dinheiro. Sempre que alguém deposita algum dinheiro, o banco o guarda em seu cofre até que o depositante venha retirá-lo, emita um cheque ou use o cartão de débito para acessar seu saldo. Os depósitos que os bancos recebem, mas não emprestam, são chamados de **reservas**. Nessa economia imaginária, todos os depósitos são mantidos como reservas, de modo que esse sistema é denominado **sistema bancário com reservas de 100%**.

reservas
depósitos recebidos pelos bancos, mas que não são emprestados

Podemos representar a posição financeira do Primeiro Banco Nacional com uma **conta-T**, que é um registro contábil simplificado que mostra as variações do ativo e do passivo do banco. Eis a conta-T do Primeiro Banco Nacional se todos os $ 100 em moeda da economia estiverem depositados nele.

Primeiro Banco Nacional			
Ativos		**Passivos**	
Reservas	$ 100,00	Depósitos	$ 100,00

Do lado esquerdo da conta-T, temos os $ 100 em ativos do banco (as reservas que ele mantém em seus cofres). Do lado direito da conta-T, temos o passivo do banco, de $ 100 (a quantia que ele deve a seus depositantes). Como o ativo e o passivo do Primeiro Banco Nacional são exatamente iguais, essa demonstração contábil às vezes é chamada de **balanço patrimonial**.

Examinemos agora a oferta de moeda nessa economia imaginária. Antes da abertura do Primeiro Banco Nacional, a oferta de moeda são os $ 100 em moeda corrente que as pessoas têm em seu poder. Após a abertura do banco, e depois de as pessoas terem depositado nele sua moeda corrente, a oferta de moeda são os $ 100 em depósitos à vista. (Não há mais moeda corrente em poder do público, porque ela está toda depositada no cofre do banco.) Cada depósito no banco reduz a moeda corrente e aumenta os depósitos à vista exatamente na mesma quantia, deixando inalterada a oferta de moeda. **Portanto, se os bancos mantêm todos os depósitos em reserva, eles não influenciam a oferta de moeda.**

30-3b Criação de moeda no sistema bancário de reservas fracionárias

Depois de algum tempo, os donos do Primeiro Banco Nacional podem começar a reconsiderar sua política de reservas bancárias de 100%. Parece desnecessário deixar todo aquele dinheiro ocioso nos cofres. Por que não usar parte dele para conceder empréstimos, lucrando com a cobrança de juros? As famílias que querem comprar casas, as empresas que querem construir novas fábricas e os estudantes que querem pagar seus estudos ficariam felizes em pagar juros para tomar um pouco de dinheiro emprestado por um período de tempo. Antes de mais nada, o Primeiro Banco Nacional precisa manter algumas reservas para que haja moeda corrente disponível caso seus depositantes queiram fazer retiradas. No entanto, se o fluxo de novos depósitos for aproximadamente igual ao fluxo de retiradas, o Primeiro Banco Nacional precisará manter somente uma fração de seus depósitos como reserva. Portanto, o banco adota um sistema chamado de **sistema bancário de reservas fracionárias**.

A fração dos depósitos que um banco mantém como reserva é chamada de **índice de reservas**. Esse índice é determinado por uma combinação da regulamentação governamental e da política do banco. Como veremos em detalhes mais adiante, neste capítulo, o Fed estabelece um mínimo do montante de reservas que os bancos devem manter, denominado **requisito de reserva**. Além disso, os bancos podem manter reservas acima do mínimo legal, chamadas de **reservas excedentes**, para garantir maior segurança e evitar a escassez de dinheiro. Para o nosso propósito, consideraremos o índice de reservas como dado e examinaremos o que o sistema bancário de reservas fracionárias representa para a oferta de moeda.

Suponha que o Primeiro Banco Nacional tenha um índice de reservas de 10%. Isso significa que ele mantém como reserva 10% dos depósitos e empresta o restante. Agora, vamos ver como fica a conta-T do banco:

Primeiro Banco Nacional			
Ativos		**Passivos**	
Reservas	$ 10,00	Depósitos	$ 100,00
Empréstimos	90,00		

sistema bancário de reservas fracionárias
sistema bancário no qual os bancos mantêm apenas uma parte de seus depósitos como reservas

índice de reservas
fração dos depósitos que os bancos mantêm como reserva

O Primeiro Banco Nacional ainda tem passivo de $ 100, porque a concessão de empréstimos não altera as obrigações do banco para com seus depositantes. Mas o banco, agora, tem dois tipos de ativos: $ 10 como reserva em seus cofres e o montante de $ 90 como empréstimos (esses empréstimos são passivos das pessoas que os tomam, mas são ativos para o banco que os concede, porque, no futuro, os tomadores vão pagar ao banco pelo empréstimo). No total, o ativo do Primeiro Banco Nacional ainda é igual ao seu passivo.

Novamente, considere a oferta de moeda na economia. Antes que o Primeiro Banco Nacional concedesse empréstimos, a oferta de moeda era de $ 100 em depósitos no banco. No entanto, quando o banco começa a conceder empréstimos, a oferta de moeda aumenta. Os depositantes ainda têm depósitos à vista em um total de $ 100, mas agora os tomadores de empréstimos têm $ 90 em moeda corrente. A oferta de moeda (que é igual à moeda corrente mais os depósitos à vista) é igual a $ 190. **Portanto, quando mantêm somente uma fração dos depósitos como reserva, os bancos criam moeda.**

De início, essa criação de moeda por um sistema bancário de reservas fracionárias pode parecer boa demais para ser verdade, visto que dá a impressão de que o banco fez brotar moeda do nada. Para fazer essa criação de moeda parecer menos miraculosa, observe que, quando o Primeiro Banco Nacional empresta parte de suas reservas e cria moeda, ele não cria riqueza. Os empréstimos do Primeiro Banco Nacional dão aos tomadores uma quantidade de moeda corrente e, com isso, a capacidade de comprar bens e serviços. Contudo, os tomadores de empréstimos também estão se endividando, de modo que os empréstimos não os tornam mais ricos. Em outras palavras, quando o banco cria o ativo moeda, também cria um passivo correspondente para os tomadores de empréstimos. Ao fim desse processo de criação de moeda, a economia fica mais líquida, no sentido de que há mais meios de troca, mas não está mais rica que antes.

30-3c O multiplicador da moeda

A criação de moeda não para no Primeiro Banco Nacional. Suponha que o tomador de empréstimo do Primeiro Banco Nacional use os $ 90 para comprar algo de alguém, que deposita a moeda corrente no Segundo Banco Nacional. Eis a conta-T desse banco:

Segundo Banco Nacional			
Ativos		Passivos	
Reservas	$ 9,00	Depósitos	$ 90,00
Empréstimos	81,00		

Após o depósito, o Segundo Banco Nacional possui passivo de $ 90. Se ele também tiver um índice de reservas de 10%, manterá $ 9 como reserva e concederá empréstimos no total de $ 81. Dessa forma, criará $ 81 em moeda adicional. Se, por fim, esses $ 81 forem depositados no Terceiro Banco Nacional, que também tem um índice de reservas de 10%, esse banco manterá $ 8,10 de reserva e concederá empréstimos em um total de $ 72,90. Eis a conta-T do Terceiro Banco Nacional:

Terceiro Banco Nacional			
Ativos		Passivos	
Reservas	$ 8,10	Depósitos	$ 81,00
Empréstimos	72,90		

O processo avança. A cada vez que a moeda é depositada e um empréstimo é concedido, mais moeda é criada.

Afinal, quanta moeda é criada nessa economia? Vamos somar:

Depósito original	= $ 100,00
Empréstimo do Primeiro Banco Nacional	= $ 90,00 [= 0,9 × $ 100,00]
Empréstimo do Segundo Banco Nacional	= $ 81,00 [= 0,9 × $ 90,00]
Empréstimo do Terceiro Banco Nacional	= $ 72,90 [= 0,9 × $ 81,00]
•	•
•	•
•	•
Oferta total de moeda	= $ 1.000,00

Embora esse processo de criação de moeda possa continuar indefinidamente, ele não cria uma quantidade infinita de moeda. Se você se der ao trabalho de somar a sequência infinita de números do exemplo anterior, verá que os $ 100 de reservas geram $ 1.000 de moeda. A quantidade de moeda que o sistema bancário gera com cada dólar de reserva é denominada **multiplicador da moeda**. Nessa economia imaginária, em que $ 100 de reservas geram $ 1.000 de moeda, o multiplicador da moeda é 10.

O que determina a magnitude do multiplicador da moeda? A resposta é simples: **o multiplicador da moeda é a recíproca do índice de reservas**. Se R é o índice de reservas de todos os bancos da economia, então cada dólar de reserva gerará $1/R$ dólares de moeda. Em nosso exemplo, $R = 1/10$, de modo que o multiplicador da moeda é 10.

Considere por que essa fórmula de reciprocidade do multiplicador da moeda faz sentido. Se um banco tem $ 1.000 em depósitos, então um índice de reservas de 1/10 (10%) significa que ele deve manter $ 100 de reservas. O multiplicador da moeda simplesmente inverte essa ideia: se o sistema bancário como um todo mantém um total de $ 100 de reservas, então ele só pode ter $ 1.000 em depósitos. Em outras palavras, se R é o índice entre as reservas e os depósitos para cada banco (ou seja, o índice de reservas), então o índice entre os depósitos e as reservas no sistema bancário (ou seja, o multiplicador da moeda) deve ser $1/R$.

Essa fórmula mostra como a quantidade de moeda que os bancos criam depende do índice de reservas. Se o índice de reservas fosse de apenas 1/20 (5%), o sistema bancário teria 20 vezes mais em depósitos do que em reservas, implicando um multiplicador da moeda de 20. Cada dólar de reserva geraria $ 20 de moeda. De forma similar, se o índice de reservas fosse de 1/4 (25%), os depósitos seriam 4 vezes maiores que as reservas, o multiplicador da moeda seria 4 e cada dólar de reserva geraria $ 4 de moeda. **Portanto, quanto maior é o índice de reservas, menor é a parcela de cada depósito que os bancos emprestam e menor é o multiplicador da moeda.** No caso especial da reserva de 100%, o índice de reservas é 1, o multiplicador da moeda é 1 e os bancos não concedem empréstimos nem criam moeda.

> **multiplicador da moeda**
> quantidade de moeda que o sistema bancário gera com cada dólar de suas reservas

30-3d Capital bancário, alavancagem e a crise financeira de 2008-2009

As seções anteriores apresentaram uma explicação simplificada sobre o funcionamento dos bancos. No entanto, a realidade do sistema bancário moderno é mais complexa, e essa complexidade desempenhou um papel importante na crise financeira de 2008 e 2009. Para compreender essas crises financeiras, é necessário um conhecimento mais aprofundado sobre o real funcionamento dos bancos.

Nos balanços bancários analisados até agora, um banco aceita depósitos e os utiliza para conceder empréstimos ou mantê-los como reservas. No entanto, de forma mais realista, um banco obtém recursos financeiros não apenas por meio da captação de depósitos, mas também, como outras empresas, por meio da emissão de ações e dívidas. Os recursos

capital bancário
os recursos que os proprietários do banco investiram na instituição

que um banco obtém pela emissão de ações para seus proprietários são denominados **capital bancário**. Um banco usa esses recursos financeiros de diversas formas para gerar lucro para seus proprietários. Ele não apenas faz empréstimos e mantém reservas, mas também compra ativos financeiros, como ações e títulos.

Eis um exemplo mais realista de um balanço bancário:

Banco Nacional Mais Realista			
Ativos		**Passivos e patrimônio líquido**	
Reservas	$ 200	Depósitos	$ 800
Empréstimos	700	Dívidas	150
Títulos	100	Capital (patrimônio líquido)	50

No lado direito desse balanço estão o passivo e o capital bancário, também conhecidos como **patrimônio líquido**. Esse banco obteve $ 50 de recursos de seus proprietários, recebeu $ 800 de depósitos e contraiu $ 150 de dívidas. Esse total de $ 1.000 foi colocado em uso de três formas, que estão relacionadas no lado esquerdo do balanço, que mostra os ativos bancários. Esse banco manteve $ 200 em reservas, fez $ 700 de empréstimos bancários e usou $ 100 para comprar ativos financeiros, como títulos públicos ou privados. O banco decide como alocar seus recursos entre as classes de ativos com base em seu risco e retorno, bem como em qualquer regulamento (como as reservas exigidas) que restrinja as escolhas do banco.

Pelas regras contábeis, as reservas, os empréstimos e os títulos no lado esquerdo do balanço devem ser sempre iguais, no total, aos depósitos, às dívidas e ao capital do lado direito. Não há mágica nessa igualdade. Ela ocorre porque o patrimônio líquido é, por definição, o valor dos ativos bancários (reservas, empréstimos e títulos) menos o valor de seus passivos (depósitos e dívidas). Portanto, os lados direito e esquerdo do balanço sempre têm a mesma soma total.

Muitas empresas na economia dependem da **alavancagem**, o uso de dinheiro emprestado para complementar os fundos existentes para fins de investimento. Na verdade, sempre que uma empresa usa uma dívida para financiar um projeto de investimento, está aplicando a alavancagem. Entretanto, a alavancagem é especialmente importante para os bancos, porque captação e empréstimos estão no coração do que eles fazem. Portanto, para compreender melhor o funcionamento dos bancos, é crucial entender como a alavancagem funciona.

alavancagem
uso do dinheiro emprestado para complementar os fundos existentes para fins de investimento

grau de alavancagem
razão dos ativos para o capital bancário

O **grau de alavancagem**, ou *índice de alavancagem*, é a razão dos ativos bancários totais para o capital bancário. Nesse exemplo, o grau de alavancagem é de $ 1.000/$ 50, ou 20. O grau de alavancagem de 20 significa que, para cada dólar do capital investido pelos proprietários na instituição, o banco tem $ 20 de ativos. Dos $ 20 de ativos, $ 19 são financiados com dinheiro emprestado, seja em depósitos realizados, seja pela contração de dívidas.

Você deve ter aprendido nas aulas de ciências que uma alavanca pode amplificar uma força: um pedregulho que você não possa mover apenas com os braços se moverá mais facilmente com o uso de uma alavanca. Um resultado semelhante ocorre com a alavancagem bancária. Para ver como isso acontece, vamos continuar com o exemplo numérico. Suponha que o valor dos ativos do banco suba em 5%, porque, digamos, alguns dos títulos que o banco estava mantendo subiram de preço. Assim sendo, os $ 1.000 dos ativos passariam a valer $ 1.050. Como os depositantes e os detentores das dívidas ainda possuem patrimônio líquido de $ 950, o capital bancário subiria de $ 50 para $ 100 ($ 1.050 - $ 950). Assim, quando o grau de alavancagem é 20, um aumento de 5% no valor dos ativos aumenta o patrimônio líquido em 100%.

O mesmo princípio funciona também ao contrário, mas as consequências acarretam sérias dificuldades. Suponha que algumas pessoas que contraíram um empréstimo do banco fiquem inadimplentes e deixem de pagá-lo, reduzindo, assim, o valor dos ativos do banco em 5%, que passariam a $ 950. Como os depositantes e os detentores da dívida possuem o direito legal de serem pagos antes dos proprietários do banco, o valor do patrimônio líquido cairia para zero ($ 950 – $ 950). Logo, quando o grau da alavancagem é 20, uma queda de 5% no valor dos ativos bancários provoca uma queda de 100% no capital do banco. Se o valor dos ativos bancários cair mais 5%, eles ficariam abaixo de seu passivo. Nesse caso, o banco estaria **insolvente** e ficaria incapaz de pagar os detentores das dívidas e de honrar os depósitos dos correntistas na íntegra.

Os reguladores bancários exigem que os bancos mantenham certa quantia de capital. O objetivo dessa **exigência de capital** é garantir que os bancos possam reembolsar os seus depositantes (sem a necessidade de recorrer aos fundos de seguro do depósito fornecido pelo governo). O montante de capital exigido depende do tipo de ativos que um banco detém. Se o banco detiver ativos seguros, os reguladores exigem menos capital do que se o banco mantiver ativos arriscados, como empréstimos para tomadores cujo crédito seja de qualidade duvidosa.

exigência de capital
um regulamento governamental que especifica uma quantidade mínima de capital bancário

Bancos que se encontram com pouco capital para satisfazer as exigências de capital podem gerar turbulência econômica. Um exemplo desse fenômeno ocorreu em 2007 e 2008, quando muitos bancos perceberam que haviam incorrido em perdas consideráveis em alguns de seus ativos, especificamente empréstimos hipotecários e títulos garantidos por empréstimos hipotecários. A escassez do capital, então, obrigou os bancos a reduzir seus empréstimos, caracterizando um fenômeno chamado de **crise de crédito**, que contribuiu para uma recessão na atividade econômica. (Esse evento será discutido de maneira mais completa no Capítulo 34.) Para resolver o problema, o Tesouro dos Estados Unidos, em parceria com o Federal Reserve, colocou muitos bilhões de dólares dos fundos públicos no sistema bancário, a fim de aumentar o capital dos bancos. Como resultado, os contribuintes estadunidenses tornaram-se temporariamente proprietários de uma parte de muitos bancos. O objetivo dessa política incomum foi recapitalizar o sistema bancário, de modo que os empréstimos bancários pudessem voltar a um nível mais normal, o que de fato ocorreu no final de 2009.

Teste rápido

5. Isabella pega uma nota de $ 100 de sua carteira e deposita em sua conta corrente. Se o banco adicionar os $ 100 às reservas, a oferta de moeda _____, mas, se o banco emprestar parte dos $ 100, a oferta de moeda _____.
   a. aumenta; aumenta ainda mais
   b. aumenta; aumenta menos
   c. permanece inalterada; aumenta
   d. diminui; diminui menos

6. Se o índice de reservas for ¼ e o banco central aumentar a quantidade de reservas do sistema bancário em $ 120, a oferta de moeda aumentará em quanto?
   a. $ 90
   b. $ 150
   c. $ 160
   d. $ 480

7. Um banco tem capital de $ 200 e um grau de alavancagem de 5. Se o valor dos ativos do banco diminuir em 10%, seu capital será reduzido para quanto?
   a. $ 100
   b. $ 150
   c. $ 180
   d. $ 185

As respostas estão no final do capítulo.

30-4 Os instrumentos de controle monetário do Fed

Como já vimos, o Federal Reserve é responsável por controlar a oferta de moeda na economia, e ele executa essa tarefa de modos sutis e que estão sempre em evolução. Uma vez que os bancos criam moeda em um sistema de reservas fracionárias, o controle do Fed sobre a oferta de moeda é indireto. Quando o Fed decide alterar a oferta de moeda, ele precisa avaliar como suas ações se refletirão no sistema bancário.

O Fed tem uma variedade de instrumentos em sua caixa de ferramentas monetária, e, com o passar do tempo, seu uso deles varia. Podemos separá-los em dois grupos: aqueles que influenciam a quantidade de reservas e aqueles que influenciam o índice de reservas e, assim, o multiplicador de moeda.

30-4a Como o Fed influencia a quantidade de reservas

Para mudar a oferta de moeda, o Fed deve, primeiramente, alterar a quantidade de reservas na economia. Ele faz isso por meio da compra ou da venda de títulos em operações de mercado aberto ou pela concessão de empréstimos aos bancos.

operações no mercado aberto
compra e venda de títulos do governo estadunidense pelo Fed

Operações no mercado aberto Como vimos anteriormente, o Fed conduz **operações no mercado aberto** quando compra ou vende títulos do governo. Para aumentar a oferta de moeda, ele instrui seus operadores de mercado no Fed de Nova York a comprar títulos do público nos mercados de títulos do país. Ao pagar pelos títulos com dólares recém-criados, o Fed aumenta a quantidade de moeda na economia. Alguns desses dólares são mantidos como moeda corrente e alguns são depositados em bancos. Cada novo dólar mantido como moeda corrente aumenta a oferta de moeda em exatamente $ 1. Já cada novo dólar depositado em um banco amplia a oferta de moeda em um valor maior, pois aumenta as reservas bancárias, permitindo que o sistema bancário expanda a criação de moeda por meio do multiplicador monetário.

Para reduzir a oferta de moeda, o Fed faz exatamente o oposto: vende os títulos do governo ao público nos mercados de títulos do país. O público paga por esses títulos com suas reservas de moeda e depósitos bancários, reduzindo diretamente a quantidade de moeda em circulação. Além disso, à medida que as pessoas fazem retiradas dos bancos, estes se veem com uma quantidade de reservas cada vez menor. Como resposta, eles reduzem o volume de empréstimos, e o processo de criação de moeda se reverte.

As operações no mercado aberto são fáceis de conduzir. Na verdade, as compras e vendas de títulos do governo que o Fed executa nos mercados de títulos do país são semelhantes às transações que qualquer pessoa poderia realizar para sua própria carteira de investimentos. Há, no entanto, uma diferença importante: quando dois indivíduos estabelecem uma relação comercial, a moeda muda de mão, mas a quantidade de moeda em circulação permanece a mesma. Em contraste, quando o Fed é uma das partes da transação, a oferta de moeda muda. As operações no mercado aberto são o instrumento de política monetária que o Fed usou com maior frequência historicamente.

Empréstimos do Fed aos bancos O Fed também pode aumentar a quantidade de reservas na economia ao emprestar reservas aos bancos. Os bancos pegam emprestado do Fed quando sentem que não possuem reservas suficientes disponíveis, seja para satisfazer os reguladores bancários, seja para atender às retiradas dos depositantes, fazer novos empréstimos ou por algum outro motivo financeiro.

Existem várias formas pelas quais os bancos podem tomar empréstimos junto ao Fed. Tradicionalmente, eles recorrem à janela de redesconto e pagam uma taxa de juros sobre esse empréstimo, chamada **taxa de redesconto** (*discount rate*). Quando o Fed concede esse tipo de empréstimo a um banco, o sistema bancário passa a contar com mais reservas do que teria de outra forma, e essas reservas adicionais permitem a expansão da oferta monetária por meio do mecanismo de criação de moeda.

taxa de redesconto
taxa de juros sobre os empréstimos que o Fed concede aos bancos

O Fed pode alterar a oferta de moeda ajustando a taxa de redesconto. Uma taxa mais alta desestimula os bancos a tomarem empréstimos junto ao Fed, reduzindo a quantidade de reservas no sistema bancário e, consequentemente, a oferta de moeda. Por outro lado, uma taxa de redesconto mais baixa incentiva os bancos a tomarem empréstimos do Fed, aumentando as reservas bancárias e, por sua vez, a oferta de moeda na economia.

Em determinados momentos, o Fed estabeleceu outros mecanismos para os bancos obterem empréstimos. Por exemplo, de 2007 a 2010, no âmbito **Term Auction Facility (TAF)**,* o Fed determinava a quantidade de recursos que pretendia emprestar aos bancos, e os bancos elegíveis competiam para obter esses recursos por meio de um leilão de taxa de juros. Os empréstimos eram concedidos aos maiores lances elegíveis, ou seja, aos bancos que apresentavam garantias aceitáveis e ofereciam pagar as taxas de juros mais altas. Diferente da janela de redesconto, em que o Fed define a taxa de juros e os bancos determinam a quantidade de crédito tomada, no Term Auction Facility o Fed fixava a quantidade de crédito disponível, e a disputa entre os bancos determinava a taxa de juros. Quanto mais recursos o Fed disponibilizava por meio desse mecanismo, maior era a quantidade de reservas no sistema bancário e, consequentemente, a expansão da oferta monetária.

O Fed concede empréstimos aos bancos não apenas para controlar a oferta de moeda, mas também para auxiliar instituições financeiras em momentos de crise. Por exemplo, quando o mercado de ações caiu em 22% em 19 de outubro de 1987, muitas corretoras de Wall Street enfrentaram uma necessidade temporária de recursos para financiar o elevado volume de negócios com ações. Na manhã seguinte, antes da abertura do mercado, o então presidente do Fed, Alan Greenspan, anunciou a "disposição do Fed de atuar como fonte de liquidez para apoiar o sistema econômico e financeiro". Muitos economistas acreditam que a resposta rápida de Greenspan foi um fator crucial para que esse *crash* do mercado tivesse poucas repercussões de longo prazo.

De forma semelhante, entre 2008 e 2009, a queda dos preços dos imóveis nos Estados Unidos levou a um aumento significativo na inadimplência de mutuários em financiamentos imobiliários. Muitas instituições financeiras que detinham esses empréstimos enfrentaram dificuldades. Para evitar que esses problemas tivessem impactos econômicos mais amplos, o Fed injetou bilhões de dólares por meio de empréstimos para instituições financeiras em crise.

Novamente, no início de 2020, quando os mercados de ações e de títulos despencaram em resposta à pandemia de Covid-19, o Fed atuou como credor de última instância e implementou novos programas para injetar liquidez na economia. O presidente do Fed, Jerome Powell, comprometeu-se a apoiar os bancos e a economia "até que tenhamos confiança de estarmos firmemente no caminho da recuperação".

30-4b Como o Fed influencia o índice de reservas

Além de influenciar a quantidade de reservas, o Fed altera a oferta monetária ao afetar o índice de reservas e o multiplicador monetário. O Fed pode influenciar o índice de reservas de duas formas: regulando o montante mínimo de reservas que os bancos devem manter ou ajustando a taxa de juros que paga sobre essas reservas.

Reservas exigidas** Uma forma como o Fed influencia o índice de reservas é por meio das **reservas exigidas**, que estabelecem o montante mínimo de reservas que os bancos devem manter sobre seus depósitos. Um aumento nas reservas exigidas significa que os bancos devem manter maiores reservas e podem emprestar menos de cada dólar que é depositado, reduzindo quanto dinheiro o sistema bancário consegue criar. Em outras palavras, um aumento nas reservas exigidas eleva o índice de reservas e reduz o multiplicador monetário e a oferta de moeda. Por outro lado, uma redução nas reservas exigidas reduz o índice de reservas, aumenta o multiplicador monetário e expande a oferta de moeda.

Essa ferramenta de política monetária tornou-se menos relevante após 2008, pois os bancos começaram a manter reservas substanciais acima do nível exigido. Em março de 2020, o Fed reduziu o nível de reservas exigidas para zero, eliminando, na prática, os requisitos de reserva. Ainda assim, é importante conhecer essa regulamentação, pois historicamente ela teve um papel fundamental na política monetária e pode voltar a ser relevante no futuro.

reservas exigidas
regulamentação que diz respeito ao montante mínimo de reservas que os bancos devem manter sobre seus depósitos

---

*N. de R.T. O Term Auction Facility (TAF) é um programa gerido pelo Fed para, mediante leilões, atuar em situações de pressão elevada nos mercados financeiros de curto prazo, atendendo instituições financeiras que disponham de garantias apropriadas.

**N. de R.T. Também conhecidas como *depósitos compulsórios* ou *reservas obrigatórias*.

juros sobre reservas
taxa de juros paga para bancos sobre as reservas mantidas em depósito no Fed

Pagamento de juros sobre reservas Tradicionalmente, as reservas bancárias não rendiam juros. Em outubro de 2008, no entanto, isso mudou e o Fed começou a pagar **juros sobre reservas**. Ou seja, quando os bancos depositam suas reservas no Fed, este paga juros sobre esses depósitos, da mesma forma que um banco pagaria juros sobre sua conta poupança. Essa mudança na política monetária explica por que os requisitos de reserva deixaram de ser necessários: uma vez que as reservas passaram a gerar rendimento, os bancos se tornaram mais propensos a mantê-las, mesmo sem a exigência de um nível mínimo.

Como consequência, o Fed passou a contar com uma nova ferramenta para influenciar a economia. Quanto maior é a taxa de juros sobre as reservas, mais reservas os bancos optam por manter. Um aumento na taxa de juros das reservas tende a aumentar o índice de reserva, reduzir o multiplicador monetário e reduzir a oferta monetária. Por outro lado, uma diminuição na taxa de juros das reservas tende a reduzir o índice de reserva, aumentar o multiplicador monetário e aumentar a oferta monetária.

Desde a introdução dos juros sobre reservas em 2008, essa medida se tornou uma das ferramentas mais importantes da política monetária. Como veremos, a política recente do Fed tem enfatizado uma meta de curto prazo para a taxa dos *fed funds*, que é uma taxa de juros aplicada aos empréstimos *overnight* entre bancos. A taxa de juros que o Fed paga sobre as reservas se mostrou uma ferramenta especialmente útil para alcançar essa meta.

30-4c Problemas no controle da oferta de moeda

Os diversos instrumentos do Fed – operações no mercado aberto, empréstimo bancário, reservas exigidas e juros sobre as reservas – têm um efeito poderoso sobre a oferta de moeda. Contudo, o controle que o Fed exerce sobre a oferta de moeda não é preciso. Já houve vezes em que o Fed foi obrigado a lutar contra dois problemas, cada um dos quais devido ao fato de que grande parte da oferta de moeda é criada pelo sistema bancário de reservas fracionárias.

O primeiro problema é que o Fed não controla a quantidade de moeda que as famílias decidem manter depositada nos bancos. Quanto mais moeda as famílias depositam, mais reservas os bancos têm e mais moeda o sistema bancário pode criar. E quanto menos moeda as famílias depositam, menos reservas os bancos têm e menos moeda o sistema bancário pode criar. Para ver por que isso é um problema, suponha que, um dia, as pessoas comecem a perder a confiança no sistema bancário e, por essa razão, decidam retirar seus depósitos e ficar com a moeda corrente em seu poder. Quando isso acontecer, o sistema bancário perderá reservas e criará menos moeda. A oferta de moeda cairá, mesmo sem nenhuma ação do Fed.

O segundo problema do controle monetário é que o Fed não controla a quantidade que os bancos decidem emprestar. A partir do depósito de moeda em um banco, existe criação de mais moeda somente quando o banco concede empréstimos. Uma vez que os bancos podem optar por manter um excesso de reservas, o Fed pode não ter certeza de quanta moeda o sistema bancário vai criar. Por exemplo, suponha que, um dia, os bancos se tornem mais cautelosos em relação às condições da economia e decidam conceder menos empréstimos e manter reservas maiores. Nesse caso, o sistema bancário criará menos moeda que antes e, em razão da decisão dos bancos, a oferta de moeda cairá.

Assim, em um sistema bancário de reservas fracionárias, a quantidade de moeda na economia depende, em parte, do comportamento dos depositantes e dos bancos. Como o Fed não pode controlar ou prever com precisão esse comportamento, não pode controlar perfeitamente a oferta de moeda. No entanto, se o Fed se mantiver vigilante, esses problemas não precisam ser grandes. O Fed coleta dados semanais sobre os depósitos e as reservas dos bancos, de modo que rapidamente fica a par de quaisquer mudanças no comportamento dos depositantes ou dos bancos, podendo, portanto, responder a essas alterações e manter a oferta de moeda próxima ao nível desejado.

Além disso, como veremos em breve, o Fed recentemente conduziu sua política definindo um alvo para taxas de juros, em vez de um alvo para a oferta de moeda. Essa abordagem automaticamente alterou a quantidade de reservas para acomodar as novas atitudes de banqueiros e depositantes.

Estudo de caso

Corridas bancárias e a oferta monetária

Talvez você nunca tenha testemunhado uma corrida bancária na vida real, mas talvez tenha visto uma retratada em filmes como *Mary Poppins* ou *A felicidade não se compra*. Uma corrida bancária é uma forma de pânico em massa, que ocorre quando os depositantes temem que um banco esteja tendo problemas financeiros e "correm" até o banco para sacar seus depósitos. Os Estados Unidos não viram um grande banco passar por isso desde a Grande Depressão da década de 1930, mas, no Reino Unido, um banco chamado Northern Rock passou por uma corrida em 2007 e acabou sendo adquirido pelo governo.

As corridas bancárias são um problema para os bancos com reservas fracionárias. Como um banco mantém apenas uma fração de seus depósitos em reserva, ele não pode atender às solicitações de saque de todos os depositantes se elas ocorrerem simultaneamente. Mesmo que o banco seja **solvente** (o que significa que seus ativos excedem seus passivos), ele não terá dinheiro suficiente em mãos para permitir que todos os depositantes tenham acesso imediato a todo o seu dinheiro. Quando ocorre uma corrida bancária, o banco é forçado a fechar suas portas até que alguns empréstimos bancários sejam reembolsados ou até que algum credor de última instância (como o Fed) forneça a moeda necessária para satisfazer os depositantes.

As corridas bancárias complicam o controle da oferta monetária. Considere o que aconteceu no início da década de 1930. Depois de uma onda de corridas e fechamentos de bancos, famílias e banqueiros ficaram mais cautelosos. As famílias retiraram seus depósitos dos bancos, preferindo manter seu dinheiro em forma de moeda. Essa decisão reverteu o processo de criação de dinheiro, já que os banqueiros responderam à queda das reservas reduzindo os empréstimos bancários. Ao mesmo tempo, os banqueiros aumentaram seus índices de reserva para que tivessem dinheiro suficiente em mãos para atender às demandas de seus depositantes em futuras operações bancárias. O maior índice de reserva reduziu o multiplicador monetário e, assim, reduziu ainda mais a oferta monetária. De 1929 a 1933, a oferta monetária caiu 28% sem que o Fed tomasse qualquer ação deliberadamente restritiva. Muitos economistas apontam essa queda massiva na oferta monetária como explicação para o alto desemprego e a queda dos preços que prevaleceram durante esse período. (Os capítulos adiante examinarão os mecanismos pelos quais as mudanças na oferta monetária afetam o emprego e os preços.)

Hoje, as corridas bancárias não são um grande problema para o sistema bancário dos Estados Unidos, em parte devido às reformas promulgadas após a crise da década de 1930. O governo federal agora garante a segurança dos depósitos na maioria dos bancos, principalmente por meio da Federal Deposit Insurance Corporation (FDIC). Os depositantes não correm para os seus bancos porque estão confiantes de que, mesmo se o banco falir, a FDIC pagará os depósitos.

No entanto, investidores em pânico às vezes fogem de outras instituições financeiras que não dispõem de seguro de depósito governamental, conduzindo a eventos que se assemelham a corridas bancárias. Por exemplo, em 2008 e novamente em 2020, as pessoas começaram a duvidar da solidez dos fundos mútuos do mercado monetário, que não são tecnicamente bancos, mas têm algumas características bancárias. O Fed temia que retiradas massivas desses fundos interrompessem seus empréstimos, agitassem os mercados financeiros e diminuíssem a atividade econômica. Em ambos os casos, o Fed interveio para aumentar a liquidez e restaurar a estabilidade.

A política de seguro de depósitos do governo tem sido bem-sucedida em manter a confiança do público no sistema bancário, mas também apresenta desvantagens. Os banqueiros cujos depósitos são garantidos podem ter muito pouco incentivo para evitar riscos de crédito ruim ao emprestar. Eles podem pensar: "Se der cara, o banco ganha; se der coroa, os contribuintes perdem". É por isso que os reguladores acompanham de perto o risco dos ativos dos bancos.

Quanto às corridas bancárias, a maioria das pessoas agora as vê apenas nos filmes. ●

Uma corrida bancária não compra a felicidade.

30-4d A taxa dos *fed funds*

Se você acompanha as notícias sobre a política monetária dos Estados Unidos, provavelmente vê muitas discussões sobre a taxa dos *fed funds*.* Isso levanta algumas questões:

P: O que é a taxa dos *fed funds*?
R: A **taxa dos *fed funds*** é a taxa de juros no curto prazo que os bancos cobram por empréstimos realizados entre eles. Se um banco não tem reservas suficientes e outro tem excesso de reservas, o segundo pode emprestar ao primeiro. Esses empréstimos são temporários, geralmente durante a noite. O preço do empréstimo é a taxa dos *fed funds*.

taxa dos *fed funds*
taxa de juros aplicada aos empréstimos *overnight* realizados entre bancos

---

É NOTÍCIA — Uma viagem à Ilha Jekyll

Aqui está a história de como o Federal Reserve surgiu.

A incrível história da criação do Fed que parece até ficção

Por Roger Lowenstein

De acordo com pesquisas de opinião, nenhuma instituição, exceto a Receita Federal, é menos considerada do que o Fed. Ele é também uma fonte de teorias da conspiração alimentadas por libertários radicais, que insistem que o Fed está desvalorizando a moeda e, no fim das contas, levará o país à falência.

A impopularidade do Fed faria sentido se ele tivesse, digamos, falhado em intervir e salvar o sistema durante a crise financeira de 2008. Mas, na verdade, o Fed resgatou a economia.

No entanto, a insatisfação persiste no Congresso, onde diversos projetos de lei buscariam retirar a autonomia do Fed e submeter decisões monetárias sensíveis ao escrutínio de políticos eleitos. Alguns projetos de lei vão ainda mais longe e exploram o retorno ao padrão-ouro.

Para os observadores do banco central, essa dinâmica – política eficaz recompensada com desprezo popular – não é novidade. Nos Estados Unidos, sempre foi assim.

Por insistência de Alexander Hamilton, o Congresso concedeu a licença para a criação, pela primeira vez, de um banco nacional – o ur-Fed – em 1791. No entanto, Thomas Jefferson, que notoriamente desconfiava dos bancos (ele considerava a agricultura mais virtuosa) e que temia um governo central forte, se opôs a esse desenvolvimento. Depois de 20 anos, os seguidores da linha de Jefferson venceram, e o Congresso deixou a licença expirar.

Essa decisão levou ao desastre: inflação ruinosa. Assim, o Congresso criou um Segundo Banco dos Estados Unidos, que começou em 1817, fornecendo ao país em crescimento uma moeda melhor e mais uniforme e melhorando suas finanças públicas. Contudo, o sucesso não conseguiu salvá-lo. Andrew Jackson desprezou o Segundo Banco como uma ferramenta das elites da Costa Leste, e ele também foi abolido.

Durante a maior parte do século XIX, os Estados Unidos, ao contrário da maioria das nações da Europa, não tiveram um credor de último recurso. O resultado foi pânicos frequentes e escassez de crédito. No entanto, algumas das pessoas que mais poderiam ter se beneficiado de um banco central, como agricultores que estavam desesperados por crédito, preferiram o *status quo*. Como Jackson e Jefferson antes deles, eles temiam que um banco governamental tiranizasse as pessoas, talvez em conluio com Wall Street.

Depois de um pânico financeiro em 1907 praticamente paralisar o sistema bancário, os reformadores começaram a pressionar novamente por um banco central. Contudo, a desconfiança popular permaneceu tão acentuada que eles tiveram medo de ir a público.

Esse é o momento – 105 anos atrás – em que a história parece ter sido sequestrada por um futuro roteirista de Hollywood.

Em uma noite de novembro de 1910, o poderoso senador Nelson W. Aldrich, um republicano de Rhode Island, embarcou em seu vagão particular perto de Nova York. Uma leve neve estava caindo, silenciando os tons sussurrados e conspiratórios de seus convidados, exatamente como Aldrich queria.

O banqueiro reformista Paul Warburg, um de seus convidados, estava carregando um rifle de caça, mas não tinha interesse em caçar. O grupo também incluiu um membro do

---

*N. de R.T. A taxa dos *fed funds* é o equivalente à taxa do Certificado de Depósitos Interbancários (CDI). Embora tenham finalidades semelhantes, a taxa dos *fed funds* é uma meta de política monetária estabelecida pelo Fed, enquanto o CDI é um reflexo das operações interbancárias no Brasil, fortemente atrelado à Selic.

P: Qual é a diferença entre a taxa dos *fed funds* e a taxa de juros paga sobre reservas?
R: A taxa de juros sobre reservas é a taxa que o Fed paga aos bancos pelas reservas mantidas em depósito no próprio Fed. Já o empréstimo de reservas para outro banco no mercado interbancário dos *fed funds* é uma alternativa para os bancos ao invés de manter as reservas no Fed. Normalmente, os bancos optam pela alternativa que oferece maior retorno. Como consequência, essas duas taxas costumam ficar próximas uma da outra.

P: A taxa dos *fed funds* importa apenas aos bancos?
R: De modo algum. Embora apenas os bancos tomem empréstimos diretamente no mercado interbancário, o impacto econômico desse mercado é muito mais amplo. O sistema financeiro é altamente interconectado, e as taxas de juros de diferentes tipos de empréstimos costumam se mover juntas. Assim, quando a taxa dos *fed funds* sobe ou cai, outras taxas de juros geralmente seguem a mesma direção.

---

poderoso banco Morgan, bem como um secretário assistente do Tesouro dos Estados Unidos, e Frank Vanderlip, chefe do maior banco do país, o National City.

"Para que tipo de missão estamos indo?", Vanderlip perguntou.

"Pode ser uma caça a patos selvagem; pode ser a maior coisa que você e eu já fizemos", respondeu Warburg.

Disfarçados de caçadores de patos, eles desembarcaram em Brunswick, Geórgia, e viajaram de lancha até a Ilha Jekyll, lar de um clube exclusivo cercado por bosques de pinheiros e palmeiras. Ao longo de uma semana, Aldrich e seus banqueiros traçaram um rascunho do que viria a ser a Lei da Reserva Federal, mudando a economia dos Estados Unidos para sempre.

O Congresso nunca foi informado de que o projeto de lei de Aldrich havia sido redigido por magnatas da Wall Street. Seu projeto de lei não foi aprovado, mas foi a base de um projeto sucessor, a Lei do Federal Reserve, que Woodrow Wilson assinou em 1913. Anos depois, quando a viagem de Jekyll foi revelada ao público, extremistas aproveitaram esse episódio com cara de ficção para reforçar sua afirmação de que o Fed era uma conspiração dos banqueiros contra o povo dos Estados Unidos. Para os teóricos da conspiração, o encontro dos banqueiros em Jekyll se tornou

Senador Nelson Aldrich

uma metáfora para o próprio Fed. A ironia óbvia é que, temendo a suspeita irracional dos estadunidenses em relação ao banco central, Aldrich e sua equipe recorreram a uma narrativa que, em última análise, aprofundou a paranoia do país.

Apesar de suas táticas clandestinas, os motivos dos financistas eram, na verdade, patrióticos. Aldrich visitou a Europa e estudou seus bancos centrais. Ele queria ajuda especializada para redigir um equivalente estadunidense. Entre refeições suntuosas com perus selvagens e ostras frescas gratinadas, seu grupo de banqueiros ricos enfrentou seriamente questões que ainda nos provocam hoje: como o poder sobre a economia deve ser distribuído entre Washington e as localidades? Como o banco central deve definir as taxas de juros e a oferta monetária?

O Federal Reserve hoje não é perfeito. Mas está mais transparente do que nunca, graças às reformas instituídas pelo presidente anterior, Ben S. Bernanke, e não é menos necessário do que era um banco central em 1791. A paranoia dos estadunidenses é injustificada, assim como sempre foi. ■

Questões para discussão

1. Por que você acha que o senador Aldrich queria manter a reunião na Ilha Jekyll em segredo? Na sua opinião, esse sigilo era justificado?

2. A maioria das pessoas não entende o que o Federal Reserve faz. Como você acha que essa falta de entendimento afeta o trabalho dos banqueiros centrais?

Lowenstein é autor de America's Bank: A luta épica para criar o Federal Reserve.

Fonte: *Los Angeles Times*, 2 de novembro de 2015.

P: Qual é o papel do Fed na taxa dos *fed funds*?
R: Nos últimos anos, o Fed estabeleceu uma meta para a taxa dos *fed funds*. A cada seis semanas, o FOMC se reúne para decidir se aumenta, reduz ou mantém essa meta.
P: De que maneira o Fed consegue fazer a taxa dos *fed funds* alcançar a meta estabelecida?
R: Embora a taxa efetiva dos *fed funds* seja determinada pela oferta e demanda no mercado interbancário, o Federal Reserve pode utilizar seus instrumentos de política monetária para influenciar esse mercado. De forma direta, se o Fed aumentar a taxa de juros que ele paga sobre reservas, os bancos elevarão as taxas cobradas nos empréstimos interbancários, pressionando a taxa dos *fed funds* para cima. Por outro lado, se o Fed reduzir a taxa de juros sobre reservas, os bancos terão maior incentivo para conceder empréstimos no mercado interbancário, o que resultará em uma queda na taxa dos *fed funds*.
P: Mas essas ações do Fed não afetam a oferta monetária?
R: Sim, exatamente. Quando o Fed anuncia uma meta para a taxa dos *fed funds*, ele se compromete a utilizar seus instrumentos de política monetária para atingi-la, e essas ações afetam diretamente a oferta de moeda. As alterações na meta da taxa dos *fed funds* e as mudanças na oferta monetária são dois lados da mesma moeda. Mantidas as demais condições constantes, uma redução na meta da taxa dos *fed funds* implica uma expansão da oferta de moeda, enquanto um aumento na meta da taxa dos *fed funds* resulta em uma contração da oferta monetária.

Teste rápido

8. Quais das seguintes ações do Fed tenderia a aumentar a oferta monetária?
   a. uma venda de títulos do governo no mercado aberto
   b. uma diminuição nos requisitos de reserva
   c. um aumento na taxa de juros paga sobre reservas
   d. um aumento na taxa de redesconto aplicada aos empréstimos do Fed

9. Se o Fed aumentar a taxa de juros que paga sobre reservas, ele _____ a oferta monetária, pois aumentará _____.
   a. reduzirá; o multiplicador monetário
   b. reduzirá; as reservas excedentes
   c. aumentará; o multiplicador monetário
   d. aumentará; as reservas excedentes

10. Em um sistema bancário de reservas fracionárias, mesmo sem qualquer ação do banco central, a oferta monetária declinará se as famílias optarem por manter _____ dinheiro ou se os bancos optarem por manter _____ reservas.
    a. mais; mais
    b. mais; menos
    c. menos; mais
    d. menos; menos

As respostas estão no final do capítulo.

30-5 Conclusão

Alguns anos atrás, um livro intitulado *Segredos do templo: como o Federal Reserve administra o país* entrou para a lista de *best-sellers*. Um exagero, sem dúvida, mas esse título destacou o importante papel do sistema monetário em nossa vida. Sempre que compramos ou vendemos alguma coisa, confiamos na convenção social extraordinariamente útil denominada "moeda". Agora que sabemos o que é a moeda e o que determina sua oferta, podemos discutir como as variações na quantidade de moeda afetam a economia. Começaremos a tratar desse assunto no próximo capítulo.

Capítulo 30 O sistema monetário **635**

RESUMO DO CAPÍTULO

- O termo **moeda** refere-se a ativos que as pessoas usam regularmente para comprar bens e serviços.
- A moeda tem três funções. Como meio de troca, é o item usado para realizar transações. Como unidade de conta, proporciona uma maneira pela qual preços e outros valores econômicos são registrados. Como reserva de valor, proporciona uma maneira de transferir poder de compra do presente para o futuro.
- A moeda-mercadoria, como o ouro, é a moeda que tem valor intrínseco: teria valor mesmo se não fosse usada como moeda. A moeda fiduciária, como os dólares de papel, é a moeda sem valor intrínseco: não teria valor se não fosse usada como moeda.
- Na economia dos Estados Unidos, a moeda toma a forma de moeda corrente e de diversos tipos de depósitos bancários, como os depósitos à vista.
- O Federal Reserve, o banco central dos Estados Unidos, é responsável pela regulamentação do sistema monetário estadunidense. O presidente do Fed é nomeado pelo presidente dos Estados Unidos e confirmado pelo Congresso a cada quatro anos. O presidente é o principal membro do Comitê Federal do Mercado Aberto (FOMC), que estabelece a política monetária.
- Quando as pessoas depositam em bancos e estes usam uma fração desses depósitos para fornecerem empréstimos ao público, a quantidade de moeda na economia aumenta. Como o sistema bancário aumenta a oferta de moeda dessa forma, o controle do Fed sobre o dinheiro é imperfeito.

- Os donos de banco providenciam os recursos necessários para abrir um banco, chamados de capital bancário. Em virtude da alavancagem (o uso de fundos emprestados para investimentos), uma pequena mudança no valor dos ativos do banco pode levar a uma grande mudança no valor do seu capital. Para proteger os depositantes, os reguladores exigem que os bancos guardem uma certa quantia de capital.
- O Federal Reserve possui várias ferramentas para influenciar a oferta monetária. Ele pode expandi-la comprando títulos em operações de mercado aberto, reduzindo a taxa de redesconto, aumentando seus empréstimos para bancos, diminuindo requisitos de reserva ou diminuindo a taxa de juros sobre reservas. Por outro lado, o Fed pode contrair a oferta monetária por meio de venda de títulos públicos, aumento da taxa de redesconto, redução dos empréstimos aos bancos, elevação dos requisitos de reserva ou aumento da taxa de juros paga sobre reservas. Historicamente, as operações de mercado aberto foram a ferramenta primária do Fed para controle da oferta monetária, mas, desde 2008, o banco central tem dependido mais da taxa de juros paga sobre reservas.
- Nos últimos anos, o Federal Reserve estabeleceu políticas monetárias escolhendo uma meta para a taxa dos *fed funds*, uma taxa de juros de curto prazo utilizada nos empréstimos entre os bancos. À medida que o Fed busca seu objetivo, ele ajusta a oferta monetária.

CONCEITOS-CHAVE

moeda, p. 616
meio de troca, p. 616
unidade de conta, p. 617
reserva de valor, p. 617
liquidez, p. 617
moeda-mercadoria, p. 617
moeda fiduciária, p. 617
moeda corrente, p. 618
depósitos à vista, p. 619

Federal Reserve (Fed), p. 620
banco central, p. 620
oferta de moeda, p. 621
política monetária, p. 621
reservas, p. 622
sistema bancário de reservas fracionárias, p. 623
índice de reservas, p. 623
multiplicador da moeda, p. 625

capital bancário, p. 626
alavancagem, p. 626
grau de alavancagem, p. 626
exigência de capital, p. 627
operações no mercado aberto, p. 628
taxa de redesconto, p. 628
reservas exigidas, p. 629
juros sobre reservas, p. 630
taxa dos *fed funds*, p. 632

QUESTÕES DE REVISÃO

1. O que distingue a moeda de outros ativos da economia?
2. O que é moeda-mercadoria? O que é moeda fiduciária? Que tipo de moeda é usada nos Estados Unidos?
3. O que são depósitos à vista e por que devem ser incluídos no estoque de moeda?
4. Quem é responsável pelos rumos da política monetária nos Estados Unidos? Como esse grupo é escolhido?

5. Se o Fed quiser aumentar a oferta de moeda por meio de operações no mercado aberto, o que terá de fazer?
6. Por que os bancos não mantêm reservas de 100%? Como a quantidade de reservas mantidas pelos bancos se relaciona com a quantidade de moeda disponível na economia?
7. O Banco A tem um grau de alavancagem de 10, enquanto o Banco B tem um grau de alavancagem de 20. Perdas semelhantes sobre os empréstimos bancários nos dois bancos fazem o valor de seus ativos cair 7%. Qual banco mostra uma maior mudança no capital bancário? Algum desses bancos permanece solvente? Explique.
8. O que é taxa de redesconto? O que acontece com a oferta de moeda quando o Fed aumenta a taxa de redesconto?
9. O que são reservas exigidas? O que acontece com a oferta de moeda quando o Fed aumenta as reservas exigidas?
10. Por que o Fed não consegue controlar a oferta monetária perfeitamente?

PROBLEMAS E APLICAÇÕES

1. Quais dos itens a seguir são considerados moeda na economia estadunidense? Quais não são? Explique suas respostas abordando cada uma das três funções da moeda.
   a. um centavo de dólar
   b. um peso mexicano
   c. uma pintura de Picasso
   d. um cartão de crédito
2. Explique se cada um dos seguintes eventos a seguir aumenta ou diminui a oferta de moeda.
   a. O Fed compra títulos em operações no mercado aberto.
   b. O Fed reduz as exigências de reserva.
   c. O Fed aumenta a taxa de juros que paga sobre reservas.
   d. O Citibank paga um empréstimo que tinha tomado do Fed.
   e. Dado o aumento de furtos, as pessoas decidem andar com menos dinheiro no bolso.
   f. Temendo uma corrida aos bancos, os banqueiros decidem manter mais reservas.
   g. O FOMC aumenta sua meta para a taxa dos *fed funds*.
3. Seu tio liquidou um empréstimo de $ 100 do Décimo Banco Nacional com a emissão de um cheque de $ 100 sobre seus depósitos em conta corrente mantida no mesmo banco. Use contas-T para demonstrar o efeito dessa transação sobre o seu tio e sobre o banco. A riqueza de seu tio mudou? Explique.
4. O Beleaguered State Bank (BSB) mantém $ 250 milhões em depósitos e um índice de reservas de 10%.
   a. Mostre a conta-T para o BSB.
   b. Agora, suponha que o maior depositante do banco, o Tio Patinhas, retire $ 10 milhões em dinheiro de sua conta. Mostre a nova conta-T do BSB, caso ele decida restaurar seu índice de reservas reduzindo a quantidade de empréstimos concedidos.
   c. Explique o efeito que a ação do BSB terá sobre os demais bancos.
   d. O que poderia dificultar a ação do BSB descrita em (b)? Aponte outro meio pelo qual o BSB poderia voltar ao seu índice de reservas original.
5. Você pega $ 100 que havia escondido debaixo do colchão e os deposita em sua conta corrente. Se esses $ 100 ficarem no sistema bancário como reservas e se os bancos mantiverem reservas iguais a 10% dos depósitos, em quanto aumentará o total de depósitos no sistema bancário? Em quanto a oferta de moeda aumenta?
6. O Banco Feliz começa com $ 200 de capital bancário. Então, recebe $ 800 em depósitos. Ele mantém 12,5% (1/8) dos depósitos em reserva e utiliza o restante de seus ativos para fazer empréstimos bancários.
   a. Mostre o balanço bancário do Banco Feliz.
   b. Qual é o grau de alavancagem do Banco Feliz?
   c. Suponha que 10% dos tomadores de empréstimos do Banco Feliz fiquem inadimplentes e esses empréstimos bancários tornem-se incobráveis. Mostre o novo balanço do banco.
   d. Em que porcentagem os ativos totais caem? Em que porcentagem o capital do banco cai? Qual das duas variações é maior? Por quê?
7. O Federal Reserve compra $ 10 milhões em títulos do governo no mercado aberto. Se o índice de reservas exigido é de 10%, qual é o maior aumento possível na oferta de moeda que poderia resultar? E qual é o menor aumento possível? Explique.
8. Suponha que a reserva exigida seja de 5%. Todos os demais fatores mantidos constantes, a oferta de moeda se expandirá mais se o Fed comprar $ 2.000 em títulos ou se alguém depositar em um banco esse mesmo valor que tinha guardado em casa? Se uma opção render mais que a outra, qual será o rendimento? Explique seu raciocínio.

9. Suponha que a reserva exigida sobre os depósitos em conta corrente seja de 10% e que os bancos não mantenham reservas excedentes.
   a. Se o Fed vender $ 1 milhão em títulos do governo, qual será o efeito sobre as reservas e sobre a oferta de moeda da economia?
   b. Suponha, agora, que o Fed reduza as reservas exigidas para 5%, mas os bancos decidam manter mais 5% dos depósitos como reservas excedentes. Por que os bancos fariam isso? Qual seria a variação total do multiplicador da moeda e da oferta de moeda em virtude dessas ações?

10. Suponha que o sistema bancário tenha um total de $ 100 bilhões em reservas. Suponha também que as reservas exigidas sejam de 10% sobre os depósitos em conta corrente, que os bancos não tenham reservas excedentes e que as famílias não tenham moeda corrente em seu poder.
    a. Qual é o multiplicador da moeda? Qual é a oferta de moeda?
    b. Se o Fed elevar as reservas exigidas para 20% dos depósitos, qual será a variação nas reservas e na oferta de moeda?

11. Suponha que a reserva exigida seja de 20%. Suponha também que os bancos não mantenham excesso de reservas e que não haja moeda em poder do público.

O Fed decide expandir a oferta de moeda em $ 40 milhões de dólares.
   a. Se o Fed fizer operações no mercado aberto, ele comprará ou venderá títulos?
   b. Que quantidade de títulos será preciso comprar ou vender para alcançar o objetivo? Explique seu raciocínio.

12. A economia de Elmendyn tem 2.000 notas de $ 1.
    a. Se a população mantiver todo o dinheiro como moeda corrente, qual será a quantidade de moeda existente em Elmendyn?
    b. Se as pessoas mantiverem todo o dinheiro como depósitos à vista e os bancos mantiverem reservas de 100%, qual será a quantidade de moeda existente em Elmendyn?
    c. Se as pessoas mantiverem quantidades iguais de moeda corrente e de depósitos à vista e os bancos mantiverem reservas de 100%, qual será a quantidade de moeda existente em Elmendyn?
    d. Se as pessoas mantiverem todo o dinheiro como depósitos à vista e os bancos mantiverem o índice de reservas de 10%, qual será a quantidade de moeda existente em Elmendyn?
    e. Se as pessoas mantiverem quantidades iguais de moeda corrente e depósitos à vista e os bancos mantiverem um índice de reservas de 10%, qual será a quantidade de moeda existente em Elmendyn?

Respostas do teste rápido

1. **b**   2. **c**   3. **a**   4. **c**   5. **c**   6. **d**   7. **a**   8. **b**   9. **b**   10. **a**

Capítulo 31

Crescimento da moeda e inflação

Hoje, se você quiser comprar um sorvete, precisará de pelo menos alguns dólares. Mas nem sempre foi assim. Na década de 1930, minha avó tinha uma loja de doces na cidade de Trenton, em New Jersey, e vendia dois tamanhos de sorvetes. Um sorvete pequeno custava três centavos. Clientes mais esfomeados podiam comprar um sorvete grande por cinco centavos.

Esse aumento no preço do sorvete – e no preço da maioria das coisas hoje em relação a 1930 – é típico das economias modernas, em que os preços tendem a subir com o tempo. Esse aumento no nível geral de preços é chamado de **inflação**. Um capítulo anterior discutiu como os economistas medem a taxa de inflação como a variação percentual no índice de preços ao consumidor (IPC), no deflator do PIB ou em algum outro índice do nível geral de preços. O IPC mostra que, nos Estados Unidos, de 1935 a 2021, os preços subiram, em média, 3,5% ao ano. Acumulada ao longo de tantos anos, uma taxa de inflação anual de 3,5% equivale a um aumento de quase 20 vezes no nível de preços.

A inflação pode parecer natural para uma pessoa que viveu nos Estados Unidos durante as últimas décadas, mas, na verdade, não é inevitável. No século XIX, houve longos períodos durante os quais a maioria dos preços caiu – um fenômeno chamado **deflação**. O nível médio dos preços na economia estadunidense foi 23% menor em 1896 do que em 1880, e essa deflação foi assunto de grande importância na eleição presidencial de 1896. Os agricultores, que haviam acumulado dívidas altas, sofreram quando as quedas nos preços das safras reduziram sua renda e sua capacidade de pagar suas dívidas. Eles defendiam políticas governamentais que tivessem por objetivo reverter a deflação.

Embora a inflação tenha sido a norma na história mais recente dos Estados Unidos, houve uma variação substancial na taxa em que os preços aumentam. De 1970 a 1980, os preços aumentaram 7,8% ao ano, o que significou que o nível de preços mais que dobrou ao longo da década. Em contrapartida, de 2010 a 2020, a inflação média foi de apenas 1,7% ao ano. Contudo, no início de 2022, enquanto o país lutava para se recuperar da pandemia do coronavírus, a taxa de inflação subiu acima de 7% para a taxa mais alta em quatro décadas, e os observadores se perguntaram se esse aumento seria transitório ou mais persistente.

Dados internacionais mostram uma ampla gama de experiências de inflação. Em 2020, a taxa de inflação foi de 1,2% nos Estados Unidos, zero no Japão, 3,4% no México, 11% na Nigéria e 12% na Turquia.* E até mesmo as altas taxas de inflação na Nigéria e na Turquia foram moderadas por certos padrões. Em 2018, a inflação na Venezuela atingiu cerca de 1 milhão por cento ao ano, equivalente a um aumento nos preços de cerca de 2,5% **ao dia**. Essa taxa de inflação extraordinariamente alta é chamada de **hiperinflação**.

O que determina se uma economia apresentará inflação e, em caso positivo, de quanto? Muitas forças podem afetar o nível de preços no curto prazo, como veremos nos capítulos posteriores. Mas, para explicar a inflação substancial ou persistente, os economistas geralmente recorrem à **teoria quantitativa da moeda**, o tópico principal deste capítulo. Um dos **dez princípios da economia** do Capítulo 1 resume o assunto rapidamente: os preços aumentam quando o governo emite moeda demais. A teoria quantitativa pode explicar inflações moderadas, como as experimentadas nos Estados Unidos, bem como hiperinflações.

Este capítulo também aborda uma questão relacionada: por que a inflação é um problema? À primeira vista, a resposta pode parecer óbvia: é um problema porque as pessoas não gostam disso. Na década de 1970, quando os Estados Unidos experimentaram uma inflação relativamente alta, as pesquisas de opinião colocaram a inflação como a questão mais importante enfrentada pelo país. O presidente Ford expressou esse sentimento em 1974, quando chamou a inflação de "inimigo público número um" e usou um botão "WIN" na lapela – para *Whip Inflation Now* (Combater a Inflação Agora). E em 2021, quando a inflação disparou nas fases finais da pandemia de Covid-19, o presidente Biden afirmou que essa era "uma das preocupações econômicas mais urgentes do povo americano".

Mas quais são exatamente os custos que a inflação impõe a uma sociedade? A resposta pode surpreendê-lo. Identificar os custos da inflação não é tão simples quanto parece à primeira vista. Todos os economistas condenam a hiperinflação, mas alguns argumentam que os custos da inflação moderada não são tão grandes quanto a maioria do público acredita.

31-1 A teoria clássica da inflação

A teoria quantitativa da moeda é **clássica** no sentido de que foi desenvolvida por alguns dos primeiros pensadores econômicos. De acordo com alguns historiadores, a teoria teve origem no século XVI com o polímata renascentista Nicolau Copérnico, que é mais famoso por seu modelo heliocêntrico do sistema solar. Os defensores da teoria da quantidade incluem muitos grandes economistas: David Hume, do século XVIII, John Stuart Mill, do

---

*N. de R.T. No Brasil, a inflação foi de 4,52%.

século XIX, e Irving Fisher e Milton Friedman, do século XX. Hoje, a maioria dos economistas confia na teoria quantitativa para explicar os determinantes de longo prazo do nível de preços e da taxa de inflação.

31-1a O nível de preços e o valor do dinheiro

Suponha que o preço de um sorvete suba de 5 centavos de dólar para um dólar em algum período. O que podemos concluir quanto à disposição das pessoas em abrir mão de muito mais dinheiro em troca de um sorvete? É possível que elas tenham adquirido um apreço muito maior pelo sorvete (talvez porque alguém tenha inventado um novo sabor irresistível). Mas é mais provável que o prazer das pessoas pelo sorvete tenha permanecido praticamente o mesmo e que, com o tempo, o dinheiro usado para comprá-lo tenha se tornado menos valioso. Na maioria dos casos, a inflação tem mais a ver com o valor do dinheiro do que com o valor dos bens.

Essa visão aponta o caminho para uma teoria da inflação. Quando o IPC e outras medidas do nível de preços aumentam, é tentador analisar os preços individuais que compõem esses índices. Um meio de comunicação típico pode informar: "O IPC aumentou em 3% no último mês, impulsionado por um aumento de 20% no preço das frutas e vegetais e de um aumento de 30% no preço do combustível". Essa abordagem fornece algumas informações úteis sobre o que está acontecendo, mas ignora um ponto-chave: a inflação é um fenômeno de toda a economia e diz respeito, principalmente, ao valor do meio de troca da economia.

O nível geral de preços da economia pode ser visto de duas maneiras. Até agora, o consideramos como o preço de uma cesta de bens e serviços. Quando o nível de preços sobe, as pessoas precisam pagar mais pelo que compram. De outra forma, podemos ver o nível de preços como uma medida do valor do dinheiro. Um aumento no nível de preços significa um menor valor do dinheiro, porque cada dólar em sua carteira ou conta corrente compra menos bens e serviços.

Pode ser útil expressar matematicamente essas ideias. Suponha que P seja o nível de preços medido, por exemplo, pelo IPC ou pelo deflator do PIB. Então, P mede o número de dólares necessário para comprar uma cesta de bens e serviços. Agora inverta esse pensamento: a quantidade de bens e serviços que podem ser comprados com $ 1 é igual a $1/P$. Em outras palavras, se P é o preço dos bens e serviços medido em termos de moeda, $1/P$ é o valor da moeda medido em termos de bens e serviços.

"Então, o que vai ser? O mesmo tamanho do ano passado ou o mesmo preço do ano passado?"

É mais simples de entender esse cálculo em uma economia com apenas um bem – digamos, um sorvete. Nesse caso, P é o preço de um sorvete. Quando o preço de um sorvete (P) é $ 2, o valor de um dólar ($1/P$) é meio sorvete. Quando o preço (P) sobe para $ 3, o valor de um dólar ($1/P$) cai para um terço de um sorvete. A economia real produz milhares de bens e serviços, então, na prática, usamos um índice de preços em vez do preço de um único bem. Mas a lógica é a mesma: quando o nível de preços sobe, o valor do dinheiro cai.

31-1b Oferta e demanda de moeda e equilíbrio monetário

O que determina o valor da moeda? Assim como para muitas outras perguntas em economia, a resposta é a oferta e a demanda. A oferta e a demanda de bananas determinam o preço das bananas, e, da mesma forma, a oferta e a demanda de moeda determinam o valor da moeda. Mas quais fatores influenciam a oferta e a demanda de moeda?

Primeiro, considere a oferta de moeda. O capítulo anterior discutiu como o Federal Reserve, junto com o sistema bancário, influencia a oferta de moeda. Para fazer isso, o Fed usa diversas ferramentas. Ele pode aumentar a oferta de moeda comprando títulos do governo em operações de mercado aberto ou reduzindo a taxa de juros que paga aos bancos pelas reservas que eles mantêm depositadas. Ele pode reduzir a oferta de moeda vendendo títulos ou aumentando a taxa de juros das reservas. Essas ações políticas afetam a oferta de moeda por meio do sistema bancário de reservas fracionárias. Para os fins deste capítulo, no entanto, esses detalhes sobre o sistema bancário e a produção de moeda podem ser deixados de lado. Simplificamos a análise considerando a quantidade de moeda ofertada como uma variável de política, controlada pelo Fed.

Consideremos, agora, a demanda de moeda. Em seu aspecto mais fundamental, a demanda de moeda reflete quanta riqueza as pessoas desejam manter na forma líquida. Há muitos fatores que influenciam a quantidade de moeda demandada. Por exemplo, o montante de dinheiro em espécie que as pessoas carregam em suas carteiras depende do grau de utilização de cartões de crédito e da facilidade de acesso a caixas eletrônicos. Além disso, como será enfatizado no Capítulo 35, a quantidade de moeda demandada está relacionada à taxa de juros que um indivíduo pode obter ao investir esse dinheiro em um título que paga juros, em vez de mantê-lo na carteira ou em uma conta corrente de baixo rendimento.

Embora muitas variáveis afetem a demanda de moeda, uma é particularmente importante: a média de preços na economia. As pessoas retêm moeda porque ela é um meio de troca. Ao contrário dos demais ativos, como títulos ou ações, as pessoas podem usar moeda para comprar os bens e serviços. A quantidade de moeda que decidirão manter para esse fim depende dos preços dos bens e serviços. Quanto mais elevados forem os preços, maior será a quantia necessária para realizar transações, e maior será a demanda por dinheiro em espécie e depósitos à vista. Ou seja, um elevado nível de preços (um menor valor da moeda) aumenta a quantidade de moeda demandada.

O que garante que a quantidade de moeda que o Fed oferta seja igual à quantidade de moeda que as pessoas demandam? A resposta depende do horizonte de tempo a ser considerado. Mais adiante, examinaremos a resposta em relação ao curto prazo e veremos que a taxa de juros desempenha um papel-chave. A resposta de longo prazo, no entanto, é muito mais simples. **No longo prazo, o nível geral dos preços se ajusta para o nível em que a demanda de moeda seja igual à oferta de moeda.** Se o nível de preços estiver acima do nível de equilíbrio, as pessoas desejarão ter mais moeda do que o Fed produziu, de modo que o nível de preços deve cair para equilibrar a oferta e a demanda de moeda. Se o nível de preços estiver abaixo do nível de equilíbrio, as pessoas desejarão manter menos moeda que a criada pelo Fed, e o nível de preços deve aumentar até equilibrar a oferta e a demanda de moeda. No nível de preços de equilíbrio, a quantidade de moeda que as pessoas desejam manter é exatamente igual à quantidade de moeda ofertada pelo Fed.

A Figura 31-1 ilustra essas ideias. O eixo horizontal do gráfico mostra a quantidade de moeda. O eixo vertical esquerdo mostra o valor do dinheiro $1/P$, e o eixo vertical direito mostra o nível de preço P. Observe que o eixo do nível de preço à direita está invertido: um nível de preço baixo é mostrado próximo ao topo desse eixo e um alto nível de preço é mostrado próximo à parte inferior. Esse eixo invertido mostra que, quando o valor da moeda é alto (como mostrado próximo ao topo do eixo esquerdo), o nível de preços é baixo (próximo ao topo do eixo direito).

As duas curvas da figura são as curvas de oferta e demanda de moeda. A curva de oferta é vertical porque o Fed fixou a quantidade de moeda disponível. A curva de demanda por dinheiro se inclina para baixo, indicando que quando o valor do dinheiro é baixo (e o nível de preço é alto), as pessoas exigem uma quantidade maior de dinheiro para comprar bens e serviços. No equilíbrio, mostrado na figura como ponto A, a quantidade de moeda demandada é igual à quantidade de moeda ofertada. Esse equilíbrio da oferta e da demanda de moeda determina o valor da moeda e o nível de preços.

31-1c Os efeitos de uma injeção monetária

Considere os efeitos de uma mudança na política monetária. Para fazer isso, imagine que a economia está em equilíbrio, e, de repente, o Fed dobra a oferta de dinheiro imprimindo

Figura 31-1

Como a oferta e a demanda de moeda determinam o nível do preço de equilíbrio

O eixo horizontal mostra a quantidade de dinheiro. O eixo vertical da esquerda mostra o valor da moeda, e o eixo vertical da direita, o nível de preços. A curva de oferta de moeda é vertical, porque a quantidade de moeda ofertada é fixada pelo Fed. A curva de demanda de moeda tem inclinação negativa, porque as pessoas desejam manter em mãos maior quantidade de moeda quando cada dólar compra menos. No equilíbrio, ponto A, o valor da moeda (no eixo da esquerda) e o nível de preços (no eixo da direita) ajustaram-se para trazer a quantidade de moeda ofertada e a quantidade de moeda demandada para o equilíbrio.

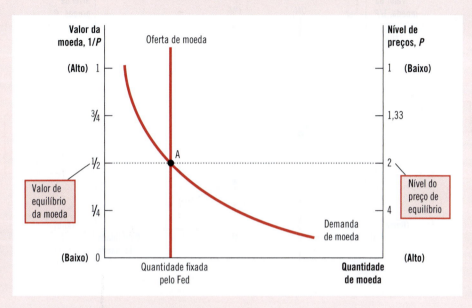

notas de dólar e lançando-as de helicópteros pelo país. (De forma mais realista, o Fed altera a oferta de moeda usando as ferramentas discutidas no capítulo anterior, mas a metáfora do helicóptero é mais simples e vívida.) O que acontece após tal injeção monetária? Como o novo equilíbrio se compara ao antigo?

A Figura 31-2 mostra o que acontece. A injeção monetária desloca a curva de oferta para a direita de OM_1 para OM_2, e o equilíbrio se move do ponto A para o ponto B. Como resultado, o valor da moeda (mostrado no eixo esquerdo) diminui de ½ para ¼, e o nível de preço de equilíbrio (mostrado no eixo direito) aumenta de 2 para 4. Em outras palavras, quando um aumento na oferta de moeda torna os dólares mais abundantes, o resultado é um aumento no nível de preços e uma diminuição no valor de cada dólar.

Essa explicação de como o nível de preços é determinado e por que ele pode mudar com o tempo é chamada de **teoria quantitativa da moeda**. De acordo com a teoria quantitativa, a quantidade de moeda disponível em uma economia determina o valor da moeda, e o aumento da quantidade de moeda é a principal causa da inflação. Como disse certa vez o economista Milton Friedman, "a inflação é sempre e em toda parte um fenômeno monetário".

teoria quantitativa da moeda
uma teoria que afirma que a quantidade de moeda disponível determina o nível de preços e que a taxa de aumento da quantidade de moeda disponível determina a taxa de inflação

31-1d Uma breve análise do processo de ajuste

Até agora, comparamos o equilíbrio antigo e o novo após uma injeção de dinheiro. Como a economia se move de uma para a outra? Uma resposta completa requer uma compreensão

Figura 31-2
Um aumento na oferta de moeda

Quando o Federal Reserve aumenta a oferta de moeda, a curva de oferta de moeda muda de OM_1 para OM_2. O valor da moeda (no eixo esquerdo) e o nível do preço (no eixo direito) ajustam-se para trazer a oferta e a demanda de volta ao equilíbrio. O equilíbrio move-se do ponto A para o ponto B. Com isso, quando um aumento na oferta de moeda torna os dólares mais abundantes, o nível de preços aumenta, tornando cada dólar menos valioso.

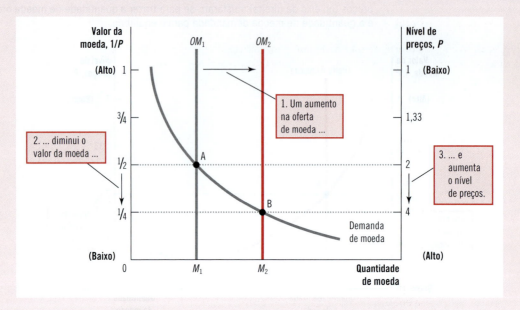

das flutuações econômicas de curto prazo, que examinaremos posteriormente neste livro. Aqui, vamos considerar brevemente o processo de ajuste que ocorre após uma mudança na oferta de moeda.

O efeito imediato de uma injeção de moeda é criar um excesso de oferta de moeda. Antes da injeção, a economia estava em equilíbrio (ponto A da Figura 31-2). No nível de preços vigente, as pessoas estavam detendo exatamente o meio de troca que queriam. Mas, depois que os helicópteros lançam o dinheiro novo e as pessoas o retiram nas ruas, suas carteiras estão cheias de mais dólares do que o necessário para as transações planejadas. No nível de preços vigente, a quantidade de moeda ofertada agora excede a quantidade de moeda demandada.

As pessoas tentam se desfazer do excesso de oferta de moeda de várias maneiras. Elas podem utilizá-lo para comprar mais bens e serviços ou empregá-lo na concessão de empréstimos, seja adquirindo títulos, seja depositando o dinheiro em contas de poupança nos bancos. Esses empréstimos permitem que outras pessoas aumentem seu consumo de bens e serviços. Em qualquer um dos casos, a injeção de moeda na economia eleva a demanda agregada por bens e serviços.

A capacidade que a economia tem de ofertar bens e serviços, contudo, não foi alterada. Como vimos no capítulo sobre produção e crescimento, a produção de bens e serviços da economia é determinada pela disponibilidade de trabalho, capital físico, capital humano, recursos naturais e conhecimento tecnológico. A injeção de moeda não altera nada disso.

É por isso que a maior demanda por bens e serviços aumenta seus preços. O aumento no nível de preços, por sua vez, aumenta a quantidade de moeda demandada porque as pessoas usam mais dólares para cada transação. Por fim, a economia atinge um novo equilíbrio (ponto B da Figura 31-2), em que, novamente, a quantidade de moeda demandada é igual à quantidade de moeda ofertada. Dessa forma, o nível geral de preços se ajusta para equilibrar a oferta e a demanda de moeda.

31-1e A dicotomia clássica e a neutralidade monetária

Vimos como as alterações na oferta de moeda levam a mudanças no nível geral de preços de bens e serviços. Como as mudanças monetárias afetam outras variáveis, como produção, emprego, salários e taxas de juros? Essa questão há muito tempo intriga os economistas.

As variáveis econômicas podem ser divididas em dois grupos. O primeiro grupo consiste em **variáveis nominais** – variáveis medidas em unidades monetárias. O segundo grupo consiste em **variáveis reais** – variáveis medidas em unidades físicas. Por exemplo, a renda dos produtores de milho é uma variável nominal porque é expressa em moeda, enquanto a quantidade de milho que eles produzem é uma variável real porque é expressa em sacas. O PIB nominal mede o valor em dólares da produção de bens e serviços da economia; o PIB real mede a quantidade total de bens e serviços e não é influenciado pelos preços atuais desses bens e serviços. A separação das variáveis reais e nominais é chamada de **dicotomia clássica**. Uma **dicotomia** é uma divisão em dois grupos, e **clássica** se refere aos primeiros pensadores econômicos que propuseram essa divisão.

Aplicar a dicotomia clássica é complicado em termos de preços. Os preços na economia são normalmente cotados em termos de moeda e, portanto, são variáveis nominais. Por exemplo, quando dizemos que o preço do milho é de $ 2 por saca ou que o preço do trigo é de $ 1 por saca, os dois preços são variáveis nominais. Mas e quanto ao **preço relativo** – o preço de uma coisa em termos de outra? Nesse exemplo, poderíamos dizer que o preço de uma saca de milho é de 2 sacas de trigo, um preço relativo que não é medido em termos monetários. Ao comparar os preços de quaisquer dois produtos, os cifrões são cancelados, e o número resultante é expresso em unidades físicas. A lição é que os preços em dólar são variáveis nominais, ao passo que os preços relativos são variáveis reais.

Isso tem muitas aplicações. Por exemplo, o salário real (o salário em dólar ajustado pela inflação) é uma variável real porque mede a taxa na qual as pessoas trocam uma unidade de trabalho por bens e serviços. De forma similar, a taxa de juros real (a taxa de juros nominal corrigida pela inflação) é uma variável real, porque mede a taxa pela qual a economia troca bens e serviços produzidos hoje por bens e serviços produzidos no futuro. Uma dica, é claro, é a valiosa palavra "real". Quando esta aparece antes de uma variável, essa variável foi ajustada pela inflação e, portanto, é medida em unidades físicas.

Por que nos darmos ao trabalho de dividir as variáveis nesses dois grupos? A dicotomia clássica é útil para analisar a economia, porque forças diferentes influenciam as variáveis reais e nominais. De acordo com a análise clássica, as variáveis nominais são influenciadas pela evolução do sistema monetário da economia, mas as variáveis reais não.

Essa ideia estava implícita em nossas discussões anteriores sobre economia real no longo prazo. Os capítulos anteriores examinaram os determinantes da produção, poupança, investimento, taxas de juros reais e desemprego sem mencionar os efeitos da moeda. Naquela análise, a produção de bens e serviços da economia dependia das ofertas de tecnologia e fatores, a taxa de juros real equilibrava a oferta e a demanda por fundos emprestáveis, o salário real equilibrava a oferta e a demanda por mão de obra e o desemprego resultava quando o salário real estava acima do nível de equilíbrio. Essas conclusões não têm nada a ver com a quantidade de moeda ofertada.

Mudanças na oferta de moeda, de acordo com a teoria clássica, afetam as variáveis nominais, mas não as reais. Quando o banco central dobra a oferta de moeda, o nível de preços dobra, o salário em dólares dobra e todos os demais valores em dólar dobram. As variáveis reais, como produção, emprego, salário real e taxa de juros real, mantêm-se

variáveis nominais
variáveis medidas em unidades monetárias

variáveis reais
variáveis medidas em unidades físicas

dicotomia clássica
a separação teórica entre variáveis nominais e variáveis reais

neutralidade monetária
a proposição de que mudanças na oferta monetária não afetam variáveis reais

inalteradas. A irrelevância das mudanças monetárias para variáveis reais é chamada de **neutralidade monetária**.

Uma analogia ajuda a esclarecer o significado da neutralidade monetária. Como a unidade de conta, a moeda é a régua usada para medir as transações econômicas. Quando um banco central dobra a oferta de moeda, todos os preços dobram e o valor da unidade de conta cai pela metade. Uma mudança semelhante ocorreria se o governo reduzisse o comprimento da régua de 30 para 15 centímetros: com a nova régua mais curta, todas as distâncias **medidas** (variáveis nominais) dobrariam, mas as distâncias **reais** (variáveis reais) permaneceriam as mesmas. O dólar, como o centímetro, é apenas uma unidade de medida, de modo que uma mudança em seu valor não teria efeitos reais importantes.

A neutralidade monetária é realista? Bem, não completamente. Uma mudança no comprimento da régua de 30 para 15 centímetros pode não importar no longo prazo, mas, no curto prazo, causaria confusão e erros. De forma similar, a maioria dos economistas de hoje acredita que, em curtos períodos de tempo – um período de 1 ou 2 anos –, há razões para pensar que alterações monetárias têm efeitos importantes sobre as variáveis reais. (Os próprios economistas clássicos, principalmente David Hume, também duvidaram que a neutralidade monetária se aplicasse no curto prazo.) Estudaremos a não neutralidade de curto prazo mais adiante neste livro, e esse tópico ajudará a explicar por que o Fed ajusta a oferta de moeda ao longo do tempo.

No entanto, a análise clássica pode estar fundamentalmente correta sobre a economia no longo prazo. Ao longo de uma década, as mudanças monetárias têm efeitos significativos nas variáveis nominais (como o nível de preços), mas parecem ter efeitos insignificantes nas variáveis reais (como o PIB real). Ao estudar mudanças de longo prazo na economia, a neutralidade da moeda oferece uma descrição razoavelmente boa de como o mundo funciona.

31-1f Velocidade e a equação quantitativa

Para uma outra perspectiva sobre a teoria quantitativa da moeda, considere a seguinte pergunta: quantas vezes por ano uma cédula típica de dólar é usada para pagar por um bem ou serviço recém-produzido? A resposta é dada por uma variável chamada **velocidade da moeda**. Em física, o termo **velocidade** refere-se à rapidez com que um objeto se desloca. Na economia, a velocidade da moeda se refere à velocidade com que a unidade monetária circula na economia de uma pessoa para a outra.

velocidade da moeda
a taxa na qual a moeda passa de mão em mão

A velocidade da moeda é calculada dividindo-se o valor nominal da produção (PIB nominal) pela quantidade de moeda. Se P é o nível de preço (o deflator do PIB), Y é a quantidade de produção (PIB real) e M é a quantidade de moeda, então a velocidade é

$$V = (P \times Y)/M.$$

Para ver por que isso faz sentido, imagine uma economia simples que produza apenas pizza. Suponha que a economia produza 100 pizzas em um ano, uma pizza seja vendida por $ 10 e a quantidade de moeda na economia seja de $ 50. A velocidade da moeda é, então, de

$$V = (\$ 10 \times 100)/\$ 50$$
$$= 20.$$

Nessa economia, as pessoas gastam um total de $ 1.000 por ano com pizza. Para que esses gastos de $ 1.000 ocorram com apenas $ 50 em dinheiro, cada dólar deve mudar de mãos, em média, 20 vezes por ano.

Com uma pequena reorganização algébrica, a equação pode ser reescrita como

$$M \times V = P \times Y.$$

Essa equação afirma que a quantidade de moeda (*M*) vezes a velocidade da moeda (*V*) é igual ao preço da produção (*P*) vezes a quantidade de produção (*Y*). Essa equação é chamada **equação quantitativa**, porque relaciona a quantidade de moeda (M) com o valor nominal da produção (P × Y). A equação quantitativa mostra que um aumento na quantidade de moeda em uma economia deve ser refletido em uma das outras três variáveis: o nível de preços deve subir, a quantidade de produção deve aumentar ou a velocidade do dinheiro deve cair.

Em muitos casos, verifica-se que a velocidade da moeda é relativamente estável, pelo menos em comparação com outras variáveis econômicas. Por exemplo, a Figura 31-3 mostra o PIB nominal, a quantidade de moeda (medida por M2) e a velocidade da moeda para a economia estadunidense desde 1959. Durante esse período, a oferta de moeda e o PIB nominal aumentaram mais de 40 vezes. Por outro lado, a velocidade da moeda, embora não seja exatamente constante, não mudou tanto. Para alguns propósitos, o pressuposto de uma velocidade constante é uma boa aproximação.

equação quantitativa
a equação $M \times V = P \times Y$, que relaciona a quantidade de moeda, a velocidade da moeda e o valor em dólares da produção de bens e serviços da economia

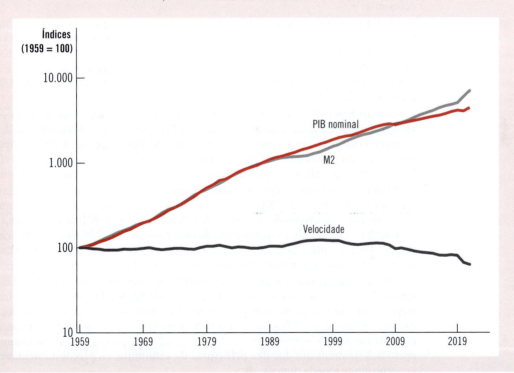

Figura 31-3

PIB nominal, quantidade de moeda e velocidade da moeda

A figura mostra o valor nominal da produção medido pelo PIB nominal, a quantidade de moeda medida pelo M2, e a velocidade da moeda medida pela razão entre as duas variáveis. Para fins de comparação, as três séries foram fixadas com base 100 em 1959. Observe que o PIB nominal e a quantidade de dinheiro cresceram substancialmente durante esse período, enquanto a velocidade tem sido relativamente estável.

Fonte: U.S. Department of Commerce; Federal Reserve Board.

Agora temos todos os elementos necessários para explicar o nível de preços de equilíbrio e a taxa de inflação. São eles:

1. A velocidade da moeda é relativamente estável ao longo do tempo.
2. Como a velocidade é estável, quando o banco central altera a quantidade de moeda (M) causa alterações proporcionais no valor nominal da produção ($P \times Y$).
3. A produção de bens e serviços (Y) da economia é determinada pela oferta de fatores (mão de obra, capital físico, capital humano e recursos naturais) e pela tecnologia de produção disponível. Em particular, como a moeda é neutra, ela não afeta a produção.
4. Como a produção (Y) é fixada pela oferta de fatores e pela tecnologia, quando o banco central altera a oferta de moeda (M) e induz uma mudança proporcional no valor nominal da produção ($P \times Y$), essa mudança se reflete em uma mudança no nível de preços (P).
5. Portanto, quando o banco central aumenta rapidamente a oferta de moeda, o resultado é uma alta taxa de inflação.

Esses cinco pontos são a essência da teoria quantitativa da moeda. Em resumo, a teoria diz que a inflação resulta de "dinheiro demais perseguindo bens de menos".

Moeda e preços durante quatro hiperinflações

Os terremotos podem causar estragos na sociedade, mas fornecem muitos dados úteis para os sismólogos. Esses dados podem lançar luz sobre teorias alternativas e ajudar a sociedade a prever e lidar com ameaças futuras. Da mesma forma, é terrível viver com as hiperinflações (falaremos sobre isso mais tarde), mas elas oferecem aos economistas um experimento natural para estudar os efeitos do dinheiro na economia.

As hiperinflações são interessantes por um motivo simples: as mudanças na oferta de moeda e no nível de preços são enormes. A hiperinflação é geralmente definida como uma inflação que excede 50% **ao mês**, o que equivale a um aumento de mais de 100 vezes no nível de preços ao longo de um ano. Voltando ao nosso exemplo de sorvete, essa taxa de inflação significaria que um sorvete de $ 2 que você comprou no verão de 2023 custaria $ 260 no verão de 2024.

Quatro hiperinflações clássicas ocorreram durante a década de 1920 na Áustria, na Hungria, na Alemanha e na Polônia após a Primeira Guerra Mundial. Na Áustria, por exemplo, o nível de preços praticamente dobrou de julho a agosto de 1922 e depois dobrou novamente no mês seguinte. "Não se pode nem falar sobre preços", disse um visitante em Viena. "Antes que alguém termine uma frase, os preços aumentaram novamente."

Os dados sobre essas hiperinflações mostram uma ligação clara entre a quantidade de moeda e o nível de preços. A Figura 31-4 mostra a quantidade de moeda na economia e um índice do nível de preços de cada uma dessas economias. A inclinação da linha da moeda representa a taxa na qual a quantidade de moeda estava crescendo, e a inclinação da linha de preço representa a taxa de inflação. Quanto mais íngremes forem as linhas, maiores serão as taxas de crescimento da moeda ou inflação.

Observe que, em cada gráfico, a quantidade de moeda e o nível de preços são quase paralelos. Em cada caso, o crescimento da quantidade de moeda é moderado no início, assim como a inflação. Mas, com o tempo, a quantidade de moeda na economia começa a crescer cada vez mais rápido. Mais ou menos na mesma época, a inflação também decola. Então, quando a quantidade de moeda se estabiliza, o nível de preços também se estabiliza. Esses episódios ilustram um dos **dez princípios da economia**: os preços aumentam quando o governo emite moeda demais. ●

Figura 31-4
Moeda e preços durante quatro hiperinflações

Essa figura mostra a quantidade de moeda e o nível de preços durante quatro hiperinflações. (Observe que, como essas variáveis são representadas graficamente em escalas **logarítmicas**, distâncias verticais iguais no gráfico representam mudanças **percentuais** iguais na variável.) Em cada caso, a quantidade de moeda e o nível de preços se aproximam. A forte associação entre essas duas variáveis é consistente com a teoria quantitativa da moeda, que afirma que o crescimento da oferta de moeda é a principal causa da inflação.

Fonte: Adaptada de Thomas J. Sargent, "The End of Four Big Inflations", em Robert Hall, ed., *Inflation* (Chicago: University of Chicago Press, 1983), pp. 41–93. Cada série é normalizada para 100 para a observação inicial.

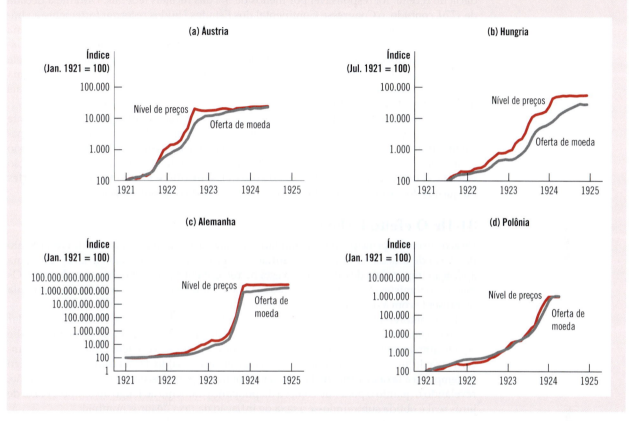

31-1g Imposto inflacionário

Se é tão fácil explicar a inflação, por que alguns países passam por hiperinflação? Ou seja, por que os bancos centrais desses países emitem tanta moeda a ponto de sua desvalorização ser inevitável?

A resposta é que os governos desses países recorrem à criação de moeda para financiar seus gastos. Quando os governos precisam construir estradas ou escolas, pagar os salários dos servidores públicos ou conceder transferências a grupos desfavorecidos ou politicamente influentes, eles devem primeiro arrecadar os recursos necessários. Normalmente, eles fazem isso cobrando impostos, como impostos sobre renda e vendas, ou por meio da emissão de títulos públicos. No entanto, em uma economia com um sistema de moeda fiduciária, o governo também pode pagar pelos gastos simplesmente imprimindo o dinheiro de que precisa.

imposto inflacionário
a receita que o governo arrecada por meio da criação de moeda

Quando o governo arrecada receitas por meio da emissão de moeda, diz-se que ele está impondo um **imposto inflacionário**. No entanto, esse imposto não funciona como os demais, pois o governo não envia uma cobrança direta aos cidadãos. Em vez disso, o imposto inflacionário age de forma mais sutil: ao imprimir dinheiro, o governo eleva o nível de preços, reduzindo o poder de compra dos dólares (ou da moeda local) que as pessoas possuem. **Dessa forma, o imposto inflacionário funciona como uma tributação indireta sobre todos que mantêm dinheiro em espécie.**

A importância do imposto inflacionário varia de país para país e ao longo do tempo. Nos Estados Unidos, nos últimos anos, o imposto inflacionário tem sido uma fonte secundária de receita: foi responsável por menos de 3% das receitas federais. Durante a década de 1770, contudo, o Congresso Continental dos Estados Unidos recorreu fortemente ao imposto inflacionário para financiar os gastos militares. Já que o novo governo tinha uma capacidade limitada de arrecadar recursos por meio de impostos ou empréstimos regulares, imprimir dólares era a maneira mais fácil de remunerar os soldados que lutavam pela independência. Conforme previsto pela teoria quantitativa da moeda, o resultado foi uma alta taxa de inflação: os preços medidos em termos do dólar continental aumentaram mais de 100 vezes em alguns anos.

Quase todas as hiperinflações seguem o mesmo padrão da inflação ocorrida durante a Revolução Americana. O governo tem altos gastos, receita tributária insuficiente e capacidade limitada de contrair empréstimos. Para pagar seus gastos, ele recorre à impressão de moeda. Os aumentos maciços na quantidade de moeda levam, então, a uma inflação elevada. A hiperinflação termina quando o governo institui reformas fiscais – como cortes nos gastos do governo – que eliminam a necessidade do imposto inflacionário.

31-1h O efeito Fisher

De acordo com o princípio da neutralidade monetária, um aumento na taxa de crescimento da oferta de moeda eleva a taxa de inflação, mas não afeta nenhuma variável real. Uma aplicação importante desse princípio está na relação entre a moeda e as taxas de juros. Os macroeconomistas dão especial atenção às taxas de juros porque elas conectam a economia do presente com a do futuro, influenciando a poupança e o investimento.

Para compreender a relação entre moeda, inflação e taxas de juros, é essencial recordar da distinção entre taxa de juros nominal e taxa de juros real. A **taxa de juros nominal** é aquela amplamente divulgada pelos bancos. Por exemplo, se você tem uma conta poupança, a taxa de juros nominal indica a velocidade em que o saldo da sua conta cresce ao longo do tempo. Já a **taxa de juros real** ajusta a taxa nominal para descontar os efeitos da inflação, revelando o quanto o poder de compra da poupança aumenta ao longo do tempo. A taxa de juros real é obtida subtraindo-se a taxa de inflação da taxa de juros nominal:

Taxa de juros real = Taxa de juros nominal − Taxa de inflação.

Por exemplo, se o banco declara uma taxa de juros nominal de 7% ao ano e a taxa de inflação é de 3% ao ano, o valor real dos depósitos aumenta em 4% ao ano.

Podemos reescrever essa equação para mostrar que a taxa de juros nominal é a soma da taxa de juros real e da taxa de inflação:

Taxa de juros nominal = Taxa de juros real + Taxa de inflação.

Essa maneira de ver a taxa de juros nominal é útil porque forças diferentes determinam cada um dos dois termos no lado direito dessa equação. Conforme discutido em um capítulo anterior, a oferta e a demanda por fundos emprestáveis determinam a taxa de juros real. E, de acordo com a teoria quantitativa da moeda, o crescimento da oferta de moeda determina a taxa de inflação.

Então, como o crescimento da oferta de moeda afeta as taxas de juros? No longo prazo, durante o qual a moeda é neutra, uma mudança no crescimento da moeda não deve afetar a taxa de juros real. A taxa de juros real é, afinal, uma variável real. Para que a taxa de juros real permaneça inalterada, uma mudança na taxa de inflação deve resultar em uma mudança igual (de 1 para 1) na taxa de juros nominal. **Assim, quando um banco central** aumenta a taxa de crescimento da oferta de moeda, o resultado de longo prazo é um aumento proporcional na taxa de inflação e na taxa de juros nominal. Esse ajuste da taxa de juros nominal à taxa de inflação é conhecido como **efeito Fisher**, em homenagem ao economista Irving Fisher (1867-1947), que foi o primeiro a estudar esse fenômeno.

efeito Fisher
o ajuste de 1 para 1 da taxa de juros nominal à taxa de inflação

É importante lembrar que essa análise do efeito Fisher considera uma perspectiva de longo prazo. No curto prazo, o efeito Fisher pode não se manifestar plenamente, pois a inflação pode ser inesperada. A taxa de juros nominal é o custo de um empréstimo e geralmente é definida no momento em que o contrato é firmado. Se um aumento na inflação surpreender credores e tomadores de empréstimos, a taxa de juros nominal acordada não refletirá imediatamente essa inflação mais alta. No entanto, se a inflação permanecer elevada, as expectativas dos agentes econômicos se ajustarão, e as taxas de juros nominais estabelecidas em novos contratos passarão a incorporar essa nova realidade. Assim, de forma precisa, o efeito Fisher estabelece que a taxa de juros nominal se ajusta à inflação esperada. A inflação esperada acompanha a inflação efetiva no longo prazo, mas não necessariamente no curto prazo.

O efeito Fisher é fundamental para compreender as variações da taxa de juros nominal ao longo do tempo. A Figura 31-5 ilustra a relação entre a taxa de juros nominal e a taxa de inflação na economia dos Estados Unidos desde 1960. A forte correlação entre essas duas variáveis é evidente. Do início da década de 1960 até a década de 1970, a taxa de juros nominal aumentou acompanhando a elevação da inflação nesse período. Da mesma forma, a taxa de juros nominal caiu do início da década de 1980 até a década de 1990, à medida que o Fed conseguiu controlar a inflação. Na década de 2010, tanto taxa de juros nominal como a inflação permaneceram em níveis historicamente baixos.

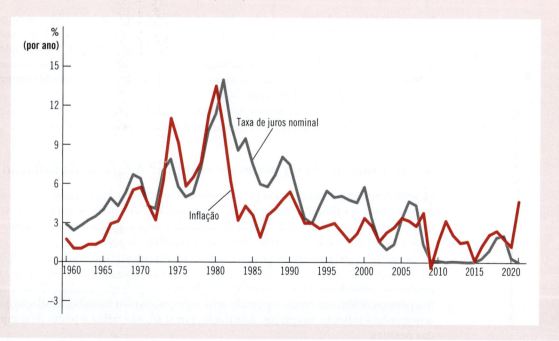

Figura 31-5

Taxa de juros nominal e taxa de inflação

Este gráfico utiliza dados anuais desde 1960 para ilustrar a taxa de juros nominal dos títulos do Tesouro de 3 meses e a taxa de inflação medida pelo índice de preços ao consumidor. A forte correlação entre essas duas variáveis fornece evidências do efeito Fisher: quando a taxa de inflação aumenta, o mesmo acontece com a taxa de juros nominal.

Fonte: U.S. Department of Treasury; U.S. Department of Labor.

Teste rápido

1. O princípio clássico da neutralidade monetária afirma que as mudanças na oferta monetária não influenciam as variáveis _____, e acredita-se que seja mais aplicável no _____ prazo.
   a. nominais; curto
   b. nominais; longo
   c. reais; curto
   d. reais; longo

2. Se o PIB nominal é $ 400, o PIB real é $ 200 e a oferta de moeda é $ 100, então
   a. o nível de preço é ½, e a velocidade é 2.
   b. o nível de preço é ½, e a velocidade é 4.
   c. o nível de preço é 2, e a velocidade é 2.
   d. o nível de preço é 2, e a velocidade é 4.

3. De acordo com a teoria quantitativa da moeda, qual variável na equação quantitativa é mais estável por longos períodos de tempo?
   a. moeda
   b. velocidade
   c. nível de preço
   d. resultado

4. A hiperinflação ocorre quando o governo tem um grande _____ orçamentário, que o banco central financia com uma _____ monetária substancial.
   a. déficit; contração
   b. déficit; expansão
   c. excedente; contração
   d. excedente; expansão

5. De acordo com a teoria quantitativa da moeda e o efeito Fisher, se o banco central aumentar a taxa de crescimento da moeda, então
   a. as taxas de inflação e dos juros nominais aumentam.
   b. as taxas de inflação e dos juros reais aumentam.
   c. as taxas dos juros nominais e dos juros reais aumentam.
   d. a inflação, a taxa dos juros reais e a dos juros nominais aumentam.

As respostas estão no final do capítulo.

31-2 Os custos da inflação

No fim da década de 1970, quando a taxa de inflação dos Estados Unidos atingiu cerca de 10% ao ano, a inflação dominava os debates sobre política econômica. E mesmo quando a inflação está baixa, ela continua sendo uma variável macroeconômica amplamente monitorada. Um estudo revelou que **inflação** é o termo econômico mencionado com mais frequência nos jornais dos Estados Unidos (à frente do segundo colocado "**desemprego**" e do terceiro colocado "**produtividade**").

A inflação é observada com atenção e muito discutida porque é considerada um problema econômico sério. Mas será isso verdadeiro? E, em caso positivo, por quê?

31-2a Uma queda no poder de compra? A falácia da inflação

Se você perguntar à maioria das pessoas por que a inflação é ruim, elas dirão que a resposta é óbvia: a inflação reduz o poder de compra de seus dólares arduamente ganhos. Quando os preços sobem, cada unidade de renda compra menos bens e serviços. Assim, pode parecer que a inflação reduz diretamente o padrão de vida.

No entanto, uma análise mais aprofundada revela uma falácia nessa afirmação. Quando os preços sobem, os consumidores pagam mais pelo que compram. Ao mesmo tempo, porém, os vendedores de bens e serviços recebem mais pelo que vendem. Como a maioria das pessoas obtém sua renda vendendo seus serviços, como o trabalho, a inflação da renda acompanha a inflação dos preços. **A inflação, por si só, não reduz o poder de compra real das pessoas.**

As pessoas acreditam na falácia da inflação porque não percebem o princípio da neutralidade monetária. Os trabalhadores que recebem um aumento anual de 10% tendem a ver esse aumento como uma recompensa por seu talento e esforço. Quando uma taxa de inflação de 6% reduz o valor real desse aumento para apenas 4%, os trabalhadores podem se sentir enganados. De fato, conforme discutido no capítulo sobre produção e crescimento, as rendas reais são determinadas por variáveis reais, como capital físico, capital humano, recursos naturais e a tecnologia de produção disponível. As rendas nominais são determinadas por uma combinação desses fatores e do nível geral de preços. Se o Fed reduzisse a taxa de inflação de 6% para zero, o aumento salarial anual dos trabalhadores cairia de 10 para 4%. Eles poderiam se sentir menos prejudicados pela inflação, mas sua renda real não cresceria mais rapidamente.

Se a renda nominal tende a acompanhar o aumento dos preços no longo prazo, por que então a inflação é um problema? Acontece que não há uma resposta única. Na verdade, os economistas identificaram vários custos da inflação. Cada um desses custos mostra de que forma o crescimento persistente da oferta de moeda tem, de fato, algum efeito adverso nas variáveis reais.

31-2b Custos de desgaste da sola do sapato

Como vimos, a inflação é como um imposto sobre os detentores de dinheiro. O imposto em si não é um custo para a sociedade, é apenas uma transferência de recursos das famílias para o governo. No entanto, a maioria dos impostos incentiva as pessoas a alterarem seu comportamento para evitar o pagamento do imposto, e essa distorção dos incentivos causa perdas de peso morto. Isso também vale para o imposto inflacionário. Ele causa perdas de peso morto porque as pessoas desperdiçam recursos escassos tentando escapar dele.

Como alguém pode evitar o pagamento do imposto inflacionário? Como a inflação corrói o valor real do dinheiro, você pode evitar o imposto inflacionário carregando menos dinheiro. Uma maneira de fazer isso é ir ao banco com mais frequência. Por exemplo, em vez de retirar $ 200 a cada quatro semanas, você poderia retirar $ 50 por semana. Indo com mais frequência ao banco, você pode manter uma parcela maior de sua riqueza em sua conta de poupança, que rende juros, e ficar com menos moeda em sua carteira, onde a inflação corrói seu valor.

O custo de reduzir a quantidade de moeda na carteira é denominado **custo de desgaste da sola do sapato*** da inflação, porque ir ao banco com mais frequência faz que seus sapatos se desgastem mais rapidamente. Obviamente, esse termo não deve ser interpretado literalmente: o custo real de reduzir suas reservas de dinheiro não é o desgaste de seus sapatos, mas o tempo e a conveniência que você deve sacrificar para ter menos dinheiro em mãos do que faria se não houvesse inflação.

custo de desgaste da sola do sapato
recursos desperdiçados quando a inflação leva as pessoas a reduzirem seus saldos monetários

Os custos de desgaste da sola do sapato da inflação têm sido triviais na economia estadunidense, que geralmente tem apenas inflação moderada. Mas esse custo é ampliado em países com hiperinflação. Eis uma descrição da experiência de uma pessoa na Bolívia, durante seu período de hiperinflação (como publicada na edição de 13 de agosto de 1985 do *Wall Street Journal*):

> Quando Edgar Miranda recebe seu salário mensal de professor, de 25 milhões de pesos, ele não tem um segundo a perder. A cada hora, o valor dos pesos diminui. Então, enquanto sua esposa corre ao mercado para comprar o suprimento mensal de arroz e macarrão, ele sai com o restante dos pesos para trocá-los por dólares no mercado clandestino.
>
> Miranda está pondo em prática a Primeira Regra de Sobrevivência em meio à inflação mais descontrolada que há no mundo de hoje. A Bolívia é um estudo de caso sobre como uma inflação excessiva enfraquece uma sociedade. Os aumentos dos preços

---

*N. de R.T. Do inglês, *shoeleather costs*. Uma tradução mais natural para o contexto econômico brasileiro seria "custos de transação financeira" ou "custos de gerenciamento de caixa".

são tão grandes, que os números se elevam para além da nossa compreensão. Em um período de 6 meses, por exemplo, os preços subiram a uma taxa anual de 38.000%. Pela contagem oficial, no entanto, a inflação do ano passado atingiu 2.000%, e espera-se que a deste ano atinja 8.000%, embora outras estimativas sejam muitas vezes maiores. De qualquer modo, a taxa de inflação boliviana é gigantesca diante dos 370% de Israel e dos 1.100% da Argentina – outros dois casos de inflação severa.

É mais fácil entender o que acontece com o salário de Edgar, de 38 anos, se ele não convertê-lo rapidamente em dólares. No dia em que recebeu seu pagamento de 25 milhões de pesos, 1 dólar valia 500 mil pesos. Então, ele recebeu $ 50. Alguns dias depois, com 1 dólar valendo 900 mil pesos, ele teria recebido $ 27.

Como mostra essa história, os custos desgaste da sola do sapato podem ser grandes. Com a elevada taxa de inflação, Edgar não pode se dar ao luxo de manter a moeda local como reserva de valor. Em vez disso, é forçado a converter rapidamente seus pesos em bens ou em dólares dos Estados Unidos, que proporcionam uma reserva de valor mais estável. O tempo e o esforço que o Sr. Miranda gasta para reduzir suas reservas de dinheiro são recursos desperdiçados. Se a autoridade monetária adotasse uma política de inflação baixa, Miranda ficaria satisfeito em manter os pesos e poderia destinar seu tempo e seu esforço a um uso mais produtivo. De fato, logo após a redação deste texto, a taxa de inflação na Bolívia caiu substancialmente como resultado de uma política monetária mais restritiva.

31-2c Custos de menu

A maioria das empresas não altera os preços de seus produtos diariamente. Em vez disso, as empresas costumam anunciar seus preços e deixá-los inalterados por semanas, meses ou mesmo anos. Uma pesquisa constatou que uma empresa típica nos Estados Unidos altera seus preços cerca de uma vez por ano.

As empresas modificam seus preços com pouca frequência, porque a alteração de preços tem custos. Os custos dos ajustes de preços são chamados **custos de menu**,* uma expressão derivada dos custos que um restaurante tem ao imprimir um novo cardápio. Os custos de menu incluem o custo de decidir sobre os novos preços, de imprimir novas listas de preços e catálogos, de enviar essas novas listas de preços e catálogos aos fornecedores e clientes, de anunciar os novos preços e até de lidar com o aborrecimento dos clientes com a mudança de preços.

A inflação aumenta os custos de menu que as empresas precisam arcar. No ambiente de baixa inflação que geralmente prevalece na economia moderna estadunidense, o ajuste anual de preços é uma estratégia de negócios apropriada para muitas empresas. Mas quando uma inflação elevada provoca um rápido aumento dos custos das empresas, o reajuste anual de preços é impraticável. Durante hiperinflações, por exemplo, as empresas precisam mudar seus preços diariamente ou com maior frequência, para acompanhar os demais preços da economia.

31-2d Variabilidade do preço relativo e a alocação ineficiente de recursos

Suponha que o Restaurante Bocadinho imprima um novo cardápio, com novos preços, a cada mês de janeiro, e então os mantenha inalterados pelo restante do ano. Se não houver inflação, os preços relativos do Bocadinho – os preços de suas refeições em comparação com outros preços da economia – seriam constantes ao longo do ano. Mas se a taxa de inflação for de 12% ao ano, os preços relativos do Bocadinho cairão automaticamente 1% ao mês. Os preços relativos do restaurante serão mais altos nos primeiros meses do ano, logo após a impressão de um novo menu, e mais baixos nos meses posteriores. E quanto maior a taxa de inflação, maior será essa oscilação nos preços relativos. Portanto, como os preços só são alterados de vez em quando, a inflação provoca uma maior variação nos preços relativos do que ocorreria se não houvesse inflação.

custos de menu
custos da mudança de preços

---

*N. de R.T. No contexto econômico-financeiro, significa "custos de catálogo" ou "custos de remarcação de preços".

Por que isso é importante? A razão é que as economias de mercado dependem dos preços relativos para alocar os recursos escassos. Os consumidores decidem o que comprar comparando a qualidade e os preços de diversos bens e serviços. Por meio dessas decisões, eles determinam como os fatores escassos de produção são alocados entre os setores e as empresas. Quando a inflação distorce os preços relativos, as decisões dos consumidores são distorcidas e os mercados são menos capazes de alocar recursos para seu melhor uso.

31-2e Distorções tributárias induzidas pela inflação

A maioria dos impostos distorce os incentivos, faz com que as pessoas alterem seu comportamento e leva a uma alocação menos eficiente dos recursos da economia. Na presença da inflação, muitos impostos se tornam ainda mais problemáticos. A razão é que, frequentemente, os legisladores não levam a inflação em conta ao elaborar as leis tributárias. Economistas que estudaram o código tributário concluíram que a inflação tende a aumentar a carga tributária sobre a renda obtida da poupança.

Um exemplo de como a inflação desestimula a poupança é o tratamento tributário dos **ganhos de capital**, que são os lucros obtidos da venda de um ativo por um preço superior ao preço de compra. Suponha que, em 1975, você tenha usado algumas de suas economias para comprar uma ação da IBM por $ 10 e que a vendeu por $ 110 em 2020. De acordo com a lei tributária, você obteve um ganho de capital de $ 100, o qual deve ser incluído em sua renda ao calcular o valor do imposto de renda devido. Mas como o nível geral de preços aumentou cinco vezes de 1975 a 2020, os $ 10 que você investiu em 1975 são equivalentes (em termos de poder de compra) a $ 50 em 2020. Então, quando você vende suas ações por $ 110, você tem um ganho real (um aumento no poder de compra) de apenas $ 60 ($ 110 – $ 50). O código tributário, no entanto, ignora a inflação e tributa você com um ganho de $100. Dessa forma, a inflação exagera o tamanho dos ganhos de capital e, inadvertidamente, aumenta a carga tributária sobre esse tipo de renda.

Outro exemplo é o tratamento tributário da renda sob a forma de juros. O imposto de renda trata os juros nominais obtidos em poupanças como renda, embora parte da taxa de juros nominal apenas corrija a inflação. Para ver os efeitos, considere o exemplo numérico na Tabela 31-1. A tabela compara duas economias, ambas tributando a renda de juros

Tabela 31-1

Como a inflação aumenta a carga tributária sobre a poupança

Na presença de inflação zero, um imposto de 25% sobre a receita de juros reduz a taxa de juros real de 4 para 3%. Na presença da inflação de 8%, o mesmo imposto reduz a taxa de juros real de 4 para 1%.

	Economia A (inflação zero)	Economia B (alta inflação)
Taxa de juros real	4%	4%
Taxa de inflação	0	8
Taxa de juros nominal (taxa de juros real + taxa de inflação)	4	12
Juros reduzidos devido ao imposto de 25% (0,25 × taxa de juros nominal)	1	3
Taxa de juros nominal após o imposto (0,75 × taxa de juros nominal)	3	9
Taxa de juros real após o imposto de renda (taxa de juros nominal após o imposto – taxa de inflação)	3	1

a uma alíquota de 25%. Na Economia A, a inflação é zero, e as taxas de juros nominais e reais são ambas de 4%. Nesse caso, o imposto de 25% sobre os juros reduz a taxa de juros real de 4% para 3%. Na Economia B, a taxa de juros real é novamente de 4%, mas a taxa de inflação é de 8%. Como resultado do efeito Fisher, a taxa de juros nominal é de 12%. Como o imposto de renda trata todos esses juros de 12% como renda, o imposto de 25% deixa uma taxa de juros nominal após impostos de apenas 9% e, após corrigir a inflação de 8%, uma taxa de juros real após impostos de apenas 1%. Nesse caso, a alíquota de 25% sobre os juros obtidos reduz a taxa de juros real de 4% para 1%. Como a taxa de juros real após o desconto do imposto é o que proporciona o incentivo à poupança, poupar é muito menos atraente na economia com inflação (Economia B) que na economia com preços estáveis (Economia A).

Os impostos sobre ganhos de capital nominais e sobre a renda nominal de juros são dois exemplos de como o código tributário interage com a inflação. Há muitos outros. Por causa dessas alterações tributárias induzidas pela inflação, uma inflação mais elevada tende a desestimular a poupança. Lembre-se de que a poupança da economia fornece os recursos para investimento, o que, por sua vez, é importante para o crescimento econômico de longo prazo. Quando a inflação aumenta a carga tributária sobre a poupança, ela tende a deprimir a taxa de crescimento de longo prazo da economia. Mas não há entre os economistas um consenso quanto à dimensão desse efeito.

Uma solução para esse problema, que não seja a eliminação da inflação, é indexar o sistema tributário. Ou seja, as leis tributárias poderiam ser revisadas para contabilizar os efeitos da inflação. No caso dos ganhos de capital, por exemplo, o código tributário poderia corrigir o preço de compra usando um índice de preços e tributando somente o ganho real. No caso da renda proveniente dos juros, o governo poderia tributar apenas o juro real, excluindo a parcela que apenas corrige a inflação. Até certo ponto, as leis tributárias já se moveram em direção à indexação. Por exemplo, as faixas de renda que determinam as alíquotas de contribuição são corrigidas automaticamente a cada ano com base na variação do índice de preços ao consumidor. No entanto, muitos outros aspectos da legislação tributária – como o tratamento dos ganhos de capital e dos juros – não são indexados.

Em um mundo ideal, as leis tributárias seriam refeitas de tal forma que a inflação não alteraria a obrigação tributária de ninguém. Entretanto, no mundo em que vivemos, a legislação tributária está longe de ser perfeita. Uma indexação mais completa provavelmente seria desejável, mas complicaria ainda mais um código tributário que muitas pessoas já consideram oneroso.

31-2f Confusão e inconveniência

Imagine que realizássemos uma enquete e perguntássemos: "Este ano, 1 quilômetro tem 1.000 metros. Quantos metros você acha que o quilômetro deve ter no ano que vem?". Se conseguíssemos fazer as pessoas nos levarem a sério, elas nos diriam que 1 quilômetro deveria ter sempre o mesmo comprimento – 1.000 metros. Qualquer outra decisão complicaria desnecessariamente a vida.

O que isso tem a ver com a inflação? Lembre-se de que a moeda, como unidade de conta da economia, é o que usamos para cotar preços e registrar dívidas. O dinheiro é o parâmetro com o qual medimos as transações econômicas. O Federal Reserve é um pouco como o Bureau of Standards*: seu trabalho é garantir a confiabilidade de uma unidade de medida comumente usada. Quando o Fed cria inflação, ele corrói o valor real da unidade de conta.

---

*N. de R.T. O Bureau of Standards é equivalente ao Instituto Nacional de Metrologia, Qualidade e Tecnologia (INMETRO).

É difícil avaliar os custos da confusão e da inconveniência que surgem com a inflação. Conforme observado anteriormente, o código tributário mede incorretamente a renda real na presença de inflação. Da mesma forma, os contadores têm dificuldade em medir os ganhos das empresas quando os preços estão subindo com o tempo. Porque a inflação faz com que dólares em momentos diferentes tenham valores reais diferentes, calcular o lucro de uma empresa – a diferença entre receita e custos – é mais complicado em uma economia com inflação rápida. Portanto, em certa medida, a inflação pode dificultar a distinção entre empresas bem-sucedidas e malsucedidas, prejudicando o sistema financeiro em sua função de alocar o capital da economia para seus usos mais eficientes.

31-2g Um custo especial da inflação inesperada: redistribuições arbitrárias da riqueza

Os custos da inflação discutidos até aqui ocorrem mesmo que a mudança no nível de preços seja estável e previsível. A inflação tem outro custo, no entanto, quando é uma surpresa. A inflação inesperada redistribui a riqueza de uma forma que não tem nada a ver com mérito ou necessidade. Essas redistribuições se dão porque muitos empréstimos da economia são especificados em termos da unidade de conta – a moeda.

Vamos considerar um exemplo. Suponha que Sofia contraia um empréstimo de $ 50.000 a uma taxa de juros de 7% do Bigbank para frequentar a faculdade. O empréstimo vencerá em dez anos. Depois que sua dívida aumentar em 7% em 10 anos, Sofia deverá ao Bigbank $ 100.000. Mas o valor real dessa dívida dependerá da inflação ao longo da década. Se Sofia tiver sorte, a economia terá uma hiperinflação. Nesse caso, os salários e os preços subirão tanto que Sofia poderá pagar a dívida de $ 100.000 com trocados. (A hiperinflação pode, no entanto, prejudicar Sofia de outras maneiras.) Por outro lado, se a economia passar por uma grande deflação, os salários e os preços cairão, e Sofia considerará a dívida de $ 100.000 um fardo maior do que o previsto.

Esse exemplo mostra que mudanças inesperadas nos preços redistribuem riqueza entre credores e devedores. Uma inflação elevada beneficia Sofia à custa do Bigbank porque diminui o valor real da dívida, permitindo que ela a quite com dólares menos valiosos do que esperava. Por outro lado, a deflação favorece o Bigbank em detrimento de Sofia, pois aumenta o valor real da dívida, exigindo que ela pague o empréstimo com dólares mais valiosos. Se a inflação fosse previsível, o Bigbank e a Sofia poderiam levar a inflação em consideração ao definir a taxa de juros nominal do empréstimo (conforme o efeito Fisher). Mas se a inflação é difícil de prever, ela impõe riscos à Sofia e ao Bigbank que ambos prefeririam evitar.

É importante considerar esse custo de inflação inesperada junto com outra tendência: a inflação é especialmente volátil e incerta quando a taxa média de inflação é alta. Isso fica evidente nas comparações entre diferentes países. Países com uma inflação média baixa, como a Alemanha no fim do século XX, tendem a ter uma inflação estável. Países com inflação média alta, como muitos dos países da América Latina, tendem a ter uma inflação instável. Não há exemplos conhecidos de países com inflações altas e estáveis. Essa relação entre o nível e a volatilidade da inflação aponta para outro custo associado à inflação. Se um país seguir uma política monetária de alta inflação, terá de arcar não só com o custo da alta inflação esperada, mas também com as redistribuições arbitrárias de riqueza associadas à inflação não esperada.

31-2h A inflação é ruim, mas a deflação pode ser pior

Na história atual dos Estados Unidos, a inflação tem sido regra. Entretanto, o nível de preços caiu algumas vezes, como durante o final do século XIX e início dos anos 1930. De 1998 a 2012, o Japão passou por um declínio de 4% em seu nível geral de preços. Portanto, ao concluirmos nossa discussão sobre os custos da inflação, vale a pena considerar também os custos da deflação.

Alguns economistas sugeriram que um montante pequeno e previsível de deflação pode ser desejável. Milton Friedman apontou que a deflação diminuiria a taxa de juros nominal (lembre-se do efeito Fisher) e que uma taxa de juros nominal mais baixa reduziria o custo de manter a moeda. Os custos de desgaste da sola do sapato para manter a moeda iriam, segundo Friedman, ser minimizados por uma taxa de juros nominal próxima de zero, o que, por sua vez, iria requerer uma deflação igual à taxa de juros real. Essa prescrição para a deflação moderada é chamada **regra de Friedman**.

No entanto, também existem custos de deflação. Alguns deles refletem os custos da inflação. Por exemplo, assim como o nível de preços elevado induz os custos de menu e a variabilidade do preço relativo, o nível de preços em queda também o faz. Além do mais, na prática, a deflação raramente é tão estável e previsível como Friedman recomendava. Ela, com mais frequência, surge como uma surpresa, resultando na redistribuição da riqueza voltada para os credores e longe dos devedores. Como os devedores tendem a ser mais pobres, essas redistribuições de riqueza são especialmente dolorosas.

Talvez o mais importante seja que a deflação geralmente surge de dificuldades macroeconômicas mais amplas. Como veremos em capítulos futuros, a queda dos preços ocorre quando algum evento, como uma contração monetária, reduz a demanda geral por bens e serviços. Essa queda na demanda agregada pode levar à queda das rendas e ao aumento do desemprego. Em outras palavras, a deflação, muitas vezes, é um sintoma de problemas econômicos mais profundos.

Estudo de caso: *O Mágico de Oz* e o debate sobre a prata-livre

O filme *O Mágico de Oz*, baseado em um livro infantil escrito em 1900, foi um marco na televisão e no *streaming* de vídeo por décadas. O filme e o livro contam a história familiar de uma jovem, Dorothy, que se encontra perdida em uma terra estranha longe de casa. Talvez você não saiba, porém, que alguns estudiosos acreditam que a história é uma alegoria sobre a política monetária dos Estados Unidos no final do século XIX, um período de severa deflação.

De 1880 a 1896, o nível de preços na economia dos Estados Unidos caiu 23%. Como esse evento foi imprevisto, levou a uma aguda redistribuição da riqueza. A maioria dos agricultores do oeste eram devedores. Seus credores eram os banqueiros do leste. Quando o nível de preços caiu, o valor real dessas dívidas aumentou, enriquecendo os banqueiros à custa dos agricultores.

De acordo com políticos populistas da época, a solução para o problema dos agricultores era a cunhagem livre da prata. Durante esse período, os Estados Unidos operavam sob o padrão-ouro. A quantidade de ouro determinava a oferta monetária e o nível de preços. Os defensores da livre cunhagem da prata queriam que a prata, além do ouro, fosse utilizada como moeda. Isso teria aumentado drasticamente a oferta monetária, elevando o nível de preços e reduzindo o peso das dívidas dos agricultores.

O debate sobre a prata foi acalorado e foi fundamental para a política da década de 1890. Um *slogan* eleitoral populista era "Estamos hipotecados. Tudo, exceto nossos votos." Um proeminente defensor da prata-livre foi William Jennings Bryan, o candidato democrata à presidência em 1896. Ele é lembrado em parte por um discurso fascinante na convenção de nomeação do Partido Democrata, no qual disse: "Vocês não devem impor sobre a testa do trabalhador essa coroa de espinhos. Vocês não devem crucificar a humanidade em uma cruz de ouro." Desde então, raramente os políticos foram tão poéticos ao falar sobre abordagens alternativas à política monetária. No entanto, Bryan perdeu a eleição para o republicano William McKinley, e os Estados Unidos permaneceram no padrão-ouro.

L. Frank Baum, autor do livro *O Maravilhoso Mágico de Oz*, era jornalista do Meio-oeste. Quando se sentou para escrever uma história aparentemente infantil, ele fez os personagens representarem protagonistas da maior batalha política de sua época. Veja como o historiador econômico Hugh Rockoff, escrevendo no *Journal of Political Economy,* em 1990, interpreta a história:

Dorothy:	Valores estadunidenses tradicionais
Totó:	Partido proibicionista, também chamado de abstêmios
Espantalho:	Agricultores
Homem de lata:	Trabalhadores industriais
Leão covarde:	William Jennings Bryan (político e orador que defendia o padrão-prata)
Munchkins:	Cidadãos do Leste (região industrializada e financeira)
Bruxa Malvada do Leste:	Grover Cleveland (presidente dos EUA que defendia o padrão-ouro)
Bruxa Malvada do Oeste:	William McKinley (presidente que consolidou o padrão-ouro)
Mágico:	Marcus Alonzo Hanna, presidente do Partido Republicano (estrategista político de McKinley)
Oz:	Abreviatura de onça de ouro (do inglês *Ounce,* Oz)
Estrada de tijolos amarelos:	Padrão-ouro

No final da história de Baum, Dorothy encontra o caminho de casa, mas não é apenas seguindo a estrada de tijolos amarelos. Depois de uma longa e perigosa jornada, ela descobre que o mágico é incapaz de ajudá-la. Em vez disso, Dorothy descobre o poder mágico de seus sapatinhos **prateados**. (Quando o livro virou filme em 1939, os sapatos de Dorothy foram trocados de prata para rubi. Os cineastas de Hollywood estavam mais interessados em mostrar a nova tecnologia Technicolor do que em contar uma história sobre a política monetária do século XIX.)

Os populistas não conseguiram a cunhagem de prata-livre, mas acabaram conseguindo a expansão monetária e a inflação que queriam. Em 1898, garimpeiros descobriram ouro perto do Rio Klondike, no Yukon canadense. O aumento do suprimento de ouro também chegou das minas da África do Sul. Como resultado, a oferta monetária e o nível de preços começaram a subir nos Estados Unidos e em outros países que operavam no padrão-ouro. Em 15 anos, os preços nos Estados Unidos voltaram aos níveis que prevaleciam na década de 1880, e os agricultores estavam mais aptos a lidar com suas dívidas. ●

Um debate precoce sobre política monetária

Teste rápido

6. A inflação contínua não reduz automaticamente a renda da maioria das pessoas porque
    a. o código tributário está totalmente indexado à inflação.
    b. as pessoas respondem à inflação mantendo menos dinheiro em mãos.
    c. a inflação salarial anda junto com a inflação de preços.
    d. uma inflação mais alta reduz as taxas de juros reais.

7. Se uma economia sempre tem inflação de 10% ao ano, qual dos seguintes custos de inflação ela NÃO sofrerá?
    a. custos de desgaste da sola do sapato devido a menos moeda sendo guardada
    b. custos de menu decorrentes de ajustes de preços mais frequentes
    c. distorções na tributação dos ganhos de capital nominal
    d. redistribuições arbitrárias entre devedores e credores

8. Como a maioria dos empréstimos é redigida em termos _____, um aumento inesperado na inflação prejudica os _____.
    a. reais; credores
    b. reais; devedores
    c. nominais; credores
    d. nominais; devedores

As respostas estão no final do capítulo.

Vida durante a hiperinflação

Os custos da inflação são mais aparentes quando a inflação se torna extrema.

O que uma inflação de 52.000% pode causar em um país

Por Brook Larmer

Entrei no restaurante vazio em Manágua carregando uma mochila cheia de dinheiro, pilhas grossas de córdobas nicaraguenses amarradas por elásticos. O garçom, como esperado, pediu que eu entregasse todo o estoque. Pode ter parecido uma transação ilícita. Mas isso foi na Nicarágua, em 1990, no final de sua guerra com os contra-rebeldes treinados pelos estadunidenses, e eu só estava tentando comprar uma refeição antes que meu dinheiro perdesse o valor. Uma década de guerra de guerrilha e gastos deficitários provocou um turbilhão de hiperinflação e escassez. Apenas dois itens do menu estavam disponíveis, e os preços dobraram em questão de semanas. Com a inflação subindo mais de 13.000% ao ano, o restaurante agora exigia pagamento antecipado, para garantir que a equipe tivesse tempo suficiente para contabilizá-lo. Enquanto eu comia meu arroz com feijão, dois garçons em outra mesa contavam cada nota. Eu terminei antes deles, embora a refeição – e todos aqueles milhões de córdobas – tenham custado menos de $ 10.

A hiperinflação é um fenômeno imprevisível, uma ruptura que ocorre quando um governo persistentemente gasta (ou imprime) dinheiro que não tem, e o público perde a confiança no processo. As distorções que surgem, como a mochila cheia de dinheiro prestes a não valer nada, podem parecer absurdas e até risíveis. No entanto, não há nada de divertido nos danos que a hiperinflação pode infligir à vida de pessoas e nações. "Se você não pode confiar no dinheiro que o governo emite, não pode confiar em nada", diz Steve Hanke, professor de economia aplicada na Johns Hopkins University e um dos principais especialistas em hiperinflação (que ele definiu como inflação mensal de 50% sustentada por pelo menos 30 dias). Hanke estudou os 58 casos de hiperinflação registrados, desde a República de Weimar, na Alemanha, até o episódio que testemunhei na Nicarágua, cada um deles um terremoto que fez com que as pessoas perdessem a fé na própria base – o valor do dinheiro – da qual suas vidas dependiam.

A mais nova adição à lista infame, e motivo de alarme em Washington, é a crise na Venezuela. Mesmo com os campos de petróleo mais abundantes do mundo, a Venezuela tem administrado mal seu caminho até o desastre econômico. A hiperinflação e sua companheira comum, a escassez crônica de alimentos e remédios, empobreceram quase todas as 31 milhões de pessoas do país. A cada 10 venezuelanos, 9 não ganham dinheiro para comprar comida suficiente, de acordo com uma pesquisa recente. No geral, os venezuelanos perderam em média 10 kg cada. A malária está aumentando, assim como o crime. Aqueles que podem estão saindo: mais de 2,3 milhões de venezuelanos fugiram do país, incluindo mais da metade dos médicos.

A situação ainda está fora de controle. A economia da Venezuela encolheu 35% entre 2013 e 2017, e economistas preveem outra queda de 18% em 2018. A produção de petróleo, prejudicada pela falta de manutenção e investimento, caiu em julho para seu ponto mais baixo em quase sete décadas. De acordo com Hanke, a taxa de inflação nos últimos 12 meses foi de 52.000%. O caos representa um risco para toda a região. "A Venezuela provocou a mais grave crise econômica, humanitária e política nas Américas em décadas", diz a economista brasileira Monica de Bolle, diretora de estudos latino-americanos da Escola de Estudos Internacionais Avançados da Johns Hopkins University. "Nunca houve uma crise como essa na região, e já tivemos muitas."

Há quase um século, Vladimir Lenin foi citado no *New York Times* dizendo que a hiperinflação era "a maneira mais simples de exterminar o próprio espírito do capitalismo". Se um país fosse inundado com notas de alto valor nominal sem qualquer valor real, ele raciocinou: "os homens deixarão de cobiçar e acumular [dinheiro] assim que descobrirem que ele não comprará nada, e a grande ilusão do valor e poder do dinheiro, na qual o estado capitalista se baseia, terá sido definitivamente destruída".

31-3 Conclusão

Este capítulo discutiu as causas e os custos da inflação. A principal causa da inflação substancial ou persistente é o crescimento da quantidade de moeda. Quando o banco central cria moeda em grandes quantidades, o valor da moeda cai rapidamente. Para manter os preços estáveis, o banco central deve limitar o crescimento da oferta de moeda.

Os custos da inflação são mais sutis. Incluem o custo de desgaste da sola do sapato, os custos de menu, o aumento da variabilidade dos preços relativos, mudanças não intencionais nas obrigações tributárias, confusões e inconveniências e redistribuições arbitrárias de riqueza. Serão esses custos, tomados em seu conjunto, grandes ou pequenos? Todos os economistas concordam que eles se tornam enormes durante uma hiperinflação. Mas

As reflexões sombrias de Lenin pareciam quase proféticas após a Primeira Guerra Mundial. A Alemanha de Weimar apostou (mal) em financiar seu esforço de guerra perdido com fundos emprestados. Endividada e forçada, em 1921, a pagar indenizações aos aliados vitoriosos, a Alemanha imprimiu notas bancárias e iniciou o mais infame surto de hiperinflação. No final de 1923, os preços estavam dobrando aproximadamente a cada 3,5 dias e, a certa altura, um único dólar estadunidense valia 6,7 trilhões de marcos alemães. Uma hiperinflação ainda mais severa ocorreu após o final da Segunda Guerra Mundial, quando a Hungria imprimiu notas de valor cada vez maior para financiar sua recuperação. O resultado foi a hiperinflação mais rápida já registrada: em seu pico, em julho de 1946, os preços duplicavam a cada 15 horas.

A guerra muitas vezes desempenhou um papel catalítico na hiperinflação, mas raramente age sozinha. No início da década de 1990, o fenômeno perseguiu países da Europa Oriental (Iugoslávia, Bósnia-Herzegovina, Armênia) que estavam enfrentando guerras e a queda da União Soviética. Uma década depois, no Zimbábue, apesar de uma longa queda na produção agrícola, o regime de Robert Mugabe imprimiu dinheiro para pagar a burocracia aumentada e encher seus próprios bolsos. Quando Mugabe declarou a inflação como ilegal em 2007, as pessoas haviam perdido a crença em sua moeda. Em um ano, a inflação subiu para 79,6 bilhões por cento, tão alta que até mesmo as notas de 100 trilhões do governo se tornaram lembranças inúteis logo após serem impressas.

A hiperinflação não é, como alguns podem supor, apenas uma inflação ruim. É uma fera totalmente diferente, movida tanto pela política e pela psicologia quanto pela economia. A decisão de um governo de continuar gastando (ou imprimindo dinheiro) muito além de suas possibilidades é política, seja para financiar a guerra, ganhar uma eleição ou acalmar sua população. Essa incontinência monetária, sem controle, leva a uma espiral de escassez de alimentos, aumentos de preços e desvalorizações cambiais. Os mais atingidos não são os ricos (cuja riqueza está em propriedades, ações e mercadorias), mas a classe média, que depende de salários, poupanças e pensões em moeda local, cujo valor é desviado pela hiperinflação.

Nenhum conflito ou calamidade natural pode ser culpado pelo caos que tomou conta da Venezuela. Seus líderes fizeram isso sozinhos. Com reservas comprovadas de petróleo de 300 bilhões de barris – superando até mesmo as da Arábia Saudita – a Venezuela deveria ser rica. Mas o *boom* inicial do petróleo no país, liderado em grande parte por empresas estrangeiras, gerou apenas um desenvolvimento irregular. Quando Hugo Chávez ganhou a presidência em 1998, ele prometeu dar poder e riqueza ao povo. Impulsionado por um aumento sustentado nos preços do petróleo, ele nacionalizou empresas e canalizou as receitas do petróleo para programas de bem-estar e importação de alimentos. As taxas de pobreza e desemprego caíram pela metade. Quando os preços do petróleo caíram, em 2008, Chávez continuou gastando como se nada tivesse mudado. Desde sua morte em 2013, seu sucessor, Nicolás Maduro, intensificou as políticas de Chávez, mesmo enquanto reprimia violentamente a oposição. [...]

É improvável que uma nova era se inicie enquanto Maduro continuar no poder. Ele não demonstrou interesse em tomar medidas que possam restaurar o equilíbrio econômico, como cortar gastos e vincular o bolívar a uma moeda estrangeira sólida. Há rumores em Washington sobre uma mudança de regime. Mas a maior ameaça a Maduro agora pode ser uma série de processos civis nos tribunais americanos contra a Citgo. A empresa, de propriedade da Venezuela, é a maior geradora de moeda bruta do regime, o único ativo que os credores podem procurar. Se esses casos conseguirem reivindicar indenização por terem sido nacionalizados pelo regime de Chávez, a principal opção de Maduro poderá ser cortada. "Se o dinheiro desaparecer", diz de Bolle, "o mesmo acontece com seu apoio, e o regime desmorona". Só então, ao que parece, os venezuelanos conseguirão escapar de um pesadelo em que não podem confiar no dinheiro que têm nas mãos. ■

Fonte: *New York Times*, 4 de novembro de 2018.

Questões para discussão

1. O artigo menciona que a hiperinflação da Venezuela coincidiu com o encolhimento da economia. Como o declínio da produção contribui para a hiperinflação? Como a hiperinflação contribui para o declínio da produção?

2. Por que você acha que os políticos adotam políticas que levam à hiperinflação?

---

durante períodos de inflação moderada – quando os preços sobem menos de 10% ao ano – o tamanho desses custos está mais aberto ao debate.

Embora este capítulo tenha apresentado muitas das mais importantes lições sobre a inflação, a discussão ainda não está completa. Quando o banco central reduz a taxa de crescimento da moeda, os preços sobem menos rapidamente, como sugere a teoria quantitativa da moeda. No entanto, à medida que a economia faz essa transição para uma menor taxa de inflação, a mudança na política monetária, provavelmente, interromperá a produção e o emprego. Ou seja, muito embora a política monetária seja neutra no longo prazo, ela tem profundos efeitos sobre as variáveis reais no curto prazo. Posteriormente neste livro, examinaremos as razões da não neutralidade monetária de curto prazo para aprimorar nossa compreensão das causas e efeitos da inflação.

RESUMO DO CAPÍTULO

- O nível geral de preços em uma economia ajusta-se para trazer a oferta e a demanda de moeda ao equilíbrio. Quando o banco central aumenta a oferta de moeda, provoca um aumento no nível de preços. O crescimento persistente da quantidade de dinheiro leva à inflação contínua.
- O princípio da neutralidade monetária afirma que variações na quantidade de moeda influenciam as variáveis nominais, mas não as variáveis reais. A maioria dos economistas acredita que a neutralidade monetária descreve aproximadamente o comportamento da economia no longo prazo.
- Um governo pode pagar parte das suas despesas simplesmente emitindo moeda. Quando os países confiam demasiadamente nesse "imposto inflacionário", o resultado é a hiperinflação.
- Uma aplicação do princípio da neutralidade monetária é o efeito Fisher: quando a taxa de inflação esperada aumenta, a taxa de juros nominal aumenta na mesma quantidade, e a taxa de juros real permanece a mesma.
- Muitas pessoas pensam que a inflação as torna mais pobres ao aumentar o custo do que compram. Essa visão é uma falácia, porque a inflação também aumenta a renda nominal.
- Economistas identificaram seis custos da inflação: custos de desgaste da sola do sapato associados à redução de reservas monetárias, custos de menu associados a ajustes mais frequentes de preços, aumento da variabilidade dos preços relativos, mudanças não intencionais nas obrigações fiscais devido à não indexação do código tributário, confusão e inconveniência resultantes de uma mudança na unidade de conta e redistribuições arbitrárias de riqueza entre devedores e credores. Muitos desses custos são elevados durante uma hiperinflação, mas a dimensão deles em tempos de inflação moderada não é tão clara.

CONCEITOS-CHAVE

teoria quantitativa da moeda, p. 643
variáveis nominais, p. 645
variáveis reais, p. 645
dicotomia clássica, p. 645

neutralidade monetária, p. 646
velocidade da moeda, p. 646
equação quantitativa, p. 647
imposto inflacionário, p. 650

efeito Fisher, p. 651
custo de desgaste da sola do sapato, p. 653
custos de menu, p. 654

QUESTÕES DE REVISÃO

1. Explique como um aumento no nível de preços afeta o valor real da moeda.
2. De acordo com a teoria quantitativa da moeda, qual é o efeito de um aumento na quantidade de moeda?
3. Explique a diferença entre variáveis nominais e variáveis reais e dê dois exemplos de cada uma. De acordo com o princípio da neutralidade monetária, quais variáveis são afetadas por alterações na quantidade de moeda?
4. Em que sentido a inflação é como um imposto? De que forma pensar na inflação como um tipo de imposto ajuda a explicar a hiperinflação?
5. De acordo com o efeito Fisher, de que maneira um aumento na taxa de inflação afeta a taxa de juros real e a taxa de juros nominal?
6. Quais são os custos da inflação? Em sua opinião, quais desses custos são mais importantes para a economia dos Estados Unidos?
7. Se a inflação for menor que o esperado, quem se beneficiará: devedores ou credores? Explique.

PROBLEMAS E APLICAÇÕES

1. Suponha que a oferta de moeda deste ano seja de $ 500 bilhões, o PIB nominal, de $ 10 trilhões, e o PIB real, de $ 5 trilhões.
    a. Qual será o nível de preços? Qual será a velocidade da moeda?
    b. Suponha que a velocidade seja constante, e a produção de bens e serviços da economia aumente 5% ao ano. O que acontecerá com o PIB nominal e com o nível de preços do ano que vem se o Fed mantiver a oferta de moeda constante?
    c. Que oferta monetária o Fed deve estabelecer no próximo ano se quiser manter o nível de preços estável?
    d. Que oferta monetária o Fed deve estabelecer no próximo ano se quiser uma inflação de 10%?

2. Suponha que mudanças nas regulamentações bancárias expandam a disponibilidade de cartões de crédito para que as pessoas possam guardar menos dinheiro.
   a. Como esse evento afeta a demanda por dinheiro?
   b. Se o Fed não responder a esse evento, o que acontecerá com o nível de preços?
   c. Se o Fed quiser manter o nível de preços estável, o que deve fazer?
3. Às vezes, é sugerido que o Fed tente atingir a inflação zero. Se pressupormos que a velocidade é constante, essa meta de inflação zero exige que a taxa de crescimento monetário seja igual a zero? Se sim, explique o porquê. Se não, explique qual deve ser a taxa de crescimento monetário.
4. Suponha que a taxa de inflação de um país aumente drasticamente. O que acontece com o imposto sobre a inflação sobre os detentores de dinheiro? Por que a riqueza mantida em contas de poupança **não** está sujeita a uma mudança no imposto inflacionário? Você consegue pensar em alguma forma pela qual os titulares de contas de poupança são prejudicados pelo aumento da inflação?
5. Considere os efeitos da inflação em uma economia composta por apenas duas pessoas: Bob, um produtor de feijão, e Rita, uma produtora de arroz. Bob e Rita sempre consomem quantidades iguais de arroz e feijão. Em 2022, o preço do feijão era de $ 1, e o preço do arroz era de $ 3.
   a. Suponha que, em 2023, o preço do feijão fosse de $ 2 e que o preço do arroz fosse de $ 6. De quanto foi a inflação? As mudanças de preço deixaram Bob em uma situação melhor, pior ou inalterada? E Rita?
   b. Agora, suponha que, em 2023, o preço do feijão fosse de $ 2 e que o preço do arroz fosse de $ 4. De quanto foi a inflação? As mudanças de preço deixaram Bob em uma situação melhor, pior ou inalterada? E Rita?
   c. Por fim, suponha que, em 2023, o preço do feijão fosse de $ 2 e que o preço do arroz fosse de $ 1,50. De quanto foi a inflação? As mudanças de preço deixaram Bob em uma situação melhor, pior ou inalterada? E Rita?
   d. O que importa mais para Bob e Rita: a taxa geral de inflação ou o preço relativo do arroz e do feijão?
6. Supondo uma alíquota de 40%, calcule a taxa de juros real antes de impostos e a taxa de juros real após impostos para cada um dos seguintes casos.
   a. A taxa de juros nominal é de 10%, e a taxa de inflação é de 5%.
   b. A taxa de juros nominal é de 6%, e a taxa de inflação é de 2%.
   c. A taxa de juros nominal é de 4%, e a taxa de inflação é de 1%.
7. Lembre-se de que o dinheiro tem três funções na economia. Quais são essas funções? Como a inflação afeta a capacidade do dinheiro de cumprir cada uma dessas funções?
8. Suponha que as pessoas esperem que a inflação seja de 3%, mas que, na verdade, os preços subam 5%. Descreva como essa inflação inesperadamente alta ajudaria ou prejudicaria:
   a. o governo
   b. um proprietário com uma hipoteca de taxa fixa
   c. um trabalhador sindical no segundo ano de um contrato de trabalho
   d. uma faculdade que investiu parte de sua dotação em títulos do governo
9. Explique se as afirmações a seguir são verdadeiras, falsas ou incertas.
   a. "A inflação prejudica os devedores e ajuda os credores porque os devedores devem pagar uma taxa de juros mais alta."
   b. "Se os preços mudarem de uma forma que deixe o nível geral de preços inalterado, ninguém ficará melhor ou pior."
   c. "A inflação não reduz o poder de compra da maioria dos trabalhadores."

Respostas do teste rápido

1. **d**   2. **d**   3. **b**   4. **b**   5. **a**   6. **c**   7. **d**   8. **c**

Capítulo 32

Macroeconomia de economia aberta: conceitos básicos

Quando você for comprar um carro, poderá comparar os modelos mais recentes da Ford e da Toyota. Quando for tirar suas férias, poderá optar por passá-las nas praias da Flórida ou do México. Quando começar a poupar para sua aposentadoria, poderá escolher entre um fundo mútuo que compre ações de empresas dos Estados Unidos e outro que compre ações de empresas estrangeiras. Em todos esses casos, você participa não só da economia dos Estados Unidos, mas também das economias ao redor do mundo.

Há claros benefícios em estar aberto ao comércio internacional: o comércio permite que as pessoas se concentrem naquilo que fazem melhor e consumam bens e serviços de todo o mundo. É por isso que um dos **dez princípios da economia** destacados no Capítulo 1 é que o comércio pode beneficiar a todos. O comércio internacional pode elevar os padrões de vida em todos os países, permitindo que cada um se especialize na produção dos bens e serviços para os quais dispõe de vantagem comparativa.

Até aqui, nosso estudo da macroeconomia praticamente ignorou a interação da economia doméstica com o restante do mundo. Na maioria dos assuntos macroeconômicos, os problemas internacionais são periféricos. Por exemplo, para uma discussão básica sobre

o desemprego friccional ou a teoria quantitativa da moeda, os efeitos do comércio internacional podem ser ignorados sem dificuldades. De fato, para simplificar suas análises, a maioria dos macroeconomistas costuma assumir uma **economia fechada**, ou seja, uma economia que não interage com as outras economias.

Todo um novo conjunto de questões macroeconômicas, contudo, surge quando macroeconomistas estudam uma **economia aberta**, que é aquela que interage livremente com outras economias no mundo. Este capítulo e o próximo fornecem uma introdução à macroeconomia de economia aberta. Começaremos a discutir as variáveis macroeconômicas-chave que descrevem as interações de uma economia aberta nos mercados mundiais. Você talvez tenha ouvido falar dessas variáveis – exportações, importações, balança comercial e taxas de câmbio – nos noticiários. Este capítulo explica o significado desses dados. No próximo capítulo, desenvolveremos um modelo para explicar como essas variáveis são determinadas e de que maneira são afetadas pelas políticas governamentais.

economia fechada
uma economia que não interage com outras economias do mundo

economia aberta
uma economia que interage livremente com outras economias do mundo

32-1 Os fluxos internacionais de bens e capital

Uma economia aberta interage com outras economias de duas maneiras: comprando e vendendo bens e serviços nos mercados mundiais de produtos e comprando e vendendo ativos de capital, como ações e títulos, nos mercados financeiros mundiais. Aqui, discutiremos essas duas atividades e a estreita relação que há entre elas.

32-1a O fluxo de bens: exportações, importações e exportações líquidas

As **exportações** são bens e serviços produzidos internamente e vendidos no exterior, ao passo que as **importações** são bens e serviços produzidos no exterior e vendidos internamente. Quando a Boeing, a fabricante de aeronaves dos Estados Unidos, constrói um avião e o vende para a Air France, a venda é uma exportação dos Estados Unidos e uma importação da França. Quando a Fiat, fabricante italiana de automóveis, produz um carro e o vende a um residente dos Estados Unidos, a venda é uma importação dos Estados Unidos e uma exportação da Itália.

As **exportações líquidas** de qualquer país são a diferença entre o valor das exportações e o valor das importações:

Exportações líquidas = Valor das exportações de um país – Valor das importações de um país.

A venda realizada pela Boeing aumenta as exportações líquidas dos Estados Unidos, e a venda realizada pela Fiat as reduz. Como as exportações líquidas nos dizem se, em geral, um país é um comprador ou um vendedor nos mercados mundiais de bens e serviços, elas são também denominadas **balança comercial**. Se as exportações líquidas são positivas, as exportações são maiores que as importações, indicando que o país vende ao exterior mais bens e serviços do que compra de outros países. Nesse caso, diz-se que o país tem um **superávit comercial**. Se as exportações líquidas são negativas, as exportações são menores que as importações, indicando que o país vende menos bens e serviços ao exterior do que compra de outros países. Nesse caso, diz-se que o país tem um **déficit comercial**. Quando as exportações líquidas são iguais a zero, as exportações e importações são iguais, e diz-se que o país tem **equilíbrio comercial**.

No próximo capítulo, desenvolveremos uma teoria que explica o equilíbrio comercial de uma economia, mas, mesmo neste estágio inicial, é fácil pensar em muitos fatores que podem influenciar as exportações, as importações e as exportações líquidas de um país, entre eles:

- A preferência dos consumidores por bens nacionais e estrangeiros
- Os preços dos bens no mercado interno e no exterior
- A taxa de câmbio em que as pessoas podem usar a moeda interna para comprar moedas estrangeiras

exportações
bens e serviços produzidos internamente e vendidos no exterior

importações
bens e serviços produzidos no exterior e vendidos internamente

exportações líquidas
o valor das exportações de um país menos o valor de suas importações; também chamado de balança comercial

balança comercial
o valor das exportações de um país menos o valor de suas importações; também chamado de exportações líquidas

superávit comercial
excesso de exportações em relação a importações

déficit comercial
excesso de importações em relação a exportações

equilíbrio comercial
situação em que as exportações são iguais às importações

- As rendas dos consumidores no mercado interno e no exterior
- O custo do transporte de mercadorias entre países
- As políticas do governo com relação ao comércio internacional

À medida que esses fatores se alteram, o volume de comércio internacional também muda.

Estudo de caso

A crescente abertura da economia dos Estados Unidos

"Mas nós não estamos falando só da compra de um carro – estamos falando sobre enfrentar o déficit comercial do país com o Japão."

Uma mudança significativa na economia dos Estados Unidos nas últimas sete décadas foi o aumento da importância do comércio e das finanças internacionais. Esse fenômeno é ilustrado na Figura 32-1, que mostra o valor total dos bens e serviços exportados e importados expressos como um percentual do produto interno bruto (PIB). Apesar de algumas quedas de curto prazo, como a que ocorreu durante a pandemia de 2020, a tendência geral é de alta. Na década de 1950, as importações e exportações ficavam entre 4 e 5% do PIB. Nos últimos anos, elas corresponderam a cerca de duas ou três vezes aquele nível. Os parceiros comerciais dos Estados Unidos incluem um grupo diverso de países. Em 2021, os maiores parceiros comerciais, medidos pela soma de importações e exportações, eram México, Canadá e China, cada um representando em torno de 14% do comércio estadunidense total, seguidos por Japão, Alemanha, Coreia do Sul e Reino Unido.

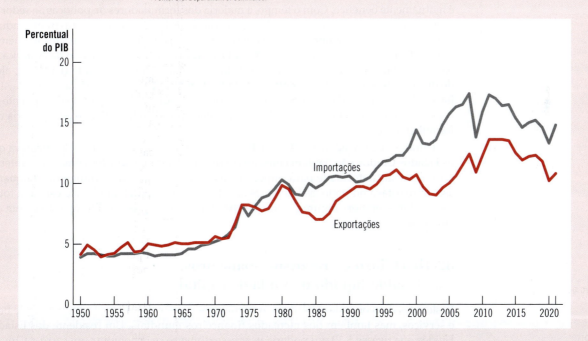

Figura 32-1

A internacionalização da economia estadunidense

Esta figura ilustra as exportações e importações da economia dos Estados Unidos como percentual do PIB do país desde 1950. Os aumentos substanciais ao longo do tempo mostram a importância crescente do comércio e das finanças internacionais.

Fonte: U.S. Department of Commerce.

A tendência de aumento do comércio internacional durante as últimas décadas se deve, em parte, a melhorias nos transportes. Em 1950, um navio mercante médio transportava menos de 10 mil toneladas de carga. Hoje, muitos navios carregam mais de 100 mil toneladas. O jato de longa distância foi introduzido em 1958, enquanto o jato de fuselagem larga chegou em 1967, tornando o transporte aéreo muito mais barato do que antes. Esses avanços permitiram que bens que antes precisavam ser produzidos localmente fossem comercializados globalmente. Flores cultivadas em Israel são enviadas para venda nos Estados Unidos. Frutas e vegetais frescos que só poderiam ser cultivados nos Estados Unidos durante o verão agora podem ser consumidos no país durante o inverno, porque são importados do Hemisfério Sul.

Avanços nas telecomunicações também facilitaram a expansão do comércio internacional, por permitirem que as empresas chegassem a clientes estrangeiros com mais facilidade. Por exemplo, o primeiro cabo telefônico transatlântico só foi instalado em 1956. Em 1966, a tecnologia permitia apenas 138 conversas simultâneas entre a América do Norte e a Europa. Hoje, graças ao e-mail e às videoconferências, muitas vezes se comunicar com um cliente do outro lado do mundo é tão fácil quanto falar com alguém em outro ponto da cidade.

O progresso tecnológico também estimulou o comércio ao mudar os tipos de bens produzidos pelas economias. Quando matérias-primas volumosas (como o aço) e bens perecíveis (como alimentos) eram uma grande parte da produção mundial, o transporte de mercadorias era custoso e, às vezes, impossível. Em contrapartida, bens produzidos com tecnologias modernas normalmente são mais leves e fáceis de transportar. Eletrônicos de consumo, por exemplo, têm um peso baixo por cada dólar do seu valor, o que facilita sua produção em um país e venda em outro. Um exemplo ainda mais extremo é a indústria do cinema. Quando um estúdio de Hollywood produz um filme, ele pode enviá-lo para o exterior por um custo quase zero. E, de fato, os filmes são um importante produto de exportação dos Estados Unidos.

Durante a maior parte desse período, as políticas comerciais dos governos também foram um fator relevante para o aumento do comércio internacional. Como vimos anteriormente neste livro, os economistas há tempos acreditam que o livre-comércio entre os países é mutuamente benéfico. Com o tempo, a maioria dos formuladores de políticas ao redor do mundo passou a aceitar essas conclusões. Os acordos internacionais reduziram gradualmente tarifas, cotas de importação e outras barreiras comerciais. Esses pactos incluem: o Acordo Geral de Tarifas e Comércio (GATT); o Acordo de Livre Comércio da América do Norte (Nafta) e seu sucessor, o Acordo Estados Unidos-México-Canadá (USMCA), além de diversos acordos bilaterais entre os Estados Unidos e países individuais como Austrália, Chile, Colômbia, Panamá, Singapura e Coreia do Sul. Assim, o padrão de aumento do comércio mostrado na Figura 32-1 é um fenômeno apoiado e incentivado pela maioria dos formuladores de políticas públicas.

Durante sua presidência, Donald Trump desafiou essas tendências. Ele afirmava que os Estados Unidos não haviam conseguido se beneficiar dos acordos comerciais anteriores e usou sua autoridade para impor tarifas sobre muitos bens estrangeiros. Enquanto este livro estava no prelo, as intenções da administração Biden ainda não estavam totalmente claras, embora algumas reduções nas tarifas impostas por Trump estivessem em curso. ●

32-1b O fluxo de recursos financeiros: saldo líquido de saída de capital

Residentes de economias abertas não participam apenas dos mercados mundiais de bens e serviços, mas também dos mercados financeiros mundiais. Um residente dos Estados Unidos que tivesse $ 30 mil poderia usar esse dinheiro para comprar um carro da Toyota ou ações da Toyota Corporation. A primeira transação representaria um fluxo de bens, e a segunda, um fluxo de capital.

O termo **saldo líquido de saída de capital** refere-se à diferença entre a compra de ativos estrangeiros por residentes domésticos e a compra de ativos domésticos por estrangeiros:

Saldo líquido de saída de capital = Compra de ativos externos por residentes domésticos − Compra de ativos domésticos por estrangeiros.

saldo líquido de saída de capital
a compra de ativos estrangeiros por residentes domésticos menos a compra de ativos domésticos por estrangeiros

Quando um residente dos Estados Unidos compra ações da Petrobras, empresa brasileira no ramo da energia, a aquisição aumenta o primeiro termo do lado direito da equação; portanto, aumenta o saldo líquido de saída de capital dos Estados Unidos. Quando um residente do Japão compra um título emitido pelo governo estadunidense, a compra aumenta o segundo termo do lado direito da equação; portanto, reduz o saldo líquido de saída de capital dos Estados Unidos.

O fluxo de capital entre a economia dos Estados Unidos e o restante do mundo assume duas formas: **investimento direto no país** e **investimento estrangeiro em carteira**. Um exemplo de investimento direto no país é o McDonalds abrir uma lanchonete na Rússia. Um exemplo de investimento estrangeiro em carteira, por sua vez, é um estadunidense comprar ações de uma empresa russa. No primeiro caso, o proprietário estadunidense (a empresa McDonald's) administra o investimento ativamente, ao passo que, no segundo, o proprietário estadunidense (o acionista) tem um papel mais passivo. Nos dois casos, residentes dos Estados Unidos compram ativos localizados em outro país, de modo que as duas compras aumentam o saldo líquido de saída de capital dos Estados Unidos.

O saldo líquido de saída de capital (às vezes chamado de **investimento externo líquido** ou simplesmente **saída líquida de capital**) pode ser positivo ou negativo. Quando é positivo, significa que os residentes domésticos estão comprando mais ativos estrangeiros do que os estrangeiros estão comprando ativos domésticos, indicando uma saída de capital do país. Quando o saldo líquido de saída de capital é negativo, os residentes domésticos estão adquirindo menos ativos estrangeiros do que os estrangeiros estão comprando ativos domésticos, o que caracteriza uma entrada de capital no país. Ou seja, quando o saldo é negativo, o país está recebendo um fluxo líquido de capital estrangeiro.

O próximo capítulo desenvolverá uma teoria para explicar esse fenômeno. Enquanto isso, vamos considerar brevemente algumas das variáveis que influenciam esse fluxo:

- As taxas de juros reais pagas sobre os ativos estrangeiros
- As taxas de juros reais pagas sobre os ativos domésticos
- Riscos econômicos e políticos percebidos de manter ativos no exterior
- As políticas governamentais que afetam a propriedade de ativos domésticos por estrangeiros

Suponha que investidores estadunidenses estejam decidindo se devem comprar títulos do governo mexicano ou dos Estados Unidos (lembre-se de que um título é, na prática, um IOU*, ou seja, um acordo escrito para devolução de uma dívida dado pelo emitente). Para tomar essa decisão, os investidores dos Estados Unidos comparam as taxas de juros reais oferecidas pelos dois títulos. Quanto mais alta for a taxa de juros real de um título, mais atraente ele será. No entanto, enquanto fazem essa comparação, os investidores dos Estados Unidos também precisam levar em conta o risco de que um desses governos possa se tornar inadimplente em relação à sua dívida (ou seja, deixar de pagar os juros ou o principal no tempo devido), bem como quaisquer restrições que o governo mexicano tenha imposto ou venha a impor no futuro sobre os investidores estrangeiros no México.

32-1c A igualdade entre exportações líquidas e saldo líquido de saída de capital

Vimos que uma economia aberta interage com o resto do mundo de duas maneiras: nos mercados de bens e serviços e nos mercados financeiros. As exportações líquidas e o saldo líquido de saída de capital medem diferentes tipos de desequilíbrios nesses mercados.

---

*N. de R.T. IOU é a sigla para *I Owe You* (literalmente "eu devo a você" em inglês). Trata-se de um documento informal que reconhece uma dívida. No contexto financeiro, um IOU pode representar um compromisso de pagamento entre duas partes, mas não é um título formal de dívida como um contrato de empréstimo ou um título negociável.

As exportações líquidas medem o desequilíbrio entre as exportações e as importações de um país. Já a saída líquida de capital mede o desequilíbrio entre o montante de ativos estrangeiros adquiridos por residentes domésticos e o montante de ativos domésticos adquiridos por estrangeiros.

Um fato contábil importante, embora sutil, afirma que, para uma economia como um todo, o saldo líquido de saída de capital (*SLC*) é igual às exportações líquidas (*XL*):

$$SLC = XL.$$

Essa equação é válida, porque todas as transações que afetam um lado da equação também devem afetar o outro lado pelo mesmo montante. Essa equação é uma **identidade** – uma igualdade que é mantida pela maneira como suas variáveis são definidas e medidas.

Para entender por que essa identidade contábil é verdadeira, vamos considerar um exemplo. Imagine que você é um programador de computadores nos Estados Unidos. Você desenvolve um programa e o vende a um consumidor japonês por 10 mil ienes. A venda desse programa é uma exportação dos Estados Unidos; portanto, significa um aumento na exportação líquida. O que mais acontece para tornar essa identidade válida? A resposta depende do que você faz com os 10 mil ienes que recebeu.

Primeiramente, suponha que você simplesmente guarde os ienes debaixo do colchão. (Poderíamos dizer que ienes são seu maior sonho.) Nesse caso, você está utilizando parte de sua renda para investir na economia japonesa. Ou seja, um residente doméstico (você) adquiriu um ativo estrangeiro (a moeda japonesa). O aumento das exportações líquidas dos Estados Unidos é acompanhado por um aumento na saída líquida de capital dos Estados Unidos.

No entanto, se você deseja investir na economia japonesa, provavelmente não o fará simplesmente guardando a moeda japonesa. Mais provavelmente, você usará os 10 mil ienes para comprar ações de uma empresa japonesa ou para adquirir um título do governo japonês. Contudo, do ponto de vista da contabilidade econômica, o resultado da sua decisão é praticamente o mesmo: um residente doméstico adquire um ativo estrangeiro. O aumento na saída líquida de capital dos Estados Unidos (pela compra da ação ou do título japonês) equivale ao aumento das exportações líquidas dos Estados Unidos (pela venda do *software*).

Agora suponha que, em vez de usar os 10 mil ienes para comprar um ativo japonês, você os utilize para adquirir um bem produzido no Japão, como uma televisão da Sony. Devido à sua compra, as importações dos Estados Unidos aumentam. Nesse cenário, a exportação do *software* e a importação da TV representam um comércio equilibrado. Como as exportações e importações aumentam na mesma proporção, as exportações líquidas permanecem inalteradas. Nesse caso, nenhum estadunidense adquire um ativo estrangeiro, e nenhum estrangeiro adquire um ativo estadunidense, de modo que também não há impacto sobre a saída líquida de capital dos Estados Unidos.

Uma possibilidade final é que você vá a um banco local para trocar seus 10 mil ienes por dólares estadunidenses. No entanto, essa decisão não altera a situação, pois o banco agora precisa decidir o que fazer com os 10 mil ienes. Ele pode usá-los para comprar ativos japoneses (o que representaria uma saída líquida de capital dos Estados Unidos), adquirir um bem japonês (o que configuraria uma importação para os Estados Unidos) ou vender os ienes para outro estadunidense interessado em realizar uma dessas transações. No fim das contas, as exportações líquidas dos Estados Unidos devem sempre ser iguais à saída líquida de capital dos Estados Unidos.

Nosso exemplo começou com um programador estadunidense vendendo um programa para o exterior, mas a lógica é a mesma quando um cidadão dos Estados Unidos compra bens e serviços de outros países. Por exemplo, se a rede Walmart adquire $ 50 milhões em roupas da China para vender aos consumidores estadunidenses, esse dinheiro precisa ter um destino. A China pode decidir investir esses $ 50 milhões na economia dos Estados Unidos, o que pode ocorrer por meio da compra de títulos do governo estadunidense. Nesse cenário, a importação de roupas reduz as exportações líquidas dos Estados Unidos, enquanto a venda de títulos reduz a saída líquida de capital do país. Alternativamente, a China pode usar os $ 50 milhões para comprar uma aeronave da Boeing, uma fabricante dos Estados Unidos. Nesse caso, a importação de roupas é compensada pela exportação de aeronaves, mantendo inalteradas as exportações líquidas e a saída líquida de capital dos Estados Unidos. Em todos os casos, a transação afeta as exportações líquidas e a saída líquida de capital de forma equivalente.

Recapitulando:

- Quando um país apresenta um superávit comercial ($XL > 0$), significa que está vendendo mais bens e serviços para o exterior do que comprando. O que ele faz com a moeda estrangeira que recebe pelo saldo positivo de suas transações comerciais? Ele a deve estar utilizando para adquirir ativos no exterior. Isso implica que há uma saída líquida de capital do país ($SLC > 0$).
- Quando um país registra um déficit comercial ($XL < 0$), significa que está comprando mais bens e serviços do exterior do que vendendo. Como ele financia essa compra líquida no mercado global? Deve ser fazendo a venda de ativos para estrangeiros. Nesse caso, há uma entrada líquida de capital no país ($SLC < 0$).

O fluxo internacional de bens e serviços e o fluxo internacional de capital são duas faces da mesma moeda.

32-1d Poupança, investimento e sua relação com os fluxos internacionais

A poupança e o investimento de uma nação são cruciais para seu crescimento econômico de longo prazo. Como explicado em um capítulo anterior, em uma economia fechada, a poupança é igual ao investimento. Essas questões não são tão simples em uma economia aberta. Vamos analisar de que forma a poupança e o investimento estão relacionados com o fluxo internacional de produtos e de capital medidos pelas exportações líquidas e pelo saldo líquido de saída de capital.

Como você deve se lembrar, a expressão **exportações líquidas** surgiu anteriormente neste livro, quando discutimos os componentes do produto interno bruto. O produto interno bruto da economia (Y) divide-se em quatro componentes: consumo (C), investimento (I), compras do governo (G) e exportações líquidas (XL). Isso pode ser escrito como

$$Y = C + I + G + XL.$$

A despesa total na produção de bens e serviços da economia é a soma das despesas de consumo, investimento, compras do governo e exportações líquidas. Como cada dólar de despesa é classificado em um desses quatro componentes, essa equação é uma identidade contábil: deve ser verdadeira por causa da maneira como as variáveis são definidas e medidas.

Lembre-se de que a poupança nacional é a renda da nação que resta após terem sido pagos o consumo corrente e as compras do governo. A poupança nacional (S) é igual a $Y - C - G$. Se reorganizarmos a equação apresentada anteriormente para refletir esse fato, vamos obter

$$Y - C - G = I + XL$$
$$S = I + XL.$$

Como as exportações líquidas (XL) são também iguais ao saldo líquido de saída de capital (SLC), essa equação pode ser reescrita como

$$S = I + SLC$$
$$\text{Poupança} = \text{Investimento doméstico} + \text{Saída líquida de capital}$$

Essa equação mostra que a poupança de uma nação deve ser igual a seu investimento doméstico mais o saldo líquido de saída de capital. Em outras palavras, quando os cidadãos dos Estados Unidos poupam um dólar de sua renda para o futuro, esse dólar pode ser usado para financiar a acumulação de capital doméstico ou para financiar a compra de capital no exterior.

Essa equação pode lhe parecer familiar. Anteriormente, ao analisar o sistema financeiro, vimos essa identidade no caso específico de uma economia fechada. Em uma economia fechada, a saída líquida de capital é zero ($SLC = 0$), de modo que a poupança equivale ao investimento ($S = I$). Por outro lado, em uma economia aberta, a poupança tem dois destinos possíveis: o investimento doméstico e a saída líquida de capital.

Assim como antes, podemos imaginar o sistema financeiro se situando entre os dois lados da identidade. Por exemplo, suponha que a família Smith decida poupar parte de sua renda para a aposentadoria. Essa decisão contribui para a poupança nacional, o lado esquerdo da equação. Se os Smith depositarem sua poupança em um fundo mútuo, este poderá usar parte do depósito para comprar ações emitidas pela General Motors, que usa os recursos para construir uma fábrica em Ohio. Além disso, o fundo pode usar parte do depósito dos Smith para comprar ações da Toyota, que usa os recursos para construir uma fábrica em Osaka. Essas transações aparecem do lado direito da equação. Do ponto de vista da contabilidade dos Estados Unidos, a despesa da General Motors na fábrica é investimento doméstico e a compra de ações da Toyota por um residente dos Estados Unidos é saída líquida de capital. Portanto, toda a poupança da economia dos Estados Unidos aparece como investimento na economia ou como saída líquida de capital do país.

O ponto onde queríamos chegar é que a poupança, os investimentos e o fluxo internacional de capital são indissociáveis. Quando a poupança de um país excede os investimentos domésticos, a saída líquida de capital é positiva, o que indica que o país está usando parte da poupança para comprar ativos no estrangeiro. Quando os investimentos internos de um país excedem a poupança, a saída líquida de capital é negativa, o que indica que os residentes no exterior estão financiando parte desses investimentos por meio da compra de ativos internos.

32-1e Resumindo

A Tabela 32-1 resume muitas das ideias apresentadas até aqui. Ela descreve três possibilidades para uma economia aberta: um país com déficit comercial, um país com equilíbrio comercial e um país com superávit comercial.

Vamos considerar, primeiro, um país com superávit comercial. Por definição, um superávit comercial significa que o valor das exportações excede o das importações. Como as exportações líquidas são as exportações menos as importações, as exportações líquidas (XL) são positivas. Como resultado, a renda ($Y = C + I + G + XL$) deve ser maior que a despesa interna ($C + I + G$). Contudo, se a renda (Y) for maior que a despesa ($C + I + G$), então a poupança ($S = Y - C - G$) deve ser maior que o investimento (I). Como o país está poupando mais do que está investindo, deve estar enviando para o exterior uma parte de sua poupança. Ou seja, a saída líquida de capital deve ser positiva.

Tabela 32-1

Fluxos internacionais de bens e capital: resumo

Esta tabela mostra os três resultados possíveis para uma economia aberta.

	Déficit comercial	Equilíbrio comercial	Superávit comercial
	Exportações < importações	Exportações = importações	Exportações > importações
	Exportações líquidas < 0	Exportações líquidas = 0	Exportações líquidas > 0
	$Y < C + I + G$	$Y = C + I + G$	$Y > C + I + G$
	Poupança < investimento	Poupança = investimento	Poupança > investimento
	Saída líquida de capital < 0	Saída líquida de capital = 0	Saída líquida de capital > 0

A mesma lógica, porém invertida, aplica-se a um país com déficit comercial, como a economia dos Estados Unidos nos últimos anos. Por definição, um déficit comercial significa que o valor das exportações é menor que o valor das importações. Como as exportações líquidas são as exportações menos as importações, as exportações líquidas (XL) são negativas. Portanto, a renda ($Y = C + I + G + XL$) deve ser menor que a despesa interna ($C + I + G$). Mas, se a renda (Y) for menor que a despesa ($C + I + G$), então a poupança ($S = Y – C – G$) deve ser menor que o investimento (I). Como o país investe mais do que poupa, deve estar financiando parte do investimento doméstico por meio da venda de ativos no estrangeiro, ou seja, o saldo líquido de saída de capital deve ser negativo.

Um país com equilíbrio comercial está entre esses dois casos. As exportações são iguais às importações, de modo que as exportações líquidas são zero. A renda equivale aos gastos domésticos e a poupança é igual ao investimento. Nesse caso, a saída líquida de capital é zero.

Estudo de caso

O déficit comercial dos Estados Unidos é um problema nacional?

Você já deve ter ouvido falar que os Estados Unidos são os "maiores devedores do mundo". O país ganhou essa descrição ao contrair empréstimos pesados nos mercados financeiros mundiais durante as últimas quatro décadas para financiar grandes déficits comerciais. Por que os Estados Unidos fizeram isso? Essa prática deve ser motivo de preocupação para os estadunidenses?

Para responder a essas perguntas, vamos ver o que as identidades contábeis da macroeconomia nos dizem sobre a economia estadunidense. O painel (a) da Figura 32-2 mostra a poupança nacional e o investimento doméstico como percentuais do PIB desde 1960. O painel (b) traz a saída líquida de capital (equivalente ao saldo comercial) como um percentual do PIB. Observe que, como as identidades exigem, a saída líquida de capital é sempre igual à poupança nacional menos o investimento doméstico. A figura mostra que a poupança nacional e o investimento doméstico, como percentuais do PIB, variam significativamente ao longo do tempo. Antes de 1980, elas tendiam a variar juntas, de modo que o saldo líquido de saída de capital era normalmente baixo, entre –1 e 1% do PIB. Desde 1980, a poupança nacional tem ficado bem abaixo do investimento doméstico, gerando um déficit comercial considerável e grandes entradas de capital. Ou seja, nas últimas décadas, a saída líquida de capital tem sido, com frequência, um número negativo alto.

As variações na Figura 32-2 podem parecer confusas, e têm sido alvo de muita controvérsia na política estadunidense. Para entender melhor, precisamos ir além desses dados e discutir as políticas e os eventos que influenciam a poupança nacional e o investimento doméstico. A história nos mostra que não há uma causa única para os déficits comerciais. Na verdade, eles podem surgir diante de uma série de circunstâncias. Veja a seguir quatro episódios históricos.

Política fiscal desequilibrada. De 1980 a 1987, a entrada de capital nos Estados Unidos foi de 0,5 para 2,9% do PIB. Essa variação de 2,4 pontos percentuais é amplamente atribuída a uma queda de 2,7 pontos percentuais na poupança nacional. A queda na poupança nacional, por sua vez, geralmente é explicada pela redução na poupança pública – isto é, o aumento no déficit orçamentário do governo. Esses déficits orçamentários surgiram porque o presidente Ronald Reagan cortou impostos e aumentou os gastos com defesa sem aprovar os cortes propostos nos gastos não relacionados à defesa.

Explosão de investimentos. Uma história diferente explica os déficits comerciais que surgiram na década seguinte. De 1991 a 2000, o fluxo de capital para os Estados Unidos subiu de 0,5 para 3,7% do PIB. Essa variação de 3,2 pontos percentuais não é atribuível a uma redução na poupança. Na verdade, a poupança aumentou ao longo desse período, depois que o orçamento do governo passou de uma situação de déficit para superávit. Os investimentos, porém, subiram de 15,3 para 19,9% do PIB, à medida que a tecnologia da informação registrava enormes avanços e muitas empresas estavam ansiosas para investir no segmento de alta tecnologia.

Figura 32-2
Poupança nacional, investimento doméstico e saída líquida de capital dos Estados Unidos

O painel (a) mostra a poupança nacional e o investimento doméstico como percentuais do PIB. O painel (b) mostra a saída líquida de capital como um percentual do PIB. Observe que a poupança nacional tem ficado mais baixa depois de 1980. Essa queda na poupança nacional se refletiu principalmente na redução da saída líquida de capital, e não na redução do investimento doméstico.

Fonte: U.S. Department of Commerce.

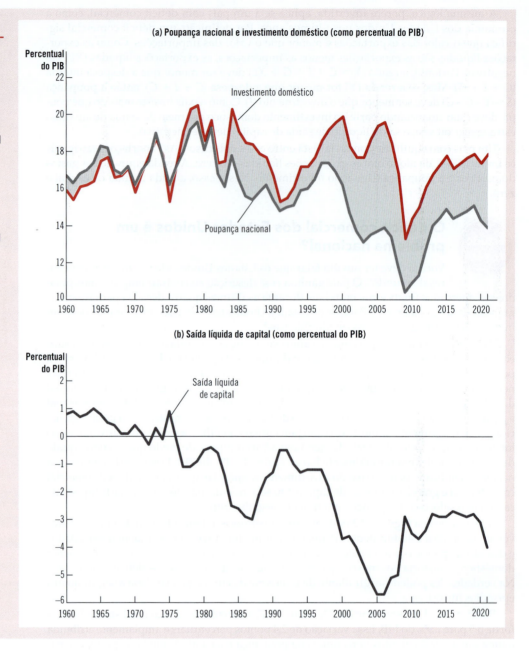

Recessão econômica e recuperação. De 2000 a 2019, o fluxo de capital para os Estados Unidos continuou alto. A consistência dessa variável, porém, contrasta com as mudanças notáveis na poupança e no investimento. De 2000 a 2009, ambos caíram cerca de 6 pontos percentuais. Os investimentos registraram queda porque os períodos econômicos difíceis tornaram o acúmulo de capital menos lucrativo, enquanto a poupança nacional caiu porque o governo começou a registrar déficits orçamentários extraordinariamente grandes em resposta à recessão de 2008-2009. De 2009 a 2019, à medida que a economia se recuperava, essas forças foram revertidas, e tanto a poupança quanto os investimentos aumentaram em mais de 4 pontos percentuais.

Gastos da pandemia. De 2019 a 2021, o déficit comercial e a entrada de capital nos Estados Unidos aumentaram 1,2 ponto percentual. Essa mudança é totalmente atribuível a uma queda na poupança nacional. Durante esse período, o governo federal aumentou os gastos governamentais em resposta à pandemia da Covid-19, gerando um grande déficit orçamentário e uma redução na poupança nacional.

Esses déficits comerciais e fluxos de capital internacional são um problema para a economia estadunidense? Essa pergunta não tem resposta fácil. É preciso avaliar as circunstâncias e possíveis alternativas.

Vamos analisar primeiro um déficit comercial provocado por uma queda na poupança, como o ocorrido na década de 1980. Uma poupança menor significa que o país está poupando menos rendimentos para o futuro. Com a queda na poupança nacional, no entanto, não há motivo para lamentar os déficits comerciais resultantes. Se a poupança nacional caísse sem provocar um déficit comercial, os investimentos nos Estados Unidos também cairiam. Essa queda nos investimentos, por sua vez, teria um efeito adverso sobre o crescimento do estoque de capital, da produtividade do trabalho e dos salários reais. Em outras palavras, após uma queda na poupança estadunidense, é melhor ter estrangeiros investindo na economia dos Estados Unidos do que ninguém.

Agora, vamos pensar em um déficit induzido por uma explosão de investimentos, como os déficits comerciais da década de 1990. Nesse caso, a economia contrai empréstimos do exterior para financiar a compra de novos bens de capital. Se esse capital extra proporcionar um bom retorno na forma de aumento na produção de bens e serviços, então a economia deverá ser capaz de lidar com as dívidas que acumulou. Por outro lado, se os projetos de investimento não conseguirem gerar os retornos esperados, as dívidas parecerão menos desejáveis, pelo menos ao analisar a situação em retrospectiva.

Assim como uma pessoa pode se endividar de maneira prudente ou irracional, o mesmo pode acontecer com um país. Um déficit comercial não é um problema por si só, mas às vezes pode ser um sintoma de um problema. ●

Teste rápido

1. Como um percentual do PIB estadunidense, hoje as exportações são _____ e as importações são _____ do que eram em 1950.
    a. maiores; maiores
    b. menores; menores
    c. maiores; menores
    d. menores; maiores

2. Em uma economia aberta, a poupança nacional é igual ao investimento doméstico
    a. mais o déficit orçamentário do governo.
    b. menos as exportações líquidas de bens e serviços.
    c. mais o saldo líquido de saída de capital.
    d. menos o investimento estrangeiro em carteira.

3. Se o valor das importações de uma nação superar o valor de suas exportações, qual das seguintes afirmações NÃO é verdadeira?
    a. As exportações líquidas são negativas.
    b. O PIB é menor que a soma do consumo, dos investimentos e das compras do governo.
    c. O investimento externo é maior que a poupança nacional
    d. O país está registrando um saldo líquido de saída de capital.

As respostas estão no final do capítulo.

32-2 Os preços das transações internacionais: taxas de câmbio real e nominal

Até aqui, discutimos as medidas do fluxo de bens e serviços e do fluxo de capital através das fronteiras de um país. Além dessas variáveis quantitativas, os macroeconomistas também analisam os preços nos quais se dão essas transações internacionais. Assim como os preços em qualquer mercado coordenam compradores e vendedores, os preços internacionais coordenam consumidores, produtores e investidores à medida que interagem nos mercados globais. Dois dos preços internacionais mais importantes são as taxas de câmbio nominal e real.

32-2a Taxa de câmbio nominal

taxa de câmbio nominal
taxa na qual uma pessoa pode trocar a moeda de um país pela de outro

A **taxa de câmbio nominal** diz quanto você receberá se trocar a moeda de um país pela moeda de outro. Por exemplo, se você for ao banco, pode ver anunciada uma taxa de câmbio de 80 ienes por dólar. Se você der ao banco 1 dólar, o banco lhe dará em troca 80 ienes japoneses; se você entregar ao banco 80 ienes japoneses, ele lhe dará 1 dólar dos Estados Unidos. (Na prática, o banco cobrará preços ligeiramente diferentes para a compra e a venda de ienes. As diferenças compensam o banco por oferecer esse serviço. Para os nossos fins, podemos ignorar esse detalhe.)

Uma taxa de câmbio pode sempre ser expressa de duas maneiras. Se a taxa de câmbio for de 80 ienes por dólar, também é igual a 1/80 (= 0,0125) dólar por iene. No decorrer deste livro, expressaremos a taxa de câmbio nominal como unidades da moeda estrangeira por dólar dos Estados Unidos, por exemplo, 80 ienes por dólar.

Quando a taxa de câmbio muda de modo que 1 dólar compre mais moeda estrangeira, essa mudança é chamada **apreciação** do dólar. Se a taxa de câmbio muda de modo que 1 dólar compre menos moeda estrangeira, trata-se de uma **depreciação** do dólar. Por exemplo, quando a taxa de câmbio sobe de 80 para 90 ienes por dólar, diz-se que o dólar se apreciou. Ao mesmo tempo, como 1 iene japonês agora compra menos moeda dos Estados Unidos, diz-se que o iene se depreciou. Quando a taxa de câmbio cai de 80 para 70 ienes por dólar, dizemos que o dólar se depreciou e que o iene se apreciou.

apreciação
aumento do valor de uma moeda medido pela quantidade de moeda estrangeira que ela pode comprar

depreciação
redução do valor de uma moeda medida pela quantidade de moeda estrangeira que ela pode comprar

Você talvez já tenha ouvido que o dólar está "forte" ou "fraco". Essas descrições normalmente se referem a alterações recentes na taxa de câmbio nominal. Quando uma moeda se aprecia, diz-se que ela está **fortalecida**, porque pode, assim, comprar mais moeda estrangeira. De forma similar, quando uma moeda se deprecia, diz-se que ela está **enfraquecida**. Talvez porque a palavra "forte" seja mais empolgante do que a palavra "fraco", os agentes do governo tendem a dizer que são a favor de uma moeda forte. Do ponto de vista de um economista, no entanto, as taxas de câmbio são apenas preços, e não há nada inerentemente melhor em estarem altas ou baixas.

Para cada país, há muitas taxas de câmbio nominais. O dólar dos Estados Unidos pode ser usado para comprar ienes japoneses, libras britânicas, pesos mexicanos, e assim por diante. Quando economistas estudam variações na taxa de câmbio, eles frequentemente utilizam índices que fazem uma média dessas taxas. Assim como o índice de preços ao consumidor (IPC) transforma a grande quantidade de preços da economia em uma única medida do nível de preços, um índice de taxa de câmbio consolida diversas taxas de câmbio em uma única medida do valor internacional de uma moeda. Desse modo, quando os economistas falam sobre apreciação ou depreciação do dólar, na maioria das vezes estão se referindo a um índice de taxa de câmbio que leva em conta diversas taxas de câmbio individuais.

32-2b Taxa de câmbio real

taxa de câmbio real
a taxa na qual uma pessoa pode negociar os bens e serviços de um país pelos bens e serviços de outro país

A **taxa de câmbio real** é a taxa à qual uma pessoa pode trocar os bens e serviços de um país pelos bens e serviços de outro país. Por exemplo, suponha que você vá às compras e

SAIBA MAIS: O euro

Você já deve ter ouvido falar de, ou talvez até mesmo visto, moedas como o franco francês, o marco alemão ou a lira italiana. Esses tipos de moedas não existem mais. Durante a década de 1990, muitas nações europeias decidiram abrir mão de suas moedas nacionais e usar uma moeda comum chamada **euro**. O euro entrou em circulação em 1º de janeiro de 2002, quando 12 nações começaram a usá-lo como moeda oficial. Em 2021, o euro era usado em 20 países, abrangendo 340 milhões de pessoas. Diversos outros países europeus, no entanto, mantiveram suas próprias moedas, como Reino Unido, Noruega, Suécia, Dinamarca, Bulgária e República Tcheca.

A política monetária da zona do euro é definida pelo Banco Central Europeu (BCE), que reúne representantes de todos os países participantes. A entidade emite o euro e controla a oferta dessa moeda, da mesma forma que o Federal Reserve controla a oferta de dólares na economia dos Estados Unidos.

Por que esses países adotaram uma moeda comum? Um benefício é que ela facilita o comércio. Imagine que cada um dos 50 estados dos Estados Unidos tivesse uma moeda diferente. Toda vez que você cruzasse uma fronteira estadual, precisaria trocar de moeda. E, ao comparar os preços entre os estados, você teria de fazer os cálculos de taxa de câmbio discutidos no texto. Isso seria inconveniente e poderia impedir que você comprasse bens e serviços fora de seu próprio estado. Os países da Europa decidiram, conforme suas economias tornaram-se mais integradas, que seria melhor evitar esse inconveniente.

Até certo ponto, a adoção de uma moeda comum na Europa foi uma decisão política baseada em preocupações que iam além do âmbito da economia normal. Alguns defensores do euro queriam reduzir sentimentos nacionalistas e levar os europeus a perceberem melhor sua história e seu destino comuns. Uma só moeda para a maior parte do continente, argumentavam, ajudaria a atingir esse objetivo.

Entretanto, a adoção de uma moeda comum tem custos. Quando as nações usam a mesma moeda, elas se comprometem a compartilhar uma política monetária única. Se discordarem a respeito de qual seja a melhor política monetária, terão de chegar a algum tipo de acordo, em vez de seguir cada uma por seu próprio caminho. Como a implementação de uma moeda comum envolve benefícios e custos, há um debate entre os economistas sobre a adoção do euro na Europa ter sido uma boa decisão.

De 2010 a 2015, o debate sobre o euro como uma moeda pan-europeia se intensificou, à medida que vários países da região enfrentavam dificuldades econômicas. A Grécia, em particular, estava atravessando uma grande dívida pública e se deparou com a possibilidade de uma inadimplência. Como resultado, teve de aumentar os impostos e cortar substancialmente os gastos do governo. Alguns observadores sugeriram que seria mais fácil enfrentar esses problemas se o governo grego tivesse uma ferramenta adicional — uma política monetária própria. A possibilidade de a Grécia deixar a zona do euro e retomar sua própria moeda foi discutida, mas, no fim das contas, não aconteceu. ∎

---

descubra que 1 quilo de queijo suíço custa duas vezes mais que 1 quilo de queijo estadunidense. Poderíamos, então, dizer que a taxa de câmbio real é de ½ quilo de queijo suíço por quilo de queijo estadunidense. Observe que a taxa de câmbio real, assim como a taxa de câmbio nominal, é expressa como unidades do item estrangeiro por unidade do item nacional. Mas, nesse caso, o item é um bem, e não uma moeda.

As taxas de câmbio nominal e real estão estreitamente relacionadas. Por exemplo, suponha que uma saca de arroz estadunidense custe $ 100 e que uma saca de arroz japonês custe 16 mil ienes. Qual é a taxa de câmbio real entre o arroz estadunidense e o arroz japonês? Para responder a essa pergunta, devemos primeiro usar a taxa de câmbio nominal para converter os preços em uma moeda comum. Se a taxa de câmbio nominal é de 80 ienes por dólar, então o preço do arroz estadunidense, de $ 100 por saca, é equivalente a 8 mil ienes por saca. O arroz estadunidense custa a metade do preço do arroz japonês. A taxa de câmbio real é de ½ saca de arroz japonês por saca de arroz estadunidense.

Podemos resumir esse cálculo da taxa de câmbio real com a seguinte fórmula:

$$\text{Taxa de câmbio real} = \frac{\text{Taxa de câmbio nominal} \times \text{Preço interno}}{\text{Preço externo}}.$$

Usando os números do nosso exemplo, a fórmula é aplicada da seguinte forma:

$$\text{Taxa de câmbio real} = \frac{(80 \text{ ienes por dólar}) \times (\$ 100 \text{ por saca de arroz estadunidense})}{16.000 \text{ ienes por saca de arroz japonês}}$$

$$= \frac{8.000 \text{ ienes por saca de arroz estadunidense}}{16.000 \text{ ienes por saca de arroz japonês}}$$

$$= \tfrac{1}{2} \text{ saca de arroz japonês por saca de arroz estadunidense}.$$

Portanto, a taxa de câmbio real depende da taxa de câmbio nominal e dos preços dos bens nos dois países medidos em moedas locais.

A taxa de câmbio real é um determinante-chave do quanto um país importa e exporta. Quando a Ben's Original decide se deve comprar arroz estadunidense ou arroz japonês para colocar em suas embalagens, por exemplo, ela pergunta qual dos dois é mais barato. A taxa de câmbio real oferece a resposta. Mais um exemplo: imagine que você esteja decidindo se deve passar as férias em Miami, nos Estados Unidos, ou em Cancun, no México. Você pode perguntar a seu agente de viagens o preço de um quarto de hotel em Miami (medido em dólares), o preço de um quarto em Cancun (medido em pesos) e a taxa de câmbio entre pesos e dólares. Se sua decisão de onde passar suas férias envolver uma comparação dos custos, ela será baseada na taxa de câmbio real.

Ao estudar a economia, os macroeconomistas concentram-se no nível geral de preços, e não nos preços de itens individuais. Ou seja, para medir a taxa de câmbio real, eles usam índices de preços, como o índice de preços ao consumidor, que medem o preço de uma cesta de bens e serviços. Usando um índice de preços para uma cesta dos Estados Unidos (P), um índice de preços para uma cesta estrangeira (P^*) e a taxa de câmbio nominal entre o dólar estadunidense e as moedas estrangeiras (e), podemos calcular a taxa de câmbio real geral entre os Estados Unidos e outros países da seguinte maneira:

$$\text{Taxa de câmbio real} = (e \times P)/P^*.$$

Essa taxa de câmbio mede o preço de uma cesta de bens e serviços disponível internamente em relação a uma cesta de bens e serviços disponível no exterior.

Como veremos em detalhes no próximo capítulo, a taxa de câmbio real de um país é um determinante-chave de suas exportações líquidas de bens e serviços. Uma depreciação (queda) da taxa de câmbio real dos Estados Unidos significa que os bens estadunidenses se tornaram mais baratos em relação aos bens estrangeiros. Essa alteração incentiva os consumidores, tanto domésticos quanto estrangeiros, a comprar mais bens dos Estados Unidos e menos bens de outros países. Como resultado, as exportações dos Estados Unidos aumentam e suas importações caem, e essas duas alterações aumentam as exportações líquidas do país. Inversamente, uma apreciação (elevação) da taxa de câmbio real dos Estados Unidos significa que os bens estadunidenses se tornaram mais caros em relação aos bens estrangeiros, de modo que as exportações líquidas dos Estados Unidos caem.

Teste rápido

4. Se a moeda de um país dobra de valor nos mercados cambiais, pode-se dizer que está passando por uma _____, refletindo uma mudança na taxa de câmbio _____.
   a. apreciação; nominal
   b. apreciação; real
   c. depreciação; nominal
   d. depreciação; real

5. Se o dólar estadunidense passar por uma apreciação e os preços continuarem os mesmos nos mercados interno e externo, os bens estrangeiros se tornarão _____ em relação aos bens dos Estados Unidos, levando a balança comercial estadunidense para um _____.
   a. mais caros; superávit
   b. mais caros; déficit
   c. mais baratos; superávit
   d. mais baratos; déficit

6. A taxa de câmbio do dólar para o iene caiu de 100 para 80 ienes por dólar. Ao mesmo tempo, o nível de preços nos Estados Unidos aumentou de 180 para 200, enquanto o nível de preços no Japão continuou o mesmo. Como resultado,
   a. os bens estadunidenses ficaram mais caros em relação aos bens japoneses.
   b. os bens estadunidenses ficaram mais baratos em relação aos bens japoneses.
   c. o preço relativo dos bens estadunidenses e japoneses não mudou.
   d. os bens estadunidenses e japoneses ficaram relativamente mais baratos.

As respostas estão no final do capítulo.

32-3 Uma primeira teoria da determinação da taxa de câmbio: paridade do poder de compra

As taxas de câmbio variam substancialmente com o passar do tempo. Em 1970, 1 dólar estadunidense poderia ser usado para comprar 3,65 marcos alemães ou 627 liras italianas. Em 1998, quando a Alemanha e a Itália se preparavam para adotar o euro como moeda comum, 1 dólar estadunidense comprava 1,76 marco alemão ou 1.737 liras italianas. Em outras palavras, nesse período, o valor do dólar caiu em mais da metade, se comparado ao marco, e mais que dobrou, se comparado à lira.

O que explica essas variações grandes e opostas? Os economistas desenvolveram diversos modelos para explicar como as taxas de câmbio são determinadas, cada um dando ênfase a apenas algumas das forças em ação. Aqui, usamos uma teoria simples, chamada **paridade do poder de compra**, que, para muitos, descreve no geral as forças que influenciam as taxas de câmbio no longo prazo. A teoria afirma que uma unidade de qualquer moeda deveria ser capaz de comprar a mesma quantidade de bens em todos os países. Vamos analisar a lógica dessa teoria, bem como suas implicações e limitações.

paridade do poder de compra
teoria das taxas de câmbio segundo a qual uma unidade de qualquer moeda dada deveria ser capaz de comprar a mesma quantidade de bens em todos os países

32-3a A lógica fundamental da paridade do poder de compra

A teoria da paridade do poder de compra se baseia em um princípio chamado **lei do preço único**. Essa lei afirma que um bem deve ser vendido pelo mesmo preço em todas as localidades. Caso contrário, haveria oportunidades inexploradas de lucro. Por exemplo, suponha que o café em grão seja mais barato em Seattle que em Boston. Uma pessoa poderia comprar café em Seattle por, digamos, $ 4 o quilo e então vendê-lo em Boston por $ 5 o quilo, obtendo um lucro de $ 1 por quilo por causa da diferença de preço. O processo de tirar vantagem das diferenças de preço de um mesmo produto em diferentes mercados é chamado de **arbitragem**. Em nosso exemplo, à medida que as pessoas tirassem vantagem dessa oportunidade de arbitragem, aumentariam a demanda por café em Seattle e a oferta de café em Boston. O preço do café aumentaria em Seattle (em resposta à maior demanda) e diminuiria em Boston (em resposta à maior oferta). O processo continuaria até que, finalmente, os preços ficassem iguais nos dois mercados.

Examinemos agora como a lei do preço único aplica-se ao mercado internacional. Se 1 dólar (ou outra moeda qualquer) pudesse comprar mais café nos Estados Unidos que no Japão, os negociantes internacionais poderiam lucrar comprando café nos Estados Unidos e vendendo-o no Japão. Essa exportação de café dos Estados Unidos para o Japão elevaria o preço do café nos Estados Unidos e o reduziria no Japão. De modo inverso, se 1 dólar pudesse comprar mais café no Japão que nos Estados Unidos, os negociantes comprariam café no Japão para vender nos Estados Unidos. Essa importação de café do Japão para os Estados Unidos reduziria o preço do café nos Estados Unidos e o aumentaria no Japão. No final, a lei do preço único nos diz que 1 dólar deve comprar a mesma quantidade de café em todos os países.

Essa lógica leva à teoria da paridade do poder de compra. De acordo com essa teoria, uma moeda deve ter o mesmo poder de compra em todos os países. Ou seja, 1 dólar dos Estados Unidos deve comprar a mesma quantidade de bens nos Estados Unidos e no Japão, e 1 iene japonês deve comprar a mesma quantidade de bens no Japão e nos Estados Unidos. O nome da teoria descreve-a bem. **Paridade** significa igualdade, e **poder de compra** refere-se ao valor da moeda com relação à quantidade de bem que se pode adquirir. **Paridade do poder de compra** significa que uma unidade de uma moeda deve ter o mesmo valor real em qualquer país.

32-3b Implicações da paridade do poder de compra

O que a teoria da paridade do poder de compra nos diz sobre as taxas de câmbio? Ela nos diz que a taxa de câmbio nominal entre as moedas de dois países depende do nível de preços nesses países. Se 1 dólar compra a mesma quantidade de bens nos Estados Unidos (onde os preços são medidos em dólares) e no Japão (onde os preços são medidos em ienes), então o número de ienes por dólar deve refletir os preços dos bens nos Estados Unidos e no Japão. Por exemplo, se 1 quilo de café custa 500 ienes no Japão e $ 5 nos Estados Unidos, a taxa de câmbio nominal deve ser de 100 ienes por dólar (500 ienes/$ 5 = 100 ienes por dólar). Caso contrário, o poder de compra do dólar não será o mesmo nos dois países.

Para entender melhor como isso funciona, é útil usar um pouco de matemática. Suponha que P seja o preço de uma cesta de bens nos Estados Unidos (medido em dólares), P^* seja o preço de uma cesta de bens no Japão (medido em ienes) e e seja a taxa de câmbio nominal (o número de ienes que um dólar pode comprar). Considere agora a quantidade de bens que 1 dólar pode comprar nos Estados Unidos e no exterior. Nos Estados Unidos, o nível de preços é P, de modo que o poder de compra de $ 1 é $1/P$, ou seja, 1 dólar compra uma quantidade $1/P$ de produtos. No exterior, 1 dólar pode ser trocado por e unidades da moeda estrangeira, que, por sua vez, tem poder de compra de e/P^*. Para que o poder de compra do dólar seja o mesmo nos dois países, é preciso que

$$1/P = e/P^*.$$

Ao reorganizarmos a equação, obtemos

$$1 = eP/P^*.$$

Observe que o lado esquerdo dessa equação é uma constante e que seu lado direito é a taxa de câmbio real. **Se o poder de compra do dólar é sempre o mesmo, seja nos Estados Unidos, seja no exterior, então a taxa de câmbio real – o preço relativo dos bens internos e externos – não pode mudar.**

Para vermos a implicação dessa análise para a taxa de câmbio nominal, podemos reorganizar a última equação, resolvendo-a para a taxa de câmbio nominal:

$$e = P^*/P.$$

Ou seja, a taxa de câmbio nominal é igual à razão entre o nível de preços externos (medido em unidades da moeda estrangeira) e o nível de preços interno (medido em unidades da moeda interna). **De acordo com a teoria da paridade do poder de compra, a taxa de câmbio nominal entre as moedas dos dois países deve refletir os diferentes níveis de preços desses dois países.**

Uma implicação-chave dessa teoria é a de que as taxas de câmbio nominais mudam quando os níveis de preços mudam. Como vimos no capítulo anterior, o nível de preços em um país qualquer se ajusta para equilibrar a quantidade de moeda ofertada e a quantidade de moeda demandada. Como a taxa de câmbio nominal depende dos níveis de preços, depende também da oferta e da demanda de moeda em cada país. Quando o banco central de um país aumenta a oferta de moeda e provoca uma elevação no nível de preços, ele também provoca a depreciação da moeda do país em relação a outras moedas do mundo. **Em outras palavras, quando o banco central emite grandes quantidades de moeda, a moeda perde valor, tanto em termos dos bens e serviços que pode comprar quanto em termos da quantidade de outras moedas que pode comprar.**

Agora podemos responder à pergunta que abriu esta seção: por que o dólar estadunidense perdeu valor comparado com o marco alemão e ganhou valor comparado com a lira italiana? A resposta é que a Alemanha seguiu uma política monetária menos inflacionária que os Estados Unidos, e a Itália seguiu uma política monetária mais inflacionária. Entre 1970 e 1998, a inflação nos Estados Unidos foi de 5,3% ao ano. Já na Alemanha, a inflação foi de 3,5% ao ano, e, na Itália, foi de 9,6% ao ano. Como os preços dos Estados Unidos aumentaram em relação aos da Alemanha, o valor do dólar caiu em relação ao marco. De forma similar, como os preços nos Estados Unidos caíram em relação aos preços na Itália, o valor do dólar aumentou em relação à lira.

Alemanha e Itália têm, hoje, uma moeda comum: o euro. O uso de uma moeda comum significa que os dois países compartilham uma única política monetária e, consequentemente, têm taxas de inflação semelhantes. Contudo, as lições históricas da lira e do marco se aplicarão ao euro da mesma forma. Se o dólar estadunidense daqui a 20 anos vai comprar mais ou menos euros que hoje depende de o Banco Central Europeu gerar mais ou menos inflação na Europa que o Federal Reserve nos Estados Unidos.

Estudo de caso: A taxa de câmbio nominal durante um período de hiperinflação

Raramente os macroeconomistas conseguem conduzir experimentos controlados. Na maioria das vezes, eles precisam compilar as informações que conseguem de experimentos naturais históricos. Um exemplo de experimento natural é a hiperinflação – a inflação elevada que surge quando um governo decide emitir moeda para pagar grandes quantias de gastos públicos. Por ser um fenômeno tão extremo, a hiperinflação ilustra alguns princípios básicos da economia com clareza.

Considere a hiperinflação na Alemanha no início da década de 1920. A Figura 32-3 mostra a oferta de moeda na Alemanha, o nível de preços no país e a taxa de câmbio nominal (medida como centavos de dólar por marco) daquele período. Observe que essas séries se movem praticamente juntas. Quando a oferta de moeda começa a crescer rapidamente, o nível de preços também dispara, e o marco alemão passa por uma depreciação. Quando a oferta de moeda se estabiliza, o mesmo acontece com o nível de preços e a taxa de câmbio.

O padrão mostrado na figura aparece em todos os cenários de hiperinflação. Ele não deixa dúvidas de que há uma ligação fundamental entre a moeda, os preços e a taxa de câmbio nominal. A teoria quantitativa da moeda discutida no capítulo anterior explica como a oferta de moeda afeta o nível de preços. A teoria da paridade do poder de compra discutida aqui mostra como o nível de preços afeta a taxa de câmbio nominal. ●

Figura 32-3

Moeda, preços e taxa de câmbio nominal durante a hiperinflação na Alemanha

Esta figura mostra a oferta de moeda, o nível de preços e a taxa de câmbio nominal (medida como centavos de dólar por marco) no período de hiperinflação da Alemanha, de janeiro de 1921 a dezembro de 1924. Observe como essas variáveis se movem de maneira semelhante. Quando a quantidade de moeda começou a aumentar rapidamente, o nível de preços acompanhou esse crescimento, e o marco sofreu uma depreciação em relação ao dólar. Quando o banco central alemão estabilizou a oferta de moeda, o nível de preços e a taxa de câmbio também se estabilizaram.

Fonte: Adaptada de Thomas J. Sargent, "The End of Four Big Inflations," in Robert Hall, ed., *Inflation* (Chicago: University of Chicago Press, 1983), pp. 41-93.

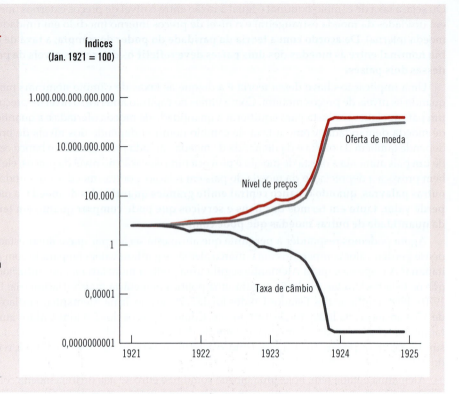

32-3c Limitações da paridade do poder de compra

A paridade do poder de compra oferece um modelo simples de como as taxas de câmbio são determinadas. A teoria funciona bem para ajudar a entender muitos fenômenos econômicos. Em particular, ela pode explicar algumas tendências de longo prazo importantes, como a depreciação do dólar em relação ao marco alemão e a apreciação do dólar em relação à lira italiana. Pode, ainda, explicar importantes variações das taxas de câmbio que se dão durante uma hiperinflação.

A teoria da paridade do poder de compra, todavia, não é totalmente precisa. Ou seja, as taxas de câmbio nem sempre se movem de maneira a garantir que 1 dólar tenha o mesmo valor real em todos os países o tempo todo. Existem duas razões pelas quais a teoria da paridade do poder de compra nem sempre ocorre na prática.

A primeira razão é que muitos bens não podem ser facilmente comercializados. Imagine, por exemplo, que os cortes de cabelos sejam mais caros em Paris que em Nova York. Viajantes internacionais poderiam evitar cortar os cabelos em Paris, e alguns cabeleireiros poderiam se mudar de Nova York para Paris. No entanto, essa arbitragem provavelmente seria limitada demais para eliminar as diferenças nos preços. O desvio da paridade do poder de compra pode persistir e 1 dólar (ou euro) continuaria a comprar menos de um corte de cabelo em Paris que em Nova York.

A segunda razão pela qual a paridade do poder de compra nem sempre se mantém é porque mesmo os bens comercializáveis nem sempre são substitutos perfeitos quando produzidos em países diferentes. Por exemplo, alguns consumidores preferem carros alemães, e outros, carros estadunidenses. Além disso, as preferências dos consumidores podem mudar com o passar do tempo. Se os carros alemães subitamente se tornarem mais populares, o aumento da demanda irá elevar seu preço em relação aos carros estadunidenses. Mas, apesar dessa diferença de preços nos dois mercados, pode não haver oportunidade para uma arbitragem lucrativa, porque os consumidores não consideram os carros dos dois países como equivalentes.

Assim, como alguns bens não são comercializáveis e alguns bens comercializáveis não são substitutos perfeitos para suas contrapartes estrangeiras, a paridade do poder de compra não é uma teoria perfeita para a determinação da taxa de câmbio. Por essas razões, as taxas de câmbio reais flutuam ao longo do tempo. No entanto, a teoria da paridade do poder de compra oferece um primeiro passo útil para a compreensão das taxas de câmbio. A lógica básica é convincente: à medida que a taxa de câmbio real se afasta do nível previsto pela paridade do poder de compra, as pessoas têm maiores incentivos para transportar bens através de fronteiras nacionais. Ainda que as forças da paridade do poder de compra não fixem completamente a taxa de câmbio real, elas oferecem uma razão para esperar que as variações das taxas de câmbio reais sejam, em geral, pequenas ou temporárias. Como resultado, movimentos grandes e persistentes das taxas de câmbio nominais costumam refletir alterações nos níveis de preços internamente e no exterior.

Estudo de caso: O padrão do hambúrguer

Quando os economistas aplicam a teoria da paridade do poder de compra para explicar as taxas de câmbio, eles precisam de dados sobre os preços de uma cesta de bens disponíveis em diferentes países. Uma análise desse tipo é conduzida pela revista internacional *The Economist*. De tempos em tempos, a publicação coleta dados sobre uma cesta de bens composta de "dois hambúrgueres, alface, queijo, molho especial, cebola e picles em um pão com gergelim". Trata-se do conhecido "Big Mac", vendido pelo McDonald's em todo o mundo.

Assim que tivermos os preços do Big Mac em dois países denominados em suas moedas locais, poderemos calcular a taxa de câmbio prevista pela teoria da paridade do poder de compra. A taxa de câmbio prevista é aquela que iguala o custo de um Big Mac nos dois países. Por exemplo, se o preço do Big Mac é 5 dólares nos Estados Unidos e 500 ienes no Japão, a paridade do poder de compra preveria uma taxa de câmbio de 100 ienes por dólar.

Até que ponto a paridade do poder de compra funciona quando aplicada com base nos preços do Big Mac? Veja na tabela alguns exemplos de julho de 2021, quando um Big Mac custava 5,65 dólares nos Estados Unidos:

Você pode encontrar um Big Mac em praticamente todo lugar.

País	Preço do Big Mac	Taxa de câmbio prevista	Taxa de câmbio real
Indonésia	34.000 rúpias	6.018 rúpias/dólar	14.517 rúpias/dólar
Coreia do Sul	4.600 wons	814 wons/dólar	1.150 wons/dólar
Japão	390 ienes	69 ienes/dólar	110 ienes/dólar
México	64 pesos	11,3 pesos/dólar	20,1 pesos/dólar
Suécia	54 coroas	9,6 coroas/dólar	8,7 coroas/dólar
China	22,4 yuans	4 yuans/dólar	6,5 yuans/dólar
Zona do euro	4,27 euros	0,76 euro/dólar	0,85 euro/dólar
Grã-Bretanha	3,49 libras	0,62 libra/dólar	0,73 libra/dólar

Você pode ver que a taxa de câmbio prevista e a real não são exatamente iguais. Afinal, a arbitragem internacional dos Big Macs não é fácil. Ainda assim, as duas taxas de câmbio normalmente são próximas. A teoria prevê, por exemplo, que um dólar pode comprar mais rúpias e menos libras, e isso é verdade. A paridade do poder de compra está longe de ser uma teoria precisa para as taxas de câmbio, mas pode fornecer uma primeira aproximação razoável. ●

Teste rápido

7. Se uma xícara de café custa 2 euros em Paris e 6 dólares em Nova York e a paridade do poder de compra é verdadeira, qual é a taxa de câmbio?
   a. 1/4 de euro por dólar
   b. 1/3 de euro por dólar
   c. 3 euros por dólar
   d. 4 euros por dólar

8. A teoria da paridade do poder de compra diz que uma inflação elevada em um país faz com que a moeda desse país sofra uma _____, deixando a taxa de câmbio _____ inalterada.
   a. apreciação; nominal
   b. apreciação; real
   c. depreciação; nominal
   d. depreciação; real

As respostas estão no final do capítulo.

32-4 Conclusão

Este capítulo introduziu alguns conceitos básicos que os macroeconomistas usam para estudar economias abertas. Agora você deve ter entendido o que a balança comercial de um país representa e como, em uma economia aberta, o investimento doméstico se diferencia da poupança nacional. Você deve compreender por que um país com superávit comercial precisa estar enviando capital para o exterior e por que um país com déficit comercial deve estar recebendo uma entrada de capital. Também deve ter compreendido o significado das taxas de câmbio nominal e real, bem como as implicações e limitações da paridade de poder de compra como uma teoria sobre as taxas de câmbio.

As variáveis macroeconômicas aqui definidas oferecem um ponto de partida para a análise das interações de uma economia aberta com o restante do mundo. No próximo capítulo, desenvolveremos um modelo capaz de explicar o que determina essas variáveis. Poderemos, então, discutir de que maneira eventos e políticas afetam a balança comercial de um país e as taxas às quais as nações fazem trocas nos mercados mundiais.

RESUMO DO CAPÍTULO

- Exportação líquida é a denominação que se dá ao valor dos bens e serviços nacionais vendidos no exterior (exportações) menos o valor dos bens e serviços estrangeiros vendidos domesticamente (importações). O saldo líquido de saída de capital é a aquisição de ativos estrangeiros por residentes domésticos (saída de capital) menos a aquisição de ativos domésticos por residentes no exterior (entrada de capital). Como toda exportação é equilibrada por uma importação ou pela aquisição de um ativo de capital, as exportações líquidas de uma economia são sempre iguais ao saldo líquido de saída de capital.

- A poupança de uma economia pode ser usada tanto para financiar o investimento doméstico como para comprar ativos no exterior. Portanto, a poupança nacional é igual ao investimento doméstico mais a saída líquida de capital.

- A taxa de câmbio nominal é o preço relativo da moeda de dois países, e a taxa de câmbio real é o preço relativo dos bens e serviços de dois países. Quando a taxa de câmbio nominal muda de maneira que cada dólar passa a comprar mais moeda estrangeira, diz-se que o dólar está **apreciado** ou **fortalecido**. Quando a taxa de câmbio nominal muda de modo que cada dólar para a comprar menos moeda estrangeira, diz-se que o dólar está **depreciado** ou **enfraquecido**.

- De acordo com a teoria da paridade do poder de compra, 1 dólar (ou uma unidade de outra moeda qualquer) deve ser capaz de comprar a mesma quantidade de bens em todos os países. Essa teoria implica que a taxa de câmbio nominal entre as moedas de dois países deve refletir os níveis de preços desses dois países. Como resultado, países com inflação relativamente elevada deverão ter sua moeda depreciada, e países com inflação relativamente baixa deverão ter sua moeda apreciada.

CONCEITOS-CHAVE

economia fechada, p. 666
economia aberta, p. 666
exportações, p. 666
importações, p. 666
exportações líquidas, p. 666
balança comercial, p. 666

superávit comercial, p. 666
déficit comercial, p. 666
equilíbrio comercial, p. 666
saldo líquido de saída de capital, p. 669

taxa de câmbio nominal, p. 676
apreciação, p. 676
depreciação, p. 676
taxa de câmbio real, p. 676
paridade do poder de compra, p. 679

QUESTÕES DE REVISÃO

1. Defina **exportações líquidas** e **saldo líquido de saída de capital**. Explique como e por que estão relacionados.
2. Explique a relação entre poupança, investimento e saída líquida de capital.
3. Se um carro japonês custa 1,5 milhão de ienes, um carro estadunidense similar custa $ 30 mil e 1 dólar pode comprar 100 ienes, quais são as taxas de câmbio nominal e real?
4. Descreva a lógica econômica por trás da teoria da paridade do poder de compra.
5. Se o Fed começasse a emitir grandes quantidades de dólares estadunidenses, o que aconteceria com o número de ienes japoneses que 1 dólar pode comprar? Por quê?

PROBLEMAS E APLICAÇÕES

1. De que maneira as seguintes transações afetariam as exportações, as importações e as exportações líquidas dos Estados Unidos?
   a. Um professor estadunidense de arte passa as férias visitando museus da Europa.
   b. Estudantes em Paris vão em grande número assistir ao mais recente filme de Hollywood.
   c. Seu tio, um estadunidense, compra um Fiat novo.
   d. A livraria para estudantes da Universidade de Oxford, na Inglaterra, vende uma cópia deste livro produzida nos Estados Unidos.
   e. Um cidadão canadense faz compras em uma loja no norte do estado estadunidense de Vermont para evitar o imposto sobre vendas do Canadá.
2. Cada uma das transações descritas a seguir seria incluída nas exportações líquidas ou na saída líquida de capital dos Estados Unidos? Indique se cada uma representaria um aumento ou uma diminuição naquela variável.
   a. Um estadunidense compra um televisor da marca Sony.
   b. Um estadunidense compra ações da Sony.
   c. O fundo de pensão da Sony compra títulos do governo estadunidense.
   d. Um trabalhador da fábrica da Sony no Japão compra pêssegos do estado da Geórgia de um fazendeiro estadunidense.
3. Descreva a diferença entre investimento direto no país e investimento externo em carteira. Quem tem maior probabilidade de fazer investimento direto no país: uma empresa ou um investidor individual? Quem tem maior probabilidade de fazer um investimento em carteira no exterior?
4. Como as transações a seguir afetariam a saída líquida de capital dos Estados Unidos? Indique ainda se cada uma envolve investimento direto ou investimento em carteira.
   a. Uma companhia de serviço de telefonia celular estadunidense abre um escritório na República Tcheca.
   b. A Harrods de Londres vende ações ao fundo de pensão da General Motors.
   c. A Honda expande sua fábrica em Marysville, em Ohio.
   d. O fundo mútuo Fidelity vende suas ações da Toyota a um investidor francês.
5. Os grupos a seguir ficariam satisfeitos ou insatisfeitos com uma apreciação do dólar estadunidense? Explique.
   a. fundos de pensão holandeses que mantêm títulos do governo dos Estados Unidos
   b. a indústria manufatureira dos Estados Unidos
   c. turistas australianos que planejam uma viagem aos Estados Unidos
   d. uma empresa dos Estados Unidos que está tentando comprar propriedades no exterior
6. O que está acontecendo com a taxa de câmbio real dos Estados Unidos em cada uma das situações a seguir? Explique.
   a. A taxa de câmbio nominal dos Estados Unidos permanece inalterada, mas os preços aumentam mais rapidamente nos Estados Unidos que no exterior.
   b. A taxa de câmbio nominal dos Estados Unidos permanece inalterada, mas os preços aumentam mais rapidamente no exterior que nos Estados Unidos.

c. A taxa de câmbio nominal dos Estados Unidos cai e os preços permanecem inalterados tanto nos Estados Unidos quanto no exterior.

d. A taxa de câmbio nominal dos Estados Unidos cai, e os preços aumentam mais rapidamente no exterior que nos Estados Unidos.

7. Uma lata de refrigerante custa 1,25 dólar nos Estados Unidos e 25 pesos no México. Qual seria a taxa de câmbio peso-dólar (medida em pesos por dólar) na vigência da paridade do poder de compra? Se uma expansão monetária fizesse com que todos os preços no México dobrassem, de modo que uma lata de refrigerante aumentasse para 50 pesos, o que aconteceria com a taxa de câmbio peso-dólar?

8. Um estudo de caso apresentado neste capítulo analisou a paridade do poder de compra usando os preços do Big Mac em diversos países. Veja a seguir os dados sobre outros países:

País	Preço do Big Mac	Taxa de câmbio prevista	Taxa de câmbio real
Chile	2.990 pesos	___ pesos/dólar	759 pesos/dólar
Hungria	900 florins	___ florins/dólar	305 florins/dólar
República Tcheca	89 coroas tchecas	___ coroas tchecas/dólar	21,8 coroas tchecas/dólar
Brasil	22,9 reais	___ reais/dólar	5,25 reais/dólar
Canadá	6,77 dólares canadenses	___ dólares canadenses/dólar	1,27 dólares canadenses/dólar

a. Para cada país, calcule a taxa de câmbio prevista da moeda local por dólar dos Estados Unidos (lembre-se de que o preço de um Big Mac nos Estados Unidos era de $ 5,65).

b. De acordo com a paridade do poder de compra, qual é a taxa de câmbio prevista entre o peso chileno e o dólar canadense? E qual é a taxa de câmbio vigente?

c. Até que ponto a teoria da paridade do poder de compra explica as taxas de câmbio?

9. A paridade do poder de compra se mantém entre as nações de Ectenia e Wiknam, onde a única mercadoria é o Spam.

a. Hoje, uma lata de Spam custa 4 dólares em Ectenia e 24 pesos em Wiknam. Qual é a taxa de câmbio entre dólares ectenianos e pesos wiknamianos?

b. Ao longo dos próximos 20 anos, espera-se que a inflação seja de 3,5% ao ano em Ectenia e 7% ao ano em Wiknam. Se isso de fato ocorrer, qual será o preço do Spam e a taxa de câmbio em 20 anos? (*Dica:* lembre-se da regra de 70 do Capítulo 28.)

c. Qual dessas duas nações, provavelmente, vai ter uma taxa de juros nominal mais alta? Por quê?

d. Um amigo seu sugere um esquema para ficar rico rapidamente: tome emprestado da nação com a menor taxa de juros nominal, invista na nação com a maior taxa de juros nominal e lucre com o diferencial da taxa de juros. Você vê algum problema potencial nessa ideia? Explique.

Respostas do teste rápido

1. **a**   2. **c**   3. **d**   4. **a**   5. **d**   6. **b**   7. **b**   8. **d**

Capítulo 33

A teoria macroeconômica da economia aberta

Nas últimas décadas, os Estados Unidos importaram consistentemente mais bens e serviços do que exportaram. Ou seja, suas exportações líquidas foram negativas. Embora os economistas debatam se esses déficits são um problema para a economia dos Estados Unidos, a comunidade empresarial da nação tem uma opinião sólida a respeito. Muitos líderes empresariais argumentam que os déficits comerciais refletem concorrência desleal: as empresas estrangeiras são autorizadas a vender seus produtos nos mercados dos Estados Unidos, dizem eles, enquanto os governos estrangeiros impedem que as empresas estadunidenses vendam seus produtos no exterior.

Imagine que você seja o presidente e deseje acabar com esses déficits comerciais. O que deveria fazer? Deveria limitar as importações, talvez com o estabelecimento de uma cota sobre a importação de aço da Europa ou uma tarifa sobre os *smartphones* chineses? Ou deveria tentar abordar o déficit comercial do país de alguma outra forma?

Para entender o que determina o saldo comercial de um país e como as políticas governamentais podem influenciá-lo, é

necessário um modelo macroeconômico que explique o funcionamento de uma economia aberta. O capítulo anterior apresentou as principais variáveis macroeconômicas que descrevem a relação de uma economia com outras economias, incluindo exportações líquidas, fluxo de capital líquido e taxas de câmbio real e nominal. Este capítulo desenvolve um modelo que identifica os fatores que influenciam essas variáveis e explica como elas se relacionam entre si.

Para desenvolver esse modelo macroeconômico da economia aberta, ampliamos nossa análise anterior de dois modos. Primeiro, o modelo considera o produto interno bruto (PIB) da economia como dado. Assumiremos que a produção de bens e serviços da economia, como medida pelo PIB real, é determinada pelas quantidades dos fatores de produção e pela tecnologia de produção disponível que transformam esses insumos em produto. Segundo, o modelo considera o nível de preços da economia como dado. Assumiremos, também, que o nível de preços se ajusta para equilibrar a oferta e a demanda de moeda. Em outras palavras, este capítulo começa com as lições aprendidas nos capítulos anteriores sobre a produção da economia e o nível de preços. Além disso, ele se concentra nas forças que determinam a balança comercial e a taxa de câmbio da economia.

Em certo sentido, o modelo é simples: aplica os instrumentos da oferta e da demanda em uma economia aberta. No entanto, o modelo é mais complexo que os anteriores, pois envolve o equilíbrio simultâneo em dois mercados inter-relacionados: o mercado de fundos emprestáveis e o mercado de câmbio. Depois de desenvolver o modelo, vamos utilizá-lo para examinar como diversos eventos e políticas afetam a balança comercial e a taxa de câmbio de uma economia. Então, poderemos dizer quais políticas governamentais têm maior probabilidade de reverter os déficits comerciais enfrentados pela economia estadunidense nos últimos anos.

33-1 Oferta e demanda de fundos emprestáveis e por câmbio de moeda estrangeira

Para compreender as forças em ação em uma economia aberta, devemos nos concentrar na oferta e demanda em dois mercados. O primeiro é o mercado de fundos emprestáveis, que coordena a poupança nacional, o investimento doméstico e o fluxo de fundos emprestáveis para investimento no exterior (conhecido como saída líquida de capital). O segundo é o mercado de câmbio de moeda estrangeira, que coordena as transações entre aqueles que desejam trocar moedas nacionais e estrangeiras. Esta seção analisa separadamente a oferta e a demanda em cada um desses mercados. Na próxima seção, esses mercados serão integrados para explicar o equilíbrio geral de uma economia aberta.

33-1a O mercado de fundos emprestáveis

Nosso modelo de economia aberta adota a hipótese simplificadora de que o sistema financeiro tem apenas um mercado, o **mercado de fundos emprestáveis**. Todos os agentes que poupam direcionam seus recursos para esse mercado, enquanto todos os tomadores de empréstimos recorrem a ele para obter financiamento. Nesse mercado, existe uma única taxa de juros, que representa tanto o retorno da poupança quanto o custo do endividamento.

Para entender o mercado de fundos emprestáveis em uma economia aberta, o ponto de partida é a identidade discutida no capítulo anterior:

$$S = I + SLC$$

Poupança = Investimento doméstico + Saída líquida de capital

Quando uma nação poupa 1 dólar de sua renda, esse valor pode ser utilizado para financiar a compra de capital doméstico ou para adquirir um ativo no exterior. Os dois lados da identidade representam os dois lados do mercado de fundos emprestáveis. A oferta de fundos emprestáveis vem da poupança nacional (S), e a demanda por fundos emprestáveis vem do investimento doméstico (I) e da saída líquida de capital (SLC).

Nesse modelo, os fundos emprestáveis representam o fluxo de recursos, gerados internamente, disponíveis para o acúmulo de capital. A aquisição de um ativo de capital se acrescenta à demanda por fundos emprestáveis, independentemente de o ativo estar localizado no país (I) ou no exterior (SLC). O saldo líquido de saída de capital pode ser positivo ou negativo, portanto pode ser somado ou subtraído da demanda por fundos emprestáveis que decorre do investimento doméstico. Quando a $SLC > 0$, o país apresenta um fluxo líquido de saída de capital; a compra líquida de capital no exterior aumenta a demanda por fundos emprestáveis gerados internamente. Quando a $SLC < 0$, o país apresenta um fluxo líquido de entrada de capital; os recursos de capital provenientes do exterior reduzem a demanda por fundos emprestáveis gerados internamente.

Lembre-se de que a quantidade ofertada de fundos emprestáveis e a quantidade demandada de fundos emprestáveis dependem da taxa de juros real. Uma taxa de juros real mais elevada gera um maior retorno para a poupança, o que incentiva as pessoas a poupar e, portanto, aumenta a quantidade de fundos emprestáveis ofertada. A taxa de juros mais elevada também aumenta os custos de empréstimos para financiar projetos de capital, o que desestimula o investimento e reduz a quantidade de fundos emprestáveis demandada.

Além de influenciar a poupança nacional e o investimento doméstico, a taxa de juros real de um país afeta o saldo líquido de saída de capital desse país. Para ver por que, considere dois fundos mútuos – um nos Estados Unidos e outro na Alemanha – decidindo entre a compra de um título estadunidense e um título alemão. Os fundos mútuos tomariam essa decisão, em parte, comparando as taxas de juros reais nos dois países. Quando a taxa de juros real dos Estados Unidos aumenta, os títulos do país ficam mais atrativos, desestimulando os estadunidenses a comprar ativos estrangeiros e encorajando os estrangeiros a comprar ativos dos Estados Unidos. Por esses dois motivos, um aumento na taxa de juros real dos Estados Unidos reduz a saída líquida de capital do país.

O diagrama de oferta e demanda da Figura 33-1 ilustra o mercado de fundos emprestáveis. Como em nossa análise anterior do sistema financeiro, a curva de oferta tem inclinação positiva, porque uma taxa de juros maior aumenta a quantidade ofertada de fundos emprestáveis, e a curva de demanda tem inclinação negativa, porque uma taxa de juros maior reduz a quantidade demandada de fundos emprestáveis. Ao contrário da situação em nossa discussão anterior, o lado da demanda agora representa o comportamento do investimento doméstico e da saída líquida de capital. Ou seja, em uma economia aberta, a demanda por fundos emprestáveis vem não só daqueles que querem fundos emprestáveis para comprar bens de capital domésticos, mas também daqueles que os desejam para comprar ativos estrangeiros.

A taxa de juros se ajusta para equilibrar a oferta e a demanda por fundos emprestáveis. Se a taxa de juros estiver abaixo do nível de equilíbrio, a quantidade ofertada de fundos emprestáveis será menor que a quantidade demandada. A resultante escassez de fundos emprestáveis empurrará a taxa de juros para cima. De modo inverso, se a taxa de juros estiver acima do nível de equilíbrio, a quantidade ofertada de fundos emprestáveis excederá a quantidade demandada. O excesso de fundos emprestáveis levará a taxa de juros para baixo. À taxa de juros de equilíbrio, a oferta equilibra a demanda de maneira exata. **Ou seja, à taxa de juros de equilíbrio, a quantia que as pessoas desejam poupar é exatamente igual à quantidade desejada de investimento doméstico e de saída líquida de capital.**

Figura 33-1

O mercado de fundos emprestáveis

A taxa de juros, tanto em uma economia aberta quanto em uma economia fechada, é determinada pela oferta e demanda de fundos emprestáveis. A poupança nacional é a fonte de oferta de fundos emprestáveis. O investimento doméstico e a saída líquida de capital são as fontes de demanda por fundos emprestáveis. À taxa de juros de equilíbrio, a quantia que as pessoas desejam poupar é igual à quantia que as pessoas querem tomar emprestado para comprar capital doméstico e ativos no exterior.

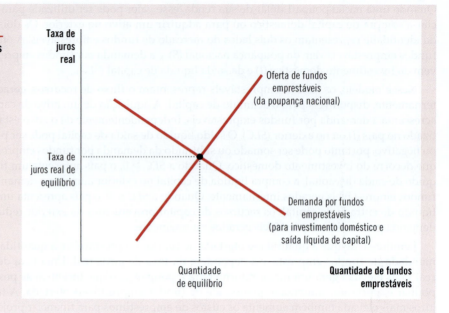

33-1b O mercado de câmbio de moeda estrangeira

O segundo mercado nesse modelo de uma economia aberta é o mercado de câmbio de moeda estrangeira. Seus participantes trocam dólares estadunidenses por moedas estrangeiras. A análise começa com outra identidade apresentada no capítulo anterior:

$$SLC = XL$$
$$\text{Saída líquida de capital} = \text{Exportações líquidas.}$$

Essa identidade afirma que o desequilíbrio entre a compra e a venda de ativos de capital no exterior (*SLC*) é igual ao desequilíbrio entre exportações e importações de bens e serviços (*XL*). Por exemplo, quando a economia dos Estados Unidos tem superávit comercial (*XL* > 0), os estrangeiros estão comprando mais bens e serviços nos Estados Unidos que os estadunidenses estão comprando bens e serviços estrangeiros. O que os estadunidenses estão fazendo com a moeda estrangeira que obtêm dessa venda líquida de bens e serviços para o exterior? Eles devem estar comprando ativos estrangeiros, de modo que o capital dos Estados Unidos flui para o exterior (*SLC* > 0). No entanto, se os Estados Unidos tiverem déficit comercial (*XL* < 0), os estadunidenses gastarão mais em bens e serviços estrangeiros do que receberão pelas vendas de bens e serviços no exterior. Parte dessa despesa deve ser financiada com a venda de ativos estadunidenses ao exterior, de modo que o capital estrangeiro flui para os Estados Unidos (*SLC* < 0).

Esse modelo de economia aberta trata os dois lados da identidade como representativos dos dois lados do mercado de câmbio de moeda estrangeira. A saída líquida de capital representa a quantidade de dólares ofertada para comprar ativos estrangeiros. Por exemplo, quando um fundo mútuo dos Estados Unidos deseja comprar um título do governo japonês, ele precisa trocar dólares por ienes, de modo que ele oferece dólares no mercado de câmbio. As exportações líquidas representam a quantidade demandada de dólares com a finalidade de comprar exportações líquidas de bens e serviços dos Estados Unidos. Por exemplo, quando uma empresa aérea japonesa deseja comprar um avião fabricado pela Boeing, ela precisa trocar seus ienes por dólares, de modo que demanda dólares no mercado de câmbio.

Que preço equilibra a oferta e a demanda no mercado de câmbio? A resposta é: a taxa de câmbio real. Como vimos no capítulo anterior, a taxa de câmbio real é o preço relativo dos bens internos e dos bens estrangeiros e é um determinante-chave das exportações líquidas. Quando a taxa de câmbio real se aprecia, os bens estadunidenses ficam mais caros em relação aos estrangeiros, o que torna os bens estadunidenses menos atraentes para os consumidores internos e para os externos. Como resultado, as exportações dos Estados Unidos diminuem e as importações aumentam. As duas mudanças reduzem as exportações líquidas. Consequentemente, uma apreciação da taxa de câmbio real reduz a quantidade demandada de dólares no mercado de câmbio.

A Figura 33-2 mostra a oferta e a demanda no mercado de câmbio de moeda estrangeira. A curva de demanda tem inclinação negativa pela razão que acabamos de discutir: uma taxa de câmbio real mais elevada torna os bens estadunidenses mais caros e reduz a quantidade demandada de dólares para comprar esses bens. A curva de oferta é vertical porque a quantidade ofertada de dólares destinados à saída líquida de capital não depende da taxa de câmbio real. (Como vimos anteriormente, a saída líquida de capital depende da taxa de juros real. Ao tratarmos do mercado de câmbio, tomamos a taxa de juros real e a saída líquida de capital como dados).

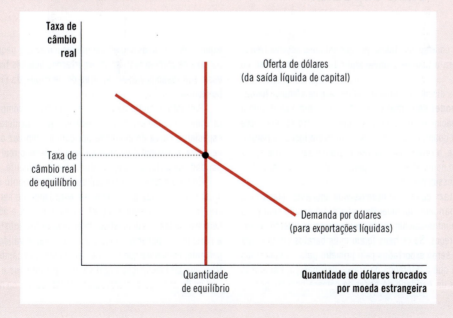

Figura 33-2
O mercado de câmbio de moeda estrangeira

A taxa de câmbio real é determinada pela oferta e demanda de câmbio. A oferta de dólares a serem trocados por moeda estrangeira é determinada pela saída líquida de capital. Já que a saída líquida de capital não depende da taxa de câmbio real, a curva de oferta é vertical. A demanda por dólares vem das exportações líquidas. Já que uma taxa de câmbio real mais baixa estimula as exportações líquidas (e aumenta a quantidade de dólares demandada para pagar por essas exportações líquidas), a curva de demanda tem inclinação negativa. À taxa de câmbio real de equilíbrio, a quantidade de dólares que as pessoas ofertam para comprar ativos estrangeiros é igual à quantidade de dólares que as pessoas demandam para comprar exportações líquidas.

Pode parecer estranho que, nesse modelo, a saída líquida de capital não dependa da taxa de câmbio. Afinal, além de tornar os bens estrangeiros mais baratos para os compradores estadunidenses, a cotação mais alta do dólar também reduz o preço dos ativos estrangeiros. Um dólar mais forte deixaria os ativos estrangeiros mais atrativos, pelo menos aparentemente. Mas esse nem sempre é o caso. Um investidor estadunidense pode querer transformar o ativo estrangeiro, assim como os lucros obtidos com ele, em dólares outra vez. Por exemplo, a alta do dólar torna a compra de ações de uma empresa japonesa mais barata, mas os dividendos serão recebidos em ienes. Em virtude do valor mais alto do dólar, quando esses ienes forem convertidos, comprarão menos dólares do que antes. As mudanças na taxa de câmbio influenciam tanto o custo da compra de ativos estrangeiros quanto o benefício de possuir esses ativos, e esses dois efeitos acabam se compensando. Por isso, nosso modelo de economia aberta estabelece que a saída líquida de capital não depende da taxa de câmbio, como representa a linha vertical da oferta na Figura 33-2.

A taxa de câmbio real se altera para garantir o equilíbrio nesse mercado, ou seja, ela se ajusta para equilibrar a oferta e a demanda real de dólares, da mesma forma que o preço de qualquer bem se ajusta para equilibrar a oferta e a demanda do bem em questão. Se a taxa de câmbio real estivesse abaixo do nível de equilíbrio, a quantidade de dólares ofertada seria menor que a quantidade demandada. A escassez resultante de dólares empurraria o valor do dólar para cima. No entanto, se a taxa de câmbio real estivesse acima do nível de equilíbrio, a quantidade ofertada de dólares excederia a quantidade demandada. O excesso de dólares levaria o valor do dólar para baixo. **À taxa de câmbio real de equilíbrio, a demanda de dólares por estrangeiros para comprar exportações líquidas de bens e serviços dos Estados Unidos é igual à oferta de dólares de estadunidenses destinados à compra líquida de ativos no exterior.**

SAIBA MAIS
A paridade do poder de compra como um caso especial

Um leitor atento pode se questionar: por que estamos desenvolvendo uma teoria para a taxa de câmbio aqui? Já não fizemos isso no capítulo anterior?

Bem, sim. Nós discutimos uma teoria da taxa de câmbio chamada **paridade do poder de compra**. Essa teoria afirma que, devido à arbitragem internacional, um dólar (ou qualquer outra moeda) deve comprar a mesma quantidade de bens e serviços em todos os países. Consequentemente, a taxa de câmbio real é fixa e todas as alterações na taxa de câmbio nominal entre dois países refletem mudanças nos níveis de preços nesses países.

O modelo de taxa de câmbio desenvolvido aqui está relacionado com a teoria da paridade do poder de compra. De acordo com essa teoria, o comércio internacional reage rapidamente às diferenças internacionais de preços. Se os bens forem mais baratos em um país do que em outro, serão exportados pelo primeiro país e importados pelo segundo, até que a diferença de preços desapareça. Em outras palavras, a teoria da paridade do poder de compra assume que as exportações líquidas são altamente responsivas a pequenas variações na taxa de câmbio real. Se as exportações líquidas tivessem, de fato, essa alta responsividade, a curva de demanda da Figura 33-2 seria horizontal.

Portanto, a teoria da paridade do poder de compra pode ser vista como um caso especial do modelo aqui considerado. Nesse caso especial, a curva de demanda por câmbio, em vez de ter inclinação negativa, é horizontal no nível da taxa de câmbio real que assegura a paridade do poder de compra interna e externamente.

Embora esse caso especial seja um bom ponto de partida para o estudo das taxas de câmbio, ele está longe de ser a última palavra. Na prática, devido aos custos de transporte e ao fato de que os bens estrangeiros e domésticos nem sempre são substitutos perfeitos, a paridade do poder de compra às vezes não é válida. Este capítulo, portanto, pressupõe que a curva de demanda por câmbio de moeda estrangeira tem inclinação negativa. Isso permite que a taxa de câmbio real mude ao longo do tempo, como de fato ocorre no mundo real. ■

> **Teste rápido**

1. Mantendo todos os outros fatores constantes, um aumento na taxa de juros de um país reduz
   a. a poupança nacional e o investimento doméstico.
   b. a poupança nacional e a saída líquida de capital.
   c. o investimento doméstico e a saída líquida de capital.
   d. somente a poupança nacional.

2. Mantendo todos os outros fatores constantes, uma apreciação da moeda de um país causa
   a. um aumento nas exportações e uma diminuição nas importações.
   b. uma diminuição nas exportações e um aumento nas importações.
   c. um aumento nas exportações e nas importações.
   d. uma diminuição nas exportações e nas importações.

As respostas estão no final do capítulo.

33-2 Equilíbrio na economia aberta

Até aqui, discutimos a oferta e a demanda no mercado de fundos emprestáveis e no mercado de câmbio de moeda estrangeira. Veremos, agora, como esses mercados estão conectados.

33-2a Saída líquida de capital: o elo entre os dois mercados

Começaremos recapitulando o que aprendemos até aqui neste capítulo. Discutimos como a economia coordena quatro importantes variáveis macroeconômicas: poupança nacional (S), investimento doméstico (I), saída líquida de capital (SLC) e exportações líquidas (XL). Elas se relacionam por meio das seguintes identidades:

$$S = I + SLC$$

e

$$SLC = XL.$$

No mercado de fundos emprestáveis, a oferta vem da poupança nacional (S), a demanda vem do investimento doméstico (I) e da saída líquida de capital (SLC), e a taxa de juros real equilibra a oferta e a demanda. No mercado de câmbio, a oferta vem da saída líquida de capital (SLC), a demanda vem das exportações líquidas (XL), e a taxa de câmbio real equilibra a oferta e a demanda.

A saída líquida de capital é a variável que liga os mercados. No mercado de fundos emprestáveis, ela é uma parte da demanda. Uma pessoa que deseje comprar um ativo estrangeiro deve financiar essa compra obtendo recursos no mercado de fundos emprestáveis. No mercado de câmbio, a saída líquida de capital é a fonte da oferta. Uma pessoa que deseje comprar um ativo em outro país deve ofertar dólares a fim de trocá-los pela moeda daquele país.

O determinante-chave da saída líquida de capital, como vimos anteriormente, é a taxa de juros real. Um aumento na taxa de juros dos Estados Unidos torna os ativos estadunidenses mais atrativos e reduz a saída líquida de capital do país. A Figura 33-3 mostra essa relação negativa entre a taxa de juros e a saída líquida de capital. Essa curva de saída líquida de capital é o elo entre o mercado de fundos emprestáveis e o mercado de câmbio.

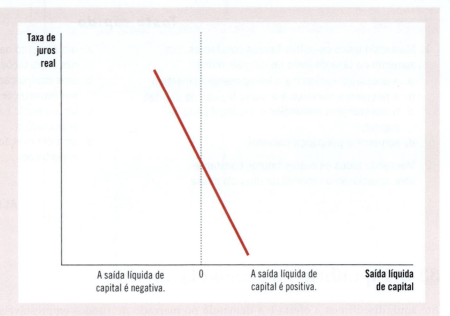

Figura 33-3

Como a saída líquida de capital depende da taxa de juros

Como uma taxa de juros real interna mais elevada torna os ativos nacionais mais atraentes, ela reduz a saída líquida de capital. Observe a posição de zero no eixo horizontal: a saída líquida de capital pode ser tanto positiva quanto negativa. Um valor negativo significa que a economia passa por um fluxo líquido de entrada de capital.

33-2b Equilíbrio simultâneo nos dois mercados

A Figura 33-4 une todas as partes do nosso modelo. Ela mostra como o mercado de fundos emprestáveis e o mercado de câmbio determinam, conjuntamente, as importantes variáveis macroeconômicas de uma economia aberta.

O painel (a) da figura mostra o mercado de fundos emprestáveis (extraído da Figura 33-1). Como antes, a poupança nacional é a fonte de oferta de fundos emprestáveis. O investimento doméstico e a saída líquida de capital são as fontes de demanda por fundos emprestáveis. A taxa de juros real de equilíbrio (r_1) conduz a quantidade ofertada e a quantidade demandada de fundos emprestáveis ao equilíbrio.

O painel (b) mostra a saída líquida de capital (extraída da Figura 33-3). Ele mostra como a taxa de juros do painel (a) determina a saída líquida de capital. Uma taxa de juros doméstica mais elevada torna os ativos domésticos mais atraentes, reduzindo a saída líquida de capital. Portanto, a curva de saída líquida de capital no painel (b) tem inclinação negativa.

O painel (c) mostra o mercado de câmbio de moeda estrangeira (extraído da Figura 33-2). Como os ativos estrangeiros devem ser comprados com moeda estrangeira, a quantidade de saída líquida de capital do painel (b) determina a oferta de dólares a serem trocados por moedas estrangeiras. A taxa de câmbio real não afeta a saída líquida de capital, de modo que a curva de oferta é vertical. A demanda por dólares vem das exportações líquidas. Como a depreciação da taxa de câmbio real aumenta as exportações líquidas, a curva de demanda por moeda estrangeira tem inclinação negativa. A taxa de câmbio real de equilíbrio (E_1) conduz ao equilíbrio a quantidade ofertada e a quantidade demandada de dólares no mercado de câmbio.

Ambos os mercados representados na Figura 33-4 determinam dois preços relativos: a taxa de juros real e a taxa de câmbio real. A taxa de juros real determinada no painel (a) é o preço dos bens e serviços no presente em relação ao preço dos bens e serviços no futuro. A taxa de câmbio real determinada no painel (c) é o preço dos bens e serviços internos em

Figura 33-4

O equilíbrio real em uma economia aberta

No painel (a), a oferta e a demanda por fundos emprestáveis determinam a taxa de juros real. No painel (b), a taxa de juros determina a saída líquida de capital, que provê a oferta de dólares no mercado de câmbio. No painel (c), a oferta e a demanda de dólares no mercado de câmbio determinam a taxa de câmbio real.

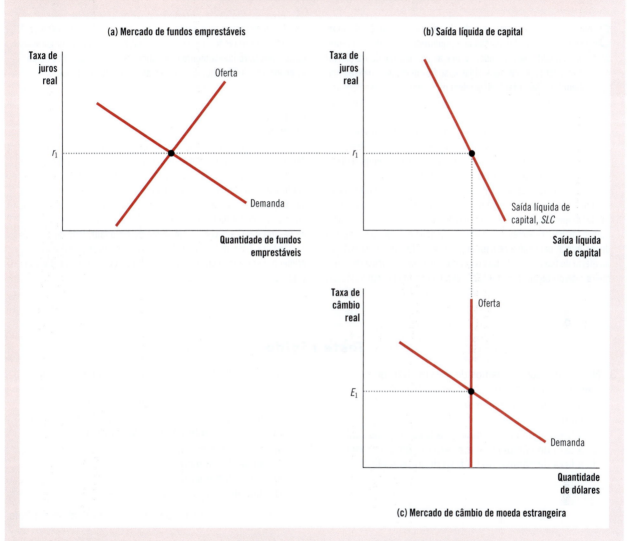

relação ao preço dos bens e serviços estrangeiros. Esses dois preços relativos se ajustam simultaneamente para equilibrar a oferta e a demanda nesses dois mercados. Quando o fazem, eles determinam a poupança nacional, o investimento doméstico, a saída líquida de capital e as exportações líquidas. Podemos usar esse modelo para verificar como todas essas variáveis se alteram quando alguma política ou algum acontecimento leva uma dessas curvas a se deslocar.

> ### SAIBA MAIS
> ### Separando oferta de demanda
>
> Suponha que os proprietários de um pomar de maçãs decidam consumir algumas das maçãs que produzem. Essa decisão representa um aumento na demanda por maçãs ou uma queda na oferta? As duas respostas podem ser válidas e, se fizermos uma análise atenta, nenhum fator importante dependerá da resposta que escolhermos. Às vezes, a maneira como dividimos as coisas entre oferta e demanda é um pouco arbitrária.
>
> No modelo macroeconômico da economia aberta desenvolvido neste capítulo, a divisão de transações entre "oferta" e "demanda" também é arbitrária – tanto no mercado de fundos emprestáveis quanto no mercado de câmbio de moeda estrangeira.
>
> Vamos pensar primeiro no mercado de fundos emprestáveis. O modelo trata a saída líquida de capital como parte da demanda por fundos emprestáveis. Contudo, em vez de escrever $S = I + SLC$, poderíamos facilmente escrever $S - SLC = I$. Quando a equação é reescrita dessa forma, uma saída de capital pode ser vista como uma redução na oferta de fundos emprestáveis. As duas maneiras funcionam. A primeira interpretação ($S = I + SLC$) enfatiza os fundos emprestáveis gerados domesticamente, sejam eles usados no país ou no exterior. A segunda interpretação ($S - SLC = I$) enfatiza os fundos emprestáveis disponíveis para investimento doméstico, sejam eles gerados no país ou no exterior. A diferença é mais semântica do que material.
>
> Considere agora o mercado de câmbio de moeda estrangeira. No nosso modelo, as exportações líquidas são a fonte da demanda por dólares, e a saída líquida de capital é a fonte da oferta. Quando um morador dos Estados Unidos importa um carro fabricado no Japão, nosso modelo trata a transação como uma redução na quantidade de dólares demandada (porque as exportações líquidas caíram), em vez de como um aumento na quantidade de dólares ofertada. Da mesma forma, quando um cidadão japonês compra um título do governo dos Estados Unidos, nosso modelo trata essa transação como uma redução na quantidade de dólares ofertada (porque a saída líquida de capital caiu) em vez de um aumento na quantidade de dólares demandada. Essa definição de termos pode parecer pouco natural à primeira vista, mas será útil para a análise dos efeitos de diversas políticas. ■

Teste rápido

3. No modelo que acabamos de desenvolver, dois mercados determinam dois preços. São eles:
    a. a taxa de câmbio nominal e a taxa de juros nominal.
    b. a taxa de câmbio nominal e a taxa de juros real.
    c. a taxa de câmbio real e a taxa de juros nominal.
    d. a taxa de câmbio real a taxa de juros real.

4. Mantendo todos os outros fatores constantes, um aumento na saída líquida de capital dos Estados Unidos _____ a demanda por fundos emprestáveis e _____ a oferta de dólares no mercado de câmbio de moeda estrangeira.
    a. aumenta; aumenta
    b. aumenta; diminui
    c. diminui; aumenta
    d. diminui; diminui

As respostas estão no final do capítulo.

33-3 Como políticas e eventos afetam uma economia aberta

Agora, vamos usar esse modelo de economia aberta para analisar como as mudanças nas políticas e outros eventos alteram o equilíbrio da economia. Lembre-se de que esse modelo abrange somente oferta e demanda em dois mercados: de fundos emprestáveis e de câmbio. Quando usamos o modelo para analisar qualquer evento, podemos aplicar os três passos introduzidos no Capítulo 4. Primeiro, determinamos qual das curvas – a de oferta ou a de demanda – o evento afeta. Segundo, identificamos em que direção as curvas se deslocam. Terceiro, usamos os diagramas de oferta e demanda para comparar o equilíbrio antigo e o novo.

33-3a Déficits orçamentários do governo

Anteriormente neste livro, quando aplicamos o modelo de fundos emprestáveis em uma economia fechada, examinamos os efeitos dos déficits orçamentários do governo, que ocorrem quando os gastos governamentais superam a receita. Porque o déficit orçamentário do governo representa uma poupança pública **negativa**, ele reduz a poupança nacional (a soma da poupança pública e privada). Podemos concluir que um déficit orçamentário do governo reduz a oferta de fundos emprestáveis, aumenta a taxa de juros e desloca o investimento.

Agora, vamos considerar os efeitos de um déficit orçamentário em uma economia aberta. Primeiro, qual das curvas em nosso modelo se desloca? Assim como em uma economia fechada, o impacto inicial do déficit orçamentário se dá sobre a poupança nacional e, portanto, sobre a curva de oferta de fundos emprestáveis. Segundo, em que direção se desloca essa curva de oferta? Novamente, como numa economia fechada, um déficit orçamentário representa poupança pública **negativa**, de modo que ele reduz a poupança nacional e desloca a curva de oferta de fundos emprestáveis para a esquerda. Esse resultado é mostrado como a mudança de O_1 para O_2 no painel (a) da Figura 33-5.

O último passo é comparar o novo equilíbrio com o antigo. O painel (a) mostra o efeito de um déficit orçamentário sobre o mercado de fundos emprestáveis. Com menos recursos disponíveis para os devedores nos mercados financeiros, a taxa de juros se eleva de r_1 para r_2 a fim de equilibrar oferta e demanda. Diante de uma taxa de juros elevada, as pessoas optam por tomar menos empréstimos. Em outras palavras, a quantidade de fundos emprestáveis demandada diminui. Essa mudança é representada na figura como o movimento do ponto A até o ponto B ao longo da curva de demanda. Junto à redução nos empréstimos vem uma queda na compra de bens de capital por famílias e empresas. Assim como em uma economia fechada, os déficits orçamentários prejudicam o investimento doméstico.

Em uma economia aberta, contudo, a redução na oferta de fundos emprestáveis tem efeitos adicionais. O painel (b) mostra que o aumento da taxa de juros de r_1 para r_2 reduz a saída líquida de capital. [Essa queda na saída líquida de capital é, também, parte da diminuição na quantidade demandada de fundos emprestáveis que se observa no movimento do ponto A para o ponto B no painel (a).] Como a poupança mantida domesticamente agora obtém taxas de retorno mais elevadas, o investimento no exterior passa a ser menos atraente, e os residentes domésticos compram menos ativos externos. Taxas de juros mais elevadas também atraem investidores estrangeiros, que desejam obter retornos mais elevados oferecidos pelos ativos estadunidenses. Portanto, quando um déficit orçamentário eleva as taxas de juros, o comportamento, tanto dos investidores residentes quanto dos investidores estrangeiros, faz com que a saída líquida de capital dos Estados Unidos diminua.

O painel (c) mostra como os déficits orçamentários afetam o mercado de câmbio. Como a saída líquida de capital é reduzida, os residentes de um país precisam de menos moeda estrangeira para comprar ativos estrangeiros e, então, oferecem menos dólares no mercado para trocar por moeda estrangeira. Isso induz um deslocamento da curva de oferta de dólares para a esquerda, de O_1 para O_2. A redução na oferta de dólares causa uma apreciação na taxa de câmbio real, de E_1 para E_2, ou seja, o dólar se valoriza quando comparado às moedas estrangeiras. Essa apreciação, por sua vez, torna os bens estadunidenses mais caros em comparação com os estrangeiros. As pessoas, no país e no exterior, respondem a essa mudança nos preços relativos, as exportações caem, e as importações aumentam. Por isso, as exportações líquidas diminuem.

Resumindo: **em uma economia aberta, os déficits orçamentários governamentais elevam as taxas de juros reais, deslocam o investimento doméstico, causam apreciação da moeda e empurram a balança comercial em direção ao déficit.**

Um exemplo dessa lição ocorreu nos Estados Unidos na década de 1980. Pouco depois da eleição de Ronald Reagan para a presidência, em 1980, a política fiscal do governo federal estadunidense mudou drasticamente. O presidente e o Congresso aprovaram grandes cortes de impostos, mas não reduziram os gastos do governo. O resultado foi um grande déficit orçamentário. Nosso modelo de economia aberta prevê que esse tipo de política teria provocado um déficit comercial, e, de fato, foi isso o que aconteceu, como vimos em um estudo de caso no capítulo anterior. Como o déficit orçamentário e o déficit comercial desse período estavam tão relacionados, na teoria e na prática, eles foram apelidados de **déficits gêmeos**. Seria um erro, no entanto, vê-los como idênticos, já que muitos fatores além da política fiscal podem influenciar o déficit comercial.

Figura 33-5

Os efeitos de um déficit orçamentário do governo

Quando o governo apresenta déficit orçamentário, a oferta de fundos emprestáveis é reduzida de O_1 para O_2 no painel (a). A taxa de juros aumenta de r_1 para r_2 para equilibrar a oferta e a demanda por fundos emprestáveis. No painel (b), a taxa de juros mais elevada reduz a saída líquida de capital. Essa redução, por sua vez, reduz a oferta de dólares no mercado de câmbio, de O_1 para O_2, no painel (c). A queda na oferta de dólares provoca uma apreciação da taxa de câmbio real, de E_1 para E_2. A apreciação da taxa de câmbio empurra a balança comercial em direção ao déficit.

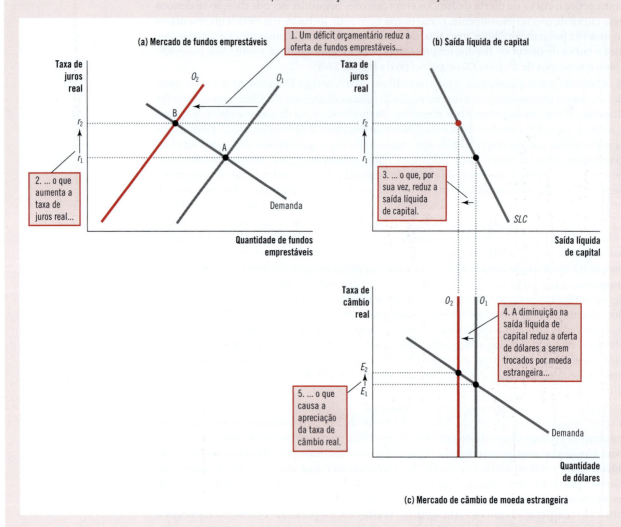

33-3b Política comercial

política comercial
política do governo que influencia diretamente a quantidade de bens e serviços que um país importa ou exporta

Uma **política comercial** é uma política do governo que influencia diretamente a quantidade de bens e serviços que um país importa ou exporta. Ela assume diversas formas, geralmente com o propósito de proteger uma indústria interna particular. Uma política comercial comum é a **tarifa**, um imposto sobre bens importados. Outra é a **cota de importação**, um limite sobre a quantidade de um bem que pode ser produzido no exterior e vendido domesticamente.

Vamos considerar o impacto macroeconômico da política comercial. Suponha que, preocupada com a concorrência de produtores europeus, a indústria de aço dos Estados Unidos convença o governo estadunidense a impor uma cota sobre a quantidade de aço que pode ser importada da Europa. Ao defender seu ponto de vista, os lobistas do setor siderúrgico afirmam que a restrição comercial reduziria a magnitude do déficit comercial dos Estados Unidos. Estarão certos? Nosso modelo, ilustrado na Figura 33-6, oferece uma resposta.

O primeiro passo para a análise da política comercial consiste em determinar qual curva se desloca. O impacto inicial da restrição à importação se dá, naturalmente, sobre as importações. Já que as exportações líquidas são iguais às exportações menos as importações, a política também afeta as exportações líquidas. E, como as exportações líquidas são a fonte da demanda por dólares no mercado de câmbio, a política afeta a curva de demanda desse mercado.

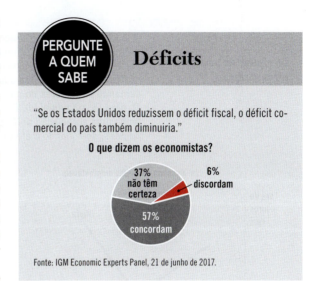

PERGUNTE A QUEM SABE — **Déficits**

"Se os Estados Unidos reduzissem o déficit fiscal, o déficit comercial do país também diminuiria."

O que dizem os economistas?

37% não têm certeza
6% discordam
57% concordam

Fonte: IGM Economic Experts Panel, 21 de junho de 2017.

O segundo passo é determinar em que direção a curva de demanda se desloca. Como a cota restringe a quantidade de aço da Europa vendida nos Estados Unidos, ela reduz as importações a qualquer taxa de câmbio real dada. Portanto, as exportações líquidas, que são iguais às exportações menos as importações, **aumentarão** para qualquer taxa de câmbio real dada. Como os estrangeiros precisam de dólares para comprar as exportações líquidas dos Estados Unidos, o aumento nas exportações líquidas eleva a por dólares no mercado de câmbio. Esse aumento na demanda por dólares é representado no painel (c) da Figura 33-6 como um deslocamento de D_1 para D_2.

O terceiro passo é comparar o novo equilíbrio com o antigo. Como podemos ver no painel (c), o aumento na demanda por dólares causa uma apreciação da taxa de câmbio real, de E_1 para E_2. Como nada aconteceu no mercado de fundos emprestáveis, painel (a), não há nenhuma alteração na taxa de juros real. Não havendo nenhuma alteração da taxa de juros real, também não há alteração na saída líquida de capital, representada no painel (b). E, como não há alteração na saída líquida de capital, não pode haver nenhuma mudança nas exportações líquidas, muito embora a cota de importação tenha reduzido as importações.

Pode parecer estranho que as exportações líquidas permaneçam inalteradas enquanto as importações caem. Esse enigma é explicado pela variação na taxa de câmbio real: quando o dólar se aprecia no mercado de câmbio de moeda estrangeira, os bens domésticos tornam-se mais caros em relação aos bens estrangeiros. Essa apreciação estimula as importações e desestimula as exportações – e essas duas alterações operam para contrabalançar o aumento direto das exportações líquidas em decorrência da cota de importação. Finalmente, uma cota de importação reduz tanto a importação quanto a exportação, mas as exportações líquidas (exportações menos importações) permanecem inalteradas.

Chegamos, portanto, a uma conclusão surpreendente: **políticas comerciais não afetam a balança comercial**. Ou seja, políticas que influenciam diretamente as exportações ou as importações não alteram as exportações líquidas. Essa conclusão parecerá menos surpreendente se nos recordarmos da identidade contábil:

$$XL = SLC = S - I.$$

As exportações líquidas são iguais à saída líquida de capital, que é igual à poupança nacional menos o investimento doméstico. As políticas comerciais não afetam a balança comercial, porque não alteram a poupança nacional ou o investimento doméstico. Para quaisquer níveis dados de poupança nacional e de investimento doméstico, a taxa de câmbio real se ajusta para manter o mesmo equilíbrio comercial, independentemente das políticas comerciais que o governo adote.

Figura 33-6

Os efeitos de uma cota de importação

Quando o governo estadunidense impõe uma cota de importação de aço da Europa, nada acontece no mercado de fundos emprestáveis, no painel (a), ou com a saída líquida de capital, no painel (b). O único efeito é um aumento das exportações líquidas (exportações menos importações) para qualquer taxa de câmbio real dada. Consequentemente, a demanda por dólares no mercado de câmbio aumenta, conforme mostra o deslocamento de D_1 para D_2, no painel (c). Esse aumento da demanda por dólares faz com que o valor do dólar tenha uma apreciação de E_1 para E_2. Essa apreciação do dólar tende a reduzir as exportações líquidas, deslocando o efeito direto da cota de importação sobre o balança comercial.

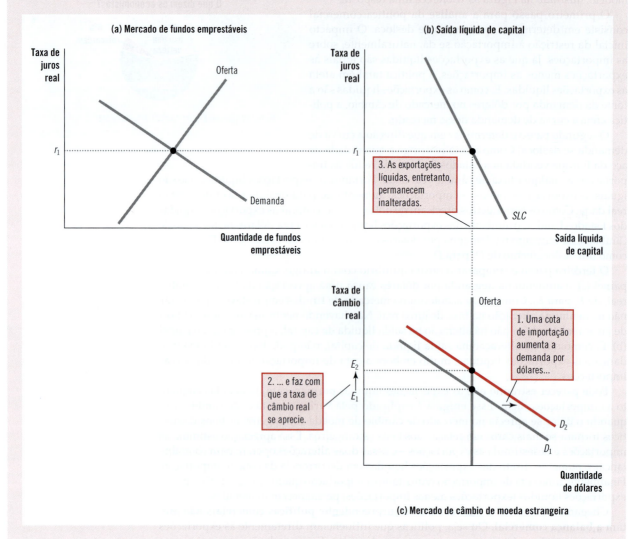

Embora as políticas comerciais não afetem a balança comercial total de um país, elas atingem empresas, indústrias e países específicos. Quando o governo estadunidense estabelece uma cota de importação para o aço europeu, a U.S. Steel Corporation enfrenta menos concorrência estrangeira, e provavelmente venderá mais aço e terá mais lucro. Ao mesmo tempo, como o dólar passou por uma apreciação, os produtos de fazendeiros estadunidenses ficarão mais caros nos mercados mundiais, fazendo com que eles vendam menos para a China, por exemplo. Nesse caso, a cota de importação sobre o aço europeu aumenta as exportações líquidas de aço e reduz as exportações líquidas de produtos agrícolas. Além disso, ela pressiona a balança comercial entre os Estados Unidos e a Europa em direção ao superávit, enquanto a balança comercial entre os Estados Unidos e a China é pressionada em direção ao déficit. A balança comercial total da economia dos Estados Unidos, contudo, permanecerá inalterada.

Os efeitos das políticas comerciais são, portanto, mais microeconômicos que macroeconômicos. Embora os defensores das políticas comerciais costumem afirmar (em discordância com o nosso modelo) que essas políticas são capazes de alterar a balança comercial do país, eles, em geral, estão mais motivados por preocupações a respeito de empresas ou indústrias específicas. Não devemos nos surpreender, por exemplo, se ouvirmos um executivo da U.S. Steel defender cotas de importação para o aço proveniente da Europa. No entanto, os economistas geralmente se opõem a tais políticas comerciais. O livre-comércio pode prejudicar alguns trabalhadores e algumas empresas, mas permite que as economias se especializem naquilo que fazem melhor, aumentando a prosperidade em todos os países. As restrições ao comércio interferem nesses ganhos do comércio.

33-3c Instabilidade política e fuga de capitais

Em 1994, a instabilidade política no México, incluindo o assassinato de um proeminente líder político, deixou os mercados financeiros do mundo nervosos. Repentinamente, o país passou a ser visto como um local arriscado para se investir. As pessoas decidiram retirar alguns de seus ativos do país e remeter esses recursos para os Estados Unidos e outros "portos seguros". Um movimento tão grande e súbito de fundos para fora de um país é chamado de **fuga de capitais**. Para entender as implicações da fuga de capitais para a economia mexicana, seguiremos novamente as três etapas da análise de uma mudança no equilíbrio, mas, dessa vez, aplicaremos nosso modelo do ponto de vista mexicano.

fuga de capitais
uma redução súbita e significativa da demanda pelos ativos localizados em um país

Vejamos, primeiro, quais curvas são afetadas pela fuga de capitais. Quando os investidores de todo o mundo percebem problemas políticos no México, eles decidem vender parte de seus ativos mexicanos e usar a receita da venda para comprar ativos dos Estados Unidos. Essa ação aumenta a saída líquida de capital do México e, portanto, afeta os dois mercados do nosso modelo. De modo mais evidente, essa ação afeta a curva de saída líquida de capital; essa mudança, por sua vez, influencia a oferta de pesos no mercado de câmbio de moeda estrangeira. Além disso, como a demanda por fundos emprestáveis vem tanto do investimento doméstico quanto da saída líquida de capital, a fuga de capitais afeta a curva de demanda no mercado mexicano de fundos emprestáveis.

Vejamos, agora, para que direção as curvas se deslocam. Quando a saída líquida de capital aumenta, há maior demanda por fundos emprestáveis para financiar as compras de ativos de capital no exterior. Como mostra o painel (a) da Figura 33-7, a curva de demanda por fundos emprestáveis desloca-se para a direita, de D_1 para D_2. Além disso, uma vez que a saída líquida de capital é maior para qualquer taxa de juros dada, a curva de saída líquida de capital também se desloca para a direita, de SLC_1 para SLC_2, como podemos observar no painel (b).

Para entender os efeitos da fuga de capitais sobre a economia mexicana, vamos comparar o novo equilíbrio com o antigo. O painel (a) da Figura 33-7 mostra que o aumento da demanda por fundos emprestáveis faz com que a taxa de juros do México aumente de r_1 para r_2. O painel (b) mostra que a saída líquida de capital do México aumenta. (O aumento na taxa de juros torna os ativos mexicanos mais atrativos, mas essa mudança compensa apenas parcialmente o impacto da fuga de capitais sobre a saída líquida de capital.) O painel (c) mostra que uma maior saída líquida de capital aumenta a oferta de pesos no mercado de câmbio de O_1 para O_2. Ou seja, conforme as pessoas tentam se livrar de seus ativos mexicanos, há uma grande oferta de pesos para serem convertidos em dólares. Esse aumento da oferta faz com que o peso se deprecie de E_1 a E_2. **Portanto, a fuga de capitais do México aumenta a taxa de juros mexicana e diminui o valor do**

Figura 33-7

Os efeitos de uma fuga de capitais

Se as pessoas concluírem que o México é um lugar de risco para manter suas poupanças, elas transferirão seus recursos para portos seguros, como os Estados Unidos, resultando em um aumento da saída líquida de capital mexicana. Consequentemente, a demanda por fundos emprestáveis no México aumentará de D_1 para D_2, como mostra o painel (a), e isso levará para cima a taxa de juros real mexicana, de r_1 para r_2. Como a saída líquida de capital é maior para qualquer taxa de juros, essa curva também se deslocará para a direita de SLC_1 para SLC_2 no painel (b). Ao mesmo tempo, no mercado de câmbio, a oferta de pesos aumentará de O_1 para O_2, como mostra o painel (c). Esse aumento da oferta de pesos causará uma depreciação do peso de E_1 para E_2, de modo que o peso se tornará menos valioso se comparado a outras moedas.

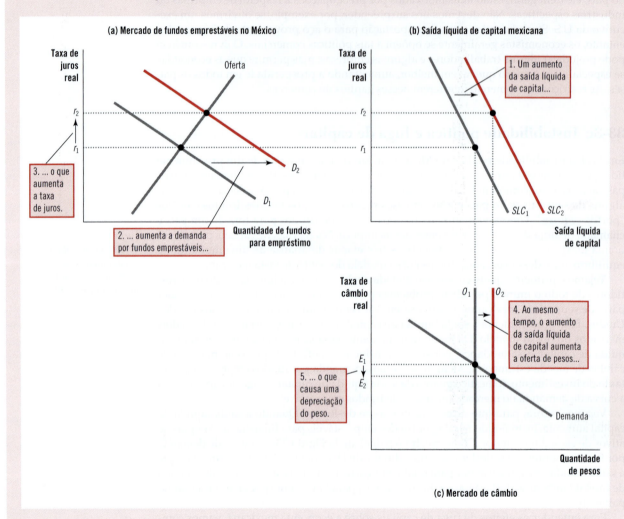

peso mexicano no mercado de câmbio. Foi exatamente o que aconteceu em 1994. De novembro de 1994 a março de 1995, a taxa de juros dos títulos de curto prazo do governo mexicano aumentou de 14 para 70%, e o peso depreciou-se de 29 para 15 centavos de dólar por peso.

As variações de preço que resultam da fuga de capitais influenciam as variáveis macroeconômicas chave. A depreciação da moeda torna as exportações mais baratas e as importações mais caras, empurrando a balança comercial em direção ao superávit. Ao mesmo tempo, o aumento na taxa de juros reduz o investimento doméstico, o que desacelera a acumulação de capital e o crescimento econômico.

Embora a fuga de capitais tenha seu maior impacto sobre o país de onde o capital está fugindo, ela também afeta outros países. Quando o capital sai do México para os Estados Unidos, por exemplo, ele tem efeito oposto sobre a economia estadunidense em comparação com o que exerceu sobre a economia mexicana. Mais especificamente, o aumento da saída líquida de capital mexicana coincide com uma queda da saída líquida de capital estadunidense. À medida que o peso se deprecia e as taxas de juros mexicanas sobem, o dólar se aprecia e as taxas de juros estadunidenses caem. O impacto sobre a economia dos Estados Unidos é, contudo, pequeno, porque sua economia é muito grande se comparada à do México.

Os eventos que descrevemos poderiam ocorrer em qualquer economia, e, de fato, ocorrem de tempos em tempos. Em 1997, o mundo descobriu que os sistemas bancários de diversas economias asiáticas, inclusive da Tailândia, da Coreia do Sul e da Indonésia, estavam perto da bancarrota, e essa notícia induziu fugas de capital dessas nações. Em 1998, o governo russo deixou de pagar sua dívida, induzindo os investidores internacionais a pegar todo o dinheiro que podiam e promover uma fuga de capitais. Um conjunto de acontecimentos semelhantes, porém mais complicados, foi verificado na Argentina, em 2002, e novamente em 2019 e 2020. Em todos esses casos de fuga de capitais, os resultados foram semelhantes aos previstos por nosso modelo: aumento de taxas de juros e depreciação da moeda.

Fluxos de capital da China

De acordo com a nossa análise da fuga de capitais, um país que passa por esse fenômeno vê sua moeda enfraquecida nos mercados cambiais, e essa depreciação, por sua vez, aumenta suas exportações líquidas. O país para o qual o capital está fluindo vê sua moeda se fortalecer, e essa apreciação leva a balança comercial em direção a um déficit.

Com essas lições em mente, vamos pensar nessa questão: suponha que o governo de um país, como parte de sua política, incentive o fluxo de capital para outro país, talvez até por meio de investimentos estrangeiros diretos. Quais seriam os efeitos dessa política? A resposta é basicamente a mesma: mantidas as demais condições constantes, isso provocaria um enfraquecimento da moeda e um superávit comercial para o país que está promovendo a saída de capital, bem como um fortalecimento da moeda e um déficit comercial para o país que recebe esses fluxos de capital.

Essa análise explica uma disputa de longa data entre os Estados Unidos e a China. O governo chinês tentou, algumas vezes, depreciar o valor de sua moeda, o yuan, nos mercados cambiais para promover suas indústrias de exportação. Ele fez isso acumulando ativos estrangeiros, incluindo quantidades substanciais de títulos do governo estadunidense. De 2000 a 2014, as reservas totais de ativos estrangeiros da China aumentaram de $ 160 bilhões para cerca de $ 4 trilhões.

O governo dos Estados Unidos frequentemente se opôs às intervenções chinesas nos mercados de câmbio. Ao manter o valor do yuan artificialmente baixo, essa política tornava os produtos chineses mais baratos em comparação com os produtos estadunidenses, levando a balança comercial dos Estados Unidos a um déficit e prejudicando os produtores estadunidenses que competiam com importações da China. Em virtude desses efeitos, o governo dos Estados Unidos tentou convencer a China a deixar de influenciar o valor do câmbio de sua moeda por meio de fluxos de capital patrocinados pelo governo. Alguns membros do Congresso defenderam a imposição de tarifas sobre as importações chinesas, a menos que a China cessasse sua "manipulação cambial". E, durante a administração de Trump, o governo impôs tarifas, às vezes utilizando esse argumento.

No entanto, o impacto da política chinesa na economia dos Estados Unidos não foi inteiramente negativo. Os consumidores estadunidenses de importações chinesas se beneficiaram dos preços mais baixos. Além disso, a entrada de capital da China reduziu as taxas

Separando fatos de ficção

Políticos de direita e de esquerda frequentemente têm opiniões equivocadas a respeito do papel do comércio internacional para o bem-estar econômico de uma nação.

Cinco grandes verdades sobre o comércio

Por Alan S. Blinder

O comércio internacional está, mais uma vez, no centro do debate político, tornando este um momento pouco propício para um debate racional sobre o assunto. No entanto, há cinco questões sobre as quais a maioria esmagadora dos economistas, liberais e conservadores, concorda.

1. A maior parte das perdas de emprego não é causada pelo comércio internacional. Todos os meses, aproximadamente cinco milhões de novos postos de trabalho são criados nos Estados Unidos e quase o mesmo número é eliminado, gerando um pequeno aumento líquido. O comércio internacional responde por uma pequena parcela dessa expressiva rotatividade de empregos. Uma quantidade muito maior é derivada da agitação da concorrência e das mudanças tecnológicas, que literalmente criam e destroem indústrias inteiras. A concorrência e a tecnologia são bastante celebradas – e com razão –, mas o comércio internacional não tem tanta sorte.

2. O comércio tem mais a ver com a eficiência – e, portanto, com os salários – do que com o número de empregos. Você provavelmente não costura suas próprias roupas ou cultiva sua comida. Em vez disso, você compra esses itens de outras pessoas, usando o salário que recebe por algo que faz melhor. Imagine como seu padrão de vida seria mais baixo se você tivesse de costurar suas roupas, cultivar seus alimentos... e milhares de outras coisas.

O caso do comércio internacional não é diferente. Não se trata de criar ou destruir empregos, mas sim de usar a mão de obra de maneira mais eficiente, uma das chaves para que haja salários mais elevados.

Só que há um problema: sempre que os padrões comerciais mudam, algumas pessoas ganham (empregos ou salários), e outras perdem. O governo federal pode e deve ajudar mais essas pessoas, mas não o faz. Assim, os estadunidenses que perdem seus empregos devido ao comércio internacional têm uma reclamação legítima.

3. Os desequilíbrios do comércio bilateral são inevitáveis e, em sua maioria, desinteressantes. Todos os meses, tenho um déficit comercial com a concessionária de serviços elétricos e de gás. A empresa me vende gás e eletricidade, enquanto eu não vendo nada a ela. Contudo, também tenho um superávit comercial com a Princeton University, para a qual vendo serviços de ensino, mas da qual compro pouca coisa. Devo tentar equilibrar a balança comercial com a concessionária ou com a universidade? É claro que não. E os países também não deveriam.

4. Ter um déficit comercial geral não te torna um "perdedor". A balança comercial multilateral dos Estados Unidos – a balança com todos os parceiros comerciais do país – registra déficit há décadas. Isso significa que o país está com algum tipo de problema? Provavelmente não. Por exemplo, as pessoas que alegam que o déficit comercial "mata" empregos precisam explicar como os Estados Unidos conseguiram registrar 4% de desemprego em 2000, quando o déficit comercial era maior, como uma parcela do PIB, do que é hoje.

Um déficit comercial significa que os estrangeiros nos mandam mais bens e serviços do que nós enviamos a eles. Para equilibrar as contas, eles recebem títulos de dívida (IOUs)* – títulos do Tesouro dos Estados Unidos, títulos corporativos ou outros instrumentos privados de dívida. Isso não parece tão ruim para nós, não é?

---

*N. de R.T. São reconhecimentos de dívida, ou seja, promessas informais de pagamento de uma quantia no futuro. A sigla vem da expressão em inglês "*I owe you*", que significa "eu te devo".

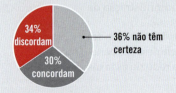

Manipulação cambial

"A análise econômica é capaz de identificar se os países estão usando as taxas de câmbio para beneficiar sua própria população à custa do bem-estar de seus parceiros comerciais."

O que dizem os economistas?

- 34% discordam
- 30% concordam
- 36% não têm certeza

Fonte: IGM Economic Experts Panel, 16 de junho de 2015.

---

de juros nos Estados Unidos, aumentando os investimentos na economia estadunidense. Até certo ponto, o governo chinês estava financiando o crescimento econômico dos Estados Unidos. A política chinesa de investir na economia dos Estados Unidos criou ganhadores e perdedores entre os estadunidenses. Considerando tudo isso, o impacto líquido sobre a economia dos Estados Unidos provavelmente foi pequeno.

A questão mais difícil tem a ver com os motivos por trás da política: por que os líderes chineses estavam interessados em produzir para a exportação e investir no exterior por todos esses anos em vez de produzir para o consumo e investimento doméstico? Uma possibilidade é que a China queria acumular uma reserva de ativos estrangeiros à qual pudesse recorrer em emergências – uma espécie de "fundo de contingência" nacional. Em todo caso, depois de 2014, à medida que o crescimento da economia chinesa se desacelerava, o governo asiático começou a gastar parte do fundo. De 2014 a 2021, suas reservas de ativos estrangeiros caíram quase $ 1 trilhão. ●

Um país excepcional – os Estados Unidos – é a fonte da principal moeda de reserva internacional, o dólar americano. Como o comércio mundial, em constante expansão, exige cada vez mais dólares, os Estados Unidos precisam incorrer em déficits comerciais regularmente. Esse processo é, algumas vezes, chamado de "privilégio exorbitante", já que podemos importar mais do que exportamos.

5. Os acordos comerciais quase não afetam a balança comercial de um país. Grande parte da preocupação política é direcionada ao comércio, não de modo geral, mas especificamente a alguns acordos comerciais internacionais. O Acordo de Livre Comércio da América do Norte (Nafta) supostamente enviou empregos estadunidenses para o México...

Nisso há um pouco de verdade. Alguns empregos estadunidenses foram mesmo destruídos quando o Nafta liberalizou o comércio com o México – e essas pessoas mereciam um tratamento melhor do que o que receberam do governo. No entanto, o Nafta também criou diversos novos empregos nos Estados Unidos (ver item 2).

E ainda tem mais: "comércio" e "acordos comerciais" não são sinônimos. Os Estados Unidos comerciavam com o México bem antes do Nafta, e esse comércio estava em expansão. O comércio dos Estados Unidos com a China floresceu nas últimas décadas sem uma sucessão de acordos comerciais.

Basicamente – mas algo que é pouco compreendido –, a balança comercial geral de uma nação é determinada por suas decisões domésticas, e não por acordos comerciais. Pense nos cálculos apresentados aqui.

Como apontado anteriormente, os empréstimos contraídos no exterior são a contrapartida contábil da ocorrência de um déficit comercial. Um implica o outro. A quantidade que tomamos emprestada do exterior deve ser igual à diferença entre nossos gastos totais como país (incluindo gastos governamentais) e nossa receita total (incluindo a receita tributária do governo). Países com muitos gastos como os Estados Unidos têm déficits comerciais porque não poupam muito, mas essas decisões relacionadas à poupança são internas; elas não derivam de acordos comerciais.

Os déficits comerciais crônicos dos Estados Unidos são derivados do papel internacional do dólar e das decisões dos cidadãos de não pouparem tanto, não dos acordos comerciais. O déficit comercial não é uma grande causa de perda ou ganho de empregos. Contudo, algumas pessoas perdem seus empregos após mudanças nos padrões comerciais, e o governo deveria fazer mais para ajudá-las. É importante destacar que o comércio faz com que os trabalhadores estadunidenses sejam mais produtivos e, supostamente, mais bem pagos.

Agora, alguém pode falar isso para o Bernie Sanders e o Donald Trump? ∎

Questões para discussão

1. Você acha que ter um déficit comercial necessariamente deixa um país em desvantagem? Justifique sua resposta. De acordo com o dicionário, a palavra **déficit** significa "excesso de despesas sobre as receitas", mas outra definição é "deficiência ou desvantagem". Esse duplo significado poderia induzir especialistas e formuladores de políticas a se preocupar mais com os déficits comerciais do que o autor do texto?

2. Como você acha que o governo deveria ajudar os trabalhadores que perdem empregos devido a mudanças nos padrões do comércio? Esses trabalhadores deveriam receber outros tipos de assistência, além dos benefícios oferecidos aos trabalhadores que perdem seus empregos por outros motivos, como as mudanças tecnológicas?

Blinder é professor de economia na Princeton University.

Fonte: *The Wall Street Journal*, 22 de abril de 2016.

Teste rápido

5. O governo de uma economia aberta corta gastos para reduzir o déficit orçamentário. Como resultado, a taxa de juros _____, levando a uma _____ de capital e a uma _____ da moeda.
   a. cai; saída; apreciação
   b. cai; saída; depreciação
   c. cai; entrada; apreciação
   d. sobe; entrada; apreciação

6. A nação da Elbonia proibiu, por muito tempo, a exportação de suas conchas puka, altamente valorizadas. Um novo presidente, no entanto, revogou a proibição da exportação. Essa mudança na política causará uma _____ da moeda nacional, tornando os bens importados por Elbonia _____.
   a. depreciação; mais baratos
   b. depreciação; mais caros
   c. apreciação; mais baratos
   d. apreciação; mais caros

7. Uma guerra civil no exterior faz com que os investidores estrangeiros movam seus recursos para os Estados Unidos, um local seguro, resultando em _____ da taxa de juros do país e _____ do dólar.
   a. aumento; enfraquecimento
   b. aumento; fortalecimento
   c. redução; enfraquecimento
   d. redução; fortalecimento

8. Se os líderes empresariais da Grã-Bretanha ficarem mais confiantes em sua economia, eles aumentarão os investimentos. Como resultado, a libra passará por uma _____ e a balança comercial britânica seguirá em direção a um _____.
   a. apreciação; déficit
   b. apreciação; superávit
   c. depreciação; déficit
   d. depreciação; superávit

As respostas estão no final do capítulo.

33-4 Conclusão

A economia internacional é um tópico de importância crescente. Em muitas nações, pessoas importam grandes quantidades de bens, e muito do que elas produzem é exportado. Por meio dos fundos mútuos e de outras instituições financeiras, eles tomam e concedem empréstimos nos mercados financeiros do mundo todo. Consequentemente, uma análise completa da economia dos Estados Unidos exige o entendimento de como a economia estadunidense interage com outras economias do mundo. Este capítulo ofereceu um modelo básico para pensar na macroeconomia das economias abertas.

Embora o estudo da macroeconomia internacional seja valioso, devemos ser cuidadosos para não exagerar sua importância. Nos Estados Unidos e em muitos outros países, os formuladores de políticas e analistas não hesitam em culpar os estrangeiros pelos problemas econômicos. Os economistas, por sua vez, normalmente consideram que a maior parte dos problemas tem origem interna. Por exemplo, os políticos tendem a ver a concorrência estrangeira como uma ameaça aos padrões de vida nacionais, enquanto os economistas são mais propensos a lamentar os déficits comerciais excessivos e o nível insuficiente de poupança nacional. Uma poupança baixa impede o crescimento do capital, da produtividade e dos padrões de vida, independentemente de a economia ser aberta ou fechada. Os estrangeiros são um alvo conveniente para os políticos porque culpá-los é uma maneira de se eximir da responsabilidade sem ofender o eleitorado nacional. Sempre que você ouvir discussões sobre comércio internacional e finanças, é importante separar os mitos da realidade. As ferramentas apresentadas neste capítulo e nos anteriores devem ser úteis para isso.

RESUMO DO CAPÍTULO

- Para a macroeconomia das economias abertas, dois mercados são centrais: o de fundos emprestáveis e o mercado de câmbio de moeda estrangeira. No mercado de fundos emprestáveis, a taxa de juros real se ajusta para equilibrar a oferta de fundos emprestáveis (provenientes da poupança nacional) e a demanda por fundos emprestáveis (provenientes do investimento doméstico e da saída líquida de capital). No mercado de câmbio, a taxa de câmbio real se ajusta para equilibrar a oferta de dólares (proveniente da saída líquida de capital) e a demanda por dólares (proveniente das exportações líquidas). Como a saída líquida de capital contribui para a demanda por fundos emprestáveis e também provê a oferta de dólares para o câmbio, ele é a variável que liga esses dois mercados.

- Uma política que reduza a poupança nacional, como um déficit orçamentário do governo, reduz a oferta de fundos emprestáveis e eleva a taxa de juros. Uma taxa de juros mais elevada reduz a saída líquida de capital, o que reduz a oferta de dólares no mercado de câmbio. O dólar se aprecia, e as exportações líquidas caem.

- Embora as políticas comerciais restritivas, como as tarifas ou as cotas de importação, sejam por vezes defendidas como meio de alterar o equilíbrio comercial, elas não têm, necessariamente, esse efeito. Uma restrição ao comércio aumenta as exportações líquidas para dada taxa de câmbio e, assim, aumenta a demanda por dólares no mercado de câmbio. Consequentemente, o dólar se aprecia, tornando os bens produzidos internamente mais caros em relação a bens estrangeiros. Essa apreciação contrabalança o impacto inicial da restrição ao comércio sobre as exportações líquidas.

- Quando os investidores mudam de atitude em relação à posse de ativos de um país, os efeitos disso para a economia do país podem ser profundos. Mais especificamente, a instabilidade política pode induzir a fuga de capitais, que tende a aumentar as taxas de juros e provocar a depreciação da moeda.

CONCEITOS-CHAVE

política comercial, p. 698   fuga de capitais, p. 701

QUESTÕES DE REVISÃO

1. Descreva a oferta e a demanda no mercado de fundos emprestáveis e no mercado de câmbio. Como esses mercados estão ligados um ao outro?
2. Por que os déficits orçamentários e os déficits comerciais são, às vezes, chamados de déficits gêmeos?
3. Suponha que um sindicato de trabalhadores na indústria têxtil incentive as pessoas a comprar apenas roupas fabricadas nos Estados Unidos. Qual é o impacto dessa política sobre a balança comercial e a taxa de câmbio real? Qual é o impacto sobre a indústria têxtil? Qual é o impacto sobre a indústria automobilística?
4. O que é fuga de capitais? Quando um país apresenta fuga de capitais, qual é o efeito desse evento sobre sua taxa de juros e sobre sua taxa de câmbio?

PROBLEMAS E APLICAÇÕES

1. O Japão, em geral, apresenta um superávit comercial significativo. Em sua opinião, isso se relaciona mais à elevada demanda externa por produtos japoneses, à baixa demanda japonesa por produtos estrangeiros, à alta taxa de poupança em relação ao investimento do país ou a barreiras estruturais contra as importações para o Japão? Explique sua resposta.
2. Suponha que o Congresso aprove um crédito tributário para investimento que subsidie o investimento doméstico.
   a. Como essa política afeta a poupança nacional, o investimento doméstico, a saída líquida de capital, a taxa de juros, a taxa de câmbio e a balança comercial?
   b. Representantes de vários grandes exportadores se opõem a essa política. Por quê?
3. Este capítulo observa que o aumento do déficit comercial dos Estados Unidos durante a década de 1980 deu-se, em grande parte, em razão do aumento do déficit orçamentário estadunidense. Por sua vez, a imprensa popular, algumas vezes, afirma que o aumento do déficit comercial resultou de uma queda da qualidade dos produtos estadunidenses em relação aos estrangeiros.
   a. Suponha que a qualidade dos produtos estadunidenses tenha, de fato, caído durante a década de 1980. Como essa queda afetaria as exportações líquidas **para qualquer taxa de câmbio dada**?
   b. Use um diagrama de três painéis para mostrar o efeito desse deslocamento das exportações líquidas sobre a taxa de câmbio real e a balança comercial dos Estados Unidos.
   c. A afirmação da imprensa popular é coerente com o modelo apresentado neste capítulo? Uma queda da qualidade dos produtos estadunidenses teria algum efeito sobre o padrão de vida nos Estados Unidos? (*Dica:* quando um país vende seus produtos a estrangeiros, o que ele recebe em troca?)
4. Ao abordar a política comercial na revista *The New Republic*, um economista escreveu: "Um dos benefícios da remoção das restrições comerciais dos Estados Unidos [é] o ganho das indústrias estadunidenses que produzem bens para exportação. As indústrias exportadoras terão mais facilidade para vender seus produtos no exterior – mesmo se os outros países não seguirem o nosso exemplo e reduzirem suas barreiras comerciais". Explique, dissertativamente, por que as indústrias **exportadoras** estadunidenses se beneficiariam de uma redução das restrições às **importações** dos Estados Unidos.
5. Suponha que, de repente, a França passasse a gostar muito de vinho da Califórnia. Responda às questões de modo dissertativo e também por meio de um diagrama.
   a. O que aconteceria com a demanda por dólares no mercado de câmbio?
   b. O que aconteceria com o valor do dólar no mercado de câmbio?
   c. O que aconteceria com a quantidade de exportações líquidas?
6. Uma senadora renuncia ao apoio que dera ao protecionismo no passado: "O déficit comercial estadunidense deve ser reduzido, mas as cotas de importação apenas irritam nossos parceiros comerciais. Se, em vez disso, subsidiarmos as exportações estadunidenses, poderemos reduzir o déficit por meio do aumento da nossa competitividade". Usando um diagrama em três painéis, mostre o efeito de um subsídio às exportações sobre as exportações líquidas e sobre a taxa de câmbio real. Você concorda com a senadora?
7. Suponha que os Estados Unidos decidam subsidiar a exportação de produtos agrícolas, mas não aumentem os impostos nem diminuam qualquer outro gasto do governo para cobrir essa despesa. Por meio de um diagrama com três painéis, mostre o que acontece com a poupança nacional, o investimento doméstico, a saída líquida de capital, a taxa de juros, a taxa de câmbio e a balança comercial. Explique também, dissertativamente, como essa política afeta a quantidade de importações, de exportações e de exportações líquidas.

8. Suponha que as taxas de juros aumentem em toda a Europa. Explique como isso afeta a saída líquida de capital dos Estados Unidos. Explique também como afeta as exportações líquidas dos Estados Unidos, empregando as fórmulas estudadas e fazendo um diagrama. O que acontece com a taxa de juros real e a taxa de câmbio real?

9. Suponha que os estadunidenses decidam aumentar a poupança.

a. Se a elasticidade da saída líquida de capital com relação à taxa de juros real for muito elevada, o aumento da poupança pessoal terá um efeito grande ou pequeno sobre o investimento doméstico?

b. Se a elasticidade das exportações com relação à taxa de juros real for muito baixa, o aumento da poupança pessoal terá um efeito grande ou pequeno sobre a taxa de câmbio real?

Respostas do teste rápido

1. c   2. b   3. d   4. a   5. b   6. c   7. d   8. a

Capítulo 34

Demanda agregada e oferta agregada

A atividade econômica flutua de ano para ano. Na maioria dos anos, a produção de bens e serviços aumenta. Em razão de aumentos na força de trabalho e no estoque de capital e de avanços no conhecimento tecnológico, a economia é capaz de produzir cada vez mais com o passar do tempo. Esse crescimento permite que a população desfrute de um padrão de vida mais elevado. Em média, ao longo dos últimos 50 anos, a produção da economia dos Estados Unidos, medida pelo PIB real, cresceu cerca de 3% ao ano.

Em alguns anos, contudo, em vez de crescer, a economia se contrai. As empresas enfrentam dificuldades para vender todos os bens e serviços que têm a oferecer, e, como resultado, reduzem a produção. Trabalhadores são demitidos, o desemprego se torna generalizado e as fábricas ficam ociosas. Quando a economia produz

recessão
período de queda da renda real e aumento do desemprego

depressão
recessão grave

menos bens e serviços, o produto interno bruto (PIB) real e as demais medidas de renda caem. Um período como esse, de queda na renda e aumento do desemprego, é chamado de **recessão**, se for relativamente brando, e de **depressão**, se for mais severo.

Em 2008 e 2009, a economia dos Estados Unidos passou por uma crise que hoje é conhecida como a "Grande Recessão". Do quarto trimestre de 2007 até o segundo trimestre de 2009, o PIB real caiu 4%. A taxa de desemprego subiu de 4,4% em maio de 2007 para 10% em outubro de 2009, o nível mais elevado em mais de 25 anos – e continuou acima de 8% nos três anos seguintes. Não surpreende que os estudantes que se formavam naquela época tinham dificuldade para encontrar bons empregos.

Outra recessão ocorreu em 2020, durante a pandemia de coronavírus, e foi mais rápida e mais acentuada. O PIB real caiu 10% do quarto trimestre de 2019 até o segundo trimestre de 2020. A taxa de desemprego subiu de 3,5% em fevereiro de 2020 para 14,8% apenas dois meses mais tarde. Dessa vez, a economia se recuperou rapidamente. Em dezembro de 2021, a taxa de desemprego havia retornado a 3,9%, e o número de vagas abertas era recorde.

O que provoca as flutuações de curto prazo na atividade econômica? O que as políticas públicas podem fazer para impedir períodos de queda da renda e aumento do desemprego, se é que, de fato, é possível fazer algo? Quando ocorrem crises econômicas, o que os formuladores de políticas podem fazer para reduzir a duração e a gravidade desses períodos? Vamos abordar essas questões agora.

As variáveis que estão no centro da nossa análise já são conhecidas dos capítulos anteriores. Elas incluem o PIB, o desemprego, as taxas de juros e o nível de preços. Igualmente familiares são os instrumentos de política econômica, que incluem as despesas do governo, os impostos e a oferta monetária. O que difere em relação à análise que fizemos anteriormente é o horizonte temporal. Até aqui, nosso objetivo foi explicar o comportamento dessas variáveis no longo prazo. Nosso foco, agora, será explicar os desvios de curto prazo nas tendências de longo prazo. Em outras palavras, em vez de nos concentrarmos nas forças que explicam o crescimento econômico de geração em geração, nosso interesse residirá em explicar as flutuações econômicas ano após ano.

Entre os economistas, ainda está em debate qual seria a melhor maneira de explicar as flutuações de curto prazo, mas a maior parte deles usa o **modelo de demanda agregada e oferta agregada**. Este capítulo apresenta os dois componentes desse modelo: a curva de demanda agregada e a curva de oferta agregada. Mas, primeiro, vamos analisar alguns fatos que descrevem os altos e baixos da economia.

34-1 Três fatos fundamentais sobre as flutuações econômicas

As flutuações de curto prazo na atividade econômica ocorreram em todos os países e em todos os períodos da história. Três fatos são os mais importantes para a descrição dessas flutuações.

34-1a Fato 1: as flutuações econômicas são irregulares e imprevisíveis

As flutuações na economia costumam ser chamadas de **ciclo econômico**, mas também podem ser chamadas de **ciclo de negócios**, pois correspondem a mudanças nas condições dos negócios. Quando o PIB real cresce rapidamente, os negócios prosperam. Durante esses períodos de expansão econômica, as empresas encontram uma demanda abundante e seus lucros são crescentes. No entanto, quando o PIB real cai durante as recessões, as empresas enfrentam dificuldades. Durante esses períodos de contração econômica, a maioria das empresas apresenta queda nas vendas e diminuição nos lucros.

Contudo, o termo **ciclo econômico** pode ser enganoso, pois sugere que as flutuações seguem um padrão regular e previsível, semelhante a uma onda senoidal ou aos batimentos cardíacos. Na realidade, as variações na atividade econômica não são regulares e são extremamente difíceis de prever com precisão.

Capítulo 34 Demanda agregada e oferta agregada 711

Figura 34-1
Um panorama das flutuações econômicas de curto prazo

A figura mostra o PIB real no painel (a), as despesas de investimento no painel (b) e o desemprego no painel (c), para a economia dos Estados Unidos. As recessões são representadas pelas áreas sombreadas. Observe que o PIB real e as despesas de investimento declinam durante as recessões, enquanto o desemprego aumenta.

Fonte: U. S. Department of Commerce; U. S. Department of Labor.

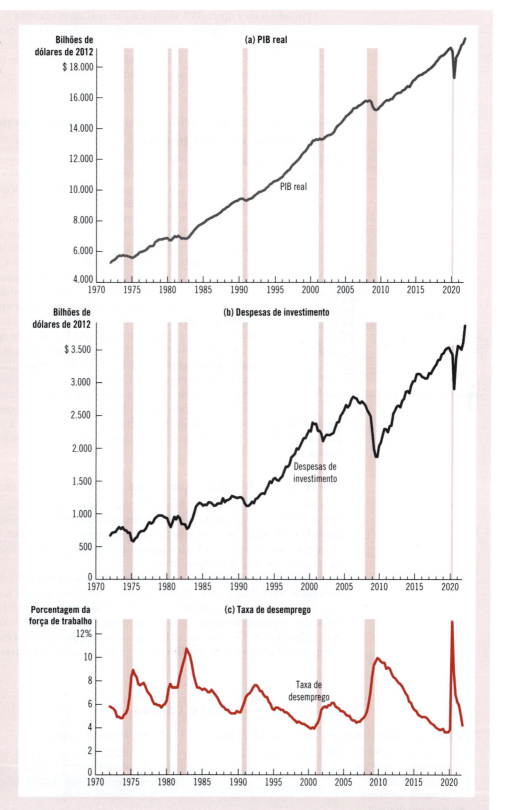

O painel (a) da Figura 34-1 mostra o PIB real da economia estadunidense desde 1972. As áreas sombreadas representam recessões, e é possível ver que elas não ocorreram em intervalos regulares. Às vezes, as recessões ocorrem próximas umas das outras, como as de 1980 e 1982. Outras vezes, a economia passa anos sem entrar em recessão. O maior período sem recessão da história dos Estados Unidos durou 128 meses – começou em junho de 2009 e terminou em fevereiro de 2020, quando começou a recessão provocada pelo coronavírus.

34-1b Fato 2: a maioria das variáveis macroeconômicas flutua conjuntamente

O PIB real é a variável mais comumente usada para monitorar variações de curto prazo na economia, porque é a medida mais abrangente da atividade econômica. Ele mede o valor de todos os bens e serviços produzidos em um dado período, além da renda total (corrigida pela inflação) de todas as pessoas na economia.

"Você está demitido. Passe adiante."

Ocorre que, para monitorar as flutuações de curto prazo, não importa realmente a medida de atividade econômica que utilizamos. A maioria das variáveis macroeconômicas que medem algum tipo de renda, despesa ou produção flutua de maneira bastante próxima. Quando o PIB real cai durante uma recessão, caem também a renda pessoal, os lucros das empresas, as despesas de consumo, as despesas de investimento, a produção industrial, as vendas no varejo, as vendas de imóveis residenciais, as vendas de carros, e assim por diante. Como as recessões são fenômenos que afetam a economia, elas aparecem em diversas fontes de dados macroeconômicos.

Embora muitas variáveis macroeconômicas flutuem juntas, elas variam em magnitudes diferentes. Mais especificamente, como mostra o painel (b) da Figura 34-1, os gastos com investimento apresentam grande volatilidade ao longo do ciclo econômico. Os investimentos representam apenas um sexto do PIB, mas correspondem a cerca de dois terços da queda no PIB durante as recessões. Em outras palavras, quando a economia passa por uma contração, grande parte da queda é derivada da redução dos gastos em novas fábricas, habitações e estoques.

34-1c Fato 3: com a queda na produção, o desemprego cresce

As variações na produção de bens e serviços da economia estão fortemente correlacionadas com as mudanças na utilização da força de trabalho na economia. Em outras palavras, quando o PIB real cai, a taxa de desemprego aumenta. Este fato não surpreende: quando as empresas optam por reduzir a produção, elas dispensam trabalhadores, aumentando o número de pessoas desempregadas.

O painel (c) da Figura 34-1 mostra a taxa de desemprego da economia dos Estados Unidos desde 1972. Mais uma vez, as áreas sombreadas indicam recessões. A figura mostra que, em cada um desses períodos, a taxa de desemprego aumentou consideravelmente. Quando a recessão termina e o PIB real começa a se expandir, a taxa de desemprego declina gradualmente. Como sempre há trabalhadores procurando emprego, a taxa de desemprego nunca chega a zero; ela flutua em torno de sua taxa natural de cerca de 5%.

Teste rápido

1. Quando a economia entra em recessão, o PIB real _____ e o desemprego _____.
   a. aumenta; aumenta
   b. aumenta; diminui
   c. diminui; aumenta
   d. diminui; diminui

2. As recessões ocorrem
   a. regularmente, a cada 3 anos.
   b. regularmente, a cada 7 anos.
   c. regularmente, a cada 12 anos.
   d. irregularmente.

As respostas estão no final do capítulo.

34-2 Explicando as flutuações econômicas de curto prazo

Descrever os padrões apresentados pelas economias enquanto elas flutuam é fácil. Explicar por que essas flutuações acontecem é mais difícil. De fato, se comparada aos tópicos que estudamos nos capítulos anteriores, a teoria das flutuações econômicas continua controversa. Neste capítulo, começaremos a desenvolver o modelo que a maioria dos economistas usa para explicar as flutuações de curto prazo da atividade econômica.

34-2a Os pressupostos da economia clássica

Nos capítulos anteriores, desenvolvemos teorias para explicar os fatores que determinam as principais variáveis macroeconômicas no longo prazo. O Capítulo 26 abordou o nível e o crescimento da produtividade e do PIB real. Os Capítulos 27 e 28 explicaram como o sistema financeiro funciona e como a taxa de juros real se ajusta para equilibrar poupança e investimento. O Capítulo 29 discutiu as razões pelas quais sempre há algum nível de desemprego na economia. Os Capítulos 30 e 31 abordaram o sistema monetário e a maneira como as alterações na oferta de moeda afetam o nível de preços, a taxa de inflação e a taxa de juros nominal. Os Capítulos 32 e 33 ampliaram essa análise para economias abertas para explicar a balança comercial e a taxa de câmbio.

As análises anteriores foram baseadas em duas ideias relacionadas: a dicotomia clássica e a neutralidade monetária. Lembre-se de que a dicotomia clássica é a separação das variáveis entre variáveis reais (aquelas que medem quantidades ou preços relativos) e nominais (aquelas medidas em termos monetários). De acordo com a teoria macroeconômica clássica, as variações na oferta de moeda afetam as variáveis nominais, mas não as reais. Como resultado dessa neutralidade monetária, conseguimos examinar os determinantes das variáveis reais (PIB real, taxa de juros real e desemprego) sem introduzir variáveis nominais (a oferta de moeda e o nível de preços).

De certo modo, a moeda não tem importância no mundo clássico. Se a quantidade de moeda da economia fosse o dobro, tudo custaria o dobro, e a renda de todos também seria duas vezes maior. E então? A mudança seria **nominal** (conforme o significado padrão de "quase insignificante"). As coisas que **realmente** importam para as pessoas, como o emprego, os bens e serviços que conseguem obter, e assim por diante, seriam exatamente as mesmas.

"O dinheiro é um véu" é um ditado por vezes utilizado para descrever essa visão clássica. Isso quer dizer que as variáveis nominais podem ser a primeira coisa que vemos ao observar uma economia, pois as variáveis econômicas costumam ser expressas em unidades monetárias. Contudo, o que importa mesmo são as variáveis reais e as forças que as determinam. Segundo a teoria clássica, para entender essas variáveis é preciso olhar por trás desse véu.

34-2b A realidade das flutuações no curto prazo

Os pressupostos da teoria macroeconômica clássica se aplicam ao mundo em que vivemos? A resposta para essa questão é central para entendermos como a economia funciona. **A maioria dos economistas acredita que a teoria clássica descreve o mundo no longo prazo, mas não no curto prazo.**

Considere novamente o impacto da moeda sobre a economia. Muitos economistas acreditam que, além de um período de diversos anos, as variações na oferta de moeda afetam os preços e outras variáveis nominais, mas não o PIB real, o desemprego ou outras variáveis reais, como afirma a teoria clássica. No entanto, quando estudamos as mudanças na economia de ano para ano, o pressuposto da neutralidade monetária não é mais apropriado. No curto prazo, as variáveis reais e nominais estão fortemente ligadas, e as variações na oferta de moeda podem afastar temporariamente o PIB real de sua tendência de longo prazo.

Mesmo economistas clássicos, como David Hume, perceberam que a neutralidade monetária não se sustentava no curto prazo. Com esse ponto de vista, na Inglaterra do século XVIII, Hume observou que, quando a oferta de moeda se expandia, após a descoberta de ouro, era preciso algum tempo até que os preços aumentassem; enquanto isso, a economia se beneficiava com um maior número de empregos e de produção.

Para entender como a economia funciona no curto prazo, precisamos de um modelo novo, que pode ser elaborado com as muitas ferramentas desenvolvidas nos capítulos anteriores. No entanto, é preciso abandonar a dicotomia clássica e a neutralidade da moeda. Não podemos mais separar a análise de variáveis reais, como produção e emprego, da análise de variáveis nominais, como moeda e níveis de preço. Nosso novo modelo se concentra na interação das variáveis reais e nominais.

34-2c O modelo de demanda agregada e oferta agregada

Nosso modelo de flutuações econômicas no curto prazo concentra-se no comportamento de duas variáveis. A primeira é a produção de bens e serviços da economia, medida pelo PIB real. A segunda é o nível geral de preços, medido pelo índice de preços ao consumidor (IPC) ou pelo deflator do PIB. Observe que a produção é uma variável real, ao passo que o nível de preços é uma variável nominal. Ao nos concentrarmos no relacionamento entre essas duas variáveis, estamos nos afastando do pressuposto clássico de que as variáveis reais e nominais podem ser estudadas separadamente.

Agora, analisaremos as flutuações na economia como um todo usando o **modelo de demanda agregada e oferta agregada**, ilustrado na Figura 34-2. No eixo vertical, está o nível geral de preços da economia, e, no horizontal, a quantidade geral de bens e serviços. A **curva de demanda agregada** mostra a quantidade de bens e serviços que as famílias, as empresas, o governo e os consumidores externos desejam comprar a cada nível de preços. A **curva de oferta agregada** mostra a quantidade de bens e serviços que as empresas produzem e vendem a cada nível de preços. De acordo com esse modelo, o nível de preços e a quantidade produzida se ajustam para equilibrar a demanda agregada e a oferta agregada.

modelo de demanda agregada e oferta agregada
modelo que a maioria dos economistas usa para explicar as flutuações de curto prazo na atividade econômica em torno de sua tendência de longo prazo

curva de demanda agregada
curva que mostra a quantidade de bens e serviços que as famílias, as empresas, o governo e os clientes estrangeiros desejam comprar a cada nível de preços

curva de oferta agregada
curva que mostra a quantidade de bens e serviços que as empresas decidem produzir e vender a cada nível de preços

Figura 34-2

Demanda agregada e oferta agregada

Os economistas usam o modelo de demanda agregada e oferta agregada para analisar as flutuações econômicas. No eixo vertical, está o nível geral de preços. No eixo horizontal, está a produção total de bens e serviços da economia. A produção e o nível de preços se ajustam até chegar ao ponto em que as curvas de oferta agregada e de demanda agregada se cruzam.

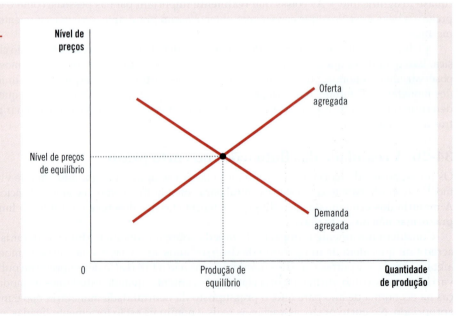

Pode parecer tentador enxergar o modelo de demanda agregada e oferta agregada como nada mais do que uma versão ampliada do modelo da demanda e da oferta de mercado que apresentamos no Capítulo 4. Todavia, esse modelo é bem diferente. Quando consideramos a oferta e a demanda no mercado de um bem específico – sorvete, por exemplo –, o comportamento dos compradores e dos vendedores depende da capacidade de os recursos se moverem de um mercado para outro. Quando o preço do sorvete aumenta, a quantidade demandada diminui, porque os compradores podem usar sua renda para comprar outros bens em substituição ao sorvete. De forma similar, o preço mais elevado do sorvete aumenta a quantidade ofertada, porque as empresas que produzem sorvete podem aumentar a produção contratando trabalhadores de outros setores da economia. Essa substituição **microeconômica** de um mercado por outro é impossível quando analisamos a economia como um todo. Afinal de contas, a quantidade que nosso modelo procura explicar – o PIB real – mede a quantidade **total** de bens e serviços produzida por **todas** as empresas em **todos** os mercados. Para entender por que a curva de demanda agregada tem inclinação negativa e a curva de oferta agregada tem inclinação positiva, precisamos de uma teoria **macroeconômica** que explique a quantidade total de bens e serviços demandados e ofertados. Nossa próxima tarefa será desenvolver essa teoria.

Teste rápido

3. Segundo a teoria macroeconômica clássica e o pressuposto da neutralidade monetária, as mudanças na oferta de moeda afetam
   a. a taxa de desemprego.
   b. o PIB real.
   c. o deflator do PIB.
   d. Nenhuma das opções anteriores

4. A maioria dos economistas acredita que a teoria macroeconômica clássica
   a. só é válida em longo prazo.
   b. só é válida em curto prazo.
   c. é sempre válida.
   d. nunca é válida.

5. No modelo de demanda agregada e oferta agregada, a quantidade de _____ está no eixo horizontal e _____ está no eixo vertical.
   a. produção; a taxa de juros
   b. produção; o nível de preços
   c. moeda; a taxa de juros
   d. moeda; o nível de preços

As respostas estão no final do capítulo.

34-3 A curva de demanda agregada

A curva de demanda agregada retrata a quantidade de todos os bens e serviços demandados na economia a qualquer nível de preço. Como ilustra a Figura 34-3, a curva de demanda agregada tem inclinação negativa. Mantendo-se todos os outros fatores inalterados, uma queda no nível geral de preços da economia (de P_1 para P_2, digamos) tende a aumentar a quantidade demandada de bens e serviços (de Y_1 para Y_2). No entanto, o aumento do nível de preços reduz a quantidade de bens e serviços demandados.

34-3a Por que a curva de demanda agregada tem inclinação negativa

Por que uma alteração no nível de preços move a quantidade demandada de bens e serviços na direção oposta? Para responder a essa questão, é útil lembrar que o PIB (que chamamos Y) é a soma do consumo (C), do investimento (I), dos gastos do governo (G) e das exportações líquidas (XL):

$$Y = C + I + G + XL.$$

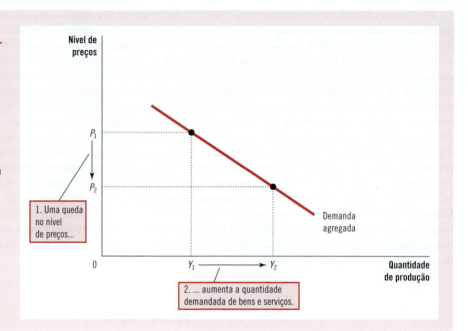

Figura 34-3

A curva de demanda agregada

Uma queda no nível de preços de P_1 para P_2 aumenta a quantidade demandada de bens e serviços de Y_1 para Y_2. Há três razões para essa relação negativa. Quando o nível de preços cai, a riqueza real aumenta, as taxas de juros caem e a taxa de câmbio se deprecia. Esses efeitos estimulam as despesas de consumo, o investimento e as exportações líquidas. Uma maior despesa nesses três componentes da produção significa que uma maior quantidade de bens e serviços é demandada.

Todos esses quatro componentes contribuem para a demanda agregada por bens e serviços. Por enquanto, pressupomos que os gastos do governo são fixados por políticas públicas. Os outros três componentes do gasto – consumo, investimento e exportações líquidas – dependem das condições econômicas e, em particular, do nível de preços. Para entender a inclinação negativa da curva de demanda agregada, é necessário analisar como o nível de preços afeta a quantidade demandada de bens e serviços nos componentes de consumo, investimento e exportações líquidas.

Nível de preço e consumo: o efeito riqueza Considere o dinheiro que você tem em sua carteira e em sua conta bancária. O valor nominal desse dinheiro é fixo: um dólar sempre vale um dólar. Contudo, o valor **real** de um dólar pode mudar. Se um doce custa 1 dólar, então seu valor equivale a um doce. Se o preço desse doce cai para $ 0,50 centavos, então 1 dólar equivale a dois doces. Portanto, quando o nível de preços cai, o valor dos dólares que você tem aumenta, elevando sua riqueza real e sua capacidade de comprar bens e serviços.

Essa lógica nos dá a primeira razão pela qual a curva de demanda agregada tem inclinação negativa. **A diminuição no nível de preços aumenta o valor real da moeda e torna os consumidores mais ricos, o que os estimula a gastar mais. O aumento nas despesas do consumidor significa maior quantidade demandada de bens e serviços. Inversamente, o aumento no nível de preços reduz o valor real da moeda e torna os consumidores mais pobres, reduzindo seus gastos e a quantidade demandada de bens e serviços.**

Nível de preços e investimento: o efeito taxa de juros O nível de preços é um dos determinantes da quantidade demandada de moeda. Quando o nível de preços é mais baixo, as pessoas não precisam de tanta moeda em mãos para comprar os bens e serviços que desejam. Assim, quando o nível de preços cai, as pessoas tentam reduzir suas reservas monetárias emprestando parte desse dinheiro. Por exemplo, podem utilizar o excedente para comprar títulos que rendem juros. Outra opção seria depositar o dinheiro excedente em uma conta de poupança, que rende juros, e o banco usaria esses recursos para oferecer empréstimos. Qualquer que seja o caso, à medida que as pessoas tentam converter parte de seu dinheiro em ativos que rendem juros, elas pressionam as taxas de juros para baixo. (O próximo capítulo analisa esse processo em mais detalhes.)

As taxas de juros, por sua vez, afetam os gastos em bens e serviços. Como a taxa de juros mais baixa torna os empréstimos mais baratos, ela incentiva as empresas a pedirem mais empréstimos para investir em novas fábricas e equipamentos, assim como incentiva as famílias a fazerem empréstimos para investir em novas moradias. (Uma taxa de juros mais baixa também pode estimular o consumo, especialmente com bens duráveis de maior porte, como carros, que geralmente são adquiridos por meio de crédito.) Resumindo, uma taxa de juros mais baixa aumenta a quantidade demandada de bens e serviços.

Essa lógica explica a segunda razão pela qual a curva de demanda agregada tem inclinação negativa. **Um nível de preços mais baixo reduz a taxa de juros, estimula os gastos em bens de investimento e, por meio disso, aumenta a quantidade demandada de bens e serviços. Inversamente, um nível de preços mais alto eleva a taxa de juros, desestimula os gastos com investimento e, portanto, diminui a quantidade demandada de bens e serviços.**

Nível de preços e exportações líquidas: o efeito taxa de câmbio

Pelos motivos que acabamos de discutir, um menor nível de preços nos Estados Unidos reduz a taxa de juros estadunidense. Em resposta à queda dos juros, alguns investidores estadunidenses tentarão obter maiores retornos investindo no exterior. Por exemplo, quando as taxas de juros dos títulos do governo dos Estados Unidos caem, um fundo mútuo pode vender seus títulos estadunidenses para comprar títulos do governo alemão. Quando o fundo mútuo tenta converter seus dólares em euros para comprar os títulos alemães, ele aumenta a oferta de dólares no mercado de câmbio de moeda estrangeira.

O aumento na oferta de dólares a serem convertidos em euros causa a depreciação do dólar em relação ao euro. Isso altera a taxa de câmbio real – o preço relativo de bens domésticos e estrangeiros. Como cada dólar compra menos unidades de moedas estrangeiras, os bens importados se tornam mais caros em comparação aos bens produzidos internamente.

A mudança dos preços relativos afeta tanto o consumo interno quanto o externo. Como os produtos estrangeiros se tornam mais caros, os estadunidenses compram menos de outros países, reduzindo as importações de bens e serviços. Ao mesmo tempo, como os produtos estadunidenses ficam relativamente mais baratos, os estrangeiros compram mais dos Estados Unidos, aumentando as exportações. As exportações líquidas correspondem às exportações menos as importações; portanto, ambas as mudanças provocam o aumento das exportações líquidas dos Estados Unidos. Assim, a depreciação do dólar provoca um aumento na quantidade de bens e serviços demandados.

Essa lógica fundamenta o terceiro motivo pelo qual a curva de demanda agregada tem inclinação negativa. **Quando uma queda no nível de preços nos Estados Unidos provoca a queda das taxas de juros domésticas, o valor real do dólar diminui nos mercados de câmbio. Essa depreciação estimula as exportações líquidas e aumenta a quantidade demandada de bens e serviços. Inversamente, quando um aumento no nível de preços nos Estados Unidos provoca a alta das taxas de juros, o valor real do dólar aumenta, e essa apreciação reduz as exportações líquidas dos Estados Unidos e a quantidade demandada de bens e serviços.**

Resumindo

Há, portanto, três razões distintas, porém correlacionadas, pelas quais uma queda no nível de preços aumenta a quantidade demandada de bens e serviços:

1. Os consumidores se sentem mais ricos, o que estimula a demanda por bens de consumo.
2. A taxa de juros cai, o que estimula a demanda por bens de investimento.
3. A taxa de câmbio se deprecia, o que estimula a demanda por exportações líquidas.

Os mesmos três efeitos funcionam de modo inverso: quando o nível de preços sobe, a diminuição da riqueza afeta o gasto do consumidor, as taxas de juros mais altas diminuem as despesas de investimento e a apreciação da moeda diminui as exportações líquidas.

Eis uma ideia experimental para afiar sua intuição sobre esses efeitos. Imagine que, certo dia, você acorde e perceba que, por algum motivo misterioso, os preços de todos os bens e serviços caíram pela metade; portanto, os dólares que você tem estão valendo o dobro. Em termos reais, você tem, agora, o dobro do que tinha quando foi dormir. O que você faria com esse dinheiro extra? Poderia ir a seu restaurante favorito, aumentando o gasto do consumidor. Poderia emprestar (comprando títulos ou depositando no banco), reduzindo as taxas de juros e aumentando os gastos com investimentos. Ou poderia fazer investimentos externos (comprando ações de um fundo mútuo internacional), reduzindo o valor real de câmbio do dólar e aumentando as exportações líquidas. Qualquer que seja sua opção, a queda no nível de preços provoca um aumento na quantidade demandada de bens e serviços. Essa relação é o que representa a inclinação negativa da curva de demanda agregada.

Tenha em mente que a curva de demanda agregada (como todas as curvas de demanda) é construída "com tudo o mais permanecendo constante". Mais especificamente, as três explicações da inclinação negativa da curva de demanda agregada presumem que a oferta de moeda é fixa. Ou seja, estamos considerando de que maneira uma alteração no nível de preços afeta a demanda por bens e serviços mantendo a quantidade de moeda na economia constante. Como veremos, uma alteração na quantidade de moeda desloca a curva de demanda agregada. Por enquanto, basta lembrar-se de que a curva de demanda agregada é construída para uma dada quantidade de oferta de moeda.

34-3b Por que a curva de demanda agregada se desloca

A inclinação negativa da curva de demanda agregada mostra que uma queda no nível de preços eleva a quantidade total demandada de bens e serviços. Contudo, muitos outros fatores também afetam a quantidade demandada de bens e serviços. Quando um desses outros fatores muda, a quantidade demandada de bens e serviços em cada nível de preços se altera, e a curva de demanda agregada se desloca.

A seguir, veremos alguns exemplos de eventos que deslocam a demanda agregada. Podemos agrupá-los de acordo com o componente de dispêndio que é mais diretamente afetado.

Deslocamentos decorrentes de mudanças no consumo Suponha que os estadunidenses, subitamente, passem a se preocupar mais com a poupança para a aposentadoria e, como resultado, reduzam o consumo corrente. Como a quantidade demandada de bens e serviços agora é menor a qualquer nível de preços, a curva de demanda agregada se desloca para a esquerda. De maneira inversa, imagine que um *boom* do mercado de ações deixe as pessoas mais ricas e menos preocupadas com a poupança. O aumento resultante nas despesas de consumo significa uma maior quantidade demandada de bens e serviços para qualquer nível de preços, de modo que a curva de demanda agregada se desloca para a direita.

Qualquer acontecimento que altere o quanto as pessoas desejam consumir para qualquer nível de preços dado desloca a curva de demanda agregada. Uma variável política que tem esse efeito é de tributação. Quando o governo reduz os impostos, isso incentiva as pessoas a gastar mais, de modo que a curva de demanda agregada se desloca para a direita. Quando o governo aumenta os impostos, as pessoas reduzem suas despesas, e a curva de demanda agregada desloca-se para a esquerda.

Deslocamentos decorrentes de alterações do investimento Qualquer acontecimento que altere o quanto as empresas desejam investir para um dado nível de preços também desloca a curva de demanda agregada. Por exemplo, imagine que a indústria de computadores introduza uma linha mais veloz de computadores e que muitas empresas decidam investir em novos sistemas de computadores. Como a quantidade demandada de bens e serviços a qualquer nível de preços é maior, a curva de demanda agregada desloca-se para a direita. Inversamente, se houver pessimismo entre as empresas sobre as condições dos negócios no futuro, elas poderão reduzir suas despesas de investimento, deslocando a curva de demanda agregada para a esquerda.

A política tributária também pode influenciar a demanda agregada por meio do investimento. Por exemplo, mantendo os outros fatores constantes, um crédito fiscal de investimento (uma redução dos impostos vinculada à despesa de investimento de uma empresa) aumenta a quantidade de bens de investimento que as empresas desejam comprar e, portanto, desloca a curva de demanda agregada para a direita. Uma revogação de um crédito fiscal de investimento reduz o investimento e desloca a curva de demanda agregada para a esquerda.

Outra variável política que pode afetar o investimento e a demanda agregada é a oferta de moeda. Como explicaremos no próximo capítulo, um aumento na oferta de moeda reduz a taxa de juros no curto prazo. Essa diminuição da taxa de juros reduz o custo da tomada de empréstimos, o que estimula as despesas de investimento e, com isso, desloca a curva de demanda agregada para a direita. De maneira inversa, uma diminuição na oferta de moeda aumenta a taxa de juros, desestimula as despesas de investimento e desloca a curva de demanda agregada para a esquerda. Muitos economistas acreditam que, no decorrer da história dos Estados Unidos, as alterações na política monetária foram uma fonte importante de deslocamentos da demanda agregada.

Deslocamentos decorrentes de alterações nos gastos do governo A maneira mais direta pela qual os formuladores de políticas deslocam a curva de demanda agregada é por meio dos gastos do governo. Por exemplo, suponha que o Congresso decida reduzir as compras de novos sistemas de armamentos. Uma vez que a quantidade demandada de bens e serviços passa a ser menor a qualquer nível de preços, a curva de demanda agregada se desloca para a esquerda. De modo inverso, se os governos estaduais começarem a construir mais estradas, o resultado será uma maior quantidade demandada de bens e serviços a qualquer nível de preços, deslocando a curva de demanda agregada para a direita.

Deslocamentos decorrentes de alterações das exportações líquidas Qualquer acontecimento que altere as exportações líquidas a dado nível de preços também desloca a demanda agregada. Por exemplo, quando a Europa passa por uma recessão, ela compra menos bens dos Estados Unidos. As exportações líquidas estadunidenses caem em qualquer nível de preços, deslocando a curva de demanda agregada da economia dos Estados Unidos para a esquerda. Quando a Europa se recupera da recessão e passa a comprar mais produtos estadunidenses, a curva de demanda agregada se desloca de volta para a direita.

As exportações líquidas também podem mudar quando especuladores internacionais afetam a taxa de câmbio. Suponha, por exemplo, que esses especuladores percam a confiança nas economias estrangeiras e queiram transferir sua riqueza para a economia estadunidense. Ao fazer isso, eles elevam o valor do dólar estadunidense no mercado de câmbio. Essa apreciação do dólar deixa os bens estadunidenses mais caros em relação aos estrangeiros, o que reduz as exportações líquidas e desloca a curva de demanda agregada para a esquerda. De modo inverso, a especulação que provoca a depreciação do dólar estimula as exportações líquidas e desloca a curva de demanda agregada para a direita.

Resumindo O próximo capítulo analisará a curva de demanda agregada em mais detalhes. Lá, examinaremos com mais precisão como os instrumentos das políticas monetária e fiscal podem deslocar a demanda agregada e quando os formuladores de políticas deveriam ou não usar esses instrumentos para tal propósito. Por enquanto, você já deve entender por que a curva de demanda agregada tem inclinação negativa e conhecer os tipos de eventos e políticas que podem deslocar essa curva. A Tabela 34-1 resume o que aprendemos até este ponto.

Tabela 34-1
A curva de demanda agregada: resumo

Por que a curva de demanda agregada tem inclinação negativa?

1. **O efeito riqueza:** um menor nível de preços aumenta a riqueza real, o que incentiva as despesas de consumo.

2. **O efeito taxa de juros:** um menor nível de preços reduz a taxa de juros, o que incentiva os gastos em investimento.

3. **O efeito taxa de câmbio:** um menor nível de preços faz com que a taxa de câmbio real se deprecie, o que incentiva os gastos em exportações líquidas.

Por que a curva de demanda agregada pode se deslocar?

1. **Deslocamentos decorrentes de alterações do consumo:** um evento que leve os consumidores a gastar mais a um nível de preço dado (um corte de impostos, um *boom* do mercado de ações) desloca a curva de demanda agregada para a direita. Um evento que leve os consumidores a gastar menos a um nível de preços dado (um aumento de impostos, uma queda no mercado de ações) desloca a curva para a esquerda.

2. **Deslocamentos decorrentes de alterações do investimento:** um evento que leve as empresas a investir mais a um nível de preço dado (otimismo sobre o futuro, queda na taxa de juros em decorrência do aumento da oferta de moeda) desloca a curva de demanda agregada para a direita. Um evento que leve as empresas a investir menos a um nível de preços dado (pessimismo sobre o futuro, um aumento das taxas de juros devido à queda da oferta de moeda) desloca a curva para a esquerda.

3. **Deslocamentos decorrentes de alterações dos gastos do governo:** um aumento nas compras de bens e serviços feitas pelo governo (maiores gastos com defesa ou construção de estradas) desloca a curva de demanda agregada para a direita. Uma queda nas compras de bens e serviços feitas pelo governo (corte de gastos com defesa ou estradas) desloca a curva para a esquerda.

4. **Deslocamentos decorrentes de alterações das exportações líquidas:** um evento que aumente a despesa em exportações líquidas a um nível de preços dado (*boom* no exterior, uma especulação que causa depreciação da moeda) desloca a curva de demanda agregada para a direita. Um evento que reduza os gastos em exportações líquidas a um nível de preços dado (recessão no exterior, uma especulação que causa apreciação da moeda) desloca a curva para a esquerda.

Teste rápido

6. A curva de demanda agregada tem inclinação negativa porque uma queda no nível de preços provoca
   a. uma redução na riqueza real.
   b. uma redução na taxa de juros.
   c. uma apreciação da moeda.
   d. Todas as alternativas anteriores

7. Qual alternativa deslocaria a curva de demanda agregada para a esquerda?
   a. uma queda no mercado de ações
   b. um aumento nos impostos
   c. uma queda nos gastos do governo
   d. Todas as alternativas anteriores

As respostas estão no final do capítulo.

34-4 A curva de oferta agregada

A curva de oferta agregada mostra a quantidade total de bens e serviços que as empresas produzem e vendem a um determinado nível de preços. Ao contrário da curva de demanda agregada, que sempre tem inclinação negativa, a inclinação da curva de oferta agregada depende do horizonte temporal em questão. **No longo prazo, a curva de oferta agregada é vertical, ao passo que, no curto prazo, a curva de oferta agregada tem inclinação positiva.** Esta seção explica a curva de oferta agregada no longo prazo e no curto prazo. Com isso, ela mostra porque, no curto prazo, a economia pode se desviar do equilíbrio de longo prazo descrito pela teoria clássica.

34-4a Por que a curva de oferta agregada é vertical no longo prazo

O que determina a quantidade ofertada de bens e serviços no longo prazo? Essa questão foi respondida de maneira implícita no início deste livro, quando discutimos o processo de crescimento econômico. **No longo prazo, a produção de bens e serviços de uma economia (seu PIB real) depende de suas ofertas de trabalho, capital e recursos naturais e da tecnologia disponível usada para transformar esses fatores de produção em bens e serviços.**

Quando analisamos as forças que regem o crescimento no longo prazo, não mencionamos o nível geral de preços. O nível de preços foi explicado em um capítulo separado, que abordou a teoria quantitativa da moeda. Aprendemos que, se duas economias são idênticas, mas uma tem o dobro de moeda em circulação que a outra, o nível de preços também será dobrado na economia com mais moeda. Mas, como a quantidade de moeda não afeta a tecnologia ou a oferta de mão de obra, o capital e os recursos naturais, a produção de bens e serviços nas duas economias é a mesma.

Como o nível de preços não afeta esses determinantes de longo prazo do PIB real, a curva de oferta agregada de longo prazo é vertical, como mostra a Figura 34-4. Em outras palavras, no longo prazo, o trabalho, o capital, os recursos naturais e a tecnologia da economia determinam a quantidade ofertada de bens e serviços, e essa quantidade ofertada é a mesma, não importa qual seja o nível de preços.

A curva de oferta agregada de longo prazo vertical é, em essência, somente uma representação gráfica da dicotomia clássica e da neutralidade monetária. Como discutimos, a teoria macroeconômica clássica se baseia no pressuposto de que as variáveis reais não

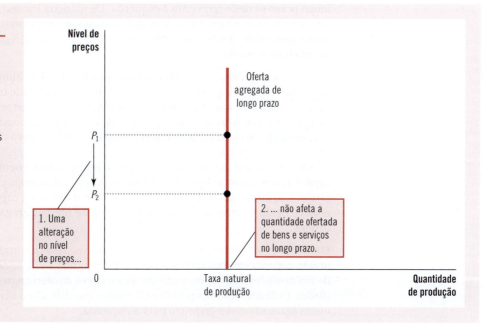

Figura 34-4

A curva de oferta agregada de longo prazo

No longo prazo, a quantidade de produção ofertada depende das quantidades de trabalho, capital e recursos naturais da economia, bem como da tecnologia utilizada para transformar esses insumos em produção. Como a quantidade ofertada não depende do nível geral de preços, a curva de oferta agregada de longo prazo é vertical no nível natural de produção.

dependem das variáveis nominais. A curva de oferta agregada de longo prazo é consistente com essa ideia, porque implica que a quantidade produzida (uma variável real) não depende do nível de preços (uma variável nominal). Como observamos anteriormente, a maioria dos economistas acredita que esse princípio funciona bem quando se estuda a economia em um período de muitos anos, mas não para variações de um ano para outro. **Por isso, a curva de oferta agregada só é vertical no longo prazo.**

34-4b Por que a curva de oferta agregada de longo prazo se desloca

Como a teoria macroeconômica clássica descreve a quantidade de bens e serviços produzidos por uma economia no longo prazo, ela também explica a posição da curva de oferta agregada de longo prazo. Esse nível de produção de longo prazo é, por vezes, chamado de **produto potencial** ou **produto de pleno emprego**. Para sermos mais precisos, nós o denominaremos **nível natural de produção**, porque ele mostra o que a economia produz quando o desemprego está em sua taxa natural, ou normal. O nível natural de produção é a taxa de produção em direção à qual a economia tende a convergir no longo prazo.

Qualquer mudança na economia que altere o nível natural de produção desloca a curva de oferta agregada de longo prazo. Como, no modelo clássico, a produção depende de trabalho, capital, recursos naturais e tecnologia, podemos classificar os deslocamentos na curva de oferta agregada de longo prazo como decorrentes dessas fontes.

Deslocamentos decorrentes de mudanças na mão de obra Imagine que uma economia registre aumento na imigração de estrangeiros. Como esse aumento resulta em um número maior de trabalhadores, a quantidade ofertada de bens e serviços também aumentaria. Como resultado, a curva de oferta agregada de longo prazo se deslocaria para a direita. De maneira inversa, se muitos dos trabalhadores deixassem a economia para ir para o exterior, a curva de oferta agregada de longo prazo se deslocaria para a esquerda.

A posição da curva de oferta agregada de longo prazo também depende da taxa natural de desemprego, de modo que qualquer alteração nessa taxa desloca a curva de oferta agregada de longo prazo. Por exemplo, se o Congresso implementasse um seguro-desemprego muito mais generoso, os trabalhadores desempregados poderiam não se esforçar tanto na busca por um novo emprego, aumentando a taxa natural de desemprego e reduzindo a produção de bens e serviços da economia. Assim, a curva de oferta agregada de longo prazo se deslocaria para a esquerda. De maneira inversa, se o Congresso aprovasse um programa de educação profissional de sucesso para pessoas que estão desempregadas, a taxa natural de desemprego cairia, e a curva de oferta agregada de longo prazo se deslocaria para a direita.

Deslocamentos decorrentes de mudanças no capital Um aumento no estoque de capital da economia eleva a produtividade e, portanto, a quantidade ofertada de bens e serviços. Como resultado, a curva de oferta agregada de longo prazo se desloca para a direita. De maneira inversa, uma queda no estoque de capital da economia reduz a produtividade e a quantidade ofertada de bens e serviços, deslocando a curva de oferta agregada de longo prazo para a esquerda.

Observe que a mesma lógica se aplica, independentemente de estarmos discutindo capital físico, como máquinas e fábricas, ou capital humano, como diplomas universitários. Um aumento de qualquer tipo de capital elevará a capacidade de produzir bens e serviços da economia e deslocará a curva de oferta agregada de longo prazo para a direita.

Deslocamentos decorrentes de mudanças nos recursos naturais A produção de uma economia depende de seus recursos naturais, incluindo terra, minerais e clima. A descoberta de um novo depósito de minerais desloca a curva de oferta agregada de longo prazo para a direita. Uma alteração nos padrões climáticos que dificulte a agricultura desloca a curva de oferta agregada de longo prazo para a esquerda.

---

nível natural de produção
produção de bens e serviços que uma economia realiza no longo prazo, quando o desemprego está em seu nível normal

Em muitos países, recursos naturais essenciais são importados. Uma mudança na disponibilidade desses recursos também pode deslocar a curva de oferta agregada. Como veremos mais adiante neste capítulo, desenvolvimentos no mercado mundial de petróleo tem sido, historicamente, uma fonte importante de deslocamentos na oferta agregada de países importadores de petróleo.

Deslocamentos decorrentes de mudanças no conhecimento tecnológico A razão mais importante pela qual a economia hoje produz mais do que produzia há uma geração talvez seja o fato de que nosso conhecimento tecnológico avançou. O desenvolvimento de robôs industriais, por exemplo, possibilitou que as empresas produzissem mais bens e serviços a partir da mesma quantidade de mão de obra, capital e recursos naturais. À medida que o uso dessa tecnologia se disseminou, a curva de oferta agregada de longo prazo se deslocou para a direita.

Há muitos outros eventos que, embora não sejam precisamente tecnológicos, produzem efeitos semelhantes aos de mudanças na tecnologia. A abertura para o comércio internacional, por exemplo, tem efeitos similares aos da invenção de novos processos industriais, pois leva um país a se especializar em indústrias de alta produtividade, de modo que isso também desloca a curva de oferta agregada de longo prazo para a direita. Inversamente, se o governo aprovasse novas regras, impedindo que as empresas usassem alguns métodos de produção por questões de segurança do trabalho ou ambientais, o resultado seria um deslocamento da curva de oferta agregada de longo prazo para a esquerda.

Resumindo Como a curva de oferta agregada de longo prazo reflete o modelo clássico, ela apresenta uma nova maneira de expressar as análises dos capítulos anteriores. Qualquer política ou evento que, nos capítulos anteriores, tenha elevado o PIB real, pode ser descrito como responsável pelo aumento da quantidade de bens e serviços ofertados, o que desloca a curva de oferta agregada de longo prazo para a direita. Pode-se dizer, também, que qualquer política ou evento que tenha reduzido o PIB real nos capítulos anteriores reduz a quantidade ofertada de bens e serviços e desloca a curva de oferta agregada de longo prazo para a esquerda.

34-4c Utilizando a demanda agregada e a oferta agregada para representar o crescimento de longo prazo e a inflação

Tendo introduzido a curva de demanda agregada e a curva de oferta agregada de longo prazo, temos uma nova maneira de descrever as tendências de longo prazo da economia. A Figura 34-5 ilustra as mudanças que ocorrem na economia de década para década. Observe que as duas curvas estão se deslocando. Embora sejam muitas as forças que regem a economia no longo prazo e que podem, em tese, causar essas mudanças, na prática, as duas mais importantes são a tecnologia e a política monetária. O avanço tecnológico aumenta a capacidade de uma economia de produzir bens e serviços, e isso se reflete em um deslocamento contínuo da curva de oferta agregada de longo prazo para a direita. Ao mesmo tempo, como o Fed aumenta a oferta de moeda ao longo do tempo, a curva de demanda agregada também se desloca para a direita. Como mostra a figura, o resultado é uma tendência de crescimento contínuo da produção (como indica o aumento de Y) e de inflação continuada (como indica o aumento de P). Essa é apenas mais uma maneira de representar a análise clássica do crescimento e da inflação que realizamos nos capítulos anteriores.

O objetivo do desenvolvimento do modelo de demanda agregada e oferta agregada, contudo, não é colocar trajes novos em nossas conclusões de longo prazo. Pelo contrário, é fornecer uma estrutura para a análise de curto prazo, como veremos em breve. Ao desenvolver esse modelo de curto prazo, simplificamos a análise ao omitir o crescimento e a inflação contínuos representados pelos deslocamentos na Figura 34-5. Mas lembre-se sempre de que as tendências do longo prazo fornecem o pano de fundo sobre o qual as flutuações

Figura 34-5

Crescimento e inflação no longo prazo no modelo de demanda agregada e oferta agregada

À medida que a economia se torna mais capacitada a produzir bens e serviços com o passar do tempo, principalmente devido aos avanços tecnológicos, a curva de oferta agregada de longo prazo se desloca para a direita. Ao mesmo tempo, como o Fed aumenta a oferta de moeda, a curva de demanda agregada também se desloca para a direita. Nesta figura, a produção aumenta de Y_{2000} para Y_{2010} e depois para Y_{2020}, e o nível de preços aumenta de P_{2000} para P_{2010} e depois para P_{2020}. Portanto, o modelo de demanda agregada e oferta agregada oferece uma nova maneira de descrever a análise clássica do crescimento e da inflação.

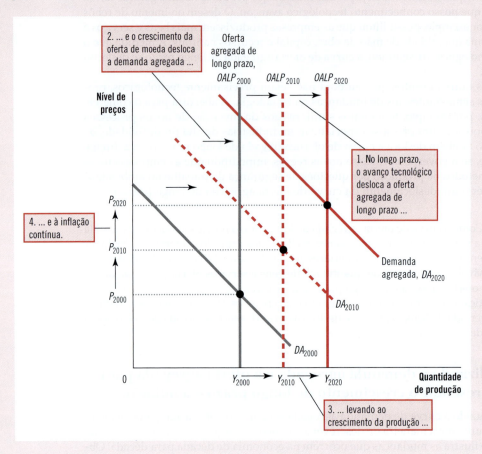

no curto prazo se desenham. **As flutuações de curto prazo na produção e no nível de preços deveriam ser vistas como desvios em relação às tendências contínuas de longo prazo de crescimento da produção e da inflação.**

34-4d Por que a curva de oferta agregada tem inclinação positiva no curto prazo

A diferença-chave entre a economia no curto e no longo prazo é o comportamento da oferta agregada. A curva de oferta agregada de longo prazo é vertical, porque, no longo prazo, o nível geral de preços não afeta a capacidade de a economia produzir bens e serviços. No entanto, no curto prazo, o nível geral de preços **afeta** a capacidade de produção da economia. Isto é, em um período de um ou dois anos, um aumento no nível de preço tende a aumentar a quantidade ofertada de bens e serviços, e uma queda no nível de preços tende a reduzir a quantidade ofertada de bens e serviços. Como resultado, a curva de oferta agregada tem inclinação positiva no curto prazo, como mostra a Figura 34-6.

Figura 34-6

A curva de oferta agregada de curto prazo

No curto prazo, uma queda no nível de preços de P_1 para P_2 reduz a quantidade ofertada de Y_1 para Y_2. Essa relação positiva pode ser devida a salários rígidos, preços rígidos ou percepções equivocadas. Com o passar do tempo, salários, preços e percepções se ajustam, de modo que essa relação positiva é apenas temporária.

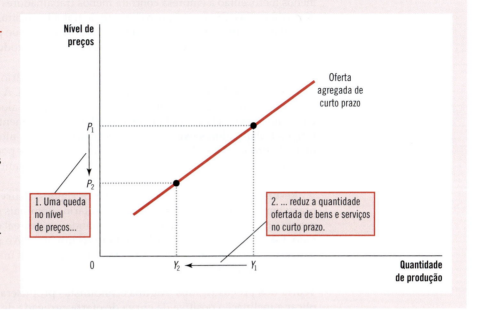

Por que as mudanças no nível de preços afetam a produção no curto prazo? Os macroeconomistas propuseram três teorias para explicar a inclinação positiva da curva de oferta agregada de curto prazo. Em cada teoria, uma imperfeição específica de mercado faz o lado da oferta da economia se comportar de maneira diferente no curto e no longo prazo. As teorias apresentadas a seguir diferem em seus detalhes, mas compartilham um tema comum: em uma palavra, a surpresa. **A quantidade de produção ofertada se afasta do seu nível de longo prazo, ou natural, quando o nível real de preços da economia se afasta do nível de preços que as pessoas esperavam.** Quando o nível de preços fica acima do esperado, a produção aumenta acima de sua taxa natural, e quando o nível de preços cai para um nível abaixo do esperado, a produção fica abaixo de sua taxa natural.

Teoria dos salários rígidos A primeira explicação para a inclinação positiva da curva de oferta agregada de curto prazo é a teoria dos salários rígidos. Essa teoria é a mais simples das três abordagens da oferta agregada, e alguns economistas acreditam que ela destaca a razão mais importante para a diferença entre o curto e o longo prazo. A teoria da oferta agregada de curto prazo é enfatizada neste livro.

De acordo com essa teoria, a curva de oferta agregada de curto prazo tem inclinação positiva porque os salários nominais ajustam-se lentamente às mudanças das condições econômicas. Em outras palavras, são "rígidos" no curto prazo. Em certa medida, o lento ajuste dos salários nominais pode ser atribuído aos contratos de longo prazo entre os trabalhadores e as empresas, que fixam os salários nominais por períodos que, algumas vezes, podem chegar a até três anos. Esse ajuste gradual também pode ser atribuído a alterações lentas nas normas sociais e noções de justiça, que podem influenciar a definição dos salários.

Um exemplo pode ajudar a explicar como os salários nominais rígidos podem resultar em uma curva de oferta agregada de curto prazo com inclinação positiva. Imagine que, há um ano, uma empresa esperava que o nível de preços hoje estivesse em um determinado nível: chamaremos esse nível de 100. Com base nessa expectativa, a empresa assinou um contrato com os empregados para pagar, digamos, $ 30 por hora. No entanto, o nível de preços, P, acaba ficando em apenas 95. Como os preços caíram abaixo das expectativas, a empresa recebe 5% a menos que o esperado para cada unidade de produto vendido. O custo da mão de obra da produção, porém, permanece $ 30 por hora. A produção, agora, dá menos lucro, então a empresa contrata menos trabalhadores e reduz a quantidade de produtos ofertados. Com o tempo, o contrato de trabalho expira, e a empresa pode renegociar um salário nominal mais baixo com os trabalhadores (que podem aceitar, pois os preços estão mais baixos), mas, enquanto isso, o emprego e a produção permanecerão abaixo de seu nível no longo prazo.

A mesma lógica pode ser empregada de modo contrário. Suponha que o nível de preço seja 105 e o salário nominal permaneça $ 30 por hora. A empresa percebe que o valor pago por unidade vendida aumentou 5%, enquanto o valor de mão de obra permanece o mesmo. Assim, ela contrata mais trabalhadores e aumenta a quantidade ofertada. Por fim, os trabalhadores exigirão salários nominais mais altos para compensar a alta no nível de preços. Mas, durante algum tempo, a empresa pode aproveitar a vantagem da oportunidade de lucro, aumentando o emprego e a quantidade ofertada acima de seu nível no longo prazo.

Resumindo, segundo a teoria dos salários rígidos, a curva de oferta agregada de curto prazo tem inclinação positiva porque os salários nominais se baseiam na expectativa de preços e não respondem imediatamente quando o nível real de preços é diferente do esperado. Essa rigidez de salários dá às empresas um incentivo para produzir menos quando o nível de preços é menor que o esperado e para produzir mais quando o nível de preços é maior que o esperado.

Teoria dos preços rígidos Alguns economistas propuseram outra abordagem para explicar a inclinação positiva da curva de oferta agregada de curto prazo, chamada teoria dos preços rígidos. Enquanto a teoria dos salários rígidos enfatiza que os salários nominais se ajustam lentamente ao longo do tempo, a teoria dos preços rígidos se concentra nos preços de alguns bens e serviços, que também se ajustam lentamente em resposta a mudanças nas condições econômicas. Esse ajuste lento ocorre, em parte, devido aos custos associados à mudança de preços, conhecidos como **custos de menu**. Esses custos incluem despesas com impressão e distribuição de catálogos, o tempo necessário para trocar as etiquetas de preço e até mesmo o esforço gerencial necessário para definir novos preços. Por causa desses custos, os preços, assim como os salários, podem ser rígidos no curto prazo.

Para entender como os preços rígidos explicam a inclinação positiva da curva de oferta agregada, suponha que cada empresa da economia anuncie seus preços antecipadamente, com base nas condições econômicas esperadas para o ano seguinte. Suponha que, depois do anúncio dos preços, a economia passe por uma contração inesperada na oferta de moeda, que, como vimos, reduz o nível de preços geral em longo prazo. O que aconteceria em curto prazo? Algumas empresas reduziriam seus preços rapidamente, em resposta à mudança nas condições econômicas, mas muitas outras prefeririam evitar os custos de menu adicionais, ficando temporariamente para trás no corte dos preços. Como os preços dessas empresas ficam altos demais, suas vendas caem. A queda nas vendas, por sua vez, as leva a cortar a produção e os empregos. Em outras palavras, uma queda inesperada no nível de preços deixa algumas empresas com preços acima do desejado, o que reduz as vendas e induz essas companhias a diminuir a quantidade de bens e serviços que produzem.

Um raciocínio parecido se aplica quando a oferta de moeda e o nível de preços ficam acima do que as empresas esperavam quando definiram seus preços. Algumas empresas aumentam os preços rapidamente, em resposta ao novo cenário, mas outras ficam para trás. O preço mais baixo atrai clientes, induzindo as empresas a aumentar o número de empregos e a produção. Mais uma vez, para a economia geral, existe uma associação positiva entre uma movimentação inesperada no nível de preços e a quantidade produzida. A inclinação positiva da curva de oferta agregada de curto prazo reflete essa associação positiva.

Teoria das percepções equivocadas Uma terceira abordagem para explicar a inclinação positiva da curva de oferta agregada de curto prazo é a teoria das percepções equivocadas. Segundo essa teoria, alterações no nível geral de preços podem, temporariamente, confundir os ofertantes a respeito do que está acontecendo nos mercados em que vendem sua produção. Como resultado dessas percepções equivocadas em curto prazo, os fornecedores respondem às mudanças no nível de preços, gerando uma curva de oferta agregada com inclinação positiva.

Para entender como isso pode funcionar, suponha que o nível geral de preços fique abaixo do nível que os ofertantes esperam. Quando eles veem os preços de seus produtos caírem, podem pensar, erroneamente, que os preços **relativos** é que caíram, ou seja, eles podem acreditar que os preços caíram se comparados a outros preços na economia. Por exemplo, os triticultores podem perceber uma queda no preço do trigo antes de notar a queda nos preços de muitos itens que eles compram enquanto consumidores. Eles podem inferir que o rendimento da produção de trigo está temporariamente baixo e reagir, reduzindo a quantidade de trigo ofertada. De forma similar, os trabalhadores podem perceber uma queda em seus salários nominais antes de notar uma queda nos preços dos bens e serviços que compram. Eles podem inferir que a remuneração pelo trabalho está temporariamente baixa e responder a isso trabalhando menos. Nos dois casos, um nível de preços menor causa percepções equivocadas a respeito dos preços relativos, e esses erros de percepção induzem os ofertantes a reagir ao nível de preços menor pela redução da quantidade ofertada de bens e serviços.

Percepções equivocadas semelhantes surgem quando o nível de preços está acima do esperado. Os ofertantes de bens e serviços podem observar o aumento nos preços dos seus produtos e inferir, erroneamente, que os preços relativos estão subindo; então, podem concluir que é um bom período para produzir mais. Enquanto essas percepções equivocadas não forem corrigidas, os ofertantes de bens e serviços respondem ao nível de preços mais alto com o aumento da quantidade de bens e serviços ofertados. Esse comportamento resulta em uma curva de oferta agregada de curto prazo com inclinação positiva.

Resumindo Há três explicações para a inclinação positiva da curva de oferta agregada de curto prazo: (1) salários rígidos, (2) preços rígidos e (3) percepções equivocadas sobre os preços relativos. Os economistas discutem qual dessas teorias é correta, e é muito possível que cada uma delas contenha um elemento de verdade. Para os propósitos deste livro, as semelhanças entre as três são mais importantes do que as diferenças. Todas sugerem que, no curto prazo, a produção se afasta do seu nível natural quando o nível de preços real diverge do nível de preços esperado pelos agentes econômicos. Isso pode ser expresso matematicamente da seguinte maneira:

$$\begin{pmatrix} \text{Quantidade} \\ \text{de} \\ \text{produção} \\ \text{ofertada} \end{pmatrix} = \begin{pmatrix} \text{Nível} \\ \text{natural de} \\ \text{produção} \end{pmatrix} + a \begin{pmatrix} \text{Nível de} \\ \text{preços} \\ \text{real} \end{pmatrix} - \begin{pmatrix} \text{Nível de} \\ \text{preços} \\ \text{esperado} \end{pmatrix},$$

em que a é um coeficiente que determina o grau de sensibilidade da produção a variações inesperadas no nível de preços.

Observe que cada uma das três teorias da curva de oferta agregada de curto prazo enfatiza um problema que, provavelmente, é apenas temporário. Quer se atribua a inclinação positiva da curva de oferta agregada aos salários rígidos, aos preços rígidos ou a erros de percepção, essas condições não duram para sempre. Com o tempo, os salários nominais e os preços se ajustarão, e as percepções equivocadas sobre os preços relativos serão corrigidas. É razoável assumir que, no longo prazo, salários e preços são flexíveis, em vez de rígidos, e que as pessoas percebem os preços relativos corretamente. Cada uma das três teorias explica não só a curva de oferta agregada de curto prazo com inclinação positiva, mas também a curva de oferta agregada de longo prazo vertical.

34-4e Por que a curva de oferta agregada de curto prazo pode se deslocar

A curva de oferta agregada de curto prazo retrata a quantidade de bens e serviços ofertada no curto prazo para qualquer nível de preços. Essa curva é similar à curva de oferta agregada de longo prazo, mas com inclinação positiva, em vez de vertical, devido à ocorrência de salários rígidos, preços rígidos e percepções equivocadas. Ao pensar no que desloca a curva de oferta agregada de curto prazo, precisamos considerar todas as variáveis que deslocam a curva de oferta agregada de longo prazo e mais uma: o nível de preços esperado. Essa variável influencia os salários rígidos, os preços rígidos e as percepções equivocadas sobre preços relativos.

Vamos começar pelo que sabemos a respeito da curva de oferta agregada de longo prazo. Como discutimos anteriormente, deslocamentos na curva de oferta agregada de longo prazo costumam ser o resultado de alterações na mão de obra, no capital, nos recursos naturais ou no conhecimento tecnológico. Essas variáveis também deslocam a curva de oferta agregada de curto prazo. Por exemplo, quando um aumento no estoque de capital da economia eleva a produtividade, a economia consegue produzir mais; com isso, as curvas de oferta agregada de longo prazo e de curto prazo se deslocam para a direita. Quando grandes mudanças setoriais aumentam a taxa natural de desemprego, a economia tem menos trabalhadores empregados e produz menos. Assim, as curvas de oferta agregada de longo prazo e de curto prazo se deslocam para a esquerda.

A nova variável que afeta a posição da curva de oferta agregada de curto prazo é a expectativa das pessoas quanto ao nível de preços. Como vimos, a quantidade ofertada de bens e serviços depende, no curto prazo, dos salários rígidos, dos preços rígidos e das percepções equivocadas. Contudo, salários, preços e percepções são estabelecidos com base nas expectativas quanto ao nível de preços. Assim, quando o nível de preços esperado muda, a curva de oferta agregada de curto prazo se desloca.

Por exemplo, a teoria dos salários rígidos afirma que trabalhadores e empresas concordam com um nível de salário nominal baseado em suas expectativas em relação ao nível de preços. O nível de preços esperado, portanto, afeta os custos das empresas e, com qualquer nível de preços vigente, a quantidade ofertada de bens e serviços. Quando o nível de preços esperado aumenta, os salários ficam mais altos, os custos são maiores e as empresas produzem uma quantidade menor de bens e serviços seja qual for o nível de preços real. Dessa forma, a curva de oferta agregada de curto prazo desloca-se para a esquerda. Inversamente, para um nível esperado de preços menor, os salários ficam mais baixos, os custos caem, as empresas aumentam a produção para qualquer nível de preço e a curva de oferta agregada de curto prazo desloca-se para a direita.

Um raciocínio semelhante aplica-se a cada uma das teorias da oferta agregada. A lição geral é a seguinte: **um aumento no nível de preços esperado reduz a quantidade ofertada de bens e serviços e desloca a curva de oferta agregada de curto prazo para a esquerda. Por outro lado, uma redução no nível de preços esperado eleva a quantidade ofertada de bens e serviços, deslocando a curva de oferta agregada de curto prazo para a direita.**

Como veremos na próxima seção, essa influência das expectativas sobre a posição da curva de oferta agregada de curto prazo representa um papel-chave na conciliação do comportamento da economia no curto prazo com seu comportamento no longo prazo. No curto prazo, as expectativas são fixas, e a economia se encontra na intersecção das curvas de demanda agregada e de oferta agregada de curto prazo. Ao longo do tempo, se o nível de preços for diferente do que as pessoas esperavam, as expectativas mudarão, e a curva de oferta agregada de curto prazo se deslocará. Esse deslocamento garante que, no longo prazo, a economia se mova para a intersecção das curvas de demanda agregada e de oferta agregada de longo prazo.

A Tabela 34-2 resume o que aprendemos até agora sobre a curva de oferta agregada de curto prazo.

Tabela 34-2
A curva de oferta agregada de curto prazo: resumo

Por que a curva de oferta de curto prazo tem inclinação positiva?

1. **A teoria dos salários rígidos:** um nível de preços inesperadamente baixo, para um salário nominal dado, leva as empresas a empregar menos trabalhadores e produzir uma quantidade menor de bens e serviços.

2. **A teoria dos preços rígidos:** um nível de preços inesperadamente baixo deixa algumas empresas com preços acima do desejado, deprimindo suas vendas, o que as leva a reduzir a produção.

3. **A teoria das percepções equivocadas:** um nível de preços inesperadamente baixo leva alguns ofertantes a pensar que seus preços relativos caíram, o que os induz a diminuir a produção.

Por que a curva de oferta agregada de curto prazo poderia se deslocar?

1. **Deslocamentos decorrentes de alterações da mão de obra:** um aumento da quantidade de mão de obra disponível (talvez em razão de uma queda na taxa natural de desemprego) desloca a curva de oferta agregada para a direita. Uma redução da quantidade de mão de obra disponível (talvez devido a um aumento na taxa natural de desemprego) desloca a curva de oferta agregada para a esquerda.

2. **Deslocamentos decorrentes de alterações do capital:** um aumento do capital físico ou humano desloca a curva de oferta agregada para a direita. Uma redução no capital físico ou humano desloca a curva de oferta agregada para a esquerda.

3. **Deslocamentos decorrentes de alterações dos recursos naturais:** um aumento na disponibilidade de recursos naturais desloca a curva de oferta agregada para a direita. Uma redução na disponibilidade de recursos naturais desloca a curva de oferta agregada para a esquerda.

4. **Deslocamentos decorrentes de alterações da tecnologia:** um avanço no conhecimento tecnológico desloca a curva de oferta agregada para a direita. Uma redução na tecnologia disponível (talvez em razão da regulamentação governamental) desloca a curva de oferta agregada para a esquerda.

5. **Deslocamentos decorrentes de alterações no nível de preços esperado:** uma redução no nível de preços esperado desloca a curva de oferta agregada de curto prazo para a direita. Um aumento no nível de preços esperado desloca a curva de oferta agregada de curto prazo para a esquerda.

Teste rápido

8. Um dos motivos para a curva de oferta agregada de curto prazo ter inclinação positiva é que o nível de preços mais alto
   a. eleva os salários nominais se os salários reais forem rígidos.
   b. reduz os salários nominais se os salários reais forem rígidos.
   c. eleva os salários reais se os salários nominais forem rígidos.
   d. reduz os salários reais se os salários nominais forem rígidos.

9. Uma mudança em qual dessas alternativas deslocaria a curva de oferta agregada de curto prazo, mas não afetaria a curva de oferta agregada de longo prazo?
   a. força de trabalho
   b. estoque de capital
   c. tecnologia
   d. nível de preços esperado

As respostas estão no final do capítulo.

34-5 Duas causas de flutuações econômicas

Agora, vamos usar o que aprendemos sobre a demanda agregada e a oferta agregada para examinar as duas causas básicas das flutuações no curto prazo: deslocamentos na demanda agregada e deslocamentos na oferta agregada.

Para simplificar, vamos supor que a economia parta do equilíbrio de longo prazo, como mostra a Figura 34-7. A produção e o nível de preços de equilíbrio são determinados, no longo prazo, pela intersecção das curvas de demanda agregada e de oferta agregada de longo prazo, representada pelo ponto A na figura. Nesse ponto, a produção está em seu nível natural. Uma vez que a economia está sempre em equilíbrio no curto prazo, a curva de oferta agregada de curto prazo também passa por esse ponto, indicando que o nível de preços esperado se ajustou plenamente a esse equilíbrio de longo prazo. Isto é, quando a economia está em seu equilíbrio de longo prazo, o nível esperado de preços deve ser igual ao nível real de preços, de modo que a intersecção da curva de demanda agregada com a curva de oferta agregada de curto prazo seja a mesma que a intersecção da curva de demanda agregada com a curva de oferta agregada de longo prazo.

34-5a Os efeitos de um deslocamento na demanda agregada

Imagine que uma onda de pessimismo tome conta da economia. A causa pode ser um escândalo na Casa Branca, uma quebra no mercado de ações ou a eclosão de uma guerra no exterior. Seja qual for o motivo específico, muitas pessoas perdem a confiança no futuro e alteram seus planos. As famílias cortam seus gastos e adiam grandes compras, e as empresas adiam a compra de novos equipamentos.

Qual será o impacto macroeconômico dessa onda de pessimismo? Para responder a essa pergunta, vamos seguir as três etapas apresentadas no Capítulo 4 para analisar a oferta e a demanda. Primeiro, determinaremos se os eventos afetam a demanda agregada ou a oferta agregada. Segundo, identificaremos a direção do deslocamento da curva. Terceiro, usaremos o diagrama de demanda agregada e oferta agregada para comparar o equilíbrio inicial e o novo. O único porém é que precisaremos acrescentar uma quarta etapa: será necessário acompanhar um novo equilíbrio de curto prazo, um novo equilíbrio de longo

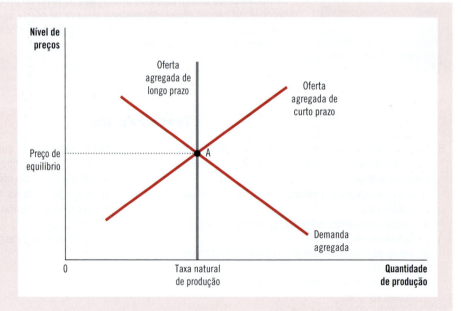

Figura 34-7

O equilíbrio de longo prazo

O equilíbrio de longo prazo da economia se encontra no ponto em que a curva de demanda agregada cruza a curva de oferta agregada de longo prazo (ponto A). Quando a economia atinge esse equilíbrio de longo prazo, o nível esperado de preços terá se ajustado ao nível real de tal modo que a curva de oferta agregada de curto prazo também cruza esse ponto.

Capítulo 34 Demanda agregada e oferta agregada 731

Tabela 34-3
Quatro etapas para analisar as flutuações macroeconômicas

1. Decidir se o evento desloca a curva de demanda agregada ou a curva de oferta agregada (ou talvez ambas).
2. Decidir a direção de deslocamento da curva.
3. Usar o diagrama de demanda agregada e o de oferta agregada para determinar o impacto sobre a produção e o nível de preços no curto prazo.
4. Usar o diagrama de demanda agregada e o de oferta agregada para analisar como a economia se move desse novo equilíbrio de curto prazo para o novo equilíbrio de longo prazo.

prazo e a transição entre eles. A Tabela 34-3 resume as quatro etapas da análise das flutuações econômicas.

As duas primeiras etapas são simples. Primeiro, como a onda de pessimismo afeta os planos de consumo, também afeta a curva de demanda agregada. Segundo, como as famílias e as empresas agora desejam adquirir uma menor quantidade de bens e serviços a qualquer nível de preços, o evento reduz a demanda agregada. Como mostra a Figura 34-8, a curva de demanda agregada se desloca para a esquerda, de DA_1 para DA_2.

Usando a figura, podemos executar a terceira etapa: ao comparar o equilíbrio inicial com o novo, podemos observar os efeitos da queda na demanda agregada. No curto prazo, a economia move-se ao longo da curva de oferta agregada de curto prazo inicial,

Figura 34-8

Uma contração na demanda agregada

Uma queda na demanda agregada é representada pelo deslocamento na curva de demanda agregada para a esquerda, de DA_1 para DA_2. No curto prazo, a economia se move do ponto A para o ponto B. A produção cai de Y_1 para Y_2, e o nível de preços cai de P_1 para P_2. Com o passar do tempo, à medida que o nível de preços esperado se ajusta, a curva de oferta agregada de curto prazo desloca-se para a direita, de OA_1 para OA_2, e a economia atinge o ponto C, em que a nova curva de demanda agregada cruza a curva de oferta agregada de longo prazo. No longo prazo, o nível de preços cai para P_3, e a produção retorna à sua taxa natural, Y_1.

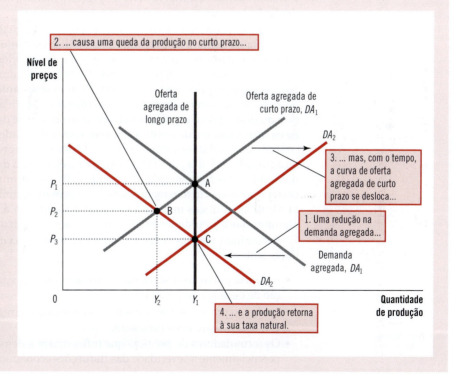

OA_1, indo do ponto A para o ponto B. À medida que a economia se move entre esses dois pontos, a produção cai de Y_1 para Y_2, e o nível de preços se reduz de P_1 para P_2. A queda na produção indica que a economia está em recessão. Embora a figura não mostre, as empresas reagem às vendas e à produção menores com reduções no emprego. O pessimismo que causou o deslocamento da demanda agregada é, em certa medida, autorrealizável: o pessimismo com relação ao futuro leva à queda da renda e ao aumento do desemprego.

Agora é hora de realizar a quarta etapa: a transição do equilíbrio de curto prazo para o de longo prazo. Em razão da redução da demanda agregada, inicialmente, o nível de preços cai de P_1 para P_2; portanto, abaixo do nível esperado pelas pessoas (P_1) antes da queda repentina na demanda agregada. As pessoas poderão ficar surpresas em curto prazo, mas não para sempre. Com o tempo, as expectativas se ajustarão à nova realidade. O nível de preços esperado cairá, alterando salários, preços e percepções, e essas mudanças, por sua vez, afetarão a posição da curva de oferta agregada de curto prazo. Por exemplo, segundo a teoria de salários rígidos, depois que trabalhadores e empresas esperam um nível de preços mais baixos, eles concordam em adotar um salário nominal menor; a redução de custos de mão de obra incentiva as empresas a contratar mais trabalhadores e a expandir a produção em qualquer nível de preços. Desse modo, na Figura 34-8, a queda no nível de preços esperado desloca a curva de oferta agregada de curto prazo para a direita, de OA_1 para OA_2. Esse deslocamento permite que a economia se aproxime do ponto C, em que a nova curva de demanda agregada (DA_2) cruza a curva de oferta agregada de longo prazo.

No novo equilíbrio de longo prazo, o ponto C, a produção retorna ao seu nível natural. A economia se corrigiu: a queda da produção se reverte no longo prazo, mesmo sem intervenção dos formuladores de políticas. Muito embora a onda de pessimismo tenha reduzido a demanda agregada, o nível de preços cai o suficiente (para P_3) para contrabalançar o deslocamento na curva de demanda agregada, e as pessoas também passam a esperar esse novo nível mais baixo de preços. No longo prazo, o deslocamento na demanda agregada se reflete plenamente no nível de preços, e não no nível de produção. Em outras palavras, o efeito de longo prazo de um deslocamento na demanda agregada é uma mudança nominal (o nível de preços é menor), mas não uma alteração real (a produção é a mesma).

O que os formuladores de políticas devem fazer quando se deparam com uma queda repentina na demanda agregada? Essa análise assumiu que eles não fizeram nada. Outra possibilidade, no entanto, é que, assim que a economia se dirija para uma recessão (movendo-se do ponto A para o ponto B), os formuladores de políticas adotem medidas para aumentar a demanda agregada. Como vimos anteriormente, aumentar os gastos do governo ou a oferta de moeda aumentaria a quantidade de bens e serviços demandada a qualquer preço e, portanto, deslocaria a curva de demanda agregada para a direita. Se os formuladores de políticas agirem com velocidade e precisão suficientes, poderão contrabalançar o deslocamento inicial da demanda agregada, trazer a curva de demanda agregada de volta para DA_1 e conduzir a economia de volta para o ponto A. Se as medidas adotadas funcionarem, o período difícil da diminuição de produção e empregos poderá ser mais curto e menos severo. O próximo capítulo discute em detalhes de que maneira as políticas monetária e fiscal influenciam a demanda agregada, bem como algumas das dificuldades práticas no uso desses instrumentos de política.

Resumindo, essa história sobre os deslocamentos na demanda agregada tem três lições importantes:

- No curto prazo, os deslocamentos na demanda agregada causam flutuações na produção de bens e serviços da economia.
- No longo prazo, os deslocamentos na demanda agregada afetam o nível geral de preços, mas não afetam a produção.
- Os formuladores de políticas que influenciam a demanda agregada podem amenizar potencialmente a severidade das flutuações econômicas.

Revisitando a neutralidade monetária

De acordo com a teoria econômica clássica, a moeda é neutra. Ou seja, alterações na quantidade de moeda afetam variáveis nominais, como o nível de preços, mas não influenciam variáveis reais, como a produção. Neste capítulo, destacamos que a maioria dos economistas aceita essa conclusão como uma descrição de como a economia funciona em longo prazo, mas não em curto prazo. Usando o modelo de demanda agregada e oferta agregada, podemos explicar melhor essa conclusão.

Suponha que o Fed reduza a quantidade de moeda disponível na economia. Quais seriam os efeitos dessa mudança? Como discutimos, a oferta de moeda é um dos determinantes da demanda agregada. A redução na oferta de moeda desloca a curva de demanda agregada para a esquerda.

A análise é parecida com a da Figura 34-8. Embora a causa do deslocamento na demanda agregada seja outra, veríamos os mesmos efeitos sobre os níveis de produção e preços. No curto prazo, esses dois índices cairiam. A economia entraria em uma recessão. Mas, com o tempo, o nível de preços esperado também cairia. Empresas e trabalhadores responderiam às suas novas expectativas estabelecendo um salário nominal mais baixo, por exemplo. À medida que fizessem isso, a curva de oferta agregada de curto prazo se deslocaria para a direita. Com o tempo, a economia acabaria voltando para a curva de oferta agregada de longo prazo.

A Figura 34-8 mostra quando a moeda é importante para variáveis reais e quando não é. No longo prazo, a moeda é neutra, conforme representado pelo movimento da economia do ponto A ao ponto C. Mas, no curto prazo, uma mudança na oferta de moeda tem efeitos reais, ilustrados pelo movimento da economia do ponto A para o ponto B. Um antigo ditado resume essa análise: "A moeda é um véu, mas quando o véu tremula, a produção real oscila." ■

Estudo de caso

Dois grandes deslocamentos na demanda agregada: a Grande Depressão e a Segunda Guerra Mundial

Este capítulo começou apresentando três fatos sobre flutuações econômicas usando dados desde 1972. Agora, vamos mergulhar mais fundo na história econômica dos Estados Unidos. A Figura 34-9 mostra dados desde 1900 sobre a variação percentual no PIB real ao longo dos três anos anteriores. Em um período médio de três anos, o PIB real aumenta cerca de 10% – pouco mais de 3% ao ano. O ciclo econômico, no entanto, causa flutuações em torno dessa média. Dois episódios se destacam na figura por serem particularmente importantes: a grande queda no PIB real no início da década de 1930 e o forte crescimento no início da década de 1940. Deslocamentos na demanda agregada foram a principal causa desses dois eventos.

A calamidade econômica do início da década de 1930 é chamada de **Grande Depressão**, e é, de longe, a maior retração econômica da história dos Estados Unidos. De 1929 a 1933, o PIB real caiu em 26%, e a taxa de desemprego subiu de 3 para 25%. Ao mesmo tempo, o nível de preços caiu em 22% ao longo desses 4 anos. Muitos outros países passaram por quedas parecidas na produção e nos preços durante esse período.

Os historiadores econômicos continuam debatendo as causas da Grande Depressão, mas a maioria das explicações se concentra em uma grande queda na demanda agregada. O que fez a demanda se contrair? É aí que surge o debate.

Muitos economistas atribuem a principal responsabilidade à queda na oferta de moeda: de 1929 a 1933, ela caiu 28%. Como você deve se lembrar da nossa discussão sobre o sistema monetário, essa redução na oferta de moeda decorreu de problemas no sistema bancário. À medida que as famílias retiravam seu dinheiro de bancos financeiramente instáveis e os banqueiros ficavam mais cautelosos, passando a manter reservas maiores, o processo de criação de moeda no sistema bancário de reserva fracionária se inverteu. O Fed, por sua vez, não compensou essa queda no multiplicador monetário com operações expansionistas no mercado aberto, resultando na contração da oferta de moeda. Muitos economistas culpam a falta de ação do Fed pela gravidade da Grande Depressão.

Figura 34-9
Crescimento do PIB real dos Estados Unidos desde 1900

Ao longo da história econômica dos Estados Unidos, duas flutuações se destacam porque são especialmente grandes. Durante o início da década de 1930, a economia enfrentou a Grande Depressão, quando a produção de bens e serviços despencou. Já no início da década de 1940, os Estados Unidos entraram na Segunda Guerra Mundial, e a produção aumentou rapidamente. Os dois eventos são explicados, normalmente, por grandes deslocamentos na demanda agregada.

Fonte: Louis D. Johnston e Samuel H. Williamson, "What Was GDP Then?" http://www.measuringworth.com/usgdp/; Department of Commerce.

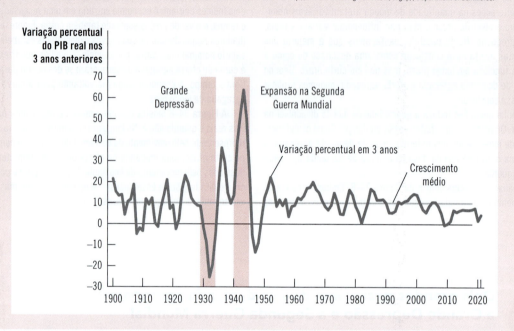

O resultado de uma grande queda na demanda agregada.

Alguns economistas sugeriram outros motivos para o colapso da demanda agregada. Por exemplo, os preços das ações caíram cerca de 90% durante esse período, reduzindo a riqueza das famílias e os gastos dos consumidores. Além disso, os problemas bancários podem ter impedido que algumas empresas obtivessem o financiamento que desejavam para novos projetos e expansões comerciais, reduzindo os gastos de investimento. É possível que todas essas forças tenham atuado juntas para contrair a demanda agregada.

O segundo episódio importante na Figura 34-9 – a rápida expansão econômica do início da década de 1940 – é mais fácil de explicar. A Segunda Guerra Mundial provocou a expansão. À medida que os Estados Unidos entravam na guerra no exterior, o governo federal passou a dedicar mais recursos às Forças Armadas. As compras governamentais de bens e serviços aumentaram quase cinco vezes entre 1939 e 1944. Essa enorme expansão na demanda agregada quase dobrou a produção de bens e serviços da economia e gerou um aumento de 20% no nível de preços (embora os controles de preços do governo tenham limitado o aumento). O desemprego caiu de 17% em 1939 para quase 1% em 1944 – o menor nível da história estadunidense. ●

 A Grande Recessão de 2008-2009

Em 2008 e 2009, a economia estadunidense passou por uma crise financeira e uma grave retração na atividade econômica. Em muitos aspectos, esse foi o pior evento macroeconômico em mais de meio século.

A história dessa crise começa alguns anos antes, com uma expansão no mercado imobiliário que foi parcialmente impulsionada pelas taxas de juros baixas. Na sequência da recessão de 2001, o Fed reduziu as taxas para níveis historicamente baixos. As taxas de juros baixas ajudaram a economia a se recuperar, mas, ao tornarem a hipoteca e a compra de um imóvel mais baratas, contribuíram para um aumento no preço dos imóveis residenciais.

Além das taxas de juros baixas, as mudanças no mercado hipotecário facilitaram a tomada de empréstimos por **mutuários** *subprime* – aqueles com alto risco de inadimplência com base na renda e no histórico de crédito – para a compra de imóveis. Um acontecimento foi a **securitização**, processo por meio do qual uma instituição financeira (especificamente, o originador da hipoteca) concede empréstimos e, com a ajuda de um banco de investimento, agrupa-os em instrumentos financeiros chamados de **títulos lastreados em hipoteca**. Esses títulos eram, então, vendidos a outras instituições (como bancos e seguradoras), que talvez não tenham avaliado adequadamente os riscos dessas transações. Alguns economistas atribuem a concessão excessiva de empréstimos de alto risco à falta de regulamentação adequada. Outros culpam as políticas do governo, que encorajaram os empréstimos para tornar a aquisição da casa própria mais acessível para famílias de baixa renda. Juntas, essas forças aumentaram a demanda e os preços dos imóveis. De 1995 a 2006, o preço médio das residências nos Estados Unidos mais que dobrou.

Esses preços se mostraram insustentáveis. De 2006 a 2009, os preços dos imóveis em todo o país caíram cerca de 30%. Essas flutuações de preços não são necessariamente um problema em uma economia de mercado. Afinal, é com as mudanças de preços que os mercados equilibram oferta e demanda. Nesse caso, porém, a redução nos preços teve duas repercussões que provocaram uma grande queda na demanda agregada.

A primeira foi um aumento nos inadimplentes hipotecários e nas execuções hipotecárias. Durante a alta do mercado imobiliário, muitas pessoas compraram casas principalmente com o dinheiro de empréstimos e entradas baixas. Quando os preços dos imóveis caíram, esses proprietários ficaram **submersos** (o valor devido para a hipoteca era maior que o valor de seus imóveis). Muitos desses proprietários pararam de pagar seus empréstimos. Os bancos que garantiram a hipoteca responderam à inadimplência tomando e revendendo os imóveis em procedimentos de execução hipotecária. O objetivo do banco era recuperar tudo o que pudessem dos empréstimos inadimplentes. No entanto, o aumento na oferta de imóveis à venda intensificou ainda mais a queda dos preços das casas, agravando a espiral descendente. Com a desvalorização dos imóveis, os investimentos em construção residencial entraram em colapso.

A segunda repercussão foi que as instituições financeiras que detinham títulos garantidos por hipoteca sofreram grandes perdas. Basicamente, ao emprestar valores altos para a aquisição de hipotecas de alto risco, essas empresas apostaram que os preços dos imóveis continuariam subindo. Quando essa aposta não se concretizou, elas ficaram à beira da falência. Em razão dessas perdas, muitas instituições financeiras não tinham fundos para emprestar, e a capacidade do sistema financeiro de canalizar recursos para aqueles que poderiam usá-los melhor foi prejudicada. Até mesmo clientes com capacidade de crédito não conseguiam empréstimos para financiar seus investimentos. Esse fenômeno é conhecido como *credit crunch* (restrição de crédito).

Como resultado do colapso dos investimentos residenciais e da crise de crédito, a economia passou por uma mudança contracionista na demanda agregada. O PIB real e o nível de emprego registraram quedas acentuadas. Os números citados na introdução deste capítulo merecem ser citados outra vez: o PIB real caiu 4% entre o quarto trimestre de 2007 e o segundo trimestre de 2009, enquanto a taxa de desemprego aumentou de 4,4% em maio de 2007 para 10% em outubro de 2009. Essa experiência serviu como um lembrete vívido de que as crises econômicas profundas e as dificuldades pessoais causadas por elas não são relíquias históricas, mas um risco constante na economia moderna.

À medida que a crise se desenrolava, o governo estadunidense tentou responder de diversas formas. Três ações políticas – todas destinadas, em parte, a levar a demanda agregada de volta ao seu nível anterior – merecem destaque.

Primeiro, o Fed reduziu sua meta da taxa de fundos federais de 5,25% em setembro de 2007 para quase zero em dezembro de 2008. Além disso, em uma política denominada **flexibilização quantitativa** *(quantitative easing)*, o Fed começou a comprar títulos lastreados em hipotecas e outras dívidas de longo prazo em operações no mercado aberto. O objetivo dessa medida era reduzir as taxas de juros de longo prazo e garantir fundos adicionais para o sistema financeiro, incentivando os bancos a conceder mais empréstimos.

Segundo, em uma medida ainda mais incomum, em outubro de 2008, o Congresso destinou $ 700 bilhões ao Tesouro a fim de que fossem usados para resgatar o sistema financeiro. Grande parte desse dinheiro foi injetado nos bancos como capital. Ou seja, o Tesouro injetou fundos no sistema bancário, e os bancos poderiam usá-los para conceder empréstimos e continuar com suas operações normais. Em troca, o governo estadunidense se tornou acionista dessas instituições, ainda que temporariamente. O objetivo dessa medida era conter a crise em Wall Street e facilitar o acesso ao crédito para empresas e indivíduos.

Por fim, quando Barack Obama assumiu a presidência, em janeiro de 2009, sua primeira grande iniciativa foi um aumento significativo nos gastos do governo. Após um breve debate no Congresso, ele assinou um projeto de estímulo de $ 787 bilhões em 17 de fevereiro de 2009.

A recuperação dessa recessão começou em junho de 2009, mas foi fraca, segundo os padrões históricos. Ao longo dos sete anos seguintes, o crescimento do PIB real foi, em média, de apenas 2,2% ao ano, bem abaixo da taxa de crescimento média do último meio século, de cerca de 3%. A taxa de desemprego não chegou a menos de 5% até 2016.

Quais medidas políticas foram mais importantes para acabar com a recessão? Que outras políticas poderiam ter promovido uma recuperação mais robusta? Os historiadores macroeconômicos continuam debatendo essas questões. ●

34-5b Os efeitos de um deslocamento na oferta agregada

Imagine, novamente, uma economia em equilíbrio de longo prazo. Agora, suponha que os custos de produção de algumas empresas aumentem repentinamente. Por exemplo, o mau tempo em estados agrícolas pode destruir safras, elevando o custo dos alimentos. Ou então uma guerra no Oriente Médio pode interromper o suprimento de petróleo bruto, elevando o custo dos produtos com uso intensivo de petróleo.

Para analisar o impacto macroeconômico desse aumento nos custos de produção, seguiremos as mesmas quatro etapas já vistas anteriormente. Primeira etapa: qual curva é afetada? Visto que os custos de produção afetam as empresas que ofertam bens e serviços, as mudanças nos custos de produção alteram a posição da curva de oferta agregada. Segunda etapa: qual é a direção do deslocamento da curva? Como os custos de produção mais altos diminuem os lucros da venda de bens e serviços, as empresas ofertam uma menor quantidade de produtos para qualquer nível de preços. Como mostra a Figura 34-10, a curva de oferta agregada de curto prazo desloca-se para a esquerda, de OA_1 para OA_2. (Dependendo do evento, a curva de oferta agregada de longo prazo também pode se deslocar. Para simplificar, contudo, vamos supor que isso não ocorra.)

A figura nos permite realizar a terceira etapa: comparar o equilíbrio inicial e o novo. No curto prazo, a economia se move do ponto A para o B, ao longo da curva de demanda agregada existente. A produção da economia cai de Y_1 para Y_2, e o nível de preços se eleva de P_1 para P_2. Uma vez que a economia está passando tanto por uma **estagnação** (queda na produção) quanto por uma **inflação** (elevação nos preços), um evento desse tipo é, por vezes, chamado de **estagflação**.

Agora, consideremos a quarta etapa: a transição do equilíbrio de curto prazo para o de longo prazo. Conforme a teoria dos salários rígidos, o aspecto mais importante é a maneira

estagflação
um período de queda na produção e elevação nos preços

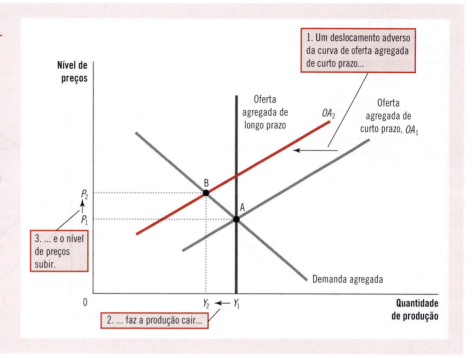

Figura 34-10
Um deslocamento adverso da oferta agregada
Quando algum evento aumenta os custos das empresas, a curva da oferta agregada de curto prazo se desloca para a esquerda, de OA_1 para OA_2. A economia se move do ponto A para o B. O resultado é a estagflação: a produção cai de Y_1 para Y_2, e o nível de preços aumenta de P_1 para P_2.

como a estagflação afeta os salários nominais. As empresas e os trabalhadores podem, primeiro, responder ao nível de preços mais alto aumentando as expectativas com relação ao nível de preços e estabelecendo salários nominais maiores. Nesse caso, os custos das empresas aumentarão ainda mais, e a curva de oferta agregada de curto prazo se deslocará mais para a esquerda, piorando o problema da estagflação. Por vezes, esse fenômeno de preços mais altos que provocam salários maiores, que, por sua vez, aumentam ainda mais os preços recebe o nome de **espiral de preços e salários**.

Em certo momento, essa espiral de preços e salários sempre crescentes se desacelera. Os baixos níveis de produção e de empregos pressionam negativamente os salários, pois eles têm menor poder de barganha quando o desemprego é alto. Com a queda dos salários nominais, a produção de bens e serviços se torna mais lucrativa, e a curva de oferta agregada de curto prazo se desloca para a direita. Esse deslocamento em direção a OA_1 provoca a queda no nível de preços, e a quantidade de produção se aproxima de seu nível natural. No longo prazo, a economia retorna ao ponto A, em que a curva de demanda agregada cruza a de oferta agregada de longo prazo.

Essa transição de volta ao equilíbrio inicial pressupõe, entretanto, que a demanda agregada permanece constante durante todo o processo. Na prática, esse pode não ser o caso. Os formuladores de políticas monetárias e fiscais podem tentar compensar alguns efeitos do deslocamento da curva de oferta agregada de curto prazo deslocando a curva de demanda agregada. Essa possibilidade é mostrada na Figura 34-11. Nesse caso, as mudanças na política deslocam a curva de demanda agregada para a direita, de DA_1 para DA_2, na medida exata para impedir que o deslocamento na oferta agregada afete a produção. A economia move-se diretamente do ponto A para o ponto C. A produção permanece em sua taxa natural e o nível de preços sobe de P_1 para P_3. Nesse caso, diz-se que os formuladores de políticas **acomodam** o deslocamento na oferta agregada. Uma política de acomodação aceita um nível de preços permanentemente mais alto para manter um nível maior de produção e de empregos.

Figura 34-11

Acomodando um deslocamento adverso na oferta agregada

Em face de um deslocamento adverso na oferta agregada, de OA_1 para OA_2, os formuladores de políticas capazes de influenciar a demanda agregada poderiam tentar deslocar a curva de demanda agregada para a direita, de DA_1 para DA_2. A economia se moveria do ponto A para o C. Essa política impediria que o deslocamento da oferta reduzisse a produção no curto prazo, mas o nível de preços se elevaria permanentemente de P_1 para P_3.

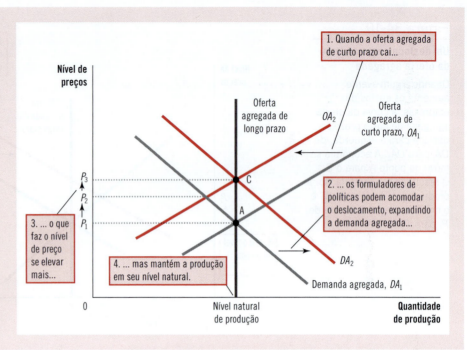

Em resumo, essa história sobre os deslocamentos na curva de oferta agregada traz duas lições importantes:

- Os deslocamentos na oferta agregada podem causar estagflação – uma combinação de recessão (produção em queda) e inflação (aumento dos preços).
- Os formuladores de políticas capazes de influenciar a demanda agregada podem amenizar o impacto adverso sobre a produção, mas somente com o agravamento do problema da inflação.

 ### Petróleo e a economia

Algumas das maiores flutuações econômicas da economia dos Estados Unidos desde 1970 foram originadas nos campos de petróleo do Oriente Médio. O petróleo bruto é um insumo essencial para a produção de muitos bens e serviços, e grande parte do suprimento mundial vem da Arábia Saudita, do Kuwait e de outros países do Oriente Médio. Quando algum evento (frequentemente de origem política) reduz a oferta de petróleo cru dessa região, o preço do produto aumenta em todo o mundo. Empresas estadunidenses que produzem gasolina, pneus e muitos outros itens enfrentam um aumento nos custos e, por isso, consideram menos lucrativo fornecer sua produção de bens e serviços em qualquer nível de preços. O resultado é um deslocamento da curva de oferta agregada para a esquerda, o que, por sua vez, provoca estagflação.

O primeiro episódio do gênero ocorreu em meados da década de 1970. Os países com grandes reservas de petróleo começaram a exercer influência na economia mundial como membros da Organização de Países Exportadores de Petróleo (Opep). A Opep é um **cartel** – um grupo de vendedores que tenta impedir a concorrência e reduz a produção para aumentar os preços. E, de fato, os preços do petróleo subiram consideravelmente. De 1973 a 1975, o preço do petróleo praticamente dobrou. Os países importadores de petróleo de todo o mundo enfrentaram inflação e recessão simultâneas. A taxa de inflação dos Estados Unidos, medida pelo IPC, ultrapassou 10% pela primeira vez em décadas. O desemprego aumentou de 4,9% em 1973 para 8,5% em 1975.

Quase a mesma coisa aconteceu alguns anos depois. No final da década de 1970, os países da Opep restringiram mais uma vez a oferta de petróleo. De 1978 a 1981, o preço do petróleo mais que dobrou. Mais uma vez, o resultado foi a estagflação. A inflação, que tinha diminuído um pouco depois do primeiro episódio com a Opep, subiu novamente para mais de 10% ao ano. Mas, como o Fed não estava disposto a acomodar um aumento tão grande na inflação, logo veio a recessão. A taxa de desemprego foi de cerca de 6% em 1978 e 1979 para quase 10% alguns anos depois.

Os acontecimentos no mercado mundial de petróleo também podem ser fontes de mudanças favoráveis na oferta agregada. Em 1986, começou a haver disputas entre os membros da Opep. Alguns países-membros violaram os acordos de restrição da produção de petróleo. No mercado mundial de petróleo bruto, os preços caíram quase pela metade. Essa queda nos preços reduziu os custos para empresas estadunidenses, que passaram a considerar mais lucrativo oferecer bens e serviços por qualquer nível de preços. Como resultado, a curva de oferta agregada se deslocou para a direita. A economia dos Estados Unidos viveu o oposto da estagflação: a produção aumentou rápido, o desemprego diminuiu e a taxa de inflação chegou ao seu menor nível em anos.

Nos últimos anos, as mudanças no mercado mundial de petróleo não têm sido uma fonte tão importante de flutuações na economia estadunidense. Um motivo para isso é que os esforços de preservação ambiental, o avanço da tecnologia e a maior disponibilidade de fontes alternativas de energia reduziram a dependência de petróleo dos Estados Unidos. A quantidade de petróleo usada para produzir uma unidade de PIB real caiu mais de 60% desde os choques da Opep na década de 1970. Consequentemente, hoje o impacto de qualquer mudança nos preços do petróleo sobre a economia dos Estados Unidos é menor do que no passado. ●

Mudanças na produção de petróleo no Oriente Médio são uma das fontes de flutuação econômica nos Estados Unidos.

SAIBA MAIS: As origens do modelo de demanda agregada e oferta agregada

Agora que temos uma compreensão preliminar do modelo de demanda agregada e oferta agregada, vale a pena dar um passo atrás e considerar sua história. Como se desenvolveu esse modelo de flutuações no curto prazo? A resposta é que esse modelo é, em grande medida, um subproduto da Grande Depressão da década de 1930. Economistas e formuladores de políticas da época estavam perplexos com as causas dessa calamidade e incertos sobre como enfrentá-la.

Em 1936, o economista John Maynard Keynes publicou um livro intitulado *Teoria geral do emprego, dos juros e da moeda*, no qual procurou explicar as flutuações econômicas de curto prazo em geral e, mais especificamente, a Grande Depressão. A principal mensagem de Keynes era que as recessões e depressões podem ocorrer devido a uma demanda agregada inadequada por bens e serviços.

John Maynard Keynes

Keynes era um crítico da teoria econômica clássica – a teoria que examinamos anteriormente, neste livro – porque ela só era capaz de explicar os efeitos de longo prazo das políticas. Alguns anos antes de publicar sua *Teoria geral*, Keynes escrevera o seguinte sobre a economia clássica:

> O longo prazo é um guia enganoso para as situações presentes. No longo prazo, estaremos todos mortos. Os economistas se propõem uma tarefa muito fácil e muito inútil se, em épocas de tempestades, eles apenas puderem dizer que, quando o temporal tiver passado, o oceano estará calmo.

A mensagem de Keynes era dirigida aos formuladores de políticas e também aos economistas. Enquanto as economias do mundo sofriam com o elevado desemprego, Keynes defendia políticas para aumentar a demanda agregada, incluindo os gastos do governo em obras públicas.

No próximo capítulo, examinaremos em detalhes de que forma os formuladores de políticas podem usar os instrumentos de política monetária e fiscal para influenciar a demanda agregada. A análise apresentada no próximo capítulo, assim como neste, deve muito ao legado de John Maynard Keynes. ■

A recessão de 2020 provocada pela Covid

Estudo de caso

Em 2020, a economia dos Estados Unidos e de muitos outros países ao redor do mundo passou por uma crise que tem três características incomuns.

A primeira é a causa: a pandemia da Covid-19. Esse vírus infeccioso e perigoso surgiu inicialmente na China, no final de 2019, e chegou aos Estados Unidos no início de 2020. Para retardar sua disseminação, especialistas em saúde recomendaram que as pessoas evitassem interações próximas com as outras. Os líderes eleitos ordenaram que grandes segmentos da economia fossem fechados, incluindo cinemas, eventos esportivos, shows, restaurantes (exceto pedidos para viagem e entregas) e lojas de produtos não essenciais. A aviação comercial parou quase totalmente.

A segunda característica incomum da crise de 2020 foi sua velocidade e profundidade. De fevereiro a abril de 2020, o nível de emprego nos Estados Unidos caiu de 61,1% para 51,3% da população adulta – de longe a maior queda já registrada em dois meses. A taxa de desemprego em abril de 2020 era de 14,8%, o nível mais alto desde a Grande Depressão.

A terceira característica foi que, de certa forma, ela foi intencional. A maioria das recessões são acidentais: algum evento inesperado desloca a oferta agregada ou a demanda

A inusitada crise de 2020

É NOTÍCIA

Os eventos econômicos resultantes da pandemia da Covid-19 não foram nada previsíveis.

A recessão atípica da Covid
Por Austan Goolsbee

Os estadunidenses continuam preocupados em superar o que parece ser uma série interminável de problemas econômicos gerados pela Covid-19, desde produtos esgotados e inflação até o medo contínuo da exposição à doença quando saem de casa. Quando isso terá fim?

Analistas econômicos profissionais têm achado difícil responder a essa questão.

Muitos estão recorrendo a recessões anteriores como um guia para saber como as coisas vão se desenrolar. No entanto, uma das coisas mais importantes a se entender é que, embora a pandemia tenha gerado um colapso – e, para alguns, um desastre econômico –, o processo não foi uma recessão, no sentido normal da palavra.

Isso pode soar estranho. Na verdade, o árbitro dessas questões, o National Bureau of Economic Research, declarou que os Estados Unidos tiveram uma recessão de dois meses, entre março e abril de 2020.

Contudo, os ciclos econômicos anteriores não se pareceram em nada com o que os Estados Unidos viveram durante a pandemia, e, por isso, não são o lugar certo para encontrar lições sobre o rumo que as coisas estão tomando agora.

As causas das recessões variam, mas seguem um padrão básico: as indústrias mais afetadas são os setores ciclicamente sensíveis onde a demanda seca. Esses setores incluem vendas de itens caros, como móveis, materiais de construção, eletrodomésticos e automóveis, conforme documentado pelo Bureau of Labor Statistics e por outras entidades. São compras que podem ser adiadas em momentos difíceis. A recuperação começa quando a demanda nessas indústrias cíclicas volta, quando os preços caem, as taxas de juros são reduzidas ou as necessidades reprimidas aumentam o suficiente para que haja um retorno da demanda.

As recessões têm impactos muito menores em indústrias não cíclicas, como hospitais, serviços de enfermagem, concessionárias de gás e energia, entre outras. A demanda nesses setores é constante, independentemente do ciclo. Algumas indústrias do setor de serviços, como educação, passam por um aumento na demanda durante recessões.

Nenhum desses padrões familiares se manteve durante o colapso econômico da pandemia. Os gastos com bens de consumo duráveis aumentaram. Na verdade, as vendas de televisores com mais de 65 polegadas aumentaram 77% de abril a junho de 2020, em comparação com o ano anterior, à medida que a crise se aprofundava na economia. Assistir à TV era uma das poucas coisas que as pessoas ainda podiam fazer durante o período de *lockdown*. A demanda por outros bens de indústrias cíclicas, como moradia e materiais de construção, também cresceu.

Durante a crise da pandemia, os estadunidenses também inverteram uma tendência de décadas relacionada aos gastos com serviços em vez de bens. Por 75 anos, os consumidores dos Estados Unidos gastavam cada vez menos em bens físicos (de 60% dos gastos na década de 1940 para 31% em 2019). Contrariando essa tendência (e contrastando com recessões anteriores), a porcentagem dos gastos dos consumidores em bens físicos disparou durante a pandemia, chegando ao maior

agregada, reduzindo a produção e o emprego. Quando isso acontece, os responsáveis pelas decisões políticas normalmente desejam devolver a economia aos níveis normais de produção e emprego o quanto antes. Por outro lado, a crise de 2020 foi uma recessão intencional. Para conter a pandemia da Covid-19, os formuladores de políticas forçaram mudanças comportamentais que reduziram a produção e o emprego. É claro, a pandemia em si não foi intencional nem desejada, mas, dadas as circunstâncias, um declínio grande e temporário na atividade econômica foi, sem dúvidas, o melhor resultado possível.

A crise econômica de 2020 pode ser interpretada usando o modelo de oferta agregada e demanda agregada. Primeiro, vamos considerar a demanda agregada. A partir de março de 2020, inúmeros locais onde as pessoas normalmente compravam coisas, como restaurantes e lojas, foram fechados por um decreto governamental. E as pessoas evitavam muitas empresas que continuaram abertas para reduzir o risco de contágio. Como resultado, a quantidade de bens e serviços demandados era menor em qualquer nível de preços. A curva de demanda agregada se deslocou para a esquerda.

Agora, vamos considerar a oferta agregada. Quando a crise de saúde fez com que muitas empresas fossem temporariamente fechadas, isso causou uma redução grande e repentina na quantidade de bens e serviços ofertados em qualquer nível de preços. A curva de

nível em 17 anos, com um dos maiores saltos já registrados.

Em outras palavras, foi uma recessão como nenhuma outra na memória recente. A crise da pandemia foi impulsionada por todas as indústrias que deveriam ser "à prova de recessão" – idas ao dentista, uso de eletricidade em escritórios e *shopping centers*, e assim por diante. E o setor de educação, normalmente *anti*cíclico, registrou grandes quedas nas matrículas, apesar da economia prejudicada.

Claro, o coronavírus estava por trás dessas anomalias. No entanto, isso significa que a recuperação de recessões passadas não diz muito sobre como será a recuperação agora. Todo mundo está tentando prever quando haverá uma recuperação nas indústrias do setor de serviços que normalmente não registram quedas, como saúde, assistência à infância e educação. Na verdade, a questão tem mais a ver com a velocidade com a qual conseguimos controlar a disseminação do vírus do que com os fundamentos de uma recessão.

Ao mesmo tempo, a demanda extraordinariamente alta por bens físicos nos Estados Unidos e em outros países ricos superou a oferta, aumentando a inflação e provocando escassez.

Então, o fator mais importante a se observar se quisermos entender a economia é, como tem acontecido há um ano e meio, o avanço no combate ao vírus. Um fator relacionado, e que também merece atenção, é o quanto os estadunidenses gastam em bens em comparação com serviços (a taxa era de 31% em 2019 e subiu para 35% hoje).

Embora o crescimento econômico nos Estados Unidos tenha sido decepcionante no terceiro trimestre de 2021, o cenário pode se reverter se os números relacionados ao coronavírus melhorarem. Os dados sobre empregos no país, divulgados na última sexta-feira, foram animadores. Os novos casos de Covid-19 diminuíram significativamente, e milhões de crianças agora estão elegíveis para a vacinação, o que pode reduzir ainda mais as taxas de contágio.

Olhando além dos próximos meses, no entanto, as questões mais interessantes não estão relacionadas com a recessão e a recuperação. Elas se concentram em descobrir se alguma das mudanças provocadas pela pandemia vai durar. Algumas empresas, por exemplo, estão tentando manter mais estoques e cadeias de suprimentos locais para evitar interrupções. Muitas pessoas estão trabalhando em casa na maior parte do tempo e algumas se mudaram para subúrbios próximos a cidades. Mas quanto tempo vai levar para elas redescobrirem por que adotamos o modelo de manufatura enxuta e cadeias de suprimentos globais? E os estadunidenses já estão voltando para as cidades.

Minha opinião é que a reversão de tendências econômicas de longa data não deve ser permanente. Quando a memória econômica da pandemia perder força, as lições antigas dos ciclos econômicos regulares provavelmente serão relevantes de novo. Até que isso aconteça, porém, é melhor entrar na fila para tomar a dose de reforço da vacina e ficar de olho no número de casos. ∎

Questões para discussão

1. Os gastos da sua família mudaram durante a pandemia de coronavírus? De que forma?

2. Na sua opinião, quais políticas econômicas o governo deveria ter implementado durante a pandemia?

Goolsbee é professor de economia na University of Chicago.

Fonte: *New York Times*, 10 de novembro de 2021.

oferta agregada se deslocou para a esquerda. Os deslocamentos simultâneos nas curvas de demanda agregada e oferta agregada provocaram uma redução acentuada na produção e no emprego.

Assim que a magnitude da crise ficou evidente, os formuladores de políticas responderam rápido. Em 27 de março de 2020, a Lei CARES (Coronavirus Aid, Relief, and Economic Security) foi promulgada. Ao lado de outra legislação promulgada praticamente na mesma época, o texto autorizava uma combinação de aumento nos gastos e redução tributária de cerca de $ 2 trilhões, aproximadamente 10% do PIB – a maior resposta fiscal a uma recessão na história do país. A Lei CARES é por vezes considerada uma lei de estímulo, mas o objetivo não era encerrar a recessão ao estimular a economia. A recessão era inevitável devido à pandemia. O objetivo da política era aliviar as dificuldades enfrentadas pelas pessoas e evitar que a crise deixasse cicatrizes permanentes na economia.

Grande parte da resposta política poderia ser chamada seguro social ou apoio após desastres. Todas as famílias, exceto aquelas com rendimentos elevados, receberam restituição de impostos de $ 1.200 por adulto e $ 500 por criança. A elegibilidade ao seguro-desemprego foi ampliada, e os benefícios tiveram um aumento temporário de $ 600 por semana. Foram oferecidos empréstimos a pequenas empresas, que seriam perdoados e transformados em subsídios caso elas não demitissem nenhum trabalhador nos dois meses seguintes.

Para evitar danos permanentes causados pela recessão, a Lei CARES tinha diversas medidas para promover a continuidade dos negócios. Isso justificou em parte a concessão de empréstimos perdoáveis a pequenas empresas, permitindo que os trabalhadores continuassem recebendo salários e permanecessem conectados a seus empregadores, facilitando a retomada das atividades econômicas após a crise. A Lei CARES também ofereceu recursos que permitiram que o Federal Reserve, trabalhando com o Tesouro, concedesse empréstimos a empresas maiores, estados e municípios, ampliando o papel do Fed como credor de última instância. Ao mesmo tempo, o Fed reduziu sua meta para a taxa de fundos federais para quase zero.

Nos Estados Unidos, o número de mortes diárias por Covid-19 atingiu o pico no final de abril de 2020 e começou a cair lentamente. Em junho de 2020, muitas restrições às atividades econômicas foram flexibilizadas, gerando uma rápida recuperação. A taxa de desemprego, após aumentar de 3,5% em fevereiro de 2020 para 14,8% em abril de 2020, caiu para 6,9% em outubro daquele mesmo ano.

A pandemia, no entanto, não tinha acabado. Os casos aumentaram novamente em janeiro de 2021, outubro de 2021 e janeiro de 2022.

À medida que a pandemia persistia, a legislação subsequente deu continuidade e expandiu as medidas de alívio oferecida pela Lei CARES. O presidente Trump assinou um pacote de auxílio de $ 900 bilhões em dezembro de 2020, e o presidente Biden anunciou um pacote de $ 1,9 trilhão em março de 2021.

Alguns economistas – em especial o ex-secretário do Tesouro Lawrence Summers – sugeriram que a resposta fiscal foi excessiva. Eles temiam que, juntamente às interrupções da cadeia de abastecimento causadas pela pandemia, essas políticas monetárias e fiscais pudessem gerar uma inflação excessiva. Conforme medida pelo IPC, a taxa de inflação acumulada em 12 meses aumentou para 7,5% em janeiro de 2022 – o nível mais alto em 40 anos. Inicialmente, os formuladores de políticas acreditavam que essa alta da inflação seria temporária. Em março de 2022, no entanto, o Fed começou a aumentar as taxas de juros para conter as pressões inflacionárias.

A eventual solução para essa crise econômica veio mais da microbiologia do que da macroeconomia. A atividade econômica começou a voltar ao nível normal após o desenvolvimento e a distribuição de uma série de vacinas, em 2021. Todavia, a resistência de grandes segmentos da população estadunidense a se vacinar, juntamente ao surgimento da nova variante Ômicron do vírus, adiou o fim da pandemia e desacelerou o ritmo da recuperação econômica. ●

Teste rápido

10. Um aumento repentino no pessimismo das empresas desloca a curva de _____ agregada, provocando _____ na produção.
    a. oferta; queda
    b. oferta; aumento
    c. demanda; queda
    d. demanda; aumento

11. Um aumento na demanda agregada por bens e serviços tem um impacto maior na produção _____ e no nível de preços _____.
    a. no curto prazo; no longo prazo
    b. no longo prazo; no curto prazo
    c. no curto prazo; também no curto prazo
    d. no longo prazo; também no longo prazo

12. A estagflação é causada por um
    a. deslocamento da curva de demanda agregada para a esquerda.
    b. deslocamento da curva de demanda agregada para a direita.
    c. deslocamento da curva de oferta agregada para a esquerda.
    d. deslocamento da curva de oferta agregada para a direita.

As respostas estão no final do capítulo.

34-6 Conclusão

Este capítulo atingiu dois objetivos. Primeiro, discutimos alguns fatos importantes acerca das flutuações de curto prazo na atividade econômica. Segundo, apresentamos um modelo básico para explicar essas flutuações, chamado modelo da demanda agregada e da oferta agregada. Continuaremos nosso estudo desse modelo no próximo capítulo, a fim de entender mais plenamente as causas das flutuações na atividade econômica e de que modo os formuladores de políticas podem reagir a essas flutuações.

RESUMO DO CAPÍTULO

- Todas as sociedades registram flutuações econômicas de curto prazo em torno das tendências de longo prazo. Essas flutuações são irregulares e, na maioria dos casos, imprevisíveis. Quando ocorrem as recessões, o PIB real e as demais medidas de renda, despesa e produção caem, e o desemprego aumenta.

- A teoria econômica clássica baseia-se no pressuposto de que variáveis nominais, como a oferta de moeda e o nível de preços, não influenciam variáveis reais, como a produção e o emprego. A maioria dos economistas acredita que esse pressuposto é válido para o longo prazo, mas não para o curto prazo. Os economistas analisam as flutuações econômicas de curto prazo usando o modelo da demanda agregada e da oferta agregada. Segundo esse modelo, a produção de bens e serviços e o nível geral de preços se ajustam para equilibrar a demanda agregada e a oferta agregada.

- A curva de demanda agregada tem inclinação negativa por três motivos. O primeiro é o efeito riqueza: um nível de preços menor eleva o valor real da moeda mantida em mãos pelas famílias, o que estimula as despesas de consumo. O segundo é o efeito taxa de juros: um nível de preços menor reduz a quantidade de moeda demandada pelas famílias; à medida que as famílias tentam converter moeda em ativos que rendem juros, as taxas de juros caem, estimulando os gastos de investimento. O terceiro é o efeito taxa de câmbio: à medida que um nível de preços menor reduz as taxas de juro, o dólar se deprecia no mercado de câmbio de moeda estrangeira, o que estimula as exportações líquidas.

- Qualquer acontecimento ou política que eleve o consumo, o investimento, os gastos do governo ou as exportações líquidas a qualquer nível de preços aumenta a demanda agregada. Qualquer acontecimento ou política que reduza o consumo, o investimento, os gastos do governo ou as exportações líquidas em qualquer nível de preços diminui a demanda agregada.

- A curva de oferta agregada de longo prazo é vertical. No longo prazo, a quantidade ofertada de bens e serviços depende da disponibilidade de mão de obra, capital, recursos naturais e tecnologia, mas não depende do nível geral de preços.

- Foram propostas três teorias para explicar a inclinação positiva da curva de oferta agregada de curto prazo. De acordo com a teoria dos salários rígidos, uma queda inesperada no nível de preços, com um salário nominal dado, induz as empresas a reduzir o emprego e a produção. De acordo com a teoria dos preços rígidos, uma queda inesperada do nível de preços deixa algumas empresas com preços temporariamente muito elevados, o que reduz suas vendas e as leva a reduzir a produção. De acordo com a teoria das percepções equivocadas, uma queda inesperada no nível de preços leva os ofertantes a acreditar, erroneamente, que seus preços relativos caíram, o que os induz a reduzir a produção. Todas as três teorias implicam que a produção se desvia de sua taxa natural quando o nível de preços real se desvia do nível de preços esperado.
- Acontecimentos que alteram a capacidade de produção da economia, como variações de mão de obra, capital, recursos naturais ou tecnologia, deslocam a curva de oferta agregada de curto prazo (e podem deslocar também a curva de oferta agregada de longo prazo). Além disso, a posição da curva de oferta agregada de curto prazo depende do nível de preços esperado.
- Uma possível causa das flutuações econômicas é um deslocamento na demanda agregada. Quando a curva de demanda agregada se desloca para a esquerda, por exemplo, a produção e os preços caem no curto prazo. Com o tempo, à medida que uma mudança no nível de preços esperado faz os salários, os preços e as percepções se ajustarem, a curva de oferta agregada de curto prazo se desloca para a direita. Esse deslocamento faz a economia retornar à sua taxa natural de produção, com um nível de preços novo e menor.
- Uma segunda possível causa das flutuações econômicas é um deslocamento na oferta agregada. Quando a curva de oferta agregada de curto prazo se desloca para a esquerda, o efeito é a queda na produção e o aumento nos preços – uma combinação chamada de estagflação. Com o tempo, à medida que salários, preços e percepções se ajustam, a curva de oferta agregada de curto prazo se desloca novamente para a direita, fazendo o nível de preços e a produção voltarem para os níveis originais.

CONCEITOS-CHAVE

recessão, p. 710
depressão, p. 710
modelo de demanda agregada e oferta agregada, p. 714
curva de demanda agregada, p. 714
curva de oferta agregada, p. 714
nível natural de produção, p. 722
estagflação, p. 736

QUESTÕES DE REVISÃO

1. Indique duas variáveis macroeconômicas que se reduzem quando a economia entra em recessão. Indique uma variável macroeconômica que aumenta durante uma recessão.
2. Crie um diagrama que mostre a demanda agregada, a oferta agregada de curto prazo e a oferta agregada de longo prazo. Preste atenção para legendar corretamente os eixos.
3. Relacione e explique as três razões pelas quais a curva de demanda agregada tem inclinação negativa.
4. Explique por que a curva de oferta agregada de longo prazo é vertical.
5. Liste e explique as três teorias que justificam a inclinação positiva da curva de oferta agregada de curto prazo.
6. O que poderia deslocar a curva de demanda agregada para a esquerda? Use o modelo da demanda agregada e oferta agregada para indicar os efeitos de curto e de longo prazo de tal deslocamento sobre a produção e o nível de preços.
7. O que poderia deslocar a curva de oferta agregada para a esquerda? Use o modelo da demanda agregada e oferta agregada para indicar os efeitos de curto e de longo prazo de tal deslocamento sobre a produção e o nível de preços.

PROBLEMAS E APLICAÇÕES

1. Suponha que a economia esteja em equilíbrio de longo prazo.
    a. Represente graficamente o estado da economia. Certifique-se de mostrar a demanda agregada, a oferta agregada de curto prazo e a oferta agregada de longo prazo.
    b. Suponha, agora, que uma queda na bolsa de valores faça a demanda agregada cair. Represente graficamente o que acontece com a produção e com o nível de preços no curto prazo. O que acontece com a taxa de desemprego?
    c. Use a teoria dos salários rígidos da oferta agregada para explicar o que acontecerá com a produção e com o nível de preços no longo prazo, supondo que não haja mudanças na política. Que papel o nível de preços esperado representa nesse ajuste? Não se esqueça de ilustrar sua resposta com um gráfico.

2. Explique se cada um dos eventos a seguir vai aumentar, diminuir ou não ter nenhum efeito sobre a oferta agregada de longo prazo.
    a. Os Estados Unidos registram uma onda de imigração.
    b. O Congresso eleva o salário mínimo para $ 15 a hora.
    c. A Intel inventa um *chip* de computador novo e mais poderoso.
    d. Um forte furacão causa danos a fábricas ao longo da Costa Leste.
3. Suponha que uma economia esteja em equilíbrio de longo prazo.
    a. Use o modelo da demanda agregada e oferta agregada para ilustrar o equilíbrio inicial (denominado ponto A). Lembre-se de incluir também a oferta agregada de curto prazo e de longo prazo.
    b. O banco central aumenta a oferta de moeda em 5%. Use um diagrama para mostrar o que acontece com a produção e com o nível de preços à medida que a economia se move do equilíbrio inicial para o novo equilíbrio de curto prazo (denominado ponto B).
    c. Mostre, agora, o novo equilíbrio de longo prazo (denominado ponto C). O que faz a economia se movimentar do ponto B para o C?
    d. De acordo com a teoria de salários rígidos da oferta agregada, de que modo os salários nominais no ponto A se comparam aos salários nominais no ponto B? De que modo os salários nominais no ponto A se comparam aos salários nominais no ponto C?
    e. De acordo com a teoria de salários rígidos da oferta agregada, de que modo os salários reais no ponto A se comparam aos salários reais no ponto B? De que modo os salários reais no ponto A se comparam aos salários reais no ponto C?
    f. Considerando o impacto da oferta de moeda sobre os salários reais e nominais, essa análise está consistente com a proposição de que a moeda tem efeitos reais no curto prazo, mas é neutra no longo prazo?
4. Em 1939, quando a economia estadunidense ainda não estava plenamente recuperada da Grande Depressão, o presidente Franklin Roosevelt proclamou que o feriado de Ação de Graças seria antecipado em uma semana, a fim de que o período de compras que antecede o Natal pudesse ser mais longo. Explique, usando o modelo da demanda agregada e oferta agregada, o que o presidente Roosevelt estava tentando realizar.
5. Explique por que as declarações a seguir são falsas.
    a. "A curva de demanda agregada tem inclinação negativa, porque é a soma horizontal das curvas de demanda de bens individuais."
    b. "A curva de oferta agregada de longo prazo é vertical, porque as forças econômicas não afetam a oferta agregada no longo prazo."
    c. "Se as empresas ajustassem seus preços todos os dias, então a curva de oferta agregada de curto prazo seria horizontal."
    d. "Sempre que a economia entra em recessão, sua curva de oferta agregada de longo prazo se desloca para a esquerda."
6. Para cada uma das três teorias que procuram esclarecer a inclinação positiva da curva de oferta agregada de curto prazo, explique cuidadosamente:
    a. como a economia se recupera de uma recessão e retorna ao equilíbrio de longo prazo sem nenhuma intervenção política
    b. o que determina a velocidade de tal recuperação
7. A economia começa com equilíbrio no longo prazo. Certo dia, o presidente nomeia um novo presidente do Fed, conhecido por considerar que a inflação não é um grande problema para a economia.
    a. De que modo essa notícia afetaria o nível de preços que as pessoas esperam que prevaleça?
    b. De que modo essa mudança na expectativa do nível de preços afetaria os salários nominais acordados por trabalhadores e empresas nos contratos de trabalho?
    c. De que modo essa mudança nos salários nominais afetaria a lucratividade da produção de bens e serviços em qualquer nível de preços?
    d. Como essa mudança nos lucros afetaria a curva de oferta agregada de curto prazo?
    e. Se a demanda agregada permanecer constante, de que modo o deslocamento da curva de oferta agregada afetará o nível de preços e a quantidade de bens produzidos?
    f. Você acha que a nomeação desse presidente do Fed foi uma boa decisão?
8. Explique se cada um dos eventos a seguir desloca a curva de oferta agregada de curto prazo, a curva de demanda agregada, ambas ou nenhuma delas. Para cada evento que desloque uma curva, faça um diagrama para ilustrar o efeito sobre a economia.
    a. As famílias decidem poupar uma parte maior de sua renda.
    b. As plantações de laranja da Flórida sofrem um período prolongado de temperaturas abaixo de zero.
    c. Um aumento nas oportunidades de trabalho no exterior leva muitas pessoas a saírem do país.
9. Para cada um dos eventos a seguir, explique os efeitos de curto e de longo prazo sobre a produção e o nível de preços, supondo que os formuladores de políticas não tomem nenhuma atitude.
    a. O mercado de ações cai abruptamente, reduzindo a riqueza dos consumidores.
    b. O governo federal aumenta suas despesas em defesa nacional.
    c. Um avanço tecnológico aumenta a produtividade.
    d. Uma recessão no exterior leva os estrangeiros a comprar menos bens dos Estados Unidos.

10. Suponha que as empresas fiquem muito otimistas em relação às condições de negócios futuras e invistam pesadamente em novos equipamentos de capital.
    a. Use um gráfico de demanda agregada/oferta agregada para mostrar os efeitos de curto prazo desse otimismo sobre a economia. Legende com atenção os novos níveis de preços e a nova produção real. Descreva por que a quantidade agregada da produção **ofertada** muda.
    b. Agora, use o diagrama da parte (a) para mostrar o novo equilíbrio da economia no longo prazo (por enquanto, suponha que não haja mudança na curva de oferta agregada de longo prazo). Descreva por que a quantidade agregada da produção **demandada** muda entre o curto e o longo prazo.
    c. Como o aumento de investimento poderia afetar a curva de oferta agregada de longo prazo? Explique.

Respostas do teste rápido

1. **c** 2. **d** 3. **c** 4. **a** 5. **b** 6. **b** 7. **d** 8. **d** 9. **d** 10. **c** 11. **a** 12. **c**

Capítulo 35

A influência das políticas monetária e fiscal sobre a demanda agregada

Imagine que você seja membro do Comitê Federal de Mercado Aberto (FOMC, Federal Open Market Committee), o grupo do Federal Reserve responsável por definir a política monetária. Você observa que o presidente e o Congresso concordaram em aumentar os impostos para reduzir o déficit orçamentário. Como o Fed deve responder a essa mudança na política fiscal? A política monetária adotada deve ser expansionista, contracionista ou continuar como está?

Para responder a essa pergunta, teremos de considerar o impacto das políticas monetária e fiscal sobre a economia. No capítulo anterior, usamos o modelo de demanda agregada e oferta agregada para explicar as flutuações econômicas de curto prazo. Vimos que os deslocamentos nas curvas de oferta agregada e de demanda agregada provocam flutuações na produção geral de bens e serviços e no nível geral de preços. Como observamos, as políticas monetária e fiscal podem, cada uma delas, influenciar a demanda agregada. Portanto, uma alteração em uma dessas políticas pode levar a flutuações de curto prazo na produção e nos preços. Os formuladores de políticas podem querer ajustar a outra política em resposta a essas flutuações.

Este capítulo examina com mais detalhes como as ferramentas políticas governamentais influenciam a posição da curva de demanda agregada. Esses instrumentos incluem a política monetária

(as operações de mercado aberto conduzidas pelo banco central e a taxa de juros que ele paga sobre as reservas) e a política fiscal (os níveis de gastos públicos e tributação definidos pelo presidente e pelo Congresso). Já discutimos anteriormente os efeitos de longo prazo dessas políticas. Os Capítulos 26 e 27 mostraram como a política fiscal afeta a poupança, o investimento e o crescimento econômico no longo prazo. Os Capítulos 30 e 31 examinaram como a política monetária influencia o nível de preços no longo prazo. Agora, veremos como esses instrumentos de política podem deslocar a curva de demanda agregada e, ao fazê-lo, afetar as variáveis macroeconômicas no curto prazo.

Além das políticas monetária e fiscal, muitos fatores influenciam a demanda agregada. Entre eles, a despesa desejada pelas famílias e empresas. Quando a despesa desejada muda, a demanda agregada se desloca, e, se os formuladores de políticas não respondem a essa mudança, os deslocamentos causam flutuações de curto prazo na produção e no emprego. Algumas vezes, os formuladores de políticas monetárias e fiscais usam os instrumentos de que dispõem para tentar contrabalançar esses efeitos e estabilizar a economia. A teoria por trás dessas medidas políticas e algumas das dificuldades que surgem quando se tenta colocá-las em prática são o foco deste capítulo.

35-1 Como a política monetária influencia a demanda agregada

A curva de demanda agregada mostra a quantidade total de bens e serviços demandada na economia para qualquer nível de preços. O capítulo anterior discutiu três motivos para a inclinação negativa da curva:

- **O efeito riqueza:** um nível de preços menor eleva o valor real das disponibilidades monetárias pelas famílias, que compõem parte de sua riqueza. Maior riqueza estimula as despesas de consumo e, portanto, aumenta a quantidade demandada de bens e serviços.
- **O efeito taxa de juros:** um nível de preços mais baixo reduz a quantidade de moeda que as pessoas desejam manter. À medida que as pessoas tentam emprestar o dinheiro excedente, a taxa de juros cai. Uma taxa de juros mais baixa estimula os gastos de investimento e, assim, aumenta a quantidade demandada de bens e serviços.
- **O efeito taxa de câmbio:** quando um nível de preços menor reduz a taxa de juros, os investidores transferem parte de seus fundos para o exterior em busca de maiores retornos. Esse movimento provoca queda no valor da moeda local no mercado de câmbio. Os bens domésticos se tornam mais baratos em relação aos externos. E essa mudança na taxa real de câmbio estimula as despesas com exportações líquidas, aumentando, assim, a quantidade demandada de bens e serviços.

Esses três efeitos atuam simultaneamente, aumentando a quantidade demandada de bens e serviços quando o nível de preços cai. E o oposto ocorre quando o nível de preços sobe.

Embora os três efeitos ajudem a explicar a inclinação negativa da curva de demanda agregada, eles não são igualmente importantes. Como o dinheiro disponível pelas famílias representa uma parte pequena da sua riqueza, o efeito riqueza é o menos importante. Além disso, como as exportações e importações representam apenas uma pequena fração do produto interno bruto (PIB) dos Estados Unidos, o efeito taxa de câmbio não é grande para a economia do país. (Esse efeito é muito mais relevante para países menores, pois eles normalmente exportam e importam uma fração maior de seu PIB.) **Para a economia estadunidense, a razão mais importante para a inclinação negativa da curva de demanda agregada é o efeito taxa de juros.**

Por isso, examinaremos em mais detalhes a determinação de curto prazo da taxa de juros, desenvolvendo a chamada **teoria da preferência pela liquidez**. Essa teoria das taxas de juros ajuda a explicar a inclinação negativa da curva de demanda agregada e como as

teoria da preferência pela liquidez
teoria de Keynes, segundo a qual a taxa de juros se ajusta para equilibrar a oferta e a demanda por moeda

políticas monetária e fiscal deslocam a curva. Ela é útil para analisar as causas de flutuações no curto prazo e as possíveis respostas dos formuladores de políticas.

35-1a Teoria da preferência pela liquidez

Em seu clássico livro *Teoria geral do emprego, do juro e da moeda,* John Maynard Keynes propôs a teoria da preferência pela liquidez para explicar os fatores que determinam a taxa de juros da economia. A teoria é, essencialmente, apenas uma aplicação da oferta e da demanda. De acordo com Keynes, a taxa de juros se ajusta para equilibrar a oferta de moeda e a demanda por moeda.

Você talvez se lembre de que os economistas estabelecem uma distinção entre duas taxas de juros: a **taxa de juros nominal**, que é a taxa de juros tal como normalmente noticiada, e a **taxa de juros real**, que é a taxa de juros corrigida pela inflação. Quando não há inflação, as duas taxas são iguais. Contudo, quando tomadores e credores esperam que os preços aumentem ao longo do período do empréstimo, eles concordam com uma taxa de juros nominal que exceda a taxa de juros real por meio da taxa esperada de inflação. A taxa de juros nominal maior compensa o fato de esperarem que o empréstimo seja pago em dólares com menor valor.

Qual taxa de juros estamos tentando explicar com a teoria da preferência pela liquidez? A resposta é: ambas. Na análise que se segue, mantemos constante a taxa de inflação esperada. Essa hipótese é razoável para o estudo da economia no curto prazo, porque a inflação esperada tende a ser estável em períodos curtos. Nesse caso, as taxas de juros nominal e real diferem por uma constante: quando a taxa de juros nominal aumenta ou diminui, a taxa de juros real que as pessoas esperam obter aumenta ou diminui na mesma magnitude. No restante deste capítulo, as mudanças da taxa de juros se referem às taxas de juros real e nominal.

Agora, vamos desenvolver a teoria da preferência pela liquidez, considerando a oferta e a demanda por moeda.

Oferta de moeda A primeira parte da teoria da preferência pela liquidez é a oferta de moeda. Conforme discutido no Capítulo 30, o Federal Reserve controla a oferta de moeda nos Estados Unidos. Historicamente, o Fed altera a oferta de moeda principalmente alterando a quantidade de reservas no sistema bancário através da compra e venda de títulos do governo em operações no mercado aberto. Quando o Fed compra títulos do governo, os dólares que ele paga pelos títulos geralmente são depositados nos bancos e, assim, somados às reservas bancárias. Quando o Fed vende títulos do governo, os dólares que recebe por eles são retirados do sistema bancário, e as reservas bancárias diminuem. Essas alterações nas reservas bancárias, por sua vez, levam a mudanças na capacidade de os bancos concederem empréstimos e criarem moeda. Assim, o Fed pode alterar a oferta de moeda.

Além das operações no mercado aberto, o Fed pode influenciar a oferta de moeda usando diversas outras ferramentas. Uma opção, usada recentemente pelo Fed, é alterar a taxa de juros que ele paga sobre as reservas. Por exemplo, uma redução nessa taxa de juros desestimula os bancos a manter reservas, incentivando o aumento dos empréstimos bancários e, por sua vez, a oferta de moeda. Por outro lado, um aumento na taxa de juros estimula os bancos a manter reservas, reduzindo os empréstimos bancários e a oferta de moeda. O Fed também pode alterar a oferta de moeda modificando o depósito compulsório (a quantidade de reservas que os bancos precisam manter em relação aos depósitos) ou a taxa de redesconto (a taxa de juros que o Fed cobra dos bancos pelo empréstimo de reservas).

Esses detalhes sobre o controle monetário são importantes para a implementação da política do Fed, mas não são cruciais para este capítulo. Nosso objetivo é examinar como as alterações na oferta de moeda afetam a demanda agregada por bens e serviços. Para isso, a teoria da preferência pela liquidez assume a hipótese simplificadora de que o Fed controla a oferta de moeda diretamente.

Como a quantidade de moeda ofertada na economia é fixa, não importa qual seja o nível definido pelo Fed, ela não depende da taxa de juros vigente. Representamos uma oferta de moeda fixa com uma curva de oferta vertical, como a da Figura 35-1.

Figura 35-1
Equilíbrio no mercado de moeda

De acordo com a teoria da preferência pela liquidez, a taxa de juros se ajusta para equilibrar a quantidade de moeda ofertada e a quantidade de moeda demandada. Se a taxa de juros estiver acima do nível de equilíbrio (como em r_1), a quantidade de moeda que as pessoas desejarão manter consigo (M_1^d) será menor que a quantidade criada pelo Fed, e esse excesso pressionará a taxa de juros para baixo. Inversamente, se a taxa de juros estiver abaixo do nível de equilíbrio (como em r_2), a quantidade de moeda que as pessoas desejarão manter (M_2^d) será maior que a quantidade criada pelo Fed, e essa escassez de moeda pressionará a taxa de juros para cima. Dessa forma, a teoria afirma que as forças de oferta e demanda no mercado de moeda levam a taxa de juros na direção do nível de equilíbrio, em que as pessoas estão satisfeitas em manter a quantidade de moeda criada pelo Fed.

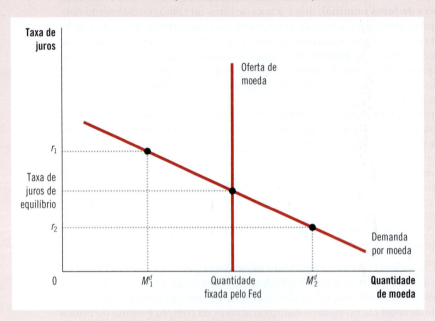

Demanda por moeda A segunda parte da teoria da preferência pela liquidez é a demanda por moeda. Lembre-se de que a **liquidez** de um ativo se refere à facilidade com a qual ele pode ser convertido no meio de troca da economia. Como a moeda é o meio de troca da economia, trata-se do ativo com maior liquidez disponível. Essa liquidez explica por que sempre há demanda por moeda: as pessoas optam por ter moeda em vez de outros ativos que oferecem taxas de retorno mais elevadas porque podem usá-la para comprar bens e serviços.

Embora muitos fatores determinem a quantidade de moeda demandada, a teoria da preferência pela liquidez enfatiza a taxa de juros porque ela representa o custo de oportunidade de reter moeda. Ou seja, ao acumular riqueza na forma de dinheiro vivo, em vez de um título que rende juros ou um depósito bancário, você perde os juros que poderia ter ganhado. Um aumento na taxa de juros eleva o custo de reter moeda e, consequentemente, reduz a quantidade de moeda demandada. Por outro lado, uma queda na taxa de juros reduz o custo de reter moeda e eleva a quantidade demandada. É por isso que, como mostra a Figura 35-1, a curva de demanda de moeda tem inclinação negativa.

Equilíbrio no mercado monetário De acordo com a teoria da preferência pela liquidez, a taxa de juros se ajusta para equilibrar a oferta de moeda e a demanda por moeda. Há uma taxa de juros, chamada **taxa de juros de equilíbrio**, na qual a quantidade de moeda demandada equilibra exatamente a quantidade de moeda ofertada. Se a taxa de juros estiver em qualquer outro nível, as pessoas tentarão ajustar suas carteiras de ativos monetários e não monetários e, como resultado, levarão a taxa de juros em direção ao equilíbrio.

Por exemplo, suponha que a taxa de juros esteja acima do nível de equilíbrio, como em r_1, na Figura 35-1. Nesse caso, a quantidade de moeda que as pessoas desejarão reter, M_1^d, é menor que a quantidade ofertada pelo Fed. As pessoas que mantêm o excesso de oferta de moeda tentarão se livrar dele, comprando títulos que rendem juros ou depositando-o em contas bancárias que rendem juros. Como os emissores de títulos e os bancos preferem pagar taxas de juros mais baixas, eles reagem a esse excesso de moeda reduzindo as taxas que oferecem. À medida que a taxa de juros cai, as pessoas ficam mais dispostas a reter a moeda, até que, à taxa de juros de equilíbrio, elas ficam satisfeitas em reter exatamente a quantidade que o Fed ofertou.

Inversamente, a taxas de juros inferiores ao nível de equilíbrio, como r_2 na Figura 35-1, a quantidade de moeda que as pessoas desejam reter, M_2^d, é maior que a quantidade ofertada pelo Fed. Como resultado, as pessoas tentam aumentar a quantidade de moeda retida, reduzindo suas posições em títulos e outros ativos que rendem juros. À medida que as pessoas reduzem suas posições em títulos, os emissores de títulos percebem que precisam oferecer taxas de juros mais elevadas para atrair compradores. Portanto, a taxa de juros aumenta até atingir o nível de equilíbrio.

SAIBA MAIS — Taxas de juros no longo e curto prazos

Em um capítulo anterior, dissemos que a taxa de juros se ajusta para equilibrar a oferta e a demanda de fundos emprestáveis, ou seja, poupança nacional e investimento desejado, respectivamente. Agora, acabamos de dizer que a taxa de juros se ajusta para equilibrar a oferta e a demanda de moeda. Como conciliar as duas teorias?

Para respondermos a essa pergunta, precisamos considerar três variáveis macroeconômicas: a produção de bens e serviços da economia, a taxa de juros e o nível de preços. Segundo a teoria macroeconômica clássica, que desenvolvemos anteriormente, essas variáveis são determinadas da seguinte maneira:

1. A **produção** é determinada pela oferta de capital e de trabalho e pela tecnologia de produção disponível para converter capital e trabalho em produção (chamamos isso de nível natural de produção).
2. Para qualquer nível de produção, a **taxa de juros** se ajusta para equilibrar a oferta e a demanda por fundos emprestáveis.
3. Dados o produto e a taxa de juros, o **nível de preços** se ajusta para equilibrar a oferta e a demanda por moeda. As variações na oferta de moeda levam a mudanças proporcionais no nível de preços.

Essas são três das proposições essenciais da teoria econômica clássica. A maioria dos economistas acredita que essas proposições descrevem bem o funcionamento da economia **no longo prazo**.

Essas proposições, no entanto, não se sustentam no curto prazo. Como vimos no capítulo anterior, muitos preços se ajustam lentamente a variações na oferta de moeda, e isso se reflete em uma curva de oferta agregada de curto prazo, que tem inclinação positiva em vez de vertical. Como resultado, **no curto prazo**, o nível geral de preços não pode, por si só, equilibrar a oferta e a demanda de moeda. Essa rigidez do nível de preços força a taxa de juros a se mover para trazer o mercado de moeda ao equilíbrio. Essas alterações na taxa de juros, por sua vez, afetam a demanda agregada para bens e serviços. Como a demanda agregada flutua, a produção de bens e serviços da economia se afasta do nível determinado pela oferta de fatores e pela tecnologia.

Para raciocinar sobre as operações da economia no curto prazo (um dia, uma semana, um mês ou um trimestre, um após o outro), é melhor ter em mente a seguinte lógica:

1. O **nível de preços** está fixado em algum ponto (baseado em expectativas previamente formadas) e, no curto prazo, reage relativamente pouco a mudanças das condições econômicas.
2. Para qualquer dado nível de preços, a **taxa de juros** se ajusta para equilibrar a oferta e a demanda por moeda.
3. A taxa de juros que equilibra o mercado monetário influencia a quantidade de bens e serviços demandados e, assim, o nível de **produção**.

Observe que isso inverte precisamente a ordem da análise usada para estudar a economia no longo prazo.

As duas teorias da taxa de juros são úteis para diferentes fins. Quando se pensa nos determinantes de longo prazo das taxas de juros, é melhor lembrar-se da teoria dos fundos emprestáveis, que enfatiza a importância da propensão à poupança e das oportunidades de investimento da economia. Por outro lado, quando se pensa nos determinantes das taxas de juros no curto prazo, é melhor ter em mente a teoria da preferência pela liquidez, que enfatiza a importância da política monetária. ■

35-1b A inclinação negativa da curva de demanda agregada

Tendo visto como a teoria da preferência pela liquidez explica a taxa de juros de equilíbrio da economia, vamos agora considerar as implicações da teoria para a demanda agregada por bens e serviços. Como exercício de aquecimento, começaremos usando a teoria para reexaminar um tópico que já debatemos: o efeito taxa de juros e a inclinação negativa da curva de demanda agregada. Mais especificamente, suponha que o nível geral de preços da economia aumente. O que acontecerá com a taxa de juros que equilibra a oferta e a demanda por moeda e como essa mudança afeta a quantidade de bens e serviços demandada?

Como discutimos no Capítulo 31, o nível de preços é um determinante da quantidade de moeda demandada. A preços mais elevados, mais moeda é trocada cada vez que um bem ou serviço é vendido. Como resultado, as pessoas optam por reter uma maior quantidade de moeda. Isto é, um nível de preços maior eleva a quantidade de moeda demandada para qualquer taxa de juros. Assim, um aumento no nível de preços de P_1 para P_2 desloca a curva de demanda de moeda para a direita, de DM_1 para DM_2, como mostra o painel (a) da Figura 35-2.

Esse deslocamento na demanda por moeda afeta o equilíbrio no mercado. Como mostra a figura, a taxa de juros precisa aumentar para equilibrar a oferta e a demanda por moeda. Como o maior nível de preços aumentou a quantidade de moeda que as pessoas desejam reter, a curva de demanda por moeda se deslocou para a direita. No entanto, a quantidade de moeda ofertada permanece a mesma, de modo que a taxa de juros precisa aumentar de r_1 para r_2, a fim de desestimular a demanda adicional.

Figura 35-2
O mercado de moeda e a inclinação da curva de demanda agregada

Um aumento no nível de preços de P_1 para P_2 desloca a curva de demanda por moeda para a direita, como no painel (a). Esse aumento na demanda por moeda faz a taxa de juros subir de r_1 para r_2. Como a taxa de juros é o custo dos empréstimos, o aumento da taxa reduz a quantidade demandada de bens e serviços de Y_1 para Y_2. Essa relação negativa entre o nível de preços e a quantidade demandada é representada por uma curva de demanda agregada com inclinação negativa, como a do painel (b).

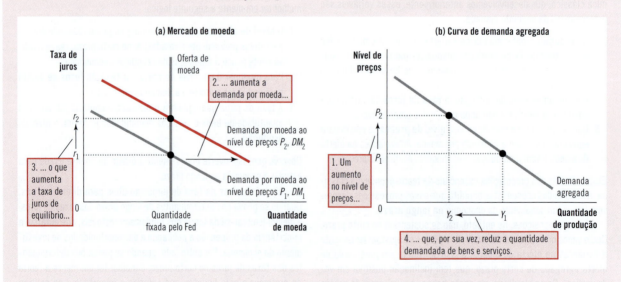

Esse aumento na taxa de juros tem consequências não só para o mercado monetário, mas também para a quantidade demandada de bens e serviços, como mostra o painel (b). A uma taxa de juros mais elevada, o custo de tomar empréstimos e o rendimento da poupança são maiores. Menos famílias optam por tomar empréstimos para comprar uma nova moradia, e aquelas que o fazem compram residências menores, de modo que a demanda por investimento residencial diminui. Menos empresas optam por construir novas fábricas e comprar novos equipamentos, de modo que o investimento das empresas diminui. Portanto, quando o nível de preços se eleva de P_1 para P_2, aumentando a demanda por moeda de DM_1 para DM_2 e elevando a taxa de juros de r_1 para r_2, a quantidade de bens e serviços demandada cai de Y_1 para Y_2.

Essa análise do efeito taxa de juros pode ser resumida em três etapas: (1) um nível de preços mais elevado aumenta a demanda por moeda, (2) a maior demanda por moeda leva a uma maior taxa de juros e (3) uma taxa de juros mais alta reduz a quantidade demandada de bens e serviços. A mesma lógica também se aplica a uma queda no nível de preços: um nível de preços mais baixo reduz a demanda por moeda, provocando uma redução na taxa de juros e um aumento na quantidade demandada de bens e serviços. O resultado final dessa análise é uma relação negativa entre o nível de preços e a quantidade demandada de bens e serviços, ilustrada por uma curva de demanda agregada de inclinação negativa.

35-1c Variações na oferta de moeda

Até aqui, usamos a teoria da preferência pela liquidez para explicar mais completamente como a quantidade demandada total de bens e serviços da economia muda à medida que o nível de preços se altera. Isto é, examinamos movimentos ao longo da curva de demanda agregada de inclinação negativa. Contudo, a teoria também lança luz sobre alguns dos outros eventos que alteram a quantidade demandada de bens e serviços. Sempre que a quantidade demandada de bens e serviços muda **para qualquer nível de preços**, a curva de demanda agregada se desloca.

Uma variável importante que desloca a curva de demanda agregada é a política monetária. Para entender como isso acontece, suponha que o Fed aumente a oferta de moeda comprando títulos do governo em operações de mercado aberto (a razão para o Fed fazer isso ficará clara mais adiante). Consideremos de que maneira essa injeção monetária influencia o equilíbrio da taxa de juros para um nível de preço dado. Isso nos dirá o que a injeção faz com a posição da curva de demanda agregada.

Como mostra o painel (a) da Figura 35-3, um aumento na oferta de moeda desloca a curva de oferta de moeda para a direita, de OM_1 para OM_2. Uma vez que a curva de demanda de moeda não se altera, a taxa de juros cai de r_1 para r_2, para equilibrar a oferta de moeda e a demanda por moeda. Ou seja, a taxa de juros precisa cair para induzir as pessoas a reter a moeda adicional criada pelo Fed, restaurando, assim, o equilíbrio no mercado monetário.

Novamente, a taxa de juros influencia a quantidade demandada de bens e serviços, como mostra o painel (b) da Figura 35-3. A taxa de juros menor reduz o custo dos empréstimos e o retorno da poupança. As famílias compram mais casas e de maior tamanho, estimulando a demanda por investimento residencial. As empresas gastam mais em novas fábricas e equipamentos, estimulando o investimento empresarial. Como resultado, a quantidade demandada de bens e serviços a um dado nível de preços $\overline{P}$ aumenta de Y_1 para Y_2. Não há nada de especial a respeito de $\overline{P}$: a injeção monetária eleva a quantidade de bens e serviços demandada para todos os níveis de preços. Portanto, toda a curva de demanda agregada desloca-se para a direita.

Em resumo: **quando o Fed aumenta a oferta de moeda, ele reduz a taxa de juros e aumenta a quantidade demandada de bens e serviços para qualquer nível de preços, deslocando a curva de demanda agregada para a direita. De maneira inversa, quando o Fed contrai a oferta de moeda, ele aumenta a taxa de juros e reduz a quantidade demandada de bens e serviços para qualquer nível de preços, deslocando a curva de demanda agregada para a esquerda.**

Figura 35-3

Uma injeção de moeda

No painel (a), um aumento da oferta de moeda de OM_1 para OM_2 reduz a taxa de juros de equilíbrio de r_1 para r_2. Quando a taxa de juros cai, o custo dos empréstimos diminui, elevando a quantidade demandada de bens e serviços a um nível de preços dado de Y_1 para Y_2. Portanto, no painel (b), a curva de demanda agregada desloca-se para a direita, de DA_1 para DA_2.

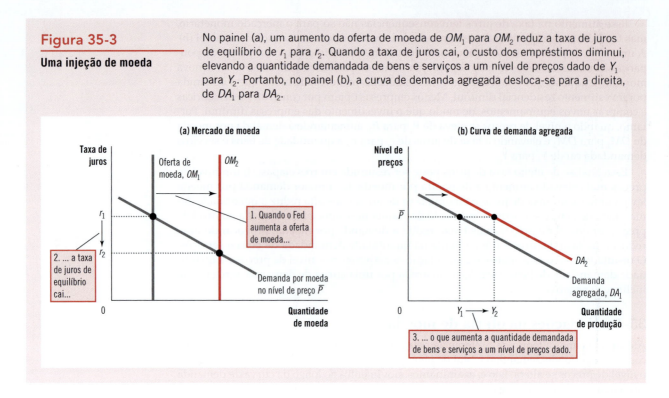

35-1d O papel das metas das taxas de juros na política do Fed

Como o Federal Reserve afeta a economia? Até aqui, este livro tratou a oferta de moeda como o instrumento de política do Fed. Por exemplo, quando o Fed compra títulos do governo em operações de mercado aberto, ele aumenta a oferta de moeda e expande a demanda agregada. Quando o Fed vende títulos do governo em operações de mercado aberto, ele diminui a oferta de moeda e contrai a demanda agregada.

Pensar na oferta monetária é um bom ponto de partida, mas outra perspectiva é útil quando analisamos a política recente. Algumas vezes, no passado, o Fed definiu uma meta para a oferta de moeda, mas esse não é mais o caso. Agora, o Fed conduz sua política, em grande parte, estabelecendo uma meta para a **taxa dos fundos federais** – a taxa de juros que os bancos cobram uns dos outros por empréstimos de curto prazo. Essa meta é reavaliada a cada seis semanas em reuniões do FOMC.

Há várias razões para o Fed usar a taxa de fundos federais como meta. Uma delas é que é difícil medir a oferta de moeda com precisão. Outra é que a demanda por moeda varia. Para cada oferta de moeda, essas flutuações podem provocar mudanças nas taxas de juros, na demanda agregada e na produção. Todavia, quando o Fed define a taxa de fundos federais como meta, ele basicamente acomoda as flutuações cotidianas na demanda por moeda ao ajustar, da mesma forma, a oferta de moeda.

A decisão do Fed de estabelecer uma meta para a taxa de juros não altera fundamentalmente nossa análise da política monetária. A teoria da preferência pela liquidez estabelece um princípio importante: **a política monetária pode ser descrita tanto em termos de oferta de moeda quanto de taxa de juros**. Quando o Fed define uma meta para a taxa de fundos federais de, por exemplo, 4%, ele se compromete a ajustar a oferta de moeda para fazer o equilíbrio no mercado de moeda chegar a essa meta.

Como resultado, as mudanças na política monetária podem ser vistas como uma alteração na meta da taxa de juros ou como variações na oferta de moeda. Quando se lê no jornal que "o Fed reduziu a taxa de fundos federais de 4 para 3%", devemos entender que a oferta de moeda está sendo ajustada para chegar à meta. Quando o Fed reduz a meta de fundos federais, ele aumenta a oferta de moeda e reduz a taxa de juros de equilíbrio (como na Figura 35-3). Por sua vez, quando o Fed eleva a meta, ele reduz a oferta de moeda e aumenta a taxa de juros de equilíbrio.

Essa ligação entre a meta da taxa de juros do Fed e a oferta de moeda passou a ser praticamente automática em 2008, quando a entidade introduziu os juros sobre as reservas como um instrumento político. A taxa segundo a qual os bancos emprestarão no mercado de fundos federais está intimamente ligada ao que eles podem ganhar quando mantêm reservas no Fed. Quando o Fed reduz sua meta de fundos federais, ele também reduz os juros pagos sobre as reservas, aumentando a oferta de moeda, já que os bancos concedem mais empréstimos à população. Quando o Fed aumenta a meta de fundos federais, ele aumenta também a taxa de juros sobre as reservas, reduzindo a oferta de moeda, já que os bancos cortam os empréstimos.

A lição é bem simples: **alterações na política monetária voltadas para expandir a demanda agregada podem ser descritas como um aumento da oferta de moeda ou como uma redução da taxa de juros. Alterações na política monetária que visam a contrair a demanda agregada podem ser descritas como uma redução da oferta de moeda ou como um aumento da taxa de juros.**

Estudo de caso

Por que o Fed monitora a bolsa de valores (e vice-versa)

"O mercado de ações previu nove das últimas cinco recessões", afirmou Paul Samuelson, o grande economista (e autor). Samuelson estava totalmente certo a respeito dos poderes pouco eficazes do mercado de ações de prever o futuro. Esse mercado é altamente volátil e frequentemente dá sinais errados sobre o futuro da atividade econômica.

Contudo, às vezes, os preços das ações refletem acontecimentos econômicos mais amplos. A expansão econômica da década de 1990, por exemplo, não se manifestou apenas na rapidez do crescimento do PIB e da queda do desemprego, mas também na alta dos preços das ações, que aumentaram cerca de quatro vezes durante essa década. Da mesma forma, a Grande Recessão de 2008 e 2009 se refletiu na queda dos preços das ações: de novembro de 2007 a março de 2009, a bolsa de valores perdeu aproximadamente metade de seu valor. A grave crise econômica durante a pandemia de 2020 foi refletida por uma queda de 34% nos preços das ações de 14 de fevereiro a 23 de março daquele ano.

Como o Fed deveria responder às flutuações da bolsa de valores? Ele não tem motivo para se preocupar com o preço das ações, por si só, mas é responsável por monitorar e responder aos eventos na economia como um todo, e a bolsa de valores é uma peça desse quebra-cabeça. Quando a bolsa de valores cresce, as famílias ficam mais ricas, e esse aumento na riqueza estimula os gastos de consumo. Além disso, a alta nos preços das ações torna a venda de participação mais atrativa para as empresas, aumentando os gastos de investimento. Por esses dois motivos, uma bolsa de valores em expansão aumenta a demanda agregada por bens e serviços.

Como discutiremos melhor mais adiante no capítulo, um dos objetivos do Fed é estabilizar a demanda agregada, o que, por sua vez, traz maior estabilidade para a produção e o nível de preços. Para promover a estabilidade, o Fed pode responder a uma alta na bolsa de valores mantendo a oferta de moeda mais baixa e as taxas de juros mais altas. Os efeitos contracionistas de uma política monetária mais restritiva compensariam os efeitos expansionistas dos preços mais elevados das ações. Na verdade, o Fed manteve as taxas de juros reais mais elevadas, em comparação com padrões históricos, durante o aumento da bolsa de valores no final da década de 1990.

O oposto acontece quando a bolsa de valores cai. Nesses casos, os gastos de consumo e investimento tendem a cair, reduzindo a demanda agregada e levando a economia a uma recessão. Para estabilizar a demanda agregada, o Fed pode aumentar a oferta de moeda e baixar as taxas de juros. Em 19 de outubro de 1987, por exemplo, a bolsa de valores caiu 22,6% – uma das maiores quedas diárias da história. O Fed respondeu a essa queda reduzindo a taxa de fundos federais de 7,7% no início de outubro para 6,6% no final daquele mês. Em parte devido à ação rápida do Fed, a economia evitou uma recessão. Da mesma forma, como discutimos no capítulo anterior, o Fed também reduziu as taxas de juros durante a crise econômica e a queda da bolsa de valores de 2008 e 2009, mas, na ocasião, a política monetária não foi suficiente para evitar uma recessão profunda. A entidade monetária também reduziu significativamente as taxas de juros durante a queda da bolsa induzida pela pandemia, em 2020.

Enquanto o Fed monitora o mercado de ações, os participantes desse mercado também monitoram o Fed. Mudanças na política monetária podem influenciar as valorizações da bolsa. Por exemplo, quando o Fed aumenta as taxas de juros, os preços das ações normalmente caem. Como os títulos que rendem juros são uma alternativa às ações, uma taxa de juros mais elevada reduz o valor presente dos fluxos de caixa futuros associados à propriedade de ações. Além disso, uma política monetária mais restritiva diminui a demanda por bens e serviços, reduzindo a atividade econômica e os lucros das empresas. ●

35-1e O limite inferior zero

Assim, a política monetária atua por meio das taxas de juros. Isso levanta uma questão: e se a meta da taxa de juros do Fed cair o máximo possível? Na Grande Recessão de 2008-2009 e durante a recessão do coronavírus, em 2020, a taxa de fundos federais caiu para quase zero. Nessa situação, o que a política monetária poderia fazer, se é que há alguma alternativa, para estimular a economia?

Alguns economistas descrevem essa situação como uma **armadilha de liquidez**. De acordo com a *teoria da preferência pela liquidez*, a política monetária expansionista funciona reduzindo as taxas de juros e estimulando os gastos de investimento. No entanto, se as taxas de juros já tiverem chegado a quase zero, então, talvez, a política monetária não seja mais eficaz. As taxas de juros nominais não podem cair abaixo de zero: em vez de fazer um empréstimo a uma taxa de juros nominal negativa, uma pessoa apenas manteria o dinheiro. Nesse ambiente, a política monetária expansionista eleva a oferta de moeda, tornando a carteira de ativos públicos mais líquida. No entanto, como as taxas de juros não podem cair ainda mais, a liquidez extra pode não ter nenhum efeito. A demanda agregada, a produção e o emprego podem ficar "presos" em níveis baixos.

Outros economistas são céticos sobre a relevância das armadilhas de liquidez e acreditam que o banco central continua tendo ferramentas para expandir a economia, até mesmo após a meta da taxa de juros atingir seu limite inferior igual a zero. Uma opção é o banco central se comprometer a manter as taxas de juros baixas por um período mais longo. Esse tipo de política costuma ser chamado de *forward guidance* (orientação futura). Mesmo que a meta atual do banco central para a taxa de juros não caia mais, a promessa de que as taxas permanecerão baixas pode ajudar a estimular os gastos de investimento.

Outra opção é que o banco central conduza operações expansionistas de mercado aberto usando uma variedade maior de instrumentos financeiros. Normalmente, o Fed conduz essas operações comprando títulos governamentais de curto prazo, mas ele também pode comprar títulos garantidos por hipoteca e títulos do governo de longo prazo para baixar as taxas de juros desses tipos de empréstimos. Esse tipo de política monetária não convencional recebe o nome de **flexibilização quantitativa**,* porque aumenta a quantidade de reservas dos bancos. Durante a Grande Recessão e a crise do coronavírus, o Fed praticou o *forward guidance* e a flexibilização quantitativa.

---

*N. de R.T. Também conhecida como *afrouxamento monetário*, *afrouxamento quantitativo* e, até mesmo, pela denominação em inglês: *quantitative easing*.

Alguns economistas sugeriram que a possibilidade de atingir o limite inferior zero das taxas de juros justifica o estabelecimento da meta da inflação bem acima de zero. Sob inflação zero, a taxa de juros real, assim como a taxa de juros nominal, nunca pode cair abaixo de zero. Contudo, se a taxa normal de inflação for, digamos, 4%, o banco central poderá facilmente empurrar a taxa de juros real para 4% negativo, reduzindo a taxa de juros nominal para zero. Com uma meta de inflação mais elevada, os formuladores de políticas têm mais espaço para estimular a economia quando necessário, reduzindo o risco de atingir o limite inferior zero e cair em uma armadilha de liquidez.

Teste rápido

1. De acordo com a teoria de preferência pela liquidez, a taxa de juros de uma economia se ajusta
   a. para equilibrar oferta e demanda de fundos emprestáveis.
   b. para equilibrar oferta e demanda de moeda.
   c. igualmente às mudanças na inflação esperada.
   d. para se igualar à taxa de juros vigente nos mercados financeiros mundiais.

2. Se o banco central quer reduzir a demanda agregada, ele pode _____ a oferta de demanda e, consequentemente, _____ a taxa de juros.
   a. aumentar; aumentar
   b. aumentar; reduzir
   c. reduzir; aumentar
   d. reduzir; reduzir

3. A meta do Fed para a taxa de fundos federais
   a. é um instrumento político adicional para o banco central, independentemente da oferta de moeda.
   b. obriga o Fed a definir uma determinada oferta de moeda para atingir a meta anunciada.
   c. é um objetivo raramente alcançado, porque o Fed só pode determinar a oferta de moeda.
   d. é importante apenas para os bancos que requisitam e concedem empréstimos de fundos federais, mas não influencia a demanda agregada.

As respostas estão no final do capítulo.

35-2 Como a política fiscal influencia a demanda agregada

O governo pode influenciar o comportamento da economia não apenas com a política monetária, mas também com a política fiscal. A **política fiscal** compreende as escolhas do governo quanto ao nível geral de compras governamentais e impostos. Já vimos de que maneira a política fiscal influencia a poupança, o investimento e o crescimento no longo prazo. No curto prazo, contudo, o principal efeito da política fiscal se dá sobre a demanda agregada de bens e serviços.

política fiscal
estabelecimento dos níveis de gastos públicos e tributação pelos formuladores de políticas governamentais

35-2a Alterações nos gastos do governo

Quando os formuladores de políticas alteram a oferta de moeda ou o nível dos impostos, eles deslocam indiretamente a curva de demanda agregada, influenciando as decisões de despesas das famílias e das empresas. Por outro lado, quando o governo altera suas próprias compras de bens e serviços, ele desloca diretamente a curva de demanda agregada.

Suponha, por exemplo, que o Departamento de Defesa dos Estados Unidos faça à Boeing, a fabricante de aeronaves, uma encomenda de $ 20 bilhões em novos aviões de combate. Essa encomenda eleva a demanda pela produção da Boeing, induzindo a empresa a contratar mais empregados e a aumentar a produção. Para a economia geral, o aumento na demanda por seus aviões significa um aumento na quantidade total de bens e serviços demandada a qualquer nível de preços. Como resultado, a curva de demanda agregada desloca-se para a direita.

Essa encomenda de $ 20 bilhões do governo deslocaria a curva de demanda agregada em que medida? É fácil pensar que a curva de demanda agregada se deslocará para a direita em exatamente $ 20 bilhões. Acontece, porém, que esse não é o caso. Dois efeitos macroeconômicos fazem o tamanho desse deslocamento na demanda agregada não ser igual à variação nos gastos do governo. O primeiro – o efeito multiplicador – sugere que o deslocamento na demanda agregada poderia ser **maior** do que $ 20 bilhões. O segundo – o efeito deslocamento (*crowding-out*) – sugere que o deslocamento na demanda agregada poderia ser **menor** do que $ 20 bilhões. Iremos discutir cada um desses efeitos.

35-2b O efeito multiplicador

Quando o governo gasta $ 20 bilhões em bens da Boeing, essa compra tem repercussões. O impacto imediato é o aumento do emprego e dos lucros na Boeing. Então, como os trabalhadores passam a ter maiores salários, e os proprietários da empresa, maiores lucros, eles respondem a esse aumento na renda aumentando suas despesas de bens de consumo. Como resultado, a compra que o governo faz da Boeing eleva a demanda por produtos de muitas outras empresas da economia. Uma vez que cada dólar gasto pelo governo pode aumentar a demanda agregada por bens e serviços em mais de um dólar, diz-se que os gastos do governo têm um **efeito multiplicador** sobre a demanda agregada.

> **efeito multiplicador**
> deslocamentos adicionais na demanda agregada que ocorrem quando uma política fiscal expansionista aumenta a renda e, portanto, as despesas de consumo

O efeito multiplicador continua mesmo depois dessa primeira rodada. Quando as despesas de consumo aumentam, as empresas que produzem esses bens contratam mais pessoas e registram maiores lucros. Os maiores salários e lucros estimulam novamente as despesas de consumo, e assim por diante. Um ciclo de retroalimentação positivo se desenvolve, já que a maior demanda leva a uma renda mais elevada, que, por sua vez, leva a uma demanda ainda maior. Uma vez somados todos esses efeitos, o impacto total sobre a quantidade de bens e serviços demandada pode ser muito maior que o impulso inicial decorrente das maiores despesas do governo.

A Figura 35-4 ilustra o efeito multiplicador. Inicialmente, o aumento de $ 20 bilhões nos gastos do governo desloca a curva de demanda agregada para a direita, de DA_1 para DA_2, em exatos $ 20 bilhões. No entanto, quando os consumidores reagem, elevando suas despesas, a curva de demanda agregada desloca-se ainda mais para DA_3.

Esse efeito multiplicador decorrente da reação das despesas de consumo pode ser reforçado pela reação do investimento aos níveis mais elevados de demanda. Por exemplo, a Boeing poderia reagir à maior demanda por aviões decidindo comprar mais equipamentos ou construindo uma nova fábrica. Nesse caso, a maior demanda do governo impulsionaria uma maior demanda por bens de investimento. Essa influência positiva da demanda por investimento é, por vezes, chamada de **acelerador do investimento**.

35-2c Uma fórmula para o multiplicador dos gastos

Um pouco de álgebra simples nos permite derivar uma fórmula para o tamanho do efeito multiplicador que surge quando um aumento nos gastos do governo induz o aumento das despesas de consumo. Um conceito importante, e que aparece nessa fórmula, é a **propensão marginal a consumir** (*PMgC*) – a fração da renda adicional que uma família consome em vez de poupar. Suponha, por exemplo, que a propensão marginal a consumir seja de ¾. Isto significa que, para cada dólar extra que uma família ganha, ela gasta $ 0,75 (¾ de dólar) e poupa $ 0,25. Com uma *PMgC* de ¾, quando os trabalhadores e proprietários do Boeing ganham $ 20 bilhões do contrato com o governo, eles aumentam sua despesa de consumo em ¾ × $ 20 bilhões, ou $ 15 bilhões.

Para medir o impacto de uma mudança nos gastos do governo sobre a demanda agregada, seguimos os efeitos passo a passo. O processo começa quando o governo gasta $ 20 bilhões e, como resultado, aumenta a renda nacional (salários e lucros) nesse mesmo montante. Com $ 20 bilhões adicionais de renda, os consumidores aumentam os gastos

Figura 35-4
O efeito multiplicador

Um aumento de $ 20 bilhões nos gastos do governo pode deslocar a curva de demanda agregada para a direita em mais de $ 20 bilhões. Esse efeito multiplicador surge porque os aumentos na renda agregada estimulam despesas adicionais por parte dos consumidores.

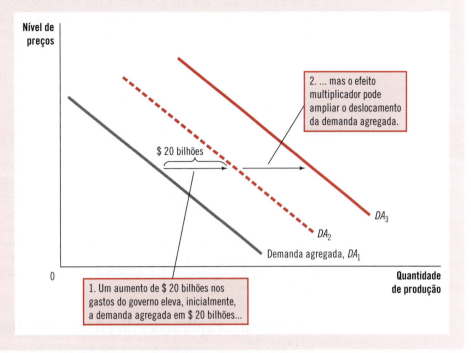

em $PMgC \times$ $ 20 bilhões. Esse gasto de consumo extra aumenta a renda dos trabalhadores e proprietários de empresas que produzem bens de consumo na mesma quantidade. Com esse segundo aumento na renda, os consumidores aumentam seus gastos mais uma vez, dessa vez em $PMgC \times (PMgC \times$ $ 20 bilhões$)$. Esse efeito de retroalimentação continua se repetindo.

Para chegar ao impacto total sobre a demanda por bens e serviços, somamos todos esses efeitos:

Variação nos gastos do governo	=	$ 20 bilhões
Primeira variação no consumo	=	$PMgC \times$ $ 20 bilhões
Segunda variação no consumo	=	$PMgC^2 \times$ $ 20 bilhões
Terceira variação no consumo	=	$PMgC^3 \times$ $ 20 bilhões
•		•
•		•
•		•

Variação total na demanda
$= (1 + PMgC + PMgC^2 + PMgC^3 + \ldots) \times$ $ 20 bilhões.

Aqui, "..." representa um número infinito de termos semelhantes. Podemos escrever o multiplicador da seguinte maneira:

$$\text{Multiplicador} = 1 + PMgC + PMgC^2 + PMgC^3 + \ldots$$

Esse multiplicador nos diz a demanda por bens e serviços que cada dólar de gastos do governo gera. Para simplificar a equação do multiplicador, lembre-se de que, nas aulas de matemática, você aprendeu que essa expressão é uma progressão geométrica infinita. Para x entre -1 e $+1$,

$$1 + x + x^2 + x^3 + \ldots = 1/(1-x).$$

Em nosso caso, $x = PMgC$. Assim,

$$\text{Multiplicador} = 1/(1 - PMgC).$$

Por exemplo, se a *PMgC* é ¾, o multiplicador é 1/(1 – ¾), ou 4. Nesse caso, os $ 20 bilhões de gastos do governo geram $ 80 bilhões em demanda por bens e serviços.

Essa fórmula mostra uma importante conclusão: o tamanho do multiplicador depende da propensão marginal a consumir. Enquanto uma *PMgC* de ¾ leva a um multiplicador de 4, uma *PMgC* de ½ leva a um multiplicador de apenas 2. Portanto, uma maior *PMgC* significa um multiplicador maior. Para entender por que, lembre-se de que o multiplicador surge porque uma renda maior induz a um aumento nas despesas de consumo. Quanto maior é a *PMgC*, mais o consumo responde a uma mudança na renda e maior é o multiplicador.

35-2d Outras aplicações do efeito multiplicador

Em razão do efeito multiplicador, 1 dólar de gastos do governo é capaz de gerar mais que 1 dólar de demanda agregada. A lógica do efeito multiplicador, contudo, não se restringe a variações nos gastos do governo. Pelo contrário, aplica-se a qualquer evento que altere as despesas em qualquer componente do PIB, como consumo, investimento, gastos do governo ou exportações líquidas.

Por exemplo, suponha que uma recessão no exterior reduza a demanda por exportações líquidas dos Estados Unidos em $ 10 bilhões. Essa redução nos gastos com bens e serviços estadunidenses deprime a renda nacional dos Estados Unidos, o que, por sua vez, reduz a despesa dos consumidores estadunidenses. Se a propensão marginal a consumir for de ¾ e o multiplicador for 4, então a queda de $ 10 bilhões nas exportações líquidas significará uma contração de $ 40 bilhões na demanda agregada.

Como outro exemplo, suponha que uma alta na bolsa de valores aumente a renda das famílias e estimule despesas com bens e serviços em $ 20 bilhões. Essa despesa de consumo adicional aumenta a renda nacional, que, por sua vez, gera ainda mais despesas de consumo. Se a propensão marginal a consumir for de ¾ e o multiplicador for 4, então o aumento inicial de $ 20 bilhões em despesas de consumo se traduzirá em um aumento de $ 80 bilhões na demanda agregada.

O multiplicador é um conceito importante em macroeconomia, pois mostra como a economia pode ampliar o impacto de variações nas despesas. Uma pequena variação inicial no consumo, no investimento, nos gastos do governo ou nas exportações líquidas pode acabar tendo um grande efeito sobre a demanda agregada e, portanto, sobre a produção de bens e serviços da economia.

35-2e O efeito deslocamento

O efeito multiplicador parece sugerir que, quando o governo compra $ 20 bilhões em aviões da Boeing, a expansão resultante na demanda agregada é necessariamente maior que $ 20 bilhões. Entretanto, outro efeito opera na direção oposta. Enquanto um aumento nos gastos do governo estimula a demanda agregada por bens e serviços, ele também provoca um aumento na taxa de juros, e uma taxa de juros mais elevada reduz as despesas de investimento e provoca pressão negativa sobre a demanda agregada. A redução na demanda agregada que resulta quando uma expansão fiscal aumenta a taxa de juros é chamada de **efeito deslocamento** (*crowding-out*).

Para entender por que o efeito deslocamento acontece, consideremos o que ocorre no mercado de moeda quando o governo compra aviões da Boeing. O aumento na demanda eleva a renda dos trabalhadores e dos proprietários dessa empresa (e, devido ao efeito multiplicador, também de outras empresas). Como a renda aumenta, as famílias planejam comprar mais bens e serviços e, como resultado, optam por manter uma parcela maior de sua riqueza na forma líquida. Ou seja, o aumento na renda causado pela expansão fiscal eleva a demanda por moeda, e isso pode ter consequências.

O efeito desse aumento na demanda por moeda é mostrado no painel (a) da Figura 35-5. Se o Fed não alterar a oferta de moeda, a curva de oferta vertical permanece a mesma. Quando o maior nível de renda desloca a curva de demanda por moeda para a direita, de DM_1 para DM_2, a taxa de juros precisa se elevar de r_1 para r_2 para manter oferta e demanda equilibradas.

O aumento na taxa de juros, por sua vez, reduz a quantidade demandada de bens e serviços. Mais especificamente, como os empréstimos estão mais custosos, a demanda por bens de investimento empresariais ou residenciais diminui. Ou seja, quando um aumento nos gastos do governo eleva a demanda por bens e serviços, também pode deslocar o investimento. Esse efeito deslocamento compensa parcialmente o impacto dos gastos do governo sobre a demanda agregada, como ilustra o painel (b) da Figura 35-5.

efeito deslocamento
queda na demanda agregada que ocorre quando uma política fiscal expansionista eleva a taxa de juros e, portanto, reduz as despesas de investimento; também conhecido como *crowding-out*.

Figura 35-5
O efeito deslocamento

O painel (a) mostra o mercado de moeda. Quando o governo aumenta seus gastos de bens e serviços, o aumento na renda resultante eleva a demanda por moeda de DM_1 para DM_2, e isso faz a taxa de juros de equilíbrio se elevar de r_1 para r_2. O painel (b) mostra os efeitos sobre a demanda agregada. O impacto inicial do aumento nos gastos do governo desloca a curva de demanda agregada de DA_1 para DA_2. Contudo, como a taxa de juros é o custo dos empréstimos, o aumento na taxa de juros tende a reduzir a quantidade de bens e serviços demandada, especialmente para bens de investimento. Esse deslocamento do investimento contrabalança parcialmente o impacto da expansão fiscal sobre a demanda agregada. No fim, a curva de demanda agregada desloca-se apenas até DA_3.

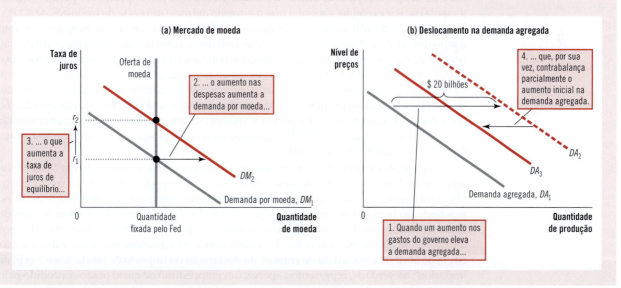

Inicialmente, o aumento nos gastos do governo desloca a curva de demanda agregada de DA_1 para DA_2, mas, uma vez que ocorra o efeito deslocamento, a curva de demanda agregada voltará para DA_3.

Em resumo: **quando o governo eleva seus gastos em $ 20 bilhões, a demanda agregada por bens e serviços pode aumentar mais ou menos $ 20 bilhões, dependendo do tamanho do efeito multiplicador e do efeito deslocamento.** O efeito multiplicador, por si só, provoca um deslocamento na demanda agregada maior que $ 20 bilhões. O efeito deslocamento empurra a curva de demanda agregada para a direção oposta e, se for grande o bastante, pode resultar em um deslocamento na demanda agregada de menos de $ 20 bilhões.

35-2f Alterações nos impostos

Outro instrumento importante da política fiscal, além dos gastos do governo, é a tributação. Quando o governo reduz o imposto de renda das pessoas físicas, por exemplo, ele aumenta a renda disponível das famílias, que pouparão parte dessa renda adicional, mas também gastarão parte dela em bens de consumo. Como os cortes dos impostos aumentam as despesas de consumo, eles deslocam a curva de demanda agregada para a direita. Da mesma forma, um aumento nos impostos reduz o consumo e desloca a curva de demanda agregada para a esquerda.

O tamanho do deslocamento na curva de demanda agregada decorrente de uma alteração nos impostos também é afetado pelos efeitos multiplicador e deslocamento. Quando o governo reduz os impostos e estimula os gastos de consumo, os salários e lucros aumentam, estimulando gastos adicionais – esse é o efeito multiplicador. Ao mesmo tempo, o aumento na renda provoca um crescimento na demanda por moeda, o que, mantendo outros fatores constantes, tende a elevar as taxas de juros. Taxas de juros mais elevadas aumentam o custo dos empréstimos e reduzem os gastos de investimento – esse é o efeito deslocamento. Dependendo da magnitude de cada um dos efeitos, o deslocamento na demanda agregada pode ser maior ou menor que a variação nos impostos que o causou.

Além dos efeitos multiplicador e deslocamento, há outro importante determinante da magnitude do deslocamento na demanda agregada resultante de uma variação nos impostos: a percepção das pessoas quanto à duração da redução dos impostos ser permanente ou temporária. Por exemplo, suponha que o governo anuncie um corte de impostos de $ 1.000 por pessoa. Ao decidir quanto gastar desses $ 1.000, as pessoas devem se perguntar quanto tempo durará essa renda extra. Se elas esperam que o corte de impostos seja permanente, concluirão que ele resultará em um acréscimo substancial a seus recursos financeiros e podem, portanto, aumentar suas despesas de consumo em grande medida. Nesse caso, o corte de impostos provavelmente terá um forte impacto sobre a demanda agregada. No entanto, se as pessoas acreditarem que a mudança nos impostos será temporária, elas concluirão que haverá apenas um leve aumento em seus recursos financeiros e que poderão aumentar seus gastos apenas ligeiramente. Nesse caso, o corte de impostos provavelmente terá pouco impacto sobre a demanda agregada.

Um exemplo extremo de corte temporário de impostos foi o anunciado em 1992. Nesse ano, o presidente George H. W. Bush enfrentou uma recessão duradoura e uma campanha para a reeleição. Ele reagiu a essas circunstâncias com o anúncio de uma redução no montante do imposto de renda que o governo federal descontava dos contracheques de pagamento dos trabalhadores. Todavia, como as alíquotas do imposto determinadas por lei não foram alteradas, cada dólar de redução em 1992 significou um dólar extra a pagar em 15 de abril de 1993, a data de entrega da declaração do imposto de renda. Esse "corte de impostos", na verdade, representou apenas um empréstimo de curto prazo concedido pelo governo. O impacto dessa medida sobre os gastos dos consumidores e a demanda agregada foi relativamente pequeno.

SAIBA MAIS: Como a política fiscal pode afetar a oferta agregada

Até este ponto, nossa discussão sobre política fiscal destacou como as alterações nos gastos do governo e nos impostos influenciam a quantidade demandada de bens e serviços. A maioria dos economistas acredita que os efeitos macroeconômicos da política fiscal no curto prazo operam principalmente por meio da demanda agregada. Contudo, a política fiscal também pode influenciar potencialmente a quantidade ofertada de bens e serviços.

Por exemplo, considere os efeitos de alterações nos impostos sobre a oferta agregada. Um dos **dez princípios da economia** do Capítulo 1 é o de que as pessoas reagem a incentivos. Quando os formuladores de políticas do governo reduzem os impostos, os trabalhadores ficam com uma parcela maior de cada dólar que ganham, de modo que têm um maior incentivo para trabalhar e produzir bens e serviços. Se reagirem a esse incentivo, a quantidade de bens e serviços ofertada será maior para cada nível de preços, e a curva de oferta agregada se deslocará para a direita.

Economistas que enfatizam a importância da política tributária para a oferta agregada, em vez da demanda agregada, são às vezes chamados de ***supply-siders*** (economistas do lado da oferta). Segundo alguns deles, essa influência é tão grande, que a redução de impostos estimularia produção e renda adicionais suficientes para que a arrecadação de imposto, na verdade, aumentasse. Certamente, isso é uma possibilidade teórica; contudo, muitos economistas não a consideram normal. Embora seja importante considerar os efeitos do lado da oferta dos impostos, eles não são grandes o bastante para provocar o aumento da arrecadação quando as taxas de impostos diminuem.

Da mesma forma que as alterações nos impostos, as alterações nos gastos do governo também podem, potencialmente, afetar a oferta agregada. Suponha, por exemplo, que o governo aumente seus gastos através do capital fornecido por ele, como as estradas. As estradas são usadas pelas empresas privadas para fazer entregas a seus clientes; um aumento na quantidade de estradas eleva a produtividade dessas empresas. Portanto, quando o governo gasta mais em estradas, ele aumenta a quantidade de bens e serviços ofertada a qualquer nível de preços dado e, como resultado, desloca a curva de oferta agregada para a direita. Esse efeito sobre a oferta agregada é, provavelmente, mais importante no longo prazo do que no curto, já que levaria algum tempo para que o governo construísse novas estradas e as colocasse em uso. ■

Teste rápido

4. Se o governo quiser aumentar a demanda agregada, ele pode _____ os gastos do governo ou _____ os impostos.
   a. aumentar; aumentar
   b. aumentar; reduzir
   c. reduzir; aumentar
   d. reduzir; reduzir

5. Com a economia em recessão em razão de uma demanda agregada insuficiente, o governo aumenta seus gastos em $ 1.200. Suponha que o banco central ajuste a oferta de moeda para manter a taxa de juros constante, os gastos com investimentos sejam fixos e a propensão marginal ao consumo seja de 2/3. De quanto será o aumento na demanda agregada?

   a. $ 400
   b. $ 800
   c. $ 1.800
   d. $ 3.600

6. Se o banco central da questão anterior mantiver a oferta de moeda constante e permitir que a taxa de juros se ajuste, a mudança na demanda agregada resultante do aumento nos gastos do governo seria
   a. maior.
   b. igual.
   c. menor, mas ainda positiva.
   d. negativa.

As respostas estão no final do capítulo.

35-3 Utilizando políticas para a estabilização da economia

A influência das políticas monetária e fiscal sobre a demanda agregada por bens e serviços gera algumas questões importantes: os formuladores de políticas devem usar esses instrumentos para controlar a demanda agregada e estabilizar a economia? Se sim, quando? Se não, por quê?

35-3a O argumento em favor de uma política ativa de estabilização

Vamos voltar à questão que abre este capítulo: quando o presidente e o Congresso aumentam os impostos para reduzir um déficit orçamentário, como o Federal Reserve deve reagir? Vimos que o nível de tributação é um dos fatores determinantes da posição da curva de demanda agregada. Quando o governo aumenta os impostos, a demanda agregada cai, deprimindo a produção e o emprego no curto prazo. Se o Fed deseja impedir esse efeito adverso da política fiscal, ele pode agir para expandir a demanda agregada por meio do aumento na oferta de moeda. Uma expansão monetária reduziria as taxas de juros, estimulando as despesas de investimento e expandindo a demanda agregada. Se a política monetária reagir de maneira adequada, as alterações combinadas nas políticas fiscal e monetária podem deixar inalterada a demanda agregada por bens e serviços.

Esse é exatamente o mesmo tipo de análise realizada pelos membros do FOMC. Eles sabem que a política monetária é um importante determinante da demanda agregada, bem como sabem que há outros determinantes importantes, incluindo aí a política fiscal estabelecida pelo presidente e pelo Congresso. Como resultado, o FOMC observa atentamente os debates sobre política fiscal.

A reação da política monetária a alterações na política fiscal é um exemplo de um fenômeno mais geral: o uso dos instrumentos de política econômica para estabilizar a demanda agregada e, por decorrência, a produção e o emprego. A estabilização econômica tem sido um objetivo explícito da política estadunidense desde a Lei do Emprego de 1946. Essa lei declara que "é política e responsabilidade permanentes do governo federal [...] promover o pleno emprego e a produção". Basicamente, essa e outras leis responsabilizam o governo pelo desempenho macroeconômico no curto prazo.

A Lei do Emprego tem duas implicações. A primeira é a de que o governo deve evitar ser a causa de flutuações econômicas. A menos que uma crise exija, a maioria dos economistas adverte contra mudanças amplas e súbitas nas políticas monetária e fiscal, porque tais mudanças provavelmente causarão flutuações consideráveis na demanda agregada. Além disso, quando ocorrem grandes mudanças, é importante que os formuladores das políticas monetária e fiscal reajam às ações uns dos outros.

A segunda implicação é de que o governo deveria, na medida do possível, responder às mudanças na economia privada de maneira que estabilize a demanda agregada. A Lei do Emprego foi aprovada pouco depois da publicação da *Teoria geral do emprego, do juro e da moeda*, de Keynes, um dos livros de economia mais influentes já escritos. Na obra, Keynes enfatizou o papel-chave da demanda agregada para explicar flutuações de curto prazo. Keynes afirmava que o governo deveria estimular a economia ativamente quando a demanda agregada não era suficiente para manter a produção em seu nível de pleno emprego.

Keynes (junto de muitos de seus seguidores) argumentou que a demanda agregada flutua em ondas majoritariamente irracionais de otimismo e pessimismo. Ele usou a expressão "espírito animal" para se referir a essas mudanças de atitude. Quando reina o pessimismo, as famílias reduzem suas despesas de consumo, e as empresas, suas despesas de investimento. O resultado é redução na demanda agregada, menor produção e maior desemprego. Inversamente, quando reina o otimismo, as famílias e as empresas aumentam suas despesas. O resultado é maior demanda agregada, maior produção e pressão inflacionária. Observe que essas mudanças de atitude são, até certo ponto, profecias autorrealizáveis.

Em princípio, o governo pode ajustar suas políticas monetária e fiscal em resposta a essas ondas de otimismo e pessimismo e, com isso, estabilizar a economia. Por exemplo, quando as pessoas estão excessivamente pessimistas, o Fed pode expandir a oferta de moeda para reduzir as taxas de juros e aumentar a demanda agregada. Quando as pessoas estão excessivamente otimistas, ele pode contrair a oferta de moeda para elevar as taxas de juros e deprimir a demanda agregada. O ex-presidente do Fed, William McChesney Martin, descreveu essa visão da política monetária de uma maneira bem simples: "A função do Federal Reserve é levar as bebidas embora assim que a festa começa a ficar animada".

Estudo de caso

Keynesianos na Casa Branca

Quando um repórter perguntou ao presidente John F. Kennedy, em 1961, por que ele defendia um corte nos impostos, Kennedy respondeu: "Para estimular a economia, você não se lembra dos fundamentos da economia?". A política do presidente era, na verdade, baseada na teoria da política fiscal analisada neste capítulo. O objetivo de Kennedy era aumentar os gastos dos consumidores, expandir a demanda agregada e aumentar os níveis de produção e emprego da economia.

Ao propor uma redução de impostos, Kennedy contava com um grupo de conselheiros econômicos de destaque. Além de Paul Samuelson, que instruía Kennedy informalmente, o grupo incluía James Tobin, Robert Solow e Kenneth Arrow, que mais tarde ganhariam prêmios Nobel por suas contribuições na área. Quando eram estudantes, na década de 1940, esses economistas analisaram atentamente a *Teoria Geral* de Keynes, que tinha apenas alguns anos de existência. A proposta de Kennedy colocava as ideias de Keynes em ação.

Embora as mudanças fiscais tenham uma influência poderosa sobre a demanda agregada, elas também podem alterar a oferta agregada de bens e serviços, como discutimos anteriormente no quadro "Saiba mais". Parte da proposta de Kennedy era um crédito fiscal ao investimento que garantia incentivos fiscais às empresas que investissem em novo capital. Um investimento mais elevado estimularia a demanda agregada imediatamente, além de aumentar a capacidade produtiva da economia em longo prazo. Quando a redução dos impostos proposta por Kennedy foi finalmente implementada, em 1964, ela ajudou a introduzir um período de crescimento robusto.

Desde o corte de impostos de 1964, de tempos em tempos, os formuladores de políticas têm usado a política fiscal como ferramenta para influenciar a demanda agregada. Por exemplo, quando Barack Obama se mudou para o Salão Oval, em 2009, o presidente se viu diante de uma economia em recessão. Uma de suas primeiras iniciativas políticas foi um projeto de lei de estímulo chamado Lei de Recuperação e Reinvestimento dos Estados Unidos (ARRA, American Recovery and Reinvestment Act), que incluiu aumentos substanciais nos gastos do governo. Um objetivo central dessa legislação era aumentar a demanda agregada e acelerar a recuperação. E, mais uma vez, em 2020 e 2021, sob a liderança de Trump e Biden, o governo federal implementou estímulos fiscais para restaurar a demanda agregada e mitigar os efeitos persistentes da recessão provocada pelo coronavírus. ●

35-3b O argumento contra uma política ativa de estabilização

Alguns economistas argumentam que o governo deveria abster-se do uso ativo das políticas monetária e fiscal para tentar estabilizar a economia. Eles afirmam que tais instrumentos de política devem ser usados para atingir objetivos de longo prazo, como um crescimento econômico robusto e baixa inflação, e que a economia deveria lidar com a maior parte das flutuações de curto prazo por conta própria. Embora esses economistas possam admitir que as políticas monetária e fiscal sejam, teoricamente, capazes de estabilizar a economia, eles duvidam que isso possa ocorrer na prática.

O principal argumento contra as políticas monetária e fiscal ativas é o de que essas políticas atuam com um grande atraso. Como vimos, a política monetária funciona pela alteração das taxas de juros, que, por sua vez, influenciam as despesas de investimento. No entanto, muitas empresas planejam seus investimentos com grande antecedência. A maioria dos economistas acredita que leva pelo menos seis meses até que os efeitos das mudanças na política monetária se façam sentir sobre a produção e o emprego. Além disso, uma vez verificados os efeitos, eles podem perdurar por diversos anos. Os críticos da política de estabilização afirmam que, por causa desse atraso, o Fed não deve tentar fazer a sintonia fina da economia. Eles afirmam que o Fed costuma reagir tarde demais às mudanças nas circunstâncias e, como resultado, acaba causando flutuações econômicas, em vez de remediá-las. Esses críticos defendem uma política monetária passiva, como crescimento lento e regular da oferta de moeda.

A política fiscal também age com um atraso, que pode ser amplamente atribuído ao processo político. Nos Estados Unidos, a maioria das grandes mudanças nos gastos do governo e nos impostos precisa passar por debates em comissões na Câmara e no Senado e ser aprovada pelos órgãos do Legislativo, para depois ser sancionada pelo presidente. O processo todo pode levar meses e, em alguns casos, anos. Quando, por fim, uma mudança na política fiscal está pronta para ser implementada, as condições da economia podem já ter mudado.

Esses atrasos nas políticas monetária e fiscal são um problema, pois as previsões econômicas são altamente imprecisas. Se fosse possível prever com precisão as condições da economia com um ano de antecedência, os formuladores de políticas monetárias e fiscais poderiam tomar decisões com base no futuro. Com um tempo de antecipação suficiente, eles poderiam escolher a política de curto prazo adequada apesar dos atrasos enfrentados. Na prática, contudo, as recessões e depressões chegam sem muito aviso. O melhor que os formuladores de políticas podem fazer, a qualquer tempo, é reagir às mudanças econômicas à medida que elas ocorrem.

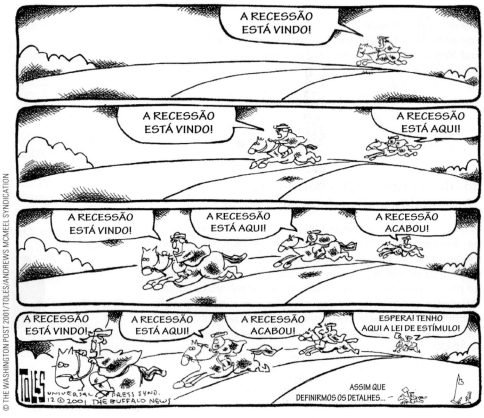

35-3c Estabilizadores automáticos

Todos os economistas – tanto os favoráveis à política de estabilização quanto os contrários a ela – concordam que as defasagens na implementação dessas políticas reduzem a sua eficácia como ferramenta de estabilização no curto prazo. A economia seria mais estável, portanto, se os formuladores de políticas pudessem encontrar uma maneira de evitar parte dessa defasagem. E, de fato, eles encontraram. Os **estabilizadores automáticos** são mudanças na política fiscal que estimulam a demanda agregada quando a economia entra em recessão, mas isso ocorre sem que os formuladores de políticas precisem tomar qualquer ação deliberada.

> **estabilizadores automáticos**
> alterações da política fiscal que estimulam a demanda agregada quando a economia entra em recessão sem que os formuladores de políticas tenham de tomar qualquer atitude deliberada

O estabilizador automático mais importante é o sistema tributário. Quando a economia entra em recessão, a arrecadação de impostos do governo cai automaticamente, porque quase todos os tributos são intimamente vinculados à atividade econômica. O imposto de renda das pessoas físicas depende da renda das famílias, os impostos sobre a folha de pagamentos dependem dos ganhos dos trabalhadores, e o imposto de renda das pessoas jurídicas depende dos lucros das empresas. Como rendas, ganhos e lucros caem durante uma recessão, a receita tributária do governo também cai. Esse corte automático dos impostos estimula a demanda agregada e reduz a magnitude das flutuações econômicas.

Alguns gastos do governo também agem como estabilizador automático. Quando a economia entra em recessão e trabalhadores são demitidos, mais pessoas se tornam elegíveis aos benefícios do seguro-desemprego, da previdência social e outras formas de sustentação da renda. Esse aumento automático dos gastos do governo estimula a demanda agregada quando ela é insuficiente para garantir o pleno emprego. Quando o sistema de seguro-desemprego foi implantado, na década de 1930, os economistas que defendiam essa política reconheceram seu poder como estabilizador automático.

Os estabilizadores automáticos da economia estadunidense não são suficientemente poderosos para impedir totalmente as recessões. No entanto, sem eles, a produção e o emprego provavelmente seriam mais voláteis do que já são. Por isso, embora alguns políticos tenham proposto emendas constitucionais exigindo que o governo federal sempre mantenha um orçamento equilibrado, os economistas em geral se opõem a tal medida. Quando a economia passa por uma recessão, os impostos caem, os gastos do governo aumentam e o orçamento governamental caminha em direção ao déficit. Se o governo estivesse sujeito a uma regra rígida de orçamento equilibrado, seria obrigado a encontrar maneiras de aumentar os impostos ou cortar gastos no pior momento possível. Em outras palavras, uma regra como essa eliminaria os estabilizadores automáticos inerentes ao atual sistema de impostos e gastos governamentais.

Teste rápido

7. Suponha que uma onda de "espíritos animais" negativos tome conta da economia e as pessoas se tornem pessimistas em relação ao futuro. Para estabilizar a demanda agregada, o Fed poderia _____ sua meta para a taxa de fundos federais ou o Congresso poderia _____ os impostos.
    a. aumentar; aumentar
    b. aumentar; reduzir
    c. reduzir; aumentar
    d. reduzir; reduzir

8. A política monetária afeta a economia com um atraso principalmente porque demora muito para que
    a. os bancos centrais façam as alterações nas políticas.
    b. a oferta de moeda mude após a tomada de uma decisão política.
    c. uma mudança na oferta de moeda afete as taxas de juros.
    d. uma mudança nas taxas de juros afete os gastos de investimento.

9. Qual alternativa é um exemplo de estabilizador automático? Quando a economia passa por uma recessão
    a. mais pessoas passam a ter direito aos benefícios do seguro-desemprego.
    b. os preços das ações caem, especialmente de empresas de setores cíclicos.
    c. o Congresso começa a promover audiências sobre um possível pacote de estímulo.
    d. o Fed altera a meta da taxa de fundos federais.

As respostas estão no final do capítulo.

35-4 Conclusão

Antes de fazer qualquer alteração na política, os formuladores de políticas precisam considerar todos os efeitos de suas decisões. Nos capítulos anteriores, este livro examinou modelos clássicos da economia que descrevem os efeitos de longo prazo das políticas monetária e fiscal. Esses modelos demonstraram como a política fiscal afeta a poupança, o investimento e o crescimento de longo prazo, e como a política monetária afeta o nível de preços e a taxa de inflação.

Neste capítulo, examinamos os efeitos de curto prazo das políticas monetária e fiscal. Ao longo do texto, vimos como esses instrumentos políticos influenciam a demanda agregada por bens e serviços. As mudanças na demanda agregada podem, no curto prazo, alterar os níveis de produção e emprego da economia.

Os dois horizontes de tempo são importantes. Quando o Congresso promove mudanças nos gastos do governo ou nos impostos, precisa levar em consideração tanto os efeitos de longo prazo sobre o crescimento quanto os efeitos de curto prazo sobre o emprego. Quando o Fed altera a oferta de moeda e as taxas de juros, precisa reconhecer os efeitos de longo prazo sobre a inflação e os efeitos de curto prazo sobre a produção. Em todas as esferas governamentais, os formuladores de políticas devem ter em mente os objetivos de longo prazo e de curto prazo.

RESUMO DO CAPÍTULO

- Em sua teoria sobre as flutuações econômicas no curto prazo, Keynes propôs a teoria da preferência pela liquidez para explicar os determinantes da taxa de juros. De acordo com essa teoria, a taxa de juros se ajusta para equilibrar a oferta e a demanda por moeda.
- Um aumento no nível de preços aumenta a demanda por moeda e aumenta a taxa de juros que equilibra o mercado de moeda. Como a taxa de juros representa o custo dos empréstimos, taxas de juros mais elevadas reduzem o investimento e, portanto, a quantidade demandada de bens e serviços. A curva de demanda agregada, com inclinação negativa, expressa essa relação negativa entre o nível de preços e a quantidade demandada.
- Os formuladores de políticas podem influenciar a demanda agregada usando a política monetária. Um aumento na oferta de moeda reduz a taxa de juros de equilíbrio para qualquer nível de preços. Como uma taxa de juros menor estimula as despesas de investimento, a curva de demanda agregada desloca-se para a direita. Inversamente, uma diminuição na oferta de moeda eleva a taxa de juros de equilíbrio para qualquer nível de preços e desloca a curva de demanda agregada para a esquerda.
- Os formuladores de políticas também podem influenciar a demanda agregada por meio da política fiscal. Um aumento nos gastos do governo ou uma redução nos impostos desloca a curva de demanda agregada para a direita. Uma redução nos gastos do governo ou um aumento nos impostos desloca a curva de demanda agregada para a esquerda.
- Quando o governo altera gastos ou impostos, o deslocamento da demanda agregada resultante pode ser maior ou menor que a alteração fiscal. O efeito multiplicador tende a amplificar os efeitos da política fiscal sobre a demanda agregada. O efeito deslocamento tende a amortecer esses efeitos.
- Como as políticas monetária e fiscal podem influenciar a demanda agregada, o governo, por vezes, usa esses instrumentos de política para tentar estabilizar a economia. Os economistas divergem sobre quão ativo o governo deve ser nesses esforços. Defensores de uma política de estabilização ativa apontam que as mudanças nas atitudes das famílias e empresas deslocam a demanda agregada e, se o governo não reagir a isso, terá como resultado flutuações desnecessárias nos níveis de produção e emprego. Enquanto isso, defensores de uma política mais passiva argumentam que as políticas monetária e fiscal atuam com tanto atraso que as tentativas de estabilizar a economia normalmente acabam sendo desestabilizadoras.

CONCEITOS-CHAVE

teoria da preferência pela liquidez, p. 748

política fiscal, p. 757
efeito multiplicador, p. 758

efeito deslocamento, p. 761
estabilizadores automáticos, p. 767

QUESTÕES DE REVISÃO

1. O que é a teoria da preferência pela liquidez? Como ela ajuda a explicar a inclinação negativa da curva de demanda agregada?
2. Use a teoria da preferência pela liquidez para explicar como uma redução na oferta de moeda afeta a curva de demanda agregada.
3. O governo gasta $ 3 bilhões para comprar carros de polícia. Explique por que a demanda agregada pode aumentar em mais de $ 3 bilhões.
4. Suponha que pesquisas que medem a confiança do consumidor indiquem que uma onda de pessimismo está varrendo o país. Se os formuladores de políticas nada fizerem, o que acontecerá com a demanda agregada? O que o Fed deveria fazer para estabilizar a demanda agregada? Se o Fed nada fizer, o que o Congresso poderá fazer para estabilizar a demanda agregada? Explique seu raciocínio.
5. Dê um exemplo de política governamental que aja como estabilizador automático. Explique por que essa política tem esse efeito.

PROBLEMAS E APLICAÇÕES

1. Explique como cada um dos seguintes acontecimentos afetaria a oferta de moeda, a demanda por moeda e a taxa de juros. Ilustre suas respostas com gráficos.
   a. Os corretores do Fed compram títulos em operações no mercado aberto.
   b. Um aumento na disponibilidade de cartões de crédito diminui a quantidade de moeda em espécie que as pessoas levam consigo.
   c. O Fed reduz a taxa de juros que paga sobre as reservas.
   d. As famílias decidem reter mais moeda para usar nas compras de Natal.
   e. Uma onda de otimismo alavanca os investimentos empresariais e expande a demanda agregada.
2. O Fed aumenta a oferta de moeda em 5%.
   a. Empregue a teoria da preferência pela liquidez para mostrar, por meio de um gráfico, o impacto dessa política sobre a taxa de juros.
   b. Empregue o modelo de demanda agregada e oferta agregada para ilustrar o impacto dessa mudança na taxa de juros sobre a produção e o nível de preços no curto prazo.
   c. Quando a economia faz a transição do equilíbrio de curto prazo para o de longo prazo, o que acontece com o nível de preços?
   d. De que modo essa mudança no nível de preços afeta a demanda por moeda e a taxa de juros de equilíbrio?
   e. Essa análise está consistente com o pressuposto de que a moeda tem efeitos reais no curto prazo, mas é neutra no longo prazo?
3. Imagine que um vírus de computador desabilite os caixas eletrônicos e interrompa os sistemas de pagamento *online* do país. Como resultado, as pessoas desejam manter mais dinheiro em mãos, aumentando a demanda por moeda.
   a. Suponha que o Fed não modifique a oferta de moeda. De acordo com a teoria da preferência pela liquidez, o que acontece com a taxa de juros? O que acontece com a demanda agregada?
   b. Se, em vez disso, o Fed quisesse estabilizar a demanda agregada, como alteraria a oferta de moeda?
   c. Se o Fed quiser realizar essa mudança na oferta de moeda usando as operações de mercado aberto, o que deve fazer?
4. Considere duas políticas: um corte de impostos que dure apenas um ano e um corte de impostos que, se espera, seja permanente. Qual das duas estimulará mais as despesas de consumo? Qual terá maior impacto sobre a demanda agregada? Explique.
5. A economia está em recessão, com alto desemprego e baixa produção.
   a. Use um gráfico de demanda agregada e oferta agregada para ilustrar a situação do momento. Lembre-se de incluir a curva de demanda agregada, a curva de oferta agregada de curto prazo e a curva de oferta agregada de longo prazo.
   b. Identifique uma operação de mercado aberto que possa trazer a economia de volta à sua taxa natural.
   c. Use um gráfico do mercado de moeda para ilustrar o efeito dessa operação de mercado aberto. Mostre a mudança resultante na taxa de juros.
   d. Use um gráfico similar ao da parte (a) para mostrar o efeito da operação de mercado aberto sobre a produção e o nível de preços. Descreva por que a política tem o efeito que você indicou no gráfico.
6. Na década de 1970 e no início da década de 1980, uma nova legislação permitiu que os bancos pagassem juros sobre determinados depósitos em conta corrente, o que antes era proibido.
   a. Se definirmos moeda de maneira que inclua os depósitos à vista, que efeito essa legislação teve sobre a demanda de moeda? Explique.
   b. Se o Fed tivesse mantido uma oferta de moeda constante diante dessa mudança, o que teria acontecido com a taxa de juros? O que teria acontecido

com a demanda agregada e com a produção agregada?

c. Se o Fed tivesse mantido uma taxa de juros de mercado (a taxa de juros sobre ativos não monetários) constante diante dessa alteração, que mudança na oferta de moeda teria sido necessária? O que teria acontecido com a demanda agregada e com a produção agregada?

7. Suponha que os economistas observem que um aumento de $ 10 bilhões nos gastos do governo elevará a demanda agregada total por bens e serviços em $ 30 bilhões.
    a. Se esses economistas ignorarem a possibilidade do efeito deslocamento, qual será a propensão marginal a consumir ($PMgC$) que eles encontrarão?
    b. Suponha, agora, que os economistas admitam o efeito deslocamento. Sua nova estimativa da $PMgC$ será maior ou menor que a inicial?

8. Uma economia opera com produção de $ 400 bilhões abaixo de seu nível natural, e os formuladores de políticas fiscais querem fechar essa lacuna recessiva. O banco central concorda em ajustar a oferta de moeda para manter a taxa de juros constante, de modo que não haja nenhum deslocamento. A propensão marginal a consumir é de 4/5, e o nível de preços está completamente fixo no curto prazo. Em que direção e em que valor o gasto do governo precisaria ser modificado para fechar essa lacuna recessiva? Explique.

9. Suponha que os gastos do governo aumentem. O efeito sobre a demanda agregada seria maior se o Fed não reagisse ou se estivesse comprometido com a manutenção de uma taxa fixa de juros? Explique.

10. Uma política fiscal expansionista tem maior probabilidade de gerar um aumento no investimento em curto prazo...
    a. quando o acelerador do investimento é grande ou pequeno? Explique.
    b. quando a sensibilidade do investimento é grande ou pequena? Explique.

11. Considere uma economia descrita pelas seguintes equações:

$$Y = C + I + G$$
$$C = 100 + 0{,}75(Y - T)$$
$$I = 500 - 50r$$
$$G = 125$$
$$T = 100$$

em que Y é o PIB, C é o consumo, I é o investimento, G são os gastos do governo, T são os impostos e r é a taxa de juros. Se a economia estiver em pleno emprego (i.e., em seu nível natural de produção), o PIB será de 2.000.

a. Explique o significado de cada uma das equações apresentadas.
b. Qual é a propensão marginal a consumir nessa economia?
c. Suponha que o banco central ajuste a oferta monetária para manter a taxa de juros em 4%, então, $r = 4$. Calcule o PIB. Como isso se compara ao nível de pleno emprego?
d. Supondo que não haja alterações na política monetária, qual mudança nos gastos do governo restauraria o pleno emprego?
e. Supondo que não haja alterações na política fiscal, qual mudança na taxa de juros restauraria o pleno emprego?

Respostas do teste rápido

1. b   2. c   3. b   4. b   5. d   6. c   7. d   8. d   9. a

Capítulo 36

O *trade-off* de curto prazo entre inflação e desemprego

A inflação e o desemprego são dois dos indicadores mais observados de desempenho econômico. Quando o Bureau of Labor Statistics divulga os dados mensais dessas variáveis, formuladores de políticas, operadores do mercado financeiro e jornalistas costumam considerá-los notícias de grande impacto. Alguns analistas combinam a taxa de inflação e a taxa de desemprego para calcular o **índice de miséria**, uma métrica utilizada para avaliar a saúde da economia.

De que maneira essas duas medidas do desempenho econômico estão ligadas? No início do livro, discutimos os determinantes de longo prazo do desemprego e da inflação. A taxa natural de desemprego depende de várias características do mercado de trabalho, como procura de emprego, legislação do salário mínimo, poder sindical e salários eficientes. Por sua vez, a taxa de inflação depende principalmente do crescimento na oferta de moeda, que é controlado pelo banco central de cada país. No longo prazo, a inflação e o desemprego são, em grande parte, problemas independentes.

No curto prazo, no entanto, ocorre exatamente o contrário. De acordo com um dos **dez princípios da economia** abordados no

Capítulo 1, a sociedade se depara, no curto prazo, com um *trade-off* entre inflação e desemprego. Se os formuladores das políticas monetária e fiscal expandirem a demanda agregada e moverem a economia para cima ao longo da curva de oferta agregada de curto prazo, eles podem expandir a produção e reduzir o desemprego por algum tempo, mas apenas à custa do aumento mais rápido do nível de preços. Se os formuladores de políticas contraírem a demanda agregada e moverem a economia para baixo, ao longo da curva de oferta agregada de curto prazo, eles podem reduzir a inflação, mas apenas à custa de menor produção e maior desemprego temporários.

Este capítulo examina mais de perto a relação entre inflação e desemprego. A relação entre inflação e desemprego atraiu a atenção dos economistas por muitos anos. A melhor maneira de entender essa relação é ver como o pensamento deles sobre ela evoluiu. Como veremos, a história do pensamento relativo à inflação e ao desemprego desde a década de 1950 está fortemente ligada à história da economia dos Estados Unidos. Essas duas histórias mostrarão por que o *trade-off* entre inflação e desemprego se mantém no curto prazo, mas não se sustenta no longo prazo, e quais são as questões que ele levanta para os formuladores de políticas.

36-1 A curva de Phillips

"Provavelmente, a relação macroeconômica mais importante seja a curva de Phillips." Essas foram as palavras do economista George Akerlof, durante o discurso que fez ao receber o Prêmio Nobel, em 2001. A **curva de Phillips** é a relação de curto prazo entre inflação e desemprego. Nossa história começa com a descoberta da curva de Phillips e sua migração para a América.

curva de Phillips
curva que mostra o *trade-off* entre inflação e desemprego no curto prazo

36-1a Origens da curva de Phillips

Em 1958, o economista A. W. Phillips publicou um artigo no periódico britânico *Economica* que o tornaria famoso. O artigo foi intitulado "A relação entre o desemprego e a taxa de variação dos salários monetários no Reino Unido, 1861-1957". Durante o período em que estudou, Phillips mostrou uma correlação negativa entre a taxa de desemprego e a taxa de inflação. Ou seja, ele mostrou que anos com baixo desemprego tendem a apresentar inflação elevada, ao passo que anos com desemprego elevado tendem a apresentar inflação baixa. (Phillips examinou a inflação dos salários nominais em vez da inflação de preços, mas, para os nossos objetivos, essa distinção não é importante, dado que essas duas medidas de inflação costumam se mover juntas.) Phillips concluiu que duas importantes variáveis macroeconômicas – inflação e desemprego – estavam ligadas de maneira que ainda não havia sido percebida anteriormente pelos economistas.

A descoberta de Phillips foi baseada em dados do Reino Unido, mas os pesquisadores logo estenderam sua descoberta a outros países. Dois anos depois de ele ter publicado seu artigo, os economistas Paul Samuelson e Robert Solow publicaram um artigo na *American Economic Review*, intitulado "Análise da política anti-inflacionária", no qual mostravam uma correlação negativa semelhante entre os dados de inflação e desemprego nos Estados Unidos. Segundo eles, essa correlação surgia porque o baixo desemprego estava associado a uma alta demanda agregada que, por sua vez, pressionava para cima os salários e os preços em toda a economia. Samuelson e Solow denominaram a relação negativa entre inflação e desemprego de **curva de Phillips**. A Figura 36-1 mostra um exemplo de curva de Phillips semelhante àquela observada por Samuelson e Solow.

Como sugere o título do artigo, Samuelson e Solow acreditavam que a descoberta de Phillips trouxe lições cruciais para os formuladores de políticas. A curva de Phillips, eles sugeriram, era uma gama de possíveis resultados econômicos. Ao alterar a política monetária e fiscal para influenciar a demanda agregada, os formuladores de políticas

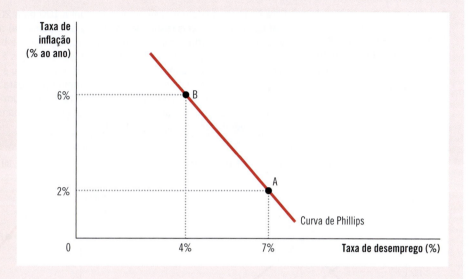

Figura 36-1

A curva de Phillips

Esta curva ilustra a relação negativa entre a taxa de inflação e a taxa de desemprego. No ponto A, a inflação é baixa, e o desemprego, alto. No ponto B, a inflação é alta, e o desemprego, baixo.

poderiam escolher qualquer ponto dessa curva. O ponto A oferece alto desemprego e baixa inflação, e o ponto B oferece baixo desemprego e alta inflação. Assim, os formuladores de políticas podem preferir ter tanto baixa inflação quanto baixo desemprego, mas os dados históricos resumidos na curva de Phillips indicaram que essa combinação era inatingível. De acordo com Samuelson e Solow, os formuladores de políticas se deparam com um *trade-off* entre inflação e desemprego, e a curva de Phillips ilustra esse *trade-off*.

36-1b Demanda agregada, oferta agregada e a curva de Phillips

A gama de resultados possíveis descrito pela curva de Phillips pode ser explicada pelo modelo de demanda e de oferta agregada. **A curva de Phillips simplesmente mostra as combinações de inflação e desemprego que surgem no curto prazo à medida que deslocamentos na curva de demanda agregada movem a economia ao longo da curva de oferta agregada de curto prazo.** Os dois capítulos anteriores mostraram que um aumento na demanda agregada por bens e serviços leva, no curto prazo, a uma maior produção de bens e serviços e a um nível de preços mais elevado. Maior produção significa maior emprego e uma taxa de desemprego menor. Além disso, quanto mais elevado for o nível de preços, mais elevada será a taxa de inflação. Portanto, deslocamentos na demanda agregada pressionam a inflação e o desemprego em direções opostas no curto prazo – uma relação que é ilustrada pela curva de Phillips.

Para ver mais detalhadamente como isso funciona, considere um exemplo. Para simplificar os cálculos, imagine que o nível de preços (medido, por exemplo, pelo índice de preços ao consumidor) seja igual a 100 no ano de 2025. A Figura 36-2 ilustra dois possíveis cenários para 2026, dependendo da força da demanda agregada. Um dos cenários ocorre se a demanda agregada for alta, enquanto o outro ocorre se a demanda agregada for baixa. O painel (a) mostra esses dois resultados usando o modelo de demanda agregada e de oferta agregada. O painel (b) mostra os mesmos dois resultados usando a curva de Phillips.

Figura 36-2
Como a curva de Phillips se relaciona com o modelo de demanda agregada e de oferta agregada

Esta figura parte de um nível de preços igual a 100 para 2025 e representa graficamente possíveis resultados para 2026. O painel (a) mostra o modelo de demanda agregada e de oferta agregada. Se a demanda agregada é baixa, a economia está no ponto A. A produção é baixa (15.000) e o nível de preços é baixo (102). Se a demanda agregada é alta, a economia está no ponto B. A produção é alta (16.000) e o nível de preço é alto (106). O painel (b) mostra as implicações para a curva de Phillips. O ponto A, que surge quando a demanda agregada é baixa, tem um desemprego alto (7%) e inflação baixa (2%). O ponto B, que surge quando a demanda agregada é alta, tem baixo desemprego (4%) e inflação alta (6%).

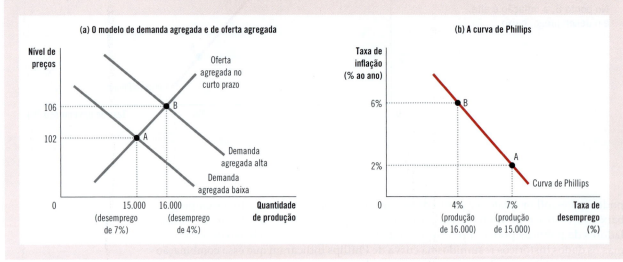

O painel (a) da figura mostra o que acontece com a produção e o nível de preços no ano de 2026. Se a demanda agregada por bens e serviços for relativamente baixa, a economia registrará o resultado A. A produção é de 15.000, e o nível de preços é de 102. Se a demanda agregada for relativamente alta, a economia registrará o resultado B. A produção é de 16.000, e o nível do preço é de 106. Isso é apenas um exemplo de uma conclusão simples: a demanda agregada mais elevada move a economia para um equilíbrio com maior produção e maior nível de preços.

No painel (b) da figura, podemos ver o que esses dois resultados possíveis significam para o desemprego e a inflação. Como as empresas precisam de mais trabalhadores quando passam a produzir uma quantidade maior de bens e serviços, o desemprego é menor com o resultado B que com o resultado A. Neste exemplo, quando a produção aumenta de 15.000 para 16.000, o desemprego cai de 7 para 4%. Além disso, como o nível de preços é mais elevado no resultado B do que no A, a taxa de inflação (variação percentual no nível de preços em relação ao ano anterior) também é mais elevada. Nesse caso, o nível de preços foi de 100 no ano de 2025, de modo que o cenário A tem taxa de inflação de 2%, enquanto o cenário B tem taxa de inflação de 6%. Portanto, podemos comparar os dois resultados possíveis para a economia, tanto em termos de produção e nível de preços (usando o modelo de demanda agregada e de oferta agregada) quanto em termos de desemprego e inflação (usando a curva de Phillips).

Como as políticas monetária e fiscal podem deslocar a curva de demanda agregada, elas podem mover a economia ao longo da curva de Phillips. Aumentos na oferta de moeda e nos gastos do governo ou cortes nos impostos expandem a demanda agregada e movem a economia para um ponto da curva de Phillips com menor desemprego e maior inflação. Reduções na oferta de moeda, cortes nos gastos do governo ou aumentos nos impostos contraem a demanda agregada e movem a economia para um ponto da curva de Phillips com inflação menor e desemprego maior. Nesse sentido, a curva de Phillips oferece aos formuladores de políticas uma gama de combinações entre inflação e desemprego.

Teste rápido

1. A curva de Phillips começou como uma correlação _____ observada entre a taxa de inflação e a _____.
   a. positiva; taxa de juros nominal
   b. positiva; taxa de desemprego
   c. negativa; taxa de juros nominal
   d. negativa; taxa de desemprego

2. Quando o Federal Reserve aumenta a oferta monetária e expande a demanda agregada, ele move a economia ao longo da curva de Phillips até um ponto com _____ inflação e _____ desemprego.
   a. maior; maior
   b. maior; menor
   c. menor; maior
   d. menor; maior

As respostas estão no final do capítulo.

36-2 Deslocamentos na curva de Phillips: o papel das expectativas

A curva de Phillips parece oferecer aos formuladores de políticas uma gama de resultados de inflação e desemprego, mas isso levanta uma questão: esse conjunto de opções possíveis permanece constante ao longo do tempo? A curva de Phillips com inclinação negativa é uma relação estável, em que os formuladores de políticas podem confiar? Os economistas começaram a discutir essa questão no fim da década de 1960, logo após Samuelson e Solow introduzirem a curva de Phillips no debate macroeconômico.

36-2a A curva de Phillips no longo prazo

Em 1968, o economista Milton Friedman publicou um artigo na *American Economic Review* com base em seu pronunciamento, à época, como presidente da American Economic Association. O artigo, intitulado "O papel da política monetária", continha seções sobre "O que a política monetária pode fazer" e "O que a política monetária não pode fazer". Friedman argumentava que uma coisa que a política monetária não podia fazer, a não ser por um período curto, era diminuir o desemprego por meio do aumento da inflação. Mais ou menos ao mesmo tempo, outro economista, Edmund Phelps, chegou à mesma conclusão. Como Friedman, Phelps publicou um artigo negando a existência de uma compensação de longo prazo entre inflação e desemprego.

Friedman e Phelps basearam suas conclusões nos princípios clássicos de macroeconomia. A teoria clássica aponta para o crescimento da oferta de moeda como principal determinante da inflação, mas essa mesma teoria também afirma que o crescimento monetário não afeta as variáveis reais, como produção e emprego, limitando-se a alterar proporcionalmente os preços e as rendas nominais. Em particular, o crescimento monetário não influencia os fatores que determinam a taxa de desemprego da economia, como a busca por emprego e salários eficientes. Friedman e Phelps concluíram que não havia razão para pensar que a taxa de inflação estivesse, no longo prazo, relacionada com a taxa de desemprego.

Aqui estão, em suas próprias palavras, as opiniões de Friedman sobre o que o Federal Reserve pode esperar alcançar para a economia no longo prazo:

> A autoridade monetária controla quantidades nominais – diretamente, a quantidade de suas obrigações [moeda mais reservas bancárias]. Em princípio, ela pode usar esse controle para fixar uma quantidade nominal – como a taxa de câmbio, o nível de preços, o nível nominal da renda nacional, a quantidade de moeda sob qualquer definição – ou a variação de uma quantidade nominal – como a taxa de inflação ou de deflação, a taxa de crescimento ou declínio da renda nacional nominal ou a taxa de crescimento da quantidade de moeda. No entanto, ela não pode usar esse controle sobre as quantidades nominais para fixar uma quantidade real – como a taxa de juros real, a taxa de desemprego, o nível da renda nacional real, a quantidade real de moeda, a taxa de crescimento da renda nacional real ou a taxa de crescimento da quantidade real de moeda.

De acordo com Friedman, os formuladores de políticas monetárias enfrentam uma curva de Phillips de longo prazo que é vertical, como a da Figura 36-3. Se o Fed aumentar a oferta de moeda lentamente, a taxa de inflação será baixa, e a economia se encontrará no ponto A. Se o Fed aumentar a oferta de moeda rapidamente, a taxa de inflação será alta, e a economia se encontrará no ponto B. Em qualquer caso, a taxa de desemprego tenderá para o seu nível normal, denominado **taxa natural de desemprego**. A curva de Phillips vertical no longo prazo ilustra a conclusão de que o desemprego não depende do crescimento da moeda e da inflação no longo prazo.

A curva de Phillips vertical no longo prazo é, essencialmente, uma expressão da ideia clássica da neutralidade monetária. Essa ideia foi apresentada com uma curva de oferta agregada de longo prazo vertical. De fato, como ilustra a Figura 36-4, a curva de Phillips vertical no longo prazo e a curva de oferta agregada de longo prazo vertical são dois lados da mesma moeda. No painel (a) dessa figura, um aumento na oferta de moeda desloca a curva de demanda agregada para a direita, de DA_1 para DA_2. Em razão desse deslocamento, o equilíbrio de longo prazo move-se do ponto A para o B. O nível de preços aumenta de P_1 para P_2, mas, como a curva de oferta agregada é vertical, a produção permanece a

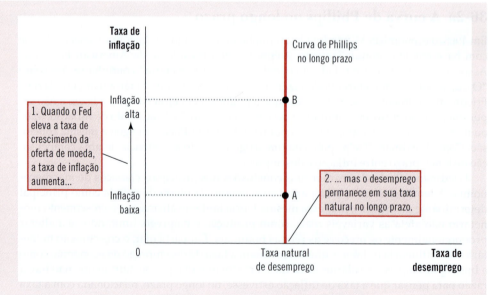

Figura 36-3

A curva de Phillips no longo prazo

De acordo com Friedman e Phelps, não há *trade-off* entre inflação e desemprego no longo prazo. O crescimento na oferta de moeda determina a taxa de inflação. Independentemente da taxa de inflação, a taxa de desemprego gravita em torno de sua taxa natural. Como resultado, a curva de Phillips no longo prazo é vertical.

Figura 36-4

Como a curva de Phillips de longo prazo se relaciona com o modelo de demanda agregada e oferta agregada

O painel (a) mostra o modelo de demanda agregada e de oferta agregada com uma curva de oferta agregada vertical. Quando a política monetária expansionista desloca a curva de demanda agregada para a direita, de DA_1 para DA_2, o equilíbrio move-se do ponto A para o B. O nível de preço aumenta de P_1 para P_2, enquanto a produção permanece a mesma. O painel (b) mostra a curva de Phillips no longo prazo, que é vertical à taxa natural de desemprego. No longo prazo, uma política monetária expansionista move a economia de uma inflação baixa (ponto A) para uma inflação alta (ponto B) sem alterar a taxa de desemprego.

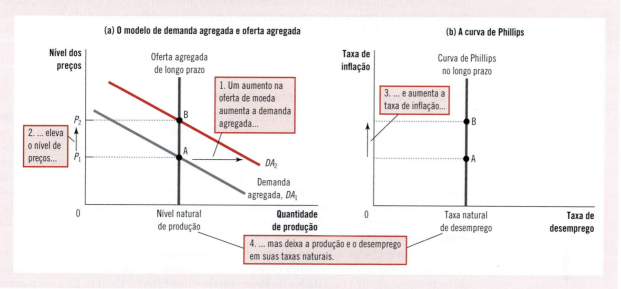

mesma. No painel (b), um crescimento mais rápido na oferta de moeda eleva a taxa de inflação, movendo a economia do ponto A para o B. Contudo, como a curva de Phillips é vertical, a taxa de desemprego é a mesma nesses dois pontos. Tanto a curva de oferta agregada de longo prazo vertical quanto a curva de Phillips vertical no longo prazo implicam que a política monetária influencia as variáveis nominais (nível de preços e taxa de inflação), mas não as reais (produção e desemprego). No longo prazo, independentemente da política monetária adotada pelo Fed, a produção permanece em seu nível natural, e o desemprego, em sua taxa natural.

36-2b O significado de "natural"

O que há de tão "natural" na taxa natural de desemprego? Friedman e Phelps usaram esse adjetivo para descrever a taxa de desemprego em direção à qual a economia tende a gravitar no longo prazo. Todavia, a taxa natural de desemprego não é necessariamente a taxa de desemprego socialmente desejável. Tampouco é constante ao longo do tempo.

Por exemplo, suponha que um sindicato recém-formado use seu poder de mercado para elevar os salários reais de alguns trabalhadores acima do nível de equilíbrio. O resultado será um excesso de oferta de mão de obra e uma taxa natural de desemprego mais elevada. Esse desemprego é "natural" não porque seja bom, mas porque está além da influência da política monetária. Um crescimento mais rápido da moeda não reduziria o poder de mercado do sindicato ou o nível de desemprego; somente conduziria a mais inflação.

Embora a política monetária não possa influenciar a taxa natural de desemprego, outros tipos de política podem fazê-lo. Para reduzir a taxa natural de desemprego, os formuladores de políticas podem buscar políticas que melhorem o funcionamento do mercado de trabalho. Vimos, anteriormente, como diversas políticas voltadas ao mercado de trabalho, como a legislação do salário mínimo, a legislação relativa à negociação salarial, o seguro-desemprego e os programas de treinamento, podem afetar a taxa natural de desemprego. Uma mudança de política que reduz a taxa natural de desemprego deslocaria a curva de Phillips de longo prazo para a esquerda. Além disso, como um menor desemprego significa que mais trabalhadores estão produzindo bens e serviços, a quantidade ofertada de bens e serviços seria maior para cada nível de preços dado, e a curva de oferta agregada de longo prazo se deslocaria para a direita. A economia, então, poderia desfrutar de um menor desemprego e maior produção para qualquer taxa de crescimento da moeda e de inflação dada.

36-2c Reconciliando teoria e evidência

À primeira vista, a conclusão de Friedman e Phelps de que, no longo prazo, não existe um *trade-off* entre inflação e desemprego pode não parecer convincente. O argumento se baseava em um recurso à **teoria**, especificamente à previsão da teoria clássica sobre a neutralidade da moeda. Já a correlação negativa entre inflação e desemprego documentada por Phillips, Samuelson e Solow baseou-se em **dados** do mundo real. Por que alguém deveria acreditar que os formuladores de políticas se deparam com uma curva de Phillips vertical quando o mundo real parece oferecer uma curva com inclinação negativa? As descobertas de Phillips, Samuelson e Solow não deveriam nos levar a rejeitar a conclusão clássica da neutralidade monetária?

Friedman e Phelps estavam cientes dessas questões e ofereceram uma maneira de conciliar a teoria macroeconômica clássica com a identificação de uma curva de Phillips de inclinação negativa com dados do Reino Unido e dos Estados Unidos. Eles afirmaram que uma relação negativa entre inflação e desemprego existe no curto prazo, mas não pode ser usada pelos formuladores de políticas como um cardápio de resultados possíveis no longo prazo. Os formuladores de políticas podem adotar políticas monetárias expansionistas para reduzir o desemprego por algum tempo, mas o desemprego acaba por voltar para a sua taxa natural, e a continuidade da política monetária expansionista provoca somente uma maior inflação.

O trabalho de Friedman e Phelps foi a base da nossa discussão a respeito da diferença entre as curvas de oferta agregada de curto e de longo prazo no Capítulo 34. Você pode se lembrar de que a curva de oferta agregada de longo prazo é vertical, indicando que o nível de preços não influencia a quantidade ofertada no longo prazo. Contudo, a curva de oferta agregada de curto prazo tem inclinação positiva, indicando que um aumento no nível de preços aumenta a quantidade de bens e serviços que as empresas ofertam. De acordo com a teoria da rigidez de salários da oferta agregada, por exemplo, os salários nominais são estabelecidos antecipadamente, com base no nível de preços que trabalhadores e as empresas esperam que prevaleça. Quando os preços se tornam mais altos que o esperado, as empresas têm um incentivo para aumentar a produção e o emprego; quando os preços estão menores que o esperado, as empresas reduzem a produção e o emprego. No entanto, como o nível de preços esperado e os salários nominais, por fim, irão se ajustar, a relação positiva entre o nível de preço real e a quantidade ofertada existe apenas no curto prazo.

Friedman e Phelps aplicaram a mesma lógica à curva de Phillips. Assim como a curva de oferta agregada só tem inclinação positiva no curto prazo, o *trade-off* entre inflação e desemprego só se sustenta no curto prazo. E, assim como a curva de oferta agregada de longo prazo é vertical, a curva de Phillips no longo prazo também é vertical. Mais uma vez, a expectativa é a chave para entender de que maneira o curto prazo e o longo prazo estão relacionados.

Friedman e Phelps introduziram uma nova variável do *trade-off* entre inflação e desemprego: **inflação esperada**. A inflação esperada mede o quanto as pessoas esperam que o nível geral de preços varie. Como o nível de preços esperado afeta os salários nominais, a inflação esperada é um dos fatores que determinam a posição da curva de oferta agregada de curto prazo. No curto prazo, o Fed pode tomar a inflação esperada (e a curva de oferta agregada de curto prazo) como dada. Quando a oferta de moeda muda, a curva de demanda agregada se desloca, e a economia se move ao longo de uma curva de oferta agregada de curto prazo dada. No curto prazo, portanto, as alterações monetárias levam a flutuações inesperadas na produção, nos preços, no desemprego e na inflação. Dessa forma, Friedman e Phelps explicaram a curva de Phillips com inclinação negativa que Phillips, Samuelson e Solow haviam documentado.

Contudo, a capacidade do Fed de criar uma inflação inesperada por meio do aumento da oferta de moeda só existe no curto prazo. No longo prazo, as pessoas passam a esperar qualquer taxa de inflação que o Fed determine, de modo que os salários nominais acabarão por se ajustar à taxa de inflação. Como resultado, a curva de oferta agregada de longo prazo é vertical. Nesse caso, as variações na demanda agregada, como as causadas por mudanças na política monetária, não afetam nem a produção de bens e serviços da economia nem o número de trabalhadores que as empresas precisam contratar para produzi-los. Friedman e Phelps concluíram que o desemprego retorna à sua taxa natural no longo prazo.

36-2d A curva de Phillips de curto prazo

A análise de Friedman e Phelps pode ser resumida na equação a seguir:

$$\text{Taxa de desemprego} = \text{Taxa natural de desemprego} + a \left(\text{Inflação vigente} - \text{Inflação esperada} \right).$$

Essa equação relaciona a taxa de desemprego com a taxa natural de desemprego, a inflação real e a inflação esperada. Ela é, em essência, outra expressão da equação de oferta agregada que vimos anteriormente. No curto prazo, a inflação esperada é dada. Em consequência, uma inflação vigente maior está associada a um desemprego menor. (A variável a é um parâmetro que mede o quanto o desemprego reage à inflação inesperada.) No longo prazo, porém, as pessoas passam a esperar qualquer inflação que o Fed determine. Portanto, a inflação vigente será igual à inflação esperada, e o desemprego estará em sua taxa natural.

Essa equação implica que não pode haver uma curva de Phillips estável no curto prazo. Cada curva de Phillips no curto prazo reflete uma determinada taxa esperada de inflação (para ser mais exato, se você representar graficamente a equação, verificará que a curva de Phillips com inclinação negativa no curto prazo intercepta a curva de Phillips vertical no longo prazo à taxa de inflação esperada). Sempre que a inflação esperada mudar, a curva de Phillips no curto prazo se desloca.

De acordo com Friedman e Phelps, é perigoso considerar a curva de Phillips como um cardápio de opções disponíveis para os formuladores de políticas. Para entender o motivo disso, imagine uma economia que comece com inflação baixa, com uma taxa de inflação esperada igualmente baixa e com o desemprego em sua taxa natural. Na Figura 36-5, a economia está no ponto A. Agora, suponha que os formuladores de políticas tentem tirar vantagem do *trade-off* entre inflação e desemprego usando a política monetária ou a política fiscal para expandir a demanda agregada. No curto prazo, quando a inflação esperada é dada, a economia vai do ponto A para o ponto B, o desemprego cai abaixo de sua taxa natural e a taxa de inflação real fica acima da inflação esperada. À medida que a economia se move do ponto A para o B, os formuladores de políticas podem achar que conseguiram um desemprego permanentemente menor à custa de uma inflação maior, uma barganha que, se fosse possível, valeria a pena.

Figura 36-5

Como a inflação esperada desloca a curva de Phillips no curto prazo

Quanto maior for a taxa de inflação esperada, maior será a curva que representa a compensação de curto prazo entre inflação e desemprego. No ponto A, a inflação esperada e a inflação vigente são baixas, e o desemprego está em sua taxa natural. Se o Fed adotar uma política monetária expansionista, a economia se moverá do ponto A para o B no curto prazo. No ponto B, a inflação esperada ainda será baixa, mas a inflação vigente será alta. O desemprego estará abaixo de sua taxa natural. No longo prazo, a inflação esperada aumentará, e a economia se moverá para o ponto C. No ponto C, a inflação esperada e a inflação vigente serão, ambas, elevadas, e o desemprego retornará à sua taxa natural.

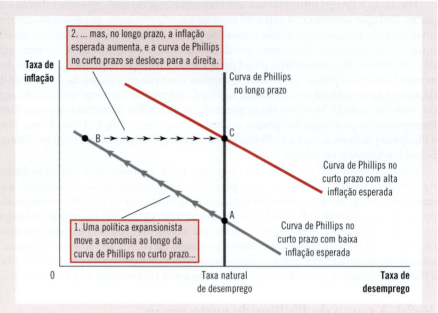

Essa situação, no entanto, não se mantém. Com o passar do tempo, as pessoas se acostumam à taxa de inflação mais alta e aumentam as expectativas com relação a ela. Quando a inflação esperada aumenta, empresas e trabalhadores começam a levar essa inflação mais elevada em consideração ao estabelecer salários e preços. A curva de Phillips no curto prazo, então, se desloca para a direita, como mostra a figura. A economia termina no ponto C, com inflação mais elevada que no ponto A, mas com o mesmo nível de desemprego. Portanto, Friedman e Phelps concluíram que os formuladores de políticas enfrentam apenas um *trade-off* temporário entre inflação e desemprego. No longo prazo, expandir a demanda agregada com mais rapidez promoverá inflação mais alta sem redução de desemprego.

36-2e O experimento natural para a hipótese da taxa natural

Friedman e Phelps fizeram uma previsão audaciosa em 1968: se os formuladores de políticas tentassem obter vantagem da curva de Phillips, escolhendo uma inflação mais alta a fim de reduzir o desemprego, eles só conseguiriam fazê-lo temporariamente. A visão de que o desemprego acaba por voltar à sua taxa natural, independentemente da taxa de inflação, é chamada de **hipótese da taxa natural**. Poucos anos depois de Friedman e Phelps terem proposto essa hipótese, os formuladores de políticas monetárias e fiscais a testaram inadvertidamente em um experimento natural. Seu laboratório foi a economia dos Estados Unidos.

Antes de examinar o resultado desse teste, vamos analisar os dados que Friedmn e Phelps estavam vendo quando fizeram sua previsão em 1968. A Figura 36-6 mostra as taxas de desemprego e de inflação de 1961 a 1968. Esses dados definem uma curva de Phillips quase perfeita. Nesses oito anos, à medida que a inflação aumentava, o desemprego

hipótese da taxa natural
afirmação de que o desemprego retorna à sua taxa normal, ou natural, independentemente da taxa de inflação

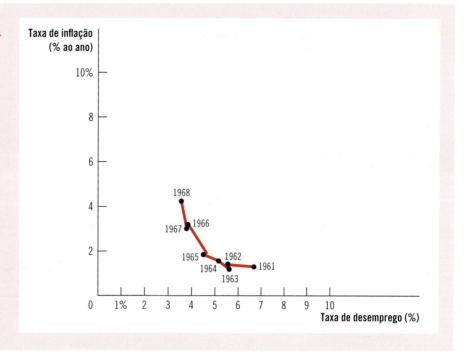

Figura 36-6

A curva de Phillips na década de 1960

Esta figura usa dados anuais de 1961 a 1968 sobre a taxa de desemprego e a taxa de inflação (medida pelo deflator do PIB) para mostrar a relação negativa entre inflação e desemprego.

Fonte: U.S. Department of Labor; U.S. Department of Commerce.

diminuía. Os dados econômicos da época pareciam confirmar que os formuladores de política enfrentavam um *trade-off* entre inflação e desemprego.

O aparente sucesso da curva de Phillips nos anos 1960 tornou a previsão de Friedman e Phelps ainda mais audaciosa. Em 1958, Phillips sugeriu uma associação negativa entre inflação e desemprego. Em 1960, Samuelson e Solow mostraram que ela existia em dados dos Estados Unidos. Outra década de dados confirmou a relação. Para alguns economistas da época, parecia ridículo afirmar que a curva confiável de Phillips começaria a se deslocar quando os formuladores de políticas tentassem tirar proveito dela.

De fato, foi exatamente isso o que aconteceu. A partir do fim no final da década de 1960, o governo guiou-se por políticas que expandiram a demanda agregada por bens e serviços. Em parte, essa expansão ocorreu em função da política fiscal: os gastos do governo aumentaram com o aprofundamento da guerra do Vietnã. E foi devida, em parte, à política monetária: como o Fed estava tentando manter baixas as taxas de inflação, em face da política fiscal expansionista, a oferta de moeda (medida por M2) aumentou cerca de 13% ao ano, durante o período de 1970 a 1972, comparados aos 7% ao ano, no início da década de 1960. Como resultado, a inflação se manteve elevada (entre 5 e 6% no final da década de 1960 e início da década de 1970, em comparação com os 1 a 2% ao ano no início da década de 1960). Mas, como Friedman e Phelps haviam previsto, o desemprego não permaneceu baixo.

A Figura 36-7 mostra a história da inflação e do desemprego de 1961 a 1973. Ela mostra que a relação negativa simples entre essas suas variáveis começou a declinar por volta de 1970. Como a inflação permaneceu alta no início da década de 1970, as expectativas das pessoas em relação à inflação se ajustaram à realidade, e a taxa de desemprego voltou à faixa de 5 a 6% que prevalecera no início da década de 1960. Observe que a história ilustrada na Figura 36-7 se assemelha à teoria de uma curva de Phillips no curto prazo apresentada na Figura 36-5. Por volta de 1973, os formuladores de políticas já tinham conhecimento de que Friedman e Phelps estavam certos: não há *trade-off* entre inflação e desemprego no longo prazo.

Figura 36-7
O colapso da curva de Phillips

A figura mostra dados anuais de 1961 a 1973 relativos às taxas de desemprego e de inflação (medida pelo deflator do PIB). Observe que a curva de Phillips da década de 1960 se quebra no início da década de 1970, como Friedman e Phelps haviam previsto. Observe que os pontos A, B e C nesta figura correspondem praticamente aos pontos da Figura 36-5.

Fonte: U. S. Department of Labor; U.S. Department of Commerce.

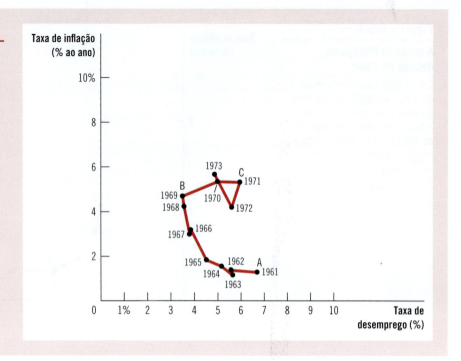

Teste rápido

3. A taxa natural de desemprego corresponde
   a. ao nível socialmente desejável de desemprego.
   b. ao nível de desemprego que a economia atinge no curto prazo.
   c. à quantidade de desemprego que não pode ser reduzida por políticas públicas.
   d. ao nível normal de desemprego, independentemente da inflação.

4. Se o Federal Reserve reduzir a taxa de crescimento monetário e a mantiver na nova taxa mais baixa, eventualmente, a inflação esperada irá _____, e a curva de Phillips de curto prazo se deslocará _____.
   a. diminuir; para baixo
   b. diminuir; para cima
   c. aumentar; para baixo
   d. aumentar; para cima

— As respostas estão no final do capítulo.

36-3 Deslocamentos na curva de Phillips: o papel dos choques de oferta

Em 1968, Friedman e Phelps sugeriram que mudanças na inflação esperada deslocam a curva de Phillips, e a experiência do início da década de 1970 convenceu a maioria dos economistas de que eles estavam certos. Em poucos anos, contudo, a classe dos economistas voltaria sua atenção para uma fonte diferente de deslocamentos na curva de Phillips no curto prazo: os choques na oferta agregada.

Desta vez, o ímpeto para a mudança não veio de dois professores de economia, mas de um cartel do petróleo. Em 1974, a Organização dos Países Exportadores de Petróleo (Opep) começou a exercer seu poder de mercado. Os países da Opep, incluindo Arábia Saudita, Kuwait e Iraque, restringiram a quantidade de petróleo bruto que extraíam e vendiam nos mercados mundiais. Em poucos anos, essa redução na oferta fez com que o preço mundial do petróleo quase dobrasse.

Um grande aumento no preço mundial do petróleo é um exemplo de **choque de oferta**, um evento que afeta diretamente os custos de produção das empresas e os preços que elas cobram. Os choques de oferta deslocam a curva de oferta agregada da economia e, como resultado, a curva de Phillips. Por exemplo, quando um cartel aumenta o preço do petróleo bruto, ele aumenta o custo de produção de gasolina, óleo para aquecimento, pneus e outros produtos, reduzindo a quantidade de bens e serviços fornecidos em qualquer nível de preço. Como mostra o painel (a) da Figura 36-8, essa redução na oferta é representada pelo deslocamento para a esquerda na curva de oferta agregada, de OA_1 para OA_2. A produção cai de Y_1 para Y_2, e o nível de preços se eleva de P_1 para P_2. A economia experimenta **estagflação** – uma combinação perniciosa de queda da produção (estagnação) e aumento dos preços (inflação).

Esse deslocamento na oferta agregada está associado a um deslocamento semelhante na curva de Phillips no curto prazo, mostrado no painel (b). Como as empresas precisam de menos trabalhadores para gerar uma produção menor, o emprego cai, e o desemprego aumenta. Como o nível de preços é mais elevado, a taxa de inflação – a variação percentual do nível de preços em relação ao ano anterior – também aumenta. Assim, o deslocamento da oferta agregada leva a um aumento do desemprego e da inflação. O *trade-off* de curto prazo entre inflação e desemprego desloca-se para a direita, de CP_1 para CP_2.

Em face de um deslocamento adverso na oferta agregada, os formuladores de políticas se deparam com uma escolha difícil entre o combate à inflação e o combate ao desemprego. Se contraírem a demanda agregada para combater a inflação, aumentarão ainda mais o desemprego. Se expandirem a demanda agregada para combater o desemprego, aumentarão ainda mais a inflação. Em outras palavras, os formuladores de políticas se deparam com um *trade-off* menos favorável entre a inflação e o desemprego que antes do deslocamento da

choque de oferta
evento que afeta diretamente os custos e os preços das empresas, deslocando a curva de oferta agregada da economia e, portanto, a curva de Phillips

Figura 36-8
Um choque adverso na oferta agregada

O painel (a) mostra o modelo de demanda agregada e de oferta agregada. Quando a curva de oferta agregada se desloca para a esquerda, de OA_1 para OA_2, o equilíbrio se move do ponto A para o B. A produção se reduz de Y_1 para Y_2, e o nível de preços aumenta de P_1 para P_2. O painel (b) mostra o *trade-off* entre inflação e desemprego no curto prazo. O deslocamento adverso na oferta agregada move a economia de um ponto com menor desemprego e menor inflação (ponto A) para um ponto com maior desemprego e maior inflação (ponto B). A curva de Phillips no curto prazo desloca-se para a direita, de CP_1 para CP_2. Os formuladores de políticas, agora, deparam-se com um *trade-off* pior entre inflação e desemprego.

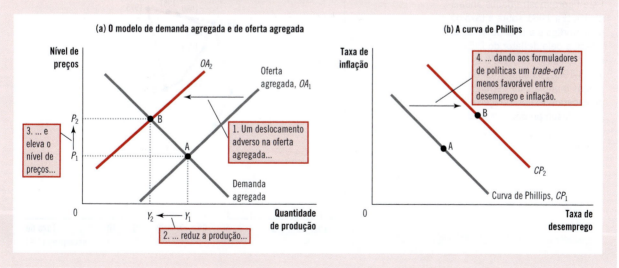

oferta agregada: eles têm de conviver com uma maior taxa de inflação para qualquer taxa de desemprego dada, uma taxa de desemprego mais elevada para uma taxa de inflação dada ou alguma combinação de maior desemprego e maior inflação.

Ao enfrentar um deslocamento tão adverso na curva de Phillips, os formuladores de políticas questionam se ele é temporário ou permanente. A resposta depende de como as pessoas ajustam suas expectativas de inflação. Se elas considerarem o aumento da inflação devido ao choque de oferta como uma aberração temporária, a inflação esperada não se altera, e a curva de Phillips logo volta à sua posição original. No entanto, se as pessoas acharem que o choque levará a uma nova era de alta inflação, então a inflação esperada aumenta, e a curva de Phillips permanece em sua nova e menos desejável posição.

Nos Estados Unidos, durante a década de 1970, a inflação esperada aumentou substancialmente. Essa elevação na inflação esperada pode ser atribuída, em parte, à decisão do Fed de acomodar o choque de oferta com um maior crescimento da moeda (como vimos, diz-se que os formuladores de políticas **acomodam** um choque de oferta adverso quando reagem a ele, aumentando a demanda agregada para tentar evitar a queda da produção). Em virtude dessa decisão de política, a recessão resultante do choque de oferta foi menor do que poderia ter sido de outra forma, mas a economia dos Estados Unidos enfrentou um *trade-off* desfavorável entre inflação e desemprego durante muitos anos. O problema aumentou em 1979, quando a Opep mais uma vez começou a exercer seu poder de mercado, mais que dobrando o preço do petróleo. A Figura 36-9 mostra a inflação e o desemprego na economia dos Estados Unidos nesse período.

Em 1980, depois de dois choques de oferta da Opep, a economia dos Estados Unidos apresentava uma taxa de inflação de mais de 9% e uma taxa de desemprego de aproximadamente 7%. Essa combinação de inflação e desemprego não chegou nem perto do *trade-off* que parecia possível na década de 1960. Naquela época, a curva de Phillips sugeria que uma taxa de desemprego de 7% estaria associada a uma taxa de inflação de apenas 1%; uma inflação de mais de 9% era impensável. Com o índice de miséria em 1980 próximo de um máximo histórico, muitas pessoas estavam descontentes com o desempenho da economia. Algo tinha que ser feito e logo o seria.

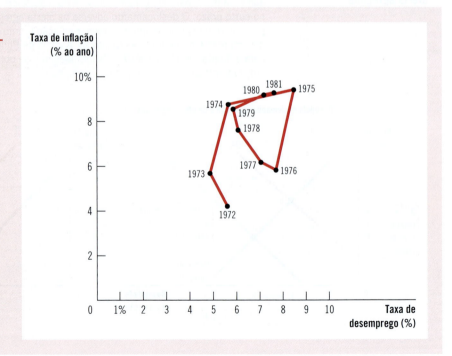

Figura 36-9

Os choques de oferta na década de 1970

Esta figura mostra dados anuais de 1972 a 1981 sobre a taxa de desemprego e a taxa de inflação (medida pelo deflator do PIB). Nos períodos 1973-1975 e 1978-1981, os aumentos nos preços mundiais do petróleo provocaram maior inflação e maior desemprego.

Fonte: U. S. Department of Labor; U. S. Department of Commerce.

Teste rápido

5. Quando um choque de oferta adverso desloca a curva de oferta agregada de curto prazo para a esquerda, ele também
   a. move a economia ao longo da curva de Phillips de curto prazo até um ponto com maior inflação e menor desemprego.
   b. move a economia ao longo da curva de Phillips de curto prazo até um ponto com menor inflação e maior desemprego.
   c. desloca a curva de Phillips de curto prazo para a direita.
   d. desloca a curva de Phillips de curto prazo para a esquerda.

6. De um ano para o outro, a inflação caiu de 5 para 4%, enquanto o desemprego subiu de 6 para 7%. Quais dos seguintes eventos podem ser responsáveis por essa mudança?
   a. O banco central aumentou a taxa de crescimento da oferta monetária.
   b. O governo cortou gastos e aumentou impostos para reduzir o déficit orçamentário.
   c. Reservas de petróleo recém-descobertas fizeram com que os preços mundiais do petróleo caíssem.
   d. A nomeação de um novo presidente do Fed aumentou a inflação esperada.

7. De um ano para o outro, a inflação caiu de 5 para 4%, enquanto o desemprego caiu de 7 para 6%. Quais dos seguintes eventos podem ser responsáveis por essa mudança?
   a. O banco central aumentou a taxa de crescimento da oferta monetária.
   b. O governo cortou gastos e aumentou impostos para reduzir o déficit orçamentário.
   c. Reservas de petróleo recém-descobertas fizeram com que os preços mundiais do petróleo caíssem.
   d. A nomeação de um novo presidente do Fed aumentou a inflação esperada.

As respostas estão no final do capítulo.

36-4 O custo de reduzir a inflação

Em outubro de 1979, quando a Opep estava impondo choques adversos de oferta nas economias mundiais pela segunda vez em uma década, Paul Volcker, então presidente do Federal Reserve, decidiu que havia chegado a hora de agir. Volcker havia sido nomeado pelo presidente Carter apenas dois meses antes e assumira o posto sabendo que a inflação havia atingido níveis inaceitáveis. Como guardião do sistema monetário da nação, ele achava que não tinha muitas alternativas a não ser adotar uma política de desinflação. A **desinflação** é uma redução na taxa de inflação e não deve ser confundida com **deflação**, que é uma redução no nível do preço. Para fazer uma analogia ao movimento de um carro, a desinflação é como a desaceleração da velocidade, ao passo que a deflação é como dar marcha a ré. Volcker queria que o nível crescente de preços da economia diminuísse.

Ele não tinha dúvidas de que o Fed poderia usar as ferramentas da política monetária para reduzir a inflação. Mas qual seria o custo de curto prazo? A resposta a essa pergunta era muito menos certa.

36-4a A taxa de sacrifício

Para reduzir a taxa de inflação, o Fed precisava adotar uma política monetária contracionista. A Figura 36-10 mostra alguns dos efeitos de tal decisão. Mantendo-se todo o resto constante, quando o Fed desacelera o crescimento da oferta monetária, ele contrai a demanda agregada. Uma queda na demanda agregada, por sua vez, reduz a quantidade de bens e serviços que as empresas produzem, levando a um aumento no desemprego. A economia parte do ponto A da figura e se move ao longo da curva de Phillips no curto prazo para o ponto B, em que há menor inflação e maior desemprego. Com o passar do tempo, à medida que as pessoas passam a perceber que os preços estão aumentando mais lentamente, a inflação esperada cai, e a curva de Phillips no curto prazo desloca-se para baixo. A economia move-se do ponto B para o C. A inflação é menor do que era inicialmente no ponto A, e o desemprego volta à sua taxa natural.

Figura 36-10

Política monetária desinflacionária no curto e longo prazo

Quando o Fed adota uma política monetária contracionista para reduzir a inflação, a economia se move ao longo da curva de Phillips no curto prazo, do ponto A para o ponto B. Com o passar do tempo, a inflação esperada cai, e a curva de Phillips no curto prazo se desloca para baixo. Quando a economia atinge o ponto C, o desemprego volta à sua taxa natural.

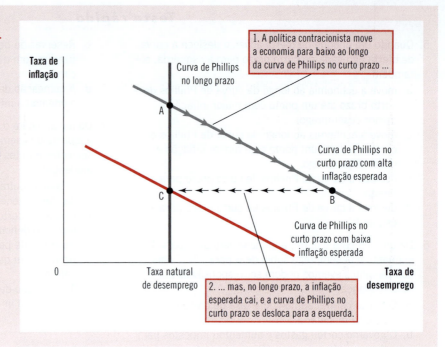

Portanto, se uma nação quiser reduzir a inflação, precisará suportar um período de alto desemprego e baixa produção. Na Figura 36-10, esse custo é representado pela passagem da economia através do ponto B, à medida que passa do ponto A para o C. A magnitude desse custo depende da inclinação da curva de Phillips e da velocidade com a qual as expectativas de inflação se ajustam à nova política monetária.

Muitos estudos examinaram dados sobre inflação e desemprego a fim de estimar o custo da redução da inflação. As conclusões desses estudos costumam ser sumarizadas em uma estatística denominada **taxa de sacrifício**. A taxa de sacrifício é a perda de produção anual, em pontos percentuais, medida no processo de redução da inflação em 1 ponto percentual. Uma estimativa típica da taxa de sacrifício é 5. Isto é, para cada ponto percentual de redução da inflação, devem ser sacrificados 5 pontos percentuais da produção anual durante a transição.

Essas estimativas, certamente, deixaram Volcker apreensivo ao encarar a tarefa de reduzir a inflação, que atingia quase 10% ao ano. Atingir uma inflação moderada de, digamos, 4% ao ano, significaria reduzir a inflação em 6 pontos percentuais. Se cada ponto percentual custasse 5% da produção anual da economia, então reduzir a inflação em 6 pontos percentuais exigiria o sacrifício de 30% da produção anual.

De acordo com os estudos a respeito da curva de Phillips e do custo da desinflação, esse sacrifício poderia ser pago de várias maneiras. Uma redução imediata na inflação deprimiria a produção em 30% em um único ano, um resultado que certamente foi muito severo, mesmo para alguém que se opunha tanto à inflação quanto Volcker. Seria melhor, argumentavam muitos, distribuir o custo ao longo de diversos anos. Se a redução na inflação se desse ao longo de cinco anos, por exemplo, então a produção ficaria, em média, apenas 6% abaixo da tendência durante esse período, somando um sacrifício de 30%. Uma abordagem ainda mais gradual poderia reduzir lentamente a inflação ao longo de uma década, de modo que a produção ficasse somente 3% abaixo da tendência. Qualquer que fosse o caminho escolhido, contudo, parecia que reduzir a inflação não seria nada fácil.

taxa de sacrifício
perda de produção anual, em pontos percentuais, medida no processo de redução da inflação em 1 ponto percentual

36-4b Expectativas racionais e a possibilidade de desinflação sem custo

Enquanto Paul Volcker ponderava a respeito do custo da redução da inflação, um grupo de professores de economia liderava uma revolução intelectual que iria desafiar a sabedoria convencional no que tange à taxa de sacrifício. Esse grupo incluía economistas proeminentes, como Robert Lucas, Thomas Sargent e Robert Barro. Sua revolução baseava-se em uma nova abordagem da teoria e da política econômicas, denominada **expectativas racionais**. De acordo com a teoria das expectativas racionais, as pessoas, ao prever o futuro, usam de maneira ótima todas as informações de que dispõem, até mesmo aquelas sobre as políticas governamentais.

Essa abordagem trouxe implicações profundas para muitas áreas da macroeconomia, mas nenhuma tão importante quanto sua aplicação ao *trade-off* entre inflação e desemprego. Como Friedman e Phelps haviam enfatizado, a inflação esperada é uma variável importante que explica por que há um *trade-off* entre inflação e desemprego no curto prazo, mas não no longo prazo. A rapidez com que o *trade-off* de curto prazo desaparece depende da rapidez com que as pessoas ajustam suas expectativas de inflação. Os proponentes das expectativas racionais partiram da análise de Friedman e Phelps para argumentar que, quando as políticas econômicas mudam, as pessoas ajustam suas expectativas em relação à inflação. Estudos sobre inflação e desemprego que tentaram estimar a taxa de sacrifício deixaram de levar em consideração o efeito direto das políticas adotadas sobre as expectativas. Como resultado, as estimativas da taxa de sacrifício eram, de acordo com os teóricos das expectativas racionais, guias pouco confiáveis para a política econômica.

Em um artigo de 1981 intitulado "O fim de quatro grandes inflações", Sargent descreveu da seguinte maneira essa nova visão:

> Uma visão alternativa, as "expectativas racionais", nega que haja qualquer impulso intrínseco no presente processo inflacionário. Essa corrente afirma que as empresas e os trabalhadores passam a esperar maiores taxas de inflação no futuro e realizam negociações à luz dessas expectativas. Contudo, supõe-se que as pessoas esperam altas taxas de inflação no futuro justamente porque as políticas monetária e fiscal do governo, atuais e previstas, justificam tais expectativas. [...] Uma implicação dessa opinião é a de que a inflação pode ser combatida mais rapidamente do que os defensores do *momentum* sugerem e de que suas estimativas da duração e do custo de interromper a inflação em termos de produção perdida são equivocadas. [...] Isso não quer dizer que será fácil erradicar a inflação. Pelo contrário, exigirá mais do que algumas ações restritivas e temporárias de política fiscal e monetária. Exigirá uma alteração no regime de formulação de políticas. [...] Quanto tal alteração custaria em termos de produção não obtida e qual seria a sua duração são aspectos que dependem, em parte, de quão firme e evidente for a disposição do governo.

De acordo com Sargent, a taxa de sacrifício poderia ser muito menor que o sugerido pelas estimativas anteriores. De fato, no caso mais extremo, poderia ser zero. A questão-chave era a credibilidade do governo e do banco central. Se os formuladores de políticas fossem suficientemente críveis em seu compromisso com uma política de baixa inflação, as pessoas reduziriam suas expectativas de inflação imediatamente. A curva de Phillips no curto prazo se deslocaria para baixo, e a economia atingiria inflação baixa rapidamente, sem o custo temporário de alto desemprego e de baixa produção.

36-4c A desinflação de Volcker

Como vimos, quando Volcker se deparou com a perspectiva de reduzir a inflação, à época com um pico de 10%, a classe dos economistas ofereceu duas previsões contraditórias. Um grupo apresentou estimativas da taxa de sacrifício e concluiu que reduzir a inflação teria um grande custo em termos de perda de produção e elevado desemprego. Outro grupo

---

expectativas racionais
teoria de que as pessoas usam de forma otimizada todo o conhecimento que possuem, incluindo informações sobre políticas governamentais, para prever o futuro

apresentou a teoria das expectativas racionais e concluiu que a redução da inflação seria muito menos custosa e poderia, talvez, não ter custo nenhum. Quem estava certo?

A Figura 36-11 mostra a inflação e o desemprego de 1979 a 1987. Como se pode ver, Volcker obteve sucesso no combate à inflação. Ela decresceu de quase 10%, em 1980 e 1981, para cerca de 4%, em 1983 e 1984. O crédito por essa redução na inflação é todo da política monetária. A política fiscal, nessa época, agia na direção oposta: os aumentos no déficit orçamentário durante o governo Reagan expandiram a demanda agregada, o que tende a aumentar a inflação. A queda na inflação de 1981 a 1984 é atribuída às duras políticas anti-inflacionárias do obstinado presidente do Fed.

A figura mostra que o custo da desinflação de Volcker foi, realmente, um alto desemprego. Em 1982 e 1983, a taxa de desemprego foi de cerca de 10% – quase quatro pontos percentuais acima de seu nível quando Volcker foi nomeado presidente do Fed. A desinflação de Volcker produziu uma recessão que foi então a mais profunda que os Estados Unidos haviam experimentado desde a Grande Depressão da década de 1930.

Esse episódio refuta a teoria das expectativas racionais da desinflação sem custos? Alguns economistas afirmam que a resposta a essa pergunta é um retumbante "sim". De fato, o padrão de desinflação apresentado na Figura 36-11 é muito semelhante ao previsto na Figura 36-10. Como a economia passou de uma alta inflação (ponto A nas duas figuras) para uma inflação baixa (ponto C), ela viveu um doloroso período de desemprego elevado (ponto B).

Contudo, há duas razões para não rejeitar tão rapidamente as conclusões dos teóricos das expectativas racionais. A primeira razão é que, muito embora a desinflação de Volcker tenha imposto o custo de um desemprego temporariamente elevado, esse custo não foi tão grande quanto o previsto por muitos economistas. A maioria das estimativas da taxa de sacrifício baseadas na desinflação de Volcker é menor que as estimativas obtidas a partir de dados anteriores. Talvez, a posição firme de Volcker quanto à inflação tenha tido um efeito direto sobre as expectativas, como afirmam os teóricos das expectativas racionais.

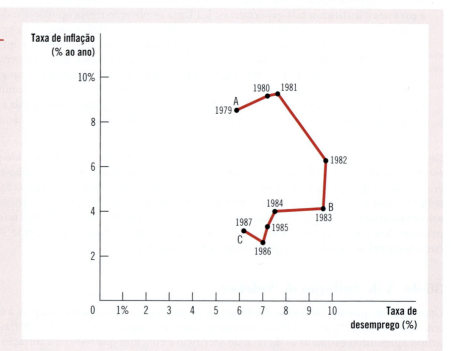

Figura 36-11
A desinflação de Volcker

Esta figura mostra o desemprego e a inflação de 1979 a 1987. A redução da inflação (medida pelo deflator do PIB) veio à custa de um desemprego muito alto em 1982 e 1983. Observe que os pontos rotulados como A, B e C nesta figura correspondem aproximadamente aos pontos na Figura 36-10.

Fonte: U.S. Department of Labor; U.S. Department of Commerce.

A segunda, e mais importante, é que, muito embora Volcker tivesse anunciado que tencionava usar a política monetária para reduzir a inflação, grande parte do público não acreditou. Como poucas pessoas acreditaram que Volcker reduziria a inflação tão rapidamente quanto o fez, a inflação esperada não caiu imediatamente, e, como resultado, a curva de Phillips no curto prazo não se deslocou para baixo tão rapidamente quanto poderia ter se deslocado. Algumas evidências dessa hipótese vêm das projeções feitas por empresas comerciais de previsões econômicas: suas previsões da inflação caíram mais lentamente na década de 1980 que a inflação registrada. Por esse motivo, a desinflação de Volcker não refuta, necessariamente, a visão das expectativas racionais de que uma desinflação confiável pode não ter custos. Isso mostra, no entanto, que os formuladores de políticas não podem contar que as pessoas acreditem imediatamente neles quando anunciam uma política de desinflação, especialmente se isso marcar um grande afastamento da política que a precedeu. Sem evidências concretas, pessoas racionais podem duvidar do compromisso dos formuladores de políticas com a baixa inflação, o que Volcker por fim forneceu com sua determinação implacável.

Teste rápido

8. Reduzir a inflação tenderá a ser caro se
    a. os formuladores de políticas estiverem firmemente comprometidos com a baixa inflação.
    b. os salários e os preços não estiverem muito rígidos.
    c. as expectativas de inflação demorarem a se ajustar.
    d. os banqueiros centrais exibirem uma forte aversão à inflação.

9. Os defensores da teoria das expectativas racionais acreditam que

    a. a taxa de sacrifício pode ser muito menor se os formuladores de políticas realmente se comprometerem com a baixa inflação.
    b. se a desinflação pegar as pessoas de surpresa, ela terá um impacto mínimo no desemprego.
    c. os reguladores de salários e preços nunca esperam que o banco central cumpra suas declarações.
    d. a inflação esperada depende das taxas de inflação que as pessoas observaram recentemente.

As respostas estão no final do capítulo.

36-5 História recente

A história mais recente pode ser dividida em três períodos: a era Greenspan, a Grande Recessão e a pandemia.

36-5a A era Greenspan

Após a inflação da Opep na década de 1970 e a desinflação de Volcker na década de 1980, a economia dos Estados Unidos experimentou flutuações relativamente leves na inflação e no desemprego. A Figura 36-12 mostra a inflação e o desemprego de 1984 a 2005. Isso pode ser chamado de era Greenspan, em homenagem a Alan Greenspan, que, em 1987, sucedeu a Paul Volcker como presidente do Federal Reserve e permaneceu nessa posição por mais de 18 anos.

O período começou com um choque de oferta favorável. Em 1986, os membros da Opep argumentaram a respeito dos níveis de produção, e seu acordo de restrição da oferta se desfez. Os preços do petróleo caíram aproximadamente pela metade. Como mostra a figura, esse choque de oferta favorável levou a uma queda na inflação e no desemprego de 1984 a 1986.

Durante a era Greenspan, o Fed teve o cuidado de evitar repetir os erros da década de 1960, quando a demanda agregada excessiva empurrou o desemprego abaixo da taxa

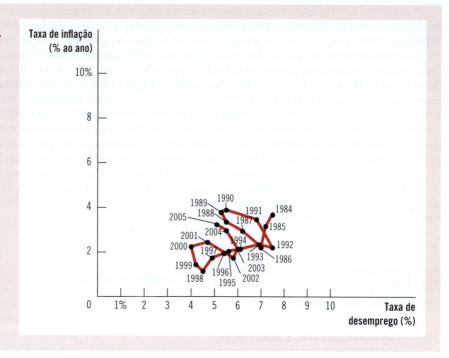

Figura 36-12
A era Greenspan
A figura mostra dados anuais de 1984 a 2005 sobre a taxa de desemprego e a taxa de inflação (medida pelo deflator do PIB). Durante a maior parte do período, Alan Greenspan foi o presidente do Federal Reserve. As flutuações da inflação e do desemprego foram relativamente pequenas.

Fonte: U. S. Department of Labor; U. S. Department of Commerce.

natural e aumentou a inflação. Quando o desemprego caiu e a inflação aumentou em 1989 e 1990, o Fed aumentou as taxas de juros e contraiu a demanda agregada, levando a uma pequena recessão em 1991 e 1992. O desemprego subiu acima da maioria das estimativas da taxa natural, e a inflação caiu mais uma vez.

O restante da década de 1990 testemunhou uma explosão tecnológica e um período de prosperidade econômica. A inflação caiu gradualmente, aproximando-se de zero ao fim da década. O desemprego também caiu, levando muitos observadores a crer que a taxa natural de desemprego havia diminuído. Parte do crédito por esse bom desempenho econômico foi para Greenspan e seus colegas do Federal Reserve, pois a inflação baixa só pôde ser atingida com uma política monetária prudente. Contudo, a boa sorte, na forma de choques de oferta favoráveis, também fez parte da história.

A economia, entretanto, enfrentou problemas em 2001. O fim da bolha das empresas ponto.com no mercado de ações, os ataques terroristas de 11 de setembro e os escândalos contábeis em grandes empresas contribuíram para deprimir a demanda agregada. O desemprego aumentou durante a primeira recessão em uma década. No entanto, a combinação das políticas monetárias expansionistas e fiscais ajudou a encerrar essa queda, e, no início de 2005, a taxa de desemprego estava próxima da maioria das estimativas da taxa natural.

Em 2005, o presidente George W. Bush nomeou Ben Bernanke como sucessor de Alan Greenspan como presidente do Fed. Bernanke foi empossado em 1º de fevereiro de 2006. Em 2009, ele foi renomeado pelo presidente Obama. Na época de sua nomeação, Ben Bernanke disse: "Minha primeira prioridade será dar continuidade às políticas e às estratégias estabelecidas durante o período de Greenspan".

36-5b A Grande Recessão

Bernanke pode ter esperado continuar as políticas da era Greenspan e desfrutar da relativa calma daqueles anos, mas seus desejos não foram atendidos. Durante seus primeiros anos de trabalho, o novo presidente do Fed enfrentou alguns desafios assustadores.

Conforme discutido nos capítulos anteriores, os principais problemas surgiram no mercado imobiliário e no sistema financeiro. De 1995 a 2006, o mercado imobiliário dos Estados Unidos cresceu, e os preços médios das casas mais que dobraram. Contudo, o aumento foi insustentável e, de 2006 a 2009, os preços das casas caíram cerca de um terço. Essa grande queda levou ao declínio da riqueza das famílias e a dificuldades para muitas instituições financeiras que apostaram (por meio da compra de títulos lastreados em hipotecas) que os preços das casas continuariam subindo. Isso desencadeou uma crise financeira que resultou em um grande declínio na demanda agregada e em um aumento acentuado no desemprego.

Anteriormente, analisamos a história dessa crise e as respostas políticas a ela, mas a Figura 36-13 mostra o que esses eventos significaram para a inflação e o desemprego. De 2007 a 2010, quando o declínio na demanda agregada elevou o desemprego de menos de 5% para cerca de 10%, ele também reduziu a taxa de inflação de 3% em 2006 para menos de 1% em 2009, a inflação mais baixa em mais de meio século. Em essência, a economia deslocou para baixo a curva de Phillips de curto prazo.

Depois de 2010, a economia se recuperou lentamente da Grande Recessão, e o cargo de presidente do Fed passou de Bernanke para Janet Yellen em 2014 e depois para Jerome Powell em 2018. O desemprego diminuiu gradualmente, enquanto a taxa de inflação permaneceu entre 1 e 2%. Em 2018 e 2019, a taxa de desemprego caiu para menos de 4%, e a inflação subiu ligeiramente para cerca de 2% – a meta anunciada pelo Fed.

Uma característica notável desse período foi a ausência de mudanças consideráveis na curva de Phillips de curto prazo. A inflação muito baixa de 2009 e 2010 parece não ter reduzido substancialmente a inflação esperada, o que pode ter deslocado a curva de Phillips de curto prazo para baixo. Da mesma forma, o baixo desemprego durante 2018 e 2019 aumentou um pouco a inflação, mas não aumentou a inflação esperada, o que poderia ter deslocado a curva de Phillips de curto prazo para cima. Em vez disso, a inflação esperada permaneceu estável em cerca de 2%, mantendo a curva de Phillips de curto prazo relativamente estável.

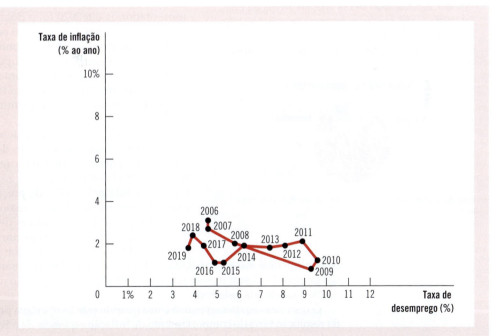

Figura 36-13

A curva de Phillips durante e após a recessão de 2008-2009

Esta figura mostra dados anuais de 2006 a 2019 sobre a taxa de desemprego e a taxa de inflação (medida pelo deflator do PIB). Uma crise financeira fez com que a demanda agregada caísse, levando a um desemprego muito maior e empurrando a inflação para um nível muito baixo.

Fonte: U.S. Department of Labor; U.S. Department of Commerce.

PERGUNTE A QUEM SABE

A inflação de 2021-2022

"Pode-se esperar, razoavelmente, que os gargalos de fornecimento que atualmente contribuem para o aumento dos preços diminuam sem causar inflação acima da meta do Fed no longo prazo."

O que dizem os economistas?

- 55% concordam
- 34% não têm certeza
- 11% discordam

"A combinação atual das políticas fiscal e monetária dos Estados Unidos representa um sério risco de inflação mais alta prolongada."

O que dizem os economistas?

- 53% concordam
- 34% não têm certeza
- 13% discordam

"Um fator significativo por trás da inflação mais alta dos Estados Unidos de hoje é que as corporações dominantes em mercados não competitivos estão se aproveitando de seu poder de mercado para aumentar os preços, a fim de aumentar suas margens de lucro."

O que dizem os economistas?

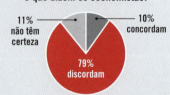

- 10% concordam
- 11% não têm certeza
- 79% discordam

Fonte: IGM Economic Experts Panel, 23 de novembro de 2021, 11 de janeiro de 2022.

Uma explicação comum para essa estabilidade é que, desde o sucesso de Volcker no combate à inflação, o Federal Reserve estabeleceu uma credibilidade substancial em seu compromisso de manter a inflação em cerca de 2%. Essa credibilidade manteve a inflação esperada bem ancorada. Como resultado, a posição da curva de Phillips de curto prazo reagiu menos aos eventos de curto prazo.

36-5c A pandemia

A longa expansão após a recessão de 2008-2009 foi interrompida em 2020, quando a pandemia do coronavírus levou a uma forte recessão, conforme discutido anteriormente. A pandemia afetou tanto a demanda agregada quanto a oferta agregada, bem como a inflação e o desemprego.

O impacto inicial na demanda agregada foi contracionista. As pessoas foram orientadas a evitar fazer compras, comer em restaurantes, voar por motivos comerciais ou pessoais e outras atividades econômicas que exigiam contato pessoal próximo. De fevereiro a abril de 2020, a taxa de desemprego saltou de 3,5 para 14,8%. O índice de preços ao consumidor caiu 1% nesses dois meses, indicando um breve período de deflação.

No entanto, a demanda agregada se recuperou rapidamente. A recuperação foi parcialmente atribuível ao relaxamento das restrições e às políticas monetárias e fiscais expansionistas. O Fed cortou as taxas de juros para cerca de zero e o Congresso aprovou uma série de projetos de lei de alívio sob o comando dos presidentes Trump e Biden.

O impacto da pandemia na oferta agregada foi consistentemente adverso. No início da pandemia, muitos negócios não essenciais foram instruídos a fechar. Mesmo depois que as restrições foram relaxadas, muitas pessoas estavam relutantes em voltar ao trabalho. Por exemplo, o número de aposentadorias em 2020 foi o dobro do de 2019. A taxa de participação da força de trabalho para pessoas com 55 anos ou mais diminuiu cerca de 2 pontos percentuais no início da pandemia e não havia se recuperado até o final de 2021. Ao mesmo tempo, a pandemia interrompeu a cadeia mundial de suprimentos. A incapacidade de algumas empresas de obter insumos críticos diminuiu ainda mais a oferta agregada.

No final de 2021, a taxa de desemprego estava de volta abaixo de 5%, mas a combinação dos choques de oferta adversos e a expansão da demanda agregada das políticas monetária e fiscal aumentou a inflação. A taxa de inflação de 12 meses, medida pelo índice de preços ao consumidor, subiu para 7,5% em janeiro de 2022, a maior taxa em 40 anos.

Os formuladores de políticas disseram inicialmente que o surto inflacionário seria transitório. Eles acreditavam que a inflação diminuiria à medida que as interrupções na cadeia de suprimentos fossem corrigidas. Alguns economistas, no entanto, temiam que a expansão monetária e fiscal tivesse sido excessiva e que a inflação não retornaria tão cedo à meta de 2% estabelecida pelo Fed.

O resultado ainda não estava claro quando este livro estava prestes a ser lançado. Parte da resolução viria do comportamento da inflação esperada. Se o Fed mantivesse a credibilidade que conquistou desde Volcker, a alta inflação poderia de fato durar pouco. Entretanto, se as expectativas se tornassem desancoradas, a curva de Phillips poderia se deslocar, levando a uma compensação persistentemente menos favorável entre inflação e desemprego.

Teste rápido

10. A crise financeira de 2008-2009 que levou à Grande Recessão reduziu a _____ agregada, que tende a _____ curva de Phillips.
    a. oferta; deslocar a
    b. oferta; movimentar a economia ao longo da
    c. demanda; deslocar a
    d. demanda; movimentar a economia ao longo da

11. O aumento das aposentadorias durante a pandemia de 2020 reduziu a _____ agregada, que tende a _____ a inflação.
    a. oferta; aumentar
    b. oferta; diminuir
    c. demanda; aumentar
    d. demanda; diminuir

As respostas estão no final do capítulo.

36-6 Conclusão

Este capítulo examinou como o pensamento dos economistas sobre a inflação e o desemprego evoluiu. Discutimos as ideias de muitos dos melhores economistas do século XX: desde a curva de Phillips, Samuelson e Solow, passando pela hipótese da taxa natural de Friedman e Phelps até a teoria das expectativas racionais de Lucas, Sargent e Barro. Seis membros desse grupo já ganharam o Prêmio Nobel por suas contribuições para a ciência econômica.

Embora o *trade-off* entre inflação e desemprego tenha gerado grande tumulto intelectual, foram desenvolvidos certos princípios que, atualmente, são consenso. Eis como Milton Friedman expressou a relação entre inflação e desemprego em 1968:

> Há sempre um *trade-off* temporário entre inflação e desemprego; não há *trade-off* permanente. O *trade-off* temporário vem não da inflação em si, mas da inflação não esperada, o que geralmente significa um aumento na taxa de inflação. A crença difundida de que existe um *trade-off* permanente é uma versão sofisticada da confusão entre "alta" e "crescente" que todos reconhecemos em formas mais simples. Uma taxa de inflação crescente pode reduzir o desemprego, ao passo que uma taxa de inflação alta não o fará.
>
> No entanto, você pode se perguntar: qual é a duração de "temporário"? [...] Posso, no máximo, aventurar-me a um julgamento pessoal, baseado no exame da evidência histórica de que os efeitos iniciais de uma taxa de inflação mais elevada e não esperada duram algo entre 2 e 5 anos.

Hoje, mais de meio século depois, essa declaração ainda resume a opinião da maioria dos macroeconomistas.

RESUMO DO CAPÍTULO

- A curva de Phillips descreve uma relação negativa entre inflação e desemprego. Ao expandir a demanda agregada, os formuladores de políticas podem escolher um ponto na curva de Phillips com maior inflação e menor desemprego. Ao contrair a demanda agregada, eles podem escolher um ponto com menor inflação e maior desemprego.
- O *trade-off* entre inflação e desemprego descrito pela curva de Phillips só se sustenta no curto prazo. No longo prazo, a inflação esperada se ajusta às mudanças na inflação vigente, e a curva de Phillips no curto prazo se desloca. Como resultado, a curva de Phillips no longo prazo é vertical à taxa natural de desemprego.
- A curva de Phillips no curto prazo também se desloca devido a choques na oferta agregada. Um choque de oferta adverso, como o aumento nos preços mundiais do petróleo, dá aos formuladores de políticas um *trade-off* menos favorável entre inflação e desemprego. Isto é, após um choque de oferta adverso, os formuladores de políticas precisam aceitar uma taxa de inflação mais elevada para qualquer taxa de desemprego dada ou uma taxa de desemprego mais elevada para qualquer taxa de inflação dada.
- Quando o Fed contrai o crescimento na oferta de moeda para reduzir a inflação, ele move a economia ao longo da curva de Phillips no curto prazo, o que

resulta em um desemprego temporariamente elevado. O custo da desinflação depende da rapidez com a qual as expectativas de inflação caem. Alguns economistas argumentam que um compromisso com a inflação baixa, desde que tenha credibilidade, pode reduzir o custo da desinflação ao induzir um rápido ajuste das expectativas.

CONCEITOS-CHAVE

curva de Phillips, p. 772
hipótese da taxa natural, p. 780
choque de oferta, p. 783
taxa de sacrifício, p. 786
expectativas racionais, p. 787

QUESTÕES DE REVISÃO

1. Represente graficamente o *trade-off* entre inflação e desemprego no curto prazo. Como o Fed poderia mover a economia de um ponto dessa curva para outro?
2. Represente graficamente o *trade-off* entre inflação e desemprego no longo prazo. Explique como os *trade-offs* de curto e de longo prazos se relacionam.
3. O que é tão natural na taxa natural de desemprego? Por que a taxa "natural" de desemprego pode variar de país para país?
4. Suponha que uma seca destrua as lavouras e eleve o preço dos alimentos. Qual será o efeito disso sobre o *trade-off* entre inflação e desemprego no curto prazo?
5. O Fed decide reduzir a inflação. Use a curva de Phillips para mostrar os efeitos de curto e de longo prazo dessa política. Como os custos de curto prazo poderiam ser reduzidos?

PROBLEMAS E APLICAÇÕES

1. Suponha que a taxa natural de desemprego seja de 6%. Represente graficamente duas curvas de Phillips que possam ser usadas para descrever as quatro situações a seguir. Em cada caso, indique o ponto que mostra a posição da economia.
    a. A inflação vigente é de 5%, e a inflação esperada é de 3%.
    b. A inflação vigente é de 3%, e a inflação esperada é de 5%.
    c. A inflação vigente é de 5%, e a inflação esperada é de 5%.
    d. A inflação vigente é de 3%, e a inflação esperada é de 3%.
2. Ilustre os efeitos dos eventos a seguir sobre as curvas de Phillips no curto e no longo prazo. Indique o raciocínio econômico que fundamenta cada uma das suas respostas.
    a. um aumento na taxa natural de desemprego
    b. uma diminuição no preço do petróleo importado
    c. um aumento nos gastos do governo
    d. um declínio na inflação esperada
3. Suponha que uma queda nas despesas de consumo provoque uma recessão.
    a. Ilustre as mudanças imediatas na economia usando um gráfico de oferta agregada/demanda agregada e um gráfico da curva de Phillips. Determine, nos dois gráficos, o equilíbrio inicial de longo prazo como ponto A, e o equilíbrio resultante de curto prazo como ponto B. O que acontece com a inflação e o desemprego no curto prazo?
    b. Suponha agora que, com o passar do tempo, a inflação esperada varie na mesma direção que a inflação vigente varia. O que acontece com a posição da curva de Phillips no curto prazo? Após o fim da recessão, a economia se depara com um conjunto melhor ou pior de combinações de inflação e desemprego?
4. Suponha que a economia esteja em equilíbrio de longo prazo.
    a. Represente graficamente as curvas de Phillips no curto e no longo prazo da economia.
    b. Suponha que uma onda de pessimismo entre as empresas reduza a demanda agregada. Mostre o efeito desse choque em seus gráficos do item (a). Se o Fed adotar uma política monetária expansionista, poderá fazer a economia retornar às taxas de inflação e de desemprego originais?
    c. Suponha, agora, que a economia esteja de volta ao seu equilíbrio de longo prazo e que o preço do petróleo importado aumente. Mostre o efeito desse choque em um novo gráfico similar ao do item (a). Se o Fed adotar uma política monetária expansionista, poderá fazer a economia retornar às taxas de inflação e de desemprego originais? Se adotar uma política monetária contracionista, poderá fazer a economia retornar às taxas de inflação e de desemprego originais? Explique por que essa situação difere da situação descrita no item (b).

5. A taxa de inflação é de 10%, e o banco central pensa em desacelerar a taxa de crescimento de moeda a fim de reduzir a inflação para 5%. O economista Milton acredita que a expectativa de inflação se modifique rapidamente em resposta às novas políticas, enquanto o economista James acredita que essa modificação seja mais lenta. A opinião de qual economista tem maior probabilidade de favorecer a mudança proposta na política monetária? Por quê?

6. Suponha que a política do Federal Reserve seja a de manter a inflação baixa e estável, mantendo o desemprego em sua taxa natural. No entanto, o Fed acredita que a taxa natural de desemprego é de 4%, quando a taxa vigente é de 5%. Se o Fed basear suas decisões políticas nessa crença, o que acontecerá com a economia? De que modo o Fed pode perceber que essa crença sobre a taxa natural está errada?

7. Suponha que o Federal Reserve anuncie que irá adotar uma política monetária contracionista, a fim de reduzir a taxa de inflação. Para cada uma das condições a seguir, explique se isso tornaria a recessão subsequente mais ou menos severa.
   a. Os contratos salariais são de curta duração.
   b. Há pouca confiança na determinação do Fed de reduzir a inflação.
   c. As expectativas de inflação ajustam-se rapidamente à inflação vigente.

8. Em 2008, o Federal Reserve enfrentou uma queda na demanda agregada, que foi provocada pelas crises financeira e imobiliária, e uma queda na oferta agregada de curto prazo, provocada pelo aumento do preço das *commodities*.
   a. Começando com um equilíbrio no longo prazo, represente os efeitos dessas duas mudanças usando tanto um gráfico de oferta agregada/demanda agregada quanto um gráfico da curva de Phillips. Nos dois gráficos, indique o equilíbrio inicial de longo prazo como ponto A e o equilíbrio resultante de curto prazo como o ponto B. Considere as variáveis produção, desemprego, o nível de preços e a taxa de inflação e, em relação a cada uma delas, indique se aumenta, diminui, ou se o impacto é ambíguo.
   b. Suponha que o Fed responda rapidamente a esses choques e ajuste a política monetária de modo a manter o desemprego e a produção em suas taxas naturais. Que medidas seriam tomadas? Mostre os resultados nos mesmos gráficos do item (a). Determine o novo equilíbrio como o ponto C.
   c. Por que o Fed poderia optar por não tomar as medidas descritas no item (b)?

Respostas do teste rápido

1. **d**   2. **b**   3. **d**   4. **a**   5. **c**   6. **b**   7. **c**   8. **c**   9. **a**   10. **d**   11. **a**

Capítulo 37

Seis debates sobre política macroeconômica

Políticos e editoriais estão constantemente defendendo mudanças na política econômica. Dizem que o presidente deveria aumentar os impostos para reduzir o déficit orçamentário ou que deveria parar de se preocupar com o déficit orçamentário. Que o Federal Reserve deveria cortar as taxas de juros para estimular uma economia debilitada ou que deveria aumentar as taxas de juros para combater a inflação. Já quanto ao Congresso, dizem que deveria reformar o sistema tributário para promover um crescimento econômico mais acelerado ou para alcançar uma distribuição de renda mais justa. Questões econômicas como essas estão no centro do debate político que ocorre nos Estados Unidos e em outros países do mundo.

Os capítulos anteriores exploraram as ferramentas que os economistas usam para analisar o comportamento da economia e os efeitos das políticas econômicas. Este capítulo final considera seis questões clássicas da política macroeconômica. Os economistas as debatem há muito tempo e provavelmente continuarão o fazendo nos próximos anos. O conhecimento que você adquiriu neste curso fornece uma base para discutir essas questões importantes e incertas. Esse conhecimento deve ajudá-lo a escolher um dos lados dos debates ou, pelo menos, ajudá-lo a ver por que é tão difícil escolher um lado.

37-1 Quão ativamente os formuladores de políticas devem tentar estabilizar a economia?

Os três capítulos anteriores discutiram como mudanças na demanda agregada e na oferta agregada podem levar a flutuações de curto prazo na produção e no emprego e como as políticas monetária e fiscal podem deslocar a demanda agregada e influenciar essas flutuações. Contudo, mesmo que os formuladores de políticas públicas **possam** influenciar as flutuações econômicas de curto prazo, isso significa que eles **deveriam** fazê-lo? Nosso primeiro debate diz respeito à forma como os formuladores de políticas monetárias e fiscais devem ser ativos na tentativa de suavizar os altos e baixos do ciclo econômico.

37-1a O argumento em favor de uma política de estabilização robusta

Se deixadas por conta própria, as economias tendem a flutuar. Quando as famílias e as empresas se tornam pessimistas, por exemplo, elas reduzem suas despesas, reduzindo, assim, a demanda agregada por bens e serviços. O declínio na demanda agregada, por sua vez, reduz a produção de bens e serviços. As empresas demitem trabalhadores, e a taxa de desemprego aumenta. O produto interno bruto (PIB) real e as outras medidas de renda caem. O desemprego crescente e a renda em queda ajudam a confirmar o pessimismo que deu início ao declínio da atividade econômica.

Uma recessão como essa não traz nenhum benefício para a sociedade – ela representa um enorme desperdício de recursos. Os trabalhadores que ficam desempregados devido à diminuição da demanda agregada prefeririam estar trabalhando. Os proprietários de empresas cujas fábricas ficam ociosas prefeririam estar produzindo bens e serviços e vendendo-os com lucro.

Não há boa razão para que a sociedade sofra com os altos e baixos do ciclo econômico, e a teoria macroeconômica mostrou aos formuladores de políticas como reduzir a gravidade das flutuações econômicas. Ao "firmar-se contra o vento" das mudanças econômicas, as políticas monetária e fiscal podem estabilizar a demanda agregada e a produção e o emprego. Quando a diminuição da demanda agregada é inadequada para garantir o pleno emprego, os formuladores de políticas deveriam aumentar os gastos do governo, reduzir os impostos, expandir a oferta de moeda e reduzir as taxas de juros. Quando a demanda agregada é excessiva, com riscos de aumentar a inflação, os formuladores de políticas deveriam reduzir os gastos do governo, elevar os impostos, reduzir a oferta de moeda e aumentar as taxas de juros. Tais ações políticas expressam o melhor uso da teoria macroeconômica ao levar a economia para uma situação mais estável, o que beneficia a todos.

37-1b O argumento em favor de uma política de estabilização modesta

As políticas monetária e fiscal podem, teoricamente, ser usadas para estabilizar a economia, porém, na prática, há obstáculos substanciais ao seu uso.

Um problema é o fato de que as políticas monetária e fiscal não afetam a economia de imediato, mas com um considerável atraso. A política monetária afeta a demanda agregada por meio de mudanças nas taxas de juros, que, por sua vez, afetam as despesas, principalmente os investimentos residenciais e empresariais. Contudo, como muitas famílias e empresas definem seus planos de gastos mais importantes com bastante antecedência, é preciso tempo para que as mudanças nas taxas de juros alterem a demanda agregada. Estudos indicam que as mudanças na política monetária têm poucos efeitos sobre a demanda agregada antes que tenham passado seis meses de sua implementação.

A política fiscal funciona com atraso devido ao longo processo político de alteração de impostos e gastos do governo. Para fazer uma mudança substancial na política fiscal nos

Estados Unidos, um projeto de lei precisa passar pelas comissões do Congresso, ser aprovado na Câmara e no Senado e ser sancionado pelo presidente. Pode levar anos para propor, aprovar e implementar uma grande mudança na política fiscal.

Em razão dessas longas demoras, os formuladores de políticas que desejam estabilizar a economia precisam olhar para o futuro e prever as condições econômicas que irão prevalecer quando suas ações entrarem em vigor. Infelizmente, a previsão econômica é imprecisa, em parte porque a macroeconomia é uma ciência primitiva e em parte porque os choques que causam as flutuações macroeconômicas são intrinsecamente imprevisíveis. Isso significa que, quando os formuladores de políticas mudam a política monetária ou fiscal, eles devem confiar apenas em suposições embasadas sobre as condições futuras.

Muitas vezes, os formuladores de políticas que tentam estabilizar a economia acabam tendo o efeito oposto. As condições podem mudar facilmente do momento em que uma ação política começa até o momento em que ela entra em vigor. Como resultado, os formuladores de políticas podem, inadvertidamente, agravar o ciclo econômico em vez de suavizá-lo. Alguns economistas afirmam que muitas grandes recessões, incluindo a Grande Depressão da década de 1930, podem ser atribuídas a ações desestabilizadoras nas políticas.

No início do treinamento, os médicos aprendem a regra "primeiro, não cause nenhum mal". O corpo humano tem uma capacidade de restabelecimento natural. Diante de um paciente doente e de um diagnóstico incerto, muitas vezes o médico não deveria fazer nada, apenas deixá-lo em paz. Ao intervir sem conhecimento confiável, ele corre o risco de piorar a situação.

O mesmo pode ser dito sobre o tratamento de uma economia em dificuldades. Pode ser desejável que os formuladores de políticas eliminem todas as flutuações, mas essa meta não é realista, dados os limites do conhecimento macroeconômico e a imprevisibilidade inerente aos eventos mundiais. É razoável que os formuladores de políticas monetárias e fiscais intervenham quando uma desaceleração econômica é profunda ou prolongada, mas não se pode esperar que eles evitem todas as recessões. Na maioria dos casos, eles devem se contentar com não causar danos.

> **Teste rápido**
>
> 1. Aproximadamente quanto tempo leva para que uma mudança na política monetária influencie a demanda agregada?
>   a. 1 mês
>   b. 6 meses
>   c. 2 anos
>   d. 5 anos
>
> 2. A política fiscal tem um longo atraso, principalmente porque
>   a. os formuladores de políticas do Federal Reserve não se reúnem frequentemente.
>   b. as empresas que fazem investimentos demoram a responder às mudanças nas taxas de juros.
>   c. o processo político é lento para promulgar mudanças nos gastos ou impostos do governo.
>   d. os consumidores demoram a responder às mudanças em suas rendas após pagar os impostos.
>
> As respostas estão no final do capítulo.

37-2 O governo deve combater as recessões com aumentos de gastos ou cortes de impostos?

Quando George W. Bush tornou-se presidente em 2001, a economia estava entrando em recessão. Ele reagiu cortando as taxas dos impostos. Quando Barack Obama se tornou presidente em 2009, a economia estava novamente em recessão, a pior em muitas décadas. Ele reagiu com um pacote de estímulos que utilizou algumas reduções de impostos, mas também incluía aumentos substanciais nos gastos do governo. O contraste entre essas duas políticas ilustra uma segunda questão clássica da macroeconomia: qual instrumento da política fiscal – gastos do governo ou impostos – é uma ferramenta melhor para reduzir a gravidade das recessões econômicas?

37-2a O argumento em favor de combater recessões com aumentos de gastos

John Maynard Keynes transformou a economia quando escreveu *A Teoria Geral do Emprego, do Juro e da Moeda* em meio à Grande Depressão da década de 1930, a pior crise econômica da história dos Estados Unidos. Desde então, os economistas entenderam que o problema fundamental em períodos de recessão é a demanda agregada inadequada. Quando as empresas não conseguem vender uma quantidade suficiente de bens e serviços, elas reduzem a produção e o emprego. A chave para acabar com a recessão é restaurar a demanda agregada a um nível consistente com pleno emprego.

A política monetária costuma ser a primeira linha de defesa contra as crises econômicas. Ao aumentar a oferta de moeda, o banco central reduz as taxas de juros. Taxas de juros mais baixas reduzem o custo dos empréstimos para financiar projetos de investimento, como novas fábricas e novas moradias. O aumento dos gastos com investimentos aumenta a demanda agregada e ajuda a restaurar os níveis normais de produção e emprego.

A política fiscal, no entanto, pode oferecer uma ferramenta adicional para combater as recessões. Quando o governo corta impostos, ele aumenta a renda disponível das famílias, incentivando-as a aumentar os gastos com consumo. Quando o governo compra bens e serviços, ele incrementa diretamente a demanda agregada. Além disso, essas ações fiscais podem ter efeitos multiplicadores: uma maior demanda agregada leva a maiores rendas, maiores rendas levam a gastos adicionais do consumidor, e gastos adicionais do consumidor levam a novos aumentos na demanda agregada.

A política fiscal é particularmente útil quando a política monetária perde sua eficácia. Por exemplo, durante a Grande Recessão de 2008 e 2009 e a recessão do coronavírus de 2020, o Federal Reserve reduziu sua meta de taxa de juros para cerca de zero. Embora alguns bancos centrais tenham como meta taxas de juros ligeiramente negativas, as taxas de juros não podem ficar muito abaixo de zero porque, em algum momento, as pessoas preferem ficar com seu dinheiro do que emprestá-lo. Quando a meta da taxa de juros atinge esse limite inferior efetivo, o Fed perde sua melhor ferramenta para estimular a economia. A política monetária não convencional, como flexibilização quantitativa e orientação futura, pode ser útil, mas é indiscutivelmente menos eficaz. Nessa circunstância, é natural que o governo recorra à política fiscal – gastos e impostos do governo – para sustentar a demanda agregada.

A análise keynesiana tradicional indica que os aumentos nos gastos do governo são uma ferramenta mais potente que as reduções dos impostos. Quando as famílias obtêm renda disponível extra com uma redução de impostos, provavelmente economizarão parte dessa renda adicional em vez de gastar tudo (especialmente se as famílias considerarem a redução de impostos temporária em vez de permanente). A fração da renda extra economizada não contribui para a demanda agregada por bens e serviços. Por outro lado, quando o governo gasta 1 dólar na compra de um bem ou serviço, esse dólar é imediata e completamente acrescido à demanda agregada.

Em 2009, os economistas do governo Obama usaram um modelo macroeconômico convencional para calcular a magnitude desses efeitos. De acordo com as simulações do modelo, cada dólar oriundo dos cortes de impostos aumenta o PIB em $ 0,99, enquanto cada dólar de gastos do governo aumenta o PIB em $ 1,59. Como os aumentos nos gastos do governo propiciavam um impacto maior para cada dólar gasto do que os cortes de impostos, a resposta política em 2009 deu preferência a mais gastos e menos reduções tributárias.

Os formuladores de políticas concentraram-se em três tipos de gastos. Primeiro, houve gastos com projetos "vapt-vupt" (*shovel-ready*), ou seja, projetos de aplicação imediata. Tratava-se de projetos de obras públicas, como reparos em autoestradas e pontes, cuja construção podia começar imediatamente, colocando os desempregados de volta ao trabalho. Segundo, estendeu-se o auxílio federal aos governos estaduais e locais. Como, em decorrência de exigência constitucional, muitos desses governos devem executar orçamentos equilibrados, a queda das receitas tributárias durante as recessões poderia obrigá-los a demitir professores, policiais e outros funcionários públicos; a ajuda federal evitou esse resultado ou, pelo menos, reduziu sua gravidade. Por último, houve aumento dos pagamentos aos desempregados por meio do sistema de seguro-desemprego. Como os desempregados, muitas vezes, têm uma situação financeira difícil, eles são suscetíveis a gastar em vez de economizar sua renda extra. Supõe-se que esses subsídios governamentais contribuam mais para a demanda agregada – e, por sua vez, para a produção e o emprego – do que os cortes de impostos fariam. De acordo com o modelo macroeconômico usado pela administração Obama, o pacote de estímulo de $ 800 bilhões criaria ou pouparia mais de 3 milhões de empregos até o final do segundo ano de exercício do presidente.

É impossível saber ao certo qual é o efeito que o estímulo de fato teve. Como há apenas uma oportunidade na história, ninguém sabe o que teria acontecido sem o pacote de estímulos. Uma coisa é certa: a crise econômica de 2008-2009 foi grave, mas poderia ter sido pior. Na Grande Depressão da década de 1930, o PIB real caiu 27%, e o desemprego chegou a 25%. Na Grande Recessão, o PIB real caiu apenas 4%, e o desemprego atingiu apenas 10%. Considerando o PIB ou o desemprego, a Grande Recessão não se aproximou da magnitude da Grande Depressão.

37-2b O argumento em favor de combater recessões com cortes de impostos

Há uma longa tradição de uso da política fiscal para estimular uma economia moribunda. O presidente Kennedy propôs uma redução de impostos como uma das suas principais iniciativas econômicas, o que, no fim das contas, aconteceu em 1964, durante o mandato do presidente Johnson. O presidente Reagan também assinou uma lei para cortes significativos de impostos quando se tornou presidente, em 1981. Ambas as reduções de impostos logo foram seguidas por forte crescimento econômico.

Os cortes de impostos têm importante influência na demanda agregada e na oferta agregada. Eles aumentam a demanda agregada ao elevar a renda disponível das famílias, como enfatizado pela análise keynesiana tradicional, mas também podem aumentar a demanda agregada ao alterar os incentivos. Por exemplo, se as reduções de impostos assumirem a forma de uma expansão do crédito fiscal do investimento, elas podem induzir o aumento dos gastos com bens de investimento. Como as despesas com investimentos são o componente mais volátil do PIB no ciclo econômico, estimular o investimento é a chave para acabar com as recessões. Os formuladores de políticas podem direcionar o investimento usando uma política tributária bem projetada.

Enquanto os cortes de impostos aumentam a demanda agregada, também podem aumentar a oferta agregada. Quando o governo reduz taxas marginais de impostos, os trabalhadores mantêm uma fração maior de qualquer renda que aufiram. Isso dá aos desempregados um maior incentivo para procurar emprego e aos empregados um maior incentivo para trabalhar mais horas. O aumento da oferta agregada, juntamente ao aumento da demanda agregada, implica que a produção de bens e serviços pode se expandir sem pressionar a taxa de inflação.

Aumentar os gastos do governo durante as recessões acarreta vários problemas. Em primeiro lugar, os consumidores racionais entendem que maiores gastos do governo, juntamente aos empréstimos governamentais necessários para financiá-los, provavelmente levarão a maiores impostos futuros. A antecipação de impostos futuros induz esses consumidores a reduzir os gastos hoje. Além disso, assim como a maioria dos impostos, é provável que os impostos futuros causem perdas de peso morto. À medida que as empresas olham para uma economia futura mais distorcida, elas podem reduzir suas expectativas de lucros futuros e reduzir os gastos com investimentos. Em virtude desses efeitos, os multiplicadores de gastos do governo podem ser menores do que se acredita convencionalmente.

Também estamos longe de saber ao certo se o governo é capaz de gastar sábia e rapidamente. Grandes projetos de gastos do governo geralmente exigem anos de planejamento, pois formuladores de políticas e eleitores avaliam os custos e benefícios dos projetos. Todavia, quando o desemprego aumenta durante as recessões, a necessidade de demanda agregada adicional é premente. Se o governo tentar ser cuidadoso ao planejar seus gastos, poderá falhar em aumentar a demanda agregada em tempo hábil. Se, no entanto, o governo aumentar os gastos rapidamente, isso pode acabar com projetos públicos mal concebidos que criam empregos temporários, mas produzem pouco valor duradouro e deixam os futuros contribuintes com um legado de dívida pública.

Os cortes de impostos têm a vantagem de descentralizar as decisões de gastos, em vez de depender de um processo político centralizado e complicado. As famílias gastam sua renda disponível em coisas que valorizam, e as empresas gastam seus investimentos em projetos que esperam que sejam lucrativos. Isso sugere que os cortes de impostos podem ser a melhor arma para combater as crises econômicas.

Teste rápido

3. De acordo com a análise keynesiana tradicional, qual das seguintes opções aumenta mais a demanda agregada?
   a. aumento de $ 100 bilhões em impostos
   b. redução de $ 100 bilhões em impostos
   c. aumento de $ 100 bilhões nos gastos governamentais
   d. redução de $ 100 bilhões nos gastos governamentais

4. Um corte nas alíquotas do imposto de renda tende a _____ a demanda agregada e _____ a oferta agregada.
   a. aumentar; aumentar
   b. aumentar; diminuir
   c. diminuir; aumentar
   d. diminuir; diminuir

As respostas estão no final do capítulo.

37-3 A política monetária deve ser baseada em regras ou discrição?

Como já vimos no capítulo sobre o sistema monetário, o Comitê Federal de Mercado Aberto (FOMC, Federal Open Market Committee) estabelece a política monetária dos Estados Unidos. O comitê se reúne a cada seis semanas para avaliar o estado da economia e decidir se deve aumentar, diminuir ou deixar inalterada sua meta para a taxa dos fundos federais. Em algumas circunstâncias, ele também pode optar por ações monetárias não convencionais, como flexibilização quantitativa e orientação futura.

O FOMC opera com grande discrição sobre como conduzir a política monetária. As leis que criaram o Fed deram à instituição uma orientação limitada sobre quais metas ela deveria perseguir. Uma emenda de 1977 à lei do Federal Reserve, de 1913, diz que o Fed "deve manter o crescimento de longo prazo dos agregados monetário e de crédito proporcional ao potencial de longo prazo da economia para aumentar a produção, assim como promover de modo eficaz os objetivos de pleno emprego, preços estáveis e taxas de juros de longo prazo moderadas". No entanto, essa lei não especifica de que maneira determinar a importância desses objetivos, tampouco diz ao Fed como alcançar os objetivos que possam ser determinados.

Alguns economistas criticam esse desenho institucional. Nosso terceiro debate sobre a política macroeconômica concentra-se em saber se o Fed deveria ter seus poderes discricionários reduzidos ou, em vez disso, se comprometer a seguir alguma regra de condução da política monetária.

37-3a O argumento em favor de uma política monetária baseada em regras

A discrição na condução da política monetária acarreta dois problemas. Primeiro, ela não limita a incompetência e o abuso de poder. Quando o governo envia a polícia a uma comunidade para manter a ordem, dá-lhe rigorosas diretrizes sobre como exercer sua tarefa. Como a polícia tem grande poder, deixá-la à vontade para que o exerça a seu exclusivo critério seria perigoso. (E, mesmo assim, disputas sobre policiamento são muito comuns.) No entanto, quando o governo confere aos banqueiros centrais a autoridade para manter a ordem econômica, dá-lhes poucas diretrizes. Os formuladores de políticas monetárias têm permissão para agir com arbítrio, sem nenhum controle.

Como exemplo de abuso de poder, os diretores de bancos centrais, algumas vezes, sentem-se tentados a usar a política monetária para afetar o resultado de eleições. Suponha que o voto para o presidente em exercício seja baseado nas condições econômicas no momento da reeleição. Um banqueiro central que simpatize com o candidato à reeleição pode ser tentado a adotar políticas expansionistas às vésperas da eleição para estimular a produção e o emprego, sabendo que a inflação resultante surgirá apenas depois da eleição. Quando os banqueiros centrais se aliam a políticos, a política discricionária pode levar a flutuações econômicas que refletem o calendário eleitoral. Os economistas se referem a essas flutuações como o **ciclo econômico político**. Antes da eleição de 1972, por exemplo, o presidente Richard Nixon pressionou o presidente do Fed, Arthur Burns, a praticar uma política monetária mais expansionista, presumivelmente para reforçar suas chances de ser reeleito.

O segundo problema da política monetária discricionária, mais sutil, é que ela pode levar a uma inflação mais alta do que o desejado. Considere a questão do ponto de vista de Frida, uma hipotética presidente do Fed. Frida sabe que não há um *trade-off* de longo prazo entre inflação e desemprego, e ela acha que a inflação é custosa, então ela anuncia que o Fed terá como objetivo uma inflação zero. No entanto, uma vez que o público tenha formado as expectativas de inflação, Frida enfrenta um *trade-off* entre inflação e desemprego no curto prazo. Ela está tentada a renegar sua promessa de estabilidade de preços para reduzir o desemprego. Essa discrepância entre anúncios (o que os formuladores de políticas dizem que farão) e ações (o que eles realmente fazem) é chamada de **inconsistência temporal da política**. Como os formuladores de políticas podem ser inconsistentes com o tempo, as pessoas ficam céticas quando os banqueiros centrais dizem que reduzirão a inflação. Em outras palavras, as pessoas podem esperar uma inflação mais alta do que a que os banqueiros centrais afirmam que estão tentando alcançar. Maiores expectativas de inflação, por sua vez, deslocam a curva de Phillips no curto prazo para cima, tornando o *trade-off* entre inflação e desemprego no curto prazo menos favorável do que poderia ser em outra circunstância.

Uma maneira de evitar esses dois problemas da política discricionária é comprometer o banco central com uma regra política. Por exemplo, suponha que o Congresso aprove uma lei exigindo que o Fed aumente a oferta de moeda em exatamente 3% ao ano. (Por que 3%? Como o PIB real cresce, em média, cerca de 3% ao ano e a demanda por moeda cresce com o PIB real, um crescimento na oferta de moeda de 3% ao ano é aproximadamente a taxa necessária para produzir estabilidade de preços no longo prazo.) Uma lei como essa eliminaria a incompetência e o abuso de poder da parte do Fed e impossibilitaria o ciclo econômico político. Além disso, a política não teria mais inconsistência temporal. As pessoas, então, acreditariam no anúncio de baixa inflação do Fed, porque ele seria obrigado, por lei, a seguir uma política monetária com o objetivo de baixa inflação. Com uma expectativa de inflação mais baixa, a economia se depararia com um *trade-off* entre inflação e desemprego de curto prazo mais favorável.

Também são possíveis outras regras de política monetária. Uma regra mais ativa poderia permitir algum *feedback* do estado da economia para mudanças na política monetária. Por exemplo, uma regra mais ativa poderia exigir que o Fed aumentasse a oferta de moeda em 1 ponto percentual para cada ponto percentual de crescimento do desemprego acima de sua taxa natural. Independentemente da forma exata da regra, comprometer o Fed com alguma regra traria vantagens por limitar a incompetência, os abusos de poder e a inconsistência temporal na condução da política monetária.

37-3b O argumento em favor de uma política monetária discricionária

A política monetária discricionária pode ter algumas desvantagens, mas tem uma vantagem importante: flexibilidade. O Fed enfrenta circunstâncias em constante mudança, e nem todas podem ser previstas. Na década de 1930, os bancos faliram em números recordes. Na década de 1970, o preço mundial do petróleo disparou. Em outubro de 1987, o mercado de ações registrou uma queda de 22% em um único dia. De 2007 a 2009, os preços das casas caíram e as execuções hipotecárias dispararam, deixando o sistema financeiro em desordem. Em 2020, uma pandemia fechou grandes segmentos da economia. O Fed deve decidir como responder a esses abalos. Um formulador de regras políticas não poderia, possivelmente, imaginar todas as contingências e especificar antecipadamente a resposta política correta. É melhor indicar pessoas capacitadas para conduzir a política monetária e dar-lhes liberdade para fazer o melhor que puderem.

Além disso, os supostos problemas de arbítrio são predominantemente teóricos. A importância prática do ciclo econômico político, por exemplo, está longe de ser clara. Embora Nixon tenha pressionado Burns em 1972, não está claro se ele conseguiu alterar a política monetária: as taxas de juros subiram durante o ano eleitoral. Em alguns casos, parece ocorrer justamente o contrário. Por exemplo, o presidente Jimmy Carter nomeou Paul Volcker para presidir o Federal Reserve em 1979. Ainda assim, em outubro daquele ano, Volcker adotou uma política de contração monetária para combater a inflação alta que herdara de seu antecessor. O resultado previsível da decisão de Volcker foi uma recessão, e o resultado previsível da recessão foi um declínio na popularidade de Carter. Em vez de usar a política monetária para ajudar o presidente que o indicara, Volcker tomou medidas que considerou de interesse nacional, muito embora elas tenham ajudado a garantir a derrota de Carter para Ronald Reagan na eleição de novembro de 1980.

A importância prática da inconsistência temporal também não está clara. Embora as pessoas frequentemente sejam céticas em relação aos anúncios do banco central, os banqueiros centrais podem conquistar credibilidade ao longo do tempo ao respaldar suas palavras com ações. Na década de 1990, o Fed atingiu e manteve uma baixa taxa de inflação, apesar da constante tentação de tirar proveito do *trade-off* entre inflação e desemprego no curto prazo. Essa experiência mostra que a baixa inflação não exige que o Fed esteja comprometido com uma regra política.

Qualquer tentativa de substituir a discrição por uma regra deve enfrentar a difícil tarefa de especificar uma regra precisa. Apesar de muitas pesquisas examinarem os custos e benefícios das regras alternativas, os economistas não chegaram a um consenso sobre o que seria uma boa regra. Até que haja consenso, a sociedade tem pouca escolha a não ser dar aos banqueiros centrais o poder de conduzir a política monetária da maneira que acharem melhor.

SAIBA MAIS — Metas de inflação

Nas últimas décadas, muitos bancos centrais em todo o mundo adotaram uma política chamada **meta de inflação**. Às vezes, um banco central anuncia suas intenções em relação à taxa de inflação nos próximos anos. Em outras ocasiões, essa política assume a forma de uma lei nacional que especifica uma meta de inflação para o banco central.

A meta de inflação não é um compromisso com uma regra rígida. Em todos os países que a adotaram, os bancos centrais ainda têm uma boa margem de manobra. As metas de inflação geralmente são definidas como uma faixa — uma taxa de inflação de 1 a 3%, por exemplo — em vez de um único número, para que o banco central possa escolher onde deseja estar na faixa. Além disso, às vezes é permitido ao banco central ajustar sua meta de inflação, pelo menos temporariamente, se algum evento (como um choque nos preços mundiais do petróleo) empurrar a inflação para fora da faixa-alvo.

Embora a meta de inflação deixe o banco central com alguma discrição, a política restringe a forma como essa discrição é usada. Quando se diz a um banco central que simplesmente "faça a coisa certa", é difícil responsabilizá-lo porque as pessoas podem discutir eternamente sobre o que é certo. Por outro lado, quando um banco central tem uma meta de inflação, é mais fácil avaliar se ele está cumprindo suas metas. As metas de inflação não deixam os bancos de mãos atadas, mas aumentam a transparência e a responsabilidade da política monetária. Em certo sentido, a meta de inflação é um compromisso no debate sobre regras *versus* discrição.

Em comparação com outros bancos centrais ao redor do mundo, o Federal Reserve demorou a adotar uma política de metas de inflação, embora alguns comentaristas tenham sugerido há muito tempo que o Fed tinha uma meta implícita de inflação de cerca de 2%. Em janeiro de 2012, o FOMC tornou a política mais explícita. Seu comunicado de imprensa dizia o seguinte:

> A taxa de inflação no longo prazo é determinada principalmente pela política monetária, portanto o Comitê tem a capacidade de especificar uma meta de longo prazo para a inflação. O Comitê julga que a inflação na taxa de 2%, medida pela mudança anual no índice de preços para despesas de consumo pessoal, é mais consistente em longo prazo com o mandato estatutário do Federal Reserve. Comunicar essa meta de inflação de forma clara ao público ajuda a manter as expectativas de inflação de longo prazo firmemente ancoradas, promovendo, assim, a estabilidade de preços e as taxas de juros moderadas de longo prazo e aumentando a capacidade do Comitê de promover o máximo emprego em face de distúrbios econômicos significativos.

A meta de inflação nos Estados Unidos é uma política em evolução. Em agosto de 2020, o Fed disse que buscava uma taxa de inflação "média" de 2%, em vez de uma meta fixa de 2%. Não foi especificado em qual período de tempo o cálculo da média se basearia. Essa mudança conferiu maior flexibilidade à formulação de políticas do Fed. ■

> **Teste rápido**
>
> 5. Os defensores da definição da política monetária por regras, em vez de discricionariedade, geralmente argumentam que
>   a. os banqueiros centrais, com poder discricionário, são tentados a descumprir seus compromissos anunciados de baixa inflação.
>   b. os banqueiros centrais que seguem uma regra responderão mais às necessidades do processo político.
>   c. a política fiscal é melhor do que a política monetária como ferramenta para a estabilização econômica.
>   d. às vezes, é útil dar à economia uma explosão de inflação surpresa.
>
> 6. Uma política que estabelece metas de inflação
>   a. elimina a necessidade de tomada de decisão discricionária pelos banqueiros centrais.
>   b. libera os banqueiros centrais de terem que responder aos choques da demanda agregada.
>   c. torna a política do banco central mais transparente e responsável.
>   d. foi abandonada pela maioria dos bancos centrais ao redor do mundo.
>
> As respostas estão no final do capítulo.

37-4 O banco central deve buscar uma taxa de inflação próxima de zero?

Um dos **dez princípios da economia** abordados no Capítulo 1 é que os preços aumentam quando o governo emite muita moeda. Outro é que a sociedade enfrenta um *trade-off* entre inflação e desemprego no curto prazo. Esses princípios foram desenvolvidos de forma mais completa ao longo deste livro. Juntos, eles levantam uma questão para os formuladores de políticas: qual taxa de inflação um banco central deve buscar?

37-4a O argumento em favor da inflação quase zero

A inflação não confere nenhum benefício à sociedade, mas impõe vários custos. Economistas identificaram seis deles:

- Custos de desgaste da sola do sapato decorrentes de reservas monetárias reduzidas
- Custos de menu decorrentes de ajuste mais frequente dos preços
- Maior variação dos preços relativos
- Mudanças não intencionais nas obrigações tributárias devidas à não indexação do código tributário
- Confusão e inconvenientes provocados por uma unidade de conta instável
- Redistribuições de riqueza arbitrárias associadas às dívidas contratadas em dólar

Alguns economistas argumentam que esses custos são pequenos, mas outros afirmam que podem ser substanciais, mesmo durante períodos de inflação moderada. Além disso, muitas pessoas, sem dúvida, não gostam da inflação. Em 2021, por exemplo, quando a inflação atingiu cerca de 6%, as pesquisas de opinião identificaram a inflação como o principal problema econômico do país.

Os benefícios da baixa inflação devem ser comparados aos custos de alcançá-la. Reduzir a inflação geralmente requer um período de alto desemprego e baixa produção, como ilustra a curva de Phillips no curto prazo. No entanto, essa recessão desinflacionária é apenas temporária, porque, uma vez que as pessoas entendam que os formuladores de políticas estão visando à inflação baixa, as expectativas de inflação cairão, e o *trade-off* no curto prazo melhorará. Como as expectativas se ajustam, não há *trade-off* entre inflação e desemprego no longo prazo.

Reduzir a inflação é, portanto, uma política com custos temporários e benefícios permanentes. Uma vez passada a recessão desinflacionária, os benefícios da inflação baixa persistem no futuro. Se os formuladores de políticas forem perspicazes e tiverem uma visão de longo prazo, estarão dispostos a incorrer nos custos temporários em troca dos benefícios permanentes. Foi exatamente esse o cálculo feito por Paul Volcker no início da década de 1980, quando ele apertou a política monetária e reduziu a inflação de cerca de 10%, em 1980, para cerca de 4%, em 1983. Embora o desemprego em 1982 tenha atingido seu nível mais elevado desde a Grande Depressão, a economia acabou se recuperando da recessão, deixando um legado de inflação baixa. Hoje, Volcker é considerado um herói entre os banqueiros centrais.

Além do mais, os custos da redução da inflação não precisam ser tão altos quanto afirmam alguns economistas. Se o Fed anunciar um compromisso confiável com a inflação baixa, ele pode influenciar diretamente as expectativas de inflação. Tal mudança das expectativas pode melhorar o *trade-off* entre inflação e desemprego no curto prazo, permitindo que a economia atinja a inflação mais baixa a um custo reduzido. A chave para essa estratégia é a credibilidade: as pessoas precisam acreditar que o Fed irá levar adiante a política anunciada. O Congresso poderia ajudar aprovando uma legislação que torne a estabilidade de preços a principal meta do Fed. Uma lei desse tipo tornaria menos custoso alcançar a inflação baixa sem reduzir quaisquer dos benefícios resultantes.

37-4b O argumento em favor de manter uma inflação moderada

Os benefícios de atingir uma taxa de inflação próxima de zero – em vez de, digamos, 4% ao ano – são pequenos, enquanto os custos podem ser grandes. As estimativas da taxa de sacrifício sugerem que reduzir a inflação em 1 ponto percentual exige abrir mão de 5% da produção de um ano. Reduzir a inflação de 4 para 0% exige a perda de 20% da produção de um ano. As pessoas podem não gostar da inflação de 4%; contudo, não está claro se elas estariam (ou deveriam estar) dispostas a pagar 20% da renda de um ano para se livrar dela.

Os custos sociais da desinflação são ainda maiores do que sugere esse valor de 20%, porque a renda perdida não se distribui equitativamente em toda a população. Quando a economia entra em recessão, as rendas não caem todas proporcionalmente. Em vez disso, a queda na renda agregada se concentra sobre aqueles que perdem o emprego. Os trabalhadores mais vulneráveis são, frequentemente, os que têm menos qualificação e experiência. Portanto, grande parte do custo de redução da inflação recai sobre as pessoas com menos condições de arcar com ele.

Economistas listam vários custos da inflação, porém não há consenso de que tais custos sejam substanciais. Os custos de desgaste da sola do sapato, de menu e os outros que os economistas identificaram não parecem ser grandes, pelo menos para taxas de inflação moderadas. Sim, muitas pessoas não gostam da inflação, mas podem ser induzidas a acreditar na falácia da inflação – a visão de que a inflação inevitavelmente corrói os padrões de vida. Os economistas entendem que os padrões de vida em longo prazo dependem da produtividade, não da política monetária. Como a inflação na renda nominal normalmente anda de mãos dadas com a inflação nos preços, reduzir a inflação com uma política monetária mais rígida não faria com que a renda real aumentasse mais rapidamente.

Além disso, os formuladores de políticas podem diminuir muitos dos custos da inflação sem reduzir verdadeiramente a inflação. Eles podem eliminar os problemas associados ao sistema tributário não indexado reescrevendo as leis tributárias para contabilizar os efeitos da inflação. Eles podem reduzir as redistribuições arbitrárias de riqueza entre credores e devedores causadas pela inflação inesperada por meio da emissão de títulos governamentais indexados, o que o Tesouro dos Estados Unidos tem feito desde que o governo Clinton os introduziu em 1997. Promover um uso mais amplo desses títulos isolaria os detentores de dívidas do governo da inflação.

Reduzir a inflação pode ser desejável se isso puder ser feito sem nenhum custo, como alguns economistas argumentam ser possível, mas esse truque é difícil de ser executado na prática. Quando as nações reduzem a inflação, quase sempre registram

É NOTÍCIA — Os objetivos da política monetária

Dois economistas argumentam que o Federal Reserve deve limitar seu foco.

O dever do Fed é com a economia, não com a "equidade"

Por Michael T. Belongia e Peter N. Ireland

O Federal Reserve Bank de St. Louis está nos estágios iniciais da criação de um Instituto de Equidade Econômica "para apoiar uma economia com a qual todos possam se beneficiar independentemente de raça, etnia, sexo ou onde vivam", com ênfase nos "resultados econômicos experimentados por grupos historicamente marginalizados". Os Federal Reserve Banks de Boston, Atlanta e Minneapolis têm suas próprias iniciativas em andamento. O senador Pat Toomey (Partido Republicano, Pensilvânia) perguntou corretamente aos presidentes regionais: os bancos devem considerar a justiça social e a equidade nas decisões de política monetária?

Para contextualizar essas novas iniciativas, considere a missão e a independência do Fed. A Lei do Federal Reserve orienta o Fed a conduzir a política monetária de forma que "promova efetivamente as metas de emprego máximo, preços estáveis e taxas de juros moderadas de longo prazo". Cada meta é expressa como um resultado para a economia, em vez do benefício de um segmento específico da economia ou dos preços de bens individuais.

Dito de outra forma, as ferramentas da política monetária não existem para reduzir o desemprego nas indústrias automobilística ou siderúrgica. O objetivo não é manter os preços da gasolina baixos, mas manter uma taxa de aumento modesta e estável no valor médio de uma cesta de *commodities*.

Todos os bancos centrais enfrentam essa tensão entre o desempenho geral da economia e o bem-estar de interesses específicos. O longo período recente de taxas de juros historicamente baixas, por exemplo, reduziu a taxa de retorno obtida pelos poupadores. Ao mesmo tempo, taxas de juros mais baixas reduzem o custo de compra de uma casa, de um carro e de outros bens duráveis.

Um baixo valor do dólar beneficia os exportadores dos Estados Unidos ao tornar seus produtos mais baratos para compradores estrangeiros. Contudo, também prejudica os consumidores dos Estados Unidos ao aumentar os preços dos produtos importados. Se o Fed considerasse essas compensações em vez do desempenho econômico geral, escolheria facilitar

---

um período de elevado desemprego e baixa produção. É arriscado acreditar que o banco central possa adquirir credibilidade tão rapidamente que a desinflação seja indolor.

Na verdade, uma recessão desinflacionária pode deixar cicatrizes permanentes na economia. Durante as recessões, empresas de todos os setores reduzem substancialmente seus gastos em novas fábricas e equipamentos, fazendo do investimento o componente mais volátil do PIB. Mesmo após o fim da recessão, o menor estoque de capital reduz a produtividade, os rendimentos e os padrões de vida, mantendo-os abaixo dos níveis que poderiam ter sido alcançados de outra forma. Além disso, quando os trabalhadores ficam desempregados em crises, eles perdem qualificações profissionais valiosas, reduzindo permanentemente seu valor como trabalhadores.

Um pouco de inflação pode até ser positivo. Alguns economistas acreditam que a inflação "engraxa os mecanismos" do mercado de trabalho. Como os trabalhadores resistem a cortes nos salários nominais, é mais fácil conseguir uma queda nos salários reais quando o nível de preços está subindo. A inflação, portanto, facilita o ajuste dos salários reais às mudanças nas condições do mercado de trabalho.

Além disso, a inflação permite a possibilidade de taxas de juros reais negativas. As taxas de juros nominais não podem cair muito abaixo de zero porque os credores sempre podem reter seu dinheiro em vez de emprestá-lo com um retorno negativo. Se a inflação for zero, as taxas de juros reais também nunca poderão ser negativas. Contudo, se a inflação for, digamos, de 4%, então um corte nas taxas de juros nominais pode produzir taxas de juros reais de menos 4%. Às vezes, a economia pode precisar de taxas de juros reais profundamente negativas para fornecer estímulo suficiente à demanda agregada – uma opção descartada pela inflação zero.

À luz de todos esses argumentos, por que os formuladores de políticas deveriam submeter a economia a uma recessão desinflacionária cara e injusta para atingir a inflação zero? O economista Alan Blinder, que já foi vice-presidente do Fed, argumentou em seu livro *Hard Heads, Soft Hearts* que os formuladores de políticas não deveriam fazer essa escolha:

ou apertar a política monetária sabendo muito bem que qualquer ação beneficiará alguns e prejudicará outros? Lamentável ou não, a condução da política monetária inevitavelmente terá consequências distributivas secundárias à busca do melhor resultado para o todo.

Essa tensão entre o geral e o particular ajuda a explicar o argumento de que os bancos centrais deveriam ser instituições "independentes" para que suas políticas sejam isoladas da pressão política. Entretanto, independência não significa que um banco central seja livre para definir suas próprias metas, que geralmente são estabelecidas por um órgão legislativo.

O Fed não é livre para escolher seus próprios objetivos de política monetária, mas tem ampla latitude e independência para escolher uma estratégia para atingir essas metas. Embora o Fed possa escolher estabelecer uma meta para uma taxa de juros ou crescimento da oferta monetária, essas são apenas formas funcionais de perseguir as metas estabelecidas pelo Congresso. Os legisladores podem então responsabilizar o Fed por seu desempenho no cumprimento de seu mandato.

Mas como o Fed pode buscar novos objetivos de "equidade" enquanto permanece comprometido com seu mandato legal de alcançar "máximo emprego, preços estáveis e taxas de juros de longo prazo moderadas?"

Em busca de equidade, o Fed planeja se envolver mais na alocação de crédito? Quais ferramentas o Fed planeja usar? A nova meta de equidade para "grupos historicamente marginalizados" exigirá mudanças nos efeitos distributivos que a política monetária tem sobre poupadores, mutuários, exportadores e consumidores? Talvez o mais fundamental seja: como o Fed definirá "equidade"?

As novas iniciativas do Fed expõem o banco central a pressões políticas que são inconsistentes com uma instituição independente. Se o Fed quiser perder sua independência, está tomando medidas para garantir esse resultado. ■

Questões para discussão

1. Você concorda com os autores de que o Fed não deve se preocupar com questões de equidade social? Justifique.

2. Se o Fed seguir o conselho dos autores, quais outras instituições deveriam se concentrar na equidade social? Por que essas instituições poderiam estar mais bem equipadas para a tarefa?

Michael T. Belongia é professor de economia na University of Mississippi. Peter N. Ireland é professor de economia no Boston College.

Fonte: *The Wall Street Journal*, 10 de junho de 2021.

Os custos que acompanham as taxas de inflação baixas e moderadas registradas nos Estados Unidos e em outros países industrializados parecem ser bastante modestos – mais como um resfriado forte do que como um câncer para a sociedade. [...] Como indivíduos racionais, não nos apresentamos voluntariamente para uma lobotomia a fim de curar um resfriado. Contudo, como coletividade, prescrevemos rotineiramente o equivalente econômico da lobotomia (desemprego elevado) como cura para o resfriado inflacionário.

Blinder conclui que é melhor aprender a viver com uma inflação moderada.

Teste rápido

7. Qual das alternativas a seguir NÃO é um argumento em favor de uma taxa zero de inflação?
   a. Ela elimina distorções de um código tributário não indexado.
   b. Ela incentiva as pessoas a manter uma quantidade maior de dinheiro.
   c. Ela reduz os custos de menu que as empresas precisam incorrer.
   d. Ela impede que os salários reais caiam se os salários nominais não puderem ser cortados.

8. Qual das alternativas a seguir NÃO é um argumento em favor de uma taxa de inflação positiva?
   a. Ela permite que as taxas de juros reais sejam negativas.
   b. Ela aumenta a variabilidade dos preços relativos.
   c. Ela permite que os salários reais caiam sem cortes nos salários nominais.
   d. Seria custoso reduzir a inflação a zero.

As respostas estão no final do capítulo.

37-5 O governo deve equilibrar seu orçamento?

A dívida pública é objeto de um debate macroeconômico persistente. Sempre que o governo gasta mais do que coleta de arrecadação tributária, ele financia seu déficit orçamentário emitindo títulos públicos. Nosso estudo sobre os mercados financeiros mostrou como o déficit orçamentário afeta a poupança, o investimento e as taxas de juros. Mas quão grande é o problema do déficit orçamentário? O próximo debate diz respeito a se os formuladores de política fiscal deveriam dar alta prioridade ao equilíbrio do orçamento do governo.

37-5a O argumento em favor de um orçamento equilibrado

O governo federal dos Estados Unidos está muito mais endividado hoje do que era há quatro décadas. Em 1980, a dívida federal era de $ 712 bilhões; em 2021, era de $ 22,4 trilhões. Se dividirmos a dívida de hoje pela população, veremos que a parcela da dívida pública que cabe a cada pessoa é de aproximadamente $ 68 mil.

A dívida do governo sobrecarrega os futuros contribuintes. Quando essas dívidas e os juros se acumularem e chegarem ao vencimento, essas pessoas enfrentarão escolhas difíceis. Eles podem adotar uma combinação de impostos mais altos e menores gastos do governo para disponibilizar recursos para pagar a dívida e os juros acumulados. Ou podem adiar o dia do acerto de contas e pedir emprestado novamente para pagar a dívida e os juros antigos, tornando o peso da dívida ainda maior. Essencialmente, quando o governo incorre em um déficit orçamentário e emite títulos públicos, ele permite que os contribuintes atuais aprovem a fatura de alguns de seus gastos do governo para futuros contribuintes. Herdar uma dívida tão grande irá reduzir o padrão de vida das gerações futuras.

Além disso, os déficits orçamentários têm efeitos macroeconômicos. Como esses déficits representam uma poupança pública **negativa**, eles reduzem a poupança nacional (a soma das poupanças pública e privada), fazendo com que as taxas de juros reais subam e o investimento caia. Uma redução no investimento conduz a um menor estoque de capital, e isso reduz a produtividade do trabalho, os salários reais e a produção de bens e serviços da economia. Em resumo, quando o governo aumenta sua dívida, ele faz com que as gerações futuras nasçam em uma economia com rendas mais baixas e impostos mais elevados.

Existem, no entanto, situações em que a gestão de um déficit orçamentário é justificável. Historicamente, a guerra é a causa mais comum de grandes aumentos na dívida pública. Financiar gastos militares de curto prazo por meio de empréstimos faz sentido porque, caso contrário, os impostos aumentariam vertiginosamente em tempos de guerra. Essas altas alíquotas de impostos levariam a grandes perdas de peso morto. Elas também seriam injustos com os cidadãos atuais que estão fazendo o sacrifício de lutar na guerra para garantir segurança e liberdade não apenas para si mesmos, mas também para as gerações futuras.

Da mesma forma, é razoável permitir um déficit orçamentário durante crises econômicas. A receita tributária diminui automaticamente durante as recessões porque os impostos sobre a folha de pagamento e o imposto de renda são cobrados sobre as medidas de renda. Os gastos do governo aumentam automaticamente à medida que mais pessoas se tornam elegíveis para programas como o seguro-desemprego. Se o governo tentasse equilibrar seu orçamento durante as recessões, teria que aumentar os impostos ou cortar gastos quando o desemprego estivesse alto. Essa política tenderia a deprimir a demanda agregada quando ela precisa ser estimulada e, portanto, poderia tornar as crises mais severas.

No entanto, nem todos os déficits orçamentários podem ser justificados pela guerra ou pela recessão. Em 2021, o Escritório de Orçamento do Congresso (CBO, Congressional Budget Office) projetou que, se as políticas atuais forem mantidas, a dívida do governo dos Estados Unidos como uma porcentagem do PIB aumentaria de 102% em 2021 para 195% em 2040. Além disso, o CBO fez a suposição otimista de que o país não experimentará nem um grande conflito militar nem uma grande crise econômica durante esse período. Projetou-se que o governo geraria déficits orçamentários consideráveis simplesmente porque presidentes e congressos haviam comprometido o governo federal com uma variedade de programas de gastos sem repassar os impostos necessários para financiá-los.

Essa política projetada é insustentável. Mais cedo ou mais tarde, o governo precisará aprovar medidas para alinhar os gastos com a receita tributária. A questão em aberto é se o ajuste fiscal deve assumir a forma de redução de gastos, aumento de impostos ou uma combinação dos dois. Em comparação com a alternativa de déficits orçamentários contínuos, um orçamento equilibrado significa maior poupança nacional, maior acumulação de capital e crescimento econômico mais rápido. Isso significa que as pessoas no futuro viverão em uma economia mais próspera.

37-5b O argumento contra um orçamento equilibrado

O problema da dívida pública costuma ser exagerado. Embora isso represente uma carga tributária para as gerações mais jovens, essa carga não é grande em comparação com a renda vitalícia de uma pessoa média. A dívida do governo federal estadunidense é de aproximadamente $ 68 mil por pessoa. Alguém que trabalha 40 anos por $ 50 mil por ano ganhará $ 2 milhões. Em outras palavras, a dívida do governo representa apenas 3,4% dos recursos vitalícios de uma pessoa típica.

"O quê!? A minha parte da dívida pública é de $ 68 mil?"

Também é enganoso considerar um déficit orçamentário isoladamente. O déficit é apenas uma parte de um panorama mais amplo de como o governo arrecada e gasta dinheiro. Ao definir a política fiscal, os formuladores de políticas afetam diferentes gerações de contribuintes de várias maneiras. O déficit ou superávit orçamentário do governo deve ser avaliado junto a essas políticas.

Por exemplo, suponha que o governo reduza o déficit orçamentário cortando gastos com investimentos públicos, como a educação. Essa política deixaria as gerações mais jovens em melhor situação? A dívida do governo será menor, reduzindo sua carga tributária. No entanto, se os jovens tiverem menos educação do que teriam de outra forma, sua produtividade e renda serão menores. Muitos estudos mostram que o retorno à escolaridade (o aumento salarial resultante de um ano adicional na escola) é grande. Reduzir o déficit orçamentário cortando os gastos com educação poderia, considerando tudo, prejudicar as gerações futuras.

A preocupação obsessiva com o déficit orçamentário é perigosa, porque desvia a atenção de outras políticas que redistribuem a renda entre gerações. Por exemplo, nas décadas de 1960 e 1970, o governo federal dos Estados Unidos aumentou os benefícios da seguridade social para os idosos. Essas despesas foram financiadas com o aumento dos impostos sobre a folha de pagamento da população em idade de trabalhar. Essa política redistribuiu renda das gerações mais jovens para as mais velhas, muito embora não tenha afetado a dívida pública. Se isso foi bom ou ruim, é um assunto para outro debate. O que é relevante aqui é que o déficit orçamentário é apenas uma pequena parte de uma questão mais ampla, ou seja, a questão de como a política governamental afeta o bem-estar de diferentes gerações.

Em certa medida, os efeitos adversos da dívida pública podem ser revertidos por pais previdentes. Suponha que o governo reduza impostos e tenha um déficit orçamentário. Os pais podem compensar o impacto do déficit simplesmente economizando sua redução de impostos e investindo em seus filhos, talvez deixando-lhes uma herança. Fazer isso aumentaria a capacidade das crianças de suportar o peso dos futuros impostos implícitos na maior dívida pública. Se todos se comportassem dessa maneira, uma maior poupança privada dos pais compensaria a rejeição pública dos déficits orçamentários, e os déficits não afetariam a economia. A maioria dos economistas duvida de que os pais sejam tão previdentes, mas algumas pessoas podem agir assim, e qualquer um poderia fazer isso. A questão é que os déficits dão às pessoas a oportunidade de consumir à custa dos filhos, mas não exigem que os pais o façam. Se a dívida pública fosse realmente um grande problema a ser enfrentado pelas gerações futuras, alguns pais ajudariam a resolver esse problema.

Às vezes, os críticos dos déficits orçamentários argumentam que a dívida pública não pode continuar a crescer indefinidamente, mas, de fato, ela pode. Assim como um banco que avalia um pedido de empréstimo compara as dívidas de uma pessoa a renda que ela tem, deveríamos julgar o ônus da dívida pública em relação à renda nacional. Devido ao crescimento populacional e ao progresso tecnológico, a renda total da economia dos

Estados Unidos cresce com o tempo. Como resultado, a capacidade que o país tem de pagar os juros da dívida pública também cresce ao longo do tempo. Desde que a dívida pública cresça mais lentamente que a renda nacional, não há nada que impeça a dívida pública de crescer para sempre.

Alguns números ajudam a colocar tudo isso em perspectiva. O CBO projeta que a produção da economia dos Estados Unidos crescerá cerca de 2% ao ano. Se a inflação também atingir uma média de 2% ao ano, conforme a meta do Fed, a renda nominal crescerá cerca de 4% ao ano. A dívida do governo pode, portanto, aumentar 4% ao ano sem aumentar a relação entre dívida e renda. Em 2021, a dívida do governo federal foi de $ 22,4 trilhões; 4% desse valor são cerca de $ 900 bilhões. Desde que o déficit orçamentário federal seja menor que $ 900 bilhões, a política é sustentável.

Com certeza, grandes déficits orçamentários não podem persistir para sempre. Os déficits orçamentários de $ 2,7 trilhões experimentados em 2020 e 2021 durante a pandemia do coronavírus não seriam sustentáveis em longo prazo. Mas zero é a meta errada para os formuladores de políticas fiscais. Contanto que o déficit tenha um tamanho apenas moderado, nunca haverá um dia de ajuste de contas que force os déficits orçamentários a acabar ou a economia a entrar em colapso.

Teste rápido

9. Ao longo da história dos Estados Unidos, qual tem sido a causa mais comum de aumentos substanciais na dívida do governo?
   a. pandemias
   b. guerras
   c. gastos com infraestrutura
   d. cortes de impostos

10. Com todos os outros fatores mantidos constantes, quando o governo tem um grande déficit orçamentário, ele _____ a poupança nacional e, portanto, _____ a formação de capital e o crescimento da produtividade.
    a. aumenta; aumenta
    b. aumenta; diminui
    c. diminui; aumenta
    d. diminui; diminui

As respostas estão no final do capítulo.

37-6 A legislação tributária deveria ser reformada para incentivar a poupança?

O padrão de vida de uma nação depende de sua capacidade de produzir bens e serviços. Esse foi um dos **dez princípios da economia** do Capítulo 1. Como vimos no capítulo sobre produção e crescimento, a capacidade produtiva de uma nação é determinada em parte pelo quanto ela economiza e investe. Nosso último debate é se os formuladores de políticas deveriam reformar as leis tributárias para incentivar a poupança.

37-6a O argumento em favor de promover a poupança por meio da reforma tributária

A taxa de poupança de uma nação é um determinante fundamental de sua prosperidade no longo prazo. Quando a taxa de poupança é maior, mais recursos estão disponíveis para investimento em novas instalações e equipamentos, o que, por sua vez, aumenta o estoque de capital, a produtividade do trabalho, os salários e a renda. Outro dos **dez princípios da economia** no Capítulo 1 é que as pessoas respondem aos incentivos. Essa lição se aplica às decisões das pessoas sobre quanto economizar. Se as leis de uma nação tornarem a poupança atraente, as pessoas economizarão mais de sua renda, e essa maior poupança levará a um futuro mais próspero.

Infelizmente, o sistema tributário dos Estados Unidos desencoraja a poupança ao tributar pesadamente o retorno da poupança. Por exemplo, considere Tati Trabalhadora, uma jovem de 25 anos que economiza $ 1.000 de sua renda para ter uma aposentadoria mais confortável aos 70 anos. Se ela comprar um título que pague uma taxa de juros de 6%, ao fim de 45 anos, os $ 1.000 terão rendido $ 13.800, se não houver impostos sobre os juros. Contudo, suponha que Tati esteja sujeita a uma alíquota marginal de 40% sobre os juros ganhos, o que seria comum uma vez somados os impostos federais e estaduais sobre a renda. Nesse caso, sua taxa de juros após o imposto seria de apenas 3,6%, e os $ 1.000 terão, ao final de 45 anos, acumulado apenas $ 4.900. Ou seja, no decorrer desse longo período, a alíquota de imposto sobre a renda de juros reduz o benefício de economizar $ 1.000 de $ 13.800 para $ 4.900 – ou aproximadamente 64%.

O código tributário desencoraja ainda mais a poupança ao taxar duas vezes algumas formas de ganhos de capital. Suponha que Tati use parte de sua poupança para comprar ações de uma empresa. Quando a empresa obtém lucro com seus investimentos de capital, primeiro paga impostos sobre esse lucro na forma de imposto de renda das pessoas jurídicas. Se a empresa pagar o restante do lucro para Tati e outros acionistas na forma de dividendos, eles pagam imposto sobre essa renda pela segunda vez na forma de imposto de renda individual. Essa dupla tributação reduz substancialmente o retorno para o acionista, reduzindo o incentivo à poupança.

As leis tributárias novamente desencorajam a poupança se Tati quiser deixar sua riqueza acumulada para seus filhos ou outros parentes, em vez de consumi-la durante sua vida. As pessoas podem legar algum dinheiro isento de impostos, mas, para grandes legados, a alíquota do imposto sobre a propriedade (federal e estadual combinados) pode chegar a 50%. A preocupação com a poupança nacional é motivada principalmente pelo desejo de garantir prosperidade para as gerações futuras. É estranho, portanto, que as leis tributárias impeçam a maneira mais direta pela qual uma geração pode ajudar a próxima.

Além do código tributário, há muitas outras políticas e instituições que reduzem o incentivo para Tati poupar. Alguns benefícios do governo, como auxílio social e o Medicaid, são baseados em critérios de recursos: eles são reduzidos para aqueles que pouparam no passado e acumularam alguma riqueza. Da mesma forma, faculdades e universidades concedem ajuda financeira com base na riqueza dos estudantes e de seus pais. Essa política, como um imposto sobre a riqueza, impede a poupança.

Existem várias formas de uma reforma tributária incentivar a poupança ou, pelo menos, reduzir o desincentivo que Tati enfrenta atualmente. As leis fiscais já oferecem um tratamento preferencial para alguns tipos de poupança. Por exemplo, quando um contribuinte deposita sua renda em uma Conta de Aposentadoria Individual (IRA), tanto essa renda quanto os juros acumulados não são tributados até que os fundos sejam retirados na aposentadoria. Uma vantagem fiscal semelhante é concedida às contas de aposentadoria com outros nomes, como 401(k),* 403(b)** e planos de participação nos lucros. Contas com favorecimento fiscal também estão disponíveis para economizar para mensalidades universitárias. No entanto, existem limites sobre quem é elegível para esses planos e sobre o quanto uma pessoa qualificada pode investir neles. Além disso, esses planos oferecem pouco incentivo para outros tipos de poupança, como economizar para construir um fundo de emergência, comprar uma casa ou carro ou pagar por férias ou reforma na casa. Um pequeno passo para incentivar a poupança seria expandir a capacidade das famílias de usar contas com vantagens fiscais para uma gama mais ampla de metas.

Uma abordagem mais abrangente seria reconsiderar toda a base tributária por meio da qual o governo arrecada seus impostos. A peça central do sistema tributário estadunidense é o imposto de renda. Um dólar ganho é tributado na mesma alíquota, seja gasto ou economizado. Uma alternativa endossada por muitos economistas é um imposto sobre o consumo, segundo o qual uma família paga impostos com base no que gasta. A renda que é poupada fica livre de tributação até que a poupança seja retirada e gasta em bens de consumo. Essencialmente, um imposto sobre o consumo coloca automaticamente todas as poupanças em contas com vantagens tributárias semelhantes à IRA. Uma mudança da tributação de renda para a tributação do consumo aumentaria o incentivo de Tati para poupar.

---

*N. de R.T. O 401(k) é um plano de aposentadoria patrocinado pelo empregador nos Estados Unidos, que permite aos trabalhadores contribuir com uma parte de seu salário para uma conta de investimentos com benefícios fiscais. Ele recebe esse nome em referência à seção 401(k) do código tributário dos EUA, que regulamenta esse tipo de plano.
**N. de R.T. O 403(b) é um plano de aposentadoria nos Estados Unidos semelhante ao 401(k), mas específico para funcionários de organizações sem fins lucrativos, como escolas públicas, universidades, hospitais, igrejas e outras entidades isentas de impostos.

> **PERGUNTE A QUEM SABE**
>
> ## A tributação do capital e do trabalho
>
> "Uma desvantagem de se tributar a renda do capital a uma alíquota inferior à da renda do trabalho é que isso incentiva as pessoas a reclassificarem a renda que os formuladores de política acham difícil de classificar como 'capital' em vez de 'trabalho'."
>
> **O que dizem os economistas?**
>
>
>
> 3% discordam
> 1% não tem certeza
> 96% concordam
>
> ....
>
> "Apesar das preocupações com a reclassificação, a tributação da renda do capital a uma alíquota permanentemente menor que a da renda do trabalho poderia resultar em maior prosperidade média no longo prazo, em relação a uma alternativa que gerasse a mesma quantia de receita tributária ao tributar permanentemente a renda do capital e do trabalho aplicando as mesmas alíquotas para ambas."
>
> **O que dizem os economistas?**
>
>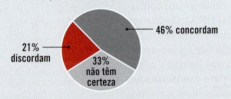
>
> 46% concordam
> 21% discordam
> 33% não têm certeza
>
> ....
>
> "Embora eles nem sempre concordem sobre os prováveis efeitos das diferentes políticas fiscais, outro motivo para os economistas darem conselhos diferentes sobre a política tributária é porque eles têm visões diferentes sobre a escolha entre aumentar a prosperidade média e redistribuir renda."
>
> **O que dizem os economistas?**
>
>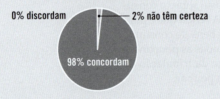
>
> 0% discordam
> 2% não têm certeza
> 98% concordam
>
> Fonte: IGM Economic Experts Panel, 9 de outubro de 2012.

37-6b O argumento contra promover a poupança por meio da reforma tributária

Um aumento na poupança pode ser desejável, mas não é o único objetivo da política tributária. Os formuladores de políticas também devem ter certeza de distribuir a carga tributária de maneira justa. O problema das propostas de aumentar o incentivo à poupança é que elas aumentam a carga das pessoas que menos podem arcar com ela.

É inegável que famílias com alta renda economizam uma fração maior de sua renda do que famílias com baixa renda. Como resultado, qualquer mudança tributária que favoreça as pessoas que poupam tenderá a favorecer as pessoas com alta renda. Políticas como as contas de aposentadoria com vantagens tributárias podem parecer atraentes, mas levam a uma sociedade menos igualitária. Ao reduzir a carga tributária sobre os ricos que podem tirar vantagem dessas contas, essas políticas forçam o governo a elevar a carga tributária sobre famílias com renda mais baixa.

Além disso, as políticas tributárias voltadas para incentivar a poupança podem não ser tão eficazes para alcançar esse objetivo. A teoria econômica não oferece uma previsão clara quanto à possibilidade de uma maior taxa de retorno aumentar a poupança. O resultado depende da magnitude relativa de dois efeitos conflitantes, chamados de **efeito substituição** e **efeito renda**. Por um lado, uma taxa de retorno maior eleva o benefício da poupança: cada dólar poupado hoje produz mais consumo no futuro. Esse efeito substituição tende a aumentar a poupança. Por outro lado, uma taxa de retorno maior reduz a necessidade de poupar: uma família precisará poupar menos para atingir qualquer nível de consumo que tenha como meta no futuro. Esse efeito renda tende a diminuir a poupança. Se os efeitos substituição e renda quase se anulam, como alguns estudos sugerem, então a poupança não mudará quando uma tributação menor dos ganhos de capital elevar a taxa de retorno.

Há muitas outras maneiras de aumentar a poupança nacional além de dar concessões tributárias aos ricos. A poupança nacional é a soma das poupanças privada e pública. Em vez de tentar alterar o código tributário para incentivar maior poupança privada, os formuladores de políticas podem simplesmente aumentar a poupança pública, reduzindo o déficit orçamentário, talvez através do aumento dos impostos sobre os ricos. Essa abordagem oferece uma maneira direta de aumentar a poupança nacional e a prosperidade das gerações futuras.

De fato, uma vez que a poupança pública seja levada em consideração, os dispositivos tributários de incentivo à poupança podem ter efeito contrário ao desejado. Alterações que reduzem a tributação da renda de capital diminuem a receita do governo e, portanto, levam a um déficit orçamentário. Para aumentar a poupança nacional, tais mudanças no código tributário devem aumentar a poupança privada mais do que diminuem a poupança pública. Se não conseguirem fazer isso, os chamados incentivos de poupança podem potencialmente piorar a situação.

Teste rápido

11. Os defensores da tributação do consumo em vez da renda argumentam que
    a. o código tributário atual desencoraja as pessoas de economizarem.
    b. os ricos consomem uma fração maior da renda do que a classe média.
    c. um imposto sobre o consumo é um melhor estabilizador automático.
    d. tributar o consumo não causa nenhuma perda de peso morto.

12. Os críticos de tributar o consumo em vez da renda argumentam que
    a. mudar para um imposto sobre o consumo beneficiaria os ricos.
    b. a poupança privada não responde muito aos incentivos fiscais.
    c. reduzir o déficit orçamentário é a melhor maneira de aumentar a poupança nacional.
    d. Todas as alternativas anteriores estão corretas.

As respostas estão no final do capítulo.

37-7 Conclusão: política econômica e incertezas

Este capítulo discutiu seis debates clássicos sobre política macroeconômica. Para cada um, iniciou-se com uma pergunta política e, depois, foram apresentados os argumentos de ambos os lados. Se você achar difícil escolher um lado, pode encontrar algum consolo no fato de não estar sozinho. O estudo da economia nem sempre torna fácil a escolha entre políticas alternativas. De fato, ao esclarecer os *trade-offs* que os formuladores de políticas enfrentam, isso pode tornar as escolhas mais difíceis.

Calvin, o garoto do quadrinho a seguir, poderia muito bem estar lendo este livro:

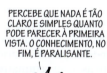

Hobbes, o tigre, foi sábio o suficiente para desconfiar da confiança desinformada de Calvin.

Escolhas difíceis não têm o direito de parecer fáceis. Quando você ouve políticos e outros homens e mulheres de ação propondo algo que parece bom demais para ser verdade, provavelmente é. Se eles parecerem estar oferecendo um almoço grátis, busque pelo preço oculto. Poucas políticas trazem benefícios sem custos. Ao ajudá-lo a enxergar através da névoa da retórica tão comum no discurso político, o estudo da economia deve torná-lo um participante melhor em nossos debates nacionais.

RESUMO DO CAPÍTULO

- Os defensores das políticas monetária e fiscal ativas enxergam a economia como inerentemente instável e acreditam que políticas podem administrar a demanda agregada de maneira que contrabalance essa instabilidade. Já os críticos dessas políticas enfatizam que seus efeitos sobre a economia ocorrem com defasagem e que a nossa capacidade de prever as condições econômicas futuras é limitada. Como resultado, as tentativas de estabilizar a economia podem acabar gerando ainda mais instabilidade.

- Os defensores do aumento dos gastos do governo para combater recessões alegam que, pelo fato de cortes nos impostos poderem ser economizados em vez de despendidos, os gastos diretos do governo contribuem mais para aumentar a demanda agregada, que é fundamental para promover a produção e o emprego. Os críticos dos aumentos dos gastos argumentam que cortes nos impostos podem expandir tanto a demanda agregada quanto a oferta agregada, e que aumentos precipitados nos gastos do governo podem levar a projetos públicos perdulários.

- Os defensores de regras para a política monetária argumentam que a política discricionária pode ser afetada por incompetência, abuso de poder e inconsistência temporal. Os críticos das regras para a política monetária argumentam que a política discricionária é mais flexível em sua reação às condições econômicas em transformação.

- Os defensores de uma meta de inflação zero enfatizam que a inflação tem muitos custos e poucos benefícios. Além disso, o custo de eliminar a inflação – produção deprimida e aumento do desemprego – é apenas temporário. Mesmo esse custo pode ser reduzido se o banco central se comprometer, com credibilidade, a reduzir a inflação, reduzindo diretamente as expectativas de inflação. Os críticos de uma meta de inflação zero afirmam que a inflação moderada impõe apenas pequenos custos à sociedade e que a recessão necessária para reduzir a inflação a zero é bastante custosa. Os críticos também apontam dois benefícios para moderar a inflação: facilitar o ajuste do salário real e permitir que as taxas de juros reais sejam negativas quando necessário.

- Os defensores de um orçamento governamental equilibrado argumentam que os déficits orçamentários impõem um ônus injustificável às gerações futuras ao aumentar seus impostos e reduzir suas rendas. Os críticos de um orçamento governamental equilibrado argumentam que o déficit é apenas uma pequena peça da política fiscal. A preocupação obsessiva com o déficit orçamentário pode ocultar as diversas maneiras pelas quais a política fiscal, incluindo vários programas de despesas, afeta diferentes gerações.

- Os defensores de incentivos tributários à poupança indicam que a sociedade estadunidense desestimula a poupança de muitas maneiras, como taxando pesadamente a renda do capital e reduzindo os benefícios para aqueles que acumularam riqueza. Eles endossam a reforma da legislação tributária para incentivar a poupança, talvez passando de um imposto sobre a renda para um imposto sobre o consumo. Os críticos dos incentivos tributários à poupança argumentam que muitas das mudanças propostas para estimular a poupança beneficiariam principalmente os ricos, que não precisam de cortes de impostos. Eles também argumentam que essas mudanças poderiam ter um efeito muito pequeno sobre a poupança privada. Aumentar a poupança pública por meio da redução do déficit orçamentário do governo seria uma maneira mais direta e equitativa de aumentar a poupança nacional.

QUESTÕES DE REVISÃO

1. O que causa a defasagem no efeito das políticas monetária e fiscal sobre a demanda agregada? Quais são as implicações desses atrasos para o debate sobre política ativa *versus* política passiva?

2. De acordo com a análise keynesiana tradicional, por que um corte nos impostos tem um efeito menor sobre o PIB do que um aumento de tamanho similar nos gastos do governo? Por que o oposto poderia ser verdadeiro?

3. O que poderia motivar um banqueiro central a provocar um ciclo político de negócios? Que implicações o ciclo político de negócios traz para o debate sobre as regras para a política monetária?

4. Explique como a credibilidade poderia afetar o custo da redução da inflação.

5. Por que alguns economistas são contra a meta de inflação zero?

6. Explique duas maneiras pelas quais um déficit orçamentário do governo prejudica um futuro trabalhador.

7. Quais são as duas situações em que a maioria dos economistas considera os déficits orçamentários justificáveis?

8. Alguns economistas dizem que o governo pode continuar a apresentar um déficit orçamentário ininterruptamente. Como isso é possível?

9. Algumas rendas de capital são tributadas duas vezes. Explique.

10. Que efeito adverso pode ser causado por incentivos tributários para aumentar a poupança?

PROBLEMAS E APLICAÇÕES

1. O capítulo sugere que a economia, assim como o corpo humano, tem "uma capacidade de restauração natural".
   a. Ilustre o efeito de curto prazo de uma queda na demanda agregada usando um gráfico de demanda agregada/oferta agregada. O que acontece com a produção total, a renda e o emprego?
   b. Se o governo não empregar uma política de estabilização, o que acontecerá com a economia com o passar do tempo? Ilustre esse ajuste em seu gráfico. Em geral, isso acontece em questão de meses ou de anos?
   c. Em sua opinião, a "capacidade de restabelecimento natural" da economia significa que os formuladores de políticas devem ser passivos em suas reações ao ciclo econômico?
2. Os formuladores de políticas que desejam estabilizar a economia precisam decidir em quanto alterar a oferta de moeda, os gastos do governo ou os impostos. Por que é difícil para eles escolher a intensidade apropriada de suas ações?
3. O problema da inconsistência temporal se aplica tanto à política fiscal quanto à política monetária. Suponha que o governo tenha anunciado uma redução dos impostos sobre a renda obtida por meio de investimentos em capital, como novas fábricas.
   a. Se os investidores acreditarem que os impostos sobre o capital continuarão baixos, como a atitude do governo afetará o nível de investimento?
   b. Depois de os investidores terem reagido ao anúncio de redução dos impostos, o governo terá um incentivo para renegar sua política? Explique.
   c. Dada sua resposta ao item (b), os investidores acreditariam no anúncio do governo? O que o governo pode fazer para aumentar a credibilidade de seus anúncios de mudanças na política econômica?
   d. Explique por que essa situação é semelhante ao problema de inconsistência temporal enfrentado pelos formuladores de políticas monetárias.
4. O Capítulo 2 explica a diferença entre a análise positiva e a análise normativa. No debate sobre se o banco central deve ter por meta a inflação zero, quais áreas de discordância envolvem declarações positivas e quais envolvem julgamentos normativos?
5. Por que os benefícios da redução da inflação são permanentes e seus custos são temporários? Por que os custos de um aumento da inflação são permanentes e seus benefícios são temporários? Use gráficos de curva de Phillips em sua resposta.
6. Suponha que o governo federal corte os impostos e aumente os gastos, elevando o déficit orçamentário para 12% do PIB. Se o PIB nominal estiver aumentando à taxa de 5% ao ano, tais déficits orçamentários serão sustentáveis indefinidamente? Explique. Se déficits orçamentários dessa magnitude forem mantidos durante 20 anos, o que provavelmente acontecerá com seus impostos e com os impostos que seus filhos pagarão no futuro? Há algo que você possa fazer hoje para contrabalançar esses efeitos futuros?
7. Explique como cada uma das políticas a seguir redistribui renda entre gerações. A redistribuição se dá dos jovens para os idosos ou dos idosos para os jovens?
   a. um aumento no déficit orçamentário
   b. subsídios mais generosos para empréstimos educacionais
   c. maior investimento em estradas e pontes
   d. aumento dos benefícios da seguridade social
8. Qual é o *trade-off* fundamental que a sociedade enfrenta se optar por poupar mais? Como o governo pode aumentar a poupança nacional?

Respostas do teste rápido

1. **b** 2. **c** 3. **c** 4. **a** 5. **a** 6. **c** 7. **d** 8. **b** 9. **b** 10. **d** 11. **a** 12. **d**

Capítulo 38

Apêndice: Como os economistas usam dados

dados
informações factuais, frequentemente quantitativas, que servem de base para o raciocínio e a discussão

"Dados! Dados! Dados!" exclamou certa vez Sherlock Holmes. "Não posso fazer tijolos sem argila." Como de costume, o detetive da ficção estava certo: para resolver um mistério ou para compreender qualquer outro aspecto do mundo, precisamos de dados. Teorias e princípios são muito importantes, mas somente depois de observar o que acontece ao nosso redor podemos ter a certeza de que sabemos o que é verdadeiro e o que não é.

O termo **dados** refere-se a informações factuais que proporcionam as bases para o raciocínio e a discussão. Na economia, os dados normalmente são quantitativos, como a renda de uma pessoa, os lucros de uma empresa, o preço de mercado do sorvete, a quantidade de sorvetes vendidos ou o produto interno bruto (PIB) de um país. Os dados nos permitem vincular números reais às variáveis conceituais encontradas na teoria econômica.

A análise de dados é cada vez mais central para a economia moderna. Ao longo do último meio século, avanços no poder da computação permitiram que os economistas analisassem conjuntos de dados maiores, e a pesquisa baseada em dados tem sido cada vez mais importante. Comparados com os economistas do passado, economistas modernos baseiam suas crenças e conselhos sobre políticas mais na análise obtida de dados do que na teoria pura e na observação casual.

econometria
subcampo da economia que desenvolve ferramentas para analisar dados

Um subcampo da economia, chamado de **econometria**, dedica-se ao desenvolvimento de ferramentas para a análise de dados. Basicamente, a econometria é o estudo dos métodos estatísticos que são úteis para entender a economia. Muitas universidades oferecem cursos de econometria, e alunos de economia geralmente precisam cursar essa disciplina como parte do currículo. Este apêndice oferece uma breve introdução ao tema.

Aqui, abordaremos três questões. Primeiro, analisaremos os tipos de dados usados pelos economistas. Depois, discutiremos o que os economistas pretendem alcançar com a análise de dados. E, por fim, examinaremos alguns dos desafios que surgem ao fazer inferências com base em dados e os métodos desenvolvidos pelos econometristas para enfrentar esses desafios.

38-1 Os dados que os economistas coletam e estudam

Vamos começar discutindo as fontes e os tipos de dados usados pelos economistas com mais frequência.

38-1a Dados experimentais

experimento controlado randomizado
um experimento em que um pesquisador divide aleatoriamente os sujeitos em grupos, trata os grupos de maneira diferente e compara os resultados

Algumas vezes, os dados são extraídos de ensaios controlados randomizados. Um **experimento controlado randomizado** é um experimento em que um pesquisador divide aleatoriamente os sujeitos em grupos, trata esses grupos de maneira diferente e compara a resposta deles aos tratamentos.

Por exemplo, suponha que uma companhia farmacêutica desenvolva um novo medicamento para tratar uma doença. Antes que os reguladores permitam que a empresa comercialize o fármaco, ela precisa provar que o medicamento é seguro e eficaz. Os pesquisadores da companhia começam recrutando uma amostra de, por exemplo, 200 pessoas que têm aquela doença. Metade dos pacientes é aleatoriamente designada a um **grupo experimental** e recebe o medicamento. A outra metade é atribuída ao **grupo controle** e recebe um placebo (uma pílula inofensiva, porém ineficaz, que se parece com o medicamento real). Os pesquisadores, então, acompanham a saúde dos dois grupos. Se os pacientes do grupo experimental se saírem melhor que os do grupo controle, o medicamento é considerado seguro e eficaz. Caso contrário, ele é declarado inseguro, ineficaz ou ambos.

dados experimentais
dados obtidos em um experimento controlado randomizado conduzido por um pesquisador

Os dados extraídos de experimentos controlados randomizados são chamados de **dados experimentais**. Em muitos casos, os experimentos controlados são a forma mais confiável de fazer inferências sobre as coisas que queremos aprender. Se o número de participantes do experimento for grande o bastante e a atribuição aos grupos de tratamento e controle for realmente aleatória, podemos ter certeza de que a única diferença relevante entre os dois grupos é a exposição ao tratamento.

Às vezes, os experimentos controlados randomizados são usados na área das ciências sociais (o estudo de caso a seguir traz um exemplo). Sua utilidade na economia, porém, é limitada. O problema geralmente é de viabilidade. A realização de experimentos pode ser cara, e os formuladores de políticas podem se opor à injustiça de tratar as pessoas de modo diferente. Além disso, algumas vezes, o custo econômico da realização do experimento é alto demais. Por exemplo, para estudar os efeitos da política monetária, o banco central pode definir sua política aleatoriamente de um ano para o outro e, depois, observar as consequências. Esse experimento poderia promover avanços na causa das ciências sociais, mas teria um impacto tão adverso sobre o bem-estar de um país que ninguém consideraria realizá-lo.

O programa "Moving to Opportunity"

Estudo de caso

Um exemplo importante de dados experimentais vem do programa "Moving to Opportunity", promovido pelo Departamento de Habitação e Desenvolvimento Urbano dos Estados Unidos na década de 1990. O objetivo era estudar os efeitos de viver em bairros com altos índices de pobreza.

Os pesquisadores recrutaram milhares de famílias de baixa renda que viviam em bairros com altos índices de pobreza para participar do experimento. Em um sorteio, as famílias foram divididas em um grupo experimental e dois grupos controle. As famílias do grupo experimental receberam *vouchers* que subsidiavam o aluguel caso se mudassem para bairros mais ricos. Em um dos grupos controle, as famílias receberam *vouchers* de aluguel sem restrição do local em que poderiam morar. Já no segundo grupo controle, as famílias não receberam nada. Os pesquisadores compararam os resultados de vida subsequentes, como renda e nível de escolaridade, dos membros das famílias dos três grupos.

Alguns dos resultados foram desanimadores. Embora muitos membros do grupo experimental tenham usado os *vouchers* para sair dos baixos de extrema pobreza, os adultos dos três grupos não exibiram diferenças significativas nos resultados econômicos. A renda média dos membros adultos da família era praticamente a mesma no grupo experimental e nos grupos controle, embora os resultados de saúde fossem um pouco melhores para os membros do grupo experimental. Da mesma forma, não houve diferença significativa nos resultados de vida avaliados de crianças mais velhas (de 13 a 18 anos) do grupo experimental.

Ainda assim, o programa teve um impacto positivo significativo sobre crianças que tinham menos de 13 anos quando as famílias receberam os *vouchers*. As crianças mais jovens do grupo experimental não tiveram um desempenho escolar melhor que as dos grupos controle, de acordo com suas notas em provas de leitura e matemática. Mas, futuramente, registraram taxas significativamente mais altas de frequência na universidade, menores índices de mães solteiras e renda mais elevada. Esses resultados mostram que as crianças mais novas têm benefícios em longo prazo quando suas famílias saem de bairros de extrema pobreza. ●

38-1b Dados observacionais

Como os dados experimentais nem sempre estão disponíveis, os economistas frequentemente recorrem a dados observacionais, que são obtidos a partir da simples observação do mundo como ele é, e não através de experimentos. Os **dados observacionais** podem ser obtidos por meio de pesquisas com famílias e empresas ou registros administrativos, como declarações de impostos. Em comparação com os dados experimentais, os dados observacionais têm as vantagens de facilidade de produção e ampla disponibilidade, mas apresentam dois desafios aos analistas de dados.

O primeiro é o problema das variáveis de confusão. Uma **variável de confusão** é uma variável que fica de fora da análise, mas, por estar relacionada às variáveis que estão sendo mensuradas e estudadas, pode induzir o pesquisador a uma conclusão incorreta.

Por exemplo, suponha que você queira saber se uma redução no tamanho das turmas do ensino fundamental melhora o aprendizado. Você pode ceder à tentação de estimar o impacto do tamanho da turma comparando as notas médias dos alunos de turmas grandes e pequenas nas provas. Essa estratégia seria boa se os alunos e professores tivessem sido atribuídos às turmas aleatoriamente, como é o caso dos dados experimentais. Contudo, com dados observacionais, como a disposição dos alunos e professores provavelmente não é aleatória, outras variáveis relacionadas ao tamanho das turmas podem entrar em jogo e enviesar os resultados. Turmas pequenas, por exemplo, podem ser mais comuns em cidades com populações com mais escolaridade e renda mais elevada. Se a escolaridade dos pais afeta o desempenho dos alunos, ela é uma variável de confusão que faz com que o impacto das turmas pequenas pareça maior do que realmente é. Os benefícios da escolaridade

dados observacionais
dados coletados a partir da observação do mundo como ele se apresenta

variável de confusão
uma variável omitida que pode induzir a erro por estar relacionada às variáveis de interesse

dos pais podem ser incorretamente atribuídos ao tamanho das turmas. Ou talvez a diretoria da escola designe professores menos experientes a turmas menores. Se a experiência do professor afeta o desempenho dos alunos, ela é uma variável de confusão que faz com que o impacto das turmas pequenas pareça menor do que realmente é. As desvantagens de ter um professor menos experiente podem mascarar os benefícios das turmas pequenas. Como muitas variáveis podem estar correlacionadas umas às outras nos dados observacionais, os pesquisadores precisam diferenciar com cautela os efeitos de uma variável dos efeitos das outras.

O segundo desafio imposto pelos dados observacionais é o problema da causalidade reversa. A **causalidade reversa** descreve uma situação em que um pesquisador acredita que uma variável influencia uma segunda, quando, na verdade, é a segunda variável que influencia a primeira.

Por exemplo, suponha que você tenha observado que a quantidade consumida de um tipo de alimento está positivamente associada com o índice de massa corporal (IMC) de uma pessoa, um indicador de obesidade. Seria possível concluir que o consumo desse alimento causa o aumento do IMC? Essa inferência estaria correta se o consumo do alimento tivesse sido definido aleatoriamente, assim como em um experimento controlado, mas os dados observacionais podem gerar problemas. Se o alimento em questão fosse sorvete, a direção de causalidade poderia seguir do consumo do alimento para o IMC: comer muito sorvete pode causar ganho de peso. A associação positiva não prova isso, mas a hipótese pelo menos é plausível. Por outro lado, se o alimento for refrigerante sem açúcar, uma interpretação diferente poderia surgir. Talvez as pessoas com IMC elevado estejam tentando perder peso e, portanto, optem por consumir refrigerante sem açúcar. Ou seja, em vez de o consumo de refrigerante sem açúcar causar aumento no IMC, um IMC elevado pode causar o consumo desses refrigerantes. Esse exemplo ilustra uma lição geral: separar o que é causa e o que é efeito costuma ser complicado quando dados observacionais são utilizados.

Apesar desses problemas, os dados observacionais podem ser úteis se a análise for cuidadosa. Mais à frente, este capítulo apresenta alguns métodos desenvolvidos pelos econometristas para lidar com variáveis de confusão e identificar efeitos causais.

38-1c Três tipos de dados

Sejam eles experimentais ou observacionais, os dados podem ser de três tipos: de corte transversal, de séries temporais e em painel.

Dados de corte transversal mostram as características de vários sujeitos (como pessoas, empresas ou países) em um determinado momento. Por exemplo, podemos entrevistar um grupo de trabalhadores e pedir a cada um deles que informe seu salário, nível de escolaridade, idade, experiência, profissão, raça, gênero, e assim por diante. Os dados podem ser usados para avaliar como essas variáveis se relacionam umas com as outras. Por exemplo, podem ser usados para analisar até que ponto os salários diferem por raça ou gênero após ajustar as diferenças de escolaridade, idade, experiência e profissão.

Dados de séries temporais (*time-series data*) mostram as características de um único sujeito (uma pessoa, empresa ou país) ao longo do tempo. Por exemplo, podemos medir a taxa de desemprego de um país (a porcentagem da força de trabalho que está desempregada) e seu PIB (produto interno bruto, uma medida de produção e renda) todos os anos por um período de 60 anos. Podemos usar esses dados para estudar como as variações do desemprego e do PIB estão relacionadas.

Dados em painel (*panel data*) combinam os elementos de dados de corte transversal e de séries temporais para mostrar as características de vários sujeitos (como pessoas, empresas ou países) ao longo do tempo. Esse tipo de dado, também chamado de **dado longitudinal**, é útil para examinar como as mudanças em uma variável afetam outra. Por exemplo, podemos estudar como ganhar na loteria afeta a participação de uma pessoa na força de trabalho comparando a mudança de comportamento de pessoas que ganharam e perderam na loteria ao longo do tempo.

> **Teste rápido**
>
> 1. Em um experimento controlado randomizado, os sujeitos são atribuídos aos grupos experimental e controle com base
>   a. na disposição para pagar.
>   b. na renda.
>   c. no benefício estimado do tratamento.
>   d. no acaso.
>
> 2. Os dados observacionais têm a vantagem de
>   a. resolver o problema da causalidade reversa.
>   b. ampla disponibilidade.
>   c. evitar variáveis de confusão.
>   d. derivar de experimentos controlados randomizados.
>
> As respostas estão no final do capítulo.

38-2 O que os economistas fazem com os dados

Depois de ver como os economistas coletam dados (a partir de experimentos ou observações) e os tipos de dados que coletam (de corte transversal, de séries temporais ou em painel), vamos examinar o que os economistas esperam obter através da análise de dados.

38-2a Descrevendo a economia

Os dados econômicos geralmente são interessantes por natureza como descrições quantitativas do mundo. Por exemplo:

- Talvez você já tenha ouvido falar que a maioria das pessoas destina uma grande parcela de seus gastos à habitação, mas não saiba até que ponto chega esse valor. Os dados mostram que os consumidores médios dos Estados Unidos gastam 42% de seus orçamentos com habitação.
- Você sabe que, por definição, uma família no percentil 90 da distribuição de renda dos Estados Unidos tem uma renda mais alta que uma família no percentil 10, mas pode não saber a diferença entre esses rendimentos. Os dados mostram que a família mais rica tem cerca de 12 vezes a renda da família pobre.
- Você talvez saiba que os Estados Unidos têm uma renda *per capita* mais alta que o México, mas talvez não saiba o quanto ela é maior. Os dados mostram que a renda *per capita* média nos Estados Unidos é cerca de três vezes maior que a do México.
- Você pode ter lido que os gastos com saúde como uma parcela dos gastos totais da economia aumentaram, mas talvez não saiba de quanto foi esse aumento. Os dados mostram que os gastos com saúde nos Estados Unidos aumentaram de 5% do PIB em 1960 para 18% em 2019.

Conhecer esses tipos de fatos é útil. Enquanto desenvolvemos teorias para entender como o mundo funciona e avaliamos políticas para melhorar esse funcionamento, ficar de olho nos dados nos dá uma melhor noção de como o mundo é.

38-2b Quantificando relações

A teoria econômica sugere com frequência que determinadas variáveis estão relacionadas, mas raramente nos diz qual é a intensidade dessa relação. Em geral, precisamos ter uma ideia dessa magnitude. Ou seja, precisamos de estimativas dos **parâmetros** de um modelo, os valores numéricos que representam a força das relações entre as variáveis.

Considere este exemplo. Suponha que formuladores de políticas públicas estejam avaliando a possibilidade de criar um imposto sobre carros de luxo. Eles podem querer saber se o ônus do imposto recairia mais sobre os compradores ou os vendedores dos veículos. A incidência de um imposto depende da elasticidade-preço da oferta e da demanda, que

parâmetros
os valores numéricos que representam a força das relações entre as variáveis em um modelo

medem a sensibilidade das quantidades ofertadas e demandadas às variações no preço do bem. Se a demanda for mais elástica que a oferta, os vendedores arcarão com a maior parte do encargo; se a oferta for mais elástica que a demanda, os compradores arcarão com a maior parte.

Essa conclusão teórica não nos leva muito além disso. Para responder à pergunta dos formuladores de políticas, precisamos de estimativas dos parâmetros, que aqui são os valores da elasticidade-preço da oferta e da demanda. Para fazer essas estimativas, pesquisadores coletariam dados no mercado de carros de luxo. Uma análise cuidadosa dos dados seria capaz de estabelecer quantitativamente os determinantes das quantidades ofertadas e demandadas. Em particular, produziria estimativas da elasticidade-preço, que poderiam ser usadas para projetar a incidência do imposto proposto.

38-2c Testando hipóteses

As teorias econômicas tentam descrever o mundo em que vivemos. Como todas as teorias científicas, uma teoria econômica é apenas uma hipótese, uma suposição fundamentada sobre como o mundo funciona. Para confirmar ou refutar essa hipótese, é necessário recorrer aos dados.

Por exemplo, considere o impacto da escolaridade sobre os salários. A economista Betsey considera que a educação é uma ótima maneira de aumentar o salário de um trabalhador. Ela acredita que o capital humano gerado em uma instituição de ensino deixa os trabalhadores mais produtivos, e trabalhadores mais produtivos recebem salários maiores. O economista Justin acredita que a educação é perda de tempo. Para ele, a maioria das coisas ensinadas nas instituições são inúteis para a maior parte dos empregos, e seria melhor obter experiência do que perder tempo em uma sala de aula.

O desenvolvimento da teoria não seria suficiente para resolver o debate entre Betsey e Justin. A discordância deles é **empírica**: ela só pode ser tratada por fatos, não pela lógica. Nesse caso, precisamos analisar dados sobre salários, escolaridade e experiência profissional para decidir qual das hipóteses está correta. (Alerta de *spoiler*: a maioria dos economistas concorda com a Betsey.)

38-2d Prevendo o futuro

"É difícil fazer previsões, especialmente sobre o futuro." Yogi Berra era um homem sábio. Mesmo assim, é comum que peçam que os economistas prevejam o futuro. Um microeconomista pode ser questionado sobre como a futura fusão entre duas empresas afetará os preços de mercado de seus produtos. Um macroeconomista pode ter de responder em quanto tempo um aumento repentino da inflação começará a desacelerar.

Às vezes, é possível fazer previsões simplesmente encontrando padrões nos dados e extrapolando-os para o futuro. Por exemplo, suponha que você tenha observado que, quando casais trocam seus carros compactos por minivans, eles geralmente têm um novo bebê depois de alguns meses. Se os seus vizinhos chegassem em casa com uma minivan um dia, você poderia prever que um bebê estaria a caminho. Os economistas chamam essa relação entre minivans e bebês de **regularidade empírica**, e isso pode ser útil para fazer previsões durante algum tempo. No entanto, as relações não são tão confiáveis ou estáveis. Se uma montadora introduzisse uma nova linha de SUVs para famílias, por exemplo, a compra de minivans poderia se tornar uma ferramenta menos útil para prever nascimentos.

Para fazer previsões confiáveis, os economistas muitas vezes recorrem a modelos, ou representações matemáticas das forças que atuam em uma determinada situação. Para que um modelo seja útil para a realização de previsões quantitativas, os economistas precisam quantificar cada relação contida nele. Eles fazem isso usando dados relevantes para estimar os parâmetros do modelo. Com o modelo estimado em mãos, podem usá-lo para fazer previsões.

O modelo do FRB/US

Estudo de caso

Um modelo importante da formulação de políticas econômicas é o modelo do Conselho do Federal Reserve da economia dos Estados Unidos, chamado de FRB/US (pronuncia-se "fãr-bãs"). O modelo do FRB/US tenta descrever os principais elementos macroeconômicos da economia estadunidense, incluindo as relações entre variáveis importantes como PIB, inflação, desemprego e taxas de juros. O banco central usa o modelo para previsões a análises de políticas.

O modelo FRB/US inclui centenas de equações, cada uma delas descrevendo uma parte da economia. Muitas dessas equações são **identidades** – equações que precisam ser verdadeiras devido à forma como suas variáveis são definidas. Uma identidade não tem nenhum parâmetro que precise ser estimado. (Um exemplo é a identidade das contas de renda nacional $Y = C + I + G + XL$, que afirma que o PIB é a soma de consumo, investimento, gastos governamentais e exportações líquidas.) Todavia, cerca de 60 equações no modelo FRB/US descrevem como as famílias ou empresas respondem às condições econômicas e incluem parâmetros fundamentais. Por exemplo, uma equação relacionada ao consumo mostraria como os gastos das famílias em bens de consumo e serviços depende de sua renda atual, renda futura esperada, riqueza, taxas de juros, e assim por diante. A importância relativa desses determinantes do consumo é refletida nos parâmetros da equação de consumo. Os economistas do Federal Reserve estimam esses parâmetros através da aplicação de técnicas econométricas em dados de séries temporais sobre a economia dos Estados Unidos.

Com o modelo do FRB/US estimado em mãos, os economistas do Fed utilizam-no para dois propósitos. O primeiro é fazer previsões. Com base nas condições políticas e econômicas atuais, eles projetam o resultado mais provável para o futuro. A projeção é baseada na resolução simultânea das centenas de equações presentes no modelo. Essa tarefa pode parecer impossível, e seria se eles tivessem de fazer os cálculos no papel. Felizmente, os algoritmos computacionais existentes são capazes de solucionar modelos de grande escala como este.

O segundo propósito para o qual os economistas do Fed utilizam o modelo FRB/US é a análise de políticas. Eles investigam como o futuro poderia diferir de sua projeção de referência caso o Fed alterasse a política monetária de alguma forma. O resultado é um conjunto de cenários alternativos de política. Esses cenários mostram o impacto de uma política monetária mais restritiva ou mais expansionista sobre variáveis econômicas fundamentais, como PIB, desemprego e inflação. Os membros do Comitê Federal de Mercado Aberto (FOMC), responsáveis por definir a política monetária, podem utilizar esse conjunto de cenários como um guia para decidir a direção da política econômica.

Até que ponto essas previsões apresentadas pelos economistas do Fed são confiáveis? Estudos revelaram que elas são tão boas ou melhores que as previsões fornecidas pela maioria dos analistas econômicos privados, mas estão longe da perfeição. Como a confiabilidade das previsões depende da precisão do modelo do FRB/US, os economistas do Fed estão sempre em busca de maneiras de melhorá-lo. Algumas melhorias vêm de novos *insights* conceituais, como uma teoria econômica melhor. Outras derivam de uma maior quantidade de dados que chega com o passar do tempo e novas análises estatísticas, à medida que os econometristas desenvolvem melhores formas de usar os dados. ●

Teste rápido

3. Os economistas usam dados para
   a. descrever a economia.
   b. estimar parâmetros.
   c. testar hipóteses.
   d. Todas as opções anteriores

As respostas estão no final do capítulo.

38-3 Métodos para a análise de dados

Depois de discutir os tipos de dados usados pelos economistas e o que eles esperam obter ao usar esses dados, vamos examinar alguns outros métodos desenvolvidos pelos econometristas para a análise de dados.

38-3a Encontrando a melhor estimativa

De acordo com a teoria do capital humano, quando os trabalhadores se tornam mais instruídos, eles passam a ser mais produtivos, e seus salários aumentam. Essa afirmação é **qualitativa**: ela aborda a natureza da relação entre grau de instrução e salários, mas não sua força. Suponha que você queira ir além dessa afirmação qualitativa e faça uma pergunta **quantitativa**: "Qual seria o aumento gerado por um ano extra de escolaridade no salário de um trabalhador?". Essa questão é empírica, e só é possível respondê-la usando dados.

Você começa entrevistando uma série de trabalhadores e coletando dados sobre seus salários e nível de escolaridade. O resultado seria como a Tabela 38-1. (Provavelmente, você gostaria que sua amostra incluísse mais do que sete trabalhadores, mas, para fins ilustrativos, esse número é suficiente.) Os dados da Tabela 38-1 são um exemplo de dados de corte transversal.

Ao analisar os dados, você vê que trabalhadores com mais escolaridade tendem, de fato, a ganhar mais. Os dois trabalhadores com 12 anos de escolaridade, provavelmente com um diploma do ensino médio, ganham em média $ 25 por hora. Os dois trabalhadores com 16 anos de escolaridade, talvez com formação universitária, ganham em média $ 40 por hora. E os dois trabalhadores com 18 anos de escolaridade, que podem ter feito algum curso de pós-graduação, ganham em média $ 45 por hora.

Ainda assim, os salários nem sempre aumentam conforme a escolaridade. Lola tem quatro anos de escolaridade a mais que Sofia, mas elas ganham o mesmo salário. Elvira tem dois anos a mais que Gabriel, mas ela ganha $ 10 a menos por hora do que ele. A escolaridade pode ser um determinante do salário de um trabalhador, mas também devem existir outros fatores importantes.

Uma maneira de começar a entender esses dados é usando um gráfico, como o da Figura 38-1. Cada ponto representa uma observação. A figura mostra a correlação positiva entre salários e escolaridade: pontos à direita (indicando mais anos de escolaridade) tendem também a estar em locais mais altos do gráfico (representando salários mais elevados). Contudo, os pontos não estão espalhados ao longo de uma linha reta ou uma simples curva. A distribuição se assemelha a uma nuvem, o que sugere que existem fatores além dos anos de escolaridade afetando os salários.

Tabela 38-1
Dados sobre salários e educação

Trabalhador	Salário ($/hora)	Anos de escolaridade
Lino	20	12
Sofia	30	12
Lola	30	16
Diego	40	14
Elvira	40	18
Gabriel	50	16
Gina	50	18

Figura 38-1
Um diagrama de dispersão dos dados
A representação gráfica dos dados de salários e escolaridade mostra a correlação positiva entre essas duas variáveis. Ou seja, elas tendem a se mover na mesma direção.

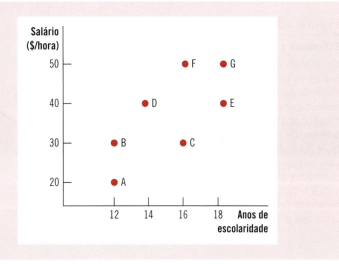

Para determinar quanto cada ano de escolaridade aumenta o salário de um trabalhador, um economista recorrerá a um **modelo estatístico** – uma representação matemática do processo que gera os dados. O exemplo mais simples desse tipo de modelo seria:

$$\text{SALÁRIO}_i = \beta_0 + \beta_1 \times \text{EDUCAÇÃO}_i + \varepsilon_i$$

em que β_0 e β_1 são parâmetros que medem como as variáveis estão relacionadas. De acordo com esse modelo, o salário da pessoa i (SALÁRIO_i) depende dos anos de escolaridade (EDUCAÇÃO_i) e é influenciado por uma variável aleatória (ε_i). A variável do lado esquerdo, SALÁRIO_i, é chamada de **variável dependente**, e é a variável que está sendo explicada. A variável medida no lado direito, EDUCAÇÃO_i, é a **variável independente**, a variável aceita como verdadeira. O termo ε_i é chamado de **resíduo**. Ele representa as várias forças, como experiência e capacidade cognitiva, que influenciam os salários, mas foram excluídas do modelo. Pressupõe-se que o resíduo seja igual a zero em média e não correlacionado com a variável independente. (Discutiremos o papel dessa suposição mais adiante, mas, por enquanto, vamos em frente.)

Esse modelo estatístico é chamado de **regressão linear**. Basicamente, esse modelo traça uma linha através da nuvem de pontos, como mostra a Figura 38-2. A linha representa a melhor estimativa do salário de um trabalhador com base nos anos de escolaridade. O resíduo representa o desvio do salário real em relação ao salário previsto pela linha, reconhecendo que o modelo não acomodará os dados perfeitamente.

O principal parâmetro de interesse é β_1, que nos diz o quanto cada ano de escolaridade aumenta o salário de uma pessoa. O outro parâmetro, β_0, determina o intercepto da linha. Pensando literalmente, β_0 seria o salário médio de uma pessoa com zero anos de escolaridade. Mas, como nossa amostra não inclui ninguém com essas condições, é melhor evitar essa interpretação literal. Nosso foco é β_1.

A questão que enfrentamos agora é como estimar melhor os parâmetros a partir dos dados que temos. Poderíamos apenas tentar traçar uma linha que se ajustasse melhor à nuvem de pontos à mão, mas essa abordagem é inexata demais (e não pode ser generalizada com facilidade para os casos mais complexos discutidos futuramente). O método padrão para encontrar a linha com melhor ajuste é chamado de **mínimos quadrados ordinários**, ou MQO. Não entraremos em detalhes sobre essa técnica neste capítulo, mas a intuição é simples. O cálculo visa a determinar os parâmetros (β_0 e β_1) que representam a linha mais próxima dos pontos de dados. A proximidade aqui é medida pelos quadrados dos resíduos. Elevar os resíduos ao quadrado garante que tanto resíduos positivos

regressão linear
modelo estatístico em que a variável dependente está linearmente relacionada a uma ou mais variáveis independentes acrescida de um resíduo aleatório

mínimos quadrados ordinários
método estatístico para estimar os valores dos parâmetros minimizando a soma dos quadrados dos resíduos

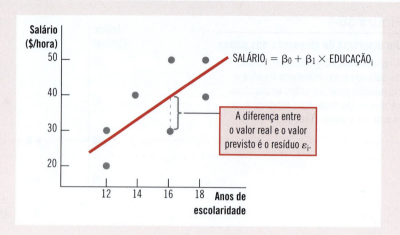

Figura 38-2

Estimando a linha mais adequada

Um modelo estatístico postula que os salários são uma função linear da escolaridade mais um resíduo que representa outras influências aleatórias sobre os salários. Os parâmetros do modelo (β_0 e β_1) podem ser estimados pelo método dos mínimos quadrados ordinários (MQO), que gera a linha que melhor se ajusta de acordo com a medição da soma dos quadrados dos resíduos.

quanto negativos sejam considerados como prejudiciais para o objetivo da proximidade. O método dos MQO encontra os parâmetros que minimizam a soma dos quadrados dos resíduos.

Quando o método dos MQO é aplicado aos sete pontos de dados da Tabela 38-1, temos o seguinte resultado:

$$\text{SALÁRIO}_i = -10{,}7 + 3{,}16 \times \text{EDUCAÇÃO}_i.$$

De acordo com o modelo estimado, cada ano de escolaridade aumenta o salário de um trabalhador em $ 3,16 por hora. Essa é a resposta para a nossa pergunta.

Esse exemplo ilustra uma lição geral: os economistas normalmente querem ir além dos *insights* teóricos qualitativos (a escolaridade aumenta os salários) para chegar a conclusões quantitativas (em quanto cada ano de escolaridade aumenta os salários). Esse salto exige dados. Os economistas encontram os dados relevantes para a questão, desenvolvem um modelo estatístico capaz de explicá-los de maneira plausível e estimam os parâmetros do modelo com um método como o dos MQO. Usando o modelo estimado, eles podem chegar a conclusões quantitativas.

38-3b Medindo a incerteza

Os economistas usam dados para estimar quantidades importantes (como o benefício de um ano de escolaridade para o salário, apresentado na seção anterior). Com frequência, eles querem descobrir não só a melhor estimativa, mas também o grau de confiabilidade dessa estimativa. Ou seja, querem saber se a estimativa é precisa ou aproximada.

Antes de voltar para o nosso modelo de salários e escolaridade, vamos fazer um desvio para analisar um exemplo mais simples. Suponha que você esteja interessado na altura de uma pessoa média na cidade de Nova York. Uma maneira de descobrir esse número é obter dados sobre a altura de todos os nova-iorquinos. Em seguida, você calcula a **média** somando todas as alturas e dividindo pelo número de pessoas. Como seu cálculo inclui toda a população, você chegará à resposta precisamente correta. Mas há um problema: Nova York tem cerca de 9 milhões de pessoas, por isso essa abordagem não é prática.

Felizmente, existe um jeito mais fácil se você ficar satisfeito com uma resposta que não seja totalmente precisa. Em vez de tentar obter dados sobre toda a população, você pode selecionar uma amostra aleatória de, por exemplo, 100 pessoas. "Aleatória" quer dizer que todas as pessoas da população têm a mesma chance de serem selecionadas. Devido à aleatoriedade, a amostra provavelmente será representativa da população. Você pode estimar a altura da população calculando a altura média dessas 100 pessoas escolhidas aleatoriamente.

Digamos que a altura média das 100 pessoas da sua amostra seja 1,67 m. Até aí tudo bem, mas você pode começar a questionar o grau de confiabilidade dessa estimativa. Como a amostra foi selecionada aleatoriamente, não há motivo para pensar que a média amostral de 1,67 m seja uma estimativa alta ou baixa demais para a altura média da população. Mas ela pode ser. Você pode ter tido o azar de selecionar uma amostra com algumas pessoas mais altas ou mais baixas que o normal. Essa incerteza deriva daquilo que os estatísticos chamam de **variação amostral** – a variabilidade que surge porque diferentes amostras aleatórias geram estimativas diferentes.

Os estatísticos desenvolveram formas para estimar os valores dos parâmetros e para avaliar a incerteza associada às estimativas dos parâmetros que resulta da variação amostral. Os detalhes desse processo estão além do escopo deste capítulo, mas a ideia básica pode ser entendida no nosso exemplo. Veja como isso funciona.

Primeiro, depois de calcular a altura média das 100 pessoas da amostra, você calcula o desvio-padrão das alturas. O **desvio-padrão** é uma medida da variabilidade entre as observações – talvez você tenha estudado isso em uma aula de matemática ou estatística. No nosso exemplo, digamos que você tenha calculado um desvio-padrão de 10 cm nas alturas.

O que é um desvio-padrão? Tecnicamente, é a raiz quadrada do desvio quadrático médio em relação à média. Parece complicado, mas existe uma maneira intuitiva de pensar sobre isso. Em uma distribuição normal em forma de sino, cerca de 95% das observações ficam dentro da faixa de dois desvios-padrão da média. No nosso exemplo, a média é 1,67 m, e o desvio-padrão é 10 cm (dois desvios-padrão = 20 cm). Assim, se você selecionar um nova-iorquino aleatoriamente, a probabilidade de essa pessoa ter entre 1,47 m e 1,87 m é de 95%.

Depois, usando o desvio-padrão e o tamanho da amostra, você pode calcular uma medida da confiabilidade da sua estimativa chamada de **erro-padrão**. De acordo com uma fórmula desenvolvida por estatísticos, o erro-padrão da média amostral, como uma estimativa da média populacional, é o desvio-padrão dividido pela raiz quadrada do tamanho da amostra. Nesse caso, o erro-padrão da sua estimativa é $10/\sqrt{100} = 10/10 = 1$. Esse número pode ser usado para avaliar o grau de variação amostral da sua estimativa. Assim como o desvio-padrão mede a variabilidade na altura de cada nova-iorquino, o erro-padrão mede a variabilidade na altura média das amostras de nova-iorquinos.

erro-padrão
uma medida da incerteza associada à estimativa de um parâmetro que resulta da variação amostral

Uma regra prática é a seguinte: o valor real de um parâmetro fica dentro da faixa de dois erros-padrão do valor estimado em cerca de 95% do tempo. Nesse exemplo, a estimativa é 1,67 m e o erro-padrão é de 1 cm. Dois erros-padrão correspondem a 2 cm. Portanto, você pode ter 95% de confiança de que a altura média real da população está entre 1,65 m e 1,69 m.

Com base nessa regra, o dobro do erro-padrão algumas vezes é chamado de **margem de erro**. Os jornalistas usam esse termo com frequência ao divulgar resultados de pesquisas de opinião pública. Por exemplo, você pode ouvir que, de acordo com uma pesquisa realizada com 400 pessoas, 57% apoiam um determinado candidato, com uma margem de erro de 5%. Isso significa que você pode ter 95% de certeza de que o apoio real daquele candidato fica entre 52 e 62%.

O erro-padrão não é útil apenas em exemplos simples, como a estimativa da média de uma população, mas também em outros contextos. Dependendo das circunstâncias, as fórmulas para calcular o erro-padrão podem ser complexas. Por sorte, a maioria dos *softwares* estatísticos usados para produzir estimativas de parâmetros fornecem automaticamente o erro-padrão associado às estimativas.

Para os dados sobre salários e educação da Tabela 38-1, a equação estimada produzida pelo Microsoft Excel, juntamente aos erros-padrão entre parênteses, é a seguinte:

$$SALÁRIO_i = 10{,}7 + 3{,}16 \times EDUCAÇÃO_i.$$
$$(20{,}7)\ \ (1{,}35)$$

Acontece que a estimativa de $ 3,16 para cada ano de escolaridade não é muito precisa. Dois erros-padrão correspondem a 2 × 1,35 = 2,70. Assim, podemos ter 95% de confiança de que o benefício salarial real de um ano de escolaridade fica entre $ 0,46 e $ 5,86. Esse é um intervalo grande, mas não podemos esperar muita precisão ao estimar um parâmetro usando apenas sete pontos de dados. Se tivéssemos 700 pontos de dados parecidos com esses, o erro-padrão seria 0,135, e o intervalo de confiança de 95% ficaria entre $ 2,89 e $ 3,43, uma faixa menor. Os parâmetros estimados ficam mais precisos com amostras maiores.

38-3c Considerando as variáveis de confusão

Em muitas situações, a variável dependente é uma função de mais de uma variável. Os salários, por exemplo, não dependem só da escolaridade, mas também da experiência, da capacidade cognitiva, das características do trabalho, e assim por diante. Se os analistas de dados não tiverem cuidado, podem confundir os efeitos de uma variável com os efeitos de outra. Felizmente, existem métodos estatísticos disponíveis para ajudar a evitar o problema das variáveis de confusão.

Para exemplificar, vamos seguir com nosso modelo estatístico de salários e educação:

$$SALÁRIO_i = \beta_1 + \beta_2 \times EDUCAÇÃO_i.$$

Anteriormente, assumimos que o resíduo ε_i tinha média zero e não era correlacionado com a variável independente $EDUCAÇÃO_i$. A suposição da média zero não é fundamental: se a média não for zero, ela vai alterar apenas a estimativa do termo constante β_0. Como o termo constante não é o principal parâmetro de interesse, não somos conduzidos a erro.

A suposição de que o resíduo não está correlacionado com a variável dependente, no entanto, está repleta de possíveis problemas. O resíduo reflete todas as forças que influenciam os salários além dos anos de escolaridade. Se essas outras forças estiverem correlacionadas com a educação, o cálculo dos MQO produzirá uma estimativa incorreta do efeito da escolaridade sobre os salários. O problema é uma das variáveis de confusão.

Por exemplo, suponha que algumas pessoas sejam simplesmente mais inteligentes do que outras. A capacidade cognitiva é outro determinante plausível do salário de um trabalhador. Se a capacidade não for medida, isso se refletirá no resíduo. Isso não é um problema, desde que a capacidade e a escolaridade não sejam correlacionadas. A estimativa do modelo acima daria, em média, a estimativa correta do benefício da educação. Na linguagem estatística, a estimativa de β_1 seria **não viesada**.

Contudo, suponha que pessoas com maior capacidade cognitiva tenham mais anos de escolaridade do que as pessoas com menor capacidade. Nesse caso, o resíduo (que inclui a capacidade) seria positivamente correlacionado com a variável independente (educação). O valor de β_1 estimado por MQO não refletiria só os efeitos da escolaridade, mas também, até certo ponto, da capacidade cognitiva. Em outras palavras, o método de MQO confundiria os efeitos da variável independente, a educação, com os efeitos de uma variável relacionada omitida, a capacidade. Consequentemente, a estimativa de β_1 teria um **viés ascendente.** Ou seja, indicaria que a escolaridade tem um efeito mais poderoso sobre os salários do que realmente tem.

O que se pode fazer? Uma abordagem seria encontrar alguma forma de medir a variável de confusão. Suponha que entramos em contato com nossos sete trabalhadores e descobrimos que, quando eram crianças, todos fizeram um teste de QI (quociente de inteligência), uma medida da capacidade cognitiva. A Tabela 38-2 mostra os dados ampliados. Como esperado, QI e escolaridade são positivamente correlacionados: trabalhadores com QI mais elevado tendem a ter mais anos de escolaridade. Se o QI tiver um efeito direto próprio sobre os salários, além do efeito indireto através da escolaridade, então nossa estimativa anterior de β_1 seria duvidosa.

Porém, nem tudo está perdido. Podemos expandir nosso modelo estatístico da seguinte forma:

$$\text{SALÁRIO}_i = \beta_0 + \beta_1 \times \text{EDUCAÇÃO}_i + \beta_2 \times \text{QI}_i + \varepsilon_i.$$

Nesse novo modelo estatístico, o salário do trabalhador depende da educação e da capacidade cognitiva medida pelo QI. Como esse modelo estatístico tem mais de uma variável independente, ele é chamado de modelo de **regressão múltipla**.

Outra vez, podemos aplicar o método dos MQO para estimar os parâmetros do modelo. O cálculo dos MQO agora escolherá β_0, β_1 e β_2 para minimizar a soma dos quadrados dos resíduos. Essa técnica produz estimativas não viesadas dos parâmetros desde que o resíduo não seja correlacionado com nenhuma das variáveis independentes (educação e QI, neste exemplo). E os resultados serão confiáveis mesmo que as variáveis independentes sejam correlacionadas umas com as outras. Nesse caso, uma regressão múltipla estimada por MQO nos permite classificar a importância relativa da escolaridade e do QI para a determinação dos salários.

regressão múltipla
um modelo de regressão linear com mais de uma variável independente

A estimativa do modelo usando os dados da Tabela 38-2 produz os seguintes resultados (com erros-padrão para avaliar a incerteza dos parâmetros entre parênteses):

$$\text{SALÁRIO}_i = -49{,}1 + 1{,}86 \times \text{EDUCAÇÃO}_i + 0{,}57 \times \text{QI}_i.$$
$$(29{,}5) \quad (1{,}41) \quad\quad\quad\quad (0{,}35)$$

Conforme o esperado, quando controlamos o QI, o efeito estimado da educação diminui. A nova estimativa sugere que cada ano de escolaridade aumenta o salário do trabalhador em $ 1,86 por hora, em vez dos $ 3,16 por hora estimados quando o QI não estava incluído no modelo.

Resumindo: quando uma variável omitida (a capacidade medida pelo QI, no nosso exemplo) influencia diretamente a variável dependente (salários) e essa variável omitida está correlacionada à variável independente (educação), o método dos MQO produz resultados enganosos. A estimativa por MQO confunde o efeito da variável independente

Tabela 38-2	Trabalhador	Salário ($/hora)	Anos de escolaridade	QI
Dados sobre salários, educação e QI	Lino	20	12	90
	Sofia	30	12	100
	Lola	30	16	90
	Diego	40	14	105
	Elvira	40	18	105
	Gabriel	50	16	100
	Gina	50	18	120

com o efeito da variável omitida. Uma maneira lidar com esse problema é incluir a variável omitida anteriormente em uma regressão múltipla.

A regressão múltipla, entretanto, não é a única forma de enfrentar o problema das variáveis de confusão. A próxima seção trata de outra técnica.

38-3d Estabelecendo efeitos causais

Os analistas de dados geralmente estão interessados nos efeitos causais de uma variável sobre outra. Por exemplo, se os trabalhadores obtivessem mais um ano de escolaridade, quais seriam as alterações provocadas nos salários? Se as pessoas dobrassem o consumo de um determinado alimento, quais seriam as alterações provocadas no IMC? A estimativa dos efeitos causais utilizando dados observacionais é difícil devido à potencial omissão de variáveis de confusão e à possibilidade de ocorrência da causalidade reversa.

Às vezes, esses problemas podem ser resolvidos usando um **experimento natural**. Um experimento natural é um evento casual que provoca variação nos dados como se um experimento controlado randomizado tivesse sido conduzido.

Vamos pensar em um exemplo. Imagine que, um dia, Flávia Filantropa tenha dado uma palestra para alunos do ensino médio em uma escola e feito um anúncio surpresa: Flávia pagará quatro anos de ensino superior para todos os alunos que se formarem naquela escola e seguirem para a universidade. Essa é uma ótima notícia para os alunos, e muitos deles provavelmente continuarão os estudos. Em outra parte da cidade, há outra escola muito parecida com a primeira, mas sem um filantropo generoso. Essa situação oferece um experimento natural. A primeira escola é o grupo experimental, e a segunda, o grupo de controle. Ao comparar os anos de escolaridade e salários subsequentes dos dois grupos, poderemos medir o efeito causal dos anos adicionais de escolaridade.

Os economistas desenvolveram uma técnica estatística para medir os efeitos causais em dados provenientes de experimentos naturais como este e outras situações semelhantes. Trata-se do método das **variáveis instrumentais**, e você vai estudá-lo se fizer um curso de econometria. A chave para esse método é encontrar alguma variável aleatória, chamada de **instrumento**, que atenda a duas condições:

1. O instrumento é correlacionado com a variável independente de interesse.
2. O instrumento não afeta a variável dependente, a não ser através do seu efeito sobre a variável independente.

No nosso exemplo, o instrumento é a generosidade de Flávia na primeira escola e sua ausência na outra. Esse ato aleatório aumenta o nível de escolaridade dos membros do grupo experimental (condição 1), mas não afeta os salários posteriores desses indivíduos de outra forma além do aumento da escolaridade (condição 2). Sob essas condições, podemos usar o método das variáveis instrumentais para identificar o efeito causal da escolaridade sobre os salários.

Para termos um exemplo numérico, vamos voltar aos trabalhadores da Tabela 38-1. Suponha que Lola, Elvira e Gabriel tenham estudado na escola que recebeu a oferta de Flávia, enquanto Lino, Sofia, Diego e Gina tenham frequentado a outra escola. Cálculos simples mostram que o grupo experimental (Lola, Elvira e Gabriel) tem uma escolaridade média de 16,7 anos e um salário médio de $ 40 por hora, ao passo que o grupo controle (Lino, Sofia, Diego e Gina) tem escolaridade média de 14 anos e salário médio de $ 35 por hora. Além da exposição ao tratamento (generosidade de Flávia), presume-se que as duas escolas sejam iguais. Como o grupo experimental tem 2,7 anos a mais de escolaridade e ganha $ 5 a mais por hora que o grupo controle, estimamos que cada ano de escolaridade aumente o salário em $ 5/2,7, ou $ 1,85 por hora.

O uso de experimentos naturais sempre gera questões complicadas sobre o experimento ser tão aleatório e de fácil interpretação quanto parece. No nosso exemplo, a

---

experimento natural
um evento casual que provoca variação nos dados semelhante àquela gerada por um experimento controlado randomizado

principal questão é se as duas escolas são realmente iguais tirando a oferta de Flávia. Na verdade, os alunos podem não ter sido designados aleatoriamente a essas escolas. Talvez a disposição dos alunos tenha sido baseada na residência, e uma parte da cidade tenha uma população mais rica e com um maior grau de escolaridade que a outra. Talvez Flávia tenha feito a oferta para aquela escola porque os alunos pareciam ser esforçados ou necessitados. Essas diferenças podem enviesar os resultados. Sempre que os pesquisadores recorrem a experimentos naturais, precisam avaliar se o processo que gera os dados difere de um ensaio controlado randomizado e se essas diferenças podem contaminar suas descobertas.

Apesar dessas limitações, encontrar um experimento natural muitas vezes é a melhor forma de estimar o efeito causal de uma variável sobre outra, como mostra o estudo de caso a seguir.

Estudo de caso: Como o serviço militar afeta a renda futura no setor civil

Qual é o efeito de um período no serviço militar sobre a renda posterior de uma pessoa como civil? Essa questão é importante tanto para a tomada de decisões pessoais quanto para políticas públicas relacionadas às forças militares. Existem argumentos plausíveis para os dois lados. Pode-se argumentar que a renda civil seria mais alta para pessoas que prestaram o serviço militar porque os militares ensinam disciplina, trabalho em equipe e habilidades profissionais valiosas. Por outro lado, pode-se argumentar que a renda civil seria mais baixa porque o serviço militar tira dessas pessoas um tempo que seria dedicado à experiência no setor privado e na formação trabalhista que um emprego civil proporcionaria. Qualquer uma das hipóteses pode ser verdadeira, somente os dados podem decidir.

Pense em como podemos usar dados para resolver esse problema. Um ponto de partida seria comparar trabalhadores com e sem histórico no serviço militar. A diferença entre a renda média dos dois grupos poderia ser considerada o efeito do serviço militar.

Essa abordagem, no entanto, tem um problema. A diferença na renda pode resultar de características pessoais dos indivíduos que prestaram o serviço militar, e não de um efeito causal da experiência militar. Talvez essas pessoas já sejam mais disciplinadas e boas no trabalho em equipe do que aquelas que abriram mão do serviço militar. Nesse caso, aqueles que prestaram o serviço militar ganhariam mais, mesmo que ele não tivesse efeito nenhum. Ou talvez aqueles que entram nas forças armadas façam isso porque não têm as habilidades necessárias para obter empregos civis bem remunerados. Nesse caso, quem prestou o serviço militar ganharia menos, mesmo que ele não tivesse efeito nenhum. Já que existem muitas variáveis omitidas, o serviço militar não pode ser interpretado como a causa da diferença na renda média desses grupos.

Então, como responder a essa questão? Um experimento controlado randomizado resolveria o problema. Podemos dividir aleatoriamente a população em dois grupos: um que é obrigado a cumprir um período de serviço militar e outro que é proibido de fazer isso. Depois, comparamos a renda posterior dos dois grupos em empregos civis. A diferença deve refletir o efeito causal do serviço militar, porque a randomização garante que os dois grupos sejam iguais nos outros aspectos.

Não podemos conduzir esse experimento de maneira exata, mas, historicamente, o governo dos Estados Unidos fez algo parecido. No início da década de 1970, durante a guerra do Vietnã, os jovens eram convocados para o serviço militar por sorteio. Se um jovem tivesse um número baixo no sorteio, provavelmente seria convocado. Se tivesse um número alto, provavelmente não precisaria entrar para o serviço militar. Com certeza, o número do sorteio não era o único determinante para o serviço militar: os ricos e bem relacionados poderiam evitar mais facilmente o recrutamento, e aqueles que tinham números elevados também podiam se voluntariar. O número, porém, era totalmente aleatório.

Em um estudo relevante, o economista Joshua Angrist notou que o número do sorteio do recrutamento era uma variável ideal para a aplicação do método das variáveis instrumentais. O número do sorteio satisfazia as duas condições discutidas anteriormente: ele afetava o serviço militar (condição 1) e não afetava a renda subsequente, a não ser por seus efeitos sobre o serviço militar (condição 2).

O que Angrist descobriu ao estudar esse experimento natural? Essa foi uma das conclusões: "No início da década de 1980, muito tempo depois do fim de seu serviço no Vietnã, a renda de veteranos brancos era aproximadamente 15% menor do que de pessoas de grupos comparáveis que não eram ex-militares". Servir nas forças armadas de seu país pode ser um ato nobre, e talvez até mais quando reconhecemos o custo econômico de longo prazo para muitos veteranos.

Em 2021, Angrist ganhou o Prêmio Nobel por suas "contribuições metodológicas para a análise das relações causais". ●

Teste rápido

3. O método dos mínimos quadrados ordinários é uma técnica estatística para
    a. encontrar parâmetros com melhor ajuste.
    b. evitar o problema da causalidade reversa.
    c. identificar o menor retângulo que inclui todos os dados.
    d. transformar dados observacionais em dados experimentais.

4. O erro-padrão é usado para
    a. categorizar erros comuns.
    b. avaliar a confiabilidade das estimativas.
    c. evitar variáveis de confusão.
    d. fornecer previsões mais precisas.

5. A regressão múltipla é usada
    a. para evitar o problema da causalidade reversa.
    b. para evitar o problema do erro-padrão grande.
    c. quando um modelo estatístico tem duas ou mais variáveis independentes.
    d. quando um modelo estatístico tem duas ou mais variáveis dependentes.

6. A técnica das variáveis instrumentais é usada
    a. para evitar o problema da causalidade reversa.
    b. para evitar o problema do erro-padrão grande.
    c. quando há uma quantidade excessiva de dados.
    d. quando há uma quantidade insuficiente de dados.

As respostas estão no final do capítulo.

38-4 Conclusão

Este capítulo foi um passeio rápido pelo amplo e muitas vezes técnico campo da econometria. Nele, discutimos os tipos de dados usados pelos economistas, o que eles pretendem alcançar com a análise dos dados e como diversos métodos estatísticos ajudam a extrair inferências confiáveis dos dados. Contudo, para que você esteja pronto para aplicar as ferramentas da econometria por conta própria, precisará fazer um curso completo sobre o assunto. A breve introdução deste capítulo oferece uma base para esse estudo futuro.

RESUMO DO CAPÍTULO

- Os economistas usam dois tipos de dados para estudar como o mundo funciona: dados experimentais obtidos em experimentos controlados randomizados e dados observacionais provenientes de pesquisas e registros administrativos. A interpretação de dados observacionais exige cautela adicional devido aos problemas de variáveis de confusão e causalidade reversa.
- Existem três tipos de dados. Dados de corte transversal apresentam informações sobre vários sujeitos (como pessoas, empresas ou países) em um determinado momento. Dados de séries temporais apresentam informações sobre um único sujeito ao longo do tempo. Dados em painel apresentam informações sobre vários sujeitos ao longo do tempo.
- Os economistas normalmente têm um desses quatro objetivos quando usam dados: descrever a economia, quantificar relações entre variáveis, testar hipóteses ou prever o futuro.
- Para quantificar relações, métodos estatísticos são usados para encontrar estimativas de parâmetros que se adequem melhor aos dados. Um desses métodos é o dos mínimos quadrados ordinários.
- Métodos estatísticos não estimam apenas parâmetros, eles também determinam a incerteza associada a essas estimativas que resulta da variação amostral. O erro-padrão de uma estimativa é uma medida dessa incerteza.
- Os analistas de dados podem ser induzidos a erro se uma variável de confusão for correlacionada à variável independente e omitida de um modelo estatístico. Uma forma de lidar com este problema é adicionar a variável de confusão ao modelo e usar a regressão múltipla para estimar o efeito real da variável independente de interesse.
- Para estimar o efeito causal de uma variável sobre outra, os analistas de dados precisam ter cuidado com as variáveis de confusão e a causalidade reversa. Uma alternativa é procurar por experimentos naturais.

CONCEITOS-CHAVE

dados, p. 819
econometria, p. 820
experimento controlado randomizado, p. 820
dados experimentais, p. 820
dados observacionais, p. 821

variável de confusão, p. 821
causalidade reversa, p. 822
dados de corte transversal, p. 822
dados de séries temporais, p. 822
dados em painel, p. 822
parâmetros, p. 823

regressão linear, p. 827
mínimos quadrados ordinários, p. 827
erro-padrão, p. 829
regressão múltipla, p. 831
experimento natural, p. 832

QUESTÕES DE REVISÃO

1. Explique a diferença entre dados experimentais e observacionais.
2. Por que os economistas nem sempre utilizam dados experimentais?
3. Quais são os dois problemas que podem surgir durante a análise de dados observacionais?
4. Explique a diferença entre dados de corte transversal e dados de séries temporais. Dê um exemplo de cada.
5. Como o método dos mínimos quadrados ordinários define os valores dos parâmetros de um modelo estatístico?
6. O que mede o erro-padrão de uma estimativa de parâmetro?
7. Explique o problema das variáveis de confusão e descreva dois métodos para resolvê-lo.

PROBLEMAS E APLICAÇÕES

1. Escolha as palavras certas para completar este resumo de um projeto de pesquisa hipotético.
   a. Elaine, economista, quer estudar como o crescimento populacional afeta a renda nacional. Ela coleta dados sobre 50 países, medindo a taxa de crescimento populacional e a renda *per capita* de cada um deles. Este é um exemplo de dados [de corte transversal/de séries temporais].
   b. Ela estabelece um modelo estatístico em que a renda nacional depende do crescimento populacional. A pesquisadora registra os dados e traça a linha que melhor se ajusta entre os pontos usando [experimentos controlados randomizados/mínimos quadrados ordinários].
   c. Há uma correlação negativa: países com maior crescimento populacional tendem a ter renda

mais baixa. Ela conclui que essa descoberta não se deve à variação amostral porque ela tem [um tamanho de amostra/um erro-padrão] pequeno.

d. Elaine reconhece que seus dados são [experimentais/observacionais]...

e. ... porque eles não foram gerados por [experimento controlado randomizado/regressão múltipla].

f. Ela teme que o nível de escolaridade médio de um país possa afetar tanto a renda quanto o crescimento populacional, levando ao problema [das variáveis de confusão/da regressão linear].

g. A pesquisadora encontra dados sobre o nível de escolaridade de cada país e os adiciona ao modelo estatístico usando [dados em painel/regressão múltipla].

h. Ellie também teme que o nível de renda possa afetar a disponibilidade de métodos contraceptivos e, consequentemente, o crescimento populacional, levando ao problema [da causalidade reversa/do erro-padrão].

i. Ela descobre que alguns países se beneficiaram de um programa da ONU de divulgação de métodos contraceptivos, enquanto outros não, e que a escolha dos países inscritos nesse programa foi aleatória. Ela reconhece que essa política gera [um experimento natural/uma regressão linear].

j. Agora, ela pode estimar o impacto causal do crescimento populacional sobre a renda usando a técnica [dos mínimos quadrados ordinários/das variáveis instrumentais].

Respostas do teste rápido

1. **d**   2. **b**   3. **d**   4. **a**   5. **b**   6. **c**   7. **a**

Glossário

A

ação direito a uma parte da propriedade de uma empresa

agente alguém que pratica um ato em nome de outra pessoa, chamada principal

alavancagem uso do dinheiro emprestado para complementar os fundos existentes para fins de investimento

alíquota marginal de imposto imposto adicional pago sobre um dólar de renda adicional

alíquota média de imposto total de impostos pagos dividido pela renda total

análise de custo-benefício um estudo que compara os custos e os benefícios de um bem público para a sociedade

análise fundamentalista estudo das demonstrações contábeis e das expectativas futuras de uma empresa para determinar seu valor

apreciação aumento do valor de uma moeda medido pela quantidade de moeda estrangeira que ela pode comprar

aversão ao risco uma antipatia à incerteza

B

balança comercial o valor das exportações de um país menos o valor de suas importações; também chamado de exportações líquidas

banco central uma instituição responsável por supervisionar o sistema bancário e regular a quantidade de moeda na economia

bem de Giffen bem para o qual um aumento no preço provoca um aumento na quantidade demandada

bem inferior bem para o qual, tudo o mais mantido constante, um aumento na renda leva a uma redução da demanda

bem normal bem para o qual, tudo o mais mantido constante, um aumento na renda leva a um aumento da demanda

bem-estar social programas governamentais que suplementam a renda dos necessitados

bens artificialmente escassos bens que são excludentes, mas não rivais no consumo

bens privados bens que são tanto excludentes quanto rivais no consumo

bens públicos bens que não são nem excludentes nem rivais

C

caminho aleatório a trajetória de uma variável cujas mudanças são impossíveis de prever

capital os equipamentos e as estruturas usados para produzir bens e serviços

capital bancário os recursos que os proprietários do banco investiram na instituição

capital físico o estoque de equipamentos e estruturas usado para produzir bens e serviços

capital humano o conhecimento e as habilidades que os trabalhadores adquirem por meio de educação, treinamento e experiência

capitalização processo de acumulação de uma quantia de dinheiro, como em uma conta bancária, em que os juros ganhos permanecem na conta para gerar juros adicionais no futuro

"carona" alguém que recebe um benefício de um bem sem precisar pagar por ele

cartel grupo de empresas agindo conforme um acordo

causalidade reversa uma situação em que o pesquisador confunde a direção de influência entre duas variáveis

choque de oferta evento que afeta diretamente os custos e os preços das empresas, deslocando a curva de oferta agregada da economia e, portanto, a curva de Phillips

ciclo de vida o padrão regular de variação de renda ao longo da vida de uma pessoa

ciclo econômico flutuações da atividade econômica, como o desemprego e a produção de bens e serviços

competição monopolística estrutura de mercado em que muitas empresas vendem produtos similares, mas não idênticos

complementares dois bens para os quais o aumento do preço de um leva a uma redução da demanda pelo outro

complementos perfeitos dois bens cujas curvas de indiferença formam um ângulo reto

conhecimento tecnológico o conhecimento que a sociedade tem das melhores maneiras de produzir bens e serviços

conluio acordo entre as empresas de um mercado a respeito das quantidades a serem produzidas ou dos preços a serem cobrados

consumo despesas das famílias em bens e serviços, excetuando-se a compra de imóveis residenciais novos

contratualismo a filosofia política segundo a qual o governo deve escolher políticas consideradas justas, como se fossem avaliadas por observadores imparciais encobertos por um "véu de ignorância"

critério maximin afirmação de que o governo deveria ter por objetivo maximizar o bem-estar da pessoa em pior situação na sociedade

crowding out diminuição do investimento resultante da tomada de empréstimos pelo governo

curva de demanda gráfico da relação entre o preço de um bem e a sua quantidade demandada

curva de demanda agregada curva que mostra a quantidade de bens e serviços que as famílias, as empresas, o governo e os clientes estrangeiros desejam comprar a cada nível de preços

curva de indiferença curva que mostra as combinações de consumo que proporcionam ao consumidor o mesmo nível de satisfação

curva de oferta gráfico da relação entre o preço de um bem e a quantidade ofertada

curva de oferta agregada curva que mostra a quantidade de bens e serviços que as empresas decidem produzir e vender a cada nível de preços

curva de Phillips curva que mostra o *trade-off* entre inflação e desemprego no curto prazo

custo o valor de tudo aquilo de que um vendedor precisa abrir mão para produzir um bem

custo de desgaste da sola do sapato recursos desperdiçados quando a inflação leva as pessoas a reduzirem seus saldos monetários

custo de oportunidade aquilo de que devemos abrir mão para obter algo

custo fixo médio custos fixos divididos pela quantidade produzida

custo irrecuperável um custo que já ocorreu e que não pode ser recuperado

custo marginal o aumento no custo total decorrente da produção de uma unidade adicional

custo total o valor de mercado dos insumos que uma empresa usa na produção

custo total médio custo total dividido pela quantidade produzida

custo variável médio custos variáveis divididos pela quantidade produzida

custos de menu custos da mudança de preços

custos de transação custos em que as partes incorrem durante o processo de negociação e implementação de um acordo

custos explícitos os custos dos insumos que exigem desembolso de dinheiro por parte da empresa

custos fixos custos que não variam com a quantidade produzida

custos implícitos os custos dos insumos que não exigem desembolso de dinheiro por parte da empresa

custos variáveis custos que variam com a quantidade produzida

D

dados informações factuais, frequentemente quantitativas, que servem de base para o raciocínio e a discussão

dados de corte transversal dados que apresentam informações sobre vários sujeitos (como pessoas, empresas ou países) em um determinado momento

dados de séries temporais dados que apresentam informações sobre um único sujeito (como uma pessoa, empresa ou país) ao longo do tempo

dados em painel dados que apresentam informações sobre vários sujeitos (como pessoas, empresas ou países) ao longo do tempo

dados experimentais dados obtidos em um experimento controlado randomizado conduzido por um pesquisador

dados observacionais dados coletados a partir da observação do mundo como ele se apresenta

declarações normativas declarações que tentam prescrever como o mundo deveria ser

declarações positivas declarações que tentam descrever o mundo como ele é

déficit comercial excesso de importações em relação a exportações

déficit orçamentário arrecadação tributária menor que os gastos do governo

deflator do PIB medida do nível de preços calculada como a razão entre o PIB nominal e o PIB real multiplicada por 100

depósitos à vista saldos em conta corrente aos quais os depositantes têm acesso mediante a emissão de um cheque

depreciação redução do valor de uma moeda medida pela quantidade de moeda estrangeira que ela pode comprar

depressão recessão grave

deseconomias de escala propriedade segundo a qual o custo total médio de longo prazo sobe com o aumento da quantidade produzida

desemprego cíclico desvio do desemprego em relação à sua taxa natural

desemprego estrutural desemprego que surge porque o número de empregos disponíveis em alguns mercados de trabalho é insuficiente para proporcionar emprego a todos que o desejam

desemprego friccional desemprego que surge porque leva algum tempo para que os trabalhadores encontrem empregos que melhor se adaptem às suas preferências e habilidades

diagrama do fluxo circular um modelo visual da economia que mostra como a moeda circula pelos mercados entre as famílias e as empresas

dicotomia clássica a separação teórica entre variáveis nominais e variáveis reais

diferencial compensatório diferença nos salários que surge para compensar as características não monetárias de diferentes empregos

dilema dos prisioneiros um "jogo" específico entre dois prisioneiros que ilustra por que a cooperação é difícil de manter, mesmo quando mutuamente benéfica

direito de propriedade a capacidade de um indivíduo de possuir e exercer controle sobre recursos escassos

discriminação oferta de oportunidades diferentes a indivíduos semelhantes que diferem entre si apenas por raça, grupo étnico, gênero, idade, religião, orientação sexual ou outras características pessoais

discriminação de preços a prática comercial de vender o mesmo bem por diferentes preços a diferentes clientes

discriminação estatística discriminação que surge porque uma característica pessoal irrelevante, mas observável, está correlacionada com um atributo relevante, mas não observável

disposição para pagar quantia máxima que um comprador está disposto a pagar por um bem

diversificação redução do risco obtida por meio da substituição de um único risco por um grande número de riscos menores e não correlacionados

E

econometria subcampo da economia que desenvolve ferramentas para analisar dados

economia o estudo de como a sociedade administra seus recursos escassos

economia aberta uma economia que interage livremente com outras economias do mundo

economia comportamental área da economia que integra as descobertas e princípios da psicologia

economia de mercado uma economia que aloca recursos por meio das decisões descentralizadas de muitas empresas e famílias que interagem nos mercados de bens e serviços

economia do bem-estar estudo de como a alocação de recursos afeta o bem-estar econômico

economia fechada uma economia que não interage com outras economias do mundo

economia política estudo do governo por meio de métodos analíticos da economia

economias de escala propriedade segundo a qual o custo total médio de longo prazo cai com o aumento da quantidade produzida

efeito de convergência a propriedade por conta da qual países que começam mais pobres tendem a crescer mais rapidamente do que países que já são ricos

efeito deslocamento queda na demanda agregada que ocorre quando uma política fiscal expansionista eleva a taxa de juros e, portanto, reduz as despesas de investimento; também conhecido como *crowding-out effect*

efeito Fisher o ajuste de 1 para 1 da taxa de juros nominal à taxa de inflação

efeito multiplicador deslocamentos adicionais na demanda agregada que ocorrem quando uma política fiscal expansionista aumenta a renda e, portanto, as despesas de consumo

efeito renda variação de consumo que ocorre quando uma mudança de preço move o consumidor para uma curva de indiferença mais elevada ou menos elevada

efeito substituição variação de consumo que ocorre quando uma mudança de preço move o consumidor ao longo de uma dada curva de indiferença até um ponto com uma nova taxa marginal de substituição

eficiência informacional descrição dos preços de um ativo que refletem racionalmente toda a informação disponível

eficiência a propriedade da sociedade para obter o máximo possível a partir de seus recursos escassos

elasticidade uma medida da resposta da quantidade demandada ou da quantidade ofertada a uma variação em um de seus determinantes

elasticidade-preço cruzada da demanda uma medida do quanto a quantidade demandada de um bem responde a uma variação no preço de outro, calculada como a variação percentual da quantidade demandada do primeiro bem dividida pela variação percentual do preço do segundo bem

elasticidade-preço da demanda uma medida do quanto a quantidade demandada de um bem reage a uma mudança no preço do bem em questão, calculada como a variação percentual da quantidade demandada dividida pela variação percentual do preço

elasticidade-preço da oferta uma medida do quanto a quantidade ofertada de um bem responde a uma variação do seu preço, calculada como a variação percentual da quantidade ofertada dividida pela variação percentual do preço

elasticidade-renda da demanda uma medida do quanto a quantidade demandada de um bem responde a uma variação na renda dos consumidores, calculada como a variação percentual da quantidade demandada dividida pela variação percentual da renda

equação quantitativa a equação $M \times V = P \times Y$, que relaciona a quantidade de moeda, a velocidade da moeda e o valor em dólares da produção de bens e serviços da economia

equidade horizontal a ideia de que contribuintes com capacidade similar de pagamento de impostos deveriam pagar a mesma quantia

equidade vertical a ideia de que contribuintes com maior capacidade de pagamento de impostos deveriam pagar maiores quantias

equilíbrio uma situação na qual o preço de mercado atingiu o nível em que a quantidade ofertada é igual à quantidade demandada

equilíbrio comercial situação em que as exportações são iguais às importações

equilíbrio de Nash uma situação em que os agentes econômicos que estão interagindo uns com os outros escolhem sua melhor estratégia, dadas as estratégias escolhidas pelos demais agentes

erro-padrão uma medida da incerteza associada à estimativa de um parâmetro que resulta da variação amostral

escala de demanda tabela que mostra a relação entre o preço de um bem e a quantidade demandada

escala de oferta tabela que mostra a relação entre o preço e a quantidade ofertada de um bem

escala eficiente a quantidade produzida que minimiza o custo total médio

escassez a natureza limitada dos recursos da sociedade

estabilizadores automáticos alterações da política fiscal que estimulam a demanda agregada quando a economia entra em recessão sem que os formuladores de políticas tenham de tomar qualquer atitude deliberada

estagflação um período de queda na produção e elevação nos preços

estratégia dominante em um jogo, é a melhor estratégia para um jogador, independentemente das estratégias escolhidas pelos demais jogadores

excedente do consumidor quantia que um comprador está disposto a pagar por um bem menos a quantia que realmente paga por ele

excedente do produtor quantia que um vendedor recebe por um bem menos o seu custo de produção

excesso de demanda uma situação em que a quantidade demandada é maior que a quantidade ofertada; escassez

excesso de oferta uma situação em que a quantidade ofertada é maior que a quantidade demandada; excedente

exigência de capital um regulamento governamental que especifica uma quantidade mínima de capital bancário

expectativas racionais teoria de que as pessoas usam de forma otimizada todo o conhecimento que possuem, incluindo informações sobre políticas governamentais, para prever o futuro

experimento controlado randomizado um experimento em que um pesquisador divide aleatoriamente os sujeitos em grupos, trata os grupos de maneira diferente e compara os resultados

experimento natural um evento casual que provoca variação nos dados semelhante àquela gerada por um experimento controlado randomizado

exportações bens e serviços produzidos internamente e vendidos no exterior

exportações líquidas gastos por parte de estrangeiros com bens produzidos internamente (exportações) menos gastos por parte de residentes internos com bens estrangeiros (importações)

externalidade o impacto não compensado das ações de uma pessoa sobre o bem-estar de outras que não participam daquelas ações

F

falha de mercado uma situação em que o mercado, por si só, não consegue alocar recursos eficientemente

fatores de produção os insumos usados para produzir bens e serviços

Federal Reserve (Fed) o banco central dos Estados Unidos

finanças campo que estuda como as pessoas tomam decisões sobre a alocação de recursos ao longo do tempo e como lidam com o risco

força de trabalho número total de trabalhadores, incluindo tanto os empregados quanto os desempregados

fronteira de possibilidades de produção um gráfico que mostra as combinações de produto que a economia tem possibilidade de produzir com os fatores de produção e a tecnologia de produção disponíveis

fuga de capitais uma redução súbita e significativa da demanda pelos ativos localizados em um país

função de produção a relação entre a quantidade de insumos usada para produzir um bem e a quantidade produzida desse bem

fundo mútuo instituição que vende cotas ao público e usa o resultado das vendas para comprar uma carteira de ações e títulos

G

gastos do governo gastos dos governos municipais, estaduais e federal com bens e serviços

grau de alavancagem razão dos ativos para o capital bancário

greve paralisação organizada do trabalho de uma empresa por parte de um sindicato

H

hipótese da taxa natural afirmação de que o desemprego retorna à sua taxa normal, ou natural, independentemente da taxa de inflação

hipótese dos mercados eficientes teoria de que os preços dos ativos refletem todas as informações públicas disponíveis sobre o valor de um ativo

I

igualdade a propriedade de distribuir a prosperidade econômica de maneira uniforme entre os membros da sociedade

importações bens e serviços produzidos no exterior e vendidos internamente

imposto corretivo um imposto destinado a induzir decisores privados a considerar os custos sociais que surgem a partir de uma externalidade negativa

imposto de renda negativo sistema tributário que arrecada receita das famílias de alta renda e concede subsídios àquelas de baixa renda

imposto fixo único imposto com valor fixo independentemente da pessoa

imposto inflacionário a receita que o governo arrecada por meio da criação de moeda

imposto progressivo o imposto segundo o qual os contribuintes com alta renda pagam uma fração maior de sua renda que aqueles com baixa renda

imposto proporcional o imposto segundo o qual os contribuintes com alta renda e aqueles com baixa renda pagam a mesma fração de sua renda

imposto regressivo o imposto segundo o qual os contribuintes com alta renda pagam uma fração menor de sua renda que os contribuintes com baixa renda

incentivo algo que induz uma pessoa a agir

incidência tributária a maneira como o ônus de um imposto é dividido entre os participantes de um mercado

indexação correção automática, por força de lei ou de contrato, de uma quantia pela inflação

índice de preços ao consumidor (IPC) uma medida do custo total dos bens e serviços comprados por um consumidor típico

índice de preços ao produtor (IPP) uma medida do custo de uma cesta de bens e serviços comprados pelas empresas

índice de reservas fração dos depósitos que os bancos mantêm como reserva

inflação um aumento do nível geral de preços da economia

intermediários financeiros instituições financeiras por meio das quais os poupadores podem ofertar fundos indiretamente aos tomadores de empréstimos

internalização de uma externalidade alteração dos incentivos, de maneira que as pessoas considerem os efeitos externos de suas ações

investimento gastos com capital empresarial, capital residencial e estoques

J

juros sobre reservas taxa de juros paga para bancos sobre as reservas mantidas em depósito no Fed

L

lei da demanda afirmação de que, com tudo o mais mantido constante, a quantidade demandada de um bem diminui quando o preço dele aumenta

lei da oferta e da demanda a afirmação de que o preço de qualquer bem se ajusta para trazer a quantidade ofertada e a quantidade demandada desse bem para o equilíbrio

lei da oferta afirmação de que, com tudo o mais mantido constante, a quantidade ofertada de um bem aumenta quando seu preço aumenta

libertarismo filosofia política segundo a qual o governo deveria punir os crimes e fazer valer os acordos voluntários, mas não redistribuir a renda

linha de pobreza nível absoluto de renda fixado pelo governo federal para cada tamanho de família, abaixo do qual a família é considerada em estado de pobreza

liquidez a facilidade com que um ativo pode ser convertido em meio de troca da economia

lucro a receita total menos o custo total

lucro contábil a receita total menos o custo explícito total

lucro econômico a receita total menos o custo total, incluindo tanto os custos explícitos quanto os custos implícitos

M

macroeconomia estudo de fenômenos que afetam a economia como um todo, incluindo inflação, desemprego e crescimento econômico

macroeconomia o estudo dos fenômenos da economia como um todo, incluindo inflação, desemprego e crescimento econômico

meio de troca algo que os compradores dão aos vendedores quando querem comprar bens e serviços

mercado grupo de compradores e vendedores de um bem ou serviço em particular

mercado competitivo um mercado com muitos compradores e vendedores negociando produtos idênticos, de modo que cada comprador e vendedor é um tomador de preço

mercado de fundos emprestáveis mercado em que aqueles que querem poupar ofertam fundos e aqueles que querem tomar empréstimos para investir demandam fundos

mercados financeiros instituições financeiras por meio das quais os poupadores podem fornecer fundos diretamente aos tomadores de empréstimos

microeconomia estudo de como famílias e empresas tomam decisões e interagem nos mercados

microeconomia o estudo de como famílias e empresas tomam decisões e de como interagem nos mercados

mínimos quadrados ordinários método estatístico para estimar os valores dos parâmetros minimizando a soma dos quadrados dos resíduos

modelo de demanda agregada e oferta agregada modelo que a maioria dos economistas usa para explicar as flutuações de curto prazo na atividade econômica em torno de sua tendência de longo prazo

moeda conjunto de ativos da economia que as pessoas usam regularmente para comprar bens e serviços

moeda corrente as cédulas de papel e as moedas de metal em poder do público

moeda fiduciária moeda sem valor intrínseco, que é usada como moeda por decreto governamental

moeda-mercadoria moeda que toma a forma de uma mercadoria com valor intrínseco

monopólio uma empresa que é a única vendedora de um produto que não tem substitutos próximos

monopólio natural um tipo de monopólio que surge porque uma única empresa consegue ofertar um bem ou serviço a um mercado inteiro a um custo menor do que ocorreria se existissem duas ou mais empresas no mercado

monopsônio um mercado que tem apenas um comprador

mudança marginal um ajuste incremental em um plano de ação

multiplicador da moeda quantidade de moeda que o sistema bancário gera com cada dólar de suas reservas

N

negociação coletiva processo por meio do qual os sindicatos e as empresas chegam a um acordo sobre as condições de emprego

neutralidade monetária a proposição de que mudanças na oferta monetária não afetam variáveis reais

nível natural de produção produção de bens e serviços que uma economia realiza no longo prazo, quando o desemprego está em seu nível normal

núcleo do IPC uma medida do custo total dos bens de consumo e serviços, exceto alimentos e energia

O

oferta de moeda quantidade de moeda disponível na economia

oligopólio estrutura de mercado em que apenas alguns vendedores oferecem produtos similares ou idênticos

operações no mercado aberto compra e venda de títulos do governo estadunidense pelo Fed

P

paradoxo de Condorcet falha da regra da maioria em produzir preferências transitivas para a sociedade

parâmetros os valores numéricos que representam a força das relações entre as variáveis em um modelo

paridade do poder de compra teoria das taxas de câmbio segundo a qual uma unidade de qualquer moeda dada deveria ser capaz de comprar a mesma quantidade de bens em todos os países

peso morto queda do excedente total causada por uma distorção de mercado

pessoa racional aquela que, sistemática e objetivamente, faz o máximo para alcançar seus objetivos

poder de mercado a capacidade de um único agente econômico (ou um pequeno grupo de agentes) de influenciar de forma significativa os preços do mercado

política comercial política do governo que influencia diretamente a quantidade de bens e serviços que um país importa ou exporta

política fiscal estabelecimento dos níveis de gastos públicos e tributação pelos formuladores de políticas governamentais

política monetária estabelecimento da oferta de moeda pelos formuladores de políticas do banco central

poupança nacional o que resta da renda total da economia após o pagamento das despesas de consumo e das compras do governo

poupança privada renda que fica com as famílias após o pagamento de impostos e de despesas de consumo

poupança pública receita tributária que fica com o governo após o pagamento de suas despesas

preço de equilíbrio o preço que iguala a quantidade ofertada e a quantidade demandada

preço máximo limite máximo legal para o preço de venda de um bem; teto

preço mínimo limite mínimo legal para o preço de venda de um bem; piso

preço mundial preço de um bem que prevalece no mercado mundial

principal alguém em cujo nome outra pessoa, chamada agente, pratica algum ato

princípio da capacidade de pagamento a ideia de que os impostos deveriam ser cobrados da pessoa com base em sua capacidade de suportar o ônus do imposto

princípio dos benefícios a ideia de que as pessoas deveriam pagar os impostos com base nos benefícios que recebem dos serviços do governo

procura de emprego processo por meio do qual os trabalhadores encontram empregos apropriados, dadas as suas preferências e habilidades

produtividade a quantidade de bens e serviços produzidos por unidade de trabalho

produto interno bruto (PIB) valor de mercado de todos os bens e serviços finais produzidos em um país em um dado período

PIB nominal produção de bens e serviços avaliada a preços correntes

PIB real produção de bens e serviços avaliada a preços constantes

produto marginal o aumento da produção que resulta de uma unidade adicional de insumo

produto marginal decrescente a propriedade segundo a qual o produto marginal de um insumo diminui à medida que a quantidade do insumo aumenta

produto marginal do trabalho o aumento da quantidade produzida em decorrência do uso de uma unidade adicional de mão de obra

propriedade da exclusão a propriedade de um bem segundo a qual uma pessoa pode ser impedida de usá-lo

Q

quantidade de equilíbrio a quantidade ofertada e a quantidade demandada ao preço de equilíbrio

quantidade demandada quantidade de um bem que os compradores desejam e podem comprar

quantidade ofertada quantidade de um bem que os vendedores estão dispostos e aptos a vender

R

receita marginal a variação da receita total decorrente da venda de 1 unidade adicional

receita média receita total dividida pela quantidade vendida

receita total a quantia paga pelos compradores e recebida pelos vendedores de um bem, calculada como o preço do bem multiplicado pela quantidade vendida

recessão período de queda da renda real e aumento do desemprego

recursos comuns bens que são rivais, mas não excludentes

recursos naturais os insumos para a produção de bens e serviços que são fornecidos pela natureza, como terra, rios e depósitos minerais

regressão linear modelo estatístico em que a variável dependente está linearmente relacionada a uma ou mais variáveis independentes acrescida de um resíduo aleatório

regressão múltipla um modelo de regressão linear com mais de uma variável independente

renda permanente renda normal de uma pessoa

rendimentos decrescentes a propriedade segundo a qual o benefício de uma unidade adicional de um insumo diminui à medida que a quantidade desse insumo aumenta

reserva de valor algo que as pessoas podem usar para transferir poder de compra do presente para o futuro

reservas depósitos recebidos pelos bancos, mas que não são emprestados

reservas exigidas regulamentação que diz respeito ao montante mínimo de reservas que os bancos devem manter sobre seus depósitos

restrição orçamentária limite das combinações de consumo de bens que o consumidor pode adquirir

retornos constantes de escala propriedade segundo a qual o custo total médio de longo prazo se mantém constante, enquanto a quantidade produzida varia

risco de mercado risco que afeta todas as empresas no mercado de ações

risco específico da empresa risco que afeta apenas uma única empresa

risco moral a tendência de uma pessoa que é pouco monitorada de se envolver em comportamentos desonestos ou indesejáveis

rivalidade no consumo a propriedade de um bem pela qual sua utilização por uma pessoa reduz a possibilidade de outras pessoas utilizá-lo

S

salários de eficiência salários acima do nível de equilíbrio pagos pelas empresas, objetivando aumentar a produtividade dos trabalhadores

saldo líquido de saída de capital a compra de ativos estrangeiros por residentes domésticos menos a compra de ativos domésticos por estrangeiros

seguro social política do governo para proteger as pessoas contra o risco de adversidades

seguro-desemprego programa governamental que protege parcialmente a renda dos trabalhadores quando eles ficam desempregados

seleção adversa tendência de a combinação de atributos não observados se tornar indesejável do ponto de vista de uma parte desinformada

seleção ação praticada por uma parte desinformada para induzir a parte informada a revelar informações

sinalização ação praticada por uma parte informada para revelar informações privadas à parte não informada

sindicato associação de trabalhadores que negocia salários, benefícios e condições de trabalho com os empregadores

sistema bancário de reservas fracionárias sistema bancário no qual os bancos mantêm apenas uma parte de seus depósitos como reservas

sistema financeiro conjunto de instituições na economia que ajuda a conectar a poupança de uma pessoa com o investimento de outra

substitutos dois bens para os quais o aumento do preço de um leva a um aumento da demanda pelo outro

substitutos perfeitos dois bens cujas curvas de indiferença são retas

superávit comercial excesso de exportações em relação a importações

superávit orçamentário excesso de arrecadação tributária em relação aos gastos do governo

T

tarifa imposto sobre bens produzidos no exterior e vendidos internamente

taxa de câmbio nominal taxa na qual uma pessoa pode trocar a moeda de um país pela de outro

taxa de câmbio real a taxa na qual uma pessoa pode negociar os bens e serviços de um país pelos bens e serviços de outro país

taxa de desemprego percentual da força de trabalho que está sem emprego

taxa de inflação variação percentual do índice de preços em relação a um período anterior

taxa de juros nominal a taxa de juros tal como normalmente é cotada, sem a correção dos efeitos da inflação

taxa de juros real a taxa de juros após o desconto da taxa de inflação

taxa de participação na força de trabalho percentual da população adulta que está na força de trabalho

taxa de pobreza porcentagem da população cuja renda familiar se encontra abaixo de um nível absoluto denominado linha de pobreza

taxa de redesconto taxa de juros sobre os empréstimos que o Fed concede aos bancos

taxa de sacrifício perda de produção anual, em pontos percentuais, medida no processo de redução da inflação em 1 ponto percentual

taxa dos *fed funds* taxa de juros aplicada aos empréstimos *overnight* realizados entre bancos

taxa marginal de substituição taxa à qual um consumidor está disposto a trocar um bem por outro

taxa natural de desemprego taxa normal de desemprego em torno da qual a taxa de desemprego flutua

teorema da impossibilidade de Arrow um resultado matemático que mostra que, sob certos pressupostos, não há sistema que permita agregar as preferências individuais em um conjunto válido de preferências sociais

teorema de Coase a proposição de que, se os agentes econômicos privados puderem negociar sem custo a alocação de recursos, poderão resolver por si sós o problema das externalidades

teorema do eleitor mediano resultado matemático que mostra que, se os eleitores estão escolhendo um ponto ao longo de uma linha e todos desejam o ponto mais próximo de seu preferido, então a regra da maioria levará à escolha do ponto preferido do eleitor mediano

teoria da preferência pela liquidez teoria de Keynes, segundo a qual a taxa de juros se ajusta para equilibrar a oferta e a demanda por moeda

teoria dos jogos estudo de como as pessoas se comportam em situações estratégicas

teoria quantitativa da moeda uma teoria que afirma que a quantidade de moeda disponível determina o nível de preços e que a taxa de aumento da quantidade de moeda disponível determina a taxa de inflação

título um certificado de dívida

trabalhadores desalentados indivíduos que gostariam de trabalhar, mas desistiram de procurar emprego

tragédia dos (bens) comuns parábola que ilustra por que os recursos comuns são mais utilizados que o desejável do ponto de vista da sociedade como um todo

transferências em espécie transferências aos pobres dadas em forma de bens e serviços, em vez de dinheiro

U

unidade de conta o padrão de medida que as pessoas usam para estabelecer preços e registrar dívidas

utilidade uma medida de satisfação

utilitarismo filosofia política segundo a qual o governo deve escolher políticas que maximizem a utilidade total de todos na sociedade

V

valor do produto marginal o produto marginal de um insumo multiplicado pelo preço do produto

valor futuro montante de dinheiro no futuro que um montante de dinheiro hoje vai render, dada a atual taxa de juros

valor presente montante de dinheiro que seria necessário hoje para produzir, à taxa de juros vigente, certo montante de dinheiro no futuro

vantagem absoluta capacidade de produzir um bem empregando menor quantidade de insumos que outro produtor

vantagem comparativa capacidade de produzir um bem com menor custo de oportunidade que outro produtor

variáveis nominais variáveis medidas em unidades monetárias

variáveis reais variáveis medidas em unidades físicas

variável de confusão uma variável omitida que pode induzir a erro por estar relacionada às variáveis de interesse

velocidade da moeda a taxa na qual a moeda passa de mão em mão

Índice

Os números das páginas em **negrito** referem-se às páginas em que os termos-chave são definidos.

A

A noviça rebelde, 519
"A relação entre o desemprego e a taxa de variação dos salários monetários no Reino Unido, 1861-1957" (Phillips), 772
A riqueza das nações (Smith), 8, 53, 281, 372
Ação, **555**, 555-556
    análise fundamental, 583-584
    caminho aleatório, 585-587
    diversificação do risco específico da empresa, 580-581
    fundos de índice, 585-586
    hipótese dos mercados eficientes, 584-585
    irracionalidade do mercado, 587-588
    moeda, 619
Ação corretamente valorizada, 583
Ação subvalorizada, 583
Ação supervalorizada, 583
Acelerador do investimento, 758
Acemoglu, Daron, 546
Acordo de Livre Comércio da América do Norte (NAFTA), 182, 668, 705
Acordo Geral de Tarifas e Comércio (GATT), 182, 668
Administração corporativa
    atividade criminosa, 473
    problema do agente-principal, 473
    responsabilidade limitada, 473
Affordable Care Act, 232, 233
Afirmação
    qualitativa, 826
    quantitativa, 826
África
    alto crescimento populacional, 546
    baixo investimento de capital, 545
    baixo nível de escolaridade, 546
    corrupção desenfreada, 546
    desvantagens geográficas, 546
    economia, 545-547
    legado da colonização, 546-547
    liberdade restrita, 546
    problemas de saúde, 546

África do Sul, desigualdade de renda, 425
África Subsaariana, 541, 545-547
Agentes, **472**, 472-473
Agricultura, aplicações de oferta, demanda e elasticidade, 101-102
Airbnb, 26, 575
Ajustamento sazonal, 495
Alavancagem, 625-627
Aldrich, Nelson W., 632-633
Alemanha
    crescimento econômico, 531
    desigualdade de renda, 425
    hiperinflação, 648, 649, 660
    inflação, 11-12
    renda média, 529
Alíquotas marginais de imposto, 160, 164, 250, **255**
    sobre renda do trabalho, 160
    vs. alíquotas médias de imposto, 255
Amazon, 26, 27, 80, 81, 312, 335, 376, 616
American Airlines, 372
American Economic Review, 263, 407, 414, 460, 772, 775
Análise da discriminação de preços, 328-329
"Análise da política anti-inflacionária" (Samuelson e Solow), 772
Análise de custo-benefício, **217**, 217-218, 331
Análise de dados, 819
    efeitos causais, estabelecendo, 832-833
    estimativa
        encontrando a melhor, 826-828
        linha mais adequada, 828
    medindo a incerteza, 828-830
    salários, educação e QI, 831
    variáveis de confusão, considerando, 830-832
Análise fundamentalista, **583**, 583-584
Anarquia, Estado e Utopia (Nozick), 433
Angelou, Maya, 341
Angrist, Josué, 390, 834
Ano-base, 501-502, 513, 516, 517
Anuidade, 579
Apple, 375, 383, 498, 515, 556
Apreciação, **676**

Apreensão de drogas, aplicações de oferta, demanda e elasticidade, 104-105
Aprender fazendo, 57
Ar puro e água potável como recursos comuns, 219-220
Arbitragem, 327, 679, 682, 683
Argentina
    crescimento econômico, 531
    PIB, 531, 542
    políticas orientadas para dentro, 542
Argumento da concorrência desleal para restrições ao comércio, 181
Argumento da indústria nascente para restrições ao comércio, 180-181
Argumento da segurança nacional para restrições ao comércio, 180
Arrow, Kenneth, 479
Assimetria de informação. *Ver* Informação assimétrica
Aumento de preços, 80, 82
Áustria, hiperinflação, 648, 649
Auxílio financeiro, discriminação de preços e, 330
Avaliação de ativos, 583-587
Avaliação de risco, falhas, 486-487
Avatar, 519
Aversão ao risco, **231**, **579**
Axelrod, Robert, 370
Axiomas, 17

B

Baixo investimento de capital, 545
Baixo nível de escolaridade, 546
Baker, Greg, 414
Balança comercial, **666**
Balanço patrimonial, 623, 625-626
Banco central, **620**. *Ver também* Federal Reserve (Fed)
    debate sobre inflação zero, 806-807
    política, 808-809
Banco Central Europeu (BCE), 677, 681
Banco Mundial, 183, 539
Bancos. *Ver também* Banco central; Banco Central Europeu
    capital bancário, alavancagem e a crise financeira de 2008-2009, 625-627
    como intermediários financeiros, 556-558

corridas bancárias, oferta monetária e, 631-632
criação de moeda com sistema bancário de reservas fracionárias, 623-624
empréstimos do Fed a, 628
multiplicador da moeda, 624-625
oferta de moeda e, 622-627
sistema bancário com reservas de 100%, 623
Bangladesh
crescimento econômico, 530-531
desigualdade de renda, 425
Barreiras comerciais, 31, 182, 668
Barro, Josh, 2006
Barro, Roberto, 531, 787, 793
Baum, L. Frank, 658, 659
Baumol, William, 637
Beleza, benefícios da, 407
Belongia, Michael T., 808
Bem(ns), 66
artificialmente escassos, 213, 314
cesta do IPC, 514
complementares **66**
diferentes tipos, 212-213
final, 495
fluxos internacionais, 666-675
inferior, 66, 96, 454
intermediário, 495
mercados de, 20-21
normal, 66, 96, 454
aumento da variedade pelo comércio internacional, 178
privado, 212-213
produzidos no presente, inclusão no PIB, 495
propriedade da exclusão, 212-216
público, 213-218, 542-543
relacionados, 66-67
rivais no consumo, 212
substitutos, 66
tangível, 495
tipos, 212-213
Bem-estar, 215, **434**, 434-435
efeito das tarifas, 175-176
efeitos do livre-comércio, 171
efeitos fiscais, 155-156
políticas para reduzir a pobreza, 434-435
Bem-estar da sociedade
concorrência monopolística e, 348-349
dilema dos prisioneiros e, 369-370
Bem-estar econômico, 31, 2011
excedente total e, 143, 144
tarifas/cotas de importação, 31
Benefícios marginais, 4-5
Benham, Lee, 351
Bens artificialmente escassos, **213**, 314
Bens de Giffen, **459**, 459-460

Bens finais, inclusão no PIB, 494
Bens inferiores, **66**, 454
bens normais, 66, 96
elasticidade-renda da demanda e, 96
Bens intermediários, 495
Bens normais, **66**, 96, 201, 454, **454**, 456, 459, 461, 466
bens inferiores, 66
elasticidade-renda da demanda e, 96
Bens privados, **212**, 212-213, 216, 217, 219, 221, 257
Bens públicos, **213**, 542-543
análise de custo-benefício, 217
defesa nacional, 2015
faróis como, 216
importância dos direitos de propriedade, 222-223
pesquisa básica, 215
problema dos "caronas", 214
programas de combate à pobreza, 215-216
valor da vida humana, 217-218
Bens supérfluos
elasticidade-preço da demanda e, 88-89
elasticidade-renda da demanda e, 96
imposto, 128
Bens tangíveis, inclusão no PIB, 495
Bentham, Jeremy, 430
Bernanke, Ben S., 633, 790
Berra, Yogi, 524
Bertrand, Mariana, 413
Bezos, Jeff, 334, 376
Biddle, Jeff, 407
Biden, Joe, 120, 122, 222, 259, 263, 334, 436, 519, 621, 640, 668, 742, 765, 792
Blanchard, Olivier, 411
Blinder, Alan S., 704-705, 809
BMW, 364
Boeing, 497, 498, 516, 556, 666, 670, 691, 757, 758, 760, 761
Bolha especulativa, 587
Bolívia, hiperinflação, 653
Bolsa de Valores de Nova York, 556
Borjas, George, 392
Botsuana, elefantes como bem particular, 221
Braniff Airways, 372
Brasil
crescimento econômico, 531
desigualdade de renda, 425
Brooks, Arthur C., 182-183
Bryan, William Jennings, 658, 659
Bureau of Economic Analysis (BEA), 499, 519
Bureau of Labor Statistics (BLS), 512, 514, 592, 593, 597, 598, 740, 771
calculando o IPC, 512-515
medindo o desemprego, 592

Bush, George W., 262, 762, 790, 800
cortes de impostos, 800-802

C

Cadillac, imposto do, 240
Câmbio de moeda estrangeira
mercado de, 690-692
oferta e demanda, 688-692
Caminho aleatório, **585**, 585-587
fundos de índice e, 585-587
preços das ações, 585
Canadá
crescimento econômico, 531
desigualdade de renda, 425
NAFTA e, 182
Capacidade ociosa, 348
Capital, 381, 382, **395**, 395-396, 404-405
custo de, 269
definição, 381, 395
deslocamentos da curva de oferta agregada e, 722-723
equilíbrio nos mercados de, 395-396
fator de produção, 396-397
físico, **533**, 533-534
fluxos internacionais de, 666-675
humano, 404-406, **534**, 537, 538, 540
Capital bancário, 625-627, **626**
Capital físico, **533**
como determinante da produtividade, 533-534
por trabalhador, 553-554
Capital humano, **404**, 404-405, **534**
como determinante da produtividade, 534
crescimento econômico e, 534
educação como, 404-406, 540
papel do, 413
saúde e nutrição como investimento em, 540-541
Capitalização, **576**, 578
regra de 70, 578
Carga administrativa, 252, 254-255, 349
Carga tributária
distribuída, 258-259
dividida, 127, 128
Carnegie, Andrew, 464
"Carona", 214, **214**, 216, 373
Carteira de fundos mútuos, 557-558
Cartéis, 360-361, **361**, 738. *Ver também* Organização dos Países Exportadores de Petróleo (Opep)
competição e, 360-361
monopólios e, 360-361
sindicatos como, 604-605
Carter, Jimmy, 785, 804, 805
Cartões de crédito, 619, 642
Causa e efeito, 41-43
Causalidade reversa, 41-43, **822**

Índice 847

Cesta de bens e serviços, 512-517, 641, 678
Chávez, Hugo, 661
Chernow, Ron, 341
Chevron, 369
Chile, abordagem unilateral ao livre-comércio, 181
China
  crescimento econômico, 530-531
  desigualdade de renda, 422-423
  fluxo de capital, 703-704
  padrões de vida, 11
  política de um filho por família, 544
Choques de oferta, 782-784, **783**
  adversos, 784
  choque adverso na oferta agregada, 783
  curva de Phillips e, 782-784
  da década de 1970, 784
  papel dos, 782-784
Churchill, Winston, 421
Ciclo de vida, **427**
Ciclo econômico, **12**, 710, 712, 733, 740, 741, 798-799, 802, 804
Cigarros, aumentos dos preços, 68
Cláusulas de não concorrência, 409
Clientes, discriminação por, 415-416
Clinton, Bill, 262, 438, 807
  dívida do governo, 569-570
  equidade/eficiência, *trade-off* entre, 262
Coase, Ronald, 204-2005
Coca-Cola, 331, 535, 556, 575
Coeficiente de concentração, 342
Coles, Jack, 26
Comércio. *Ver também* Livre-comércio; Ganhos do comércio; Comércio internacional
  acordos e Organização Mundial do Comércio, 181-183
  benefícios do, 7
  cinco grandes verdades sobre o, 704-705
  como ferramenta de desenvolvimento econômico, 182-183
  especialização e, 48-49
  interdependência e ganhos do, 45-56
  internacional, equilíbrio sem, 170
  perdas de peso morto e ganhos do, 157-158
  preço do, 52
  restrição ao, 371-372
  restrições (*Ver* Restrições do comércio)
  vantagem comparativa e, 52
Comércio bilateral, 704
Comércio internacional, 169-187
  abordagem multilateral ao livre-comércio, 182-183
  benefícios, 178-179
  cota de importação, em comparação à tarifa, 177
  demanda relativa por mão de obra qualificada e não qualificada e, 405
  determinantes, 170-171
  dos Estados Unidos, 54-55
  efeitos das tarifas, 175-176
  equilíbrio sem, 170-171
  lições para a política de, 177-178
  país exportador, ganhos/perdas, 172-173
  país importador, ganhos/perdas, 173-175
  perda de empregos, 704
  preço mundial, 171
  restrição, 177
  vantagem comparativa, 171
  vencedores e perdedores no, 171-179
Comitê Federal de Mercado Aberto (FOMC), 621-622, 754, 764, 803, 805, 825
Competição, 62-63
  aumentando com as leis antitruste, 331
  cartéis e, 360-361
  com produtos diferenciados, 344-349
  mercados e, 62-63
  monopólios, 315-316, 336
  monopolística vs. perfeita, 342-344, 348-349
  aumento pelo comércio internacional, 178-179
Competição imperfeita, 342, 366, 377
Competição perfeita, 342-344
  excesso de capacidade, 348
  markup sobre o custo marginal, 348
  vs. competição monopolística, 347-348
Complementares, **67**
  elasticidade-preço cruzada da demanda, **96**
Complementos perfeitos, 450-451, **451**
Compradores
  disposição para pagar, 134-136
  impostos sobre, efeito nos resultados do mercado, 124-126
  marginais, 136, 145, 157, 191, 324
  número de, e mudanças na demanda, 67
  políticas públicas, 429
  variáveis que influenciam os, 67
Comunismo, colapso na União Soviética e Europa Oriental, 7
Concorrência monopolística, 341-355, **342**
  concorrência com produtos diferenciados, 344-349
  diferenciação de produtos, 343
  e bem-estar da sociedade, 348-349
  entre monopólio e concorrência perfeita, 342-344
  equilíbrio no longo prazo, 346-347
  excesso de capacidade, 348
  livre entrada e saída de empresas, 343
  markup sobre o custo marginal, 348
  muitos vendedores, 343
  publicidade, 350-354
  vs. competição perfeita, 342-344, 347-348
Concorrentes monopolísticos, no curto prazo, 344-345
Congestionamento
  imposto sobre a gasolina e, 197
  preços, 220
  recurso comum e, 220-221
Congressional Budget Office (CBO), 28, 120, 122, 207, 258, 259, 570, 595, 810
Conhecimento tecnológico, **534**, 534-535
  deslocamento da curva de oferta agregada e, 728
  específico, 215
Conluio, **361**
Consumo, **497**
  deslocamento da curva de demanda agregada s devido a mudanças no, 718-720
  como componente do PIB, 497, 499
  nível de preço e, 716
  oportunidades de, expansão pelo comércio, 49
  rivalidade no, 2012
Conta T, 623
Conta, unidade de, 616, **617,** 618, 656, 657
Contabilidade, 558
Contadores, economistas vs. 269-270
Contagem de Borda, 479-480
Contas de aposentadoria individuais, 254, 564, 586, 813
Contratualismo liberal, 431
Controle de aluguel, 31
  controles de preços, avaliação, 120
  no curto e longo prazos, 115-116
  preço máximo, 115-116
Cooperação, economia da, 364-371
Coordenada x, 36, 40
Coordenada y, 36, 40
Coreia do Sul
  abordagem unilateral ao livre-comércio, 183
  ingestão calórica e altura da população, 540-541
  PIB para investimento, 538
  políticas voltadas para fora, 542
  taxa de crescimento econômico, 538-539

Coronavírus. *Ver* Pandemia de Covid-19
Correlação negativa, 37, 772, 778
Correlação positiva, 37, 803
Corrida armamentista, como exemplo do dilema dos prisioneiros, 368
Cortes de impostos
   por George W. Bush, 762, 800
   por Kennedy, 765
   por Reagan, 164
Cotas de importação, 31, 175, 177, 668, 701
   efeitos, 700
   em comparação às tarifas, 177
   restrição do comércio, 177
   tarifas, 31
Crandall, Robert, 372
Créditos fiscais, 259, 427, 435
Crescimento econômico
   crescimento populacional e, 543-545
   direitos de propriedade e estabilidade política, 541-542
   educação e, 540
   experiências, várias, 531
   fronteira de possibilidades de produção e, 22-24
   global, 530-531
   importância do crescimento no longo prazo, 548
   investimento estrangeiro, 539
   livre-comércio e, 542
   pesquisa e desenvolvimento, 542-543
   políticas públicas e, 537-547
   poupança e investimento, 537
   produtividade e, 532-535
   prosperidade estadunidense, receita secreta da, 548
   recursos naturais um como limite para o, 536
   rendimentos decrescentes e efeito de convergência, 537-539
   saúde e nutrição, 540-541
Crescimento populacional
   crescimento econômico e, 543-545
   diluindo o estoque de capital, 544-545
   exploração excessiva dos recursos naturais, 543-544
   promovendo o progresso tecnológico, 545
Crescimento, produção e, 529-549
Criptomoedas, 618
Crise econômica, em Washington, 411
Crise econômica, pandemia de coronavírus, 12
Crise financeira de 2008-2009, 570
Critério maximin, 432, **432**

Crowding out, **568**
   efeito de deslocamento, 758, 760-762, 761
Cupons de desconto, discriminação de preços e, 329-330
Curto prazo
   aumento na demanda, 304
   concorrentes monopolísticoso, 345
   curva de oferta agregada, 724-727
   curva de Phillips, 778-779
   custoso, 280-282
   empresa monopolisticamente competitiva, 344-345
   flutuações econômicas, 713-715
   oferta de mercado com número fixo de empresas, 300
   política monetária desinflacionária, 786
   taxas de juros, 751
Curva de custo marginal (CMg), 292, 293
   decisão da oferta da empresa e, 292-293
   e curvas de custo médio, 277
Curva de demanda agregada, **714,** 715-719. *Ver também* Demanda agregada; Modelo de demanda agregada e oferta agregada
   deslocamentos na, 718-719
   efeito da taxa de juros, 716-717, 720
   efeito riqueza, 716, 720
   flutuações econômicas, 710-712
   inclinação negativa da, 715-718, 720, 752-753
Curva de demanda de mão de obra
   mudança tecnológica, 386-387
   oferta de outros fatores, 387
   preço de insumos, 386
Curva de Laffer, 162-164
Curva de oferta agregada, **714,** 720-729. *Ver também* Oferta agregada; Modelo de demanda agregada e oferta agregada
   custos de menu, 726
   de curto prazo, 725
   deslocamentos na, 722-723, 728-729
   inclinação positiva no curto prazo, 724-727
   nível natural de produção, 722
   teoria das percepções equivocadas, 726-727
   teoria dos preços rígidos, 726
   teoria dos salários rígidos, 725-726
   vertical no longo prazo, 721-722
Curva de oferta de mão de obra
   deslocamento na, 389
   imigração, 389
   mudanças em oportunidades alternativas, 389
   mudanças nas preferências, 389

Curva de Phillips, **772**
   choques de oferta e, 782-784
   colapso da, 782
   demanda agregada, oferta agregada e, 773-775
   deslocamentos na, 775-782
   durante uma crise financeira, 791
   expectativas racionais, 787
   hipótese da taxa natural, 780-782
   na década de 1960, 781
   no curto prazo, 779-780
   no longo prazo, 775-777
   origens, 772-773
   reconciliando teoria e evidência, 778-779
   taxa de sacrifício, 785-786
Curva(s) de demanda, 37-41, 63-64, **64**
   derivada, 457-458
   deslocamentos na, 38-39, 65-69
      vs. movimentos ao longo da, 68
   elasticidade-preço da demanda e, 90-91
   escala de demanda e, 135, 136
   linear, elasticidade da, 94-95
   medindo o excedente do consumidor com, 135-137
   para empresas competitivas, 316
   para empresas monopolistas, 316
   variedade das, 90-91
Curva(s) de indiferença, **447**
   complementos perfeitos, 450-451
   efeito renda, 455-457
   exemplos extremos de, 450-451
   propriedades das, 448-450
   substitutos perfeitos, 450
Curva(s) de oferta, **69**
   deslocamentos na, 70-73
      vs. movimentos ao longo da, 76-77
   elasticidade-preço, da oferta, 97-98
   em um mercado competitivo, 300-305
   escala de oferta e, 69, 140-141
   usada para medir o excedente do produtor, 140-141
   variedade de, 98-100
Curvas, 37-39. *Ver também* Gráficos
   demanda, 37, 38
   deslocamento de, 38, 39
   movimentos ao longo, 38
Curvas de custo
   e formatos, 276-278
   típicas, 278-279
Custo de bem-estar dos monopólios, 323-326
Custo de reduzir a inflação, 785-789
   desinflação de Volcker, 787-789
   desinflação sem custo, possibilidade de, 787

era Greenspan, 789-790
expectativas racionais, 787
recessão de 2021-2022, 792
taxa de sacrifício, 785-786
Custo de vida
cálculo, 511-524
diferenças regionais em, 519-521
índice de preços ao consumidor, 512-517
problemas no cálculo, 515-516
reajuste pelo (COLA), 521
Custo marginal (CMg), 4-5, 275-278, **276**, 282, 290-293, 387
aumento, 276-277
markup sobre, 348
preços no monopólio natural, 332
relacionado ao custo total médio, 278
Custo médio, 4-5, 231, 276, 277, 332
dos cuidados de saúde, 231
e curvas de custo marginal, 276-278
Custo social, 192
aço, custos privados do, 192
lucro do monopólio como, 325-326
Custo total médio (CTM), **276**, 277-282, 292
curto e longo prazo, relação, 280-281
curva, 277, 292
custo marginal, relação, 278
em formato de U, 277-278
Custo(s) de oportunidade, **3**, 23, **50**, 50-51, 268-269
custo de capital como, 269
custos como, 268-269
custos explícitos e implícitos, 269-270
economistas vs. contadores, 269-270
fronteira de possibilidades de produção e, 22-24
vantagem comparativa e, 50-51
Custos de desgaste da sola do sapato, **653**, 653-654, 806, 807
Custos de menu, **654**, 658, 726, 806, 807
Custos de transação, 205
custos econômicos de longo prazo, escolaridade como, 410-411
Custos explícitos, **269**, 269-270, 282, 303
Custos fixos, **275**
e custo variável, 275
médio, 276
Custos implícitos, **269**, 270, 282
Custos irrecuperáveis, 294-296, **295**
Custos totais, 268, **268**
curva, 272-275
média, 276, 282
Custos variáveis, **275**, 276-279, 282
e fixos, 275
médios, 276, 282

D

Dados, **819**
dados experimentais, **820**
dados longitudinais, **822**
dados observacionais, **821**
diagrama de dispersão de, **827**
economista (*Ver* Economistas)
salários e educação, 826
tipos de
dados de corte transversal, **822**
dados de séries temporais, **822**
dados em painel, **822**
Data de vencimento, títulos, 554, 555
de Bolle, Monica, 660-661
Debate sobre a prata-livre, 658-659
Debate sobre a reforma da legislação tributária para incentivar a poupança, 812-814
Revendedores de ingressos (cambistas), 31, 148-149
Debate sobre leis tributárias, 812-814
Debate sobre o orçamento equilibrado, 810-812
Debate sobre renda/consumo, tributação, 253-254
DeBeers, 313
Decisão consumo-poupança, 465, 485
Decisão entre trabalho-lazer, 461
Decisões de produção, em monopólios, 315-321, 360
Declarações normativas, **27**, 27-28
Declarações positivas, 26-28, **27**
Defesa nacional, bens públicos importantes, 214-215
Déficit comercial, **666**
medindo a renda nacional, 492
nos EUA, 673-675
Déficits
lidando com, 810-812
orçamentários (*Ver* Déficits orçamentários)
orçamento comercial, **666**
Déficits orçamentários, **560**
crowding out, **568**
mercado de fundos emprestáveis e, 567
Déficits orçamentários do governo, 567-570, 673, 696-698
Deflação, 512, 640, 785
eleição presidencial, 640
medindo a renda nacional, 491
Deflator do PIB, **501**, 501-502
taxa de inflação, 502
vs. índice de preços ao consumidor, 516-517
Defoe, Daniel, 533
Demanda, 63-69. *Ver também* Modelo de demanda agregada e oferta agregada
alterações na, 76

aplicações, 100-105
aumento da, 66, 76, 77, 304
derivada, 382
elástica, 88-96
elasticidade da (*Ver* Elasticidade da demanda)
elasticidade-preço cruzada da, 96
elasticidade-preço da, 92
equilíbrio da oferta e da, 73-75
excesso, 74, 75
expectativas e, 67
forças de mercado da oferta e da, 61-81
individual, 64-65
inelástica, 88-90, 92, 94, 95
lei da, 63
mercado, 64-65
mudanças de renda, 66
número de compradores e, 67
oferta, 73-79, 111-112, 382, 387
perfeitamente inelástica, 91, 92
por mão de obra, 382-387
preços de bens relacionados e, 66
preferências e, 67
redução do tabagismo, 68
redução na, 66
relação entre preço e quantidade demandada, 63-64
separando oferta de, 696
Demanda agregada. *Ver também* Modelo de demanda agregada e oferta agregada
contração na, 731
curva de Phillips e, 772-775
efeito deslocamento, 760-762
efeito multiplicador, 758
efeitos do deslocamento na, 718-719
estabilizadores automáticos, 767
flutuações econômicas, 710-712
Grande Depressão, 733-734
mudanças nos gastos do governo, 719, 757-758
mudanças nos impostos, 762
multiplicador de gastos, fórmula para, 758-760
política de estabilização, 764-765
política fiscal e, 757-762
política monetária e, 748-757
recessão de 2008-2009, 734-736
representando o crescimento de longo prazo e a inflação, 723-724
Segunda Guerra Mundial, 733-734
teoria da preferência pela liquidez, 749-751
Demanda de insumos e oferta de produtos, 387
Demanda de mão de obra
salário mínimo e, 118-119
turnos na, 393

850 Índice

Demanda de mercado, 64-65, 67, 70, 73, 135, 293, 315, 316, 320, 324, 359, 715
Demanda de moeda, 641-642
   teoria da preferência pela liquidez, 750
Demanda derivada, 382
Demanda elástica, 88-89, 92, 94, 102, 128
Demanda individual, 64-65
Demanda inelástica, 88, 89, 92, 94, 102, 127, 128
Demanda perfeitamente inelástica, 92
DeParle, Jason, 436
Depósitos à vista, **619**, 622-624
Depreciação, 496, **676**, 678, 682, 694, 702, 703, 717
Depressão, **710**
Desconto, 577
Descontos por quantidade, discriminação de preços e, 330
Deseconomias de escala, **281**, 281-282
Desemprego
   benefícios, 601
   identificando o, 592-599
   leis do salário mínimo e, 602-603
   medição do, 592-596
      renda da nação, 491
   por que sempre há pessoas desempregadas, 598-599
   procura de emprego e, 599-601
   salários de, 602-603
   salários de eficiência e, 607-608
   seguro-desemprego, 600-601
   taxa natural de, 592, **594**, 776
   tempo sem trabalho, 596-598
   trade-off de curto prazo entre inflação e, 12, 771-793
Desemprego cíclico, 592, **594**
Desemprego estrutural, **599**, 606
Desemprego friccional, **599**, 599-600
Desenvolvimento econômico, comércio como ferramenta, 182-183
Desigualdade
   ao redor do mundo, 423-424
   mensuração da, 422-429
Desigualdade de renda
   ao redor do mundo, 423-424
   medidas alternativas de, 427-428
   mensuração da, 422-429
   mobilidade econômica, 428-429
   nos EUA, 422-423
   perspectiva ao longo da vida, 429
   pobreza e, 424-426
Desinflação, 785
   expectativas racionais e a possibilidade de desinflação sem custos, 787
   Volcker, 787-789
Despesas, economia nacional, 492-493
Desvio-padrão, 829

Determinantes da produtividade
   capital físico por trabalhador, 533-534
   capital humano por trabalhador, 534
   conhecimento tecnológico, 534-535
   recursos naturais por trabalhador, 534
Diagrama do fluxo circular, **20**, 20-21, 493
Dicotomia clássica, **645**, 645-646, 713, 714, 721
Diferenças regionais, custo de vida e, 519-521
Diferenças salariais, 404, 407, 413-416
Diferenciação do produto, 343, 351
Diferenciais compensatórios, 404
   diferenças salariais e, 404
Dilema dos prisioneiros, **365**, 365-366
   cooperação e, 370
   corridas armamentistas, 368
   e bem-estar da sociedade, 369-370
   exemplos, 368-369
   oligopólios como, 366-367
   recursos comuns, 369
   torneio, 370-371
Direitos de propriedade, **9**, 541, 543
   ação governamental, 222-223
   tecnologia e, 195
Discordância empírica, 824
Discrepância estatística, 496
Discriminação, 116, **412**, 412-417
   economia da, 412-417
   estatística, 417
   ganhos e, 403-417
   medindo a discriminação no mercado de trabalho, 412-414
   motivação do lucro e, 415
   no esporte, 416
   no mercado de trabalho, 412-414
   por parte de clientes e governos, 415-416
   por parte dos empregadores, 414-415
Discriminação de preços, **326**, 326-330
   análise, 328-329
   auxílio financeiro, 330
   bem-estar com e sem, 328
   cupons de desconto, 329-330
   decisões da Suprema Corte, 331
   descontos por quantidade, 330
   exemplos, 329-331
   ingressos de cinema, 329
   monopólios e, 326-330
   preços de companhias aéreas, 329
Discriminação estatística, 417, **417**
Disney, 216, 556
Disposição para pagar, 4, **134**, 134-138, 143, 144, 155, 191, 199, 323, 324, 327-330, 353, 374, 407, 443, 475, 583

Disposição para vender, custos e, 139
Distorções fiscais induzidas pela inflação, 655-656
Distribuição
   de renda nos EUA, 422
   teoria neoclássica da, 398
Diversificação, **580**
   fundos mútuos, 557
   redução de risco, 581
Dívida pública, 567
   crowding out, 568
   história dos EUA, 569-570
Dívida(s)
   contratadas em dólar, 806
   do governo, 567, 569-570, 807, 810-812
   lidando com, 810-812
   relação dívida/PIB, 569-570
Dividendos, 396, 563, 583, 584, 587
Doença de custos de Baumol, 237, 238
Duopólio, 360, 362, 363
Dupla coincidência de desejos, 616

E

E o vento levou, 519
Earned Income Tax Credit (EITC), 120, 123, 215, 259, 427, 435, 439
E-books, 341
Econometria, **820**
Economia, 2. *Ver também* Economia do bem-estar
   abertura crescente dos EUA, 667-668
   da imigração, 390
   da moeda nos EUA, 618-619
   da Peste Negra, 397
   das indústrias têxteis e de vestuário, 169
   de cooperação, 364-371
   dez princípios da, 1-12, 47
   dos sindicatos, 605-606
   no casamento, 56
   parábola da economia moderna, 46-49
   participação de mulheres e homens na força de trabalho nos EUA, 595-596
   pelo lado da oferta, curva de Laffer e, 163-164
   sindicatos, benéficos ou prejudiciais à, 605-606
   taxas de juros nos EUA, 522-523
   usando políticas para a estabilização da, 763-767, 798-799
Economia aberta, **666**
   bens, fluxo de, 666-675
   como as políticas e os eventos afetam o, 696-703
   déficits orçamentários do governo, 696-698

economia dos EUA, aumento da abertura, 667-668
equilíbrio, 693-695
equilíbrio real, 695
euro, 677
fluxos internacionais de bens e capital, 666-675
igualdade de exportações líquidas e saída líquida de capital, 669-671
instabilidade política e fuga de capitais, 701-703
mercado da
   de câmbio de moeda estrangeira, 690-692
   para fundos emprestáveis, 688-690
paridade de poder de compra, 679-683
política comercial, 698-701
preços para transações internacionais, 676-678
recursos financeiros, fluxo de, 668-669
taxas de câmbio nominais, 676
taxas de câmbio reais, 676-678
Economia clássica, pressupostos da, 713
Economia comportamental, 472, **482**, 482-486
   inconsistência e, 485-486
   justiça e, 484-485
   racionalidade e, 482-484
Economia de mercado, 5, **7**, 8-10
Economia do bem-estar, **134**, 147, 149, 154, 165, 191
Economia dos cuidados de saúde, 227-243
   como direito, 233
   debate político, 241-243
   mercado, características, 228
      externalidades em abundância, 229
      mercado de seguros, 231-233
      monitorar a qualidade, dificuldade de, 230-231
   pandemia de Covid-19, 242
   regras que controlam a, 233-235
   sistema de saúde dos EUA
      despesas diretas, 239-241
      gastos, como uma parcela do PIB, 238-239
      parte cada vez maior da economia, 236-238
      pessoas vivendo por mais tempo, 235-236
Economia fechada, 559, **666**, 671-672, 690, 696-697
Economia informal, 161

Economia política, 471, 472, **477**, 477-482
   comportamento dos políticos, 481-482
   paradoxo de Condorcet, 478
   teorema da impossibilidade de Arrow, 479-480
   teorema do eleitor médio, 480-481
Economias de escala, **281**, 281-282
   como causa de um monopólio, 314
   custo menor por meio de, 178
   especialização e, 281
Economias de planejamento central, 7, 8
Economic Review em 1999, 352
Economica, 772
Economistas
   acompanhamento do conselho de, 29
   aumentos de preços, após desastres, 80-81
   como assessor político, 25-29
   como cientista, 18-25
   descrições quantitativas de, 823
   divergências entre, 30-31
   em Washington, 28-29
   empresas de tecnologia contratando, 26
   no governo federal, 28
   pensando como, 17-32
   prevendo o futuro, 824
   quantificando relações, 823-824
   testando hipóteses, 824
   vs. contadores, 270
Edelman, Gilad, 376
Educação
   como externalidade positiva, 193
   crescimento econômico e, 540
   custo da faculdade, 3
   ótimo social e, 194
   políticas públicas e, 540
   salários e, 407-408
   teoria do sinal na, 408
   tipo de capital humano, 404-405
   visão alternativa da, 407-408
Educação superior, custo da, 3, 405, 407-408
Efeito de convergência, 537-539, **538**
Efeito Fisher, 650-651, **651**, 656
   neutralidade monetária, 650
   taxa de inflação e, 651
Efeito multiplicador, **758**, 800
   demanda agregada, 758
   fórmula para gastos, 758-760
   outras aplicações, 760
Efeito preço, 318, 363
Efeito renda, 389, 455, **455**, 456-457, 459-464, 466, 814
   a decisão de Consuela, 456

   efeito substituição, 389, 455, 457
   sobre oferta de trabalho, 463
Efeito substituição, 389, 456-457, 814
Efeito taxa de câmbio, 717, 720, 743, 748
Eficiência, **3**, 145
   de quantidade de equilíbrio, 145
   excedente total e, 143
   fronteira de possibilidades de produção e, 22
   impostos e, 252-256
   informacional, 585
   intervenção do governo e, 10
   trade-off entre equidade e, 261-263
Eficiência de mercado, 143-147
   excedente do consumidor e, 143-145
   excedente do produtor e, 143-149
   falha de mercado e, 147-149
Einstein, Albert, 18
Elasticidade, **88**
   ao longo de uma curva de demanda linear, 94-95
   aplicações, 87-106
   da oferta, 97-100
   da oferta e da demanda, 106
   incidência tributária e, 127-128
   mundo real, 91
   perda de peso morto e, 158-161
Elasticidade da demanda, 88-96
   preço, 88-89
   renda, 96
Elasticidade unitária, 90
Elasticidade-preço cruzada da demanda, 96, **96**
Elasticidade-preço da demanda, **88**, 88-89
   com números, 89
   determinantes, 88-89
   elasticidade e receita total ao longo da curva de demanda linear, 94-95
   método do ponto médio, 90
   receita total e, 91-93
   variedade de curvas de demanda, 90-91
Elasticidade-preço da oferta, 97
   com números, 98
   determinantes, 97
   diferentes curvas de oferta, 98-100
Elasticidade-renda, da demanda, **96**
Elasticidades, do mundo real, 91
Elefantes, recurso comum, 221
Empregadores, discriminação por parte dos, 414-415
Empregos
   argumento em favor de restrições comerciais, 180
   características, 413
   número, 598
   problema do desemprego, 592
Empresa marginal, 305

Empresa(s). *Ver também* Empresas competitivas
  decisões de, 8
  escala eficiente de, 348
  marginais, 305
  maximizando o lucro, 382-383
  no diagrama do fluxo circular, 20-21
  oferta do mercado com um número fixo de, 300
Empresas competitivas
  curva de custo marginal e decisão de oferta da, 292-293
  curva de oferta, 300-305
    custo marginal como, 292-293
  curvas de demanda, 316
  custos irrecuperáveis e, **295**, 295-296
  decisão de oferta, 292-293
  demanda por mão de obra, 382-387
  lucro zero e, 302-303
  maximização do lucro e, 290-299, 382-383
  medindo o lucro em um gráfico, 297-299
  mudança na demanda no curto e no longo prazo, 303
  no curto prazo
    curva de oferta, 300, 301
    decisão de paralisar as atividades no curto prazo, 294-295
  no longo prazo
    curva de oferta, 300-302
    decisão de sair/entrar em um mercado, 300-302
  oferta de mercado
    com entrada e saída, 300-302
    com número fixo de, 300
  receita de, 288-290
Empresas de tecnologia, contratando economistas, 26-27
Empresas monopolisticamente competitivas, no curto prazo, 344-345
Emprestador de última instância, 621, 629, 631, 632, 742
Entrar/sair do mercado, 294
  no longo prazo, decisão da empresa, 297
  oferta de mercado no longo prazo com, 302
Equação de quantidade, 646-648, **647**
Equidade
  finanças, ações, 556
  horizontal, 259-260
  impostos e, 256-261
  trade-off entre eficiência e, 261-263
  vertical, 257-258
Equilíbrio, **73**, 73-75
  analisando mudanças no, 75-79
  de oferta e demanda, 73-75

efeito do aumento da demanda no, 77
efeito da redução da oferta no, 78
em um oligopólio, 362-363
excedente de consumidores e produtores no mercado, 144-145
lucro zero, 302
mercado de moeda, 750-751
mercados
  de terra e capital, 395-396
  e deslocamento na oferta, 77
mercados em desequilíbrio, 75
monetário, 641-642
na economia aberta, 693-695
no longo prazo, 346-347, 730
no mercado de trabalho, 390-394
sem comércio internacional, 170
taxa de juros, 750
Equilíbrio comercial, **666**, 670, 672
Equilíbrio de mercado, avaliação, 144-146
Equilíbrio de Nash, **362**, 366, 484
Equilíbrio monetário, 641-642
Era Greenspan, 789-790
Erro-padrão, **829**
Escala de demanda, **64**
  curva de demanda e, 64, 135
Escala de oferta, **69**
  curva de oferta e, 69-70, 140
  preço/quantidade ofertada, relação entre, 69
Escala eficiente, 278, **278**, 301, 347, 348
Escalas logarítmicas, 649
Escambo, 616
Escassez, **2**, 24
Escassez de crédito, 571, 627, 735
Escassez de moradias, 115
Escolha do consumidor
  bem inferior, **454**
  bem normal, 454
  bens de Giffen, 459
  complementos perfeitos, 450-451
  curva de demanda derivada, 457-458
  curva de indiferença, 447-451
  efeito renda, 455-457
  efeito substituição, 455-457
  escolhas ótimas do consumidor, 452-453
  otimização, 452-458
  preferências, 447-451
  restrição orçamentária, 444-447
  substitutos perfeitos, 450
  taxa marginal de substituição, 447-448
  taxas de juros e poupança das famílias, 464-466
  teoria de, 458-466
  variações na renda e, 453-454
  variações no preço e, 455

Escolha social e valores individuais (Arrow), 479
Esforço
  salários e, 406-407
  trabalhador, 608
Especialização, 281
  comércio e, 48-49
  economias de escala e, 281-282
  força motriz da, 50-53
Espiral da morte, 232
Espiral de preços e salários, 737
Esportes, discriminação nos, 416-417
Estabilização
  argumentos políticos, 765-766
  debate, 798-799
  estabilizadores automáticos, 767
Estabilizadores automáticos, 767
Estados Unidos
  comércio internacional, 54-55
  comércio internacional e finanças, 667-668
  crescimento econômico, 530-531
  déficit comercial, 673-675
  desigualdade de renda, 422-423
  desnutrição, 540
  distribuição de renda, 422-423
  dívida do governo, 567-569
  expectativa de vida, 235, 236
  imposto sobre o carbono, 200-201
  inflação, 11, 12
  internacionalização da economia, 667
  leis para controlar o uso de peixes e outros animais selvagens, 220
  moeda, 619-620
  NAFTA e, 182
  padrões de vida, 11
  PIB para investimento, 538
  PIB real, 502-503
  prosperidade, 548-549
  renda média, 529-531
  sistema de saúde
    aumento da participação na economia, 236-238
    custos administrativos, 243
    defensores dos, 238
    despesas diretas, 239-241
    gastos com saúde, como uma parcela do PIB, 238
    gastos, como uma parcela do PIB, 238-239
    opção pública, 241
    pessoas vivendo por mais tempo, 235-236
    sistema de pagamento único, 241
    tempos de espera, para procedimentos médicos, 242
    tomografia computadorizada, 243
  taxa de crescimento econômico, 543

Índice 853

taxa de inflação, 640
taxas de juros, 522-523
Estagflação, **736**, 737-739, 783
Estoque de capital, crescimento populacional diluindo o, 544-545
Estoque, PIB e, 498
Estratégia dominante, **365**, 365-369
Estratégia "olho por olho, dente por dente", 371
Estrutura de mercado, tipos de, 343
Etiópia, desigualdade de renda, 425
Euro, 677, 679, 681, 717
Europa Ocidental, taxa de crescimento econômico, 543
Excedente. *Ver também* Excedente do consumidor; Excedente total; Excedente do produtor
  preços mínimos e, 117
Excedente do consumidor, 134-137, **135**, 323
  avaliando o equilíbrio de mercado, 144-147
  disposição para pagar, 134-135
  efeito do preço, 137
  eficiência dos mercados e, 143-147
  medida, 138
  reflete o bem-estar econômico, 138
  usando a curva de demanda para medir, 135-137
Excedente do produtor, **139**, 139-142, 323
  avaliar o equilíbrio do mercado, 144-146
  custo e disposição para vender, 139
  eficiência dos mercados e, 143-147
  maiores aumentos de preços, 141-142
  usando a curva de oferta para medir, 140-141
Excedente total, 143-145, 155-157, 162, 163, 172-176, 192, 323-325, 327-329, 331, 349, 369, 392, 476
Excesso de oferta e de demanda, 74
Exigência de capital, 627, **627**
Expectativas
  deslocamentos
    da curva de demanda, 67
    da curva de oferta, 72
    na curva de Phillips, 775-782
  papel das, 775-782
  racionais, 787
  salários nominais, 728
Experiência natural, **832**
Experimento controlado randomizado, **820**
Exportações, **54, 666**. *Ver também* Comércio internacional
  ganhos e perdas de um país exportador, 172-173

Exportações líquidas, **498**, 498-499, 666
  como componente do PIB, 498-499
  deslocamentos da curva de demanda agregada devido a mudanças nas, 718-719
  igualdade de, 669-671
  nível de preços e, inclinação descendente da curva de demanda agregada, 717-718
  política comercial, 698-701
Externalidades, **10**, 148-149, 189-207, **190**, 540
  custos de transação, **205**
  da variedade de produto, 349
  do roubo de negócios, 349
  educação como, 193-1994
  imposto sobre a gasolina e, 197
  imposto sobre o carbono, 201-202
  impostos e subsídios corretivos, 196-197
  ineficiência do mercado e, 191-195
  internalizando, 193
  licenças de poluição negociáveis, 199-200, 202
  negativas, 190, 192-193, 229
  políticas de comando e controle, 195-196
  políticas públicas para, 195-202
  positivas, 190, 193-195, 229
  respostas políticas, 190
  soluções privadas para, 203-205
  spillover tecnológico, 194-195
  teorema de Coase, 204-205
Externalidades da saúde, 229
ExxonMobil, 369

F

Fábrica de alfinetes, 281
Facebook, 26, 335, 374, 548
Falácia da inflação, 652-653, 807
Falha de mercado, **10**, 147-149, 165, 178, 190, 191, 193, 211, 214, 219, 223, 229, 248, 333, 476. *Ver também* Externalidades
Famílias
  decisões tomadas por, 1
  no diagrama do fluxo circular, 20-21
Fatores de produção, 20-22, 381-398, **382**, 534
  demanda por mão de obra, 382-387
  deslocamento na curva de demanda por mão de obra, 386-387
  elos entre os, 396-397
  empresa competitiva e maximizadora de lucros, 382-383
  equilíbrio no mercado de trabalho, 390-394
  função de produção e o produto marginal do trabalho, 383-385
  mercados de, 20-21, 381-398

oferta de mão de obra, 388-389
terra e capital, 395-397
valor do produto marginal, 385-386
Federal Reserve (Fed), 28, 254, **620**, 620-622, 808, 825
  Comitê Federal de Mercado Aberto (FOMC), 621
  curva de Phillips durante crises econômicas, 791
  custo de reduzir a inflação, 785-789
  debate sobre inflação zero, 806-807
  empréstimos aos bancos, 628
  índice de reservas, **623**, 623-625, 629-630
  instrumentos de controle monetário, 627-634
  mercado de ações, 629, 755-756
  organização do, 620-621
  papel das metas das taxas de juros, 754-756
  política monetária e, 803-805
  problemas no controle da oferta de moeda, 630-634
  quantidade de reservas, 628-629
  sistema, 621
  taxa dos *fed funds*, 632-634
Feldstein, Martin, 548
Filipinas, desigualdade de renda, 425
Finanças, **576**
Financiamento por endividamento, ações, 556
Finkelstein, Amy, 242, 243
Fisher, Franklin, 375
Fisher, Irving, 640, 651
Fisman, Ray, 610
Flexibilização quantitativa, 736, 756
Flutuações econômicas
  causas de, 729-742
  com a queda na produção, o desemprego cresce, 712
  curto prazo, 713-715
  fatos sobre, 710-712
  irregulares e imprevisíveis, 710-712
Fluxo de capital da China, 703-704
Fogel, Robert, 540
Food and Drug Administration (FDA), 230
Força de trabalho, 102, 119, 413, 491, 534, 540, 543, 548, 592, **593**, 594-596, 600-604, 607, 709, 711, 712, 792, 822
  taxa de participação na, **593**, 594-596
Ford, Gerald, 11, 640
Ford, Henry, 535, 608
Ford Motor Company, 280, 539, 608, 609
Formador de preços, 311, 320, 341
Formuladores de políticas públicas, 5, 191, 195
França, desigualdade de renda, 424
Franklin, Ben, 247, 578

Friedman, Milton, 640, 643, 658, 75-782, 787
Fronteira de possibilidades de produção, **22**, 22-24
　crescimento econômico e, 22-24
　custos de oportunidade e, 22-23
　eficiência e, 23
　ganhos do comércio, 46-48
　trade-offs e, 23-24
Fuga de capitais, **701**, 701-703
　efeitos, 701-702
　instabilidade política e, 701-703
Fuga de cérebros, 540
Função de produção, **271**, 271-273, **383**, 535
　custo total e, 271-273
　e a curva de custo total, 272
　ilustrando a, 538
　produto marginal do trabalho e, 383-385
Fundo Monetário Internacional (FMI), 539
Fundos de índice, 557, 558, 585-587
　caminho aleatório e, 585-587
　fundos mútuos, 587
　hipótese dos mercados eficientes, 585
Fundos emprestáveis, 561-570
　mercado de, 688-690
　oferta e demanda, 688-692
Fundos mútuos, **557**
　como intermediários financeiros, 557-558
　em carteira, 557
　fundos de índice, 557
Fusões
　competição, 332
　horizontais, 331
　verticais, 331

G

Gado de corte, 221
Gale, William, 263
Ganhos de capital, 655-656
Ganhos do comércio
　de um país exportador, 172-173
　de um país importador, 173-175
　especialização, 48-49
　perda de peso morto e, 157-158
　possibilidades de produção, 46-48
　vantagem comparativa, 50-51
Gasolina, imposto, 5
Gastos com saúde, como uma parcela do PIB, 237
Gastos do governo, **498**
　alterações na política fiscal nos, 757-758
　como componente do PIB, 498, 499
　curva da demanda agregada se desloca devido a alterações nos, 719, 720

Gastos do governo, 569. *Ver também* Política fiscal
Gastos do governo, 767, 798, 801, 802. Ver também Política fiscal
Gates, Bill, 375
General Mills, 267, 352, 672
General Motors, 267, 364, 577, 672
Gênero, 412. *Ver também* Mulheres
Giffen, Robert, 459
Google, 26, 27, 312
Goolsbee, Austan, 106, 740
Gostos, deslocamentos na curva de demanda e, 67
Governo. *Ver também* Governo federal
　benefícios do, 9-10
　debate sobre aumentos de gastos, 800-801
　debate sobre o equilíbrio do orçamento, 810-812
　discriminação por parte do, 415-416
Governo estadual, impostos coletados pelo, 251-252
Governo federal
　impostos coletados pelo, 249-251
　receitas do, 249-250
Governo local, impostos coletador pelo, 251-252
Grã-Bretanha
　abordagem unilateral ao livre-comércio, 183
　desnutrição e, 540
　ingestão calórica e altura da população, 540
Gráfico(s), 35-43
　causa e efeito, 41-43
　curvas em, 37-39
　de duas variáveis, 36-37
　de variável única, 35-36
　inclinação de, 39-41
　medindo o lucro em, 297-299
Grande Depressão, 511, 799-801, 807
　corridas bancárias durante, 631-632
　da década de 1930, 570
　deslocamento na demanda agregada, 733-734
　recessão de Covid de 2020, 740
Grande Recessão, 570, 710, 734-736, 756, 800, 801
Grau de alavancagem, **626**
Greenspan, Alan, 254, 587, 629, 789, 790
Greve, **410**, 604
Grupo de controle, 820
Grupo de tratamento, 820

H

Habilidade, salários e, 406-407
Habitação
　controle de aluguéis, 115-116
　na cesta do IPC, 514

Hamermesh, Daniel, 407
Hamilton, Alexander, 149, 632
Hamlet (Shakespeare), 374, 572
Hanke, Steve, 660
Hemingway, Mark, 2007
Hesitação à vacina, 230
Hilsenrath, John, 410
Hiperinflação, 640, 648, 660-661
　dinheiro e preços durante, 648, 649
　taxas de câmbio nominais, 681
Hipótese da taxa natural, **780-782**
　experimento natural para, 780-782
Hipótese de Carnegie, 463-464
Hipótese dos mercados eficientes, **584**, 584-585
Holmes, Oliver Wendell, Jr., 153
Holmes, Sherlock, 819
Homo economicus, 482
Homo sapiens 482
Honda, 364
Hoover, Herbert, 511, 519
Horizonte temporal, elasticidade-preço da demanda, 89
Hume, David, 640, 646, 714
Hungria, hiperinflação, 648, 649, 661
Identidades, 825
IGM Economic Experts Panel, 31
Igualdade, **3**, 144
　de exportações líquidas e saída líquida de capital, 669-671
　intervenção do governo e, 10
Ilha Jekyll, 632-633
Imigração, 390
　economia, 392
　efeitos sobre o bem-estar, 392
　mão de obra, 392
Importações, **54, 666**. *Ver também* Comércio internacional
　aço europeu, 700
　bens e serviços, 717
　ganhos e perdas de um país importador, 173-175
　países importadores de petróleo, 738
　tarifas e cotas de importação, 31
Imposto de renda da pessoa jurídica, 251, 259-261, 496
Imposto de renda negativo, **435**, 435-436
Imposto inflacionário, **649**, 649-650, 653
Imposto progressivo, **258**
Imposto proporcional, **258**, 435
Imposto regressivo, **258**
Imposto sobre a gasolina, 87, 257
　como imposto corretivo, 197-1998
　congestionamento e, 197
Imposto sobre o consumo, 30, 254, 813
Imposto sobre valor agregado (IVA), 254, 262

Impostos, 121-128
  alíquotas marginais vs. alíquotas médias, 255
  carga administrativa, 254-255
  coletados pelo governo federal, 249-251
  coletados pelos governos estaduais e locais, 251-252
  cortes feitor por Reagan, 163-164
  custos dos, 153-164
  debate sobre renda/consumo, 253-254
  distorção dos preços, 8
  e eficiência, 252-256
  e equidade, 256-260
  efeitos fiscais sobre os participantes do mercado, 154-157
  equidade fiscal, 260
  incidência, 121-128
  incidência tributária, 260
  mudanças na política fiscal, 762
  perdas de peso morto, 253-254
    dos impostos, 154-158
  princípio da capacidade de pagamento, 257-260
  princípio de benefícios, 257
  sobre compradores, resultados de mercado e, 124-125
  sobre vendedores, resultados de mercado e, 121-124
Impostos corretivos, **196**, 196-201, 253
Impostos de seguridade social, 250, 251
Impostos fixos, 255-256
Impostos pigovianos, 196
Impostos seletivos, 251
Impostos sobre a folha de pagamento, 126, 250
  carga de, 126
Impostos sobre a propriedade, 247, 251
Impostos sobre o carbono, 201-202
Impostos sobre vendas, 247, 251, 252, 649
Impostos trabalhistas, 160
  efeitos distorcivos, 161
  perda de peso morto, 160-161
  tamanho da, 160
Imunização, 230
Inadimplência, títulos, 555
Incentivos, **5**, 5-6, 157, 160, 175, 193, 195-198, 219, 229, 230, 239, 243, 253, 255, 256, 300, 313, 360, 424, 431, 432, 434, 437-438, 473, 544, 549, 563-565, 596, 601, 607, 653, 655, 812-814
Incentivos ao trabalho, programas de combate à pobreza e, 437-438
Incidência fiscal, **121**, 121-128, 260
  elasticidade e, 127-128
  estudo surpreendente, 121-128

Inclinação, 39-41, 94-95, 273, 303-305, 458-463, 715-718, 724-727, 752-753
Inconsistência, economia comportamental e, 485
Inconsistência temporal da política, 804
  importância prática da, 805
Indexação, **521**, 656, 806
Índia
  crescimento econômico, 531
  desigualdade de renda, 425
  renda média, 529
Índice de ações, 556, 586
Índice de massa corporal (IMC), 822
Índice de miséria, 771, 784
Índice de preços ao consumidor (IPC), 502, **512**, 512-517
  calculando, 512-515
  cesta de, 514
  definido, 512
  deflator do PIB vs. 516-517
  núcleo, 514
Índice de preços ao produtor, **515**
Índice de reservas, **623**, 623-625, 628-630
Indonésia
  crescimento econômico, 531
  desigualdade de renda, 425
  renda média, 531
Indústria de laticínios, 288
Ineficiência, externalidades e, 191-195
Inflação, **11**, 11-12, 502, 512, 639-640
  aumento da carga tributária sobre a poupança, 655-656
  breve análise do processo de ajuste, 643-645
  confusão e inconveniência, 656-657
  corrigindo as variáveis econômicas dos efeitos da, 518-523
  crescimento da moeda e, 639-640
  custos da, 652-659
    desgaste da sola do sapato, 653-654
    menu, 654
    reduzindo, 653, 785-789
  de 2021-2022, **792**
  dicotomia clássica, 645-646
  distorções tributárias induzidas pela inflação, 655-656
  economia e, 640
  efeito Fisher, 650-651
  efeito nas bilheterias, 519
  equação quantitativa, 646-648
  esperada, 657, 779
  imposto inflacionário, 649-650
  inesperada, custo especial da, 657
  injeção monetária, efeitos da, 642-643
  medidas da, 517
  medindo a renda nacional, 491

  moeda, nível de preços/valor, 641
  oferta de moeda, 11-12
    demanda de moeda e equilíbrio monetário, 641-642
  proteção, 555
  queda, no poder de compra, 652-653
  redistribuições arbitrárias de riqueza, 657
  seis custos da, 806
  teoria da, 640-651
  trade-off de curto prazo entre desemprego e, 12, 771-793
  variabilidade de preço relativo e a alocação ineficiente de recursos, 654-655
  velocidade da moeda, 646-649
  zero, 655, 806-809
Informação, 353
Informação assimétrica, **471**, 472-477
  agentes, 472-474
  e políticas públicas, 476-477
  presentes como sinais, 475-476
  principais, 472-474
  problema do limão, 474
  riscos morais, 472-474
  seleção adversa, 474
  seleção para descobrir informações privadas, 476
  sinalização, 474-476
Injeção monetária, 642-643, 753, 754
Insolvência, 571
Instabilidade política, fuga de capitais e, 701-703
Instituições filantrópicas, solução privada para externalidades, 203
Instrumento, 832
Instrumentos de controle monetário, 627-634
Intermediários financeiros, **556**, 556-558
  bancos, 556-557
  fundos mútuos, 557-558
Internalizando a externalidade, 193
Intuit, 312
Investidores, homens vs. mulheres, 586-587
Investigação sobre a natureza e as causas da riqueza das nações (Adam Smith), 7
Investimento, **497**, 497-498
  como componente do PIB, 497-499
  como demanda por fundos emprestáveis, 561-563
  contas de renda nacional, 558-561
  crescimento econômico e, 537
  deslocamentos da curva de demanda agregada devido a mudanças no, 718-720
  do exterior, 539
  economia e, 558-561
  em pessoas, 404

escolarização como, 404
estrangeiro, 539
incentivos, 565
nível de preços e, inclinação descendente da curva de demanda agregada, 716-717
poupança e relação com fluxos internacionais, 671-672
Investimento estrangeiro
crescimento econômico e, 539
direto no país, 539
em carteira, 539
Investimento externo líquido, 669
Ip, Greg, 334
Ireland, Peter N., 808
Irracionalidade do mercado, 587-588
Israel, mudanças na oferta de mão de obra e, 390
Itália, desigualdade de renda, 425
IVA, 374. *Ver* Imposto sobre valor agregado

J

Jackson, Penfield, 375
Janela de redesconto, 628, 629
Japão
crescimento econômico, 531
desigualdade de renda, 425
inflação, 657
renda média, 529
taxa de inflação, 640
Jayachandran, Seema, 262
Jensen, Robert, 460
Jones, Jamal, 414
Journal of Economic History, 415
Journal of Labor Economics, 416
Journal of Law and Economics, 351
Julgamentos científicos, diferenças entre economistas, 30
Justiça
economia comportamental e, 484-485
normas, 80

K

Karabell, Zachary, 506-507
Kellogg, 352, 353
Kennedy, John F., 425, 765
Kennedy, Robert, 504
Keynes, John Maynard, 28, 32, 587, 739, 748, 749, 764-765, 800
Keynesianos na Casa Branca, 765-767
Khan, Lina, 335
Kremer, Michael, 229, 545

L

Laffer, Arthur, 163, 164
Laissez faire, 145
Larmer, Brook, 660-661

Lazer, *trade-off* entre trabalho e, 388-389
Legislação do salário mínimo, 118, 120, 602-603
avaliando controles de preços, 120
conflitos, 122
determinante dos salários de equilíbrio, 410-411
políticas para reduzir a pobreza, 434
Lei Antitruste de Sherman, 331, 371
Lei da demanda, **63**, 64, 66, 87, 88, 201, 458-460
Lei da oferta, **69**, 75, 80, 97, 267
Lei da oferta e da demanda, **75**
Lei de Engel, 96
Lei do preço único, 679
Leis ambientais, 3, 196, 223, 504
Leis antitruste
aumentando a concorrência com, 331
restrição do comércio e, 371-372
Leis do direito ao trabalho, 605
Lenin, Vladimir, 660-661
Leonhardt, David, 486
Libertarismo, **432**
Licenças de poluição negociáveis, 199-200
Lieber, Ron, 586
Limite inferior zero, 756-757
Linha de pobreza, 120, **424**, 424-426, 428
Liquidez, **617**
armadilha da, 756
da moeda, 750
do ativo, 750
teoria da preferência pela liquidez, **748**, 749-757
Livre-comércio, 170, 171, 175, 178, 179
Chile, abordagem unilateral, 181
crescimento econômico, 542
Lohr, Steve, 26
Long, Russell, 256
Longo prazo
controle de aluguéis, 115-116
curva de oferta, 297-298, 302-305
curva de Phillips, 775-777
custos no, 280-282
decisão de sair/entrar em um mercado, 297
deslocamento na demanda, 303
equilíbrio, 288, 301-304, 346-347, 730-732, 736, 776
oferta de mercado, 300-302
política monetária desinflacionária, 786
taxas de juros, 751
Los Angeles Dodgers, 511
Lowenstein, Roger, 632-633
Lucas, Michael, 610

Lucas, Robert, 530, 787
Lucro, **268**
como a área entre o preço e custo total médio, 298
contábil, 270
econômico, 269
medição em gráfico para empresa competitiva, 297-299
no monopólio, 320-322
Lucro zero
empresas competitivas permanecem no mercado com, 302-303
equilíbrio, 302
Lucros retidos, 496, 584
Lyft, 107

M

Macroeconomia, 24-25, **25**, **492**
quantidades flutuam conjuntamente na, 712
seis debates sobre políticas na, 797-815
Maduro, Nicolás, 661
Malawi, elefantes como bem particular, 221
Malthus, Thomas Robert, 543
Manutenção do preço de revenda, 373
Mão de obra
argumento do emprego, para restrições comerciais, 180
demanda por, 382-387
deslocamento da curva de oferta agregada e, 722
impostos sobre, 160-161
medidas de subutilização, 596, 597
oferta de, 388-389
produto marginal da, 383-386
qualificada e não qualificada, comércio internacional/demanda por, 405-406
qualificada e não qualificada, tecnologia e demanda por, 405-406
Mão invisível, 7-10, 83, 146, 147, 149, 189, 199, 206, 312, 323, 349, 370, 421, 439, 474, 476, 541, 546, 548, 563
Marcas, 353-354
Margem de erro, 829
Margem, definição, 4
Markup sobre o custo marginal, 348, 351
Marron, Donald, 2017
Martin, William McChesney, 764
Matriz de recompensas, 365
Maximização do lucro
curva de oferta da empresa competitiva e, 290-299
exemplo de, 290-291
no monopólio, 318-320

Índice

McDonald's, 353
McKinley, William, 658, 659
Média, 828
Medicaid, 239, 242, 252, 259, 436, 438, 813
Medicamentos
  de monopólio vs. genéricos, 321
  PIB e, 506-507
Medicare, 126, 160, 232, 233, 239, 241, 250, 251, 259, 570
Meio de troca, 557, **616**, 617-619, 624, 641, 642, 644, 750
Mercado competitivo, **62**, **288**, 288-290
  características do, 288
  curva de oferta de longo prazo, 303-305
  empresas em, 287-306
  lucro zero e, 302-303
  mudança na demanda no curto e no longo prazo, 303
  receita de uma empresa competitiva, 288-290
  significado de, 288
Mercado de ações, 555-556
  Federal Reserve (Fed), 754-755
Mercado de fundos emprestáveis, **561**, 562, 688-690
  déficits e superávits orçamentários do governo, 566-569
  incentivos à poupança, 563-565
  incentivos ao investimento, 565
  oferta e demanda por fundos emprestáveis, 561-563
Mercado de seguros
  coparticipação, 232
  risco moral, 231-232
  seleção adversa, 232-233
  valor do seguro, 231
Mercado de títulos, 554-555, 558, 560, 567, 621-622, 628, 629
Mercado de trabalho
  discriminação, medição, 412-413
  discriminação racial no, 414, 415
  efeitos do salário mínimo no, 118-120
  equilíbrio no, 390-393
Mercado de trabalho para adolescentes, salário mínimo e, 119
Mercado de transporte por aplicativo, 106
Mercado monetário, 619, 631
  equilíbrio no, 750-751
  inclinação da curva de demanda agregada, 752
Mercado, mudanças pelas seguradoras, 234
Mercado têxtil, 170-175

Mercado(s), **62**. *Ver também* Mercado competitivo
  com apenas alguns vendedores, 360-364
  de bens e serviços, 20-21
  de câmbio de moeda estrangeira, 690-692
  de terra e capital, equilíbrio no, 395-396
  decisão no longo prazo da empresa de entrar ou sair do, 297
  definição, 88-89
  eficiência do, 133-149
  risco de, 581
  tamanho do oligopólio afetando o, 363-364
Mercados financeiros, **554**, 554-556
  mercado de ações, 555-556
  mercado de títulos, 554-555
Mercados perfeitamente competitivos, 62, 63, 288, 305, 348, 349
Mercados privados, 211
Metas de inflação, 805
Método científico, 18-19
Método de variáveis instrumentais, 832
Método do ponto médio, 89-90
México
  crescimento econômico, 531
  desigualdade de renda, 425
  efeito da fuga de capitais na economia, 702
  instabilidade política, 701
  NAFTA e, 182
  taxa de inflação, 640
Meyer, Stephenie, 341
Microeconomia, 24-25, **25**, **492**
  economia comportamental, 482-486
  economia política, 477-482
  informação assimétrica, 472-477
Microsoft Corporation, 26, 27, 311, 312, 375, 556, 580
Mídias sociais, 29, 350, 388
Mill, John Stuart, 430
Miller, Nolan, 460
Miller, Tracy C., 148-149
Mínimos quadrados ordinários, **827**, 828, 832
Miranda, Edgar, 653
Miranda, Lin-Manuel, 149
Mobilidade econômica, 429-430
Modelo de demanda agregada e oferta agregada, **710**, **714**, 714-715
  curva de demanda agregada, 715-720
  curva de oferta agregada, 721-729
  curva de Phillips, 774
  curva de Phillips no longo prazo, 777

Modelo do Federal Reserve da economia dos EUA, 825
Modelo estatístico, 827
Modelos econômicos, 19-20
Moeda, 616
  cartões de crédito e, 619
  criação, com bancos de reservas fracionárias, 623-624
  durante hiperinflações, 648, 649
  estoque de, 618, 619
  funções, 616-617
  liquidez, 750
  medindo o valor ao longo do tempo, 576-577
  na economia dos EUA, 618-619
  teoria quantitativa da, 640, 643
  tipos, 617-618
  valor, 641
  valor futuro, 576
  valor presente, 576-577
  velocidade, 646-648
Moeda corrente, **619**
  manipulação, 703, 704
Moeda fiduciária, **617**, 618, 620, 649
Moeda-mercadoria, **617**, 618
Monopólio(s), 63, **311**, 311-336, 342-344
  cartéis e, 360-361
  criado pelo governo, 313
  curvas de demanda e receita marginal, 318
  custo de bem-estar de, 323-326
  decisões de produção e precificação em, 315-322
  discriminação de preços e, 326-330
  e curva de oferta, 320
  economias de escala, como causa de, 314
  empresas, curvas de demanda para, 316
  ineficiência do(s), 324, 325
  lucro, 320-321
    como custo social, 325-326
    maximização do, 318-320
  medicamentos de monopólio vs. medicamentos genéricos, 321-322
  naturais, 213, 314-315
  naturais, preços de custo marginal, 332
  parábola sobre preços, 326-327
  perdas de peso morto, 323-325
  política pública para, 330-333
  prevalência, 334-336
  propriedade pública e, 333
  receita, 316-318
  recursos, 312
  regulamentação, 331-332
  surgimento de, 312-315
  vs. concorrência, 315-316, 336
Monopsônio, **409**
Moore, Stephen, 164

Mudança climática, 201-202
Mudança de qualidade não captada, 516
Mudança marginal, 4
Mudança tecnológica, 386-387, 406, 423, 535, 545
Mudança tecnológica enviesada para habilidades, 406
Mudanças de preço, mudanças na receita total, 94
Mudanças setoriais, 599
Mulheres
 diferenças de gênero, 412
 participação na força de trabalho dos EUA, 595-596
 taxas de participação na força de trabalho desde 1950, 595
Mullainathan, Sendhil, 413
Multiplicador da moeda, 624-625
Multiplicador de gastos, fórmula para, 758-760
Muskie, Edmund, 2011

N

Nader, Ralph, 5
NAFTA. *Ver* Acordo de Livre Comércio da América do Norte
Nakamoto, Satoshi, 618
Namíbia, elefantes como bem particular, 221
Não viesada, 830
NASDAQ. *Ver* National Association of Securities Dealers Automated Quotations
Nash, John, 362
National Association of Securities Dealers Automated Quotations (NASDAQ), 556
National Institutes of Health (NIH), 215, 229, 543
National Labor Relations Act, 605
National Science Foundation, 215, 543
NCAA, 409
Negociação coletiva, **604**, 604-606
Negros, economia da discriminação, 412
Netflix, 26, 81
Neumark, David, 122-123
Neutralidade monetária, 645-646, **646**
 efeito Fischer, 650-651
 revisitada, 733
New York Times, 372
New York Yankees, 511
Newton, Isaac, 18
Nigéria
 desigualdade de renda, 425
 padrões de vida, 11
 renda média, 529
 taxa de inflação, 640

Nível de preços, 720-721, 751
 consumo e, 716
 efeito taxa de câmbio, 717
 exportações líquidas e, 717
 investimento e, 716-717
Nível natural de produção, 721, **722**, 751
Nozick, Robert, 433
Nutrição
 crescimento econômico e, 540-541
 saúde e, 540-541

O

O Mágico de Oz (Baum), 658
"O papel da política monetária" (Friedman), 775
Obama, Barack, 232, 263, 736, 765, 790, 800, 801
Obamacare, 232
Observação, 18-19
Oceanos, recursos comuns, 220
Óculos, 351
Oferta, 69-73. *Ver também* Modelo de demanda agregada e oferta agregada
 alterações na, 77
 aplicações, 100-107
 aumento na, 71, 101
 de mão de obra, 388-389
 de mercado vs. individual, 70
 deslocamento na, e equilíbrio de mercado, 77
 desvendando demanda e, 696
 diminuição na, 71-72, 77
 elasticidade da, 97-100
 elasticidade-preço da, 98, 99
 equilíbrio entre demanda e, 74
 excesso de, 74
 individual, 70
 inelástica, 97
 lei da, 69
 número de vendedores e, 72
 perfeitamente elástica, 91, 98
 perfeitamente inelástica, 98
 preços de insumos e, 71-72
 relação entre preço e quantidade ofertada, 69-70
 tecnologia e, 72
Oferta agregada. *Ver também* Modelo de demanda agregada e oferta agregada
 choque adverso, 783
 curva de Phillips e, 773-775
 efeitos do deslocamento na, 736-738
 espiral de preços e salários, 737
 estagflação, 736
 flutuações econômicas, 710-712
 petróleo e economia, 738-739
 política fiscal e, 763

 representando o crescimento de longo prazo e a inflação, 723-724
Oferta de mão de obra, deslocamento na, 390-392
Oferta de mercado vs. oferta individual, 70
Oferta de mercado
 com entrada e saída, no longo prazo, 300-302
 com número fixo de empresas, no curto prazo, 300
Oferta de moeda, **621, 622, 641-642**
 bancos e, 622-627
 capital bancário, alavancagem e a crise financeira de 2008-2009, 625-627
 excesso de reservas, 623
 ferramentas de controle monetário do Fed, 628-634
 inflação e, 11
 multiplicador da moeda, 624-625
 necessidades de reserva, 629, 630
 neutralidade monetária, 645-646, **646**
 operações bancárias e, 631-632
 operações de mercado aberto, 622, 628
 pagando juros sobre reservas, 630
 problemas no controle da, 630
 taxa de desconto, 628
 teoria da preferência pela liquidez, 749-750
Oferta e demanda, 73-79, 111-112
 de câmbio de moeda estrangeira, 688-692
 deslocamento na, 78-79
 equilíbrio entre, 73-75
 forças de mercado da, 61-83
 lei da, **75**
 para fundos emprestáveis, 688-692
 separando, 696
 versatilidade da, 383
Oferta inelástica, 97, 99, 103, 127, 128
Oferta perfeitamente elástica, 99, 302
Oferta perfeitamente inelástica, 99
Oikonomos, 1
Oligopólio, **342**, 359
 como o dilema dos prisioneiros, 366-367
 economia da cooperação, 366-367
 equilíbrio no, 362-363
 mercados, com poucos vendedores, 360-364
 política pública para, 371-375
 tamanho, afetando o resultado do mercado, 363-364
Operações de mercado aberto, 621, 622, 628, **628**, 630, 641, 733, 736, 749, 753-756
Orçamento, 810-812

Orçamento equilibrado, 567, 767, 801, 810-812
Oreopoulos, Philip, 414
Organização dos Países Exportadores de Petróleo (Opep), 100, 103, 104, 114, 367, 738
   choques de oferta e, 785
   e mercado mundial de petróleo, 367
   e preço do petróleo, 103-104
   inflação, 785, 789
   preços máximos e filas nos postos de gasolina, 112-115
Organização industrial, 267, 268, 333, 343
Organização Mundial do Comércio (OMC), 181-183
   acordos comerciais e, 181-183
Origem, do gráfico, 36, 449
Osaka, Naomi, 54
Oster, Emily, 56
Otimização
   curva de demanda derivada, 457-458
   efeito renda, 455-457
   efeito substituição, 455-457
   escolha ótima do consumidor, 452-453
   mudanças na renda e, 453-455
   utilidade, 453
   variações no preço e, 455

P

Padrão de vida
   determinantes, 11
   relação entre produtividade e, 11
Padrão-ouro, 617, 658
Países
   aplicação de oferta, demanda e elasticidade, 100-105
   aumento no preço do petróleo bruto, 114
   falha em manter o preço do petróleo elevado, 103-104
Pandemia de coronavírus, crise econômica, 12
Pandemia de Covid-19
   colapso econômico, 740
   e crise financeira de 2008, 506
   efeitos tardios da, 410-411
   formuladores de políticas, 230, 741
   formuladores de políticas dos EUA, 436
   gastos da pandemia, 675
   histerese, 410
   imunização, 230
   interrupções da cadeia de abastecimento, 742
   inusitada crise de 2020, 740-741
   lições, 242
   medos irracionais, 486-487
   memória econômica, 741
   mercados de ações e títulos, 629
   mortes, nos Estados Unidos, 81
   Peste Negra, economia da, 397
   PIB, queda de curto prazo, 667
   pobreza, 436-437
   recessão da Covid, 740-741
   recessão, em 2020, 710
   risco minúsculo, 487
   risco zero, 487
   salários, durante a recessão da Covid, 610-611
   vacinações, 196, 230, 236, 242, 487
   variante Ômicron, 742
Pandemia de gripe de 1918, 235
Pantera Negra, 519
Paquistão
   crescimento econômico, 530-531
   desigualdade de renda, 425
Par ordenado, 36
Paradoxo de Condorcet, **478**, 478-479
Paralisação das atividades, 294-295
   decisão no curto prazo, 294
   pousada fora de temporada e, 296
   restaurantes quase vazios e, 296
Parâmetros, **823**
Paridade do poder de compra, **679**, 679-684
   como um caso especial, 692
   implicações da, 680-681
   limitações da, 682-683
   lógica básica da, 679-680
   padrão do hambúrguer, 683
Paridades de preços regionais, 519-520
Participação de mercado, 364
Passagens aéreas, discriminação de preços e, 329
Patrimônio líquido dos proprietários, 626
Patterson, James, 341
Peltzman, Sam, 5
Penn, 359
Pepsi, demanda de Consuela, 457
Percepção vs. realidade, 31
Perda de peso morto, **157**, 248, 253-254
   debate, 160-161
   determinantes de, 158-161
   dos impostos, 154-158
   elasticidade e, 160-161
   em monopólios, 323-325
   ganhos do comércio e, 157-158
   mudanças no bem-estar, 156-157
   origem, 157-158
   receita tributária e, 162-164
   tarifas e, 175-176
Perpetuidade, títulos, 555
Pesquisa e desenvolvimento, crescimento econômico e, 542-543
Pessoa jurídica, definição, 251
Pessoas racionais, **4**, 4-5, 138, 255, 272, 291, 305, 318, 385, 432
Peste Negra, economia da, 397
Phillips, A. W., 772, 778, 779-781, 791
PIB. *Ver* Produto interno bruto
PIB nominal, **501**, 645
   equação de velocidade e quantidade, 646-648
PIB real, **501**
   meio século de, 502-503
Pigou, Arthur, 196, 197
Piketty, Thomas, 424
Planejador social benevolente, 143-144, 192, 323
Pobreza, 427-428
   correlacionada com idade, raça e composição familiar, 426
   desigualdade de renda e, 421-438
   durante a pandemia de Covid-19, 436-437
   luta contra a, como bem público, 215-216
   políticas para reduzir a, 434-438
   transferências em espécie, 436-437
Poder de compra, 679
   conta bancária, 522
   inflação e, 652-653
   medidas do, 512
   paridade (*Ver* Paridade do poder de compra)
Poder de mercado, **10**, 148, 149, 178, 287, 288, 306, 312, 313, 315, 322, 324-326, 331, 342, 348, 351, 364, 367, 372-375, 409, 410, 567, 604-606, 777, 782, 784, 792
Política antitruste
   controvérsias, 373-374
   governo Biden, 334-335
   manutenção do preço de revenda, 373
   preços predatórios, 373-374
Política comercial, 177-178, **698**, 698-701
   cota de importação, 698
   tarifa, 698
Política econômica, incertezas, 815
Política fiscal, 569, 673, 732, 757. *Ver também* Gastos do governo
   alterações nos gastos do governo, 757-758
   demanda agregada e, 758-760
   desequilibrada, 673
   efeito deslocamento, 761-762
   efeito multiplicador, 758-762
   estabilização, 764-767, 798-799
   estabilizadores automáticos, 767
   mudanças nos impostos, 762
   multiplicador dos gastos, fórmula para, 758-760

oferta agregada e, 763
poupanças e, 569
Política industrial, 194-1995
Política monetária, **621**
   argumentos quanto à política de estabilização, 798-799
   debate, política baseada em regra ou discrição, 803-805
   debate sobre a prata-livre, 658-659
   demanda agregada e, 748-757
   expansionista, 756
   injeção monetária, 753-754
   limite inferior zero, 756-757
   metas da, 808-809
   metas de inflação, 805
   mudanças na oferta de moeda, 753-754
   papel das metas de taxa de juros na política do Fed, 754-756
   teoria da preferência pela liquidez, 748, 749-751
Política monetária desinflacionária, 786
Política monetária expansionista, 756, 777
Políticas governamentais
   controle de preços e, 112-120
   impostos e, 121-128
   oferta, demanda e 111-112
Políticas orientadas para dentro, 542
Políticas públicas, 10, 476-477. *Ver também* Leis antitruste; Política fiscal; Política monetária
   crescimento econômico e, 537-547
   crescimento populacional e, 543-545
   direitos de propriedade e estabilidade política, 541-542
   educação e, 540
   em relação a externalidades, 195-202
   em relação a monopólios, 330-333
   em relação a oligopólios, 371-375
   investimento estrangeiro, 539
   livre-comércio e, 542
   pesquisa e desenvolvimento, 542-543
   poupança e investimento, 537
   procura de emprego e, 600
   rendimentos decrescentes e efeito de convergência, 537-539
   saúde e nutrição, 540-541
Políticas voltadas para fora, 542
Políticos, comportamento dos, 481-482
Polônia, hiperinflação, 648, 649
Poluição
   ar puro e água potável como recursos comuns, 219-220
   como externalidade negativa, 219-220
   Environmental Protection Agency (EPA), 196
   impostos corretivos e, 196-197
   licenças de poluição negociáveis, 199-200
   objeções à análise econômica de, 201
   ótimo social e, 192
   regulamentação e, 195-196
   tributos sobre a gasolina, 197-1998
Poupança, **559**, 812-814
   como oferta de fundos emprestáveis, 561-562
   contas de renda nacional, 558-561
   crescimento econômico e, 537
   incentivos à, 563-565
   investimento e, 560-561
      relação com fluxos internacionais, 671-672
   nacional, 812-814
   política fiscal e, 569
   privada, 560
   pública, 560, 673, 697, 811, 814
   pública negativ, 697, 810
Powell, Jerome, 621
Prazo, títulos, 555
Precificação
   decisões, em monopólios, 315-322
   do congestionamento, 220
   no monopólio, 324, 326-327
   predatória, 373-374
Precificação das rodovias, 222
Preço de compra, 395-396, 655
Preço de equilíbrio, **73**, 73-79, 111-114, 116-117, 155
Preço do aluguel, 395-397
Preço máximo, **112**
   controle de aluguéis, 115-116
   em um mercado competitivo, 113
   filas nos postos de gasolina, 114-115
   não obrigatório, 112
   restrição obrigatória, 112
   resultados de mercado e, 112-113
Preço mínimo, **112**
   resultados de mercado e, 116-117
   salário mínimo, 118-120
Preço mundial, 103, **171**, 171-177, 179, 393, 782, 783, 804
Preço relativo
   alocação ineficiente de recursos e, 654-655
   variabilidade, 654-655
Preço(s). *Ver também* Índice de preços ao consumidor (IPC)
   alocação de recursos e, 82-83
   após desastres, 80-81
   controle de, 112-120
   de ajustamento do mercado, 73
   de bens relacionados e demanda, 66
   disposição para pagar, 134-135
   do comércio, 52
   do produto, 385, 386
   durante hiperinflações, 648, 649
   efeitos da publicidade, 351-352
   equilíbrio de, **73**
   escassez e, 74
   excedente e, 74
   mudanças nas escolhas do consumidor, 455
   nível de, 640-641
   preço mais alto aumenta o excedente do produtor, 141-142
   preço mais baixo aumenta o excedente do consumidor, 137-138
   preços e oferta de insumos, 71-72
   quando a oferta e a demanda mudam, 78-79
   quantidade demandada e, 63-64
   quantidade ofertada e, 69-70
   transações internacionais, 676-678
Preços e oferta de insumos, 71-72
Preços predatórios, 373-374
Preferências
   escolhas do consumidor, 447-451
   representando com curvas de indiferença, 447-448
   taxa marginal de substituição, 447
   utilidade e, 453
Prêmio (do seguro), 231
Prêmio da beleza, 407
Presentes como sinais, 475-476
Pressupostos, 19, 713
Prevalência de monopólios, 334-336
Principais, **472**, 472-474
Princípio da capacidade de pagamento, **257**, 257-260
   equidade horizontal, 259-260
   equidade vertical, 257-258
Princípio dos benefícios, 257, **257**
Princípio ético, 381
Princípios de economia política e tributação (Ricardo), 53
Privilégio exorbitante, 705
Problema do limão, 474
Problemas de coordenação, 281-282
Processo de ajuste, 643-645
Procura de emprego, **599**, 599-601
   desemprego friccional inevitável, 599
   políticas públicas e, 600
   seguro-desemprego, 600-601
Produção
   crescimento e, 529-549
   custo de, 268, 271-273
   dentro do país, o PIB mede o valor da, 495
   em um intervalo de tempo específico, o PIB mede o valor da, 495-496
   fatores de, 20-22, 381-397, 534
   recursos de, quantidades limitadas, 303-305

Produtividade, **11**, 533
  determinantes, 533-535
  efeitos sobre a saúde e a nutrição, 540-541
  função de, 534-535 (*Ver também* Função de produção)
  importância, 533
  padrões de vida e, 532, 533
  papel da, 532-536
  relação entre padrões de vida e, 11
  salários e, 393-594
Produto interno bruto (PIB), 492, **494**, 504-506, 530-531, 533, 537-539, 542, 558-559
  como medida de bem-estar econômico, 504-506
  como renda e despesa da economia, 492-493
  componentes do, 497-499
  componentes do, nos EUA, 499
  consumo, 497, 499
  deflator do, 501-502 (*Ver também* Deflator do PIB)
  desemprego, 822
  diferenças internacionais no, 505-506
  drogas e, 506-507
  exportações líquidas, 498-499
  gastos do governo, **498**, 498-499
  investimento, 497-498
  medição de, 494-496
  nominal (*Ver* PIB nominal)
  PIB real, na economia dos EUA, 502
  prostituição e, 506
  qualidade de vida e, 505-506
Produto marginal decrescente, 272, 273, **273**, 275-279, 281, 384, **385**, 386, 387, 396, 397, 537
Produto marginal do trabalho (PMgT), 383-385
  função de produção e, 383-385
  valor do, 385-386
Produto nacional bruto (PIB), 496, 539
Produto nacional líquido (PNL), 496
Produtos diferenciados, competição com, 344-349
Programa Moving to Opportunity, 821
Programas de combate à pobreza
  bem-estar, 434-435
  imposto de renda negativo, 435-436
  incentivos ao trabalho, 437-438
  legislação do salário mínimo, 434
Propensão marginal a consumir (PMgC), 758, 760
Propriedade da exclusão, **212**, 225
Propriedade pública, monopólios e, 333
Proteção de patentes, 194-195
Protecionismo, 180

Publicidade, 350-354
  como sinal de qualidade, 352-353
  debate sobre, 350-352
  e preços dos óculos, 351
  efeito nos preços, 351-352
  nomes de marcas e, 353-354
  teoria do sinal na, 408
Putnam, Howard, 372

Q

Qualidade
  publicidade como sinal de, 352-353
  teoria dos salários de eficiência e qualidade do trabalhador, 607-608
Qualidade de vida, 11, 505-506, 529
Quantidade de equilíbrio, **73**, 104, 105, 123-125, 144-145, 155, 191, 192
Quantidade de produção, 363, 751
  efeito, 318, 363
  preço, 386
Quantidade demandada, 37, 38, **63**
  alterações na, 77
  relação entre preço e, 63-64
Quantidade ofertada, **69**, 76
Quarterly Journal of Economics, 416
Quênia, caça ilegal de elefantes, 221
Quintis, 258, 259, 422, 423

R

Raça
  bondes segregados e, 415
  discriminação
    no esporte, 416
    no mercado de trabalho, 412, 414
  salário médio anual por, 412
Racionalidade, economia comportamental e, 482-485
Rawls, John, 431, 439
Razão dos quintis, 424
Reagan, Ronald, 30, 163, 164, 182, 261-262, 673, 697, 788, 801, 805
  cortes de impostos, 164
  dívida do governo, 567
Realidade, percepção vs., 31
Receita fiscal, 154-156, 162-163
Receita marginal (RMg), 289-293, **290**, 316
  para empresas competitivas, 287-290
  produto, 385
Receita média, **290**, 292, 294, 297, 316-318, 320
Receita total, **91**, 268, 268
  ao longo de uma curva de demanda linear, 94-95
  elasticidade-preço da demanda e, 93-94
  mudanças na, e mudanças de preços, 94

  para empresas competitivas, 288-290
Receitas do governo federal dos EUA em 2020, 250
Recessão, 570, **710**. *Ver também* Grande Recessão
  cortes de impostos, 800-802
  decisão de Volcker, 805
  em 2008-2009, 734-736
    curva de Phillips durante e após a, 791
  PIB real e, 502-503
  recessão de Covid de 2020, 740
  salários, durante a recessão da Covid, 610-611
Recessão da Covid, 740-741
Recessão da Covid de 2020, 570
Recursos comuns, **213**, 218-221
  animais como, 221
  ar puro e água potável, 219-220
  como exemplo do dilema dos prisioneiros, 368-369
  elefantes, 221
  importância dos direitos de propriedade, 222-223
  peixes, baleias e outros animais selvagens, 220
  tragédia dos (bens) comuns, 218-219
  vias congestionadas, 220
Recursos naturais, 19, 533, **534**, 535-538, 543, 544, 547, 721
  como determinante da produtividade, 534
  crescimento populacional que se estende de, 543-544
  deslocamento da curva de oferta agregada e, 722
  limite ao crescimento, 536
Regra de Friedman, 658
Regressão linear, **827**
Regressão múltipla, **831**
Regulação das externalidades, 195-202
Regularidade empírica, 824
Reino Unido
  crescimento econômico, 530-531
  PIB real *per capita*, 530-531
Renda. *Ver também* Salários
  capital, 396
  ciclo de vida econômico, 427
  consumo, tributado, 253-254
  créditos tributários, 427
  deslocamentos na demanda e, 65-66
  distribuição de, nos EUA, 422
  economia e despesas gerais de um país, 492-493
  efeito, 455-457, 814
  filosofia política da redistribuição, 430-433
  nacional, 496
  nacional, mensuração, 491-507

outras medidas de, 496
pessoal, 496
pessoal disponível, 496
transferências em espécie como, 427
transitória vs. permanente, 428
variações afetam as escolhas do consumidor, 453-455
Renda de capital, 396, 466, 813-814
Renda do trabalho, alíquota marginal de imposto, 160
Renda interna bruta (RIB), 496
Renda monetária, 427
Renda nacional, 35, 164, 381, 494, 496, 498, 499, 558-561, 570, 759, 760, 776
Renda permanente, **428**
Renda pessoal, 3, 247, 249-250, 253, 255, 259, 496, 712, 762, 767
   governo federal, 250
   impostos, 247, 249-250, 253, 259, 262, 762, 767
   receita do governo, 253
Renda pessoal disponível, 496
Renda transitória, 428
Rendas, dos super-ricos, 424
Rendimentos decrescentes, **537**, 537-539
Representação gráfica, 35-43
   causa/efeito, 41-43
   causalidade reversa, 43
   curvas, 37-39
      no sistema de coordenadas, 37-39
   deslocamentos na, 38
   duas variáveis, 36-37
   inclinação, 39-41
   movimentos ao longo, 38
   tipos de, 35
   variável omitida, 42
   variável única, 35-36
República de Weimar, 660
Reserva de valor, 557, 616, **617**
Reservas, **622**, 623-626, 628-629
Reservas exigidas, 623, **629**, 630
Resíduo, 827
Restrição ao comércio, 371-373
Restrição orçamentária, 444, 444-447
Restrições do comércio
   argumento da concorrência desleal, 181
   argumento da indústria nascente, 180-181
   argumento da proteção como moeda de troca, 181
   argumento da segurança nacional, 180
   argumentos dos empregos, 180
   argumentos em favor, 179
   tarifas, 31
Resultados de mercado, 189
Retornos constantes de escala, 280, **281**, 535

Revendedores de ingressos (cambistas), 148-149
Ricardo, David, 53
Riqueza
   efeito, 716, 748
   redistribuições arbitrárias de, 657
Risco
   a diversificação reduz o, 581
   de mercado, 581
   e retorno, *trade-off* entre, 581-582
   específico da empresa, 581
   gerenciando o, 578-582
Risco de mercado, **581**
Risco específico da empresa, 580-581, **581**
   diversificação de, 580-581
   risco de mercado, **581**
Riscos morais, **231**, 231-232, 234, 240, **472**, 472-474
   auxílio financeiro, 330
   descontos por quantidade, 330
   discriminação de preços e, 329
   mercado de seguros, 231-232
   oportunidades de desconto, 329-330
   preços de companhias aéreas, 329
   seguro, 580
Rivalidade, no consumo, **212**
Roback, Jennifer, 415
Robinson Crusoé (Defoe), 533
Robinson, James, 546
Robinson, Joan, 409
Rockefeller, John D., 532
Rodes, Cecil, 313
Rotatividade, salários de eficiência e, 607
Roth, Alvin E., 26
Rússia, desigualdade de renda, 425
Ruth, Babe, 511-512, 518

S

Saez, Emmanuel, 424
Saída líquida de capital, 668-669, **669**
   fluxo de recursos financeiros, 668-669
   igualdade das exportações líquidas, 669-671
   ligação entre dois mercados, 693
   taxas de juros, 694
Salário mínimo, 118-120, 122-123
   defensores e opositores do, 119
   mercado de trabalho e, 118-119
   mercado de trabalho para adolescentes e, 119
   preço mínimo, 118, 120
   quem ganha o, 603
Salários. *Ver também* Renda
   beleza e, 407
   capital humano, 404-406
   de 15 dólares por hora, 122-123

de 5 dólares por dia, 608-609
determinantes do equilíbrio, 404
diferenciais compensatórios, 404
do desemprego, 602-603
durante a recessão da Covid, 610-611
educação e, 407-408
fenômeno das superestrelas, 408-409
habilidade, esforço e sorte, 406-407
imigração e, 390-392
leis do salário mínimo, 602-603
   sindicatos e salários de eficiência, 410-411
oferta de mão de obra e, 460-463
Peste Negra e, 397
produtividade e, 393-394
salários acima do equilíbrio, 410-411
sinalização, 407-408
Salários de eficiência, 410-411, **411**, **607**, 607-609
Salários de equilíbrio, 409-411, 413
   capital humano, 404-406
   determinantes dos, 409-411
   diferenciais compensatórios, 404
   fenômeno das superestrelas, 408-409
   habilidade, esforço e sorte, 406-407
   salários acima do equilíbrio, 410-411
   sinalização, 407-408
Saldo líquido de saída de capital
   elo entre dois mercados, 693-694
   igualdade entre exportações líquidas e, 669-671
   taxas de juros, 694
Samuelson, Paul, 755, 765, 772, 773, 775, 778, 779, 781, 793
Sargent, Thomas, 787, 793
Satisfeitores, 482
Saúde
   crescimento econômico e, 540-541
   salários de eficiência e, 607
Schmalensee, Richard, 375
Schumer, Chuck, 148
Segregação, bondes segregados e a motivação do lucro, 415
Segunda Guerra Mundial, 368, 539
   corridas armamentistas, 368
   deslocamento na demanda agregada, 733-734
   Estados Unidos, 182
Seguradoras de saúde, 232
Seguridade Social, 126, 160, 250, 259, 498
   de monopólio, 320
   imposto, 160
   indexação de benefícios na, 521
Seguro
   desemprego, 600-601

mercado de, 579-580 (*Ver também* Mercado de seguros)
saúde, 579
seleção adversa, 580
social (*Ver* Impostos de seguridade social)
Seguro social, **432**
Seguro-saúde, 233, 474, 579
Seleção, **476**
Seleção adversa, **232, 474, 476,** 580
Serviço militar, efeito nos rendimentos civis, 833-834
Serviços
cesta do IPC de, 514
intangíveis, 495
mercados de, 20
produzidos atualmente, inclusão no PIB, 495
Serviços intangíveis, PIB incluindo, 495
Sexo
PIB e, 506-507
salário médio anual por, 412
Shaw, George Bernard, 30
Sierra Club, 203
Simon, Herbert, 482
Sinais de mercado, 211
Sinalização, **474,** 474-475
educação, 407-408
publicidade, 408
Sindicatos, 410-411, **605**
bons ou ruins para a economia, 605-606
determinante dos salários de equilíbrio, 409
economia dos, 604-605
greve, 604
negociação coletiva e, 605
tipo de cartel, 604, 605
Sinergias, 331
Singapura, adoção de políticas voltadas para fora, 542
Sistema financeiro, **554**
Sistema monetário, 615-634
bancos/oferta de moeda, 622-627
significado de moeda, 616-620
sistema do Federal Reserve, 620-622, 628-630
Sistemas de pagamento único, 233
Sistemas eleitorais
paradoxo de Condorcet, 478
teorema da impossibilidade de Arrow, 479-480
teorema do eleitor médio, 480-481
Sistemas tributários, estrutura dos, 247-263
Smith, Adam, 7-9, 53, 83, 146, 189, 281, 372, 421, 476
Sociedade
decisões tomadas pela, 1

enfrenta um *trade-off* de curto prazo entre inflação e desemprego, 12
Solow, Robert, 765, 772, 773, 775, 778, 779, 781, 793
Star Wars: o despertar da força, 519
Stigler, George, 333, 374
Stockman, David, 163
Subsídios
aluguel, 120
política baseada no mercado, 195-200
salário, 120
Substitutos, **66**
elasticidade-preço cruzada da demanda, 96
elasticidade-preço da demanda, 88
Substitutos perfeitos, 89, 315, 322, **450,** 451, 682, 692
Suécia
curva de Laffer, 164
desigualdade de renda, 425
Summers, Lawrence, 411, 742
Superávit comercial, **666**
Superávit orçamentário, **560,** 567
mercado de fundos emprestáveis e, 561-563
Super-heróis, 374

T

Tabagismo, redução do, 68-69
Tailândia, ganhos com o comércio, 45
Taiwan
políticas voltadas para fora, 542
taxa de crescimento econômico, 542
Tanzânia
caça ilegal de elefantes, 221
Tarifa(s), 31, **175,** 703
efeitos no comércio internacional, 175-176
em comparação a cotas de importação, 177
perda de peso morto e, 176
Taxa de desemprego, **593**
desde 1960, 594
medidas, 592-596
Taxa de inflação, 502, **512,** 512-514
alta, 522
cálculo da, 512-514
na economia dos EUA, 522-523
nível de preço de equilíbrio e, 648
taxa de juros nominal e, 651
Taxa de pobreza, 183, **424,** 424-428
Taxa de redesconto, 628, **628**
Taxa de sacrifício, 785-786, **786**
Taxa marginal de substituição (TMgS), **447,** 447-450, 452, 453, 455-457
Taxa natural de desemprego, 592, **594,** 776-778
hipótese da taxa natural, 780-782

Taxas de câmbio nominais, **676**
durante hiperinflações, 681
transações internacionais, 676
Taxas de câmbio reais, **677,** 677-678, 680, 691-695
Taxas de juros, 521-523
efeito das, 716-717, 720, 748, 752, 753
equilíbrio, 750-751
mercado de fundos emprestáveis, 561-565
metas na política do Fed, papel das, 754-755
na economia dos EUA, 522-523
no curto prazo, 713, 751
no longo prazo, 751
nominais, 521-522, 562-563, 650, 749
oferta e demanda por fundos emprestáveis, 561-563
reais, 562, 650, 749
declínio de 1984 a 2020, 566-567
saída líquida de capital, 694
taxa dos *fed funds*, 632-633, 754
Taxas de juros nominais, 521-522, **522,** 562-563, 650, 749
Taxas de juros reais, **522,** 522-523, 650, 749
Tecnologia
demanda por mão de obra qualificada e não qualificada e, 406
direitos de propriedade e, 195
mudanças na curva de oferta e, 72
spillovers, 194-195
Teorema da impossibilidade de Arrow, **479,** 479-480
Teorema de Coase, **204,** 204-206
Teorema do eleitor mediano, **480,** 480-481
Teoria, 18-19
Teoria da inflação, 640-651
Teoria da preferência pela liquidez, **748,** 749-751
demanda de moeda, 750
equilíbrio, mercado monetário, 750-751
oferta de moeda, 749
Teoria da reconciliação, 778-779
Teoria das percepções equivocadas, 726-727, 729
Teoria do capital humano, 408
Teoria do papel mata-moscas da incidência tributária, 260
Teoria dos jogos, **359,** 360, 365, 368, 484
Teoria dos preços rígidos, 726
Teoria dos salários de eficiência, 607-608
Teoria dos salários rígidos, 725-726, 728-729, 732, 736
Teoria Geral do Emprego, do Juro e da Moeda (Keynes), 739, 749, 764, 800
Teoria neoclássica da distribuição, 398

Teoria quantitativa da moeda, 640, **643**
Teorias econômicas, 824
Terra, fatores de produção, 395-397
Teste de quociente de inteligência (QI), 831
Thaler, Richard, 80
Título, **554**. *Ver também títulos específicos*
Títulos municipais, 255, 555
Títulos podres (*junk bonds*), 555
TMgS. *Ver* Taxa marginal de substituição
Tobin, James, 765
Tomadores de preços, 62, 172, 288, 292, 293, 306, 311, 316, 318, 320, 341-343, 382
Toyota, 364, 665, 668, 672
Trabalhadores
   capital físico, 534-535
   capital humano, 534
   esforços, 608
   qualidade, 607-608
   recursos naturais, 534
   rotatividade, 607
   saúde, 607
Trabalhadores desalentados, **596**, 597
Trabalhadores marginalizados, 597
Trade-offs, 2-3
   decisões políticas e, 28
   e retorno, *trade-off* entre, 581-582
   entre equidade e eficiência, 261-263
   entre inflação e desemprego, 12
   entre trabalho e lazer, 388-389
   fronteira de possibilidades de produção e, 22-24
Tráfego, estradas congestionadas como bens públicos ou recursos comuns, 220
Tragédia dos (bens) comuns, **218**, 218-219
Transações internacionais, preços, 676-678
Transferências em espécie, 427
   políticas, para reduzir a pobreza, 436-437
   problemas, na medição da desigualdade, 427
Transferências, políticas públicas, 429
Transitividade, 478, 479
Transporte, 89, 196, 220, 514, 668
Tratamento tributário, títulos, 555
Truman, Harry, 28

Trump, Donald, 164, 182, 233, 261, 263, 335, 437, 621, 668, 705, 765, 792
Trumponomics (Laffer e Moore), 164
Trustes, 331
Turquia, taxa de inflação, 640

U
Uber, 8-9, 26, 66, 106, 107, 455
Uganda
   caça ilegal de elefantes, 221
Ultimato, jogo do, 484
Um ensaio sobre o princípio da população e seu impacto no futuro da sociedade (Malthus), 543
Uma mente brilhante, 362
Uma teoria da Justiça (Rawls), 431
União Europeia (UE), 182, 375, 506, 549
União Soviética, colapso do comunismo na, 7
Unidade de conta, 616-618, **617**, 646, 656, 657, 806
Utilidade, **430**, 453
   função da, 579
   marginal decrescente, 430
   preferências e, 453
Utilitarismo, **430**, 430-431

V
Vaca, incentivo para manter a população de gado, 221
Vale-alimentação, 215
Valor da moeda ao longo do tempo, medição, 576-577
Valor da vida humana, análise de custo-benefício, 217-218
Valor do produto marginal, 386
Valor futuro, 576, **576**
Valor intrínseco, 615, 617, 618
Valor presente, **576**, 576-577, 583
Valores, diferenças entre economistas, 30-31
Vanderlip, Frank, 633
Vantagem absoluta, 50, **50**, 54, 57
Vantagem comparativa, **51**
   aplicações, 53-55
   comércio e, 52
   custo de oportunidade e, 50-51
   preço mundial e, 171
   vantagem absoluta, 50
Variação amostral, 829
Varian, Hall, 27

Variáveis
   gráficos de duas, 36-37
   gráficos de uma única, 35-36
   nominais, 645
   omitidas, 42
   que influenciam compradores, 67
   que influenciam vendedores, 73
   reais, 645
Variáveis econômicas, 518-523, 616, 645, 647
Variável de confusão, **821**
Variável dependente, 827
Variável independente, 827
Velocidade da moeda, **646**, 646-648
Vendedor marginal, 140, 145, 191
Vendedor(es)
   impostos sobre, efeito nos resultados do mercado, 121-124
   número de, e deslocamentos na curva de oferta, 72
   variáveis que influenciam os, 73
Venezuela
   hiperinflação na, 660-661
   taxa de inflação, 640
Vias congestionadas, imposto sobre a gasolina e, 220
Vida humana, valor da, 217-218
Viés ascendente, 830
Viés da substituição, 515
Volcker, Paul A., 785-789
   decisão que levou à recessão, 805
   desinflação, 787-789
Volkswagen, 364
Votação único transferível, 479

W
Walmart, 377, 556, 670
Walsh, Emily, 414
Warburg, Paul, 632, 633
Warhol, Andy, 182-183
Wilson, 359
Winston, Clifford, 222
Woodford, Michael, 863

Y
Yahoo, 27

Z
Zimbábue
   elefantes como bem particular, 221
   renda *per capita*, 530